中国社会科学年鉴

马克思主义理论研究与学科建设

年鉴

2014

（总第5卷）

MARXIST THEORY RESEARCH AND DISCIPLINE CONSTRUCTION YEARBOOK

中国社会科学院马克思主义研究学部　马克思主义研究院

中国社会科学出版社

图书在版编目（CIP）数据

马克思主义理论研究与学科建设年鉴.2014 / 中国社会科学院马克思主义研究学部，马克思主义研究院编.—北京：中国社会科学出版社，2015.1

ISBN 978—7—5161—5489—2

Ⅰ.①马…　Ⅱ.①中…②马…　Ⅲ.①马克思主义—理论研究—中国—2014—年鉴　Ⅳ.①A81—54

中国版本图书馆 CIP 数据核字（2015）第 013593 号

出　版　人	赵剑英	
责任编辑	姜阿平　　孙铁楠　　李敦求	
责任校对	林福国	
责任印制	张雪娇	

出　　版	中国社会科学出版社
社　　址	北京鼓楼西大街甲 158 号（邮编 100720）
网　　址	http://www.csspw.cn
	中文域名:中国社科网　　010—64070619
发　行　部	010—84083685
门　市　部	010—84029450
经　　销	新华书店及其他书店

印刷装订	三河市东方印刷有限公司
版　　次	2015 年 1 月第 1 版
印　　次	2015 年 1 月第 1 次印刷

开　　本	787×1092　1/16
印　　张	45.25
插　　页	2
字　　数	1218 千字
定　　价	178.00 元

编辑说明

一、由中国社会科学院马克思主义研究学部和马克思主义研究院主办的《马克思主义理论研究与学科建设年鉴》是目前全国唯一一部全面反映马克思主义理论研究成果和学科建设的综合性年鉴；主要汇集上年度马克思主义理论研究与学科建设新成果、新进展、新走向；具有权威性、学术性、时效性。

二、"重点文章"部分选取的是上年度马克思主义研究领域中知名专家的重要成果或该领域中具有较大影响的文章，具有学术前沿性。

三、"学科建设"部分由从事马克思主义研究的专家学者撰写，综合反映上年度学科发展的情况及最新进展。

四、"热点聚焦"部分反映马克思主义理论研究学界争鸣的热点、焦点问题。

五、"论文荟萃"部分和"著作选介"部分是从全国同类文章和著作中选取有一定代表性的论著予以介绍，以期有所启发。

六、"课题概览"、"会议综述"、"新书索引"、"论文索引"、"大事记"等栏目展示了上年度本学科学术研究的成果和活动，使本年鉴的信息量更加丰富，更具有学术收藏价值。

七、本年鉴在《中国特色社会主义年鉴》的基础上创办，积累了丰富的经验和社会资源，我们将进一步使其成为全国理论工作者、党政领导干部、高等院校有关师生、全国各级各类图书馆（资料室）必备的工具书和参考读物。

中国社会科学院
马克思主义研究学部　马克思主义研究院
《马克思主义理论研究与学科建设年鉴》编辑部
2014 年 4 月

目　　录

第一篇　重要文献

第二篇　重点文章

第三篇　学科建设

第四篇　热点聚焦

第五篇　论文荟萃

第六篇　著作选介

第七篇　课题概览

第八篇　会议综述

附　录

大事记

CONTENTS

I Important Literatures

II Key Articles

III   Discipline Construction

IV   Hot Topics

V　Paper Assembles

VI Selected Works

VII Projects Survey

VIII　Symposium Survey

Appendix

Chronicle of Events

第一篇

重要文献

在纪念毛泽东同志诞辰 120 周年座谈会上的讲话

习近平

同志们，朋友们：

今天，我们怀着十分崇敬的心情，在这里隆重集会，纪念中国共产党、中国人民解放军、中华人民共和国的主要缔造者，中国各族人民的伟大领袖毛泽东同志诞辰 120周年。

毛泽东同志是伟大的马克思主义者，伟大的无产阶级革命家、战略家、理论家，是马克思主义中国化的伟大开拓者，是近代以来中国伟大的爱国者和民族英雄，是党的第一代中央领导集体的核心，是领导中国人民彻底改变自己命运和国家面貌的一代伟人。

毛泽东同志等老一辈革命家，都是从近代以来中国历史发展的时势中产生的伟大人物，都是从近代以来中国人民抵御外敌入侵、反抗民族压迫和阶级压迫的艰苦卓绝斗争中产生的伟大人物，都是走在中华民族和世界进步潮流前列的伟大人物。

中华民族，具有 5000 多年绵延不绝的文明历史，为人类文明进步作出了不可磨灭的贡献。但是，由于封建制度的腐朽没落，中国在近代被世界快速发展的浪潮甩在了后面。1840 年鸦片战争以后，在西方列强坚船利炮轰击下，中国危机四起、人民苦难深重，陷入半殖民地半封建社会的黑暗深渊。

实现中华民族伟大复兴始终是近代以来中国人民最伟大的梦想。无数志士仁人前仆后继、不懈探索，寻找救国救民道路，却在很长时间内都抱憾而终。太平天国运动、戊戌变法、义和团运动、辛亥革命接连而起，但农民起义、君主立宪、资产阶级共和制等种种救国方案都相继失败了。战乱频仍，民生凋敝，丧权辱国，成了旧中国长期无法消除的病疬。

中华民族是一个有志气的民族。为了探求救亡图存的正确道路，中国的先进分子带领中国人民始终坚持在苦难和挫折中求索、在风雨飘摇中前进，敢于挽狂澜于既倒、扶大厦之将倾，表现出了百折不挠的英雄气概。

毛泽东同志在青年时期就立下拯救民族于危难的远大志向。1919 年，毛泽东同志在《〈湘江评论〉创刊宣言》中写道："时机到了！世界的大潮卷得更急了！洞庭湖的闸门动了，且开了！浩浩荡荡的新思潮业已奔腾澎湃于湘江两岸了！顺他的生，逆他的死。"年轻的毛泽东同志，"书生意气，挥斥方遒。指点江山，激扬文字"，既有"问苍茫大地，谁主沉浮"的仰天长问，又有"到中流击水，浪遏飞舟"的浩然壮气。

十月革命一声炮响，给中国送来了马克思列宁主义。从纷然杂陈的各种观点和路径中，经过反复比较和鉴别，毛泽东同志毅然选择了马克思列宁主义，选择了为实现共产主义而奋斗的崇高理想。在此后的革命生涯中，不管是"倒海翻江卷巨澜"，还是"雄关漫道真如铁"，毛泽东同志始终都矢志不移、执着追求。

马克思列宁主义，为中国人民点亮了前进的灯塔；1921 年中国共产党的成立，使中国人民有了前进的主心骨。

然而，在一个半殖民地半封建的东方大国进行革命，面对的特殊国情是农民占人口的绝大多数，落后分散的小农经济、小生产及其社会影响根深蒂固，又遭受着西方列强侵略和压迫，经济文化十分落后，选择一条什么样的道路才能把中国革命引向胜利成为首要问题，也是马克思主义发展史上前所未有过的难题。年轻的中国共产党，一度简单套用马克思列宁主义关于无产阶级革命的一般原理和照搬俄国十月革命城市武装起义的经验，中国革命遭受到严重挫折。

从革命斗争的这种失误教训中，毛泽东同志深刻认识到，面对中国的特殊国情，面对压在中国人民头上的三座大山，中国革命将是一个长期过程，不能以教条主义的观点对待马克思列宁主义，必须从中国实际出发，实现马克思主义中国化。毛泽东同志创造性地解决了马克思列宁主义基本原理同中国实际相结合的一系列重大问题，深刻分析中国社会形态和阶级状况，经过不懈探索，弄清了中国革命的性质、对象、任务、动力，提出通过新民主主义革命走向社会主义的两步走战略，制定了新民主主义革命总路线，开辟了以农村包围城市、最后夺取全国胜利的革命道路。毛泽东同志创造性地解决了在中国这种特殊的社会历史条件下建设马克思主义政党的一系列重大问题，把党建设成为用科学理论和革命精神武装起来的、同人民群众有着血肉联系的、思想上政治上组织上完全巩固的马克思主义政党。毛泽东同志创造性地解决了缔造一个在党的绝对领导下的人民武装力量的一系列重大问题，建成一支具有一往无前精神、能压倒一切敌人而决不被敌人所屈服的新型人民军队。毛泽东同志创造性地解决了团结全民族最大多数人共同奋斗的革命统一战线的一系列重大问题，为党和人民事业凝聚了一支最广大的同盟军。毛泽东同志带领我们党创造性地提出和实施了一系列正确的战略策略，及时解决了中国革命进程中一道道极为复杂的难题，引导中国革命航船不断乘风破浪前进。

"为有牺牲多壮志，敢教日月换新天。"经过 28 年浴血奋战和顽强奋斗，我们党和人民历经千辛万苦、付出巨大牺牲，在战胜日本军国主义侵略者后，经过人民解放战争，以摧枯拉朽之势推翻了帝国主义、封建主义、官僚资本主义的统治，夺取了新民主主义革命胜利，实现了几代中国人梦寐以求的民族独立和人民解放。

中华人民共和国的成立，使中国人民成为国家、社会和自己命运的主人，实现了中国向人民民主制度的伟大跨越，实现了中国高度统一和各民族空前团结，彻底结束了旧中国半殖民地半封建社会的历史，彻底结束了旧中国一盘散沙的局面，彻底废除了外国列强强加给中国的不平等条约和帝国主义在中国的一切特权。

中国人从此站立起来了！中国人民从此把命运牢牢掌握在自己手中！中华民族发展进步从此开启了新纪元！

这个伟大历史胜利，是毛泽东同志和他的战友们，是千千万万革命志士和革命烈士，是亿万中国人民，共同为中华民族建立的伟大历史功勋。这一伟大奋斗历程和成果充分证明了毛泽东同志所说的："我们中华民族有同自己的敌人血战到底的气概，有在自力更生的基础上光复旧物的决心，有自立于世界民族之林的能力。"

新中国成立后，以毛泽东同志为核心的党的第一代中央领导集体带领人民，在迅速医治战争创伤、恢复国民经济的基础上，不失时机提出了过渡时期总路线，创造性地完成了由新民主主义革命向社会主义革命的转变，使中国这个占世界四分之一人口的东方大国进入了社会主义社会，成功实现了中国历史上最深刻最伟大的社会变革。新民主主义革命的胜利，社会主义基本制度的确立，为当代中国一切发展进步奠定了根本政治前提和制度基础。

社会主义基本制度确立以后，如何在中国建设社会主义，是党面临的崭新课题。毛泽东同志对适合中国情况的社会主义建设道路进行了艰苦探索。他以苏联的经验教训为鉴戒，提出要创造新的理论、写出新的著作，把马克思列宁主义基本原理同中国实际进行"第二次结合"，找出在中国进行社会主义革命和建设的正确道路，制定把我国建设成为一个强大的社会主义国家的战略思想。

在中国共产党领导下，我国各族人民意气风发投身中国历史上从来不曾有过的热气腾腾的社会主义建设。在不长的时间里，我国社会就发生了翻天覆地的变化，建立起独立的比较完整的工业体系和国民经济体系，独立研制出"两弹一星"，成为在世界上有重要影响的大国，积累起在中国这样一个社会生产力水平十分落后的东方大国进行社会主义建设的重要经验。

毛泽东同志为中国新民主主义革命的胜利、社会主义革命的成功、社会主义建设的全面展开，为实现中华民族独立和振兴、中国人民解放和幸福，作出了彪炳史册的贡献。毛泽东同志毕生最突出最伟大的贡献，就是领导我们党和人民找到了新民主主义革命的正确道路，完成了反帝反封建的任务，建立了中华人民共和国，确立了社会主义基本制度，取得了社会主义建设的基础性成就，并为我们探索建设中国特色社会主义的道路积累了经验和提供了条件，为我们党和人民事业胜利发展、为中华民族阔步赶上时代发展潮流创造了根本前提，奠定了坚实的理论和实践基础。

同志们、朋友们！

在革命和建设长期实践中，以毛泽东同志为主要代表的中国共产党人，根据马克思列宁主义基本原理，形成了适合中国情况的科学指导思想，这就是毛泽东思想。毛泽东思想以独创性理论丰富和发展了马克思列宁主义。毛泽东思想教育了几代中国共产党人，它培养的大批骨干，不仅在新民主主义革命、社会主义革命、社会主义建设时期发挥了重要作用，也为新的历史时期开创和建设中国特色社会主义发挥了重要作用。邓小平同志说，毛泽东思想这个旗帜丢不得，丢掉了实际上就否定了我们党的光辉历史；任何时候都不能动摇高举毛泽东思想旗帜的原则，我们将永远高举毛泽东思想的旗帜前进。

在为中国人民不懈奋斗的光辉一生中，毛泽东同志表现出一个伟大革命领袖高瞻远瞩的政治远见、坚定不移的革命信念、勇于开拓的非凡魄力、炉火纯青的斗争艺术、杰出高超的领导才能。他思想博大深邃、胸怀坦荡宽广，文韬武略兼备、领导艺术高超，心系人民群众、终生艰苦奋斗，为中华民族和中国人民建立了不朽功勋。

毛泽东同志属于中国，也属于世界。他不仅赢得了全党全国各族人民爱戴和敬仰，而且赢得了世界上一切向往进步的人们敬佩。毛泽东同志的革命实践和光辉业绩已经载入中华民族史册。他的名字、他的思想、他的风范，将永远鼓舞我们继续前进。

同志们、朋友们！

人世间没有一帆风顺的事业。综观世界历史，任何一个国家、一个民族的发展，都会跌宕起伏甚至充满曲折。"艰难困苦，玉汝于成。""多难兴邦，殷忧启圣。""失败为成功之母。"毛泽东同志也常说，前途是光明的，道路是曲折的。这是一切正义事业发展的历史逻辑。我们的事业之所以伟大，就在于经历世所罕见的艰难而不断取得成功。

不能否认，毛泽东同志在社会主义建设道路的探索中走过弯路，他在晚年特别是在"文化大革命"中犯了严重错误。对毛泽东同志的历史功过，党的十一届六中全会作出的《关于建国以来党的若干历史问题的决议》进行了全面评价。邓小平同志说，毛泽东同志的功绩是第一位的，他的错误是第二位的，他的错误在于违反了他自己正确的东西，是一个伟大的革命家、伟大的马克思主义者所犯的错误。

在中国这样的社会历史条件下建设社会主义，没有先例，犹如攀登一座人迹未至的高山，一切攀登者都要披荆斩棘、开通道路。毛泽东同志晚年的错误有其主观因素和个人责任，还在于复杂的国内国际的社会历史原因，应该全面、历史、辩证地看待和分析。

对历史人物的评价，应该放在其所处时代和社会的历史条件下去分析，不能离开对历史条件、历史过程的全面认识和对历史规律的科学把握，不能忽略历史必然性和历史偶然性的关系。不能把历史顺境中的成功简单归功于个人，也不能把历史逆境中的挫折简单归咎于个人。不能用今天的时代条件、发展水平、认识水平去衡量和要求前人，不能苛求前人干出只有后人才能干出的业绩来。

革命领袖是人不是神。尽管他们拥有很高的理论水平、丰富的斗争经验、卓越的领导才能，但这并不意味着他们的认识和行动可以不受时代条件限制。不能因为他们伟大就把他们像神那样顶礼膜拜，不容许提出并纠正他们的失误和错误；也不能因为他们有失误和错误就全盘否定，抹杀他们的历史功绩，陷入虚无主义的泥潭。

前事不忘，后事之师。一个马克思主义政党对自己的错误所抱的态度，是衡量这个党是否真正履行对人民群众所负责任的一个最重要最可靠的尺度。我们党对自己包括领袖人物的失误和错误历来采取郑重的态度，一是敢于承认，二是正确分析，三是坚决纠正，从而使失误和错误连同党的成功经验一起成为宝贵的历史教材。

历史就是历史，历史不能任意选择，一个民族的历史是一个民族安身立命的基础。不论发生过什么波折和曲折，不论出现过什么苦难和困难，中华民族5000多年的文明史，中国人民近代以来170多年的斗争史，中国共产党90多年的奋斗史，中华人民共和国60多年的发展史，都是人民书写的历史。历史总是向前发展的，我们总结和吸取历史教训，目的是以史为鉴、更好前进。

同志们、朋友们！

35年前，在党和国家面临向何处去的重大历史关头，在邓小平同志领导下，我们党解决了正确评价毛泽东同志和毛泽东思想的历史地位、根据新的实际和历史经验确立中国实现社会主义现代化的正确道路这两个相互联系的重大历史课题，作出了把党和国家的工作重点转移到以经济建设为中心的社会主义现代化建设上来、坚持四项基本原则、实行改革开放的历史性决策，实现了新中国成立以来我们党历史上具有深远意义的伟大转折。

我们党领导的革命、建设、改革伟大实践，是一个接续奋斗的历史过程，是一项救国、兴国、强国，进而实现中华民族伟大复兴的完整事业。

党的十八大以来，我们所做的一切工作，就是要团结带领全党全国各族人民坚持党的十一届三中全会以来的理论和路线方针政策，把以毛泽东同志为核心的党的第一代中央领导集体、以邓小平同志为核心的党的第二代中央领导集体、以江泽民同志为核心的党的第三代中央领导集体、以胡锦涛同志为总书记的党中央开创和发展的伟大事业坚持好、发展好。

道路决定命运，找到一条正确道路是多么不容易。中国特色社会主义不是从天上掉下来的，是党和人民历尽千辛万苦、付出各种代价取得的根本成就。改革开放前的社会主义实践探索，是党和人民在历史新时期把握现实、创造未来的出发阵地，没有它提供的正反两方面的历史经验，没有它积累的思想成果、物质成果、制度成果，改革开放也难以顺利推进。一切向前走，都不能忘记走过的路；走得再远、走到再光辉的未来，也不能忘记走过的过去。

我们要把党和人民90多年的实践及其经验，当做时刻不能忘、须臾不能丢的立身之本，既不妄自菲薄、也不妄自尊大，毫不动摇走党和人民在长期实践探索中开辟出来的正确道路。

同志们、朋友们！

毛泽东思想活的灵魂是贯穿其中的立场、观点、方法，它们有三个基本方面，这就是实事求是、群众路线、独立自主。新形势下，我们要坚持和运用好毛泽东思想活的灵魂，把我们党建设好，把中国特色社会主义伟大事业继续推向前进。

实事求是，是马克思主义的根本观点，是中国共产党人认识世界、改造世界的根本要求，是我们党的基本思想方法、工作方法、领导方法。不论过去、现在和将来，我们都要坚持一切从实际出发，理论联系实际，在实践中检验真理和发展真理。

毛泽东同志说："'实事'就是客观存在着的一切事物，'是'就是客观事物的内部联系，即规律性，'求'就是我们去研究。"毛泽东同志还把实事求是形象地比喻为"有的放矢"。我们要坚持用马克思主义的"矢"去射中国革命、建设、改革的"的"。

坚持实事求是，就要深入实际了解事物的本来面貌。要透过现象看本质，从零乱的现象中发现事物内部存在的必然联系，从客观事物存在和发展的规律出发，在实践中按照客观规律办事。坚持实事求是不是一劳永逸的，在一个时间一个地点做到了实事求是，并不等于在另外的时间另外的地点也能做到实事求是，在一个时间一个地点坚持实事求是得出的结论、取得的经验，并不等于在变化了的另外的时间另外的地点也能够适用。我们要自觉坚定实事求是的信念、增强实事求是的本领，时时处处把实事求是牢记于心、付诸于行。

坚持实事求是，就要清醒认识和正确把握我国仍处于并将长期处于社会主义初级阶段这个基本国情。我们推进改革发展、制定方针政策，都要牢牢立足社会主义初级阶段这个最大实际，都要充分体现这个基本国情的必然要求，坚持一切从这个基本国情出发。任何超越现实、超越阶段而急于求成的倾向都要努力避免，任何落后于实际、无视深刻变化着的客观事实而因循守旧、固步自封的观念和做法都要坚决纠正。

坚持实事求是，就要坚持为了人民利益坚持真理、修正错误。要有光明磊落、无私无畏、以事实为依据、敢于说出事实真相的勇气和正气，及时发现和纠正思想认识上的偏差、决策中的失误、工作中的缺点，及时发现和解决存在的各种矛盾和问题，使我们的思想和行动更加符合客观规律、符合时代要求、符合人民愿望。

坚持实事求是，就要不断推进实践基础上的理论创新。马克思主义基本原理是普遍真理，具有永恒的思想价值，但马克思主义经典作家并没有穷尽真理，而是不断为寻求真理和发展真理开辟道路。今天，坚持和发展中国特色社会主义，全面深化改革，有效应对前进道路上可以预见和难以预见的各种困难与风险，都会提出新的课题，迫切需要我们从理论上作出新的科学回答。我们要及时总结党领导人民创造的新鲜经验，不断开辟马克思主义中国化新境界，让当代中国马克思主义放射出更加灿烂的真理光芒。

群众路线是我们党的生命线和根本工作路线，是我们党永葆青春活力和战斗力的重要传家宝。不论过去、现在和将来，我们都要坚持一切为了群众，一切依靠群众，从群众中来，到群众中去，把党的正确主张变为群众的自觉行动，把群众路线贯彻到治国理政全部活动之中。

群众路线本质上体现的是马克思主义关于人民群众是历史的创造者这一基本原理。只有坚持这一基本原理，我们才能把握历史前进的基本规律。只有按历史规律办事，我们才能无往而不胜。历史反复证明，人民群众是历史发展和社会进步的主体力量。正如毛泽东同志所说："中国的命运一经操在人民自己的手里，中国就将如太阳升起在东方那样，以自己的辉煌的光焰普照大地。"

坚持群众路线，就要坚持人民是决定我们前途命运的根本力量。坚持人民主体地位，充分调动人民积极性，始终是我们党立于不败之地的强大根基。在人民面前，我们永远是小学生，必须自觉拜人民为师，向能者求教，向智者问策；必须充分尊重人民所表达的意愿、所创造的经验、所拥有的权利、所发挥的作用。我们要珍惜人民给予的权力，用好人民给予的权力，自觉让人民监督权力，紧紧依靠人民创造历史伟业，使我们党的根基永远坚如磐石。

坚持群众路线，就要坚持全心全意为人民服务的根本宗旨。"政之所兴在顺民心，政之所废在逆民心。"全心全意为人民服务，是我们党一切行动的根本出发点和落脚点，是我们党区别于其他一切政党的根本标志。党的一切工作，必须以最广大人民根本利益为最高标准。检验我们一切工作的成效，最终都要看人民是否真正得到了实惠，人民生活是否真正得到了改善，人民权益是否真正得到了保障。面对人民过上更好生活的新期待，我们不能有丝毫自满和懈怠，必须再接再厉，使发展成果更多更公平惠及全体人民，朝着共同富裕方向稳步前进。

坚持群众路线，就要保持党同人民群众的血肉联系。我们党的最大政治优势是密切联系群众，党执政后的最大危险是脱离群众。毛泽东同志说："我们共产党人好比种子，人民好比土地。我们到了一个地方，就要同那里的人民结合起来，在人民中间生根、开花。"要把群众观点、群众路线深深植根于全党同志思想中，真正落实到每个党员行动上，下最大气力解决党内存在的问题特别是人民群众不满意的问题，使我们党永远赢得人民群众信任和拥护。

坚持群众路线，就要真正让人民来评判我们的工作。"知政失者在草野。"任何政党的前途和命运最终都取决于人心向背。"人心就是力量。"我们党的党员人数，放在人民中间还是少数。我们党的宏伟奋斗目标，离开了人民支持就绝对无法实现。我们党的执政水平和执政成效都不是由自己说了算，必须而且只能由人民来评判。人民是我们党的工作的最高裁决者和最终评判者。如果自诩高明、脱离了人民，或者凌驾于人民之上，就必将被人民所抛弃。任何政党都是如此，这是历史发展的铁律，古今中外概莫能外。

独立自主是我们党从中国实际出发、依靠党和人民力量进行革命、建设、改革的必然结论。不论过去、现在和将来，我们都要把国家和民族发展放在自己力量的基点上，坚持民族自尊心和自信心，坚定不移走自己的路。

独立自主是中华民族的优良传统，是中国共产党、中华人民共和国立党立国的重要原则。在中国这样一个人口众多和经济文化落后的东方大国进行革命和建设的国情与使命，决定了我们只能走自己的路。

站立在960万平方公里的广袤土地上，吸吮着中华民族漫长奋斗积累的文化养分，拥有13亿中国人民聚合的磅礴之力，我们走自己的路，具有无比广阔的舞台，具有无比深厚的历史底蕴，具有无比强大的前进定力。中国人民应该有这个信心，每一个中国人都应该有这个信心。

坚持独立自主，就要坚持中国的事情必须由中国人民自己作主张、自己来处理。世界上没有放之四海而皆准的具体发展模式，也没有一成不变的发展道路。历史条件的多样性，决定了各国选择发展道路的多样性。人类历史上，没有一个民族、没有一个国家可以通过依赖外部力量、跟在他人后面亦步亦趋实现强大和振兴。那样做的结果，不是必然遭遇失败，就是必然成为他人的附庸。

我们党在领导革命、建设、改革长期实践中，历来坚持独立自主开拓前进道路，这种独立自主的探索和实践精神，这种坚持走自己的路的坚定信心和决心，是我们党全部理论和实践的立足点，也是党和人民事业不断从胜利走向胜利的根本保证。

坚持独立自主，就要坚定不移走中国特色社会主义道路，既不走封闭僵化的老路，也不走改旗易帜的邪路。我们要增强政治定力，增强道路自信、理论自信、制度自信。我们要根据形势任务发展变化，通过全面深化改革，不断拓展中国特色社会主义道路，不断丰富中国特色社会主义理论体系，不断完善中国特色社会主义制度。我们要虚心学习借鉴人类社会创造的一切文明成果，但我们不能数典忘祖，不能照抄照搬别国的发展模式，也绝不会接受任何外国颐指气使的说教。

坚持独立自主，就要坚持独立自主的和平外交政策，坚定不移走和平发展道路。我们要高举和平、发展、合作、共赢的旗帜，坚持在和平共处五项原则基础上同各国友好相处，在平等互利基础上积极开展同各国的交流合作，坚定不移维护世界和平、促进共同发展。我们要根据事情本身的是非曲直决定自己的立场和政策，秉持公道，伸张正义，尊重各国人民自主选择发展道路的权利，绝不把自己的意志强加于人，也绝不允许任何人把他们的意志强加于中国人民。我们主张以和平方式解决国际争端，反对各种形式的霸权主义和强权政治，永远不称霸，永远不搞扩张。我们要坚决维护国家主权、安全、发展利益，任何外国不要指望我们会拿自己的核心利益做交易，不要指望我们会吞下损害我国主权、安全、发展利益的苦果。

同志们、朋友们！

近代以来，中华民族始终有一个梦想，这就是实现中华民族伟大复兴，为人类作出更大贡献。我们的先辈们为实现这个梦想付出了巨大努力。今天，我们可以告慰毛泽东同志等老一辈革命家的是，在他们带领党和人民建设社会主义的基础上，我国改革开放和现代化建设取得了举世瞩目的成就，我们比历史上任何时期都更接近中华民族伟大复兴的目标。

"装点此关山，今朝更好看。"我们已经走出一条光明大道，我们要继续前行。

站在新的历史起点上，我们的事业崇高而神圣，我们的责任重大而光荣。要实现中华民族伟大复兴，我们就必须坚定不移推进改革开放。没有改革开放，就没有中国的今天；

离开改革开放，也没有中国的明天。党的十八届三中全会吹响了全面深化改革的新号角。我们要不断深化对改革开放规律性的认识，勇于攻坚克难，敢于迎难而上，坚决破除各方面体制机制弊端，奋力开拓中国特色社会主义更加广阔的前景。

实现中华民族伟大复兴，关键在党。今天，我们正在进行具有许多新的历史特点的伟大斗争。全党要牢记毛泽东同志提出的"我们决不当李自成"的深刻警示，牢记"两个务必"，牢记"生于忧患，死于安乐"的古训，着力解决好"其兴也勃焉，其亡也忽焉"的历史性课题，增强党要管党、从严治党的自觉，提高党的执政能力和领导水平，增强党自我净化、自我完善、自我革新、自我提高能力。

我们要继续深入开展党的群众路线教育实践活动，凡是影响党的创造力、凝聚力、战斗力的问题都要及时解决，凡是损害党的先进性和纯洁性的病症都要认真医治，凡是滋生在党的健康肌体上的毒瘤都要坚决祛除，通过持之以恒的努力，使党始终成为中国特色社会主义事业的坚强领导核心。

同志们、朋友们！

毛泽东同志说过："中国人民有志气，有能力，一定要在不远的将来，赶上和超过世界先进水平。"实现我们确立的奋斗目标，我们既要有"乱云飞渡仍从容"的战略定力，又要有"不到长城非好汉"的进取精神。全党全国各族人民更加紧密地团结起来，勿忘昨天的苦难辉煌，无愧今天的使命担当，不负明天的伟大梦想，下定决心，排除万难，在中国特色社会主义伟大道路上，为实现中华民族伟大复兴的"中国梦"，前进！

（原载《人民日报》2013 年 12 月 27 日）

在实现"中国梦"的伟大实践中
谱写壮丽的青春篇章

——在中国共产主义青年团第十七次
全国代表大会上的祝词

（2013 年 6 月 17 日）

刘云山

青年朋友们，同志们：

中国共产主义青年团第十七次全国代表大会今天隆重开幕了。开好这次大会，对于共青团深入贯彻党的十八大精神，进一步团结动员广大青年为全面建成小康社会、加快推进社会主义现代化，实现中华民族伟大复兴的"中国梦"而奋斗，具有十分重要的意义。我受党中央委托，向大会的召开表示热烈祝贺！向全国各族青年、全体共青团员和广大青少年工作者致以亲切问候！

我们党已经走过了 90 多年的奋斗历程。90 多年来，我们党紧紧依靠人民，历经千辛万苦，克服重重困难，取得革命建设改革伟大胜利，开创和发展了中国特色社会主义，不可逆转地结束了近代以后中国内忧外患、积贫积弱的悲惨命运，不可逆转地开启了中华民族不断发展壮大、走向伟大复兴的历史进军，从根本上改变了中国人民和中华民族的前途命运。在这一波澜壮阔的历史进程中，共青团与党同心、与党同行，团结带领广大青年顺应历史潮流，走在时代前列，为实现民族独立、人民解放和国家富强、人民富裕奉献了青春和智慧，镌刻下闪光的足迹。

团十六大以来，在党中央坚强领导下，各级共青团组织紧紧围绕党和国家工作大局，务实进取、开拓创新，在组织青年、引导青年、服务青年、维护青少年合法权益方面，在加强团组织和团的干部队伍建设方面，做了大量富有成效的工作，共青团事业实现了新发展，团组织活力有了新提升，为促进经济社会发展进步作出了重要贡献，为促进青年健康成长发挥了重要作用。

广大青年积极响应党的号召，与祖国共奋进、与时代同发展、与人民齐奋斗，在改革开放和社会主义现代化建设的各条战线拼搏进取、扎实工作，在推动科学发展、促进社会和谐的进程中创新创造、甘于奉献，在急难险重任务、重大考验面前冲锋在前、勇挑重担，涌现出一大批优秀青年人才和青年英模，展现出当代青年坚定的理想信念、高昂的爱国热情、强烈的担当意识和良好的精神风貌。

实践充分表明，广大青年是我国社会最积极、最活跃、最有生气的一支力量，是值得信赖、堪当重任、大有希望的一代；共青团不愧为党的忠实助手和后备军，不愧为党联系青年的牢固桥梁和纽带，不愧为中国特色社会主义建设事业的生力军。

党的十八大围绕坚持和发展中国特色社会主义，提出了"两个一百年"的奋斗目标。

站在新的历史起点上，习近平总书记明确提出实现中华民族伟大复兴的"中国梦"。"中国梦"，凝结着无数仁人志士的不懈努力，承载着全体中华儿女的共同向往，昭示着国家富强、民族振兴、人民幸福的美好前景，极大地激发了全党全国各族人民包括广大青年开辟事业新境界的热情。在今年"五四"同各界优秀青年代表座谈时，习近平总书记深入阐述了青年一代的历史责任，勉励广大青年坚定理想信念、练就过硬本领、勇于创新创造、矢志艰苦奋斗、锤炼高尚品格，努力在实现"中国梦"的生动实践中放飞青春梦想。

实现中华民族伟大复兴的"中国梦"，需要一代又一代有志青年接续奋斗，也必将为当代青年实现人生理想、创造美好生活打开无比广阔的空间。广大青年要遵照习近平总书记的要求，志存高远，脚踏实地，在实现"中国梦"的伟大实践中勇做奋进者、开拓者、奉献者。

第一，希望广大青年坚定理想信念，在中国特色社会主义道路上奋力实现"中国梦"。理想信念是精神支柱。有了正确的理想信念，人生就有了努力方向，前进就有了强大动力。"中国梦"，顺应了历史发展大势，顺应了时代进步潮流，顺应了人民过上美好生活的热切期待，是全国各族人民的共同理想，也是青年一代应该牢固树立的远大理想。中国特色社会主义是历史的选择、人民的选择，是实现"中国梦"的康庄大道、必由之路，也是广大青年应该牢固确立的人生信念。当代青年坚定理想信念，就是要走中国特色社会主义道路，为实现"中国梦"而奋斗。广大青年要不断深化对邓小平理论、"三个代表"重要思想、科学发展观的学习，深化对党领导人民的奋斗史、创业史、改革开放史的了解，深化对我国经济社会发展进程、发展趋势的认识，掌握思想武器，认清前进方向，不断增强道路自信、理论自信、制度自信，坚定不移跟党走，奋力实现"中国梦"。

第二，希望广大青年练就过硬本领，努力成长为现代化建设的栋梁之才。古往今来，一切事业的发展，归根到底要靠人。加快推进社会主义现代化、实现"中国梦"，呼唤着千千万万高素质劳动者，尤其需要大批青年人才脱颖而出、发挥作用。青年时期是学习知识、增长本领的黄金时期，青年人的主要任务，就是学习、学习、再学习，实践、实践、再实践。广大青年要有"读万卷书"的志向，增强学习的紧迫感，把学习作为一种责任、一种精神追求、一种生活方式，在如饥似渴的学习钻研中汲取知识、增长智慧，让青春伴随着书香成长。要有"行万里路"的气魄，坚持学以致用、知行合一，自觉走与实践相结合、与人民群众相结合的成长道路，在改革建设的火热实践中增长见识、提高本领，让青春的翅膀因实践的历练而更加坚强。青年一代源源不断地成长为可堪大用、能担重任的栋梁之才，我们的事业必将迎来光明的发展前景。

第三，希望广大青年勇于创新创造，始终走在时代发展的前列。创新是动力之源。一个国家、一个民族，要做到不断进步、实现长远发展，必须依靠创新。当今时代是一个充满变革、快速发展的时代，新知识新技术新产业不断涌现，只有加快创新创造步伐，才能赢得主动、赢得优势、赢得未来。青年是社会的新生细胞，最富探索精神，最具创新活力，是推动创新创造的生力军。要树立奋勇当先、勇攀高峰的精神，树立超越前人、超越自己的勇气，树立不怕失败、百折不挠的意志，在不断求索中积累经验、取得突破。既要紧盯科学、技术、产业、管理的前沿，努力在基础研究、重大项目、重点工程中刻苦攻关、施展才华；又要在日常生产生活中保持推陈出新的意识和干劲，善于捕捉创新创造的每一个机会与灵感，力争在本职岗位上有所发现、有所发明、有所创造。

第四，希望广大青年矢志艰苦奋斗，为全面建成小康社会建功立业。路是走出来的，事业是干出来的，成功是奋斗出来的。无论时代怎么发展、条件怎么变化，艰苦奋斗的传统永远不会过时。我们正处在全面建成小康社会决定性阶段，面临着前所未有的机遇和挑战，面对着十分繁重的改革发展稳定任务。广大青年有梦想、有机会，但也有考验、有挑战。无论处于什么样的环境，无论处于什么样的人生起点，都要依靠辛勤努力，创造属于自己的人生精彩。要有实干精神，从现在做起，从点滴做起，脚踏实地做工作，聚精会神干事业，努力创造一流业绩。要敢于吃苦，在急难险重任务面前勇挑重担，勇于到艰苦地区、基层一线开辟事业发展的新天地。要不怕挫折、不畏困难，顺境不骄、逆境不馁，让顽强奋斗、艰苦奋斗、不懈奋斗成为青春最厚重的底色，在全面建成小康社会的进程中书写青春华章。

第五，希望广大青年锤炼高尚品格，在促进社会文明进步中发挥积极作用。品德修养是立身处世之基，只有把人做好了，才能真正走得远、成大业。实现"中国梦"的进程，必然是一个全民族文明素养不断提升的过程，尤其需要青年一代勇开风气之先，树立和践行社会主义核心价值观，以实际行动促进社会文明进步。广大青年要自觉弘扬爱国主义、集体主义、社会主义思想，心中有国家、有社会、有人民，做一个肯付出、勇担当的有责青年。要自觉遵守社会基本道德规范，弘扬中华民族传统美德，积极倡导社会公德、职业道德、家庭美德，做一个守底线、讲诚信的有德青年。要带头学雷锋，积极参加志愿服务，多做扶贫济困、扶弱助残的实事好事，倡导良好社会风尚，做一个热心肠、愿助人的有爱青年。广大青年道德水准和精神风貌的提升，一定会为美好和谐的社会注入充满朝气的强大暖流。

为实现中华民族伟大复兴的"中国梦"而奋斗，是中国青年运动的时代主题。共青团作为党领导的先进青年的群众组织，作为党的助手和后备军，必须牢牢把握党的要求，主动适应时代发展要求和当代青年特点，全面履行各项职能，切实担负起团结带领广大青年为实现"中国梦"而奋斗的历史使命。

要牢牢把握共青团工作的根本任务。围绕坚持和发展中国特色社会主义，以理想信念教育为核心，深入开展"我的'中国梦'"主题教育实践活动，用"中国梦"打牢广大青少年的共同思想基础，用中国特色社会主义理论体系武装青年头脑，努力把广大青少年培养成为中国特色社会主义事业的合格建设者和可靠接班人。

要组织动员青年踊跃投身经济社会发展。按照党和国家重大战略部署，找准工作的切入点和结合点，不断深化和创新团的工作品牌，为青年建功立业、发挥作用搭建广阔平台，团结带领广大青年积极参与经济建设、政治建设、文化建设、社会建设、生态文明建设，充分发挥生力军作用。

要竭诚服务青年成长发展。着力帮助青少年解决成长成才、就业创业、身心健康等方面的实际困难，多为他们办实事、办好事、解难事。积极参与社会管理创新，把维护青少年合法权益融入法治社会、和谐社会建设之中，反映好青年呼声，努力为青少年圆梦创造良好环境。

要大力加强团的自身建设。围绕增强党在青年中的凝聚力、青年对党的向心力和共青团组织的影响力，主动适应经济社会变革和青年流动变化的新趋势，大胆创新团的组织建设和工作方式，着力扩大团的组织覆盖、增强团的工作活力，努力建设学习型、服务型、创新型马克思主义青年组织。要充分发挥共青团在青联中的核心作用，加强对学联的指导和对少先队的领导，努力做好新形势下的青年群众工作。

团干部是党的青年群众工作的骨干力量，是党的干部队伍的重要组成部分。长期以来，广大团干部热爱党的事业，热爱团的岗位，尽心尽力、辛勤工作，为党的青年工作作出了重要贡献。面对新形势新任务，广大团干部要在继承优良传统基础上，进一步加强思想建设、能力建设、作风建设，不断提高服务大局、服务青年的本领。要坚定正确的政治方向，忠诚于党、忠诚于人民，认真贯彻党的理论和路线方针政策，讲政治、顾大局，在思想上、政治上、行动上同以习近平同志为总书记的党中央保持高度一致。要锤炼过硬的业务本领，勤学习、善思考，加强对实践经验的总结，加强对新情况新问题的研究，更好地把握工作规律，为做好共青团工作打牢理论根底、知识根底、业务根底。要弘扬优良的工作作风，增强宗旨意识和群众观点，牢记"空谈误国，实干兴邦"，办实事、重实际、求实效，严格自律、戒骄戒躁，保持先锋本色，树立良好形象。

各级党委和政府要从巩固党的执政基础、保证党的事业后继有人的高度，从实现"两个一百年"奋斗目标、实现"中国梦"的高度，充分认识做好共青团工作和青年工作的极端重要性，切实加强对共青团的领导和指导，支持共青团创造性地开展工作，关心帮助团干部锻炼成长。要热情关心青年，充分信任青年，真诚帮助青年，促进青年健康成长，引导青年建功立业。

青年朋友们，同志们：美好的未来属于青年，美好的未来依靠青年。生活在伟大祖国、伟大时代的广大青年，使命在肩、前程似锦。让我们更加紧密地团结在以习近平同志为总书记的党中央周围，高举中国特色社会主义伟大旗帜，以邓小平理论、"三个代表"重要思想、科学发展观为指导，团结一心、开拓奋进，在实现"中国梦"的伟大实践中谱写壮丽的青春篇章！

（原载《人民日报》2013 年 6 月 18 日）

关于中国特色社会主义理论体系的几点认识

刘奇葆

中国特色社会主义是由道路、理论体系、制度构成的，是党和人民 90 多年奋斗、创造、积累的根本成就。中国特色社会主义理论体系作为其重要组成部分，是马克思主义中国化的最新成果，是坚持和发展中国特色社会主义的行动指南。在当代中国，坚持中国特色社会主义理论体系，就是坚持马克思主义、坚持科学社会主义。要认真学习党的十八大报告和习近平同志一系列重要讲话，认真学习党史、国史，不断加深对中国特色社会主义理论体系的认识，坚定中国特色社会主义自信，更好地为全面建成小康社会、实现民族复兴"中国梦"而奋斗。

一　中国特色社会主义理论体系是我们党长期探索的伟大理论创造

党的十八大以后，习近平同志发表一系列重要讲话，深刻阐述了坚持和发展中国特色社会主义的重大理论和实践问题。特别是在新进中央委员会的委员、候补委员学习贯彻党的十八大精神研讨班上的讲话，透过 500 年大跨度和 6 个时间段，从理论和实践的结合上，讲清了中国特色社会主义是怎么来、怎么往前走的，讲话本身就是一篇中国特色社会主义论。纵观 500 年历史，从中我们可以看出，同实践发展历程一样，中国特色社会主义理论体系，是经过艰辛探索创立的，既有坚实的实践基础，又有深厚的理论渊源。

中国特色社会主义理论体系，是改革开放 30 多年成功实践的理论结晶。改革开放是一次伟大觉醒，实现了历史性的伟大转折，孕育了从理论到实践的伟大创造。这 30 多年，是接力探索、不断开拓前进的 30 多年。以邓小平同志为核心的党的第二代中央领导集体，带领党和人民，成功开创了中国特色社会主义，创立了邓小平理论，是这个理论体系的开山之作。以江泽民同志为核心的党的第三代中央领导集体，带领党和人民，成功把中国特色社会主义推向 21 世纪，形成了"三个代表"重要思想，是这个理论体系承上启下的极为重要的组成部分。以胡锦涛同志为总书记的党中央，带领党和人民，成功在新的历史起点上坚持和发展了中国特色社会主义，形成了科学发展观，是这个理论体系的重要创新成果。回想这 30 多年，我们在马克思主义中国化的道路上与时俱进，实现了新的历史性飞跃，推动着实践创新发展，创造了世人惊叹的中国奇迹。面对一系列严峻挑战和重大困难，我们都成功应对、化危为机、开创新局，根本就在于有以党的创新理论为指导的社会主义制度优势。可以说，中国特色社会主义理论体系来之不易、弥足珍贵。

中国特色社会主义理论体系，也凝结着改革开放前 30 年我们党实践探索的心血和成果。新中国 60 多年，大致包括前后两个 30 年，本质上都是建设社会主义的实践探索。前 30 年历经坎坷，出现过这样那样的失误，甚至发生了"文化大革命"这样的严重错误，但顽强、艰辛探索的成果极其宝贵。我们取得了各方面建设的巨大成就，形成了建设社会主义的一些十分重要的认识，积累了重要的思想、物质、制度条件，积累了正反两方面的经验。正是有前 30 年打下的厚实基础，中国特色社会主义这座大厦才有了稳固的根基；正是因为前 30 年提供了重要理论准备，中国特色社会主义理论体系才能破茧而出。

中国特色社会主义理论体系，也凝结着近代以来 170 多年中华民族奋发图强的不懈努力和奋斗历程。一部中国近代史，是寻找民族复兴出路的历史，也是探求救亡图存真理的历史。在经历各种尝试、失败之后，中国人民找到了马克思主义的科学武器，并在中国共产党的领导下，开启了与中国实际相结合、实现民族解放和振兴的征程。这个结合实现了两次历史性飞跃，第一次飞跃，我们党找到了中国革命的正确道路，创立了毛泽东思想。这也为我们实现第二次飞跃，开创和发展中国特色社会主义，形成中国特色社会主义理论体系，奠定了基本前提和基础。如果没有近代以来的持续探索和积累，就不可能有今天中国特色社会主义理论和实践的巨大成功。

中国特色社会主义理论体系，还凝结着 500 年来人类对社会主义的孜孜追寻和执着探求。社会主义从空想到科学、从理论到实践、从一国实践到多国发展，可以说是一部气势恢宏、跌宕起伏的交响乐。尽管历经高潮与低潮、成功与挫折，但社会历史发展的总趋势没有改变，人类对社会主义的追求从未止步。中国特色社会主义，是这部交响乐的重要乐章，传承了社会主义的科学思想真谛，汲取了其他社会主义国家兴衰成败的经验教训，并结合中国实际和时代特征进行了新的创造，成就了中国道路，写出了新的理论篇章。

二　中国特色社会主义理论体系具有独特的理论品格

改革开放以来，我们党一直在纵深探索和回答的基本问题就是，什么是社会主义、怎样建设社会主义，建设什么样的党、怎样建设党，实现什么样的发展、怎样发展。中国特色社会主义理论体系，紧紧围绕这三大基本问题展开，创造性地提出了一系列紧密联系、相互贯通的新思想新观点新论断，体现了鲜明的实践特色、理论特色、民族特色、时代特色。

一是开创性，开辟了马克思主义中国化的新境界。中国特色社会主义理论体系，是我们党运用马克思主义解决中国问题而形成的。回想这些年我们党提出的新思想、新观点，无一不体现了中国创造，讲出了中国话语。比如，社会主义初级阶段理论，科学阐明了在中国这样经济文化落后的东方大国建设社会主义的根本依据。比如，社会主义市场经济理论，从根本上解除了把计划经济等同于社会主义、把市场经济等同于资本主义的思想束缚。还有，社会主义本质论、社会主义政治文明、社会主义核心价值体系、社会主义和谐社会、社会主义生态文明，等等，在马克思主义发展史上都具有重大创新意义。可以说，中国特色社会主义理论体系，以全新的视野深化了对共产党执政规律、社会主义建设规律、人类社会发展规律的认识，写出了科学社会主义的"新版本"，具有鲜明的中国特色。

二是继承性，始终坚持了科学社会主义基本原则。中国特色社会主义理论体系，讲出了具有时代特点的新话，但并没有丢掉老祖宗。它延续了500年来人类探索社会主义的思想脉络，传承了科学社会主义的精髓要义。比如，坚持共产主义最高理想、无产阶级政党领导、以公有制和按劳分配为社会主义经济制度的基础，人民是历史的创造者以及实现人的全面发展，等等，这些科学社会主义基本原则，都始终贯穿于这个理论体系之中。还要看到，改革开放前30年探索建设社会主义的理论成果，比如，关于社会主义社会基本矛盾和主要矛盾、正确处理社会主义建设重大关系、正确处理人民内部矛盾，等等，都在这一理论体系中得到了坚持和发展。在这个问题上，不能割断历史，更不能搞历史虚无主义。可以说，中国特色社会主义理论体系，一以贯之地遵循了科学社会主义基本原则，是社会主义而不是其他什么主义。

三是实践性，植根于实践又对实践发挥着强大指导作用。创立和发展中国特色社会主义理论体系的过程，是总结实践经验的过程，也是用这一理论体系指导和推动改革发展的过程。同时，新鲜生动的伟大实践又在检验着最新理论，有力证明了中国特色社会主义理论体系的科学真理性。新时期以来，党的历次代表大会，都在对改革开放进行阶段性经验总结的基础上，对中国特色社会主义理论作出新的概括，同时又强调用科学理论武装头脑、指导实践、推动工作的任务。比如，党的十四大提出认真学习建设有中国特色社会主义的理论，党的十五大提出兴起学习邓小平理论新高潮，党的十六大提出兴起学习贯彻"三个代表"重要思想新高潮，党的十七大提出深入学习贯彻中国特色社会主义理论体系、深入学习实践科学发展观，党的十八大提出用中国特色社会主义理论体系武装全党、教育人民。理论创新和理论武装两轮齐驱，理论对实践的指导作用充分发挥，实践的成就又彰显理论的巨大威力。

四是开放性，随着时代、实践和科学的发展而不断与时俱进。建设中国特色社会主义，是长期的历史任务，需要一步一步向前推进。与之相伴随，必然会不断形成相应的理论成果。邓小平理论、"三个代表"重要思想、科学发展观，就是在改革开放不同时期、不同阶段实践中产生的，是中国特色社会主义理论体系的三大成果。这三大成果在理论主题、思想基础、政治理想、根本立场上一脉相承，同时又根据新的实践，借鉴各国治国理政有益经验，科学回答了面临的新课题，作出了各自独特的理论贡献，是相互贯通又层层递进的关系。林无静树，川无停流。实践没有尽头，理论创新也不会停顿。可以肯定，中国特色社会主义理论体系不可能一成不变，必定适应时代、实践和科学的发展，博采众长，不断向前。

三 "中国梦"为中国特色社会主义理论体系注入新内涵

党的十八大后，习近平同志提出和深刻阐述了民族复兴"中国梦"，这是着眼坚持和发展中国特色社会主义提出的重要战略思想。这一重要战略思想，反映了近代以来一代又一代中国人的美好夙愿，进一步揭示了中华民族的历史命运和当代中国的发展走向，指明了全党全国各族人民共同的奋斗目标。这一重要战略思想，充分体现了我们党高度的历史担当和使命追求，是新一届中央领导集体对全体人民的庄严承诺，是党和国家面向未来的政治宣言。"中国梦"一经提出，就释放出强大的号召力和感染力，必将把国内社会各阶层、海内外同胞凝聚在一起，成为激励中华儿女团结奋进、开辟未来的一面精神旗帜。

民族复兴"中国梦",内容丰富、内涵深刻。习近平同志围绕什么是"中国梦"、怎样实现"中国梦"这个重大问题,提出了一系列富有创见的新思想新观点。比如,"中国梦"是国家的、民族的,也是每一个中国人的;"中国梦"的基本内涵是实现国家富强、民族振兴、人民幸福;实现"中国梦",必须坚持中国道路、弘扬中国精神、凝聚中国力量;实现"中国梦",必须牢记空谈误国、实干兴邦,做到顽强奋斗、艰苦奋斗、不懈奋斗;"中国梦"是和平、发展、合作、共赢的梦,不仅造福中国人民,而且造福各国人民,与各国人民美好梦想是相通的,等等。这些重要论述,深刻阐明了民族复兴"中国梦"的基本思想观点,打开了理论创新发展的宽广视野,为中国特色社会主义理论体系注入了新的时代精神和鲜活力量。

推动实现"中国梦"的伟大实践,离不开广泛深入的宣传教育。要加强"中国梦"的理论学习和研究,并落实到学习领会中国特色社会主义理论体系上来,引导人们加深对"中国梦"的理解和认同,增强道路自信、理论自信、制度自信。组织开展"中国梦"主题宣讲活动、教育活动、文化活动,开展"中国梦"的新闻宣传和网络宣传,引导广大干部群众深刻认识"中国梦"在国家、民族、个人三个层面的深刻内涵和有机联系,深刻认识实现"中国梦"在经济、政治、文化、社会、生态文明建设等方面的目标要求,深刻认识实现"中国梦"的现实路径、价值支撑和动力源泉,推动"中国梦"入脑、入心、入行动。积极开展"中国梦"的对外解读和传播,增进国际社会对"中国梦"的了解和理解,增添实现"中国梦"的正能量。

(原载《人民日报》2013 年 7 月 8 日)

第二篇

重点文章

毛泽东是中国特色社会主义的伟大
奠基者、探索者和先行者

王伟光[*]

毛泽东领导的社会主义建设实践与探索，同今天党领导的中国特色社会主义伟大事业，是同一件大事的两个不同的发展时期，既相互联系又有所区别，同属于中国共产党领导中国人民实现社会主义现代化和中华民族复兴伟大"中国梦"的总体历史进程，前者是后者的探索和准备，后者是前者的继承和发展。不论是从历史实践上还是从理论逻辑上说，毛泽东都是中国特色社会主义事业的伟大奠基者、探索者和先行者。

作为社会主义新中国的缔造者，在领导完成新民主主义革命胜利、创建新中国、恢复国民经济的历史任务后，毛泽东及时地领导了对生产资料私有制的社会主义三大改造，建立了社会主义基本制度。他率先提出要走自己的路，实现马克思主义基本原理同中国具体实际的第二次结合，探索适合中国具体情况、具有中国特点的社会主义建设道路。虽然毛泽东在探索实践中出现严重错误和挫折，但成就巨大而卓越：创建了社会主义基本制度，领导了大规模的社会主义建设，积累了社会主义的物质财富和精神财富，形成了关于社会主义建设的独创性理论成果，积累了社会主义建设宝贵的经验教训，为开创和发展中国特色社会主义伟大事业提供了制度条件、物质基础、理论准备和宝贵经验。

一 取得社会主义建设的巨大成就，为中国特色社会主义奠定了制度条件和物质基础

作为占世界人口 1/4 的中国人民，走上社会主义道路，是 20 世纪中国乃至世界发展进程中的一个极其伟大的历史事件。它从根本上改变了中国历史发展的方向，对世界历史进程产生了深刻的影响，对今天中国特色社会主义事业的开创和推进有着深远而重要的理论和现实意义。

早在革命战争年代，毛泽东就指明了中国革命的前途，即通过新民主主义革命不间断地进入社会主义革命，最终建设社会主义和共产主义。新中国成立后，他成功地领导开辟了一条具有中国特色的社会主义改造道路，创建并不断完善社会主义经济制度以及与之相适应的政治制度，领导了大规模的社会主义经济、政治和文化建设，奠定了中国特色社会主义的制度前提、思想保证、物质基础，创造了中国社会主义建设的有利外部

---

* 王伟光：中国社会科学院党组书记、院长，中国社会科学院学部委员。

环境。

第一，领导完成生产资料所有制的社会主义改造任务，创立并不断发展社会主义经济制度。

新中国建立以后，毛泽东领导党和人民在极其艰苦的条件下，迅速实现了国民经济的全面恢复和较快发展。他紧接着就开始思考中国向社会主义转向的问题。1952 年 9月 24 日，在中央书记处会议上提出"中国怎样从现在逐步过渡到社会主义去"的战略思考。1953 年 12 月，他完整地提出了党在社会主义过渡时期的总路线："从中华人民共和国成立，到社会主义改造基本完成，这是一个过渡时期。党在这个过渡时期的总路线和总任务，是要在一个相当长的时期内，逐步实现国家的社会主义工业化，并逐步实现国家对农业、对手工业和对资本主义工商业的社会主义改造。"① 在毛泽东的领导下，我国全面开展了对生产资料私有制的社会主义三大改造运动，成功地开辟了一条具有中国特点的社会主义改造道路：对资本主义工商业，采取了一系列从低级到高级的国家资本主义的过渡形式，实现了对资产阶级的和平赎买，创造了一条从资本主义和平进入社会主义的独特道路；对个体农业，遵循自愿互利、典型示范和国家帮助的原则，创造了从互助组到初级农业生产合作社再到高级农业生产合作社的社会主义集体所有制形式；对于个体手工业的改造，也采取了类似的方式。

1956 年底，生产资料私有制的社会主义改造取得了决定性的胜利，社会主义性质的国营经济、合作社集体经济和公私合营经济占到了国民经济的 92.2%；农村基本上实现了土地公有，96.3% 的农户加入了农业生产合作社，建立起社会主义集体经济；绝大多数的手工业者也加入了手工业集体经济组织；以国营经济和集体经济为主体的社会主义经济制度基本确立。1956 年后，在开展大规模的社会主义建设过程中，尽管发生过一些曲折，出现急于向纯而又纯的"公有制"过渡，过度强调"一大二公"等情况，但是社会主义最基本的经济制度始终没有发生大的改变并不断得到巩固，为新时期改革开放和社会主义现代化建设创造了经济制度条件。

第二，与建设社会主义经济基础相适应，领导建立并不断发展社会主义政治制度和法律体系。

毛泽东首先领导党创建了社会主义的人民民主专政国体。所谓国体就是国家的政治制度。作为国体的人民民主专政，核心是对人民实行民主和对敌人实行专政，领导力量是工人阶级。人民民主专政的实质是无产阶级专政，是无产阶级专政在中国的具体形式。为了对人民实行最广泛的民主，毛泽东领导创立了人民代表大会制度，形成了我国的根本政治制度。他在七届二中全会上就明确指出，我们不采取资产阶级共和国的国会制度，而采取无产阶级共和国的苏维埃制度，但"在内容上我们和苏联的无产阶级专政的苏维埃是有区别的，我们是以工农联盟为基础的人民苏维埃"②。这就是说，人民代表大会制度既不是资产阶级的议会制，也不同于苏联的苏维埃制，而是完全符合中国具体实际的独特而科学的根本政治制度，是实现中国人民当家作主的重要途径和最高形式，体现了中国社会主义民主政治的鲜明特点。在实行人民代表大会制度的前提下，毛泽东领导建立了一整套社会主义的基本政治制度。创立了中国共产党领导的多党合作和

---

① 《毛泽东文集》第 6 卷，人民出版社 1999 年版，第 316 页。
② 《毛泽东文集》第 5 卷，人民出版社 1999 年版，第 265 页。

政治协商制度，使之成为一种具有中国特色的各民主党派、各人民团体和各界人士进行民主协商、参政议政的制度平台，成为我国的一项基本政治制度。创立了正确处理民族关系的民族政策和民族区域自治制度，即在国家统一领导下，各少数民族聚居的地方设立自治机关，行使自治权，实行区域自治。这项政治制度不同于苏联式的联邦制度，而是根据我国历史发展、文化特点、民族关系和民族分布等具体情况做出的制度安排，符合各民族人民的共同利益和发展要求。毛泽东在领导创建社会主义一系列基本政治制度的同时，亲自领导制定和颁布实施了中华人民共和国第一部宪法，并以宪法为指导制定颁布了政治、经济、文化以及党的建设等领域的相关法律法规，初步形成了我国的社会主义法律体系。

进入全面建设社会主义时期之后，我国的社会主义基本政治制度进一步发展。人民民主专政的国家制度得到不断加强，抗美援朝取得重大胜利，平定了西藏上层集团的叛乱，打击了民族分裂势力，维护了社会稳定，进行了中印边界自卫反击等斗争，抗击了外来侵略，捍卫了国家主权，巩固了社会主义国家政权。分别于1954、1959、1964年召开了三届全国人民代表大会，人民民主得到了较好发展，国家根本政治制度健康运行。中国共产党同各民主党派长期共存，相互监督，民主党派和各界人士积极参政议政，政治协商制度顺利发展。继内蒙古自治区之后，1955年到1965年间，又先后成立了新疆维吾尔自治区、广西壮族自治区、宁夏回族自治区和西藏自治区，民族区域自治制度得到进一步完善。

第三，领导开展大规模的社会主义建设，为社会主义巩固和发展积累坚实的物质基础。

建立社会主义制度的同时，毛泽东领导开展了大规模的社会主义建设运动，提出了实现社会主义工业现代化、农业现代化、科学技术现代化和国防现代化的伟大号召，在工业、农业、科技、国防以及文化、外交等方面取得了巨大成就，形成了比较完整的工业体系和国民经济体系，极大地提升了人民的物质文化生活水平。

积极推进社会主义工业化，工业体系和布局基本形成，工业生产能力大幅提高。中国共产党从旧中国接过来的工业是一个烂摊子，中国社会主义工业化是在"一穷二白"的基础上开始的。在毛泽东的领导下，全党全国人民奋发图强，艰苦奋斗，大力开展社会主义工业化建设，迅速摆脱了贫穷落后的工业面貌，取得了巨大成就。到1965年，在能源工业方面，发电量达到676亿瓦，电力工业基本上实现了全国联网；煤炭工业稳步向现代化发展，原煤产量达到2.32亿吨；石油工业实现了完全自给，原油产量达到1131万吨，把长期禁锢中国发展的"贫油国"帽子抛到了太平洋；在冶金工业方面，钢铁产量和品种都上了一个大的台阶，钢产量达到1223万吨，建成了鞍钢、武钢、包钢等十大钢铁公司在内的一大批重点钢铁企业；在机械工业方面，形成了门类齐全的机械制造体系，主要机械设备自给率已经达到了90%以上，纺织机械等产品不仅能够完全满足国内需要，而且开始向许多国家和地区提供成套设备；电子工业、原子能工业、航天工业等新兴工业，也从无到有、从小到大逐步发展起来。在工业布局方面，建成了531个大中型工业项目。在大力发展沿海工业基地的同时，广大内地省份也都建立起了现代工业，其工业产值在全国工业产值中的比例不断提高。社会主义工业体系达到相当规模和一定技术水平，形成比较合理的工业布局，工业生产能力得到大幅度的提高。

努力推进社会主义农业现代化，农业基础设施得到明显改善，农业机械化水平不断提升。毛泽东根据中国的具体情况，高度重视农业在国民经济中的重要地位。他强调提出："全党一定要重视农业。农业关系国计民生极大。要注意，不抓粮食很危险。不抓粮食，总有一天要天下大乱。"[①] 提出"手里有粮，心里不慌，脚踏实地，喜气洋洋"[②]。在实现农业集体化的前提下，大力推进农业现代化。从 1958 年到 1965 年，建成了 150 多项大中型水利设施，黄河、海河、淮河等都得到了很大程度上的治理，当年为害人民生产生活的河流水系，成为社会主义农业发展的有利条件。灌溉面积在全国耕地中所占的比例从 1957 年的 24.4％上升到了 1965 年的 32％。随着基础设施的逐步改善，中国的农业机械化、现代化也得到了极大的进展，现代机械和化学肥料在农业增产中发挥的作用不断提高，机耕面积在耕地总面积中的比重从 1957 年的 2.4％上升到 1965 年的 15％，机灌面积在灌溉总面积中的比重从 4.4％上升到 24.5％，化肥使用量从每亩 0.5 斤上升到 2.5 斤。与此同时，在推广良种、水土保护、植树造林、改良土壤等方面，也取得了很大成就。农业基础设施不断得到改善，农业现代化的水平不断提升，农业产值有了大幅度提高，形成了农业全面发展的局面。

大力推进科学技术现代化，科学技术发展成绩十分显著，科技成果得到了广泛运用。毛泽东极其重视科技发展，他明确指出，"科学技术这一仗，一定要打，而且必须打好。……不搞科学技术，生产力无法提高。"[③] 他指导成立了国务院科学规划委员会和国家科学技术委员会。在 1956 年就制定了《1956—1967 年科学技术发展远景规划纲要》（即"十二年科技发展远景规划"），并于 1962 年提前基本完成。1963 年，他又指导制定了《1963—1972 年科学技术发展规划》（即"十年科学规划"）。在毛泽东的领导下，我国科学技术事业取得了巨大成就。形成了一支比较强大的科学技术队伍，到 1965 年底，全国自然科学技术人员达 246 万人，全国专门的科学研究机构 1714 个，专门从事科学研究的人员达 12 万人，形成了由中国科学院、各部委和省自治区直辖市的科研机构、国防系统科研机构、高校科研机构等构成的全国科研工作系统。基础科学研究方面有很多进展，1965 年首次完成人工合成牛胰岛素，这项技术处于世界领先地位。科学应用技术研究方面取得了一系列重大成果，研制了众多新型材料、仪器仪表、精密机械和大型设备，试制了电子计算机、电子显微镜、射电望远镜、高速照相机、氢分子钟、30 万千瓦双水内冷发电机等高精尖设备。这些技术广泛应用于工业、农业、国防等领域，推动了我国科学技术水平的总体提升。

全面推进国防现代化，国防尖端技术攻关成效显著，国防现代化初具规模。在国际军事斗争的实践中，毛泽东清楚地认识到，国防科技特别是尖端技术，决不可能依靠国外，必须要自力更生、自己攻关，建立独立的现代国防体系。20 世纪 50 年代中期，毛泽东就明确提出要正确处理经济建设和国防建设的关系，重点研制和发展国防尖端技术，特别是提出了"两弹一星"的重大战略决策。在他的大力倡导和关怀指导下，1958 年 6 月，中国第一座试验原子能反应堆投入试验，并开展研制核动力潜艇。1959 年 6 月，苏联终止向中国提供核武器和导弹技术援助，同年 7 月毛泽东以战略家的胆识提出，我们要自己动手，从头摸起，独立自主地研制尖端技术特别是原子弹。1960 年 11

---

① 《毛泽东文集》第 7 卷，人民出版社 1999 年版，第 199 页。
② 《毛泽东文集》第 8 卷，人民出版社 1999 年版，第 84 页。
③ 同上书，第 351 页。

月，仿制的"东风1号"近程液体弹道导弹发射成功，实现了中国军事装备历史上的重大转折。1964年6月29日，中国自行研制的"东风2号"中近程地对地导弹发射成功。同年10月16日，自行研制的第一颗原子弹爆炸成功。1966年10月27日，又实现了原子弹与导弹"两弹结合"的成功试验。与此同时，我国在空军装备、海军装备等方面，都取得了长足发展。国防尖端技术和现代化的发展，标志着中国的国防科技已经有了迅速发展，大大提高了中国在国际上的地位，为社会主义事业提供了强大的国防军事保障。

繁荣发展教育卫生体育等事业，全面提高和改善群众生活质量，人民生活水平得到显著提高。毛泽东历来高度重视社会主义社会事业的全面发展，以及社会主义条件下人的全面发展，致力于提高人民群众的物质文化生活水平。他积极推进教育事业发展，1957年就提出了社会主义教育方针：我们的教育方针，应该使受教育者在德育、智育、体育几个方面都得到发展，成为有社会主义觉悟的有文化的劳动者。到1965年，全国在校学生达到1.3亿人；小学168.19万所，学龄儿童入学率达到了84.7%；普通中学18102所，在校学生933.79万人；高等学校434所，在校学生67.4万人。中国人民的文化素质得到了极大提高。毛泽东极为重视同人民身体状况直接相关的卫生事业，在他的领导支持下，我国已经建立了比较完善的医疗保健制度，形成了城乡卫生医疗网。到1965年，全国省地县级卫生防疫站、妇幼保健站都已建立，绝大部分公社也都建立了卫生院，各种类型的农村基层卫生医疗机构遍布乡村；群众性的爱国卫生运动全面开展，防治流行性疾病工作取得显著成就，旧中国流行的传染病如天花、霍乱、血吸虫病等，有的灭绝，有的基本消灭。我国体育事业蓬勃发展，成功地连续举办了全国运动会，竞技体育有了很大进展，我国运动员多次在世界大赛中获得世界冠军，群众体育更是快速发展，不断掀起全民体育运动高潮，人民群众的身体素质得到了极大提高。毛泽东领导党和国家全面改善群众生活，人民的物质生活水平得到了很大的改善，1964年的猪肉、羊肉、蔬菜等副食品比1957年增长了30%，纺织品、自行车、收音机等日常生活用品比1957年增长了50%以上。社会主义制度在改善、提高人民群众生活质量、生活水平方面的优越性，得到了比较好的体现。

毛泽东领导开展了大规模的社会主义文化建设，提出并不断发展完善我国思想文化建设的指导思想、根本标准、方针政策，逐步形成了社会主义的文化体系，对社会主义发展起到了思想保证作用，并在新时期中国特色社会主义事业发展中焕发出新的活力。他还领导确立了和平共处五项原则，制定了独立自主的外交政策，积极发展最广泛的国际友好合作，为中国特色社会主义开辟了有利的国际环境。

二　形成关于社会主义建设的独创性理论成果，为中国特色社会主义提供思想指南和理论准备

毛泽东在领导社会主义建设的过程中，创造了一系列独创性的关于中国社会主义建设的理论成果，极大地推进了马克思主义中国化的进程，为中国特色社会主义提出了正确的思想指南，提供了重要的理论准备。

第一，提出实现马克思主义同中国实际的第二次结合，为建设中国式社会主义确立总的指导原则。

毛泽东对马克思主义、对社会主义和共产主义事业最伟大的理论贡献，一是实现了马克思主义与中国革命实践的第一次结合；二是提出并初步探索了马克思主义与中国建设实际的第二次结合。第一次结合的主题是要找出中国自己的革命道路；第二次结合的主题是要找到中国自己的建设道路。在新民主主义革命和社会主义革命的过程中，毛泽东把马克思主义普遍真理同中国革命的具体实践相结合，走出了具有中国特色的新民主主义革命和社会主义革命道路，形成了指导中国新民主主义革命与社会主义革命的理论及路线方针政策，创立了第一次伟大结合的重大理论成果——毛泽东思想。当中国进入社会主义建设阶段后，毛泽东又率先提出实现马克思主义同中国建设实际的第二次结合的重要思想。随着我国建设事业的全面开展，以及苏联模式弊端的逐渐暴露，毛泽东日益认识到寻找适合中国国情的社会主义建设道路的重要性、必要性和紧迫性。1956 年 3 月 12 日，在中共中央政治局会议上，毛泽东就提出应该自己开动脑筋，解决本国革命和建设问题。3 月 23 日，在中共中央书记处扩大会议上，他提出："把马克思列宁主义的基本原理同我国革命和建设的具体实际结合起来，探索在我们国家里建设社会主义的道路。"4 月 4 日，他明确提出第二次结合的命题："最重要的是要独立思考，把马列主义的基本原理同中国革命和建设的具体实际相结合。民主革命时期，我们吃了大亏之后才成功地实现了这种结合。现在是社会主义革命和建设时期，我们要进行第二次结合，找出在中国怎样建设社会主义的道路。……我们应该从各方面考虑如何按照中国的情况办事……现在更要努力找到中国建设社会主义的具体道路。"① 正是在这样的理论思考之下，他率先强调中国必须以苏为戒、以苏为鉴，独立自主地探索适合中国国情、具有中国特点的社会主义建设道路。在《论十大关系》的讲话中，他告诫人们："最近苏联暴露了他们在建设社会主义过程中的一些缺点和错误，他们走过的弯路，你还想走？过去我们就是鉴于他们的经验教训少走了一些弯路，现在当然更要引以为戒。"② 在修改八大政治报告时，他写道："我国是一个东方国家，又是一个大国。因此，我国不但在民主革命过程中有自己的许多特点，在社会主义改造和社会主义建设的过程中也带有自己的许多特点，而且在将来建成社会主义社会以后还会继续存在自己的许多特点。"③ 在研读苏联《政治经济学教科书》时，对于书中关于每一个国家都应该"具有自己特别的具体的社会主义建设的形式和方法"的提法，他极为赞同，表示必须把"普遍规律和具体特点相结合"。④ 提出实现马克思主义普遍真理同中国实际的第二次结合，走自己的路，探索适合中国国情、具有中国特点的社会主义建设道路，是毛泽东在中国社会主义发展史上的重大理论贡献，为实现马克思主义中国化第二次历史性飞跃做了充分的思想酝酿与理论准备，不仅是中国特色社会主义理论、道路、制度形成的历史和逻辑的起点，而且是中国革命、建设和改革的一条指导原则。

第二，做出中国处于不发达社会主义阶段的理论判断，为建设中国式社会主义明确国情依据和战略目标。

实现马克思主义与中国实际的第二次结合，走中国特色社会主义道路，首先必须搞

---

① 吴冷西：《忆毛主席》，新华出版社 1995 年版，第 9—10 页。
② 《毛泽东文集》第 7 卷，人民出版社 1999 年版，第 23 页
③ 《建国以来毛泽东文稿》第 6 册，中央文献出版社 1992 年版，第 143 页。
④ 《毛泽东文集》第 8 卷，人民出版社 1999 年版，第 116 页。

清中国社会主义建设所面临的实际国情，只有搞清国情，从实际出发，才能真正实现第二次结合。对国情的判断，最重要的就是要科学分析我国所处的发展阶段。经过深入调查研究和比较分析，毛泽东提出，社会主义分为不发达的社会主义和比较发达的社会主义两个阶段，中国不要过早地讲建成社会主义，得出了中国正在并长期处于"不发达的社会主义阶段"的判断①。从这个基本认识出发，他对我国社会主义建设的阶段性、长期性和曲折性有了初步认识。他说："建设强大的社会主义经济，在中国，五十年不行，会要一百年，或者更多的时间。"② 毛泽东关于中国处于不发达的社会主义阶段的判断，是党提出社会主义初级阶段理论的思想源头，揭示了中国社会主义建设的国情依据和基本出发点。从中国实际国情出发，毛泽东对中国社会主义发展战略作了科学谋划。关于中国社会主义的长远发展战略，毛泽东从新中国成立伊始就开始长期探索，做出了重要论断。新中国成立初期提出"三年五年恢复，十年八年发展"的规划，50年代早期提出经过三个五年计划完成过渡任务的战略，在社会主义改造的进程中提出了要过好民主主义的关、过渡时期关和社会主义关的"过三关"思想。他多次明确提出中国要经过50年到100年的时间，赶上和超过英美等资本主义发达国家，把中国建设成为富强的社会主义国家的战略目标。在《关于正确处理人民内部矛盾的问题》中，比较完整地提出了社会主义现代化的发展战略，这就是要"将我国建设成为一个具有现代工业、现代农业和现代科学文化的社会主义国家"③。在阅读苏联《政治经济学教科书》时，又提出要加上国防现代化："建设社会主义，原来要求是工业现代化，农业现代化，科学文化现代化，现在要加上国防现代化。"④ 他提出的社会主义战略目标对新时期我国社会主义现代化发展战略的制定具有极大的前瞻性和指导性。

第三，创立社会主义基本矛盾、主要矛盾和人民内部矛盾学说，为建设中国式社会主义提供哲学依据和科学方法。

在《论十大关系》《关于正确处理人民内部矛盾的问题》等著作中，毛泽东运用对立统一的观点观察分析当时我国社会的阶级、阶级斗争和社会矛盾问题，明确提出了关于社会主义基本矛盾、主要矛盾和人民内部矛盾的创新理论。他在马克思主义发展史上第一次明确提出，社会主义社会的基本矛盾仍然是生产力和生产关系、上层建筑和经济基础的矛盾，二者之间基本适应但又有不适应的方面，这种不适应可以通过改革使社会主义制度不断完善加以解决。他指出，进入社会主义建设时期，阶级斗争已经不是我国的主要矛盾，人民对于经济文化迅速发展的需要同当前经济文化不能满足人们需要的状况之间的矛盾是国内的主要矛盾，这个矛盾决定了发展生产力是社会主义的根本任务。明确提出，社会主义社会存在着两类不同性质的矛盾，即敌我矛盾和人民内部矛盾，前者是对抗性质的，后者是非对抗性质的，两种不同性质的矛盾的解决方法是不同的，必须要正确区分和处理两类不同性质的矛盾，特别是要把正确处理人民内部矛盾作为国家政治生活的主题。在《论十大关系》中，他以马克思主义的唯物辩证法为指导，系统论述了社会主义建设和发展中的带有全局性的重大关系，强调必须用辩证法思想、统筹兼

---

① 《毛泽东文集》第8卷，人民出版社1999年版，第116页。
② 《毛泽东和他的秘书田家英》，中央文献出版社1990年版，第59页。
③ 《毛泽东文集》第7卷，人民出版社1999年版，第207页。
④ 《毛泽东文集》第8卷，人民出版社1999年版，第116页。

顾的方法来处理这些关系，既要坚持两点论，又要坚持重点论；既要抓好主要矛盾，又要解决好非主要矛盾；在处理国家、集体和个人三者利益的关系上，必须统筹兼顾，不能只顾一头；在中央和地方的关系上，必须处理好统一性和独立性的关系⋯⋯认为这种辩证法思想必须要贯彻到社会主义建设的方方面面。毛泽东关于社会主义基本矛盾、主要矛盾和人民内部矛盾的理论，是我国实现拨乱反正，实行改革开放政策，确立以经济建设为中心的基本路线的哲学根据；他关于社会主义建设方法的探索，为形成社会主义建设正确路线提供了重要的方法论依据。

第四，制定社会主义民主政治建设的总方针和总目标，为建设中国式社会主义明确政治方向和基本方针。

新中国成立后，毛泽东就一直致力于探索社会主义政治发展道路，提出要形成一种有利于社会主义建设的良好政治局面。1957 年他提出了社会主义民主政治建设的总目标，即"要造成一个又有集中又有民主，又有纪律又有自由，又有统一意志、又有个人心情舒畅、生动活泼，那样一种政治局面"。怎样形成良好的政治局面呢？在《论十大关系》中，毛泽东开宗明义地提出了一个基本方针，"就是要把国内外一切积极因素调动起来，为社会主义事业服务"；"要调动一切直接的和间接的力量，为把我国建设成为一个强大的社会主义国家而奋斗。"[1] 为了调动一切积极因素，他提出了要处理好一系列重要的政治关系，他所论述的十大关系，其中有五个方面都是有关政治建设的，即汉族和少数民族的关系、党和非党的关系、革命和反革命的关系、是非关系、中国和外国的关系。围绕着这个基本方针，毛泽东在社会主义民主政治建设问题上，提出了一系列重要的观点：在国家的根本政治制度上，必须始终坚持人民民主专政，实行人民代表大会制度；在中国共产党和民主党派的关系上，必须加强中国共产党领导下的多党合作和政治协商制度，共产党和民主党派要实行"长期共存、相互监督"的方针；在民族问题上，坚决实施民族区域自治制度，推动民族地区的民主改革，促进少数民族经济文化发展，反对大汉族主义和地方民族主义。毛泽东对社会主义民主法制是高度重视的，他多次强调，在国家政治生活中要扩大党内民主和社会民主，把坚持民主集中制和发扬社会主义民主，提高到巩固国家政权的高度，"没有民主集中制，无产阶级专政不可能巩固"。在法制问题上，他强调必须反对官僚主义，逐步健全社会主义法制，真正做到"有法可依、有法必依"。

第五，探求指导社会主义建设的经济理论和经济政策，为建设中国式社会主义做出重要的政治经济学理论创新。

毛泽东强调，为了推进中国社会主义经济建设，既要坚持马克思主义政治经济学的基本原理，又要立足中国国情，总结中国经验，不断推进马克思主义理论创新，产生自己的理论家，创造自己的经济学理论，形成具有中国自己特色的政治经济学理论。他在读苏联《政治经济学教科书》时明确指出："马克思这些老祖宗的书，必须读，他们的基本原理必须遵守，这是第一。但是，任何国家的共产党，任何国家的理论界，都要创造新的理论，写出新的著作，产生自己的理论家，来为当前的政治服务，单靠老祖宗是不行的。"[2] 毛泽东自己就在社会主义政治经济学理论方面做出了重要的理论创新，在

---

① 《毛泽东文集》第 7 卷，人民出版社 1999 年版，第 23 页。

② 《毛泽东文集》第 8 卷，人民出版社 1999 年版，第 109 页。

经济体制、商品经济、对外开放等方面提出了一系列重要理论论断。他率先提出社会主义要大力发展商品生产和商品交换，认为商品生产本身是没有什么制度性的，它只是一种工具，看一种商品经济的制度特征："要看它是同什么经济制度相联系，同资本主义制度相联系就是资本主义的商品生产，同社会主义制度相联系就是社会主义的商品生产。"社会主义时期，必须充分利用商品经济这个工具，使之为社会主义建设服务，中国的商品经济很不发达，一定要"有计划地大力发展社会主义的商品生产"；一味否定商品经济的观点"是错误的，这是违背客观法则的"①。他明确指出，价值规律在我国的社会主义建设中发挥着作用："价值法则是一个伟大的学校，只有利用它，才有可能教会我们的几千万干部和几万万人民，才有可能建设我们的社会主义和共产主义。否则一切都不可能。"②他从中国实际国情出发明确指出，基于中国经济发展的现实状况，在对待资本主义和私营经济问题上，既不搞教条化，也不搞西化，认为可以在搞国营的基础上搞私营，坚持社会主义的前提下搞资本主义，"可以搞国营，也可以搞私营"，可以消灭资本主义，又搞资本主义，因为"它是社会主义经济的补充"。在经济体制和所有制结构方面，他明确提出要调动两个积极性的思想，"我们不能像苏联那样，把什么都集中到中央，把地方卡得死死的，一点机动性都没有"，一定要划分好中央和地方的经济管理权限，充分发挥好中央和地方两个积极性。在对外开放的问题上，他提出"向外国学习"的口号，要搞两点论而不是一点论。"一切民族、一切国家的长处都要学，政治、经济、科学、技术、文学、艺术的一切真正好的东西都要学。但是，必须有分析有批判地学，不能盲目地学，不能一切照抄，机械搬用。"③他在经济建设的基本方针和方法上提出：既要反对保守又要反对冒进，在综合平衡中稳步前进，以农业为基础，以工业为主导，按农、轻、重的次序安排国民经济计划，从中国的具体情况出发，搞好综合平衡，统筹兼顾，适当安排，勤俭办事。这些重要论断为改革开放时期我们党提出经济体制改革、对外开放、社会主义市场经济体制等做了重要的理论储备。

第六，提出发展社会主义文化的方针政策和战略思考，为建设中国式社会主义确定思想指南和文化旨要。

毛泽东首先明确了马克思主义在我国社会主义建设中的根本指导地位，把马克思主义牢固地确立为社会主义思想文化的灵魂。他反复强调，马克思主义是指导我们思想的理论基础："马克思主义的基本原则又是不能违背的，违背了就要犯错误。"④马克思主义不是某一方面工作的指导思想，而是社会主义建设全部工作的根本指针，是当代中国一切发展进步的方向引领和思想保证，任何时候都不能偏离更不能动摇。他亲自主持把马克思列宁主义作为指导思想写进新中国的首部宪法当中，使作为领导阶级的工人阶级的世界观方法论——马克思主义成为社会主义的国家意志，使党的指导思想上升为国家的主流意识形态，形成了中国社会主义文化建设的核心内容和根本原则。他从中国社会主义制度长远发展的战略高度，高度强调共产主义理想信念教育，提出了培养共产主义

---

①《毛泽东文集》第7卷，人民出版社1999年版，第434—441页。

②《毛泽东文集》第8卷，人民出版社1999年版，第34页。

③《毛泽东文集》第7卷，人民出版社1999年版，第41页。

④　同上书，第278页。

接班人的重大历史任务，并提出了"又红又专"的接班人标准。明确提出了社会主义文化发展中判别大是大非的六条根本标准，即有利于团结全国各族人民、有利于社会主义改造和社会主义建设、有利于巩固人民民主专政、有利于巩固民主集中制、有利于巩固共产党的领导、有利于社会主义的国际团结和全世界爱好和平人民的国际团结，并特别强调："这六条标准中，最重要就是坚持社会主义道路和党的领导这两条。"① 这六条标准成为四项基本原则的直接理论源头，邓小平曾明确说过"四项基本原则并不是新的东西，是我们党长期以来所一贯坚持的"②。毛泽东创造性地提出了繁荣发展社会主义文化的根本方针，他指出："百花齐放，百家争鸣，这是一个基本性的同时也是长期性的方针，不是一个暂时性的方针。"③ 他提出要做到"古为今用、洋为中用"，继承和吸收古今中外一切有益的科学文化知识。他高度重视科学技术在社会主义建设中的极端重要性，明确提出了"向科学进军"的口号，并把科学技术现代化作为社会主义现代化的重要组成部分。他充分肯定知识分子在社会主义建设中的地位作用，明确提出我国知识分子的大多数已经是中国工人阶级的组成部分，要实现达到世界先进水平的伟大目标，"决定一切的是要有干部，要有数量足够的、优秀的科学技术专家"④。

第七，规定中国外交工作总的方针政策，为建设中国式社会主义争取有利的外部环境。

毛泽东提出了"互相尊重主权和领土完整、互不侵犯、互不干涉内政、平等互利、和平共处"的五项原则，确定了新中国处理国际关系的根本原则。在世界总体格局上，提出了"三个世界"划分的战略思想，认为中国作为第三世界国家，要加强同广大第三世界国家的团结，争取第二世界国家，反对超级大国的控制，反对殖民主义、帝国主义和霸权主义，中国现在不是，将来也决不做超级大国，着力改善和发展同新兴民族独立国家尤其是邻近国家的关系。在党际关系上，强调各个国家的共产党是兄弟党而不是父子党关系，各国共产党应该根据本国的具体国情确定自己的路线方针政策，在社会主义阵营中，各国应该独立自主地探索符合自身国情的社会主义道路。在依靠自己和借鉴外国经验的关系上，提出了自力更生为主、争取外援为辅的基本路线，强调必须破除迷信，独立自主地干工业、干农业、干科技革命和文化革命，打倒奴隶思想，埋葬教条主义，要认真学习外国的好经验，也一定要研究外国的坏经验。毛泽东坚持独立自主的外交方针，为维护国家主权，同美国、苏联等超级大国进行斗争，坚决反对美国炮制的"两个中国"的阴谋，顶住来自苏联的压力，合理调整社会主义阵营中的党际国际关系；全面改善同周边国家的关系，和平解决同西南邻国的边界问题；妥善处理同世界范围内三种力量的关系，积极发展同广大发展中国家特别是亚非拉国家的友好合作关系；经过长时间艰苦的外交斗争，在 1971 年第 26 届联合国大会上成功恢复中华人民共和国在联合国的一切合法权利，取得了外交工作的重大突破；在反对大国霸权主义的前提下，同法国、加拿大、意大利、英国、日本等西方大国展开全面外交，并成功启动了中美关系正常化的历史进程。这些重大成果，极大地改善了中国的安全环境，拓展了中国外交活

---

① 《毛泽东文集》第 7 卷，人民出版社 1999 年版，第 234 页。
② 《邓小平文选》第 2 卷，人民出版社 1994 年版，第 165 页。
③ 《毛泽东文集》第 7 卷，人民出版社 1999 年版，第 278 页。
④ 同上书，第 2 页。

动的舞台，为开展社会主义建设创造了比较好的国际环境，为新时期的改革开放和更加积极地参与国际事务创造了前提基础。

第八，坚持中国共产党在中国社会主义建设中的领导核心地位，为建设中国式社会主义提供重要的组织保证。

毛泽东深刻论述了中国共产党在社会主义建设中的重要地位，强调党是全国人民的领导核心，是领导中国社会主义建设事业的核心力量，任何时候都必须坚持中国共产党的领导。党的七届二中全会上，他就告诫全党同志要牢记"两个务必"。新中国成立以后，针对中国共产党夺取政权后的形势和特点，及时提出了加强执政党建设的紧迫任务，强调要始终警惕和预防共产党变质变色。高度重视党的制度建设，强调维护和发展民主集中制，发展党内民主，加强党内监督，加强集体领导，反对个人崇拜，维护党的团结统一，初步提出了废除领导干部终身制的设想，并明确提出自己希望退出领导岗位，提出了在中央领导中设置一线、二线，推行党代表常任制和领导干部任期制。他还提出了思想工作是一切工作的生命线等科学论断，大力加强党的作风建设、思想建设，强调必须始终贯彻党的群众路线，密切联系群众，反对主观主义、宗派主义和官僚主义，全面推进党的建设伟大工程。

三　积累社会主义建设正反两方面的经验教训，为中国特色社会主义提供宝贵经验

在中国搞社会主义建设是前无古人的事情，必须要在实践中边实践、边探索、边总结、边发展。1961年6月12日，毛泽东在中共中央扩大会议上就谈道："社会主义谁也没有干过，没有先学会社会主义的具体政策而后搞社会主义的。我们搞了十一年社会主义，现在要总结经验。"[①] 在探索中不可能一帆风顺，失误在所难免，失误的教训也是宝贵经验。1963年9月3日，他曾谈道："我们有两种经验，错误的经验和正确的经验。正确的经验鼓励了我们，错误的经验教训了我们。"[②] 毛泽东在探索中既留下了成功的经验也留下了失误的教训，这两方面都为当今中国特色社会主义建设积累了宝贵经验和重要启示。

第一，毫不动摇地坚持马克思主义指导，坚持不懈地推进马克思主义中国化。

在全国人大第一次代表大会上，毛泽东明确指出，指导我们思想的理论基础是马克思列宁主义。从那时起，马克思主义就一直写在宪法当中，成为指导中国人民建设社会主义的光辉旗帜。正是坚持马克思主义的普遍原理同中国具体实际的有机结合，我们党开始独立自主地探索社会主义建设道路，取得了重大成就并不断纠正探索中的失误，在新的历史时期成功开辟了中国特色社会主义道路。进一步推进中国特色社会主义发展，必须毫不动摇地坚持马克思主义的指导地位，夯实党和国家发展的理论基础，任何企图搞指导思想多元化的主张都是错误的。同时，必须科学地而不是教条主义地对待马克思主义，着力用马克思主义的基本原理来解决发展中的矛盾和问题，提出新的思想、观点和论断，与时俱进地发展马克思主义，不断形成马克思主义中国化的理论创新成果，以

---

① 《毛泽东文集》第8卷，人民出版社1999年版，第276页。
② 同上书，第338页。

不断创新的中国化的马克思主义指导不断前行的实践。

第二，始终不渝地坚持中国共产党的领导，不断提高执政党建设的科学化水平。

在探索中国社会主义建设道路的过程中，毛泽东反复强调，领导我们事业的核心力量是中国共产党。党的领导核心地位，不是自封的，而是历史的选择、人民的选择。党领导人民建立了人民民主专政的国家政权，真正实现人民当家作主，建立了社会主义制度，实现了中国历史上最深刻的社会变革，并经过艰辛探索开创了中国特色社会主义的伟大事业。中国共产党是当代中国一切发展进步的坚强领导核心，进一步推进中国特色社会主义发展，必须始终不渝坚持和巩固党的领导，充分发挥党总揽全局、协调各方的领导核心作用，任何企图搞多党制，动摇党的领导地位的主张都是错误的。同时，必须不断提高党的建设的科学化水平，保持党的先进性和纯洁性，增强党的创造力、凝聚力、战斗力，改进党的领导方式和执政方式，提高党科学执政、民主执政、依法执政水平，建设学习型、服务型、创新型的马克思主义执政党，确保党始终成为中国特色社会主义事业的坚强领导核心。

第三，坚定不移地走社会主义道路，牢固树立中国特色社会主义共同理想。

只有社会主义才能救中国，这是中国人民从近代以来救国救民的艰辛探索和革命建设改革的实践中得出的不可动摇的历史结论，中国离开社会主义必然退回到半封建半殖民地的落后挨打的状态。改革开放以来，我们党成功开辟了中国特色社会主义道路，社会主义在中国获得了巨大成功，取得了举世瞩目的辉煌成就。中国特色社会主义是当代中国发展进步的根本方向，只有中国特色社会主义才能发展中国，越来越成为全体中国人民的集体共识，企图走封闭僵化的老路，或者改旗易帜的邪路，都是极端错误的。正如习近平总书记所说："中国特色社会主义在本质上是科学社会主义而不是其他什么主义"，"是科学社会主义理论逻辑和中国社会发展历史逻辑的辩证统一，是根植于中国大地、反映中国人民意愿、适应中国和时代发展进步要求的科学社会主义"。任何企图放弃科学社会主义的基本原则，用其他的各种"主义"、"理论"来解释甚至取代中国特色社会主义的主张都是必须坚决反对的。

第四，加强和巩固人民民主专政，为中国特色社会主义发展提供最可靠的保障。

人民民主专政的国家政权，是中国人民发展中国特色社会主义的根本保障。人民民主专政从根本上说就是对人民实行民主、对敌人实行专政，没有人民民主专政，我们就不可能保卫从而也不可能建设社会主义。发展中国特色社会主义民主政治，必须坚持党的领导、人民当家作主、依法治国有机统一，以保证人民当家作主为根本，以增强党和国家活力、调动人民积极性为目标，扩大社会主义民主，加快建设社会主义法治国家，发展社会主义政治文明。但是，发展社会主义民主并不是要弱化甚至消除对敌视和破坏社会主义的势力的专政。我们正处于改革开放的关键时期，一些敌视和反对社会主义的势力乘势骚动，西方敌对势力也加紧对我进行西化、分化，制造民族分裂，危害社会稳定，形成了特殊形式的阶级斗争。对于这些企图反对和颠覆社会主义的势力，必须实行人民民主专政，否则中国特色社会主义的事业就会受到冲击。

第五，紧紧抓住经济建设这个中心不放松，把发展社会主义社会生产力作为根本任务。

当年，毛泽东及时领导党和国家把工作重心转移到以经济建设为中心的社会主义建设上来，大力发展社会生产力。后来一度偏离了以经济建设为中心的正确轨道，走了一些弯路。改革开放以来，我们党明确提出，贫穷不是社会主义，发展才是硬道理，必须坚持以经济建设为中心、坚持改革开放、坚持四项基本原则的基本路线，使我国的经济社会发展不断实现新的飞跃。进一步推进中国特色社会主义发展，必须把解放和发展社会生产力作为根本任务，坚持以经济建设为中心为兴国之要，推动经济持续健康发展，筑牢国家繁荣富强、人民幸福安康、社会和谐稳定的物质基础。任何企图动摇以经济建设为中心、更换中心或搞"多中心论"的主张都是错误的，必须坚决反对。

第六，一刻也不能忘记和放松党的意识形态和宣传思想工作，不断巩固和强化全党全国人民发展中国特色社会主义的共同思想基础。

历史经验表明，经济工作搞不好，要出大问题；意识形态工作抓不好，也要出大问题。经济建设是中心工作，必须紧紧抓住不松劲，意识形态工作同样也不能有丝毫松懈。在以经济建设为中心工作的同时，必须大力抓好党的意识形态和宣传思想工作，抓好全党全国人民的思想道路建设，抓好社会主义核心价值观建设，筑牢全党全国人民团结奋斗、发展中国特色社会主义的思想理论基础。

第七，必须从社会主义初级阶段的基本国情出发制定路线方针政策，以最大的政治勇气推进改革开放。

科学认识和把握基本国情，是正确制定路线方针政策的根本依据和出发点。什么时候能够正确地科学地把握基本国情，什么时候社会主义建设事业就能够顺利发展，相反则会遭遇到曲折甚至严重挫折。毛泽东在民主革命时期就指出："认清中国社会的性质，就是说，认清中国的国情，乃是认清一切革命问题的基本的依据。"① 革命如此，建设和改革更是如此。改革开放以来，我们党科学把握基本国情，明确提出我国仍处于并将长期处于社会主义初级阶段，从这个最大的实际出发制定政策，推进各个方面的改革发展。立足于社会主义初级阶段的基本国情，我们必须把改革开放作为坚持和发展中国特色社会主义的必由之路，把改革创新精神贯彻到治国理政各个环节，以更大的政治勇气和智慧，发展和完善以公有制为主体、多种所有制经济共同发展的基本经济制度，把社会主义制度同市场经济结合起来，发展和完善社会主义市场经济体制；与此同时，不断推进政治、文化、社会等各方面改革创新，实现社会主义制度的自我完善和发展。

第八，把尊重历史规律同尊重群众首创精神结合起来，形成发展中国特色社会主义的历史合力。

社会主义建设是一项十分艰巨复杂的宏大历史工程，必须尊重客观规律，按照经济建设的规律办事。社会主义又是一项群众性的事业，必须充分尊重人民群众的创造性。毛泽东能够及时提出把工作重心转移到经济建设上来，把发展社会主义生产力作为工作中心，提出价值法则是一所大学校，必须学习经济规律。他能够适时地把广大群众建设社会主义的热情转化为行动，掀起社会主义建设的高潮。调动一切积极因素、团结一切可以团结的力量，把我国建设成为伟大的社会主义强国，为中华民族的发展振兴和人类的和平发展做出更大贡献，是毛泽东在探索中国社会主义建设中特别强调的基本方针。毛泽东同样告诉我们，不尊重历史发展的客观规律就会片面夸大人的主观能动性而陷入主观主义，不尊重群众的创造性就会错失发展机遇，这两种做法都会使社会主义建设遭遇严重挫折。发展中国特色社会主义，必须尊重历史发展的客观规律，科学制定发展战

---

① 《毛泽东选集》第 2 卷，人民出版社 1991 年版，第 633 页。

略和方针政策，同时必须尊重人民群众的首创精神，牢牢坚持人民主体地位，实现客观与主观的良性互动，形成推进中国特色社会主义发展进步的历史合力。

第九，勇于纠正工作失误并及时总结经验教训，推动中国特色社会主义健康发展。

由于缺乏历史经验和各种因素的影响，毛泽东在社会主义建设道路探索中出现过一些严重曲折。作为一个真正的马克思主义者，毛泽东勇于面对错误、挫折，并努力纠正工作失误。他多次进行纠偏努力，大力提倡调查研究，充分发扬党内民主和人民民主，吸收各方面智慧，带头进行自我批评，勇于改正工作失误，较好地实现了国民经济的恢复调整，极大地减轻了失误带来的损失，使社会主义建设总体上走在健康发展的道路上。当然，由于在对国内主要矛盾的判断出现了重大偏差，60年代中期以后又遭遇了更严重的挫折，虽然毛泽东多次试图纠正，但没有从根本上改变。改革开放后，我们党充分吸取了这个经验教训，使中国特色社会主义事业日益兴旺发达，中国特色社会主义道路越走越宽。如今，改革开放事业又到了一个关键时期，当代中国共产党人既不能幻想失误不会出现，也不能在失误面前惊慌失措或刻意回避，而是要敢于知错认错纠错，及时总结经验教训，以发展着的马克思主义指导新的实践，不断增强发展的科学性和规范性，把中国特色社会主义事业进一步推向前进。

第十，深入探索社会主义建设的科学方法，完善中国特色社会主义的总布局。

分析把握和正确处理社会主义建设中的重大关系，是毛泽东留给后人最可宝贵的重要经验之一。改革开放以来，我们党坚持和发展了这个宝贵经验，正确认识和妥善处理中国特色社会主义事业中的重大关系，统筹改革发展稳定、内政外交国防、治党治国治军各方面工作，统筹城乡发展、区域发展、经济社会发展、人与自然和谐发展、国内发展和对外开放，统筹各方面利益关系，形成了良好的发展局面。在进一步推进中国特色社会主义事业的进程中，我们应该更加自觉地探索改革发展的科学方法，坚持全面协调可持续的科学发展，全面落实并不断完善经济建设、政治建设、文化建设、社会建设、生态文明建设五位一体的总布局，促进社会主义现代化建设各方面相协调，促进生产关系与生产力、上层建筑与经济基础相协调，不断开拓生产发展、生活富裕、生态良好的文明发展道路。

当前，我国已经站在实现社会主义现代化和中华民族伟大复兴的新的历史起点上，党的十八大全面系统地提出了发展中国特色社会主义的八项基本要求，即必须坚持人民主体地位、解放和发展社会生产力、推进改革开放、维护社会公平正义、走共同富裕道路、促进社会和谐、和平发展、党的领导。这些基本要求揭示了中国特色社会主义建设中最本质的东西，体现了共产党执政规律、社会主义建设规律、人类社会发展规律，显示了中国共产党对中国特色社会主义规律的深度把握，对我国全面建成小康社会的各项工作，具有重大而长远的指导意义。我们一定要毫不动摇地牢牢把握坚持和发展中国特色社会主义的基本要求，努力把中国特色社会主义事业推向前进，为实现社会主义现代化和中华民族伟大复兴的"中国梦"而努力奋斗，创造中国人民和中华民族更加幸福美好的未来。

没有毛泽东对中国特色社会主义的奠基工作和先行探索，就没有中国特色社会主义的今天；同样，没有中国特色社会主义的今天，毛泽东开创的社会主义建设事业就不会持续发展。

（原载《中国社会科学报》2013年10月16日总第511期）

深入学习党的十八大精神　要在五个"深刻领会"上下功夫

冷　溶[*]

习近平总书记在十八届中央政治局第一次集体学习时，发表了重要讲话。这篇讲话是对十八大报告的精辟解读。讲话围绕坚持和发展中国特色社会主义这条主线，提出了五个"深刻领会"的要求。搞清楚这五个问题，对于全党进一步深入学习宣传贯彻十八大精神，具有重要指导作用。

一　深刻领会中国特色社会主义是党和人民长期实践取得的根本成就，进一步坚定理想信念

从建党九十多年的历史来总结和阐述中国特色社会主义，是十八大报告一个显著特点。"中国特色社会主义是改革开放新时期开创的，也是建立在我们党长期奋斗基础上的。"怎样理解这句话？

从党长期奋斗的历史来看，能够更加深切感受到中国特色社会主义的来之不易。正像讲话指出的，中国特色社会主义是我们党带领人民历经千辛万苦、付出各种代价、接力探索取得的，承载着几代中国共产党人的理想和探索，寄托着无数仁人志士的夙愿和期盼，凝聚着亿万人民的奋斗和牺牲。这些充满感情的话，读起来令人震动，使人感动。对中国特色社会主义这个我们党九十多年奋斗取得的根本成就，我们一定要倍加珍惜，始终坚持，不断发展。

从党长期奋斗的历史来看，能够更加充分认识到中国特色社会主义的深厚根基。中国特色社会主义是一代一代人接力探索的成果，凝聚着以毛泽东、邓小平、江泽民同志为核心的党的三代中央领导集体和十六大以来以胡锦涛同志为总书记的党中央作出的历史性贡献。十八大报告用四段沉甸甸的话来说明这个问题，高度概括了每一时期我们党的实践成就和理论建树，勾勒出了中国特色社会主义每一步的发展历程。

从党长期奋斗的历史来看，能够更加增强全党对中国特色社会主义的坚定信念。中国特色社会主义是中国共产党和中国人民团结的旗帜、奋进的旗帜、胜利的旗帜。这是历史和实践得出的基本结论。习近平同志用两个"不可逆转"，对我们党为中华民族作出的历史贡献进行了概括，即：我们党紧紧依靠人民，从根本上改变了中国人民和中华民族的前途命运，"不可逆转地结束了近代以后中国内忧外患、积贫积弱的悲惨命运"，

* 冷溶：中共中央文献研究室主任，中国社会科学院学部委员。

"不可逆转地开启了中华民族不断发展壮大、走向伟大复兴的历史进军"。全党之所以对中国特色社会主义充满道路自信、理论自信、制度自信，根本原因就在这里。

二　深刻领会中国特色社会主义是由道路、理论体系、制度构成的，全面系统地掌握中国特色社会主义的丰富内涵

什么是中国特色社会主义？十八大报告从道路、理论体系、制度这三个方面作了充分回答。同时指出：道路是实现途径，理论体系是行动指南，制度是根本保障。这就点明了中国特色社会主义的实践特色和理论特色。

在道路问题上，讲话强调要兼顾好三个关系。一是以经济建设为中心与全面发展的关系。既要坚持以经济建设为中心，又要全面推进经济建设、政治建设、文化建设、社会建设、生态文明建设以及其他各方面建设。二是两个基本点的关系。既要坚持四项基本原则，又要坚持改革开放。三是效率与公平的关系。既要不断解放和发展社会生产力，又要逐步实现全体人民共同富裕、促进人的全面发展。从改革开放的历程看，这三个关系正是我们在实践中特别需要把握好的重大问题。

在理论体系问题上，讲话着重阐述了中国特色社会主义理论体系与马列主义、毛泽东思想的关系，明确指出它们是坚持、发展和继承、创新的关系。讲话重申了我们党从十五大以来就一直讲的一段话："马克思列宁主义、毛泽东思想一定不能丢，丢了就丧失根本。同时，一定要以我国改革开放和现代化建设的实际问题、以我们正在做的事情为中心，着眼于马克思主义理论的运用，着眼于对实际问题的理论思考，着眼于新的实践和新的发展。"再次强调这个问题，就是要求全党牢牢树立对待马克思主义的科学态度，正确处理坚持和发展的关系，坚持正确理论方向，不断研究新情况、解决新问题，始终保持党的理论创造活力。

在制度问题上，讲话强调要坚持和完善中国特色社会主义制度。指出：中国特色社会主义制度是特色鲜明、富有效率的，要充分发挥我们的制度优势。但同时也要看到，我们的制度还不是尽善尽美、成熟定型的，要坚持和完善现有制度，及时制定一些新的制度，构建系统完备的制度体系。十八大报告对中国特色社会主义各方面的制度建设提出了明确要求，这是今后改革的一个重点任务。

三　深刻领会建设中国特色社会主义的总依据、总布局、总任务，准确把握中国特色社会主义的真谛和要义

这"三个总"，是十八大报告的新概括，是我们在社会主义建设长期实践中形成的最基本的认识，抓住了怎样建设社会主义最关键、最核心的问题。

"强调总依据，是因为社会主义初级阶段是当代中国最大的国情、最大的实际。"这是我们推进改革开放、搞中国特色社会主义的立足点，任何情况下都不能忘记。关于如何理解党在社会主义初级阶段的基本路线，习近平同志讲了一段很深刻、很精辟的话："我们在实践中要始终坚持'一个中心、两个基本点'不动摇，既不偏离'一个中心'，也不偏废'两个基本点'，把践行中国特色社会主义共同理想和坚定共产主义远大理想

统一起来，坚决抵制抛弃社会主义的各种错误主张，自觉纠正超越阶段的错误观念和政策措施。"这段话很有针对性，把坚持党的基本路线所涉及的理论和实践问题都讲到了。

"强调总布局，是因为中国特色社会主义是全面发展的社会主义。"党的十八大提出"五位一体"，把生态文明建设纳入中国特色社会主义事业总体布局。这是社会主义事业发展到一定阶段的必然要求，是实现更高水平现代化的必然要求，反映了我们的发展程度更高了，也反映了我们的认识程度更高了。这是我们党对社会主义建设规律在实践和认识上不断深化的重要成果。

"强调总任务，是因为我们党从成立那天起，就肩负着实现中华民族伟大复兴的历史使命。"民族复兴是我们的"中国梦"。这个目标最有凝聚力，最具感召力。我们党的庄严使命、改革开放的根本目的、我们国家的奋斗目标，都聚焦于这个总任务、归结于这个总任务。这个总任务是一步步实现的，在不同时期有不同的目标。我们既要不忘大目标，又要脚踏实地，当前就是要把全面建成小康社会的任务完成好。现在我们比历史上任何时期都更接近中华民族伟大复兴的目标，只要紧紧扭住这个总任务，一代一代锲而不舍地干下去，中华民族伟大复兴这个"中国梦"一定会成为伟大而光辉的现实。

四　深刻领会夺取中国特色社会主义新胜利的基本要求，深化对中国特色社会主义规律的认识

对十八大报告提出的八项基本要求，习近平同志在几次讲话中都作了高度评价。指出：这些基本要求，是最本质的东西，是体现规律的东西，表明我们党对中国特色社会主义规律的认识达到了新水平。这就把八项基本要求的理论意义讲清楚了。我们党总结概括过社会主义初级阶段党的基本路线、基本理论、基本纲领、基本经验，现在又概括了基本要求，进一步丰富了中国特色社会主义的理论内涵，从原来讲的"四基本"变成了"五基本"。习近平同志强调，这"五基本"是管全局、管方向、管长远的，一定要深刻领会，认真贯彻。

很显然，这八项基本要求，既是对历史经验的总结，更是对新鲜经验的总结，既是针对今天问题讲的，更是着眼今后发展提出来的。讲话特别从面向未来的角度，深刻阐释了八项基本要求的实践意义。指出：这些基本要求，进一步回答了在新的历史征程上怎样才能夺取中国特色社会主义新胜利的基本问题，是对当前我国经济社会发展中存在的突出问题、改革攻坚和加快转变经济发展方式面临的难点问题、干部群众普遍关注的热点问题的积极回应，是对我国进入全面建成小康社会决定性阶段改革发展稳定、内政外交国防、治党治国治军的正确指引。党的十八大对各项工作的谋划和部署都是遵循和体现这些基本要求的。领会了这些基本要求，就能深刻理解党中央关于全面建成小康社会的新要求和"五位一体"的战略布局。

五　深刻领会确保党始终成为中国特色社会主义事业的坚强领导核心，更加自觉有力地抓好党的自身建设

讲话重点讲了坚定理想信念、保持党同人民群众的血肉联系、反对腐败问题。这三

个方面都很受党内外关注。问题抓得准，道理讲得明白，发人深省。

讲话强调坚定理想信念，用了一个很形象的比喻：理想信念就是共产党人精神上的"钙"，没有理想信念，理想信念不坚定，精神上就会"缺钙"，就会得"软骨病"。讲理想信念，首先理论上要坚定清醒。现在信息化快速发展，思想多元已经成为现实，这当然也反映到了党内，反映在党的各级干部中。对任何一件事情、任何一种观点，都可能会有不同的看法，甚至是完全相反的意见。但对党的领导干部来讲，思想不能乱，在对重大理论问题的认识上不能多元化。

这就提出了一个遵守政治纪律的问题。我们不可能，也不必要在所有问题上都要求大家认识一致，但在一些基本的理论问题上要统一思想，不能与党离心离德。这些基本问题，主要有这样几个方面：一是要坚持马克思主义的立场观点方法。二是对毛泽东思想、邓小平理论、"三个代表"重要思想和科学发展观要真心拥护，努力学习。三是对中国特色社会主义的一些基本观点要深刻理解和掌握，如社会主义本质论、社会主义初级阶段论、社会主义市场经济论等，要坚持党的基本路线不动摇。四是对党史上的重大问题要有正确认识，要按照两个历史决议来评价。对这些基本的东西，党的领导干部认识要一致，要坚定，不能模糊，更不能有违背的地方。十八大报告强调：要严肃党的纪律特别是政治纪律，形成全党上下步调一致、奋发进取的强大力量。这一点非常重要。

党的十八大以后，习近平同志在不同会议、不同场合，发表了多次重要讲话，全党全社会反响热烈。这些讲话都是对十八大精神从各个方面、各个角度进行的深刻阐发。我们要把学习十八大报告同学习习近平同志这些重要讲话结合起来，围绕坚持和发展中国特色社会主义，更加深刻地学习理解十八大精神，更加有力地推动十八大精神的贯彻落实。

（原载《求是》2013 年第 5 期）

关于党史研究的理论指导问题

欧阳淞*

科学理论指导是进行一切科学研究的前提，也是开展包括历史研究在内的社会科学研究的前提。就党性和科学性都很强的中共党史研究而言，要不断深化和发展，使其更好地发挥资政育人作用，尤其应当把解决理论指导和理论思维问题放在首位。

为什么提出党史研究的理论指导问题

党史研究是一门研究中国共产党历史、从党的活动揭示党的事业和党自身发展规律，进而揭示近现代中国社会运动规律的科学。在党史研究中，坚持以科学理论为指导，至关重要。

第一，开展哲学社会科学研究需要科学理论指导。马克思主义对哲学、政治经济学、社会主义理论进行了革命性的变革和创造性的发展，成为科学理论的集中代表。马克思主义诞生以来，许多在世界范围内影响卓著的社会科学家的学说都同它有着千丝万缕的联系。当代公认的在国际上最有影响的学者，包括法国的解构主义大师德里达、德国最有影响的思想家哈贝马斯、英国著名社会学家和政治学家吉登斯等，都是各自学科领域的学术大师，都对马克思的思想在相当程度上持肯定态度。对于中国的哲学社会科学研究来说，坚持马克思主义指导尤为重要。运用马克思主义研究哲学社会科学，不仅可以解决为什么人服务的价值观问题，还可以解决怎样观察和分析研究客观事物的世界观方法论问题。凡带意识形态属性、政治属性的学科必须以马克思主义为指导，这是不言自明的事情。即使是那些不带意识形态属性、政治属性的学科，马克思主义也具有指导其树立正确世界观、人生观、价值观的功能，帮助研究人员树立正确的政治方向和学术导向。

第二，进行历史研究需要科学理论指导。研究历史，不仅要回答一个"是什么"的问题，还要回答"为什么"的问题。只有运用马克思主义的立场观点方法去分析历史，才能够揭示本质、总结经验、把握规律、明辨是非，使历史得到更清楚、更准确、更全面、更辩证的反映和解释。能否更好地运用马克思主义指导研究，是历史科学能否健康发展的关键。法国年鉴学派大师布罗代尔指出："就像二加二等于四一样，马克思是当代历史科学的奠基人。"英国著名史学家巴勒克拉夫分析道："今天仍保留着生命力和内在潜力的唯一的'历史哲学'，当然是马克思主义。"在中国，

* 欧阳淞：中共中央党史研究室原主任，中国中共党史学会会长，中国中共党史人物研究会会长，全国党建研究会副会长。

李大钊开创了运用唯物史观观察历史和现实的史学方法，老一辈马克思主义史学家郭沫若、吕振羽、范文澜、陈垣、吕思勉、胡绳等都是在接受马克思主义之后，运用马克思主义世界观、方法论指导历史研究，说明并解决了许多重大学术问题，才使学术研究在原有基础上焕发新的生机和活力的。

第三，党史学科特点决定党史研究必须坚持科学理论指导。中共党史学是带有鲜明政治学特点的历史学科，具有历史学和政治学双重性质。说它是历史学，是因为它主要不是研究中国共产党的一般理论，而是研究中国共产党的历史的，是一个大的专门史；它主要不是从政治学的角度进行研究，而是从历史学的角度进行研究。说它具有政治学属性，是因为与其他历史学科相比，它具有更强的政治性、理论性、现实性特点。这就决定了它需要有更明确的立场意识、党性意识、服务意识，更需要坚持以科学理论为指导。

党史学科自身发展史，就是运用马克思主义指导党史研究的历史。党成立后不久，就开始对自己的历史进行记录和反思。这种记录和反思，一开始就是在马克思主义指导下进行的。如蔡和森的《中国共产党党史的发展》、张闻天的《中国现代革命运动史》等。在毛泽东思想指导下通过的党的第一个历史决议，对于总结党的历史经验、统一全党思想发挥了巨大作用。新中国成立后，各种以马克思主义为指导的党史研究成果大量涌现，胡乔木的《中国共产党的三十年》就是其中的代表。改革开放以来，以马克思主义为指导的党史研究取得巨大成绩。整理出版了大量原始档案材料，涌现了《中国共产党历史》第一卷、第二卷，《中国共产党的七十年》等大量高水平的党史权威著作，创建和完善了中共党史学学科体系。这一时期党中央作出的第二个历史决议，成为运用马克思主义总结党的历史的新的纲领性文献。同时，也要清醒地看到，当前党史研究的理论水平还有待提高，内容还有待拓展，方法还有待改进。党史研究和宣传还不时受到历史虚无主义、历史唯心主义等错误思潮的干扰。这就需要我们更加坚定地以科学理论为指导。

坚持以哪些科学理论指导党史研究

坚持以科学理论指导党史研究，至少包括以下三个方面。

第一，坚持以马克思主义基本原理为指导。马克思主义的基本原理及世界观方法论，是从实践中总结出来并且已被实践所反复证明了的科学理论，理应成为党史研究的指导思想。要坚持运用马克思主义基本原理去分析历史，总结新的规律性认识。

第二，坚持以马克思主义中国化的两大理论成果为指导。我们党在领导中国革命、建设、改革的实践中，把马克思主义基本原理同中国实际和时代特征结合起来，不断推进马克思主义中国化，实现了两次历史性飞跃，形成了两大理论成果——毛泽东思想和中国特色社会主义理论体系。站在新的思想高度深化党史研究，必须坚持以两大理论成果为指导，唯有如此，才能准确再现历史原貌，深刻揭示历史发展规律，从理论逻辑和历史逻辑的辩证统一中，深刻认识和正确把握党的历史发展的主题和主线、主流和本质。

党的路线方针政策是党的科学理论的具体化。坚持以党的路线方针政策为指导是坚持科学理论指导的具体体现。党的路线方针政策不仅是党史研究的对象，更是影响党史研究方向、科学总结和正确评价党的历史的坐标和依据。今天的党的路线方针政策，还是观察和评价历史上的路线方针政策的显微镜和参照系。因此，党史研究工作者必须注重党的路线方针政策的学习和运用。

第三，坚持以马克思主义史学理论为指导。马克思主义史学理论是以唯物辩证法和唯物史观为指导，将历史学本身作为研究对象而得出的系统化的理性认识。它重点探讨诸如历史学的性质、对象、任务、特点，历史学的功能，历史材料的收集鉴别，历史著述的编撰，历史认识的检验，史家应有的基本素养等问题。坚持以马克思主义指导党史研究，既要坚持唯物史观的基本原理，又要坚持马克思主义史学理论的指导地位。

改革开放以来，党史研究在科学理论指导下，形成了一系列新的规律性认识，积累了一些新的经验：必须坚持围绕中心、服务大局，充分发挥党史以史鉴今、资政育人的作用；必须坚持党性原则和科学精神统一，正确处理好政治和学术的关系，实事求是地研究和宣传党的历史；必须立足当前、着眼长远，既做好"治史"工作，也注意做好"存史"工作；必须重视党史研究队伍建设，提高整体素质，同时坚持"开门办史"，形成党史研究的合力。这些经验，是对中国马克思主义史学理论的发展，是构成中共党史学的重要内容，也是今后开展党史研究必须继续坚持的重要指导原则。

坚持以科学理论指导解决党史研究的根本问题

坚持科学理论指导，最重要的就是坚持马克思主义的世界观方法论，用马克思主义立场观点方法分析和解决问题。

第一，运用科学理论指导，坚定党史研究的立场。毛泽东同志指出："为什么人的问题，是一个根本的问题，原则的问题。""我们是站在无产阶级的和人民大众的立场"这种宣示，是对马克思主义立场观的准确概括。马克思指出："哲学把无产阶级当作自己的物质武器，同样，无产阶级也把哲学当作自己的精神武器。"正是站在最先进的工人阶级立场上，马克思、恩格斯贡献其毕生精力和智慧，探求无产阶级和全人类的解放道路，给世界带来巨大变化和福音。中国共产党是中国工人阶级的先锋队，同时是中国人民和中华民族的先锋队，是中国最广大人民利益的忠实代表，党的立场同工人阶级和人民群众的立场具有根本的一致性。坚持科学理论的指导，必须牢牢站稳党和人民的立场，这是一个关系党史研究根本方向的首要问题。

第二，运用科学理论指导，端正党史研究的观点。马克思主义观点和马克思主义基本原理具有内在的一致性。坚持科学理论对党史研究的指导，要坚持马克思主义的基本观点。一是世界普遍联系永恒发展的观点。马克思主义认为世界是客观存在的，是普遍联系和永恒发展的。坚持这一观点，要求我们善于分析历史事实的具体存在和内在联系，确立整体性、开放性观念。二是社会存在决定社会意识的观点。把意识现象归结于社会存在是马克思主义最基本的观点。坚持这一观点，要求我们在分析历史事件和历史思潮时，要注重分析其社会历史背景，尤其是经济社会条件。三是人民群众是历史创造者的观点。马克思主义肯定人民群众对历史发展的最终决定作用，同时也承认英雄人物、领袖人物在社会发展中的重要作用。坚持这一观点，要求我们在研究党史时就要做到胡乔木所说的"四面八方"，不但要注重反映党和党中央的活动，还要充分反映人民群众、跟党合作的朋友和广大党员的活动。

第三，运用科学理论指导，丰富党史研究的方法。恩格斯说："马克思的整个世界观不是教义，而是方法。它提供的不是现成的教条，而是进一步研究的出发点和供这种研究使用的方法。"深化党史研究必须强化方法论意识，只有运用科学的方法，才能拓展研究领域，提升研究水平。马克思主义的方法有很多，其中，基本的方法有四种：一是透过现象看本质的方法。这一方法引导我们既不脱离现象去凭空认识事物的本质，又不使认识停留在表面现象上，而是透过历史现象去抓住历史的本质。二是阶级分析方法。运用马克思主义关于阶级和阶级斗争的理论，运用阶级分析方法，观察分析历史现象和历史活动，才能取得接近历史本质的理解和认识。在党史研究特别是民主革命时期党史研究中，我们应当理直气壮地坚持运用这种方法。三是具体问题具体分析的方法。详细分析历史事实发生的时间、地点、主客观条件等因素，以期取得更全面、更准确的理解和认识。四是历史与逻辑统一的方法。历史从哪里开始，思维进程也就应当从哪里开始，而思维进程的进一步发展不过是历史过程进一步发展的反映。只有坚持这一方法，才能从研究历史现象中获得对于历史逻辑和发展规律的正确认识。应当指出，马克思主义的方法论是一个完整体系，其运用于党史研究也是一个不断实践的过程，我们既要坚持马克思主义的方法论，又要在实践中不断加以丰富和发展。

切实提高党史工作者的理论素养

中国传统史学对史家理论素养的要求是很高的。"古之所谓良史者，其明必足以周万事之理，其道必足以适天下之用，其智必足以通难知之意，其文必足以发难显之情，然后其任可得而称也。"作为党史研究人员，要在博采众长、继承创新基础上，努力提高自己的史学素养，尤其要注重提高理论素养。主要可从以下几个方面去努力。

第一，坚定信仰。作为党史工作者，一定要坚定对马克思主义的信仰，做到坚持真理、坚持科学、坚持党和人民的立场。马克思主义是世界近现代史上哲学社会科学发展的伟大成果，经受住了实践和时代的考验。实践表明，马克思主义是引领党史研究进一步繁荣发展的正确向导。坚定马克思主义信仰，坚持以马克思主义为指导，始终是繁荣发展党史研究的内在需要，始终是党史研究坚持正确方向的重要前提。

第二，加强学习。学习是提高理论素养的必要条件和重要基础。学习内容是多方面的，我们要特别强调以时代眼光重新学习马克思主义经典著作。马克思主义经典著作凝结着经典作家的心血和智慧，包含着经典作家所汲取的人类探索真理的丰富思想成果，体现着经典作家攀登科学理论高峰的不懈追求和艰辛历程，体现着马克思主义的立场观点方法，可谓博大精深。与此同时，我们还应特别注重马克思主义中国化的理论成果，强调认真学习毛泽东思想和中国特色社会主义理论体系的"经典著作"。还要注意学习中国马克思主义历史学家的经典著作，掌握其运用和发展马克思主义史学理论的经验和方法。

第三，自觉运用。马克思主义提供了历史研究的立场观点方法，为科学研究开辟了广阔道路，但却不能保证研究者可以躺在马克思主义的本本上舒舒服服地摘取科学研究的果实。我们强调以马克思主义为指导，并不是说要简单照搬它的现成结论，用它代替具体的科学研究，用它裁剪丰富多彩的历史现象，而是强调要善于运用它的立场观点方法去分析、研究和解决问题。在党史研究中，我们必须坚持以科学理论为指导，在掌握史料、弄清史实、分析研究上奋发努力。

第四，总结创新。理论来源于实践，又在指导实践中不断发展。我们坚持马克思主义指导党史研究，要注重在实践基础上推进两个方面的创新。一是推进马克思主义创新。通过对党的历史经验进行科学总结，推进理论创新，是我们党的一条成功经验。党史研究应当为这种理论创新作出应有的贡献。二是推进中共党史学理论创新。要注重把党史研究的丰富实践经验进行总结和提炼，从中得出规律性认识，进而指导新的实践。

（原载《光明日报》2013 年 7 月 17 日）

为什么不问苍生问鬼神

——谈保持共产党人世界观的纯洁性

朱维群[*]

当前，有一种怪现象，就是不少共产党员不坚持辩证唯物主义世界观，不坚持马克思主义无神论，特别是有的领导干部也搞起了迷信，不问苍生问鬼神，有的甚至动辄花大把的钱去咨询请教所谓大师、算命先生，在社会上造成很坏影响。这说明，坚持与宣传无神论，批判封建迷信思想在当前显得尤其重要。

我们为什么要坚持无神论？首先，因为我们党的世界观是辩证唯物主义和历史唯物主义，而无神论是这一世界观的重要内容。正是由于坚持无神论的世界观，我们党才能领导人民以自己长期、艰苦的探索和奋斗一步一步改变中国，实现中国人民的解放和富裕，而不是引领人民寄希望于神灵护佑，去追求虚幻的天国和来世；也正是由于坚持无神论的世界观，我们才能用科学理论武装全党的头脑，在90多年的实践中不断深化对中国革命和建设客观规律的认识，而不是乞灵于神的启示和主观主义的臆想。抽掉无神论这一思想基石，党的理论大厦就要垮塌，党的奋斗所取得的一切都成虚妄。

其次，无神论是中国传统文化的基本精神。中国文化有着深厚而又极富特色的无神论传统，出过许多坚持无神论思想的儒者、大家。一代又一代无神论者以他们那个时代所能达到的思想高度，以他们特有的话语体系，引领当时中国人对哲学的根本问题进行理性的思考。他们的努力造就这样一个局面：中国历史上虽然活跃着多种不同宗教，但中国从来不是一个宗教国家，而是一个世俗国家；中华文化虽然含有宗教内容，但不是一种宗教文化。中国宗教本身也由此具有强烈的现实品格，较少神秘主义，较少狂热和极端，更未发生过全局性的宗教战争。有人测算过，全世界60多亿人中，宗教信仰者48亿人左右，不信宗教的约有13亿人，不信宗教的大部分在中国，显然，这与中国文化传统是分不开的。这一特点，是我们党作为无神论的党而能如此自然地从人民中生长起来，得到人民长期支持，取得胜利并长期执政的重要原因。然而，当前国内外一些人极力制造种种谬论，诸如："惟有神论才有信念、有文化、有道德，而无神论则导致社会物欲横流；今天中国道德水准下降的原因是中国人不信宗教特别是不信基督教；中国当务之急是对中国人进行宗教信仰补课"，等等。这些谬论完全不符合中国社会实际。我们要旗帜鲜明地指出：恰恰相反，无神论传统不仅是中国古老文明的重要内容，也是今天中国现代化建设包括道德提升的一大优势。我们当然要学习人类文明的一切优秀成果，但我们决不学习西方的迷信思想，决不放弃自己无神论的特点和优势。

再次，在今日中国，各色装神弄鬼的反科学反理性现象有愈演愈烈之势，危害人

---

* 朱维群：全国政协民族与宗教委员会主任。

民，危害社会，需要从源头上即从世界观上予以清理。应当清醒地看到：一些地方人为助长宗教热，滥建大佛、寺庙，热衷于大规模宗教活动，中央屡禁而不能止；一些地方盖办公楼、装修办公室要请风水先生指点，立"转运石"、"靠山石"，甚至不惜破坏城市规划和环境；形形色色的"大师"、"神医"、"半仙"，你方唱罢我登场，搅起阵阵污泥浊水……而这些愚昧、反科学行为背后，又都有一些党员干部甚至领导干部在推波助澜。有的共产党员不讲科学搞迷信，见了神佛膝盖发软，带头崇拜各色怪力乱神，热衷于烧"第一炷香"、撞"第一声钟"，甚至一边拜神一边贪污，用贪污来的钱供神，从神的"庇佑"中获得贪污行为的精神支撑。这些已成为一道怪异的"风景"。我们不能说有神论世界观就一定导致这些现象发生，但这些现象的世界观根源一定出自对超自然力量的崇拜。我们的社会对这些乱象不是没有治理，但力度不够，迄今基本上限于戳穿一些具体骗局，而没有解决深层次的世界观上的病因。只要我们没有从哲学的高度予以清算，没有使无神论成为多数人至少是党员干部认识世界、改造世界的思想武器，我们就永远不可能建成一个科学昌明的现代社会。

坚持无神论，首先应当是执政党对自身建设的要求。党要不断对党员进行辩证唯物主义和历史唯物主义的教育，要求党员划清唯物主义与唯心主义、无神论与有神论的界限，坚决抵制各种腐朽思想对党的世界观的侵蚀、渗透，并提出纪律要求。这种教育不但要继续坚持，而且要不断加强。我们知道的一些党员干部搞封建迷信案例，大都是在查处其经济问题时带出来的，很少有干部是因搞封建迷信而受到批评、查处的。因此，应当把无神论教育列入党的各项教育活动中。党员不仅要保持政治上、组织上、作风上的纯洁性，还应在世界观上保持纯洁性。这项要求看似简单，但实践起来并不容易。党如果不能坚持自己科学的世界观，就不可能保持住自己的事业。

坚持无神论，要善于做群众的教育和宣传工作。我们宣传无神论，不仅是为了坚持一种科学的学说，更是为了使群众掌握这种认识世界、改造世界的思想武器。只有这一科学学说真正为大多数群众所接受，这种宣传教育才有完全的意义。在《中华人民共和国宪法》中有明确条文规定，国家在人民中进行辩证唯物主义和历史唯物主义教育。我们应抛掉种种无所作为的观点和情绪，自觉主动地把《宪法》的要求与责任承担起来。无神论的教育，也要从青少年抓起，及早进课堂，进教材，进青少年头脑。

坚持无神论，要不断提升无神论教育者队伍的自身水平。作为社会科学的一门学科，无神论有着丰富的历史和哲学内涵，不是说一句"世界上没有任何神灵存在"的话，就可以了事的。无神论教育也需要随着社会的发展和变革，不断用科学的最新成果予以充实、完善、丰富，需要对今天世界范围内无神论与有神论各自发展与影响力消长作出符合实际的分析。因此，无神论教育者需要有丰富的自然科学、人文科学知识，包括宗教学知识，有更为宽阔的世界眼光。

坚持无神论，要始终同坚持与宗教界的统一战线紧密结合。中国革命和建设的历史都充分表明，我们同信教群众在根本利益上的一致性是主要的，在世界观上的差异性是次要的，因此在党的正确的宗教方针政策指引下，是完全可以做到"政治上团结合作，信仰上互相尊重"，共同致力于中国特色社会主义建设的大目标的。无神论教育、宣传绝不是制造信教与不信教群众的对立，而是要使更多的人学会正确看待宗教现象，理性选择自己的世界观，反对境内外一些势力利用信仰问题扰乱社会秩序，搞政治渗透与颠覆。上述种种社会乱象，对社会不利，对宗教也不利，因此我们在反对这些社会乱象的斗争中，完全可以同宗教界结成统一战线。要加强在高校、研究机构中的无神论学科建设，用辩证唯物主义的世界观和方法论科学地、理性地分析宗教现象，对宗教现象给予科学的有说服力的解释，把原则的坚定性同政策的准确性紧密结合起来，这样我们才能说服更多的人坚持科学的世界观，更好地坚持无神论。

（原载《求是》2013 年第 18 期）

中国特色社会主义是对科学社会主义的遵循和发展

党的十八大报告明确指出："中国特色社会主义，既坚持了科学社会主义基本原则，又根据时代条件赋予其鲜明的中国特色，以全新的视野深化了对共产党执政规律、社会主义建设规律、人类社会发展规律的认识，从理论和实践结合上系统回答了在中国这样人口多底子薄的东方大国建设什么样的社会主义、怎样建设社会主义这个根本问题，使我们国家快速发展起来，使我国人民生活水平快速提高起来。"

中国特色社会主义是对科学社会主义的遵循和发展。这种遵循和发展，是一个问题的两个方面，同时存在、相辅相成、缺一不可。那么，它在哪些方面既遵循了科学社会主义，又发展了科学社会主义呢？我认为至少有以下六个方面：

第一，遵循科学社会主义关于共产主义发展分阶段的基本观点，发展形成社会主义初级阶段理论，以及中国共产党在社会主义初级阶段的基本路线，为中国特色社会主义的创立发展奠定基石，提供了总依据和根本指导。

按照马克思主义经典作家对共产主义社会的构想，按照物质文明和精神文明的发展程度，划分为低级阶段和高级阶段。其低级阶段，也就是后来被我们称作"社会主义社会"的发展阶段。但在科学社会主义从理论向实践、从一国向多国的发展中，在实践中又多次发生过高估和超越现阶段的问题。通过认真总结正反两个方面的经验教训，中国共产党逐步认识到社会主义社会也是需要分阶段发展的。首先提出这个问题的是毛泽东。他在总结"大跃进"严重超越阶段的教训中指出："社会主义这个阶段，又可能分为两个阶段，第一个阶段是不发达的社会主义，第二个阶段是比较发达的社会主义。后一阶段可能比前一阶段需要更长的时间。经过后一阶段，到了物质产品、精神财富都极为丰富和人们的共产主义觉悟极大提高的时候，就可以进入共产主义社会了。"[①]

在理论上认识这个问题，是一个进步。而真正从理论与实践的结合上解决这个问题，还是中共十一届三中全会以后。我们逐步认识到，正确认识中国社会现在所处的历史阶段，是中国特色社会主义的首要问题，是制定和执行正确的路线和政策的总依据。由此奠定了邓小平理论的基石，也是中国特色社会主义理论体系的基石，即社会主义初级阶段理论。

这个理论告诉我们：中国正处于并将长期处于社会主义初级阶段。这个论断，包括

---

* 李捷：中国社会科学院副院长，当代中国研究所所长，研究员。

① 毛泽东：《读苏联〈政治经济学教科书〉的谈话》（节选）（1959 年 12 月—1960 年 2 月）。

两层含义。第一，我国社会已经是社会主义社会。我们必须坚持而不能离开社会主义。第二，我国的社会主义社会还处在初级阶段。社会主义初级阶段，是在经济文化落后的中国建设社会主义现代化不可逾越的历史阶段。我国的社会主义建设，必须从我国的国情出发，走中国特色社会主义道路。在现阶段，我国社会的主要矛盾是人民日益增长的物质文化需要同落后的社会生产之间的矛盾。这就决定了社会主义的根本任务是解放和发展社会生产力，不断改善人民生活。由于国内的因素和国际的影响，阶级斗争还在一定范围内长期存在，在某种条件下还有可能激化，但已经不是主要矛盾。我国社会主义建设的根本任务，是进一步解放生产力，发展生产力，逐步实现社会主义现代化，并且为此而改革生产关系和上层建筑中不适应生产力发展的方面和环节。

从这一理论出发，形成了中国共产党在社会主义初级阶段的基本路线。这就是：领导和团结全国各族人民，以经济建设为中心，坚持四项基本原则，坚持改革开放，自力更生，艰苦创业，为把我国建设成为富强民主文明和谐的社会主义现代化国家而奋斗。以经济建设为中心是兴国之要，是党和国家兴旺发达和长治久安的根本要求，必须毫不动摇地坚持发展是硬道理的战略思想；坚持四项基本原则是立国之本，是党和国家生存发展的政治基石；坚持改革开放是强国之路，是党和国家发展进步的活力源泉；总任务是实现社会主义现代化和中华民族伟大复兴。

如今，中共十八大及其以后，进一步确定了"两个一百年"和实现中华民族伟大复兴"中国梦"的中期奋斗目标，强调要把共产主义远大理想同中国特色社会主义实践紧密结合起来，为凝聚中国力量、弘扬中国精神指明了方向。

第二，遵循历史唯物主义的基本观点，发展了科学社会主义需要在改革开放中不断坚持、发展和完善的观点，形成改革开放的基本国策，为中国特色社会主义的创立发展提供了强大动力。

历史唯物主义和剩余价值学说，是科学社会主义的两大基石。按照历史唯物主义的基本观点，人类社会是按照内在规律分阶段从低级向高级不断发展进步的历史。其基本规律，就是生产力决定生产关系、经济基础决定上层建筑。它们之间的决定作用和反作用及其矛盾运动，决定着人类社会发展的基本方向。从这一基本原理出发，科学社会主义揭示了共产主义社会及作为其低级阶段的社会主义社会，在人类社会发展的历史过程中必然要代替资本主义社会的历史总趋势，揭示了作为刚刚脱胎于剥削阶级占统治地位的社会（资本主义社会）的社会主义社会同样也要经过从低级到高级的矛盾运动，因此，社会主义社会本质上就是发展的，改革的。

从这一原理出发，毛泽东根据中国社会主义初步实践，总结提出了社会主义基本矛盾理论和正确处理人民内部矛盾学说，并积累了极其丰富的正反两方面的经验教训。中共十一届三中全会以后，中国共产党坚持和发展科学社会主义基本原理和毛泽东思想，进一步在理论上和实践上确立了改革开放的基本国策。

从这一基本国策出发，我们把推动经济基础变革同推动上层建筑改革结合起来，不断推进政治体制改革，为改革开放和社会主义现代化建设提供制度保证和法制保障。我们坚持和完善公有制为主体、多种所有制经济共同发展的基本经济制度，坚持和完善按劳分配为主体、多种分配方式并存的分配制度，鼓励一部分地区和一部分人先富起来，逐步消灭贫穷，达到共同富裕，在生产发展和社会财富增长的基础上不断满足人民日益增长的物质文化需要，促进人的全面发展，极大地解放和发展了社会主义社会的生产力，使社会主义制度优越性在改革开放中不断焕发和释放出来。

中国共产党必须始终代表中国先进生产力的发展要求，有着内在的规定性。这就是邓小平提出的"三个有利于"的思想。即：各项工作都要把有利于发展社会主义社会的生产力，有利于增强社会主义国家的综合国力，有利于提高人民的生活水平，作为总的出发点和检验标准，尊重劳动、尊重知识、尊重人才、尊重创造，让一切劳动、知识、技术、管理和资本的活力竞相迸发，让一切创造社会财富的源泉充分涌流，以造福于人民。

如今，中国特色社会主义道路越走越宽广，其优越性和有效性正在为越来越多的人所公认。去年12月习近平总书记在中共中央政治局第二次集体学习时，总结改革开放的基本经验是：第一，改革开放是一场深刻革命，必须坚持正确方向，沿着正确道路推进。第二，改革开放是前无古人的崭新事业，必须坚持正确的方法论，摸着石头过河和加强顶层设计是辩证统一的，在不断实践探索中推进。第三，改革开放是一场深刻而全面的社会变革，是一个系统工程，必须坚持全面改革，在各项改革协同配合中推进。第四，稳定是改革发展的前提，必须坚持改革发展稳定的统一。要坚持把改革的力度、发展的速度和社会可承受的程度统一起来，把改善人民生活作为正确处理改革发展稳定关系的结合点。第五，改革开放是亿万人民自己的事业，必须坚持尊重人民首创精神，坚持在中国共产党领导下推进。他还强调，改革开放只有进行时没有完成时。改革开放中的矛盾只能用改革开放的办法来解决。党的十八届三中全会召开在即。这些论述对我们继续攻坚克难，突破利益固化藩篱，不断推进改革开放具有重要的指导意义。

第三，遵循资本主义条件下提出的剩余价值学说，发展了科学社会主义要为实现从以往的剥削制度占统治地位的社会向彻底消灭剥削的社会这一历史性跨越的观点，形成社会主义本质理论。

马克思主义剩余价值学说，不仅揭示了资本主义的本质特征和基本矛盾运动规律，而且为科学社会主义的确立奠定了坚实的基础。根据这一学说，社会主义代替资本主义，是从根本上克服资本主义内部固有矛盾的必然结果。共产主义的第一阶段，尽管不可避免地带有资本主义社会的痕迹，但为彻底铲除人剥削人的社会制度、为阶级消亡创造了基本条件。

但在社会主义从理论到实践、从一国到多国的发展过程中，往往会忽视这一过程的长期性、复杂性，屡屡出现在公有制和分配制度追求公而又公、纯而又纯等偏向。经过正反两方面的经验教训，我们终于认识到，社会主义制度的建立是一次历史性的变革，为彻底铲除两极分化、最终消灭剥削打开了通道。但是这一过程是漫长的，是需要通过不断创造高于资本主义社会的物质文明成果、精神文明成果、制度文明成果来逐步实现的，任何企图一蹴而就的想法和做法，都是不切实际的。

正是在这一认识的基础上，形成了邓小平关于社会主义本质的重要论断："社会主义的本质，是解放生产力，发展生产力，消灭剥削，消除两极分化，最终达到共同富裕。"他还指出："共同富裕的构想是这样提出的：一部分地区有条件先发展起来，一部分地区发展慢点，先发展起来的地区带动后发展的地区，最终达到共同富裕。如果富的愈来愈富，穷的愈来愈穷，两极分化就会产生，而社会主义制度就应该而且能够避免两极分化。"

这一理论揭示出一个真理：社会主义制度的发展和完善是一个长期的历史过程。企

图一蹴而就，只能是欲速则不达，反而会招致更严重的挫折。但是，因此而放弃共同富裕原则，同样不行。共同富裕是中国特色社会主义的根本原则。要坚持社会主义基本经济制度和分配制度，调整国民收入分配格局，加大再分配调节力度，着力解决收入分配差距较大问题，使发展成果更多更公平惠及全体人民，朝着共同富裕方向稳步前进。

第四，遵循科学社会主义关于建立公有制、实行按劳分配、坚持无产阶级领导、以工农联盟为基础结成最广泛的同盟军等基本观点，发展形成中国特色社会主义的国体、根本制度和基本制度，中国特色社会主义制度正在发展完善为完备的体系。

马克思、恩格斯在批判旧世界的基础上，对未来社会主义社会的发展过程、发展方向、一般特征作了科学预测和设想，形成了上述论断。列宁领导下的建设实践和新中国的建设实践，都一再证明这些论断的科学性。与此同时，苏联和中国等国的实践从正反两方面都反复证明，社会主义没有固定的模式，更没有万世不变的观念。在从理论到实践、从一国到多国的展开中，社会主义理论必须与本国实际相结合，必须在实践中寻找最合适的实现方式。

在新中国成立之初就建立起了中国共产党领导的、以工农联盟为基础的、联合一切革命阶级结成最广泛的人民民主统一战线为纽带的人民民主专政的国体。这一国体的建立，使新中国有可能在对极少数敌对势力实行专政的同时，在人民内部实行最广泛的民主。在此基础上，逐步建立了人民代表大会这一根本政治制度和中国共产党领导的多党合作和政治协商制度、民族区域自治制度，以及以公有制为主体的社会主义经济制度。

历史反复证明，一个制度的真正确立往往要经过反复的过程，才能从确立到巩固，再发展到成熟，直至趋于完备和定型化。中共十一届三中全会后，通过拨乱反正，使在"文化大革命"中遭到严重破坏的国家体制重新恢复和完善起来，并以此为起点，开始了社会主义经济体制、政治体制、文化体制、社会管理体制的改革，形成和确立起中国特色社会主义制度。

我国是工人阶级领导的、以工农联盟为基础的人民民主专政的社会主义国家。人民民主是社会主义的生命，人民当家作主是社会主义民主政治的本质和核心。以此为核心，我们确立起中国特色社会主义制度体系。它可以分为三个层次。第一个层次，是人民代表大会制度的根本政治制度；第二个层次，是中国共产党领导的多党合作和政治协商制度、民族区域自治制度以及基层群众自治制度等基本政治制度，中国特色社会主义法律体系，公有制为主体、多种所有制经济共同发展的基本经济制度；第三个层次，是建立在这些制度基础上的经济体制、政治体制、文化体制、社会体制、生态文明体制等各项具体制度。

中国特色社会主义制度，是中国发展进步的根本制度保障。它具有以下几个特点：第一，它把根本政治制度、基本政治制度同基本经济制度以及各方面体制机制等具体制度有机结合起来，形成一个比较完整的制度体系；第二，它把国家层面民主制度同基层民主制度有机结合起来，有利于调动政府和人民两个积极性；第三，它把党的领导、人民当家作主、依法治国有机结合起来，既符合中国国情，又有利于最大限度地发挥社会主义制度的优势性。

要看到，中国特色社会主义制度还不是尽善尽美、成熟定型的。党的十八大以来，以习近平为总书记的党中央把制度建设摆在突出位置，着力构建系统完备、科学规范、运行有效的制度体系，努力使各方面制度更加成熟更加定型。

　　第五，遵循科学社会主义和历史唯物主义关于既要建设高度发达的物质文明、又要建设高度发达的精神文明、合乎自然规律地改造和利用自然并使人实现自由而全面发展等基本观点，发展形成中国特色社会主义建设五位一体总布局，发展形成充分体现发展为了人民、发展依靠人民、发展成果由人民共享的科学发展理念。

　　科学社会主义既强调建设高度发达的物质文明的决定性作用，也强调建设高度发达的精神文明的关键作用，高度重视两个文明建设的辩证关系；既强调经济社会的进步发展，更强调人的自由而全面的发展；既强调能动地改造自然，更强调合乎自然规律地改造和利用自然。

　　正是从这些基本原理出发，我们党总结了新中国成立以来经济社会发展和社会主义现代化建设中正反两方面经验教训，形成邓小平理论关于两个文明一起抓、两手都要硬的论点，形成"三个代表"重要思想关于社会主义社会是全面发展全面进步的社会、要着力促进人的全面发展、要促进人和自然的协调与和谐等论点，形成以人为本的科学发展观，强调走共同富裕道路，促进人的全面发展，做到发展为了人民、发展依靠人民、发展成果由人民共享。

　　正是在中国特色社会主义理论体系的不断发展完善的过程中，不断深化了中国共产党对共产党政治规律的认识、对社会主义发展规律的认识、对人类社会发展规律的认识，最终落脚到不断深化对中国特色社会主义总布局的认识，增强了坚定不移走中国特色社会主义道路的理论自觉和行动自觉。按照"五位一体"总布局的要求，必须牢牢抓好党执政兴国的第一要务，始终代表中国先进生产力的发展要求，坚持以经济建设为中心，协调推进政治建设、文化建设、社会建设、生态文明建设以及其他各方面建设。要按照这个总布局，促进现代化建设各方面相协调，促进生产关系与生产力、上层建筑与经济基础相协调，保证经济社会全面、协调、可持续发展，不断开拓生产发展、生活富裕、政治清明、社会和谐、生态良好的文明发展道路。

　　在建设物质文明和精神文明的过程中，始终有一个处理好当代社会主义同当代资本主义的关系问题。社会主义要赢得同资本主义相比较的优势，必须大胆吸收和借鉴世界各国包括资本主义发达国家的一切反映现代社会化生产和商品经济一般规律的先进经营方式和管理方法。国外的资金、资源、技术、人才以及作为有益补充的私营经济，都应当而且能够为社会主义所利用。政权在人民手中，又有强大的公有制经济，这样做不会损害社会主义，只会有利于社会主义的发展。

　　第六，遵循马克思主义社会再生产理论和列宁新经济政策的理论和实践，通过自身公有制基础上的有计划的商品经济成功实践，最终形成发展社会主义市场经济理论和成功实践。中国特色社会主义理论体系也在这一实践中得到不断丰富和发展。

　　马克思主义社会再生产理论揭示出在社会化大生产条件下社会再生产运动的一般规律，揭示出社会生产两大部类之间必须保持适当的比例关系，对如何处理好生产与消费、供给和需求之间的比例关系有着重要的启示。

　　列宁在社会主义建设实践中提出的"新经济政策"思想，对于利用资本主义的某些因素为社会主义建设服务来说，是一次大胆的尝试。列宁指出："新经济政策的真正实质在于：第一，无产阶级国家准许小生产者有贸易自由；第二，对于大资本的生产资料，无产阶级国家采用资本主义经济学中叫作'国家资本主义'的一系列原则。"

　　尽管有这些思想作为依据和铺垫，但是由于长期受到社会主义传统观念的束缚，我们在很长一段时间里一直认为社会主义必然要以计划经济为特征，市场经济是资本主义特有的东西，计划经济才是社会主义经济的基本特征，并且更多地强调社会主义同资本主义相对立的一面，而忽视了两者之间还存在着大胆吸收和科学借鉴的一面。

中共十一届三中全会以来，随着改革开放的深入，我们逐步摆脱这种观念，形成新的认识。十二大提出计划经济为主、市场调节为辅；十二届三中全会提出我国社会主义经济是公有制基础上的有计划的商品经济；十三大提出社会主义有计划的商品经济的体制应该是计划与市场内在统一的体制；十三届四中全会后，提出建立适应有计划商品经济发展的计划经济与市场调节相结合的经济体制和运行机制。直到1992年初邓小平南方谈话中进一步指出："计划多一点还是市场多一点，不是社会主义与资本主义的本质区别。计划经济不等于社会主义，资本主义也有计划；市场经济不等于资本主义，社会主义也有市场。计划和市场都是经济手段。"随后，中共十四大确立中国经济体制改革的目标是建立社会主义市场经济体制。

中国特色社会主义，最大的特色之一，就是社会主义市场经济的创建和发展完善。实践已经证明，建立和完善社会主义市场经济体制，是中国共产党对马克思主义和科学社会主义的历史性贡献。这集中地体现在以下四个方面：第一，社会主义市场经济体制是同社会主义基本制度结合在一起的。必须坚持公有制为主体、按劳分配为主体，同时又必须积极探索能够极大解放和发展社会生产力、充分发挥全社会发展积极性的体制机制。第二，既要充分发挥市场在资源配置中的基础性作用，推动建立现代产权制度和现代企业制度，同时又注重加强和完善国家对经济的宏观调控，克服市场自身存在的某些缺陷，促进国民经济充满活力、富有效率、健康运行。第三，毫不动摇地巩固和发展公有制经济、发挥国有经济主导作用，积极推行公有制多种有效实现形式，增强国有经济活力、控制力、影响力，同时又毫不动摇地鼓励、支持、引导非公有制经济发展，形成各种所有制经济平等竞争、相互促进新格局。第四，坚持和完善按劳分配为主体、多种分配方式并存的分配制度，既鼓励先进、促进发展，又注重社会公平、防止两极分化。我们相信，社会主义条件下的市场经济，应当也完全可能比资本主义条件下的市场经济运转得更好。

以上，我们从六个方面论述了中国特色社会主义对科学社会主义的遵循与发展。党的十八大报告所强调的中国特色社会主义的道路自信、理论自信、制度自信，也恰恰来自于这一方面。

当然，我们也清醒地看到，在实现中华民族伟大复兴"中国梦"的前进道路上还有很多挑战和风险。执政考验、改革开放考验、市场经济考验、外部环境考验，精神懈怠的危险、能力不足的危险、脱离群众的危险、消极腐败的危险，都将是长期的、复杂的、严峻的。我们要自信，决不能自满。只要始终坚持和不断发展中国特色社会主义，就一定能够团结一心、排除万难，实现中华民族伟大复兴"中国梦"，铸就中国特色社会主义事业的新辉煌。

（2013年11月1日在中国社会科学院首届"科学社会主义论坛"上的主旨演讲）

当代世界主要矛盾和基本走向

卫建林[*]

一　两个判断和两个主要矛盾

20 世纪 70 年代末 80 年代初，新自由主义登上舞台。关于此后 30 多年世界历史运动的发展趋势，邓小平提出两个经得起历史检验的著名判断。第一个判断："可能是一个冷战结束了，另外两个冷战又已经开始。一个是针对整个南方、第三世界的，另一个是针对社会主义的。西方国家正在打一场没有硝烟的第三次世界大战。所谓没有硝烟，就是要社会主义国家和平演变。"[①] 第二个判断："从一定意义上说，某种暂时复辟也是难以完全避免的规律性现象。一些国家出现严重曲折，社会主义好像被削弱了，但人民经受锻炼，从中吸取教训，将促使社会主义向着更加健康的方向发展。因此，不要惊慌失措，不要认为马克思主义就消失了，没用了，失败了。哪有这回事！"[②]

回头看看，在几十个上百个共产党改名、解散、放弃马克思列宁主义，忠诚的共产党人备受压抑、被解雇、送上法庭和关进监牢，马克思列宁主义、社会主义、共产主义被踩在脚底和成为荒谬与邪恶的同义语，对资本主义的迷恋达到疯狂程度、地拉那万人空巷欢迎美国国务卿贝克来访和高呼"美国爸爸"的时候，做出这两个判断，该具有怎样的共产党人的冷静、清醒、政治坚定性和把握历史运动规律的科学勇气！历史这样走来，还在继续这样走下去。

两个判断，揭示出当代世界的两个主要矛盾——帝国主义和第三世界的矛盾，资本主义和社会主义的矛盾。

西方的第三世界政策，用德国报纸文章的话来说是，"我们能够单独做出决定，南方必须走什么样的道路"；[③] 用英国报纸文章的话来说是，"像对待苏联一样"，三叉戟、导弹和潜艇瞄准第三世界；[④] 用美国杂志文章的话来说是，"重新殖民化"，"使非殖民化过程颠倒过来，恢复古老的帝国价值观，甚至倒退到白人统治的旧制度"。[⑤] 西方万变不离其宗，始终遵循着这样的政策思路行事。它在第三世界不断制造事端、干涉内政、武装入侵、颠覆不驯顺的政权和扶植奴才政权，孤立、渗透、制裁、遏制、禁运、

---

*　卫建林：中共中央政策研究室原副主任。

①　《邓小平文选》第 3 卷，人民出版社 1993 年版，第 344 页。

②　同上书，第 383 页。

③　《北方对南方发动的战争开始了吗?》，德国《法兰克福汇报》1992 年 3 月 19 日。

④　《三叉戟导弹潜艇瞄准疯狂的国家集团》，英国《星期日电讯报》1995 年 1 月 4 日。

⑤　《再见吧，莫伊先生》，美国《新闻周刊》1966 年 11 月 11 日。

贸易战、金融战、资源战、生物战、气候战、信息战、心理战、网络战，无所不用其极，直到真刀真枪，在炮火中毁灭国家和民族，用第三世界人民的尸骨锻造西方垄断资本的利润。在第三世界进行最残酷的争夺，成为新自由主义全球化的一项基本内容。

这是一个西方对第三世界进行"人道主义轰炸"和发动"'自由与民主'的侵略"的时代①。这场新殖民主义战争的"争夺目的是——基本原材料、势力范围、控制市场、战略通道、军事基地等。这其中包括西方国家痴迷的经典殖民主义方式，用暴力方式将自己的价值观强加于人，强迫边缘社会加入新的世界秩序，为了推动'人类进步'不惜完全摧毁其文化"，"正在形成的或许不是一个理解与和平的时代，而是一个比爆发世界大战的上世纪更为恐怖的时代"。②

西方对社会主义国家的政策，在苏联解体的过程中，渐次成熟和得到经典的表述。苏共下台、苏联亡国接近真相大白的关键时刻，美国主流社会已经不再使用惯常的外交辞令似的抽象概念，而是对苏联的改革，发出训诫般的只能如何、不许如何的清晰而具体的指令。尼克松的《戈尔巴乔夫的危机与美国的机会》一文提出对戈尔巴乔夫其人的两个不放心：一个，他是"共产党组织培养的产物"；另一个，"他是一个爱国的俄罗斯民族主义者"。因此，必须向他施加"势不可挡的压力"，强迫"转向"和"回到彻底改革的道路上"。所谓"彻底改革"，就是"肢解帝国、摧毁社会主义的改革"③。接着是基辛格，说苏联"正经历两次革命"："反对斯大林国家制度的民主革命"和"反对自彼得大帝以来的俄罗斯帝国的反殖民主义革命"，第一种革命针对 74 年的共产党历史，第二种革命针对 400 年的俄罗斯帝国历史④。

这里说出的，是西方为社会主义国家规定的改革内容和底线。尼克松两个目标或者基辛格两次革命提出的两个方面，缺一不可——不允许共产党，也不允许爱国；不允许社会主义，也不允许民主主义；要摧毁社会主义，也要摧毁民主主义；不允许斯大林，也不允许彼得大帝；不允许 74 年，也不允许 400 年。如果加上布热津斯基《大棋局》不许俄罗斯成为"欧亚帝国"的规定，那就在苏联解体之后，需要继续离间独联体和解体俄罗斯。这个过程其实已经持续多年。

结果是社会主义国家的第三世界化，是第三世界完全丧失自己的民族历史、民族传统、民族文化和民族意识。解体的苏联从超级大国、分裂的东欧从第二世界，沦入第三世界。这个目标已经基本实现。戈尔巴乔夫因为"转向"和"彻底改革"到这样的地步而身价骤升，有幸被美国封为俄罗斯的"民主之父"和美国的"自己人"。

两个主要矛盾中，帝国主义和第三世界的矛盾，从资本主义登上历史舞台就存在，而进入帝国主义时代则遍布全球；资本主义和社会主义的矛盾，由自由资本主义时代西方国家内部资产阶级和工人阶级的矛盾，发展为帝国主义时代苏联产生以来两种社会制度的矛盾。

资本主义国家之间、各民族资产阶级之间、不同资本集团之间及其内部，也存在竞争和冲突，但是面对工人阶级、被压迫人民、被压迫民族，它们总是联合起来，建立压

---

① 《新殖民主义扩张》，阿根廷新闻社布宜诺斯艾利斯 2012 年 2 月 6 日电。

② 《新的殖民战争》，西班牙《起义报》2011 年 4 月 4 日。

③ 尼克松：《戈尔巴乔夫的危机与美国的机会》，美国《华尔街邮报》1991 年 6 月 2 日。

④ 基辛格：《同一个新俄罗斯打交道》，美国《新闻周刊》1991 年 9 月 2 日。

迫者对付被压迫者、剥削者对付被剥削者的兄弟联盟。世界人民不会忘记，绞杀俄国革命和对苏联发动冷战，入侵阿富汗、伊拉克、南斯拉夫、利比亚的战争，对叙利亚、伊朗的军事威胁，这种联盟怎样一次又一次地显示其捍卫世界资产阶级整体利益的政治性质。美国官方和主流媒体动辄把国内工人阶级失业和生活水平降低的原因，转嫁到第三世界国家包括中国身上，妄言中国工人夺了美国工人的饭碗。事实正好相反，在美国作为全球霸主的世界，国际垄断资本从中美两国工人阶级的身上榨取利润，两国工人阶级的根本利益是一致的。

两个主要矛盾，从根本上影响和左右着我们时代世界的、地区的、各国各民族之间及其内部的，政治、经济、文化、宗教的错综复杂的其他矛盾。比如竭力把伊拉克战争、利比亚战争、叙利亚战争宣传为国内战争或者宗教教派冲突，比如讨论苏联解体原因而刻意仅仅把它孤立地归结为其国内经济政策、民族政策，稍稍留心就会发现，这些方面的矛盾都存在、都有各国各民族的特点，也都发生作用，但是都不能离开帝国主义及其追随者为一方、第三世界和社会主义国家人民为另一方，围绕民族独立国家主权问题产生的矛盾，都成为这个具有基础意义的主要矛盾的某种存在形式。民族独立和国家主权，是第三世界和社会主义国家捍卫自己利益的最后一道防线。确立共产主义目标的社会主义之所以为西方特别地深恶痛绝，也是因为，在帝国主义时代，共产党人和共产主义者是最彻底、最坚定的民主主义者，只有社会主义才能保证并全面实现民族独立和国家主权。

二　主要矛盾发展的两个阶段

在两个主要矛盾中，西方掌握着历史主动权和居于矛盾的主导地位。这就使新自由主义全球化，成为国际垄断资本全球征讨围剿第三世界和社会主义，世界民族解放运动和世界社会主义运动一道陷入低潮的过程。这一过程至今尚未终结。

西方占有世界最大份额的物力、财力，拥有全球绝对优势的经济、政治、军事、意识形态的控制力和影响力，在资本主义的数百年里积累起统治国内人民和世界人民的丰富经验。这是它在同第三世界、同社会主义矛盾中掌握历史主动权和占据主导地位的依据。但是它以国际垄断资本亦即世界极少数人的无限膨胀的私欲为起点、过程和落脚点，以剥夺、伤害、灭绝世界最大多数人的尊严和利益，残酷而无节制地破坏人类共有的资源和生态环境为实现条件，势必遭遇世界最大多数人的抗击和自然界的惩罚。

作为资本主义发展的最新阶段，新自由主义全球化带给世界的，并非它所允诺和描绘的自由、民主、和平、富裕的世界。剥离花花哨哨的泡沫和堆积如山的垃圾语言，这是一个什么样的世界呢？——一个号称"地球村"而混乱、动荡、分裂、灾难频仍的世界，一个财富空前增长而贫富两极分化和不平等空前加剧的世界，一个越是涂抹现代化油彩也越是奴隶制、封建君主制、法西斯主义和新殖民主义携手卷土重来的陈腐倒退的世界，一个道德沦丧和腐败、诈骗、军火、犯罪、贿赂、洗钱、贩毒、卖淫成为最大产业的世界，一个因为严重失业丧失今天和更为严重的青年失业丧失明天的世界，一个西方发达国家生产率增长达到顶峰、财政和生态达到极端，资本主义历史地展现其生机和成果，然后端出全部丑恶卑鄙和死相的世界，一个美国自封全球霸主、把全球权益集中于自身同时也就把全球怨愤和仇恨集中于自身的世界。由它发动的冷战，是旨在永久奴役世界人民的不义之战。正如一位葡萄牙学者所说："新自由主义是最近50年来最违反社会和人性的资本主义。"①

这样一个世界和维护这个世界的秩序不可持续，已经和继续走向衰退。这又成为它终究丧失历史主动权和矛盾主导地位的依据。历史不是它的朋友，而且越来越不是它的朋友。

2001年美国"9·11"事件，是历史进程的一个标杆。此前和此后，矛盾的发展呈现出两个阶段。第一个阶段，新自由主义登上舞台，特别是在拉美的强制推行和演变东欧、解体苏联，达到顶峰。戈尔巴乔夫现象成为国际性现象。西方发动长驱直入的全面攻势，第三世界国家和苏联、东欧等社会主义国家，领导集团或者步步退让，或者改旗易帜，人民尽管并非不战而降，但是绝大多数在苦难中沉默、彷徨和忍耐，仅有的反抗，基本上是下层的、零散的、自发的。

两个重大事件具有全球的、深远的影响。一个是1994年爆发的墨西哥印第安人的萨帕塔运动。这一运动用冲锋枪打响世界人民反抗新自由主义全球化的第一枪。它的口号"受够了，就是受够了"，迅速由拉美向欧洲、美国和世界传开。另一个是1999年美国的西雅图事件。这是20世纪60年代以来美国爆发的最大规模的抗议活动。西方多国卷入这一事件。一家英国刊物写道："成千上万的民众在西雅图、巴黎、伦敦、华盛顿等城市举行示威活动，以示其反资本主义的情绪。不仅如此，这种情绪还表现在其他方面，如民意测验显示，在波兰、原东德地区和意大利，认为'资本主义'一词引起不良联想的民众分别占58％、63％和51％。所以，抗议者反资本主义，只是冰山的一角，其下则是人们对资本主义的普遍不满。"②

这种基本上属于下层的、零散的、自发的反抗，孕育着更广泛、更大规模和具有更深厚历史能量的斗争。它的一个直接的、多少有些畸形的产物，就是"9·11"事件。"9·11"事件造成美国人民的损失，这是不可取的。但是在第三世界和西方国家包括美国的下层，为此幸灾乐祸的人不在少数。它成为被压迫人民、被压迫民族愤怒情绪的一种宣泄口。

第二个阶段，"9·11"事件以后，历史出现两种并行而又交互影响的现象。第一种，布什当局对"9·11"事件的回应，是以所谓"反恐战争"之名，宣布"非友即敌"和"先发制人"，在第三世界选择相对弱小、资源丰富、具有全球战略地位的国家和地区，首先在欧亚非三大洲交汇的中东北非，或者加强军事控制力量，或者直接发动更频繁、更残酷的战争。它从最初在阿富汗、伊拉克的劳师远征、所向披靡、如入无人之境，走到在利比亚和至今尚无进展的叙利亚、伊朗退居幕后、遭遇强硬的抗击，给那里的人民造成毁灭性灾难，自己背上沉重的包袱。"恐怖主义"没有停止，"反恐"越反越恐。在这一过程中，从美国开其端，爆发世界资本主义金融危机、经济危机、社会危机，以及由此导致的全球粮食危机、能源危机、生态危机。就其主要方面而言，危机是美国穷兵黩武，尤其是资本主义世界体系内脏腐烂、自我爆裂的产物，是资本主义深层结构性、制度性弊端的逻辑延续。这就使业已展开的资本主义衰退过程，更加显示出不可逆转

① 博阿文图拉·德索萨·桑托斯：《给左派的第八封信：最后的阵地》，西班牙《起义报》2012年9月1日。

② 《反资本主义：理论与实践》，英国《国际社会主义》2000年秋季号。

的性质。

"9·11"事件打开美国的地狱之门，久已存在然而影响甚微的美国衰退之说，现在成为活生生的、无法掩饰的历史过程。还在世界资本主义体系危机爆发之前，《华盛顿时报》网站就承认，在美国，"'衰退'成为经济圈的流行词"。[①]

2009 年起，美国媒体这样概述美国的经历和未来："最糟糕的 10 年"、"最令人沮丧、最令人失望的 10 年"、"地狱里的 10 年"、"美国梦行将破碎的 10 年"、"在惊恐中开始，又在惊恐中结束的 10 年"、"大零蛋的 10 年"、"还不能保证下一个 10 年会比这个 10 年好的 10 年"。2011 年的所谓"阿拉伯之春"，因为美国爆发"占领华尔街运动"，被认为走到"美国之秋"，到 2012 年阿拉伯世界的反美群众斗争兴起，新的提法已经是进入"美国之冬"。

第二种，对新自由主义和整个资本主义的质疑、否定和反抗，对新的历史道路的探索和创造，都在成为全球化现象。先是普遍"怀旧"——苏联和东欧怀社会主义时代零失业、低物价、免费教育、免费医疗和女孩子彻夜不归平安无虞的旧，阿富汗怀苏军占领或塔利班的旧，利比亚怀君主制或卡扎菲的旧，拉美和非洲怀保护环境、尊重自然的原始部族的旧，西方发达国家怀曾经因为社会主义国家的比照和本国人民的斗争争得的社会福利的旧，西班牙一直怀到虽然独裁却"过得不像现在这样惨"的佛朗哥时代的旧。所有这些怀旧，共同地植根于抛弃国际垄断资本控制的现存秩序。

历史进程把新自由主义兴起之初撒切尔的"别无选择"和它给予世界的全部允诺，送上被告席，使它成为赤裸裸的全球谎言。西方七国首脑、国际货币基金组织和世界银行首脑的每一次聚会，都不得不在多国人民的追逼和愤怒示威中偷偷摸摸地举行，不断上演"7 个人开会、7 千人保卫、7 万人包围"的场面。2003 年春天，近 100 个国家、上千个城市爆发抗议美国入侵伊拉克的群众示威活动，仅美国就有 140 个城市正式通过反战决议，百万人的抗议电话使白宫电话系统陷入瘫痪。美国一家周刊惊呼，世界"再次变红"，"锤子和镰刀图案的红旗迎风招展。青年男女高喊着当年的革命口号行进在巴黎街头"。[②]

继墨西哥萨帕塔运动开始的新探索，拉美出现集聚世界反新自由主义、反资本主义力量的世界社会论坛，提出埋葬新自由主义和资本主义的种种"替代"——"替代模式"、"替代秩序"、"替代社会"、"替代战略"以及"另一个世界是可能的"。然后就是，一方面新自由主义全球白色恐怖和世界社会主义运动低潮、世界民族解放运动低潮尚未过去，一方面西方知识界迎来向马克思求教的"伟人回归"思潮，社会主义重新成为人类摆脱苦难和新的历史创造的灵感源泉。在拉美，社会主义古巴和它的影响，冲破美国持续半个多世纪的封锁包围，一系列国家左翼上台执政，从来没有过社会主义的第三世界国家委内瑞拉，高举起"21 世纪社会主义"的旗帜。

三　事情正在起变化

2012 年 12 月 5 日，美国合众社和德国的德新社报道同一条消息，说美国总统大选

---

① 《经济学家预测，衰退不可避免》，美国《华盛顿时报》网站 2007 年 12 月 25 日。
② 《西方再次变红》，美国《新闻周刊》2006 年 4 月 24 日。

中搜索频率最高、最热闹的"时髦词",是"社会主义"和"资本主义","从全年看,人们对使用这两个词语的兴趣都很浓厚,两个词经常同时出现。它们是时代精神的浓缩。"

保持清醒阶级意识、具有丰富政治经验的美国当局很清楚,只要扑灭社会主义取向和截断走向社会主义的道路,第三世界容易对付、不足为大害,无论收买或是剿灭都得心应手、屡战屡胜。现在摆在面前的直接的、致命的、最大的威胁,并非"基地"组织,而是社会主义。美国当局在对付强大苏联的时候护佑、扶持、武装"基地"组织,苏联解体后就将它定为"反恐战争"的主要打击目标,而"反恐战争"受到阿拉伯人民的抵制、美国自身力不从心的时候,又相机讨好,向"基地"组织暗送秋波。中国人讲"始乱终弃",现在是一个又一个轮回。在阿富汗、利比亚、埃及和叙利亚,都看到这种情形。仅仅一个对"基地"组织的政策的变化,就活脱脱画出一部美国兴衰史。

美国走向衰落,小布什那种公开和世界为敌、随处杀人放火的方针无法延续,同时打两场战争、一个小时进击和毁灭世界任何地方的牛皮偃旗息鼓,维护国际垄断资本集团权益的唯一可取的战略,就是动员全部仇恨和现有政治、经济、军事、意识形态力量,集中打击社会主义。目标首先是俄罗斯和中国。按照美国当局的路线图,俄罗斯和中国必须"彻底改革"到实现尼克松、基辛格、布热津斯基规定的标准。这两个国家的问题一旦解决,古巴、委内瑞拉和拉美其他提出社会主义选择的国家将顺流而下,整个第三世界则失去依托和方向。很难说这是西方强大的标志。用中国人民解放战争的战局比拟,这相当于陷入穷途末路的蒋介石集团,不得不从全面进攻转变为重点进攻。

普京从出任总统的第一天,就因为没有遵照尼克松和基辛格的口径,既一笔抹黑斯大林和社会主义时代的74年,又一笔抹黑彼得大帝以来的400年,成为西方的靶子。他恢复苏联国歌曲调、武装阅兵和"劳动英雄"称号,强调民族精神,捍卫和推进俄罗斯国家利益,被指为"苏联情结"。西方最担心俄罗斯"仍未彻底完成转型"和"新版苏联再现"。美国总统候选人罗姆尼的选举口号之一是,"俄罗斯是我们的头号地缘政治敌人"。2012年12月6日,美国国务卿希拉里在都柏林召开新闻发布会,说"美国正试图阻止俄罗斯借助经济一体化的方案重建新版苏联"。为阻止普京当选总统,美国派出副总统拜登亲赴莫斯科,抛弃一切外交礼仪,胁迫普京退出大选。然后是挑拨俄罗斯和周边国家的关系,策动和资助俄罗斯的反普京运动。

所谓"重返亚洲"的战略转移,就是在俄罗斯南部、中国西部的中东北非地区持续制造动乱,然后从东边构筑对俄罗斯和中国的军事包围圈。中国共产党召开自己的第十八次全国代表大会,巴西《圣保罗报》两天的头条文章坦率地使用这样的标题:"北京代表着美国最大的挑战"、"美国总统候选人争相表示对中国强硬"。[①] 在这一军事包围圈面向中国大陆的前沿钓鱼岛、黄岩岛、南海,美国正在唆使日本、菲律宾、越南挑起事端。制造紧张的战争气氛,或许并不意味着明天美国就胆敢悍然武装入侵中国,然而这又使人想起尼克松和基辛格:施加"势不可挡的压力"强迫"转向"到肢解国家、摧毁社会主义的"彻底改革"和"两次革命"。

这种"彻底改革"和"两次革命",俄罗斯的标准和经验中国化,针对74年的共产党历史和反对斯大林,就成为针对共产党92年、中华人民共和国64年历史和反对毛泽

---

① 巴西《圣保罗报》2012年10月22、24日。

东；针对彼得大帝以来 400 年的俄罗斯历史，就成为针对 5000 年中华民族的历史。这就是邓小平所说的，西方正在打一场没有硝烟的第三次世界大战。所谓没有硝烟，就是要社会主义国家和平演变。我们有时也称之为"分化"、"西化"。

中共十八大庄严宣告，中国将继续坚持走中国特色社会主义道路。十八大的世界历史意义，正在于它承载着中国人民和世界人民的期待。这种期待就是社会主义。

在美国和资本主义的衰落中，无论美国统治当局，还是美国人民乃至世界人民，关注点集中于"社会主义"和"资本主义"，确如合众社的报道所说，正是因为这两个词是"时代精神的浓缩"。这里说的"社会主义"和"资本主义"，不是从马克思主义经典著作或者苏联教科书中搬来的概念，也不是任何政府律令、金钱收买、政客和无良文人鼓噪或者中央情报局制造的概念。它源于人民现实生活的感受，源于在新自由主义、资本主义秩序中的苦难和绝望，源于在人类文明和自己历史创造伟大传统承续中的新的思考与探索，本身就是历史进程的产物。

第三世界自其产生，实现解放、取得发展的起点和基础，就是民族独立和国家主权。美国是第一个争得这种解放的国家，但是从确立资本主义制度的第二天，就骑在第三世界的头上，由拉美而向全球扩张，成为第三世界的最大压迫者和剥削者。两个多世纪，"美国道路"被到处推荐给第三世界，却从来没有一个第三世界国家，遵循这条道路获得独立、主权和实现最大多数人利益的发展。

1917 年十月革命历史地开辟的，是另一条道路，即在帝国主义时代社会主义从世界资本主义体系边缘即第三世界崛起的道路。历史没有因为存在 72 天否定巴黎公社，也没有理由因为存在 74 年否定苏联，更没有理由否定至今坚韧存在和继续蓬勃发展的中国、古巴等社会主义国家。面对这样一个活生生的历史过程，搬弄马克思关于资本主义工业国首先实现社会主义的设想，是没有意义的。

教训在于，社会主义苏联的各方面巨大成就，后来不是成为进一步发展的动力而是成为一种包袱，走向离开社会主义。于是胜利转化为失败。曾任尼加拉瓜教育部部长的埃内斯托·卡德纳尔妙语警人：社会主义失败是因为没有实现社会主义，资本主义失败是因为实现了资本主义。苏共认识和政策的一个严重错误是，尽管从建国以来，没有一天不在国际资本主义的包围圈里和压迫下艰难迈步，却不承认自己属于第三世界，后来干脆走到社会帝国主义的地步。这就在很大程度上背离了社会主义原则。脱离第三世界，成为苏联解体的原因之一。

两个主要矛盾，资本主义、帝国主义的一方虽然走向衰落却仍然占据上风，社会主义和第三世界的一方虽然涌动着生机却仍然处于下风。资本主义、帝国主义的腐烂和在腐烂中的疯狂不可避免，没有硝烟的战争和硝烟弥漫的战争不可避免。那将导致 1% 对 99% 的胜利，导致 1995 年旧金山费尔蒙特大饭店会议奴役世界的"20：80"公式的实现，成为全球的新的混乱和世界人民的新的灾难。

苏联解体的悲剧，没有改变一个天天重演的事实，即帝国主义时代的第三世界，除社会主义之外真正是"别无选择"。但是社会主义不是外加的药方，不是上帝的恩赐，不是一组教条的实现，只能是一个日益全球化的世界的人民的选择，只能是各国人民基于自己条件和民族传统的发现和创造。

事情正在起变化。两个主要矛盾、矛盾各方的地位和力量对比都在变化。然而不是也不会按照西方的计划书，而是遵循自己的规律变化。世界尚未走出新自由主义、资本主义的地狱，但是西方占据的主导地位和历史主动权，正在开始连根朽烂和因为危机的冲击而被撼动。到处传出人民觉醒和斗争的呼号。和 30 年前、20 年前甚至 10 年前相比，情况已经大不一样。经历新自由主义劫难的第三世界，在自己的基地上依据新的条件团结、斗争和萌生社会主义的要求。在苏联解体以来的世界社会主义低潮中，旧制度的复辟和严重曲折成为人民的历史教科书，经受锻炼，吸取教训，正在促使社会主义向着更加健康的方向发展。人类历史的进步，难道有一次不以巨大的牺牲为代价吗？但是无论经过怎样的复辟和曲折，世界应该成为、正在成为而且注定成为人民自己的世界。

（原载《马克思主义研究》2013 年第 2 期）

杜勒斯和毛泽东都是大战略家，只是服务的对象根本不同

——纪念毛泽东同志诞辰 120 周年

李慎明[*]

1945 年二战即将结束之际，时任美国情报部门高级官员的艾伦·杜勒斯详细勾勒如何用和平办法促使苏联的演变："战争将要结束，一切都会有办法弄妥，都会安排好。我们将倾其所有，拿出所有的黄金，全部的物质力量，把人们塑造成我们需要的样子，让他们听我们的。""人的脑子，人的意识，是会变的。只要把脑子弄乱，我们就能不知不觉改变人们的价值观念。""我们一定要在俄罗斯内部找到（符合）我们思想意识的人，找到我们的同盟军。""我们将从文学和艺术中逐步抹去他们的存在。""我们将不知不觉地，但积极地和经常不断地促进官员们的肆意妄为，让他们贪贿无度，丧失原则。""我们将以高超的手法，在不知不觉间把这一切都神圣化，让它绽放出绚丽之花。""只有少数人，极少数人，才能感觉到或者认识到究竟发生了什么。但是我们会把这些人置于孤立无援的境地，把他们变成众人耻笑的对象；我们会找到毁谤他们的方法，宣布他们是社会渣滓。"[①]

尽管艾伦·杜勒斯提出上述"和平演变"社会主义国家的战略，也就是当今流行所说的"软实力"，但美国当局还是重视不够，而是相信自己的"硬拳头"，这就有了美国在海外发动与领导的迄今为止最大的两场侵略战争，即朝鲜战争与越南战争。这两场战争，使美国损失惨重。

但是，艾伦·杜勒斯等人"和平演变"的战略也开始逐步有所收获。

1956 年苏共二十大和"波匈事件"发生后，时任美国国务卿的艾伦·杜勒斯的哥哥约翰·杜勒斯受到极大鼓舞，他公开宣称美国的政策是促进苏联、东欧和中国等社会主义国家的自由化，断言"共产主义将从内部瓦解"。1957 年 6 月，杜勒斯在记者招待会上宣称资本主义世界要有这样一个"基本的信念"："如果它继续要有孩子的话，而他们又有孩子的话，他们的后代将获得自由。"[②] 这就是通常所说的西方帝国主义把"和平演变"的希望寄托在共产党第三、四代人身上。

毛泽东高度警惕美国当局发出的这一重大战略信号。1959 年 11 月 12 日，在与华东各省市委第一书记谈话时，毛泽东第一次明确提出防止"和平演变"的问题。他说，

---

* 李慎明：中国社会科学院世界社会主义研究中心主任，研究员，博士生导师。

① ［俄］尼·伊·雷日科夫《大国悲剧：苏联解体的前因后果》，新华出版社 2008 年版，第 1—2 页。

② 柳静编著：《西方对外战略策略资料》，当代中国出版社 1992 年版，第 11 页。

杜勒斯在一次发言中讲，"决不结束冷战"，"用正义和法律代替武力"，"在这方面极为重要的，是要认识到，在这种情况下放弃使用武力并不意味着维持现状，而是意味着和平的转变"。毛泽东指出："和平转变谁呢？就是转变我们这些国家，搞颠覆活动，内部转到合乎他的那个思想。""就是说，他的那个秩序要维持，不要动，要动我们，用和平转变，腐蚀我们。"① 此后，毛泽东多次讲要警惕和防止"和平演变"，他反复强调，杜勒斯搞"和平演变"，在社会主义国家内部是有其一定社会基础的，社会主义国家有被"和平演变"的危险。正是在国内外纷纭复杂的形势中，毛泽东逐渐把防止党和政权变质与反对帝国主义的"和平演变"战略结合起来进行思考，逐渐推动着毛泽东关于保持党和政权永不变质战略思想的最终形成。这里需要指出的是，毛泽东敏锐地抓住帝国主义对社会主义战略策略重点的改变这一重大问题，旗帜鲜明地提出防止"和平演变"并成为中国共产党长期坚持的一个战略方针，以保证国不变色，党不变质，这无疑是一个极富远见的思想，是毛泽东对国际共产主义运动的重大贡献。但十分可惜的是，也正是在这一方针指导下，在国内实施的过程中，发生了"左"的偏差，直至发动了"文化大革命"，给我们党和国家造成不应有的损失。

毛泽东也深知，采用"文化大革命"这种"大民主"办法，极可能出现另外的一种结果。1966 年 8 月 1—12 日，中共中央召开了八届十一中全会，讨论并通过了中共中央《关于无产阶级文化大革命的决定》（通常称为"十六条"），正式确认了"文化大革命"的"左"倾指导方针，在组织上也作了重大调整。首先运用什么力量来形成席卷全国的风暴，猛烈地冲击一切在他看来可能导致资本主义复辟的东西呢？毛泽东这时把主要希望寄托在青年学生，特别是那些高唱"革命造反精神"的红卫兵身上，并对此有着更深一层的考虑。他曾对身边工作人员说："文革中这些群众主要是年轻人、学生，正是杜勒斯们寄托'和平演变'希望的最年轻的一代。让他们亲身体验斗争的严重性，让他们把自己取得的经验和认识再告诉他们将来的子孙后代，一代一代传下去，也可能使杜勒斯的预言在中国难以实现。""我考虑发动群众。我把批判的武器交给群众，让群众在运动中受到教育，锻炼他们的本领，让他们知道什么道路可以走，什么道路是不能走的。我想用这个办法试一试。我也准备它失败。"② 从一定意义上讲，明知大潮一起，鱼龙混杂、泥沙俱下，甚至可能导致"文化大革命"的彻底失败，但毛泽东不惜身败名裂，也要决心一搏。就这样，在中国的大地上，"文化大革命"这场由领导者错误发动，被反革命集团利用的严重内乱就不可避免地发生了。

1967 年 2 月 8 日，毛泽东在与外宾谈话中说："过去我们搞了农村的斗争，工厂的斗争，文化界的斗争，进行了社会主义教育运动，但不能解决问题，因为没有找到一种形式，一种方式，公开地、全面地、由下而上地发动广大群众来揭发我们的黑暗面。"③ 经过长期并艰难的思考，毛泽东认为自己找到了这种形式，它就是发动亿万群众开展大鸣、大放、大字报、大辩论的"无产阶级文化大革命"。他认为，只有采用这种形式，才可能避免党和政权改变颜色这种十分危险前景的出现。

毛泽东始终把培养无产阶级革命事业接班人这一战略任务挂在心上。他原曾设想仅

---

① 《毛泽东传（1893—1949）》（上），中央文献出版社 1996 年版，第 1027 页。
② 《毛泽东传（1949—1976）》（下），中央文献出版社 2003 年版，第 1433 页。
③ 《建国以来毛泽东文稿》第 12 册，中央文献出版社 1998 年版，第 220 页。

通过"文化大革命"这一形式，从青年一代中培养可靠的接班人。但以青年学生为主的各地派性武斗不断并致使工农业生产下降。1967 年 5 月，他在接见一国外代表团时指出："本来想在知识分子（包括以青年学生为主的红卫兵——笔者注）中培养一些接班人，现在看来很不理想。"[①] 1968 年夏，各地武斗加剧，甚至酿成流血事件。其中，北京各高校造反派组织派到全国各地的串联和联络站与各地高校驻北京的联络站则起到"煽风点火"之作用。7 月 28 日凌晨，毛泽东紧急召见北京大学聂元梓、清华大学蒯大富、北京师范大学谭厚兰、北京航空学院韩爱晶、北京地质学院王大宾等北京高等学校红卫兵负责人谈话。谈话从凌晨 3 时半开始，直到早上 8 时半结束，长达五个小时。毛泽东最后说："现在学生的缺点在什么地方呢？学生最严重、最严重的缺点，就是脱离农民，脱离工人，脱离军队，脱离工农兵，就是脱离生产者。"[②] 可能就在此时，毛泽东放弃了自己在没有经过生产一线锻炼过的青年知识分子中直接培养接班人的想法。

　　早在 1955 年，毛泽东在《一个乡里进行合作化规划的经验》中说："农村是一个广阔的天地，到那里是可以大有作为的。"1968 年 12 月，毛泽东下达了"知识青年到农村去，接受贫下中农的再教育，很有必要"的指示，"文革"中 1600 多万知识青年上山下乡大规模运动展开，这是人类现代历史上罕见的从城市到乡村的人口大迁移。这其中有城市人口就业这一十分重要的安置问题，但笔者认为，毛泽东从培养千百万无产阶级革命事业接班人出发的战略设想可能是更为重要的因素。据统计，党的十八大产生的 205 名中央委员中，有 65 人有过上山下乡知青的经历，占这个群体的 31.7%。其中，25 名中央政治局委员中，有 7 位是上山下乡知青，占比 28%。而最高层的 7 名政治局常委中，有 4 位就有着上山下乡的经历，占比 57.1%。总书记习近平在西北黄土高原一待就是七年。当年上山下乡的一大批知识青年，现在正在我们党和国家的各级领导岗位上和经济社会生活中发挥极其重要的作用。我国在一个相当长时期内，必然是一个落后的农业国。与中国人口中最多的最底层农民的朝夕相处，对中国这一特有国情的亲身体悟，已经是这批知识青年终生极为重要的不可替代的宝贵财富。这可能是打断帝国主义预言家们把"和平演变"的希望寄托在中国共产党的第三代或第四代身上预言链条的最可靠的战略之举，是帝国主义的预言家们难以逾越的一道障碍。当然，我们也决不否认，其中不少上山下乡知识青年遭受了不应有的极大的磨难，甚至有的还长眠于祖国的穷乡僻壤。这其中，有毛泽东本人和我们党的工作上的失误，但有的是党的各级领导干部中的官僚主义所为，有的甚至是党内腐败分子和社会上各种渣滓、罪犯的作孽。笔者接触当年的上山下乡知青，有不少仍对当年的吃苦有不少怨气，但相当数量的同志对此无怨无悔，甚至常说："这是我毕生最难忘、最值得记载的岁月。有上山下乡'这杯酒'垫底，无论什么样的困难我们都能对付。"毛泽东当年可能曾经这样设想过，把 1600 多万知识青年"赶到"农村"吃苦"，这些青年中的不少人以及他们的父母及亲戚对自己可能会有不少抱怨甚至怨恨，但为了党和国家千秋万代永不变质的伟业，他自己甘愿担待这样的"骂名"甚至"罪名"。这就是不计个人毁誉的敢于"反潮流"的毛泽东。

　　有人说，现在是信息时代了，知识分子是生产力发展的主要推动者，不需要与广大工人农民等生产劳动者相结合了。我们承认，一些专门人才，通过自己的劳动本身，就

---

①　《毛泽东传（1949—1976）》（下），中央文献出版社 2003 年版，第 1489 页。

②　同上书，第 1524 页。

可以有所发明创造。但是，毛泽东以上所要解决的是培养千百万无产阶级革命事业的接班人，是确保党和国家千秋万代永不变质这一重大的战略问题的。中国在一个相当长的历史时期，仍将是一个比较落后的农业国。从一定意义上讲，社会主义初级阶段有多长，这个历史时期就有多长。普通工农等生产劳动者在这个历史阶段都会占绝大多数。消灭工农、城乡、脑力劳动与体力劳动这三大差别，这是一个相当长的渐进的历史过程。因此，要培养党和国家永不变质所需要的各级党政干部特别是领袖集团，就必须走知识分子与广大工农最基本群众相结合之路。舍此，别无他途。

从一定意义上讲，艾伦·杜勒斯与约翰·杜勒斯兄弟俩和毛泽东都是大战略家。杜勒斯兄弟创立了"和平演变"理论，毛泽东创立了"反和平演变"理论。只不过他们所服务的对象根本不同：一是为着世界上的极少数人，一是为着世界上的绝大多数人。他们所创立的各自的理论，都仍在实践和较量着，这种实践和较量甚至是刚刚开始。笔者个人认为，从此他们之后，在一个相当长的历史时期内，世界上其他任何大思想家、大政治家及相关著名专家学者，可以寻求他们哪一步迈得或早或晚，哪一步迈得或左或右等这样那样的瑕疵，但本质上说，其他人对此有价值的新的实践和新的见解，都只不过是对他们两个人的理论的坚持和发展而已，因而都只不过是在替他们"打工"而已。毛泽东与杜勒斯代表着不同阶级的根本利益，都站在了各自历史的最高处。当然，我们也决不排除并殷切地希望着，在永恒发展的历史的长河中，产生新的更为杰出的代表人物来。青出于蓝而胜于蓝，这也是历史发展的必然规律。但这样的人物，也只能是在继承或扬弃他们的基础之上而产生。

从总体上说，历史无疑是人民书写的。但每一个人，都有着自己的独立性和主观能动性。从个人主观能动性的角度看，自己的历史恰恰是自己书写，也只能由自己书写；历史上如何记载自己，想靠别人特别是人民"施舍"无济于事。这个世界最终是人民的，因为人民是世界发展的真正动力。另外，只有人民才世代相济，永生不息。所以，每一个政治家、思想家和相关的著名专家学者，要有历史的责任感和使命感，要始终站在人民一边，与人民同呼吸、共命运。只有这样，才能书写好自己的历史，从而在人民的永生中使自己获得永生。

（原载《党的文献》2013 年增刊）

当前中国七大社会思潮评析
——重点阐明创新马克思主义观点

程恩富　　侯为民[*]

当前，社会主义中国的经济政治发展可能性和走向均与思想理论密切相关，实际上都渗透在或者说反映在下列七大社会思潮之中：新自由主义、民主社会主义、新左派、折衷马克思主义、传统马克思主义、复古主义和创新马克思主义。这里的社会思潮是一个中性概念，知识界的马克思主义也算其中的一种思潮。

一　六大社会思潮及其评析

在一个急剧变革的社会中，除了传统的思想观念仍在发生作用，也常常会涌起各种新流行的、或旧思想经过包装的思想流派，在中国这样经济快速发展、思想日益多元化的社会中也不例外。当前典型的传统思潮主要有传统马克思主义、复古主义等流派；在包装过的思想流派中以民主社会主义和折衷马克思主义最为典型。相对而言，新自由主义、新左派等思潮的盛行，更反映出思想界斗争的激烈化。

（一）新自由主义思潮。新自由主义思潮是近年来在中国兴起的思想流派，受西方思潮的影响，中国的新自由主义理论和政策主张"三个化"。

第一，新自由主义主张经济的非调控化（自由市场化）和自由化。主张金融、贸易和投资等一切都自由化，让私人垄断集团及其寡头自由掌控国内外经济、媒体、教育和政治等。只要有可能，私人活动都应该取代公共行为，政府不要干预。为了达到政府不干预经济的目的，他们同时主张小政府、弱政府。当然，我们也主张小政府，但是要建立一个小而强的政府，国家的功能作用要大，人大和政府的作用要强。比如中国现在党政部门太大，应该实行大部制，应当大大地压缩党政部门，这是笔者20年来一贯的主张。而新自由主义主张政府人员要少，机构要小，作用要小。无论是打着改良自由主义，还是现代自由主义的名义，新自由主义都避免不了其理论所固有的原始的、简单化特征。[①] 其背后的真实目的，则是希望垄断组织的作大。

第二，新自由主义主张私有化。主张私有化是保证市场机制得以充分发挥作用的基

---

　* 程恩富：中国社会科学院学部委员，学部主席团成员，马克思主义研究学部主任；侯为民：中国社会科学院马克思主义研究院副研究员。

　① 朱富强：《复杂自由主义的信念及其政策主张——现代主流经济学的简单化倾向及"新兴"自由主义之批判》，《海派经济学》2011年第3期。

础，私人企业是最有效率的企业，要求对现有公共资源进行私有化改革。中国的新自由主义第一代表人物就是北京大学光华管理学院原院长张维迎教授。他主张土地、企业、学校、邮政、矿山、公共设施和交通铁路统统要搞私有化。

第三，新自由主义主张福利个人化。他们反对建立福利国家，反对提高劳动人民的福利。这是中外新自由主义的一个典型特点。但是中外的学术界以前没有这样概括。在中国，他们反对最低工资法、劳动合同法等。

中国赞成新自由主义及其华盛顿共识的人数不多，但以北京大学张维迎和姚洋教授为代表的新自由主义经济学家的影响越来越大。

（二）民主社会主义思潮。民主社会主义思潮在国际共产主义实践中具有长久的历史，近年来在中国日益活跃。中国的民主社会主义或社会民主主义思潮有如下主张：

第一，在指导思想上，他们反对把马克思主义作为唯一的指导思想，主张世界观和指导思想的多元化，提倡社会主义思想构成和来源的多样性。他们把伯恩施坦的修正主义、凯恩斯主义经济学等都作为自己的思想来源和构成，将多种思想观点熔为一炉，冠之为"多元化"和"思想民主"。实际上，就是一个大杂烩。

第二，在政治制度上，他们主张多党竞选和轮流执政制。他们宣称中国共产党也有自己的特殊利益，也是一个利益集团，宣称共产党一党执政无法反腐败，主张包容一切阶级而应当不提共产党的工人阶级先锋队性质，主张共产党员可以信教。

第三，在经济制度上，他们主张社会主义可以在不改变生产资料资本主义私有制的条件下实现，声称生产资料主体结构不是衡量社会性质的标准，强调不要区分公有制与私有制。他们主张在维持私有制主体的基础上，实行国有企业、私人企业和其他经济成分并存的"混合经济"制度，并维护以按资分配为主体的财富和收入分配制度，贬低邓小平关于坚持公有制为主体以及以此为基础的共同富裕思想。在最终目标上，他们认为消灭私有制和阶级的共产主义是乌托邦的空想。

在中国，民主社会主义代表人物主要有国防大学辛子凌、中国人民大学谢韬教授等，代表性刊物是《炎黄春秋》；代表性网站是中国民主社会主义网（该网自称又名为中国资产阶级网）。

（三）新左派思潮。新左派思潮是近年新生的思想流派，与新自由主义相比，新左派至少有如下两大主要特点：

第一，新左派批判全球化。他们认为，中国卷入全球化已经导致了资本主义毫无制约地在中国蔓延。中国的社会问题的根源主要是全球化、国际资本和市场经济。而自由主义者坚持这些问题的根源主要在内部，解决的办法应该是进一步的市场化改革，特别是经济和政治改革要同步推行新自由主义。

第二，新左派批判贫富差距拉大的根源是市场化改革的负面结果。新左派强调经济上的公平，而不是不计代价的经济增长。他们认为，彻底地背离马克思共产主义的再分配理念是无情的、不道德的。而在新自由主义者的歪曲性视野中，市场并不是财富和收入不平等的原因。不合乎西方的政治权利不平等是腐败、权钱交易的结果，经济不平等的真正原因是专制。

新左派是一个知识分子群体，他们通过在报刊和网络上发表文章，来不断地吸引公众注意，从而影响经济政治文化。不少新左派有留学西方的经历，其中一些仍在海外居住。新左派的主要理论阵地之一是"乌有之乡"。其主要创办人北京航空航天大学韩德强副教授，是马克思主义专业的博士，不过他反对劳动价值论和历史唯物论，但又赞成公有制，激烈反对新自由主义。

尽管新左派往往试图站在劳动人民立场上说话，他们的某些批评和政策主张，实际上也难以在现实社会中实现，但是某些讨论和论著曾不断产生积极的学术和社会影响。例如，留学美国的政治学博士、清华大学崔之元教授曾用西方的博弈论，用经济学的数学方法，以南街村为例来论证为什么集体经济会有高效率，并强调毛泽东时代"两参一改三结合"的"鞍钢宪法"早于西方的后福特主义管理理念。

（四）复古主义思潮。复古主义又称崇古思潮，主张以中国"先王"、"古圣"为最高人格理想，以古代社会为理想社会，目前几乎渗透到中国意识形态的每一领域，成了一股上升的思潮。

复古主义者推崇古圣先贤的政治思想和哲学理念。他们赞扬孔子的"仁政"、"泛爱众"等重民思想，崇尚道家的自然人生、超脱与自由的精神境界，主张用大力发展佛教和基督教等来推动和谐社会建设。他们认为近现代西方理论不行，马克思主义也属于近现代西方的理论，都过时了，而前两千年左右的中国古代儒释道等思想是中国自有的，治理当代中国必须以此为指导。推崇古圣先贤的伦理观，认为完美科学社会主义伦理观是仁义礼智信和天下为公等儒家思想精髓的发展，是完全适合社会主义社会的社会意识，是东西方人类最进步思想意识的结晶，是全世界人类进入共产主义社会的指引。

复古主义的主要代表人物是邓小军、蒋庆。邓小军著有《儒家思想与民主思想的逻辑结合》（四川人民出版社 1995 年版），其结论是儒家思想在本质上，即在内在理路与核心逻辑上与民主思想具有一致性，故儒家思想与民主思想可以而且应当合乎逻辑地结合。蒋庆被誉为大陆新儒学最雄辩的民间代言人，出版了《政治儒学》（三联书店 2003 年版）。蒋庆认为，中国儒学除了心性儒学传统之外还存在一个政治儒学传统，而这一政治儒学传统乃是足以代替西方政治传统解决中国目前政治需要的伟大资源。他是在批驳邓小军的基础上阐明这一观点的。蒋庆认为，儒家思想与民主思想之间的结合包括"当不当"和"能不能"两个方面的问题。他的答案是既不当结合也不能结合。

有的崇尚复古主义的大商人，甚至提出移民国外几亿人去占领国际市场的建言。事实上，儒学不能够也不应当在政治（或国家）层面上去复兴，而只能够和应当在社会和个人的伦理层面上去复兴，并纳入社会主义核心价值体系和核心价值观之中。国学是值得重视的，但是复古主义肯定是行不通的。新加坡是以西方经济政治文化制度为基础和主导，外加一些儒家的传统和举措，并非就是儒学治国。

（五）折衷马克思主义思潮。折衷主义的马克思主义思潮是把矛盾双方不分主次地并列起来、把根本对立的观点和理论无原则地、机械地混同起来的理论和思维方法。

有的经济学教授在给省部级领导讲课时赞扬私有制的优越性；把自私自利看成是人的本性，赞同"人为财死，鸟为食亡"的"完全利己经济人假设"，并只承认人的自私可以导致社会协作与公共福利的增加；片面强调效率而完全忽视公平。[①] 其观点完全代表有产者，对受剥削的劳动者冷漠无情。笔者之一在《中国社会科学》2007 年第 1 期上撰文，阐述了创新的现代马克思主义政治经济学应具有的四大理论假设，即"新的活

---

① 王东京：《澄清经济学的三大问题》，《中国改革》2006 年第 9 期。

劳动创造价值假设"、"利己和利他经济人假设"、"资源和需要双约束假设"、"公平与效率互促同向变动假设",① 对之进行了批判。其实,西方已有日渐增多的文献探讨利他经济人假设和理论模型,利他经济人假设对制度安排、诚信建设和荣辱观教育等都具有积极的作用,更可以导致社会协作与公共福利的增加。

由于这位教授在倡导用现代经济学驾驭中国经济改革开放发展的时候,没说反对马克思主义,还在文末贴了一段要高举邓小平理论、"三个代表"重要思想,所以将其归为折衷马克思主义。

又有一位哲学教授在其"所有制问题也要进一步解放思想"② 一文中,强调坚持社会主义的目的,调整和改变实现社会主义的手段。这应该成为我们建设社会主义的一个重要指导思想。强调我们不必过分关注公有制与非公有制经济的比重问题,而应更多注意在有利于生产力发展的前提下,使经济发展成果能够为绝大多数人所共享。这里的大多数人所共享,即共同富裕,是撇开了公有制为主体、按劳分配为主体的抽象的共同富裕。这位哲学教授还有关于两个劳动价值论等言论和文章,貌似解释中国特色社会主义和思想解放,实质上曲解了马列主义及其中国化理论。

公有制比重下降真的不会削弱党的执政基础吗? 不必讳言,当前在我国国民经济的比重中,国有经济下降到不足 1/3,私有经济和外资经济已上升到 2/3,这势必造成社会财富逐渐向少数人集中。邓小平晚年告诫我们,"中国只能搞社会主义,不能搞两极分化"。③ 江泽民同志也曾指出:"没有国有经济为核心的公有制经济,就没有社会主义的经济基础,也就没有我们共产党执政以及整个社会主义上层建筑的经济基础和强大物质手段。"④ 可见,我国在这一问题上始终保持着清醒的认识,态度也是一贯和明确的。所谓"公有制比重下降不会削弱党的执政基础"的说法,是解构社会主义经济基础的销蚀剂。

还有一位党建教授在中共中央党校主管主办的《学习时报》上著文认为,只有实事求是地承认党的利益的存在,才好客观地研究各种利益之间的关系,特别是研究人民的利益和他的代表者——党的利益的关系,把党的利益摆在恰当的位置上。⑤ 他的这种说法显然与《共产党宣言》和《中国共产党章程》相违背。《共产党宣言》指出,共产党没有任何同整个无产阶级的利益不同的利益。《中国共产党章程》指出,党坚持全心全意为人民服务。党除了工人阶级和最广大人民群众的利益,没有自己特殊的利益。

折衷马克思主义的代表人物是中共中央党校的王东京、董德刚和王长江教授等,他们都是中央领导批评过的学科带头人。

在中国经济政治文化社会的科学发展走向中,折衷马克思主义是创新马克思主义的

---

① 程恩富:《现代马克思主义政治经济学的四大理论假设》,《中国社会科学》2007 年第 1 期。

② 关于所有制问题的争论近年来异常激烈,为私有制辩护的观点非常流行,其中典型的一种观点打着解放思想的名义否定所有制问题的重要性。在这方面可参见董德刚《所有制问题也要进一步解放思想》一文。http://www.news.163.com/08/0229/08/45RUN67600012I5M.html。

③ 冷溶等:《邓小平年谱》(1975—1997),中央文献出版社 2004 年版,第 317 页。

④ 《江泽民文选》第 3 卷,人民出版社 2006 年版,第 71 页。

⑤ 在西方政党理论传入国内后,国内关于共产党的自身利益问题就开始发酵,部分地迎合了社会上对现实不满的一些人的主张。关于党有自身利益的典型主张,可以参见王长江《党有自身利益是一种客观存在》一文,见《学习时报》2010 年 4 月 12 日 (第 534 期)。

主要商榷对象之一。要搞清什么是真正的马克思主义？什么是真正的中国特色社会主义？必须对日渐盛行的折衷马克思主义思潮进行评析。

（六）传统马克思主义思潮。有一篇文章主题是《誓死捍卫毛泽东旗帜》，可以说是传统马克思主义思潮的一方面代表性看法。其核心观点是：

第一，必须重新确立毛泽东思想的指导地位。为人民捍卫宪法和党章，核心是捍卫毛泽东思想。坚持四项基本原则，最重要的是坚持毛泽东思想。毛泽东思想是立党立国之本，执政兴国之基，创新发展之源。

第二，必须公正评价晚年毛泽东。毛主席的晚年，是一个伟大的马克思主义者执著地为人民服务、为共产主义奋斗而奉献出自己全部生命的最光辉的晚年。重新公正评价晚年毛泽东，根本问题是重新实事求是、客观公正地评价毛主席亲自发动和领导的"文化大革命"，这是我们党绝对绕不过去的、也决然无法回避的一项重大政治任务。由于种种极其复杂的原因，"文化大革命"中犯了"打倒一切，全面内战"的严重错误，但"文化大革命"的方向、原则和精神是完全正确的。

第三，必须大力学习宣传毛主席和毛泽东思想。邓小平特别强调：没有毛主席就没有新中国，毛泽东思想教育了我们几代人，我们必须世世代代永远高举毛泽东思想的伟大旗帜。但是，自20世纪90年代以来，社会上层对毛主席和毛泽东思想的宣传一年冷过一年。

第四，必须严厉打击妖魔化毛泽东的邪恶势力。人民是毛主席心中的上帝，毛主席是人民心中的红太阳。30多年来，尽管彻底否定了晚年毛泽东，但是在民间社会，人民群众自发地掀起了一拨又一拨"毛泽东热"，老百姓以各种方式开展纪念毛主席的活动。但是，某些所谓精英却一再对抗主流民意，妖魔化毛主席的反动思潮一拨接一拨，李锐、袁腾飞就是其中的两个"代表"。[①]

传统马克思主义的主要代表人物有马克思主义统计学家李成瑞（中国国家统计局原局长）、张宏良（中央民族大学教授）和白阳（山西省干部）等，代表性媒体就是毛泽东旗帜网，该网以"毛泽东的旗帜高高飘扬"为网站宣言。该网汇聚了不少党内外的老干部、老学者等。

传统马克思主义思潮的积极意义，在于猛烈批判了一些右翼错误思潮，特别是批判了新自由主义、民主社会主义和折衷马克思主义。但有些批判有过头的现象，特别是肯定"文化大革命"的基本做法，而且他们喜欢采用大批判形式，上纲上线。一些老年人士跟踪国内外的文献较少，批判有余，创新不足。

二　创新马克思主义思潮及其价值取向

在一些社会发展的基本方向和理论方面，创新马克思主义与党中央是真正一致的。

第一，在指导思想上，创新马克思主义认为，中国必须坚持马列主义及其中国化理论的指导地位。当然，不同的社会主义国家，其指导思想的提法有所不同，越南是以马列主义胡志明思想为指导，古巴以马列主义与何塞·马蒂思想为指导，朝鲜以金日成的

---

① 关于传统马克思主义思潮派对"非毛"者的批判，以发表于互联网的文章居多。可参见白阳《誓死捍卫毛泽东旗帜》等文。http：//www.mzd.wyzxsx.com/Article/Class18/201007/3361.html。

主体思想为指导。笔者认为，中国在指导思想或行动指南的提法上应该统一为一句话——以马列主义及其中国化理论为指导，而不是越来越长，引起某些中外人士反感甚至讥笑。

第二，在政治制度上，创新马克思主义认为，中国必须坚持工人阶级政党的领导。坚持共产党的工人阶级先锋队性质和民主集中制原则，坚持共产党对社会主义事业的领导。现阶段实行共产党领导下的多党合作及政治协商制度，而民主集中制是共产党及其执政国家的根本组织原则和组织制度，是正确处理党内外各种关系的政治准则。必须进行社会主义性质和方向的政治体制改革，合理调整政党、人大和政府三者关系，充分发扬政党民主和人民民主。中国特色社会主义的法律体系不宜照搬西方资本主义法律体系，而是要真正创新和实现"人民至上"而非"寡头至上"的制度超越。

第三，在经济制度上，创新马克思主义认为，中国必须坚持生产资料公有制的主体地位，在社会总资产和经营性资产中形成质与量的优势。维护社会主义公有制经济主体地位，要兼顾公有资本比重及其吸纳劳动者就业比重。① 社会主义与资本主义在基本经济制度上具有本质的区别就在于生产资料社会所有制结构，以质与量都占优势的生产资料公有制为主体、国有经济为主导，并以此为基础实行"公私共进"而非"公退私进"的战略调整，这对于强国富民和建设中国特色社会主义具有举足轻重的作用。公有制经济和非公经济都是初级社会主义社会的经济基础或经济成分，而公有制经济是共产党执政等社会主义上层建筑的社会主义性质的经济基础或经济成分。

第四，在奋斗目标上，创新马克思主义认为，中国必须坚持解放生产力、发展生产力，消灭剥削，消除两极分化，实现共同富裕的社会主义本质和原则，并最终要在生产力极大发展的社会主义基础上，实现无（生产资料）私有制、无商品经济、无阶级和无战争的共产主义。这是一个漫长的历史演变过程和制度创新历程。

创新马克思主义思潮，第一代表人物是中国社会科学院特邀顾问、学部委员、原副院长、著名经济学家刘国光，笔者也被认为是主要代表人物之一。中国社会科学院《马克思主义研究》等杂志是创新马克思主义的代表刊物，特别是《马克思主义文摘》比较集中反映新马派的理论观点。马克思主义研究网等也及时反映了新马派的理论动态。

笔者认为，中国理论创新、理论研究或政策制定最终应根据国情而定，但还须对"世情"有所了解。无论是改革开放，还是涉及发展的重要举措，应该是先了解世情和国情，再作一定规范，然后去试点或推行。如果把这个顺序颠倒过来，比如先进行心中无数的试点，或者根据长官已有意志进行肯定性的所谓试点，那么很有可能处于无法、无规章的境况，推广起来往往会留下一大堆让人头疼的后遗症和弊端。总之，创新马克思主义要在"马学为体，西学为用，国学为根"的学术原则下，以"世情为鉴，国情为据，党情为要"，进行"综合创新"。我们强调，中国在 21 世纪发展的社会主义及其科学方向，必须重点发展和完善"制度体系"。②

第一，在经济制度建设方面，要不断完善公有主体型的多种类产权制度、劳动主体型的多要素分配制度、国家主导型的多结构市场制度和自力主导型的多方位开放制度这"四位一体经济制度"。其中，中国特色社会主义特别强调以公有制为主体、多种所有制

---

① 何干强：《维护社会主义公有制主体地位的若干观点》，《海派经济学》2010 年第 2 期。

② "制度体系"系胡锦涛在 2011 年纪念中国共产党建党 90 周年大会上的讲话用语。

共同发展的基本经济制度。尽管由于目前中国生产力不发达，还不能实现完全的生产资料公有制，但在发展各种私有制经济的同时必须坚持公有制的主体地位。邓小平曾富有远见地指出："过去行之有效的东西，我们必须坚持，特别是根本制度，社会主义制度，社会主义公有制，那是不能动摇的。"① 他还指出：社会主义的市场经济"虽然方法上基本上和资本主义社会的相似，但也有不同，是全民所有制之间的关系，当然也有同集体所有制之间的关系，也有同外国资本主义的关系，但是归根到底是社会主义的，是社会主义社会的"②。江泽民也指出："不断发展壮大的国有经济是我们社会主义国家政权的重要基础，我国国有经济的发展，不仅对保证国民经济稳定发展、增强综合国力、实现最广大人民的根本利益具有重大意义，而且对巩固和发展社会主义制度、加强全国各族人民的大团结、保证党和国家长治久安，具有重大意义。没有国有经济为核心的公有制经济，就没有社会主义的经济基础，也就没有我们共产党执政以及整个社会主义上层建筑的经济基础和强大物质手段。"③ 只有坚持市场经济条件下公有制的主体地位，才能真正完善以按劳分配为主体的财富和收入分配制度，以此为基础实现共同富裕和公平正义，才能真正落实以人为本的科学发展观，并为人民民主提供经济基础，加速实现进入发达国家的社会主义现代化的目标。

第二，在政治制度建设方面，要不断完善人民代表大会制度、中国共产党领导的多党合作和政治协商制度、民族区域自治制度和"一国两制"以及基层群众自治制度这"五位一体政治制度"，坚持党的领导、人民当家作主与依法治国三者的有机统一，积极推进社会主义政治制度自我创新和发展，巩固人民民主专政。其中，要维护共产党的工人阶级先锋队性质，改善民主集中制原则，改进政党、人大和政府等各种重要关系和权力制衡，圆满实现共产党对社会主义事业的高效有序领导。在新的科学技术革命面前，工人阶级仍然是先进生产力发展要求的代表和先进生产关系的体现者，仍然是推翻资本主义，建设社会主义、共产主义历史使命的承担者。在多种社会阶级和阶层出现和并存的新格局下，共产党仍然必须保持工人阶级先锋队的性质，全心全意依靠工人阶级。现阶段实行共产党领导下的多党合作和政治协商制度，而科学的民主集中制是共产党及其执政国家的根本组织原则和组织制度，是正确处理党内外各种关系的政治准则。

第三，在文化制度建设方面，要不断完善以社会主义核心价值体系为主体、包容多样性的文化传播制度，以公有制为主体、多种所有制共同发展的文化产权制度，以文化产业为主体、发展公益性文化的企事业制度，以民族文化为主体、吸收外来有益文化的文化开放制度，以党政责任为主体、发挥市场积极作用的文化调节制度这"五位一体文化制度"。其中，中国特色社会主义将完善用马克思主义为灵魂的社会主义核心价值体系引领各种社会思潮和社会实践，推动文化大发展大繁荣。马克思主义作为科学的世界观和方法论，是社会主义运动的理论基础，应该在中国特色社会主义实践中占指导地位。以马列主义及其中国化理论为指导，就是要把马列主义普遍原理与中国现阶段的实际结合起来，完善中国特色社会主义理论，指导中国特色社会主义实践，研究新情况，总结新经验，解决新问题。马克思主义是一个开放的、随着科学和实践的发展而不断前

---

① 邓小平：《邓小平文选》第 2 卷，人民出版社 1994 年版，第 621 页。

② 同上书，第 236 页。

③ 《江泽民文选》第 3 卷，人民出版社 2006 年版，第 71 页。

进的科学体系，具有强大的持久的学术生命力和实践引导力。

第四，在社会制度建设方面，要不断完善以党委领导、政府负责、社会协同和公众参与为特质的社会管理制度，以均等化和城乡统筹为基石的基本公共服务制度，以广覆盖、保基本、多层次和可持续为内涵的社会保障制度，以国家主导、多方协调与个人维权为特征的群众权益维护制度，以预防和应急并重、社会化和市场化协同、政府主导与公众参与结合的公共安全管理制度这"五位一体社会制度"，继续共建共享以人为本的社会和谐环境。要创新社会管理体制，在党的领导下，积极推动建立政府调控机制同社会协调机制互联、政府行政功能同社会自治功能互补、政府管理力量同社会调节力量互动的社会管理网络，形成科学有效的利益协调机制、诉求表达机制、矛盾调处机制、权益保障机制。

应当指出，由于社会主义自由民主制度还不够完善，使得社会上一些对社会主义缺乏了解，又对中国现实不满的人在资本主义与自由民主、社会主义与专制之间画了等号。如果我们仅仅去批判新自由主义、社会民主主义或民主社会主义的虚伪，而不去完善我国的社会主义自由民主制度，那我们永远都不可能铲除西方自由民主在我国存在的土壤。超越西方自由民主的武器之一，就是使我国的社会主义建设能够在人民自由民主、社会公平正义和国强民富等方面持续做出比其他国家更大的成就，充分发挥出社会主义相对于资本主义的优越性。当前，深入落实经济、政治、文化、社会、外交和生态"六位一体"各个层面的科学发展观的新形势下，我们完全有条件和有能力做到这一点。而如果步戈尔巴乔夫民主社会主义改革之后尘，必然给国家和人民带来深重灾难，中国决不能重蹈覆辙。

最后应当指出，中国的创新马克思主义学派能否在学界成为主流，将决定 21 世纪中国社会主义的方向和命运。

［原载《陕西师范大学学报》（哲学社会科学版）2013 年第 2 期］

马克思主义国家观和国家认同问题

李崇富[*]

近些年，关于民族国家认同（National-state Identificaton）问题的研究，是国内外学术探讨的一个理论热点。国家认同的基本前提是各国主权统一、独立和平等。在"后冷战"时代，世界多极化、经济全球化、社会信息化和区域经济一体化，已成为一种社会潮流。在这个大背景下，国家间的经贸关系和社会联系日益紧密，人员交往和国际性流动日渐频繁，不同的民族文化和意识形态之间，也势必会发生交汇、碰撞和影响。在总体上，这些都是有利于人类历史进步的社会现象。与此同时，西方资本主义发达国家通过为其所掌控、所主导的全球性和国际性金融及经贸组织，在极力扶持本国那些私人的巨型财团、跨国公司和多国公司趁机进行全球性经济扩张中，根本无视《联合国宪章》的宗旨、原则和国际关系准则，以侵蚀别国的主要是广大发展中国家的国家主权；伴随这种经济扩张、市场垄断和资源掠夺并为之服务的，还有其军事威慑、政治渗透和舆论造势，甚至靠编造诸如所谓"人权高于主权"、"人权外交"和"价值观外交"等借口，而不择手段地干涉别国内政，乃至公然军事入侵和推翻被其厌恶的别国政权。在这种情况下，我们在研究国家认同之时，就更应以马克思主义国家观作为理论基础，坚持马克思主义的阶级观点和阶级分析，才能正确地理解、引导和增进国家认同。

一 马克思主义国家观是研究国家认同的理论基础

笔者认为，所谓"国家认同"，就是指某个认识主体对自己生活于其中的并作为认识客体的国家持有肯定性的认识、态度和情感。普遍而真实的国家认同，是国家稳定的民意基础，也是国家兴旺的重要前提。

犹如人们从小学会说话，而不一定先学语法一样，一个人对其国家实际抱有某种程度的认识、态度和情感，也可能自发地产生和变化着，并不一定要先懂得任何国家观。而当我们对国家认同问题进行学术探讨和理论研究之时，就应懂得国家的本质及其历史演变的规律性，即必须以马克思主义国家观作为理论基础，才能逐步深化对国家认同问题的理论思考和学术争鸣。当然，就当代中国共产党人和其他先进分子而言，如果学习掌握了这个正确的国家观，那就有利于自觉地使自己并帮助他人确立和增进对我们祖国的国家认同。所以，只有坚持马克思主义国家观，才能引领人们沿着正确的思路，确立和增进国家认同，也有利于国家认同的学术研究及其进展。

这是由马克思和恩格斯创立并由列宁等后继者不断加以发展的国家观。它是以历史

唯物主义为基础，深刻地论述和揭示了国家伴随阶级产生、发展和灭亡，而产生、发展、更替和消亡的历史过程及其客观规律，以及剥削阶级国家的本质和功能；科学地阐明了通过无产阶级革命，推翻资产阶级国家，建立无产阶级国家及其政治制度，实行无产阶级专政，发展社会主义民主，在发展现代社会生产力的基础上，逐步消灭私有制、消灭剥削、消灭阶级，促进国家消亡，最终实现共产主义社会的革命学说；是指导各国无产阶级革命、建设和巩固社会主义国家政权的重要的理论指南。简略地说，马克思主义国家观包括以下三方面内容：

（一）关于国家的起源和本质。马克思主义国家观告诉我们，国家起源是人类历史发展到一定阶段的产物，是人类文明史的社会开端。

恩格斯指出："国家并不是从来就有的。曾经有过不需要国家，而且根本不知国家和国家权力为何物的社会。在经济发展到一定阶段而必然使社会分裂为阶级时，国家就由于这种分裂而成为必要了。"① 所谓"根本不知国家为何物"的社会，是指有数百万年人类史的原始共产主义社会。当时，逐步脱离动物界的原始人，其智力、劳动工具和生产力水平都极为低下，且生存环境恶劣，使得其社会结合，只能以血缘关系为纽带，缓慢地从原始群发展到氏族（由母系到父系）公社、再发展到部落或部落联盟等原始性社会组织形式。在原始社会，人类必须依靠集体的力量，人人参加生产，共享劳动成果，才能勉强维持其生存和世代繁衍。因此，当时自发形成的是没有家庭、私有制和国家的原始公社制。这种史前社会，人类原本已经失忆了。直到1884年，恩格斯根据马克思初步的相关研究和遗愿，在继承、综合和发挥美国学者摩尔根的《古代社会》和其他人类学研究的新成果的基础上，写成和出版了名著《家庭、私有制和国家的起源》，才揭开了国家起源及其本质这个"历史之谜"。

马克思主义认为，当人类历史演进至原始社会末期，由于生产工具的改进和人类智力的提升，特别是金属工具的制作和运用，使生产力水平有了较大提高，劳动者的产品也开始出现少量剩余。于是，才使得氏族或部落首领、祭司、军事首长等少数上层人士，开始占有别人的剩余产品和形成家庭成为可能。至此，氏族或部落之间战争中的俘虏，就不再被杀掉，而成为战利品和私人奴隶。特别是由于"第一次社会大分工"（游牧业同农业分离），"在使劳动生产率提高，从而使社会财富增加并使生产领域扩大的同时，在既定的总的历史条件下，必然地带来了奴隶制。从第一次社会大分工中，也就产生了第一次社会大分裂，分裂为两个阶级：主人和奴隶、剥削者和被剥削者。"②

其后，在社会生产力继续有所发展的基础上，相继发生了第二、三次"社会大分工"（手工业、商业先后同农牧业分离），进一步使家庭、私有制和阶级分化，变得更为典型和普遍。阶级分化必然伴随着阶级斗争。由于奴隶主阶级同奴隶阶级之间的利益对立、阶级矛盾、阶级冲突的对抗性和不可调和性，所以奴隶主阶级为了维护其阶级利益，就必须镇压奴隶阶级的反抗。这样，奴隶主阶级的国家，就应运而生，即使氏族（部落）制度的机关被新的机关，即"它的国家所代替了"。对此，恩格斯指出："确切地说，国家是社会在一定发展阶段上的产物；国家是承认：这个社会陷入了不可解决的自我矛盾，分裂为不可调和的对立面而又无力摆脱这些对立面。而为了使这些对立面，

① 《马克思恩格斯文集》第4卷，人民出版社2009年版，第193页。
② 同上书，第180页。

这些经济利益互相冲突的阶级，不致在无谓的斗争中把自己和社会消灭，就需要有一种表面上凌驾于社会之上的力量，这种力量应当缓和冲突，把冲突保持在'秩序'的范围以内；这种从社会中产生但又自居于社会之上并且日益同社会相异化的力量，就是国家。"国家"是按地区来划分它的国民"，而在性质上不同于"由血缘关系形成和联结起来的旧的氏族公社"和"部落"①。

关于国家的本质，在马克思主义以前，没有人作出过正确回答。旧政治学把国家说成是超阶级、超历史、代表全民利益的社会机构，并给"国家"下过种种似是而非的定义。只有马克思主义经典作家第一次科学地揭示了国家的本质。恩格斯认为："实际上，国家无非是一个阶级镇压另一个阶级的机器，而且在这一点上，民主共和国并不亚于君主国。"② 列宁也指出："国家是维护一个阶级对另一个阶级的统治的机器。"③ 稍微具体地说，"国家"内涵的要点是：

其一，国家作为实行阶级统治的社会公共权力机构，是阶级统治的"政治形式"。这从奴隶制国家，到封建主义国家，再到资本主义国家，历来如此，没有例外。鉴于"国家的存在证明阶级矛盾不可调和"④，故而，统治阶级才需要和利用国家，以维护其阶级利益和统治秩序。这就使国家公共权力在形式上，作为"调停人"出现，以"表面上凌驾于社会之上的力量"，而发挥管理社会的作用。实际上，国家政权采取社会公共权力的形式，是在掩盖而无损于其阶级本质。正如马克思所揭示的那样："现代国家最完善的例子就是北美。法国、英国和美国的一些近代著作家都一致认为，国家只是为了私有制才存在的，可见，这种思想也渗入日常的意识了。因为国家是统治阶级的各个人借以实现其共同利益的形式，是该时代的整个市民社会获得集中表现的形式，所以可以得出结论：一切共同的规章都是以国家为中介的，都获得了政治形式。"⑤

其二，国家是特殊的暴力机器。列宁说："国家是阶级矛盾不可调和的产物和表现。"⑥ 所以"系统地使用暴力和强迫人们服从暴力的特殊机构……就叫作国家"。⑦ 作为一种暴力机器，国家不同于氏族社会的武装组织的特殊之处就在于：一是国家不仅有武装部队，而且还有监狱和各种强制机关等物质附属物，即常设的暴力机关，而氏族社会的武装组织不过是自愿组织为武装力量的居民。二是国家的暴力为统治阶级所专有，并以其作为政治工具，来维护统治阶级的利益，维持社会秩序，以及对付外敌；而氏族社会的武装组织由全体成年居民组成，主要用于对付外敌，在氏族内部则主要是以原始民主、原始崇拜、道德习俗等习惯力量，来维持其秩序。三是国家所采用的往往是系统的暴力，也是有精致包装的暴力；而氏族社会的武装组织，则不具备国家暴力的系统性和精巧性。

其三，国家必须履行社会管理等公共职能。尽管，一切剥削阶级国家在本质上都是阶级的统治工具，但在形式上，却表现为一种超然于社会之上的独立力量。这样，国家

---

① 《马克思恩格斯文集》第 4 卷，人民出版社 2009 年版，第 189—190 页。

② 《马克思恩格斯文集》第 3 卷，人民出版社 2009 年版，第 111 页。

③ 《列宁全集》第 37 卷，人民出版社 1986 年版，第 66 页。

④ 《列宁全集》第 31 卷，人民出版社 1985 年版，第 6 页。

⑤ 《马克思恩格斯文集》第 1 卷，人民出版社 2009 年版，第 584 页。

⑥ 《列宁选集》第 3 卷，人民出版社 2012 年版，第 114 页。

⑦ 《列宁全集》第 37 卷，人民出版社 1986 年版，第 62—63 页。

在统治中，就必须履行其他一些社会管理和组织职能。如早在古代国家那里，就承担起铸造钱币、制定度量衡标准、平抑物价、救济灾荒、兴修水利、管理经济和其他社会事务，等等。而现代资产阶级国家，其经济干预和社会管理职能，就更为复杂而多样了。因为统治阶级的"政治统治到处都是以执行某种社会职能为基础，而且政治统治只有在它执行了它的这些社会职能时才能持续下去"①。国家实行阶级统治和社会管理的二重性，正是统治阶级利益得以实现的客观要求，是其阶级利益在社会上的实现形式，并体现其国家性质。

（二）关于国家的发展、更替和最终消亡。在阶级社会的历史发展和社会形态更替中，伴随奴隶制国家、封建主义国家、资本主义国家的产生和历史性更替，分别形成的是奴隶主阶级的、地主阶级的和资产阶级的国家。这些不同类型的国家，即使在政治形式上，已经由古代君主专制发展演进为现代民主共和国，但都是由其统治阶级对被剥削、被统治的阶级实行阶级专政。这是剥削阶级国家的共同本质。

必须肯定，历史上通过相应的社会革命，所实现的社会形态及其国家的发展和更替，都是人类历史发展的制度性飞跃和社会进步。而推动这种历史进步的直接动力，则是以生产力发展及其所决定的社会基本矛盾运动为基础、由其被剥削阶级所进行反对剥削的阶级斗争。当然，新兴的剥削阶级（奴隶主阶级、地主阶级、资产阶级）在其革命和上升时期，也都发挥过积极进步的历史作用，甚至是革命性的作用。但只有广大劳动人民，才是世界历史发展的真正动力，是他们的生产劳动和对剥削制度的反抗斗争，才促成剥削阶级用一种新的比较文明的剥削形式，去取代前一种野蛮的、过时的旧剥削形式的社会变革和历史进步。恩格斯指出："奴隶制是古希腊罗马时代世界所固有的第一个剥削形式；继之而来的是中世纪的农奴制和近代的雇佣劳动制。这就是文明时代的三大时期所特有的三大奴役形式；公开的而近来是隐蔽的奴隶制始终伴随着文明时代。"②

既然国家是剥削阶级的统治工具，那么国家随着阶级的消灭也就必然会消亡。马克思主义认为，阶级的"这种划分是以生产的不足为基础的，它将被现代生产力的充分发展所消灭"③；随着阶级的消失，国家也不可避免地要消失。国家消亡是一种历史必然，也是无产阶级革命和无产阶级专政为之奋斗的最终产物。国家消亡的途径，是社会主义经济和政治民主的高度发展。公共权力通过社会民主的高度发展，就逐渐地从国家少数职业的公务员手中，转交到大多数人乃至全体社会成员手中。这样政治民主作为一种国家形式、一种国家形态，连同其政治权力本身，也就失去了存在的必要、可能和实际意义。"那时，国家政权对社会关系的干预在各个领域中将先后成为多余的事情而自行停止下来。那时，对人的统治将由对物的管理和对生产过程的领导所代替。国家不是'被废除'的，它是自行消亡的。"④

（三）关于无产阶级国家的崭新性质和过渡性质。无产阶级国家即社会主义国家，是通过无产阶级革命胜利，而取代资产阶级国家的新型国家。马克思和恩格斯在《共产党宣言》中指出："工人革命的第一步就是使无产阶级上升为统治阶级，争得民主。无

---

① 《马克思恩格斯选集》第 3 卷，人民出版社 2012 年版，第 559—560 页。
② 《马克思恩格斯文集》第 4 卷，人民出版社 2009 年版，第 195 页。
③ 《马克思恩格斯选集》第 3 卷，人民出版社 2012 年版，第 813 页。
④ 《马克思恩格斯文集》第 9 卷，人民出版社 2009 年版，第 297 页。

产阶级将利用自己的政治统治，一步一步地夺取资产阶级的全部资本，把一切生产工具集中在国家即组织成为统治阶级的无产阶级手里，并且尽可能快地增加生产力的总量。"① 只有这样，才能为建成社会主义和实现共产主义奠定政治前提和物质技术基础。

马克思主义国家观阐明了无产阶级国家具有崭新性质和过渡性质。马克思在总结巴黎公社经验的基础上，认为"工人阶级不能简单地掌握现成的国家机器，并运用它来达到自己的目的"，"公社的真正秘密就在于，它实质上是工人阶级的政府，是生产者阶级同占有者阶级斗争的产物，是终于发现的可以使劳动在经济上获得解放的政治形式"②。恩格斯也指出，巴黎公社"已经不是原来意义上的国家了"③。

对此，列宁作了进一步的发挥和阐明。他写道："'巴黎公社已经不是原来意义上的国家'，——这是恩格斯在理论上最重要的论断。看了上文以后，这个论断是完全可以理解的。公社已经不再是国家了，因为公社所要镇压的不是大多数居民，而是少数居民（剥削者）；它已经打碎了资产阶级的国家机器；居民已经自己上台来代替特殊的镇压力量。所有这一切都已经不是原来意义上的国家了。"④ 这就是说，无产阶级国家与包括资产阶级民主共和国在内的一切剥削阶级国家，具有根本性和本质性的区别，尽管它们都具有相应的阶级专政的职能，但其性质是完全相反的。因为所有剥削阶级国家都是极少数剥削者享有真正的民主权利，绝大多数人民没有或仅有形式上平等、实际上却是极为有限的民主权利，而在实质上则是剥削和压迫劳动阶级的政治工具；恰恰相反，无产阶级国家是对广大人民群众实行民主，并为维护和发展社会主义事业，而镇压极少数剥削者的反抗和复辟企图。所以，列宁说："无产阶级专政的实质不仅在于暴力，而且主要不在于暴力。它的主要实质在于劳动者的先进部队、先锋队、唯一领导者即无产阶级的组织性和纪律性。无产阶级的目的是建成社会主义，消灭社会的阶级划分，使全体社会成员成为劳动者，消灭一切人剥削人现象的基础。"⑤ 即是说，无产阶级国家"是新型民主的（对无产者和一般穷人是民主的）和新型专政的（对资产阶级是专政的）国家"。当无产阶级的社会主义国家在经济、政治和文化上发展到比较巩固、发达和不可逆转之时，处于向无阶级社会的过渡形态和"自行消亡"中的国家，可称为"半国家"⑥。

笔者认为，在当今世界存在着社会主义和资本主义两类国家及其本质区别的情况下，我们只有基于唯物史观，坚持马克思主义国家观，结合当代世界和中国的实际看问题，才能正确地看待和引导人们确立和增进国家认同。因为只有当一个人对于国家的来龙去脉、国家的本质和国家公共权力的阶级基础及其作用等基本问题，有了起码的了解和认识以后，才能够正确而自觉获得关于国家认同的应有的认识、态度和感情。否则，他就只能是受其直接利益驱使的，甚至是被迫持有的一种从众、无奈和盲目的国家认同或不认同。

① 《马克思恩格斯文集》第 2 卷，人民出版社 2009 年版，第 52 页。

② 《马克思恩格斯选集》第 3 卷，人民出版社 1995 年版，第 95、102 页。

③ 同上书，第 348 页。

④ 《列宁选集》第 3 卷，人民出版社 2012 年版，第 169 页。

⑤ 《列宁专题文集·论社会主义》，人民出版社 2009 年版，第 139 页。

⑥ 《列宁选集》第 3 卷，人民出版社 2012 年版，第 140、124 页。

二　从马克思主义的阶级观点来看待和分析国家认同

国家认同问题，实际上是同国家发生、发展、更替和消亡共始终的问题。但从学术观点看，它主要是研究当今世界法制环境下的国家认同问题。当今世界各国中，既有社会主义国家与资本主义国家的本质区别，也有垄断资本主义国家与发展中国家的差异。鉴于我们的世界（除了仅有的几个社会主义国家以外）在总体上还是阶级社会，即便是现有的社会主义国家离完全消灭阶级和阶级差别，仍有很长的路程要走。而且，就是社会主义国家的公民，当他们必须思考对自己国家的认同问题时，也必然会使之同资本主义国家相比较，而决定自己的看法、态度和情感的选择。因此，我们的研究，就不宜停留于"国家认同的一般"，而理应运用马克思主义的阶级观点，来看待和分析具体人对具体国家的认同问题。

当今世界各国都是一个个复杂的社会有机体。故而在国家认同的明确意识中，至少有三个基本层次，即包括对由其宪法所规定的国体即国家制度的阶级性质，为其国体所要求的、由宪法和法律所规定的并适应其民族文化特点所形成的政体即国家权力体制，由执政党和上层领导集团所实行的施政纲领的认识和态度。就资产阶级国家特别是西方发达国家的执政当局而言，其法律保障、理论辩护和舆论宣传的政治取向，自然都是企望所有公民都能对国家广泛认同、忠诚不渝，对执政当局行使政治权力，给予全面认同和支持，并通过资产阶级多党制竞选等形式上的民主程序，以巩固其执政地位，并争取获得长期执政的合法性。

然而，这些国家的全体公民是划分为不同阶级的。大体说来，不同阶级对其国家认同的情况和程度，自然会有所不同，甚至存在本质差别。

就发达国家的资产阶级特别是垄断资产阶级而言，它们作为国家的统治阶级而对资本主义的国体和政体之认同，存在着本能的政治亲和力，所以在这个意义上一般都不存在国家认同问题。他们在国家认同上可能产生的差异，则是对于执政党和上层领导集团的看法。而这往往取决于现任政府及其政策是否能够较好代表他们所在阶级、阶层和利益集团的实际利益。资产阶级往往都是天然的实用主义者，它们对任何国家和政府的态度，都要以是否有利于资本利润最大化为转移，这一点在西方垄断资产阶级身上表现得最为突出。从这个意义上说，它们所谓"国家认同"和"爱国主义"，往往是个可以任意捏弄的面团。正如列宁所说："资产阶级最崇尚的原则是：'哪里好，哪里就是祖国。'"[①]为此，他们通常采取双重标准，高唱"人权高于主权"等论调，推行"人权外交"和"价值观外交"，而干预第三世界国家的内政。所有这些都是服务于其政治霸权和经济扩张的，即只允许自己搞国际扩张，而罔顾《联合国宪章》宗旨、原则和国际关系准则，并把别国人民对自己国家的主权和国家认同的坚守，视为大逆不道，而极力分化瓦解之。

就处于世界资本主义体系外围的第三世界国家的资产阶级而言，它们可大致分为两部分：一部分是依附于西方垄断资本的买办资产阶级，它们大多抱着"有奶便是娘"的心态，并不真正认同自己的祖国，而是对西方大国推行的霸权主义和强权政治，唯唯诺

---

① 《列宁选集》第 3 卷，人民出版社 2012 年版，第 775 页。

诺、亦步亦趋；另一部分是民族资产阶级，它们在一定程度上能够认同自己的祖国，还能对国际垄断资本对该国的主权侵蚀、经济扩张和资源掠夺，特别是对其企业利益的伤害，会有所抵制。

而对于资本主义各国工人阶级来说，情形就大不相同。他们虽然在资产阶级革命后已获得了"政治解放"，而成为法权平等的国家公民，所以也有一个对其国家的认同问题。其实这标志着工人阶级尚处于不觉醒状态。因为这种公民权大多有名无实，所以工人阶级对所在的资本主义国家，在阶级本质上难以有根本的共同利益和真正的归属感。恩格斯在驳斥法国著名的资产阶级民主主义者加尔涅—帕热斯所说的所有"法国人都是平等的，他们全都过着同样的生活，对他来说，在法国只存在着法兰西公民"的言论时，揭露道："这就是说，'让资本家继续垄断全部生产力，让工人照旧靠极少的几个钱去过活；但是为了补偿他所受的苦难，我们赠之以公民的称号'。"① 从那时以来，西方发达资本主义国家中工人阶级的经济、政治和文化生活，虽然有所改善和进步，但其大体情况，也依然如此。

理论和实际都表明，在阶级社会中一个阶级是社会上占统治地位的物质力量，同时也是社会上占统治地位的精神力量。支配着物质生产资料的阶级，同时也支配着精神生产资料，因此那些没有精神生产资料的人们的思想，一般的是隶属于这个阶级的。在资本主义国家中，当工人阶级还只是一个"自在的阶级"之时，他们中大多数人在国家认同上，往往难以认清其本质，而"隶属于"资产阶级。对此，恩格斯指出："只要被压迫阶级——在我们这里就是无产阶级——还没有成熟到能够自己解放自己，这个阶级的大多数人就仍将承认现存的社会秩序是唯一可行的秩序，而在政治上成为资本家阶级的尾巴，构成它的极左翼。"② 显然，在这种情况下，即使无产阶级群众以某种形式所表达的国家认同，那也只是没有其他选择的一种无奈的认同。在西方发达国家中，至今仍然深受工联主义影响的工人群众，乃至多数工会及其工人运动，基本上都是追随资产阶级的。而那些介于工人阶级和资产阶级之间的社会中间层，在其国家认同上就更是这样。这是当今西方资本主义发达国家虽然在搞普选制，但垄断资产阶级及其政治代理人在强化国家机器（如军队、警察、特工等），以管理和服务社会之时，依旧能够通过强大的舆论和政治网络，操弄名曰"民主政治"，实则"金元政治"，而实现国家政权在依法运作的基本原因。

然而，正如邓小平所说："我坚信，世界上赞成马克思主义的人会多起来的，因为马克思主义是科学。"③ 各国工人阶级终究会觉醒，因为只有他们才代表着人类的未来。近五年来，在肇始于美国次贷危机，并波及全球的金融危机、债务危机等经济危机中，资产阶级国家极力维护金融垄断资本的利益，而大力压缩社会公共福利开支，所造成的对工人阶级的利益伤害，在开始唤醒西方各国工人阶级和广大人民。这包括从发端于世界资本主义老巢的"占领华尔街"开始，曾扩散到该国几十座城市，随后还蔓延到英伦三岛和西欧多国多座城市的人民抗议资产阶级国家转嫁经济危机的群众运动。其中，有些人士已在把斗争矛头指向资本主义制度。人民群众已向垄断资本家及其政府发出了

---

① 《马克思恩格斯全集》第 4 卷，人民出版社 1965 年版，第 433 页。

② 《马克思恩格斯选集》第 4 卷，人民出版社 2012 年版，第 190 页。

③ 《邓小平文选》第 3 卷，人民出版社 1993 年版，第 382 页。

"我们是 99%，你们是 1%"的怒吼，甚至有不少人由此关注和看好马克思主义，并想从《资本论》中寻找理论解释，思考着资本主义的制度替代。这表明，资本主义统治的动摇有了新迹象，也在冲击着其国家认同。西方资本主义，并不是遍地鲜花!

至于有些学者把国家认同，简单地视为现代国家的合法性基础，应当说是不够全面的。因为仅依"票决"获得合法性，往往是一种程序性、形式上的合法性，而不是实质的合法性。在马克思主义国家观看来，任何国家是否具有真正的合法性，一要看它是否有利于社会生产力的长远发展，即是否具有其经济必然性和历史正当性；二要看它是否符合广大人民的长远利益和社会进步利益；三要看人民群众实际获得的政治参与权利，是在前进，还是在停滞和后退，即要看它是否有利于政治文明在某个历史阶段上的发展，以及向更高阶段转进。

在共产党人看来，所有局限于资产阶级需要的国家认同，并肯定其合法性的积极意义，只能是教育、训练、组织工人阶级的一种条件和有限手段，而不是工人阶级的根本目的和政治希望本身。工人阶级在阶级本性上会倾向社会主义。但自发的工人运动只能产生工联主义，而科学社会主义要想在工人运动中生根、开花和结果，就要靠自觉的理论"灌输"。资本主义各国工人阶级要想从雇佣劳动制度下获得彻底解放，只有靠其先锋队即共产党长期而不懈地坚持运用马克思主义教育、唤醒和武装工人群众，使之由一个"自在的阶级"提升为"自为的阶级"，使他们较普遍地认同社会主义和共产主义，而不认同资本主义和帝国主义。这种情况必将出现的社会条件，既要靠历史必然性和历史主潮发挥作用，也要靠共产党人团结带领工人阶级和革命人民，自觉地进行长期的艰苦奋斗。

三 社会主义初级阶段国家认同的主体结构及其态度分析

在人类社会发展到垄断资本主义阶段的历史条件下，各国无产阶级革命只能在各自民族国家内独立自主地进行探索和实践；同时尽可能地"应当以各国工人的兄弟联盟来对抗各国资产者的兄弟联盟"[①]。因此，各国工人阶级和革命人民，特别是社会主义各国人民及其执政党的政治意识，应是面向未来的国家认同与民族认同、爱国主义与无产阶级国际主义的有机统一。列宁曾说过："真正的国际主义只有一种，就是进行忘我的工作来发展本国的革命运动和革命斗争，支持（用宣传、声援和物质来支持）无一例外的所有国家的同样的斗争、同样的路线，而且只支持这种斗争、这种路线。"[②] 如果把这里讲的"革命"理解为广义的，并能使之同当代的历史条件相结合，那么，其精神实质就依然是正确和有指导意义的，而且也有利于增进我们社会主义制度下人民的国家认同。

我国在社会主义初级阶段，特别是在改革开放的条件下，对国家认同问题更需要作深入的研究和正确的引导，而且应当优化国家认同的各个层次的主体结构，同时应采取多种措施，以增进国家认同的自觉意识和正确态度。

当前，就我国公民国家认同的状况而言，总体上是乐观的，但必须有紧迫感。首先

---

① 《马克思恩格斯选集》第 1 卷，人民出版社 2012 年版，第 316 页。
② 《列宁选集》第 3 卷，人民出版社 2012 年版，第 54 页。

应肯定，认同和热爱我们社会主义祖国，是我国各民族、各阶级和各阶层人民的主流意识。否则，我国就不会有改革开放和中国特色社会主义建设的巨大成就，同时也面临着多种严峻的挑战。虽然尚未严峻到发生"国家认同危机"的地步，但在少数人那里，也确实在使国家认同弱化，乃至发生动摇和弃之不顾。

从国家认同的主体结构及其基本态度看，其支柱的社会力量，首先是作为我国领导阶级的工人阶级。我国有 3 亿多工人，其综合素质已有明显提高，并在继续发展壮大。他们中的绝大多数人（包括 2.6 亿农民工），尽管在从事最辛勤的劳动，拿着不高的工资，但他们热爱和认同祖国，仍然是中国特色社会主义事业的顶梁柱和主要的依靠力量，是改革开放和现代化建设最重要的主力军。其中，尤其是大约 5000 万下岗的老工人，为改革开放所付出的代价最大，却受惠不多。仅从他们默默接受党和政府的这种安排，虽然有些意见和牢骚，但没有因此发生较大的社会动荡来看，就充分显示出这个工人群体对祖国、对社会主义事业深藏于内心的政治认同和诚挚感情。

其次，再从农民阶级作为我国政治柱石——工农联盟——的基本构成的社会地位看，他们仍占我国 13 亿人口的 48%，依然是我国改革开放、建设中国特色社会主义的重要主力军。在社会主义体制改革中，这个阶级在实践探索中最先站了出来，作为我国全面体制改革的探路先锋，而作出了历史性贡献。但就其中的大多数人而言，他们在改革开放中受惠最早，但也受惠较少。然而，这个阶级不等不闹，尽量利用党和国家的政策优惠，主动自找门路，谋求生存发展。特别是那些来自农民的 2.6 亿农民工，他们作为我国产业工人的主体部分，而为国家工业和城市发展作出了并在继续作出自己的突出贡献；可是他们至今尚未获得平等的市民身份。仅从这两方面的情况能够持续至今，而同时维持着国家大局稳定、经济繁荣和城乡和谐的发展态势，就表明农民中的绝大多数人对我们祖国、对中国特色社会主义，是认同和拥护的。

复次，再从我国知识分子和六个"新社会阶层"的社会成员看，他们是我国改革开放中最活跃、最引人注目的社会力量和经济力量的主体，为推进中国特色社会主义事业作出了并正在作出不可替代的重要贡献。尽管这些社会阶层的社会地位差别明显，在改革开放中受益程度也大小不等，同西方发达国家同类人群境况的反差也较大。但应该说，他们中绝大多数人对我们祖国、对中国特色社会主义认同和拥护的程度上，可能存在一定差别：其中有些人自觉而坚定，有些人持基本肯定的态度，有些人在大体认同的前提下还有不同程度的疑虑，而正处于观察和思考中。然而，他们在期盼我们祖国繁荣富强、实现中华民族伟大复兴上，同全中国各族人民都是，至少理应都是心心相印、休戚与共的。

最后，从我国社会主义事业的核心领导力量——中国共产党的状况看，它是我国工人阶级的先锋队，同时也是中国人民和中华民族的先锋队，是我们国家和民族的主心骨，是中国特色社会主义事业的中流砥柱。我们党现有 8200 多万党员，几乎相当于整个德国的人口，是世界第一大政党，而且正在领导 13 亿多中国人民致力于在世界社会主义运动的历史前沿的理论和实践探索，在创造着世界历史上最伟大、最艰巨的和事关人类未来的宏图大业。尽管我们党的状况和工作中，仍有诸多不尽如人意的现象，但从我们党仍然保持着工人阶级政党的性质，以及从绝大多数党员的实际表现看，不仅根本不存在国家认同问题，而且他们正用自己的言行做表率，在引领和不断增进着全国各族人民的国家认同。不然，我们就无法解释我们党和国家已经创造、并正在创造的辉煌业绩。

阳光普照万物，但也伴有阴影。全中国公民在国家认同上，同样也会参差不齐，甚至有些阴暗面。我党是伟大、光荣、正确的党，但在改革开放中，也有不少党员领导干部不仅"前腐后继"发生腐败，而且有成千的犯罪嫌疑人叛逃到海外；此外，还有一批"身在曹营心在汉"的所谓"裸官"。虽然其中各人的具体原因、情况和性质大不相同，但有些人在国家认同上可能存在一定的问题。我国知识分子群体中的绝大多数人，是认同和热爱我们祖国、认同和热爱中华民族和社会主义事业，并与全国各族人民一道在为国家的现代化建设、实现中华民族的伟大复兴，在贡献自己的聪明才智。但由于复杂的原因乃至具体的家庭原因，也有极少数青年知识分子，因为已经移民或加入外国国籍，就有可能淡化原有的国家认同和民族认同。对这类情况，既要做具体分析，也需要党和国家加强教育、舆论和政策上的引导。我国企业家及其高管，在探索发展社会主义市场经济，并在国际市场竞争中，既为国家和人民做出了并正在作出重要贡献，但其中也合法，或不合法或打擦边球地产生了一个"暴富"群体。我国宪法和物权法已从法律上庄严宣布、并在实际地维护包括富人群体在内的一切公民的合法财产和其他合法权益。然而其中仍有少数人尚存疑虑，并想通过投资移民，以便把其全部或部分私有财产转移到海外。据北京理工大学法学院同中国与全球化研究中心共同发表的《中国国际移民报告（2012）》得出结论说："中国目前正在经历第三次移民潮"，有 21.4% 的富人正"计划移民"，而要"逃离中国"[①]。另据中国招商银行和贝恩公司共同发布的《2013 年中国私人财富报告》显示，2012 年可投资资产规模在 1000 万元人民币以上的高净值人士超过 70 万人，其中 5000 万元以上的高净值人士有近 10 万人，1 亿元以上的超高净值人士达 4 万人。然而，他们中约有 60% 的受访高净值人士称正在考虑或已经完成投资移民。[②] 应该说，正常的私人对外投资和适度的投资移民，是国际经济合作和人员流动的常态，无须大惊小怪。但中国富人中这么高比例的移民意向，就意味着其中有些人可能与其国家认同状况有关。

最为严重的一种情况，是在国外敌对势力策动和支持下，包括在 20 世纪 50 年代末西藏达赖集团的武装叛乱被平息后，他和极少数追随者流亡国外，并一直在搞"藏独"分裂活动以外，其后又有所谓"台独"和"疆独"等分裂势力，在挑战我国主权统一和领土完整。这就不只是国家认同问题，而且是一种背叛和分裂祖国的犯罪活动。如果说，我国不同程度地存在着国家认同问题的大多数人基本上都是一种思想认识问题的话，那么，搞"藏独"、"台独"和"疆独"等分裂势力和分裂活动，则是一个严肃的政治问题，可以说，这是我国在一定范围内长期存在的阶级斗争的一部分。对上述诸问题，我们应当分辨其性质和程度，而及时采取适当的措施和必要的政策，加以关注、引导、应对和解决。

总之，国家认同问题，是世界各国特别是第三世界广大国家中都不同程度存在和需要不断加以解决的一个实际问题。我国在社会主义初级阶段，国家认同主体的结构和态度，是多层次的和在不断变动的，其总体结构呈现为橄榄形。其中自觉而坚定地认同我

---

① 转引自《逃离中国：五分之一的中国富人计划移民》，美国《国际财经日报》2013 年 5 月 7 日。

② 转引新华社《参考消息》2013 年 5 月 9 日。

们社会主义祖国的，是相对的少数；那些对国家认同发生动摇，或以其言行在否定国家认同，乃至丧失国格和人格，直至演变为政治问题的人，则是极少数；而介于两者之间的，即对国家认同问题缺乏充分考虑、认识肤浅而具有基本的国家认同（包括少部分人有所淡化），因此处于中间层的人们，则是绝大多数。笔者认为，党和国家与理论界对国家认同问题，应从坚持中国立场、全球视野和长远眼光的高度，本着实事求是、清醒冷静、积极稳妥的原则和工作取向，给予更多的关注、进行更深入的研究、作出更周密的政策设计和更有效的正确引导，以不断优化我们社会的国家认同的主体结构，以使人们不断增进国家认同的自觉意识。

（原载《中国社会科学》2013 年第 9 期）

试论马克思主义哲学的共产主义内核

侯惠勤[*]

对于一个哲学来说，"内核"是指决定其思维特征的基本依据。正是从这个意义上，我们指认唯物主义是费尔巴哈哲学的基本内核，而辩证法是黑格尔哲学的合理内核。为什么要提出马克思主义哲学的共产主义底蕴问题？首先针对一段时间以来的试图以非意识形态化的方式"创新"马克思主义哲学的倾向。不难看出，这种创新将把马克思主义哲学引向"普世哲学"并最终消解在当代西方哲学的诸多流派中。从近年来关于马克思主义哲学的当代形态、研究范式的转换、价值哲学以及中西马克思主义哲学的关系等讨论中，都可以看到这一倾向。纠正这一偏向，不仅决定了马克思主义哲学学科的健康发展，而且关系到科学看待作为国家意识形态理论基础的马克思主义。邓小平在谈到马克思主义的根本特征时指出："马克思主义的另一个名词就是共产主义。我们多年奋斗就是为了共产主义，我们的信念理想就是要搞共产主义。"[①] 马克思主义作为共产主义思想体系这一点这些年是被淡化了，而作为马克思主义世界观基础的哲学则更是长期疏远了共产主义。这种疏远尽管也有出于误解，把共产主义视为只是一个与哲学没有什么关系的政治概念，但从根本上说则是用非意识形态化的观点解读马克思主义哲学的必然结果。从学理上说，讨论马克思主义哲学的共产主义底蕴，关系到对于马克思主义哲学几乎所有重大原理和概念、范畴的正确把握，可能是我们今天推进马克思主义哲学所首先要加以关注的。

一 马克思主义哲学两个标志性成果的"重叠现象"

学界公认，《德意志意识形态》是马克思主义哲学基本形成的标志，而《共产党宣言》则是马克思主义哲学公开问世的标志。值得注意的是，两个哲学变革的标志性著作都以"共产主义"为基调，出现了哲学与共产主义的"重叠现象"，这并非偶然。前苏联学者巴加图利亚曾指出，作为马克思主义哲学形成标志的《德意志意识形态》有许多"第一次"，其中之一就是马克思和恩格斯在这里已经承认自己是共产主义者了，而在《神圣家族》中，他们还自命为"现实人道主义者"。[②]《共产党宣言》更是以"不屑于隐瞒自己观点"的鲜明立场，把自己的全部学说定位在"共产主义"这一基点上。因此，列宁特别指出："我们应该象马克思恩格斯那样称自己为共产党。我们应该重复说，

---

   * 侯惠勤：中国社会科学院国家文化安全与意识形态建设研究中心主任，研究员。

   ① 《邓小平文选》第 3 卷，人民出版社 1993 年版，第 137 页。

   ② 《马列主义研究资料》总第 31 期，人民出版社 1984 年版，第 36 页。

我们是马克思主义者，我们是以《共产党宣言》为依据的。"① 这两个"重叠"说明，从哲学世界观上看，共产主义、实践的唯物主义和历史唯物主义是侧重点各异的同一序列概念：它们分别从客观必然性（历史唯物主义）、主体选择性（实践唯物主义）和历史现实性（共产主义）上表达了马克思主义哲学作为"改变世界"哲学的实质。三者之间不可分割的内在联系，为我们研究马克思主义哲学世界观提供了基本依据。

　　首先，这一联系使得马克思主义哲学唯物主义同旧唯物主义以及所有传统哲学划清了界限。在被恩格斯称为"新世界观天才萌芽的第一个文件"《关于费尔巴哈的提纲》中，马克思有这样的论断："旧唯物主义的立脚点是市民社会，新唯物主义的立脚点是人类社会或社会的人类。"② 这里深刻揭露了包括旧唯物主义在内的传统哲学之所以只能"解释"而不能"改变"世界的原因，就在于它们不能超越"市民社会"，即现存的资产阶级社会，而各种"解释世界"的哲学归根到底就是换一种方式承认现存的社会。而在新唯物主义看来，资产阶级社会是人类社会划分为阶级以来的历史发展的最后阶段，是一个把阶级压迫和剥削推向极致的社会形态，是应该而且必然会被消灭阶级、消灭剥削的共产主义超越的社会。新唯物主义就是以超越资产阶级社会，实现共产主义、解放全人类作为自己的目标，而由于无产阶级是超越资产阶级社会、实现共产主义、解放全人类的历史主体，因而这一哲学以代表无产阶级利益、为无产阶级争取解放斗争服务作为自己的价值取向。反过来，现代无产阶级只有借助新唯物主义这一利器，才形成了表达自己客观历史使命的阶级意识，形成了本阶级自觉的世界观并用以指导改造世界。马克思主义哲学的形成标志和马克思成为共产主义者两者具有同时性，揭示了无产阶级和新唯物主义之间不可分割的联系，从而表明一切企图超越阶级立场的解读，都是对于新唯物主义的误解。

　　其次，这一联系使得马克思的"实践的唯物主义"同形形色色的实践哲学划清了界限。马克思在第一次提出"实践的唯物主义"的《德意志意识形态》中对于这一概念有着明确的界定，他指出："对实践的唯物主义即共产主义者来说，全部问题都在于使现存世界革命化，实际地反对改变现存的事物。"③ 很清楚，马克思的实践的唯物主义不是形形色色的主观主义、意志主义的实践哲学，因为要使现存世界革命化，不能靠宗教式的幻想和幻想的力量，甚至也不能仅靠道德激情及其所引发的群众热情，而必须靠科学的理论和为真理而奋斗的精神去引发人民的持久历史活动。同样，马克思的实践的唯物主义也不是仅关注当下个人生存状况的生存论哲学、存在主义哲学，因为要正确地认识和解决个体生存的现存状况，必须立足于超越现存的历史高度，从未来汲取实践的力量。这样，个人生存问题的解决，就不是一种生命的感悟，而是改造世界的解放活动，是革命阶级的行为。马克思因此断言：无产阶级代表的"社会革命不能从过去，而只能从未来汲取自己的诗情"。④ 哲学实践观的形成和科学共产主义观的形成在青年马克思那里具有同步性，揭示了马克思主义哲学世界观和科学社会主义观的内在一致性，从而表明离开工人阶级的解放实践这一基点，都是对于马克思主义实践观的误读。

---

① 《列宁全集》第 29 卷，人民出版社 1985 年版，第 178 页。
② 《马克思恩格斯文集》第 1 卷，人民出版社 2009 年版，第 502 页。
③ 同上书，第 527 页。
④ 《马克思恩格斯选集》第 1 卷，人民出版社 1995 年版，第 587 页。

马克思主义哲学和共产主义的这种内在联系，在一定意义上也就是马克思主义哲学的阶级性和实践性的统一。强调这一联系，也就是强调要坚持从马克思主义哲学阶级性和实践性的统一上去推进这一理论，而不是对此加以割裂。近年来很强劲的对于马克思主义阶级斗争理论的否定，在哲学上的表现就是否定马克思主义哲学的阶级性、努力"洗刷"其共产主义印记。如果说1983年马克思一百周年诞辰时，围绕着马克思1844年手稿争论的焦点是"马克思主义是否可以同时也是人道主义"的话，那么今天则是近年来，有一种复活人本主义的现象，其幌子是"马克思主义的人本主义"，或者叫"马克思主义世界观指导下的人本主义"。他们力图推倒1983年关于人道主义和异化问题大讨论中关于区分人道主义两个层面（即历史观层面和伦理道德层面）的结论，提出这种区分"在逻辑上是自相矛盾的，在理论上是不周密的，是讲不通的"①。否认这种区分，就是要把人本主义作为历史观，把人性论作为历史叙事的基本框架。这不仅使得客观地、科学地认识历史成为泡影，而且使得超越一定时代的统治思想成为不可能（因为人性往往是统治思想的表达方式，而对于人性的再解释则是超越统治思想的前提），从根本上取消了"改变世界"的理论依据。

共产主义作为马克思主义哲学的底蕴表明，这一哲学本质上是工人阶级世界观，是通过工人阶级的解放实现人类解放的行动指南。只有在这一过程中，哲学才能走出书斋和精神贵族的狭小圈子，成为广大人民创造生气勃勃的新生活的实践力量，从而实现哲学向人民的回归。这一以唯物辩证法、历史辩证法为标志的新型世界观，实现了认识论、逻辑和辩证法的统一，以及自我意识、阶级意识和人类意识的统一，是认识世界和改造世界相统一的哲学，从而实现了哲学向现实生活的回归。它不但根本区别于自我封闭的传统"体系"哲学，也根本区别于西方现当代形形色色的"生存论"哲学。

共产主义作为马克思主义哲学的底蕴决定了：马克思主义哲学真正占据了历史制高点和道德制高点，因此能够超越以往哲学"解释世界"的局限，成为能够"改变世界"的新哲学；马克思主义哲学的实践概念不仅是突破了人的感性存在的感性活动，而且还是以工人阶级实践为基础的人类解放活动，因而本质上是"革命的"、"实践批判的"活动；马克思主义哲学的人类性、人道性是工人阶级阶级性的拓展，不是抽象人性引领和创造历史，而是人民群众创造历史、先进阶级引领历史，在改造客观世界的同时改造主观世界，在推动社会进步的同时促进人性的改善和升华，最终实现每一个人的自由全面发展。

二 把共产主义的底蕴从马克思主义哲学中清除会导致什么

必须明确，马克思能够超越资产阶级时代的统治思想，标准就是破产抽象人性论的藩篱。通过"抽象的人性去解释社会现象，本身就是资产阶级的思想统治方式，因为资产阶级社会是真正的抽象化社会。'抽象性'在真正意义上构成了资本主义社会的本质。就经济过程而言，资本主义市场经济使得劳动抽象化，'劳动一般'正是这种状况的写照。与此相应就是人的抽象化以及思维方式的抽象化，而抽象观念的统治则是社会的自

---

① 《"关于人道主义和异化问题"一文商榷——致程中原同志的一封公开信》，《炎黄春秋》2007年第11期。

我认同方式。"① 对时代问题以及解决问题的条件的具体化导致了马克思主义哲学的伟大变革。因此，无论如何定义马克思主义哲学，都不能抹煞这一哲学的以下性质：它把对于时代精神的阐释建立在对于客观世界和历史规律的科学认识之上，把对于人的关注和现实苦难的解救奠立在科学批判资本主义并依托无产阶级革命实现人民群众自己解放自己之上，把哲学的实践品格归结为以"生活的生产"活动的内在矛盾为源泉的现实的人及其发展规律的历史过程之上。这样，共产主义在马克思主义哲学中的位置就是再明确不过的了：共产主义是时代之谜的解答和时代精神的集中体现，共产主义不仅是超越资本主义的人类历史不可改变的必然趋势，而且是推动当代人类实践活动最强大的动力和运动方式；把共产主义不是作为"应然"的哲学原则，而是作为资本主义自我否定和改造现存世界的实际运动，是马克思科学实践观形成的关节点，因而也是马克思完成从抽象的人向现实的人转变的关键性环节、是新唯物主义世界观形成的重要基石、是马克思主义哲学实践性品格的根据。概括地说，共产主义是马克思主义哲学的阶级性、革命性、实践性和科学性的综合体现，是使其摆脱抽象性而具体化的基础。

毫无疑问，把共产主义基因从马克思主义哲学中剔除，就会使这一哲学向抽象性哲学倒退，从根本上阉割和颠覆这一哲学：它就必然从工人阶级及人民大众认识世界、改造世界的思想武器和行动指南蜕变为有闲阶级的"思想把玩品"和"文化鉴赏品"，从以真理为追求、人民利益为根本的科学世界观、方法论蜕变为"个人独白"和流行思想的附庸（也就是当代西方强势文化的附庸），从有着严格无情的实践检验和客观标准的思想逻辑蜕变为见仁见智、莫衷一是的主观感悟。如果把这种蜕变视为"马克思主义哲学的现代化"，那么它将在这一所谓的"现代转型"中丧失自己的根基，最终混杂在当代西方诸多流派中而被消解。

这里的关键点，是如何把握作为历史唯物主义出发点的"现实的个人"。我们知道，马克思主义创始人的"现实的个人"是科学抽象的产物，它所否定的"抽象的个人"不仅包括形形色色的思辨哲学中的"人"，也包括形形色色的实证哲学中的"人"。从今天的情况看，对未来的迷惘和对现存的屈从使得反本质主义的思潮泛滥，带有实证倾向的"抽象的个人"更具迷惑性和影响力。而把共产主义基因从马克思主义哲学中剔除，则直接导致了将马克思主义哲学的出发点"现实的个人"等同于生存论哲学的"此在"，从而消解了批判和超越资本主义的人学根据。下述观点在今天具有一定的代表性："与马克思思想具有连贯性的海德格尔，在人学现象学的基础上继承了马克思对人的本质的理解。海德格尔用'此在'代替'人的本质'。在言及'此在'的本质时，他指出，'此在的本质在于他的存在'。从一定意义上讲，这些概念类似于马克思的'现实的个人'。"② 这种混淆马克思和海德格尔的误读，在于不了解马克思哲学变革的实质、把马克思主义哲学抽象化的结果。

实际上，作为唯物史观出发点的现实的个人，是马克思哲学变革的重大成果，是超越"抽象的个人"的结果。它既从根本上推倒了各类只存在于哲学家幻想头脑中的"思辨的个人"，也从根本上推倒了只存在于历史某一时段却被永恒化的"经济人"一类设定，上述两者都是"抽象的人"。因此，"现实的个人"不是"自然人"，他的生存条件

---

① 侯惠勤：《马克思主义方法论四大基本命题辨析》，《哲学研究》2011 年第 10 期。

② 《马克思对形而上学的扬弃及其实现的人的本质的革命》，《高校理论战线》2013 年第 2 期。

连同他的本性（或"自然"）都是其实践的结果，因而他是历史的；然而"现实的个人"又不等同于"现存的个人"（即"此在"），或者说，"现存的个人"只是"现实的个人"的一种形态，前者总是被历史超越的，而后者则是一切历史活动的绝对前提，是不可能被历史所超越的。"现实的个人"也不是没有个体性的共性人，而总是以有着非常具体社会关系类型和自主活动类型为其表现形式。同样，"现实的个人"不是"孤立的个人"，不是"唯一者"，而是必然要与他人形成各种联系并因而总是属于一定社会形态的个人。因此，在马克思看来，抽象的、"孤立的个人"不过是资本主义社会形态的产物。

把"现实的个人"混同于现存的个人，根子在于迷失了历史的方向，否定了使"现存革命化"的根据。当海德格尔着力消解传统形而上而指认"此在的本质在于他的存在"时，他实际上消解了对于现存的一切进行革命批判和改造的依据。类似海德格尔这样的话费尔巴哈早就说过，理所当然地也被马克思所批判否定。马克思、恩格斯指出："我们举出《未来哲学》中的一个地方作为例子说明既承认存在的东西同时又不了解存在的东西——这也还是费尔巴哈和我们的对手的共同之点。费尔巴哈在那里阐述道：某物或某人的存在同时也就是某物或某人的本质；一个动物或一个人的一定生存条件、生活方式和活动，就是使这个动物或这个人的'本质'感到满意的东西。……任何例外在这里都被肯定地看作是不幸的偶然事件，是不能改变的反常现象。这样说来，如果千百万无产者根本不满意他们的生活条件，如果他们的'存在'同他们的'本质'完全不符合，那么，根据上述论点，这是不可避免的不幸，应当平心静气地忍受这种不幸。可是，这千百万无产者或共产主义者所想的完全不一样，而且这一点他们将在适当时候，在实践中，即通过革命使自己的'存在'同自己的'本质'协调一致的时候予以证明。"① 显然，马克思虽然不赞成先定于或游离于存在的人的本质，但并没有把人的现存和其本质加以等同。存在不是凝固和僵死的，而是存在着内在矛盾的运动，而当矛盾处在激烈对抗并形成革命的客观条件时，使千百万受压迫者感受到的就是自己的存在与本质间的分裂，即"异化"。这时马克思主义者不是要求人民去消极地"认命"（即承认"你的存在就是你的本质"），而是通过对"现存"的革命改造去协调存在和本质的分裂，掌握和改变自己的命运。因此，马克思、恩格斯毫不留情地将费尔巴哈"存在即本质"的观点斥责为"对现存事物的绝妙的赞扬"②。

把现实的人限于"此在"，会使我们在一系列重大价值上发生误判。由于剔除了对于社会的革命变革的探索，清除了实践的历史指向，于是在哲学社会科学研究中什么是学问、如何辨别学术水平的高下就必然出现偏差。马克思主义哲学作为真理性的思想体系，毫无疑问具有知识性，但是这一知识不是无价值偏好的客观知识，而是以无产阶级的立场为基础，以实现人民和民族的利益为追求，因而能否回答、解决重大现实问题就成为判断其水平高低的根本尺度。"如果你能应用马克思列宁主义的观点，说明一个两个实际问题，那就要受到称赞，就算有了几分成绩。被你说明的东西越多，越普遍，越深刻，你的成绩就越大。"③ 抛弃了马克思主义知识的这一根本性质，马克思主义研究就会走入死胡同。时下那种鄙视对于中国现实问题的关注、热衷于在西方话语圈子讨生

---

① 《马克思恩格斯选集》第 1 卷，人民出版社 1995 年版，第 97 页。
② 《马克思恩格斯全集》第 42 卷，人民出版社 1979 年版，第 362 页。
③ 《毛泽东选集》第 3 卷，人民出版社 1991 年版，第 815 页。

活的倾向，表现在马克思主义研究上，就是不以中国问题为中心、不以解决实际问题为导向、不以推进马克思主义理论创新和理论武装为主线，而是力图把"西马"乃至西方哲学的问题和话语，或者纯文本解读，作为马克思主义研究和学科建设的"范式"。似乎只有西化式的研究才有"学术性"，而关注和解决现实问题的研究只是"意识形态"，就是这一倾向自以为有力的支撑。实际上，当一些人陶醉于从西方搬来的一些词句，甚至将广大群众乃至学界都看不懂作为"学术"来炫耀时，我们不禁想起了毛泽东批评那些"仅仅把箭拿在手里搓来搓去，连声赞曰：'好箭！好箭！'却老是不愿意放出去。这样的人就是古董鉴赏家，几乎和革命不发生关系。"① 须知道，能否中的，不仅检验箭手的水平，也检验着箭的质量。现在有些被视为"好箭"的东西，实际上不过是陈词滥调的翻版。马克思主义研究当然要加强学术性，但不能制造意识形态和知识的对立、试图通过淡化意识形态达到。对于马克思主义理论学科，所谓学术性，就是要把决定了广大群众思想和行动的问题找准、道理说透，起到辨别是非、释疑解惑、统一思想、凝聚力量的功效，从理论上阐明问题，而不是脱离实际、故弄玄虚，甚至混淆是非、散布谬误。

概括起来，马克思通过对于传统形而上的批判，在告别思辨哲学传统的同时，并没有否定历史发展的逻辑，切断历史进步的未来，屈从于现存的事物而泯灭自身革命的、实践批判的本性，没有向折衷主义、相对主义、实证主义和形形色色的"解释世界的哲学"倒退，这里的关键就在于辩证唯物主义、历史唯物主义和共产主义远大理想实现了有机的统一。由此也不难看出，把马克思主义哲学引向生存论哲学方向，用海德格尔的"此在"阐释马克思的"现实的个人"是个多么严重的误读。我们在进行的马克思主义哲学创新，和必须倡导的坚定共产主义理想信念是相得益彰，还是渐行渐远，的确值得反思。

三　从马克思主义哲学和共产主义的统一上推进哲学创新

从马克思主义哲学史上说，阐明马克思主义哲学和共产主义的关系可以更为深入地推进马克思主义哲学变革和形成研究，从而更准确地把握马克思主义哲学的精神实质。比如，马克思的共产主义立场和他自称共产主义者的关系，这里有个时间差。按列宁的说法，从1843年底发表在《德法年鉴》上的"这些文章可以看出马克思开始从唯心主义转向唯物主义，从革命民主主义转向共产主义"② 。但是，此时马克思并没有自认为是共产主义者，在这种客观判断和主观认同的距离背后是什么？从中可以找到马克思对于早期共产主义各种流派的思考和取舍的线索，发现马克思共产主义观的精髓。又如，哲学观点和共产主义观在马克思哲学形成中的关系问题，这里存在着相互促进的共生关系。从青年马克思思想转变看，大体上有一个规律：当他直接介入实际斗争时，阶级立场、政治观点的转变起着引领作用；而当其退居书房研究问题时，实际知识的积累和驾驭则引领着世界观的转变。从时间段上看，1843年4月前，马克思处在"善良的'前进'愿望大大超过实际知识"③ 的状况，其政治观点的急剧转变，推动着其哲学主题及

---

① 《毛泽东选集》第3卷，人民出版社1991年版，第819—820页。

② 《列宁全集》第26卷，人民出版社1988年版，第83页。

③ 《马克思恩格斯选集》第2卷，人民出版社1995年版，第32页。

其论证方式的转变；而此后的历史研究、经济学研究又成为推动其哲学观点、政治观点转变的主要力量。这种状况告诉我们，不要片面地把青年马克思思想演进中的某一因素夸大为一个阶段的特征，例如所谓的"哲学共产主义"阶段或"实证人道主义"阶段，而必须从"相互作用"的内在矛盾上具体分析。

但是，阐明马克思主义哲学和共产主义的内在关系，更为重要的是现实的马克思主义哲学创新的需要。毫无疑问，马克思主义哲学要随着实践的发展不断地创新，在时代发生大转变时甚至要改变自己的形态。但是，近年来，套用西方哲学从近代以来的"认识论哲学"向现当代的"生存论哲学"的转向，提出了当代马克思主义哲学研究要有一个"生存论转向"问题的风气很盛，上述把马克思"现实的个人"解读为海德格尔的"此在"就是一例，需要高度警惕。而在力促这一转向中，高调地提出了打破"主客体二分"的对立思维模式问题，值得认真思考。

我们暂且不去讨论西方哲学的"生存论转向"是否成立的问题，单就阶级意识而言两者就不可简单类比。一个不争的事实是，资产阶级曾经在历史上起过非常革命的作用，而今天它已经成为既得利益的守护者了。西方哲学的转向是否与此相关，似乎可以研究。而马克思主义哲学则始终是工人阶级的世界观，共产主义革命在今天还远未完成，因而马克思主义哲学的科学基础始终是"'革命的'、'实践批判的'活动"，[①] 不存在根本的转型或转向。

从马克思主义哲学史看，费尔巴哈的错误并非在于坚持唯物主义认识路线，运用"主宾原则"进行主客二分，而在于没有完成历史实践领域的主客二分，根子在于不懂得实践的辩证法。"费尔巴哈想要研究跟思想客体确实不同的感性客体；但是他没有把人的活动本身理解为对象性的［gegenständliche］活动。因此，他在《基督教的本质》中仅仅把理论的活动看作是真正人的活动，而对于实践则只是从它的卑污的犹太人的表现形式去理解和确定。因此，他不了解'革命的'、'实践批判的'活动的意义。"[②] "思想客体"和"感性客体"的区分，就是实践领域的"主客二分"，两者虽然都是主体"对象化"的结果，但"思想客体"以主体的主观意志为转移，而"感性客体"则不以主体的主观意志为转移。费尔巴哈将两者加以区分，是他高于"纯粹的"唯物主义者的地方。他的错误仅在于试图从人的活动以外去寻找"感性客体"，从而陷入了把主体主观化、客体抽象化的片面性。他不了解作为人类历史活动基础的感性活动（"革命的"、"实践批判的"活动），不仅是客观的，而且是历史进步的源泉。

可见，主客体的区分不仅是认识的前提，也是实践的前提。如果不是主观唯心主义的认识，不是唯意志论的实践，主客体的界限是不可能抹去的。主客体的相互作用不仅表现在实践的过程，也表现在认识的过程（马克思主义所强调的认识论、辩证法和逻辑相一致就是经典的表述），因此不能用主客体的相互作用抹煞两者的本质区别。即便是既作为主体又作为客体的人，在具体的历史条件和矛盾关系中，其界限也是分明的。正是基于这种区分，才有唯物主义哲学和唯心主义哲学之分，以及辩证唯物主义、历史唯物主义和旧唯物主义之分。而这一区分，在今天的哲学研究中依然是基本问题。

在我看来，不能笼统地讲生存论哲学高于认识论哲学，实践哲学、生存论哲学其实

---

① 《马克思恩格斯选集》第 1 卷，人民出版社 1995 年版，第 54 页。
② 同上。

取代不了认识论哲学。一般地说，没有认识论支撑的哲学并不是真正面向未来的哲学，因为任何面向未来的哲学，其论题并不都是实践的，其论证更不都是能够直接依托实践检验或生存体验的，就是说不能得到充分的经验证明的，因而通过科学认识而揭示的理论逻辑就必不可少。特殊地说，对于开创性的实践而言，正确的认识是实践成功的前提，"没有革命的理论，就不会有革命的运动"。[①] 因此，生存论哲学充其量只是对现代化过程中个人生存困境的一种言说，可以产生一定的舒缓和慰藉功效，但说不上为当代众生指点迷津，更谈不上为人类文明开创未来。

今天，坚持和发展中国特色社会主义需要生气勃勃的理论支撑，马克思主义哲学的创新不能偏离这一主题。坚定共产主义理想是我们今天面临的严峻挑战，而马克思主义哲学则对于回应这一挑战具有不可替代的作用。不难看出，坚定共产主义理想在今天需要解决三大难题：一是共产主义的实现是一个相当漫长的历史过程，在缺乏足够的经验依据的前提下，如何确立共产主义的科学根据？二是现实状况是"西强东弱"、世界社会主义依然处于低潮，我们如何确立必胜信心？三是如何看待鸦片战争以来的中国历史，证明社会主义是中国历史发展的必然、中国人民的历史选择？解决这三大难题，当然要从我国近现代以来的历史经验和基本实践中进行总结、汲取力量，但同样重要的是从马克思主义的理论逻辑中开阔眼界、汲取力量。正如习近平同志所指出，解决共产主义理想信念问题，关键在树立马克思主义世界观、确立历史唯物主义观点。多年来西方意识形态反对所谓"宏大叙事"、力推所谓"细小叙事"的非意识形态化渗透，对于马克思主义世界观、历史观的解构危害极大。这反过来也就说明，如果真的用生存论哲学取代了认识论哲学、用"此在"取代了"现实的个人"，就从根本上取消了马克思主义理论的指导作用，也实实在在地挖空了培育理想信念的基础。这就和我们那些试图通过生存论哲学创新马克思主义哲学的学者们的初衷南辕而北辙了。

（原载《中国高校社会科学》2013 年第 4 期）

---

① 《列宁选集》第 1 卷，人民出版社 1995 年版，第 311 页。

完善和发展中国特色社会主义制度

邓纯东[*]

党的十八届三中全会强调，全面深化改革的总目标是完善和发展中国特色社会主义制度，推进国家治理体系和治理能力现代化。中国特色社会主义制度是新中国成立以来特别是改革开放以来我们党和国家在实践中逐步形成的，集中体现了社会主义的特点和优势。全面深化改革，努力开拓中国特色社会主义更加广阔的前景，必须始终坚持并不断完善和发展中国特色社会主义制度。

努力使中国特色社会主义各项制度更加成熟更加定型

党的十八届三中全会通过的《中共中央关于全面深化改革若干重大问题的决定》（以下简称《决定》）从中国特色社会主义经济、政治、文化、社会、生态文明建设和党的建设等方面，具体部署了全面深化改革的主要任务，对各个领域体制改革和各项具体制度的完善提出了明确要求。

在完善社会主义市场经济制度方面，强调坚持公有制为主体、多种所有制经济共同发展的基本经济制度，在市场在资源配置中起决定性作用的基础上，加快完善现代市场体系、宏观调控体系、金融市场体系、开放型经济体系，实行统一的市场准入制度，健全社会主义市场经济体制；完善产权保护制度，明确公有制经济财产权不可侵犯、非公有制经济财产权同样不可侵犯；推动国有企业完善现代企业制度，完善国有资产管理体制，改革国有资本授权经营体制，完善国有资本经营预算制度；健全城乡发展一体化体制机制，构建新型农业经营体系；加快转变经济发展方式，建设国家创新体系等。

在完善社会主义民主政治制度方面，提出改进财政预算管理制度；积极稳妥实施大部门制，建立各类事业单位统一登记管理制度；构建程序合理、环节完整的协商民主体系，加强中国特色新型智库建设，建立健全决策咨询制度；完善中国特色社会主义法律体系，普遍建立法律顾问制度；建立科学的法治建设指标体系和考核标准；探索建立与行政区划适当分离的司法管辖制度，改革审判委员会制度；完善人权司法保障制度，废止劳动教养制度，健全社区矫正制度，健全国家司法救助制度，完善法律援助制度；强化权力运行制约和监督体系，推动党的纪律检查工作双重领导体制；完善选人用人专项检查和责任追究制度，探索实行官邸制等。

在完善社会主义先进文化制度方面，强调完善文化管理体制，健全坚持正确舆论导向的体制机制，健全网络突发事件处置机制；建立健全现代文化市场体系，完善文化市场准

---

* 邓纯东：中国社会科学院马克思主义研究院党委书记，院长。

入和退出机制；构建现代公共文化服务体系，建立公共文化服务体系建设协调机制，健全文化产品评价体系，改革评奖制度，加强国际传播能力和对外话语体系建设等。

在完善社会主义和谐社会制度方面，强调创新高校人才培养机制，加快建设现代职业教育体系；健全政府促进就业责任制度，完善就业失业监测统计制度；健全工资决定和正常增长机制，完善最低工资和工资支付保障制度，完善企业工资集体协商制度；健全社会保障财政投入制度，完善社会保障预算制度；创新有效预防和化解社会矛盾体制，健全重大决策社会稳定风险评估机制，改革行政复议体制，改革信访工作制度；健全公共安全体系，创新立体化社会治安防控体系，设立国家安全委员会等。

在完善社会主义生态文明制度方面，提出建立系统完整的生态文明制度体系，实行最严格的源头保护制度、损害赔偿制度、责任追究制度，完善环境治理和生态修复制度；健全自然资源资产产权制度和用途管制制度，健全国家自然资源资产管理体制；实行资源有偿使用制度和生态补偿制度，改革生态环境保护管理体制等。

在党的建设方面，强调完善科学民主决策机制，完善干部教育培训和实践锻炼制度；改革和完善干部考核评价制度，改进优秀年轻干部培养选拔机制；完善和落实领导干部问责制，完善从严管理干部队伍制度体系；推行公务员职务与职级并行、职级与待遇挂钩制度，完善基层公务员录用制度；完善人才评价机制，建立社会参与机制，充分发挥人民群众积极性、主动性、创造性；成立全面深化改革领导小组等。

以制度建设推进国家治理体系和治理能力现代化

完善和发展中国特色社会主义制度，同推进国家治理体系和治理能力现代化是相辅相成的。完善和发展中国特色社会主义制度既是建设中国特色社会主义的根本保障，也是推进国家治理体系和治理能力现代化的重要前提。

国家治理体系和治理能力现代化作为一个新的提法写进党的中央全会《决定》，并成为全面深化改革的目标归宿，是这次全会的一个亮点。事实上，我们党执政以来，先后提出了治国理政、民族区域自治等同治理相关的概念。党的十六大报告提出党领导人民治理国家的理念。党的十七大报告则提出，坚持党总揽全局、协调各方的领导核心作用，提高党科学执政、民主执政、依法执政水平，保证党领导人民有效治理国家。党的十八大报告则从"国家治理"层面提出，坚持依法治国这个党领导人民治理国家的基本方略，要更加注重改进党的领导方式和执政方式，保证党领导人民有效治理国家。党的十八届三中全会进一步强调了"治理"这一概念，提出有效的政府治理是发挥社会主义市场经济体制优势的内在要求，要加快形成科学有效的社会治理体制，改进社会治理方式，加强社会治安综合治理，等等。"国家治理"理念的提出，实现了治国理念由政府"管理"向国家、社会、个人协同"治理"的转变，运行方式由"自上而下"向"自上而下、自下而上及横向流动相结合"的转变，标志着我们党治国理政理念的进一步深化。

推进国家治理体系和治理能力现代化，需要系统完备、科学规范、运行有效的制度体系。国家治理体系是党领导人民对国家和社会事务进行有效治理的体系，包括经济、政治、文化、社会、生态和党建等各方面的体制机制和法律法规。实现国家治理体系现代化，需要三个重要支撑：一是制度，二是组织，三是能力。其中，制度和组织是国家治理体系的基本组成部分。只有以制度建设为基础、以组织优化为重点、以能力提升为导向，才能有效推进国家治理体系和治理能力现代化。

党的十八大报告明确提出："中国特色社会主义制度，就是人民代表大会制度的根本政治制度，中国共产党领导的多党合作和政治协商制度、民族区域自治制度以及基层群众自治制度等基本政治制度，中国特色社会主义法律体系，公有制为主体、多种所有制经济共同发展的基本经济制度，以及建立在这些制度基础上的经济体制、政治体制、文化体制、社会体制等各项具体制度。"在十八大报告确立的中国特色社会主义根本制度和基本制度等的基础上，党的十八届三中全会着眼于现代国家治理体系的建构，进一步提出了完善和发展各项具体制度体系的任务，如加快建立和完善现代市场体系、宏观调控体系、权力运行制约和监督体系、文化管理体制、社会治理体制、生态文明制度、现代军事力量体系、干部队伍制度体系等。这些具体制度体系，构成了国家治理体系的重要组成部分。

不断增强完善和发展中国特色社会主义制度的自信和自觉

制度是发展进步的根本保障。在新的历史起点上，不断推进中国特色社会主义伟大事业，需要不断完善和发展中国特色社会主义制度，不断增强中国特色社会主义的制度自信，妥善处理好几个关系。

改革与发展的关系。改革开放是决定当代中国命运的关键一招，也是实现"两个一百年"奋斗目标、实现中华民族伟大复兴的关键一招。面对新形势新任务，必须通过全面深化改革，着力解决我国发展面临的一系列突出矛盾和问题，不断推进中国特色社会主义制度自我完善和发展。必须看到，改革开放不是要改掉社会主义的性质和根本制度，而是社会主义的自我完善和发展。无论改革深化到什么程度，中国特色社会主义道路必须牢牢坚持，中国特色社会主义理论体系必须牢牢坚持，中国特色社会主义制度必须牢牢坚持。

谋划和落实的关系。全面深化改革、完善和发展中国特色社会主义制度是关系党和国家事业发展全局的重大战略部署，不是某个领域、某个方面的单项改革。这就要求从大局出发考虑问题，要看各项改革举措是否符合全局需要，是否有利于党和国家事业长远发展；加强顶层设计和整体谋划，加强各项改革的关联性、系统性、可行性研究；抓住重点，突出重要领域和关键环节，使中国特色社会主义制度的特点和优势得到更好发挥。同时应注意，高举改革开放的旗帜，光有立场和态度还不行，必须有实实在在的举措。党的十八届三中全会全面系统地规划了完善和发展中国特色社会主义制度的各项举措，并且规定了落实的时间，要求到 2020 年在重要领域和关键环节改革上取得决定性成果。这就要求各地各部门尽快拟定改革举措的具体实施方案，认真检查改革举措的落实情况，努力使体制改革和制度完善逐一落地、见到成效。

（原载《人民日报》2013 年 12 月 28 日）

让什么主宰中国的命运：是鬼神信仰还是科学理性

杜继文

本文表述的要旨，在展示以"渤海倡议书"和"信仰中国"为代表的论者，把西方基督教信仰作为"救赎"中国、"民族复兴"的宝贝，直斥中国当代对"科学技术精神的过度推崇"、"一百多年来，中国以'富强'（分别对应了经济与军事实力）为依归的国家发展目标"，以及它们与外国对中国的高科技严密封锁和猖獗的宗教渗透并行策略之可疑的契合。

我国宪法规定："公民有宗教信仰自由"的权利，不是"公民有宗教信仰"的权利；此中有无"自由"二字，关系重大。在"鬼神信仰"论中，只有"信仰"而无"信仰自由"，这是西方中世纪的传统；美国《国际宗教自由法案》添加了"自由"二字，但只指美国所承认的各色"宗教"有自由，而不包括它所不承认的宗教有自由，更不承认有不信教的自由。"自由"大约也属"普世价值"，其运用的不同如此。"话语"已经成为某些势力的一种政治游戏，在向国家忠心献策中提供鬼神之说，为党诚实地分忧中，奉献宗教信仰，或许也属这类游戏的一种。

一　问题的提出

在咱们中国，鬼神之说古已有之，而且资源丰厚；科学理性好像是近现代才流行开来的，但其作为包含"无鬼论"和"神灭论"在内的实事求是精神，也早已深蕴于我们民族文化的传统中。鸦片战争将西方的鬼神论和洋烟一起输入中国，使鬼神之说与科学理性的内涵有了现代性质，二者的对立有了全新的意义——伴同正确路线的确定，中国的前途、民族的复兴，是依靠鬼神信仰，还是依靠科学理性，就成了一个现实问题。这个问题在知识界，较早是"五四运动"前后明确提出来的。

"甲午战争"和"戊戌变法"相继失败以后，中国之命运问题进一步尖锐化了。辛亥革命给出了一个方向性回答，"五四运动"则开始上升为全国人民的自觉。就在这个运动的前夜，1918年初，上海成立了一个"灵学会"，出版《灵学丛志》，设"盛德坛"扶乩，请孟子为坛主，给鬼照相，领袖是筹建中华书局的俞复和陆费逵，给予思想支持的是《天演论》译者严复，都应该属于当时的"新派"。1920年，北京成立另一个灵学组织"悟善社"，创《灵学要志》，建"广善坛"，以"孚佑帝君"为坛主，领袖是被视为白莲教残党的唐焕章，一个典型的封建余孽——其所以也用"灵学"的名称，是在追随上海的新潮，而这一新潮与会道门封建迷信的唯一差别，是多了一层"科学"的包装。"灵学会"的中心口号是"鬼神之说不张，国家之命遂促"；"悟善社"的中心口号是"借神道之糟粕，挽末流之颓靡"，"以神仙之妙用，补人事之不足"，两家的主张完全合拍。

这股新旧势力联合兴起以"鬼神救国"为宗旨的灵学思潮，带动了全国会道门的大猖獗，是继清末后党引导神拳"扶清灭洋"之后，第一次由文化人打出鬼神旗帜，将国家命运系于鬼神信仰的社会活动。

"五四运动"本是一场爱国主义运动，同时启发了以"科学与民主"为主题的新文化运动。这一爱国与启蒙密切结合的特色，贯彻在我国此后的全部文化历史中，最后融入"民族的、科学的、大众"的文化主流里，成为我们今天文化大发展、大繁荣的基础。我们不能说，科学与民主的口号，只是针对灵学的，但灵学是当时新文化鞭挞最现实的靶子，绝对没有问题。《新青年》给我们留下了当时的记录，鲁迅为我们留下了犀利的杂文。不久，1920年，《灵学丛志》停刊，灵学会寿终正寝。北京的《灵学要志》及其"悟善社"，则直到北伐的大扫荡才得以溃散。

1923—1924年，文化界又爆发了"科学与玄学"的论战。这次论战的中心议题是围绕人生观问题开展的。如果人生观只限在个人范围，也许争论不会那么激烈和广泛，但作为一般原则，国人应该具有什么样的人生观，塑造何种国民性，与国家教育方针联系起来，同样会牵涉国家命运、民族前途，所以参与讨论的文化人更多。其中，科学能否进入人生观领域，甚或树立科学的人生观，是问题的焦点，所以不可避免地又涉及鬼神信仰和科学理性的问题。

玄学派领袖张君劢，将科学定性为"客观的"，基于"论理"（逻辑）的，思维特点是"分析"的，受"因果律所支配"，从"自然界变化现象的统一性"掌管物质世界；人生观与之相反，它是"主观的"，"起于直觉"，思维是"综合的"，"自由意志的"，"起于人格之单一性"而掌管精神世界。关于此等分类是否妥当，此处不论。但就玄学派拒绝"人生观"接受科学和理性，而必须由"直觉"和"自由意志"掌控，就为鬼神信仰在人生观中开辟了莫大的空间。他反复引证西方某些学者的观点，强调科学是有限的，需要以"哲学、美术、宗教三者为辅佐"；"求真"之途，除理智之外，还有宗教。他特别把反进化论的神学当作权威，谓："科学家于神造之说则深恶而拒之，然其不能谓为既已解决则显然无疑。或者永非人力所能及亦未可知。"如此一来，鬼神不单是信仰的对象，而且鬼神信仰成了追求真理的途径；科学的有限性，必须由宗教的完善性补救。

所谓"直觉"，是来自柏克森哲学，专用于非理性的；所谓"自由意志"既有柏克森，也有康德哲学，二者都是用来对抗科学规律，也都符合玄学的定义：

> "玄学之名，本作为超物理界、超官觉解释"，"新玄学之特点，曰人生之自由自在，不受机械律之支配；曰自由意志说之阐发；曰人类行为可以参加宇宙实在"。

其中，"超物理界"就是超自然界，"超官觉"就是"超感觉"，总起来是堵塞认识通达客观世界的道路，断绝理智的思考，由此保障"意志"的"自由"驰骋，实现"人生在宇宙间独来独往的价值"。以此施之于教育，宗教须三分天下有其一。针对"科学在于求真"的论点，"依吾观之，最终之真者为何，终非人所能解决"。这样就为宗教进入国民教育体系找到了理由。

对玄学的批判，实是五四精神的继续和深入。首举批判大旗的是地质学家丁文江。

陈独秀和胡适则是批判阵营中的理论代表，他们在捍卫科学理性的价值上一致，也都为《科学与人生观》一书作序。陈独秀的序说：

> 我们还在宗教迷信时代；你看全国最大多数的人，还是迷信巫鬼符咒算命卜卦等超物质以上的神秘；此多数像张君劢这样相信玄学的人——像丁在君这样相信科学的人，其数目几乎不能列入统计。现在由迷信时代进步到科学时代，自然要经过玄学先生的狂吠。

胡适接续陈独秀批评丁文江将宇宙的未知部分"存疑"而让给了玄学家解释，进一步发挥说：

> 在十九世纪的英国，在那宗教的权威不曾打破的时代，明明是无神论者也不得不挂一个"存疑"的招牌，但在今日的中国，在宗教信仰向来比较自由的中国，如果我们深信现有的科学证据只能叫我们否定上帝的存在和灵魂的不灭，那么，我们正不妨自居为"无神论者"。

他欣赏吴稚晖对玄学鬼的抨击，尤其是这几句话："那种骇得煞人的显赫的名词，上帝啊，神啊，还是取消了好"，"开除了上帝的名额，放逐了精神元素的灵魂"。

实际上，这已经是从科学对玄学的论战，变成科学理性对鬼神信仰的全盘厌弃了。问题似乎解决了。然而超出历史和逻辑，问题远没有结束。公元进到1978年以后，我国社会的发展正在经历又一次伟大的飞跃，抛弃了"无限崇拜，无限信仰"，科学理性高扬。先是确立了"科学技术是第一生产力"的认识，继之是进入"科教兴国"战略实践，最近十年又制定了"以人为本"、"科学发展"的指导方针，推动着经济、民生、国防等一直走在高速行进的轨道上，展望未来，国强民安，前途似锦。就在这个过程，前20年出现了用"科学革命"和"第二次文艺复兴运动"装饰起来的伪科学思潮，用反对西方科技和逻辑的名义，反对近现代科学，反对思维理性，同我们国家的走向背道而行，最后是随着邪教的取缔而失势。这段丑闻，大家相当熟悉。此处要谈的是新近10多年来的又一番现象。

从全国声讨邪教之初就有种舆论，认为"邪教"之兴在于"正教"不强，甚或认为，执政党从根本上就应该强化鬼神对人的控制，扶植宗教的扩展。2001年发表的《马克思主义宗教观必须与时俱进》是这类主张中最有代表性的观点，由于署名者用了"国务院经济体制改革办公室"的官衔，一时影响巨大。此论有两个突出的论点：一是鬼神之说有特别的效用：

> 人从动物演化而来，包含着野蛮、自私的本性，仅靠人性的自觉，不足以约束其行为。出于恐惧，人要借助神的威力来规范自身，这就是宗教道德功能存在的依据。

由此我们知道，宗教之所以具有道德功能，原来是为了对付那些"野蛮自私"非"人性"的人的。二是科学理性有局限：

　　　　宗教属于价值信仰，科学属于工具理性，二者的关系既有冲突，也可相互促进——爱因斯坦与牛顿都信教，他们早知道月球上没有上帝，之所以信教，是把宗教伦理作为自己的行为准则与探索动力。

说爱因斯坦"信教"没有根据，但他不信上帝并且劝告宗教放弃上帝，却有他自己的言论为证。至于将科学定为"工具理性"，把宗教归为"价值"的载体，是拾人牙慧，也是玄学的继续，都算不上新颖。然而它从上述两个基本点中得出了一个上下五千年的中国似乎从未有过的结论，却起了大作用：

　　　　一个民族的精神产生于文化，文化的灵魂体现于道德，道德的支撑在于信仰，而一个没有信仰的民族不可能自立于世界民族之林，中国更是如此。

据此，"信仰"就成了民族的命根，民族得以发展的源泉和力量。我们正在从事中华民族的伟大复兴，驱逐科学，弘扬信仰，应该成为头等大事——尽管此处并没有指明这信仰是宗教，但全文的论题只有宗教，并不含糊。不久，网上又流行了一位将军的大作《宗教信仰与民族命运》，说得更坦率：

　　　　民族性就是道德。宗教决定了文化，文化决定了民族的性格，民族的性格决定了民族的命运。

此处是用"宗教"替换了"信仰"，话是说得更直白了，但又进了一步，是中国的宗教根本不行——中国有佛道儒三教，"历史证明，这三个教根本无法振兴中华"。为什么？因为，"中国人心中没有永恒的神的位置，再说深一点，就是没有终极性的文化精神追求！这种人是不会把自己的关心范围扩大到家庭，甚至个人以外的。如果扩大出去，一定就是伤害别人。这样的民族怎么能不是一盘散沙？千年来，东方和西方的竞争中，西方胜利了；东方宗教和西方宗教的竞争中，西方宗教胜利了。宗教的胜利是什么样的胜利？我认为是一种精神上的胜利。没有信仰，就没有精神上的力量。中国人所缺少的，正是西方人所拥有的。"结论是如此斩钉截铁，给我们民族指定的出路只有一条，那就是接受西方的"永恒的神"，用基督教信仰改变我们的"民族性"。

　　此类高论，从"五四"前后迄于今天，每到一个历史转折阶段总会有一些人拿出来渲染一番，一群人实践一番，所以有必要作为一个问题提出来讨论讨论。

二　宗教学界当前的更新趋向

　　从我国社会前进的大局、执政党主导的发展方向、劳动人民关注和从事的各种事业来看，相比于科学理性牢不可破的主流地位而言，召唤鬼神信仰之声，微不足道。然而若聚焦在所谓"宗教学"及其影响范围，情况就不同了，文化传教就是一个很大的问题。它冲破了《宪法》关于宗教信仰自由的规定，令《教育法》宣布的"国家实行教育与宗教相分离"失去效用，堂皇地进入了高教系统和科研单位，并成为向社会公众领域传播鬼神信仰最具影响力的平台。这当然不是小事。最近，"文化传教"又一次变脸，一是直接走上社会，张扬"宗教"必须全面介入社会生活，作为政治力量发挥作用；一是改"宗教"为"信仰"，"为民族的复兴提供坚实的价值支撑"。前者有在天津某大饭店举办的"渤海视野"，发表"五十人高层论坛"《倡议书》；后者有上海某刊物发文向国家进言的《信仰中国》。二者南北呼应，都提到国家"战略"高度喊话，引起网络的相当关注，即使"脱敏"到了全麻程度，人们也不能不有所回应了。

据《倡议书》称，参加"渤海视野"研讨会的"高层"成员"不仅包括对宗教和文化发展素有研究与关切的著名学者、教界代表、商界成功人士，也包括部分社会贤达及文化精英"。这确实有摆脱高教和科研的体制限制，走上社会大舞台的气势，尽管看看名单似乎并没有什么著名学者、贤达或精英，但他们要求"我们"从"宗教与文化战略视野"考虑的问题，确实有点"高端"：

> 意欲统合古今中外之视野，以包容、开放的胸襟，为宗教与中国文化之战略发展把脉，为中华文化复兴中宗教之独特价值和使命张目。

这独特的价值和使命是什么？倡议者如是说：

> 使社会文化在精神动力和精神支撑上有更明智、更有利的选择和取向，努力把宗教从社会存在、文化意义、精神影响和政治归属上全面纳入我们社会的整体建构和一统体系，使宗教作为政治力量，成为我们国家自身政治力量的有机组成部分，宗教作为灵性信仰，成为我们重建精神家园的重要构成。

如果说，宗教是一种"社会存在"，具有特定的"文化意义"和"精神影响"，在有些情况，有些教派，带有特定政治倾向，都不是问题，因为现实就是如此，"我们社会的整体"也不例外。但要把宗教的本质属性从鬼神信仰改变为"政治力量"，而且是"国家政治力量的有机组成"，那首先得改变我们的国家性质，或实行中世纪的政教对立之合一，或像美国一些政治人物宣称的那样，宗教立宪，宗教建国。这种"选择和趋向"是否"更明智、更有利"？且不说我们"国家"的态度如何，恐怕广大的教徒也不一定赞同：你不让他去享受宗教信仰自由的权利，硬要他撇开他的信仰或利用他的信仰去充当什么"政治力量"，他自愿么？教徒和非教徒，同属中华人民共和国公民，他的政治诉求就在于他的公民身份，为什么要把属于私人信仰的事当作公共的政治工具？这是要把宗教信众抬举成社会上的特殊群体，还是实行宗教歧视，认为他若参政只能启用教徒的身份？

至于让"宗教作为'灵性信仰'"来"重建"我们的"精神家园"，为"社会文化"承担"精神动力和精神支撑"的功能，以迫使"放弃单一价值定位"，用"开放'灵性'和优秀资源"以填充之，这类话题有机会可以专题讨论。此处得先弄清所谓"灵性信仰"是种什么信仰？将宗教信仰更换为"灵性信仰"，这"灵性"是个什么东西？近来是"灵性教育"、"灵性生活"、"灵性世界"，以至"灵气"、"灵修"，触目多多，但却看不到一个认真而明确的界定——按"高层"的一贯说法，《圣经》是基督徒必读之书，是教徒"寻觅信仰的真谛，获取灵性生活的依据"；像《基督教文化丛书》就是"再现其灵性、灵气和灵修对世界文化发展的启迪及感染"的论著。据此,"灵性"就是取自《圣经》,"灵性信仰"等于基督教信仰。

如此看来,《倡议书》对宗教信仰的召唤,仍然是"汉语基督教神学运动"的基调。从麦克斯—缪勒的比较宗教学立场,给中国的土教一个地位是合适的,也符合"宗教学"的立场、观点和方法。但表达的语气有了不同:明显地增强了一神教的"张力"和"排他"力。此前只劝说国人在宗教问题上"脱敏",现下却要"打破学术界之狭隘阈限","改变国人长期以来对于宗教之偏颇理解"的进击了——在国人正在讨论中国特色社会主义价值体系和落实科学发展观之际,得优先决定"宗教的合理定位与优先价值";在推动"放弃单一价值定位"中,第一个点名需要放弃的是对"科学技术精神的过度推崇"。在有关机构正在贯彻执行"教育与宗教相分离"的关键时刻,必须"开放探讨宗教信仰在中国社会的认知与认同,对宗教信仰知识的通识教育"。为什么突然如此霸气起来?

上海的《信仰中国》与"渤海视野"的《倡议书》是声气互通,但侧重于发掘鬼神信仰资源,解决如何使之能够成为政治力量的问题。其为国家设想之周到,尤为感人。总其中心主张,是运用"国家力",建构"信仰中国",以改变西方的"无神论中国"和"迫害宗教"的形象,化消极为积极,使信仰中国之友遍天下,无往而不利。它的《提要》说:

> 中国国家力对"信仰中国"的积极叙述、塑造与展示,不仅将为民族复兴提供坚实的价值支撑,也将对中国国家主权和利益的维护与拓展产生积极意义。

现就几个问题,看它的一些道理能否成立。

第一,对国内外宗教形势进行评估,是一切鬼神信仰提倡者的立论前提。就世界言,他们普遍断定全球正处在一个宗教复兴时期,《信仰中国》称之为"全球宗教复兴和世界性非世俗化趋势",时间定在 20 世纪 70 年代,尤其是"9·11"事件以来,"使宗教从所谓'威斯特法利亚的放逐'回归国际关系的中心,并且成为国际舞台上冲突各方争抢的资源"——如果宗教确实成了国际冲突的"资源",是广大宗教信徒的悲剧,不是宗教的常态,加以讴歌和利用,是火上浇油,很不道德,也缺责任心。

但据欧美另一些组织的统计,全欧以至加拿大、日本等发达国家,宗教势力如日薄西山,科学普及和世俗化进程在很大程度上已将鬼神排除出日常生活,一些宗教节日正在习俗化。说它们的宗教在复兴,出现了"非世俗化趋势",缺乏共识。很早就有人把苏东解体归功于宗教之力,因此还导致西方统治力量将宗教渗透当作颠覆"共产制度"的法宝;"9·11"以及"反恐战争",激发了亚伯拉罕一神教世界以及与其他宗教民族和国家的多重冲突,宗教对抗波及全球,从而造成宗教"复兴"的假象,实际上并没有根本改变宗教版图及其消长的大趋势。由于宗教战争和宗教极端主义带来的人际仇恨和无尽灾难,反而推动了人们对宗教功能的反思,西方"世俗人文主义"的持续发展和"新无神论运动"的兴起,以及有关无神论和非宗教性影视和著作大量面世,就是显著的信号。最新的统计显示,即使在美国,宗教信仰的人数也不是在增加,而是在减少(见 2012 年 11 月 2 日《中国社会科学报》)。

至于说"中国国内宗教信仰的复兴",那得看在什么意义下讲。我国进入近代以来,宗教极少有如此高速的发展，而且没有出现强力的反对之声，尤其与新中国成立以来相比，这确实是一种"复兴"。但现下公布的教徒人口为一亿左右，只占总人口的 1/13，称为"信仰中国"有点名不副实。《信仰中国》宣称："各种权威数据均表明，中国不仅是传统而且是新兴'宗教大国'，主流宗教的增长、新兴宗教的崛起以及民间信仰的复兴相互交织。"糟糕的是，它宣称的"各种权威数据"一个也没有公布，更不知其"权威"在哪里。据此而定中国为"宗教大国"，显得轻率。事实是，迄今为止，全球还没有一个宗教统计的"权威"标准。假若从多神主义考察，我国信教的人口可能与日本相似，当会超过全国人口的总数；但从一神教的标准看，说中国是无神论国家也很恰当。《信仰中国》指谓的"新兴宗教"是什么货色，也没有任何交代。最新有一个叫"宗教共同体"的，赫然出现在国家宗教局的网站上，提倡"诸神同一，诸教融合"，还特别声明它不是"新兴宗教之一"，但给人的直觉却是此地无银三百两。因为这类教派，世界上有，我国也不短缺，前述的"悟善社"别名就叫"世界六圣宗教大同会"。从这里看，确定何者为"新宗教"，也不那么简单。美国就把中国取缔的"邪教"当作新宗教豢养。如果连中国宗教的 ABC 都不了解，所谓统计只能姑妄听之。

在对待形势的判断上，尤其是引用数据，必须拿出根据来。否则信口开河，随愿估算，既自损学术的严肃，也令人怀疑那判断或是别有用心。

第二，"无神论"给中国国家安全和民族复兴造成"局限"。这个判断是构建"信仰中国"的主要理由：

> 中国国内宗教信仰的复兴与国际上根深蒂固的"无神论中国"印象之间的认知差距，恰恰反衬出了中国宗教在海外投射力上的限度，以及中国在建构与展示较"无神论中国"更为真实的"信仰中国"以及宗教自由政策方面的能力不足。

据我所知，美国给我国的称号之一是"共产主义无神论中国"，而"共产主义"在它的主导意识形态中是什么用意，大家都知道。至于其与中国人在"认知"上有如此巨大的"差距"，我以为"反衬"出来的不是我国"宗教信仰自由政策方面的能力不足"，而是包括无神论在内的我国话语权在"海外投射力的限度"。按作者的论证，我们已经是"宗教大国"，而美国则认定我们是"无神论国家"，那真正的原因何在，作为西方基督教神学的专家理应知道。从西方基督教看，中国只有偶像崇拜和迷信，连"神"都没有，哪来的"宗教"？说我们是"无神论"国家也是一种"僭越"。当前的一类专家官员要中国人自认"蛮夷"，以引进西方的"神文明"，根子也在这种"认知差距"上。因此，不论儒释道和民间的宗教资源如何深厚，信仰如何自由，对他们来讲，全是废话。他们推进的是基督教对中国的全盘占领，这是他们唯一的兴奋中心。这个大方向的最新制定也不下百年了，论者不能装作全然不知。

从字面看，"信仰中国"的本意是要替换"无神论中国"。为什么要如此改旗易帜？理由很多：

"部分国家尤其是海外华人"，"对中国的宗教生态与政教格局存在疑虑"，削弱了他们"对中国的好感度与向心力"。"在中国和平发展的宏观背景下，与其他国家及其普通民众在宗教信仰上的隔阂，已然成为制约中国树立文化大国形象的现实瓶颈。""国际社会在对于中国是否和平崛起的解读中，宗教信仰状况正在成为一项重要的参数"，据此而罢黜"无神论中国"应该是逻辑的必然。然而结论却是这样的：

> 一百多年来，中国以"富强"（分别对应了经济与军事实力）为依归的国家发展目标，由于缺乏在文化和宗教信仰等精神层面的观照，无论就对内还是对外而言，都已呈现出其明显的局限性。

原来罪在以"'富强'为依归的国家发展目标"，而不是"无神论"。为了换取海外华人对中国的好感度和向心力，解除国际社会对中国和平崛起的疑虑，树立文化大国的形象，必须打掉"富强"这个中国人的梦和国家的发展目标。驱逐无神论不过因为它是个软柿子。

第三，建构"信仰中国"的好处太多了，"至少从国家安全、经济发展、国际形象、国家统一等四个方面对中国国家主权和利益的维护和实现产生潜在的积极意义"。这里只讲中国的"国际形象"，尤其是在美国心目中的形象：

> 自冷战结束以来，西方国家尤其是美国对中国宗教问题的"政治化"手法（如所谓"中国宗教自由问题"）以及政治（主权）问题的"宗教化"和"国际化"运作（如西藏问题），不仅形成对中国的国家主权与安全的挑战，也强化了国际社会对中国的"制度偏见"。面对此种局面，我们与其在宗教问题上不断面临外交的被动卷入，不如正视和顺应全球宗教复兴与国际关系"宗教回归"的大趋势，积极寻回我国外交中的宗教因素。如何把宗教从中国国际战略中的"负资产"转变为"软权力"，在国际宗教舞台上化被动为主动，已日益成为我国需面对的一项迫切的战略选择。

作者被认为也是研究安全问题的专家，但出的这个主意很傻。明明知道给中国制造"宗教问题"或挑动我们国内的宗教事端，是出于外国的"政治化手法"：将事涉我国家主权的"政治问题宗教化"，将西藏等国内问题"国际化"，"尤其是美国"干的，那么，按一般逻辑，对这种"政治化"的"运作"，就应该据实揭露，依理驳斥，外交抗议，并采取实际措施，以应对其"对中国的国家主权和安全的挑战"，纠正其向国际社会散布"对中国的'制度偏见'"。然而令人意外的是，作者反转回头来要我们国家"正视和顺应全球宗教复兴与国际关系'宗教回归'的大趋势，积极寻回我国外交中的宗教因素"。而要寻回的这因素看来就是"信仰中国"。——这真有点基督精神了：人家打我的左脸，干脆，我把右脸也让给你打。你不是说我"宗教自由"度不够么，那我就建个"宗教国家"给你看。这是一种什么国民品格？不说了。

三　鬼神信仰为什么不能维系国运民魂

一方面是无中生有："信仰危机""信仰空白"；一方面证明信仰资源丰厚，力挺"信仰中国"。前后对照，为何变调？同时比较，对立明显。然而论者毫不避讳这类错乱，一心用在将信仰定为国运民魂所系的主题上。现在就让我们看看这一建构的愿景。

在我国大众的语境中，信仰一词的含义可以《辞海》的解释为代表：

"信仰"是对某种宗教，或对某种主义极度信服和尊重，并以之为行动的准则。

这一界说是陈述性的，词语本身并不含褒贬之义。美钞上印有"我们信仰上帝"，连钱都显得虔诚，令人钦佩；我们国人相信"钱能通神"，能使"鬼推磨"，所以信仰"财神"，司空见惯。此中"信仰"的内涵，就是"极度的信服和尊重"云云，中美没有高下区别。

在我们前边提到五四人物反对玄学鬼神论当中，都宣称"无神论"是他们的"信仰"。陈独秀说：

> 什么神灵与上帝，我们已无疑可存了。说我们武断也好，说我们专制也好，若无证据给我们看，我们断然不能抛弃我们的信仰。

他的无神论信仰是从"唯物的历史观"得出来的。胡适则随顺陈独秀的"无疑可存"，以"现有科学"为依据，自居"无神论者"。就此而言，"信仰"表示的是坚信不疑、不可动摇的态度。像这类话语，我们也经常在革命人物的传记里读到，如说"我们信仰共产主义"，表示立场坚定，大义凛然。

但是，在西方文化背景中，"信仰"不单是一种态度和立场，更多的是与理性对立的一种思维模式。我们且看《不列颠百科全书》：

> 信仰，在无充分的理智认识足以保证一个命题为真实的情况下，就对它予以接受或同意的一种心理定势（或态度），相信某人或相信某件事，与信仰某一命题是真实的，这完全是两回事。

《不列颠百科全书》又引洛克在《人类悟性论》中的话：

"信仰是一种关于同意和信念的永恒不变的确定原则，它不允许任何怀疑和犹豫。"

《西方哲学英汉对照词典》说，"信仰"一词源自拉丁文，指

> 自愿地把某些一直没有或不能得到理性或经验支持的观点作为真理，特别与对宗教信条的信奉有关。因此，信仰是相对哲学和科学知识而言的。……从中世纪哲学以来，如何协调信仰和知识之间的张力，一直是主要的课题。对康德来说，信仰就是接受先验理念、上帝、自由和灵魂不朽。它们超越了经验的王国，不是理论知识的对象，但它们在道德事务中起着重要作用。

《东西方哲学大辞典》：

> 信仰（Faith）的一般含义指相信不能被证明的东西……古希腊哲学家认为，只有理性才能决定什么是可信的。与此相反，德尔图良提出，"正因为它荒谬，所以我才相信"，把理性与信仰对立起来。

以上四个说法，只有一个说法中的一半与我们的习惯用法比较一致，那就是"不允许任何怀疑和犹豫"。其余说法都是把"信仰"作为与"理性或经验"等对立的概念使用。之所以如此，与西方长期处于基督教的文化专制相关，那就是把信仰的"不思考当成一种美德"。此处提到的德尔图良应该是这一美德的奠基人——他生活在 2—3 世纪，号称"拉丁教父"，他的神学与希腊哲学的"爱智""求真"精神极端相反，认为人的知识，不论是感性的还是理性的，都是"有限的"，因为《圣经》记载的神和神迹，只能靠信仰掌握。他在《论基督的肉身》一文中说：

> 上帝之子死了，这是完全可信的，因为这是荒谬。他被埋葬又复活了，这一事实是确定的，因为他是不可能的。

于是信仰就成了对"荒谬"的"确信"，对"不可能"的"确定"。引申出来，就是反理性，不思考。

在当前中国学界走红的"信仰"，就属西方这个门类。1992 年出版的《人类信仰论》认为，"信仰是人类掌握世界的一种单独而永恒的方式"，当前有学者论证马克思也把宗教视作"人类掌握世界的一种方式"，那含义其实就蕴藏在德尔图良的神学里。不过一旦改作"掌握世界的方式"，就让信仰超越了宗教的范畴，而宗教问题泛化成了信仰问题，有助于改变中国人对宗教的"狭隘偏颇"认识。作者断定"信仰是比宗教更为根本的东西"，这个"根本"就在于把宗教的外在形式转化为神学的内在内容，方便其于作为一种"世界观和价值观、人生观"混入文化教育和社会文化领域。

2006 年又有《信仰的智慧——信仰和科学信仰研究》出版，更着力将"信仰"推进国家的意识形态和政治教育领域，其对信仰的释义，也大量采用了基督教背景的材料。例如《圣经》说，信仰是"对看不见、然而却渴望求得到的东西的信念"。"保罗主张信仰是上帝的礼物，这种观念在奥古斯丁和阿奎那那里得到很大的发展"。作者将此类解说的信仰，界定为"统摄整个价值观念的核心问题，因而也是世界观和价值观、人生观的集中体现"。由此也使我们见识了它"集中体现"的特点：是基于"一种本能、一种情感冲动、不含有知识和理性成分，非逻辑、非理性的情感方式、思维方式"，而"信仰的客体一定得具备'超验性'、理想性和终极性"。"由此导向的生活方式和思维方式，崇尚神圣，获得自我的提升和人格的完善，一种对世界爱的方式，使人们的生活转向了崇高的精神目标"。

显然，这是把基督教信仰注入了世界观和价值观以及用以支配思维方式和生活方式了。现在的问题是，既然信仰是如此非理性、反知识，为什么还能保障国家安全、民族复兴、经济繁荣、提升人格？最近某个"智库"的《高层内参》中有篇大文，给出了答案。此文说，"中国社会文化的重要任务是召回被逐的精神"，因为"精神是文化的灵魂，一个社会如果没精神，必然走向崩溃"，而"宗教在人类历史中，始终是价值和精神的集中载体"。

此话我们可能很熟悉了，现在即以发财致富为例感受一下：武汉有条汉正街，一批"聪明"人在改革开放之初"创造了大量财富"，但"他们后来都完了"——"原因是什么？很简单，他们的发财致富没有一个神圣的观点"，"加尔文教的重要性就在这里"，它所显示的"精神，就是受一种观念的影响：要工作，要刻苦勤奋，同时目的不是在活动本身，有一个神圣的目标：你本来是向天国，但是没想到导致世俗世界的发展"，譬如说，"人是猿变过来的，那最早变成人的，肯定是喜欢异想天开，眼睛老盯着天空的猿；而老是盯着脚底那片土地的猿还是猿。如果你总盯着天上，无意中就导致了人间的繁荣"。

加尔文教是基督教新教的一个派别；美国加尔文学院还是使用邓普顿基金会的美元扶持在中国"文化传教"的一个据点。它这派的信仰就有让你发财和变人的魅力。

"中国人通常富不过三代，而犹太人富甲天下至少有 2000 年。宗教因素无疑起着决定性作用"；因为在犹太人看来，积聚财富是为了彰显神的荣耀，所以只信奉一部《圣经》，传世已有 2000 年"。

不止如此，信仰还能令人成才："一个人如果彻底相信有一种超自然的力量主宰着生活的一切，他（她）将有可能释放出巨大的潜能。"为什么？因为"当人相信宗教的时候，生活的一切将变得简单和明确。因为生活中存在着一种'绝对真理'，你不需要去思考，也不必去判断，信得越虔诚，你的苦恼就越少。"

这个"智库"提供的此类内参，并未署名，但考其来源，当是出自名牌大学的教授专家，还有什么中国体改委的特约研究员。所以可以再引一点，以见共鸣者之多：

> 信仰宗教的民族与中国人思维上最大的差距在于，他们从根本上说不是在"审时度势"，他们完全不必在战略决策上浪费时间，《圣经》上已经把事情交代好了，剩下的事只有执行！
>
> 当人完全依靠自己的理性分析、判断和抉择时，他（她）必将承受极大的心理压力，在反反复复的情绪纠缠中，将自己搞得筋疲力尽。

质言之，不思考、不判断，是信仰的要求。信仰是按《圣经》提供的世界观行事，并规定了掌握世界的方式。此亦谓之灵性。由此可知，鬼神信仰必然导向的是愚昧。用信仰"教授"我们的大学生，按此方式"改革"我们国家的"体制"，甚或将其倡导者定为构建马克思主义关于宗教"理论体系和指导思想"的"首席专家"、封之为"权威学者"，我们的国运民魂如何，也就昭然若揭了。

鬼神信仰在变中国为愚昧，科学理性才是文明大道。从历史上说，西方的文艺复兴，中国的鸦片战争，开启了科学理性的现代文明之路。在今天的中国，对于民族复兴的道路之选择，以人为本、科学发展的方针，以及科教兴国的战略决策，就是科学理性的时代体现，我们因此已经取得全球瞩目的伟大胜利，也正在指引我们民族走向灿烂的未来。

我们所谓的"科学"包含"技术"；从"科学技术是第一生产力"来讲，没有科技的独立发展和创新，就不可能有完全意义上的民族独立，我们向往的中华民族的伟大复兴，更难以实现。西方想方设法向我们输出的是宗教，所以有《国际宗教自由法案》之向我们立法，有《国际宗教自由报告》对我们的施压，有金钱的收买，有对"藏独"、"疆独"、邪教的扶植和基督教的渗透。但与此并行的，是竭尽其力地对我国实行高科技封锁，动辄以间谍罪惩处科学技术的自由交流，垄断人类的文明成果。两相比较，意图非常明显。回头来看，连我们一些党员学者和党政干部也加入对鬼神信仰的推崇行列，同样地伴以轻蔑科学、反对科学、加罪科学，这算是什么现象？是同气相应，内外呼应么?

我们这里所谓的"理性"就是"思考"。从一定意义上说，知识即源于思考，而"知识就是力量"。我们的教育，主要任务就是传授知识，学习思考。思考是创新的前提，也是做人报国，利益人民和奉献国际的前提。让鬼神信仰侵占教育体系和科研机构，令我们的未来一代缺失知识，不会思考，那叫愚民。教育者应该首先受教育，教人愚昧的教育者首先应该接受启蒙教育，从鬼神灵性中醒悟过来。

（原载《科学与无神论》2013 年第 1 期，署名文丁）

略论意识形态工作的几个问题

——学习习近平总书记在全国宣传
思想工作会议上的讲话精神

田心铭*

中国共产党历来高度重视并积极开展意识形态工作。习近平总书记在 2013 年 8 月召开的全国宣传思想工作会议上对党的意识形态工作做了深刻阐述。本文就意识形态工作的几个问题谈一些认识。

一 意识形态工作的定位：党的一项极端重要的工作

习近平在讲话中强调，经济建设是党的中心工作，意识形态工作是党的一项极端重要的工作。这是对意识形态工作的明确定位：它在以经济建设为中心的党的事业全局中处于"极端重要"的地位。这一定位要求我们在抓意识形态工作时始终不忘党的中心工作是经济建设，绝不能偏离这个中心；在抓经济建设时又绝不能忽视或放松意识形态工作，必须把它放在极端重要的地位。这种全面而坚定的认识凝结着党在把马克思主义基本原理同中国具体实际相结合的过程中处理经济工作与意识形态工作关系的极为丰富的经验，体现了党在政治上和理论上的高度成熟。

经济和意识形态都是社会生活的重要领域，它们与政治等其他因素相互作用，共同构成了社会有机体。但是，这二者之间并不是并列的平行发展的关系。"物质生活的生产方式制约着整个社会生活、政治生活和精神生活的过程。"马克思在《〈政治经济学批判〉序言》中的这一经典论断，揭示了经济运动在社会发展中归根到底起决定性作用，经济发展是一切重要历史事件的终极原因和伟大动力。因此，当工人阶级夺取政权、上升为统治阶级并建立社会主义制度以后，就应该把经济建设作为中心任务。党的十一届三中全会以来，党纠正"以阶级斗争为纲"的错误，实现工作重心的转移，制定并始终贯彻以经济建设为中心的基本路线，取得了辉煌成就。数十年的实践经验证明，集中精力把经济建设搞上去，提高人民生活水平，是坚持党的基本路线 100 年不动摇的根本要求，是解决当代中国一切问题的根本出路。只要国内外大势没有发生根本变化，就必须紧紧扭住经济建设这个中心不放，而绝不能改变党的工作中心。

既然意识形态工作不是党的中心工作，为什么又要把它放在"极端重要"的位置呢？这同要求意识形态工作围绕中心、服务大局能不能统一起来？应该看到，按照历史唯物主义的观点，经济的决定作用是"归根到底"意义上的决定作用，它具有根源性、

---

* 田心铭：教育部高等学校社会科学发展研究中心原主任，研究员。

终极性，却并不具有唯一性，也不一定具有直接性。恩格斯严肃地指出，无论马克思或他都从来没有肯定过比"历史过程中的决定性因素归根到底是现实生活的生产和再生产""更多的东西"，"如果有人在这里加以歪曲，说经济因素是唯一决定性的因素，那么他就是把这个命题变成毫无内容的、抽象的、荒诞无稽的空话"。他强调，"对历史斗争的进程发生影响并且在许多情况下主要是决定着这一斗争的形式的，还有上层建筑的各种因素"。他指出，政治的、法律的和哲学的理论，宗教的观点等等，就是这样的因素。这里表现出一切因素间的"相互作用"。因此，党在坚持以经济建设为中心的同时，强调意识形态工作"极端重要"，这并没有违反历史唯物论，而正是坚持了历史唯物论和辩证法的统一。

意识形态工作之所以极端重要，是因为意识形态对政治、经济具有巨大的反作用，在一定的条件下直接关联着人心的向背、社会的安定、经济的兴衰、政权的得失、国家的安危。无论是要维护或破坏一种社会制度，无论是要巩固或推翻一个政权，都必须做意识形态方面的工作。这是社会历史发展的一般规律。恩格斯曾经指出，在18世纪的法国和19世纪的德国，哲学革命作了政治变革的前导。哲学这种高度抽象的远离经济基础的意识形态尚且如此，各种政治的、法律的、经济的、文化的思想理论则具有更加直接的作用。在俄国十月社会主义革命和中国革命中，马克思主义作为无产阶级的意识形态发挥了无可估量的动员和组织群众的作用，转化成了变革社会、推动历史前进的伟大物质力量。另一方面，我们也已经看到，在20世纪八九十年代的苏联解体、东欧剧变中，在世纪之交一些国家发生的"颜色革命"中，意识形态是如何作为推翻国家政权以至改变社会制度的强大舆论力量起作用的。

今天，我们之所以特别强调意识形态工作的极端重要性，是由当代的世情、国情决定的。其一，在当代世界，我们在意识形态领域面临的斗争和较量是长期的、复杂的。在世界范围内思想文化交流交融交锋频繁，国际思想文化领域的斗争复杂，西方国家把中国的发展壮大视为对其价值观和制度构成的挑战，加紧对我国进行思想文化渗透。其二，国内一些错误观点时有出现。有的宣扬西方价值观，有的专拿党史国史说事，否定党领导人民进行革命斗争的历史，有的质疑和否定改革开放，有的否定四项基本原则。其三，在我国现阶段，由于社会深度变革，对外开放不断扩大，各种社会矛盾和问题相互叠加集中呈现，人们的思想正在发生广泛而深刻的变化。思想道德领域出现了一些不容忽视的问题，一些人理想信念不坚定，一些腐朽落后的思想文化沉渣泛起，拜金主义、享乐主义、极端个人主义有所滋长。在社会主义事业进程中，如果思想防线被攻破了，其他防线就很难守住。一个政权的瓦解往往是从思想领域开始的。因此，党和政府必须极端重视意识形态工作，牢牢掌握领导权、管理权、话语权。

人对社会的认识同社会本身一样，是在矛盾运动中前进的，对经济与意识形态关系的认识同样如此。马克思和恩格斯创立唯物主义历史观时，针对占统治地位的唯心史观，着重阐明了经济对政治和意识形态的决定作用：马克思在《资本论》中曾经有过"决定性的反作用"这样的提法，他说，劳动地租这种独特经济形式"决定了统治和从属的关系，这种关系是直接从生产本身中生长出来的，并且又对生产发生决定性的反作用"；恩格斯在他的晚年，针对把唯物史观歪曲为"经济唯物主义"的错误观点，着重论述了政治和意识形态的相对独立性和反作用，从而阐明了社会发展是在经济归根到底起决定作用的基础上各种因素相互作用的过程，丰富和发展了历史唯物主义。毛泽东在

《矛盾论》中说:"生产力、实践、经济基础,一般地表现为主要的决定的作用,谁不承认这一点,谁就不是唯物论者。然而,生产关系、理论、上层建筑这些方面,在一定条件之下,又转过来表现其为主要的决定的作用,这也是必须承认的。"他指出:"当着如同列宁所说'没有革命的理论,就不会有革命的运动'的时候,革命理论的创立和提倡就起了主要的决定的作用。"毛泽东总结中国革命经验得出的这些重要结论,与马克思肯定"决定性的反作用"、恩格斯反对"说经济因素是唯一决定性的因素"是完全一致的,是中国化马克思主义对历史唯物主义基本原理的坚持和发展。正如毛泽东所说:"这不是违反唯物论,正是避免了机械唯物论,坚持了辩证唯物论。"因此,坚持以经济建设为中心和坚持把意识形态工作放在极端重要的地位是辩证统一的,而不是相互排斥的,必须"两手抓、两手都要硬"。我们曾经出现过"一手硬,一手软",削弱思想政治教育的失误,给党和国家的事业带来了一定的损失,这个教训一定要吸取。

二　意识形态工作中的一个重要关系:正面宣传和舆论斗争的统一

正面宣传和舆论斗争的关系,是做好意识形态工作必须正确处理的一个重要关系。习近平指出,坚持团结稳定鼓劲、正面宣传为主,是宣传思想工作必须遵循的重要方针。他同时指出,在事关大是大非和政治原则问题上,必须增强主动性、掌握主动权、打好主动仗,帮助干部群众划清是非界限、澄清模糊认识。按照这些论述的精神,我们必须正确认识意识形态工作中建设性和批判性的关系,把正面宣传和舆论斗争统一起来。

意识形态工作必须坚持建设性和批判性的统一,这是由意识形态所固有的本性和功能决定的。马克思主义揭示了,人类社会的历史,是几个依次更替的社会形态由低级到高级发展的历史。其中每一个社会形态,都在一定的经济基础之上竖立着由政治法律制度和意识形态构成的上层建筑。意识形态是由经济基础决定的、为自己的经济基础和政治制度服务的社会意识形式;一种社会意识如果不为特定的经济基础和政治制度服务,它就不属于该社会的意识形态。意识形态的特定功能,就是促进自己的经济基础、政治制度的建立、巩固和发展,同时批判和破坏与之相对立的经济基础、政治制度、意识形态。

一种社会意识形态一经形成,就具有相对独立性,成为哲学社会科学的一个专门学科、社会分工的一个特定领域、专业人员从业的特殊部门。尤其是在各种社会意识中处于核心地位的理论、学说,都是由一系列特殊的概念、范畴构成的思想体系。每一学科领域都有其世代传承的思想材料。新的一代制造新的思想产品,就其实质来说,是对新的社会物质生活条件的反映;就其形式来说,只有通过对现有思想材料的加工才能实现。这就意味着意识形态工作是需要专门知识的专业性工作。因此,意识形态工作具有建设性。不同的意识形态及其所维护的不同经济、政治制度,代表着不同阶级的利益,在一定的历史空间中相遇,彼此间存在着对立和斗争。因此,意识形态工作又必然具有批判性,表现出建设性和批判性两种相辅相成的属性。

社会主义意识形态是反映社会主义的经济和政治并为其服务的思想文化,维护社会主义的根本经济制度、政治制度、国家政权,同时批判资本主义、批判封建主义,是由其本质决定的基本功能和职责。坚持社会主义意识形态,批判资本主义、封建主义腐朽思想，既是维护人民的根本利益，也是坚持真理、同谬误做斗争。意识形态与客观真理的关系，由于各阶级的历史地位不同，在不同阶级的意识形态中具有不同情形，或相互排斥，或相互统一。工人阶级的阶级地位决定了它的根本利益同社会历史发展方向完全一致，因而它能够大公无私地揭示社会客观规律。所以维护社会主义意识形态与坚持客观真理是统一的。建设社会主义意识形态，就是追求真理；批判资本主义、封建主义的意识形态，是为了克服谬误。

正面宣传体现了意识形态的建设性，舆论斗争体现了意识形态的批判性，它们是意识形态工作中相互统一、不可分割的两个方面。

建设中国特色社会主义是走前人没有走过的道路、做前人没有做过的事业，面临的挑战和困难前所未有。实践中不断提出新的课题，需要我们通过总结实践经验创造出新的理论，用发展了的科学理论指导实践、武装群众，壮大主流思想舆论，弘扬主旋律，传播正能量，激发全社会团结奋斗的强大力量。邓小平在1979年提出"坚持四项基本原则"时就指出，根据新的丰富的事实对这些原则"作出新的有充分说服力的论证"，"这决不是改头换面地抄袭旧书本所能完成的工作，而是要费尽革命思想家心血的崇高的创造性的科学工作"。今天我们的意识形态工作又面临着结合改革开放30多年来新的实践对四项基本原则作出新的论证的任务。论证党一贯坚持的原则尚且不易，创新党的理论更是需要费尽心血。思想教育、形势宣传、成就宣传、典型宣传等，同理论研究和理论宣传一样，也都是难度很大的工作，必须下一番苦功夫才能做好。

但是，坚持正面宣传为主，绝不意味着放弃舆论斗争。习近平要求宣传思想工作"打好主动仗"，这是把意识形态领域看作一个战场。意识形态的本质和功能决定了这一领域必然是各种思想理论和价值观交锋的战场。虽然就理论研究和宣传思想的工作方式而言，大量的是通过加工思想材料制造精神产品的案头工作，但从实质上说，意识形态工作绝不是远离战场、回避斗争、躲进书斋、背对现实去从事学术著述。中国化马克思主义的创立者毛泽东、邓小平为我们提供了把意识形态的建设和批判统一起来的范例。毛泽东的新民主主义革命理论是一个伟大的理论创造。毛泽东在《新民主主义论》中论述新民主主义文化时，严肃地批驳了顽固派宣扬资产阶级专制主义，要求"'收起'共产主义"的谬论，阐明共产主义思想体系同封建主义思想体系、资本主义思想体系的对立，并且指出，帝国主义文化和半封建文化——"这类反动文化是替帝国主义和封建阶级服务的，是应该被打倒的东西。不把这种东西打倒，什么新文化都是建立不起来的。不破不立，不塞不流，不止不行，它们之间的斗争是生死斗争。"邓小平提出的"坚持四项基本原则"是党的基本路线中的两个基本点之一。邓小平始终把"坚持四项基本原则"和"反对资产阶级自由化"结合在一起。他在1989年回顾说，"坚持四项基本原则，反对资产阶级自由化，这些年来每年我都讲多次"。他还说过："反对资产阶级自由化，我讲得最多，而且我最坚持。"苏联解体、东欧剧变发生后，邓小平又尖锐地指出："西方国家正在打一场没有硝烟的第三次世界大战。所谓没有硝烟，就是要社会主义国家和平演变。"

意识形态领域是一个没有硝烟的战场。由于没有硝烟，所以许多人对这个无形的战场、对这里发生的激烈斗争、对意识形态斗争的严重性和残酷性视而不见，掉以轻心，甚至认为抓意识形态斗争是杞人忧天，无事忙。正因为如此，邓小平反复告诫"我们要警惕"，"资产阶级自由化泛滥，后果极其严重。""垮起来可是一夜之间啊。""在苗头出现时不注意，就会出事。"意识形态斗争是争夺人心的战争。宣传思想阵地，我们不去占领，人家就会去占领。我们必须增强政治敏锐性和政治鉴别力，保持清醒的头脑。

既然意识形态领域是一个战场，我们就必须认真研究战场的态势，认清双方的实情，探求斗争的规律，讲究战略战术，把握新的动向，掌握党的政策，增强主动性，掌握主动权，打好主动仗。意识形态领域争论的一些问题，既是重大的政治原则问题，又是具有专业性的学术问题，既反映了阶级利益的对立，又包含着在探求真理过程中难以避免的失误，不同性质的问题交织在一起，呈现出复杂的情形。因此，既要立场坚定，在大是大非政治原则问题上敢于亮剑，又要尊重学术规律，坚持"双百"方针，开展学术争鸣。意识形态工作，即使是针对敌对势力散布的错误观点的论战，根本目的还是教育群众、影响群众，分清是非，争夺人心，因而仍然是一种面向广大群众的思想工作。毛泽东说："思想斗争同其他的斗争不同，它不能采取粗暴的强制的方法，只能用细致的讲理的方法。"思想问题只能说服，不能压服。开展舆论斗争，既要旗帜鲜明，又要深入细致，充分说理，以理服人。当代科学技术尤其是互联网的发展，是意识形态斗争所面对的重要的新情况新方式。我国有近 6 亿网民，互联网已经成为很多人特别是年轻人获取信息的主要渠道，因而也成了舆论斗争的主战场。在这个战场上的胜负，直接关系我国意识形态安全和政权安全。我们必须认真研究互联网上舆论斗争的规律，把网上舆论工作作为重中之重抓紧抓好。

三　巩固马克思主义指导地位：意识形态工作的根本任务

习近平指出：宣传思想工作就是要巩固马克思主义在意识形态领域的指导地位，巩固全党全国人民团结奋斗的共同思想基础。巩固马克思主义的指导地位，是意识形态工作的根本任务。

马克思主义是工人阶级的科学世界观。以 1848 年《共产党宣言》的发表为标志，马克思、恩格斯创立的科学世界观武装了工人阶级，指导无产阶级联合起来，建立共产主义政党，为实现本阶级的历史使命而奋斗。中国共产党就是马克思主义同中国工人运动相结合的产物。党用马克思主义宣传群众、组织群众，把马克思主义普遍真理同中国具体实际相结合，找到了一条经过新民主主义革命走向社会主义的道路，建立了人民当家作主的国家政权和社会主义制度，开辟出一条中国特色社会主义道路，从根本上改变了中国人民和中华民族的前途命运。没有马克思主义就没有中国共产党，没有共产党就没有新中国，没有中国共产党和中国化马克思主义，就没有中国特色社会主义。马克思主义是社会主义核心价值体系的灵魂，也是整个社会主义意识形态的灵魂。社会主义意识形态之所以不同于资本主义意识形态，之所以能够发挥维护社会主义经济制度、政治制度的巨大作用，就在于它是以马克思主义为指导的意识形态。如果否定马克思主义的指导地位，社会主义意识形态就从根本上改变了性质，丧失了它的功能，就会导致社会主义经济基础的瓦解、人民民主专政国家政权的颠覆。因此，意识形态工作的根本任务，就是巩固马克思主义的指导地位，从而巩固全党全国人民团结奋斗的共同思想基础。随着实践的发展和世情、国情的变化，意识形态工作的理论、对象、范围、方式在不断变化，但是意识形态工作的这一根本任务没有变，也不能变。

巩固马克思主义在意识形态领域的指导地位，集中表现为坚持共产主义远大理想和中国特色社会主义共同理想。马克思主义是以科学社会主义为核心的思想体系，它指明了社会主义代替资本主义、最终实现共产主义的历史前进方向。邓小平说："马克思主义的另一个名词就是共产主义。我们多年奋斗就是为了共产主义，我们的信念理想就是要搞共产主义。"中国共产党从成立之日起，就把马克思主义写在自己的旗帜上，把实现共产主义确立为最高理想。中国特色社会主义指明了我国现阶段的奋斗目标和方针、政策，同时又指向共产主义的远大目标，体现了党的最低纲领和最高纲领的统一、中国人民现阶段的共同理想和党的最高理想的统一。党的十八大报告指出："对马克思主义的信仰，对社会主义和共产主义的信念，是共产党人的政治灵魂，是共产党人经受住任何考验的精神支柱。"马克思主义、共产主义信仰是共产党人的命脉和灵魂。坚定的信仰始终是党员、干部站稳政治立场、抵御各种诱惑的决定性因素。在当代国际国内复杂环境下，部分党员、干部理想信念动摇，信仰缺失，认为共产主义是虚无缥缈的幻想，不问苍生问鬼神，不信马列信鬼神，这已经成为一个需要引起高度关注的问题。共产党人没有理想信念，或理想信念不坚定，精神上就会"缺钙"，就会得"软骨病"，就可能导致政治上变质、经济上贪婪、道德上堕落、生活上腐化。

确立坚定的理想信念，必须学习马克思主义。马克思主义是十分完备而严整的科学世界观。科学的世界观不能自发地产生。马克思和恩格斯总结无产阶级革命实践的经验，继承人类文明发展的优秀成果，透彻地研究了资本主义，研究了人类社会历史，创立了唯物主义历史观，发现了资本主义剩余价值生产的秘密，揭示了社会发展的规律，把社会主义从空想变成了科学。马克思主义诞生以来的实践，中国共产党领导中国人民90多年奋斗的历史，反复证明了马克思主义和中国化马克思主义的科学真理性。共产主义理想是建立在科学理论基础上的，所以每个人只有通过深入的理论学习才能真正树立起来。坚持马克思主义的指导地位，必须在全社会大力倡导学习马克思主义，共产党员和领导干部尤其要认真学习。习近平强调：领导干部特别是高级干部要把系统掌握马克思主义基本原理作为看家本领，老老实实、原原本本地学习。党中央提出的这一要求，具有重大而深远的意义。毛泽东在1938年就提出，"如果我们党有一百个至二百个系统地而不是零碎地、实际地而不是空洞地学会了马克思列宁主义的同志，就会大大地提高我们党的战斗力量"。共产党是靠马克思主义起家的，当然也必须把马克思主义当作看家本领。共产党人比其他人高明的地方，就在于学习了马克思主义，拿起了这个思想武器，因而能够透过纷繁复杂的现象认清中国的基本国情，掌握人类社会发展规律、社会主义社会发展规律、共产党执政规律，领导人民推动历史前进。党的干部特别是高级领导干部，如果不认真钻研马克思主义经典原著，不能系统掌握马克思主义基本原理并把它运用于中国实际，就不能比群众站得高些、看得远些，带领群众前进，就失去了领导群众的能力和资格。因此，一般党员和干部也只有认真学习马克思主义，树立辩证唯物主义和历史唯物主义世界观，才能懂得人民群众是历史的创造者这个伟大真理。只有永远同人民群众保持血肉联系，才能使党的事业不断获得无穷无尽的力量源泉。

马克思主义代表了最广大人民的根本利益，同任何背离客观真理、维护剥削阶级统治和剥削者少数人利益的意识形态不相容，因此，意识形态领域的斗争、争夺各种思想文化阵地的斗争，必然集中表现为坚持还是否定马克思主义指导地位的斗争。巩固马克思主义的指导地位，必须坚决反对和深入剖析"指导思想多元"论和马克思主义"过时"论、"外来文化"论、"非学术"论等各种否定马克思主义指导地位的错误观点。马克思主义指导地位的确立是中国历史发展的必然。统治阶级的思想必然是占统治地位的思想，这是意识形态发展的规律。指导思想多元化从来没有成为社会历史中的事实，宣扬"指导思想多元"论不过是企图用西方资产阶级思想理论取代马克思主义指导地位的一种谋略。马克思主义是来自实践、指导实践又随着实践发展而发展的理论，它诞生以来从未停止前进的步伐，始终保持着蓬勃发展的生命活力。中国共产党成功地实现了马克思主义中国化，创立了毛泽东思想和中国特色社会主义理论体系两大成果，它们深深扎根于中国实践和中国文化的土壤之中，既是科学真理，又是中国文化的一部分，是当代中国文化发展的丰硕成果。马克思主义不是什么"外来文化"。马克思创立历史唯物主义，使研究社会历史的各门学科有可能建立在科学的历史观之上而成为真正的科学，在哲学社会科学的发展中划出了一个新的时代。马克思主义不仅在哲学、政治经济学和科学社会主义中建立起恢宏的理论体系，而且正在社会科学的其他多个学科中建立起自己的科学理论。马克思主义既是在无产阶级革命实践中，也是在哲学社会科学的艰苦卓绝的学术理论研究中产生和发展起来的。否定马克思主义的学术地位，实质是否定它的指导地位。

哲学和社会科学的大多数学科都具有强烈的意识形态性。巩固马克思主义在意识形态领域的指导地位，必须深入哲学社会科学的各学科之中，用马克思主义指导学术研究，在繁荣发展哲学社会科学的同时，巩固和扩大学术领域的马克思主义思想阵地。这里既是繁花盛开的学术园地，又是没有硝烟的意识形态战场；既需要建设，又需要批判。学术研究和理论批判、正面宣传和舆论斗争，常常是同一件事情的两个方面，就像一枚硬币的两面一样无法分开。马克思主义的理论工作者、哲学社会科学工作者，应该具备学者兼战士的品格。

（原载《马克思主义研究》2013 年第 11 期）

论马克思主义基本原理的几个问题

梅荣政[*]

自从马克思主义理论学科设置以来，一个十分可喜的现象是关于马克思主义基本原理的研究成果日益增多。这些成果有力地促进了马克思主义理论研究和马克思主义理论学科建设。同时，随着马克思主义基本原理研究的深入，也提出了一些新的问题。其中一些问题带有基础理论性，对其研究和回答直接关系着马克思主义理论学科的建设，很有必要搞清楚。本文试在吸收前人研究成果的基础上，对以下四个问题再作一些探讨，以求教于同仁。

一 马克思主义本质的同一性与解读的多样性

马克思主义是严整的科学体系，有确定的本质。唯心主义的哲学解释学提出的寻找"真正马克思"的难题，即米尔斯在《马克思主义者》一书中说的所谓："马克思并没有得到人们的统一认识。我们根据他在不同发展阶段写出的书籍、小册子、论文和书信对他的著述做出什么样的说明，取决于我们自己的观点，因此，这些说明中的任何一种都不能代表'真正的马克思'。"他还说："在马克思死后发展起来的种种对马克思主义的解释中，究竟哪一种最接近他的原意？斯大林是不是马克思的唯一（甚或一个）合法的继承人？是列宁吗？是社会民主党吗？不言而喻，他们谁也不是，至少不完全是。"作为唯心主义的哲学解释学者米尔斯提出这个"难题"，实际上是一个伪命题，其理论基础是相对主义和不可知论。

第一，他混淆了马克思主义本质与对其本质的解读。马克思主义本质（即质的规定性，由马克思主义基本原理决定）自马克思主义诞生以来是始终如一、一以贯之的，同时是客观的、按其自身规律发展的。它绝对不以人们对它的解读为转移，或解读成什么样就是什么样的。的确，如同唯心主义的哲学解释学强调的一样，马克思主义解释者的政治倾向、所处历史条件、时代背景以及个人的学识对马克思主义本质的解释会不同，但是这表明的只是对马克思主义本质的解释不同，而不是马克思主义自身的本质不同，更不会因对其解释的不同，就改变了马克思主义本质。因为解读只是对马克思主义质的规定性的一种反映，反映得正确与否、深浅如何，直接表明的只是解读者自身的认识，与作为客观对象的马克思主义本质并无关系。所谓"有一千个解释者就有一千个马克思"的说法是荒唐的。

第二，正如有专家指出的，马克思主义是受着马克思主义创始人和后继者所处的历

---

* 梅荣政：武汉大学马克思主义学院教授。

史条件、时代提出的问题、全部政治活动、科学研究活动和无产阶级政治活动制约的。由这些不可分离的条件所决定的，马克思主义本质十分确定。它存在于共产主义运动的实践和文献中，存在于现代无产阶级和人类解放的斗争历史中，存在于马克思主义的经典文本中。因此，由马克思主义基本原理决定的本质，不是凭主观想象随意推测出来的，而是从史实中"发现"、"寻找"到，并用理论的形式概括和表述出来的。自然，如果一个解释者离开了上述那些客观条件，就不可能"发现"、"寻找"到"真正马克思"，也就不可能正确把握和解释马克思主义，谈不上对"什么是马克思主义"的回答。按理说，这样的解释应称为别的什么主义，就是不能称之为马克思主义。因为它根本没有正确反映马克思主义本质。

第三，马克思主义本质是什么？恩格斯对马克思一生的评价，从根本上确定了正确理解它的真谛。即："马克思首先是一个革命家。他毕生的真正使命，就是以这种或那种方式参加推翻资本主义社会及其所建立的国家设施的事业，参加现代无产阶级的解放事业，正是他第一次使现代无产阶级意识到自身的地位和需要，意识到自身的解放条件。斗争是他的生命要素。很少有人像他那样满腔热情、坚忍不拔和卓有成效地进行斗争。"① 这表明回答什么是马克思主义本质，要抓住三个层次：它的创立者和继承者；它的主要内容；它的阶级属性和实践功能。从这三个角度的统一上，给马克思主义作出的界定就是，马克思主义是由马克思恩格斯创立的，由他们在各国的继承人所丰富发展了的关于自然、人类社会和人的思维发展规律的学说；马克思主义是工人阶级的科学世界观和方法论，是由资本主义过渡到社会主义，由社会主义过渡到共产主义，最终实现人类解放，达到人的自由全面发展的学说。

第四，米尔斯所说的谁都不是真正马克思的继承人，表明他不懂得马克思主义革命的批判的本质、基本原理、科学精神与马克思主义创始人个别论断的区别，也不懂得马克思主义是开放的发展的体系。马克思主义创始人的后继者当然不会完全地、毫无遗漏地重复马克思主义创始人的一切言论和实践。如果是这样，马克思主义就不是科学，就不能发展。但是一代一代的后继者继承、坚持了马克思主义的精神实质，或是基本原理，或是立场、观点和方法，如我们党在论述马列主义、毛泽东思想和中国特色社会主义理论体系之间既一脉相承又与时俱进的关系时，曾经概括出"四个最"：马克思主义最根本的理论特征——辩证唯物主义与历史唯物主义方法论和世界观；马克思主义最崇高的理想——把党的最低纲领和最高纲领结合起来，最终实现共产主义的最高理想；马克思主义最鲜明的政治立场——植根于人民，一切为了人民、服务于人民；马克思主义最宝贵的理论品格——解放思想，实事求是，一切从实际出发，在实践中检验真理和发展真理。只要始终如一地坚持、实践和发展这"四个最"，就是把握了马克思主义的本质，继承了马克思主义创始人的事业。

马克思主义本质是共同的，但对其解读会是多种多样的，这是不可避免的。因为马克思主义本质作为一种客观存在，各种各样的人都有可能面对它、反映它，而面对者、反映者总是带有不同的政治倾向、历史条件、时代背景以及个人学识，这种不同必然制约着他们对马克思主义本质的反映和表达。这就会产生多种多样的解读。本质同一的马克思主义被作出多种多样的解释，大抵有两种情况：或者表明马克思主义在不同国家和

① 《马克思恩格斯选集》第3卷，人民出版社1995年版，第777页。

地区具体实践中形成的特色。如学界常说的苏联马克思主义、东欧马克思主义、南斯拉夫马克思主义、西方马克思主义或者其他各种名称的马克思主义；或者表明对马克思主义的歪曲和泛化。如学界有人说的存在主义的马克思主义、弗洛伊德的马克思主义，将五花八门的主义冠以马克思主义的称谓嫁接到马克思主义的头上。然而，这两种情况都不表明世界上有多种多样的马克思主义，所表明的只是人们对马克思主义本质的不同程度的正确反映，或者歪曲的反映而已。

　　一般说来，对马克思主义多种多样的解释，具有相当大的挑战性和消极作用。因为它会导致对马克思主义本质的规定性和客观价值的否定，混淆马克思主义与非马克思主义甚至是反马克思主义的界限，所以必须保持高度警惕，注意划清马克思主义同非马克思主义、反马克思主义的界限，以捍卫马克思主义的根本立场、科学精神、科学态度、科学方法。但是事物总有两面性。这种情况的存在也并非绝对是消极的，因为马克思主义本质是多样性的统一，并且同其他任何事物一样，有一级本质、二级本质……马克思主义是开放的，要随实践、时代、科学的发展而丰富发展。马克思主义的拥护者、实践者从多方面多视角对它进行探讨，不断创造出新概念、新范畴、新术语、新论断，来表达探讨的成果，有助于更加全面、更加深刻认识和把握马克思主义本质。如对马克思主义的界定，1914 年 11 月，列宁在《卡尔·马克思》一文中指出："马克思主义是马克思的观点和学说的体系。"[1] 而现在有专家把马克思主义表述为："马克思主义是由马克思和恩格斯创立，由他们的各国后继者继承、发展和实践的，以追求通过不同方式改变以私有制为基础的资本主义社会，最终达到无产阶级和人类解放，达到人的自由全面发展的学说。"[2] 显然，这种界定不仅不违背列宁上述定义的基本精神，而且内容更加具体和丰富，使人们对马克思主义的了解更加深刻。

　　正是因为这种情况的存在，有专家强调："马克思主义的本质是确定的，这并不意味着某一个国家或政党是唯一的马克思主义学派。马克思主义没有'世袭权'，也没有自奉为唯一正确的'解释权'或'唯一模式'。当年苏联曾经垄断马克思主义的'世袭权'和'解释权'，结果由于教条主义或后来对社会主义事业的背叛，失去了这种'世袭'和'解释'的绝对权威。"[3] 这一论断反映了马克思主义科学的内在要求，也是对马克思主义发展的历史经验总结，是很中肯的。

二　马克思主义原理与发展了的理论形态

　　这里说的马克思主义原理，即指马克思主义基本原理。因为所谓"基本"，正是包括根本的、主要的和大体上等含义。所谓"原理"，即指"带普遍性的、最基本的，可以作为其他规律的基础的规律；具有普遍意义的道理"[4]，这两个词并在一起形成一个重叠概念，强调原理的根本性、基础性、最高性、普遍性、原创性。从词义上说，原理既然是作为其他规律的基础的规律，它同在自身基础上已经发展了的形态既一脉相承又

---

①　《列宁专题文集·论马克思主义》，人民出版社 2009 年版，第 7 页。

②　侯惠勤主编：《马克思主义基本原理研究》，中国社会科学出版社 2011 年版，第 3 页。

③　同上书，第 5 页。

④　《现代汉语词典》，商务印书馆 1986 年版，第 519、1421 页。

不完全等同。所谓一脉相承，是指它的基本性质（对马克思主义基本原理来说，就是它具有的科学性与阶级性、理论与实践、绝对与相对、普遍性与特殊性辩证统一的基本性质）相同。所谓不完全等同，是说已经发展了的形态在保持马克思主义基本性质的同时，它适应时代、科学和实践发展提供的条件、提出的新的要求，已经具有相对独立、更为丰富的理论内容和表达形式。或者说它已经发展到了一个相对独立的新的阶段。这个新的阶段已经不止于基本原理本身，而是基本原理的创造性运用和丰富发展。按照这种逻辑，从严格的狭义的原创意义上说，只有马克思恩格斯提出并加以阐述的最基本、最基础的理论观点和学说才称之为马克思主义基本原理。列宁主义、毛泽东思想、中国特色社会主义等，都不是原创意义上的马克思主义基本原理，而是以马克思主义基本原理为理论基础，将其与时代特征和各个国家具体实际结合起来，所产生的马克思主义基本原理的创造性运用和丰富发展了的形态（当然如果使用的是马克思列宁主义基本原理概念，自然也包括列宁的最基本的思想）。马克思主义基本原理与列宁主义、毛泽东思想、中国特色社会主义理论体系之间的关系，按照毛泽东的提法，就是总店和分店、根和叶的关系。它体现了马克思主义发展中的一条规律，即发展的连续性和发展阶段性的统一。在这个统一体中，没有总店就没有分店，没有根就没有叶。反过来说，没有分店，总店就不能发展。没有叶，根就不能繁茂。总店和分店、根和叶在争取现代无产阶级和人类解放斗争的丰厚的实践土壤上生长、发展。所以我们党总是强调："理论创新必须以坚持马克思主义基本原理为前提，否则就会迷失方向，就会走上歧途，而坚持马克思主义又要以根据实践的发展不断推进理论创新为条件，否则马克思主义就会丧失活力，就不能很好地坚持下去；最广大人民群众改造世界、创造幸福生活的伟大实践是理论创新的动力和源泉，脱离了人民群众的实践，理论创新就会成为无源之水，就不能对人民群众产生感召力、对实践发挥指导作用。"[①] 这样讲，我想不至于受到三点质疑：一是基本原理是不是发展的？二是不把发展了的阶段列入原创意义上的基本原理会不会降低其地位？三是会不会引起对原创意义上的基本原理与其发展了的阶段相互关系的误读？我以为，从逻辑上说，这三个问题同什么是基本原理有密切联系，但不是同一个问题。什么是基本原理？这是给基本原理定性，作出界定；而这里提出的三个疑点讨论的是基本原理的特性和功能问题。毫无疑问，基本原理是发展的，世界上没有不发展的事物。基本原理发展了，就叫基本原理的发展。发展到什么阶段就根据当时指导实践的要求命名相应的名称。基本原理与其发展了的阶段，形成于不同的历史条件，面临不同的历史任务，回答不同的历史课题，直接指导不同时期的实践斗争，这是一场"接力赛跑"，不存在哪个地位高或低的问题；基本原理发展了的阶段，在本质上是马克思主义基本原理与时代特征和各个国家具体实际结合的产物，它以马克思主义基本原理为思想理论基础，或者说贯穿着马克思主义的立场、观点和方法，又根据新的历史条件、新的历史任务，回答的新的历史课题，总结出的新的实践经验，丰富发展了马克思主义基本原理，使之具有新的理论内容和形式（有如中国特色社会主义理论体系较之马克思列宁主义、毛泽东思想一样，它们的理论内容和形式不尽相同，但其本质都是马克思主义）。这是马克思主义160多

---

① 中共中央文献研究室编：《十六大以来重要文献选编》（上），中央文献出版社2005年版，第365页。

年来发展的事实，我想不会给人造成"过时论"、"对立论"的错觉。

三　马克思主义原理与马克思主义各主要部分的原理

我曾经在《什么是马克思主义基本原理？》的习作中论述过三个观点，第一，马克思、恩格斯肯定马克思主义基本原理的存在，但是他们没有给什么是马克思主义基本原理作出过明确界定。第二，列宁等后来的马克思主义经典作家是从不同层次、不同方面去阐释马克思主义基本原理的。第三，我们讲基本原理，要明确是在什么层面上讲的，是指马克思主义理论整体的原理，还是讲马克思主义哲学、政治经济学和科学社会主义的某一主要部分的原理，或是某一部分原理中的重要理论观点？只有范围明确，才能确定其基本原理的内容。这三点看法是通过查阅《马克思恩格斯选集》、《列宁选集》、《斯大林选集》、《毛泽东选集》、《邓小平文选》五个文本得出的。在这些看法中，当然也就包含着作为马克思主义理论整体的原理，同作为其某一主要部分的原理，如马克思主义哲学原理，或政治经济学原理，或科学社会主义原理，有所同又有所不同。有所同的是根本立场、观点和方法，如前所述的"四个最"；有所不同的是，如研究对象的普遍性的层次和范围、理论表达的具体思想观点和逻辑顺序，等等。我以为，据此，马克思主义理论工作者完全可以依据一定原则，如遵循理论与实践、革命性与科学性、学术性与意识形态性、坚持与发展、整体与部分相统一等原则，从马克思主义三个主要组成部分的原理中，抽象出有别于其某一主要部分，如马克思主义哲学、政治经济学和科学社会主义原理、又一以贯通三个主要组成部分的、作为整体的马克思主义基本原理的科学定义，概括出作为整体的马克思主义基本原理的基本点（事实上，已经有多位专家做过这种概括，见后面的引证）。

我们既然是从马克思主义理论整体意义上进行概括的，那么概括出的原理在横断面上均应具有马克思主义最根本的理论特征、最崇高的社会理想、最鲜明的政治立场、最宝贵的理论品质；在纵向上均应反映其与马克思主义既一脉相承又与时俱进的本质关系。只有这样才能准确地揭示马克思主义完整概念的科学内涵，凸显出马克思主义理论体系的科学性、整体性、实践性和创新性原则，才能从总体上正确把握和运用马克思主义的立场、观点和方法分析现实社会问题、认识上问题和科学发展中的问题。

有专家认为，马克思主义基本原理就是马克思主义哲学、政治经济学和科学社会主义三个主要组成部分的基本原理，这种见解无疑是有根据的。马克思主义基本原理不能离开马克思主义三个主要组成部分的原理。在研究中，必须牢牢把握住马克思主义三个主要组成部分的原理。如果离开了、违背了马克思主义哲学、政治经济学和科学社会主义三个主要组成部分的原理，还来谈马克思主义基本原理，那是很滑稽的，因为这已经不是马克思主义了。

但是，将作为整体的马克思主义基本原理同作为各主要组成部分的基本原理完全等同起来是否得当，有待进一步说明。因为作为整体的马克思主义基本原理同作为各主要组成部分的基本原理彼此之间毕竟有层次、整体与分体的区别。这里有待进一步论证清楚几个问题。

一是马克思主义基本原理是由三个主要组成部分的基本原理，按照一定逻辑规则和要求由此及彼、由表及里形成的范畴体系，还是由其简单相加构成的呢？若是前者就有一个从三个主要组成部分的基本原理中重新作科学抽象解读的问题。若是后者，就有一个部分之和是不是一定等于整体的问题。

二是如若都不是，而是说：马克思主义基本原理就是指三个主要组成部分的基本原理，或者指某个组成部分的基本原理。反过来，说马克思主义某个组成部分的原理，也就是指马克思主义基本原理。这在不严格要求的情况下通常也是可以的。但在严格的意义上，就包含着是否有必要区分三个主要组成部分基本原理的问题。而众所周知，正是马克思主义三个主要组成部分，才形成其严整、完备的理论体系。

三是在当代，马克思主义三个主要组成部分和马克思主义理论已分别成为独立的学科。国务院学位委员会和教育部学位［2005］64 号文件附件 2 指出："马克思主义基本原理，是马克思主义基本理论、基本范畴，也是其立场、观点和方法的理论表达。这些基本原理和范畴是人类社会的本质和规律的科学概括。"马克思主义基本原理学科，"旨在研究马克思主义主要经典著作和基本原理，从整体上研究和把握马克思主义科学体系。与马克思主义哲学、政治经济学和科学社会主义分门别类的研究不同，它要求把马克思主义的三个组成部分有机结合起来，揭示它的内在逻辑联系，从整体上研究和掌握马克思主义，给学生以马克思主义的完整概念，并引导学生运用马克思主义立场、观点和方法来分析现实社会问题、认识问题和科学发展中的问题。要按照科学性、整体性，实践性和创新性原则建设好马克思主义基本原理这门学科"。

2012 年 6 月 6 日，国务院学位委员会发布的学位［2012］17 号文件《关于进一步加强高校马克思主义理论学科建设的意见》，再次强调"马克思主义理论学科是对马克思主义进行整体性研究的学科"。"注重马克思主义理论整体性研究，加强马克思主义各主要组成部分内在关系的研究和把握"。这几段话清楚地表明，作为整体的马克思主义基本原理与作为其主要组成部分——马克思主义哲学基本原理、政治经济学基本原理、科学社会主义基本原理之间存在着普遍性与特殊性、共性与个性的关系。再具体地从马克思主义三个主要组成部分所揭示的对象的普遍性看，事实上普遍性的程度是不一样的。哲学原则具有最大的普遍性，同政治经济学原理的普遍性和科学社会主义原理的普遍性，不在同一层次上。

马克思主义哲学基本原理具有最大的普遍性，它的科学原则、科学精神理所当然地贯穿于政治经济学和科学社会主义基本原理之中，成为这两个组成部分基本原理的理论基础。但是它不一定都成为这两个组成部分基本原理的内容，特别是它揭示的自然和思维的规律。反过来说，政治经济学基本原理和科学社会主义基本原理，是建立在哲学原理基础之上的，但是它们所包含的基本原理有一些可以上升到哲学基本原理层次上，有一些虽体现着哲学基本原理的精神和原则，但并非能直接称之为哲学原理。如在政治经济学中关于社会主义基本经济规律的原理、关于社会主义建设的一些原理，不能够说就是马克思主义哲学基本原理。同样，在科学社会主义原理中关于马克思主义执政党执政和建设的规律，也不能够说就是马克思主义哲学原理。就马克思主义政治经济学基本原理和科学社会主义基本原理的关系来说，它们是彼此贯通的，但是也总有一些规律不能直接互相转换。如此看来，仅说马克思主义基本原理就是马克思主义哲学、政治经济学、科学社会主义的基本原理，还需要作进一步的深入论证，才能解除人们认识上的疑点。有学者着眼于马克思主义三个主要组成部分的内在逻辑联系，从马克思主义三个主要组成部分的有机结合、相互渗透和贯通中进行科学抽象，提出马克思主义基本原理，就是从马克思主义哲学、政治经济学和科学社会主义基本原理中抽象出来，又贯穿于马克思主义整个发展过程和各个组成部分、全面体现马克思主义理论整体精神实质的原理。这种探索思路是值得重视的。

四　从马克思主义理论整体上概括出基本内容

能否从马克思主义三个主要组成部分的有机结合、相互渗透和贯通中进行科学抽象，提出马克思主义基本原理？上面已经说到，是可以的。事实上，有多位专家做过这种概括工作。如有专家认为，马克思主义基本原理包括物质决定意识、社会存在决定社会意识原理；客观世界相互联系永恒发展原理；人类社会形态由低级向高级演进和发展规律原理；剩余价值学说和资本主义基本矛盾与主要矛盾原理；社会主义历史必然性和工人阶级历史使命原理；阶级斗争与无产阶级革命原理；国家学说与无产阶级专政原理；人民群众是历史的创造者原理；无产阶级战略策略原理；无产阶级政党及其建设原理；科学社会主义本质特征原理；人的全面发展与共产主义原理。也有专家认为，马克思主义基本原理主要包括 13 条：第一，关于客观世界相互联系、相互作用和运动发展的原理；第二，人类社会形态由低级向高级演进和发展规律的原理；第三，关于时代本质和阶段性特征的原理；第四，生产力和生产关系、经济基础和上层建筑辩证统一的原理；第五，阶级观点与无产阶级革命和无产阶级专政的理论；第六，剩余价值学说和资本主义社会基本矛盾与主要矛盾的理论；第七，社会主义历史必然性和工人阶级历史使命的学说；第八，科学社会主义本质特征和发展规律的学说；第九，社会主义革命（包括改革）和建设规律的理论；第十，社会主义国家执政党建设的学说；第十一，人与自然、人与社会的和谐与全面、协调、可持续发展的理论；第十二，人的全面发展和共产主义的原理；第十三，马克思主义在意识形态领域指导地位的原理；等等。[①]

2011 年 5 月 13 日，习近平在中共中央党校春季学期第二批入学学员开学典礼上的讲话中，把马克思主义基本原理概括为 11 条。这些显然都是从纵和横两个维度作出的归纳，纵向即马克思主义的整个历史发展直到今天的时代高度，横向即贯通马克思主义理论各主要组成部分的最基本观点。从纵和横两个角度来思考、归纳马克思主义基本原理的内容，体现了列宁关于"马克思主义的全部精神，它的整个体系，要求人们对每一个原理都要（α）历史地，（β）都要同其他原理联系起来，（γ）都要同具体的历史经验联系起来加以考察"[②] 的精神，对什么是马克思主义基本原理的问题做出了清晰的回答，给了人们几个便于掌握的基本点。

现在还需要进一步做的事情，就是要进一步研究这些原理之间的联系和转化，即科学体系问题。同时，就概括基本原理的内容，陶德麟先生于 2012 年 12 月 31 日在给笔者的信中说："我觉得应当把实践的观点列入并放在首位（根据马克思的《关于费尔巴哈的提纲》），因为这是马克思主义哲学根本区别于一切旧哲学（包括唯心主义和旧唯物主义）的关键，是马克思完成的哲学革命的关键；它不仅是马克思主义认识论的'首要

---

①　靳辉明：《马克思主义基本原理不是老生常谈》，《社会科学报》2008 年 1 月 24 日。

②　《列宁选集》第 2 卷，人民出版社 1995 年版，第 785 页。

的和基本的观点'（列宁语），而且是全部马克思主义的首要的和基本的观点。"这是一个极为重要的见解。随后我们将对这些问题做专门探讨。

参考文献

1. 陈先达：《论马克思主义基本原理及其当代价值》，《马克思主义研究》2009 年第 3 期。

2. 陈先达：《试论马克思主义的本质、结构和功能》，《教学与研究》1989 年第 5、6 期。

3. 靳辉明：《深入研究马克思主义基本原理的几点思考》，《高校理论战线》2009 年第 6 期。

4. 田心铭：《"历史唯物主义的起源"——马克思关于费尔巴哈的提纲研读》，《思想理论教育导刊》2010 年第 2 期。

5. 国家教委社科司编：《马克思主义基本原理》，高等教育出版社 1988 年版。

（原载《马克思主义研究》2013 年第 3 期）

20世纪西方马克思主义哲学发展历程及主要特征[*]

20世纪西方马克思主义哲学发展历程及主要特征[*]

陈学明[**]

　　马克思主义哲学在20世纪的历程，大致可以包括三大"板块"，即在西方世界的历程、在苏联和东欧一批社会主义国家的历程，以及在中国特色社会主义道路上大步前进的中国的历程。20世纪马克思主义哲学在这三个不同地区所走过的道路，既有普遍性也有特殊性。因此，当人们对马克思主义哲学在20世纪的历程加以回顾与反思之时，有必要按照这三大"板块"分别展开。这里，我们在对20世纪马克思主义哲学在西方世界的发展过程进行简单描述的基础上，着重剖析一下马克思主义哲学在20世纪西方世界发展的主要特征。

一

　　马克思主义哲学在20世纪的历程是以伯恩斯坦对马克思主义的全面修正拉开"序幕"的。他先是在当时的德国社会民主党的理论刊物《新时代》上，以《社会主义问题》为总标题，推出了一系列文章，而正是在这些文章中，他开始对马克思主义的一些基本观点提出质疑。紧接着，他出版《社会主义的前提和社会民主党的任务》一书，对马克思主义进行全面的否定和修正。严重的是，伯恩斯坦的修正主义观点得到了第二国际内部许多人的呼应。法国社会党创始人、第二国际领导人之一的饶勒斯就是其中的一个代表人物。作为当时第二国际主要领导人的考茨基，起初对伯恩斯坦的修正主义有所批评，但主要是从方法论上加以揭露，而且不久他就抛弃了所谓的"中派"立场，到了后期便与伯恩斯坦的修正主义路线完全沆瀣一气。第二国际起来抵制和反对伯恩斯坦修正主义路线的是卢森堡。然而，尽管她对伯恩斯坦和考茨基的修正主义路线展开了坚决的斗争，但她的理论始终没有在第二国际传统中占主导地位。马克思主义哲学在20世纪头几十年的西方世界的遭遇与第二国际的命运密切相关。虽然第二国际解散了，但由伯恩斯坦所开创的、由西方绝大多数社会民主党所继承的第二国际传统对马克思主义哲学的解释路向业已形成并日益产生着重大影响。

---

　　* 本文系国家社会科学基金重大项目"中国特色社会主义道路与人类文明发展研究"[项目编号：11&ZD065]、教育部哲学社会科学重点研究基地重大项目"西方马克思主义理论家对人的存在方式的研究"[项目编号：11JJD710001]、复旦大学"985工程"三期整体推进人文学科研究项目"西方马克思主义对社会主义的最新研究"[项目编号：2011RWXKZD012]的阶段性成果。

　　** 陈学明：复旦大学哲学学院暨当代国外马克思主义研究中心教授，博士生导师。

正当第二国际传统对马克思主义哲学的解释路向在西方世界不断产生重大影响之时，另一种解释路向也在西方世界发出了强烈的声音。这就是始于俄国和苏联，而后扩展到全世界，也包括扩展到西方资本主义世界的列宁主义哲学。这样，我们在西方世界，不仅看到了第二国际以及第二国际解体以后的西方社会民主党理论家对马克思主义哲学的研究、修正，同时也看到了西方各国共产党的理论家按照俄国和苏联马克思主义理论的基本路线，对马克思主义哲学的研究、继承与发展。西方一些共产党的理论家和领袖如康福斯、福斯特、克劳斯、陶里亚第，代表了第三国际传统的对马克思主义哲学的解释路向。

"西方马克思主义"的崛起，是20世纪西方世界，乃至整个世界的马克思主义哲学研究史上最重大的事件之一。"西方马克思主义"与第二国际、第三国际没有直接的思想继承关系，它完全是在20世纪新的历史条件下形成和发展起来的。"西方马克思主义"的几个早期代表人物卢卡奇、柯尔施、葛兰西，开创了一种新的马克思主义哲学解释路向。全面继承和发展这种解释路向的是法兰克福学派。"西方马克思主义"的一些基本思想在法兰克福学派那里以"社会批判理论"的形式出现。在西方世界，到了20世纪30年代以后，在哲学上代表"西方马克思主义"与第二国际和第三国际传统继续抗衡的就是法兰克福学派。

我们在20世纪头几十年西方世界的马克思主义哲学舞台上看到的是上述三种不同解释路向的"三足鼎立"。它们之间的争论在哲学上主要围绕着两个问题展开，第一个问题是马克思主义究竟是不是哲学？这一争论主要在第二国际传统的理论家与"西方马克思主义"理论家之间展开。前者认定马克思主义是一种经济理论、社会理论，否定马克思主义是哲学；后者强调马克思主义的核心就是哲学，马克思主义的主要力量也来自于哲学。它们之间的争论围绕的第二个问题就是马克思主义哲学究竟是什么？这一争论主要在第三国际传统的理论家和"西方马克思主义"理论家之间展开。前者强调马克思主义哲学的基本问题还是恩格斯所说的"思维与存在的关系问题"，马克思主义哲学的基本内容就是物质本体论、唯物主义反映论和把人类历史理解为自然史的历史观；后者则认为马克思主义哲学经过哲学革命已不再把"思维与存在的关系问题"作为哲学的基本问题，马克思主义哲学是主客体统一的实践哲学，主要特征是实践性、历史性、总体性。

这三种解释路向在哲学上的争论与分歧是紧紧地与社会理论方面的争论与分歧联系在一起的。它们之间在社会政治理论方面的分歧点很多，但核心问题还是在如何看待当代资本主义上。围绕着如何看待当代资本主义，出现了两种截然不同的态度：第二国际传统为当代资本主义辩护，主张对当代资本主义实施改良；第三国际传统和"西方马克思主义"理论家对当代资本主义展开批判。但西方共产党理论家和"西方马克思主义"理论家尽管都对资本主义社会持批判的态度，但理论出发点截然有别。共产党的理论家基本上是从马克思的社会矛盾运动理论和剩余价值学说出发来批判当代资本主义；而"西方马克思主义"理论家则基本上是从马克思的人道主义理论和异化劳动理论出发来批判当代资本主义。由于出发点不同，前者所展现的当代资本主义的罪恶是资产阶级对无产阶级的政治压迫和经济剥削，而后者笔下资本主义的问题则是人的全面异化，人性与社会的尖锐对立。

到了20世纪30年代以后，特别是到了第二次世界大战结束以后，这三种不同的解释路向都出现了新的走向。第二国际传统的解释路向在 20 世纪下半叶实际上已逐渐放弃了马克思主义哲学的立场,把对马克思主义哲学的研究变为对马克思主义哲学的批判,其一些代表人物甚至成了西方世界最著名的马克思主义哲学的批判者。当然,我们说以一些社会民主党理论家为主体的第二国际传统的对马克思主义哲学的研究逐渐脱离了马克思主义哲学的轨道,并不意味着属于这一传统的理论家对马克思主义哲学的研究只有损害而毫无益处,他们对马克思主义哲学的研究和批判往往也从侧面、反面启示着马克思主义哲学的真正信奉者,迂回地推动了马克思主义哲学的发展。西方共产党理论家对马克思主义哲学的研究仍然是西方世界研究马克思主义哲学的重要力量,但他们的研究在 20 世纪下半叶发生了重大转折,这就是逐渐离开了原先第三国际的,即斯大林主义版本的辩证唯物主义与历史唯物主义体系,而走向原先一直被他们反对的把马克思主义哲学作人道主义化的解释,从而在一定意义上,西方共产党的一些理论家竟然成了西方世界人道主义的马克思主义的主要代表人物。"欧洲共产主义"的形成,说明西方一些共产党已完全把自己的理论基础奠定在传统的人道主义之上。这样一来,以西方一些共产党理论家为主体的第三国际传统的对马克思主义哲学的研究不要说与"西方马克思主义"中具有人道主义倾向的流派的界限已模糊不清,就是与第二国际传统的一些理论家的观点也已不断"趋同"。"西方马克思主义"中人道主义倾向的理论家,如原先的法兰克福学派,以及新形成的"存在主义的马克思主义"、"弗洛伊德主义的马克思主义"等,他们在 20 世纪下半叶更注重对马克思主义作人道主义的解释,与此同时,则更注重用他们所认定的人道主义的马克思主义作为价值标准,衡量资本主义社会,在此基础上对当代资本主义展开更激烈的批判。纵观 20 世纪下半叶西方世界原先的三大马克思主义哲学解释路向,我们可以看到,尽管在如何看待资本主义等一些社会政治问题上它们之间仍然存在着尖锐的分歧,但是在哲学观点上却出现了合流的倾向,即都以自己的方式、程度不等地强调马克思主义哲学是一种人道主义,这与 20 世纪上半叶围绕着一系列基本哲学问题它们之间的"三足鼎立"形成了鲜明的对照。

非常有意思的是,面对波澜壮阔的把马克思主义人道主义化的运动,起来抵制这一趋势并与之抗衡的不是来自于西方共产党或者其他号称什么"正统的马克思主义者"的思想家,而是来自于"西方马克思主义"内部新形成的把马克思主义科学主义化的思潮,如"结构主义的马克思主义"、"新实证主义的马克思主义"、"分析的马克思主义"等的一些代表人物。如果说在 20 世纪上半叶,致力于把马克思主义人道主义化的思潮在"西方马克思主义"内部是"独占鳌头",那么到了 20 世纪下半叶,在"西方马克思主义"内部则出现了致力于把马克思主义人道主义化的思潮和把马克思主义科学主义化的思潮"两刃相割"的局面。这些把马克思主义科学主义化的理论家,围绕着马克思主义的本质特征是"批判"还是"科学"、马克思主义是"人道主义"还是"反人道主义"、真正能体现马克思主义的是马克思的早期著作还是晚期著作、马克思主义哲学是对黑格尔理论的反动还是继承等一系列重大理论问题,不但与"西方马克思主义"内部的把马克思主义人道主义化的理论家,而且与整个西方世界的各种人道主义的马克思主义者展开激烈的争论。"西方马克思主义"内部两股思潮之间的这些分歧,反映了整个马克思主义哲学在 20 世纪下半叶在西方世界的分歧,而"西方马克思主义"内部两股思潮之间的这种抗衡与对立,实际上反映了整个马克思主义哲学在 20 世纪下半叶在西方世界的走向。

当然，要真正把握 20 世纪下半叶西方世界的马克思主义哲学研究，不能仅仅把目光停留在原先的三种解释路向上。实际上，20 世纪下半叶西方的马克思主义哲学出现了多样化发展的趋势，20 世纪下半叶西方世界的马克思主义哲学的繁荣与兴旺正是表现在这种多样化趋势上。它首先见之于在原先的这三种解释路向之外又出现了许多新的马克思主义哲学研究流派。这些新的马克思主义哲学研究派别仍然以马克思主义者自居，只是"西方马克思学"是个例外，因为"西方马克思学"的理论家仅仅把马克思主义研究作为自己的一种爱好或者职业，但他们的研究成果确实为整个 20 世纪下半叶的马克思主义哲学研究增添了亮色。第四国际理论家对马克思主义哲学的研究常常被人们忽视，实际上他们的那些贯穿于其政治、社会、经济理论之中的哲学观点，特别是他们对马克思主义辩证法的研究，值得我们高度关注。流亡到西方国家的"东欧新马克思主义"理论家把"东欧新马克思主义"的理论成功地融入西方的马克思主义哲学研究之中。他们对 20 世纪下半叶西方马克思主义哲学的发展做出了特殊的贡献。解放神学则在西方世界开创了把马克思主义哲学与基督教结合在一起的新倾向，它一度在西方的马克思主义哲学界乃至整个西方学术界受到广泛重视绝不是偶然的。世界体系的马克思主义把马克思主义研究引向如何实现广大第三世界国家人民的解放的问题上，他们的研究因富有时代气息和旗帜鲜明而受到普遍的尊重。

马克思主义哲学在 20 世纪下半叶的西方世界呈多样化发展的趋势还表现在"西方马克思主义"内部也出现了各种各样的新派别。如上所述，在"西方马克思主义"内部，无论是在把马克思主义人道主义化方向上，还是在把马克思主义科学主义化的方向上，都有着许多派别。除此之外，又涌现了一些以特定领域作为研究对象的新的马克思主义派别，这同样不仅反映了"西方马克思主义"，而且反映了整个马克思主义哲学的一些重要的新的发展趋势。"女性主义马克思主义"代表了马克思主义在关于妇女解放问题上所获得的新的研究成果，"女性主义马克思主义"在与"自由主义女性主义"和"激进主义女性主义"等当代西方"女性主义"众多派别的斗争中，使马克思主义在妇女解放问题上得到了更多的发言权，推进和发展了马克思主义有关妇女问题的理论观点。"生态马克思主义"则直面当代人类所面临的生态问题，力图用马克思主义的立场、观点和方法为人类解决这一问题找到一条出路。

除了这两个派别之外，在西方世界还活跃着其他一些类似的以特定领域作为研究对象的马克思主义新派别。值得一提的是，这些新派别往往与西方世界此起彼落的所谓"新社会运动"结合在一起，"新社会运动"中的左翼往往都是以这些新的"西方马克思主义"派别作为自己的理论支撑。20 世纪 90 年代世界上第一个社会主义国家苏联的解体和东欧一批社会主义国家的相继易帜，对西方左翼来说是一个沉重的打击。不要说原先西方的共产党，就是包括"西方马克思主义"在内的其他左翼力量，都程度不等地遭受挫折。在这种情况下，20 世纪 90 年代初，西方的马克思主义哲学研究一度处于沉寂。但无论是马克思主义的拥护者、同情者，还是马克思主义的反对者、诋毁者，都未曾想到，这种"沉寂"的局面并没有维持多久，自 90 年代中期起，在西方世界，特别是在法、英、德、美等西方主要资本主义国家，掀起了一股研究和宣传马克思主义的热潮。西方世界马克思主义哲学研究在 20 世纪末、21 世纪初的"复兴"，并不是简单地回到以前的那种研究，而是出现了许多新的趋向。这些新的趋向有：以政党为依托的研究转移为知识分子的独立研究；经院式的研究转移为密切联系实际的研究；单学科的孤立研究转换为跨学科的整体研究；争吵不休的论战式的研究转换为求同存异共同探讨式的研究。这些新的特点的形成，标志着走向 21 世纪的西方世界的马克思主义哲学研究，把 20 世纪西方世界的马克思主义哲学研究推向了一个新的发展阶段。这一时期的西方世界的马克思主义哲学的研究，在整个马克思主义哲学研究史上有着特殊的地位。

在分析世纪之交的西方的马克思主义，特别是马克思主义哲学的研究时，仅仅看到上述这些特点是远远不够的。这样很有可能产生一种盲目的乐观主义。实际上，在上述这些特点背后隐匿着一个更值得我们关注的倾向。这就是马克思主义研究者围绕着对马克思主义的基本态度的日益严重的分化。有些研究者还是坚持马克思主义的立场，在基本认可马克思主义的前提下进行马克思主义哲学的研究，但是还有些研究者，则是在对马克思主义进行"否定性"、"批判性"的研究，马克思主义在他们那里，实际上只是个批判的、否定的对象。当今西方的绝大多数的"生态马克思主义"理论家和一部分"女性主义马克思主义"理论家基本上属于前者。当今英美的有些马克思主义研究者和法国"马克思主义批评学派"的有些成员也致力于强调马克思主义的现实性。除了这些人之外，其他的许多研究者对马克思主义的基本态度显然是主要着眼于否定和批评。"后马克思主义"对马克思主义哲学"解构"多于"建构"且不论，就拿法兰克福学派来说，这一学派在实现"政治伦理转向"进入了第三个发展阶段以后，实际上离马克思主义也越来越远了。至于当今英美的有些马克思主义研究者和法国"马克思主义批评学派"的有些成员，以及像鲍德里亚这样的研究者，已经很难说他们是马克思主义者了。必须指出的是，在马克思主义研究者中围绕着对马克思主义的这种截然不同的态度，往往与他们的思想中有没有后现代主义的成分，以及后现代主义的成分的多少相关。确实，后现代主义与马克思主义在目前西方世界处于"此长彼消"的局面。而且随着后现代主义在西方世界影响的日益扩大，在马克思主义研究中那种否定性、批判性研究的倾向也大有占上风之势。这值得我们密切关注。

二

马克思主义哲学在 20 世纪的西方世界的历程与在 20 世纪的其他地区相比较有着许多自身的特点，马克思主义哲学在 20 世纪的西方世界的历程与在 19 世纪的西方世界相对照，也存在着诸多不同之处。这些特点和不同之处归结起来主要有以下五点。

其一，曲折性。

马克思主义哲学从其诞生那天起，其性质就决定了它的发展道路是不会平坦的。这种曲折性在 20 世纪的西方世界表现得特别明显。马克思主义哲学在 20 世纪西方世界的发展史就是一部曲折发展的历史。小的波折姑且不论，大的曲折起码有三次。第一次发生在 20 世纪初，也就是说，出现在恩格斯逝世后不久。伯恩斯坦这个曾被恩格斯指定为"遗嘱执行人"的第二国际内部最有影响的理论家，在恩格斯"尸骨未寒"之时就马上以最公开和最完整的形式提出要修正马克思主义理论。伯恩斯坦自己也承认，这次他所做的并不是对马克思主义的"修修补补"，而是与马克思主义"脱毛"，即从马克思主义的"禁锢"中全面地摆脱出来。伯恩斯坦的所作所为马上在第二国际内部引起了"翻江倒海"。不要说原本是第二国际内部偏右的思想家，就是一些持中间态度的思想家都出现了相当大的思想混乱，借机对马克思主义表示怀疑、否定。像卢森堡这样起来坚决抵制的是少数。在当时的西方世界，第二国际理论家是研究马克思主义的主要力量，第二国际内部所出现的对马克思主义的基本态度的这一变化，对马克思主义哲学所带来的负面影响是可想而知的。

第二次出现在 20 世纪 50 年代以后，也就是说，在苏联赫鲁晓夫批判斯大林的个人迷信所产生的影响涉及了西方世界以后。作为第一个社会主义国家的苏联所发生的这一重大变化改变了西方世界的马克思主义与反马克思主义的力量对比。两者之间此长彼消，演化迅速。在当时的西方世界，实际上研究马克思主义哲学的"正统"早已由原先承继第二国际传统的社会民主党改为承继第三国际传统的西方共产党。在西方共产党内部，在大批共产党员退党的同时，对马克思主义哲学的兴趣以及相应的研究也迅速陷于低潮。

第三次出现在 20 世纪八九十年代以后，也就是说，出现在苏联解体以及东欧一批社会主义国家易帜以后。不要以为苏联解体以及东欧一批社会主义国家的易帜对西方世界所产生的影响仅限于对西方共产党的影响，实际上，所受影响的是西方整个左翼力量，是西方的整个马克思主义研究。在西方政要和右翼思想家把马克思主义送进"历史博物馆"、"埋葬"马克思主义的叫嚣声中，西方的马克思主义哲学研究马上陷于"沉寂"。马克思主义哲学在 20 世纪西方世界发展的曲折性与整个世界，特别是西方世界政治、社会、经济的曲折历程是相一致的。后者的曲折性总要反映到前者中来。

其二，坚韧性。

马克思主义哲学在 20 世纪西方世界发展的这种曲折性是与坚韧性紧紧地联系在一起的。我们看到，马克思主义哲学每一次经历重大曲折以后，紧接而来的是马克思主义哲学的重大发展。实际上，我们在 20 世纪的西方世界所看到的不仅是马克思主义哲学的蹒跚而行，而且还有马克思主义哲学的波澜壮阔。马克思主义哲学在 20 世纪所遭受的打击和挑战是空前的，但马克思主义哲学在打击和挑战面前，表现出了顽强的生命力。马克思主义哲学在 20 世纪的西方世界之所以能在曲折中不断地获得发展，与 20 世纪的西方世界有着一批抱有坚定的马克思主义信念、善于在逆境中生存的马克思主义哲学研究者有关。在 20 世纪二三十年代，在第二国际传统的马克思主义哲学研究者中，显然占支配地位的是伯恩斯坦、考茨基的修正主义路线，第二国际内的左派思想家卢森堡等面对不可一世的伯恩斯坦、考茨基及其追随者，面对实际上与修正主义沆瀣一气的西方资本主义势力，用他们坚忍不拔的革命意志，直至献出自己的生命，捍卫了马克思主义哲学的纯洁性。如果没有卢森堡他们与当时用列宁主义武装起来的西方共产党理论家的共同努力，就不可能有紧接而来的马克思主义哲学得以迅猛发展的局面。在 20 世纪西方世界的马克思主义哲学研究中有着特殊地位的法兰克福学派历经几十年而不衰，也离不开这一学派的骨干所表现出来的那种百折不挠的精神。特别是在深受法西斯主义的迫害，被迫逃亡至美国的境遇中，他们还是坚持法兰克福学派的社会批判理论的传统，坚持对马克思主义哲学的探讨。法兰克福学派的一系列后来产生重大影响的名著，不少是在这一时期推出的。马克思主义哲学在 20 世纪西方世界发展的坚韧性在那些流亡至西方世界的"东欧新马克思主义"理论家身上表现得特别明显。由于原先在自己所在的国家，提出了与"官方"不相一致的马克思主义哲学观点，他们受到了非常不公正的待遇，被迫离开了自己的国家流亡至西方。即使在那样的情况下，他们并未因为在"马克思主义"的名义下受到迫害，而动摇对马克思主义的信念。相反，他们中一些人来到西方世界以后以更加旺盛的斗志和顽强的精神，继续追求马克思主义的"真精神"。正是他们对马克思主义哲学的研究，给整个西方世界的马克思主义哲学研究带来了新的活力。苏东剧变后，西方世界的马克思主义哲学研究在短暂的几年"沉寂"以后迅速"复活"，甚至出现了前所未有的新生，推动出现这一不仅出乎马克思主义的信奉者也出乎马克思主义的反对者意料的重大转折的，也正是西方世界的马克思主义哲学研究者那种坚韧的精神。我们不仅可以在法国的马克思主义批评学派中看到这种精神，在由这一学派所组织的以 1995 年的巴黎马克思主义大会为代表的国际会议上看到这种精神，而且它同样见之于当今英国、美国、德国的马克思主义哲学研究者，见之于这些研究者所举办的一系列研究马克思主义哲学的活动。而被誉为把今天的马克思主义哲学推进到一个新的阶段的"生态马克思主义"理论家，他们所取得的理论成就显然与他们的坚韧精神是成正比的，我们只要仔细地阅读一下福斯特、奥康纳、佩珀等人的著作就可以明白这一点。20 世纪西方世界的马克思主义哲学之所以能够在曲折中获得重大发展，显然离不开西方世界的一批马克思主义哲学研究者的坚韧性，而在他们身上所表现出来的这种坚韧性，则反映了马克思主义哲学本身的性质。它是真理，所以它能在逆境中生存。

其三，多样性。

纵观马克思主义哲学在 20 世纪西方世界的发展，不难看出这种发展往往是通过多样性来实现的。在马克思主义哲学的发展过程中，多元的思想发展动力取代了单一的思想发展线索。恩格斯逝世以后不久，西方的马克思主义哲学研究马上滋生了多样性的局面。这不仅表现为第二国际内部出现了左、中、右三派的对立，更表现为在第二国际传统之外，又产生了第三国际传统和"西方马克思主义"传统的马克思主义哲学研究，在 20 世纪上半叶出现了马克思主义哲学研究"三足鼎立"之势。马克思的《1844 年经济学哲学手稿》于 1932 年公开发表以后，围绕着对《1844 年经济学哲学手稿》的不同解释，更是出现了各种版本的马克思主义解释路向，马克思主义哲学研究的多样性趋势越来越明显。整个 20 世纪下半叶西方的马克思主义哲学研究最鲜明的特点就是多样性。各种马克思主义哲学研究流派和思潮相继脱颖而出，"你方唱罢我登场"。除了原有的三种解释路向之外，先后产生一定影响的有"西方马克思学"、"第四国际的马克思主义"、"解放神学的马克思主义"、"世界体系学派的马克思主义"、流亡至西方的原"东欧新马克思主义"，等等。而在"西方马克思主义"内部更是流派纷呈，除了法兰克福学派之外，"存在主义的马克思主义"、"弗洛伊德主义的马克思主义"、"结构主义的马克思主义"、"新实证主义的马克思主义"、"分析派的马克思主义"、"生态马克思主义"、"女性主义马克思主义"等先后呈现在人们面前。而且，"西方马克思主义"内部的各种派别与"西方马克思主义"之外的各种思潮交织在一起。苏东剧变后，马克思主义哲学研究在西方世界的"复兴"也是以多样性为主要标志的。各种马克思主义哲学研究的思潮，无论是以弘扬马克思主义哲学为宗旨还是主要着眼于批判马克思主义哲学，其都显得异常活跃，共同组成了世纪之交西方的马克思主义哲学研究的繁荣图景。"后马克思主义"的出现并产生重大影响则表明西方的马克思主义哲学研究的多样性已发展到了何等程度。实践证明，仅仅用"分化"甚至"分裂"这样的词汇来描述和理解这种多样性是十分不妥当的，马克思主义哲学研究的多样性对马克思主义哲学带来的积极意义远大于消极性，这种多样性是马克思主义哲学获得发展的一个重要前提，20 世纪马克思主义哲学在西方世界的繁荣是借助于这种多样性来取得的。仔细观察一下西方世界马克思主义哲学研究的这种多样性的前后变化，我们还可看到，在苏东剧变前，处于多样性态势下的各种马克思主义研究派别往往为了争得一个"正统"的地位相互之间展开激烈的斗争，从而出现了马克思主义研究派别之间水火不相容的程度往往超过马克思主义与非马克思主义之间的对立程度。而在苏东剧变后，各种马克思主义研究的派别尽管仍然存在着尖锐的分歧，但是已逐渐开始相互包容，不再为了某一个观点而展开你死我活的斗争，而是能平心静气地坐在一起进行求同存异的讨论。这在一定程度上说明，马克思主义哲学的研究者终于认可了这种多样性的合理性与合法性。20 世纪西方世界马克思主义哲学研究中这种多样性局面的出现，反映了随着时间的推移，马克思主义创始人那里的哲学观点原本所具有的歧义性会越来越不可避免地显示出来，更反映了对马克思主义哲学的理解会因理解者的立场、处境的不同而必然出现差异。

其四，开放性。

整个 20 世纪西方的马克思主义哲学的发展历程都是一个"开放"的过程。这里所说的"开放"，指的是马克思主义哲学的研究者强调马克思主义应向各种思潮开放，吸收各种非马克思主义中的宝贵因素。除了在 20 世纪上半叶继承第三国际传统的西方共产党思想家往往以坚持马克思主义哲学的"党性原则"为理由，致力于划清马克思主义哲学与非马克思主义哲学的界限，强调前者对后者的批判，其他各种马克思主义研究派别和思潮一般都程度不等地用非马克思主义哲学之"长"来补马克思主义哲学之"短"，实际上，即使是西方共产党的理论家中有不少人到了 20 世纪的下半叶也一改与非马克思主义哲学势不两立的态度，而是在把马克思主义哲学与非马克思主义哲学"融合"方面也做出了不懈的努力。当然，在 20 世纪西方的各种马克思主义哲学研究的流派与思潮中，数"西方马克思主义""开放"的色彩最浓，"西方马克思主义"本来就是以把马克思主义哲学与非马克思主义哲学结合在一起为主要特征的，从属于"西方马克思主义"的主要是一些把马克思主义哲学与西方某一特定的哲学思潮"融合"在一起的派别，例如"存在主义的马克思主义"、"结构主义的马克思主义"、"弗洛伊德主义的马克思主义"、"新实证主义的马克思主义"、"分析派的马克思主义"等。这样，我们看到 20 世纪西方的马克思主义哲学的发展往往是借助于与其他西方哲学思潮的结合而实现的。在 20 世纪西方世界的哲学舞台上，出现了马克思主义哲学与其他哲学思潮相互交融、相互渗透的画面。20 世纪西方的马克思主义哲学研究者在致力于吸收非马克思主义哲学的宝贵因素的过程中，首先是重新把马克思主义哲学与较早的欧洲权威的哲学体系联系起来，退回到马克思以前的哲学舞台去。他们试图通过这一途径，即直接从欧洲哲学权威出发，沿着青年马克思的轨道，重建马克思主义的哲学体系。当然，他们更多的是试图把一些现代西方哲学思想"补充"到马克思主义哲学中去。可以说，他们广泛涉及现代西方的各种哲学流派，只要一出现有影响的新的哲学思潮，他们都会把其纳入自己的理论视野，寻找可以用来修正和发展马克思主义哲学的"闪光点"。20 世纪西方的马克思主义哲学研究者，热衷于马克思主义哲学的"开放"，与他们对马克思主义哲学的一个基本认识密切相关，在他们看来，马克思主义哲学在其创始人那里就是一个"开放"的体系，马克思和恩格斯倘若不吸收他们以前的以及与他们同时的哲学思想，就不可能创立马克思主义哲学体系，而历史发展到今天，马克思主义哲学要继续发展保持旺盛的生命力，仍然必须保持自己的"开放性"，即仍然必须从一切优秀的哲学思想中吸收养分。

其五，现实性。

20 世纪西方的马克思主义哲学的发展过程是不断地与现实相结合的过程。20 世纪西方的马克思主义哲学之所以能对 20 世纪西方的历史进程产生重大影响，主要在于其具有"现实性"的重大特征。尽管有"西方马克思学"这样的纯粹把马克思主义哲学作为纯学术进行研究的派别，但总的来说，20 世纪西方的马克思主义哲学研究的绝大多数派别都注重面对社会现实。不要说第二国际、第三国际、第四国际传统的马克思主义哲学研究者都力图以自己的立场和观点直接对现实问题做出回答，就拿曾被称为"经院马克思主义"的"西方马克思主义"的理论家而言，即使他们与西方国家的工人运动几乎没有任何直接的联系，即使他们从来也没有企图建立某种政党来实践自己的学说，即使他们大多是关在书斋里钻研学问的学者、教授，即使他们写下的著作是如何晦涩难懂，但是，从他们所关注的一些理论问题来看，他们实际上也并没有回避现实的挑战，在他们那深奥难懂的语言中负载着大量关于急剧变化着的资本主义世界的信息，跳动着这个特定时代的脉搏，也倾注了他们对社会主义和马克思主义命运的深刻关注。可以说，他们实际上是在书斋里，用他们特定的语言和方式曲折地反映着他们生活的那个时代。只要看一下整个 20 世纪西方的马克思主义哲学发展过程，就可以清楚地知道，每一个阶段马克思主义哲学研究的主题都与现实息息相关。20 世纪初，主要研讨的是如何看待资本主义的新发展；第一次世界大战前后，围绕着如何看待帝国主义与战争展开研究；苏联十月革命发生以后，又对苏联十月革命的意义以及西方国家的社会主义前景集中进行探讨；在法西斯主义兴起以及随之发生的第二次世界大战期间，研究的注意力转向探讨法西斯主义产生的根源；第二次世界大战结束以后面对西方资本主义国家基于电子技术革命所带来的新发展，把科技革命的社会政治效应纳入了研究的视野；20 世纪七八十年代以后，随着生态危机对人类的威胁日益加剧，对生态危机的探讨成了最重要的研究课题；苏东剧变后，当今资本主义世界是否还需要马克思主义非常自然地成为研究的热点；进入 21 世纪以后，美国出现了以"次贷危机"为主要标志的金融危机，欧洲资本主义国家则被债务危机所困扰，对马克思主义哲学的研究又与对资本主义世界所出现的这些危机的研究结合在一起。因此可以说，20 世纪西方的马克思主义哲学研究能够比较自觉地使自己的研究与现实结合在一起。

（原载《马克思主义与现实》2013 年第 2 期）

马克思世界历史理论的方法论意义

马俊峰[*]

世界历史理论是马克思批判地继承了黑格尔关于世界历史思想的合理因素，运用其创造的唯物史观及剩余价值理论，深入研究近代以来经济与社会的运动及其发展趋势而创立的。马克思分析和讨论许多问题都是从世界历史的视野和高度进行的，不懂得或忽视这一点，在理解马克思的思想时势必会造成许多误解和曲解。在很长一个时期内，我们对于马克思世界历史理论及其重要意义认识不足，这是造成我们对于"什么是社会主义、如何建设社会主义"这个时代课题理论上"不太清楚"、实践上走了很多弯路的重要原因之一。面对经济全球化浪潮的巨大冲击，总结世界社会主义发展的历史经验、重新理解和谋划现代化方略以及建设中国特色社会主义的迫切需要，激活了世界历史理论这个重要思想资源，使之成为近年来我国马克思主义哲学研究的一个理论热点问题。显然，世界历史理论既是我们重新理解和解读马克思主义基本理论的重要切入点，也是显现马克思主义当代价值的重要方面。

一　马克思对黑格尔世界历史思想的创造性转换

马克思世界历史理论的直接思想渊源是黑格尔关于世界历史的思想，现实基础则是业已形成并日益扩大的国际贸易和世界市场及其产生的各种效应。在发生学的意义上，历史开始向世界历史转变是由地理大发现引起的国际贸易，尤其是由工业化所催动的国际市场拓展引发的。地理大发现不仅发现了美洲新大陆和澳大利亚等地区，开辟了通往东方的新航线，而且通过更加频繁的交往，使人们日益了解了"新世界"和东方国家的历史知识。正是在这个基础上，伏尔泰写出了《论各民族的风格与精神》，从最远古的中国讲起，把欧、亚、非、美几个大洲的国家和民族都写入历史，为后来世界史的编著开辟了道路。此后，一些历史学家致力于世界历史的著述，如 J. C. 加特勒尔的《世界历史要览》、A. L. von 施勒策尔的《世界历史概略》，等等，英国 J. 坎普贝尔等人还辑集了一部多达 38 卷的《自远古迄今的世界历史》。作为伟大的思想家，黑格尔基于一种"巨大的历史感"，并不满意这些历史学家把历史当作已经发生的经验事实进行堆积排列的做法，即只是依据一定的材料叙述历史中发生的行动、事变以及导致这些行动和事变发生的动机，他把这称为"实际存在的历史"，他要做的是透过这些历史材料或经验事实发现历史最内在的东西，也就是他所谓的"哲学的世界历史"或世界历史本身。在《历史哲学》的绪论中，黑格尔一上来就考察研究历史的方法，将之区分为"原始的历

* 马俊峰：中国人民大学哲学学院教授。

史"、"反思的历史"和"哲学的历史"。在他看来，只有从哲学的高度审视历史，才能透过偶然性和特殊性的杂多，发现人类各民族发展"何以如此"的真正原因和内在根据，这才是世界历史本身。不言而喻，黑格尔的视野体现了一种很深刻的哲学洞见，是一种属于"史观"层面具有革命性的见解。正如后来恩格斯所高度评价的那样："黑格尔第一次……把整个自然的、历史的和精神的世界描写为一个过程，即把它描写为处在不断的运动、变化、转变和发展中，并企图揭示这种运动和发展的内在联系。"①

黑格尔认为，"哲学的世界历史"是理性所把握的历史，理性构成了理解历史的最高原则。至此，应该说他的这种观点都还是正确而深刻的，问题是他把人们"理解"事物的过程当作事物自身产生的过程，把人们观念地"把握"事物的方式当作事物自身发生的方式。在他那里，"'理性'是世界的主宰，世界历史因此是一种合理的过程"。②世界历史是理性的产物与财产，是"精神"自己表现自己和自己实现自己的场合与舞台，是精神自身展开的过程。精神的本质是自由，世界历史也就是自由的实现，就像太阳的东升西落一样，东方国家相对于西方国家是比较低级的阶段，因为"东方各国只知道一个人是自由的，希腊和罗马世界只知道一部分人是自由的，至于我们知道一切人们（人类之为人类）绝对是自由的"。③在黑格尔看来，民族精神不过是"精神"的一种有限的具体形式，通过内在的否定要回归到"世界精神"，人们的实际活动终归是"世界精神"实现其目的的工具和手段；而且对于这一目的，各个人和各民族都是无所知的，他们是无意识地或者不自觉地实现了它，即使那些被称为英雄的"世界历史人物"也不过是"世界精神的代理人"。因为在具体的人类活动中，人们"仅仅认得特殊性，而且只能支配特殊性"，④他们是在满足自己利益和欲望的同时，一起完成了那并不包括在他们的企图中，也没有呈现在他们意识中的某种东西——世界精神的目的。

黑格尔关于世界历史的思想显然是唯心主义的、"头足倒置"的，但通过这种唯心主义形式所包含所表达的历史观见解，不仅比那些罗列各个民族的历史材料的历史编撰学家深刻，而且也比那些从这些历史材料中寻找表面的共同性或抽象的普遍性的思想家深刻。黑格尔对世界历史之总体性或整体性特征的揭示，对人类历史发展中的特殊性与普遍性关系的分析，透过貌似散乱无序的经验事实而寻求其"内在联系"的致思路向，通过"精神"基于自由本质实现的自我否定而对人类历史辩证运动过程的描述，无疑都是非常闪光的思想。特别是他站在人类整体的高度，对基于市场经济的现代文明之历史优越性和必然性的揭示，对人类主体与民族主体的辩证关系的澄明，无疑都体现了时代精神的精华。恩格斯称赞在"历史哲学、法哲学、宗教哲学、哲学史、美学等等——在所有这些不同的历史领域中，黑格尔都力求找出并指明贯穿这些领域的发展线索"，"他在各个领域中都起了划时代的作用"，⑤所以，即使在后来黑格尔主义被许多人抛弃、黑格尔在德国被当作"死狗"来对待的时候，马克思还是"公开承认我是这位大思想家

① 《马克思恩格斯文集》第9卷，人民出版社2009年版，第26页。
② 黑格尔：《历史哲学》，王造时译，上海书店出版社2006年版，第8页。
③ 同上书，第18页。
④ 同上书，第16页。
⑤ 《马克思恩格斯文集》第4卷，人民出版社2009年版，第272页。

的学生"。① 马克思吸取了黑格尔的世界历史的思想，但基于他创立的唯物史观及剩余价值理论对其核心概念进行了根本性的改造和创造性的转化，创立了科学的世界历史理论。因此，马克思的世界历史理论与黑格尔的世界历史思想有着本质的不同，这主要体现在：

第一，黑格尔认为世界历史是绝对精神在时间上的展开和在空间上的扩展，是精神不断获得解放和自由的过程，"世界历史……表示'精神'的意识从它的'自由'意识和从这种'自由'意识产生出来的实现的发展"。② 马克思则认为，"历史向世界历史的转变，不是'自我意识'、世界精神或者某个形而上学幽灵的某种纯粹的抽象行动，而是完全物质的、可以通过经验证明的行动，每一个过着实际生活的、需要吃、喝、穿的个人都可以证明这种行动"。③ 因为它从根本上说是社会生产力和交往关系发展的结果，是现实生活的人们、人们的吃穿住行的现实生活超越了民族国家的界限而与整个世界联系在一起的结果。

第二，黑格尔"世界历史"概念的外延基本上可以等同于一般意义上的"人类历史"，是各个民族历史发展的总和。尽管黑格尔基于"巨大的历史感"力图将人类历史当作一个总体去探寻其内在联系，但他却不能"历史地"看待世界历史的形成问题。换句话说，基于"绝对精神"展现自身的唯心主义框架，他更多地关注了人类历史发展中的连续性、统一性，而没有注意到其中的间断性和"质变"。马克思的"世界历史"概念则不同，它以"历史转变为世界历史"为对象性根据，而这是人类历史发展到近代以后各个民族和国家通过交往而连接成一个整体的结果，它与此前各个民族在相互隔绝的地域中孤立发展的时代有着本质的差别。正是这种不同，决定了"世界历史"、"世界历史时代"的概念不仅具有了特定含义，而且具有了现实性基础和重要的方法论意义，才可能成为"世界历史理论"的现实素材。

第三，黑格尔的"世界历史"理论正如他的整个哲学体系一样，虽然以矛盾的辩证发展为中心线索和动力，但却表现为一种不彻底的发展观。在他的思想系统中，"世界历史"不仅体现着一种欧洲中心主义，而且是一种欧洲目的主义，甚至可以说是德意志中心主义或目的主义。以往的一切发展到他这里，他的民族格局这里，由于"我们知道一切人们都是绝对自由的"这个绝对真理的决定，绝对精神经过漫长的游历而回归到了自身，发展就停止了，历史也就终结了。与此相反，黑格尔的世界历史发展的"终点"恰恰是马克思世界历史理论的"起点"，通过对世界历史的形成、个人成为普遍交往的世界历史性的个人的研究，马克思发现和揭示了人类解放即真正的自由的全面发展的人的可能性和道路。无疑，马克思的世界历史理论是一种世界主义的理论，是致力于全人类获得解放的理论，从而超越了欧洲中心主义的理论局限。

第四，黑格尔的世界历史思想属于他的历史哲学——"思辨的历史哲学"，这种历史哲学的最大问题，是让历史的材料服从于思辨的"逻辑"，局部服从于整体，特殊服从于普遍，具体的历史环境、历史条件，具体的民族及其英雄人物都不过是体现"世界精神"的某种工具；基于"科学之科学"的哲学观而形成的某种对具体实证科学的"傲

① 《马克思恩格斯文集》第5卷，人民出版社2009年版，第22页。
② 黑格尔：《历史哲学》，王造时译，上海书店出版社2006年版，第103页。
③ 《马克思恩格斯文集》第1卷，人民出版社2009年版，第541页。

慢"，似乎唯有它才拥有把握"历史真理"的权力，唯有它所发现和宣称的结论，才是超越具体历史发展过程的"永恒真理"。而在马克思看来，"在思辨终止的地方，在现实生活面前，正是描述人们实践活动和实际发展过程的真正的实证科学开始的地方。关于意识的空话将终止，它们一定会被真正的知识所代替。对现实的描述会使独立的哲学失去生存环境，能够取而代之的充其量不过是从对人类历史发展的考察中抽象出来的最一般的结果的概括。这些抽象本身离开了现实的历史就没有任何价值"。"这些抽象与哲学不同，它们绝不提供可以适用于各个历史时代的药方或公式。"① 恩格斯后来也说到，随着社会科学的发展，这种"历史哲学"就终结了，任何恢复它的企图，不仅是徒劳的，而且是一种思想的反动。

二 世界历史理论的主旨及在马克思主义中的地位

对于马克思的世界历史理论，这些年来国内不少学者依据文本资料做了很好的梳理和阐释，如认为：马克思关于世界历史的论述虽然散见于不同时期的文本之中，但绝非只是零散的"思想闪光"，而是有一个"内容的系统"，且贯穿于马克思一生的思想发展中；马克思的世界历史概念来源于黑格尔，不是一个历史编纂学的概念，而是一种哲学历史观的概念，但马克思对黑格尔的世界历史思想进行了"颠倒"，将之建立在唯物史观的基础上，从而成了科学的理论；世界历史是由资产阶级开辟的，是资产阶级的生产方式向全世界扩张的过程和结果，也是各个民族国家通过国际市场的普遍交往而使得生产和消费连成了一体的过程，并在经济交往的带动下形成了"世界性的文学"；正是世界性的普遍交往使人们超越了地域的民族的狭隘性，成为世界历史性的普遍的个人，只有在这种条件下共产主义才能成为经验的事实；马克思的东方社会理论，尤其是关于俄国公社可能跨越资本主义"卡夫丁峡谷"的设想，并非如一些人所说的那样是对世界历史理论的否定或断裂，而是对世界历史理论的具体运用，也是对世界历史理论的重要补充；世界历史理论是唯物史观的重要组成部分，对于理解当今的全球化具有重要的方法论意义；等等。当然，这些理解也存在一些分歧和争论，如：世界历史理论是唯物史观创立的前提还是唯物史观的运用，马克思的"世界历史"概念是单义的还是多义的，马克思基于世界历史时代的发展理念是单线的还是多线的，等等。

应该说，上述梳理、阐释和争论对于我们了解、理解和进一步研究马克思的世界历史理论都是必要的，有积极意义的。但是，客观存在的不足也是显而易见的，如一些论者比较拘泥于文本，而对于文本背后的东西或这些文本所蕴含的更深层的思想开掘不够；一些争论各执一方面的道理，而对世界历史理论的主题主旨和总体精神的领悟有所欠缺。这样一来，马克思的世界历史理论似乎就变成了马克思对于世界历史如何形成、如何展开的一种比较直观的实证的经验性描述，最多是展示了马克思的宽广视野和"惊人的预见力"。这就影响了我们对马克思世界历史理论的深刻的准确的理解，影响了其方法论意义的发挥和当代价值的彰显。鉴于这个问题的复杂性，我们着重对马克思世界历史理论的主旨及其在马克思主义中的地位进行分析。

我们先讨论世界历史理论在马克思主义中的地位问题。我们过去虽然都承认马克思

---

① 《马克思恩格斯文集》第 1 卷，人民出版社 2009 年版，第 526 页。

主义是一个体系，但往往对这种体系性重视不够或理解不透，把不同的理论内容置放在同一个层次平面地进行理解和讨论，一些争论和混乱由此产生。具体到世界历史理论来说，它与唯物史观以及剩余价值理论是什么关系？是否仅仅属于哲学而与经济学和社会主义研究无关？很显然，这个问题对于科学理解马克思世界历史理论具有一种前提性意义。我们认为，从发生学角度看，马克思关于唯物史观的思想、关于资本和剩余价值的思想、关于劳动异化的思想、关于世界历史的思想、关于社会主义共产主义的思想，既相互影响又相互支撑，既有差别又互文互释，这从《1844 年经济学哲学手稿》、《德意志意识形态》，甚至《共产党宣言》中都能看得出来。之所以出现这种情况，既是思想和理论的形成过程中一些主要概念的内涵和界限、彼此之间的关系和层次还没有最后确定的表现，更是理论所把握的对象自身的矛盾复杂性的一种折射和反映。在社会有机体的历史进化中，许多现象都是互为前提又互为因果的：人既是历史的前提又是历史的结果，生产力和生产关系、生产与消费、私有制与异化、资本与剩余价值等都是如此，世界历史同样既是资本主义的前提也是资本主义发展的结果。从这个角度看，说唯物史观是世界历史理论的前提固然可以，因为马克思确实是对黑格尔的世界历史思想进行了唯物史观的改造才形成世界历史理论的；说世界历史理论是唯物史观的前提也无不可，因为马克思唯物史观的形成既离不开对近代以来的经济政治关系的研究，又离不开他对黑格尔的世界历史理论的改造。同样的道理，说世界历史理论是资本和剩余价值理论的前提固然可以，因为资本的原始积累与世界历史形成过程是连在一起的，没有对世界历史的认识就难以对资本的形成和运动达到科学的理解；而说资本和剩余价值理论是世界历史理论的前提也能成立，因为若是不懂得资本的运动和国际市场及其作用就无法理解世界历史的形成。所以，试图单义地规定谁是谁的前提就不仅不可能，也没有什么意义，这种设问的方式恰恰是一种线性思维的表现。

但从思想体系的逻辑结构层次上看，如我们在前面指出的，世界历史理论作为一种理论，它是马克思运用其创立的唯物史观以及剩余价值理论全面地研究分析近代以来经济和社会的运动及其发展趋势的结果，是具体地运用生产力和生产关系、经济基础和上层建筑矛盾运动的原理分析当时的政治经济形势特点和变化规律而形成的。我们知道，如同黑格尔一样，在马克思这里，"世界历史"也不是历史编纂学的概念而是哲学历史观的概念。作为哲学历史观的概念，它首先意味着一种看待历史的角度和方法，针对当时占主流地位的唯心史观，马克思批评说，过去的历史观不是完全忽略了物质生产和生活"这一现实基础"，就是将之当作某种附带因素，"现实的生活生产被看成是某种非历史的东西，而历史的东西则被看成是某种脱离日常生活的东西，某种处于世界之外和超乎世界之上的东西"。① 如果说法国人和英国人至少还抱着与现实有些接近的政治幻想，而德国人却只在"纯粹精神"领域里兜圈子，黑格尔的历史哲学就是最典型的表现和最终成果。② 马克思正是抓住了物质生产和生活这个历史的"现实基础"，具体而深入地研究了这个"现实基础"的历史演变，才发现"世界史不是过去一直存在的；作为世界史的历史是结果"。③ 当时许多历史学家都直观地将地理大发现看作世界历史时代的起

① 《马克思恩格斯文集》第 1 卷，人民出版社 2009 年版，第 545 页。
② 参见上书，第 546 页。
③ 《马克思恩格斯文集》第 8 卷，人民出版社 2009 年版，第 34 页。

点，因为确实是地理大发现后人们才超出了过去的狭隘眼界，形成了符合实际的"世界"的概念和视野，才有了关于"世界历史"的著作，马克思却超越了这种"直观"和"事实"，认为地理大发现既不是偶然的，也不是孤立的事件，在它背后有深刻的经济原因。国际贸易带来的巨大利益和商机，形成了地理探险的强大动机和稳定持久的资金支持，也促进了相关技术的飞速发展，这才有了地理大发现。而地理大发现反过来又为更加广泛的国际贸易和国际交往提供了可能，进而促进了手工业向大工业的转变，也为市场经济这种新的生产方式和交往方式向全世界扩展提供了可能。马克思说："大工业建立了由美洲的发现所准备好的世界市场。世界市场使商业、航海业和陆路交通得到了巨大的发展。这种发展又反过来促进了工业的扩展，同时，随着工业、商业、航海业和铁路的扩展，资产阶级也在同一程度上发展起来，增加自己的资本，把中世纪遗留下来的一切阶级排挤到后面去。"① 从这个意义上说，"历史向世界历史的转变"是由近代的国际贸易和工业化引发的，本质上是经济矛盾运动的产物。

世界历史理论又构成了科学社会主义的重要理论基础，不仅在社会主义从空想到科学的转变中起着重要的中介作用，而且是科学社会主义区别于当时流行的其他社会主义理论的重要依据或突出特征。从这个角度说，世界历史理论既属于唯物史观，又不限于唯物史观，它也作为科学社会主义的重要理论前提而包含在和贯穿于其实质内容之中。马克思的世界历史理论首先是把握了基于大工业和普遍交往，各个民族连成了一个统一整体这个"事实"，但又并不是简单地"反映"或陈述了这个事实，而是服从于马克思的理论活动的总"目的"，即分析人类解放的可能性及其现实条件，论证共产主义和社会主义发生的历史必然性及其根据。正是这个主题和主旨，使得马克思的世界历史理论蕴含着强大的批判功能，既是科学的理论维度的批判，也是价值维度的批判，更是作为二者辩证统一的历史性批判和总体性批判。马克思肯定了大工业和市场经济这种新的生产方式和交往方式的历史进步性，它消灭了分工的自然性质，促进了人口的集中和生产资料的集中，形成了人的全面需要和生产能力的体系，在不到一百年的时间里"所创造的生产力，比过去一切世代创造的全部生产力还要多，还要大"；② 世界历史就是通过这种新的生产方式和交往方式的全球性扩展而形成的，因而具有巨大的历史进步意义，意味着人类告别"人对人的依赖关系"时代，进入了"以物的依赖性为基础的人的独立性"的时代。世界历史时代是资产阶级开辟的，本质上就是资本主义生产方式取代其他的生产方式而成为全球性主导生产方式的时代，也是资产阶级提出的以自由、平等、人权为核心的价值观念成为普遍的意识形态的时代，是资产阶级确立了自己的政治法律制度的时代。正是这些制度和观念将人们从封建的农奴制下"解放"出来，实现了人的"政治解放"。但是，这个时代的出现并非是理性战胜了愚昧、真理战胜了谬误，因而具有历史终结的性质，相反，正如它的产生和胜利具有历史的必然性一样，它的灭亡、被更高的历史阶段或时代所代替也是必然的。

确实，揭露资本主义的内在矛盾，论证其被社会主义代替的必然性，成为马克思一生的理论批判工作的主题和主线，在讲到资本主义的历史进步性时，往往用简略的语言一笔带过，在论述世界历史理论时也是这样。这就使后来的人们，尤其是革命队伍中的

---

① 《马克思恩格斯文集》第 2 卷，人民出版社 2009 年版，第 32—33 页。
② 同上书，第 36 页。

人们造成一种误解，似乎马克思并不太强调、不太重视资本主义的历史进步性，而只是揭露它的剥削的残酷性和非人性，论证它灭亡的必然性。这种误解再与革命实践的激情相结合，以道德义愤、道德批判压倒甚至代替了对资本主义历史地位及作用的科学分析，于是资本主义变成了一种"万恶的"东西，革命就是要消灭这种东西，消灭得越快越好，越彻底越好。然而，实际上在马克思这里，始终是把资本主义当作人类历史发展的一个必要环节、必要阶段和作为社会主义的历史前提来理解的。没有资本主义大工业创造的发达的社会生产力、普遍的交往关系以及"人的政治解放"的条件，社会主义就是不可能的。正因为这个缘故，在《共产党宣言》中，马克思不仅批判了空想社会主义，而且批判了"封建的社会主义"、"小资产阶级的社会主义"、"德国的或真正的社会主义"以及"保守的或资产阶级的社会主义"，还把前三者标示为"反动的社会主义"。① 之所以是"反动的"，最根本的就是因为它们不理解资本主义的历史进步性，试图开历史的倒车，尽管也用的是社会主义的名称，尽管也提出要消除资本主义的矛盾和各种丑陋现象。

如果说"民族历史转变为世界历史"是一个在马克思之前很久就已经存在的历史事实的话，马克思的世界历史理论则是通过对这一历史事实和过程的科学研究而揭示其中的发展规律，是通过对作为世界历史之本质和动力的资本主义生产方式和交往方式的分析来揭示它的发展前途，是在这个基础上探讨社会主义的历史前提和实现条件。在马克思这里，社会主义本质上是一种由资本主义生产方式所造成的全世界工人阶级的运动，是人类进入世界历史时代后的一个新的发展阶段，是人类解放的伟大事业。完全可以这么说，不懂得马克思的世界历史理论，没有马克思的那种人类解放的情怀，就不可能真正理解马克思的科学社会主义理论。

我们这里强调"世界历史理论作为一种理论"，意味着它与关于世界历史的思想还是有很大差别的，它是"世界历史"的概念经历了从抽象到具体的上升过程而达到了"具体概念"的形态。换句话说，若不经过借助于分工和交往、生产方式和交往方式、资本运动、剩余价值及其实现、国际贸易、国际市场、殖民地问题等对这个理论进行论证和展开的过程，不了解马克思进行这种理论探索和理论论证的立场、目的和主旨，"世界历史"就始终只是一个抽象的或半抽象的概念。我们虽然一直强调观察问题要有"世界眼光"、"全球视野"，但由于缺乏对世界历史理论的深刻理解和完整把握，就只能停留在"眼光"和"视野"的单纯"放大"，往往缺乏"眼力"即深刻的分析能力的提高。我们在"什么是社会主义、如何建设社会主义"这个重大时代问题上的诸多误解和失误，在相当程度上与我们没搞清马克思的世界历史理论，从而没弄清马克思的科学社会主义与其他流派的社会主义的差别，没认清中国的实际国情及其在世界历史中的实际地位，都是有着内在联系的。在今天建设中国特色社会主义的时候，特别指出这一点是非常重要的。

三　马克思世界历史理论中的民族主体与人类主体

海德格尔曾说："马克思在体会异化的时候深入到历史的本质性的一度中去了，所

---

① 参见《马克思恩格斯文集》第2卷，人民出版社2009年版，第54页。

以马克思主义关于历史的观点比其余的历史学优越。但因为胡塞尔没有，据我看来萨特也没有在存在中认识到历史事物的本质性，所以现象学没有、存在主义也没有达到这样的一度中，在此一度中才有资格和马克思主义交谈。"① 海德格尔的这个评论是很深刻的，关键词是"历史的本质性的一度中"。近几十年来在新科技革命带动下，现代化和全球化，确切地说是全球性的现代化浪潮，使得人们都能真切地感受到这种"世界性普遍交往"的效应，也使得"全球化"成为一个热词。现代化理论、世界体系理论、依附理论、后殖民理论等，都是立足于全球视野来讨论社会发展问题或如何实现现代化问题。苏东剧变后，一些人宣布"历史终结了"，另一些人则认为未来的世界冲突根本的是文明的冲突；不要说那些反对马克思的人，即使是马克思主义阵营中的不少人，面对着"信息时代"、"知识经济"、"消费主义"、"后工业"、"后现代"这些新现象，也感觉到马克思主义确实是"过时了"。毫无疑问，两次世界大战、新科技革命、苏联的出现及瓦解、西方社会出现的许多新现象、新问题、新矛盾都是马克思没有看到甚至无法想象的，拿一些具体的实例来否证马克思的个别论断也是很容易的。问题是，当后世的一些人、一些理论家这样那样地说马克思已经"过时了"的时候，可曾注意和反思自己是否"深入到历史的本质性的一度中"，是否是在同等的高度、层次、境界上与马克思交谈对话？对于马克思世界历史理论所秉持的那种尺度、那种胸襟，他所言说的那个时代、所讨论的那个时代主题，我们是否获得了一种"真知"，至少是作过认真的研读和思索？面对马克思理论这座人类思想史上的大山，我们是否会因为自己一叶障目动辄就轻言"超越"而自觉到肤浅和轻佻？在创新成了一种时髦语，浮躁成了一种时代病，众声喧哗以新为真的当下，这种严肃认真的大声发问，或许能使人们获得某种清醒，本身就是很有价值的，也是探讨世界历史理论的当代意义的必需的工作。

世界历史的形成开启了世界历史时代，其所表明所显示的是通过经济活动、经济交往而带动的民族国家的形成以及相互依存相互影响的加深，是人类发展的整体性和一体化的凸显，是人类主体不再仅仅是思维的抽象而变成了直接的感性现实。如果说，在前世界历史时代，各个民族基本上都是在孤立的地域各自平行发展的话，那么在世界历史时代，这种局面就被完全打破了，各个民族（国家）的发展都受到了人类整体发展的影响和规定。与此相适应，民族（国家）主体与人类主体的关系问题就成了一个带有根本性的问题，或许可以说是世界历史时代具有核心意义的问题。换句话说，在前世界历史时代，人们由于地域和知识的限制，总是也只能把本民族、本地区的文明直接当作人类文明，人的个体性和人类性的关系实际是以一种个人与民族的关系的面目出现的。经过长期积淀，便形成了根深蒂固的但却是狭隘的观念，即都是以自己的民族为人类的代表，以本民族的利益为最高的利益。黑格尔讲世界历史时是意识到这个问题并用他自己的方式来解决这个问题的。按照黑格尔的观点，民族精神只是世界精神的一种具体形式或特殊形式，由于人们"仅仅认得特殊性"，为个人的目的或民族的利益而努力奋斗，只是不自觉地执行了或实现了世界精神或世界意志，他们都是实现世界精神的自由本性的工具。黑格尔认为，人们只有认识到了世界精神的自由本性及其实现的必然性这个"真理"，才能超越民族的特殊性和狭隘性。马克思更是自觉地抓住这个时代主题并以不

---

① 海德格尔：《关于人道主义的书信》，载孙周兴选编《海德格尔选集》上卷，上海三联书店1996年版，第383页。

同于黑格尔的方式来探讨这个问题的解决途径。在马克思这里，观察问题的出发点是现实的个人，这是我们都耳熟能详的，但不要忘记，他还明确宣称"新唯物主义的立脚点是人类社会或社会化的人类"，他所说的"问题在于改造世界"的"改造世界"也并非直观地经验地理解的"改造世界"，而是实现人类解放的历史实践过程。在马克思这里，人的异化的扬弃、超越民族的地域的狭隘性成为世界历史性的普遍性的个人、自由个性和自由人联合体的实现，都是人类解放的同义语。马克思始终是站在人类解放的高度、基于人类主体的尺度来提出和分析问题的，也是以人类实践的发展阶段、发展形态为基础来探讨解决问题的可能性及其条件的。马克思说得好，"人类始终只提出自己能够解决的任务，因为只要仔细考察就可以发现，任务本身，只有在解决它的物质条件已经存在或者至少是在生成过程中的时候，才会产生"。① 只有到了世界历史时代，通过各个民族之间的普遍交往暴露出了以个人与民族的关系代替个人与人类的关系的狭隘性甚至荒谬性的时候，才能提出超越民族狭隘性的问题，实现人类解放才是一个真实的可能的任务。

这里需要说明的是，马克思确实主要是从阶级斗争和阶级解放的角度讨论如何实现人类解放的。在马克思看来，民族是自然形成的，是自然分工的产物，而大工业消除了分工的自然性，"到处造成了社会各阶级间相同的关系，从而消灭了各民族的特殊性"，当资产阶级还保持特殊的民族利益的时候，在无产阶级那里，由于"这个阶级在所有的民族中都具有同样的利益，在它那里民族独特性已经消灭"。② 也就是说，在世界无产阶级形成的过程中，就已经超越了民族的狭隘性，而无产阶级的最后胜利又与国家消亡联系在一起。现在看来，这个问题比他原来想象的要复杂得多。但这种复杂性只是证明了超越民族狭隘性的困难性，并没有丝毫削减其必要性和重要性，而马克思关于通过发展分工和普遍交往超越民族狭隘性的思想对于我们理解这个问题仍具有重要的指导性意义。

我们知道，民族主体与人类主体之间既是个别和一般的关系，又是部分与整体的关系，二者既不是一回事，但又纠缠在一起。在人类实践还未形成整体性联系的时代，它们都是纠缠不清、晦暗不彰的，只有经过各个民族的世界性普遍交往，通过与"他者"的广泛接触和反思，才使得人们的视野超越了民族界限，也使得这两种关系的本来面目日益清晰化，为合理理解和对待它们提供了历史前提。但世界历史发展又是很不平衡的，直到目前为止，这种世界性的不平衡性仍然非常突出和明显。正是这种不平衡性发展状态，换言之，世界性交往把处于不同发展阶段的民族置放在同一个平台上进行竞争和合作，进而形成了世界历史的特殊的两重性或矛盾性，又为认识和理解这两种关系设置了极大的障碍。

在世界历史时代，人类整体与各个部分的这种结构性关系被凸显了出来，如列宁所说的"世界历史是个整体，而各个民族是它的'器官'"。③ 普遍交往形成的有机性联系使得任何"部分"都受到整体的系统质的规定，成为整体运动过程中的一个环节或因素，也视其与整体运动方向的契合与否以及契合的程度而形成自己的特定地位和命运。

---

① 《马克思恩格斯文集》第 2 卷，人民出版社 2009 年版，第 592 页。
② 《马克思恩格斯文集》第 1 卷，人民出版社 2009 年版，第 567 页。
③ 《列宁全集》第 55 卷，人民出版社 1990 年版，第 273 页。

这里所说的"系统质"和"整体运动方向",用今天我们都能理解的语言,就是"现代化"或"现代性",这意味着人类历史发展进入了一个新的阶段,即以工业文明为基础的现代文明阶段。各个民族由于"处于不同发展阶段"而形成的所谓"先进"或"落后",是基于人类整体发展的大尺度而确定的,也是基于它的工业发展程度、与现代文明的关系或距离而获得实际内容和具体规定的。任何一个民族,无论它在历史上曾经多么辉煌,如若在现代化的过程中落伍了,落后了,那么在这种世界性的竞争中就必然处于挨打、受欺侮的地位,假如它还不能正视和承认这种落伍和落后,依然抱残守缺不思改进,不肯顺应和融入世界现代化的潮流,它可能面临的就是被淘汰的命运。整体的发展进步往往以某些部分的牺牲、被抛弃、被毁灭为代价,甚至为前提,这就是历史发展的进步性与其具体过程的残酷性的两重性和矛盾性。这种两重性和矛盾性内在于历史发展的过程中,试图将之剥离开来只要一面是不可能的。只看到进步性的一面,否认、抹杀、淡化其残酷性的一面,这种立场和观点往往容易为先发的强势的民族的思想家们所持有,是片面的错误的,也是为其所在民族的侵略行为辩护的;只看到残酷的一面,更多地站在伦理主义的立场上对之进行道德谴责,而看不到或忽视其中蕴含的必然性和进步性,这多为弱势的受欺侮的民族的思想家所坚持,也是片面的错误的。二者的根源都在于未能超越民族的立场,不能从人类整体的高度、从整体与部分辩证关系的角度,来思考和理解世界历史的这种两重性、矛盾性及其发生的必然性。

各个民族与人类之间的个别和一般的关系既与部分和整体的关系有联系,又不能简单地等同。这可以从两个方面来分析。

一方面,每个民族都是个别和一般的统一,是民族性和人类性的统一,这正如任何一个人都既是个体又体现着人类一般特征一样。这个道理作为最普遍的哲学道理,在任何时代、任何民族那里都是通用的。换句话说,无论一个民族多么落后,在它身上也不会只有因特殊条件而形成的民族性,而没有人类性或人类的共同性;相反,一个民族无论多么先进,与人类发展方向和趋势多么契合,其具体的观念、制度也都有自己的民族性一面,并非直接就是或完全等同或幻化为人类一般。任何把自己民族的价值观、制度模式宣扬为人类应该采用的统一模式的做法,都是犯了把个别"提纯"为一般的错误。

另一方面,在世界历史时代,由于部分与整体关系的凸显,人类实践的总体性与各个民族实践的相互制约相互连通,更由于受到现代化这种"以太光"的影响,使得这种个别和一般的关系发生了一定的变形或特化。这是因为:第一,任何一种有利于人类进步的发明创造,无论是科技方面的,管理方面的,政治制度方面的,甚至是文学艺术方面的,不管是哪个民族最先提出和创立的,通过普遍交往就都变成了人类的共同财富或财富一般,可以为全人类各个民族共同享用。当然这几个方面也有区别,科技成果能够直接取用,管理和制度方面的成果就需要进行分析,分出一般性的形式和特殊性的内容,根据自己的具体国情借鉴性地有选择地采用,或用冯友兰的概念,要"抽象的继承"和采用而不能直接照搬。若是从人类的角度着眼,一切财富都成为人类的财富,都是人类共同的财富,欣赏也罢,吸取也罢,就不存在障碍。相反,如果总是执著于成果创造者的民族"身份",谁创造的就只能是也永远是"谁的",总是心存畛域和隔阂,那就不能充分地欣赏和吸取,其结果,就是妨碍自己的发展和提高,证明了自己的狭隘性和固执性。实际上,正是由于进入世界历史时代后,许多发明创造都不必在每个民族那里单独进行和从头开始,而可以直接取用或通过转化而使用那些已有的成果,才极大地增加了这些发明创造的价值，也使得人类整体进步以一种加速度的形式在进行。第二，人类现代文明和社会发展的一般性规律，往往是在那些发展程度更高、更成熟、更典型的民族国家最先被实现和被发现，"工业较发达的国家向工业较不发达的国家所显示的，只是后者未来的景象"。① 由于它们在发展过程中更多地体现着现代化的一般规律，所以在一定意义上成为"世界历史民族"，也引领了历史进步的潮流；即使它们在探索这些规律的过程中走过的弯路、失败的教训也都变成了人类的共同财富，对于其他民族具有深刻的借鉴意义。第三，在现代化进程中处于先发地位的民族和国家，尽管它们也是"仅仅认得特殊性"，是从本民族国家的利益出发而不是从促进整个人类进步的角度来制定自己的国内国际政策，对落后的殖民地民族实行经济掠夺和政治压迫，甚至对一些土著民族形成了灾难性的后果，但由于它客观上契合了人类进步的总体趋势和一般规律，实际上担负了将现代生产方式、生活方式、思维方式和交往方式向全世界播散的历史任务，从而起到了推进人类整体进步的作用。

然而，由于这种人类整体与部分、一般与个别的历史性矛盾在现实过程中具体体现为一种部分对部分的对抗形态，即先进民族对落后民族的征服以及所必然引起的强烈反抗，这就很容易也确实使得许多人难以透过后者而发现前者所体现的必然性和进步性，也难以通过个别、杂多而发现其中蕴含的一般性的规律和趋势。这在落后民族那里表现得更为突出，比如普遍流行的伦理主义观念，主要从道德伦理角度，从本民族的立场，立足是否道德、是否正义来理解先进民族对落后民族的侵略、市场的扩张和国际交往等。伦理主义不单是一种理论视角和观点，更多情况下与民族主义情绪、与判别爱国还是卖国的问题及其相应的政治立场纠缠在一起，理性的对事实的分析和确认往往为基于爱国情绪和民族主义的价值判断压倒和湮没，而这种价值判断由于没有理清民族与人类之间的这种个别与一般、部分与整体的辩证关系，缺乏事实判断的支持，所以即使从本民族发展的角度说，从本民族的长远利益说，往往也是不恰当不正确的。结果，这种民族主义情绪越是强烈，就越是妨碍着自己加入世界性交往和现代化的潮流中，越是阻碍着本民族的发展。道理很简单，由于这种世界性交往，按照马克思的说法，战争本身也是一种特殊的交往方式，在内容上体现的是一种现代化的潮流，所以对于那些落后的民族和国家，无论你是欢迎还是恐惧、积极加入还是顽强排拒，迟早都会被吸卷进来，被"化"掉。坚船利炮只是打开落后民族紧闭着的大门的形式，真正持久起作用的是借大机器生产出来的质优而价廉的商品，是市场经济所蕴含的那种自由、平等的文明精神。马克思说得好，"商品的低廉价格，是它用来摧毁一切万里长城、征服野蛮人最顽强的仇外心理的重炮。它迫使一切民族——如果它们不想灭亡的话——采用资产阶级的生产方式"。② 正由于这些东西代表和表现了人类进步的趋势和方向，所以它或迟或早能够获得各个民族的普遍认同，而一个民族越是能够早一点认识到这个道理，越是自觉地主动地参与到世界性交往和现代化的潮流中，越是能够自觉地向其他民族学习，与人类进步的趋势越是契合，其现代化的过程就越顺利。

如果说在世界历史形成和发展的几个世纪里，由于民族间的恩怨情仇和意识形态的对立，人们难以超越民族的恩怨和狭隘性，从人类整体的高度理解现代化的必然性和进

---

① 《马克思恩格斯文集》第 5 卷，人民出版社 2009 年版，第 8 页。
② 《马克思恩格斯文集》第 2 卷，人民出版社 2009 年版，第 35 页。

步性的话，那么到了殖民体系崩溃、冷战结束，随着新科技革命而蓬勃兴起的全球化浪潮，使得现代化的威力和优越性展现得淋漓尽致，得到了几乎所有民族的认同。和平与发展成为当今时代的主题。一方面，广泛深入的国际性分工和合作产生了巨大的共同利益，也形成了一损俱损的刚性机制，为以对话代替对抗、防止大规模战争维护世界和平提供了现实的可能；另一方面，日益严重的全球性问题形成的对人类整体的威胁，又只能通过所有民族国家通力合作才能得到缓解和解决，这也从负面确证并强化着人类主体、人类利益的现实性。一方面，随着以信息技术为基础的互联网的出现，各个民族的文化成果都作为人类的共同财富能够为每个个人所欣赏、借鉴和吸取，同时任何个人的发明创造也都能直接地转变为人类的共同财产，这种新的双向互动机制极大地增强了人类的创造能力，增加了各种发明创造的总量，也为其价值的实现提供了无比优越的条件；另一方面，借助于现代通信和交通工具提供的便利，使得个人在全世界范围内选择自己的工作、配偶、朋友等成为可能，为个人的价值实现提供了比以往广阔得多的空间。而越来越多的跨国婚姻、国际家庭及其子女、移民等，使得"国籍"甚至"民族"成为一种个人可选择的选项。跨国公司本身就是多个国家的人才、资源结合在一起，又在全球范围内进行生产和经营活动，而各种国际性组织又成为解决国家和地区间经济冲突的具体形式。尽管说在全球化时代，民族国家还是国际交往的主体，但上述的这些情况，却都使得民族和国家的地位和重要性发生了很大的变化，作为个人主体与人类主体的一个中介形式的性质愈益显现了出来，国家主权至上也不再是绝不能商量的毫不动摇的原则。许多国际性组织实际上已经形成了对成员国国家主权的一定程度的分享，而它们之所以能够存在并发生作用，正是以其成员国对主权的部分让渡为前提的。

当今的全球化本质上是世界历史发展的一个新阶段，它为人们超越民族的狭隘性提供了比以前有利得多的条件，但毕竟又受制于资本逻辑的作用，还属于"以物的依赖性为基础的人的独立性"的阶段，没有也不可能使人们真正地超越民族的狭隘性。如何合理地处理民族主体与人类主体的关系依然是一个具有根本性和全局性的大问题。对于人类主体、人类共同利益、人类共同的危险，人们体会、认识得越来越清楚了，但一到涉及人类共同利益与本民族国家的关系，涉及为了人类共同利益各个国家应承担的责任和义务时，彼此的分歧又十分尖锐。和平和发展成为时代的主题，但两个问题都没有解决好，究其根源，还是这种民族国家利益至上的狭隘的民族主义。霸权主义，包括全球性的霸权主义和地区性的霸权主义，始终是国际和平的最大威胁和最大危险，是发生国际冲突和形势紧张的重要原因。霸权主义是民族主义的一种极端表现形式，是有能力有实力称霸的民族国家的民族主义，尽管它经常打着维护人类利益、维护世界和平和普遍人权的旗号。与之相对应并形成对极的，则存在通过反对霸权主义理论而过分强调自己特殊性的另一类极端民族主义，如作为反对霸权之极端形式的恐怖主义。对此，人类如何才能脱离困境呢？

在民族主体与人类主体相互冲突的历史境况下，马克思站在人类解放的高度对资本主义生产方式的批判，包括他的那种批判方式，亦即现在西方不少思想家所说的"现代性批判"，重新受到了普遍的重视。在世纪之交和千年之交的重要时刻，马克思被西方多种媒体评选为"千年来最伟大的思想家"或"千年伟人"。这当然并不是偶然的，更重要的，它具有一种世界历史性的象征意义，而更具有实践意义的，则鲜明地体现在马克思主义指导下的"中国道路"的开辟。

四　从世界历史的视野审视和谋划"中国道路"

改革开放 30 多年来，中国已经成为世界第二大经济体，人民生活不断改善，国际影响力不断增强，受到世界各国的瞩目，也引起了国际国内思想界关于"中国模式"、"中国道路"的讨论。纵观这场讨论，虽说对是否存在"中国模式"、"中国道路"分歧很大，但多以 30 多年中国发展的事实为经验依据，与其他国家和其他"模式"的比较也多限于 30 多年的经济发展方面。这似乎缺少了相应的历史厚重感，不仅容易重蹈前些年讨论"东亚模式"、"东亚价值观"的覆辙，也不利于我们深刻地总结历史经验，正确看待现实中存在的问题，更好地谋划未来的发展战略。

我们以为，应从世界历史的视野看待和审视"中国道路"，把对"中国道路"的思考放在中华民族遭遇到西方文明并备受欺侮后，从如何谋求富国强兵民族独立到逐步承认和借鉴现代文明成果自觉进行现代化建设、自觉融入世界历史进程的总体背景下，透视中国人民选择自己的发展道路发展方式的曲折过程，总结中国在从前现代社会转变为现代社会这个巨大而漫长的社会转型过程中的经验和教训，并前瞻性地研究中国现代化道路通向何处，将导向一个什么样的结局，这条道路对世界上其他民族国家会有什么影响，对世界历史进程和人类解放会有什么意义，等等。

这无疑是一个非常宏大的课题。从哲学的角度看，"中国道路"是进入世界历史时代以后，中华民族在探索实现现代化、跻身于现代文明国家的过程中形成的，其中经历了诸多的反复曲折，从清末的洋务运动到戊戌变法和"新政"，从孙中山的三民主义实践到中国共产党进行的新民主主义革命，从苏式社会主义到中国特色社会主义，构成了一个探索的理论与实践谱系。透视这个谱系，我们会发现"现代化"作为一种目标指向而贯穿始终，或者说这就是一条探索中国实现现代化的曲折道路。这种探索案例又具有非常突出的典型性，比如，中国不像印度那样沦为英国的殖民地，主要受英国的影响，相反西方诸列强国家都在中国近代史中施展过拳脚，都留下了很深的印迹；中国受苏联的影响很大，但又与俄国革命进程不同，不是利用了世界历史提供的第一次世界大战的巨大间隙和世界资本主义链条上的薄弱环节的崩溃一举夺得政权，而是中国共产党领导人民经历了多年的艰苦卓绝斗争才获得了革命胜利；苏联以解体为代价重新转向了资本主义市场经济，而中国恰恰以向社会主义市场经济转轨为核心的改革实现了 30 多年的快速发展。完全可以这么说，中国新民主主义革命的胜利是中国人心向背长期选择的结果，而从提出新民主主义到建立社会主义，到与苏联模式决裂，再到告别计划经济、建设中国特色社会主义，都是世界历史赋予中国人民独立自主的历史命运选择。在这个探索过程中，从世界历史的高度理解现代化和市场经济的内在联系及其历史的必然性和进步性，始终是与合理地把握中国的历史方位，确立自己的长远战略目标息息相关。

"中国道路"既是实存的，又是处在不断调整、完善和探索新的可能性的过程中。这不仅是因为中国的现代化"尚未成功"，还在路上，更因为中国作为一个以马克思主义为指导思想的社会主义国家，存在着一个批判和超越既有现代性的内在诉求。这种超越性诉求，由于以人类解放为终极目标，由于能够站在人类的高度合理地处理人类主体与民族主体的辩证关系，便使我们要实现的现代化、现代性获得了一种全新的内容和规定性，是在扬弃既有现代性弊端的基础上重写现代性或重塑现代性。

同时，由于随着苏联的解体、苏联式道路的历史性关闭，中国特色社会主义实际上已成为世界社会主义运动的旗帜，这样，中国道路就不单是与中国人民的幸福和发展有关，更承载着全世界包括发达资本主义国家备受异化之苦的广大人民群众的希望。如前所述，世界历史的形成是与市场经济的全球化扩张为核心内容的现代化过程联系在一起的，是基于各国发展不平衡、"落后就意味着挨打"的经验事实激发出的民族努力为直接动力的。这就构成了现代性形而上学的经验基础，而社会达尔文主义在相当程度上则成为其基本原则。抛开资本主义早期的大国争霸、殖民运动、贩卖奴隶、周期性经济危机等不说，仅是两次世界大战造成的惨痛后果，冷战时期苏美两个超级大国以热核武器为主的军备竞赛对人类生存的巨大威胁，后冷战时期发展主义和消费主义的理念造成的地球资源枯竭的现实危险，都促使人们反思和考问现代性形而上学的合理性，反思和考问"西方道路"的价值取向的合理性。工具理性对价值理性的遮蔽，资本逻辑对生存逻辑的压制，民族本位主义对人类共同利益的排拒，其所引致的异化、荒诞、愚蠢的现实越来越促使人们普遍忧虑人类的前途和追问存在的意义。基于此前一些民族实现现代化总以掠夺、剥削和侵略其他民族为前提的历史经验，鉴于普遍囿于民族主义狭隘观念使得当今许多国家地区冲突不断而带来的悲剧性结果，针对当代人类社会发展的困境和人的异化有增无减的问题，中国提出了合作共赢、和平发展、和谐世界的理念，旨在以人的自由全面发展为终极目标的"以人为本"统筹经济、政治、文化、社会、环境的整体性合理发展的理念，获得了国际社会普遍性的认同和共识；中国在这种理念指导下快速而持续发展的实绩，真诚地与一切致力于和平发展的国家、政党相互尊重平等协商努力建立一个公正合理的世界秩序的行为，得到了国际社会的普遍赞赏。当人们把"中国道路"与"西方道路"相提并论，并寄予某种代替性选择的希望时，其深层的根据正在这里，"中国道路"的世界历史性意义也正在这里。

毫无疑问，从提出新的发展理念、新的发展观到落实在实践中合理解决发展过程中所遭遇的国际国内各种问题，走出一条为世界所公认的成功道路，我们还有相当的距离，需要付出艰苦的努力。但同样毫无疑问的是，有无这种理念大不一样，在科学发展观的指导下，坚定我们走"中国道路"的决心，有利于我们自觉检视发展过程中的各种失误，客观地分析我们面临的各种困难和问题，积极吸纳一切有利于和平、和谐发展的经验和意见，主动调整和完善发展战略，排除各种干扰，稳步前进，真正体现建设中国特色社会主义的道路自信、理论自信、制度自信。

我们必须充分认识到，我国现在还处于并长期处于社会主义初级阶段，面对国家大、人口多、底子薄而历史负担重的基本国情，中国成为世界第二大经济体后势必会遇到一些国家的战略性遏制和围堵，会出现一些更尖锐的国际摩擦，会遇到承担更多国际责任的要求。当前的这场世界性金融危机不仅对世界各国，对西方国家，对我国也造成很大影响，会使许多国际矛盾更加尖锐、更加突出。总之，对于前进道路上的困难和风险，我们必须有足够的预判，对于坚持"中国道路"的艰巨性和长期性，必须有充分的思想准备。这就需要我们认真研究和处理好民族主体与人类主体的辩证关系，积极倡导从人类整体利益出发合理对待和处理各个民族国家之间关系的观念，既不必刻意为"特色"而特色，更不能狭隘地把人类现代文明的共同成果拒斥为"西方文明"、"西方模式"；既要客观上承认各个国家维护自己利益的现实必要性和合理性，维护好中国的现实利益，又要高度警惕和防止民族主义的鼓噪，以"最大的诚意、最大的耐心、最大的努力"维护世界和平和地区和平。

我们坚持"中国道路",绝不应也绝不能只承认和强调自己的特殊性,而是要在把握了人类发展普遍规律基础上,坚持把各个民族国家有权力选择适合自己的发展道路提升为一般原则,真正实现各个民族国家平等相待、彼此尊重,这同样是中国首倡和平共处五项原则的时代价值的再现。中国作为一个负责任的大国,要努力为世界各国提供一个和平发展、合作共赢、通过相互尊重平等协商来化解意见分歧和利益冲突的榜样,一个自觉站在人类整体高度努力建立公平正义的世界秩序的榜样,为实现"各美其美"、"美美与共"的人类解放事业做出自己的贡献。如此,"中国道路"的历史价值就能在人类历史宏阔发展进程中真切体现,马克思世界历史理论的当代实践就能在中华民族伟大复兴进程中充分展开。

（原载《中国社会科学》2013 年第 6 期）

"马克思主义发展史"研究主线的选择与辨析

韩喜平　闫　凯[*]

一门学科有无明确的研究对象、研究内容和研究特点，是其成熟与否的标志。按照国务院学位办关于设立马克思主义理论一级学科的规定，马克思主义发展史作为马克思主义理论六个二级学科之一，是一门研究马克思主义产生、发展的历史过程和规律的科学。马克思主义的发展是一个由理论形态到实践形态、再到制度形态的转变过程，马克思主义发展史自然是研究马克思主义理论创新与传播、实践运动、制度形态发展的一般过程，因此，既是理论发展史和实践发展史的统一，也是马克思主义思想传播史和教育史的统一。但是这样的论述过于宏观，因此，明确马克思主义发展史作为学科，其研究究竟以什么为主线是目前学者们经常讨论的问题。在对马克思主义发展史的研究中，学者们以不同的视角作为研究的切入点，对马克思主义理论的发展及其内在的关联进行梳理，取得了相当丰硕的研究成果。总结起来，目前，学者们主要是从以下八个不同的研究主线出发进行马克思主义发展史研究。

一　以马克思主义理论史为主线的发展史建构

由于马克思主义发展史是以马克思主义理论产生和发展规律为研究对象，因此，以马克思主义理论史为主线，就成为学者研究马克思主义发展史首选的研究视角。这一研究主线，主要是希望从逻辑上梳理出马克思主义理论在过去发生理论形态转换的原因及其内在的理论根据，这使得我们既可以深化对马克思主义理论的了解，又可以寻找这一科学理论自身发展所具有的规律，从而更好地促进马克思主义理论遵循内在的规律产生新的理论成果。

只有深刻地把握其理论的来源及发展规律才能真正地了解一门学科。一切理论都要以思想史为基础，即恩格斯所说的"某种建立在通晓思维历史及其成就的基础上的理论思维"。① 马克思主义理论自创立以来，为了适应实践的需求，其理论形态不断地转换和发展。从整体上而言，这种理论的发展最内在的动力虽然是人们的社会实践所提供的，然而由于理论本身所具有的相对独立性，其自身的逻辑运演也是导致其发展的一个主要因素。梳理这些理论可以使我们更清晰地看到马克思主义的思想来源及其产生的过程，更好地了解马克思主义的理论背景。同时，才能使我们以整体的观点去研究马克思

---

* 韩喜平：吉林大学马克思主义学院院长，教授，博士生导师；闫凯：吉林大学马克思主义学院。

① 《马克思恩格斯文集》第9卷，人民出版社2009年版，第460页。

主义理论的发展，并界定出作为一门学科的马克思主义发展史。而且，这种研究方式内在地体现了马克思主义发展史作为一个学科设立的合法性，因为它主要考察的就是马克思主义理论的产生及其内在发展所遵循的一些原则。其次，这种研究方式注重理论之间的内在关联，不但有利于把马克思主义理论的不同形态整合到一个科学的理论体系之中，也有利于从马克思主义理论发展的背景理论中拓展对马克思主义理论的认识。

以马克思主义理论史为发展史研究的主线，也存在一定的问题，其中主要的问题源于上述主线中的前提承诺，即马克思主义理论发展史与实践发展史在观念中的分离。以理论发展史为主线，自然是对实践发展史的边缘化处理。这一做法本身不符合马克思主义对于理论与实践关系的基本理解。马克思主义理论所要解决的问题，都是由实践提出来的，或者是为了实践的问题；马克思主义的发展是实践而不是理论推动和导向的；马克思主义是以理论的形态存在还是以行动纲领的形态存在是由马克思主义实践决定的；马克思主义的发展不能用逻辑标准为主要的尺度，而只能是实践的标准。实践话语的马克思主义不是马克思主义理论史所能全部容纳的。更为重要的是，如果坚持理论史的主线，就会把实践性话语理解为不完备的马克思主义理论，进而基于一种补写理论史的愿望力图对其作出理论上的提升或概括。理论化处理了的实践话语是对马克思主义发展的画蛇添足式的附加。

二　立足于经典作家思想的发展史探源

思想是通过不同思想家的理论活动揭示出来的，因此，以主要思想家的思想传承关系为切入点，是我们研究思想发展史的一个惯常性的选择。同样，以经典作家的思想为主线，也是我们研究马克思主义发展史一个惯常性选择。

以经典作家思想为主线，就是通过对马克思主义经典作家具体思想内容的梳理，来展现马克思主义的传承性和丰富性。马克思、恩格斯是马克思主义理论的创始人，他们的思想所涉及的内容虽然很复杂，但以唯物主义历史观的视角去考察社会、历史和人，从而建构科学的社会主义理论，却是他们思想中的重点。后来一些人之所以能成为经典的马克思主义作家，也是在这一点上传承和发展了马克思、恩格斯所开辟的理论道路。然而，由于后来的经典马克思主义作家所处的时代背景不同，他们是根据实践的需求在不同层面继承和发展的马克思主义理论，这样也促使了马克思主义理论的自我更新和自我完善。也就是说，每一个马克思主义经典作家都在坚持马克思主义基本精神的前提下，做出了独特的理论贡献，从而使得马克思主义的思想内涵越来越完善和丰富。

这种以马克思主义经典作家的思想为主线的研究方式，不仅仅关注经典作家的思想实质，同时关注这些经典作家思想中提供给我们分析历史的立场、观点、方法。这种以马克思主义经典作家思想为主线的研究方式并不是仅仅把经典作家的思想汇编起来，也不是各种不同思想派别思想的集合，而是要从经典作家的思想中看到内在的关联和传承关系，从而使得不同经典作家的思想在基本理论立场上从属于马克思主义理论的整体。

以经典作家思想作为主线进行研究，这种方式的优势，首先，在于看到了思想家在思想揭示过程中的主体性，即不同经典作家在马克思主义理论发展过程中所具有的重要性和独特性。其次，这种研究方式有利于我们通过经典作家的思想集中把握马克思主义的理论精华，而不容易被一些所谓的"马克思主义者"的研究成果所迷惑从而与马克思主义理论的精神实质相背离。然而，这种以经典作家的思想为主线的研究方式的缺陷也是与此相关联的。我们都知道马克思主义理论是一种开放的体系，自其创立以来不同民族、国家中的很多马克思主义者都在不同层面丰富和发展了这一科学的理论体系。如果我们仅仅关注经典作家的思想，就很容易忽略众多对马克思主义同样有过理论贡献的人的思想，如果不能将那些人的理论成果纳入我们的视野，将非常不利于马克思主义理论的进一步丰富和完善，所以，以经典作家的思想为主线的马克思主义发展史研究仍然是不全面的马克思主义发展研究。

三 基于社会实践反思的发展史逻辑

马克思曾说过，"任何真正的哲学都是自己时代精神的精华"，[①] 因此，马克思主义思想史一定是它所属的那个时代的精神的精华。在马克思看来，理论从来不是自足的，它的产生和发展都要植根于人的实践活动之中。因为"全部社会生活在本质上是实践的。凡是把理论引向神秘主义的神秘东西，都能在人的实践中以及对这种实践的理解中得到合理的解决"[②]。同样，虽然作为一种具有相对独立性的理论，马克思主义的产生和发展遵循着自身的逻辑，然而它的产生和发展主要还是植根于无产阶级的实践活动，或者说它的产生和发展就是为了适应无产阶级的实践需求，并在无产阶级的实践活动中不断丰富和完善理论自身。马克思主义发展史在一定程度上就是无产阶级实践史的一种理论表征。

以无产阶级实践活动为主线的研究方式，就是把马克思主义理论的产生和发展与无产阶级实践的发展史相关联进行研究，从无产阶级实践活动形式的变换中去寻求理论转换的实践根据。这种研究方式，彰显出马克思主义理论作为一种无产阶级的理论，它的产生和发展是与无产阶级的革命实践内在关联的。无产阶级的实践运动揭示了马克思主义理论的现实背景，马克思主义理论作为无产阶级实践的理论化形态。无产阶级的实践不断推动马克思主义理论的产生，也深化了人们对马克思主义理论的认识。因此，每一次无产阶级的实践都是对马克思主义理论的一次发展和完善。

以无产阶级实践为主线的研究方式，其优势主要在于看到了理论与实践的内在的关联，意识到了实践对于理论的产生和发展所具有的基础性，这种理解方式能够帮助我们更好地解释马克思主义理论的产生和发展，同时也有利于把马克思主义理论放在它所处的事件背景中加以深化理解。然而，这种研究的缺陷在于，可能过于强调实践对理论的基础作用，而忽略了理论自身所具有的相对独立性。不管理论与实践的关系如何密切，二者终究是异质性的，我们必须要承认实践的具体性和理论的普遍性，因此仅仅从无产阶级实践活动出发是不能完全揭示马克思主义理论的整体性。也就是说，马克思主义理论虽然是无产阶级实践活动的一种理论化的形态，然而毕竟是具有逻辑性、普遍性和整体性的理论化形态，二者之间的差异也是不容质疑的。另外，工人运动史毕竟主要还是一种经验史，从经验史的角度去对待、研究学术史，极易降低马克思主义发展史研究应有的学术含量，进而影响其实践价值。同时，马克思主义发展史与工人运动史不是一一

---

① 《马克思恩格斯全集》第 1 卷，人民出版社 1956 年版，第 121 页。
② 《马克思恩格斯文集》第 1 卷，人民出版社 2009 年版，第 501 页。

对应的关系。就世界近现代史来说，工人运动史并不总是由马克思主义来指导的，种种非马克思主义思想或思潮无论是在马克思主义产生之前、之后，还是当代，都影响着工人运动，有的还成为某些特定地域或时间中的影响很大的思想。显然，如果以工人运动为主线来研究马克思主义发展史，或者不能覆盖工人运动的全部，或者会造成对马克思主义自我理解上的困难或混乱。

四　以经典文献为主线的发展史文本学研究

以马克思主义经典文献为主线的研究方式，主要是通过对马克思主义发展历程中所呈现出来的经典性著作进行考察和阐释，它既寻求文本之间的内在统一性，又显现文本之间的差异性，并对这些差异性产生的根源进行分析，以加深我们对马克思主义理论本身及其发展的因素的理解。

在马克思主义发展史上有很多经典的文献，这些经典的文献不管是从传承关系还是从理论的特色方面，都使得我们更容易把马克思主义理论作为一个整体性和丰富性的理论来把握。马克思主义经典著作文本研究是马克思主义发展史研究的前提，马克思主义发展史是以经典著作为主要载体的马克思主义理论形成、发展的历史过程和轨迹。在一定意义上，一部马克思主义发展史其实就是一部马克思主义文本系统的形成史。马克思主义发展史的研究确实需要重点研究那些经典性的文献，以切实把握马克思主义的精神实质及发展脉络。早在 1890 年，恩格斯在给布洛赫的一封信中深刻地指出："我请您根据原著来研究这个理论，而不要根据第二手的材料来进行研究——这的确要容易得多。"[①]

以马克思主义经典文献为研究主线，首先有利于我们通过对经典文本的学习，切实把握马克思主义理论的精神实质。因为文本特别是经典文本是我们理解马克思主义理论及其发展的最可靠的材料。其次这种研究方式也有利于彰显马克思主义理论的体系性和丰富性。由于是马克思主义经典文献，这些文献之中必然蕴含着共同的理论立场、原则和研究方式，从而使得经典文献之间具有内在的亲和力。而不同经典文献所设计主题的差异性又可以让我们体会马克思主义理论的丰富性。当然，这种研究主线确立的不足在于，它过于看重经典文献在马克思主义理论及其发展中的重要性，容易遗忘其他众多没有列入经典文献序列中的文本，这样将不利于对马克思主义理论作全面性的把握。同时，我们对文本的理解无论如何都避免不了一种解释学的循环，如果不能扩大理论视野，将会限制我们对经典文献的阐释，进而也会阻碍我们对马克思主义及其发展的理解。马克思主义的发展实现在理论与实践、学术与生活的具体性的历史性的统一之中。所以，研究马克思主义发展史，仅仅是经典文献的文本解读也是不够的。

五　"中国特色社会主义理论"统摄下的发展史脉络

对理论的理解和阐释是与人们所处的生存境遇相关联的，其目的也是为了解释和指导现实生存实践。马克思主义理论在中国的传播史和发展史与中国特色社会主义实践是相伴而生，相依而存的。因此，以中国特色社会主义理论与实践为主线研究马克思主义

---

① 《马克思恩格斯文集》第 10 卷，人民出版社 2009 年版，第 593 页。

发展史也顺理成章地成了一种研究视角。

以中国特色社会主义实践为主线的研究方式，就是要揭示出马克思主义理论和中国特色的实践二者之间的内在关联，并力图彰显中国特色的实践对于丰富和完善马克思主义理论所具有的重大意义。自从马克思主义理论传入中国，在中国共产党的领导下，我们接受了马克思主义理论的指导，"并在长期奋斗中坚持把马克思主义基本原理同中国具体实际相结合，发展了马克思主义，先后产生了毛泽东思想和中国特色社会主义理论体系。中国特色社会主义理论体系是马克思主义中国化的最新成果，是包括邓小平理论，'三个代表'重要思想以及科学发展观等重大战略思想在内的科学理论体系。马克思主义中国化的这些重大理论成果，都产生于党和人民事业发展的实践，同时又都是推进这一伟大事业不断发展的指导思想"①。因此，我们要想理解马克思主义最新的发展成果及其发展根源，就必须借助于中国特色社会主义理论的发展史。

以中国特色社会主义实践为主线进行研究，其优势在于，我们可以理解为什么马克思主义理论发展的最新成果会出现在中国。中国作为现存最大的社会主义国家一直在坚持走有特色的发展路线，正是基于这种实践，我们才能不断地推进马克思主义理论在中国的发展。或者更直接地说，马克思主义理论借助于中国特色的实践才得到不断丰富和完善。然而，这种研究方式也有一定的不足，首先，以中国特色社会主义发展为主线，也就是认定，只有中国特色社会主义的理论才是马克思主义的理论，中国特色社会主义的实践才是马克思主义的实践。尽管不能否认中国特色社会主义发展的当代马克思主义价值，但无论是从理论和实践上，还是从产生与发展上，中国特色社会主义理论发展史都不可能完全涵盖马克思主义发展史。中国特色社会主义发展之外的马克思主义发展同样存在，同样值得认真研究。其次，中国特色社会主义理论的产生与发展毕竟只是中国视角的，其问题领域、理论构造、目标归宿都在中国而不在世界，世界是因其与中国相关联才进入中国视野的，所以，"中国"、"特色"才是被特别看重的。而产生于大工业首次开创世界历史阶段的马克思主义是一种世界性的学说，它不可避免地在当代世界各民族中产生影响与作用。所以，如果仅仅以中国特色社会主义发展为主线，进而以中国为当代马克思主义的标准去衡量、取舍其他国家的发展理论与实践，否定其他国家马克思主义发展的历史事实，这不是应有的学术态度。最后，就历史研究来说，中国特色社会主义发展无论是理论还是实践上都是"现在进行时"，无论是从时间上还是逻辑上都还没有完全进入"历史"的范畴。严格意义上说，还不是历史性的学科所研究的对象，即使马克思主义发展史学科对其展开研究，其作为史学的意义与价值也是有限的。

六 "三个组成部分"各自发展史的叠加

虽然马克思主义理论作为体系是一个整体，但是沿袭传统，我们认为，"马克思主义哲学、马克思主义政治经济学和科学社会主义，是马克思主义理论体系不可分割的三个主要组成部分"②。因此，以马克思主义三个组成部分为主线进行研究，也成了不少

---

① 《马克思主义基本原理概论》编写组：《马克思主义基本原理概论》，高等教育出版社 2010 年版，第 12—13 页。

② 同上书，第 3 页。

研究者的选择项。

以马克思主义三个组成部分为主线研究马克思主义的发展史，就是分别通过相对独立地研究马克思主义哲学史、马克思主义政治经济学史和科学社会主义发展史去深化理解马克思主义理论及其发展。以马克思主义三个组成部分为主线进行研究，能积极利用三种组成部分的理论资源，进一步细化对马克思主义理论以及发展的理解。

这种分类研究视角的优势在于：首先，它通过对马克思主义理论的分类梳理，使得我们对于马克思主义理论这一复杂的理论体系有一个较为清晰的把握。其次，通过这种分类梳理，也有利于我们了解马克思主义理论在其产生和发展过程中所吸取的各种理论资源。当然，这种分类的研究方式的弊端也很明显，首先，这种人为的划分容易割裂马克思主义理论的整体性。马克思主义作为一个整体，使得我们必须采取一种整体式的研究方式才能切实理解这一理论。而"整体性研究的实质是马克思主义立场、观点、方法的统一，不是把哲学、政治经济学、科学社会主义三大组成部分简单地综合在一起。"[①]其次，我们现有的研究者绝大多数都是从各个学科培养出来的，有着不同的学科背景，这样就容易把马克思主义发展史解读为三个组成部分各自的形成和发展的历史过程。所以，我们应该对马克思主义理论进行整体性和综合性研究，把握各个历史阶段突出的问题和任务并以此为主题展开，把社会主义实践的生长点以及由此产生的马克思主义理论的创新点结合起来，探索出一种新的学科定位和研究方向。所以，马克思主义哲学史、马克思主义政治经济学史和科学社会主义发展史可以作为相对独立的学科来研究，但它们主要分属于其他的一级学科，其与马克思主义发展史的关系不是完全重合的。

七　与社会主义实践互动的发展史演进

马克思指出："光是思想力求成为现实是不够的，现实本身应当力求趋向思想。"[②]实践不是盲目的，它必然要趋向于理论的自觉。因此，在某种程度上，马克思主义的发展史同时也是社会主义的发展史，或者反过来说更确切，即社会主义的发展史即是马克思主义的发展史。马克思历史唯物主义的理论目标，在社会制度变革性上，力图为社会主义制度的确立和发展奠定坚实的理论基础，而社会主义的实践及其发展历程，一方面践行了马克思主义的理论，另一方面也推动了马克思主义的发展，即为马克思主义的丰富和完善提供了现实的资源。

以社会主义的发展史为研究主线，主要是通过考察社会主义的实践史以分析和阐释马克思主义理论的变革和发展，并在这一考察的过程中彰显马克思主义作为一种科学的理论体系不仅可以指导社会主义的确立和发展，而且会在社会主义实践的过程中不断地自我完善。

没有实践，理论是发展不起来的。社会主义的实践推动了马克思主义的发展，尤其是中国等几个主要的社会主义国家的实践是马克思主义发展的主要原因。社会主义发展的历史过程，也印证了马克思主义的诞生是人类思想史上的伟大革命，它第一次确立科学的世界观和方法论，不仅为全世界无产阶级和全人类的解放指明正确的道路，而且为

---

① 顾钰民：《关于马克思主义理论整体性研究的思考》，《思想理论教育导刊》2011 年第 4 期。
② 《马克思恩格斯选集》第 1 卷，人民出版社 1995 年版，第 11 页。

各门科学的发展提供锐利的武器。一百多年来，它指导无产阶级的解放斗争取得重大胜利，并随着社会实践和科学技术的发展而不断发展。

以社会主义发展史为研究主线，其优势在于，首先，它恪守了理论联系实践的原则，不仅意识到要从人的实践活动的发展去阐释理论的变革，而且是从社会主义的实践发展去理解马克思主义理论及其发展，为马克思主义的发展寻找最直接和最内在的实践基础。其次，这种研究方式在另一方面也确证了马克思主义理论的真理性，即它指导了社会主义的发展并取得了伟大的成绩。然而，其缺陷在于，首先，社会主义是马克思主义的现实的制度状态。如果以社会主义史为研究主线，也就进入政治学或科学社会主义的单一视角，无法把握马克思主义及其发展的整体性。其次，社会主义不是马克思主义理想的制度形态。尽管从现实性上说社会主义道路的选择是对真理的选择，但相对于共产主义来说，社会主义仍然是过渡性的环节，不是最终的理想制度状态。最后，局限于社会主义的发展史，没有把视野放到一个更宏观的背景下。我们知道，马克思主义的发展史和社会主义的发展史同时也都是与资本主义社会的斗争史或者说批判史。因此，仅仅从社会主义发展史出发，就会遗忘马克思主义理论所批判的一个现实对象，从而也就难以对马克思主义及其发展形成全面的认识。

八　通向"人的解放"的发展史研究导向

在《论犹太人问题》一文中，马克思认为，政治解放并不意味着人的解放。而"只有当现实的个人同时也是抽象的公民，并且作为个人，在自己的经验生活、自己的个体劳动、自己的个人关系中间，成为类存在物的时候，只有当人认识到自身的'原有力量'，并把这种力量组织成为社会力量因而不再把社会力量当做政治力量跟自己分开的时候，只有到了那个时候，人的解放才能完成。"[①] 因此，实现超越政治解放的人的解放，这是马克思为自己所设定的一个理论目标，也是后来的马克思主义所坚守的理论宗旨，它贯穿马克思整个理论体系的方方面面。

以人的解放为主线进行研究，就是把马克思主义的发展看作是不断为人的解放进行论证的过程。这样，我们就可以把马克思主义不同时期、不同民族的理论成果贯穿到一个大的主题之下进行分析和研究，从而彰显马克思主义这一复杂的理论具有的理论逻辑的一贯性和理论宗旨的明确性。

可以说，马克思主义发展史就是在不同的历史条件下不断地在理论和实践上求解人民解放与自由的历史。马克思主义区别于其他理论的本质特征就在于其鲜明的无产阶级立场。因此，无产阶级的自我解放是马克思主义发展史研究的基本政治立场。马克思主义追求的人的解放，也是以无产阶级解放为实现形式的人的解放。

以人的解放为主线，其优势在于，首先，让我们明确马克思主义理论宗旨的一贯性和明确性，也确证了马克思主义理论的整体性。其次，这种研究主线的选择，也可以彰显马克思主义理论作为人的解放的理论所内在具有的对政治解放的批判性和超越性，为我们真正实践人的解放确立正确的理论导向。但是，这种研究方式存在的弊端在于，它可能由于过于强调人的解放，而忽略政治解放作为人的解放的一个阶段性的成果所具有

---

① 《马克思恩格斯全集》第 1 卷，人民出版社 1956 年版，第 443 页。

的重要性。"人的解放"是一个非常抽象的概念，抽象到诸多近现代非马克思主义和反马克思主义都可以接受甚至信仰的程度。这就为以人的解放为主线的马克思主义发展研究带来相当的困难。以人的解放为主线，有可能弱化马克思主义发展研究中的应有的批判特质，而忽略政治解放作为人的解放的一个阶段性的成果所具有的重要性。这一点马克思早就做出了提醒。他说："政治解放当然是一大进步；尽管它不是一般人的解放的最后形式，但在迄今为止的世界制度内，它是人的解放的最后形式。"①

　　通过上面的论述，我们可以看到，虽然马克思主义发展史作为一个相对独立的二级学科被确立的时间并不是很长，然而由于其自身的理论魅力，吸引了很多学者从不同的层面进行梳理和研究。以上总结的这八种研究主线虽然各有其优劣之处，然而它们作为研究的主线，及在这些视角之下我们所取得的丰硕的研究成果，可以帮助我们不断地加深对马克思主义理论及其发展的理解，也能进一步加速完善马克思主义发展史作为一个相对独立的二级学科而存在。当然我们也希望在马克思主义发展史的研究过程中，有更多的较为合理的研究主线被发现和提出来，那样将会不断地推动这一学科研究成果的丰富和提升。

（原载《思想理论教育导刊》2013 年第 1 期）

---

① 《马克思恩格斯全集》第 1 卷，人民出版社 2002 年版，第 174 页。

论评价马克思主义理论研究质量的几个维度

邓卓明　姜　华[*]

马克思主义理论研究和建设工程，是党的理论工作的一大创举，在推进马克思主义中国化时代化大众化方面发挥了极为重要的作用，有力地服务于党和国家工作大局。同时也应该看到，与马克思主义理论研究应当具有的重要指导作用相比，与马克思主义理论研究的投入与产出效益相比，与马克思主义理论研究同我国经济社会快速发展相适应的要求相比，还有一定差距。因此，应当认真评价马克思主义理论研究质量并以此作为推动马克思主义理论研究科学发展的重要抓手。评价马克思主义理论研究质量视角不同，总体应把握以下几个维度。

一　方向维度

评价马克思主义理论研究质量，应以是否坚持正确的政治方向为重要维度，即是否坚持理论研究的正确导向。评价马克思主义理论研究质量的方向维度主要应涉及以下几方面。

首先，是否坚持马克思主义指导地位。中国共产党自成立之日起，就是一个以马克思主义为指导的政党，马克思主义理论研究要以不断巩固马克思主义指导地位为根本任务。马克思主义是关于无产阶级和人类解放的科学，具有明确的意识形态特征和特定的价值属性。在阶级社会中，不存在所谓"去立场"的理论研究，那种将马克思主义锁进书斋采取所谓"中立"、"客观"立场来开展的理论研究，实质是否定和取消马克思主义阶级属性的理论研究，将严重销蚀马克思主义的批判功能，这样的理论研究不能视为正确有效的马克思主义理论研究。

其次，是否坚持对哲学社会科学的主导。马克思主义理论研究要警惕那种打着马克思主义旗号进行的非马克思主义、反马克思主义"伪研究"现象，坚定不移地弘扬主旋律，为哲学社会科学研究创造良好的舆论环境，增强对哲学社会科学研究的主导能力。当前，一定程度上存在把马克思主义理论研究置于边缘地位的现象，淡化马克思主义学科意识，偏离马克思主义学科研究方向。个别研究者不读马克思主义经典著作，没弄清真正的马克思主义，当看到一些鼓吹"马克思主义过时"的文字，听到一些否定马克思主义的声音，就随声附和，分不清真假马克思主义，不清楚一些所谓的"马克思主义理论研究成果"是篡改马克思主义还是发展了马克思主义。这些尽管是支流，但必须引起高度重视，不能任其发展。对各种非马克思主义、反马克思主义思想言论进行辩驳与批

　＊　邓卓明：重庆师范大学教授，博士生导师；姜华：重庆科技学院讲师。

判，澄清马克思主义真实面貌，是马克思主义理论研究的重要任务，亦是马克思主义理论研究的题中之义。马克思主义理论研究就是要主动回应各种非马克思主义、反马克思主义思潮，在应对意识形态领域的挑战中进一步增进对马克思主义的理论认同，增强马克思主义对哲学社会科学的主导能力。

再次，是否坚持对社会思潮的有效引导。社会主义先进文化是马克思主义政党思想精神上的旗帜，马克思主义理论研究就是要旗帜鲜明、理直气壮地宣传和发展马克思主义，展现马克思主义的真理性和理论魅力，建设社会主义先进文化，推动社会主义文化大发展大繁荣。马克思主义理论研究应以传播马克思主义、宣传马克思主义、弘扬马克思主义为己任。以研究来介绍理论，普及知识，扩大受众，牢固树立政治意识、大局意识、阵地意识，增强引导力，掌握话语权，赢得主动权，传播和建设社会主义先进文化，不断巩固壮大社会主义主流舆论，唱响时代主旋律，把坚持舆论引导与深化科学研究统一起来，把宣传党的主张与反映人民心声统一起来，把加强社会思潮引领与通达社情民意统一起来，用社会主义核心价值体系引领社会思潮，凝聚社会共识，既尊重差异包容多样，又坚持马克思主义主导地位，时刻牢记马克思主义理论研究的使命所在，以一元引领多元，着力增强马克思主义理论研究的舆论引导能力，不断强化主流意识形态的影响力，使马克思主义理论研究成为传播和发展社会主义先进文化的前沿阵地。

二　理论维度

理论维度是评价马克思主义理论研究质量的重要维度，体现为对马克思主义学术创造活动的理论审视。评价马克思主义理论研究质量，指标之一在于马克思主义理论研究活动蕴含的理论性，主要关涉理论研究的规范性和研究成果的完备性。

首先，马克思主义理论研究的规范度。马克思主义理论研究是一种严格遵循马克思主义学科研究规范的学术创造活动。一般而言，理论研究的有效性奠基于严谨的研究规范基础上。在长期的理论研究过程中，学界把新的研究范例与原有研究传统结合起来，逐渐形成了稳定而统一的马克思主义理论研究规范，将其视作马克思主义理论研究活动的共同范例，使其在马克思主义理论研究中具有通约性，借此推动马克思主义理论研究持续发展。马克思主义理论研究的规范性是确保马克思主义理论研究成果有效性的基本前提，是提升马克思主义理论研究质量的重要元素。马克思主义理论研究的规范性，奠基于马克思主义经典文本基础上，体现为资料翔实、表述准确、结构严谨、论述充分、论据有证、逻辑严密，体现为研究目标、研究内容、研究方法和研究过程等的科学有效。只有坚持实事求是、唯物辩证等马克思主义基本原则的理论研究，才是科学有效的理论研究，偏离马克思主义理论精神，只会把理论研究引向反面。评价马克思主义理论研究质量，就是要以是否一致于马克思主义理论学科的逻辑结构、是否遵循马克思主义理论研究规范为重要依据。

其次，马克思主义理论研究成果的完备度。马克思主义理论研究成果应具有某种程度的完备性，坚持继承与发展的统一、历史与现实的统一，在研究深度、广度等方面有所拓展。马克思主义的科学性决定了马克思主义理论研究成果必然具有某种程度的完备性。当代马克思主义理论研究，就是要紧紧围绕什么是马克思主义、怎样对待马克思主义，什么是中国特色社会主义、怎样建设中国特色社会主义，建设什么样的党、怎样建设党，实现什么样的发展、怎样发展等重大理论和实际问题作出理论阐释，提供学理支撑。为此，马克思主义理论研究的重要任务在于进一步分清哪些是必须长期坚持的马克思主义基本原理，哪些是需要结合新的实际加以丰富发展的理论判断，哪些是必须破除的对马克思主义的教条式的理解，哪些是必须澄清的借马克思主义之名，行相悖之实的错误观点，等等，对这些问题的正确回答是马克思主义理论研究的使命所在，是马克思主义理论研究成果的价值体现。马克思主义理论研究只有把"回到马克思"与"超越马克思"结合起来，坚持继承与发展的统一、历史与现实的统一，才能进一步提高研究实效，不断提升研究成果的完备性，使其更具说服力，产生更广影响力，具有更大引导力。是否一致于马克思主义理论发展的内在规律，是否符合马克思主义立场、观点和方法是评价马克思主义理论研究质量的重要依据。

三　实践维度

评价马克思主义理论研究质量，需以实践作为重要维度，这既是马克思主义理论品性的内在规定，又是中国特色社会主义发展进步的现实要求。是否坚持实践倾向和现实观照、是否坚持无产阶级价值立场，是评价马克思主义理论研究质量的重要依据。

首先，马克思主义理论研究与社会现实的结合度。当代马克思主义理论研究应更加注重加强实践探索，与火热的社会现实生活结合更为紧密，使马克思主义理论在实践层面日益向广度和深度拓展。马克思主义理论研究不能局限于纯粹玄思，而要直面实践动向，紧跟时代步伐，贴近社会脉搏，努力提升马克思主义理论研究的国际视野，积极回应当今世界尤其是当代中国发展的重大理论和实际问题。随着我国经济体制深刻变革，社会结构深刻变动，利益格局深刻调整，思想观念深刻变化，人们思想活动的独立性、选择性、多变性、差异性不断增强，一定程度上加大了全党全社会思想统一难度，给马克思主义主导地位带来挑战。新形势下，马克思主义理论研究要坚持一切从实际出发，紧跟时代发展潮流，不断研究新情况，解决新问题，形成新共识，开辟新境界。紧密结合实践，推动理论研究创新是中国共产党的一贯做法，"党的指导思想和基本理论的每一次与时俱进，都不是从书本、概念和抽象原则出发，而是紧密联系实际、顺应实践需要、创造性地运用马克思主义理论研究革命、建设、改革中遇到的重大现实问题而实现的"。马克思主义理论研究只有紧密结合中国实际、时代特征和人民愿望，才能推动研究发展深化。当前，马克思主义理论研究直面实践，贴近实际，就是要以世界资本主义和社会主义的发展变化为主要论题，对当代世界资本主义各种变化和发展趋势、发展潜力和生命周期作出回答，对当代世界社会主义遭遇的挫折和低潮、科学社会主义的未来命运和发展道路作出解答，对中国特色社会主义的成功经验和现实问题作出解释，积极回应世情、国情、党情新变化，不断推进对共产党执政规律、社会主义建设规律、人类社会发展规律的认识深化，切实解决我国改革开放和社会主义现代化建设过程中不断凸显的新挑战新问题，不断赋予马克思主义理论研究以鲜明的实践特色、民族特色和时代特色。

其次，马克思主义理论研究在社会生活中的实现度。马克思主义是一个植根实践、指导实践和推动实践的不断发展的理论体系，直面实践、结合实际把马克思主义推向前进，是马克思主义理论研究的题中应有之义。马克思主义理论研究不能为了研究而研究，而是要解决中国的实际问题。马克思主义理论研究的立足点和着力点在于不断推进马克思主义中国化、时代化和大众化，使马克思主义在中国大地焕发勃勃生机，不断推进马克思主义在现实生活中得以实现。马克思主义理论研究应紧紧围绕坚持中国特色社会主义道路的伟大实践而展开，充分发挥理论研究成果在继续深化改革、持续扩大开放中的智力作用，依托于理论研究把改革开放全面推向深入，不断深入实现马克思主义中国化、时代化、大众化，为坚定不移走中国特色社会主义道路，推进中国特色社会主义不断取得新胜利作出新贡献，使马克思主义在中国乃至世界得到更深更广更好更快的传播与实现，不断增强马克思主义理论研究的实践特色。

四　创新维度

理论研究的规范性是基本前提，奠基于规范性基础上推动理论创新是马克思主义理论研究的目标所在。评价马克思主义理论研究质量，以创新为核心维度，旨在对马克思主义理论研究价值作出认定，对马克思主义理论研究回应和解答重大理论与实际问题能力水平作出评判。失却创新性，马克思主义理论研究就只能是低水平重复研究或无效研究。

首先，马克思主义理论研究的传承度。根据实践发展变化推动理论创新，是马克思主义理论研究的本质要求。在革命、建设和改革的各个历史时期，理论创新始终是推动党和人民事业发展的重要动力，"什么时候我们紧密结合实践不断推进理论创新，党的事业就充满生机和活力；什么时候理论的发展落后于实践，党的事业就会受到损害，甚至发生挫折"。紧密结合实践推动理论创新，是马克思主义理论研究的本质要求和重要任务。马克思主义理论研究的创新，是一种继承基础上的创新。基于学术研究的累积性，马克思主义理论研究不可能是完全开创性的全新研究，必然奠基于马克思、恩格斯、列宁等革命导师理论大厦基石上，承继于一代又一代的马克思主义学者尤其是中国马克思主义学者前期研究基础之上。马克思主义理论研究创新的传承性体现为遵循马克思主义基本原理，坚持马克思主义立场、观点、方法，坚持马克思主义科学方法和理论精神，不断增强马克思主义认识世界和改造世界的能力，不断提高马克思主义回应现实和解除困惑的水平。

其次，马克思主义理论研究的拓展度。马克思主义理论研究的创新，还体现在对原有研究成果的推动拓展上，即进一步丰富马克思主义理论宝库，拓展马克思主义理论版图，把马克思主义理论研究推向前进。马克思主义理论研究创新，以研究成果的新颖性、前沿性、启发性、引领性为重要表征，即价值论上的有用性。其一，立足新视角。遵循马克思主义基本原理，立足新的研究视角，形成马克思主义理论研究的新思维方式。其二，使用新方法。在已有马克思主义理论研究方法基础上，运用新的研究方法开展研究，进一步确证马克思主义的科学性、真理性。其三，拓展或开辟新领域。以马克思主义理论研究已有成果为基石，推进同一论域的拓展延伸，或开辟一个新的研究领域，为马克思主义发展寻找到新的理论空间，建立起新的马克思主义理论生长点。其四，形成新成果。进一步弘扬马克思主义理论精神，坚持马克思主义立场、观点和方法，提出新的理论观点，建立新的理论体系，产出新的社会效益，推动经济社会的新发展。形成马克思主义理论研究的新成果既是马克思主义理论研究创新的重要形式，亦是马克思主义理论研究创新的旨趣所在。理论创新永无止境，评价马克思主义理论研究质量，就是要坚持理论研究的学术价值和社会价值标准，以研究的新视角、新方法、新领域、新成果为重要依据。

五 转化维度

评价马克思主义理论研究质量的重要维度之一是转化维度，即马克思主义理论研究能否及在多大程度上转化为党和国家大政方针政策，转化为推动改革、发展、进步的力量。

首先，马克思主义理论研究与资政育人的契合度。马克思主义理论研究的重要任务，在于加强党的建设，巩固党的执政地位，服务党和国家事业发展需求。据此，马克思主义理论研究成果能否上升为党和国家的方针政策，能否为党的理论创新作出积极贡献，能否推动党的理论发展和理论进步，能否促进党的建设，成为评价马克思主义理论研究质量的重要维度。马克思主义理论研究，以不断推动马克思主义中国化、拓展和丰富中国特色社会主义理论体系、巩固党的执政地位、维护党的国际形象为重要目标，要深入研究世界一些大党、老党兴衰存亡的经验教训，深入研究苏联、东欧等社会主义国家执政党亡党亡国的经验教训，深入研究共产党执政规律、社会主义建设规律、人类社会发展规律，为中国共产党准确把握时代和社会发展趋势、化解国际国内风险提供智力支持，为中国共产党加强和改进党的建设、不断提高执政能力和水平提供理论支撑，使马克思主义理论研究真正契合于党的执政需求。

其次，马克思主义理论研究对中国特色社会主义事业发展的贡献度。马克思主义理论研究必须服务于中国特色社会主义伟大事业。马克思主义理论研究能否积极回应重大社会现实问题，对新形势下经济社会持续快速发展作出指引，事关中国特色社会主义伟大事业的兴衰成败。作为无产阶级认识世界和改造世界的理论武器，马克思主义理论研究只有在指导中国特色社会主义事业持续发展的伟大实践中才能体现其学术价值和社会价值。当今世界正处在大发展大变革大调整时期，政治多极化、经济全球化、文化多元化、社会信息化深入发展，各种思想文化和社会思潮交流交融交锋更加频繁，马克思主义理论研究要紧密结合时代特征、中国实际和民族特色，紧密结合实践要求，深入研究改革开放和现代化建设的重大理论和实践问题，深入研究我国经济转轨、社会转型期间的重大现实问题，把理论研究、政策探讨和宣传教育结合起来，不断促进马克思主义理论研究的效益产出。

整体而言，评价马克思主义理论研究质量，应综合运用方向维度、理论维度、实践维度、创新维度和转化维度，不能仅仅依凭于其中某个单一维度。只有共同观照和整体兼顾以上维度，才能确保评价马克思主义理论研究质量的有效性和科学性，不断提高马克思主义理论研究质量。

（原载《新华文摘》2013 年第 9 期）

发达国家为什么应为生态
问题承担更大的责任

——从鲍德里亚的后现代观点看

王晓升[*]

关于发达国家应该为当前的生态危机承担更多的责任,人们至少提出三种观点:第一,发达资本主义国家在他们的工业化过程中极大地污染了环境,他们负有重要的历史责任,即使他们今天在生态保护方面做得很好,能源消耗更少。第二,发达国家把重污染的产业转移到发展中国家了,发达国家的过度消费导致了极大的污染,即使这种污染不是发生在他们自己的国家。第三,发达国家的人均资源和能源消耗是发展中国家的数倍。我们认为,这些说法都不是根本性的,这里还有更根本的理由。

一 生产的终结与需求的再生产

鲍德里亚认为,自从 1929 年的资本主义危机以来,资本主义系统发生了一个根本性的变化:从具有明确目的的生产转向"无目的的生产"。在 1929 年之前,资本主义通过工业化、机械化、规模化的生产体系来满足人们对于物质生活的需求。而 1929 年开始的资本主义经济危机表明,资本主义社会出现了生产过剩的危机。为了维持资本主义经济系统的运行,资本主义国家开始不断创造需求。只有产生了一定的需求,资本主义的经济系统才能维系。在这样的情况下,资本主义的社会系统开始致力于需求的生产。它们的经济系统从表面上看与以前一样,都是要生产产品来满足人们的需要,但是这种需要在很大程度上是由经济系统和社会系统生产出来的,而不是"真正的需求"。满足这样的需求所进行的生产就是一种"无目的的生产",鲍德里亚将其称为"生产的终结"。或者说,从表面上来看,这种生产是有目的的,而实际上失去了其原有的目的(没有现实的使用价值)。在西方社会曾经有一个寓言故事,这个故事凸显出资本主义社会中所出现的这种无目的的生产:一个商人自称能够让瞎子购买眼镜,让没有脚的人购买鞋子,让秃子购买梳子,让双腿健全的人购买轮椅,如此等等。于是森林中的动物就对他说,你能让森林里的动物购买防毒面具吗?森林的空气如此新鲜,购买防毒面具无疑是多余的。然而,商人十分肯定地说,他可以做到这一点。不久之后,森林中毒气弥漫,动物都难以生存。这个时候商人出现了,他开始推销防毒面具。在动物纷纷购买了防毒面具之后,有动物询问,森林里排放毒气的工厂是生产什么的?他说,那是生产防毒面具的。显然上述的生产就是无目的的生产。应该受到指责的不是一般意义上的环境

---

* 王晓升:华中科技大学哲学系教授。

污染，而是这种无目的生产所导致的环境污染。

这就是说，在现代资本主义社会，消费是受到调控的消费，是满足那些"被生产出来的需求"的。鲍德里亚说："自从生产得到完全的引导，即它同时从神话和受控变量中获得力量（从 1929 年的危机开始，尤其是从第二次世界大战末期开始），人们便进入这样一个时期：不论是生产还是消费都不再有自身的确定性，也不再有各自的目的——两者全都陷入一种循环、一种螺旋或一种超越它们的混杂，这就是增长。"① 这就是说，自从 1929 年以来，资本主义社会中的生产和消费的性质已经发生了根本性的变化。在这里，消费是一种受诱导、受引导的消费。现代商场上经常出现的各种营销策略，都是通过不同的手段来引导和诱导人们消费，把他们不需要的东西转变成为生活中需要的东西。在商场里，我们可以不断地看到打折商品、亏本销售的商品；在药店里，我们一再被告知，我们缺钙，必须早点补钙；在时尚用品店的门口，我们一再被看作是傻帽儿过时的乡巴佬。在这种被诱导、被引导的需求中，我们已经无法有效地区分，哪些东西是我们真正需要的，哪些东西不是我们所需要的。在这里，"真需求"和"假需求"无法区分开来了。按照鲍德里亚的概念，我们可以把它们称为"仿真的需求"，即无法区分真假的需求。

不仅市场经济系统本身必须把需求再生产出来，以便谋求经济系统的良好运行，而且资本主义国家也不断扩大国家的需求。国家设立宇宙飞船项目，展开航天计划，实施核武器开发，如此等等。鲍德里亚说："这是火箭和协和飞机计划、全方位军事计划、工业园扩张计划、社会和个体基础设施计划、培训和进修计划的阶段。按照一种不惜任何代价的再投资要求（而不是根据剩余价值率），必须生产，生产什么都行。"② 这就是说，在现代资本主义社会，国家的这些需求都是为了维持资本主义经济系统的运行而出现的，这种需求如同个人被引导和诱导而产生的需求一样，无法区分真假。满足这样的需求所进行的生产就是为了生产而生产。在这里，是否真的满足需求并不重要，重要的是生产必须得到维持。人们常常指责西方社会的人们过度消费，然而人们却忽视了，这种过度消费是这个社会持续运行所必需的。从这个意义上来说，这个社会系统患上过度消费的"强迫症"。

一个社会为了维持自己的基本需要就必须生产，而这种生产所产生的污染是人类社会所无法完全避免的，然而，在现代资本主义社会，人们正在为满足"仿真的需求"而生产，这种生产在一定程度上是为生产而生产。但是为生产而生产，以生产本身为目的而产生的污染是必须避免的。

二 生态危机是资本主义系统再生产所必需的

在许多人看来，现代社会所出现的生态危机的根源是资本家追逐剩余价值的必然结果。资本家全力推销自己的产品，就是为了获得剩余价值，而国家对付生产过剩的危机所采取的方法就是要挽救资本主义的经济体系，也是为资本家的经济利益服务的。这种说法仍然是按照政治经济学的模式来分析当代世界生态危机的经济根源。

---

① 鲍德里亚：《象征交换与死亡》，车槿山译，译林出版社 2006 年版，第 28 页。
② 同上（译文略有改动）。

而鲍德里亚却反对用这种"生产主义"的模式来解释，他主张用"符号政治经济学"的模式来解释。

按照符号政治经济学的模式，1929 年以后的资本主义的生产和消费进入了符号化的生产和符号化的消费的阶段。在传统的工业社会，生产是要满足人们的基本生活需要的，但是当大规模的生产导致了生产过剩而消费需求不足的时候，生产就不是满足人们的真正的物质需求了。如果说这个时候人们有需求，那么这种需求是资本主义的生产系统"生产"出来的需求，是为了维持生产系统的运行而产生的需求。这个时候的生产是一种以生产为目的的生产，是"为生产而生产"。这种生产没有实质性的意义。在这里，生产在不断地符号化。鲍德里亚挖苦地说，这是"政治经济学的美学阶段"[1]。这就是说，在这里，人们的经济活动看上去有经济意义，而实际上没有经济意义，于是人们就需要一个"完美的托词"来为这种生产辩护。其中"短缺"和"危机"就是这样的"完美的托词"。从这个意义上来说，所谓的"短缺"和"危机"，与剩余价值的生产没有多大的联系，而与整个资本主义社会体系的再生产有关。

"短缺"的概念是紧缺经济中的一个有效概念。如果某种东西紧缺了，那么社会就必须努力把这种东西生产出来。比如，老百姓为了维持日常的生活，需要一定的电能，如果电能无法满足老百姓的这种需求，那么这就是短缺。但是，如果发电厂建得太多，而社会对电能的需求不足，那么这就会导致电厂倒闭，工人失业，经济萎缩。于是，这个时候，政府就需要采取刺激经济的政策，从而使工厂运行起来。在这里重要的不是剩余价值的生产，而是经济系统的健康运行。当西方社会进入了生产过剩的危机之后，经济活动中所出现的短缺现象就不是经济学意义上的"短缺"，而是社会意义上的短缺，是社会系统所生产出来的"短缺"。为此，鲍德里亚询问这样一个问题："曾经有过真实的短缺吗？"[2] 我们的回答是，当然曾经有过真实的短缺，但是在资本主义的富裕社会中所出现的短缺就不是真实的短缺，而是被人们生产出来的短缺，是人为制造的短缺。人们需要"短缺"这个美好概念来使"生产"获得意义。为此鲍德里亚说："经济学为了自我生产（它从来都只是生产自身），需要短缺与富裕之间的这种辩证张力——但是系统为了自我生产，今天则只需要经济学神话操作。"[3] 政治经济学需要借助于短缺和富裕的概念来进行自我生产，表明它在当代世界的价值，而当代资本主义社会需要借助于政治经济学的操作，即短缺与富裕的操作来进行自我生产。短缺和富裕不过是现代资本主义社会用来进行自我生产的一种操作手段。从这个角度来看，"生态危机"恰恰是现代资本主义社会用来维持自我生产的一种操作手段。本来资本主义的生产系统失去了其原有的目的性，但是当"短缺"出现了的时候，生产似乎又有了意义。为此，鲍德里亚说："为了重建目的性，为了重新活化经济原则，必须再次造成短缺。"[4]

对于现代资本主义社会来说，一旦"短缺"被生产出来，那么再生产过程就会启动，资本主义系统就能得到维持，否则它就会发生社会崩溃。"生态危机"在这个意

---

① 鲍德里亚：《象征交换与死亡》，车槿山译，译林出版社 2006 年版，第 45 页。

② 同上书，第 48 页。

③ 同上。

④ 同上书，第 45 页。

上恰恰就是现代资本主义为维持系统的再生产而制造出来的。在鲍德里亚看来，当代资本主义社会中的"生态危机"与1929年的生产过剩的危机不同。生产过剩的危机是实实在在的危机，是由于社会总体的需求不足而产生的危机。而现代资本主义社会中的"生态危机"是一种真假难辨的危机。当我们说"短缺"是制造出来的、"生态危机"是制造出来的时候，我们并不是说这种危机完全是虚假的，而是说这种危机是真假难辨的。在短缺经济的情况下，能源危机是生产能力不足所产生的危机。而在现代资本主义社会，当社会把巨大的资源用于生产那些可有可无的东西的时候，为满足那些仿真需求而进行生产的时候，这个危机究竟是真正的危机还是虚假的危机呢？用鲍德里亚的话来说，这是仿真的危机，超越了真假的危机。为此，鲍德里亚说："这不再是生产的危机，而是再生产的危机（所以不可能确定这种危机中真相和仿像的状况）。生态学，这就是生产在短缺的幽灵中重新找到源泉，生产重新发现自然必要性，重新锻造价值规律。"[①]一旦"生态危机"出现了，挽救生态环境的产业就发展起来了，良好生态环境的"短缺"为再生产注入了动力。当资本主义经济体系在短缺的幽灵中找到了生产的原动力的时候，人们再次看到了生产的必要性。一定经济系统运行起来，工人就业了，政府维持下去了，资本家可以把工人约束在工厂中了。

三　环保是发达国家的国际竞争策略

从上面的分析中，我们可以清楚地看到，发展中国家和发达国家的情况完全不同。在广大发展中国家，生产是为了维持人民群众的基本生活需求。当一个社会为了维持其基本的生活需求而生产的时候，它必然需要消耗大量的资源和能源，由此所产生的环境污染是不可能完全避免的。而在发达国家则不同，这不仅是因为它所生产的某些东西并不是生活中的必需品，是可有可无的东西，而且还因为"生态危机"是它所需要的，它必须把"环境污染"制造出来，以便使人们看到生产的必要性，把"再生产"的机器启动起来。从这个意义上来说，"生态危机"是资本主义系统故意制造出来的（这不仅意味着"生态危机"的概念是他们制造出来，用于讹诈发展中国家，而且还意味着，这是他们为满足"仿真的需求"而引发的）。比如，在20世纪和21世纪之交，西方发达国家制造了所谓的"千年虫"，他们妄称，这个"千年虫"可能导致全球电脑系统的危机。显然发达国家当时在电脑的使用和制造方面占据了主导地位。一旦这个危机被制造出来，西方许多人就可以就业。同样，一旦"生态危机"被制造出来，西方国家的经济系统就可以运行了。

从这里我们可以理解中国和西方国家最近在太阳能产业中所出现的贸易纠纷的实质了。本来，西方发达国家把"生态危机"制造出来是为了增加自己国家的就业，扩大自己在环保领域的优势，从而解决自己国家中的需求不足。然而，恰恰在这个时候，中国的太阳能产业迅猛地发展起来，并大规模地向西方国家出口。这当然是西方国家所绝对不能容忍的。本来，新能源汽车、新能源开发等都是西方国家用来维持系统自我运行的重要手段，他们本打算以"生态危机"为借口，向发展中国家大量出口，从而维持他的自我运行。在这里，这些所谓的新能源究竟是否真正具有环保的意义并不重要，重要的

---

① 　鲍德里亚：《象征交换与死亡》，车槿山译，译林出版社2006年版，第46页。

是在这里再生产的需要被生产出来了。

当然，这不是说我们可以不要环保。应该承认，在我们国家，环境问题非常严峻，非常值得我们重视，但是，我们的环保与西方发达国家所提出的环保不是一个意思。在西方发达国家，环保是为了增加就业，是为了扩大对外贸易，是为了保持自己的竞争优势。而在中国，环保是为了维持自我生存和发展。我们的环保是真正的环保，而他们的所谓环保是环保的"仿真"，是为了维持资本主义系统"再生产"所进行的环保。他们所说的环保是一种国家意识形态，是国际竞争的重要手段。可以肯定地说，在未来的国际竞争中，西方发达国家会越来越多地使用环保策略来调整国际利益关系。从本质上来说，他们并不是要控制环境污染，相反他们需要污染，只要污染存在，资本主义系统就能得到维持。至于这种污染在什么地方并不重要。由此，我们也可以看到西方国家所出现的悖谬情况：一会儿他们要大力发展核能，这是因为核能可以减少大气污染；一会儿他们又要限制核能，甚至要完全关闭核电厂。实际上，在这里，核电厂究竟对于环境产生怎样的影响并不重要，重要的是再生产得到了维系。创办核电厂，然后又关闭核电厂，这个过程肯定会造成巨大的浪费。然而，正如鲍德里亚所说的那样，"浪费"是短缺经济中的概念，在发达国家中不存在这样的东西，这是再生产所需要的。在他们那里，浪费变成了必要消费。它有效地解决了需求不足。这次许多国家关闭核电厂是日本"福岛核危机"的结果。资本主义社会需要这样的"危机"。这再次表明，在西方发达国家中"危机"是其维持自我生存的重要方法。如果没有危机，他们也必须把"危机"制造出来。"中国威胁论"就是他们处心积虑制造出来的"危机"。

在当代中国，我们所需要解决的最紧迫的问题，是如何有效地生产产品，以满足人民群众的物质生活需求。因此，这需要投入巨大的经济资源。如果把大量的资源用于军工生产，这必然会加重生态危机。然而西方国家为了它们的系统再生产的需要，把大量的先进武器放在中国的"家"门口。他们把这种做法称为"再平衡"。这究竟是什么意义上的平衡呢？这是"恐怖平衡"！它这是在逼迫中国不断加大武器系统的开发和投入，而这种投入反过来又被它们看作是"威胁"。显然，这种威胁就是他们自己有意制造出来的。关于这一点，鲍德里亚早就进行了分析。按照他的看法，西方发达国家为了保证系统的运行，为了保证经济的"持续、健康的增长"，需要有对手，需要把对手的威胁凸显出来。他说："必须有两个超级大国才能维持一个受控的世界：唯一的帝国可能因自身而崩溃。恐怖的平衡只不过是建立受到调节的对立，因为这一策略是结构性质的，从来都不是原子性质的。"[1] 鲍德里亚的这个分析本来是用来说明冷战时期苏联和美国在原子武器上所体现的恐怖平衡。在鲍德里亚看来，这种恐怖平衡是美国维持自我生存的手段。过去，它通过这种恐怖平衡搞垮了苏联，如今它又试图如法炮制地搞垮中国。这样，它就可以迫使中国进行武器系统的开发，这不仅容易拖垮中国的经济，而且还会产生大量的污染。当中国的环境污染问题出现的时候，它又要与中国一起进行控制"生态危机"。

如果西方发达国家果真关注人类社会所面临的生态危机，他们是否应该放弃这种"恐怖平衡"的策略呢？只有这样，人类社会才能够真正地解决"生态危机"。如果他们放弃大规模的武器生产，放弃耀武扬威，那么能源和资源的消耗就会大幅度减少，他们提出的

---

[1]　鲍德里亚：《象征交换与死亡》，车槿山译，译林出版社 2006 年版，第 100 页。

所谓"生态危机"就可以极大地得到缓解。但是，他们却不断地制造国际紧张局势，竭力推动人类社会把有效的资源用于生产和制造"杀人的武器"。

这再次表明，西方发达国家不需要解决生态危机，他们需要制造"危机"，从"生态危机"、"恐怖主义"到"安全危机"都是发达国家所需要的。有了这些"危机"，他们才能继续存在和发展下去。

四　生态危机与"恐怖主义"

对于西方发达国家来说，"生态危机"在很大程度上已经意识形态化了（鲍德里亚不喜欢说这是意识形态，他称之为"仿真"。在他看来，这种"生态危机"是一种仿真的生态危机），成为维持其社会控制和社会稳定的手段。不过，其使用的方法却非常特殊。这种特殊性表现在，它运用了一种类似于"恐怖主义"的方法来维持自己的统治。当西方国家大谈所谓"生态危机"的时候，它就是要向人类表明，全人类正在面临着生存危机，即人类面临着"死亡威胁"。发达国家正在用"生态危机"对全人类进行"死亡威胁"。这种恫吓和威胁，与恐怖主义者对他人的生命的恫吓和威胁有类似之处。我们常常说"恐怖主义者"威胁无辜者的生命，并借此迫使对手作出妥协。"恐怖分子"会把任何一个人的生命置于危险之中，而不会对受威胁的人做出区分。当某些人为了自己的利益用"生态危机"的概念对所有的人进行恐怖威胁的时候，他们是不区分威胁对象的。特别残酷的是，这些"恐怖主义者"以那些生活在贫困中无辜者的起码生活条件为代价，与他的对手讨价还价。他们用威胁他人特别是那些贫困者的生活（life，在英文中生活与生命没有区分）的方式来获取自己的利益（赎金）。他们的持续发展就是发展中国家的人们向他们所支付的"赎金"。他们确实类似于向贫困者勒索赎金的"匪徒"。如果用鲍德里亚的话来表达就是，"这里排除了有关受害人无辜的道德考虑"[①]。从这个意义上来说，"世界气候大会"在一定程度上类似于恐怖主义者的勒索和讨价还价。这种勒索和讨价还价所得到的结果就是资本主义系统的再生产得到维系。在这里，如果用鲍德里亚的类似说法来表述的话，那么这就是"生态的恐怖主义"[②]。

某些西方发达国家是制造危机的能手，也就是"恐怖主义"的能手。他们致力于渲染"危机"、"恐怖"、"威胁"。他们通过这种"恐怖威胁"获得了大量的"赎金"——大量的军火订单。今天，他们试图通过"生态危机"来再次获得"赎金"。而当中国的企业把太阳能产品生产出来，并向他们销售的时候，他们不乐意了，因为他们用恐怖威胁所得来的"赎金"被其他人意外地"抢"走了。他们拿出一副关心人类安全的面孔来，要让人类生活在更加安全的环境中。在鲍德里亚看来，这种安全的环境类似于一口"棺材"。比如现代各国为了实现自身的安全，都大量购买武器（加剧环境危机），从而实现了"恐怖平衡"。在这种"恐怖平衡"中，大家都安全了。但是，这是在死亡恐惧中所获得的安全。这就类似于人们生活在"棺材"中所获得的安全："为了不让你死，用一口棺材围住你。"[③] 不仅武器系统是如此，而且我们生活中的许多东西都是如此。

---

① 鲍德里亚：《象征交换与死亡》，车槿山译，译林出版社 2006 年版，第 54 页。
② 同上书，第 112 页。
③ 同上书，第 276 页。

就生态环境的问题来说，每一种环境的问题都带来巨大的产业发展。空气污染带来了空气净化器产业的发展，自来水的污染带来了净化水产业的发展。我们努力生产更多的东西把自己保护起来。"生态危机"调动了这些保护层的生产。然而这些保护层的生产究竟加重了生态危机还是解决了生态危机呢？当我们用一层层的"棺材"把自己保护起来的时候，我们果真安全了吗？为了对付一个恐怖主义者，是不是所有的人都要佩枪？如果所有的人都佩枪了，那么我们是不是更安全了呢？鲍德里亚说得好："环保是污染的工业延伸。"① 许多所谓的环保产品并不消除污染，而是继续制造污染。为此，鲍德里亚说："我们的整个技术文化创造了一个人为的死亡环境，不仅武器在各处仍然是物质生产的范型，而且我们周围的机器和任何最小的物品也都构成了死亡视野，这是一种不再可能化解的死亡，因为它已结晶，已处于打击范围之外。"② 当然，极端地说，我们生活中所有的东西都是被用来保护我们的生命的。从这个意义上说，所有的东西都是"棺材"。这种说法显然过于极端。鲍德里亚的说法主要是针对发达国家的情况，而不是针对发展中国家。在那里，所有人的基本生活条件已经得到保证，但是在这种情况下，为了维持资本主义经济系统的运行，资本主义国家却借助于"死亡威胁"来促进生产，保证生产的持续进行。在这里，生产的目的越来越变成保证生命安全的生产，即"生命的无限积累"，从武器系统到"生态环境"莫不如此。当代资本主义社会的这种"生态恐怖主义"正在不断地加剧着生态环境问题。如果我们在一定程度上接受鲍德里亚的这个说法，那么，我们确实需要问一问：当西方社会把大量的资源用来生产"棺材"的时候，这个社会究竟在走向生命还是在走向"死亡"呢？鲍德里亚对西方社会的这个提醒值得西方人深思。

当然，作为发展中国家，我们的情况不一样，我们需要改善广大人民群众的基本生活条件。从这个意义上来说，在我们这里，"生态危机"这种说法就不成立了。但是，这绝不意味着，我们这里不存在生态问题。恰恰相反，这种生态问题需要我们严肃、认真地对待。但是，我们万不可陷入西方人所谓的"生态危机"的陷阱之中。

（原载《山东社会科学》2013 年第 8 期）

---

① 鲍德里亚：《象征交换与死亡》，车槿山译，译林出版社 2006 年版，第 277 页。
② 同上书，第 276 页。

第三篇

学科建设

马克思主义基本原理

一　研究概况

2013 年度，马克思主义基本原理学科建设各项工作顺利进展，学术活动和交流活跃，理论研究、课程建设、教学实践、队伍培养等各项工作稳步推进，学科建设成果丰硕。

1. 学术活动与学术交流

2013 年度，马克思主义基本原理学科学术活动活跃，学界交流频繁。2013 年 1 月，"首届全国马克思主义基本原理学科学术年会"在北京举行，来自中国社会科学院、北京大学、中国人民大学等全国 20 多所高校和科研机构的专家学者 80 余人参加了会议，会议重点围绕"马克思主义整体性研究"这一主题展开了深入研讨。2013 年 4 月，"中国经济规律研究会第 23 届年会暨第 2 届全国马克思主义经济学论坛"在福州召开，来自中国社会科学院、中国人民大学、复旦大学、吉林大学、四川大学等单位的 160 多位专家学者围绕"全面深化经济体制改革，实施创新驱动战略和加快产业结构转型升级"中心议题进行了广泛和深入的研讨。2013 年 5 月，世界政治经济学学会第 8 届论坛在巴西圣卡塔琳娜州联邦大学举行，来自中国、日本、韩国、印度、墨西哥、美国、英国、法国、德国等 20 多个国家的百余名与会者围绕"世界财富生产和分配的不平等及其根源"等议题展开了深入研讨。2013 年 7 月，全国高校马克思主义理论学科博导论坛在南京举行，与会者围绕马克思主义理论教育创新和学科队伍建设等问题进行了研讨。2013 年 8 月，"全国马克思主义理论学科建设创新研讨会"在黑龙江省牡丹江市召开，来自中国社会科学院、北京大学、中国人民大学、武汉大学、复旦大学、中山大学等单位以及《哲学研究》《马克思主义与现实》与《中共党史研究》杂志社的 40 多位专家学者就马克思主义学科建设面临的新形势、新任务等问题进行了深入探讨。2013 年 9 月，全国第 7 届马克思主义经济学发展与创新论坛在四川大学举行，与会专家学者围绕马克思主义地租地价理论与实践、土地制度改革、新政治经济学等主题进行了深入研讨。2013 年 11 月，全国高校马克思主义理论学科研究会第 15 次学科论坛暨学科建设交流会在武汉大学召开，与会专家围绕马克思主义理论学科的历史沿革、基本现状、主要特色、建设举措、存在问题，当前如何加强和改进马克思主义理论学科的学科规范、人才培养、科学研究、思想政治理论课教学、队伍建设、体制机制等问题进行了广泛深入的研讨。2013 年 11 月，第 6 届全国马克思主义院长论坛在四川大学隆重举行，来自中国社会科学院、清华大学、北京大学等马克思主义教学和研究机构、杂志社的 120 多位领导和专家学者围绕"马克思主义与当代中国"这一议题进行了深入的研讨。上述这些学术会议和交流活动对推动马克思主义基本原理学科建设、促进马克思主义基本原理研究深入进展具有重要意义。

2. 课程建设与教学实践

马克思主义基本原理学科的课程建设与教学实践是学科建设的重要组成部分。"马克思主义基本原理概论"课程的特点是内容宏观庞大、思想抽象深刻，涉及自然、社会和人类思维诸多领域，包括政治、经济、文化、军事、历史、科技、教育等各个方面，而当前的教学现状是课时普遍偏少，教材编排又存在教条化、组成部分独立化等问题，这对教师教学和教材编写的水平都提出了较高要求。2013年度专家学者就教材建设、教学内容和教学方法等问题进行了广泛而深入的探讨。

（1）教材建设方面

2013年度学者主要围绕全国普通高校思想政治理论课程统一使用的教材《马克思主义基本原理概论》的修订问题进行了探讨。为全面贯彻党的十八大精神，在充分吸取教师、学生的意见和建议的基础上，对2013年《马克思主义基本原理概论》（高等教育出版社版）教材做了相应修订。这次修订主要涉及：深入贯彻党的十八大精神，从基本原理的高度充分体现马克思主义中国化最新成果；对马克思主义基本原理进行了尝试性的概括，较明确地回答了什么是马克思主义基本原理，马克思主义基本原理包括哪些主要内容等。"马克思主义基本原理，是马克思主义理论体系中最基本、最核心的内容，是马克思主义的基本立场、基本观点和基本方法的集中概括。它体现马克思主义的根本性质和整体特征，体现马克思主义科学性和革命性的统一。相对于特定历史条件下所作的个别理论判断和具体结论，基本原理具有长期普遍和根本的指导意义。"[1] 这次教材修订进一步突出了马克思主义世界观和方法论，增强了教材的时代感和教学的适用性、可读性，有助于学生从整体上学习理解马克思主义，把握人类社会发展规律。

（2）教学内容方面

在教学内容讲授重点上，学界普遍认为，《马克思主义基本原理概论》课教学内容要突出重点，即要突出马克思主义世界观和方法论，引导学生从整体上学习理解马克思主义，把握人类社会发展规律。南开大学马克思主义教育学院逄锦聚教授认为，在当前和今后的教学中，"还要继续突出这样的重点。从当前的实际出发，建议再加强三个方面的讲授重点：一是突出党的十八大精神，从基本原理的高度充分讲授马克思主义中国化最新进展；二是突出历史唯物主义和群众观点；三是突出共产主义远大理想和中国特色社会主义共同理想。"[2]

在教学内容选择上，有学者提出，教师要解决好教材和教学内容的关系问题。山西财经大学马克思主义学院李文艳指出，要认识到教材只是教学内容的基础与框架，不能将教材当作教学内容的唯一来源，忽视教师与学生的主体性，完全按教材照本宣读。教材只是为教学提供了基础和可能，教材的内容要变成学生的认知和思想政治素质，中间既有一个教师如何运用教材而又不拘泥于教材创造性施教的过程，也有一个学生如何发挥主动性独立思考勇于创新学习的过程。同时，还要正确处理教学内容与原著之间的关

---

① 转引自逄锦聚《〈马克思主义基本原理概论〉教材修订说明及教学建议》，《思想理论教育导刊》2013年第9期。

② 逄锦聚：《〈马克思主义基本原理概论〉教材修订说明及教学建议》，《思想理论教育导刊》2013年第9期。

系，"经典原著和'原理'课教学内容的关系可以看作是源和流的关系，因而在教学中结合经典原著从根源上解读原理是教学内容选择重要的也是必要的渠道，也是教学内容真理性的最有说服力的保证。"① 学者普遍认为，教学上还应理论结合实际。为避免理论空洞，教师应结合当今社会现实，在教学内容中加入体现现实热点的教学材料，尤其是学生普遍关注的理论和社会热点问题，有针对性地教学，提升"原理"对现实问题的解释力，使学生对马克思主义理论从认知转化为认同，从认同再升华为信仰。教学内容只有结合对社会现实问题的理性分析才能体现"原理"的价值与意义。

此外，本年度不少学者提出了高中政治课和高校《马克思主义基本原理概论》课教学内容的重复性问题。中国青年政治学院中国马克思主义学院徐先艳认为，这一"重复性"问题给授课教师带来了极大挑战。高校教师可通过进阶式的教学设计寻找教学的差异化优势解决这一问题，即一方面通过引入历史视域向学生充分展现马克思主义之所以是真理性认识的逻辑力量，以更好地展现马克思主义理论的整体性，帮助学生"学马列要精"；另一方面通过引入问题逻辑充分发挥马克思主义理论穿透力和现实指导力，使马克思主义"要管用"，从而将知识传授和能力培养两大目标有机结合起来。②

（3）教学方法方面

作为高校思想政治理论课建设的关键环节，创新教学方法以提高教学效果，一直是学界探讨的重点和热点问题。学界普遍认为，创新教学方法，要立足于凸显马克思主义整体性，围绕教材体系向教学体系转化，推进马克思主义大众化。

在具体的教学方法上，高校"原理"课教师结合自身教学经验，对实践中的案例教学法、专题式教学、研究性教学参与式教学模式、"问题式"教学方法、实践教学模式、多媒体教学、图解教学、社会思潮批判教学、多种教育融合式教学、体验式教学方法等进行了深度挖掘。本年度讨论较多的有针对"原理"课学理性、抽象性的特点的案例教学，针对"原理"课学科多样、内容复杂的特点的专题式教学，还有参与式教学、互动教学、研究型教学、实践教学等。案例教学法是为达到一定的教学目的，学生在教师引导下围绕教师所提供的案例进行阅读分析、评判和讨论，进而得出结论或解决问题的方案，深化对相关原理的认知和对科学知识的系统掌握，从而促进学生能力素质发展的一种教学方法。本年度较多高校教师对案例教学的优势、存在的问题、案例教学的环节、案例选择和使用的技巧等问题进行了深入探讨。如在案例选择上，应根据当代大学生的思想特点、学习要求和社会发展实际，坚持经典性、热点性、贴近性原则；在案例使用上应灵活多变，具体情况具体分析，根据不同的教学对象做相应调整。

一些高校教师结合本单位的课程建设和教学实践，提出了"三维一体"视角下的"三突出、三着力、三结合"课程教学模式，以史代论教学法，背景嵌入教学法，"合作、探究、分享"式教学模式。如"三维一体"视角下的"三突出、三着力、三结合"课程教学模式就是把实体、关系和活动三个维度统一于课程建设这一整体，充分发挥实

---

① 李文艳：《"马克思主义基本原理概论"课教学要着重解决三个问题》，《思想理论教育导刊》2013 年第 11 期。

② 徐先艳：《高校思想政治理论课内容"重复性"问题及其求解——以"马克思主义基本原理概论"课为例》，《思想理论教育》2013 年 11 月（上）。

体（教师、学生和教材）的职能，处理好课程建设中实体间的关系，围绕教材进行教学和研究活动，构建"三维一体"视角下"三突出、三着力、三结合"模式。① 一些教师还提出通过经典著作研读、观看教学录像、课堂讨论、开展辩论赛、相关知识竞赛、社会调查、专题讲座、参观考察、手机短信、网络教学等多种方式提高"马克思主义基本原理概论"课程教学效果。

3. 学科建设研究

与马克思主义哲学、经济学等学科相比，马克思主义基本原理学科是一个新学科，如何加强学科建设一直是学界思考的重要问题。2013 年度，学界探讨内容涉及马克思主义基本原理学科整体性研究、学科的"现实性"和"学术性"、人才培养等多个方面。

（1）学科整体性研究与整体性建设

2012 年 6 月国务院学位委员会下发了《关于进一步加强高校马克思主义理论学科建设的意见》，进一步强调，马克思主义理论学科是对马克思主义进行整体性研究的学科，其研究的重点是着重进行马克思主义理论整体性研究，着重进行马克思主义各主要组成部分内在关系的研究等。辽宁大学马克思主义学院房广顺教授认为，"推进马克思主义理论学科建设，要树立整体性的意识，开展整体性的研究，进行整体性的建设。"② 同时处理好整体性研究与各二级学科研究的关系。北京航空航天大学思想政治理论学院赵义良副教授认为，"整体性研究'马克思主义基本原理'，就是在马克思主义理论的整体结构中认识马克思主义基本原理是马克思主义理论的核心组成部分，回答马克思主义基本原理为马克思主义中国化、马克思主义发展史、国外马克思主义研究等提供理论基础和根本方法，回答马克思主义经典著作与马克思主义基本原理是一个整体。经典著作是基本原理的来源，基本原理是经典著作的理论概括。"③ 吉林大学马克思主义学院王为全、孙旭认为，"中国特色社会主义的基本原理是马克思主义基本原理的当代形态，从而也是马克思主义基本原理学科应当研究的核心问题。这就要求马克思主义基本原理学科在坚持马克思主义的基本价值取向和价值态度的同时，面向其他学科保持一种开放的姿态，同时自觉地立足中国的文化资源与实践经验，建构指导当代中国实践的马克思主义基本原理的当代形态。"④ 此外，还有很多学者分析了当前马克思主义基本原理学科整体性研究和建设的不利因素，如教师的原有知识结构和教育背景很难适应"整体性"要求等；很多学者探讨了加强马克思主义基本原理整体性教育的途径和方法，如对教师进行专题培训，编写示范性教辅资料等。

（2）学科建设与研究的理论性（学术性）与实践性（现实性）

马克思主义基本原理学科理论性（学术性）与实践性（现实性）一直是学界广泛关注的问题。学界普遍认为，理论性（学术性）与实践性（现实性）是辩证统一的。

教育部社科中心朱喜坤认为，现实性和学术性事关马克思主义理论学科的生存与发展，学术性体现马克思主义理论学科的科学化水平，是学科存在的基础和前提；现实性决定马克思主义理论学科的可持续发展水平，关系着学科发展的支撑与意义。学术性与现实性共存于马克思主义理论学科建设之中，是一个问题的两个方面，是辩证统一的。[①]

有部分学者在坚持理论性（学术性）与实践性（现实性）辩证统一的同时，更为强调学科的实践性，更为强调理论为现实服务。在全国马克思主义理论学科建设创新研讨会上，专家学者认为，"马克思主义理论学科建设之所以取得显著成就，主要源于正确认识和把握了时代特征与基本国情，坚持以辩证唯物主义和历史唯物主义为理论基础，坚持理论为现实服务。尽管学界对马克思理论研究的路径不同，但最终都要关心中国问题，使马克思主义理论研究为现实生活服务。针对中国社会发展出现新情况、新问题，通过对马克思理论的研究，对当代人类发展提出新思想、展现新智慧。因此，学科创新发展必须坚持学术性与现实性的统一，不能盲目地为了学术性而淡化现实性，要突出马克思主义研究的时代感和现实性。"[②] 苏州大学马克思主义学院姜建成教授认为，"目前，高校马克思主义理论学科建设的一项重大使命和紧要任务，就是要增强马克思主义理论研究向实践转化的自觉性，努力做好马克思主义理论研究向实践转化工作。坚持理论联系实际，既是马克思主义理论学科建设的根本原则，也是马克思主义理论学科建设的根本方法。马克思主义理论学科建设的内在动力在于马克思主义理论研究是否与社会发展实践相结合，是否符合人民群众创新实践的实际需要。"[③]

此外，专家学者普遍认为，学科建设要高度重视规范化、科学化，要处理好学科建设与学术研究的关系，处理好学科建设与人才培养的关系，要大胆借鉴国外马克思主义研究的理论成果。

二　重大问题研究进展

2013 年学界在承继以往研究成果的基础上，在基础理论研究、重要原理研究方面取得了重要进展，在运用马克思主义基本原理展开现实问题研究方面亦有突出表现。

1. 基础理论研究

（1）关于马克思主义基本原理研究

关于马克思主义基本原理的界定、内容概括等是基本原理学科理论研究的重大问题。2013 年度，学界进一步推进了这个问题的研究。首先表现为：强调从理论体系等整体性高度把握马克思主义基本原理，成为学术界的普遍共识。如东北师范大学马克思主义学部杨志平、胡海波教授提出可以从三个向度展开研究："从各个组成部分的内在

①　朱喜坤：《马克思主义理论学科建设的学术性与现实性之辩》，《学校党建与思想教育》2013年第 6 期。

②　张国启：《全国马克思主义理论学科建设创新研讨会述要》，《中共党史研究》2013 年第 8 期。

③　姜建成：《马克思主义理论学科建设的根本：理论研究向实践转化》，《思想理论教育导刊》2013 年第 3 期。

有机联系来把握整体性的贯通性研究，从其形成、丰富和发展来把握整体性的过程性研究，以实践为视域从理论与实践相统一中把握其整体性的实践性研究。"① 梅荣政在进一步揭示马克思主义基本原理与发展了的理论形态、与各主要部分的原理之间关系的基础上，指出："现在还需要进一步做的事情，就是要进一步研究这些原理之间的联系和转化，即科学体系问题。"② 东南大学马克思主义学院的李晓东、江德兴认为，"马克思主义基本原理体系以实践范畴为逻辑起点，实践范畴内在矛盾的历史展开，形成了马克思主义基本原理体系四个层次的逻辑结构，而作为贯穿各个层次的核心线索则是关于人的全面发展和解放的诸多原理。"③ 山东师范大学政治与国际关系学院王青强调准确科学地界定马克思主义基本原理的内容体系是我们建设马克思主义理论学科的前提和基础，"应从原创性与经典性、整体性与综合性、时代性与发展性相统一的角度准确把握'马克思主义基本原理'的内容体系。它是马克思主义经典作家从历史和逻辑发展的维度在经典文本中阐释的关于马克思主义基本立场、基本观点和基本方法的高度概括的理论体系，它是包括马克思主义哲学、政治经济学和科学社会主义三个组成部分的具有高度统一性和综合性的逻辑严密的理论体系。"④ 袁贵仁、杨耕从马克思主义哲学基础理论研究角度，强调其综合统一性："马克思主义哲学是无产阶级解放和人类解放的高度统一，它使哲学的理论主题从'世界何以可能'转向'人类解放何以可能'；马克思主义哲学是形而上学批判、意识形态批判和资本批判的高度统一，这三种批判的高度统一是马克思主义哲学独特的思维方式和存在方式；马克思主义哲学是实践唯物主义、辩证唯物主义和历史唯物主义的高度统一，是以改造世界为宗旨的新唯物主义。"⑤

其次，强调立足于实践发展、从历史的高度把握马克思主义基本原理。如复旦大学社会科学基础部副主任、副教授吴海江认为："界定'马克思主义基本原理'，不能只停留在概念的抽象分析上，而应该从马克思主义在中国的传播和本土化的历史情境中把握'马克思主义基本原理'的深刻内涵。历史地看，与中国具体实践相结合、指导中国社会主义革命和建设的'马克思主义基本原理'实应是'马克思列宁主义普遍真理'，其核心是马克思的唯物史观和列宁的国家与革命学说。"⑥ 上海大学社会科学学院院长王天恩教授认为，"马克思主义所有制理论、剩余价值学说、劳动价值论都是马克思主义基本原理中既具核心地位，又在中国特色社会主义实践中具有重要时代意义的重大理论"，"从人和社会的需要和发展出发，整体理解历史进程，我们就能更好地展开马克思

① 杨志平、胡海波：《马克思主义基本原理整体性研究的文化自觉》，《思想理论研究》2013 年第 10 期（上）。

② 梅荣政：《论马克思主义基本原理的几个问题》，《马克思主义研究》2013 年第 3 期。

③ 李晓东、江德兴：《马克思主义基本原理体系的逻辑与结构》，《东南大学学报》（哲学社会科学版）2013 年第 3 期。

④ 王青：《论多角度视域下马克思主义基本原理的内容体系》，《山西师大学报》（社会科学版）2013 年第 5 期。

⑤ 袁贵仁、杨耕：《马克思主义哲学：我们时代的真理和良心——纪念马克思逝世 130 周年》，《哲学研究》2013 年第 1 期。

⑥ 吴海江：《马克思主义基本原理若干理论问题探讨》，《马克思主义研究》2013 年第 3 期。

主义基本原理的内在逻辑。"① 吉林大学马克思主义学院王为全教授等指出："中国特色社会主义的基本原理是马克思主义基本原理的当代形态，从而也是马克思主义基本原理学科应当研究的核心问题。"②

（2）关于马克思主义整体性研究

2013 年度，马克思主义整体性研究没有停留在以往的关于重要性、意义及研究路径等问题的泛泛讨论上，而是在吸取、总结以往研究成果的基础上，进一步深入探讨如何展现、如何诠释马克思主义整体性，并提出真正体现马克思主义整体性的理论成果。主要表现在：一是强调分视角研究整体性。如程恩富等提出从 13 个视阈展开对马克思主义全方位的整体性研究，包括定义整体性研究、综括性研究、统一性研究、层次性研究、发展性研究、实践整体性研究、互动性研究、分类性研究、学科性研究、分科性研究、国别性研究，等等。③ 复旦大学社会科学基础部胡江东认为，"马克思主义理论整体性研究主要有理论结构、理论发展、理论逻辑、国外研究等视角。不同的研究视角之间存在着方法论、研究侧重点、理论解蔽程度等方面的差别。马克思主义理论整体性的研究应以其总问题为统领，有机结合多样视角，并借鉴国外马克思主义的优秀成果来开展。"④ 二是强调分层次研究整体性。如张雷声指出："从学科建设上看，它分为三个层次，即马克思主义理论整体性、马克思主义理论学科整体性、思想政治理论课整体性；从整体性的内涵上看，它有三个方面，即方法的整体性、逻辑的整体性和历史的整体性；从马克思主义发展的特性上看，它表现为马克思主义史的整体性发展和马克思主义理论的整体性发展。"⑤ 三是强调从总体结构、有机统一体角度理解马克思主义整体性。吉林大学哲学基础理论研究中心暨哲学社会学院教授王福生认为，马克思主义整体性及其内在结构可以概括为"一体两翼"格局，"所谓'一体'指的是对资本主义社会的政治经济批判，所谓'两翼'分别是指社会主义理念和意识形态批判，它们密切关联，一起构成了马克思一生的思想事业。"⑥ 再如华东政法大学政治理论部副教授徐家林认为，整体性马克思主义是科学、价值与方法的统一，"'现实'的科学知识不仅在于认识社会、'解释世界'，而且在于发现价值，并为'改变世界'（及其方法）、实现理想（价值）提供前提；'理想'（价值）也不是预设，而是科学发现，是人类社会历史发展的必然，'理想'还为'改变'现实的人类实践提供目标；而'改变世界'的'路径'（方法）也不是任意作为，而是以现实为基础，也不是盲无目的，而是以理想为目标。三者联系的这种紧密性，使其构成一个统一的整体，而不是分割的方面。"⑦

"什么是马克思主义"是马克思主义整体性研究中必然涉及的一个核心问题，可以

---

① 王天恩：《马克思主义基本原理研究的三项进展及其启示》，《毛泽东邓小平理论研究》2013 年第 11 期。

② 王为全、孙旭：《探索马克思主义基本原理的当代形态》，《理论与现代化》2013 年第 6 期。

③ 程恩富主编：《马克思主义整体性新论》，中国社会科学出版社 2013 年版，第 1—2 页。

④ 胡江东：《马克思主义理论整体性研究视角的比较分析》，《理论界》2013 年第 8 期。

⑤ 《从整体上把握马克思主义——访中国人民大学马克思主义学院博士生导师张雷声教授》，《思想教育研究》2013 年第 7 期。

⑥ 王福生：《马克思主义的整体性及其内在结构》，《天津社会科学》2013 年第 6 期。

⑦ 徐家林：《马克思主义的多视角解读与整体性逻辑》，《马克思主义研究》2013 年第 6 期。

说，整体性研究的根本目的就是为了弄清楚"什么是马克思主义，怎样对待马克思主义"问题。相比较整体性研究，"什么是马克思主义"需要有更高层次的抽象和概括。以往理论界主要是从三个方面界定，即创立主体、学术内涵、社会功能等角度。2013年度学界推进了这个问题的研究，如程恩富等人提出了除创立主体、学术内涵、社会功能之外的第四个层面的定义：价值观念层面。"从价值观念层面定义马克思主义，表明马克思主义理论不仅是工人阶级和劳动人民改造社会的理论武器，而且也是改造人的主观世界、引导价值建设的思想武器。"从价值观念层面定义马克思主义，无论从理论上还是现实上都具有重要意义。从理论上讲，这是"完整实践观的内在要求"，从现实上讲，"从价值观念层面界定马克思主义是增强马克思主义现实引领力的迫切需要"。①

（3）关于经典作家和经典著作研究

经典著作研读在马克思主义基础理论研究中具有重要意义。2013年度，新版《马克思恩格斯选集》（第三版）和《列宁选集》（第三版）隆重出版，为人们研读原著提供了新的第一手材料，这对于中国理论界和学术界来说，是一件具有标志性意义的重要事情。经典原著是人们认识、理解和掌握马克思主义基本原理的根据和源泉。选集的编译再版，为人们学习马克思主义理论提供了篇幅适中、编选科学的读本，受到各界的赞赏和普遍关注。

在经典著作研读方面，2013年度，学界在强调学习经典著作重要性和意义的基础上，就如何进一步研读原著等问题进行了深入探讨。如张雷声、邓春芝、龙晓菲提出了马克思主义理论学科的文献建构问题，并强调马克思主义基本原理学科的文献建构处于基础性的地位，马克思主义创始人的主要著作如《德意志意识形态》《共产党宣言》《资本论》《反杜林论》《社会主义从空想到科学的发展》，以及恩格斯晚年的著作和通信等构成基本原理学科文献建构的主干。② 沙健孙进一步强调："钻研经典作家的原著，就是直接与经典作家交流，直接与经典作家对话。""只有这样，才能了解经典作家的思想形成的根据，才能完整、准确地理解这些思想，才能领略这些思想的深刻性。""只有这样，才能在正确地理解经典作家的有关思想的同时，有效地学习他们观察和处理问题的立场和方法。""也只有这样，才'不会让一些简述读物和别的第二手资料引入迷途'。"③

2008年世界金融危机爆发以来，《资本论》成为理论界研究热点。五年来，带着对资本主义经济危机的现实反思，众多学者回到马克思的《资本论》，学界不断掀起《资本论》研究热潮。2013年度，关于《资本论》的研究继续向纵深展开，达到了新的高度。一方面，学者们的研究视域不仅是西方世界的经济危机现实，更重要的是在当前中国社会主义市场经济发展背景下，资本在中国发展进程中的正负价值日益凸显，如何评判《资本论》对当今社会现实的解释力成为学界《资本论》研究的一个重要内容。2013年度，学者们深化了对这个问题的研究，如复旦大学经济学院沈斐提出，在方法论意

---

①　张建云：《马克思主义定义整体性研究》，《马克思主义研究》2013年第12期。

②　张雷声、邓春芝、龙晓菲：《论马克思主义理论学科的文献建构》，《思想理论教育导刊》2013年第5期。

③　沙健孙：《学习马克思主义历史理论经典著作的意义和方法》，《思想理论教育导刊》2013年第3期。

上《资本论》没有过时，"资本内在否定性"是马克思辩证法在《资本论》中的具体表达，它自身内含"发展"的特质，即"其逻辑展开（研究方法）与历史表达（叙述方法）在实践中相互印证而达成发展中的一致；其生命力和前进力源自现实经济生活中不断生成的矛盾张力"，其旨在为世界经济提供一种唯物史观的演化论认识，为政治经济学理论创新奠定方法论基础。① 中共中央党校经济学部王天义教授认为，"马克思在《资本论》中阐述的关于人类社会发展规律与社会经济形态演进的理论，关于通过三大创新建立由抽象到具体的科学经济理论体系的方法，关于社会化大生产中生产、分配、交换和消费辩证关系的分析，对于我国社会主义市场经济理论创新，对于我国经济发展方式由数量扩张向质量提升转变，都具有重大的现实意义"。② 另一方面，深入挖掘《资本论》中蕴含的丰富思想，进一步阐释马克思主义基本原理，是当前《资本论》研究的另一个重要内容。2013 年度，学者们深化了对这个问题的研究，如北京大学哲学系赵家祥教授就《资本论》及其手稿中的生产方式概念、生产关系理论、资本逻辑与马克思的三大社会形态理论等进行了深入研究，总结出一些有益的启示。③ 关于《资本论》的方法论原则则有更多学者关注并进行了深入探索，如吉林大学马克思主义学院吴宏政教授认为，"《资本论》作为马克思所特有的逻辑学，包含三个层次的逻辑，即作为'铁的必然规律'的知性因果逻辑，作为'资本存在论'的思辨逻辑以及作为'人类解放'的自由逻辑"；④ 北京大学哲学系仰海峰教授认为，"对马克思思想的深度解释，必须以资本逻辑为核心来展开。同样，对马克思哲学中的时间范畴，也只有在资本逻辑的基础上，才能作出清晰的阐明"。⑤ 此外，面对《资本论》的研究热潮，有些学者进行了冷静的反思，如聂锦芳指出，有些解读者研究《资本论》的目的，"不是为了或者不仅仅是为了弄清马克思文本及其思想的原始状况，而首先在于寻找对现有问题的说明、解释和论证"，所以就"根据当代问题到文本中去寻章摘句。毫无疑问，按照这样一种解读思路，文本本身只被置于工具或者手段的地位，《资本论》思想的完整性必然被肢解。"⑥ 南京大学马克思主义社会理论研究中心暨哲学系副教授孙乐强分析了在西方学术界《资本论》的形象出现的四重"分裂"，提出我们需要"立足于当下中国现实来重新理解《资本论》的历史贡献及其当代价值，重构《资本论》的内在形象"。⑦

2. 重要原理研究

（1）历史唯物主义原理、应用及拓展研究

2013 年度，关于唯物史观的研究仍然表现在两个大方面，一是原理研究，二是

---

① 沈斐：《〈资本论〉在何种意义上与我们同时代——〈资本论〉的方法及其当代发展》，《经济学家》2013 年第 6 期。

② 王天义：《论〈资本论〉的当代价值》，《当代经济研究》2013 年第 11 期。

③ 赵家祥：《〈资本论〉及其手稿中的生产方式概念》，《北京行政学院学报》2013 年第 4 期；《〈资本论〉及其手稿中的生产关系理论》，《新视野》2013 年第 4 期；《资本逻辑与马克思的三大社会形态理论——重读〈资本论〉及其手稿的新领悟》，《学习与探索》2013 年第 3 期。

④ 吴宏政：《为什么说〈资本论〉是马克思的逻辑学》，《学习与探索》2013 年第 8 期。

⑤ 仰海峰：《资本逻辑与时间规划——基于〈资本论〉第一卷的研究》，《哲学研究》2013 年第 2 期。

⑥ 聂锦芳：《〈资本论〉研究的"当代"视角省思》，《光明日报》2013 年 8 月 27 日，第 11 版。

⑦ 孙乐强：《〈资本论〉形象的百年变迁及其当代反思》，《马克思主义与现实》2013 年第 2 期。

应用研究。马克思主义唯物史观以实践为基础，将唯物主义应用于人类社会历史领域，具有巨大的现实解释力和说服力，因此，本年度关于唯物史观的研究突出体现在人们以唯物史观为视角和理解问题的思维框架，运用唯物史观的基本原理解释现实问题，从具体的如消费问题、群众利益、民生幸福、人口发展、生态建设等到一般性理论问题如社会发展问题、社会主义本质观、科学发展观等，在现实意义上彰显了历史唯物主义的理论力度。例如，中国人民大学哲学院教授张文喜认为，马克思主义唯物史观语境中的正义理论，"说它是相对正义论、阶级正义论或流俗正义论，目的都是要把唯物史观正义概念的伦理价值归属于实用性真理；就其本质而言，如果唯物史观也谈论正义，那么它的谈论是立足于实践存在论意义的阐发。它的谈论方式与现代政治哲学具有迥然不同的内涵。"①

历史唯物主义作为马克思主义最为重要的原理之一，其本身的研究也获得了极大关注，学界以时代发展为背景对诸多具体原理进行深入挖掘的同时，还根据时代发展需要，开拓新的研究视角，进一步丰富了历史唯物主义理论。2013 年度学者们关注较多的，一是历史唯物主义的学科性质、理论特征、历史唯物主义表述与称谓等。例如，关于历史唯物主义的学科性质问题，吉林大学哲学社会学院庄忠正认为，我们需要在历史科学的视域下重新审视历史唯物主义的理论特征，进而彰显历史唯物主义的"科学性"。②南京政治学院马克思主义学院讲师许恒兵认为，历史唯物主义本身同时包含着两个层次，"即其既包括用以指导我们理解整个人类历史的一般认识论和方法论原则，同时也包括在其指导下把握现实历史过程所形成的具体理论。两个层次分别体现了不同的学科性质，即前者体现为哲学层次，后者体现为科学层次。两个层次的内在统一共同铸就了据以通达社会现实，并内涵着现实批判功能的'真正的实证科学'。"③关于历史唯物主义表述，安启念认为，除了马克思1859 年《〈政治经济学批判〉序言》的一段话作为唯物史观的"经典表述"之外，"马克思、恩格斯在《德意志意识形态》中还有一段话专门阐述唯物史观，其思想与前者基本相同，但又有重要区别。对这两次重要表述加以比较，可以深化我们对唯物史观的理解，具有重要的理论意义"。④关于历史唯物主义的称谓，华中师范大学马克思主义学院杨丽珍认为，将马克思历史观称为唯物主义历史观、唯物史观或历史唯物主义的根据不足，认为马克思历史观的本质特征是从物质实践出发研究人类社会本身所固有的现实的本质的联系，它所奉行的哲学原则已不是一般的、旧唯物主义的原则——物质第一性，意识第二性，而是新唯物主义即实践唯物主义的原则——物质实践活动第一性，意识第二性。实践唯物主义优于旧唯物主义，马克思历史观应该称为"实践唯物主义历史观"。⑤关于历史唯物主义与唯物史观两个概念的关系是学界长期以来有争议的问题，黑龙江大学哲学系教授张奎良提出，历史唯物主义与唯物史观是两个有区别的概念，首先，二者研究对象不同，历史唯物主义的锋芒所

① 张文喜：《唯物史观语境中的正义理论之基本特征》，《马克思主义与现实》2013 年第 5 期。

② 庄忠正：《历史唯物主义的"科学性"》，《社会科学家》2013 年第 6 期。

③ 许恒兵：《重新理解"历史唯物主义"的学科性质》，《中国矿业大学学报》（社会科学版）2013 年第 1 期。

④ 安启念：《唯物史观思想两次重要表述比较研究》，《学术月刊》2013 年第 6 期。

⑤ 杨丽珍：《马克思历史观的称谓之辩》，《哲学研究》2013 年第 2 期。

指是经济唯物主义，主要是强调阶级斗争和政治上层建筑在历史发展中的作用。唯物史观主要是针对唯心史观，它以全部人类历史演进为对象，是从生产方式和经济关系的变革出发对历史发展的唯物主义说明。其次，二者学科性质不同，存在着意识形态性和科学性的差别与纠结。最后，二者研究目的和路径不同。历史唯物主义以近代以来的历史为背景，唯物史观在推出历史唯物主义之后，重点已转向人类原生形态以及诸如种族、土地、家庭、伦理、文化、宗教等部门的实证研究。①

二是历史唯物主义空间理论。空间理论是近几年学界关于历史唯物主义研究的一个新视角，2013 年度，有更多学者探讨并深化了这个问题的研究。首先，学者们进一步深化了对历史唯物主义空间理论的理解，如苏州大学哲学系教授庄友刚指出，历史唯物主义视野的空间生产研究既是客观实践发展的要求又是理论逻辑发展的需要，既是空间生产的当代发展所提出的时代理论任务又是历史唯物主义实现当代出场的根本要求。空间生产实践的当代发展与历史唯物主义的理论特质共同造就了空间生产的历史唯物主义研究的必要性。同时，他提出了如何开展历史唯物主义视野的空间生产问题的基本研究构架，即可以从空间生产与物质生产逻辑关系的理论阐释、空间生产视角的生产方式分析图式的重构、当代空间生产视阈中资本批判三大基本的方面展开。② 其次，有多位学者结合《资本论》的研读分析了马克思的空间理论，从不同角度深化了对马克思空间理论的认识。如孙乐强指出，马克思"从政治经济学批判出发，为我们新时期积极推进历史唯物主义的空间化研究开辟了独特的理论视角"。③《学习与探索》杂志社编审高云涌等提出，"商品生产和流通的'场所'是马克思所使用的空间概念的基本内涵"，"作为发展的各种可能性集合的可能空间或发展空间是其空间概念的一种喻义和引申义；隐含在马克思文本中的作为人与人的社会关系总和的关系空间是其空间概念的另一种喻义和引申义"。④ 广州大学马克思主义理论研究中心教授胡潇全面梳理了马克思的空间理论，指出"马克思是依据生产方式的历史变迁，从对生产力与生产关系给空间之双重再生产的分析出发，去进行空间社会化重构现象之解析的。马克思极其关注人类社会的不同时期、物质实践的不同状态对生存空间带来不同的生产、构建和形塑，以致可以从生存空间的形态去判定历史发展的分期。"⑤

（2）科学社会主义理论体系及与中国特色社会主义关系研究

科学社会主义理论体系的基本框架、主体内容及其与中国特色社会主义的关系等问题的研究和探讨是近年来科学社会主义理论持续关注和研究的一个重大问题。2013 年度，理论界对此问题的研究进展，主要表现在两个方面：

第一，科学社会主义理论体系研究。中共中央党校科学社会主义教研部王怀超教授

① 张奎良：《恩格斯与历史唯物主义》，人大复印报刊资料《马克思列宁主义研究》2013 年第 2 期。

② 庄友刚：《历史唯物主义视野中的空间生产研究：原则与理路》，《学术研究》2013 年第 7 期。

③ 孙乐强：《〈资本论〉与马克思的空间理论》，《现代哲学》2013 年第 5 期。

④ 高云涌、王林平：《〈资本论〉及其手稿中的三种空间概念》，《吉林大学社会科学学报》2013 年第 5 期。

⑤ 胡潇：《空间的社会逻辑——关于马克思恩格斯空间理论的思考》，《中国社会科学》2013 年第 1 期。

和马克思主义教研部牛先锋教授对新时期以来学术界对科学社会主义的研究对象、逻辑起点、基本范畴和研究方法的研究和探索进行了系统地梳理和总结。他们认为，20世纪80年代中期之后，科学社会主义研究的对象开始扩展，世界社会主义流派的主要观点和中国特色社会主义理论也被纳入科学社会主义研究对象范围之中。新时期理论界对科学社会主义逻辑起点问题的研究以2004年为界可以分为两个阶段：第一个阶段是没有明确概念的研究阶段。大体上有资本主义生产社会化起点论、资本主义矛盾起点论、历史必然性起点论、空想社会主义起点论四种观点。第二个阶段是有明确概念的研究阶段。大体有劳动异化理论起点论、社会化大生产起点论两种观点。关于科学社会主义的基本范畴大体包括"两个必然"与"两个决不会"；社会基本矛盾或者社会化大生产；阶级和政党；战争、和平与革命；物质文明、精神文明、政治文明；改革、开放，对外关系，民族、宗教等。如果把学科大概念作为学科基本范畴，则包括社会主义、科学社会主义、中国特色社会主义这一组逐步深化和具体化的概念。[①] 上海市委党校马克思主义研究院袁秉达教授分析了当前科学社会主义理论体系建设存在的问题及解决途径，认为，学科定位游离于广义和狭义之间，基本概念具体指向不确定，被中国特色社会主义挤压和取代，是当前科学社会主义学科建设面临的紧迫问题，科学社会主义学科要做到与时俱进，必须重新界定学科研究对象，合理确定学科研究的逻辑起点。[②]

第二，科学社会主义理论与中国特色社会主义理论的关系。徐崇温认为，中国特色社会主义之所以取得了举世瞩目的巨大成就，其根源在于坚持和发展了科学社会主义，突出地表现在中国特色社会主义把坚持社会主义同坚持解放思想、中国国情以及时代特征相结合。[③] 赵曜指出，和中国特色社会主义相联系和对应的科学社会主义的基本原则主要有：社会发展需要划分阶段、生产力的高度发展、要实行生产资料公有制、按劳分配、对社会生产有计划的调节、要实现共同富裕、消灭一切阶级、要以工人阶级的意识形态作为社会的统治思想、社会主义社会是经常变化和改革的社会、党是社会主义事业的领导核心、人的全面发展是最高价值目标。中国特色社会主义，既坚持了科学社会主义基本原则，又根据时代条件赋予其鲜明的中国特色，是对科学社会主义基本原则的创造性运用和发展。[④] 包心鉴认为，中国特色社会主义道路，是对科学社会主义运动的传承与超越；中国特色社会主义理论体系，是对科学社会主义理论的传承与超越；中国特色社会主义制度，是对科学社会主义制度设计的传承与超越。[⑤] 北京大学马克思主义学院闫志民教授认为，传统社会主义主要有两种典型形态，即苏联式的社会主义和中国式的社会主义。从世界社会主义发展的历史趋势来考察，中国特色社会主义是科学社会主

① 王怀超、牛先锋：《科学社会主义的逻辑起点和基本范畴——新时期以来科学社会主义研究和学科建设的新进展》，《教学与研究》2013年第2期；《科学社会主义的研究对象——1978年以来我国学术界研究状况述评》，《科学社会主义》2013年第1期；《改革开放以来科学社会主义学科研究方法的新进展》，《社会主义研究》2013年第2期。

② 袁秉达：《当前科学社会主义学科建设的困境与出路》，《科学社会主义》2013年第1期。

③ 徐崇温：《中国特色社会主义坚持和发展了科学社会主义》，《理论视野》2013年第2期。

④ 赵曜：《中国特色社会主义是科学社会主义基本原则的创造性运用和发展》，《科学社会主义》2013年第2期。

⑤ 包心鉴：《传承与超越：从科学社会主义到中国特色社会主义》，《理论视野》2013年第2期。

义的当代社会制度形态的代表，是科学社会主义在中国的最新发展。[①] 北京大学马克思主义学院李健、孙代尧教授认为，从科学社会主义到中国特色社会主义理论体系的发展可以用源流关系来概括。就邓小平理论与科学社会主义的关系而言，科学社会主义学说是源，邓小平理论是流；就"三个代表"重要思想与科学社会主义执政党学说的关系而言，后者是源，前者是流；就科学发展观与科学社会主义发展理论的关系而言，科学社会主义发展理论是源，科学发展观是流。科学社会主义也因此与中国特色社会主义理论体系存在源流关系。[②]

（3）劳动价值论理论及其适用性研究

2013 年学术界除对劳动价值论及其扩展进行理论研究外，还进一步从劳动价值论与现实问题关系出发，重点研究劳动价值论的适用性问题。对于劳动价值论的适用性问题，冯金华研究了现实经济现象的联合生产中的价值决定问题，并指出，劳动价值论适用于联合生产，马克思的劳动价值论，特别是社会必要劳动时间决定商品价值量的原理，从传统的单一生产领域推广到联合生产的情况可以说明联合生产中的价值决定问题，联合生产中的价值决定方式其实就是非联合生产中的价值决定方式的推广，说明劳动价值论不仅适用于传统的非联合生产也适用于联合生产，是一个"普适"的科学理论。[③] 马艳等人从现实经济活动出发，分析了联合生产中"负价值"的现代价值并对其内涵进行新界定，以新的假定条件为突破口，认为如果从环境生产角度考察联合生产，可以发现与"负使用价值"（污染物）相对应的"负价值"的存在并不违反劳动价值论。[④] 吉林大学商学院丁重扬、吉林财经大学经济学院教授丁堡骏认为，在国际贸易领域，马克思的劳动价值论仍然适用，不过不是在原始的国别价值形式上，也不是在国别市场价值和国别生产价格的形式上起作用，而是在国际价值、国际市场价值和国际生产价格等转化形式上发挥作用，在国际商品交换领域，即使遵循等价交换原则，商品按国际价值、国际市场价值或国际生产价格进行交换，其结果仍然是价值财富从发展中国家或落后国家向发达国家转移。[⑤] 山东大学经济研究院黄少安教授等人针对中国现阶段劳动贬值带来的不良后果，提出要解决劳动过度贬值问题。劳动在社会价值取向、分配体制和政策上，应先回归马克思劳动价值论，这其中需要看到马克思劳动价值论、斯密劳动价值论的区别和联系。[⑥]

就马克思劳动价值论本身的研究，江西财经大学经济学院许光伟副研究员认为真正的马克思劳动价值论是实践态的历史理论，其要点有二：一是其归根到底是要指向真实对象——历史生产；二是它形成历史与逻辑统一的具体方式是将理论和认识始终看成

① 闫志民：《关于中国特色社会主义与科学社会主义关系问题的再认识》，《教学与研究》2013年第 6 期。

② 李健、孙代尧：《科学社会主义与中国特色社会主义理论体系源流关系论纲》，《中国特色社会主义研究》2013 年第 2 期。

③ 冯金华：《联合生产中的价值决定》，人大复印报刊资料《理论经济学》2013 年第 1 期。

④ 马艳、严金强：《现代政治经济学"重大难题"的理论脉络与新解》，人大复印报刊资料《理论经济学》2013 年第 3 期。

⑤ 丁重扬、丁堡骏：《试论马克思劳动价值论在国际交换领域的运用和发展》，《毛泽东邓小平理论研究》2013 年第 4 期。

⑥ 黄少安、韦倩：《劳动贬值与回归"劳动价值论"》，《社会科学辑刊》2013 年第 2 期。

"被生产的"，服从一个总的认识对象范畴——生产关系，由此，范畴的方法不过是在例解与说明历史的方法。马克思劳动价值论的实践命题消解了各种形式主义争论，使理论域的逻辑争议问题还原为实践域中的历史认识问题。[①] 马艳等人针对百年来挑战马克思主义劳动价值论的三大问题，即劳动生产率与价值量变动关系之谜、价值转形之争，以及平均利润率变动规律之疑，指出从现实经济活动出发，以新的假定条件为突破口，运用新的研究方法进行研究可以得出：劳动生产率与商品价值量的关系在不同的社会经济条件下将表现出"成反比"、"成正比"等多种不同状态，这既包含马克思主义经济学的经典解释，也可以分析新时期出现的"成正比"状态；价值转形是一个长期的动态过程，并可能出现多种状态，这将包容价值转型问题百年之争的不同解法；随着不同时期资本有机构成内涵的变动，平均利润率将出现上升、下降和不变三种变动趋势，这恰是资本主义经济危机与繁荣交替的现实表现。[②]

针对劳动价值论的扩展问题，中共广州市委党校朱殊洋教授实证检验了程恩富教授提出的新的活劳动形成价值的假说，指出该假说根据劳动复杂度与价值、劳动复杂度与劳动生产率的关系，对形成价值的劳动进行了合乎逻辑的扩展。[③] 西南财经大学经济学院蒋南平教授等人将近些年国内学者对劳动价值论研究形成的八种理论归为四大学派：拓展派、综合派、质疑派、否定派，指出不能脱离马克思的理论框架来发展劳动价值论，这些学派中的一些观点偏离了马克思劳动价值论及马克思主义经济学相关理论，尤其是背离了马克思经济学理论的基本逻辑框架来发展或重新解读劳动价值论，给我国经济社会发展带来不少理论与实践问题，因此推进我国社会主义现代化健康快速发展，必须以马克思经济学理论的逻辑框架为根基，坚持和发展劳动价值论。[④] 中共中央党校经济学教研部陈文通教授则针对当前"拓宽"劳动价值论的呼声指出，"拓宽"的实质是力图把实现商品形态变化的劳动和生产商品的劳动混为一谈，把上层建筑、意识形态领域的劳动和生产商品的劳动混为一谈，把精神生产劳动和物质生产劳动混为一谈，把一切社会关系都看作是商品交换关系，"拓宽"的要求在理论上是不科学的，在实践上是没有意义的，因此，应科学认识价值的内涵和本质，把创造价值的职能和不能创造价值的职能、物质生产劳动、生产劳动和创造价值的劳动等区别开来，总的来说劳动价值论不宜拓宽。[⑤]

（4）剩余价值论理论与现实研究

加深对剩余价值论的理论及现实问题的探讨，尤其是将剩余价值论与唯物史观结合起来进行研究成为 2013 年学界剩余价值论研究的主要内容。对于剩余价值论的理论及与现实问题的探讨，中国科学院测量与地球物理研究所郝晓光研究员认为从根本上彻底

① 许光伟：《是矛盾的对偶，还是历史的发生？——兼评〈实体与形式对偶的劳动价值论〉》，《政治经济学评论》2013 年第 3 期。

② 马艳、严金强：《现代政治经济学"重大难题"的理论脉络与新解》，人大复印报刊资料《理论经济学》2013 年 3 期。

③ 朱殊洋：《对"新的活劳动形成价值假说"的数理分析》，《马克思主义研究》2013 年第 5 期。

④ 蒋南平、崔祥龙：《不能脱离马克思的理论框架来发展劳动价值论》，《经济纵横》2013 年第 10 期。

⑤ 陈文通：《劳动价值论不宜拓宽》，《经济纵横》2013 年第 1 期。

解决"人的问题"，仅仅从政治经济学而不是从哲学上去发展剩余价值学说，是无法继承剩余价值学说真谛的，因此研究建立马克思主义剩余价值哲学，最基本的哲学任务就是要认识马克思主义哲学的"人性范畴"和"人的基本矛盾"，从根本上彻底解决"人的问题"，构成剩余价值哲学的基本范畴是物性范畴和人性范畴，构成剩余价值哲学的基本矛盾则是社会基本矛盾和人的基本矛盾，马克思主义剩余价值哲学的"物性范畴"和"人性范畴"是高度统一的，"社会基本矛盾"和"人的基本矛盾"也是高度统一的。① 南开大学马克思主义教育学院杨晓玲教授从马克思剩余价值理论再认识出发研究了和谐社会构建问题，指出马克思经济学在两个层面上对资本主义经济关系展开分析：即对早期资本主义劳动不平等及对立关系的研究和在唯物史观及唯物辩证方法论基础上，对资本主义劳动及分配关系的一般性分析与研究。马克思主义经济学不仅研究了早期资本主义对立发展的经济关系，也探讨了包括劳动合作与和谐发展的商品经济一般的理论，并提供了认识该问题的基本认识方法。马克思经济学关于经济权利的核心观点、关于崇尚劳动创造，以及劳动者通过接受教育和训练积累人力资本的经济思想、关于生产力系统协调均衡发展的思想，以及集约化生产方式的理论，提供了对合作、和谐劳动关系开展积极思考的理论前提。从这个意义上讲，马克思剩余价值理论是广义的。②

　　对于将剩余价值论与唯物史观结合起来进行研究，梅荣政分析了恩格斯的《社会主义从空想到科学的发展》（节选二、三部分），阐释了唯物主义历史观的产生和剩余价值学说的发现对科学社会主义产生的意义，指出马克思、恩格斯运用唯物史观的基本原理，发现了剩余价值理论，从而揭示了现代资本主义生产方式和它所产生的资产阶级社会的特殊的运动规律。剩余价值学说的创立，揭示了资本主义社会矛盾运动的规律，找到了实现社会主义的依靠力量和正确途径。这样，科学社会主义产生的两大理论基石即唯物史观、剩余价值论就牢固地奠立起来。③ 张雷声则指出将唯物史观与剩余价值理论的结合是理解马克思主义理论整体性的一个重要视角。在《资本论》创作过程中，唯物史观与剩余价值理论的结合主要体现为唯物史观与经济范畴特性的辩证统一；在《资本论》的理论内容叙述中，唯物史观与剩余价值理论的结合主要体现为唯物史观与资本主义经济矛盾运动的逻辑关联；在《资本论》的理论体系建构中，唯物史观与剩余价值理论的结合主要体现为唯物史观与经济范畴辩证转化的整体关照。唯物史观与剩余价值理论的结合，不仅反映了唯物辩证法在政治经济学领域的应用，而且也说明了剩余价值理论对唯物史观科学性的印证，更重要的是说明科学社会主义是建立在唯物史观与剩余价值理论的结合之上的。④ 孟捷从历史唯物主义出发研究了资本占有剩余价值在什么意义上是不符合（或符合）正义的问题。通过解读马克思的文本可以发现，在马克思那里实

---

① 郝晓光：《在马克思主义中国化的实践中去认识马克思主义剩余价值哲学》，《湖北社会科学》2013 年第 5 期。

② 杨晓玲：《马克思剩余价值理论的再认识与和谐社会的构建》，《教学与研究》2013 年第 11 期。

③ 梅荣政：《唯物史观、剩余价值理论和科学社会主义学说——读恩格斯的〈社会主义从空想到科学的发展〉（节选二、三部分）》，《思想理论教育导刊》2013 年第 2 期。

④ 张雷声：《论唯物史观与剩余价值理论的结合——以马克思〈资本论〉及其创作过程为例》，《学习与探索》2013 年第 8 期。

际上存在着三种不同的正义概念：一是把正义问题限定在既存的生产方式之内，强调只要是符合价值规律的就是正义的；二是以重建个人所有制、按需分配和人的自由或自我实现为规范性原则的正义概念，这种正义概念具有一种跨越历史的一般性价值；三是以一种生产方式在多大程度上推动了生产力发展来判定该生产方式的正义性。其中第三种正义概念可以起到沟通另外两种正义概念的桥梁作用。[1]

3. 现实问题研究

（1）关于"中国问题"的马克思主义思考

马克思主义源于实践、解释和解决现实问题的理论本性，决定了马克思主义基本原理研究的根本任务。通过本体论追问和形而上学玄想，把具体问题抽象到较高层次加以把握，这是人类思维的一个重要方面，但不是马克思主义理论的根本目的。张扬马克思主义改变世界的理论本质，面向中国现实问题，是近几年马克思主义基本理论研究的一个努力方向。2013 年度，理论界深化了"中国问题"的研究，彰显了马克思主义的时代性和现实性。

关于当前马克思主义哲学理论研究面向中国问题的迫切性和必要性，中共中央党校马克思主义理论教研部副教授王虎学等认为："直接而言，明确提出面向中国问题的马克思主义哲学研究并积极倡导这样一种研究路径，主要针对的是当今马克思主义哲学研究中存在并且呈日益严重趋势的自说自话、自娱自乐、门户之见等有悖哲学本性和学术生态的现象。"[2] 中共中央党校马克思主义理论教研部教授李海青认为："正因为当前的马克思主义哲学研究很大程度上对现实问题采取了回避态度，所以其对于改革热点、重点、难点问题几乎提不出任何有见地的、能够超出常人的观点。"[3]

关于什么是"中国问题"，韩庆祥、王海滨认为，哲学视阈中的"中国问题"，是"特指时刻缠绕国人（无时不有）、必须经常面对（无处不在）、常常令人疑惑（根深蒂固）、深刻影响中国发展（深远影响）和决定中国发展（决定命运）的根本问题"。[4] 而广东省社会科学界联合会研究员田丰认为，问题观是一种世界观、一种历史观、一种认识论、一种价值观和一种方法论。问题的哲学是实践哲学、反思哲学、批判哲学，"以问题为中心是马克思主义创新发展的基本出发点"。[5] 清华大学哲学系邹广文教授认为，当代"中国问题"是指改革开放以来中国在特殊的历史境遇和发展环境下所衍生出来的、关涉中国未来社会健康发展的核心问题。我们对当代"中国问题"的审视是在"现代性"这一总题目之下展开的，也就是说，我们所有对于"中国问题"的思考都无法绕过"现代性"问题。[6]

---

① 孟捷：《论马克思的三种正义概念——也谈资本占有剩余价值在什么意义上是不符合（或符合）正义的》，《中国人民大学学报》2013 年第 1 期。

② 王虎学、万资姿：《马克思主义哲学研究须有"中国问题"意识》，《哲学动态》2013 年第 2 期。

③ 李海青：《面向中国问题的中观性社会理论——当代马克思主义哲学中国化的应然形态》，《哲学动态》2013 年第 3 期。

④ 韩庆祥、王海滨：《中国总问题："结构转型"与"力量转移"》，《哲学动态》2013 年第 2 期。

⑤ 田丰：《论问题的哲学》，人大复印报刊资料《哲学原理》2013 年第 2 期。

⑥ 邹广文：《当代哲学如何关注"中国问题"》，《哲学动态》2013 年第 3 期。

那么，如何面向中国问题、如何进行现实问题研究？南开大学哲学院教授阎孟伟认为，不能陷入"总体的遗忘"之中，即"局限在对个别经验事实的直接把握，而没有将这些经验事实置于总体内部各个环节的动态关系中予以考察，因而所形成的看似科学的认识依然不过是对经验事实的抽象的理解"。"将中国社会在其发展中所面临的各种现实问题置于这个总体内部的辩证关系中予以理解，这些问题就不是离散的、各自孤立的现象之总和，而是彼此相关地构成一个有着内在逻辑的'问题域'。只有把握这个问题域，才能使我们能够依据问题域的内在结构关系认清各种社会现象和社会问题的本质和特征，并进而提供解决问题的有效策略"。① 中南财经政法大学马克思主义学院副教授韩美群认为，"马克思主义大众化的历史使命就是紧紧把握当今中国的时代问题，通过以问题为中心的研讨式方法，使广大人民群众掌握马克思主义的立场、观点和方法，从而以更加自觉的历史主体姿态投入到改革和建设的伟大实践中去"。②

（2）马克思主义生态文明理论与生态文明建设探索

近年来，随着生态环境问题的日益突出，对马克思主义生态文明理论的挖掘和梳理、运用马克思主义生态文明理论指导我国生态文明建设等成为理论研究的一个热点和重点。2013年，理论界对此问题的研究进展有：

第一，对马克思主义生态文明思想和理论的梳理和总结。复旦大学哲学学院余培源教授认为，马克思主义生态理论的主要内容包括："人化自然"思想；科学揭示人与自然关系的历史进程；随着资本主义的发展生态问题日益演变成危机；生产的目的不能只是财富，而是努力促进人的全面发展；对传统经济增长模式的学科基础进行分析批判。③ 海南师范大学马克思主义学院王明初教授等人指出，马克思创立生态文明的理论之初，其生态世界观和方法论不是边缘的、局部的，而是处于核心的、基础性的地位，其理论宗旨是关注人类的自由与解放及其自然的解放。马克思主义生态哲学是从根基处彻底瓦解现代工业文明的哲学理念，从而引导我们走向新的文明——生态文明。马克思面向"生态危机"建构的"新哲学"，具有实践性、整体性和时代性三个方面的重要特征。④ 南昌大学经济与管理学院邓水兰教授等人认为，马克思和恩格斯以一种全新的哲学视角对生态文明进行过科学的论述，并形成完整的理论体系。其研究对象是人与自然协调和统一的关系，理论基石是实践观和唯物史观，核心内容是促使人与自然处于一个良性的循环系统、生产力高度发展和优化社会制度是实现人与自然协调发展的重要途径等。⑤ 南京大学哲学系博士研究生张义修指出，马克思、恩格斯从现代生产实践出发，辩证地理解人与自然的关系；他们充分肯定现代工业的历史进步性，认为工业根本地改变了人与自然的关系；他们集中批判了资本主义生产方式的不可持续性及其带来的生态问题，始终将工业对自然的破坏与资本增值的本性联系起来加以理解，并主张通过生产

① 阎孟伟：《关注现实，发展中国马克思主义哲学》，《哲学动态》2013年第2期。

② 韩美群：《中国的时代问题与马克思主义大众化》，《江汉论坛》2013年第9期。

③ 余培源：《生态文明：马克思主义在当代新的生长点》，《毛泽东邓小平理论研究》2013年第5期。

④ 王明初、孙民：《生态文明建设的马克思主义视野》，《马克思主义研究》2013年第1期。

⑤ 邓水兰、温治忠：《马克思主义生态文明理论体系探讨》，《江西社会科学》2013年第5期。

方式变革加以解决,形成了深刻的生态思想。[①] 安徽农业大学人文社会科学学院蒋兆雷副教授等认为,马克思生态思想的基本观点包括:自然对人的先在性思想;人与自然的物质交换思想;自然资源循环利用思想;人与自然矛盾的和解思想。马克思的生态思想以实践唯物主义为基础,揭示了自然进化与社会发展之间的内在统一性,提出了人与自然之间的矛盾实质是人与人之间的矛盾关系所引起的利益冲突。[②]

第二,马克思主义指导下社会主义生态文明建设的具体路径。袁银传等人指出,中国特色社会主义生态文明建设必须坚持以人为本、和谐共生的发展理念,超越人类中心主义与生态中心主义的两极对立;必须加快转变传统的经济增长方式与生活消费方式,破解经济增长与环境危机、消费社会与生态文明的现实悖论;必须积极推进科技创新与制度建设,规避生态文明建设驱动乏力与规制缺位的实践困境;大力倡导生态保护的大国责任与环境治理的全球合作,拒斥"生态地方主义"和"环境霸权主义"的狭隘作为。[③] 广东金融学院张春华副教授提出,基于马克思主义生态思想,反思中国微观具体生态制度的缺失,中国需要从政府的生态行政制度建设、生态文明产权制度建设、生态文明监管制度建设和生态文明参与制度建设等四个方面进行生态文明制度建设。[④]

(3) 中国特色社会主义经济学及话语权体系建构

创新发展马克思主义经济学的理论、观点与方法,并以此为指导构建中国特色社会主义经济学体系及学术话语体系的研究进一步深化。张旭等人指出,后马克思主义经济学在批判经典马克思主义中的经济主义倾向时,把对劳动力商品概念的批判作为核心,这种批判是建立在对马克思劳动力商品概念的错误理解之上的。对后马克思主义劳动力商品概念批判进行反批判,才能真正理解后马克思主义经济学和马克思主义经济学的联系与差别。[⑤] 程恩富等人指出中国理论创新、理论研究或政策制定最终应根据国情而定,还须对"世情"有所了解,以此为基础健全和完善中国特色社会主义的经济制度、政治制度、文化制度和社会制度等,如在经济制度建设方面,要不断完善公有主体型的多种类产权制度、劳动主体型的多要素分配制度、国家主导型的多结构市场制度和自力主导型的多方位开放制度这"四位一体经济制度"。[⑥]

如何构建中国特色社会主义经济学体系及学术话语体系,顾海良指出,构建中国特色社会主义经济学,在对象方法上,应以社会主义初级阶段经济关系为研究对象,突出经济制度、经济体制和经济运行的整体研究,把握解放生产力和发展生产力理论基础地

---

① 张义修:《马克思主义生态思想的历史原像与当代阐释——从十八大报告推进"生态文明建设"谈起》,《河海大学学报》(哲学社会科学版) 2013 年第 1 期。

② 蒋兆雷、张继延:《马克思的生态思想及其对我国生态文明建设的启示》,《江淮论坛》2013 年第 6 期。

③ 袁银传、王喜:《马克思主义视域中的中国特色社会主义生态文明建设》,《山东社会科学》2013 年第 8 期。

④ 张春华:《中国生态文明制度建设的路径分析——基于马克思主义生态思想的制度维度》,《当代世界与社会主义》2013 年第 2 期。

⑤ 张旭、常庆欣:《后马克思主义经济学研究反思——以劳动力商品概念分析为例》,《当代经济研究》2013 年第 7 期。

⑥ 程恩富、侯为民:《当前中国七大社会思潮评析——重点阐明创新马克思主义观点》,《陕西师范大学学报》2013 年第 2 期。

位，以"剥离下来"和"结合起来"为方法论要义；在理论结构上，以经济改革论、经济制度论、市场经济论、科学发展论和对外开放论为主导理论。这些主导理论和衍生性理论结合在一起，共同构成中国特色社会主义经济学理论体系。[①] 颜鹏飞等人认为对于马克思的总体方法论进行深入解读，其中包括"思想总体"再现"具体总体"的政治经济学逻辑体系构筑方法，以及关于中介范畴、中介环节和中介运动的理论，深入阐述了以生产力—中介范畴—生产关系模式为特征的研究对象总体论。以此构建中国特色的政治经济学体系，要选择能够使生产力和生产关系平衡发展的中介范畴和突破口，从而推进社会经济的科学发展尤其人的全面而自由的发展。[②] 张宇指出，不仅要坚持马克思主义在我国经济理论和实践中的指导地位[③]，还要在新的世界和历史方位中构建中国经济学学术话语体系；深化对中国社会主义经济发展规律性以及中国的历史、现状和发展趋势的认识，提高认识和改造世界的能力；总结中国特色社会主义经济的实践成果、理论成果、制度成果，使中国经济改革发展的经验升华为科学理论，并使理论得到不断创新发展；巩固和发展马克思主义在意识形态领域的指导地位，加强社会主义核心价值体系建设，巩固全党全国各族人民团结奋斗的共同思想道德基础；等等。[④] 此外，洪银兴指出要增强中国特色社会主义经济学的理论自信，改变没有自信，甚至千方百计要把西方经济学范畴放到中国特色社会主义经济学中的状况；[⑤] 林岗认为，发展中国的经济学必须有鲜明的马克思主义经济学倾向性，要坚持马克思主义的真理，要敢于对西方经济学说不；[⑥] 邱海平主张面对西方发达资本主义国家的发展趋势、社会主义市场经济等国内外现实，努力创新中国政治经济学。[⑦]

（4）公有制主体地位与国有企业的评判

理论界围绕如何认识公有制、坚持公有制主体地位，国有企业性质、效率与发展等问题展开研究，并对一些质疑、错误观点的实质进行了揭露和批判。在如何认识公有制方面，周新城指出讲所有制问题，不仅要讲生产资料归谁所有，还必须讲生产资料同劳动力相结合的方式，由此公有制不仅要在法律上规定生产资料归劳动人民共同所有，而且要在生产过程中建立起平等互助合作的关系，没有这种经济关系，就谈不上公有制。[⑧] 对于公有制的主体地位，程恩富等人指出必须坚持并重视公有制经济的地位和作用，不断壮大国有经济，振兴集体经济，提高劳动收入份额，采用各种综合调节措施，

---

① 顾海良：《马克思经济学的对象与中国特色社会主义经济学的创新》，《当代经济研究》2013年第6期。

② 颜鹏飞、刘会闻：《关于马克思主义政治经济学研究对象和研究方法的新思考》，《福建论坛》（人文社会科学版）2013年第8期。

③ 张宇：《坚持马克思主义在我国经济理论和实践中的指导地位》，《红旗文稿》2013年第18期。

④ 张宇：《在新的世界和历史方位中构建中国经济学学术话语体系》，《政治经济学评论》2013年第1期。

⑤ 洪银兴：《增强中国特色社会主义经济学的理论自信》，《政治经济学评论》2013年第1期。

⑥ 林岗：《坚持马克思主义的真理》，《政治经济学评论》2013年第1期。

⑦ 邱海平：《面对现实，努力创新》，《政治经济学评论》2013年第1期。

⑧ 周新城：《怎样理解生产资料所有制——兼谈关于公有制的几个认识问题》，《学习论坛》2013年第6期。

以便制止贫富分化和促进全体人民的共同富裕，以消除全社会所有制结构中公有制经济较快下降、私有制经济大幅上升的根本性变化。① 宗寒认为坚持公有制为主体需进一步发展壮大国有经济和集体经济。② 何干强指出必须认清"公有制为主导"论的实质是从根本上否定这个制度的公有制经济基础，刨掉共产党的执政根基，改变中国共产党的阶级性质，这绝不是在推进社会主义基本经济制度的完善，而是要从根本上否定这个制度的公有制经济基础，因此应当贯彻党中央关于自觉划清"马克思主义同反马克思主义的界限"的精神，增强对这类所谓"改革建议"的识别能力。③

对于国有企业的认识，卫兴华等人指出，否定国有经济是社会主义经济、主张私有经济是社会主义经济的观点是毫无理论和实现基础的，必须明确国有企业是社会主体经济制度的基础内容，肯定国有企业的重要地位和作用，要准确把握十八届三中全会《决定》的精神，排除新自由主义的解读。④ 何干强强调不应把国有企业称为垄断企业，这主要与一些人照搬西方资产阶级经济学有关，是一种概念上的混淆，是要否定作为公有制经济核心的国有经济，否定新中国法律的有关庄严规定；搬用西方经济学的垄断范畴是理论上的倒退。只要帝国主义经济形态及其经济基础依然存在，汉语中垄断这个词的科学含义就应与之适应，不容随意改变。⑤ 丁冰指出不应用西方"行政垄断论"来贬损国有企业，那种认为我国国企因"行政垄断"而导致低效率是没有说服力的，认为国企依靠"行政垄断"抬高价格而获取高额利润也是缺乏事实根据的。⑥ 张宇等认为国有企业效率的提高是综合实力与竞争力的表现，并在促进社会整体效率方面发挥着关键性作用，⑦ "国企垄断论"之谬在于一些学者常常将国有经济占据绝对优势地位的行业"定义"为"国有垄断行业"或"国有垄断部门"，这种看法有意无意地把市场结构和所有制结构混为一谈。⑧ 胡鞍钢等人构建了"一个标杆、三个层次、五个维度、一种综合指数"的国有企业竞争力评价模型，并从国际比较视角得出的结果显示，国有企业特别是中央企业的经营规模和资产规模大幅度提高，与欧美日企业的相对差距迅速缩小，并实现了对日本的超越；对社会和谐的贡献突出，对公共财政贡献和就业创造贡献产生了极为显著的正外部性，等等。⑨

（5）收入差距与收入分配制度改革研究

近期，理论界对于收入分配的研究日益系统深入，不仅继续探讨了收入差距、贫富差距的性质、原因，还对改革收入分配制度、实现共同富裕等问题进行了研究。对该怎

① 程恩富、张建刚：《坚持公有制经济为主体与促进共同富裕》，《求是学刊》2013年第1期。

② 宗寒：《坚持公有制为主体问题》，《河北经贸大学学报》2013年第2期。

③ 何干强：《"公有制为主导"论的实质——评某位权威人士的"改革建议"》，《政治经济学评论》2013年第4期。

④ 卫兴华、何召鹏：《近两年关于国有经济的地位、作用和效率问题的争论与评析——结合十八届三中全会的〈决定〉进行分析》，《经济学动态》2013年第12期。

⑤ 何干强：《不应把国有企业称为垄断企业》，《毛泽东邓小平理论研究》2013年第5期。

⑥ 丁冰：《再论正确看待国有企业的效率问题》，《马克思主义研究》2013年第2期。

⑦ 张宇、张晨：《如何看待国有企业的效率》，《先锋队》2013年第2期。

⑧ 张宇、张晨：《"国企垄断论"之谬》，《现代国企研究》2013年第7期。

⑨ 胡鞍钢、魏星、高宇宁：《中国国有企业竞争力评价（2003—2011）：世界500强的视角》，《清华大学学报》（哲学社会科学版）2013年第1期。

样认识并衡量收入差距、贫富差距这一问题，中国人民大学哲学院段忠桥教授从马克思在《哥达纲领批判》中关于按劳分配的论述蕴涵着一种不同于剥削不正义的正义观念出发，即由非选择的偶然因素导致的实际所得的不平等是不正义的观念，说明当前中国的贫富差距为什么是不正义的。[①] 对于造成收入差距的原因，湖南商学院唐未兵教授等人通过模型检验了所有制结构变迁对居民收入差距的影响，结果显示非公有化是我国居民收入差距扩大的主要原因，特别是随着公有制经济比重下降至某一水平，持续推进非公有化将加速弱化国有经济缩小居民收入差距的功能。[②] 中国社会科学院马克思主义研究院陈硕颖副研究员认为通过企业部门与政府部门收入份额增长状况的比较分析、国企与非公企业收入份额变化情况的比较分析、国企与非公企业工资差距的比较分析，以及行业层面劳动收入份额降低的原因分解，可以回答出为何收入分配差距扩大的根子不在政府和国企的高收入上。[③] 此外，黑龙江大学经济与工商管理学院乔榛教授则强调收入分配逆向转移所具有的收入差距放大效应是形成中国收入分配差距的不可小视的因素。[④] 厉以宁指出，初次分配上的问题是导致社会收入差距连续扩大而且难以治理的重要原因。[⑤]

对于如何缩小收入差距，实现共同富裕，何干强认为唯有改善所有制关系，如扩大公有制经济在国民经济中的比重才是扭转居民收入差距拉大，促进共同富裕的根本途径。[⑥] 卫兴华则强调加快发展生产力是共同富裕的物质手段，公有制为基础或为主体是共同富裕的制度保证，[⑦] 要遵循共同富裕的原则促进分配公平，市场化改革都不可能实现分配公平。[⑧] 中国社会科学院经济研究所胡家勇研究员等人认为公有制必须发挥它在促进共同富裕上的作用，当前需要抓住三个着力点和重要环节：合理提取和配置国有企业红利，防止国有资本收益内部化、私有化，将更多的国有资本及其收益用之于民；提高国有资本及其收益充实社会保障资金的力度，着力构建社会安全网；合理处置国有土地出让收益，满足保障房建设等民生项目的资金需求。[⑨] 对于改革收入分配制度，中国人民大学经济学院陈享光教授提出要从微观领域、宏观领域共同着手，建立公平与效率协调统一的收入分配制度解决收入差距问题，在微观领域，要建立生产条件分配和收入分配相结合的微观制度，建立自由与管制相结合的市场协调制度；在宏观领域，需要实

① 段忠桥：《当前中国的贫富差距为什么是不正义的？——基于马克思〈哥达纲领批判〉的相关论述》，《中国人民大学学报》2013 年第 1 期。

② 唐未兵、傅元海：《所有制结构变迁对我国居民收入差距的阈值效应》，《马克思主义研究》2013 年第 2 期。

③ 陈硕颖：《收入分配差距扩大的根子在政府和国企的高收入吗？》，《红旗文稿》2013 年第 5 期。

④ 乔榛：《收入分配的逆向转移：中国收入差距扩大的特殊机理》，《学习与探索》2013 年第 6 期。

⑤ 厉以宁：《收入分配制度改革应以初次分配改革为重点》，《全面深化改革开放推进经济持续健康发展——学习贯彻十八大精神笔谈（下）》，《经济研究》2013 年第 3 期。

⑥ 何干强：《论改善所有制关系促进共同富裕》，《中国经济问题》2013 年第 1 期。

⑦ 卫兴华：《论社会主义共同富裕》，《经济纵横》2013 年第 1 期。

⑧ 卫兴华：《遵循共同富裕的原则促进分配公平》，《新视野》2013 年第 5 期。

⑨ 胡家勇、武鹏：《当前公有制促进共同富裕的三个着力点》，《经济学动态》2013 年第 9 期。

行统一的国民待遇制度，相应建立公平与效率协调统一的收入和支出方面的调节制度，同时建立再分配过程中的权力制衡机制。① 中国人民大学经济学院方福前教授认为进一步深化我国收入分配改革，需要抓好发展定位、发展策略和分配改革重点三个方面的转变，当前的改革要特别关注和解决财富占有不公问题。②

（6）政府与市场关系的讨论

作为改革核心问题的政府与市场关系，伴随十八大以及十八届三中全会有关处理两者关系的新要求、新提法成为理论界研究的重点问题。该如何认识政府与市场的关系，卫兴华指出要完善发展社会主义市场经济，应该且必须由政府进行主导，如果自发地完全依靠市场化推行改革与发展，必然会改旗易帜，走向资本主义。③ 胡钧反对用西方经济学有关政府作用是弥补市场缺陷的理论来指导社会主义市场经济体制建设，认为把政府职能只归结为弥补市场缺陷，显然颠倒了主要矛盾和次要矛盾，把政府与市场的地位和作用弄颠倒了，这将导致在贯彻社会主义市场经济体制的实践工作中陷入盲目性，给实际工作带来重大损失，甚至有引向改旗易帜邪路的现实危险，因此，必须确立根据科学发展观要求制定的经济社会发展规划在资源配置上的主导地位，更好地发挥政府作用。④ 程恩富指出分清社会主义与自由主义两种市场决定论，中国特色社会主义的"市场决定作用论"与中外新自由主义的"市场决定作用论"有着天壤之别。应将市场决定性作用和更好发挥政府作用看作一个有机整体，既要用市场调节的优良功能去抑制"国家调节失灵"，又要用国家调节的优良功能来纠正"市场调节失灵"，从而形成高效市场和高效政府的"双高"格局。⑤ 上海社会科学院经济研究所袁恩桢研究员指出中国经济进一步改革，不能走西方"强市场、弱政府"之路，强政府、强市场的"双强模式"，正是社会主义市场经济的重大特点。⑥ 杨承训认为不能简单地将政府和市场理解为彼消此长的加减关系，而是协同"两只手"，必须遏制干扰、破坏"两只手"关系的"第三只手"，即通过违反正常市场交换原则和正常秩序，严重损害他人和社会利益而牟取暴利的行为，并形成一种势力。⑦

对于理顺政府与市场的关系，有些学者不再局限于政府、市场两主体并提出了相关政策建议，如杨承训等人认为要构建社会主义宏观调控资源配置的"三元机制"，从"两只手"协同向"政府主导、科技引领、市场发力、各司其职、形成合力"三元耦合转变。⑧ 胡乐明等人认为理顺市场、政府、社会三者关系，明确各自边际，发挥各自优

---

① 陈享光：《论建立公平与效率协调统一的收入分配制度》，《经济理论与经济管理》2013 年第 1 期。

② 方福前：《抓好三个转变深化收入分配改革》，《教学与研究》2013 年第 4 期。

③ 卫兴华：《市场经济改革理论难点探讨》，《人民论坛》2013 年第 4 期（下）。

④ 胡钧：《政府与市场关系论》，《当代经济研究》2013 年第 8 期。

⑤ 程恩富：《分清社会主义与自由主义两种市场决定论》，《环球时报》2013 年 12 月 10 日。

⑥ 袁恩桢：《政府与市场的"双强模式"是社会主义市场经济的重要特点》，《毛泽东邓小平理论研究》2013 年第 8 期。

⑦ 杨承训：《协同"两只手"必须刹制"第三只手"——处理好政府与市场关系的一个重要问题》，《毛泽东邓小平理论研究》2013 年第 2 期。

⑧ 杨承训、承谕：《论宏观调控和资源配置机制的创新——从析"唱衰中国"、"改革停退"论说开去》，《毛泽东邓小平理论研究》2013 年第 8 期。

势，实现市场调节、政府调节和社会调节的有机结合，在政治、社会、文化、生态等领域，要坚持和完善政府的主导作用，调节市场的作用范围，避免全面市场化。[1] 西北大学经济管理学院白永秀教授等人认为理顺政府与市场关系是深化经济体制改革的核心，这既是市场经济理论发展的内在逻辑，也被我国改革开放以来的实践经验所证实，更是后改革时代化解经济社会矛盾的必然选择。后改革时代理顺政府与市场关系的总体思路是健全和完善"政府—中介组织—企业"这样一个组织架构，其关键是依托中介组织搭建政府与企业之间的桥梁，进而通过规范政府行为、发展中介组织和促进企业发展来处理好政府与市场之间的关系。[2]

三　总体述评

自 2004 年实施"马工程"建设及 2005 年马克思主义基本原理二级学科设立以来，马克思主义基本原理及相关研究取得了重大进展，特别是在基础理论研究上取得了重要成绩，其中最主要的是学者们就通过马克思主义整体性研究来加强对马克思主义的认识和理解、深化马克思主义基本原理研究这一总体思路和要求，取得了普遍共识。整体性研究是马克思主义理论学科的研究重点，是国务院设立、建设马克思主义理论学科的总体要求，也是马克思主义基本原理研究的主导思想和总体原则。近十年来，经过不断努力，学界就马克思主义基本原理学科边界、定位、基本内涵，以及马克思主义整体性研究内涵、意义、路径等基础理论问题进行了广泛探讨，在一些重大问题上取得了共识，极大深化了人们对马克思主义的认识和理解。尽管在一些具体问题上，如什么是马克思主义整体性、如何界定马克思主义基本原理、如何概括马克思主义基本原理内容等存在分歧，但这些都属于在坚持整体性研究的大方向下进一步细化研究所出现的问题。2013年度，学界进一步从整体性角度深化了马克思主义基本原理研究，提出了构建马克思主义基本原理体系、探讨马克思主义基本原理统一性等问题；同时，通过对《资本论》等经典著作的深入解读，深化了马克思主义基本原理研究。

当前马克思主义基本原理研究面临一个重大转折，即在以往的基础理论研究已经取得丰富成果的基础上，如何继续深入推进，深入推进的方向是什么。对这些问题的回答只能到马克思主义理论的本质特征中寻找答案。马克思主义不同于其他理论最鲜明、最根本之处首先在于马克思主义理论的实践性，"立足于实践"是马克思主义理解问题和解决问题的独特方式，也是马克思主义理论科学性的根据。实践思维方式表明：理论本身内在于实践之中，是实践的重要环节。这就决定了马克思主义基本原理研究的学术性与现实性、理论性和实践性、科学性与政治性、价值性与真理性内在统一，是一个有机的整体和过程。因而，马克思主义基本原理研究的任务不仅在于从理论上、逻辑上揭示这种统一性和整体性，而且更重要的是从对现实问题的解释和解决的过程中展示这种统一性和整体性。从近几年马克思主义基本原理学科理论研究的状况看，学界基本把握了

---

[1]　胡乐明、宁阳：《巩固和完善社会主义初级阶段经济运行制度》，《毛泽东邓小平理论研究》2013 年第 1 期。

[2]　白永秀、王颂吉：《我国经济体制改革核心重构：政府与市场关系》，《宏观经济》2013 年第 7 期。

深化基本原理研究的这个必然趋势。2013年度，一方面，基本原理研究重视现实解读，如历史唯物主义原理研究中在历史唯物主义视阈中的诸多现实问题的探讨；劳动价值论研究除对理论本身及其扩展进行研究外，从劳动价值论与现实问题关系出发研究劳动价值论的适用性问题等成为重点。另一方面，学者们对中国问题的积极关注，对公正公平正义等政治理论问题的努力探讨，对社会主义核心价值体系、价值观、生态文明建设等的深入思考，对公有制、国有企业、收入差距与收入分配制度改革等的积极构建，对政府与市场等作用的深度解析，等等，无不表现出对马克思主义基本原理研究的这一努力方向和致思方式。

无疑，当前学界关于马克思主义的理论性与实践性、学术性与现实性的统一性研究取得了重要成绩，但是也存在不足，主要表现是：理论性与实践性、学术性与现实性的统一关系更多表现为抽象的理论统一，缺少具体的现实的统一，学术性研究与现实性研究事实上脱节，或者说，没有真正体现出马克思主义理论研究的学术性和现实性的统一性。从2013年度的研究状况看，一方面，马克思主义基本原理的学术性、理论性研究偏重于宏大叙事，而其现实性、实践性研究又缺乏深度和力度。另一方面，有部分学者在坚持理论（学术性）与实践（现实性）辩证统一的同时，更为强调实践性，更为强调理论为现实服务，在强调政治性、现实性的同时，没有给学术性、科学性研究一个应该有的定位，从而表现出学术性与政治性、理论性与实践性事实上的"两张皮"现象。以马克思主义整体性研究为例，从根本上说，马克思主义整体性是马克思主义理论性与实践性、理想性与现实性、价值性与真理性、科学性与政治性的辩证统一，马克思主义整体性研究要体现出二者统一的内在机理和关系。当前整体性研究较多停留在宏大叙事、隔空对话状态，较少有真正体现学术性与现实性有机统一的精品力作。再如对科学社会主义理论研究，目前面临着巨大困难：首先，在理论定位上，如何处理科学社会主义与中国特色社会主义的关系，依然是一个没有完全解决的问题，这势必影响科学社会主义理论的深化和创新；其次，研究方式陈旧，理论创新难度大，没有完全适应与时代发展的要求，使得它的学术影响和社会影响都与其理论地位不匹配。

那么，应该如何正确认识和把握马克思主义理论研究学术性与现实性、理论性与实践性的关系呢？

首先，要明确什么是马克思主义理论研究的学术性和现实性。学术性即真理性、科学性，追求学术性、真理性是一切科学研究的必然要求。但是，马克思主义理论研究的学术性具有不同于其他的根本特性，即马克思主义学术性不是单纯的学术性，正如陈先达教授所指出："马克思主义的学术性，不是玩弄概念，不是纯逻辑推演，而是来源于实践又能指导实践具有真理性的研究。对马克思主义来说，任何称得上是学术研究的工作，都必须具有双重特点"，即"一是回答现实的实际问题而不是伪问题"。"二是它必须能有助于正确指导实践活动，并能在实践中得到验证"。为此，"一定要立足实践，因为问题存在于实践之中，问题产生的秘密存在于实践之中，解决问题的方法和途径也存在于实践之中"。[①] 同时，马克思主义强调，人的实践不是零散的、盲目的活动，而是有目的、有意识的自觉的过程，因此，任何实践活动都是有理性参与的、有理论指导的活动。马克思主义理论研究的现实性、实践性既是对立足于人们的价值追求基础上的现

---

① 陈先达：《当前马克思主义研究需注意的几个问题》，《北京日报》2013年4月27日第18版。

实活动的认识和把握，也是理论对人们实际地认识和改造世界的指导、协调过程。

其次，要正确认识和把握马克思主义研究的学术性和政治性辩证统一关系。学术性与现实性、理论性与实践性的统一，不是抽象的、空洞的统一，而是具体的现实的统一，关于马克思主义基本原理的研究、关于马克思主义整体性问题的深入思考必须要在解释和解决现实问题的过程之中实现。以当前人们最热议的公正平等问题为例，观念地、抽象地谈论公正是一回事，在现实中实现公正是另一回事，马克思主义所关注的不是前者，而是后者；因此，关于公正的学术性研究的目的是为了最大限度地实现公正，而没有其他。

陈先达教授认为，马克思主义研究和教学"上要顶天、下要立地"，要将学术性与实践性结合起来，要"学点历史"，将现实与历史结合起来。① 没有顶天，就不能立地；没有理论高度，就没有现实深度。一方面，关注现实问题研究并不意味着抛弃学术性，不进行抽象思维。没有对事物、现实进行去粗取精、去伪存真的抽象思考，没有经验上升为理论的思维过程，就不能揭示事物运动、现实发展的内在规律，就不能形成科学的理性认识。另一方面，关注学术性研究也不是为了单纯建构体系、满足于理论的自足和圆满。因此，马克思主义基本原理研究既要在对现实实践反思中体现出来，又要在对现实实践的指导中体现出来。

最后，要真正做到马克思主义基本原理的整体性研究的学术性与现实性的统一。这涉及对现实、实践的理解。实践概念有广义和狭义、普遍和具体之分。狭义的具体的实践指人们改造对象的活动和过程，在这个意义上，马克思主义整体性研究的学术性与现实性的统一既表现为运用基本原理对现实问题的分析、梳理和指导，也表现为对分散的看似偶然的事物、经验的抽象和提升，整理出科学性的理性认识。广义的普遍性的实践是泛指人们事物的认识和改造、对人工产品的占有和享受的过程，学术性研究内涵在实践性研究之中。在这个意义上，当前马克思主义基本原理整体性研究要立足于当今时代发展，立足于科技发展前沿和生产力发展最新动态，及其对人们社会关系、社会结构等的深刻影响，以此为背景展开研究。脱离时代、没有以当今人类生产力发展、生产方式的巨大变迁为背景，就不会有真正顶天立地的马克思主义整体性研究。

（供稿：张建云　彭五堂　杨　静　崔　云）

---

① 陈先达：《当前马克思主义研究需注意的几个问题》，《北京日报》2013 年 4 月 27 日第 18 版。

马克思主义中国化

一　学科概况

（一）全国"马克思主义中国化研究"学科建设概况

"马克思主义中国化研究"学科自 2005 年设立以来已经是第 8 年了，学科机构在全国范围内普遍设置，学科体系日渐完善，研究队伍不断壮大。可以认为，该学科在研究机构规模、研究人员数量等显性指标方面的建设已经不是问题，学科建设转向研究的成果质量。依此判断，我们不再对该学科的硬件状况进行过多描述，将注意力转向学科软实力的展现。

1. 学科建设稳步推进

2013 年以来，学术界围绕学科研究的基本内容、学科研究的功能定位、学科研究的原则与方法等问题进行了多方面讨论，达成了一些基本共识。

关于学科研究的基本内容。国务院学位委员会和教育部在《马克思主义理论一级学科及所属二级学科简介》中指出："马克思主义中国化研究"是专门研究马克思主义中国化的基本经验、基本规律以及马克思主义中国化理论成果的学科。在此基础上可以将学科研究的基本内容界定为如下几个方面：（1）马克思主义中国化的历史进程；（2）马克思主义中国化的经验和规律；（3）马克思主义中国化的理论成果即中国化的马克思主义；（4）中国特色社会主义理论与实践中的重大问题。"马克思主义中国化研究"二级学科就其内涵来说，除了中国化这一主题，还包括时代化和大众化。马克思主义中国化、时代化、大众化是一个具有内在联系的整体。在当今时代，这种联系日益突出。马克思主义中国化研究拓展为马克思主义"三化"研究，是学科发展的基本趋势。

关于学科研究的功能定位。"马克思主义中国化研究"学科须坚持政治性与学术性相统一，既要发挥其认识功能，更要发挥其实践功能，推进理论创新，指导中国特色社会主义建设的伟大事业。这一点目前得到了大多数研究者的认同。中国化的马克思主义是中国共产党的指导思想和社会的主流意识形态，马克思主义理论学科建设的基本任务是为中国共产党的思想理论建设和高校思想政治理论教学服务。而"马克思主义中国化研究"具有鲜明的意识形态色彩，研究过程中应当坚持正确的政治方向，在立场问题上不能含糊。在学科建设中要强化马克思主义中国化研究的学术品格，增强马克思主义中国化研究的学术含量，不能因其政治性强而忽视开放的学术探讨。

关于学科研究的基本原则。学者们普遍认为，理论与实践相结合是学科建设的基本原则。"马克思主义中国化研究"既是一门理论性很强的学科，又是一门现实性、实践性很强的学科。马克思主义中国化的过程就是解决中国问题的过程，以问题为中心或者从问题出发是马克思主义中国化研究的一个重要原则。

关于学科研究的基本方法。首先，要坚持和发展马克思主义的基本研究方法，比如：一切从实际出发、具体情况具体分析、历史和逻辑一致、理论与实践结合，等等。其次，要借鉴和运用世界范围内的现代学术研究方法，比如：系统研究、博弈分析、结构—功能分析。第三，马克思主义中国化研究涉及哲学、政治学、经济学、社会学等多个学科领域，需要从跨学科的角度，综合运用多种学科的相关方法。第四，注重运用比较分析的研究方法，运用横向的和纵向的比较研究，包括比较不同时期的马克思主义中国化，比较中外马克思主义的本土化等，都可能从中寻找到可资借鉴的规律性东西。

2. 学术成果

2013 年，学术理论界围绕马克思主义中国化的一系列基本问题，围绕中国特色社会主义理论体系与毛泽东思想的关系、中国特色社会主义与"中国梦"的关系等论题，进行了深入而全面的研究，提出了许多重要的理论观点，发表出版了一批有价值的代表作品。

经中国知网检索，截至 2013 年 12 月，2013 年度国内期刊发表的论文（包括博硕士论文）中，以"马克思主义中国化"为主题的文献数量为 2019 篇；以"中国特色社会主义"为主题的文献共有 10579 篇；篇名含"毛泽东"的论文共计 1441 篇，篇名含有"中国特色社会主义理论体系"的 587 篇；含有"邓小平理论"的有 39 篇；含有"'三个代表'重要思想"的有 18 篇；含有"科学发展观"的有 1177 篇；含有"中国梦"的有 6779 篇。

经国家图书馆中文普通图书检索，截至 2013 年 12 月，2013 年度国内出版的图书中，正题名中含有"马克思主义中国化"一词的约有 33 种，含有"中国特色社会主义"一词的有 118 种，含有"毛泽东"一词的有 221 种，含有"邓小平"一词的有 40 种，含有"江泽民"一词的有 4 种，含有"胡锦涛"一词的有 5 种，含有"习近平"一词的有 10 种。

如果将那些篇名、主题和题名没有体现但具体内容有所涉及的研究成果以及其他学科领域的相关研究考虑在内，则实际研究内容会更加丰富，文献数量也会更多。

3. 学术活动

2013 年以来，国内学术界举办了多次理论研讨会，其中具有代表性的有：

——1 月 4 日，中国社会科学院马克思主义研究院马克思主义中国化研究部以"马克思主义中国化：历史与规律"为主题，在北京举办了第三届马克思主义中国化学术论坛。学者们围绕着马克思主义中国化的历史进程、基本经验、思想逻辑、方法论、现实路径、创新规律、人民向度等问题展开了讨论。

——4 月 12 日，中国社会科学院马克思主义研究院和湖南人民出版社共同主办的"中国特色社会主义理论'走出去'研讨会暨《什么是中国特色社会主义?》（中英文）出版座谈会"在京举行。

——6 月 19 日，以"中国梦与中国特色社会主义"为主题的"马克思主义中国化论坛·2013"在北京师范大学英东学术会堂举行。参会专家分别就"三个自信"与"中国梦"、马克思主义中国化与"中国梦"、"中国梦"与中国特色话语体系、"中国梦"的科学内涵及时代价值、中国特色社会主义的历史方位等主题作了发言。

——7 月 14 日，中共中央文献研究室第一编研部、中共中央党史研究室科研管理部、中共中央党校中共党史教研部、湘潭大学、南开大学共同主办"毛泽东思想研究协同创新"研讨会，就今后毛泽东思想研究的指导思想、根本任务、机制体制等问题进行了探讨。

——8月16日，以"毛泽东与马克思主义中国化"为主题，中国社会科学院马克思主义研究院与吉林大学马克思主义学院在吉林大学举办了第四届马克思主义中国化学术论坛。研讨会上，学者们围绕着毛泽东的历史地位、毛泽东对马克思主义中国化的历史贡献、毛泽东与中国特色社会主义道路的开辟、如何评价毛泽东思想与中国特色社会主义理论体系之间的关系、如何评价改革开放前后两个历史时期、马克思主义中国化的历史进程和基本经验、国外毛泽东研究等问题展开了讨论。

——8月17—18日，中国科学社会主义学会和中共中央党校科学社会主义教研部联合举办的"坚持和发展中国特色社会主义暨纪念中国科学社会主义学会成立三十周年年会"在中共中央党校召开。

——8月25—26日，中国国际共运史学会与大理学院共同主办，大理学院马克思主义学院承办的主题为"世界社会主义历史进程与中国特色社会主义道路"的中国国际共运史学会2013年年会暨学术研讨会在大理召开。

——9月5日，中国社会科学院马克思主义研究院毛泽东思想研究室邀请日本毛泽东研究、中共党史研究专家村田忠禧教授举行学术座谈："纪念毛泽东同志诞辰120周年学术座谈会：与村田忠禧教授对话"。《毛泽东是了不起的伟人：与村田忠禧教授对话》（郑萍执笔）记述了座谈会的内容，发表在"马克思主义研究网"上，被相关网络广泛转载。

——9月16日，由中共中央文献研究室、中国中共文献研究会、毛泽东思想生平研究分会在北京联合主办"纪念毛泽东同志诞辰120周年学术研讨会"，本次研讨会的主题为"毛泽东与中华民族的伟大复兴"。

——9月17日，由中国社会科学院中国特色社会主义理论体系研究中心主办、新疆社会科学院承办的"全国社科院系统中国特色社会主义理论体系研究中心第十八届年会暨理论研讨会"在乌鲁木齐召开，会议围绕坚持和发展中国特色社会主义这一主题进行了交流。

——9月22—23日，由中国毛泽东诗词研究会、中华诗词学会联合主办的中国毛泽东诗词研究会第十三届年会在北京举行，专家学者就"毛泽东诗词和诗论对中华诗词创作的启示和意义"进行了专题研讨。

——9月24—25日，第十三届国史学术年会在北京召开，以"中国特色社会主义与毛泽东的奠基和探索"为主题，由中国社会科学院当代中国研究所与中华人民共和国国史学会联合举办。

——10月12—13日，由中国政治学会主办、山东大学政治学与公共管理学院承办的中国政治学会2013年年会暨"社会主义核心价值体系与中国特色社会主义政治建设"学术研讨会在济南召开。

——11月1日，中共中央文献研究室在京召开"中国梦与中国道路"理论研讨会暨《中国梦与中国道路》丛书发布会。

——11月27—28日，由毛泽东思想研究协同创新中心、全国毛泽东哲学思想研究会和湘潭大学共同主办的"毛泽东遗产：思想·道路·制度"国际学术研讨会暨全国毛泽东哲学思想研究会第二十次年会在湘潭大学举行。

——12月18日，为纪念毛泽东同志诞辰120周年，中国社会科学院举办"毛泽东思想的继承与发展学术研讨会"。会议指出在新形势下隆重纪念毛泽东同志，对于坚持和发展毛泽东思想及其开创的伟大事业，夺取中国特色社会主义新胜利，不仅具有非常重要的理论意义和政治意义，而且具有十分深远的历史意义和现实意义。

（二）中国社会科学院"马克思主义中国化研究"重点学科建设情况

在学科带头人李崇富教授和赵智奎研究员的带领下，学科成员承担及参与国家社科基金青年课题和一般课题 5 项，参与国家社科基金重大课题 1 项，承担中国社会科学院重大课题 1 项和重点课题 1 项，中国社会科学院国情调研课题 1 项。2013 年，学科在学术研究、科研队伍建设和人才培养等方面取得良好成绩。

1. 举办大型学术研讨会，努力扩大学科的国内影响。1 月 4 日，马克思主义中国化研究部举办了第三届"马克思主义中国化学术论坛——马克思主义中国化：历史与规律"。4 月 12 日，中国社会科学院马克思主义研究院和湖南人民出版社共同主办了"中国特色社会主义理论'走出去'研讨会暨《什么是中国特色社会主义？》（中英文）出版座谈会"。8 月 16 日，中国社会科学院马克思主义研究院与吉林大学马克思主义学院以"毛泽东与马克思主义中国化"为主题，在吉林大学举办了"第四届马克思主义中国化学术论坛"。中国社会科学院、中共中央文献研究室、中共中央党校、中国人民大学、吉林大学、首都经贸大学等单位的专家学者参加会议，《人民日报》、《光明日报》、《中国社会科学报》、人民网、光明网等主要中央媒体作了相关报道，会后出版了两部会议论文集。

2. 支持学科成员作学术报告，搭建青年人才的成长阶梯。学科鼓励青年学者积极参与各种课题研究，还制度化地安排每个学科成员每年作一次学术报告会，以加快青年科研人员成长的步伐。2013 年度，学科成员先后作了"中国道路的辩证解读"、"社会主义国家在资本主义经济危机演化形成中的影响"、"中国特色社会主义国际影响力研究"、"关于自我所有权的讨论"、"关于西藏政教合一问题的思考"等方面的学术报告。学科成员还先后应约为北京市的党政机关、高校等单位作党的十八大精神、全国两会精神和党的十八届三中全会精神等方面的学术辅导报告。

3. 坚持学术调研和学术交流，坚守理论联系实践的学风。学科鼓励年轻学者在潜心研读经典原著的同时，要重视调研，面向基层。学科成员多次赴浙江、上海、江西、广东、广西、黑龙江、吉林、河南、河北等地就《非公党建问题研究——以沿海发达地区为例》、《坚持和完善按劳分配为主体、多种分配方式并存的分配制度问题调研》进行调研。学科成员还积极走出国门，与日本、越南等国的社会主义学者进行学术交流。

4. 发表研究成果，发挥好思想库和智囊团作用。2013 年，学科共有两部专著出版，包括赵智奎的《什么是中国特色社会主义》（中英文版）、于晓雷的《中国特色社会主义生态文明建设——人与自然高度和谐的生态文明发展》。还出版了赵智奎主编的《史来贺精神与刘庄村之路》；赵智奎、毛立言主编的《为共和国铸造钢铁——莱钢道路与莱钢经验研究》，赵智奎、戴立兴主编的《学习的伟大力量：学习型党组织建设在莱钢》；程恩富主编、李建国副主编的《中外热点论争》丛书（10 本），其中李建国编《中国模式之争》，王佳菲编《外资控制之争》；陈志刚、王佳菲主编的论文集 1 部《马克思主义中国化研究报告 NO.5——马克思主义中国化：历史与规律》。在《人民日报》《北京日报》《马克思主义研究》《前线》《南京政治学院学报》等有较大影响的报刊发表论文、调研报告、访谈文章、学术资料 70 多篇，其中多篇文章被《人大复印报刊资料》《马克思主义文摘》等转载。王宜秋的《毛泽东与中国大国地位的确立》、贺新元的《辩证思维下的"中国道路"解读》在网络上受到广泛好评并被大量转载，产生了较大影响。此外，学科在中国社会科学院《要报》《思想理论动态》《中办专供信息》等发表文章多篇。

二　重大问题研究进展

2013 年以来，国内理论界继续从多个维度解析马克思主义中国化的内涵和逻辑，系统总结马克思主义中国化进程中的历史经验和规律性，围绕以下一些主要论题作了较为深入的研讨。

（一）马克思主义中国化基本问题

马克思主义中国化要成为一门成熟的学科，就必须有相对确定而独立的学科话语和学科边界。关于这一问题，东北师范大学博士樊瑞科、孙立伟撰文提出：合理解读"马克思主义中国化"必须对其基本内涵进行科学分析。（1）"化"什么——马克思主义中国化的对象。狭义的层次指由马克思和恩格斯创立的经典马克思主义，广义的层次还包括后继者的发展。（2）怎么"化"——马克思主义中国化的方式。马克思主义中国化必须借助民族形式才能真正实现。（3）谁来"化"——马克思主义中国化的主体。中国共产党人及其组织构成了马克思主义中国化的主体。（4）"化"为何——马克思主义中国化的成果。马克思主义中国化的成果不仅包括理论成果，还包括实践成果。① 关于当代马克思主义中国化的主体，李海青从一种反思的视角进行分析，认为当代马克思主义中国化的主体包括执政党、知识精英与人民群众三大部分。要成功推进当代马克思主义中国化，执政党必须科学对待马克思主义，必须勇于改革自身，减少自身推进马克思主义中国化的观念障碍与体制障碍；知识精英则必须树立真正的问题意识，努力克服理论研究相对于政治与国外思潮的非自主倾向；对于社会大众而言，则必须通过民主政治的进一步健全完善为其主体作用的充分发挥提供有效的制度保障。这三重主体只有相互配合、协同作用，才能更为有效地把马克思主义中国化的历史进程进一步推向深入。②

关于新中国成立以来马克思主义中国化的经验与教训，北京师范大学教授施雪华撰文认为，我们党在推进马克思主义中国化进程中取得了许多的成功经验，也有一些教训值得反思。坚持实事求是的思想路线，坚持党的群众路线，坚持普遍性与特殊性的辩证统一，坚持实践创新与理论创新的有机结合，是新中国成立以来马克思主义中国化的基本经验。神圣化地看待马克思主义，不恰当地解读马克思主义，非理性地运用马克思主义，教条式地对待马克思主义，则是新中国成立以来马克思主义中国化的主要教训。③ 2013 年，学者们对于马克思主义中国化的历史进程和经验着力较多，但对于马克思主

---

① 樊瑞科、孙立伟：《"马克思主义中国化"概念的三维解读》，《东北师大学报》2013 年第 4 期。

② 李海青：《当代马克思主义中国化的主体维度分析——一种反思性的视角》，《理论视野》2013 年第 2 期。

③ 施雪华：《新中国成立以来马克思主义中国化的经验与教训》，《理论探讨》2013 年第 1 期。

义中国化的规律性总结则较为谨慎。就规律性而言，山东建筑工程学院教授杨先永、盛红梅认为，在马克思主义中国化的历史进程中所固有的、稳定的、本质的和必然的联系就是马克思主义中国化规律。从马克思主义与中国实践、时代、人民群众的关系来看，马克思主义与中国实践相互作用推进理论和实践不断发展的规律，马克思主义时代化——与时俱进的规律，马克思主义大众化——武装群众、为群众所掌握的规律，是马克思主义中国化的三大规律。前者为基本规律，包含后两者；后两者为第二层次规律，从属于前者。这三大规律都符合马克思主义基本原理，有着坚实的理论基础；在中国革命、建设和改革实践中，都发挥了重大历史作用。①

一些学者明确地将马克思主义中国化与中国的现代化目标联系起来。中共福建省委党校哲学教研部博士周前程认为，马克思主义中国化是中国人民探寻到的实现现代化的唯一正确道路。现代化是马克思主义中国化的逻辑核心：马克思主义中国化的产生、存在和发展都有赖于其推进中国现代化建设所取得的成果。以现代化问题为核心，不断解决中国现代化建设中面临的各种情况和问题，是推进马克思主义中国化顺利发展的关键。② 泸州医学院学者董颎婷认为，马克思主义中国化的最终目的就是在中国共产党的领导下实现中国的现代化。通过对马克思主义中国化进程与中国现代化建设的良性互动关系的分析，确立以经济建设为中心、以实现中华民族的伟大复兴为目标的马克思主义理论系统，并构建一整套有利于中华民族的伟大复兴及长治久安，且具有自检与防御机制及其能力的开放性的社会、政治与文化体系。③

关于马克思主义中国化、时代化与大众化的整体推进研究，江西师范大学副教授邓美英指出：农民文化传统对马克思主义大众化具有严重的阻碍性。破解农民文化传统，就是把农民阶级革命的反抗意识与批判的马克思主义耦合，为马克思主义大众化提供历史动力；成功解决农民利益诉求的问题，为马克思主义大众化找到现实路径；把农民传统文化演进的社会理想目标与中国特色社会主义的共同理想统一起来，对现代化进程中的广大农民进行教育，实现马克思主义大众化向广度和深度发展。④ 中共中央党校教授韩庆祥、陈远章着重从学理、历史和实践三个层面来深化对马克思主义"三化"的研究。从理论上，着重就马克思主义"三化"的理论基础、精神实质、科学内涵、马克思主义"三化"的辩证关系、马克思主义中国化与中国传统文化的关系、深化研究马克思主义大众化的基本路径等问题进行了探讨；从历史层面，着重理清了马克思主义"三化"的历史进程和历史经验；从实践层面，重点探讨了马克思主义大众化问题。⑤

马克思主义中国化与中国传统文化的关系问题近年来引起了越来越多的学者的重视。西华大学博士唐山清认为：马克思主义中国化与中国传统文化现代化之间存在共生性，这有两个层面的理论依据：一个层面是马克思主义中国化本身这一历史过程就内在地要求马克思主义与中国优秀传统文化相结合；另一个更为深层次的原因是马克思主义

①　杨先永、盛红梅：《论马克思主义中国化的三大规律》，《理论学刊》2013 年第 5 期。
②　周前程：《现代化：马克思主义中国化的逻辑核心》，《理论研究》2013 年第 1 期。
③　董颎婷：《论马克思主义中国化与中国现代化构建》，《学理论》2013 年第 10 期。
④　邓美英：《农民文化传统与马克思主义大众化》，《求实》2013 年第 8 期。
⑤　韩庆祥、陈远章：《马克思主义中国化时代化大众化要论》，《马克思主义与现实》2013 年第 3 期。

与中国传统文化之间的差异性。通过对共生性的探讨，积极建构两者之间的共生机制，进而实现良性互动，这不仅有利于社会主义文化强国的建设，也有利于整个社会主义现代化事业的健康发展。① 中南大学教授王浩斌撰文认为，文化宽容构成了马克思主义中国化的文化政治；从发生学的角度来审视，文化宽容开启了马克思主义中国化的逻辑进程；从事实判断的角度来审视，文化宽容贯穿于马克思主义中国化的整个进程；从价值判断的角度来审视，文化宽容彰显了马克思主义中国化的基本价值。② 吉林财经大学博士郑莹认为，把马克思主义与中国传统文化结合起来，符合马克思主义与中国传统文化发展的共同要求。马克思主义中国化为中国传统文化的现代化发展提供途径，同时中国传统文化也为马克思主义的发展提供了文化载体。但是，传统文化对马克思主义中国化具有"双刃剑"效应，中国传统文化在几千年封建社会的影响下，具有两面性，既具有优秀的文化成果，又有糟粕的一面。在马克思主义中国化的历史进程中对待传统文化，必须取其精华、去除糟粕，促进二者的健康融合。③

广西师范大学博士后靳书君对中西方学者关于马克思主义中国化的基本观点进行了对比，认为：西方学者系统研究了马克思主义中国化的理论对象、客观依据、实现机制等基本问题，形成了关于"化什么、什么化、怎么化"各个方面的基本观点。关于马克思主义中国化"化什么"，西方学者分别认为是马克思主义观点方法、列宁主义革命意识或斯大林主义极权政治；关于"什么化"，西方学者认为是马克思主义理论与中国的语言结构、文化形式、民族精神、历史条件、社会实践相结合；关于"怎么化"，西方学者考察了在日常工作中把马克思主义理论与中国现实相结合的具体形式。国内学界在马克思主义中国化理论对象上强调"四个分清"，在客观依据上认同"三位一体"，在实现机制研究中侧重"五大环节"。中西方学者相比，既有异曲同工之妙，亦有截然迥异之处。④

对学术理论界包括马克思主义中国化研究领域存在的不良学术风气进行了批评。仲恺农业工程学院副教授杨竞业指出当前在马克思主义宣传研究界不同程度存在着形态各异的不利于马克思主义中国化的障碍，这些障碍主要包括假坚持、讲假话、假信仰、假学习、假运用、假思想、假践行、假制度、假创新和假精神。只有摒弃、消除这些"假"字当头的危害马克思主义的宣传、研究和发展的行为和活动，马克思主义中国化才能得到健康发展。⑤

（二）毛泽东思想研究

2013 年是毛泽东同志诞辰 120 周年，我国思想界、知识界和民间民众围绕毛泽东

---

① 唐山清：《论马克思主义中国化与中国传统文化现代化的共生性》，《湖南社会科学》2013 年第 2 期。

② 王浩斌：《文化宽容与马克思主义中国化的文化政治》，《武汉科技大学学报》（社会科学版）2013 年第 2 期。

③ 郑莹：《浅谈传统文化对马克思主义中国化的"双刃剑"效应》，《毛泽东思想研究》2013 年第 6 期。

④ 靳书君：《中西方学者关于马克思主义中国化的基本观点对比》，《当代世界与社会主义》2013 年第 1 期。

⑤ 杨竞业：《当前马克思主义中国化的十大障碍》，《南方论丛》2013 年第 2 期。

在新民主主义革命时期以及社会主义革命、建设时期的历史贡献发表了大量的论文。在肯定毛泽东的历史功绩的同时，也没有回避毛泽东晚年所犯的错误，始终依据了 1981 年中共中央《关于建国以来党的若干历史问题的决议》的基调。中共中央文献研究室研究员陈晋梳理了改革开放以来中国共产党对毛泽东的几个重要评价。① 中国社会科学院副院长李捷认为，毛泽东对中华民族至少有五大贡献：毛泽东带领中国人民创建了新中国，走上了社会主义现代化的道路，极大加强了中国的国防，建设了一个马克思主义的先进政党——中国共产党，极大地提升了中国的国际地位。② 中共中央党史研究室原主任欧阳淞指出要永远铭记毛泽东领导探索适合中国国情的社会主义建设道路，创立和发展毛泽东思想等六个方面的历史功绩。③ 中共中央党史研究室研究员齐彪指出，必须正确认识毛泽东晚年的错误，维护毛泽东和毛泽东思想的历史地位，如果否定毛泽东，必然要否定党和人民共和国的历史，也必然否定党的领导和我国的社会主义制度，这是一些人否定毛泽东的真实用意。④ 北京大学教授沙健孙在其新著《毛泽东思想通论》中，在阐明毛泽东的独创性贡献的同时，注意阐明毛泽东思想是党的集体智慧的结晶。在阐明毛泽东思想的有关问题时，注意追溯马克思、列宁的有关论述，以便讲清它的理论渊源；同时，注意与共产国际的有关观点和苏联的有关经验进行对照，注意与中共党内右的和"左"的错误观点进行对照，以便更加有说服力地阐明有关的正确观点。⑤

2013 年一些权威学者的研究特点在于：把毛泽东放到时代背景中去审视，通过对具体历史事实进行深入追究，用科学论证来说话，用事实来交锋，有针对性地回答和澄清一些令某些人困惑的所谓事实真相，正面回击国内外一些人对毛泽东进行的别有用心的造谣污蔑、故意贬损、恶意攻击，还原毛泽东的人格和思想的真实面目，揭露形形色色的历史虚无主义。2013 年，《中国社会科学报》刊登了中国社会科学院副院长李捷的《驳〈晚年周恩来〉对毛泽东的丑化》及中国社会科学院原副院长李慎明的《毛泽东与贺子珍联姻源于误信杨开慧已牺牲》，这两篇文章具有代表性，影响很大。

科学研究和舆论宣传都需要以厚实的史料为基础，而尽可能地掌握已经披露的史料和积极发掘新的史料，确保历史细节的真实客观，也是每个理论研究者应当具备的基本素养。山东省社会科学院院长唐洲雁研究员认为，史料对研究具有特别重要的价值。对毛泽东的研究穷尽历史材料是不可能的，但所用材料必须是真实可靠的。要以丰富、客观的史料对那些污蔑和蓄意攻击毛泽东的言论进行积极回应。⑥ 中共中央党校教授薛广州认为，"史料的真实性是首先要关注的，这种真实性应当从各个方面进行辨伪和考证，通过相关资料进行背景分析后确定。"⑦ 广州大学教授徐俊忠认为，研究毛泽东一定要

---

① 陈晋：《改革开放以来我们党对毛泽东同志的几个重要评价》，《人民日报》2013 年 12 月 26 日。

② 李捷：《毛泽东对中华民族至少有五大贡献》，《中国社会科学报》2013 年 9 月 23 日。

③ 欧阳淞：《永载中华民族伟大复兴的光辉史册》，《求是》2013 年第 24 期。

④ 齐彪：《"两个不能否定"的重大政治意义》，《光明日报》2013 年 5 月 7 日。

⑤ 沙健孙：《毛泽东思想通论》，人民出版社 2013 年版。

⑥ 陈龙：《毛泽东研究：史料与方法——第五届全国"毛泽东论坛"述要》，《党史研究与教学》2013 年第 2 期。

⑦ 同上。

做好认知性的研究工作，一定要阅读大量的文献资料，否则我们对毛泽东的评价只能是空话、套话，无益于毛泽东研究与评价的深入。[1] 华东师范大学教授萧延中强调，原始资料的深入挖掘是提出新问题的基础。[2] 中共中央党校教授胡为雄提出应开放更多的毛泽东文献资料，以便对毛泽东研究的深入和对社会上一些质疑作出有理有据的回应。[3]

需要指出的是，史料真实不等于研究的客观性。从史料的真实到本质的真实需要有正确的立场和方法。中共中央党校教授许全兴认为，研究历史，史料重要，更重要的是要有正确的历史观。要从历史衡量毛泽东，历史是客观的，但对客观历史的事实及本质的认识有一个过程。在一定的时期，历史的一个方面暴露、反映比较充分，而其他方面则反映不够，甚至遮蔽了；到了另一个时期，则历史的另一些方面暴露、反映比较充分，其他方面则反映不够，甚至遮蔽了。要善于从多方面、多角度对历史事实进行反复比较、鉴别，从而透过现象发现本质，寻找出历史的真相。对历史事件、人物的评价需要历史的检验，随着时间的远去，细节可能模糊，但能准确地评价其历史价值和地位。[4] 湘潭大学教授李佑新强调，真实性有两个层面，一个是史料、细节的真实性，一个是历史的宏观的本质的真实性。前者是我们研究的出发点，但即使是真实的史料和客观的细节，也不足以表明研究和阐释的客观性。只有那些反应宏观的、历史趋势的本质和细节的史料才是真正意义上的本质上的东西，才能使研究得出一个符合对象的客观的结论。[5] 唐洲雁认为，对待历史史料要有分析和辨伪，在分析历史细节时，要在时代的大背景下去看待，不仅应当看到细节的客观真实，还应当联系历史主体的特点、思路去分析。[6]

学者的上述观点反映出，孤立的或单一的某个史料并不足以全面地反映或表现历史的真实，甚至有可能以偏概全，掩盖历史的全貌。

湘潭大学硕士黄梁贵以社会管理为视角，考察新中国成立初期（1949—1956）毛泽东的促进社会公正思想，认为，毛泽东促进社会公正思想包含于新中国成立初期毛泽东的社会管理思想之中，是毛泽东思想的重要组成部分。主要内容包括：第一，建立人民民主专政的国体和人民代表大会的政体，奠定促进社会公正的政治基础；第二，坚持男女平等、干群平等，确立确保法律面前人人平等的原则，促使社会公正的理念深入人心；第三，进行社会主义改造，建立促进社会公正的经济基础。毛泽东在注重生产资料公平占有的同时，还关注社会产品分配中的公正问题，强调要协调好国家、集体和个人之间的关系。[7]

作为建立"文化领导权"的一种方法，复旦大学博士后张瑞兰的论文分析了毛泽东

---

① 刘正妙：《毛泽东研究与评价的立场和方法——"第四届全国毛泽东论坛"研讨会纪略》，《湘潭大学学报》（哲学社会科学版）2012 年第 4 期。

② 陈龙：《毛泽东研究：史料与方法——第五届全国"毛泽东论坛"述要》，《党史研究与教学》2013 年第 2 期。

③ 同上。

④ 王西恺：《毛泽东研究：史料与方法——第五届全国"毛泽东论坛"综述》，《毛泽东思想研究》2013 年第 2 期。

⑤ 陈龙：《毛泽东研究：史料与方法——第五届全国"毛泽东论坛"述要》，《党史研究与教学》2013 年第 2 期。

⑥ 同上。

⑦ 黄梁贵：《建国初期毛泽东促进社会公正思想探析》，《湘潮》2013 年第 2 期（下半月）。

提出的"知识分子与工农相结合"思想，通过知识分子与工农相结合，实现知识分子"身份"向大众化、革命化、无产阶级化的转化，进而重构知识分子与革命、知识分子与国家、知识分子与社会的关系。这种建立在阶级分析基础上的革命话语，以其强大的实践性及建构功能，赋予话语主体向话语客体建构的力量，类似于葛兰西的"有机知识分子"理论。张瑞兰认为，毛泽东认为无产阶级需要造就新型的、为本阶级服务的知识分子，站在无产阶级革命及国家的立场，这具有合理性。但其实现途径始终是以政治方式来促成，因此又存在问题，致使知识分子的"身份"困惑一直未能解决。①

中国社会科学院马克思主义研究院研究员赵智奎提出，以毛泽东为代表的中国共产党的民族理论，是执政党处理民族问题的法宝，是取之不竭的思想宝库。我国的民族问题，只有在建设中国特色社会主义、实现中华民族伟大复兴的共同事业中才能逐步解决。我们千万不要丢掉毛泽东思想的法宝，更不能背离以毛泽东为核心的党中央制定的基本政治制度。我们只能在这个基本政治制度的基础上与时俱进。②

中国社会科学院马克思主义研究院研究员金民卿认为，毛泽东是马克思主义中国化的历史元勋和集大成者，在马克思主义中国化发展主体的培育、本质内涵的分析、根本原则的揭示、科学方法的制订等方面作出了独创性贡献；成功地完成了马克思主义同中国实际的第一次伟大结合，开辟了具有中国特色的革命道路；成功地实现了马克思主义中国化的第一次历史性飞跃，创立了马克思主义中国化的第一个重大理论成果——毛泽东思想的科学理论体系；成功地开启了马克思主义同中国实际的第二次伟大结合，开创了中国特色社会主义的探索之路，是中国特色社会主义的理论探索者、道路开拓者、实践先行者。③

（三）中国特色社会主义理论体系研究

中国特色社会主义理论体系是马克思主义中国化的理论成果，是当代中国的马克思主义。关于中国特色社会主义的基本内涵及其内在规定性，陕西师范大学博士宋吉玲认为，中国特色社会主义是旗帜、道路、理论体系与制度的统一，是世界现代化的共性与中国个性的统一，是传统性、现代性与后现代性的统一，是中国社会发展的一致性与多样性的统一，是变与不变的统一。这五个"统一"表征了中国特色社会主义的表现形态、本质特性、时空特性、形式特性和发展特性等不同层次的内在规定性。④ 关于中国特色社会主义理论体系的立场、观点和方法，武汉大学教授汪信砚认为，中国特色社会主义理论体系的立场，就是马克思主义群众史观的基本立场，也就是始终站在人民大众立场上，立党为公、执政为民，把服务群众、造福百姓作为最大责任。中国特色社会主

---

① 张瑞兰：《"革命"话语与中国知识分子"身份"的塑造——毛泽东"知识分子与工农相结合"思想分析》，《湖南科技大学学报》（社会科学版）2013 年第 3 期。

② 赵智奎：《坚定不移地继承和弘扬毛泽东的民族理论遗产》，载王宜秋、于晓雷主编《毛泽东与马克思主义中国化》，社会科学文献出版社 2013 年版，第 177—188 页。

③ 金民卿：《毛泽东对马克思主义中国化的独创性贡献》，载王宜秋、于晓雷主编《毛泽东与马克思主义中国化》，社会科学文献出版社 2013 年版，第 16—35 页。

④ 宋吉玲：《中国特色社会主义的内在规定性及其把握——基于"中国模式"之争的再思考》，《探索》2013 年第 3 期。

义理论体系的观点，就是辩证唯物主义和历史唯物主义的基本观点。最重要的有以下几个基本观点：人类社会发展规律及其历史趋势的观点，生产活动是人类社会存在和发展根本前提、生产力是人类社会发展决定力量的观点，经济政治文化社会协调发展的观点，人的全面发展的观点。中国特色社会主义理论体系的方法，就是辩证唯物主义和历史唯物主义的方法，包括唯物辩证的思想方法、实事求是的思想方法、群众路线的工作方法，等等。①

中国特色社会主义理论体系以邓小平理论为主干，又包括中国共产党人在新的历史条件下的新发展，涵盖"三个代表"重要思想、科学发展观等重要组成部分。如何进一步对中国特色社会主义理论体系的各组成部分进行合理定位和整合，使这一理论体系更为简洁凝练而富有逻辑，是学者们较为关心的一个问题。对于中国特色社会主义理论体系这个系统，一方面必须注意到它的"阶段性"特征，另一方面更要注意到它的"整体性"特征。其中的三大理论成果绝不是仅仅根据它们各自的历史发展时序简单地排列组合而成，而应依照其内在的逻辑结构有机统一为一个完整而系统的理论体系。因此，必须在立论基础、思想主线、理论主题等方面将三者真正融会贯通，否则这三大理论成果就只能是分而述之，而无法统一、整合为中国特色社会主义理论体系。清华大学教授肖贵清认为，对于中国特色社会主义理论体系的基本概念、基本范畴的概括，基本原理的提炼和抽象，既是目前学界应当着手进行的一件非常有意义的研究工作，也有利于构建具有中国风格和特点的中国特色社会主义研究的话语体系。它有利于与国际社会的对话交流，也有利于我们准确地去讲好"中国故事"，扩大中国特色社会主义的国际影响力。邓小平理论、"三个代表"重要思想、科学发展观是构成中国特色社会主义理论体系的三个主要内容，三者形成于和平与发展这一时代背景下，都立足社会主义初级阶段的特殊国情，虽然这一国情有阶段性的变化，但人民日益增长的物质文化需要与落后的社会生产之间的主要矛盾没有变，解放和发展生产力仍然是其主要任务。三者有着共同的理论基础——马克思列宁主义、毛泽东思想，共同的理论精髓——实事求是，共同的价值标准——保障最广大人民群众的根本利益，三者共同构成了改革开放和社会主义现代化建设新时期形成的中国特色社会主义理论体系。三者不仅从纵向体现了继承和发展的关系，而且从横向的每一理论逻辑的展开方面都体现了一脉相承性。②

近些年来，中国社会成员之间贫富差距不合理拉大，成为民怨之根、社会矛盾之源，成为全面小康和民族复兴的拦路虎，迫切需要采取切实措施，扼制其扩大势头，逐步转向共同富裕。共同富裕问题已经成为当今中国社会最受关注的问题之一。中国人民大学教授卫兴华就共同富裕问题撰文，提出：正确理解和把握这一问题，需要首先弄清为什么要搞社会主义、什么是社会主义和怎样建设社会主义。加快发展生产力是共同富裕的物质手段，公有制为基础或为主体是共同富裕的制度保证。共同富裕是一个相对概念而不是绝对概念，应把握六个不同层次：（1）将走共同富裕道路与同共同富裕目标的实现区别开来；（2）共同富裕不是均等富裕；（3）全面建成小康社会不是共同富裕的判断标准；（4）正确把握中国共产党第十八次全国代表大会报告强调"共同富裕是中国特

① 汪信砚：《中国特色社会主义理论体系的立场、观点和方法》，《光明日报》2013 年 8 月 14 日。

② 肖贵清：《关于深化中国特色社会主义研究的几个问题》，《山东社会科学》2013 年第 3 期。

色社会主义的根本原则"的重要意义和走向；（5）共同富裕作为一个相对概念，是社会主义和共产主义由低到高的不断推进过程；（6）实现共同富裕要解决发展方面的难题，更重要的是会碰到怎样坚持和发展公有制为主体和按劳分配为主体的制度性难题。重视和强调走共同富裕道路，是科学社会主义和中国特色社会主义应有之义。但不要在宣传中形成一种不实际的片面期待，而忽视另一个重要方面，即广大劳动人民群众应为建设社会主义"各尽所能"，为社会多做贡献。从长远的发展趋势看，劳动者应主要靠提高文化知识和科技水平，靠自己更多更好的劳动和才智贡献，获得更多的收入。这也是社会主义应有之义。① 共同富裕是社会主义的根本原则，是社会主义的本质特征，是实现社会稳定的重要保障，是实现经济增长和全面建成小康社会的前提。当前，在实现共同富裕进程中存在三个方面的障碍：一是思想障碍。缩小收入差距不是要消灭差距，而是要把收入差距控制在合理区间。可行的办法就是允许和鼓励一部分人依靠诚实劳动和合法经营先富起来，然后带动更多的人一浪接一浪地走向共同富裕。二是体制障碍。主要表现为市场自身缺陷、经济体制改革不到位和政府调控不到位。如少数垄断行业收入过高、一些企业经营者缺乏有效的激励和约束机制、少数人利用土地市场不规范的漏洞一夜暴富等问题，也造成了大量不合理收入的现象。特别是二元经济社会政策的存在，直接阻碍了城乡居民收入差距的缩小。我们在宏观调控环节还有很大的作为空间，如遗产税、财产税的开征需要认真筹划，个税申报还存在着偷、漏税的情况等，这些都使得收入差距和财富差距扩大。三是居民素质障碍。从教育质量来看，有的人从小接受良好的教育，有的人获得的则是比较差的教育。劳动者素质的巨大差异必然导致收入上的差距，甚至是差距悬殊。② 中国社会科学院马克思主义研究院教授程恩富、张建刚强调公有制对于共同富裕的重要性，指出：当前我国财富和收入分配贫富分化的问题凸显，必须高度重视和落实邓小平关于解决共同富裕的理论。全社会所有制结构中公有制经济较快下降、私有制经济大幅上升的根本性变化，是导致贫富分化的首因或根本原因。必须重视公有制经济的地位和作用，不断壮大国有经济，振兴集体经济，提高劳动收入份额，采用各种综合调节措施，以便制止贫富分化和促进全体人民的共同富裕。③

随着中国社会经济的发展，生态环境的破坏问题也日益突出。党的十八大将生态文明建设放在突出地位，要求把生态文明融入经济建设、政治建设、文化建设、社会建设各方面和全过程，将生态文明上升到政府的施政纲领和国家发展理念的高度，成为中国特色社会主义总体布局的重要组成部分纳入国家建设规划，标志着党对中国特色社会主义的认识不断深化，对中国现代化建设的战略思路进一步清晰，科学发展观的内涵得到进一步丰富。在这一背景下，学者们对于中国特色社会主义的生态问题越来越关注。辽宁大学副教授许瑛认为，社会有机体的存在和发展离不开自然，生态文明在社会有机体的存在和发展中居于前提地位；中国特色社会主义各种文明建设必须以生态文明建设为基础；建设生态文明，构建生态和谐的人与自然关系对于建设中国特色社会主义，建成小康社会具有重要的前提基础意义。④ 四川省社会科学院副研究员单孝虹从民生的角度

---

① 卫兴华：《论社会主义共同富裕》，《经济纵横》2013 年第 1 期。

② 中共中央党校中国特色社会主义理论体系研究中心：《论共同富裕》，《求是》2013 年第 8 期。

③ 程恩富、张建刚：《坚持公有制经济为主体与促进共同富裕》，《求是学刊》2013 年第 1 期。

④ 许瑛：《建设中国特色社会主义的生态文明前提》，《理论界》2013 年第 2 期。

看待社会主义生态文明建设，提出：生态文明建设与社会建设是"五位一体"的两个主要部分，它们的内涵与任务各不相同，但这两大建设却相辅相成、对立统一。改善民生是社会建设的重中之重，与生态文明建设具有密切的关系，一方面生态文明建设为解决民生问题、提升民生质量提供了前提和条件，另一方面民生问题的解决又反作用于生态文明建设。中国特色社会主义的生态文明建设包含重大的民生意蕴，从民生视角分析生态文明建设问题，探寻协调生态文明建设与改善民生、发展民生的路径具有重大的现实意义。① 兰州大学硕士盛明伟从哲学角度对生态文明建设进行解析，认为中国特色社会主义生态文明建设的提出，处处体现马克思主义哲学的思维，蕴含着马克思主义哲学的"实践——人与自然和谐"哲学范式；"普遍联系和永恒发展"哲学范式；"主体选择性"哲学范式；"生产力与生产关系"哲学范式等。这些哲学范式作为世界观和方法论，指导着中国特色社会主义生态文明建设，为在改革攻坚期和社会攻坚期如何进行生态文明建设提供了哲学范式和辩证思维方式。② 南方医科大学马克思主义学院教授李国兴、魏成芳则从三维向度解析中国特色社会主义生态文明观，认为中国特色社会主义生态文明观的特殊性在于：以马克思主义生态哲学思想及其中国化为哲学基础；以中国传统生态伦理思想及其现代化为文化基础；以当代中国社会生态理性及其大众化为社会基础。中国特色社会主义生态文明观是当代中国共产党人对生态文明建设的理论自觉，既符合历史发展规律，又深深地扎根于民族优秀传统文化的沃土，同时反映了广大人民群众的诉求，具有强大的生命力。③

与时俱进推进理论创新，是我们党始终保持生机活力的重要保证。中共中央党校常务副校长何毅亭认为，科学发展观是中国特色社会主义理论体系最新成果，是马克思主义基本原理同当代中国实际和时代特征相结合的产物，是马克思主义关于发展的世界观和方法论的集中体现。科学发展观体现当代中国和当今世界发展新要求，具有强烈的时代性。科学发展观顺应人民群众过上幸福美好生活新期待，具有鲜明的人民性。科学发展观以一系列新的思想观点对坚持和发展中国特色社会主义作出了新的理论回答，具有独特的创造性。④ 上海师范大学教授汪青松认为，中国特色社会主义理论创新进入科学发展观阶段，科学发展观所提出的实现什么样的发展和怎样发展所针对的正是中国模式所存在的发展不全面、不协调、不可持续问题。科学发展观是中国特色社会主义理论体系最新成果，是当代中国最科学的发展观。科学发展观赋予中国道路和中国模式以人为本、自主创新、全面协调、绿色发展等新内涵并将其提升至生态文明的新境界。⑤

关于中国特色社会主义理论的世界向度，肖晓梅在《光明日报》撰文提出，马克思主义是属于全人类的，马克思主义事业不仅仅是一个国家的事业，而且是全人类的事业。中国化马克思主义既是中国的，也是世界的。中国特色社会主义理论必须"走出

① 单孝虹：《民生视阈下的中国特色社会主义生态文明建设》，《湖南社会科学》2013 年第 2 期。

② 盛明伟：《中国特色社会主义生态文明建设的哲学范式》，《中共云南省委党校学报》2013 年第 3 期。

③ 李国兴、魏成芳：《中国特色社会主义生态文明观的三维向度》，《中国特色社会主义研究》2013 年第 3 期。

④ 何毅亭：《中国特色社会主义理论体系的最新成果》，《人民日报》2013 年 10 月 25 日。

⑤ 汪青松：《科学发展观与中国模式的新境界》，《当代世界与社会主义》2013 年第 2 期。

去"，学者理应在其中作出自己应有的贡献。中国学者首先要扩大研究与交流视野，积极吸收借鉴国外优秀科研成果，主动"引进来"；不仅不应在国际交流中缺席，还要主动"走出去"；既要有对中国特色社会主义的理论自信，还要有对中国特色社会主义的理论自觉。为此，中国学者必须要增强推动理论和学术创新的底气和勇气；要着力提升学术创新能力，打造具有中国特色的学术话语体系；要善于用中国话语回应国际社会的关切与质疑。[①]

（四）习近平总书记系列讲话研究

党的十八大以来，习近平总书记在许多重要会议、重要活动、重要场合发表了重要讲话。这一系列讲话对中国特色社会主义理论、宣传思想工作、党的建设、科学发展、改革开放、依法治国、生态文明建设、军队建设、外交战略等多方面的内容作出了新的理论论述。讲话在全社会引起了极大的关注，成为学习和研究的重要理论问题。在众多的研究中，"中国梦"和如何加强宣传思想工作是学术界关注的焦点问题。

1. "中国梦"研究

实现中华民族伟大复兴的"中国梦"，是以习近平同志为总书记的中共中央领导集体提出的新理念。学术界普遍认为，习近平同志关于"中国梦"的阐发，标志着这一概念由学界、民间的个人观点上升为新的中央领导集体的认识，标志着这一概念的定型化、科学化。

关于"中国梦"提出的历史背景和意义。中共中央党校常务副校长何毅亭认为，"中国梦"与中华民族的不懈追求相承接，与当今中国发展大势相契合，昭示了党和国家走向未来的宏伟图景，顺应了全体人民过上美好生活的热切期盼，反映了全体中华儿女包括海外同胞、全世界华人梦寐以求的共同心愿，也展示了中国为人类文明作出更大贡献的良好愿望。提出实现"中国梦"，体现了以习近平同志为总书记的党中央继往开来、高瞻远瞩的战略眼光，体现了新一届中央领导集体对中国特色社会主义的坚定自信和对国家、对民族、对人民的责任担当。[②] 学者们一致认为，"中国梦"的提出表明了当代中国共产党人的历史责任感，有助于中华民族共同理想的形成，能够清晰地向世界表明中国的发展理念。"中国梦"包含着全面建成小康社会的目标，也包含着建设富强民主文明和谐的社会主义现代化国家的目标，以及中华民族伟大复兴的目标，是凝聚全党全国各族人民的最大共识。提出"中国梦"，蕴含着一种政治智慧，是赢得世界认同、塑造我国良好国际形象的一种自觉努力。

关于"中国梦"的内涵。学术界从不同的角度对"中国梦"的内涵进行了比较集中的探讨。有学者认为目前关于"中国梦"的内涵存在着"二元说"、"三元说"、"多维说"的观点。对"中国梦"的理解存在着历史纵向、中外横向和个体与集体的同圆三种角度[③]。学者们从个人的"中国梦"和民族的"中国梦"、共同理想与个人理想、国家富强与人民幸福等角度进行了论述，有学者还把民族复兴梦和个人幸福梦形象地称为"大梦"与"小梦"。中共中央党校中国特色社会主义理论体系研究中心指出，需要从四

---

①　肖晓梅：《推动中国特色社会主义理论"走出去"》，《光明日报》2013 年 4 月 21 日。

②　何毅亭：《学习习近平总书记重要讲话》，人民出版社 2013 年版，第 14—15 页。

③　程美东、张学成：《当前"中国梦研究评述"》，《中国特色社会主义研究》2013 年第 2 期。

个维度来深刻把握"中国梦"内涵。从世界维度看，我们所讲的"中国梦"，是和平发展、合作共赢之梦，一定会在国际社会释放出巨大的影响力和吸引力；从国家和民族维度看，"中国梦"就是要实现国家富强、民族振兴和人民幸福；从民众和个人维度看，"中国梦"将建构更加公平正义的社会，人们都能各尽其能、各得其所、和谐相处、人生出彩。从历史维度看，"中国梦"涵盖过去、现在、未来多个向度，是基于我国历史方位与基本国情、反映当下诉求、对当代中国发展在目标和路径上的总体判断。[1] 也有人认为，"中国梦"应从美国梦当中获取借鉴，"中国梦"与美国梦具有本质区别，应该将"中国梦"与美国梦、欧洲梦作比较。[2] 关于"中国梦"的特点，学者们也提出了"两特点说"、"三特点说"，甚至有人认为"中国梦"具有八个方面的特征。[3] 综上所述，要准确地把握"中国梦"的内涵就必须多维度地观察和思考问题，因为"中国梦"的实现，不是增强国家实力的单项推进，而是国家、民族、社会、个人的多维发展。

关于"中国梦"的实现要求。学者们认为，"中国梦"的实现必须依托中国特色社会主义的基本实践和基本经验，而中国特色社会主义的实践是一个不断探索和升华的过程，因此"中国梦"的实现条件必然是一个复杂的系统工程，坚持完善中国特色社会主义道路的过程，也是"中国梦"一步步从理想变成现实的过程。学者们从不同的角度对这一问题进行理论探索，特别是从实现"中国梦"需要的思想条件、政治条件、综合条件等方面进行了理论的探索。[4] 学者们提出："中国梦"需要脚踏实地去实现，必须以中国特色社会主义道路为实现途径；"中国梦"需要高瞻远瞩来把握，必须以马克思列宁主义、毛泽东思想和中国特色社会主义理论体系为行动指南；"中国梦"需要鸿篇巨制的支撑，必须以中国特色社会主义制度为根本保障。[5] "中国梦"的实现必须坚持和完善中国特色社会主义经济发展道路、中国特色社会主义政治发展道路、中国特色社会主义文化发展道路、中国特色的自主创新道路和教育发展道路、中国特色社会主义和平发展道路。[6] 有学者还强调，中国精神是凝心聚力的兴国之魂、强国之魂，实现"中国梦"必须弘扬中国精神。人民群众作为中华民族的主体，是实现民族复兴的根本力量。来自人民、植根人民、服务人民，是我们党永远立于不败之地的根本。凝聚中国力量，共享机会和共享发展成果同样重要，但关键在于坚持和改善党的领导，当务之急是重塑党员干部形象。[7]

总之，2013年，我国学术界对于"中国梦"的关注热度迅速提升，研究成果呈"井喷式"增长。关于"中国梦"的相关研究论著涵盖了"中国梦"的思想渊源、理论

① 中共中央党校中国特色社会主义理论体系研究中心：《实现中国梦必须走中国特色社会主义道路》，《人民日报》2013年10月31日。

② 中国社会科学院课题组：《引导中国梦成为坚持和发展中国特色社会主义的精神动力》，《马克思主义研究》2013年第6期。

③ 孟东方：《中国梦的内涵、结构与路径优化》，《重庆社会科学》2013年第5期。

④ 孙来斌、黄兰：《中国梦研究述评》，《当代世界与社会主义》（双月刊）2013年第4期。

⑤ 中国社会科学院中国特色社会主义理论体系研究中心：《坚定"三个自信"：坚定不移走中国道路》，《人民日报》2013年5月31日。

⑥ 中国社会科学院课题组：《引导中国梦成为坚持和发展中国特色社会主义的精神动力》，《马克思主义研究》2013年第6期。

⑦ 孙来斌、黄兰：《中国梦研究述评》，《当代世界与社会主义》2013年第4期。

内涵、重大意义、实现途径等，而且涉及众多学科。目前关于"中国梦"的研究，成果在快速增多，研究视野在不断拓展，但仍然处于起步阶段，宣传性和阐释性的研究成果比较多，基础性和对策性研究成果比较少。

2. 宣传思想工作会议讲话精神研究

2013 年 8 月 19 日全国宣传思想工作会议上习近平总书记发表重要讲话，就意识形态工作的重要性深刻阐述了当前面临的关键问题、紧迫问题，明确提出了一系列新思想、新观点、新要求。讲话在哲学社会科学界引起了强烈的反响，成为研究的热点。

学者们认为，意识形态工作事关党的前途命运，事关国家长治久安，事关民族凝聚力和向心力。我国现在面临的意识形态领域的情况很复杂，各种思想文化交流、交融、交锋日趋活跃，意识形态领域渗透与反渗透的斗争尖锐复杂，要求我们充分认识意识形态工作的极端重要性和现实紧迫性。习近平总书记在全国宣传思想工作会议上的讲话论述深刻、内容丰富，是在新的历史条件下进一步做好我国意识形态工作的纲领。

有学者认为，讲话有八大亮点，即摆正经济建设工作和党的意识形态工作的关系；巩固马克思主义在意识形态领域的指导地位；巩固全党全国人民团结奋斗的共同思想基础；宣传思想工作的党性和人民性的统一、一致；宣传思想工作必须遵循坚持团结稳定鼓劲、正面宣传为主的重要方针；加强宣传思想工作创新；更加全面客观地认识当代中国、看待外部世界；做好宣传思想工作必须全党动手，树立大宣传的工作理念。[①] 要学习领会这一讲话精神，中共中央党校教授严书翰认为，必须把握八个要点：充分认识做好意识形态工作的极端重要性；宣传思想工作的根本任务是巩固马克思主义在意识形态领域的指导地位；做好宣传思想工作的基本着眼点是国内外大局；理直气壮地宣传中国特色和中国道路；全面把握坚持党性与人民性的辩证关系；坚持团结稳定鼓劲和正面宣传为主的重要方针；讲好中国故事、传播好中国声音和树立大宣传的工作理念。[②]

学者们从讲话的各个要点出发，对讲话进行了深度解读。有学者认为，习近平同志提出的两个"巩固"思想是中国特色社会主义事业的精神之基，也是巩固中国特色社会主义文化制度的建设之基。两个"巩固"是建设中国特色社会主义文化制度的指南。学者们认为，习近平同志关于党性和人民性的重要论述，澄清了人们在党性和人民性关系上的模糊认识，为宣传思想工作在新的历史时期、新的舆论格局中更好地体现党的主张、更好地反映人民心声指明了方向；对于凝聚全党全国各族人民的意志和力量，推进党和人民的事业，同心共筑民族复兴"中国梦"，具有重要意义。有学者认为必须把体现党的主张和反映人民心声统一起来，必须把坚持党的舆论导向与树立以人民为中心的工作导向统一起来，必须把围绕中心、服务大局与贴近实际、贴近生活、贴近群众统一起来才能真正做到党性和人民性的统一[③]

学者们认为，必须把意识形态工作的领导权、管理权、话语权牢牢掌握在手中，任

---

①　张峰：《习近平 8·19 重要讲话的八大亮点》，《人民论坛》2013 年第 25 期。

②　严书翰：《我国意识形态工作的纲领性文献——深入学习和全面把握习近平总书记"8·19 重要讲话"的要点》，《中共中央党校学报》2013 年第 5 期。

③　赵周贤、刘光明、徐志栋：《始终不渝坚持党性和人民性相统一——学习习近平总书记在全国宣传思想工作会议上的重要讲话》，《光明日报》2013 年 9 月 16 日。

何时候都不能旁落，否则就要犯无可挽回的历史性错误。中国社会科学院院长王伟光认为，要牢牢掌握意识形态工作领导权、管理权、话语权，必须不断巩固马克思主义在意识形态领域的指导地位，一刻也不放松和削弱意识形态工作；必须在宣传思想文化工作中坚持党性和人民性的统一；必须坚持团结稳定鼓劲、正面宣传为主的方针，有理有利有节开展舆论斗争；必须努力建设好、运用好、管理好互联网；必须认真抓好宣传思想文化战线领导班子和队伍建设。①

（五）改革开放前后两个历史时期的关系研究

改革开放在中国现代史上具有重大意义。以此为界，中国共产党领导人民进行的社会主义现代化建设分为前后两个历史时期。深入研究和正确认识这两个历史时期的关系，有利于科学把握马克思主义中国化发展规律，深刻揭示中国特色社会主义道路、理论体系和制度的历史渊源、由来与依据，以及基本内涵与阶段性特征。2008 年纪念改革开放 30 周年之际，改革开放前后两个 30 年的关系问题成为重大争论问题，对这一问题的争论，涉及对党史、国史上两个历史时期、对马克思主义中国化的两次历史性飞跃以及对毛泽东和邓小平两位历史人物的评价。2013 年度这一重大问题的研究进展体现在如下方面：

1. 习近平同志的重要讲话为正确认识和处理改革开放前后两个历史时期的关系提供了遵循，指明了方向。

2013 年 1 月 5 日，习近平总书记在新进中央委员会的委员、候补委员学习贯彻党的十八大精神研讨班上发表重要讲话，代表党中央明确提出：我们党领导人民进行社会主义建设，有改革开放前和改革开放后两个历史时期，这是两个相互联系又有重大区别的时期，但本质上都是我们党领导人民进行社会主义建设的实践探索。不能用改革开放后的历史时期否定改革开放前的历史时期，也不能用改革开放前的历史时期否定改革开放后的历史时期。习近平总书记提出的"两个不能否定"，旗帜鲜明地回答了社会上存在的将改革开放前后两个 30 年彼此割裂、相互对立的错误观点。

2013 年 12 月 26 日，习近平总书记代表中共中央在纪念毛泽东同志诞辰 120 周年座谈会上讲话，坚持历史唯物主义和辩证唯物主义，正确评价了毛泽东同志，旗帜鲜明地反对各种形式的历史虚无主义。他提出的论断、观点，更进一步回答了两个 30 年的关系问题上的重大争论。

习近平总书记提出："不能离开对历史条件、历史过程的全面认识和对历史规律的科学把握，不能忽略历史必然性和历史偶然性的关系。不能把历史顺境中的成功简单归功于个人，也不能把历史逆境中的挫折简单归咎于个人。不能用今天的时代条件、发展水平、认识水平去衡量和要求前人，不能苛求前人干出只有后人才能干出的业绩来。""尽管革命领袖拥有很高的理论水平、丰富的斗争经验、卓越的领导才能，但并不意味着他们的认识和行动可以不受时代条件限制。不能因为他们伟大就把他们像神那样顶礼膜拜，不容许提出并纠正他们的失误和错误；也不能因为他们有失误和错误就全盘否定，抹杀他们的历史功绩，陷入虚无主义的泥潭。"

---

① 王伟光：《牢牢掌握意识形态工作领导权管理权话语权——深入学习贯彻习近平同志在全国宣传思想工作会议上的重要讲话精神》，《人民日报》2013 年 10 月 8 日。

习近平总书记表达了对待党的历史和领袖人物的错误的郑重态度：一要敢于承认，二要正确分析，三要坚决纠正，强调"使失误和错误连同党的成功经验一起成为宝贵的历史教材"。①

习近平总书记的这篇讲话具有强烈的理论性和现实针对性，体现了我们党作为马克思主义政党对待历史、对待错误和失误的科学的成熟态度，为我们科学评价毛泽东同志和毛泽东思想的历史功绩和历史地位，科学对待我们党的历史，提供了理论指南。

2. 用科学的观点正确认识和处理两个历史时期的关系，核心是正确评价毛泽东的历史地位和毛泽东思想的指导作用。

中国社会科学院副院长李捷在《求是》撰文指出：正确认识和处理改革开放前后两个历史时期的关系，核心是正确评价毛泽东同志的历史地位和毛泽东思想的指导作用。这个问题，《决议》早已作出科学回答：因为毛泽东同志晚年犯了错误，就企图否认毛泽东思想的科学价值，否认毛泽东思想对我国革命和建设的指导作用，这种态度是完全错误的。对毛泽东同志的言论采取教条主义态度，以为凡是毛泽东同志说过的话都是不可移易的真理，只能照抄照搬，甚至不愿实事求是地承认毛泽东同志晚年犯了错误，并且还企图在新的实践中坚持这些错误，这种态度也是完全错误的。这两种态度都是没有把经过长期历史考验形成为科学理论的毛泽东思想，与毛泽东同志晚年所犯的错误区别开来。② 中国社会科学院原副院长李慎明认为："我们审视历史，决不能简单地站在个人得失立场，必须跳出个人局限站在人民和历史乃至最终站在全人类文明进步的角度去观察问题，方可能得到事物的真谛与本质。""我们决不能否认新中国前二十七年的失误和错误，决不能为毛泽东的错误辩护，并一定要认真汲取其中的教训。但失误和错误也不是毛泽东一个人的。现在有的人把新中国毛泽东时期说得一无是处，不是糊涂就是别有想法，甚至另有所图。"③

中共中央党史研究室二部副主任齐彪指出，改革开放前党的全部历史与毛泽东紧密联系在一起。正确认识党在改革开放前的历史时期出现的失误和错误，必须正确认识毛泽东晚年的错误，维护毛泽东和毛泽东思想的历史地位。毛泽东是我们党、我们国家以及我国社会主义制度的缔造者、创造者，如果否定毛泽东，必然要否定党和人民共和国的历史，也必然否定党的领导和我国的社会主义制度。这是一些人否定毛泽东的真实用意。④

有学者文章更明确地指出，那种以改革开放后的历史时期否定改革开放前的历史时期的错误观点，把改革开放前的历史时期妖魔化，否定毛泽东，这是对改革开放的曲解，它迎合了西方敌对势力的"西化"、"分化"我国的图谋。⑤

3. 进一步阐述改革开放前后两个历史时期在制度、理论、物质等方面的"相互联系"和"重大区别"的历史与逻辑的关系。

---

① 习近平：《在纪念毛泽东同志诞辰 120 周年座谈会上的讲话》，《人民日报》2013 年 12 月 27 日。

② 李捷：《怎样认识改革开放前后两个历史时期？》，《求是》2013 年第 24 期。

③ 李慎明：《正确认识和评价改革开放前后两个历史时期》，《中国社会科学报》2013 年 1 月 30 日。

④ 齐彪：《"两个不能否定"的重大政治意义》，《光明日报》2013 年 5 月 7 日。

⑤ 李韬、林经纬：《正确认识改革开放前后两个历史时期的关系》，《红旗文稿》2013 年第 8 期。

在中国社会科学院当代中国研究所、马克思主义理论研究和建设工程办公室联合举办的"改革开放前后两个历史时期的关系"理论座谈会上，与会者指出："改革开放前后两个历史时期，是新中国历史发展的连续性与阶段性的统一，是吸取历史经验教训与新的历史条件下实践探索的有机结合，是历史的否定之否定的辩证发展。""不能因改革开放的必然性和转折性而否定新中国历史发展的整体性和统一性，也不能因改革开放前历史发生曲折与错误而掩盖其历史成就与经验，当然也不能因改革开放以来成就辉煌、国力增强而忽视其存在的问题与教训。新中国的历史，就是一部党领导全国各族人民在确立社会主义基本制度的基础上，创造性地探索和开辟在中国建设什么样的社会主义和怎样建设社会主义的历史。建设中国特色社会主义是新中国历史发展的鲜明主题。"①

中国社会科学院原副院长、当代中国研究所原所长朱佳木认为：改革开放历史新时期相对于新中国头30年，无疑发生了全面、深刻和历史性的进步和变化，但只要深入研究一下就不难看出，这两个历史时期之间也有着内在的联系和统一性。看不到它们的变化，就不可能看清楚中国特色社会主义道路究竟"特"在哪里。而看不到它们的统一性，就不可能弄明白中国特色社会主义道路为什么是社会主义而不是别的什么主义。它们的变化把两个历史时期鲜明地区别了开来，而它们的统一性又把两个历史时期有机地联系在了一起，使它们共同成为新中国光辉历史的组成部分。②

中共中央党史研究室原副主任张启华认为，改革开放前后两个历史时期的本质联系，是"探索"这条主线的一脉相承，即这60多年历史，是中国共产党领导中国各族人民，把科学社会主义的普遍真理与中国具体实际相结合，探索适合中国国情的社会主义道路，逐步形成中国特色社会主义的理论和实践的历史。在探索过程中，我们犯过错误，但不是为个人私利；我们努力把马克思主义与中国具体实际相结合，但有时没有结合好，主要原因是对马克思主义的一些基本理论的不完整理解，脱离了国情，导致错误发生。经过挫折，我们在改革开放新时期，总结经验教训，正确认识国情，科学对待马克思主义，终于逐步形成中国特色社会主义理论，找到一条在中国建设社会主义的正确道路。③

中国社会科学院副院长李捷的文章指出，新中国的历史，是一部前后贯通的历史，贯穿其中的一条主线就是中国共产党领导人民进行社会主义建设的实践探索和理论探索的历史。新中国的历史，是一部沿着内在理论逻辑和历史逻辑接续发展的历史。理论逻辑，就是科学社会主义在中国的运用和发展；历史逻辑，就是把马克思主义基本原理同中国实际相结合，探索和开创中国特色社会主义，走自己的现代化发展道路。④

中共中央党史研究室的文章指出：强调"两个不能否定"，就要把这两个历史时期放到历史发展的长河中特别是放到党的90多年历史中去观察、去把握，既注重分析前一时期为后一个时期提供了什么，又注重分析后一时期从前一个时期扬弃或拨正了哪些内容，提供和增添了哪些内容。这样，才能正确认识各个历史时期在探索、开创、发展中国特色社会主义历程中独特的地位和作用，尊重历史而不歪曲或割断历史，实事求是

①　宋月红：《党史国史学界召开"改革开放前后两个历史时期的关系"理论座谈会》，《中国社会科学报》2013年2月22日。

②　朱佳木：《以国史研究深化对中国特色社会主义的认识》，《当代中国史研究》2013年第1期。

③　张启华：《对〈国史稿〉第二卷几个问题的思考》，《当代中国史研究》2013年第2期。

④　李捷：《怎样认识改革开放前后两个历史时期?》，《求是》2013年第24期。

而不拔高或苛求前人，自觉做到新民主主义革命胜利的成果决不能丢失、社会主义革命和建设的成就决不能否定、改革开放和社会主义现代化建设的方向决不能动摇。①

中国社会科学院马克思主义研究院贺新元认为，正确理解改革开放前后两个历史时期的关系，关键在于理解毛泽东1956年的思想理论及改革开放后对它的继承与发展。从"思想理论遗产"与继承发展的关系来讲，毛泽东1956年的"思想理论遗产"主要集中在两个方面，即毛泽东"已经提出、但是没有做的"正确思想理论，在改革开放中被"做起来"且得到发展；"没有做好的"经实践证明正确的思想理论，在改革开放中"做好了"且有所发展。②

中国社会科学院当代中国研究所宋月红从三个方面概括了改革开放前后两个历史时期的重大区别：第一，在思想理论上，我们党深刻揭示了社会主义的本质是解放生产力，发展生产力，消灭剥削，消除两极分化，最终达到共同富裕，把对社会主义的认识从以前不完全清楚提高到新的科学水平；准确把握了我国的基本国情，确立了社会主义初级阶段理论，指出我国已经进入社会主义社会，我们必须坚持而不能离开社会主义，我国的社会主义社会正处于并将长期处于初级阶段，我们必须正视而不能超越这个初级阶段。第二，在方针政策上，我们党果断地停止使用"以阶级斗争为纲"这个不适用于社会主义社会的口号，把党和国家的工作重心转移到社会主义现代化建设上来；从盲目追求所有制"一大二公"、"纯而又纯"中解放出来，确立并实行以公有制为主体、多种所有制经济共同发展的基本经济制度；坚持党的领导、人民当家作主与依法治国的有机统一，积极稳妥地推进政治体制改革，加强社会主义民主法制，建设社会主义政治文明。第三，在实际工作中，不断深化改革，全方位扩大对外开放，逐步形成建设社会主义市场经济、社会主义民主政治、社会主义先进文化、社会主义和谐社会和社会主义生态文明的建设中国特色社会主义五位一体的总布局。比较改革开放前后两个历史时期，中国人民的面貌、社会主义中国的面貌、中国共产党的面貌都发生了历史性变化。③

4. 正确认识和把握改革开放前后两个历史时期是为了坚持和发展中国特色社会主义。

中国人民大学李景治教授的文章指出：正确地认识和评价改革开放前后两个历史时期，归根到底要有利于总结历史的经验教训，推动今后的发展。我们既要尊重历史，更应珍视现在和面向未来。④

中共中央党史研究室的文章指出：正确认识和把握改革开放前后两个历史时期，就要在新的历史条件下毫不动摇地坚持和发展中国特色社会主义。首先，正确认识和把握改革开放前后两个历史时期是对党的历史的尊重和珍惜，有利于增强党的历史自信。历史和现实一再证明，只有社会主义能够救中国，只有中国特色社会主义才能发展中国。

---

① 中共中央党史研究室：《正确看待改革开放前后两个历史时期——学习习近平总书记关于"两个不能否定"的重要论述》，《人民日报》2013年11月8日。

② 贺新元：《正确理解改革开放前后两个历史时期的关系——以毛泽东1956年的"思想理论遗产"为视角》，马克思主义研究网2013年8月31日。

③ 宋月红：《论改革开放前后两个历史时期的辩证统一关系》，《求知》2013年第9期。

④ 李景治：《正确认识中国改革开放前后两个历史时期》，《中共四川省委省级机关党校学报》2013年第4期。

坚持"两个不能否定",不仅是对改革开放前后两个时期历史事实的尊重和珍惜,也是对90多年来党的整个历史的应有的自信。其次,正确认识和把握改革开放前后两个历史时期是应对意识形态领域挑战、推动党和人民事业发展的现实需要。正确认识和把握改革开放前后社会主义实践探索的关系,不只是一个历史问题,更主要的是一个现实的政治问题。这个重大政治问题处理不好,就会产生严重政治后果。如果用不正确的观点简单地否定这两个时期或者其中的任何一个时期,必然导致对中国共产党的领导和社会主义制度的否定,也必然导致对改革开放和中国特色社会主义的否定。我们一定要有这样的政治上的清醒。国内外敌对势力否定改革开放前的历史时期,就是要否定我们党的重大历史贡献,放大我们党在实践探索中的失误和挫折,把中国共产党妖魔化,进而从根本上否定中国共产党的执政地位;他们否定改革开放后的历史时期,就是要否定改革开放的社会主义性质,夸大改革开放中出现的困难、矛盾和问题,把中国特色社会主义妖魔化,进而动摇中国人民团结奋斗的共同思想基础。敌对势力这两个方面的否定,从根本上说,都是对历史事实的背离,都是想搞乱人心,企图瓦解中国共产党执政的历史依据和思想根基,进而毁掉社会主义中国的未来和广大中国人民的福祉。"前车之覆,后车之鉴。"苏联解体、苏共垮台的一个重要原因,就是全面否定苏联历史、苏共历史,否定列宁等领袖人物,搞历史虚无主义,把人们的思想搞乱了。再次,正确认识和准确把握改革开放前后两个历史时期的社会主义实践探索,对于我们进一步增强坚持和发展中国特色社会主义的自觉性、坚定性,为实现中华民族伟大复兴的"中国梦"而奋斗,具有重要的激励和启示作用。[①]

三 学科建设有待深入研究的几个问题

1. 进一步加强"马克思主义中国化研究"学科制度建设。"马克思主义中国化研究"学科自设立以来,在学科建设方面取得了丰硕成果,但是也存在诸如学风浮躁、学术失范、学术不端的现象和问题,需要加强"马克思主义中国化研究"学科的学术规范建设。"马克思主义中国化研究"学术规范建设旨在形成学术共同体,完善学术研究的范式,逐渐形成本学科基本的概念、规则、方法,创造共同的学术语境与学术场域。需要加强对"马克思主义中国化研究"学科的制度建设。主要是要建立健全学科规范制度和学科课程制度、学科梯队制度、学科培养制度、学科管理制度,从而保证优良的学术道德和学风。还应建立一系列具体的管理制度,如学科建设例会制度、团队成员业务档案制度、研究基地管理制度、课题申报集体论证制度、定期检查和工作总结制度等。要通过制度的建设与落实,保证学科建设的规范化。此外,还要加强对"马克思主义中国化研究"学科建设的成果评价考核工作。"马克思主义中国化研究"学科已建立八年,现在正处于发展和建设的关键阶段,加强对学科的检查、监督、评估和考核工作非常必要。建立科学合理的检查监督制度和评估指标体系,实行淘汰制,优胜劣汰,克服重申报学科点,轻学科建设的倾向。

2. 进一步强化"马克思主义中国化研究"的科学意识。马克思主义研究是与实践

---

① 中共中央党史研究室:《正确看待改革开放前后两个历史时期——学习习近平总书记关于"两个不能否定"的重要论述》,《人民日报》2013年11月8日。

性、科学性相结合的。马克思主义研究的学术性，不是玩弄概念，不是纯逻辑推演，而是来源于实践又能指导实践的、具有真理性的研究。对马克思主义来说，任何称得上是学术研究的工作，都必须具有双重特点。一是回答现实的实际问题而不是伪问题。二是它必须能有助于正确指导实践活动，并能在实践中得到验证。对于从事马克思主义研究的学者来说，如果既不能解释历史和现实问题，又无助于人们的实践活动，只求满足自己的思辨爱好、兴趣，建构这个体系，那个体系，貌似吓人、仿佛庞大的学术建筑，实际上只是一淋雨就满是漏洞的纸房子。

提升问题意识是深入研究的着力点。目前，在马克思主义研究队伍里，不管是发表的文章，还是出版的专著，多是就理论谈理论。要加强和改进"马克思主义中国化研究"学科建设，就必须强化问题意识，探索和解决马克思主义中国化研究的"真问题"，使问题意识成为催化学科发展的生长基点，通过问题研究、问题探索和问题破解不断推动"马克思主义中国化"学科的发展。

3. 马克思主义研究者须更多地接地气。马克思主义的根本在人民。马克思主义不是停留在文献经典中的"死理论"。接地气对马克思主义极其重要，就是要走到人民群众中去。当下，马克思主义研究队伍中普遍存在一种不良现象，研究者"躲进小楼成一统"，把活生生的马克思主义研究抽象化、经院化、概念化。为了推进马克思主义中国化，解决中国特色社会主义前进道路上的问题，作为推进马克思主义中国化的重要主体的研究者，必须多下基层，与人民群众打成一片。唯有如此，才能有理论底气，才能真正地回答中国特色社会主义建设中出现的问题。

（供稿：王宜秋 贺新元 贾可卿 于晓雷）

马克思主义发展史

一　2013年马克思主义发展史学科概况

随着中国特色社会主义事业蓬勃发展，马克思主义在中国方兴未艾，马克思主义研究也取得了显著进展。近年来，在学科建设的支持下，马克思主义发展史作为一门独立的学科，其学科优势逐渐凸显，对自身的学科定位、研究领域、研究特点、研究方法，以及与其他马克思主义二级学科的关系都有了比较清晰的认识。根据2013年度学科建设成果和学术活动情况来看，马克思主义发展史研究在以下几条研究主线上取得了新进展：

第一，以马克思主义理论史为主线的发展史建构。

该研究主线力图梳理马克思主义理论的逻辑发展，澄清马克思主义的思想来源、产生的过程以及理论背景。马克思主义理论本身就是历史的科学，也是实践的科学，历史性、整体性、条件性是马克思主义科学思想体系的重要规定，马克思主义发展史这门学科比较好地体现了这些规定性，它注重史论结合，以史为主、亦史亦论、以史引论、以论带史，马克思主义理论中的所有判断和所有结论都应在发展史视阈中得到检验并获得支持。

2013年4月6日，由中国社会科学院马克思主义理论学科建设与理论研究领导小组主办的"首届中国社会科学院马克思主义哲学论坛"在北京召开，论坛主题为"作为共产主义世界观的马克思主义哲学与当代中国实践"。论坛主席、中国社会科学院马克思主义研究院的侯惠勤教授针对非意识形态化"创新"马克思主义的问题，提出马克思主义哲学的共产主义底蕴问题。

2013年4月13—14日，中国社会科学院马克思主义史学理论论坛在北京举办首届学术研讨会，围绕"唯物史观与新中国史学发展"的主题展开研讨。中国社会科学院党组副书记、副院长李慎明作了大会主旨发言。在中央马克思主义理论研究和建设工程推动下，中国社会科学院启动并实施了马克思主义理论学科建设与理论研究工作，并于2012年设立了五个马克思主义论坛，马克思主义史学理论论坛是其中之一。

2013年10月26—27日，中国社会科学杂志社和北京大学在北京联合主办"马克思哲学论坛"，主题为"马克思主义哲学史研究：经典与当代"。来自北京大学、中国社会科学院、中共中央党校、复旦大学等单位的近200位专家学者参加论坛，围绕马克思主义哲学史学科反思与方法检讨、马克思主义哲学史个案研究、马克思主义哲学理论创新、国际视野中的马克思主义哲学研究等方面进行讨论。

一些学者利用国外最新的学术资源讨论马克思主义发展史上的一些重要问题。例如，辩证法受到国内学者的关注。2012年底，吉林大学教授孙正聿的专著《马克思主义辩证法研究》，阐述马克思、恩格斯、列宁和毛泽东等经典作家的辩证法既一脉相承又有各自的独特贡献。山东大学教授付文忠发表文章《马克思辩证法的三个维度——英美马克思主义学者关于辩证法形态争论的启示》，复旦大学教授王凤才翻译了阿多尔诺的《否定辩证法：导论》，吉林师范大学教授金寿铁发表了《理解与获取——恩斯特·布洛赫论黑格尔的辩证法遗产》，武汉大学哲学学院教授李佃来发表了《从辩证法到革命实践：列宁与西方马克思主义之关系的再考证》，这些论文借助国外学者的二手资料研究辩证法，挖掘马克思主义辩证法的丰富内涵。

中国社会科学院的马克思主义发展史学科经历 8 年的发展，逐步得到了规范，明确了学科特点、学科内容、研究对象、研究重点、研究方法，2013 年度在马克思主义理论史研究上取得一些成果。侯惠勤教授在《中国高校社会科学》2013 年第 4 期上发表《试论马克思主义哲学的共产主义内核》一文，提出共产主义是马克思主义哲学的阶级性、革命性、实践性和科学性的综合体现，是使其摆脱抽象性而具体化的基础。辛向阳研究员发表论文《民主的辩证法：马克思主义创始人的民主思想》，出版了《19 世纪西方民主理论论析》和《17—18 世纪西方民主理论论析》等著作。桁林研究员发表了《历史与现实的对话对接与碰撞——马克思主义发展史视域中的马克思主义研究新动态》《如何积极引导马克思主义发展史学科的发展》等论文。

总之，马克思主义发展史学科作为对马克思主义本身发展历程的研究，遵照马克思主义历史观，既要在空间上也要在时间上把握马克思主义发展的整体性。马克思主义发展史始终要把握一条主线，即马克思主义始终是在与错误思想、错误路线的激烈斗争中成长和发展的，它始终伴随着思想、政治等错综复杂的矛盾和斗争。马克思主义发展史的研究方法要求，应历史地看待不同阶段的思想变化，同时还要找到不变的"内核"。

与此主线相对照，过去不少学者以马克思主义三个组成部分为主线研究马克思主义的发展史，即分别通过马克思主义哲学史、政治经济学史和科学社会主义发展史去深化理解马克思主义理论及其发展。但一些学者认为，这种人为的划分容易割裂马克思主义理论的整体性，应该对马克思主义理论进行整体性和综合性研究，把握各个历史阶段突出的问题和任务并以此为主题展开。

第二，以经典文献为主线的发展史文本学研究。

经典文本是我们理解马克思主义理论及其发展的最可靠的材料，以经典文本为主线的研究方式彰显了马克思主义理论的整体性和丰富性。近年来，我国对马克思主义经典文献的编译的优势引发了"文本热"，学界热衷于对历史和文本的解读，对基本理论和基本史实回炉，重新做出诠释，一个原因是深感基本功还不够扎实需要补课，另一个原因是一些学者已经开始对"苏联范式"进行反思和扬弃。

《资本论》及其手稿的研究成为关注的焦点。复旦大学哲学学院教授、博士生导师孙承叔的专著《资本与历史唯物主义：〈资本论〉及其手稿当代解读》，提出资本是打开现代社会秘密的一把钥匙，论述《资本论》的真正的思想核心是马克思的现代史观。南京大学哲学系教授孙乐强在《马克思主义与现实》2013 年第 2 期发表《〈资本论〉形象的百年变迁及其当代反思》一文，提出《资本论》形象的历史演变是我们理解马克思主义发展史的一个重要风向标。北京大学哲学系博士后孔扬等通过考察马克思文本中对"异化"范畴运用的三阶段，批评了国内外学者对《资本论》文献群中大量使用的"异化"范畴不以为意，并指出《1857—1858 年经济学手稿》并不是对三形态思想的"首次表达"，马克思早年《〈黑格尔法哲学批判〉导言》中已经提出社会发展三形态思想。

马克思晚年的手稿也受到国内学者的关注。2013 年，西南政法大学法学研究所副研究员林国荣的专著《马克思〈历史学笔记〉与 19 世纪》，将《历史学笔记》与同一时期的欧洲史学传统相互对照，从认识论和方法论两个方面为《历史学笔记》在 19 世纪中晚期的欧洲史学传统中做出定位。

关于《关于费尔巴哈的提纲》第十条"新唯物主义的立脚点是人类社会和社会的人类"这一命题，学界有不同阐释。《山东社会科学》2013 年第 7 期刊载了一组文章，山东大学哲学与社会发展学院的何中华教授、鲁鹏教授、商逾教授和单提平副教授等分别发表了自己的看法。

中国社会科学院马克思主义研究院积极展开马克思主义经典文献的研读和研究活动。目前，该院马克思主义发展史研究室室主任桁林研究员主持国家社科基金重点项目《马克思主义发展史视域中的马克思主义经典著作研究》。

总之，坚持历史、逻辑和文本还原三者应同步进行。对历史背景的理解程度、对义理逻辑的把握程度、对文本版本的掌握程度，决定了研究的深度和程度，能够体现和反映研究能力。理论要发展、创新，就要追根溯源、正本清源。不应孤立地看待某一文本和某一思想发展阶段，既要充分挖掘和利用史料价值，利用国际上 MEGA2 文献考证的成果，还要做大量对历史背景、时代条件的考证，包括对同时代其他人的文献资料进行整理翻译。

第三，"中国特色社会主义理论"统摄下的发展史脉络。

以中国特色社会主义实践为主线的研究方式，就是要揭示出马克思主义理论和中国特色的实践二者之间的内在关联，并力图彰显中国特色的实践对于丰富和完善马克思主义理论所具有的重大意义。

2013 年，为纪念毛泽东同志诞辰 120 周年，学界纷纷举办各种主题的"纪念毛泽东同志诞辰 120 周年学术研讨会"。其中，中共中央文献研究室、中国中共文献研究会、毛泽东思想生平研究分会于 9 月 16 日联合主办的学术研讨会以"毛泽东与中华民族的伟大复兴"为主题；中国社会科学杂志社《历史研究》编辑部 10 月 18 日举办的研讨会以"历史视域下的毛泽东与毛泽东思想"为主题；中国社会科学院 12 月 18 日在北京举办的研讨会以"毛泽东思想的继承与发展"为主题。

2013 年 11 月 1 日，主题为"科学社会主义与中国特色社会主义"的"第一届中国社会科学院科学社会主义论坛"在北京召开。本次论坛由中国社会科学院马克思主义理论学科建设与理论研究工作领导小组主办，中国社会科学院马克思主义研究院承办。论坛主席、中国社会科学院院长王伟光做了题为"当代中国坚持和发展科学社会主义的三大基本问题"的书面发言。李捷做了题为"中国特色社会主义是对科学社会主义的遵循和发展"的主旨报告。会议邀请了美国、俄罗斯、意大利等 10 多个国家的 30 多位外国专家学者参会。

2013 年 11 月 16—17 日，"中国社会科学论坛（2013·国际马克思主义）——社会主义与当代世界"在北京召开。本次论坛由中国社会科学院学部主办，汇聚了来自美国、俄罗斯、法国、加拿大、日本、古巴等国有影响力的马克思主义学者，围绕"社会主义与当代世界"这个主题，共同研讨 21 世纪马克思主义的发展与社会主义的新动向。

2013 年 12 月 6—8 日，"马克思主义与 21 世纪社会主义"全国马克思主义理论学科博士生论坛在武汉召开。这次论坛由教育部学位管理与研究生教育司、国务院学位委员会办公室主办，武汉大学研究生院承办。论坛面向全国马克思主义理论学科及相关学科培养单位博士生征文，采用了名家学术报告、主题报告、分组论坛、博导名家点评、跨学科学术沙龙、大会总结评奖等形式。

2013 年 12 月 21 日，由中国辩证唯物主义研究会、中共中央党校哲学教研部、中国社会科学院哲学研究所、中共深圳市委党校联合主办的"马克思主义哲学创新与当代中国改革开放理论研讨会"在深圳举行。中国社会科学院院长、党组书记，中国辩证唯物主义研究会会长王伟光出席会议并做主题报告。

中国社会科学院马克思主义研究院在该主线上的研究取得了一些新进展。侯惠勤教授在中国共产党新闻网上开辟个人专栏①，产生较大影响。侯惠勤教授和辛向阳研究员在《红旗文稿》上发表了《用西方制度塑中国梦隐含着历史的颠倒》《中国梦与中国特色社会主义共同理想》等论文。辛向阳研究员出版了专著《中国特色社会主义政治建设》，发表了《"多维一体"的中国特色社会主义》、《中国特色社会主义的民族特色》、《中国特色社会主义的时代特色》、《中国特色社会主义道路的四大优势》等论文。任洁副研究员发表了《反思"中国模式"研究的几个问题》等论文。

总之，我们要想理解马克思主义最新的发展成果及其发展根源，就必须借助于中国特色社会主义理论的发展史。我国学者意识到，马克思主义发展史面临某些专题研究滞后于中国实际发展的问题。马克思主义发展史学科应注重"三结合"，即历史、理论与现实的结合，从历史发展、理论原理和社会经济关系现实变化的结合中，探寻马克思主义理论的时代意义。将马克思主义理论与当代实践相结合，用新成果去丰富马克思主义理论，回应各种"过时论"的挑战，是马克思主义的强大生命力所在。

二　重大问题研究进展

2013 年，马克思主义发展史学科的论文著作比较多地探讨了意识形态、马克思主义发展史中的毛泽东思想研究、马克思恩格斯的思想差异、马克思主义辩证法、异化、劳动价值论等问题。

第一，加强对"意识形态"的研究。

意识形态属于文化软实力。在硬件设施、硬实力极大提高的同时，必须同步发展软实力，加强软实力建设。2013 年 4 月中办发九号文件和习近平总书记"8·19"讲话正面积极地回应了上述要求，提出了经济工作是党的中心工作、意识形态工作也是党的一项极端重要的工作，表明我党对意识形态工作旗帜鲜明的态度，即在全面提高"硬实力"的同时大力提升文化"软实力"，实现"两个巩固"——巩固马克思主义在意识形态领域的指导地位，巩固全党全国人民团结奋斗的共同思想基础；高度重视意识形态领域的领导权和阵地意识，更加强调理论和舆论的主旋律与正确引导，明确提出做好宣传思想工作必须全党动手，各条战线各个部门一起来做，从而吹响了意识形态斗争新的进军号。

---

① http：//theory. people. com. cn/GB/40764/127620/144688/index. html.

在信息网络化和自媒体的时代背景下，不容回避的事实是，意识形态领域的斗争是尖锐的。意识形态建设面临社会各种思潮的挑战和价值多元取向的冲击，意识形态研究成为一个重大而迫切的现实问题，也成了马克思主义发展史研究的重大领域。针对时下有人用"非意识形态化"视角"重新解释"马克思哲学变革的企图，针对西方反共意识形态对支撑马克思主义的历史观、辩证法的责难，中国社会科学院马克思主义研究院侯惠勤教授近些年写了多篇关于意识形态的文章，在思想界产生很大影响，如《意识形态的变革与话语权——再论马克思主义在当代的话语权》(《马克思主义研究》2006 年第 1 期)，《马克思的意识形态批判及其当代价值》(《马克思主义研究》2006 年第 2 期)，《〈德意志意识形态〉的理论贡献及其当代价值》(《高校理论战线》2006 年第 3 期)，《析马克思主义意识形态理论的"冲突"》(上、下)(《南京市行政学院学报》2007 年第 2 期、第 4 期)，《我国意识形态建设的第二次战略性飞跃》(《马克思主义研究》2008 年第 7 期)，《新中国主流意识形态建设的基本经验——访中国社会科学院马克思主义研究院党委书记侯惠勤教授》(上、下)(《思想理论教育导刊》2009 年第 8 期、第 9 期)，《中国共产党在意识形态建设理论上的创新》(《当代中国史研究》2010 年第 7 期)，《马克思的意识形态批判与哲学变革》(《马克思主义研究》2011 年第 1 期)。侯惠勤指出，通过"意识形态批判"对抽象的普遍观念进行整体性的革命实践还原，不仅是对黑格尔辩证法进行唯物主义颠倒的关键，也是坚持和丰富马克思主义哲学的根本。[①] 正因为有了这个方法论基础，侯惠勤教授在国内比较早地站出来旗帜鲜明地揭露和批判"普世价值"，如《"普世价值"的理论误区和实践陷阱》(《马克思主义研究》2008 年第 9 期)，《"普世价值"的理论误区和实践危害》(上、下)(《中国社会科学院报》2008 年 11 月 11 日、2008 年 11 月 13 日)，《我们为什么必须批判抵制"普世价值观"》(《马克思主义研究》2009 年第 3 期)，《"普世价值"与核心价值观的反渗透》(《马克思主义研究》2010 年第 11 期)，《澄清"普世价值"上的迷雾》(《人民论坛》2014 年第 2 期)。

当然，必须看到，改革开放三十多年，由摸着石头过河开始，渐入深水区，改革到了攻坚克难的敏感期，社会矛盾日益多元化、复杂化，甚至出现了分层现象，意识形态领域不时地会有激化的表现。加之互联网平台的策动，自媒体下人人握有麦克风，纷纷拿起话筒竞相发声，一时间众说纷纭，甚至产生了劣币驱逐良币、谣言战胜真相的逆向选择，中国社会科学院马克思主义研究院研究员桁林在《如何积极引导马克思主义发展史学科的发展》[②] 一文中，从理论和实践上反省了意识形态建设的一些问题。在理论上，他认为一方面必须直面回答究竟哪些属于需要被批判的普适价值，哪些是马克思主义意识形态，另一方面应借助"价值内化"等观念和方法的深入，将意识形态研究具体化，将隐藏在日常生活背后潜移默化司空见惯的意识形态揭示出来。在实践中，应重视对舆论的引导，熟悉新媒介下舆论的形成机制、特点，了解掌握民众的诉求。

第二，马克思主义发展史中的毛泽东思想研究。

2013 年是毛泽东同志诞辰 120 周年，全国各地举办多种形式的纪念活动，深切缅怀这位中国共产党、中国人民解放军、中华人民共和国的主要缔造者，中国各族人民的

---

① 侯惠勤：《马克思的意识形态批判与哲学变革》，《马克思主义研究》2011 年第 12 期。

② 桁林：《如何积极引导马克思主义发展史学科的发展》，《理论研究动态》2012 年第 12 期。

伟大领袖。2013 年 10 月 18 日，中国社会科学杂志社《历史研究》编辑部在北京举办了主题为"历史视域下的毛泽东与毛泽东思想"的学术研讨会；12 月 18 日，中国社会科学院在北京举办了主题为"毛泽东思想的继承与发展"的学术研讨会；12 月 26 日，中共中央在人民大会堂举行座谈会，纪念毛泽东同志诞辰 120 周年，习近平总书记在这次座谈会上发表了重要讲话。

各种形式纪念活动的主题都离不开对毛泽东历史功过及毛泽东思想历史地位的认识和评价，离不开对毛泽东与中国特色社会主义的关系问题的探讨。毛泽东与中国特色社会主义的关系问题，既是马克思主义发展史上的重大理论问题，也是重大政治问题和现实问题。能否客观、辩证地认识毛泽东与中国特色社会主义的关系，关涉到能否正确地看待毛泽东的是非功过，能否正确认识和评价毛泽东和毛泽东思想的历史地位，能否正确把握中国共产党改革开放前后两个三十年的关系，能否正确认识中国特色社会主义的历史合法性、必然性、科学性和独创性。

2013 年，以纪念毛泽东同志诞辰 120 周年为契机，研究视野拓展到毛泽东与中国特色社会主义道路、中国特色社会主义理论体系、中国特色社会主义制度的关系问题上，重点探讨毛泽东对中国特色社会主义作出的历史性贡献。中共福建省委党校党史教研部副教授侯竹青认为，目前学界关于毛泽东与中国特色社会主义的关系研究，大都是从毛泽东思想与中国特色社会主义理论体系的角度或毛泽东与中国特色社会主义理论体系的关系中来寻找答案，这显然是不全面的，中国特色社会主义既包括其理论体系，也包括其实践道路和基本制度。从中国社会主义建设的历史来看，就社会主义道路和基本制度而言，毛泽东对中国特色社会主义的关系显而易见；仅就理论体系来说，毛泽东的贡献也不容否定。因为"中国特色社会主义"这个命题虽然不是毛泽东提出的，但毛泽东在 20 世纪 50 年代已经明确提出了马克思主义与中国建设实际实现第二次结合的思想。[1]

清华大学马克思主义学院肖贵清教授认为，毛泽东对中国特色社会主义道路开辟、理论体系形成、制度确立的历史贡献主要体现在：毛泽东对适合中国特点的社会主义建设道路的探索，为成功开辟中国特色社会主义道路积累了历史经验；毛泽东在探索社会主义建设道路过程中，总结了苏联和我国社会主义建设经验，提出了关于社会主义建设的一系列独创性理论观点，为中国特色社会主义理论的形成提供了基础；毛泽东对我国社会主义基本制度的设计，建构了中国特色社会主义制度体系的基本框架。[2]

浙江省社会科学界联合会原主席雷云研究员充分肯定毛泽东对中国特色社会主义的历史性贡献，认为毛泽东是探索中国特色社会主义道路的先行者，是中国特色社会主义理论体系的奠基者，是中国特色社会主义制度的创始者。[3]

教育部高等学校社会科学发展研究中心主任、北京大学杨河教授立足社会主义历史大视野，认为中国特色社会主义是九十多年来，中国共产党紧紧依靠人民，把马克思主义基本原理同中国实际和时代特征结合起来，独立自主走自己的路，历经艰难曲折，在取得革命建设改革伟大胜利的过程中，探索、开创和发展起来的。在这个过程中，以毛

---

[1]　侯竹青：《毛泽东与中国特色社会主义》，《中共福建省委党校学报》2013 年第 4 期。

[2]　肖贵清：《毛泽东对中国特色社会主义的历史贡献》，《思想理论教育导刊》2013 年第 11 期。

[3]　雷云：《毛泽东与中国特色社会主义》，《中国特色社会主义研究》2013 年第 6 期。

泽东同志为核心的党的第一代中央领导集体作出了极其重要的历史性贡献。①

中国社会科学院副院长、当代中国研究所所长李捷研究员，重点研究了毛泽东在开创中国特色社会主义道路中的历史功绩和历史地位。他认为，毛泽东探索的历史性贡献主要体现在五方面：一是创造性地探索出具有中国特点的社会主义改造道路，成功地在一个经济文化落后的东方大国确立起社会主义基本制度；二是正确评价斯大林的是非功过，捍卫了社会主义阵营的根本利益，开启了"以苏为鉴"的思想解放运动；三是率先开启了对中国社会主义建设道路的独立探索；四是阐明了中国社会主义建设必须遵循的若干原则；五是在初步总结中国社会主义建设的规律性认识的基础上，逐步形成中国社会主义现代化建设的完整设想。②

无论是从中国特色社会主义道路的探索、理论体系的形成角度，还是从社会主义基本制度的开创角度，毛泽东对中国特色社会主义的历史性贡献都不能忽视。党的十八大报告明确指出："中国特色社会主义道路，中国特色社会主义理论体系，中国特色社会主义制度，是党和人民九十多年奋斗、创造、积累的根本成就，必须倍加珍惜、始终坚持、不断发展。"习近平总书记"在纪念毛泽东同志诞辰120周年座谈会上的讲话"中强调指出："毛泽东同志毕生最突出最伟大的贡献，就是领导我们党和人民找到了新民主主义革命的正确道路，完成了反帝反封建的任务，建立了中华人民共和国，确立了社会主义基本制度，取得了社会主义建设的基础性成就，并为我们探索建设中国特色社会主义的道路积累了经验和提供了条件，为我们党和人民事业胜利发展、为中华民族阔步赶上时代发展潮流创造了根本前提，奠定了坚实的理论和实践基础。"

在充分肯定毛泽东对中国特色社会主义作出的历史贡献的同时，有学者对改革开放前后两个三十年的不同进行了探讨。侯竹青认为，相对于苏联模式而言，毛泽东探索建立的社会主义也可以叫中国特色社会主义；邓小平及其后来者探索和建立的中国特色社会主义是对毛泽东建立的社会主义的完善和发展。就实践内容和理论旨趣而言，毛泽东的探索把中国社会的社会主义属性即"姓资姓社"的问题作为首要问题。邓小平及其后来者则把中国问题作为首要问题，强调的是社会主义的中国特性。这一区别是毛泽东的探索没有被列入中国特色社会主义理论体系的主要原因。③

2013年1月5日，习近平总书记在新进中央委员会的委员、候补委员学习贯彻党的十八大精神研讨班开班式上发表的重要讲话中指出："我们党领导人民进行社会主义建设，有改革开放前和改革开放后两个历史时期，这是两个相互联系又有重大区别的时期，但本质上都是我们党领导人民进行社会主义建设的实践探索。中国特色社会主义是在改革开放历史新时期开创的，但也是在新中国已经建立起社会主义基本制度、并进行了20多年建设的基础上开创的。虽然这两个历史时期在进行社会主义建设的思想指导、方针政策、实际工作上有很大差别，但两者决不是彼此割裂的，更不是根本对立的。不能用改革开放后的历史时期否定改革开放前的历史时期，也不能用改革开放前的历史时

① 杨河：《毛泽东与中国特色社会主义——纪念毛泽东诞辰120周年》，《中国高校社会科学》2013年第3期。

② 李捷：《毛泽东在开创中国特色社会主义道路中的历史功绩和地位》，《毛泽东邓小平理论研究》2013年第9期。

③ 侯竹青：《毛泽东与中国特色社会主义》，《中共福建省委党校学报》2013年第4期。

期否定改革开放后的历史时期。"① 在认识和评价毛泽东与中国特色社会主义的关系问题上，应当具有社会主义的历史总体视野，只有在这一总体视野内，才能正确认识两个历史时期既一脉相承又创新发展的辩证关系，才能对毛泽东的历史功绩与历史贡献作出正确、科学、辩证的评价，才能正确认识中国特色社会主义的历史合法性、必然性、科学性和独创性。

第三，关于马克思恩格斯思想差异的问题。

马克思与恩格斯思想上的差异，一直是马克思主义理论思想研究中一个颇受关注的问题。

2013 年，复旦大学俞吾金教授在《江海学刊》第 4、5 期上连续发表文章《如何理解并阐释马克思的哲学观》（上、下），以恩格斯的哲学观以及他对马克思哲学观的阐释，延伸至马克思主义经典作家与前苏联领导人对马克思哲学的理解，探讨其中对马克思本身哲学观的塑造与误解，以期最终获得对马克思哲学观的新理解。在这篇文章中，俞吾金教授的核心观点是，从文献学的角度看，马克思与恩格斯哲学观有着巨大的差异，而并非前苏联领导人和马克思主义学者所认为的那样可以等同划一。从发展史的角度，以历史唯物主义的逻辑论，马克思的哲学观应该称为"社会生产关系本体论"。

和以往研究者相同，俞吾金教授也承认马克思本人生前直接集中地论述哲学的著作并不多，在其生活的年代对其的评价也多侧重于经济学和社会学领域，因此，后世对马克思哲学的认识与判断也多依赖于恩格斯的解读，这也是为什么前苏联学者会很自然地将二者并列甚至于等同。多种情况为我们深入研究马克思与恩格斯的思想差异提供了契机。

文章分析恩格斯在《反杜林论》《自然辩证法》和《费尔巴哈与德国古典哲学的终结》（俞吾金教授翻译为《费尔巴哈与德国古典哲学的出路》）中的三段论述，认为恩格斯将哲学狭窄化，仅仅缩到纯粹思维领域，即形式逻辑与辩证法，甚至将马克思的历史唯物主义脱离哲学基础，归因于实证主义。作者认为，这实际上体现了费尔巴哈唯物主义和孔德的实证主义对恩格斯不自觉的影响，虽然恩格斯并未直接承认。

在俞吾金看来，这一方面与恩格斯的个人见解有关，另一方面也体现了恩格斯对自我地位的拔高，认为马克思创造了辩证的历史观，而他独立创造了辩证的自然观。苏联伟大的哲学家普列汉诺夫把马克思与恩格斯相提并论，合为一体，用历史唯物主义和辩证唯物主义两个词巧妙地分割了马克思主义哲学。在此基础上，列宁、斯大林继续强化这一观念，形成了后来社会主义国家对马克思主义的普遍解读。

俞吾金提出，要挣脱樊笼，冲破窠臼，回归到马克思哲学观本身，才能为马克思主义哲学研究打开一个新出路。他对比了马克思与恩格斯的哲学观，认为：马克思本人是重视哲学的，并非他同时代的人所认为的那样，只是在经济领域和社会活动领域有所作为，他的贡献也并非恩格斯所概括的两大贡献；其次，马克思的哲学绝非灵魂深处的思辨，而是带有强烈的人民性、时代性与世界性的，是深切地关怀与同情人类命运的思想；第三，马克思的哲学是斗争的武器，是改造世界的纲领，而这与恩格斯纯粹思辨的哲学是相互矛盾的。

---

① 习近平：《毫不动摇坚持和发展中国特色社会主义，在实践中不断有所发现有所创造有所前进》，《人民日报》2013 年 1 月 6 日。

俞吾金关于马克思和恩格斯理论思想上的差距的解读颇为引人关注，将会引起学术争论。

第四，辩证法研究。

近几年来，辩证法问题受到较多的关注。国内外学者力图突破苏联教科书体系对辩证法的常识阐释，提出回到马克思的经典文本讨论辩证法的内涵，以弥补"对马克思主义辩证法缺乏哲学探讨"的缺憾，有的还利用了 MEGA2 的新材料。2013 年，国内学者的研究多涉及辩证法的内涵，马克思主义辩证法的来源和作用等问题。

吉林大学教授孙正聿的专著《马克思主义辩证法研究》① 对马克思主义辩证法的通常解释提出质疑，认为孤立地把马克思主义辩证法解释为"关于自然、社会和思维发展的普遍规律的科学"，就离开了哲学的基本问题即"思维和存在的关系"问题，造成"辩证法是个大箩筐，什么东西都往里装"的困境。他认为，马克思主义辩证法和形而上学是相比较而存在的，对马克思主义辩证法的误解与对形而上学的误解密不可分，最根本的错误是在经验常识的意义上去理解二者的区别；对马克思主义辩证法的理解，应超越经验层面的常识思维方式，跃迁到概念层面的哲学思维方式，从恩格斯所概括的"思维和存在的关系"问题去理解马克思主义辩证法和形而上学的对立；马克思主义辩证法，用恩格斯的话说，是一种"建立在通晓思维的历史和成就的基础上的理论思维"。在马克思主义发展史上，马克思、恩格斯、列宁和毛泽东等经典作家都对辩证法予以特别的关切，经典作家的成果一脉相承又有各自的独特贡献。他分别阐述了马克思的"批判本质"的辩证法，恩格斯的"理论思维"的辩证法，列宁"三者一致"的辩证法和毛泽东"实践智慧"的辩证法。

山东大学教授付文忠介绍了国外学者的研究情况。关于马克思的辩证法一直存在不同的解释。当代英美马克思主义学者重新探讨这一难题，引发了激烈争论：以英国学者阿瑟为代表的新辩证法学派认为，马克思的辩证法就是构造《资本论》理论体系的方法，就是从黑格尔那里继承过来的建构概念的逻辑方法，其他方法不能称之为马克思的辩证法。对于"历史辩证法"，美国学者詹姆逊强调，对生产方式的内在矛盾及其辩证运动的总体性把握，就是其根本内容；奥尔曼把内在关系哲学看作理解马克思历史辩证法的哲学基础。"自由辩证法"学派的巴斯卡认为，解放辩证法的目标就是清除"主人与奴隶"的总体性关系。②

复旦大学当代国外马克思主义研究中心的王凤才翻译了德国学者阿多尔诺《否定辩证法》的导论。③ 王凤才认为，"导论"是理解《否定辩证法》的关键，在"导论"中，阿多尔诺建构了"反体系"的否定辩证法"体系"，认为"辩证法是始终如一的对非同一性的意识"，"它预先并不采取一种立场"。其中，非同一性是其理论基础，反概念、反体系、反传统是其基本特征，"被规定的否定"是其理论核心；"瓦解的逻辑"是其理论结局。

黑格尔、康德、维科、施蒂纳等人的思想分别被一些学者看作是马克思主义辩证法

---

① 孙正聿：《马克思主义辩证法研究》，北京师范大学出版社 2012 年版。

② 付文忠：《马克思辩证法的三个维度——英美马克思主义学者关于辩证法形态争论的启示》，《学术月刊》2013 年第 3 期。

③ 阿多尔诺：《否定辩证法：导论》（上）（下），王凤才译，《学习与探索》2013 年第 7、8 期。

的重要来源。孙正聿认为，马克思主义的辩证法在其直接的理论来源上，是黑格尔的概念辩证法，目前对黑格尔辩证法理解的最大问题，是将它说成某种神秘莫测的东西。武汉大学哲学学院教授李佃来认为，列宁对于辩证法的研究，是以"请黑格尔出场"为前提展开的；列宁借助黑格尔的中介而对辩证法的研究，被卢卡奇、葛兰西等学者在随后的理论求索中沿袭下来，这是由他们思考、审视欧洲革命之现实需要所助推。① 吉林师范大学教授金寿铁介绍了德国学者布洛赫的思想。布洛赫不仅把黑格尔视为独一无二的哲学家，而且把黑格尔的哲学誉为一切百科全书式地世界化的辩证法的典范；布洛赫还强调，黑格尔《逻辑学》中关于存在（Sein）与无（Nichts）的学说是他的辩证法思想的光辉范例。②

关于马克思辩证法和黑格尔辩证法的区别，国内外学者的解释有较大差别。孙正聿认为，黑格尔辩证法主要是对"抽象理性"的批判，马克思辩证法是对抽象理性和抽象存在的双重批判。布洛赫却认为，黑格尔业已注意到了辩证法的现实方面；马克思把黑格尔《精神现象学》中的"自我认识"转变成一种非静观的、动态的认识，因此，马克思批判地继承了黑格尔辩证法，其实质是不再停留在思辨的、静观的层面，而是面向现实世界，积极投入人的解放事业；黑格尔辩证法存在"泛逻辑主义"（Panlogismus）的"颠覆"秩序的典型特征，但他仅仅在纯粹唯心主义的、抽象思辨的框架中注意到了现实方面③。

关于辩证法的作用和当代意义，国内外学者也展开不同的讨论。孙正聿讨论了对科学、语言、"发展问题"和理论的辩证理解。李佃来认为，列宁研究辩证法的起点、旨趣都在于苏俄革命，现实的十月革命的成功证明了辩证法作为理论和方法对于实践的重大指导意义；对于同样执著于挖掘黑格尔哲学之现代价值、同样身为革命理论家、同样渴求革命成功的卢卡奇、葛兰西等人，在一定意义上说，与列宁是"同道人"。而英美一些学者将辩证法的系统解释扩展到当代世界面临的重大现实问题④。

20 世纪 80 年代，辩证法遭到西方分析马克思主义的猛烈攻击，近年来辩证法研究受到我国学者关注。吉林大学教授张盾认为，在传统哲学解释框架中，辩证法被形式化为关于事物一般联系和发展的学说，这使辩证法失去了意识形态批判的深刻意义；但辩证法不可能真正被忽视，对辩证法的研究不可能真正沉寂，它必然是马克思哲学研究乃至整个当代哲学探索中最重要的一个领域。⑤ 今天，面对科技的进步和全球化等现实问题，辩证法的研究和应用展示出新的思想前景。

第五，关于"异化"问题的争论。

---

① 李佃来：《从辩证法到革命实践：列宁与西方马克思主义之关系的再考证》，《马克思主义哲学研究》2013 年。

② 金寿铁：《理解与获取——恩斯特·布洛赫论黑格尔的辩证法遗产》，《现代哲学》2013 年第 4 期。

③ 同上。

④ 付文忠：《马克思辩证法的三个维度——英美马克思主义学者关于辩证法形态争论的启示》，《学术月刊》2013 年第 3 期。

⑤ 张盾：《辩证法与当代哲学的命运》，《南京大学学报》（哲学人文科学社会科学版）2004 年第 4 期。

　　"异化"是马克思理论思想研究中一个有争议的概念。随着欧美和日本学者的马克思研究论著不断被翻译介绍到中国，"异化"概念又成为国内马克思主义研究关注的问题。

　　对"循环论证"说的反驳。近年来已有一些学者对"循环论证"说提出了质疑。黑龙江大学哲学院副教授姜海波 2008 年发表了论文《私有财产的起源与外化劳动——解读〈1844 年经济学哲学手稿〉笔记本 I》，在区分"外化劳动"和"异化劳动"的基础上反驳"循环论证"说，他认为私有财产起源于外化劳动而不是异化劳动。清华大学哲学系教授韩立新 2012 年发表了论文《马克思的异化劳动理论究竟是不是循环论证？》，进一步指出，马克思在论证过程中分别使用了两种"异化劳动"概念和两种"私人所有"概念。2013 年，清华大学教授王峰明提出不同的立论依据①。根据《1844 年经济学哲学手稿》，王峰明论述了私有财产和异化劳动的关系，是作为前提的"现象"与作为结论的"本质"之间的"逻辑推导（或抽象）"关系；论述了异化劳动之于私有财产在逻辑上和时间上的"优先性"，以及异化劳动概念本身就包含着私有财产的规定；认为由于异化劳动的第三种规定和第四种规定是由它的第一种规定和第二种规定造成的，又由于异化劳动的第一种规定和第二种规定与私有财产所表达的是同一种关系，所以异化劳动的第三种规定和第四种规定是由私有财产造成的。因而，马克思就异化劳动和私有财产之间的相互作用所做的阐释，并非是一种循环论证。王峰明提出，对异化劳动和私有财产的考察，最终都是为了探索无产阶级和人类的解放之道。

　　异化的理论地位。2013 年，我国学者以文献考据为基础，对"异化"的理论地位提出了新观点。北京大学哲学系博士后孔扬等通过考察马克思文本中对"异化"范畴运用的三阶段，批评了国内外的《资本论》哲学意蕴研究当中普遍存在的两个"不以为意"：一是对《资本论》文献群中大量使用的"异化"范畴不以为意；二是对马克思早年《〈黑格尔法哲学批判〉导言》中的社会发展三形态思想不以为意，认为《1857—1858 年经济学手稿》是对三形态思想的"首次表达"。②孔扬等将马克思对"异化"范畴的运用分为三阶段：《〈黑格尔法哲学批判〉导言》（简称《导言》）和《1844 年经济学哲学手稿》（简称《手稿》）是第一阶段，在《导言》中，马克思以"异化"作为核心范畴，第一次以恢宏的笔触表达了人类发展三形态的思想，而《手稿》是马克思肯定性运用"异化"范畴的最主要文本；《神圣家族》、《德意志意识形态》和《共产党宣言》是第二阶段，唯物史观创立初期，马克思、恩格斯出于坚决与历史目的论划清界限的需要，把"异化"作为严厉批判的对象；《资本论》及其手稿是第三阶段，《资本论》改造了"异化"范畴之后，不再跟随"复归"而是代之以"实践"，直观地显示了后期"异化"对前期"异化"的扬弃。

　　第六，关于劳动价值论。

　　2012 年底，中国人民大学教授马俊峰编著的《马克思主义价值理论研究》对马克思主义发展史上关于劳动价值论的争论进行梳理，并对一些批判给予评价和回答。2013

---

　　①　王峰明：《异化劳动与私有财产——试解〈1844 年经济学哲学手稿〉的一个理论难点》，《马克思主义与现实》2013 年第 1 期。

　　②　孔扬、姜大云：《历史唯物主义与历史目的论的真实关系——从马克思对"异化"范畴的三次运用来看》，《长白学刊》2013 年第 1 期。

年，关于劳动价值论的争论研究仍受关注。

南京大学教授张亮梳理了《资本论》研究的一段学术史，阐述在第二次世界大战结束前的半个世纪里，西方资产阶级学者的《资本论》研究产生了较为深远影响。[①] 其中，新历史学派的激进经济学家罗伯特·海尔布隆纳认为，尽管用劳动价值论解释价格形成问题相当笨拙，但对资本主义生产方式的若干发展趋势作出了非凡的预测；他认为资本主义在 20 世纪的发展已经充分展现了自身的巨大适应性，从而推翻了马克思关于资本主义必然灭亡的基本结论。奥地利学派的经济学家庞巴维克对《资本论》第一卷中的劳动价值论作了批判，认为这种学说不能提供任何经验上的或心理上的证明，而只是纯逻辑演绎的结果，认为劳动价值论对绝大多数商品不适用；他还认为《资本论》第三卷中平均利润率的提出说明，马克思已经放弃了劳动价值论。不少马克思主义者对庞巴维克进行了批驳，其中最著名的是奥地利学者希法亭的《驳庞巴维克对马克思的批判》和前苏联经济理论家布哈林的《食利者政治经济学——奥地利学派的价值和利润理论》。H. W. B. 约瑟夫是一名具有费边社会主义倾向的牛津大学哲学家，曾出版《马克思的劳动价值论》（1923）。约瑟夫认为劳动价值论是一个无涉道德判断的经济学问题，并认为劳动价值论无法正确地解释价格的形成问题，因而是错误的。英国哲学家林赛 1925 年出版了《马克思的〈资本论〉》，他提出劳动价值论实际上是一种与法国启蒙思想一脉相承的"自然权利理论"。

关于马克思劳动价值论近十余年的争论，石家庄经济学院教授赵元庆等归结为四个方面问题：一是商品价值概念的内涵规定问题；二是社会财富价值向量巨量增长与活劳动投入量减少之间的矛盾问题；三是马克思劳动价值论的历史适用性与生产价格转型问题；四是马克思的分配理论与私营企业主以利润形式存在的非劳动收入的合理性问题。[②]

关于如何划定"创造价值的劳动"的范围，国内学者有的主张将劳动范围扩大到全部"第三产业"或"服务业"，有的主张只是扩大到商业劳动和精神产品。中共中央党校教授陈文通认为，劳动的范围不宜拓宽，"拓宽"的实质是力图把实现商品形态变化的劳动和生产商品的劳动混为一谈，把上层建筑、意识形态领域的劳动和生产商品的劳动混为一谈，把精神生产劳动和物质生产劳动混为一谈，把一切社会关系都看作是商品交换关系。[③] 陈文通提出，判断商业劳动、精神生产劳动乃至全部"第三产业"（服务业）的劳动是否属于创造价值的劳动，完全在于是否参与商品生产；并不是"商品经济领域"中的任何劳动都创造价值；非物质生产劳动，即使是对社会有用的必要劳动，也并非都是创造价值的劳动；"第三产业"包含了完全不同的职能和劳动，它们与价值创造的关系是各不相同的。

① 张亮：《早期西方"马克思学"视域中的〈资本论〉：批判的再评价》，《南京政治学院学报》2013 年第 3 期。

② 赵庆元、李江璐：《新时期马克思劳动价值论争论的主要问题及其解析》，《南京政治学院学报》2013 年第 2 期。

③ 陈文通：《劳动价值论不宜拓宽》，《经济纵横》2013 年第 1 期。

三　简要评论

中国特色社会主义事业的蓬勃生机为马克思主义发展史研究提供了新资源、新动力和新愿景。2013 年以来中国特色社会主义理论创新史的研究，使我们更加清晰地认识到，需要讲清楚马克思主义发展的历史传承。

马克思主义发展史作为一门独立的二级学科自设立以来有所发展，但是与它所要担当的角色和被赋予的作用及所寄予的厚望相比，还是显得过于薄弱——无论是从教学还是科研、无论是科研成果还是人才培养的数量或质量等方面衡量，跟它要担当的重任还不相称。究其原因，除了学科设置起步晚这个客观事实之外，主要是该学科研究内容非常庞大，且难度也大，难出成果。因而这是一个需要长期耕耘和坚守才能获得有价值的学术理论成果的学科。

（供稿：唐芳芳　夏一璞　桁　林　任　洁）

国外马克思主义

一 研究概况

国外马克思主义研究主要分为国外共产党研究、西方马克思主义研究、国外左翼思想研究三大部分。21 世纪以来，在新科技革命的带动下，经济全球化趋势进一步增强，人类社会的生产力获得了巨大的发展，同时也面临一系列前所未有的问题，全球资本主义经济危机的不断加深给世界社会主义运动的发展和复兴带来有利条件。世界各国共产党表现出更强大的生命力和活力，世界左翼思想和运动也日趋活跃。折射到学术研究领域，2013 年国内外学界对国外共产党、国外左翼思想的关注持续增加；作为在思想嬗变前的酝酿期，"反思"也成为 2013 年西方马克思主义研究的主旋律，而学术研究上的继往开来则决定了西方马克思主义研究成果的连续性和丰富性。

（一）国外共产党研究概况

各国共产党的新动态除常见于网站外，一些国家共产党的突出表现，也时常见诸主流报刊。例如，《印度时报》和《尼泊尔快报》等资产阶级主流媒体，几乎每隔几天都会刊载印度共产党和尼泊尔共产党的消息和情况分析。此外，一些国际激进左翼运动网站陆续发表了不少介绍和分析国外共产党的文章。比如，世界社会主义网（www. wsws. org）、红色旗帜网（www. theredflag. ca）、国际视点网（www. international-viewpoint. org）等。

2013 年国外共产党研究专著中较具代表性的，一是米尔托·察卡提卡（Myrto Tsakatika）等著的《南欧激进左翼政党的转型》（*Transformations of the Radical Left in Southern Europe：Bringing Society Back In?*）。该书对西方普遍流行的关于政党的政府取向型理论提出质疑，探讨了葡萄牙、西班牙、意大利、希腊、塞浦路斯等国激进左翼政党的市民取向战略。二是塞浦路斯大学哈拉兰博斯（Giorgos Charalambous）博士的专著《欧洲一体化与共产党的困境：希腊、塞浦路斯和意大利共产党对欧洲的回应》（*European Integration and the Communist Dilemma：Communist Party Responses to Europe in Greece，Cyprus and Italy*）。该书运用比较研究方法，围绕共产党对欧洲一体化的回应进行了系统评价，提出了当前欧洲共产党面临的意识形态和身份困境等问题。

在国内学界，最为显著的是有 70 多篇论文见诸报纸杂志。这些论文既有对当前世界社会主义运动整体形势分析——认为世界社会主义的复兴已经初露端倪，也有对最新一次世界共产党和工人党大会的追踪介绍，以及通过对已召开的十四次大会进行对比分析而对其性质和功能进行判定，还有对世界各国共产党动态的追踪和理论评析。此外，

2013 年国外共产党的相关成果还可见于一些世界社会主义理论和实践的专著中，例如由"世界社会主义研究中心"主编的《居安思危·世界社会主义小丛书（第二辑）》（社会科学文献出版社出版）中的《越南社会主义定向革新》（谷源洋）和《全球化与共产党》（卫建林），以及由崔桂田、蒋锐撰写的《拉丁美洲社会主义及左翼社会运动》（山东人民出版社出版）等著作。

（二）西方马克思主义研究概况

2013 年国外学者出版的西方马克思主义研究著作主要有以下几个方面值得关注：（1）阶级与阶级意识的研究升温。贾拉扎德在《阶级命令》中认为阶级远没有像有些人认为的已经消亡，它仍然保持着决定社会与个体生活的作用和地位。[1]（2）重新关注启蒙提出的问题。克里斯蒂安·克勒特在《什么是启蒙？启蒙的辩证法》中提出，尽管人类已经步入了所谓后现代社会，但我们仍然生活在启蒙的阴影之下，追求平等、解放仍然是人类的理想，但 20 世纪以来，这种追求却带来了种种问题，面临着追求本身的界限。应该追问的似乎是追求本身：人类是否能达到一个理想的人间天堂？[2]（3）深入理解阿多诺。伦敦大学皇家霍洛威学院哲学教授安德鲁·博维在《阿多诺与哲学的终结》中认为人们所认识的阿多诺更多的是一个文化批评者，但实际上，是阿多诺的哲学思想对今日世界更有启发意义。[3]

2013 年，国内学者出版和翻译的西方马克思主义研究著作主要有：陈学明主编的《20 世纪西方马克思主义哲学历程》（四卷本），该书全面评述了整个 20 世纪和 21 世纪初西方的马克思主义哲学流派及其新发展。[4] 乔瑞金等著的《英国的新马克思主义》以人物研究为突破口，选取了英国新马克思主义的十个典型代表人物，对其学术思想特征作了深入挖掘和剖析，以期形成较为全面的理解和把握。[5] 此外，2013 年国外马克思学译丛主要有两本，一本是沃伦·布雷克曼著的《废黜自我马克思、青年黑格尔派及激进社会理论的起源》，[6] 一本是亨利·列斐伏尔的《马克思的社会学》。[7] 这两本书为当前的马克思哲学思想研究提供了新的视角，具有重要的学术价值。2013 年西方马克思主义研究领域值得关注的译著还有：（1）汤普森的《意识形态理论研究》，这本书从日常话语的交流、从日常生活中人际关系的维度来理解意识形态，因而，比人们通常所理解的意识形态概念更务实、更具体、更贴近生活[8]。（2）T. H. 奥伊泽尔曼的《元哲学》，作者在该书中对辩证唯物主义进行了反思，指出了所谓的马克思主义本身所固有的一些

---

[1] Mas'UdZavarzadeh，*The Class Imperative（Cultural Dialectics）*，series book，2013.

[2] Kristian Klett，*What is Enlightenment？The Dialectic of Enlightenment Paperback*，GRIN Verlag，2013.

[3] Andrew Bowie，"Adorno and the Ends of Philosophy"，*Polity*，2013.

[4] 陈学明主编：《20 世纪西方马克思主义哲学历程》（四卷本），天津人民出版社 2013 年版。

[5] 乔瑞金等：《英国的新马克思主义》，人民出版社 2013 年版。

[6] ［美］沃伦·布雷克曼：《废黜自我马克思、青年黑格尔派及激进社会理论的起源》，李佃来译，北京师范大学出版社 2013 年版。

[7] ［法］亨利·列斐伏尔：《马克思的社会学》，谢尔康、毛林林译，北京师范大学出版社 2013 年版。

[8] ［英］汤普森：《意识形态理论研究》，郭世平等译，社会科学文献出版社 2013 年版。

教条主义表现，以及部分马克思主义学者对马克思主义教条式的理解。① （3）迈斯纳：《马克思主义、毛泽东主义与乌托邦主义》，作者试图用马克思主义立场、观点、方法，全方位地恢复被扭曲的马克思著作中"乌托邦主义"的深刻内涵。②

2013 年国内学者撰文探讨的西方马克思主义重大问题包括：对"辩证法"思想的研究；对法兰克福学派的研究；对后马克思主义的研究；对齐泽克、巴迪欧等激进哲学的研究；对西方马克思主义公平正义理论的研究；对生态马克思主义的研究；对海外中国特色社会主义研究等。

（三）国外左翼思想研究概况

2013 年，世界金融危机仍在继续，世界各类左翼论坛基于当前形势，有针对性地提出所关注的主题问题，有些还提出了指导实践的行动纲领。2013 年 6 月 7—9 日，在美国纽约曼哈顿下城佩斯大学举行的全球"左翼论坛"，以"促进生态和经济转型"为主题，讨论了生态环境危机、能源霸权、金融恐怖主义对全球经济的影响、资本主义的未来、能源民主与政治的关系、21 世纪拉丁美洲的左派运动、21 世纪社会主义的特点等问题。③ 2013 年 7 月 31 日至 8 月 4 日，在巴西圣保罗市举行的圣保罗论坛第十九次会议通过的"最后声明"强调，只要继续深化改革和加快地区一体化，就能够在拉美加勒比走向社会主义，这将是拉美人民独创的事业。④ 2013 年 10 月 30—31 日，在北京举行的"第四届世界社会主义论坛：世界社会主义和左翼思潮的现状及发展趋势"，关注社会主义发展面临的现实问题，就新自由主义和国际金融垄断与世界格局和社会阶级结构、世界左翼与社会主义现状及前景、共同富裕是社会主义的本质等课题展开了讨论。⑤

2013 年，国内学界国外左翼思想研究的重点有这样几个问题：一是在当前国际金融危机中如何坚定信心、推动社会主义事业前进的重大问题。如有学者提出，自科学社会主义诞生以来，社会主义历史发生了四次大的转折，2008 年爆发世界金融危机，中国特色社会主义在这种世界背景和条件下的成功，则使世界社会主义运动呈复兴之势。因此，中国特色社会主义必将引领世界社会主义走向伟大复兴。⑥ 二是如何认识、判断当代资本主义危机问题。如有学者指出，目前新自由主义、国家干预主义，紧缩性的财政货币政策等资本主义国家用来解决危机的种种手段，有的反而使危机更加严重。市场失灵与政府失效交织、自由主义危机与国家干预危机并发，这是资本主义基本矛盾发展不可避免的后果，也是资本主义走向衰落的历史征兆。⑦ 三是以批判的视角分析社会民

---

① ［俄］Т. Н. 奥伊泽尔曼：《元哲学——国外马克思主义与国外思潮译丛》，高晓惠译，人民出版社 2013 年版。

② ［美］迈斯纳：《马克思主义、毛泽东主义与乌托邦主义》（典藏本）（国外毛泽东研究译丛），张铭康等译，中国人民大学出版社 2013 年版。

③ 郑颖：《2013 年全球"左翼论坛"综述》，《国外书刊信息》2013 年第 7 期。

④ 徐世澄：《拉美社会主义运动现状和趋势》，《当代世界》2013 年第 11 期。

⑤ 《第四届世界社会主义论坛在京召开》，人民网时政频道 2013 年 10 月 30 日。

⑥ 《中国八位名家学者纵论世界社会主义的发展——"第四届世界社会主义论坛：世界社会主义和左翼思潮的现状及发展趋势"发言摘要》，《光明日报》2013 年 12 月 16 日。

⑦ 张宇：《怎样认识当代资本主义新特征》，《人民日报》2013 年 11 月 10 日。

主党等世界中左翼势力目前的困境和出路，以及因没有抓住金融危机时机壮大自己的阵营和力量，反而逐渐丧失传统优势的原因等。四是继续关注拉美等地区社会主义运动、拉美中左翼崛起的原因和面临的挑战。五是热点问题依旧呈现出历史与现实结合的特点，比如对生态社会主义、苏东地区历史与现实的思考。六是结合当代实际，继续深化有关左翼思想的理论研究。

二　研究较多的若干问题

（一）国外共产党研究进展

2013 年国内学界的国外共产党研究主要涉及如下几个问题：

1. 当前世界共产党的发展态势与趋势

由于全球金融危机的打击，整个世界资本主义陷入困境，从而为世界共产党和社会主义的复兴提供了条件。中国社会科学院马克思主义研究院刘淑春注意到这一动向，撰文指出社会主义复兴已初现端倪。她认为，全球金融危机引发欧美罢工潮，社会矛盾空前激化；全球金融危机为共产主义力量提供了重整旗鼓的机会：从这几年的实践可以看出，国外共产党在反危机的斗争中呈现出新的发展态势。首先，各国共产党根据新的形势和国情重新确定了战略目标和近期任务。其次，各国共产党积极投身于罢工运动之中，在斗争中扩大与工人阶级的联系，增强自身的影响力。此外，全球危机彰显了社会主义制度的优越性；国际金融危机对世界格局产生重大影响。全球金融危机为世界社会主义的复兴创造了机会，但社会主义的复兴并非是一朝一夕就能成功的，需要具备各种条件。当前世界社会主义运动也面临诸多挑战：其一，斗争呼唤强有力的马克思主义政党来领导。其二，世界社会主义力量需要团结。其三，社会主义国家如何在世界资本主义体系内赢得自身发展空间，并有效地与资本主义较量。[①]

2. 世界共产党和工人党国际会议

共产党和工人党国际会议作为一个具有世界性影响的会议，作为苏东剧变后各国共产党团结合作的重要形式，其功能和性质是人们所关注的问题。华中师范大学聂运麟追踪和分析了已经举行的十四次共产党和工人党国际会议，指出共产党和工人党国际会议的主要功能是：第一，交流各国共产党和工人党的思想和观点，发表对共同关心的重大的政治、经济、文化和社会问题的认识和看法。第二，通报各自国家的情况和共产党和工人党的工作状况，展示各国共产党及工人党在争取和平、民主、主权、进步和社会主义斗争中的新进展，交流彼此的工作经验。第三，各国共产党及工人党就共同面对的形势和任务提出应对的策略。并由此得出结论：当代共产党和工人党国际会议是以马克思列宁主义作为其运行的共同思想基础；以反对帝国主义、反对国际垄断资本，争取和平、民主、进步和社会主义作为其共同活动的政治基础；以权利平等、尊重差异、不干涉内部事务作为其运行的基本原则；以加强联系、增进友谊、交流工作经验和思想观点、促进世界社会主义运动的发展为共同目的；是各国共产党和工人党进行多边交流的平台。[②]

---

① 刘淑春：《全球金融危机与世界社会主义的振兴》，《社会科学研究》2013 年第 3 期。
② 聂运麟：《论当代共产党和工人党国际会议的性质》，《当代世界》2013 年第 9 期。

围绕 2012 年 11 月 22—25 日在黎巴嫩首都贝鲁特举行的"第十四次共产党和工人党国际会议"，南阳师范学院杨成果介绍，这次会议在"反对不断升级的帝国主义进攻，为满足人民的社会权利、经济权利、民主权利和愿望，为实现社会主义而加强斗争"的主题下，对资本主义经济危机的性质及发展阶段、帝国主义进攻不断升级的表现和原因、共产党人对抗帝国主义的任务和策略进行了深刻而及时的剖析。① 面对资本主义的重重危机和帝国主义的疯狂侵略，聂运麟等指出，与会的各国共产党和工人党认为一方面要揭穿资本主义和帝国主义的谎言，开展社会主义或共产主义的理论和实践斗争，捍卫人民的各项权利。另一方面，要加强团结与联系，建立国际反帝阵线，把反帝和反资本主义的斗争结合起来，展开反帝反垄断的共同行动，为实现社会主义的最终胜利创造条件。②

在希腊共产党的倡议和组织下，2012 年 10 月 1—2 日在布鲁塞尔举行了"欧洲共产党会议"。南阳师范学院刘春元介绍了此次大会相关情况。会议的主题为"共产党和工人党对于资本主义的立场：是被同化，还是与之决裂；所谓的有利于人民的管理资本主义的幻想；共产党人为了维护工人阶级和广大人民的利益、推翻资本主义和实现社会主义而斗争"。参加会议的共产党代表参与了讨论，对资本主义经济危机进行了分析，并分享了他们在其国内开展阶级斗争、反对资本主义进攻的经验。会议通过了四项决议：《关于加强欧洲工人阶级的斗争的决议》《反共产主义是人民大敌》《反对帝国主义战争》和《关于巴尔干局势的决议》。③

3. 各国共产党实践发展新进展

相关学者围绕国外一些共产党的最新发展与实践情况进行了跟踪介绍与评析。

尼泊尔联合共产党（毛泽东主义）受到国内外关注程度很高，国内追踪研究也一直保持着一定热度。2013 年又有几篇代表性的文章和观点。中国社会科学院马克思主义研究院王静分析认为，尼泊尔联合共产党（毛泽东主义）［简称尼联共（毛）］是尼泊尔共产主义运动激进左翼的代表，也一度是尼泊尔共产主义运动中最强大的力量，长期团结是其胜利的保证。但是自 2006 年走上议会斗争道路以来，党内革命派与改良派在继续"武装斗争"还是"议会斗争"，军队合并及土地归属等问题上的分歧不断增大。2012 年 6 月，两派最终分道扬镳：尼联共（毛）副主席也是革命派领袖基兰带走党内 1/3 力量，宣布重组尼泊尔共产党（毛泽东主义）。2013 年年初，两党又分别召开七大并制定了两条对立的"总路线"。2013 年 11 月 19 日进行的尼泊尔制宪会议第二次大选中，尼联共（毛）尴尬败北。尼联共（毛）的分裂和大选的失利标志着尼泊尔共产主义运动正面临很大挑战。无论尼泊尔革命的最终结局如何，尼联共（毛）的这段历史都必然成为国际共产主义运动中的一个典型案例，值得进行深入研究和分析。④ 云南大学马克思主义研究院袁群和汕头大学法学院刘丹蕊梳理了美国对尼联共（毛）的政策所经历的，从观望到介入打压再到积极接触三个阶段，分析指出，美国调整对尼联共（毛）政

①　杨成果：《第十四次共产党和工人党国际会议述评》，《江西师范大学学报》2013 年第 4 期。

②　聂运麟等：《经济持续衰退、帝国主义侵略扩张与人民的共同行动——第 14 次共产党和工人党国际会议综述》，《马克思主义研究》2013 年第 5 期。

③　刘春元：《2012 年欧洲共产党会议述评》，《马克思主义研究》2013 年第 3 期。

④　王静：《尼联共（毛）的分裂、大选失利及未来政治走向》，《南亚研究季刊》2013 年第 4 期。

策主要是基于自身战略和遏制中国的考虑，也是反思以往对尼联共（毛）政策失败的结果。而尼联共（毛）有意改善与美国的关系则为美政策调整提供了客观条件。美国调整对尼联共（毛）政策可能对尼联共（毛）未来发展、尼泊尔政局走向以及中尼关系造成不利影响。①

与尼联共（毛）短暂的议会斗争经历不同，作为南亚共产党重要代表力量的印度共产党（马克思主义）［简称印共（马）］已经有近几十年议会斗争经验。印共（马）也一直是国内学者重要关注的对象。刘春元指出，2012 年印共（马）召开的二十大对全球化时代的帝国主义进行了一次彻底的剖析。印共（马）认为这场旷日持久的金融危机表明以金融资本为导向的全球化的不可持续性。面对这场持久的灾难，一方面，以美国为首的帝国主义国家正试图将危机的灾难转移至发展中国家，并通过北约不断强化对西亚和其他地区的军事干预。另一方面，拉丁美洲的左翼政权向世人展示了一种完全可以替代新自由主义的制度。地方尤其拉美地区的合作趋势日渐浓厚。反对帝国主义霸权、制定替代新自由主义秩序的进步方案是当代世界左翼力量和进步人士所面临的主要挑战。②此外，华中师范大学政治学研究院吴国富对印共（马）自 2008 年以来历次共产党和工人党国际会议上关于全球经济危机的发言进行了总结。在印共（马）看来，资本主义国家引发的经济危机的本质是资本主义制度性危机，这种危机的存在与消亡就是资本主义的存在与消亡。本次经济危机将经历"五个发展阶段"，世界经济陷入"第二次衰退"之中。③

历史悠久且实力强大的印度毛派中的最强大两支力量自 2004 年合并为印度共产党（毛泽东主义）［简称印共（毛）］以来，发展迅猛，对南亚左翼政治版图造成冲击。印共（毛）也逐渐被纳入我国学界研究视域。2013 年聂运麟和吴国富撰文分析认为，印共（毛）是特定历史时期和特殊国情的产物。经过长期斗争实践累积起来的实力与经验，造就了现在的印共（毛）运动。主客观两方面的因素将共同决定印共（毛）运动未来的走向。通过对印共（毛）运动抉择基础的分析，可以论证其未来趋向将是坚持继续革命，其发展前景是在相当长的一段时期内与政府保持对峙状态。印度政府依然要在国家发展当中去寻求改变和解决印共（毛）及国内类似问题的根本方法。④

作为发展中国家的一支重要共产党力量，南非共产党也颇为引人注目。中国社会科学院世界社会主义研究中心舒畅译介了《我们为何选择社会主义？——南非共产党2012—2017 年政治纲领（节选）》。在该纲领中，南非共产党中央认为，世界资本主义正面临危机，这些危机已威胁到自然、生物和社会的可持续性。这些危机是否会终结资本主义甚至人类文明？一个社会主义的世界能否从这些危机中诞生？回答是：任何事情都有可能发生。要渡过危机，建立可持续的世界，唯一的希望就是实现向社会主义的彻

---

①　袁群、刘丹蕊：《尼联共（毛）崛起中的美国因素》，《社会主义研究》2013 年第 3 期。

②　刘春元：《印度共产党（马克思主义）二十大论全球化时代的帝国主义》，《江西师范大学学报》2013 年第 4 期。

③　吴国富：《印共（马）对五年经济危机的总结与全新判定》，《中国社会科学报》2013 年 8 月28 日。

④　聂运麟、吴国富：《印共（毛）的发展现状、面临挑战及未来走向》，《社会主义研究》2013年第 5 期。

底过渡，这必须由绝大多数人共同付出努力。① 聂运麟、程光德对种族主义制度废除后南非共产党对社会主义的新探索进行了介绍。南非共产党认为，未来南非的社会主义社会应具有四个方面的基本特点：一是民主、平等、自由；二是主要经济部门的社会化；三是"有效率的计划"和"有效益的市场"的有机结合；四是可持续发展。为此，南非共产党在政治工作、经济工作、思想工作、基层工作方面作出了基本规划，即"四大支柱"，这也是南非向社会主义过渡的基本纲领。为争取民主和社会主义，南非共产党领导工人阶级和广大人民群众在政治、经济、社会和对外关系等领域开展了一系列积极而有效的斗争。②

巴西共产党是拉美重要左翼力量之一，每年都有学者对其进行追踪分析。湖南第一师范学院思想政治学部王建礼分析总结了"巴西特色社会主义之路"——巴西共产党对社会主义革命阶段进行科学定位，即巴西正处于从资本主义向社会主义过渡的"预备性阶段"。而向社会主义过渡的预备性阶段的策略是和左翼政党联盟以及采取和平合法斗争方式。在向社会主义过渡的预备性阶段的行动纲领是建设巴西特色"新型社会主义"（2009 年巴西十二大提出党的目标）。在变革路径上，巴西共产党十二大提出通过推动实施"新国家发展计划"开辟一条走向社会主义的"巴西式道路"。③

除了对亚非拉各国共产党的情况介绍外，重庆邮电大学思政部谈娅和中联部研究室唐海军撰写了一篇总体论述亚非拉共产党近期发展、调整探索与前景的文章。他们认为，在冷战时期，共产党是亚非拉许多国家的一支重要政治力量，尽管它们基本未在本国执政（少数参政），但对部分国家的政治和社会生活有着不可忽视的影响。然而自苏东剧变冷战结束以来，亚非拉地区绝大多数共产党遭受巨大冲击，一些党甚至衰败消亡，但有不少共产党依然在逆境中抗争，努力探索新形势下的生存与发展之路。亚非拉国家共产党的困难和挑战是长期的、结构性的，由于不利的内外环境制约，在可预见的未来难以整体复兴。

菲律宾共产党是世界上少有的几个坚持暴力革命的共产党组织之一，国内一直鲜有研究。2013 年中国社会科学院研究生院禚明亮撰写了一篇对菲律宾共产党的理论进行介绍的文章。该文章介绍，菲律宾共产党主张用暴力革命推翻资本主义制度，建立社会主义制度。在全球金融危机背景下，菲共从国情、党情出发，明确提出社会主义运动的三大任务：意识形态任务、政治任务和组织任务。④ 作者分析认为，菲律宾的特殊情况基本限制了共产党通过合法议会斗争取得政权的可能性。因为它不具备实现民主化选举的政治、经济和文化条件：第一，传统政治文化阻碍了民主政治的发展，社会下层百姓被排除在民主体制外。这种不公平的竞争势必使民主成为谋权的工具。第二，菲律宾议会选举基本上是受各大政治家族左右的政治斗争，高昂的竞选经费使下层社会的民众

---

① 《我们为何选择社会主义？——南非共产党 2012—2017 年政治纲领（节选）》，舒畅译，《红旗文稿》2013 年第 10 期。

② 聂运麟、程光德：《种族主义制度废除后南非共产党对社会主义的新探索》，《辽宁大学学报》2013 年第 5 期。

③ 王建礼：《巴西左翼政党的社会主义理论研究》，《社会主义研究》2013 年第 1 期。

④ 禚明亮：《全球金融危机背景下菲共对社会主义三大任务的新探索》，《社会主义研究》2013年第 1 期。

不可能通过民主的程序来实现自身的权益，只能靠政变和游行示威等非民主方式表达自己的政治要求。第三，菲律宾共产党的历史经验表明：采取议会合法斗争上台的机会也是微乎其微。菲律宾共产党曾经有过短暂的参选经历，1937年在世界反法西斯力量发展的大背景下，菲律宾共产党取得合法地位。1940年，菲共加入人民阵线参加大选，在吕宋岛表现不俗，拿下市长职位。菲律宾被日本占领后，菲共组织了"菲律宾抗日人民军"与日本侵略者作战。菲共在反抗日本侵略的过程中力量不断壮大。1946年，它在总统选举中加入民主联盟参选，菲共的不断壮大威胁到了美国及其扶植的菲律宾政府的利益。此后，菲律宾工人运动遭到沉重打击。1948年，菲共转入武装斗争，并被政府禁止活动。作者由此得出结论：可以说采取暴力革命手段取得国家权力仍然是共产党实现社会主义的重要手段之一，尤其是对于那些尚不具备采取议会斗争手段的中小国家。所以，研究这些国家共产党的理论与实践活动仍具有重要的现实意义。[①]

苏联解体后，俄罗斯联邦共产党以苏共继承者的身份出现在俄罗斯政治舞台上，迄今为止是俄罗斯政坛上最有影响力的左翼反对派政党。山东大学政党研究所李亚洲对俄共第十五次代表大会进行了评析，介绍了俄共十五大召开的背景、俄共的组织现状、俄共十五大报告的主要内容、关于俄共"党章"的修改、国际圆桌会议的基本议题和成果、俄共中央及领导人的更新问题等。[②] 江苏省行政学院国际问题研究中心钮维敢撰文总结认为，俄共在重建后经历短暂复兴，但是随即又陷入困境，其发展处境艰难的原因可以归纳为：第一，历史包袱过重。俄共承袭了苏共的政治理想，要求"重建苏联"的想法无法赢得大多数俄民众的支持。第二，俄共内部长期存在指导思想纷争，导致了党的分裂。第三，俄共领导层梯队建设没能吐故纳新，造成俄共领袖政治竞争力无法持续。第四，竞争对手十分强大，他们一方面深谙共产主义思想的套路，便于在现实中攻击共产党和社会主义，另一方面，具有西化倾向的政治精英更能赢得西方资本主义世界的外部力量的支持，从而能在较短的时间内集结强大的政治能量，并始终抑制俄共的发展。[③]

自苏联解体以来，白俄罗斯的主要共产主义组织白俄罗斯共产党和公正世界党经历了分化、组合、再分化的过程，目前两党已经从组织上的分裂演变为在理论上的分歧。中国社会科学院马克思主义研究院康晏茹分析认为，由于白俄罗斯共产主义运动的分裂局面，白俄罗斯业已形成强总统、弱议会的政治格局和共产党自身存在的问题，白俄罗斯的共产主义力量受到一定制约，要想在短期内扩大影响力、成为国内政治生活的中心力量仍需克服重重困难。[④]

中国社会科学院马克思主义研究院陈爱茹介绍了摩尔多瓦共产党人党因其特殊的政治经历，即通过议会选举上台执政，后又通过议会选举丧失政权，该党在其下台成为反

———————

① 禚明亮：《全球金融危机背景下菲共对社会主义三大任务的新探索》，《社会主义研究》2013年第1期。

② 李亚洲：《俄罗斯联邦共产党第十五次代表大会评析》，《马克思主义研究》2013年第7期。

③ 钮维敢：《俄罗斯共产党曲折发展的实践与反思》，《中国社会科学报》2013年1月30日。

④ 康晏如：《白俄罗斯共产主义运动的理论与实践研究》，《"公平、公正、平等：世界社会主义的理论与实践"学术研讨会暨当代世界社会主义专业委员会2013年年会论文集》。

对派以后，启动了"社会齐步走"运动，将公平正义的理论探索诉诸其政治实践之中。① 作者还分析认为，摩尔多瓦共产党人党作为当今摩尔多瓦政治舞台上的反对派，依然是一支具有举足轻重影响力的政治力量。有几个要素可以保证其具有政治活力：首先，摩共拥有强大的、先进的共产主义、社会主义思想资源。其次，在摩尔多瓦社会拥有的支持率比较稳定。第三，摩共有一支职业化的领导团队，领导团队信仰坚定、富有政治斗争经验。第四，加入关税一体化带来的机遇。第五，摩共积累了丰富的政治经验，既执过政，又当过反对派。摩共党的组织系统完善、健全，且富有战斗力。第六，摩尔多瓦现在的社会背景对摩共十分有利。当然，摩尔多瓦共产党人党的未来也具有一定程度的不确定性。首先，遏制党不断分裂的浪潮。如果摩共想要保住当前的影响和地位，就要求摩共在最近几年，领导团队不能发生大的人员变动。其次，共产主义建设中发生的一些历史失误给摩共带来的影响。第三，摩尔多瓦官方采取的欧洲一体化方针带给摩共的困扰。②

　　2013 年有多篇介绍西欧共产党的文章。中国社会科学院马克思主义研究院于海青撰文指出，苏东剧变前后，西欧地区的共产主义政党普遍面临发展危机，并大都经历了转型过程。在为应对危机挑战而进行的组织、意识形态和战略变革过程中，西班牙共产党的转型选择展现出显著特点。与其他西欧共产党大都围绕自身的变革调整不同，西班牙共产党着手创建了一个全新的组织——联合左翼。经过 20 多年的发展，联合左翼已经成为西班牙最大的激进左翼力量。作者还考察了西班牙共产党自苏东剧变以来的发展演变，而鉴于西共与联合左翼在近几十年间已经结成一个不可分割的整体，因此不可避免地涉及联合左翼建立的前史及其当代发展，并将尤其关注作为联合左翼最主要组成和支持力量的西班牙共产党在其整个发展进程中的作用。此外，作者还探讨了西共与联合左翼逐渐趋向一致的理论政策，以及西共在最近面临的挑战及其未来发展前景等问题。③

　　希腊共产党是西欧地区传统的共产主义大党。自国际共产主义运动陷入低潮以来，希共在希腊国内政坛中是一支边缘化但却相对稳定的政治力量。于海青从历史与现实相结合的角度，对希共 20 世纪 90 年代以来的理论战略和发展模式进行了梳理总结，并尝试从希腊激进左翼政治发展的更为宏观的视角，探讨希共与国内其他左翼力量尤其是左翼联盟/激进左翼联盟的联系与区别，以及二者在激进左翼政治中主从地位的演变，提出了正确认识希共的战略模式以及希腊激进左翼政治未来发展前景等问题。④

　　刘春元介绍德国共产党第十九次全国代表大会情况。在德国共产党第十九次全国代表大会上，"德共"强调要加强党的理论建设并将理论转化用于积极的政治行动之

---

　　①　陈爱茹：《追求公平正义理念，倡议"社会齐步走"运动——摩尔多瓦共产党人党关于公平正义的理论与实践研究》，《"公平、公正、平等：世界社会主义的理论与实践"学术研讨会暨当代世界社会主义专业委员会 2013 年年会论文集》。

　　②　同上。

　　③　于海青：《联合左翼中的西班牙共产党：发展演进、理论战略与前景》，《马克思主义研究》2013 年第 12 期。

　　④　于海青：《希腊共产党的演进与当代希腊激进左翼政治》，《当代世界社会主义问题》2013 年第 5 期。

中。在发扬国际主义和团结方面，"德共"主张欧盟和世界各地的劳动人民团结起来。在当前危机和社会越来越反动的背景下，"德共"认为，若不从根本上改变社会条件，就不会有民主、和平，就不会获得德国和世界绝大多数人支持的、面向未来的解决方案。[①]

自 1991 年意大利共产党更名易帜后，后继的意大利重建共产党和意大利共产党人党都经历了数次的分化、组合、再分化、再组合的过程。中国社会科学院马克思主义研究院李凯旋分析认为，无论是意重建共产党还是共产党人党，都在坚持共产党的名称和共产主义奋斗目标的前提下，为应对全球化、信息化和阶级基础变化等方面的挑战，不断在替代现行资本主义社会、超越资本主义，进而在实现社会主义的道路上，进行探索和革新。意大利重建共产党建党 20 余年来，其政策主张在不同时期，根据社会环境和政治形势的变化，不断调整、变更，甚至有所反复，其政策主张的变化主要分为四个阶段：第一阶段，充当政府的坚定反对派；第二阶段，以参政为目标独立进行议会斗争；第三阶段，与中左政党联盟，实行革新与开放；第四阶段，团结左翼，重新起航。而意大利共产党人党自成立以来一直坚持走议会斗争路线，高度关注工人权利、经济发展等问题，开展维护和平，抗议贝卢斯科尼破坏意大利共和国宪法的活动。李凯旋将其斗争政策的变化分为三个阶段：第一阶段，与绿党联盟，进入政府；第二阶段，参加左翼联盟，党员队伍逐步壮大发展；第三阶段，反思与重建。[②] 据李凯旋分析，虽然当前意大利深陷经济危机，处于政治过渡期，但生存于自由人民党、民主党和北方联盟夹缝之间、备受制约的两个共产党，要进入意大利政治中心依然困难重重。[③]

4. 国外共产党党建经验与启示

对国外共产党党建理论和实践进行研究，对比成功和失败两方面经验教训，为中国共产党的党建工作提供可资借鉴的经验是国外共产党研究的题中应有之意。2013 年发表了多篇相关论文，涉及对前苏联党群关系的反思、对西方国家共产党组织形态的历史性转型分析、对法共衰落的原因分析以及南非共产党的党建经验介绍等内容。

中国社会科学院吴恩远研究员认为，前苏联共产党与民众关系的演变历史可以证明，执政党与群众同心则盛，离心则衰。在历史发展关键时刻能否提出代表民众根本利益的纲领路线是衡量党与群众关系的试金石；共产党员的先锋模范作用是党的方针路线得以成功贯彻的保证；关心民众、服务民众是共产党的根本宗旨。[④]

聂运麟分析了 100 年来西方国家马克思主义政党组织形态发展的历史轨迹：群众性政党—先锋队政党—现代群众性政党。他认为，从表面看来，第三时期又重新回复到第一时期的政党组织形态——群众性政党，但这是在更高层次或更高水平上的回复，是螺

---

①　刘春元：《德国共产党十九大论资本主义危机与共产党人的任务》，《中国社会科学报》2013年 6 月 26 日。

②　李凯旋：《苏东剧变后意大利共产党的发展》，《科学社会主义》2013 年第 2 期。

③　同上。

④　吴恩远：《同心则盛，离心则衰——党群关系演变与苏联国家命运之关联》，《学术前沿》2013 年第 4 期。

旋式地向上发展。①

华侨大学公共管理学院李金花对法国共产党在法国政坛中处于边缘化处境的原因进行了研究，认为：（1）外部原因：信息革命深入发展和资本主义政策调整的双重挑战是法共由盛转衰的时代背景；苏东剧变给法共带来巨大冲击是法共由盛转衰的历史背景；法共受到其他政党的挤压是法共由盛转衰的现实困境。（2）内部原因：法共理论纲领的频繁变更，思想认同性不强，是法共衰退的思想原因；党内民主机制的非良性运作是法共衰弱的组织原因；放弃基层党组织的活动是法共衰弱的群众危机。②

5. 国外共产党的执政经验与教训

从1961年古巴进入社会主义社会开始，近在咫尺的超级资本主义大国美国一直对古巴实施敌对政策。20世纪90年代初，由于苏联解体和东欧剧变，以及此后几年的严重的自然灾害，古巴遭到巨大的困难。在应对国内国外的各种各样困难和挑战时，古巴共产党的执政地位不仅没有动摇，反而渡过了最困难的时期，古巴社会主义显示出了顽强的生命力。古巴是如何保持着社会主义制度不变的？古巴共产党是如何巩固加强党的执政地位的？古巴是如何进行社会主义改革的？鲁东大学韩雪峰概括总结了其巩固执政地位的基本经验，主要有：加强和改进党的建设、保持党的先进性；大力发展社会公共事业、注重改善民生；稳步推进改革开放、促进经济社会不断发展。古巴共产党巩固执政地位的举措取得了显著成效：古巴政治、经济、社会依旧保持稳定，社会主义建设依旧有条不紊地进行。这充分证明：古巴共产党在巩固执政地位上的举措是正确的，是值得我们学习的。虽然古巴共产党在执政期间遇到了不少的问题和挑战，但是古巴共产党能根据形势的变化"与时俱进"，坚定不移地走社会主义道路，探索社会主义的发展规律，这使得古巴的社会主义事业在政治、经济、社会、外交等各个方面取得显著成就，并不断得到巩固和发展。③

中南大学马克思主义学院董卫华、曾长秋分析认为，社会和谐是中国特色社会主义的本质属性。信教群众始终是"人民群众"的一部分，是中国共产党执政的群众基础和建设中国特色社会主义（构建社会主义和谐社会）的重要力量，做好信教群众工作是宗教工作的根本任务，也是中国共产党构建和谐社会的重要课题。古巴共产党和老挝人民革命党重视发挥宗教在国家社会生活中的作用和影响，拉近了党与信教群众的距离，巩固了党执政的社会基础，促进了社会和谐，其经验对中国共产党加强执政安全有重要启示。古共和老挝人革党对待宗教的启示在于：作为社会主义国家执政党，在对待宗教问题上，首先要依法管理，充分抑制其消极性，调动其积极性。其次，要不断扩大党的代表性，构建和谐的政教关系，特别是要最大限度发挥好宗教的社会功能，善于通过宗教凝聚社会共识，"化解社会矛盾"，倡导和谐友爱，形成适合中国国情的宗教政策，构建起以教促政的良性互动关系。第三，执政的共产党在贯彻执行宗教政策时必须讲究策略。依法为国内的宗教活

---

①　聂运麟：《现代群众性政党的五个新特征——西方国家共产党组织形态的历史性转型》，《人民论坛》2013年第24期。

②　李金花：《20世纪80年代以来法国共产党的衰退及启示》，《商丘师范学院学报》2013年第2期。

③　韩雪峰：《古巴共产党巩固执政地位的基本经验》，《石家庄城市职业学院教学与研究》（综合版）2013年第1期。

动创造宽松的环境，发挥宗教疏导民意的作用，不给西方干预内政创造机会。[①]

越南政治革新已走过了 26 年的历程，取得了初步成效。清华大学马克思主义学院陈明凡认为，其主要经验是：把理顺执政党、国家与社会的关系作为政治革新的主线；把反腐败作为政治革新攻坚战的首要任务；把加强人民对权力的监督作为政治革新的突破口；把改革和完善选举制度作为社会主义民主建设的重要路径；在保证政治稳定的前提下进行渐进式政治革新；努力创造政治革新与经济革新良性互动的局面。当前越南政治革新也面临诸多困难和问题。越南政治革新的经验教训对中国深化政治体制改革具有重要参考价值。中国和越南的经验说明：马克思和恩格斯总结巴黎公社历史经验时提出的"防止国家和国家机关由社会公仆变为社会主人"的原则，应成为社会主义国家政治体制改革的主题。[②]

（二）西方马克思主义研究进展

1. 对"辩证法"的研究

南开大学哲学院谢永康在《启蒙辩证法与理性的潜力》[③] 一文中借助阿多诺的否定辩证法提出了一种新的主体理论，指出阐明这种新的主体是今日哲学辩证法的任务。作者认为，如果我们要为工具理性和批判的理性寻找一个共同的、更为深刻的根源，那么这必然是自我持存的概念。我们一般习惯于仅仅将自我持存单纯地理解为主体与客体的一种否定性关系，即自然统治，而实现这种关系的就是作为理性之消极要素的工具理性。也许正是霍克海默和阿多诺使这个消极的方面更加尖锐，但是他们同时也强调这个否定的关系乃是主体形成的必不可少的条件。进一步说，自我持存并不仅仅是一种外向活动，同时必定包含着一种内在的自身关涉，而这种关系也可以是否定的关系。如果我们将主体对自然的否定性关系规定为工具理性的活动，那么其对自身的否定性关系便是理性的批判。这两种活动均有一个共同的承担者，即进行着自我持存的主体。在经过霍克海默和阿多诺的元批判之后，我们不能再在古典的形而上学的意义上来理解这个主体，而只能在有限的层面来理解它。

中国社会科学院马克思主义研究院陈慧平在《伊格尔顿的文化辩证法探要》[④] 中，以宏大的视野和深刻的解析对伊格尔顿文化辩证法中的文化危机意识问题进行了讨论。在伊格尔顿看来，人们目前拥有的人文价值世界并非像看起来那样天经地义、牢不可破。由于文化承载着人类的过去，也预示着人类的未来，文化本身就是人类的命运，因此，文化理论最大的困境最终体现在人自身上，突破困境的关键也最终落在那个著名的斯芬克斯之谜上：人，认识你自己！如果说伊格尔顿与后现代主义思想家，如海德格尔、利奥塔、福柯、德里达等人有什么共同之处，那就是对人类自我认同的挑战；对浸透于传统文化的中国学者来说，这一点多少令人感到隔阂和困惑，但这种感觉正是文化或哲学创新需要付出

---

① 董卫华、曾长秋：《以宗教促进社会和谐的理念与路径探索——古巴共产党和老挝人民革命党的视角和经验》，《东北师大学报》2013 年第 3 期。

② 陈明凡：《越南政治革新的经验教训及其启示》，《探索与争鸣》2013 年第 1 期。

③ 谢永康：《启蒙辩证法与理性的潜力》，《"法兰克福学派与美国马克思主义"——纪念阿多尔诺诞辰 110 周年国际学术研讨会会议论文集》，2013 年 11 月 2—3 日。

④ 陈慧平：《伊格尔顿的文化辩证法探要》，《哲学动态》2013 年第 11 期。

的一种代价。

黑龙江省社会科学院哲学所高云涌和《学习与探索》杂志社王林平在《"辩证法研究"还是"研究辩证法"？——对近年来国内有关辩证法讨论的一个质询》① 一文中，提出在国内以往的讨论中，人们在各种不同的意义上使用"辩证法"一词，"辩证法"似乎成为一个没有边界约束的论域，使得关于辩证法的研究在某种意义上陷入了困境，也影响到对国外马克思主义辩证法的研究。当我们明确区分"辩证法"的语词定义和实质定义，明确界定"辩证法观"和"辩证法"的概念，一切分歧就会明朗化，"辩证法"在一定语境条件下具有相应确切定义的局面就会取代之前那种讨论边界约束不清的局面。

山东大学国外马克思主义研究所付文忠在《马克思辩证法的三个维度——英美马克思主义学者关于辩证法形态争论的启示》② 一文中认为，英美学者对于马克思的辩证法形态做了许多阐释，其中影响比较大的有三种：体系辩证法、历史辩证法与自由辩证法。英美学者对马克思视域中辩证法的解读涉及的其实是辩证法的三个方面，这三种形态的统一体现了马克思辩证法的当代价值。

2. 法兰克福学派研究

北京大学哲学系仰海峰在《法兰克福学派启蒙思想的困境与超越》一文中认为，法兰克福学派的理论家们都力图提出超越启蒙理性的方案。阿多诺在《否定的辩证法》中，针对启蒙理性的主体—客体的哲学模式，提出主体与客体间、主体与主体间的"星丛"模式，这是一种非支配性的、非总体性的文明范式。马尔库塞在考察了现代发达工业社会之后，认为先要拒绝现有的一切，然后在新感性的基础上，重新确立文明的样态。晚年的霍克海默则希望通过叔本华式的悲观主义，在破釜沉舟之后重燃希望之火。今天看来，这些方案虽然不够现实，即使是哈贝马斯式的交往理性，也更多地体现了一种乌托邦式的希望，但对于人类历史来说，乌托邦和希望是有助于人类走出困境、重新寻找更为理想的社会发展道路的动力之一。这正是法兰克福学派批判启蒙理性的意义所在。③

首都师范大学鹿云认为，随着法兰克福学派第一代代表人物的辞世，社会批判理论研究的热度和势头也大不如前，但是，作为这一学派之传统的批判精神，即对现存资本主义社会的批判却没有被放弃，其影响在当代仍在继续和延展。法兰克福学派的批判虽是带有乌托邦色彩的悲观主义文化因素，但对我们审视当前的社会现实具有重要的启示和意义。④

浙江工商大学马克思主义学院王华英探讨了法兰克福学派技术思想发展理路。伴随科技影响力的扩张和深化，技术成为思想界批判、解构和重构的中心。极富批判精神的

① 高云涌、王林平在《"辩证法研究"还是"研究辩证法"？——对近年来国内有关辩证法讨论的一个质询》，《马克思主义哲学论丛》2013年第6辑。

② 付文忠：《马克思辩证法的三个维度——英美马克思主义学者关于辩证法形态争论的启示》，《学术月刊》2013年第3期。

③ 仰海峰：《法兰克福学派启蒙思想的困境与超越》，《中国社会科学报》2013年5月29日。

④ 鹿云：《批判与反思：法兰克福学派批判理论的历史逻辑及启示》，《山西师大学报》（社会科学版）2013年第1期。

西方思想家对技术的批判不断深入，从卢梭的浪漫主义批判到马克思、海德格尔的批判，再到西方马克思主义尤其是法兰克福学派的人本主义批判。法兰克福学派无疑是技术批判的劲旅，并以批判的深刻性和持久性而受到极大关注。受内部技术研究困境、哲学转向和技术研究方法变化的影响，法兰克福学派的技术批判经历了从无到边缘再到中心的过程，从本质主义到后本质主义，从规范到规范与描述的统一，从价值预设到事实与价值的统一，从宏观到宏观与微观结合，从乌托邦和乌托邦的宿命论到可选择性的过程。①

3. 后马克思主义研究

华东师范大学哲学系孙亮提出，拉克劳、墨菲的后马克思主义理论无论在西方学术界抑或汉语学术界，都大量存在着被"彻底否定"的理论姿态。托米、塔西恩在后马克思主义学术史上第一个提出了"我们究竟能从后马克思主义那里得到什么"的命题，这迫使我们重新反思以往对后马克思主义研究是否出现了某种偏激的倾向。通过思考亚里士多德的"实践智慧"与拉克劳、墨菲对待马克思主义理论态度之间的关联、后马克思主义对于"政治解放"的价值重塑，以及通过反思、汲取后马克思主义的不是结论而是其思考的能力，可以帮助我们较为清晰地认定后马克思主义并非一无是处，现在，后马克思主义研究应该从"彻底否定"到思考"托米、塔西恩命题"的研究范式转型。②

南京师范大学哲学系张之沧的《论后马克思主义的人道主义》一文对后马克思主义理论进行了辩护。他认为，以拉克劳等为代表的后马克思主义作为马克思主义的一种转向和修正，在一系列理论观点上都进行了大幅度的跳跃和迈进。他们关注人类命运；反对阶级还原论、霸权主义、极权主义和马克思主义阵营中的激进左派；主张站在世界大同、普遍主体和回归与完善人性的高度，解放人类。政治观上，主张从阶级政治转向非阶级政治，从对立政治转向对抗政治，从暴力革命转向多元民主；重构霸权概念；宣扬差异政治、欲望政治、边缘政治、文化政治、微观政治；关注人的日常生活、生存观念和行为方式的变革；并以此为基础，陈述了一种旨在拯救社会主义和全人类的人道主义，以便为所有的人都创造自由、民主与和谐发展的机会。③

南开大学哲学院莫雷则撰文质疑后马克思主义的人道主义化的意识形态理论。他提出，后马克思主义抛弃了概念上的本质主义和客观主义，容易陷入概念的不确定性，由此带来了意识形态概念泛化的危险；抛弃了阶级中心论，无法解释复杂的多元化的新社会运动为什么必然会走向反资本主义的斗争；对意识形态"行而非知"的强调最终只是走向了空洞的话语实践和精神分析的实践。总之，后马克思主义的意识形态研究局限于微观领域，拘泥于反本质主义和非阶级性的多元化的解读，容易导致"对历史和政治的随机化"，无法揭示意识形态问题产生的根源和总体的趋势，也就无法为意识形态批判找到一条现实可行的道路。他认同詹姆逊的论述：无论后马克思主义者如何反对自身与自由主义的"差异"，他们对作为新文化接合的基础的"宽容"或者"对抗的多元性"的信奉，都使他们具有了"秘密的"资本家的嫌疑。差异没有提供任何一种文化变革的

---

①　王华英：《法兰克福学派技术思想发展理路探究》，《自然辩证法研究》2013 年第 1 期。

②　孙亮：《我们究竟能从后马克思主义那里得到什么——对托米、塔西恩命题的尝试性回答》，《社会科学》2013 年第 6 期。

③　张之沧：《论后马克思主义的人道主义》，《社会科学》2013 年第 10 期。

议程，差异的形成仅仅是我们所陷入的文化停滞的另一个症候。①

4. 齐泽克、巴迪欧等激进左翼理论研究

浙江外国语学院苏平富和首都师范大学赵伟在《"安提戈涅式"的激进抗争——齐泽克欲望化政治行动理论探析》② 一文中指出，近年来，国内学界对齐泽克意识形态理论的研究渐成规模，但与意识形态理论密切相关的、作为其思想精髓之一的政治行动理论却没有引起人们的足够重视。他们指认了齐泽克的行动观点与巴迪欧的事件之间的近似性，并且论证了齐泽克的"行动"如何是一种"要求不可能之事"的激进政治行动。文章说，齐泽克主张的政治行动必然是一种"安提戈涅式"的永恒的抗争姿态。"这种抗争是'明知不可为而为之'的英勇，是在最终目标根本不存在的情境下，对于欲望对象踪迹的无限追寻。这正是政治行动的真正意义之所在。"实际上，这就是齐泽克规划超越资本主义框架所指出的斗争方向。复旦大学哲学院单传友的《当代激进政治哲学视域中的〈历史与阶级意识〉》③ 论述了齐泽克对卢卡奇《尾随主义与辩证法——捍卫〈历史与阶级意识〉》一书的重新解读，齐泽克对于卢卡奇的解读延续的是他对于黑格尔、列宁的重新解读同样的思想路线，即是通过齐泽克的重新解读而重塑他们的思想肖像。齐泽克对于卢卡奇此书的理解与《重述列宁》的观点相一致，即"通过重解作为革命主体的无产阶级普遍性，重提革命是把握时机的艺术，重释革命行动的解放潜能，重新书写属人的历史，恢复《历史与阶级意识》关于十月革命的政治哲学真谛，恢复作为列宁主义哲学家的卢卡奇，以重振列宁—卢卡奇主义，复兴左翼运动。"中国社会科学院哲学所李西祥的《解放的辩证法：后马克思主义的政治乌托邦及其批判》④ 一文论述了齐泽克的"本真行动"相对于拉克劳的"霸权"逻辑，但同时又指出从精神分析拓扑学的角度来看，二者不过是一再要求行动的歇斯底里、不断延宕革命的强迫症，所以，无论后马克思主义思想家表现得如何激进，他们的政治谋划也只是"一种可望而不可即的政治乌托邦。"无独有偶，也有学者从另一条理论进路察觉到了齐泽克行动哲学的悖论。上海交通大学人文学院于琦注意到齐泽克对于阿伦特的再评价，齐泽克认为阿伦特简单的反对极权主义是一种"左翼中间派的自由主义"立场，而当今政治的核心任务是突破资本主义"自由—民主"的铁笼，齐泽克认为，应该区分法西斯主义与斯大林主义，斯大林主义始终蕴含着一种解放的潜能，因为哪怕在最黑暗的斯大林主义内部，也包含一个赎罪的维度。齐泽克主张激进的行动，以打破当前的坐标系，但却在如何行动的问题上陷入理论困境，于琦指出："齐泽克正面临着哈姆雷特式的境遇：行动与否，这是个问题。"⑤

河南大学哲学与公共管理学院宋晓杰在《共产主义：革命主体性话语与替代性政治

① 莫雷：《后马克思主义意识形态理论的特征及困境》，《教学与研究》2013 年第 12 期。

② 苏平富、赵伟：《"安提戈涅式"的激进抗争——齐泽克欲望化政治行动理论探析》，《观察与思考》2013 年第 3 期。

③ 单传友：《当代激进政治哲学视域中的〈历史与阶级意识〉》，《安徽师范大学学报》（人文社会科学版）2013 年第 7 期。

④ 李西祥：《解放的辩证法：后马克思主义的政治乌托邦及其批判》，《教学与研究》2013 年第 1 期。

⑤ 于琦：《论齐泽克对阿伦特的理论再批判》，《国外文学》2013 年第 3 期。

想象——奈格里对共产主义思想的重构》① 一文中指出，以《帝国》《多众》等著作在激进左翼哲学界独树一帜的奈格里，通过诉诸工人阶级的主体性逻辑与革命政治学，实现"共产主义"，奈格里认为，共产主义绝非资本主义发展的自发产物，而是"主体逐步实现的理论"，是"危机理论和主体理论的综合"，是革命主体性的激进政治话语。由此可见，奈格里的共产主义思想带有明显的唯意志论和乌托邦色彩，与马克思主义的科学的共产主义观明显不符。复旦大学俞吾金指出，别看这几年在占领运动下的激进左翼搞得如火如荼，实际上，他们根本没有突破资本主义意识形态，因为"不但占领华尔街运动是在合法斗争的范围内发生的，而且左翼理论家们的全部夸张性的言说也是在合法性的范围内展开的。这一切都表明，左翼理论家们从未真正地突破过资本主义意识形态的界线，他们也不敢用自己的脑袋去触碰资本主义制度，他们只是装出严肃的态度在理论上作秀而已。这就是他们在思想理论上的最后归宿。"②

中国社会科学院马克思主义研究院张剑在《齐泽克巴迪欧的毛泽东情结》③ 一文中论述了齐泽克和巴迪欧的毛泽东情结之表现与缘由。文章指出，毛泽东的矛盾理论与齐泽克的"具体的普遍性"思想相符合之处，也正是齐泽克对毛泽东的赞赏之处，而齐泽克也指出了毛泽东在辩证法思考与政治实践中的局限性；对于巴迪欧来说，毛泽东主义是一种"征兆"，也就是将巴迪欧的主要学术来源——萨特、阿尔都塞、拉康、黑格尔——联系起来的波罗米结，巴迪欧对毛泽东主义的推崇与其"事件哲学"密不可分。文章认为，齐泽克、巴迪欧用辩证法重新思考毛泽东主义在当代具有启示意义，同时他们对毛泽东主义分析中的局限性也表明了各自在哲学上的局限性。

5. 西方马克思主义公平正义理论研究

2013 年国内学界对于公平正义思想研究的热点主要集中在对哈贝马斯、罗默、柯亨等人关于公正思想的研究上。中国社会科学院马克思主义研究院冯颜利和上海财经大学人文学院张朋光合作的《哈贝马斯的公正观及其当代价值》④ 一文认为，哈贝马斯在与罗尔斯的争辩中发展和完善了自己的正义思想，与罗尔斯以"原初状态"为前提、以政治正义为本质、以自由平等为核心的正义理论不同，哈贝马斯立足于理想的市民社会和生活世界之背景，以社会交往和主体间性学说为理论基础，提出和论证了以"理想语境"为前提、以程序正义为本质、以"合法性"为核心内容的正义学说，期冀通过人们之间的理性商谈这种合理程序来促进社会公平正义的实现。鉴于我国社会目前亟须解决的社会不公问题，对哈贝马斯正义理论的研究可为我国政治、法律和社会制度建设以及整个中国特色社会主义建设事业提供重要启示和借鉴。武汉大学经济与管理学院乔洪武和师远志回顾了西方马克思主义的几个重要人物（罗默、柯亨以及埃尔斯特等人）关于资本主义剥削不道德性的论述，并结合当今西方研究马克思主义剥削理论的主要学者麦

①　宋晓杰：《共产主义：革命主体性话语与替代性政治想象——奈格里对共产主义思想的重构》，《广西社会科学》2013 年第 4 期。

②　俞吾金：《西方左翼理论家并未突破资本主义意识形态——以对"占领华尔街"运动的评论为例》，《社会科学报》2013 年 1 月 3 日，第 3 版。

③　张剑：《齐泽克巴迪欧的毛泽东情结》，《马克思主义与现实》2013 年第 6 期。

④　冯颜利、张朋光：《哈贝马斯的公正观及其当代价值》，《华中师范大学学报》（人文社会科学版）2013 年第 6 期。

金泰尔、埃塞尔、布尔扎克、德马蒂诺等四人对于剥削不道德性的批判，说明了罗默等早期学者试图证明的是：剥削的不正义在于生产资料占有的不正义和交易的不正义；而麦金泰尔等人则试图证明剥削的不正义在于资本主义对工人权利的侵犯。① 中共中央党校哲学教研部邱娟认为，柯亨声称罗尔斯通过建构程序正义确立的正义原则不是根本的正义原则，因为它需要依赖普遍的事实，最根本的正义原则应当是"对事实不敏感"的运气平等主义。当前针对柯亨这一观点的批评主要强调"更为根本的原则可以是一种方法论的原则而非具有实质内容的规范原则"，而作者认为，从这一角度给出的回应容易引发"规范"和"方法"的循环争论，实际上，柯亨是在逻辑的层面而不是在经验的层面坚持事实不敏感理论，他所理解的对事实不敏感原则在某种意义上依然是以事实为条件的。②

6. 生态马克思主义的研究

2013 年国内学界在生态马克思主义研究方面除了继续关注代表人物的主要观点——比如福斯特、奥康纳、高兹、休斯和特本顿等人的观点之外，还将各种生态马克思主义者的观点进行多维度的比较研究。

在人物比较方面，三峡大学马克思主义学院田世锭将戴维·哈维与福斯特的生态理论进行比较，文章指出，哈维与福斯特的生态理论具有一定的一致性，比如他们都认识到了生态问题的根源在于资本主义以及社会主义取代资本主义的合理性。但他们的生态理论也有着很大的差别：哈维从内在关系辩证法视角来审视客观存在的生态问题，揭示这种问题的实质是一个阶级问题，如果用"危机"来表示的话，则这种"危机"恰恰是社会的危机、人的危机，因此，解决这种问题或"危机"的实质恰恰在于解放人，而社会主义的合理性正在于它旨在实现人的解放；与此相反，由于福斯特在人与自然的关系整体中进行了抽象，在一定程度上将人与自然的关系看成了外在关系，所以他坚持认为现实存在的生态问题就是一种人为的生态危机，解决这种危机的方法就是要从人的统治和压迫下拯救地球、解放自然，而社会主义的合理性正在于它可以解决生态危机，从而使地球得以拯救，使自然获得解放。③

在方法论比较方面，中国人民大学经济学院靳晓春、华高将福斯特、奥康纳和本顿的历史唯物主义方法论进行了比较，认为，由于三位生态马克思主义者对马克思的理论与自然关系的理解不同，所以他们在构建自己的生态唯物主义理论体系时对自然有不同的定位。福斯特从马克思的文本中挖掘出唯物主义自然观，奥康纳认为历史唯物主义应该扩展为生产条件、生产力、生产关系之间的关系，本顿指出马克思的历史唯物主义理论与经济理论存在断裂，认为马克思的劳动过程概念忽略了自然限制，而赞成福斯特的

---

①　乔洪武、师远志：《剥削是合乎正义的吗——西方马克思主义关于剥削与正义的思想探析》，《华中师范大学学报》（人文社会科学版）2013 年第 5 期。

②　邱娟：《"对事实不敏感"的正义原则——评柯亨对罗尔斯建构主义的批评》，《教学与研究》2013 年第 4 期。

③　田世锭：《生态危机还是社会危机？——戴维·哈维与约翰·贝拉米·福斯特的生态理论比较》，《社会主义研究》2013 年第 2 期。

方法论。[1]

在不同研究范式的比较方面，复旦大学社会科学基础部韩欲立和上海理工大学社会科学学院温晓春将高兹所代表的生态马克思主义欧洲范式、福斯特所代表的生态马克思主义北美范式以及中国的生态文明论所标识的中国范式进行了比照。文章指出，以高兹为代表的生态马克思主义欧洲范式为我们发现了社会主义与生态政治结合的可能性，以福斯特为代表的生态马克思主义的北美范式，则为我们在哲学上重建了马克思的生态唯物主义，同时也在伦理上指出在社会主义发展观中的自然与社会的协同性进化。但是，一个可持续发展的生态伦理必须解决当代的生态伦理—政治的话语体系与行动体系的断裂，而中国化马克思主义的生态文明论将社会主义的生态伦理—政治话语置于更为广阔的可持续性伦理和社会主义运动的历史性环节，从而尝试将自己从抽象伦理实现为现实伦理。[2]

7. 海外中国特色社会主义研究

2013年，海外中国特色社会主义研究仍然是国内学界关注的一个热点问题。中共中央党校中共党史教研部柳建辉在《海外中国学研究与中国特色社会主义》[3]一文中指出，随着中国改革开放和社会主义现代化建设的发展，中国共产党治国理政的特点与成效、中国特色社会主义理论体系、中国特色社会主义道路、中国特色社会主义制度等问题越来越引起国外学者的广泛关注，海外中国学研究的重点也越来越转到对中国特色社会主义以及当代中国的现实问题上来。北京联合大学人文社会科学部梁怡在《海外中国学研究中的理论与方法》[4]一文中提出了海外中国学研究中的一些方法论问题，认为国内学者在对海外中国学研究成果的追踪和评析中，主要应关注其观点的正确与否、史实取用的确实与否、研究范式的新颖与否及得出的结论科学与否，是否有很高学术价值和实际意义，是否满足我国国内政治学、历史学、社会学研究的学术需要，以及是否有为党和政府提供资政的作用。由唐磊、鲁哲、何培忠等人主编的《海外学者视野中的中国城市化问题》[5]一书对近年来国外学者关于中国城市化问题研究中的一些突出成果进行了梳理和编译，从发展策略与路径选择、社会阶层和社会认同、制度设计及其挑战、全球化与可持续发展等方面呈现了国外学者对当代中国城市化问题的观察。

（三）国外左翼思想研究进展

1. 世界社会主义思潮和运动研究

印度学者普拉卡什·卡拉特基于印度经验，提出了21世纪的马克思主义是对新自由主义和帝国主义替代的观点。认为帝国主义依旧是建立公正、民主、和平的世界秩序所面临的第一障碍；反对帝国主义全球化的斗争需要建立一套替代性的左翼纲领；工人阶级仍然是挑战资本主义的核心革命力量；21世纪的社会主义的基本轮廓：生产资料

① 靳晓春、华高：《生态的历史唯物主义方法论之构建——兼评生态马克思主义学者之间的分歧》，《学术交流》2013年第4期。
② 韩欲立、温晓春：《生态文明论的生态马克思主义基础——基于欧洲、北美与中国的比较研究》，《西南大学学报》（社会科学版）2013年第4期。
③ 柳建辉：《海外中国学研究与中国特色社会主义》，《北京联合大学学报》2013年第10期。
④ 梁怡：《海外中国学研究中的理论与方法》，《北京联合大学学报》2013年第1期。
⑤ 唐磊、鲁哲、何培忠：《海外学者视野中的中国城市化问题》，中国社会科学出版社2013年版。

社会化是社会主义的基本原则；商品生产和市场的存在不是对社会主义的否定；采用计划经济制度是社会主义的另一个基本原则，但计划不应当将所有经济决策都集中到一起；民主是社会主义的生命线；国家和执政党的关系必须进行制度化的界定。①

在对 21 世纪世界社会主义发展趋势的分析中，陈天俏认为，发展中国家社会主义蓬勃发展，南亚的印度，南美的古巴、委内瑞拉，南非及北部的俄罗斯，总体人口众多，政治、经济、军事力量发展迅猛。这必将形成 21 世纪世界社会主义发展的坚实后盾。社会主义走向复兴，是大势所趋与历史的必然。②

中国社会科学院拉丁美洲研究所徐世澄认为，拉美社会主义面临的主要挑战是：（1）如何结合本国实际，在总结本国和世界社会主义运动的经验教训的基础上，提出和建立具有本国特点的社会主义理论。（2）已经提出社会主义口号的拉美左派政府如何处理好改革、发展、稳定之间的关系，尽快发展经济、实现社会稳定是当前紧迫任务，也是巨大挑战。（3）如何处理好与执政联盟其他政党和政治力量的关系，保持和巩固执政地位。（4）应对美国和拉美右翼势力的攻击。③

中国社会科学院马克思主义研究院周淼认为，查韦斯总统逝世后，拉美中左翼政治力量还将是拉美政治舞台上的主要角色，左翼运动仍将不断发展。拉美左翼在理论上和实践中还面临着种种挑战，需要认真加以克服，谋求进一步发展。④ "21 世纪社会主义"的重要代表人物海因茨·迪特里奇将现代科学运用于 "21 世纪社会主义" 的分析中，认为资本主义即将进入其生命周期的尽头，用社会主义取代资本主义的条件已经具备。21 世纪社会主义将在政治上实行参与民主，经济上实行民主计划的等价经济。海因茨·迪特里奇的理论具有探索性、方法创新性、不成熟性和空想性。其观点在拉美国家产生了重大影响。⑤ 另外，玻利维亚总统莫拉莱斯提出要在玻利维亚建设 "社群社会主义" 和 "印第安社会主义"。厄瓜多尔总统科雷亚也明确宣布厄瓜多尔将推行 "21 世纪社会主义"。"21 世纪社会主义" 目前在拉美乃至世界上都具有较大的影响。但到目前"21 世纪社会主义" 只是新生事物，不具备完整的理论体系，故不能归为科学社会主义，"但它仍然是世界社会主义运动经历苏东剧变陷入低潮后的一大亮点，这已经得到了不少社会主义学者的认可。"⑥

中央编译局黄晓武认为，意大利新左翼团体 "宣言派" 在意大利马克思主义传统内对当代共产主义运动、革命政党理论和如何在新的时代条件下继承发展葛兰西的思想作出了新的阐述，其理论发展对了解 20 世纪六七十年代意大利共产主义运动乃至整个欧洲的共产主义运动都具有一定的参考价值。⑦

---

① 普拉卡什·卡拉特、禚明亮：《21 世纪的马克思主义：对新自由主义和帝国主义的替代》，《当代世界与社会主义》2013 年第 4 期。

② 陈天俏：《第四届世界社会主义论坛在京召开》，人民网时政频道 2013 年 10 月 30 日。

③ 徐世澄：《拉美社会主义运动现状和趋势》，《当代世界》2013 年第 11 期。

④ 周淼：《后查韦斯时代与拉美左翼发展前景》，《社会主义研究》2013 年第 3 期。

⑤ 刘宁宁、王冀：《海因茨·迪特里奇 "21 世纪社会主义" 理论述评》，《当代世界与社会主义》2013 年第 1 期。

⑥ 朱继东：《查韦斯的 "21 世纪社会主义"》，社会科学文献出版社 2013 年版，第 3 页。

⑦ 黄晓武：《 "宣言派" 与意大利新左翼思潮》，《马克思主义与现实》2013 年第 1 期。

2. 当代资本主义危机研究

国际金融危机爆发以来，人们对资本主义的反思和批判更加关注长期趋势和深层问题，从过去探讨金融、财政、福利等外围政策延伸到剖析自由市场模式，特别是新自由主义的缺陷，并较多论及资本主义制度核心问题。西方国家寻求变革、脱困自救的危机意识进一步增强。从前景看，资本主义国家很难再享有冷战后至金融危机爆发前那种"美好时光"。① 第 21 届国际共产主义研讨会通过的《总结论》指出，资本主义危机为社会主义开辟了道路。世界各国共产党人在目前的首要任务是澄清资本主义危机的性质，对危机进行马克思主义的分析，帮助工人和人民理解全球经济危机的根源，并把他们受到的各种攻击与资本主义制度本身的野蛮性质联系起来。这个任务意味着要驳斥任何否认危机的性质是资本主义制度性危机的理论。资本主义正面临着一个生产相对过剩和过度积累的危机。所谓的金融泡沫只是这场危机在流通领域中的反映。共产党人要与任何所谓完整保留资本主义制度本身的"安全出口战略"的幻想做斗争。②

在题为"世界资本主义的未来"的讨论中，2013 年全球"左翼论坛"学者们介绍了他们出版的一套丛书。该丛书分析了资本主义的起源、现状和发展方向。一些被忽视的概念如贫困、阶级、国家、剥削、帝国主义、不平等又被重新提起，同时也加入了关于性别、民族、经济民主、环境和军事威胁等新的理论。在关于"资本主义的秘密支柱——土地控制和债券：奴役我们的两种制度"的讨论中，在华尔街做了 32 年系统分析的苏·彼得斯（Sue Peters）认为，土地的所有者通过地租吞噬了社会财富，商业银行和联邦储蓄银行通过发行债券控制了政府、企业和普通公民。这两种制度构成了我们现存经济制度的结构性缺陷，导致了贫困、失业、环境破坏和其他社会问题。③

萨米尔·阿明在其《全球化时代的资本主义》一书中，着重分析了全球两极分化的问题，指出"黄金增长期"（1950—1960）的剧变引发了新形态的两极分化，塑造出了一个与过去迥然不同的世界体系，人类正处于一场危机之中。作者认为对资本积累的经济管理空间一直与其政治和社会管理的空间是同一的，但全球化的深入发展却终结了这种空间上的同一性。随着旧的增长模式衰退，南方和东方的外围国家却都陷入了民族国家的危机之中。为此，他提出了取代那种完全依附资本逻辑的人道主义的替代性的方案。④ 萨米尔·阿明还认为，资本主义的历史可分为三个阶段：长期准备期、短暂成熟期和漫长衰落期，垄断资本主义是资本主义长期衰落的开始。他论述了边缘地区民族和国家的最初发展，并分析了普遍化的垄断资本主义是资本主义的最后阶段的问题。此外，他还阐述了马克思主义的使命，以及工人和民族所必不可少的国际主义。⑤

英国共产党主席哈帕·布拉尔从资本主义社会化生产和私人占有资料之间的基本矛

---

① 《中国八位名家学者纵论世界社会主义的发展——"第四届世界社会主义论坛：世界社会主义和左翼思潮的现状及发展趋势"发言摘要》，《光明日报》2013 年 12 月 16 日。

② 刘春元：《第 21 届国际共产主义者研讨会述评》，《中国社会科学报》2012 年 7 月 18 日。

③ 郑颖：《2013 年全球"左翼论坛"综述》，《国外书刊信息》2013 年第 7 期。

④ ［埃及］萨米尔·阿明：《全球化时代的资本主义》，丁开杰等译，中国人民大学出版社 2013 年版，第 1 页。

⑤ ［埃及］萨米尔·阿明：《历史资本主义的轨迹和马克思主义在三个大陆的使命》，《国外理论动态》2013 年第 1 期。

盾所导致的生产过剩的角度入手，深入分析了不同历史阶段资本主义危机的不可避免性。美国共产党经济委员会委员哈拉比指出，当前一场自 1900 年至今资本主义的危机正在显现，而旧体制的危机可以创生出一个新的、更高级的社会系统。由于资本主义威胁着社会以及环境的根基，人类的未来将取决于能否完成向社会主义的转型。古巴世界经济研究中心格迈兹认为，全球金融危机是资本主义的系统性危机：其一是马克思主义描述的生产过剩危机中经典的生产过剩；其二是有效需求不足的生产过剩；其三是金融泡沫的破灭；其四是油、水和肥沃的土地等不可再生资源的枯竭而导致的新现象。俄罗斯莫斯科大学社会学系主任多博林科夫教授认为，人类正经历着全球资本主义危机，而造成如此严重危机的原因在于当代世界资本主义社会同时存在三大危机：始于 2008 年末的又一轮周期性的生产过剩；资本主义作为一种社会制度的危机，即包括人口危机、生态危机、社会危机、文化危机、精神道德危机等在内的全面危机；美国作为主要资本主义大国的霸权危机。[①]

3. 生态社会主义研究

美国绿党认为，生态问题的核心是政治问题，不克服政治制度的缺陷，生态的转型就无从谈起。该党在 2013 年全球"左翼论坛"中，共组织了 22 场关于生态问题的专题讨论。绿党人士认为，全球的有色人种和中低收入人群正在经历着环境的"种族灭绝"，土地、水和空气都被大企业污染了，而这些企业只追求利润最大化，漠视人的存在。[②]

中共中央党校科社教研部孟鑫和北京大学马克思主义学院刘爱章认为，西方左翼学者对当代资本主义生态问题的认识主要包括：因生态问题与资本主义制度具有内在必然性，所以可持续发展的资本主义是一种幻想；生态帝国主义对自然和第三世界的殖民已成为其资本积累的主要手段；超越"绿色资本主义"走向生态社会主义已是必然趋势。[③]

中共辽宁省委党校康瑞华和广西师范大学政治与行政学院徐琦、李嘉伟指出，福斯特认为，财富观与进步观都是人类社会重要的世界观，也是人类重要的行为准则之一。近代社会发展深受资本主义单纯的物质财富观和数量增长进步观的影响，而忽视了对人类生存至关重要的自然界。福斯特从生态学视角对此展开了批判。这些认识对正在大力建设生态文明的中国来说具有启示意义。[④]

4. 前苏东地区社会主义研究

北京大学国际关系学院孔寒冰在考察俄罗斯左翼学者的研究后，认为"原苏东地区"社会主义发展的特征为：一是均实行了西方式的议会民主多党制。二是绝大多数共产党都放弃了原有的指导思想，改信民主社会主义或社会民主主义，党名也纷纷改为社会民主党或社会党等，只有极个别的还坚持原来的信仰。三是政党多元化。出现许多重建的或新建的社会民主党、社会党、共产党，以及其他类型的社会主义政党或团体。四

①　杜涵：《第三届世界社会主义论坛会议综述》，《红旗文稿》2012 年第 23 期。

②　郑颖：《2013 年全球"左翼论坛"综述》，《国外书刊信息》2013 年第 7 期。

③　孟鑫、刘爱章：《对西方左翼研究当代资本主义生态问题成果的分析》，《毛泽东邓小平理论研究》2013 年第 4 期。

④　康瑞华、徐琦、李嘉伟：《自然生态环境是全人类的共同财富——福斯特对资本主义财富观与进步观的批判及启示》，《当代世界与社会主义》2013 年第 5 期。

是以社会主义政党为载体的社会主义运动呈现多层化。社会主义政党的活动背景由计划经济转向市场经济。由于各个政党规模和力量大小的不同，各政党活动的目的和方式也不一样。①

李瑞琴介绍了俄罗斯学者对"斯大林热"持续不衰的研究成果。俄罗斯学者认为斯大林时代与当代俄罗斯同样面临着国家现代化的重大任务，这是斯大林倍受关注的主要原因。斯大林是俄罗斯无人可替代的形象，作为那个时代的缩影，他的功过须置于人类历史发展的长河中考量，才能做出正确的评价，他的错误有来自时代的局限性。斯大林是坚定的马克思主义者，有的政治精英反对斯大林的动机却是极其阴暗的，要高度警惕外来势力操纵媒体，利用斯大林问题分裂俄罗斯社会。② 湖南第一师范学院思政部王建礼介绍了爱尔兰共产党对苏联解体的认识。爱尔兰共产党人对引发苏联解体的各种因素进行了全面而深刻的剖析，认为苏联社会主义模式的崩溃并不意味着社会主义本身的失败，马克思主义和社会主义在当今时代仍然具有现实的意义，并且提出了未来社会主义革命和建设需要引以为鉴的一些经验教训。③

拉斯普京与俄罗斯《真理报》资深评论员、记者维克多·科热米亚科将延续了20年的谈话录于最近编集成书。该书围绕苏联解体20年来俄罗斯社会中的一些事件、人物、文化现象、生活状况，一代文豪拉斯普京以悲剧视角对俄罗斯20年的动荡变化予以了独特的审视，并认定这是"多灾多难、让人痛不欲生的20年"。④

马尔库塞从政治学和伦理学角度对苏联马克思主义进行了全面剖析，以期揭示马克思主义发展的规律与趋势。他全面评价苏联马克思主义理论功过与是非，苏联马克思主义与原本马克思学说的关系，西方的马克思主义者如何看待列宁主义、斯大林主义和辩证法，等等。⑤ 另外在2013年，《居安思危：苏共亡党的历史教训》的解说词全文以单行本的形式出版。⑥《苏联亡党亡国20年祭：俄罗斯人在诉说（六集党内教育参考片解说词·大字本）》从六个方面记录了20年前那场剧变的亲历者、当事人和普通民众对那场剧变及其后果的诉说，特别是反思了戈尔巴乔夫时期六年多的"改革"。⑦

5. 民主社会主义理论与实践研究

中联部当代世界研究中心唐海军和重庆邮电大学思政部代金平对当今国外一些社会党新情况、新变化与困境进行了探析。国际金融危机以来，国外多数社会党仍在困境中

① 孔寒冰：《"原苏东地区"的社会主义发展及其特点》，《当代世界》2013年第11期。

② 李瑞琴：《"斯大林热"持续不衰的当代因素》，《中国社会科学内部文稿》2013年第2期。

③ 王建礼：《湖南科技学院学报》，《爱尔兰共产党论苏联解体的原因及其历史教训》2013年第2期。

④ ［俄］瓦连京·拉斯普京：《拉斯普京访谈录：这灾难绵绵的20年》，社会科学文献出版社2013年版。

⑤ ［美］马尔库塞：《苏联的马克思主义——一种批判的分析》（马克思主义研究译丛），中国人民大学出版社2012年版。

⑥ 李慎明等：《居安思危：苏共亡党的历史教训》（八集党内教育参考片解说词·大字本），社会科学文献出版社2013年版。

⑦ 李慎明等：《苏联亡党亡国20年祭：俄罗斯人在诉说》（六集党内教育参考片解说词·大字本），社会科学文献出版社2013年版。

徘徊，在选举中相对于保守政党的弱势状况未能改变。不少社会党也在当前形势下加紧从纲领理论、政策方略、党的自身建设等方面进行改革调整，取得了一些成效，但多数党未达预期。社会党的整体性困境是结构性的、多方面的原因所致，并与全球化的冲击关系甚大。基于此，社会党短期内难以实现全面复兴。[①]

追求平等与公正是欧洲社会民主党的价值目标。但欧洲社会民主党发展至今经历了三个历史阶段和三次转型。与之相应，其平等观及其相应的政治诉求在三个历史阶段分别表现出了不同的时代特征。围绕平等以及相关的政治议程问题，社会民主主义的现代化者提出了一些新的观念，它们直接影响了 20 世纪 90 年代的社会民主党改革议程。主要表现为：第一，在价值观中更为强调个人责任与集体责任的平衡。第二，承认有差别的平等。第三，把包容性和排斥性纳入平等的观念。第四，提出建立社会投资型国家。虽然追求平等和公正是社会民主党始终的政治诉求，但正如社会民主主义本身是一个变化的概念一样，社会民主党也从一个带有典型阶级特征的工人阶级政党转变为一个体现资本主义主流价值观的进步主义政党。[②] 目前，欧洲社会民主党已经完成了几次转型，最为明显的特征就是意识形态的右转，这固然是社会民主党在经济社会变革的压力下的选择，但这也是选举政治推动的结果。不同国家的社会民主党由于受到不同政党制度的限制，意识形态右转的程度不尽相同。[③]

清华大学国际问题研究所史志钦指出，由于左右趋同，社会党大多借鉴了保守党的政策，占据中间阵地，但一旦中间派因各种原因而琵琶犹抱，社会党就会"左右不是人"。目前社会民主党人陷入意识形态的茫然状态，无论是英国工党的第三条道路还是德国社会民主党的"新中间道路"，其实质是放弃社会主义目标，接受新自由主义主张。为了在选举中赢得最大多数选民，淡化党的阶级基础，尽可能吸收工人阶级之外的其他群体，客观上带来党内各利益群体之间的矛盾，造成党面临着组织整合的危机。由于党员在党内参与功能下降，领导作用上升，社民党正由群众性政党向精英性政党演变。还由于社会愈加多元化以及左翼阵营力量的分散，社会民主党在许多国家选举中的份额呈下降趋势，单独组阁愈加困难，联合执政成为常态。[④]

在中东欧，由于全球金融危机和欧债危机的冲击，一些国家出现社会动荡，右翼政党的紧缩政策引起民众不满，以社会党为主体的左翼政党利用这种不满情绪努力凸显其传统左派价值。在左右翼力量的新一轮较量中，左翼政党取得明显优势，中东欧政治博弈的天平开始向左倾斜。中东欧国家左翼力量取得相对优势的主要因素是外部经济冲击所带来的机遇，但左翼政党执政后将面对如何兑现竞选承诺的严峻挑战。在未来一个时期，中东欧左翼政党要想长期保持相对优势还面临诸多挑战。[⑤]

---

① 唐海军、代金平：《当今国外一些社会党新情况新变化与困境探析》，《当代世界与社会主义》2013 年第 4 期。

② 林德山：《欧洲社会民主党的平等观念及其变化》，《科学社会主义》2013 年第 3 期。

③ 沈丹：《从政党政治看欧洲社会民主党的意识形态右转——以英国工党、法国社会党、德国社会民主党为例》，《社会主义研究》2013 年第 3 期。

④ 史志钦：《欧洲社会民主党的转型与困境》，《人民论坛》2013 年第 12 期。

⑤ 杨烨、刘洪霞：《金融危机背景下中东欧左翼政党出现相对优势之评析》，《当代世界社会主义问题》2013 年第 2 期。

捷克社会民主党成立于 19 世纪末，自 1918 年捷克斯洛伐克共和国成立以来，社会民主党就是主要的执政党之一。第二次世界大战后不久，捷克斯洛伐克进入社会主义时期，社会民主党的作用受到限制。冷战结束后，捷克社会民主党成为主流左翼政党，它两度上台执政。近年选民支持率高，它现阶段面临的难题是如何在政党竞争中与其他政党结成执政联盟，重新走上执政地位。①

王建礼介绍了巴西左翼政党的社会主义理论并对其进行了评析。苏东剧变后，伴随着"第三波"世界民主化浪潮，巴西的政治民主化进程加速推进。与此同时，巴西历届政府主导推行的新自由主义政策陷入了两难困境，由此导致巴西左翼政党在国家政治生活中的地位及自身力量有了大幅度提升。巴西社会主义运动进入了一个多样化发展时期，即巴西共产党、劳工党以及其他左翼政党都对巴西社会主义发展之路进行了积极的探索。②

19 世纪末 20 世纪初，是欧洲社会主义史上的"黄金时代"。比西欧稍晚，巴尔干地区的社会主义运动也渐渐兴起，各类社会主义政党组织和团体相继出现。这些政党和团体一方面发展和壮大组织，另一方面积极参与推翻奥斯曼帝国的统治、反对外来侵略和实现国家独立的行动。研究这一时期巴尔干社会主义运动与思想，不仅对于认清巴尔干地区该段时期的历史有着非常重要的价值，同时也有助于丰富社会主义的思想与实践史。③

6. 左翼运动及相关理论问题研究

金融危机以后，世界左翼思想理论研究和运动虽然日趋活跃，但在发展中也存在一些问题。总体上说，国外马克思主义对金融危机的研究呈现出"从经济寻因到综合诊断、从批判反思到建设重构、从精英意识到民众诉求、从书斋理论到现实运动"等不同于以往的主要特征和新走向。④ 俞吾金以"占领华尔街运动"中左翼理论家的表现为例，指出，左翼理论家们对这场运动予以热情关注，齐泽克还作了一个鼓动性的即席演讲。但是，左翼理论家们的活动始终是在单纯的理论范围内展开的，即使是在单纯理论的范围内，他们也只是停留在哲学文化见解上，没有像马克思那样，从政治经济学的研究切入，对资本主义的整个制度进行透彻的研究。尽管一些左翼理论家们在态度上十分激进，但他们揭露资本主义制度本身存在的问题，目的并不是要颠覆这种制度，而是使这种制度完善化。⑤ 河南财经政法大学张新宁也指出了一些左翼论坛存在的一些共性的问题，第一，组织上不太明确；第二，思想上不太统一；第三，理论上不太彻底；第四，行动上不太协调。⑥ 资本主义危机能在多大程度上展现出实现社会主义的前景，这

① 郭翠萍：《捷克社会民主党的历史与现状研究》，《科学社会主义》2013 年第 4 期。

② 王建礼：《巴西左翼政党的社会主义理论研究》，《社会主义研究》2013 年第 1 期。

③ 徐刚：《略论 19 世纪末 20 世纪初的巴尔干社会主义运动》，《当代世界与社会主义》2013 年第 3 期。

④ 冯颜利、张朋光：《金融危机以来国外马克思主义研究的新特征与启示》，《山东社会科学》2013 年第 1 期。

⑤ 俞吾金：《西方左翼理论家并未突破资本主义意识形态——以对"占领华尔街"运动的评论为例》，《社会科学报》2013 年 1 月 3 日。

⑥ 张新宁：《从纽约左翼论坛看美国激进政治经济学研究新动向》，《海派经济学》2013 年第 2 期。

依赖于共产党和工人党的先锋队地位的发挥，以及他们所开展的坚持不懈的、优秀的组织工作。[1]

孟鑫对西方左翼研究当代资本主义阶级问题、文化问题、生态问题和风险社会问题成果进行了综合分析。他指出，目前，西方左翼学者对当代资本主义社会阶级问题的认识主要有四种：一是阶级和阶级对立从未存在过或已被消解；二是阶级政治和阶级结构需要反思和重构；三是阶级分析仍是当前政治和社会研究的最佳视角，但马克思的阶级理论需要完善和发展；四是以全球阶级为分析框架才能真正认识当前的阶级问题。我们应全面和辩证地分析这些观点，分析阶级问题应采用科学视角，重点关注西方阶级结构变化的新特点，清醒地认识到阶级结构的新变化没有改变当代资本主义社会的本质。[2]

当前，主要发达资本主义国家的生态问题有所缓和，但这种缓和是以发达国家转移本国的生态压力为前提的，由此导致的全球生态问题依然严重。西方左翼学者对当代资本主义生态问题的认识主要包括：因生态问题与资本主义制度具有内在必然性，所以可持续发展的资本主义是一种幻想；生态帝国主义对自然和第三世界的殖民已成为其资本积累的主要手段；超越"绿色资本主义"走向生态社会主义已是必然趋势。[3] 西方左翼学者对当代资本主义文化问题的认识主要包括两方面：一是以罗宾斯、贝尔和萨义德等为代表，他们认为资本主义文化是当代全球性问题形成的重要因素，是发达国家诸多社会矛盾的思想意识基础，在帝国主义扩张中发挥了美化同化作用；二是以阿多诺等为代表，他们在批评工业社会的大众文化失去了独立性和批判性的同时，强调其存在具有社会历史必然性。这些观点有助于我们更加全面和理性地认识当代资本主义文化。[4]

风险社会问题、危机管理探索作为当代资本主义新变化的重要组成部分，成为尤尔根·哈贝马斯、萨米尔·阿明等西方左翼学者密切关注的领域。他们对当前资本主义社会的风险问题与危机管理进行了系统分析，论证发达资本主义社会或晚期资本主义社会已进入风险时代，充满了人造风险，陷入系统性危机。[5]

三　学科发展应注意的若干问题

（一）国外共产党研究方面

2013 年度国内的国外共产党研究取得了一些成果，但较之 2012 年度没有突破性进展，依然存在一些问题。这些存在的问题可以归纳为两个方面：

首先，研究视野有待进一步拓展。国外共产党研究的内容十分丰富：全球共产党、

---

① 禇明亮、王永磊：《第 21 届国际共产主义论坛述评》，《哈尔滨市委党校学报》2013 年第 1 期。

② 孟鑫：《对西方左翼研究当代资本主义阶级问题成果的分析》，《毛泽东邓小平理论研究》2013 年第 3 期。

③ 孟鑫、刘爱章：《对西方左翼研究当代资本主义生态问题成果的分析》，《毛泽东邓小平理论研究》2013 年第 4 期。

④ 孟鑫：《对西方左翼研究当代资本主义文化问题成果的分析》，《毛泽东邓小平理论研究》2013 年第 5 期。

⑤ 杨玲玲、孟鑫：《对西方左翼研究当代资本主义风险社会问题成果的分析》，《毛泽东邓小平理论研究》2013 年第 6 期。

各地区共产党、各国共产党的理论和实践（乃至人和事）都可以纳入研究范畴。虽然2013年度的国外共产党研究涉及国家众多，对一些重要国家的共产党的追踪研究也在稳步跟进，但是总体研究视野较为狭窄，缺乏整体观和比较的方法。例如，对整个发展中国家共产党的总括性研究、对金融危机以来发达国家共产党发展境遇的总体性分析，对一些热点地区，例如南亚、南美的整体性分析，以及对世界上尚保有武装的毛派共产党介绍的匮乏，无法满足我们深入了解世界共产党发展的现实需求。

其次，理论高度有待进一步提升。"从学科意义上国际共运研究已无'科班'可言了，因为北京大学、中国人民大学等少数几个有国际共运本科专业的高校已经有20多年不招生了。于是，文史哲理工医，不论来自哪门哪科，都可以入国际共运之'行'。""这不是说不能进行跨学科研究，但没有丰厚的专业积累很难有高深的学术研究。"[1] 在上述背景下，国外共产党的研究停留在对现象层面的介绍，或者更多的是理论译介、归纳，因而往往缺乏很有深度的理论分析成果。

（二）西方马克思主义研究方面

西方马克思主义研究虽然经过30余年的学术积累，取得了长足进步，但离所承担的职责与重任仍有一定差距。就2013年国内对西方马克思主义的研究来看，主要存在以下几个问题：

1. "路径依赖"现象仍然较为突出

近年来西方马克思主义学术资源呈现几何级增长态势，2013年更是如此，但是受理论框架以及研究方法的制约，国内学者所关注的只占一小部分，研究上的"路径依赖"导致学术研究上的重复。虽然近30年来，国内学者对卢卡奇、葛兰西、阿尔都塞、阿多诺等经典人物和其代表思想的研究取得了很大成就，但是仍然具有很大的研究空间，一些领域还没有得到充分的关注。尤其是对20世纪七八十年代西方马克思主义转向后马克思主义的过程中的思想和理论的嬗变，国内学者的研究显然不够。

2. 后马克思主义研究的追踪与深度评析问题

2013年，国内学界对后马克思主义的研究取得了较大进展，但也尚缺深度评析。例如，后马克思主义的思想基础问题，为此需要进一步关注阿多诺、德里达在这一领域的重要影响。同时，要在已有研究的基础上，对齐泽克、巴迪欧的哲学思想来源，以及他们各自哲学政治思想的局限性等方面进行深入的探讨，以期通过对其思想的把握，深入理解当代资本主义各种社会、文化、政治危机的思想根源以及克服危机的哲学思考路径，并通过反思后马克思主义诸家思想的局限性，深入认识马克思主义对资本主义分析的科学性与时代性的契合点。此外，后马克思主义作为当代的西方马克思主义者，其思想仍处于不断发展的过程中，对其进行追踪研究也是国内学术界的一个重要课题。

3. 理论和实践的结合问题

为马克思主义中国化提供理论资源，为当代中国特色社会主义实践提供宏观决策参考应该是西方马克思主义研究的立身之本。但从目前的研究来看，这方面的问题仍然很突出。实际上，近年来关于西方马克思主义性质的讨论，对它的划界与取舍问题的讨

---

① 孔寒冰：《国际共运研究的困境与出路》，《探索与争鸣》2013年第3期。

论，都反映出了以何种坐标系来规制我们对西方马克思主义的认识和研究。首先，要关注西方马克思主义对于中国特色社会主义问题的直接研究。其次，研究西方马克思主义不能被国外学者的认识牵着鼻子走，我们在引介的过程中，必须要有自己的独立见解，在解读中要有中国的具体实践维度。今后应多关注社会现实问题，多联系中国改革开放中的实际研究西方马克思主义，为发展繁荣中国特色社会主义作出理论贡献。

（三）国外左翼思想研究方面

当前国外马克思主义研究格局虽然仍处于一个分化、聚合、动员和整合的过程，一系列新的特征随着格局的不断变化而逐渐呈现出来，其主要表现为政治运动在低潮中奋进，研究学派林立，多元倾向凸显。[①] 总的看来，2013 年国内外左翼思想、理论、思潮、运动的研究存在以下需要注意的问题。

一是关注的区域依然以发达国家为主。近年来拉美地区的社会主义运动比较引人注目，这是一个良好的态势。但是，还有世界上许多国家和地区的左翼思想没有引起关注，至少没有引起重视。比如，广大的非洲地区的左翼思潮和运动的发展，国内学者鲜有介绍。而非洲是受新自由主义之害的重灾区，应重视和挖掘他们对西方资本主义的批判，对未来社会道路的探索。

二是左翼思想理论研究有待进一步深化。总体看来，国内学界对于国外左翼动态性介绍与阐述比较多，理论研究还需进一步深化。对于与社会主义诞生历史一样时长的社会民主主义的研究，也多停留在以传统的方式方法介绍和说明当代现状。

三是研究方法有待进一步拓展。国外左翼思想理论、思潮运动研究非常宽泛，那么理论研究的表现形式或者研究成果呈现的也应该是丰富多彩。目前来看，对同一问题的研究，虽然出自不同的作者，但是研究的方法、结论与视角等都变化较少，因而研究结果呈现出的思想性、理论性还大有提升的空间。

（供稿：冯颜利　李瑞琴　于海青　陈慧平　周　淼）

---

① 郭文：《浅析当代国外马克思主义的新特征》，《人民论坛》2013 年第 2 期。

国际共产主义运动

一　研究概况

2013 年，"国际共产主义运动"学科继续深化并拓展对国际共产主义运动重大历史事件及重要历史人物的研究，同时，加强了对资本主义的制度缺陷和历史命运以及世界社会主义运动的发展现状、策略和前景的探讨，形成了一系列有深度、有价值的著述和观点，总体来看，2013 年度国际共产主义运动学科既能跟踪研究一些重大现实问题，又能深入探讨一些重要理论问题，基本上能够做到既立足于中国国情，又具有国际视野，能够做到理论联系实际，积极服务于中国特色社会主义建设实践。

(一) 学术交流活动

2013 年，围绕着国际共产主义运动的研究内容，召开了形式多样的学术交流活动，对学科发展起到了直接的推动作用。

1. 资本主义危机产生了哪些影响、资本主义能否以及如何走出危机仍然是全球各界关注的焦点之一，围绕这一问题，国内外举办了多场论坛。1 月 23—27 日，在瑞士达沃斯召开了主题为"为持久发展注入活力"的冬季达沃斯论坛，围绕如何"塑造有弹性和动力的经济体系"进行了深入探讨。6 月 7—9 日，在美国纽约佩斯大学举办了主题为"为生态转型和经济转型而努力"的"全球左翼论坛"。来自全球的近 5000 名左翼知识分子、社会活动家、政府官员、学生以及普通民众围绕着生态转型这一主题，探讨了生态危机及其根源、资本主义发展趋势、危机背景下的工人运动和左翼的发展等。7 月 31 日至 8 月 4 日，在巴西圣保罗市召开了"圣保罗论坛"第 19 次会议，主题为"推动革新和加快融入地区进程：各政党、社会运动和政府的作用"。会议明确提出资本主义正处于深刻危机之中，且在短期内很难找到出路。11 月 8—10 日在葡萄牙首都里斯本召开了第十五次共产党和工人党国际会议，75 个共产党和工人党的代表围绕着"资本主义日益深重的危机、工人阶级在争取劳动人民权益中应扮演的角色及共产主义者的任务、帝国主义的进攻、国际层面所能联合的正义力量、国家问题、阶级解放及为社会主义而斗争"等主题进行了探讨。

2. 围绕共产党和左翼的发展策略召开了多场研讨会。3 月 26—31 日，在北非突尼斯举行的世界社会论坛，重点讨论了欧洲占领运动和转型过程中左翼政党的作用。5 月 31 日至 6 月 2 日，在比利时召开的第 22 届"国际共产党人研讨会"，主题为"在世界资本主义危机背景下民主权利和自由遭受攻击，回应战略和行动"。会议明确指出随着资本主义危机的加剧，各种形式的游行示威和抗议活动频发，为加强反对资本主义争取社会主义的工人运动创造了有利的条件。呼吁共产党人、工人阶级和人民群众加强国际主义和团结合作，积极在各个领域形成统一战线。10 月 30—31 日在北京召开了由中国社会科学院世界社会主义研究中心和中联部当代世界研究中心联合举行的"第四届世界社会主义论坛"，主题为"世界社会主义和左翼思潮的现状及发展趋势"。与会学者围绕"新自由主义和国际金融垄断、世界格局及社会阶级结构、新帝国主义的特征及发展趋势、世界左翼与社会主义现状及前景"等议题进行了深入研讨。

3. 围绕世界社会主义的历史、现实与发展前景召开了多次会议。8 月 25—26 日在云南大理召开了主题为"世界社会主义历史进程与中国特色社会主义道路"的中国国际共运史学会 2013 年年会暨学术研讨会。会议着重围绕"世界社会主义 500 年：思想历程与历史经验；马克思的资本主义观及其当代意义；中国特色社会主义：理论体系、制度安排与道路特点；不同社会主义国家历史实践比较；西方国家左翼思潮与运动"等议题进行了深入探讨。9 月 24 日在北京召开的由中国社会科学院马克思主义研究院国际共产主义运动部主办的"国际共产主义运动：历史与现实"学术研讨会，围绕"国际共产主义运动史的发展规律、经验教训及启示、国外共产党及其他社会主义力量的发展现状与前景、世界社会主义力量的团结与合作"等问题进行了探讨。11 月 1 日在北京召开的由中国社会科学院马克思主义理论学科建设与理论研究工作领导小组主办、中国社会科学院马克思主义研究院承办的"第一届中国社会科学院科学社会主义论坛"，主题为"科学社会主义与中国特色社会主义"，与会者就科学社会主义理论的发展和基本原则、科学社会主义与中国特色社会主义的关系、国际主义与爱国主义的关系、社会主义与资本主义的关系等重大理论实践问题进行了深入研讨。

上述论坛和会议的召开不仅加强了研究人员间的交流，而且对正确认识马克思主义和世界社会主义的发展也起到了极大的促进作用。

（二）研究重点和成果

2013 年，学界对国际共产主义运动重大历史和现实问题进行了全面研究，取得了丰硕成果。

1. 继续拓展和深化对国际共产主义运动史整体以及重大历史事件、人物的研究

2013 年度学界继续深化对国际共产主义运动史的研究，围绕国际共产主义运动的历史与现实、重大历史事件、重要人物及其思想等进行深入探讨和分析。

从总体来看，2013 年度的研究在几个方面都有所拓展：在研究素材上，史料研究进一步拓展，有争议人物和事件的研究更趋深入；在历史跨度上，不仅涉及 19 世纪和 20 世纪国际共产主义运动史的重大理论与历史事件，还注重从空想社会主义到 21 世纪的社会主义五百年的整体性研究和趋势研究；在研究内容上，不仅对近年来持续受到关注并存有较大争议的重大历史事件和理论问题进行了连续研究，例如苏联解体原因与教训、对斯大林和斯大林模式的评价等，还对国际共运史的学科建设问题、重要历史人物思想、地区国际共运史等问题进行了深入分析和探讨。

具体而言，2013 年度国际共运史围绕以下几个方面进行了研究。

一是运用大量史实材料对国际共产主义运动史整体和国际共运史上的重要阶段进行了研究。如顾海良的《热话题与冷思考——关于社会主义五百年回顾与反思的对话》、高放的《关于社会主义 500 年历史的答问》等对社会主义五百年的历史进行了回顾与反思。吴恩远等的《苏联社会主义研究》、刘淑春等的《欧洲社会主义研究》、冯颜利等的

《亚太和拉美社会主义研究》和庞晓明等人的《十九世纪国际共运历史与理论问题》，从不同的时间段和不同的地区，对社会主义的发展和国际共产主义运动的历史进行了阐释。

二是运用新材料对国际共运史中的重要历史事件和重要人物进行了更加客观的分析。如李兴、成志杰的《论苏联与东欧关系中的政治文化因素》，季萍萍的《苏联式思想政治教育成败对我们的启示》，林超的《区隔化族群制度在民主改革中的失败与苏联解体》等从不同视角分析了苏联解体的原因和教训。杰弗里·罗伯茨的《斯大林的战争》、吴恩远的《苏联历史几个争论焦点的真相》、倪德刚的《斯大林论马克思主义创新》、杨奎松的《十月革命前后列宁的社会主义主张与实践》、张士海的《列宁关于无产阶级政党纯洁性思想及其启示》等对列宁、斯大林的思想及其影响进行了客观的评价。沈丹的《伯恩施坦对国际事务的态度和观点研究》，李后梅、贾淑品的《列宁对伯恩施坦理论的批判及现实意义》，刘新宜的《伯恩施坦失误的主要原因及其现实启示》对伯恩施坦的理论进行了介绍和分析。

三是以新的时代背景为基点，分析了国际共产主义运动和科学社会主义研究所面临的学术困境和学科建设困境，为国际共运学科的发展和学术研究提供了有益的思路。此类著述有：孔寒冰的《国际共运研究的困境与出路》，袁秉达的《当前科学社会主义学科建设的困境与出路》，贾建芳的《社会主义研究的返本开新》，王怀超、牛先锋的《科学社会主义的研究对象——1978年以来我国学术界研究状况述评》等。

2. 加强对当代资本主义和世界社会主义发展动态的跟踪研究

一是继续关注资本主义危机的影响及资本主义的发展趋势。学者普遍认为，由于持续不断的危机，西方资本主义国家正陷入经济持续低迷、贫富分化加剧、生态环境恶化、财政赤字膨胀和民主政治被操控等困境，危机的发生也印证了资本主义无法摆脱其必然被社会主义所替代的历史命运。此类著述有：李慎明的《时间不在资本主义一边——高新科技在革资本主义的命》、吕薇洲和蒋桂芳的《危机背景下的资本主义及其历史宿命》、赵常庆的《新帝国主义的特点与发展趋势》、江涌的《资本主义还能走多远》、张作云的《当代金融和经济危机与资本主义发展的历史趋势》等。

二是深入分析资本主义政府反危机措施的特征及其效果。学者们一致认为，这些政策不可能避免和消除资本主义经济危机，也不可能改变资本主义社会的根本性质。此类著述有：程恩富的《马克思主义与危机反思》、朱艳圣的《西方国家资本主义的历史与现状》、何自力的《加强国家干预：美式市场经济在转型》、周弘的《福利"瘦身"，挑战西方政治智慧》、肖炼的《美国的货币世界的问题》、黄仁伟的《西方影响力在下降》等。

三是加强对资本主义生态危机的根源与实质的研究。学界认为，生态危机根源于资本主义的生产方式，其实质是发达资本主义国家凭借其雄厚的经济实力和先进的技术优势，最大限度地占有和掠夺全世界的自然资源，并在发展中国家推行"生态殖民主义"。此类著述包括：约翰·贝拉米·福斯特、布莱特·克拉克的《星球危机》，萨拉·萨卡的《当代资本主义危机的政治生态学批判》，于开红、赵磊的《现代社会的双重困惑：经济危机与生态危机——詹姆斯·奥康纳"双重危机理论"之评析》，欧阳志远的《热话题与冷思考——关于生态文明与社会主义的对话》等。

四是继续关注各社会主义国家的发展现状及其改革举措。除对中国特色社会主义的发展持续关注外，学界对越南、古巴、老挝和朝鲜的发展尤其是其改革举措给予了高度重视，指出，为发展社会主义，化解资本主义危机带来的负面影响，四国都在积极谋求变革：越南更加重视党的领导和建设；古巴继续深化经济模式的更新；老挝借助加入世界贸易组织的契机，使改革开放进入新的历史机遇期；朝鲜注重加强党的领导，推行发展核武力与经济建设并进的路线。这方面的著述包括：潘金娥等的《若干社会主义国家的最新探索》，吴丽萍的《国外社会主义国家改革之管窥》，胡里奥·迪亚兹的《古巴经济模式更新——学中国还是学越南？》，蒋卓成的《老挝革新经济的措施与成效》，刘航等的《朝鲜问题的经济本质及中国的对策》，朴英爱、巴殿君的《朝鲜的体制现状与走势分析》等。

3. 加强对资本主义和社会主义相互关系的研究

学界在加强跟踪研究当代资本主义和社会主义发展动态的基础上，进一步剖析了资本主义和社会主义的相互关系，加强了关于资本主义危机对世界社会主义运动的影响以及危机背景下世界社会主义发展趋势等问题的研究。学者大多认为，危机对资本主义的经济模式、政治制度和意识形态都产生了重大冲击，为社会主义的发展乃至复兴提供了必要条件。相关著述包括李慎明主编的《社会主义的机遇、挑战与复兴（资本主义危机与社会主义未来）》、刘淑春的《全球金融危机与世界社会主义的振兴》、李力安的《"资本主义永恒"神话失色　社会主义前途光亮显现》、大卫·科兹的《当前经济危机预示可能发生重大社会变革》、卫建林的《世界正在发生深刻复杂变化》等。

在肯定了世界社会主义发展前景的基础上，学界也对各种社会思潮进行了深入研究，对各种反社会主义的错误思潮进行批驳和抵制。此类著述包括：徐崇温的《怎样认识民主社会主义》，朱继东的《查韦斯的"21世纪社会主义"》，潘世伟、徐觉哉的《世界社会主义研究年鉴（2011—2012）》、田改伟的《民主与"普世价值"》等。

（三）2013年度研究的突出特色

2013年度国际共产主义运动学科在研究过程中，更为注重理论与现实相联系、深度解读与广泛传播相结合，从而更加凸显了该学科研究的现实针对性以及重要的理论和实践价值。

1. 更加重视历史与现实相结合

2013年度，国际共产主义运动学科呈现出的一个突出特点是，既注重对国际共产主义运动历史文献和事实材料的深入研究，又注重对重大现实问题的探讨，从而在历史与现实相结合的基础上提出世界社会主义运动的发展策略。譬如，对世界社会主义五百年的研究中，从2013年初习近平总书记在新进中央委员会的委员、候补委员学习贯彻党的十八大精神研讨班开班式上的讲话，到大型电视系列片《正道沧桑——社会主义500年》和学习读本的推出，再到顾海良、高放等诸多学者围绕世界社会主义五百年发表的诸如《关于社会主义五百年回顾的对话与反思》《关于社会主义500年历史的答问》等相关著述，都十分注重历史与现实的结合，不仅对社会主义从空想到科学、从理论到现实的发展过程进行了系统阐释，而且对苏联社会主义制度的建立和苏联模式的兴衰，特别是新中国成立至今我们党对社会主义的探索和实践进行了深入研究。许多学者还结合世界社会主义的发展史，阐释世界社会主义的基本内涵、流派、重大理论分歧、发展趋势及中国特色社会主义在世界社会主义运动中的地位。这些研究从人类社会发展的历史长河中，科学总结了世界社会主义发展的经验教训，准确厘清了社会主义在凯歌行进和如磐风雨中曲折发展的历史轨迹，对于把握人类社会发展的规律，前瞻世界社会主义的命运，增强坚持和发展中国特色社会主义的道路自信、理论自信、制度自信具有非常重要的意义。

2. 注重将理论的深度解读与广泛传播相结合

理论研究不仅要注重深入系统的分析和阐释，更要通过各种方式使理论深入群众，并在这一过程中对理论进行丰富和发展，只有如此，才能使其避免成为无本之木、无源之水。2013 年度，国际共产主义运动学科更为注重将理论的深度解读与广泛传播相结合，不仅推出了一系列有分量的研究成果，还使社会主义理论更加深入人心。

在理论的深度解读方面，《斯大林的战争》《世界社会主义黄皮书——且听低谷新潮声》《欧洲社会主义研究》《世界社会主义研究年鉴（2011—2012）》《当代资本主义阶段性发展与世界巨变》《时间不在资本主义一边——高新科技在革资本主义的命》等一系列著述相继出版和发表，从不同视角对国际共产主义运动的历史与现实、资本主义危机的成因与影响等问题进行了深入研究与分析，为我们理解当前世界社会主义运动发展现状和前景提供了丰富的理论基础。

在理论的广泛传播方面，通过发布会、宣传片、小丛书等多种易于为人们所理解和接受的方式宣传社会主义理论：2013 年 5 月 6 日，首都社科理论界权威专家和学者参与制作的大型电视系列片《正道沧桑——社会主义 500 年》开播，该片通过丰富的历史事实、系统的思想脉络以及鲜为人知的历史资料、珍贵镜头和精到的专家解读，展示了社会主义的发展进程。5 月 13 日，中国社会科学院世界社会主义研究中心和社会科学文献出版社在京联合召开“《居安思危——世界社会主义小丛书（第二辑）》《2012—2013 世界社会主义黄皮书》发布会”；2013 年继续推出《居安思危·世界社会主义小丛书》包括《马克思主义与社会主义的历史命运》《苏联历史几个争论焦点的真相》《全球化与共产党》等，这些小丛书以其朴实的文风和通俗易懂、简洁明快的特点广受好评。上述这些方式都加深了人们对国际共产主义运动的理解和认知，增强了人们对社会主义的信心。

二　重大问题研究进展

（一）国际共产主义运动史重要事件和理论研究

1. 苏联解体的原因、教训及影响

2013 年度学界继续对苏联解体的原因进行研究与分析，观点依然不尽一致：一种认为苏联解体的主要原因为制度因素，另一种认为根本原因是改革背离了社会主义方向。

由于苏联解体原因之争很大程度上与对苏联模式即斯大林模式的不同评价相关，所以学界除了对“大清洗”死亡人数、“第五纵队”的真实性、戈尔巴乔夫“改革”的性质及作用等加以分析外，还对斯大林模式的根本性质、评价斯大林模式的方法和立场等进行了阐释，以此来佐证各自对苏联解体主要原因的观点。

由于苏联解体对中国产生了深远的影响，因此学界还从不同的角度研究了苏联解体的教训对建设中国特色社会主义的借鉴作用。北京师范大学李兴等学者研究了苏

联时期的文化特征，从文化与政治的关系角度探寻了苏联解体的原因，认为冷战时期苏联革命的政治文化建构的失败，对后来苏联解体起到了推波助澜的作用。[①] 鲁东大学政治与行政学院学者季萍萍从苏联意识形态建设的角度入手，认为苏联将马克思主义理论生硬地嫁接到苏联传统文化的基础上，犯了教条主义的错误，使马克思主义在苏联的认同度不断降低，并最终导致意识形态的坍塌。[②] 山东大学学者林超研究了苏联的区隔化族群制度，认为在区隔化族群制度下，苏联始终存在着多民族国家民族整合的难题、族群联邦制度规定的族群行政边界、差别化优惠政策强化的族属身份界限，使得民族边界意识在激进民主改革过程中，被政治大亨们轻易激活。当民族主义政治动员浪潮冲垮了维系国家统一的联盟中央时，苏联便遭受到改革失控与国家解体的双重失败。[③]

中国人民大学国际关系学院蒲国良教授研究了苏东社会主义国家政治体制的改革，认为政治体制改革是社会主义政治制度自我发展和完善的内在要求，苏联东欧社会主义国家在政治体制改革方面进行了艰辛的探索并取得了一定的成效，但总体上看，其改革局限性大，教训深刻，对中国今天改革所具有的启示意义主要在于：政治体制改革必须有准备、有秩序地进行；改革必须通盘考虑，协同推进；政治体制改革必须彻底，不可半途而废，更不能走回头路；政治体制改革不能搞形式主义等。[④] 北京大学国际关系学院孔寒冰教授对"苏东地区"这一地缘概念的促成因素、连接纽带和连接的断裂进行了研究，认为除去国际共产主义运动和反法西斯运动之外，原苏东地区的主要促成因素是苏、美、英等大国在战时的合作和战后的势力范围划分，而其连接纽带是斯大林模式的社会主义，纽带的断裂则缘于苏联由于种种原因自己放弃了斯大林模式和放松了对东欧的控制。[⑤]

在中苏两党关系方面，中联部副部长、当代世界研究中心主任于洪君回顾了从1919年共产国际派俄共（布）代表到天津会晤李大钊开始，一直到1991年苏联解体为止的两党关系的历史，认为中苏两党关系的形成和发展，不仅对中国革命、中苏两国的社会主义事业、世界社会主义进程和国际共产主义运动产生了重大影响，而且牵动了整个国际关系走势和世界格局的演变。[⑥]

2. 《联共（布）党史简明教程》研究

《联共（布）党史简明教程》对苏联时期意识形态的塑造产生了深远的影响，对当时的国际共运亦有重大影响，被称为"共产主义的圣经"。在苏联国内，《联共（布）党史简明教程》出版后，长期作为唯一的党史教科书。但在1953年最后一次印刷后不再

---

① 李兴、成志杰：《论苏联与东欧关系中的政治文化因素》，《俄罗斯学刊》2013年第5期。

② 季萍萍：《苏联式思想政治教育成败对我们的启示》，《世纪桥》2013年第7期。

③ 林超：《区隔化族群制度在民主改革中的失败与苏联解体》，《当代世界社会主义问题》2013年第2期。

④ 蒲国良：《原苏联东欧社会主义国家政治体制改革的回顾与反思》，《当代世界与社会主义》2013年第3期。

⑤ 孔寒冰：《苏东地区社会主义纽带的形成、断裂及其原因》，《当代世界与社会主义》2013年第3期。

⑥ 于洪君：《关于中苏两国共产党相互关系的历史回顾与思考》，《当代世界与社会主义》2013年第1期。

出版，在 20 世纪 60—70 年代还受到尖锐的批评。2004 年 7 月，俄罗斯教育部再版发行《联共（布）党史简明教程》后，学界对该书的关注度逐渐提高。

广西师范大学政治与行政学院副院长汤志华回顾了 20 世纪 80 年代以来我国《联共（布）党史简明教程》的研究并得出结论：《联共（布）党史简明教程》是一部在国际共产主义运动史上产生过深远历史影响的著作。国内学者对于它的学习、宣传和研究，伴随着国际共产主义运动的发展起伏，经历了由热变冷，由全面肯定到否定再到辩证分析的理性研究阶段。研究的视角也从过去较为单一的党史学逐步扩展到多个学科，有历史学的、传播学的、政治学的、文献学的，等等，对于它的研究还有待于进一步深入。[①]许冲着重从《联共（布）党史简明教程》与中国马克思主义大众化的关系进行了研究，认为《联共（布）党史简明教程》是新中国成立后学习苏联经验的"范本"，全国各级出版发行机构通过研究资料、参考资料和教学方法的翻译出版，确认了马克思主义中国化的正当性，增进了俄国马克思主义的通俗化，推动了苏联学习经验的普及化和转化，拓展了中共理论教育和马克思主义中国化、时代化、大众化的路径选择，具有重要的历史作用和启示。[②]

（二）国际共产主义运动重要历史人物和组织研究

2013 年，学界对国际共产主义运动重要历史人物和组织的研究呈现出不断深入和拓展的趋势，不仅着重人物思想研究，对一些有争议的人物的评价也有所突破。

1. 列宁思想研究

列宁思想包含的内容丰富多样。学界着眼于对当前时代问题的启示与解决，或从列宁主义整体建构的角度，或从列宁思想某一具体的内容出发，对列宁思想进行了研究。研究集中在列宁的政党纯洁性思想、列宁主义与马克思主义的关系等方面。

关于列宁的政党纯洁性思想，学者分别从保持党的理论纯洁性[③]、队伍纯洁性[④]和政党纯洁性建设的思想战略[⑤]等几个方面进行了阐释，并认为研究列宁的无产阶级政党纯洁性思想，对在新的历史条件下加强中国共产党的纯洁性建设，高举马克思主义的理论旗帜，巩固党的团结统一，增强理论自信和道路自信具有重要的指导意义和深刻启示。

如何看待列宁与马克思主义之间的关系在学界存有一定争议。主流观点认为，列宁极大丰富和发展了马克思主义，回答并解决了在帝国主义时代俄国这样相对落后的国家如何进行社会主义革命和建设的问题，并在此基础上形成了俄国化的马克思主义——列宁主义。但也有学者认为，列宁的主张和实践曲解或消解了马克思主义。华东师范大学历史系教授杨奎松认为，虽然列宁在相当程度上继承了马克思的某些思想和主张，但是

---

① 汤志华：《20 世纪 80 年代以来〈联共（布）党史简明教程〉在我国的研究回顾》，《中共四川省委党校学报》2013 年第 2 期。

② 许冲：《出版发行与马克思主义中国化——以〈联共（布）党史简明教程〉学习资料为例》，《政治学研究》2013 年第 2 期。

③ 陈兰芝：《列宁关于保持马克思主义政党理论纯洁性的思想》，《社会主义研究》2013 年第 4 期。

④ 于艳艳：《列宁关于保持执政党纯洁性思想及启示》，《当代世界与社会主义》2013 年第 4 期。

⑤ 张士海：《列宁关于无产阶级政党纯洁性思想及其启示》，《社会主义研究》2013 年第 2 期。

作为落后国家的共产党人，他相信可以人为地创造先进的生产关系，进而改造提升落后的生产力，以实现社会主义。基于这一认识，列宁不可避免地过分强调了革命和暴力的作用，并且对阶级斗争和无产阶级专政学说作了进一步的发挥。[①] 山东省社会科学院政治学研究所所长李述森认为，俄国在20世纪初是一个前资本主义国家，列宁在俄国进行社会主义革命的过程中，逐步消解了经典马克思主义理论学说对社会主义革命所作的条件限制，并最终在实践中走上了通过暴力革命的方式阻断俄国资本主义发展的道路。[②]

随着新资料的涌现和新档案的解密，以及时代的向前发展，对列宁主义及其社会主义革命和建设实践的评价呈现出多元化特征，但不可否认的是，列宁作为国际共运史上的重要人物，运用马克思主义的立场和方法科学分析了19世纪末20世纪初俄国革命所面临的国际和国内环境，果断发动十月革命，建立起世界上第一个社会主义国家，开辟了人类社会发展的新纪元，并促进了马克思主义在世界范围内的广泛传播。

2. 斯大林思想研究

能否正确评价斯大林及其思想和实事求是地确立其在苏联党和国家发展史上的地位，关系到国际共产主义运动的大局。

2013年，学界对斯大林思想的研究有所突破，从过去的一味强调斯大林对马克思主义的教条性理解，进入开始初步研究斯大林在社会主义建设与实践中如何创新理解和运用马克思主义。譬如，中共中央党校研究员倪德刚认为，从理论上，斯大林三次论述过什么是马克思主义，并形成了马克思主义定义的新"三论"，揭示了马克思主义的价值属性、马克思主义的内在品质、马克思主义的基本内涵和内容，准确地反映了马克思主义的科学性、革命性、阶级性和实践性的基本特征，对于如何准确和全面认识马克思主义以及马克思主义发展的一系列新理论体系提供了基本思路。同时，斯大林并不认为马克思主义这一科学会一劳永逸永葆其科学性。相反斯大林在论述马克思主义是科学的同时，强调最多、论述最为深刻的是马克思主义如何在实践中不断发展和创新的问题。[③]

目前在学界存有较大争议的一个问题是：斯大林停止新经济政策转而实行农业集体化，是违背了列宁关于社会主义发展阶段的思想、对马克思主义的教条化运用，还是从本国实际出发，为了解决所面临的问题而大胆创新？赞同前者的学者认为，斯大林忽视了社会主义历史阶段的长期性，放弃了列宁的迂回过渡思想，转而采用直接过渡的方式，过高估计了苏联社会发展的实际水平，把当时苏联的社会状态看作马克思和恩格斯所设想的共产主义第一个阶段。中国社会科学院俄罗斯东欧中亚研究所研究员吴恩远则认为，新经济政策不是被人为中断的，而是因为不能解决当时苏联社会所面临的各种问题被迫退出历史舞台，全盘集体化是为了解决新经济政策不能给工业化提供资金和粮食这一任务的替代选择。如果从马克思主义需要发展和创新的角度看，不能把斯大林放弃列宁的新经济政策视为"背叛"。[④]

西方学者在对斯大林的评价问题上一向带有浓厚的去斯大林倾向，在描写斯大林在

---

① 杨奎松：《十月革命前后列宁的社会主义主张与实践》，《俄罗斯研究》2013年第1期。

② 李述森：《列宁是如何消解马恩为社会主义革命所作的条件限制的》，《东岳论丛》2013年第4期。

③ 倪德刚：《斯大林论马克思主义创新》，《科学社会主义》2013年第1期。

④ 吴恩远：《苏联历史几个争论焦点的真相》，社会科学文献出版社2013年版，第21页。

第二次世界大战中的作用时更把其与法西斯相提并论。不过近年来有些西方学者跳出了冷战思维，例如英国学者杰弗里·罗伯茨在《斯大林的战争》一书中利用新近公开的档案资料，较为客观地评价了斯大林在第二次世界大战中和第二次世界大战后的作用与形象，给予斯大林比较积极中肯的评价，并得出以下结论：（1）斯大林是个作用很大也非常成功的战争领袖，丘吉尔、希特勒、墨索里尼和罗斯福作为军事领袖都是可以替代的，唯独斯大林不可替代；（2）斯大林努力促成了"伟大的同盟"，而且希望它在战后继续存在下去，他所采取的政策及行动对冷战的爆发无疑起到了推波助澜的作用，不过这却不是他的本意，他也曾努力重新缓和与西方的关系；（3）战后苏联国内的体制与战前有很大不同，其强制性减弱了，这是一种向后斯大林时代相对宽松的社会政治秩序过渡的体制。①

3. 伯恩施坦思想研究

伯恩施坦作为共产主义运动史上标志性人物之一，在今天的中国依然起着标识意识形态特征的作用，学界对伯恩施坦及其理论的评价，依然存在差异。华侨大学马克思主义学院教授刘新宜认为，伯恩施坦失误的主要原因在于对唯物史观的机械运用并被权贵资本主义的利益深度裹挟，伯恩施坦修正主义在第二次世界大战结束后影响的日益扩大是社会环境剧变的结果。② 安徽理工大学副教授李后梅认为，伯恩施坦的修正主义理论影响了整个欧洲马克思主义的走向，而列宁对伯恩施坦理论的批判推进了马克思主义发展。③ 中央编译局博士后工作站学者沈丹撰文介绍了伯恩施坦的两个修正主义观点：一是认为工人阶级是有祖国的，随着普选权的推行，工人阶级成为国家的主人，可以分享资本主义国家经济繁荣所带来的好处；二是殖民主义有利于资本主义国家经济的发展，因而工人阶级和社会民主党不应该反对殖民主义。④

4. 普列汉诺夫思想研究

普列汉诺夫是俄国社会民主工党的重要理论家，对马克思主义在俄国的早期传播功不可没，但在促进马克思主义俄国化方面却明显表现出教条化倾向。中共辽宁省委党校副教授徐作辉和教授胡延风对普列汉诺夫推动马克思主义俄国化的作用给予了一分为二的评价。一方面，普列汉诺夫对马克思主义俄国化作了初步尝试，这主要是指其运用马克思主义基本原理，论述了社会主义与政治斗争的关系，批判了民粹派社会主义与政治斗争不相容的观点；首次明确提出了俄国无产阶级的革命任务；指出推翻沙皇专制统治的资产阶级民主革命与社会主义革命是两种性质不同的革命。但是另一方面，普列汉诺夫在推动马克思主义俄国化的过程中，明显表现出教条主义的倾向，这主要是指其"二次革命论"，即在民主革命胜利后，建立一个资产阶级专政的国家，经过一段时期资本主义经济的发展后，再来进行一次无产阶级社会主义革命，而民主革命只能由资产阶级领导，建立资产阶级专政，反对无产阶级掌握领导权和建立工农民主专政，反对立即向

---

① ［英］杰弗里·罗伯茨：《斯大林的战争》，李晓江译，社会科学文献出版社 2013 年版，第 5—6 页。

② 刘新宜：《伯恩施坦失误的主要原因及其现实启示》，《新东方》2013 年第 3 期。

③ 李后梅、贾淑品：《列宁对伯恩施坦理论的批判及现实意义》，《井冈山大学学报》2013 年第 3 期。

④ 沈丹：《伯恩施坦对国际事务的态度和观点研究》，《当代世界与社会主义》2013 年第 5 期。

社会主义转变。普列汉诺夫的"二次革命论"的核心论点实际上是对恩格斯 1894 年《"论俄国的社会"跋》的引申，并没有推动马克思主义的俄国化，没能解决在俄国这一资本主义未能充分发展的较为落后国家要不要进行社会主义革命和如何进行社会主义革命问题。① 总体来看，普列汉诺夫的马克思主义俄国化的最初尝试是失败的，没有建立起俄国化的马克思主义理论形态。

5. 国际共产主义运动组织研究

国内外一些学者在谈到国际共运史时，认为共产主义运动的历史就是搞专制独裁的历史。中国社会科学院马克思主义研究院研究员辛向阳针对这样的观点，专门研究了 19 世纪共产主义者同盟、第一国际和德国社会民主党在民主理论与民主实践中所作的探索。他认为，无产阶级国际组织和政党兴起与壮大在推动无产阶级民主理论与实践、推动社会民主进步方面发挥了重要作用。研究 19 世纪的民主问题，不能绕开这些国际组织和政党；研究当代民主问题，同样不能绕开这些国际组织与政党。②

（三）世界社会主义运动发展态势与新局面研究

2013 年，经济危机的"魔咒"继续笼罩在西方世界上空。大规模的罢工潮持续不断。各国共产党和工人党纷纷团结起来抗争，在世界各地组织各种会议，抨击资本主义的弊端，寻找各种替代方案。在这一背景下，2013 年度学界围绕世界社会主义运动的发展态势与新局面进行了深入研究。

1. 世界社会主义运动的发展态势

华中师范大学聂运麟教授认为，当前世界社会主义运动的发展态势可以归结为"在低潮中奋进"。世界社会主义运动处于低潮的原因在于东方进行的社会主义革命已暂告一段落，社会主义国家的建设事业正在深入发展，而西方却还没有成熟到实现这种革命的程度，运动正进入"为未来变革的时代作'和平'准备的阶段"。同时，处在低潮中的资本主义各国共产党，并没有沉沦下去。经过苏东剧变后 20 多年的艰苦斗争，它们不仅顶住了反共反社会主义浪潮的高压，基本实现了党在思想、政治和组织上的统一，而且还在争取民主和社会主义的斗争中取得了新的进展，从而使世界社会主义运动从低谷中走了出来，构成了世界各国共产党人在低潮中奋进的生动局面：资本主义国家的共产党为适应生存环境的变化而对其理论与策略进行了重大的调整和变革；部分资本主义国家共产党在苏东剧变后的极端困难条件下，经过对理论与政策的调整，其力量获得了新的发展；各国共产党之间新型的国际联系已经建立起来。世界社会主义运动在这一艰难的探索过程中"正在缓慢而持续地向前发展"。③

北京大学黄宗良教授认为，用"转折论"的说法来概括冷战后世界社会主义运动总的态势和特点更为合适。所谓"转折"指的是在苏东剧变之后，世界各国社会主义政党在总结苏东剧变的历史教训中，摆脱苏共模式和苏联社会主义模式，寻求更符合时代特点与各国国情的社会主义道路和模式。世界社会主义在"剧变"中遭到严重的挫折和失

① 徐作辉、胡延风：《马克思主义俄国化的历史进程和经验》，《党政干部学刊》2013 年第 2 期。
② 辛向阳：《19 世纪国际共产主义运动中无产阶级国际组织与政党的民主实践初探》，《当代世界与社会主义》2013 年第 2 期。
③ 聂运麟：《世界社会主义运动在低潮中奋进》，《求是》2013 年第 21 期。

败，但不能看成完全消极的。用"转折"来表述，更客观一些，更中性一些，更能反映"坏事变好事"的积极面。这个转折时期总的倾向是右移，但不应用"左"比"右"好的眼光来评判，不要急于下结论，要在历史的发展中进一步观察。[①]

随着 21 世纪世界发生深刻变化，当代世界社会主义的发展呈现出一种全方位、复杂化的状态，体现出一系列趋势和特点。中共中央党校胡振良教授认为，其发展状态是"既在发展，又颇艰难"，在"发展中和探索中"，表现出民族化、多样化、多元化的趋势和特点。社会主义多元化、多样性根源于不同的世情和国情，根源于社会的基本矛盾及其社会结构，更与世界历史发展的进程和阶段性特点紧密相连。从整体上看，世界社会主义不是一种模式而是多种模式，世界社会主义发展不是单一发展而是多元发展；与世界发展态势相关，21 世纪世界社会主义发展是一种辩证的发展、一种全球化发展、一种生态化发展、一种生活化的发展、一种与时俱进的发展、一种现代文明的新发展；而中国特色社会主义发展是一种学习、借鉴和超越，是世界社会主义发展的一个亮点和重要的生长点。[②]

2. 世界社会主义运动面临的新局面

（1）资本主义经济危机使世界重新认识马克思，重新认识社会主义

古巴学者福斯蒂诺·戈梅斯、格拉迪斯·佩德拉萨认为：始于 2008 年的全球资本主义经济危机，"是一个系统性的危机，而不只是资本主义经济体系的危机。其本质仍是马克思主义理论所描述的资本主义的危机。只有社会主义能够从民主参与和维护公平正义的角度面对这样的挑战。只有社会主义能为人们提供更先进的民主的生活方式，包括政治、社会和经济的所有领域，更公平地分配和使用资源。"越南学者武明江也给出治疗资本主义的相同药方，他说："一个健康的政治体制的关键是建立一个有效的权力控制体制，而真正的民主控制则是人民的控制。但这很难在资本主义国家实现。只有共产党领导的国家才有这个优势。"[③]

中央政策研究室原副主任卫建林对三十多年来世界历史的主要内容和基本走向作出如下判断：金融危机已经彻底动摇人们对资本主义的信心，质疑资本主义成为最广泛的世界性思潮；世界已从"另一个世界是可能的"到寻找各种资本主义的"替代方案"、"替代模式"，历史再次叩响社会主义；马克思再次被置于人类认识的最前沿，人们"重新发现社会主义"。[④] 他断言：世界正在迈向社会主义重新创造历史的新起点。[⑤]

刘淑春指出，全球金融经济危机为世界社会主义的复兴准备了客观前提。尽管资本主义的生产关系在自身能量全部释放出来之前是不会灭亡的，但它所能够允许的社会生产力的发展空间却是在一点一点地缩小，资本主义的自我调节能力正在丧失。总之，2008 年以来的全球金融经济危机使人们对资本主义的自我调节能力产生怀疑，恢复了对马克思主义的信心，看到了世界社会主义运动再度兴起的机会。[⑥]

---

① 黄宗良：《冷战后世界社会主义运动的特点和中国特色社会主义的历史任务》，《当代世界》2013 年第 11 期。

② 胡振良：《当代世界社会主义发展的若干趋势》，《当代世界与社会主义》2013 年第 3 期。

③ 《国外学者热议：二十一世纪属于社会主义》，光明网，2013 年 1 月 7 日。

④ 卫建林：《对世界历史基本走向的十个判断》，《中国社会科学报》2012 年 11 月 30 日。

⑤ 卫建林：《世界正在发生复杂深刻变化》，《中国社会科学》2013 年第 1 期。

⑥ 刘淑春：《全球金融危机与世界社会主义的振兴》，《社会科学研究》2013 年第 3 期。

（2）高新科技革命与全球化对世界社会主义的发展是把双刃剑

当今世界，以信息技术为主导的高新科技革命和以美国为主导的经济全球化已成为不可逆转的趋势。李慎明指出，全球化和高新科技革命对国际垄断资产阶级来说是一把双刃剑：一方面，在一定程度上推动了资本主义社会生产力的发展，使资本主义社会内部的基本矛盾得到一定程度的缓解；另一方面，在全球范围内进一步加剧生产社会化和生产资料资本主义私人占有的矛盾。高新科技革命极有可能是在全球范围内推动新的社会形态，即社会主义和共产主义社会形态大发展的最新生产工具。它的产生和迅猛发展的后果是，一方面，为新的社会形态积累丰厚的物质条件；另一方面，国家之间、阶层之间贫富分化的加剧必然带来对压迫的反抗，必然使马克思主义得到极大的创新与发展。①

胡振良指出，对世界社会主义的发展来说，科技革命也是一把双刃剑：一方面，科技革命与社会主义在本质上根本契合、方向一致，世界社会主义的发展面临机遇；另一方面，科技革命是一个新的现实，要求本质上与之相适应的社会主义理论、运动和制度在现实中与之相适应，要求社会主义从实际出发进行创新和发展，这就使它也构成对原有社会主义理论与实践的一种挑战。只有经过改革，社会主义才能适应历史的发展，如果不革新旧体制，既不能促进科技革命的发展，跟不上历史的潮流，也必然导致社会主义理论的僵化和实践的失败；而社会主义力量能否积极正确地应对科技革命发展的现实是其能否促进自身发展的关键。②

总体来看，世界社会主义面临的新局面有利有弊，既是机遇也是挑战，这就要求世界社会主义运动与时俱进，在发展中自我调节，从而使世界社会主义之路越走越宽。

（四）现有社会主义国家研究

2013 年，越南、古巴、朝鲜和老挝等国面临着谋稳定、求发展、促改革的复杂形势和严峻挑战。四国坚持探索符合本国国情的社会主义道路、理论和制度，积极谋求变革，以化解资本主义危机带来的负面影响，巩固社会主义政权和谋求经济社会的发展。

1. 学界聚焦越共围绕修宪的思想斗争

越共十一大后，越南着手修改宪法，并通过各种方式广泛征集意见。2013 年，围绕宪法的修改，越共展开了与敌对势力的激烈斗争。越南国防部政治学院哲学系副主任武光造撰文揭示了当前越南理论斗争的严峻形势，一针见血地指出：歪曲和破坏马克思列宁主义、胡志明思想和越南共产党的路线是敌对势力的一贯目标，在不同时期，他们采取的内容和方式有所不同，并且手段越来越高明和狡猾。③ 越南《共产杂志》和《越南军队报》等媒体组织了专题研讨会，并以专栏形式刊登了越南主要党政领导和著名理论家的系列文章对此加以批驳。④ 这场围绕宪法修订案的斗争，随着 2013 年 11 月 28 日

---

① 李慎明：《时间不在资本主义一边——高新科技在革资本主义的命》，《红旗文稿》2013 年第 3 期。

② 胡振良：《当代世界社会主义发展的若干趋势》，《当代世界与社会主义》2013 年第 3 期。

③ ［越］武光造：《当前的理论研究与理论斗争工作》，越南《共产杂志》网站，2013 年 6 月 10 日。

④ 如 2013 年《共产杂志》第 1 期刊登了《关于当前我国反"和平演变"和"自我演变"的一些问题》《加强党的纪律检查和监督工作，为防止"自我演变"和"自我转化"取得成效做出贡献》等。

越南十三届国会六次会议通过了《越南社会主义共和国宪法》（1992 年宪法修正草案），以越南共产党的胜利告终。新宪法第四条继续肯定越南共产党是国家和社会的领导力量，同时还增加了第二款，强调党与人民的关系，强调了党的责任。

2013 年，越南社会主义还抵御住了和平演变、土地纠纷、各种罢工及示威游行等多重执政风险。为巩固执政地位，坚定社会主义道路，越南共产党先后采取了开展党内批评和自我批评、加强党员干部队伍建设、建立中央反腐指导小组、加大腐败监督查处力度、以法律形式强化官员财产申报制度、对政府高官进行信任表决等措施。国内学界纷纷聚焦越南马克思主义本土化、越南政治体制改革和宪法修改、党建和反腐等热点。其中，潘金娥研究员对越南反腐败问题[①]、公职人员财产申报制度[②]进行了深度解读，陈明凡教授对越南政治革新的成效与问题进行了剖析[③]。

2. 学界评析古巴深化经济模式更新

2013 年，学界对古巴经济模式更新的布局、重点、国际比较和意义等进行了评析。

《古巴：从经济模式更新到发展?》一文指出，古巴经济模式更新大体可划分为三个方向：首先，减少国家在国民经济中的作用，对所有制结构和经济管理方式进行必要的改革与调整。其次，重组国家机器，促进国家行政机构的现代化。最后，解除限制古巴居民机会的各种禁令。[④]

《古巴社会政策：新经济改革》一文指出，当前的经济模式更新应把就业收入问题作为保持社会政策延续性的核心议题，改革社会保障系统，定期评估改进社会政策，推进建立更加灵活的劳动体系等。[⑤]

古巴哈瓦那大学国际经济研究中心教授胡里奥·迪亚兹指出，古巴经济模式更新是社会主义国家改革潮流的积极延续，但应充分考虑到古巴与中国、越南在地理、社会文化和自然历史方面的巨大差异，同时也应避免中越改革过程中出现的思想问题。[⑥] 杨建民、毛相麟认为古巴社会主义模式"更新"已经初见成效，将出现变革与经济好转的良性互动。古巴发展模式的"更新"如获得成功，将彰显社会主义的生机与活力，为世界社会主义运动提供经验和范例。[⑦]

学界对古巴党政改革的情况也十分关注。中国社会科学院拉丁美洲研究所研究员徐世澄指出，劳尔主政后，古共在自我"更新"中保持党的生命力，通过将党的工作重点转移到经济工作上来，实行党和国家最高领导人的任期制，健全党的集体领导制度，坚持群众

---

① 潘金娥：《革新以来越南共产党反腐的主要措施及其成效》，《世界社会主义研究》总第 93 期，2013 年 5 月 28 日。

② 潘金娥：《简述越南公职人员财产申报制度》，中国社会科学网 2013 年 3 月 4 日，http：//www. cssn. cn/news/680268. htm。

③ 陈明凡：《越南政治革新的经验教训及其启示》，《探索与争鸣》2013 年第 1 期。

④ Juan Triana Cordoví, Cuba：*¿de la actualización del modelo económico al desarrollo?*，Nueva Sociedad No. 242，noviembre-diciembre de 2012.

⑤ Mayra Paula Espina Prieto, "la Política Social en Cuba：Nueva Reforma Económica"，Rev. *Ciencias Sociales Universidad de Costa Rica* 135－136，No. Especial：227－236 / 2012（I－II）.

⑥ Julio A. Díaz Vázquez, *Actualizar el modelo económico en Cuba ¿Patrón chino o vietnamita?*，Rebelión, http：//www. rebelion. org/noticia. php? id=152391，2012－03－07.

⑦ 杨建民、毛相麟：《古巴的社会主义及其发展前景》，《拉丁美洲研究》2013 年第 2 期。

路线，坚决惩治腐败等措施，增强了党的凝聚力，巩固和加强了党的执政地位，使党成为古巴人民强有力的先锋队，使古巴的社会主义事业取得显著成就并不断巩固发展。[①]

3. 学界解读老挝渐入佳境的革新开放

2013 年学界，以对老挝革新开放的研究为主，也有关于老挝人民革命党的思想理论建设的研究。1975 年老挝人民民主共和国成立后，国内政治趋于稳定，并开始照搬苏联模式进行经济建设。随着国际国内形势的变化，苏联模式的老挝经济建设越来越不适应国家现代化的要求。为促进经济发展，老挝于 1979 年开始尝试经济改革。改革开放是老挝人民民主共和国解除苏联模式弊病的战略行动。[②]

蒋卓成指出，20 世纪 80 年代后期老挝在国内困境与国外压力的双重影响下开始市场化改革后，所有制政策、经济运行机制和对外经济政策都发生了根本性的调整。90 年代初，老挝提出有原则地全面革新经济，实行对外开放的政策，国内贫穷的状况得到了一定改善，人民生活水平有了提高，地区地位逐渐受到重视。但是由于老挝国内特殊的政治文化，加之过度依赖外国和国际组织的资源，老挝革新开放路线的发展前景依然是任重而道远。[③] 2013 年老挝正式加入世界贸易组织，这有助于老挝进入全球大市场，推动老挝经济的发展，提高老挝的国际地位，为老挝发展创造新的机遇；同时也意味着老挝将面临更激烈的市场竞争所带来的严峻挑战。近十年来老挝较快的经济增长速度表明，老挝正在发力，在全球经济一体化的趋势下，老挝加入世界贸易组织的机遇大于挑战。[④]

与此同时，老挝人民革命党通过对老挝基本国情的认识，全面加强党的思想理论建设，积极开展党员、干部和群众的思想理论教育，正确处理好宗教与社会主义意识形态的关系，从而使老挝全党全社会的认识得到统一，也激发了建设社会主义的热情和智慧，推动了老挝社会主义"有原则的全面革新路线"的探索与实践。[⑤]

4. 学界关注朝鲜经济建设与核武力建设并进路线

2013 年，朝鲜一方面进一步加强朝鲜劳动党的领导，强化党的唯一领导体系，肃清党内派系活动；另一方面提出"实行经济建设和核武力建设并进路线"的长期发展战略，进行了第三次核试验，并采取了颁布经济开发区法、新设 14 个经济特区、促进外贸多元化、开设旅游区、扩大工厂自主权和提高农民积极性等措施。

学界对朝鲜的指导思想、发展现状和趋势进行了深入探讨。杨荣华、左安嵩从国际共产主义运动理论的视野出发，认为主体思想是国际共产主义运动理论的一个部分、一种探索。[⑥] 刘航等把朝鲜问题的经济本质归结为朝鲜经济对世界经济体系的"表面上脱钩和本质上依附"的并存模式。[⑦] 朴英爱等认为，朝鲜正处于求生存、谋发展的关键时期，但世袭权力的转移迫使其贯彻"三个坚持"的原则，即坚持主体思想、先军政治、遗

① 徐世澄：《古巴共产党在自我"更新"中保持党的生命力》，《当代世界》2013 年第 9 期。

② 孟达威：《老挝人民革命党对老挝经济改革开放的探索》，中央民族大学硕士学位论文，2013。

③ 蒋卓成：《老挝革新经济的措施与成效》，《衡阳师范学院学报》2013 年第 4 期。

④ 熊云书：《老挝加入世界贸易组织面临的机遇和挑战》，《东南亚纵横》2013 年第 8 期。

⑤ 马迎公：《冷战后老挝人民革命党的思想理论建设》，《学习月刊》2013 年第 2 期。

⑥ 杨荣华、左安嵩：《国际共运理论视野下的朝鲜主体思想》，《学术探索》2013 年第 9 期。

⑦ 刘航、张雨微、赵景峰：《朝鲜问题的经济本质及中国的对策》，《理论视野》2013 年第 3 期。

训统治等政治体制，坚持朝鲜式计划经济体制，坚持自力更生、有限开放、局部调整的路线。短期内，朝鲜将经历政治体制内权力"再转移"的过程，计划经济体制将存续下去，但会根据国家供给能力的增减，弹性调整市场势力并维持国家的经济统制能力。[①]

学界对朝鲜会否改革的问题依然存在争议。梅新育根据金正恩执政一年里朝鲜国内政策取向、机构设置、建设方向等发生的变化判断，朝鲜在试图从原来的"先军政治"转向优先发展经济，并积极探索更大范围引进市场机制，推行"改革开放"。[②] 也有学者认为朝鲜不可能进行经济改革，或无意于进行经济改革。Andrei Lankov 认为朝鲜一旦尝试改革，就会引发政权的垮台。[③] 张琏瑰认为，朝鲜不时显示出把工作重心转移到经济上的迹象，并非真正发展经济，而是为发展核武器提供经济支持和"烟幕弹"，令世人的关注点从核武器转向经济。[④]

（五）危机背景下资本主义及其新变化研究

1. 西方国家反危机措施的特点及效果

金融危机爆发后，资本主义政府为防止危机进一步扩展，纷纷采取了反危机的政策措施，但迄今为止这些政策并没有达到预期的效果，危机仍在继续深化，这一问题成为国内外学术界讨论的热点，在讨论中形成了下面几个重要观点。

（1）强化国家资本主义标志着西方自由市场经济"神话"的终结

危机发生后，为了促进经济发展，强化国家资本主义普遍受到西方发达国家的青睐。学者们一致认为，西方所谓纯正的市场经济从来就没有真正存在过，而是国家干预的、以私人经济为基础的混合经济。[⑤] 有学者指出，正是美国自由市场经济体制内在矛盾的不断积累和尖锐化，使美国制造业萎缩，经济高度虚拟化，外贸赤字激增，债务危机加剧，失业率居高不下，国家竞争力下降，最终导致美国的霸权地位发生动摇。奥巴马政府上台以来采取了一系列旨在强化政府干预的重大举措，涉及生产、分配、金融、贸易、投资等各个领域，由此推动美国自由市场经济体制发生重大转型，这一转型宣告了美国自由市场经济"神话"的终结。[⑥] 从根本上说，在国际金融危机之后西方采取的国家资本主义，是为资产阶级的政治经济统治服务的，它不可能避免和消除资本主义经济危机，也不可能改变资本主义社会的根本性质。[⑦]

可是，西方发达国家通过强化国家资本主义而采取的反危机措施，却被西方媒体偷换概念，作为描述和归纳中国等新兴经济体的经济特征，在当前背景下明显具有"标榜自我、打击敌人"的动机。这种观点背后的理论实质在于通过混淆概念，转嫁西方资本主义国家当前面临的经济困境，以达到为资本主义私有制进行辩护的目的，进而掩盖社

---

① 朴英爱、巴殿君：《朝鲜的体制现状与走势分析》，《社会科学战线》2013 年第 4 期。

② 梅新育：《朝鲜想"拥核谋和"，得见好就收》，《环球时报》2013 年 2 月 17 日。

③ Andrei Lankov, *The Real North Korea*：*Life and Politics in the Failed Stalinist Utopia*, New York：Oxford University Press, 2013.

④ 张琏瑰：《维护朝鲜半岛无核化处于成败关键期》，《东北亚论坛》2013 年第 3 期。

⑤ 朱艳圣：《西方国家资本主义的历史与现状》，《国外理论动态》2013 年第 3 期。

⑥ 何自力：《加强国家干预：美式市场经济在转型》，《红旗文稿》2013 年第 2 期。

⑦ 王浩：《"国家资本主义"再思考》，《国外理论动态》2013 年第 3 期。

会主义制度优于资本主义制度的历史事实。① 同时，也是借"国家资本主义"之名，曲解中国特色社会主义，进而给中国国内的社会舆论带来误导和破坏，达到削弱中国模式或发展道路的社会基础的目的。②

（2）福利"瘦身"导致大规模的群众抗议和政府更迭

金融危机爆发以来，传统的福利国家模式遇到挑战，许多国家不得不紧缩财政并削减福利支出，福利"瘦身"在所难免，学界对这一问题展开了深入讨论。

刘淑春指出，危机以来，西方各国政府采取政策的结果是危机的肇事者继续受益，普通劳动者为危机埋单。这种做法加剧了社会的不平等，激化了社会矛盾，震动了作为西方社会稳定器的广大中产阶层，引发了此起彼伏的社会反抗浪潮。西方社会标榜的自由、平等、团结的价值观在民众心中动摇，政权受制于金融机构、为金融垄断资产阶级利益服务的西方政治体制面临前所未有的信任危机，资本主义整个体系正在遭受战后以来罕见的震荡。③

还有学者认为，对于西方国家各执政党来说，削减福利是第一杀手。福利国家的福利削减从根本上动摇了早期福利国家的经济和社会基础，刚性社会福利的规律与社会发展规律之间出现裂痕，导致一些国家发生了此起彼伏的群众抗议和政府更迭。④

（3）"利己主义"的货币量化宽松政策是一条"劫贫济富"的道路

有学者认为，西方资本主义国家在应对危机政策方面，国家政策"利己主义"猖獗，其中的一个主要表现是美欧等国非传统货币政策大行其道：美联储先后实施数轮量化宽松政策；一向谨慎的欧洲央行采取长期再融资操作和直接货币交易；英格兰银行和日本央行纷纷扩大或延续资产购买计划。这些政策具有很强的单边性，向全球释放流动性，增大国际资本流动易变性，向全球输出危机，⑤ 尤其是美国的货币成为世界的问题。⑥

但是，西方国家实行量化宽松政策，政府积极注资救市，效果却不尽如人意：一方面，由于经济持续低迷、就业水平仍未恢复到危机前水平，为刺激经济，美国实行减税计划，受益最多的则是富人；另一方面，央行充当最后贷款人，结果造成主权债务危机，为减少政府赤字、削减政府债务规模，美国大幅减少社会保障支出，在这一措施下低收入人群的生活首当其冲受到冲击，可见，发达资本主义国家又一次走上"劫贫济富"的道路。⑦

2. 资本主义文化意识形态输出与危机

当前，以美国为首的西方发达国家从自己的利益出发，对外将文化输出与经济、政治、军事等手段结合起来，利用多种方式对其他国家进行文化渗透和影响。同时，西方

---

① 赵义良：《简析"国家资本主义论"的理论误区》，《理论探讨》2013 年第 1 期。

② 谢来辉、杨雪冬：《"国家资本主义"评析》，《国外理论动态》2013 年第 3 期。

③ 刘淑春：《全球金融危机与世界社会主义的振兴》，《社会科学研究》2013 年第 3 期。

④ 周弘：《福利"瘦身"，挑战西方政治智慧》，《人民日报》2013 年 8 月 22 日。

⑤ 高海红：《国际经济金融治理机制建设很紧迫》，《人民日报》2013 年 1 月 17 日。

⑥ 肖炼：《美国的货币　世界的问题》，《人民日报》2013 年 10 月 21 日。

⑦ 张宇等：《危机与当代资本主义历史走向——中国政治经济学年度发展报告（2012 年）》（上），《政治经济学评论》2013 年第 2 期。

国家也牢牢地掌控着新闻网络媒介和舆论工具，利用先进的信息技术，实现对意识形态的控制权和领导权。在这一背景下，学界对资本主义文化意识形态输出的相关问题进行了深入研究。

（1）资本主义文化意识形态输出手段和策略多种多样

学者们一致认为，随着形势的变化与需要，资产阶级对其意识形态不断进行调整，增强了资本主义意识形态的内在张力，在一定程度上也增强了资本主义的软实力，并加强意识形态输出的手段和策略，呈现出多种多样的特点。

有学者指出，好莱坞大片折射着美国文化价值观。好莱坞不但是先锋技术开创者和时尚领军者，而且是美国意识形态的最佳代言，是对共产主义最有效的摧毁力量。[①] 基于此，有学者告诫说，近年来好莱坞电影越来越重视使用和挖掘中国元素，这是输出美国价值的需要，不能认为这是美国对中国文化的认同，更不能盲目乐观，必须要清醒地认识到这些电影对中国文化安全和国家安全的危害。[②]

还有学者认为，基金会可能成为传播帝国主义的新形式。慈善基金会是美国文化和思想的集中代表，它们对外援助活动的扩展，在某种程度上可以控制知识和思想的创造和传播，并影响人类认识世界的方法。慈善基金会凭借其拥有的财富、战略和知识优势，其对外援助是促进受援国变革的催化剂，在客观帮助受援国的同时，也增强了西方权力对国际秩序的控制强度。[③]

（2）"棱镜门"事件凸显了西方推行网络文化霸权的实质

"棱镜门"事件引起了学界对西方网络文化霸权的热议，学者们一致认为，通过这一事件可以清楚看到美国网络的"双重标准"：它一边宣扬网络自由，反对别国对网络的监管，另一边却在全球范围内进行网络监控，展开秘密网络攻击，这是美国寻求的新霸权——网络文化霸权，[④] 其表现有：依托网络信息强势，实现主体意识形态霸权；利用语言优势，推行西方话语霸权；凭借传媒技术，建构网络信息垄断地位；依靠多彩的网络文化生活，增强西方文化吸引力。[⑤] 还有，西方国家在"智慧地球"、"数字城市"等信息化口号下，已渗透一些发展中国家的电信、金融、石油、物流等关键网络基础设施，掌控这些国家的经济神经中枢，对其经济安全构成威胁。[⑥] 因此，互联网已经成为西方推行网络文化霸权的手段与利器，网络文化霸权是从技术、资源、信息到国际制度这四个层面一步步地建构起来的，它具有对他国安全构成威胁的特质，成为维持和支撑西方霸权地位的有效及长效机制，掌控全球话语权、推行西方主流价值观是网络文化霸权的政治文化战略目标。[⑦]

① 蒋晓娟：《好莱坞电影，美国意识文化形态的象征》，《电影文学》2013年第5期。

② 陈国勤：《试析当今美国好莱坞电影中的中国元素》，《大众文艺》2012年第24期。

③ 霍淑红：《基金会可能成为传播帝国主义的新形式》，2013年8月8日（http：//opinion. huanqiu. com/thought/2013－08/4223630. html）。

④ 郭纪：《网络不应成为美国霸权新工具——从"棱镜门"事件说开去》，《求是》2013年第15期。

⑤ 梁松鹤、张剑：《西方网络文化霸权及其应对策略研究》，《人民论坛》2013年第9期（中）。

⑥ 郭纪：《网络不应成为美国霸权新工具——从"棱镜门"事件说开去》，《求是》2013年第15期。

⑦ 余丽：《从互联网霸权看西方大国的战略实质和目标》，《马克思主义研究》2013年第9期。

学者们还认为，美国一直以来都挥舞着道德大棒敲打他国，不料想，突发"棱镜门"事件，使其在国际社会陷入前所未有的尴尬境地，面临着在国内需要平息公众对个人隐私受侵犯的愤怒，在国际上则需要解释其在定义和应对网络攻击行为上的双重标准问题的双重困境。[①] 这其实就是美国价值观的体现，只要有利可图，只要能掌控全世界，就敢撒弥天大谎，就敢践踏一切人类良知、道德和法律。[②]

（3）西方"普世价值"的主观性和当前困境

近年来，西方国家把自己界定的某些价值说成"普世"的，并通过种种手段进行推销，甚至不惜诉诸武力。学者们一致认为，西方国家打着"普世价值"的旗号，实际上是推销西方的制度模式，把世界各国、各民族的发展道路和模式套在西方资本主义这个魔圈之中[③]，为推行霸权主义寻找借口，其实质就是把这种意识形态当作对世界其他国家加以衡量的一种标准，并且作为干涉其他国家内政的一种手段。[④]

学者们指出，"普世价值"在理念上把某些国家、民族的价值或在一定历史时期的价值当作人类普遍永恒的价值追求，具有明显的先验论色彩，是一个历史唯心主义的命题。[⑤] 普世价值的概念其实不是用来改变社会的，而是更多被用作对外输出西方价值观和政治制度、进行意识形态渗透的主要工具。普世价值都是主观的，其本身就是一个假命题。[⑥]

然而，从国际政治实践来看，目前西方推动"普世价值"的结果基本上乏善可陈，甚至是灾难性的，"普世价值"已面临多重困境：一是程序困境。"普世价值"要"普世"，首先要解决"程序合法性"问题，应该通过国际社会普遍接受的某种程序来加以确立。可是，事实上是少数国家出于自己的利益需要，向全世界强行推销，甚至不惜诉诸武力和战争手段。二是理念困境。西方国家说民主、自由、人权是"普世价值"，但这些理念都经不起推敲。三是实践困境。"颜色革命"和"阿拉伯之春"所波及的国家，都经历了政治混乱、社会动荡、经济凋敝，经历了从"希望"到"失望"的过程。[⑦]

3. 生态危机与资本主义生态扩张

生态环境危机与社会可持续发展已被公认为人类 21 世纪面临的最具挑战性的难题之一，相应地，生态危机成为当前国内外学者关注的热点。学者们大多把当前的生态危机与资本主义制度联系起来，从剖析生态危机的根源、实质入手，批判资本主义并论述了资本主义生态扩张的表现形式。

（1）资本主义生态危机的根源

大多数西方左翼学者认为，生态危机根源于资本主义的社会经济制度，资本主义在

---

① 余晓葵：《"棱镜门"让奥巴马政府骑虎难下》，《光明日报》2013 年 6 月 15 日。

② 田闻之：《"棱镜门"折射出什么道理》，《北京日报》2013 年 6 月 21 日。

③ 王玉周：《西方"普世价值"不是灵丹妙药》，《党建》2013 年第 6 期。

④ 谢晓光：《美国为什么热衷于推广"普世价值"》，《红旗文稿》2013 年第 15 期。

⑤ 田改伟：《民主与"普世价值"》，《前线》2013 年第 7 期。

⑥ 宋文洲：《普世价值是个假命题》，2013 年 9 月 17 日（http://opinion. huanqiu. com/thought/2013-09/4365599. html）。

⑦ 张维为：《从国际政治实践看"普世价值"的多重困境》，《求是》2013 年第 20 期。

对积累的无止境追求中造成了巨大的浪费，产生了严重的生态危机。[①] 他们通过对资本主义国家及其生产条件的官僚化和政治化，资本主义积累、不平衡和联合的发展以及资本主义技术对生产条件的破坏进行系统的考察，揭示了生态危机产生的制度根源，并论证了资本主义的反生态性及资本主义发展的不可持续性。

国内学者普遍认为，资本主义在本质上是反生态、反自然的[②]，生态危机源于资本主义的生产方式。通过对资本主义不同发展阶段的考察发现，从诞生之日起资本主义制度就因其逐利本性而不断向自然界扩张，随着生产力的发展、技术的资本主义使用，以及全球经济一体化进程的展开，这种掠夺对自然造成了不可挽回的侵害，并成为生态危机在全球范围内不断深化的根本原因。[③]

（2）资本主义生态危机的实质

学者们指出，在当今社会，发达国家凭借其雄厚的经济实力和先进的技术优势，最大限度地占有和利用发展中国家的自然资源，推行"生态殖民主义"政策。对发展中国家资源的掠夺和转嫁生态危机的做法是一种典型的"生态帝国主义"的强盗行径，违背生态原则的无限度追求利润最大化必然会超出生态所能承受的极限并导致生态危机的爆发。[④] 由此可见，造成今天全球性生态环境恶化的罪魁祸首正是这些"贼喊捉贼"的发达国家。因此，生态危机的实质就是发达资本主义国家推行"生态殖民主义"所引起的一种自然生态的退化现象。

（3）资本主义生态扩张的表现形式

大多数国内外学者都赞同，发达资本主义国家利用经济上的优势对欠发达地区进行生态扩张和资源掠夺，主要表现为生态危机由发达国家向全球输出和国际生态交换的不平等。

有学者认为，资本主义的生态扩张与生态掠夺在资本主义的不同发展阶段具有不同的表现形式。在两次工业革命完成以后，发达资本主义国家开始以经济输出的方式来转嫁生态与环境危机。它们利用与欠发达地区之间的技术与经济落差，通过合作的方式把一些高污染、高耗能的企业迁移到边缘地区国家，破坏当地的环境与生态系统。发达资本主义国家对边缘地区的间接生态掠夺是依靠"结构性暴力"这一手段来实现的。[⑤]

通过对美国的生态水平进行分析，有学者指出，资本主义的生态扩张还表现为发达国家与发展中国家之间生态交换的不平等，以美国为首的发达国家严重依赖不平等的生态交换，为了促进自身的增长和实力，从全球其他国家地区尤其是欠发达国

---

① ［美］约翰·贝拉米·福斯特、布莱特·克拉克：《星球危机》，张永红译，《国外理论动态》2013年第3期。

② 周秀英、穆艳杰：《生态危机的根源与解决路径分析》，《东北师大学报》（哲学社会科学版）2013年第1期。

③ 贾学军、朱华桂：《生态危机的深化与全球化：由资本主义的扩张逻辑谈起》，《生态经济》2013年第3期。

④ 韩欲立：《物质变换断裂与协同进化：马克思生态伦理思想的生态经济学基础》，《湖南师范大学社会科学学报》2013年第1期。

⑤ 贾学军、朱华桂：《生态危机的深化与全球化：由资本主义的扩张逻辑谈起》，《生态经济》2013年第3期。

家攫取资源。①

（六）危机背景下资本主义发展趋势研究

目前，虽然一些资本主义国家经济在低速复苏，但资本主义的危机远没有离去，有随时再次大规模爆发的可能。在资本主义金融危机、债务危机和社会危机日益严重的背景下，资本主义将何去何从成了当前学术界讨论的焦点。

1. 危机将会推动世界社会主义的复兴

大多数学者认为，"百年不遇"的全球资本主义危机，是资本主义体系深层的、整体的、结构性的和制度性的危机。自我修复能力和发展多样性的丧失，决定了危机是掠夺，救市是掠夺，复苏同样是掠夺。危机导致的社会动荡和灾难引发全球抗议，对资本主义丧失信心，质疑资本主义，正成为最广泛的世界性思潮。

美国著名左翼学者大卫·科兹指出，当前资本主义危机为推动新的社会主义运动的发展提供了机会，并再次把社会主义取代资本主义置于世界政治议程上。在世界上新自由主义资本主义压迫最强烈的一些地区，比如委内瑞拉和玻利维亚，最近已经出现了建设社会主义的新尝试。今天，资本主义为大多数人提供了条件更为恶化的未来，而富人则越来越富，资本积累的驱动力破坏了人类文明的基础，向社会主义转变为人类提供了唯一美好的未来。如果社会主义运动能够从 20 世纪建设社会主义的最初努力中吸取成功和失败的经验和教训，它就有机会在未来的岁月里完成大约一百五十多年前首次提出来的向社会主义的转变。②

刘淑春指出，这场危机不仅导致世界经济衰退，还引发了欧美国家的社会动荡。现实证明资本主义的自我调节能力正在减弱，这一切都为世界社会主义的振兴提供了条件。从资本主义社会矛盾的空前激化、欧美罢工运动的此起彼伏、共产主义力量的重整旗鼓、社会主义国家地位的上升和全球各种政治力量的博弈等诸多因素中可见世界社会主义振兴的端倪。③

通过对此次资本主义危机的深刻剖析，卫建林指出，马克思思想的回归和"重新发现社会主义"，成为社会发展的一种历史趋势。世界资本主义体系的大危机，不仅激起世界人民对自己历史创造伟大传统和成就的回忆，而且使资产阶级思想武库愈加暴露出虚伪和贫乏。起初是全球化问题，接着是危机的爆发、蔓延，对资本主义现有秩序的自我拯救，使人们的目光重新投向马克思的学说和他的事业，马克思再度被置于人类认识领域的最前沿。④

还有学者认为，无论是从理论上还是从实践上来看，社会主义制度都是以过剩为特征的危机的克星，要消除危机，就必须以社会主义取代资本主义，"反资本主义、崇拜马克思、向往社会主义"成为时代潮流。潮流是阻挡不住的，资本主义制度绝不是永恒的，在

---

① ［美］约翰·贝拉米·福斯特、布莱斯·克拉克：《星球危机》，张永红译，《国外理论动态》2013 年第 5 期。

② ［美］大卫·科兹：《当前经济危机预示可能发生重大社会变革》，刘海霞译，《红旗文稿》2013 年第 4 期。

③ 刘淑春：《全球金融危机与世界社会主义的振兴》，《社会科学研究》2013 年第 3 期。

④ 卫建林：《世界正在发生深刻复杂变化》，《中国社会科学》2013 年第 1 期。

可以预见的未来，社会主义的复兴必将在全世界实现。[①]

2. 危机是资本主义走向衰落的历史征兆

目前，美欧主要经济体不仅还看不到复苏的明显迹象，甚至还有向长期衰退演变的趋势。越来越多的国家、学者和民众，开始反思这场空前严重的危机和泛滥多年的新自由主义。[②] 不少学者认为，此次危机是资本主义走向衰落的历史征兆。

吕薇洲、蒋桂芳认为，资本主义生产资料私有制和生产目的决定了经济危机是不治顽疾，经济危机的频繁爆发意味着资本主义的衰退与没落，五种社会形态依次更替理论与当今资本主义世界的全面危机表明资本主义的过渡性及其历史宿命的不可逆转。就资本主义来说，危机本身就意味着末日和寿终正寝的来临，每一次危机后的复苏只不过是垂死挣扎过程中的回光返照，一次比一次更无力、一次比一次更接近灭亡，这是必然的。[③]

张宇指出，面对这次国际金融危机，发达国家往往凭借强大的金融、政治和军事实力，甚至不惜发动战争，打垮竞争对手，维护本国利益，对外转嫁危机。事实一再证明，资本主义国家用来解决危机的种种手段，只能使危机以更大的规模重新出现。市场失灵与政府失效交织、自由主义危机与国家干预危机并发，是资本主义基本矛盾发展不可避免的后果，也是资本主义走向衰落的历史征兆。[④]

3. 危机后的新技术革命将会终结资本主义基本制度

此次金融危机爆发之后，新技术革命成为发达资本主义国家寻找调整经济结构的对象，对于新技术革命能否助力西方资本主义国家真正走出危机，学术界从不同的角度进行了论证。

李慎明指出，经济全球化和以信息技术为主导的高新科技革命的迅猛发展，在全球范围内必然造成富国、富人愈来愈富，穷国、穷人愈来愈穷这一状况的加剧，必然会造就一批又一批思想家、理论家、政治家、革命家、军事家等，并进而发展壮大成由先进理论武装的工人阶级和劳动人民的队伍。因此，经济全球化和以信息技术为主导的高新科技革命的迅猛发展，不但不是距离社会主义和共产主义越来越远，而恰恰相反，应是日趋接近。[⑤]

但是，也有学者提出不同的看法，认为信息技术和制造业的融合，加上能源、材料、生物等领域的技术突破，可能引发新一轮产业变革，新技术革命将能帮助资本主义彻底走出危机的泥沼，进入下一个新的繁荣周期。[⑥]

4. 危机还不足以导致资本主义体系的崩溃

有学者认为，2008 年金融大危机发生后，并没有任何激烈地否定资本主义的现象，

---

① 张作云：《当代金融和经济危机与资本主义发展的历史趋势》，《管理学刊》2013 年第 2 期。

② 李力安：《"资本主义永恒"神话失色　社会主义前途光亮显现》，《红旗文稿》2013 年第 2 期。

③ 吕薇洲、蒋桂芳：《危机背景下的资本主义及其历史宿命》，《郑州航空工业管理学院学报》（社会科学版）2013 年第 3 期。

④ 张宇：《怎样认识当代资本主义新特征》，《人民日报》2013 年 11 月 10 日。

⑤ 李慎明：《时间不在资本主义一边——高新科技在革资本主义的命》，《红旗文稿》2013 年第 3 期。

⑥ 张杰、韩硕：《新技术革命能否助力世界经济走出危机?》，《人民日报》2013 年 1 月 10 日。

没有哪个实行资本主义的国家打算放弃资本主义模式，即使在发展中国家也是如此。相反，却是地位稳固的西方民主国家强调了过度依赖以市场为导向的全球化的风险，呼吁加强对全球金融业的监管。[①]

有学者指出，当今世界正处在大发展、大变革、大调整时期，由于这场危机的影响，西方国家不得不承认自身实力相对下降、新兴力量不断增强的客观现实和历史趋势。但是，应充分估计资本主义的应变能力和自我修复能力，当前西方的困境还不足以导致资本主义体系的崩溃。[②] 因此，应辩证科学地看待当代西方资本主义。一方面，危机和困境确实对西方造成较大打击；另一方面，西方仍具备较强实力，生产力还有进一步释放的空间。[③]

还有学者指出，金融资本新霸权是当代资本主义最基本特征，金融资本建构起了由金融化、新自由主义体制与全球化构成的立体霸权结构，这必然对资本主义危机产生重大影响。金融资本新霸权标志着资本主义经济发展到一个新时期，大大提高了资本主义生产力水平，延长了资本主义生命周期。[④]

三 学科建设需着力解决的问题

2013 年 1 月 5 日习近平在新进中央委员会的委员、候补委员学习贯彻党的十八大精神研讨班上，从思想源头和实践历程上阐明了世界社会主义五百年发展的曲折历史，强调要通过学习了解社会主义发展史，更加坚定理想信念，增强中国特色社会主义理论、道路和制度自信。以这一重要讲话为契机，学界掀起了对国际共产主义运动史和当代世界社会主义的研究热潮，一系列研究成果不断涌现，一系列相关学术活动相继举行，使国际共产主义运动学科获得了较大发展。但是，在研究内容、研究成果、研究力量整合、对外学术合作和交流等方面，本学科仍有待进一步加强。

1. 进一步拓展本学科研究内容，加大对策信息研究，彰显本学科研究的应用价值

近年来，国际共产主义运动学科的研究范围得到了不断拓展。既有对国际共产主义运动历史事件、历史人物和历史组织的考察，也有对世界社会主义发展现状和态势的关注；既有对国际共产主义运动发展史上一些重大理论问题的探讨，也有对当代世界社会主义运动中一些重大现实问题的思考；既有对现有几个社会主义国家理论政策的分析，也有对当代资本主义国家共产党力量发展乃至整个世界政治经济格局新变化的研究。这些研究在一定程度上提高了国际共产主义运动学科的整体地位和重要性，密切了它与其他学科之间的联系。

但是从整体上说，本学科的研究大都仍停留在翻译介绍层面，缺乏深度的理论分析和战略性判断，尤其是缺乏有效的对策建议方面的研究。

---

① 江涌：《资本主义病情严重但气数未尽——国际社会对资本主义制度的反思》，《当代世界》2013 年第 2 期。

② 朱宇航：《后金融危机时代资本主义走向研究述评》，《科学社会主义》2013 年第 4 期。

③ 刘晓明：《对西方资本主义困境的观察与思考》，《人民日报》2013 年 4 月 12 日。

④ 银锋：《金融资本新霸权对资本主义危机的影响——一个马克思主义经济学的视角》，《江西社会科学》2013 年第 3 期。

在今后的研究中，要紧紧围绕中国特色社会主义建设的伟大实践，深入挖掘国际共产主义运动史的理论精髓，科学把握当代资本主义和世界社会主义的发展态势，及时跟踪国外左翼政党和机构的动态发展，并对相关文献材料作出深入研究和分析，及时提供相关信息，为中央决策提供理论参考，以增强学科建设的服务功能，进一步提升国际共产主义运动学科的地位。

2. 进一步整合研究力量，拟订研究计划，推出本学科的品牌著述

围绕国际共产主义运动学科三大研究领域，即国际共产主义运动史、当代世界社会主义、当代世界资本主义，2013 年度学界出版发表了大量专著、论文和研究报告等。但是由于学科发展缺乏整体规划，研究力量缺乏整合机制，研究工作缺乏深入，造成研究成果往往停留在低水平重复层面，能够真正从历史与现实相结合、理论与实践相联系的角度来探寻和把握国际共产主义运动发生发展的规律，具有久远价值的、值得称道的优秀作品并不多见。

在今后的研究中，要进一步加强本学科发展的规划性，有计划地组织编撰一些国际共产主义研究方面的丛书，作为本学科的品牌图书和拳头产品。譬如，可考虑编撰《国际共产主义运动史系列丛书》，选取对国际共产主义运动实际进程有重要影响、对探索社会主义和共产主义的实现道路具有启发和警醒意义的人物、组织、理论和事件进行全面、系统、深入的研究，以期更加系统地总结国际共产主义运动的历史经验和教训，更加客观地探索国际共产主义运动的发展规律。可考虑编撰《世界社会主义研究丛书》，分地区、分国家地介绍、研究和分析世界社会主义运动的发展现状和发展前景。此外，还可组织力量撰写一些对马克思主义经典著作和国际共产主义运动中重大史实的研究作出权威性解释的著作。通过这些研究，为本学科的进一步发展奠定坚实的理论基础，为推进中国特色社会主义实践乃至整个世界社会主义运动提供理论支持。

3. 进一步加强同国内国际同行的交流合作，积极扩大本学科的影响力

在学科今后的建设发展中，要进一步把理论研究与全方位、立体性的交流相结合。一方面，从事国际共产主义运动研究的国内相关研究机构如中联部、中国社会科学院、中央编译局、各高校国际关系学院等和研究人员需加强联系，合作开展多种形式的学术交流活动。另一方面，要积极加强与国外共产党及社会主义团体的对话、交流乃至项目合作，尤其是要加强与国外左翼思想界、马克思主义者、社会主义研究者的交流和联系。通过积极举办和参加国际国内各种研讨会，把书本研究与实践考察相结合，把理论研究与理论宣传相结合，努力在实践和学术研究双重领域推动国际共产主义运动事业的发展。

（供稿：吕薇洲　邢文增　康晏如　荀寿潇　张福军）

中国近现代史基本问题研究

一 研究概况

2013 年，以习近平为总书记的党中央高度重视党建党史问题，发表了一系列重要讲话，先后召开了党的群众路线教育实践活动工作会议、全国组织工作会议、全国宣传思想工作会议、十八届三中全会、纪念毛泽东同志诞辰 120 周年座谈会等重要会议，推进了中国近现代史基本问题以及党建问题的研究。

2013 年 12 月 26 日，习近平总书记在纪念毛泽东同志诞辰 120 周年座谈会上发表重要讲话，高度评价了毛泽东同志的历史功绩，深刻阐述了正确评价历史人物所必须坚持的世界观和方法论，对推进中国近现代历史研究、反对历史虚无主义思潮具有重要指导意义。

（一）主要活动

2013 年党史学界的学术会议大多围绕纪念毛泽东同志诞辰 120 周年展开，围绕不同的主题，从各个角度、各个层面推进了毛泽东研究，也推动了党史学科的发展。党建学界围绕着学习研究十八大精神、全国宣传思想工作会议精神、十八届三中全会精神也进行了研讨。代表性的会议有：

1.2013 年 1 月 9 日，首都党史学界、国史学界围绕"习近平总书记 1·5 讲话精神与党史、国史研究"进行了研讨。会议综述通过中国社会科学院《要报》上报中央，习近平总书记、刘云山同志作了重要批示。

2.2013 年 1 月 25—26 日，全国党建研究会在北京召开深入学习贯彻党的十八大精神研讨会暨全国党建研究会五届三次理事会。会议的主题是：高举中国特色社会主义伟大旗帜、坚持以邓小平理论、"三个代表"重要思想、科学发展观为指导，学习贯彻全国组织部长会议精神，围绕"学习贯彻党的十八大精神"进行专题研讨，总结全国党建研究会 2012 年工作，研究部署 2013 年工作。

3.2013 年 7 月 6 日，由中共中央党校主管的中国领导科学研究会、中国合作贸易企业协会、中国企业党建研究中心共同举办的"2013 全国企业党建创新论坛暨全国企业党建工作先进单位和全国企业优秀党委书记表彰大会"在京召开。围绕"全面提高企业党建科学化水平"这一主题，中央有关部门领导和国内知名党建学者作了精彩演讲，部分企业党委书记和党务工作者代表就新时期如何提高企业党建科学化水平进行了经验交流。

4.2013 年 9 月 16 日，为了纪念毛泽东同志诞辰 120 周年，中共中央文献研究室等单位在北京召开"纪念毛泽东同志诞辰 120 周年学术研讨会"，来自全国各地的一百多位专家学者围绕"毛泽东与中华民族伟大复兴"这一主题，从不同角度和领域，阐述了毛泽东同志对中华民族复兴伟业的历史贡献，研讨了毛泽东的思想、生平和风范，《党的文献》杂志专门出版了增刊。

5.2013 年 11 月 29—30 日，中山大学召开"毛泽东与当代中国——纪念毛泽东诞辰 120 周年国际学术研讨会"。这次会议有多国学者参加，中国台湾与香港都有学者参加，提出了一些新观点。

6.2013 年 12 月 4 日，中国人民大学中国共产党历史与理论研究院等单位联合召开"新世纪以来毛泽东研究的回顾与前瞻高层学术研讨会"，与会专家学者主要围绕 21 世纪以来毛泽东研究的历程和成果，探讨了国内外学术研究新动态，并对未来研究方向作出了前瞻性思考。

7.2013 年 12 月 25—27 日，由中宣部等 7 个部门联合召开了"全国纪念毛泽东同志诞辰 120 周年理论研讨会"，刘云山同志发表了讲话。

（二）中国近现代史问题的研究

2013 年的中国近现代史问题研究主要围绕以下几个方面。

第一，围绕着"中国梦"的由来、改革开放前后两个历史时期的关系、中共党史学科的建设等重大问题进行了深入研究。中共中央党史研究室主任欧阳淞在《中共党史研究》杂志上从宏观方面就中共党史研究发表了一系列见解，对于推进党史学科发展具有启示意义。

第二，围绕毛泽东同志诞辰 120 周年，对毛泽东的历史地位、功绩、毛泽东思想当代价值的研究，成为 2013 年度的热点。学术界运用新公布的史料，围绕中国现实发展的需要，从新的角度，从宏观到微观，深入研究了毛泽东的贡献，重新评价了毛泽东的历史功绩，挖掘了毛泽东思想的当代价值。《中共中央文件选集》（1949—1965）、《毛泽东年谱（1949—1976）》的出版，为深入研究毛泽东的生平和思想提供了第一手资料。在习仲勋、陈独秀等党史人物研究方面，也产生了一批成果，如中国社会科学院近代史研究所研究员唐宝林撰写的《陈独秀全传》（社会科学文献出版社），中央文献出版社出版的《习仲勋传》，以及中共党史出版社出版的《习仲勋纪念文集》。

第三，围绕党的群众路线教育实践活动，梳理中国共产党的群众观的历史演变、群众路线的形成和发展史，研究中国共产党在不同历史时期贯彻和落实群众路线、维护群众利益的宝贵经验，及其对当下中国学习贯彻群众路线的借鉴价值。

第四，2013 年是党的十一届三中全会召开 35 周年，11 月中共中央召开了全面深化改革的十八届三中全会，这使得改革开放史也成为学术界关注的一个热点，学术界围绕十一届三中全会以来的历届三中全会进行了研究。中共中央党史研究室出版了《改革开放口述史》。美国学者傅高义的《邓小平时代》展现 20 世纪 70 年代末至 90 年代初中国改革开放的历史，发行量达 50 多万册。《朱镕基在上海讲话实录》也引起了社会的广泛关注。

第五，落实习近平总书记 1·5 讲话精神、8·19 讲话精神和中办 9 号文件，学术界在反对历史虚无主义思潮方面，继续发表新的成果，特别是针对妖魔化毛泽东的倾向进行了深入的批判，发表了一系列文章，还原了历史的真相。徐州师范大学孙经先教授围绕三年困难时期非正常死亡人数与新华社原记者杨继绳进行了激烈的交锋，推动了对这个问题的深入研究。

第六，适应社会协同创新的需要，创新了党史研究体制。中国人民大学率先成立了跨部门、多学科的中国人民大学中国共产党历史与理论研究院，为创新学术研究体制、推进党史研究开了好头。

（三）党建方面的研究

2013年，全国党建学者围绕着十八大报告党建理论创新、习近平同志重要讲话、全国宣传思想工作会议、十八届三中全会的精神，以及群众路线教育实践活动，推进了党建学科的研究。

第一，阐发十八大党建理论创新，面向重大现实问题。阐发十八大在党建方面的新论述是2013年党建研究的一个重要内容。为此，全国党建研究会提出了三项2013年重点研究的课题："建设学习型、服务型、创新型的马克思主义执政党研究"、"建设高素质执政骨干队伍研究"、"基层党建工作创新研究"。中组部党建研究所确定了7项2013年度重点调研课题，分别是"坚定党员干部中国特色社会主义道路、理论、制度自信研究"；"增强'四自能力'，应对'四大考验'，化解'四种危险'研究"；"建立健全党的作风建设常态机制研究"；"提高选人用人公信度问题研究"；"加强基层服务型党组织建设研究"；"健全党员能进能出机制研究"；"国外一些主要政党严明党纪问题研究"。

第二，对新一届党中央党建新思想、新观点、新论述的研究。十八大以来，习近平总书记高度重视党的建设，不但提出了许多新思想、新观点，还围绕改革工作作风、密切党群关系、反腐倡廉建设等问题推出了许多新举措，部署开展了党的群众路线教育实践活动。习近平同志的重要讲话，在理论界引起了重要的反响，学者们出版了一系列学习读本。代表性的著作有：何毅亭的《学习习近平总书记重要讲话》（人民出版社），中共中央党校专家撰写的《十八大后中国共产党治国理政新方略》（中共中央党校出版社）。各大报刊也发表了一系列关于群众路线、意识形态建设、党的政治纪律建设、作风建设等方面的学术文章。为了配合、引导党的群众路线教育实践活动，学术界还出版了众多学习读本。另外，围绕着十八大以来反腐倡廉的新策略、新举措，以及十八届三中全会作出的全面改革新部署，学术界也进行了热烈的讨论。

第三，专题研究。学者围绕着党的建设所涉及的方方面面的具体问题，进行了比较深入系统的研究，出版了一批专著。如，吴家庆的《中国共产党公信力建设研究》（人民出版社）在国内学界首次系统地研究了执政党公信力建设这一重大课题，阐述了执政党公信力建设的基本原理，总结了中国共产党公信力建设的基本经验，并对中国共产党公信力的路径选择提出了自己的思考。马智宏的《论农民工党建》第一次系统地论述了农民工党建问题。罗平汉主编的《中国共产党群众路线思想史》（人民出版社），着重从思想史的角度对中国共产党群众路线形成与发展过程进行全方位的研究。刘红凛的《政党关系和谐与政党制度建设》（人民出版社），从宏观、中观、微观三个层面分析了政党制度，从政党政治理念和谐、政党制度和谐、政党内部和谐、政党协调发展等方面阐发了政党制度建设与政党关系和谐问题，并对我国政党制度的历史形成、特点、现实问题进行了综合论述。蔡志强的《价值引导制度：社会和谐与党的执政能力建设》（江苏人民出版社），从政治认同、组织完善、制度建设、民主成长、机制运行等方面探讨了中国共产党执政能力建设与社会和谐的内在逻辑，探讨了政党先进理念与价值观的构建，及其如何转化为科学的制度和可操作的程序。蒋学基主编的《参政党的社会基础与社会功能》（中共中央党校出版社），运用政治学、社会学、历史学、法学等学科的理论框架和分析方法对多党合作与参政党建设理论进行了研究。叶笃初的《党章亮点与热议：从十二大到十八大》（中共党史出版社），探讨了从十二大到十八大 7 部党章的联系和发展，从一个侧面展现了中国共产党艰辛又富有成就的光荣历程。另外，还有赵静的《中国共产党的执政道德建设研究》（光明日报出版社），吴桂韩的《中国共产党党内文化研究》（中共党史出版社），蒯正明、付启章的《中国共产党制度建设科学化研究》（中国社会科学出版社）。

（四）中国社会科学院党建党史学科建设情况

中国社会科学院党建党史学科在学科带头人金民卿带领下，依托党建党史研究室，开展了丰富多彩的学术活动。

学术会议。筹办召开了第三届马克思主义中国化学术论坛；参与了在长春召开的第四届马克思主义中国化学术论坛，在日本召开的第二届中日社会主义学者论坛。

国情调研。金民卿主持"沿海非公企业党建调研"课题，率领课题组成员陈志刚、戴立兴等先后于 2013 年 8 月、9 月赴深圳、珠海、宁波进行调研。龚云参加 4 月的四川电力公司党建调研和 11 月财政部的农村集体经济调研，合作出版《非经营性国有资产监管与廉洁政府建设》，在《光明日报》发表《共产党员先锋队：为人民服务的载体》一文。

创新工程。金民卿主持的"马克思主义中国化思想通史"创新工程课题进展顺利，完成了 300 多万字的文献摘编任务，陈志刚等参与了这一工程。龚云、戴立兴参与了"以社会主义核心价值体系引领社会思潮"创新工程课题，完成论述摘编，与课题组其他成员一起访谈了周新城教授、张海鹏教授、杜继文教授，还在深圳访谈了参与改革决策的三位同志和华东师范大学的萧功秦教授。龚云围绕课题合作出版了《问道》一书，与他人合写了反对历史虚无主义思潮方面的文章。

学术报告。在马克思主义中国化部召开了四次学术报告；金民卿、龚云等应邀到一些单位就十八大报告、农业集体经济等问题做了专题报告。

主要著作。出版的著作有：《为民务实清廉：党的群众路线教育读本》（陈志刚执行主编，陈志刚、龚云、戴立兴参与撰写，红旗出版社）；《学习的伟大力量——学习型党组织建设在莱钢》（赵智奎、戴立兴主编，戴立兴、龚云参与撰写，社会科学文献出版社）；《为共和国铸造钢铁脊梁——莱钢道路与莱钢经验研究》（戴立兴、龚云参与撰写，社会科学文献出版社）；《马克思主义中国化研究报告 No.5》（陈志刚、王佳菲主编，金民卿、陈志刚、龚云、戴立兴参与撰写，社会科学文献出版社）。发表了《以高度的理论自觉提升当代中国的理论解释力》《加强非公党建工作的思考》《毛泽东的权力观》《马克思主义学者与马克思主义中国化》《关于学习型党组织的五点思考——基于学习型组织理论视阈》《民主政治发展视域中的群众路线》等学术论文数十篇。金民卿主持的中国社会科学院重大课题"马克思主义中国化的逻辑进程分析"、国情调研基地课题"沿海非公企业党建调研"，龚云主持的中国社会科学院青年启动基金项目"改革开放以来农村集体经济发展的成就与经验"，都顺利完成并结项。

二 若干重大问题的研究

(一) 关于毛泽东的历史功绩和地位

如何看待毛泽东的历史功绩和地位，一直是党史研究的一个重大问题，也是被历史虚无主义思潮攻击中国共产党的一个着力点，更是社会上广泛关注的热点问题。有些人无限夸大毛泽东晚年的错误，提出要重新评价毛泽东，甚至有人别有用心地否定毛泽东。2013 年，围绕纪念毛泽东同志诞辰 120 周年，学术界对毛泽东的历史功绩和地位进行了深入研究。2013 年 12 月中宣部等 7 部门召开的全国纪念毛泽东理论研讨会和 9 月中共中央文献研究室召开的纪念毛泽东同志诞辰 120 周年学术研讨会最重要的方面就是通过系统研究毛泽东的生平、思想，公正地评价了毛泽东的历史功绩和地位。

2013 年 12 月 26 日，习近平总书记在纪念毛泽东同志诞辰 120 周年座谈会上再次明确肯定，毛泽东同志是伟大的马克思主义者，伟大的无产阶级革命家、战略家、理论家，是马克思主义中国化的伟大开拓者，是近代以来中国伟大的爱国者和民族英雄，是党的第一代中央领导集体的核心，是领导中国人民彻底改变自己命运和国家面貌的一代伟人。习近平同志的重要讲话，对毛泽东的功绩和地位再次充分肯定，是学术界正确评价毛泽东的历史功绩和地位的准绳和方向。

围绕纪念毛泽东同志诞辰 120 周年，学术界运用新史料、新视角，结合新的时代条件，探讨了毛泽东的历史功绩和地位。

中共中央文献研究室主任冷溶从民族复兴道路上的四座里程碑的角度评价了毛泽东的历史功绩。他认为，近代以来，在中华民族伟大复兴的历史进程上，有四个具有里程碑意义的重大事件：辛亥革命、成立中国共产党、建立新中国和实现改革开放。毛泽东亲身参加了辛亥革命，他关于中国革命道路的许多重要思想，都是建立在对辛亥革命经验教训深刻总结的基础上的；毛泽东是中国共产党的主要缔造者之一，提出了一整套建党理论，建立了一个好的党；没有毛泽东就没有新中国，缔造新中国是毛泽东为民族复兴作出的最伟大贡献；以毛泽东为核心的第一代中共中央领导集体为当代中国一切发展进步奠定了根本政治前提和制度基础，为改革开放新时期开创中国特色社会主义提供了宝贵经验、理论准备和物质基础。[①]

中共中央文献研究室原主任逄先知全面论述了毛泽东的历史功绩。他认为，毛泽东把一生都献给了中国革命和建设事业，为中华民族和中国人民作出了巨大贡献。毛泽东的主要功绩表现为：创建了一个新中国——中华人民共和国，在不到 30 年的时间里，新中国在制度建设、经济建设、科学技术等方面取得了显著成就，为改革开放奠定了坚实基础；创建了一个先进的党，毛泽东是中国共产党的创始人之一，建立了一套完整的党建学说，使党从幼年的党发展成为一个完全成熟的、最先进的、最有战斗力的党；缔造了一支人民的军队——中国人民解放军，毛泽东是中国人民解放军的创建人之一，在他的亲自领导和指挥下，人民解放军由弱到强，战胜了内外强敌，解放了全中国（除台湾岛屿），并逐步成长为一支正规化、现代化的革命军队；创立了一个科学的理论——毛泽东思想，毛泽东思想是指导中国革命胜利的旗帜，是治党治国治军的法宝，是中国

---

① 冷溶：《毛泽东与民族复兴道路上的四座里程碑》，《党的文献》2013 年增刊。

特色社会主义理论体系的思想来源和理论基础。①

国家行政学院原常务副院长魏礼群从毛泽东对中国社会主义建设道路的探索及其现实意义方面阐述了毛泽东的功绩。他认为，毛泽东对中国社会主义建设道路的艰辛探索，为改革开放后中国共产党全面开创中国特色社会主义事业提供了理论准备、宝贵经验和物质基础。具体表现为：毛泽东系统阐发了社会主义基本矛盾和社会发展动力的学说，明确提出了社会主义的根本任务是解放和发展生产力的思想，初步提出了社会主义的发展阶段论和中国实现现代化的战略设想，创造性地提出了发展社会主义商品生产和重视价值规律的理论观点，鲜明地作出了正确处理国民经济和社会发展中重大关系的论述，初步提出了经济体制和管理体制改革的科学论断，提出了有分析有批判地向国外学习的思想，以及围绕走中国自己的社会主义建设道路，提出了社会主义政治建设、文化建设、党的建设等一系列重要理论。②

中国社会科学院院长、党组书记王伟光从毛泽东对中国特色社会主义的贡献角度探讨了毛泽东的功绩。他认为，毛泽东是中国特色社会主义的伟大奠基者、探索者和先行者，取得社会主义建设的巨大成就，为中国特色社会主义奠定了制度条件和物质基础；形成了关于社会主义建设的独创性理论成果，为中国特色社会主义提供了思想指南和理论准备。③

中国社会科学院副院长李捷从毛泽东开创中国特色社会主义道路中的历史功绩和历史地位方面进行了阐述。他认为毛泽东为新中国的发展进步，最终找到中国特色社会主义道路，作出了不可磨灭的历史性贡献。毛泽东创造性地探索出具有中国特色的社会主义改造道路，成功地在一个经济文化落后的东方大国建立了社会主义基本制度；在国际共产主义运动出现混乱时，正确评价斯大林的是非功过，科学总结社会主义建设的经验教训，捍卫了社会主义阵营的根本利益；率先开启了对中国社会主义建设道路的独立探索，先后发表了两篇具有划时代意义的科学社会主义文献；阐明了中国社会主义建设必须遵循的若干原则；在初步总结中国社会主义建设的规律性认识的基础上，逐步形成了关于社会主义建设的完整设想。④

（二）关于群众路线

群众路线是中国共产党根本的政治路线、组织路线和工作路线，被誉为中国共产党的生命线、传家宝。群众路线的重要性在于，只有明确了"为了谁"的问题，才能保证党前进的正确方向；只有明确了"依靠谁"的问题，才能保障党的力量之源永不枯竭；只有清醒知道"我是谁"，才会把群众当主人，摆正党同人民群众的关系。⑤ 2013 年适

---

① 逄先知：《毛泽东的历史功绩》，《党的文献》2013 年增刊。

② 魏礼群：《毛泽东对中国社会主义建设道路的探索及其现实意义》，《党的文献》2013 年增刊。

③ 王伟光：《毛泽东是中国特色社会主义的伟大奠基者、探索者和先行者》，《党的文献》2013 年增刊。

④ 李捷：《毛泽东在开创中国特色社会主义道路中的历史功绩和历史地位》，《党的文献》2013 年增刊。

⑤ 高祖林：《群众路线的意义、问题与时代主题》，《毛泽东邓小平理论研究》2013 年第 6 期，第 13 页。

逢全党开展群众路线教育实践活动，理论界对群众路线的研究又掀起了一个新的高潮。

关于中国共产党群众路线的由来和发展，学界认识比较统一，一致认为毛泽东是群众路线的创立者，在改革开放新时期又有了新的进展和提升。"一切为了群众，一起依靠群众，从群众中来，到群众中去"，是群众路线的简要概述。中国井冈山干部学院常务副院长梅黎明认为，我们党在 92 年历史中积累了坚持群众路线的丰富经验，即：以作风建设为主线，牢固树立群众观点，增进同人民群众的感情；以完善机制为基础，健全服务群众制度，解决关系群众切身利益的实际问题；以实践活动为手段，坚持教育引导，提高党员干部做群众工作的能力。① 国家行政学院教授许耀桐认为，中国共产党提出群众路线，不是为了自己，而是为了绝大多数的人民群众；中国共产党提出群众路线，就要认真地、不折不扣地贯彻执行群众路线。否则，群众凭什么相信党在为他们办事，党自身也无从落实为群众办事；中国共产党贯彻执行群众路线是为了解决清廉、民主的问题。②

针对当前群众路线存在的问题，结合全党正在开展的群众路线教育实践活动，理论界纷纷提出对策分析。苏州大学党委副书记高祖林认为，脱离群众现象主要表现在四个方面，即损害群众利益现象、消极腐败现象、作风不正现象和能力不足现象。最突出的是形式主义、官僚主义、享乐主义、奢靡之风等"四风"。他进而认为，以为民、务实、清廉为主要内容的党的群众路线教育实践活动，是党的群众路线的又一次与时俱进的伟大创举。为民是新时期群众路线的价值诉求，务实是新时期群众路线的工作作风，清廉是新时期群众路线的党的执政形象。③ 中国井冈山干部学院常务副院长梅黎明也认为，开展群众路线教育实践活动，必须贯彻整风精神，坚持从严治党的方针；必须与贯彻中央八项规定紧密结合起来；必须重点解决"四风"问题；必须着眼于建立健全长效机制。④ 还有学者认为，开展党的群众路线教育实践活动，必须从三个方面着手，在价值层面树立和加强党员干部正确的群众观，在制度层面确立和完善党群之间的沟通协调机制，在操作层面改进和创新新形势下的群众工作方法。

关于群众路线与"中国梦"的关系，学者们一致认为，中国共产党是实现"中国梦"的坚强领导核心。山东省社科联副主席周忠高认为，党的群众路线是实现中华民族伟大复兴"中国梦"的生命线。实现"中国梦"关键是更加深入地贯彻党的群众路线。只有深入贯彻群众路线，才能正确把握实现"中国梦"的本质，赢得人民群众的信任、拥护和支持；只有深入贯彻群众路线，才能找准实现"中国梦"的依靠力量，最大限度地调动广大党员、干部、群众的积极性和创造性；只有深入贯彻群众路线，才能制定实现"中国梦"的科学理论路线方针政策，为广大人民群众指明前进方向。

（三）十八大报告关于党的建设的思想

2013 年，对于党的十八大提出的党建新思想、新观点、新论断，党建学界继续进

① 梅黎明：《关于开展群众路线教育实践活动的思考》，《中国井冈山干部学院学报》2013 年第 4 期。

② 许耀桐：《关于党的群众路线形成和发展的认识》，《理论探索》2013 年第 4 期。

③ 高祖林：《群众路线的意义、问题与时代主题》，《毛泽东邓小平理论研究》2013 年第 6 期。

④ 梅黎明：《关于开展群众路线教育实践活动的思考》，《中国井冈山干部学院学报》2013 年第 4 期。

行阐发和研究。

兰州大学副教授马忠分析指出："与十七大报告相比，十八大报告关于党的建设理论部分的文本结构由'六点'变为'八点'，即将十七大报告的'党的队伍建设和人才建设'拆开成两点来讲，将'民主建设'部分中的'组织纪律'单列为第八点。除结构调整外，还有 70 多处在措辞和表述上有着明显的变化。"可以看出，十八大报告中党的建设理论进展的主要特点表现为科学意识更明确、国情意识更强烈、问题意识更明显、实效意识更突出。①

山东省委党校副教授张书林认为，十八大报告对党的建设新的总体布局有 7 个基本点值得关注。其中包括：党的建设的总基调是全党要增强紧迫感和责任感；党的建设的主线是党的执政能力建设、先进性和纯洁性建设；党的建设的基本原则主要包括坚持解放思想、改革创新，坚持党要管党、从严治党；党的基础性建设的框架是由党的思想建设、组织建设、作风建设、反腐倡廉建设、制度建设构成的；党的建设的能力保障主要来自增强党的自我净化能力、自我完善能力、自我革新能力、自我提高能力；党的建设的目标导向是建设学习型、服务型、创新型马克思主义执政党；党的建设的价值取向是确保党始终成为中国特色社会主义事业的坚强领导核心。②

中共中央文献研究室第五编研部部分研究人员撰文强调，将纯洁性建设纳入党的建设主线，这是十八大报告推进党的建设新的伟大工程的新思路、新举措。这说明我们党已经充分意识到，保持党的纯洁性，同提高党的执政能力、保持党的先进性一样，对全面提高党的建设科学化水平，使我们党永葆生机和活力，具有非常重要的意义。十八大报告明确了"建设学习型、服务型、创新型的马克思主义执政党"的党建新要求。其中，服务型执政党的提法在党代会报告中首次出现，值得关注。③ 安徽工程大学教师孙前梅认为，"党的十八大报告关于党风廉政建设的着墨可谓亮点频出。它是党对人民呼声的积极回应和郑重表态，是党对自身使命的清醒认知和执政规律的积极探索，表明了党对有效开展党风廉政建设的更大决心、更强信心。"④

中国青年政治学院副教授柴宝勇评价道，在中国共产党的十八大报告中，"全面提高党的建设科学化水平"作为报告的最后一个部分，用四千余字的篇幅从八个方面对党的建设进行了全面、系统的论述，足见中国共产党对自身建设的重要性和紧迫性的认识。⑤ 中共广东省委党校刘朋副教授认为，党的十八大"系统深刻地总结了十六大以来我们党全面推进党的建设新的伟大工程的创新实践，提出了新时期党的建设的一系列新要求、新举措，使党的建设的主线更加突出，布局更加合理，保障更加有力，为全面提高党的建设科学化水平指明了方向，意义重大。"⑥

---

① 马忠、李双根：《从十八大与十七大报告文本看党的建设理论新进展》，《中州学刊》2013 年第 4 期。

② 张书林：《十八大对党的建设新总体布局的规划设计》，《中共天津市委党校学报》2013 年第 1 期。

③ 中共中央文献研究室第五编研部：《感悟十八大》，《党的文献》2013 年第 1 期。

④ 孙前梅：《十八大报告论党风廉政建设》，《思想理论教育导刊》2013 年第 5 期。

⑤ 柴宝勇：《论十八大报告中的执政党建设》，《中国青年政治学院学报》2013 年第 2 期。

⑥ 刘朋：《十八大对马克思主义党建理论发展的新贡献》，《党政论坛》2013 年第 2 期。

（四）十八大以后习近平总书记关于党的建设的新思想新观点研究

十八大以后，习近平总书记根据党的十八大报告的精神，围绕着全面建成小康社会的目标，高度重视党的建设问题，提出了许多新思想、新观点。学术界围绕着习近平同志在党建理论上的创新进行了研究与宣传。

关于群众路线和马克思主义群众观。十八大作出了开展党的群众路线教育实践活动的部署。十八大后，习近平总书记就新的历史条件下如何进一步坚持党的群众路线，保持党同人民群众的血肉联系发表了一系列重要论述，进一步丰富了马克思主义群众观。习近平总书记在十八届一中全会上的讲话中指出："崇高信仰始终是我们党的强大精神支柱，人民群众始终是我们党的坚实执政基础。只要我们永不动摇信仰、永不脱离群众，我们就能无往而不胜。"这是对党的历史经验的科学总结，也是对党的未来走向的深刻揭示。2012 年 11 月 15 日，习近平总书记在十八届中共中央政治局常委同中外记者见面时指出："我们的人民热爱生活，期盼有更好的教育、更稳定的工作、更满意的收入、更可靠的社会保障、更高水平的医疗卫生服务、更舒适的居住条件、更优美的环境，期盼孩子们能成长得更好、工作得更好、生活得更好。人民对美好生活的向往，就是我们的奋斗目标。"习近平总书记的这番话，立场鲜明地宣誓了新一届领导集体执政为民的决心。"人民对美好生活的向往，就是我们的奋斗目标"的质朴话语，昭示了中国共产党人的价值追求与奋斗目标，深深地打动和温暖了亿万中国人民的心。这既是新一届中央领导集体对全体党员的谆谆告诫，也是对全国人民的庄严承诺。这表明当代中国共产党人更加关注民生，已经把人民的幸福作为自己的执政理念和目标取向。这是马克思主义在中国发展的新境界，也是对中国共产党为人民服务根本宗旨的时代诠释。十八大以后，习近平总书记在多个场合提出了许多关于群众路线的新观点、新论述。他提出，"衡量一名共产党员、一名领导干部是否具有共产主义远大理想，是有客观标准的，那就要看他能否坚持全心全意为人民服务的根本宗旨"；"领导干部的一言一行、一举一动，群众都看在眼里、记在心上。干部心系群众、埋头苦干，群众就会赞许你、拥护你、追随你；干部不务实事、骄奢淫逸，群众就会痛恨你、反对你、疏远你"；"物必先腐而后虫生"；"打铁还需自身硬"。在党的群众路线教育实践活动工作会议上，习近平总书记还深刻地指出："开展党的群众路线教育实践活动，就是要把为民务实清廉的价值追求深深植根于全党同志的思想和行动中，夯实党的执政基础，巩固党的执政地位，增强党的创造力凝聚力战斗力，使保持党的先进性和纯洁性、巩固党的执政基础和执政地位具有广泛、深厚、可靠的群众基础。"习近平总书记的这些讲话表明，为民是党的群众路线的核心，务实是党的群众路线的基础，清廉是党的群众路线的保证。①

关于严明政治纪律问题。习近平同志在第十八届中央纪委第二次全会上的讲话中强调，要"严明政治纪律，自觉维护党的团结统一"。政治纪律是各级党组织和全体党员在政治方向、政治立场、政治言论和政治行为方面必须遵守的规则，是党最重要的纪律。政治纪律严明，全党才能在政治上高度统一、行动上步调一致，才能团结带领全国

---

① 罗平汉、王涛：《学习习近平总书记关于群众路线的重要论述》，《光明日报》2013 年 12 月 13 日。

人民全面建成小康社会，夺取中国特色社会主义新胜利。中共中央党校常务副校长何毅亭指出，加强党的政治纪律至关重要，政治纪律是维护党的团结统一的根本保证，是党的组织、宣传、群众、财经、外事、保密等各方面纪律的政治基础，是我们党最重要、最根本、最关键的纪律。[①] 重视思想上建党，以及有严密的政治纪律，这是我们党作为马克思主义执政党，区别于其他任何政党的两个显著标志。[②] 加强党的政治纪律，最核心的就是要坚持党的领导，坚持党的基本理论、基本路线、基本纲领、基本经验、基本要求。此外，还必须坚持和健全民主集中制，自觉维护党的集中统一，自觉维护中央权威；必须维护党章和党内政治生活准则的权威性、严肃性；必须加强教育引导和监督检查，把严明党的政治纪律作为加强党性锻炼和党性修养的重要内容，坚决查处严重违反党的政治纪律的行为，让党的政治纪律具体化、硬起来。[③] 北京大学梁柱教授还分析指出，中国共产党的纪律有三个重要特点。一是建立在自觉基础上的纪律；二是纪律与自由、集中与民主、党性与个性的统一；三是每个党员在纪律面前人人平等，不允许有特权党员，不允许有凌驾于集体之上的特殊权力。[④] 当前党和国家的发展面临新形势新挑战，严明党的政治纪律、从严治党有着重要的意义。严明党的政治纪律，必须成为一种常态，而不是权宜之计，也不能热一阵冷一阵。要对执行纪律的情况开展经常性的监督检查，及时发现各种违反纪律的行为和倾向，督促纠正整改，把问题解决在萌芽状态。要健全党的政治纪律、组织纪律、廉政纪律和其他各项纪律，增强党纪党规的统一性、权威性、稳定性，按照"纪律面前人人平等、遵守纪律没有特权、执行纪律没有例外"的要求，坚决反对和认真处理一切违反党章和其他党内法规、破坏党的纪律的行为，使纪律真正成为带电的高压线。

关于意识形态问题。在 2013 年 8 月 19 日召开的全国宣传思想工作会议上，习近平总书记明确强调，经济建设是党的中心工作，意识形态工作是党的一项极端重要的工作。宣传思想工作就是要巩固马克思主义在意识形态领域的指导地位，巩固全党全国人民团结奋斗的共同思想基础。党员、干部要坚定马克思主义、共产主义信仰，脚踏实地为实现党在现阶段的基本纲领而不懈努力，扎扎实实做好每一项工作，取得"接力赛"中我们这一棒的优异成绩。要深入开展中国特色社会主义宣传教育，把全国各族人民团结和凝聚在中国特色社会主义伟大旗帜之下。习近平强调，党性和人民性从来都是一致的、统一的。坚持党性，核心就是坚持正确政治方向，站稳政治立场，坚定宣传党的理论和路线方针政策，坚定宣传中央重大工作部署，坚定宣传中央关于形势的重大分析判断，坚决同党中央保持高度一致，坚决维护中央权威。坚持人民性，就是要把实现好、维护好、发展好最广大人民根本利益作为出发点和落脚点，坚持以民为本、以人为本。习近平指出，坚持团结稳定鼓劲、正面宣传为主，是宣传思想工作必须遵循的重要方针。围绕习近平同志的重要讲话，学者从意识形态建设的重要性、主要方向和基本要求等方面进行了讨论。中国社会科学院院长王伟光指出，中国共产党必须把意识形态工作

① 何毅亭：《学习习近平总书记重要讲话》，人民出版社 2013 年版，第 92—95 页。

② 虞云耀：《坚持"五个基本"是严明政治纪律的根本要求》，《中国组织人事报》2013 年 9 月 25 日第 6 版。

③ 邵景均：《政治纪律是党的根本纪律》，《人民日报》2013 年 2 月 18 日。

④ 梁柱：《严明纪律是从严治党的重要前提》，《中国特色社会主义研究》2013 年第 3 期。

的领导权、管理权、话语权牢牢掌握在手中，任何时候都不能旁落，否则就要犯无可挽回的历史性错误。牢牢掌握意识形态工作领导权、管理权、话语权，是新的历史条件下做好意识形态工作的重大要求，是巩固马克思主义在意识形态领域的指导地位、巩固全党全国人民团结奋斗的共同思想基础的坚强保障。[①]

加强党的意识形态工作，必须准确把握当前形势。湖北省委宣传部部长尹汉宁指出，党的意识形态工作面临着异常复杂的形势，其原因在于两个方面：从国际看，世界范围内各种思想文化交流交融交锋更加频繁，国际思想文化领域斗争深刻复杂；从国内看，改革开放条件下我国各种社会矛盾和问题相互叠加、集中呈现，人们思想活动的独立性、选择性、多变性、差异性明显增强，存在着话语体系的差异，存在着沟通障碍，存在着群体隔膜。加强意识形态工作要根据新的历史特点，找准工作的切入点和着力点，做到因势而谋、应势而动、顺势而为。特别要注意三个问题。第一，要增强"应对的意识"，不要幻想中国和西方在全球化形势下经济依存度提高就会淡化意识形态，西化分化的危险就减少，实际上，西方国家对社会主义制度的敌意、偏见和渗透、颠覆一直存在、依然存在。第二，要避免西方"话语的陷阱"。牢牢掌握话语权、定义权，创新宣传、创新表达，有效地利用不同媒体，与不同群体沟通，把道理讲清、讲透、讲够。同时，着力打造融通中外的新概念、新范畴、新表述，构建中国特色的话语体系，讲好中国故事，传播好中国声音。第三，要揭示西方所宣扬的"宪政民主"、"普世价值"的本质，不被"美丽的谎言"所迷惑。[②]

（五）关于党的纯洁性建设的研究

2012 年 1 月 9 日，在第十七届中央纪委第七次全体会议的讲话中，胡锦涛同志突出强调了保持党的先进性和纯洁性问题，要求全党都要从党和人民事业发展的高度，从应对新形势下党面临的风险和挑战出发，充分认识保持党的纯洁性的极端重要性和紧迫性，切实做好保持党的纯洁性各项工作，大力保持党员、干部思想纯洁、队伍纯洁、作风纯洁、清正廉洁。2012 年 3 月 1 日，在中共中央党校春季学期开学典礼上，习近平同志专门就纯洁性建设做了比较系统的论述。自此这个问题引起了学术界的关注。党的十八大报告把党的纯洁性建设和执政能力建设、先进性建设并列作为党的建设主线，充分体现了中国共产党对自身纯洁性建设的高度重视，也使得这个问题成为学术界研究的一个热点问题。学术界从多个层面对这个问题进行了探讨。

把纯洁性建设纳入党的建设主线的依据。学者认为，保持党的纯洁性是马克思主义政党自身建设的重要特征和内在要求，是中国共产党自身建设的优良传统和重要经验，是苏东共产党丢失政权惨痛历史教训的深刻警示，是保持和发展党的先进性、不断提高党的执政能力的战略任务，是实现中国特色社会主义共同理想和全面建成小康社会奋斗目标的客观要求，是解决当前党内存在的突出问题的迫切需要。[③] 加强党的纯洁性建设，是中国共产党永葆先进性的内在要求，是党始终引领中国社会发展进步的重要

---

① 王伟光：《牢牢掌握意识形态工作领导权管理权话语权》，《人民日报》2013 年 10 月 8 日。

② 尹汉宁：《深刻认识意识形态工作的极端重要性》，《求是》2013 年第 18 期。

③ 徐治彬：《把党的纯洁性建设纳入党的建设主线的多元依据》，《中共云南省委党校学报》2013 年第 2 期。

保证。

　　关于马克思主义经典作家和党的领导人对"纯洁性建设"的论述。加强党的纯洁性建设是马克思主义政党区别于其他任何政党的显著标志。武汉大学吴国斌博士通过文献的考察，分析了马克思恩格斯对党的纯洁性建设的论述，认为马克思和恩格斯在无产阶级政党成立之初就十分重视党的思想纯洁、组织纯洁的问题，要求党坚持党性，维护无产阶级的利益，确保性质纯洁。[①] 从已有的文献看，马克思恩格斯虽然没有明确使用"纯洁性"这一概念，但他们的论著中包含了纯洁性建设的有关思想。列宁明确提出了"党的纯洁性"问题，并把它作为无产阶级政党建设的一个重要任务进行了系统地探讨。列宁早在建党初期就提出："我们的任务是要维护我们党的坚定性、彻底性和纯洁性。我们应当努力把党员的称号和作用提高，提高，再提高。"[②] 在社会主义建设的过程中，列宁对维护党的纯洁性进行了深刻的思考并提出了很多举措。众多学者对列宁关于纯洁性建设的思想进行了阐发，并探讨了列宁思想的现实意义和启示。[③] 学者还认为，保持自身的纯洁性始终是中国共产党 90 多年来矢志不渝的追求和坚守，并从文献上对毛泽东、邓小平、江泽民、胡锦涛关于党的纯洁性建设的探索进行了考察梳理。[④]

　　关于党的先进性和纯洁性的关系。从内涵来说，先进性是无产阶级政党先进本质的实现程度，包括两个层面：一是指党在思想、理论、纲领等方面所具有的优于其他政党的特质；二是指党在推动人类社会历史发展进步中所体现出来的先进性质。而党的纯洁性则是从组织整体和个体中表现出来的与无产阶级先进政党的性质、要求相一致的特性，包括思想纯洁、作风纯洁、组织纯洁和清正廉洁。[⑤] 对于二者的关系，习近平同志曾概括指出："党的纯洁性同党的先进性相辅相成、密不可分。纯洁性是先进性的前提和基础，先进性是纯洁性的体现和保证，二者在本质上是一致的。"[⑥] 先进性决定纯洁性的价值方向，也是判断党是否纯洁的重要尺度；纯洁性是先进性的重要支撑，党保持不了纯洁性，先进性也无从谈起。温州大学马克思主义研究所副教授蔺正明还指出，先进性和纯洁性在党的建设主线中有层次上的差别。党的先进性要处于更高的层次，而纯洁性则处于次一级的层次。一是因为党的先进性源于纯洁性，但又高于纯洁性，党的先进性建设是在纯洁性建设的基础上对党的建设的一种更高要求，先进性决定着纯洁性的价值取向，对纯洁性建设具有正向激励的作用；对党员来说，先进性是一种更高的标准。二是党的先进性涵盖的范围更广，它不仅包括党的自身建设，还要求正确处理好党与国家、党与社会的关系，从这个角度来说，党的纯洁性本身就涵盖在党的先进性建设

　　① 吴国斌：《马克思恩格斯党的纯洁性思想及其现实价值》，《湖北行政学院学报》2013 年第 1 期。

　　② 《列宁专题文集·论无产阶级政党》，人民出版社 2009 年版，第 349 页。

　　③ 张荣臣：《列宁关于保持党员队伍纯洁性思考及启示》，《中国延安干部学院学报》2013 年第 2 期。

　　④ 王黎锋：《中国共产党注重纯洁性建设的历史考察及其启示》，《福建党史月刊》2013 年第 6 期；罗忠胜：《从毛泽东到胡锦涛：党的纯洁性建设的探索与启示》，《江南社会学院学报》2013 年第 2 期。

　　⑤ 丁俊萍、聂继红：《试析党的先进性和纯洁性的内在统一关系》，《理论学刊》2013 年第 2 期。

　　⑥ 习近平：《扎实做好保持党的纯洁性各项工作》，《求是》2012 年第 6 期。

的视野之中。① 安徽省委党校理论研究所副所长王生怀还从功能的分工、手段的适用、检验的标准这三个方面探讨了先进性和纯洁性的联系和区别。他认为，在功能上，保持党的纯洁性是保持党的自身状况应该具备的正常状态；而保持党的先进性则是把党的自身的正常状况推进到最佳状态。纯洁性是对党员、党组织的最低限度的要求，先进性则是对党员、党组织更高境界的要求。在手段上，保持党的纯洁性的适用手段是偏重刚性的，要综合运用教育、制度、监督、改革、纠风，甚至惩治等各个方面的手段；而保持党的先进性的适用手段则是柔性的，是通过思想教育、理论学习来把"更高境界要求"落实在思想、组织、作风、制度等方面的改进上。在检验标准上，党的纯洁性注重遵守党纪国法，强调打基础、保根本；而党的先进性则注重与时俱进，强调用理论的制高点去引领群众、带动群众，用道德的制高点去示范群众、激励群众。②

当前党员队伍在纯洁性方面存在的主要问题。中共中央组织部党建研究所课题组着重分析了改革开放以来社会利益格局的重大变化对保持党的纯洁性产生的深刻影响。课题组认为：利益格局的重大变化，影响了党员干部的思想纯洁、政治纯洁、作风纯洁、组织纯洁、清正廉洁。一些党员干部人生观、价值观发生扭曲，滋长拜金主义和享乐主义，一些党员理想信念动摇。浙江温州市委组织部课题组调查数据表明，被调查者中有37.3％的人认为党员对共产主义理想和中国特色社会主义信念"怀疑"和"不坚定"，44.1％的人认为现阶段"党员干部存在信仰危机现象"。而新疆伊犁州委组织部课题组问卷调查数据则表明形势更为严峻，认为党员和领导干部"信仰缺失"的比例高达77.8％。浙江舟山市委组织部课题组调查表明，59.1％的被调查者认为政策的制定受到私人利益干扰。北京朝阳区委组织部课题组问卷调查表明，50％的青年入党是为了"职业发展需要"，93.7％的受调查者认为"党员干部存在脱离群众现象"，81.4％的受调查者认为党员干部党性不纯主要表现为"漠视甚至严重损害群众利益"，70.3％的受调查者认为"党内存在既得利益集团"。③

影响党员队伍纯洁性的主要因素。福建省委党校课题组就《党员干部保持党的纯洁性问题研究》课题进行了专题调研。课题组于 2012 年 4—6 月，分别对福建省委党校、省直机关党校和福州市委党校的在校学员进行问卷调查，通过对 1065 份有效问卷的分析，调查对象对党员队伍存在突出问题的主要原因的看法是：(1)"党不管党、治党不严"，占调查对象总数的 25.3％；(2)"重视先进性，忽视纯洁性"占 11.7％；(3)"重视党员数量，忽视党员质量"占 44.4％；(4)"重视干部的选拔任用，忽视管理监督"占 44.0％；(5)"市场经济的负面影响"占 37.1％；(6)"复杂环境的消极影响"占 36.2％；(7)"党性弱化"占 43.7％；(8)"制度建设滞后"占 52.1％；(9)"其他"占 3.2％。④ 从这个数据可以看出，制度建设滞后、忽视党员质量、忽视党员管理监督、党性弱化、市场经济的负

① 蒯正明：《党的建设"主线"中的先进性和纯洁性关系及其推进路径探析》，《内蒙古社会科学》（汉文版）2013 年第 4 期。
② 王生怀：《保持党的纯洁性与保持党的先进性的联系与区别》，《理论视野》2013 年第 7 期。
③ 中共中央组织部党建研究所课题组：《利益关系多样化条件下加强党的纯洁性建设研究》，《当代世界与社会主义》2013 年第 4 期。
④ 中共福建省委党校课题组：《关于党员干部保持党的纯洁性的调查及对策》，《中共福建省委党校学报》2013 年第 3 期。

面影响排在前例。

加强党的纯洁性建设的路径。综合学者们从多个角度的探讨，加强党的纯洁性建设要重点关注以下几个问题。第一，加强思想道德教育和理想信念教育，坚决抵制拜金主义和非马克思主义思潮的影响，保持思想纯洁；第二，强化责任、严肃纪律，保持政治纯洁；第三，发展党员严格把关，畅通出口，强化监督，保持组织纯洁；第四，强化宗旨意识，改进工作作风，密切党群关系，保持作风纯洁；第五，树立正确权力观，健全权力制约机制，坚持有腐必反、有贪必肃，坚持抓早抓小，保持清正廉洁。

总的来说，党的纯洁性建设是新时期党建的一个重要课题，加强党的纯洁性建设是永葆党的政治本色，永葆党的生机活力，应付各种风险挑战的内在需要。要深刻总结国际共产主义运动和党 90 多年来在纯洁性建设上的深刻经验教训，进一步分析党的纯洁性建设在党的建设总体格局中的地位，准确评价党员队伍的纯洁性状况，分析问题并找出切实可行的应对之策。

（六）互联网上的有关情况

进入 21 世纪以来，网络化、信息化迅速发展，党史党建研究特别是党史研究也充分利用网络的便利而日趋活跃。党建研究主要依托于主流网站，不是很活跃。但网上党史研究发展特别快，网络甚至成为一些民间党史研究发展的主要阵地。网上党史研究扩大了党史研究的成果的影响，推动了党史研究发展，但是主流网上党史研究发展有待加快，历史虚无主义思潮借助于一些网站迅速扩散，需要引起注意。占领网络阵地是党建党史研究亟须重视的一个领域。

三　关于学科建设有待深入研究的若干问题

新中国历史的研究现在已经成为国内外研究的热点。占领党史话语主导权面临着严峻挑战。这是巩固党执政的历史基础的需要，也是建设中国话语、推进意识形态建设的需要。

要充分利用最新出版的《毛泽东年谱》，深化党史研究，深入研究毛泽东思想与中国特色社会主义理论体系的关系；同时，要继续反对历史虚无主义思潮。中国社会科学院副院长李捷指出，跟历史虚无主义划清界限，要努力做到以下几点。第一，摆事实、讲道理。正如鲁迅所言，辱骂并不是斗争。在批判历史虚无主义的斗争中，要相信广大人民群众是可以认识到事实的。第二，在摆事实、讲道理的过程中，要注意方式，心平气和。第三，敢于接触敏感问题。毛泽东的有些问题我们是无法回避的，历史虚无主义就是回避毛泽东的功绩，专挑错误，企图抹杀他在中国历史上的伟大功绩。我们必须要做到在认识、纠正毛泽东同志错误的同时，正确评价他。高举毛泽东思想的伟大旗帜，在今天就是与历史虚无主义做斗争。我们工作的立足点不是将历史虚无主义者打倒，而是争取人心、争取民心。所以，在斗争中要采取以上三种方法，真正用事实说话，不为尊者讳、不为贤者讳。

关于党建研究。第一，需要加强对习近平同志关于党的建设的新思想新观点的研究。十八大以来一年的短短时间中，习近平同志在党的思想建设、作风建设、组织建设、制度建设、反腐倡廉建设等各个方面，都提出了一些新思想新观点。这样的研究才刚刚开始，今后需要加强。第二，需要加强对党的建设总体布局的研究，全面提高党的建设科学化水平。十八届三中全会对全面改革作出了设计，在关系到党的建设的制度和体制上，有必要深入探讨各种制度之间的整体性、协调性。第三，把握党建研究的正确方向，坚持唯物史观，把历史作为最好的教科书，着眼马克思主义理论的运用，着眼对实际问题的理论思考，使党建研究在新的历史起点上，有所建树。要从世界执政党的经验教训中拓宽研究视野。在比较中鉴别优劣、在鉴别中明白得失，为做好中国特色社会主义这篇大文章出计献策。第四，需要加大对党的重大现实问题的专题研究。围绕落实十八大精神和习近平总书记一系列重要讲话精神，牢牢抓住党的思想、组织、作风、反腐倡廉、制度建设中的关键问题，突出重点，开展深度研究。

（供稿：陈志刚　龚　云　戴立兴）

思想政治教育

一 研究概况

2013 年度，思想政治教育学科围绕深入学习贯彻落实党的十八大精神，特别是习近平总书记 8 月 19 日在全国宣传思想工作会议重要讲话精神等主题，在推进思想政治教育学科建设、深入研讨思想政治教育重大理论与现实问题等方面，取得了值得肯定的成绩。

（一）学科建设方面

教材建设。为了更好地贯彻落实十八大精神，顺利推进十八大精神"进教材、进课堂、进学生头脑"工作，2013 年 2 月，教育部社科司正式印发了《高校思想政治理论课贯彻党的十八大精神教学建议》，供高校思想政治理论课教学参照使用。中宣部、教育部组织教材和教学大纲编写组专家，对马克思主义理论研究和建设工程高校思想政治理论课 2010 年版本科生教材和 2012 年版研究生教学大纲进行了全面修订。根据中宣部、教育部的工作安排，本科生《马克思主义基本原理概论》《中国近现代史纲要》《思想道德修养与法律基础》教材和研究生《中国特色社会主义理论与实践研究》《自然辩证法概论》《马克思主义与社会科学方法论》和《中国马克思主义与当代》《马克思恩格斯列宁经典著作选读》教学大纲于 8 月正式出版，9 月开学使用；本科生《毛泽东思想和中国特色社会主义理论体系概论》教材由于修订工作量较大，将于 2014 年春季正式出版。教材编写充分听取了马克思主义理论研究和建设工程咨询委员会、中央有关部门和有关专家学者的意见，集中了全国专家的智慧，经中央审定，具有很强的科学性、权威性和严肃性。[①]

高校博士点建设。自 1996 年设立第一批思想政治教育学科博士点以来，在此后的十年中（以 2006 年为节点），思想政治教育学科博士点的增长在历次审批中呈现倍增态势，特别是 2000 年以后这种倍增的规模效应开始凸显。2006 年思想政治教育学科博士点的猛增，很大程度上是因为马克思主义理论一级学科的设立。到 2011 年，思想政治教育学科博士点增长势头开始明显减缓，由此可能预示着学科发展开始进入一个相对平缓、稳定的阶段。自 2005 年设立马克思主义理论一级学科以来，特别是经过 2006 年和 2011 年国务院学位委员会两次审核增列博士学位授权点（以下简称博士点）之后，思想政治教育学科得到了快速发展。目前，博士点已经增至 70 个，分布于 24 个省（区、市）的 72 所院校，其中，马克思主义理论一级学科博士点和思想政治教育二级学科博

---

① 相关论文请参见《思想理论教育导刊》2013 年第 9 期导刊专稿一栏。

士点各 35 个。① 借助新的发展平台，思想政治教育的学科地位有了很大提升，学科发展呈现出生机勃勃的态势。

学科建设研究。研究者们主要围绕思想政治教育学科建设中的学科使命、学科定位、学科属性、学科价值、学科合法性、学科规范建设、跨学科研究、思想政治教育史学科建设等问题展开讨论，从不同的角度深化了对思想政治教育学科建设问题的研究，提出了一些值得进一步思考和研究的问题。如北京师范大学王树荫教授提出学科的"广义"与"狭义"之分、"交叉学科"与"学科交叉"之分，宋俊成等关于新时期思想政治教育学科政策变迁的研究，等等。

（二）学术交流活动方面

2013 年度，思想政治教育学界围绕深入学习贯彻落实党的十八大精神、十八届三中全会精神，特别是 8 月 19 日习近平总书记在全国宣传思想工作会议重要讲话精神等主题，举办了多次学术会议、交流活动，对学科建设和理论研究起到了很大的促进作用。其中比较重要的有：

——2 月 26 日，中宣部在长沙举办"第十届中国公民道德论坛"，论坛旨在学习贯彻党的十八大精神，总结学雷锋活动常态化的经验做法，探讨提高公民道德素质的措施办法。

——2 月 28 日，教育部思政司在南京举办 2013 年全国部分高等学校学工部长（研工部长）学习贯彻党的十八大精神专题研讨班。参加研讨班的同志围绕深入学习贯彻落实党的十八大精神、全面落实立德树人根本任务、扎实推进 2013 年大学生思想政治教育各项工作等问题开展了深入研讨。

——4 月 13—14 日，全国高校研究生思想政治理论课分教学指导委员会工作会议在合肥召开。会议期间，与会人员围绕"研究生思想政治理论课教学大纲的修订"以及"关于进一步加强高校研究生思想政治课建设的意见"等进行了深入研讨。会议对高校研究生思想政治理论课教学大纲的进一步完善提出了总体规划与具体要求。在针对高校大学生学习的不同阶段如何体现教学内容、方法的步步深、步步高方面，与会专家、学者统一了认识，并在整体策划、具体思路和对策方案上取得了较大突破。

——6 月 6—7 日，"全国思想政治教育创新发展论坛"在昆明举行。此次论坛主题为"全面提升大学生思想政治教育质量"。会议代表就围绕社会主义核心价值观与实现"中国梦"的关系、大学生思想政治教育质量提升的理论研究、准确把握"中国梦"的科学内涵和时代特征、大数据时代的网络思想政治教育、思想政治教育方法与途径创新等问题进行了大会发言和分组讨论。

——7 月 14—15 日，全国高校马克思主义理论学科研究会第 14 次学科论坛暨"社会主义核心价值观与思想政治教育理论研讨会"在兰州召开。该论坛由全国高校马克思主义理论学科研究会、兰州大学和《思想理论教育导刊》联合主办，兰州大学马克思主义学院承办。与会人员讨论了思想政治教育学科的建设和发展，社会主义核心价值观与思想政治教育的内在关联，社会主义核心价值观研究的重要意义、基本路径、凝练和概

---

① "中国大学生思想政治教育发展报告"课题组：《思想政治教育学科博士点发展调查分析》（上），《思想理论教育》2013 年第 4 期（上）。

括的方法路径及其术语表达，培育和践行的策略措施等议题。

——10月26—27日，"全国思想政治教育学术研讨会"在南宁召开。该会议由中国社会科学院马克思主义研究院、广西师范学院、广西马克思主义理论研究和建设工程广西师范学院研究基地主办。与会人员通过报告、分组讨论的形式，全面学习贯彻习近平总书记在全国宣传思想工作会议上重要讲话精神，进一步探讨当前意识形态领域和思想政治教育前沿重大理论与现实问题。这是全国思想政治教育界第一个贯彻落实习近平总书记8·19重要讲话精神的会议。

——10月28—30日，思想政治教育学科建设专题研讨会在北京召开。会议就思想政治教育学科建设、基础理论与学科发展、专业建设和人才培养等主题展开讨论。除学术研讨外，该研讨会还讨论了2014年思想政治教育学科设立30周年的系列庆祝活动如何开展。同时，该会议也是高校思想政治教育学术界2014年庆祝思想政治教育学科创立30周年系列活动的预备会议、动员会议。

——12月7—8日，"全国思想政治教育高端论坛"在海口举行。论坛由教育部人文社科百所重点研究基地清华大学高校德育研究中心、清华大学马克思主义学院、厦门大学马克思主义学院、厦门大学马克思主义与中国发展研究所主办。与会人员全面回顾和总结中共十六大以来，特别是中共十七大以来中国高校思想政治教育的发展和基本经验，学习贯彻落实中共十八大精神，进一步促进高校思想政治教育理论和实践的开拓创新。

（三）基础理论问题的研究方面

2013年度，思想政治教育基础理论在思想政治教育的概念表述、本质属性、基本矛盾、价值定位、范畴概括、内容结构、原则与规律、方法与载体、效果评估、运行机制、中国共产党思想政治教育史等方面的研究继续推进。特别是对于一些长期争论的问题作了进一步分析研究。如，关于思想政治教育人学取向研究的方法论问题，中国社会科学院博士研究生陈荣荣、中国社会科学院马克思主义研究院余斌研究员指出，思想政治教育人学取向研究虽有一定的合理性，但也暴露出很多具体问题，这些问题都源于指导这一研究的方法论存在问题。主要表现在割裂个人和集体，有为个人主义辩护之嫌；割裂个体和社会，实际上是抽象孤立地研究人；在存在阶级的时代，放弃了阶级分析法。复旦大学马克思主义研究院副院长、博士生导师顾钰民教授对"双主体说"存在着逻辑上、理论上的诸多问题进行了分析。他认为，"双主体说"把教育过程涉及的教育者和教育对象这两个方面，说成两个过程，由此产生了逻辑上不能自圆其说的矛盾。"双主体说"把本来清清楚楚、不存在任何认识障碍的思想政治教育活动，说成在逻辑上不能成立的"学术"问题，并由此带来不少难以解决的问题。南开大学马克思主义教育研究院院长、博士生导师武东生教授辨析了"思想政治教育"与"公民教育"的关系，他指出，无论就其广义指国家开展的公民意识教育，还是狭义特指西方国家对其公民进行的教育，"公民教育"都和"思想政治教育"一样，具有鲜明的意识形态性。一定意义上说，"思想政治教育"就是社会主义中国的"公民教育"。河海大学思想政治教育研究所所长、博士生导师孙其昂教授对思想政治教育的社会性进行了深入研究，认为社会性是思想政治教育的基本属性，具有重要的理论研究和实践价值，它是解读思想政治教育实效性的基本维度，在现阶段具有特别重要的意义，需要在思想政治教育系统视野及理论认知和实践中正确认识和准确把握。这些探讨从不同角度为今后的研究提供了有价值的参考。

（四）学术研究成果方面

在理论宣传读物方面，2013年度中宣部等组织编写了一系列宣传十八大、"中国梦"的普及性读物。其中，《理性看齐心办——理论热点面对面·2013》（学习出版社、人民出版社），围绕广大干部群众普遍关注的现实问题，紧密结合我国的现实国情和当前我国发展形势，进行有说服力的回答，有助于人们更好理解中央各项决策部署，对于深化党的十八大精神的学习宣传贯彻，更好地回答干部群众普遍关心的热点问题方面发挥了重要作用。该书观点准确、说理透彻，文风清新、可读性强，是开展中国特色社会主义和"中国梦"宣传教育的重要辅导读物。陈学明、黄力之、吴新文的《中国为什么还需要马克思主义——答关于马克思主义的十大疑问》（天津人民出版社）一书指出，有些人对当今中国还需要不需要马克思主义，对马克思主义在当今中国还有没有现实意义产生这样那样的疑虑。我们不能漠视这些疑虑，因为这关系到中国举什么旗、走什么路，关系到中国的前途。对马克思主义的信仰，是共产党人的政治灵魂，是共产党人经受任何考验的精神支柱。书中列举了对马克思主义现实性的十大疑问，或者说放弃把马克思主义作为指导思想的十个理由，并逐一加以剖析和驳斥。对于新形势下解读、普及马克思主义理论具有积极作用。

2013年度，思想政治教育学界出版了较多著作，其中，孙其昂的《思想政治教育学前沿研究》（人民出版社）一书，是继张耀灿教授在2006年出版的《思想政治教育学前沿》（人民出版社）和王学俭教授在2008年编著的《现代思想政治教育前沿问题研究》（人民出版社）之后的另一部前沿著作。该书提出了与前两者较为不同的研究体系，在其所研究的问题、所持立场和材料使用方面、概念阐述和演进等方面都有一些新特点。赖雄麟教授的《马克思主义思想政治教育理论时代化研究》（人民出版社）一书，则围绕着"灌输论"、思想政治教育生活化、思想政治教育价值论、思想政治教育主体论、思想政治教育本源论和毛泽东建军思想的思想政治教育解读六个学术热点问题展开讨论，内容翔实而观点新颖。

"思想政治教育史"是思想政治教育学科的基本研究领域之一。以往侧重于对通史的研究，2013年度对中国共产党思想政治教育史的断代史研究受到重视。王员的《建国初期党的思想政治教育及其基本经验》（社会科学文献出版社）一书，追溯和分析了新中国成立初期思想政治教育的理论来源与社会变革中思想政治教育的环境特征，系统阐述了我们党从社会变革的特殊背景和现实环境出发，以马克思主义大众化为导向，科学设置思想政治教育基本内容、合理选择思想政治教育方法、有效运用思想政治教育载体，从而全面推进了党的思想政治教育。该书对新中国成立初期思想政治教育的成效与历史地位进行了客观评价，并系统总结了思想政治教育的经验教训。关于东北解放区思想政治教育问题的研究是马克思主义中国化及中国共产党思想政治工作史等研究领域的一个重大课题。赵秋静的《东北解放区思想政治教育研究》（中国社会科学出版社）一书填补了这一研究的空白。通过研究再次体现了"人民群众是历史的创造者"，揭示了"思想政治工作是一切工作的生命线"的基本规律。

此外，值得关注的研究成果还有：白显良的《隐性思想政治教育基本理论研究》

（人民出版社）、邹邵清的《当代思想政治教育方法论发展研究》（人民出版社）、金林南的《思想政治教育学科范式的哲学沉思》（江苏人民出版社）、邱仁富的《思想政治教育话语论》（上海交通大学出版社）、王继全的《马克思主义利益观视阈中的思想政治教育》（浙江大学出版社）、李颖的《基于哲学解释学视角的思想政治教育接受研究》（浙江大学出版社），等等。

二 2013 年度关注度较高和研究较为深入的若干问题

（一）思想政治教育基本理论问题研究

1. 思想政治教育学科建设研究

（1）关于新时期思想政治教育学科政策变迁的研究。思想政治教育学科自身的特殊性，决定其建设和发展需要顶层设计。改革开放以来，正是党和政府的政策引导和保证，才使这门学科才逐步成长起来。宋俊成等分析了改革开放以来，高校思想政治教育学科政策对学科发展的促进作用。[①] 一是政策环境优越稳定，引导并保障思想政治教育学科繁荣发展。党和国家作出了一系列重大决策部署，优越的学科政策环境对学科建设发挥了定位导向、激发推动、调控保障等强化作用，高校思想政治教育学科获得了崭新的发展空间。高校思想政治教育专业从创办本科到正式设立马克思主义理论一级学科下的二级学科博士点，已形成了正规化培养思想政治教育专门人才的完备的学科体系。二是政策主体获得拓展，政策制定的民主性和科学性不断增强。政策制定主体是指通过不同的方式直接或间接地介入政策制定的组织、团体和个人。改革开放初期，政策制定主体集中体现为各级党的领导者。随着改革开放的逐步发展，政策制定主体开始逐渐吸收了专家咨询、社会团体、师生代表等多种主体的参与，使思想政治教育学科政策的制定形成科学的决策体制。三是学科组织政策、学科知识政策和学科活动政策均衡发展。学科政策内容是指政策文本中为解决其学科建设和发展问题而设定的政策规范，学科政策内容包括学科组织政策、学科知识政策和学科活动政策三个方面，学科组织政策可分为体制、师资、经费等政策，学科知识政策可分为专业、课程、教材等政策，学科活动政策可分为规划、实施、评价等政策。四是政策制定过程日趋科学合理，注重政策实施的可操作性和政策发展的协调性。思想政治教育学科政策制定越来越科学化、民主化，从"供给驱动式"转向"需求驱动式"，从依靠政治权威的"强制性"转向以人为本的"引导性"，从传统经验决策转向现代科学决策，并从注重政策制定开始关注政策实施、政策评估等每一个环节，这些都表明高校思想政治教育学科政策制定逐步注重可操作性，体现顶层设计理念。

（2）关于思想政治教育学科属性的研究。思想政治教育学科边界问题是伴随这个学科成立以来一直争论的问题。学界普遍认为该学科是一个交叉学科。2013 年度，就此问题出现了不同的观点。中南大学公共管理学院党委书记、博士生导师刘新庚教授认为，思想政治教育是多学科融合的交叉边缘学科。思想政治教育学的建立是在大量借鉴政治学、教育学、伦理学、心理学、社会学等多门相关学科理论的基础上发展起来，不

[①] 宋俊成、杨连生：《改革开放以来高校思想政治教育学科政策变迁特点分析》，《思想理论教育导刊》2013 年第 8 期。

仅有基本理论的借鉴与融合，还有研究方法与研究范式的植入，这就决定了思想政治教育学在理论属性上是一门研究范式多元的软学科。思想政治教育学是在上述学科的结合部、交叉处产生的一门新兴学科。①

北京师范大学马克思主义学院院长王树荫教授提出了不同的看法。他首先对"交叉学科"与"学科交叉"做了区分。他认为，没有也不该有交叉学科之说。因为，所谓的交叉学科已经是一个新的学科了；因此，事实存在的只是学科交叉，又称跨学科、科际整合、跨领域研究，指的是两个或多个学科相互合作，在同一个目标下进行的学术活动。学科交叉是一种方法和状态；交叉学科是一种结果，一个新学科。他认为，学科的综合性是一个学科的特有属性，不是交叉学科，也不是多学科概念，更不是跨学科或学科交叉。在此前提下，他认为，思想政治教育学科是具有综合性特征的学科。思想政治教育学科建设需要借鉴其他学科的方法、概念、原理，但思想政治教育学科自身的学科边界应该是确定和明确的。而事实上，对于思想政治教育学科，教育部和国务院学位办都有文件明确规定其内涵和外延。这是思想政治教育学科建设和发展的政策性、学理性保障。思想政治教育应有多学科视野和多学科研究，运用其他学科的研究方法，借鉴其他学科的概念与原理。但这不是打破思想政治教育的学科边界，突破思想政治教育的学科内涵，而是在思想政治教育学科建设和思想政治教育工作中，借鉴、应用哲学、经济学、统计学、历史学、社会学、政治学、教育学、文化学、管理学、心理学等学科的概念原理和研究方法。例如，高校思想政治教育、大学生思想政治教育可以有多种角度、多重视野：哲学视野、经济学视野、历史学视野、社会学视野、政治学视野、教育学视野、文化学视野、管理学视野、心理学视野以及国际视野。如果大学生思想政治教育研究只是平面的、"思政"式地展开，路就会越走越窄，也很难得出科学的、具有实际借鉴意义的结论。②

刘新庚③提出了思想政治教育学科的"理论属性"问题，认为理论属性指的是学科理论表现出的内在联系性和逻辑性，是反映学科最一般、最本质的特性，是划分学科归属的根本标准。学科属性不清晰，势必制约学科的纵深发展。思想政治教育学科的理论属性可展现为三个层面。一是从学科分类上看，思想政治教育属于软科学领域，是多科融合的交叉边缘学科。思想政治教育学是一门多科融合的交叉边缘学科，这种融合具体表现为：思想政治教育是思想教育与政治教育的融合、人文学科与社会学科的融合，在发展过程中坚持了一条交叉发展的路径。二是从价值取向上看，思想政治教育指向于国家意识形态建设，是服从服务于马克思主义及其中国化理论的应用性学科。思想政治教育学科领域的理论教育和课程设置都是围绕主导意识形态的需要展开的。在一定意义上，思想政治教育就是在马克思主义意识形态的话语体系中对马克思主义大众化传播的实践回答。作为马克思主义理论一级学科下属的二级学科，思想政治教育必然在本质属性上反映马克思主义意识形态的要求。这就从根本上决定了思想政治教育学的马克思主义意识形态学科属性。三是从比较视角看，思想政治教育具有明显的中国特色，是"中国向度"的意识形态教育类学科。国外也是有意识形态教育类相关学科的，如宗教学

---

① 刘新庚、高超杰：《思想政治教育学科的理论属性新论》，《学术论坛》2013 年第 4 期。

② 王树荫：《思想政治教育学科边界再思考》，《思想政治教育》2013 年第 6 期。

③ 刘新庚、高超杰：《思想政治教育学科的理论属性新论》，《学术论坛》2013 年第 4 期。

科、公民教育学科等。而作为独立学科形态的思想政治教育是中国特有。这可以称为学科研究取向上的"中国向度"，意思是思想政治教育作为学科存在的意义主要在于结合中国的意识形态建设实际，指导中国的思想政治教育实践，并获得理论上的创新成果的意识形态教育类学科。

（3）关于思想政治教育学的文明样式与研究范式的研究。安徽师范大学钱广荣提出了思想政治教育学的"文明样式"概念①，并把它与"研究范式"作为思想政治教育学科建设中两个相互关联的基本概念和重要领域。"文明样式"概念，意在醒目对应"研究范式"，以便于展现立意。思想政治教育学作为一种文明样式，归根到底是一定社会的经济关系的产物，并受"竖立其上"的政治、法律和文化等基本制度的深刻影响，属于一定社会观念上层建筑的组成部分，具有意识形态属性，同时又表现出民族和时代的国情特征，这是思想政治教育学的本质属性之所在。如此，自古以来世界各国都没有把构建"放之四海而皆准"的超国情、超时代的"元理论型"的思想政治教育基本理论，当作自己理论思维的推进目标和主要任务。在我国，"思想政治教育学"本质上应被视为中国特色社会主义理论体系的组成部分，抑或可直接称为"中国特色社会主义思想政治教育学"，体现当代中国特色与气魄本是其必须具备的理论品质和文明样式。思想政治教育学"研究范式"有四个基本层面：是一种旨趣和志趣相同或相近的研究共同体；遵循一种共同的世界观特别是社会历史观；运用一种主导型的思维方式及其范畴体系和话语系统，对待"他山之石"采用借用而不是"移植"的态度；有一个国家性质的管理机构和体制。思想政治教育学的意识形态属性，使国家干预成为思想政治教育学基本理论研究范式结构的一个最显著特点。思想政治教育学研究范式就是思想政治教育学的研究共同体，在国家干预和主导下，遵循一定的社会历史观和方法论原则，并运用与此相关的思维方式、价值标准和范畴体系，研究思想政治教育基本问题的一种结构方式和运行机制。从形成和发展过程来看，思想政治教育学研究范式的形成与发展是一种"自然历史过程"，这是它的规律和轨迹。

思想政治教育学文明样式与研究范式的共同点或相似之处，集中表现在二者都是人类社会精神文明的一种结构模型，在这种意义上也可以将研究范式看作一种文明样式；二者的形成和发展，在归根到底的意义上都是一定社会基本制度的产物，因而都是历史范畴的意识形态，存在国情差别，具有时代特征。但是，二者毕竟不是同一类结构模型的文明样式，前者是意识形态存在论意义上的文明样式，后者是意识形态建构论意义上的文明样式，二者形成和发展的机理、规律和轨迹不一样，社会功能也不一样。思想政治教育学文明样式形成和发展的机理，是"治者"及其"士阶层"的文化人，对自发产生于"一定社会的生产和交换关系"基础之上并自发流行的思想和价值观念进行"理论加工"的结果。一定的思想政治教育学文明样式，不会因为社会变迁而烟消云散，尊重由史而来的思想政治教育学文明样式，是每个历史时代创建新型思想政治教育学应秉持的学术前提和思维品质。当代中国思想政治教育学文明样式的创建，应当在尊重传统，包括中国共产党在革命战争年代创建的思想政治教育之学说主张的基础上进行。思想政治教育学研究范式由于不同时代的人们不断调整和更新其结构，总体上呈现一种"自然

---

① 钱广荣：《思想政治教育学的文明样式与研究范式析论——关涉思想政治教育学科建设的一个学理前提》，《思想教育研究》2013年第9期。

历史过程"的逻辑走向。人们发现它真实存在于历史的长河中，却又难以直观地从历史的档案里找到它的踪迹，不易在学理上清晰地表述出"思想政治教育学范式是什么"，需要在思辨中触摸和感悟它的真实存在及其发展的规律和轨迹，建构和驾驭它的功能。研究思想政治教育学慎用"范式"和慎思"范式转换"是必要的。

虽然思想政治教育学文明样式与研究范式区分的科学性还需进一步深化，但这一区分对于我们厘清思想政治教育研究中的一些关键性概念及其功能，进一步搞好思想政治教育研究，无疑具有一定的启发意义，应引起关注并深入研究。

（4）关于思想政治教育学科建设内涵式发展的研究。海南大学李辽宁教授认为，内涵式发展是思想政治教育学科发展的行动策略。所谓"内涵式发展"是相对于外延式发展而言的，主要通过学科规划、人才队伍、人才培养、科学研究、学科基地、学科环境等要素建设，提高学科核心竞争力。为此，需要从以下方面具体落实：第一，顶层设计，逐层推进，制定学科发展战略规划，国家可以从"全国一盘棋"的战略高度进行统筹规划，各高校（及相关研究机构）根据教育部的战略布局，结合本校本学科的发展实际，突出特色，因地制宜地制订相应的发展目标和行动计划。第二，完善制度，分类评估，推进学科规范化建设，可以从学科建设的内部要素入手，有步骤地制定建设规范和评估体系，推进学科规范化发展。第三，整合资源，凝聚力量，提升学科的社会影响力。要有目的、有计划地加强多层次人才队伍体系建设，包括马克思主义理论研究高级人才、思想政治教育理论研究高级人才、广大的思想政治教育工作者。在实际操作中，应根据实际情况允许不同层次之间形成人才流动，使每个层次的人才队伍建设保持充分的活力。第四，倡导争鸣，鼓励创新，优化学科建设环境。思想政治教育可以从理论反省、学科借鉴、理论交锋、开放交流几个方面，为学科健康发展创造良好环境和有利条件。[①]

2. 关于思想政治教育本质的研究

本质问题是思想政治教育的根本问题，它贯穿于思想政治教育的始终，是思想政治教育成为自身的内在规定性。思想政治教育本质一直是学界研究的重点问题，特别是近年来，学界从不同角度对其展开了广泛而又深入的研究，甚至出现了研究高潮和观点的交锋。在 2013 年度，有两个问题比较突出，一是在思想政治教育本质内涵的认识上有所深化；二是从研究方法角度对此问题进行探究。

（1）从政治价值观的再生产角度进行研究。北京大学宇文利将思想政治教育本质概括为"政治价值观的再生产"。[②] 他认为在思想政治教育过程中，教育者向受教育者传递的内容可以非常丰富，但其核心却始终都必须是既定的政治价值观。从目的上说，思想政治教育重在促使受教育者获得理解社会政治生活、生发特定政治观念和参与社会政治活动的知识、情感、意志和能力，达到教育者所代表或期望的那种政治态度与价值观。思想政治教育的本质就是以受教育者思想政治素质的养成为指向的政治价值观再生产。其中，政治价值观是思想政治教育所涉及的思想教育、政治教育、道德教育和法律

---

① 李辽宁：《内涵式发展：新时期思想政治教育学科建设的思考》，《思想政治教育研究》2013年第 3 期。

② 宇文利：《论思想政治教育本质：政治价值观的再生产》，《马克思主义与现实》2013 年第1 期。

及心理教育等诸多教育内容的核心，也是综合各种形式的教育之后得出的思想政治教育活动价值的精髓。而再生产是基于并服务于社会劳动的特定实践类型，政治价值观的再生产既包含了涉及教育者和受教育者双方但以受教育者为观察人群的思想改造与价值更新，也包含了以创造精神成果为代表、融具体劳动和抽象劳动于一体的社会生产劳动，这种社会生产劳动的最终结果是在一定程度上带来的对人们的思想世界和物质世界的改造。

（2）从交往实践活动的角度展开探讨。有研究从交往实践活动的角度进行探讨，认为思想政治教育的本质是一种特殊的精神交往实践活动。[①] 从人与人之间的交往实践活动的视角研究思想政治教育，把思想政治教育看作一种赋予人精神的生命活动，是满足人的存在与发展需要的、以客体为中介的教育主体间"双向建构"的交往实践活动。思想政治教育作为一种育德"成人"的实践活动，在本质上是以促进个体政治社会化和社会思想品德个体化为目标的教育者与受教育者之间的特殊精神性交往实践活动。这是因为，首先，交往实践活动是思想政治教育的逻辑起点，是思想政治教育活动产生的前提条件。其次，交往实践活动中的思想政治教育关注的是"人的世界"。思想政治教育学是一门"成人之学"，思想政治教育活动指向的是一个"人的世界"，而不是一个"物的世界"。最后，交往实践活动既是思想政治教育的目的又是手段。思想政治教育活动中的交往具有目的性与工具性双重意义，思想政治教育主体间的交往实践活动既是一种价值追求目标，又是完成教育任务的手段和途径。为此，我们必须建构交往实践基础上的思想政治教育模式，培养具有人文关怀的现实主体，并使这一社会生活主体牢固树立交往实践活动意识，真正使教育者主体与受教育者主体、思想政治教育的社会价值与个体价值、为社会服务的工具价值与完善个性人格和为人的全面发展服务的目的价值相得益彰。

也有研究者从文化交往上认识思想政治教育本质[②]，认为文化属性是思想政治教育的重要特质。该研究从"教育与文化紧密联系"出发认为，既然"教育即文化，文化即教育"，教育是人类文化交往的一种特殊形式，思想政治教育又是人类教育实践活动的一个特殊领域，思想政治教育必然具有文化属性。作为教育特殊领域的思想政治教育，既是一种文化现象，又是一种政治现象，思想政治教育孕育于教育之中，是在人的政治社会化进程中，伴随着阶级和国家的产生而产生的。当教育由单纯的知识教育转化成一种政治思想或政治文化的教育之时，人类历史上一种新的教育模式——思想政治教育孕育成熟，并展现于世人面前。从本质上看，思想政治教育是人类文化实践与认识相结合的产物，既行使"以文化人"的文化功能，又承载着"以德育人"的教育使命。思想政治教育过程，是教育者借助于文化成果与受教育者之间的文化交往活动过程，这种交互作用促使受教育者不断生成正确的思想观念与思维方式，不断生成创造社会财富的精神动力，实现由"自然人"、"生物人"向"社会人"、"政治人"、"文化人"的转变。

（3）从源起与发展、概念构成、实践运作层面进行阐发。很多研究者坚持思想政治教育的本质是政治性的观点，并从不同角度进行了论证。如聊城大学李合亮等，从源起

---

①　王玉升、于成学：《交往实践活动与思想政治教育本质探讨》，《思想教育研究》2013 年第 6 期。

②　宋有：《论思想政治教育的文化交往》，《思想教育研究》2013 年第 1 期。

与发展、概念构成、实践运作三个层面进行了研究。[①]　其一，从起源与发展来看，政治需要是思想政治教育的诱因源起与发展动力。作为一种特殊的教育形式的思想政治教育必然来源于"需要"，是深化为一种组成更为复杂、政治性更为凸显的政治需要。它既包括人在社会中生存与发展的政治需要，也内含了阶级、国家维护统治的需要。其二，从概念话语组成来看，政治教化与精神引导是思想政治教育的话语组成特性和主要任务。思想政治教育的特殊性主要表现在从阶级、国家角度来讲，它主要进行的是政治教化，目的在于强化意识形态的影响与控制，而从人的角度来讲，则主要是对人的精神引导，实现思想的改造。其三，从实际运行来看，政治维护与思想建构是思想政治教育的本性和实践特性。政治维护与思想建构都是思想政治教育的本性，虽然有时可能会因条件、任务的变化二者表现出不同的强势，但相对而言，政治维护具有工具性，思想建构具有目的性，两者的有机统一共同形成了思想政治教育的整体与本质。

3. 关于思想政治教育的公共化转型研究

近年来，关于思想政治教育的公共性、公共化以及与之相关的研究成为一个热点之一。

（1）关于思想政治教育公共性研究的缘由。一些研究者认为，政治性是思想政治教育的本质属性，公共性是思想政治教育的基础。我们的思想政治教育工作一直在强调其政治性，在一定程度上忽视了对思想政治教育公共性的关注。长期忽略公共性会制约思想政治教育活动的开展，致使思想政治教育的政治性也无从实现。河海大学马克思主义学院教授、博士生导师金林南认为，思想政治教育公共性研究的问题意识源于理论研究中的公共性认同焦虑和实践中的公共性缺失。尽管关于思想政治教育学科属性及归属的争论因马克思主义理论一级学科的设立而尘埃落定，但是思想政治教育学科研究边界的模糊和研究对象泛化的存在依然是不争的事实。思想政治教育理论研究和学科建设欠缺自身应有的独立性、自治性，往往以政府和政党指令作为思想政治教育研究的出发点和终极性的理论依据，因而无法生成作为独立学科应有的学术公共关怀。没有独立性和自治性的学科状态必将导致该学科的纯粹工具性地位，很难生成因独立自治的学术品格带来的公共性关怀。另一个原因是思想政治教育实践的公共性缺失。思想政治教育在日益复杂的社会环境中的地位和影响力正在受到愈益严峻的挑战，其突出表现是思想政治教育在当代中国公共领域的逐渐式微，主要表现在：第一，思想政治教育专业毕业生很难在应有的公共性岗位得到就业机会，就业趋向越来越远离该专业设立的初衷和预期目标，该专业应有的职业正当性正在遭受越来越严峻的怀疑和挑战。第二，理应成为执政党公共行动的思想政治教育在全社会的辐射面非常狭窄，并有被置换为非思想政治教育的嫌疑。第三，在当代中国社会的各种公共讨论中，几乎很难听到主流意识形态代言者——思想政治教育从业者的声音。第四，思想政治理论课应有的公共性效应不足。在思想政治理论课实际的教育教学中，思想政治理论课仅仅是公共价值观抽象理论与原则的灌输渠道，它与跃动的社会公共生活是隔离的，大多数思想政治理论课教师没有能力为学生有效阐释正在发生着的社会公共事件，更没有能力成为参与社会公共生活的典范。[②]

① 李合亮、李鹏：《对思想政治教育本质的再认识》，《学校党建与思想教育》2013年第1期。

② 金林南：《思想政治教育的公共性》，《思想理论教育》2012年第8期（上）。

（2）关于思想政治教育公共化转型的必然性。河海大学戴锐教授认为[1]，思想政治教育公共化，是以社会主义公共人为培养目标的新型思想政治教育。它通过教育使人们具有以公共情感、公共理性以及致力于公共事务的奋斗、牺牲精神所构成的公共精神为核心的公共性品质，同时，通过创造有联系的公众，让受教育者密切关注公共生活，积极参与公共事务，不仅关心他人，更拥有并不断践行对众人、集体、国家和社会的深切关怀，从而成为真正关注、关心并实际贡献于国家、社会建设的社会主义事业的合格建设者和可靠接班人。而思想政治教育的实践过程也相应地转变为：主要以公共环境与设施的潜在影响、公共文化空间的参与建设与公共传播、公共交流空间的日常参与、公共事务参与或模拟参与、公共服务（尤其是公益性组织及其活动）等作为教育的主要影响路径，并以指导这些活动的能力提升和活动顺利开展为主要活动内容、方法。

他认为，公共化是思想政治教育现代转型的必然趋势。公共性品质的培养，实际上是社会主义教育目标的题中应有之义，也是社会主义社会发展对教育、思想政治教育的必然要求。教育本来就是一种公共的实践，思想政治教育尤其如此。以公共情感、公共理性以及致力于公共事务的奋斗、牺牲精神所构成的公共精神为核心的公共性品质的培养，可以视为思想政治教育区别于通常所说的"德育"的重要标志。换言之，德育更多地关注私人生活中的德性，而思想政治教育则更多地关注人的公共生活素质和公共生活责任，这也是当前德育适应中国公共生活发育的一次必要的转型。马克思的理论视界在于"回到公共的生活世界"，马克思哲学变革的实质在于"'改变世界'的公共实践哲学"，马克思哲学的人本立场体现为"'公共人'的终极关怀"，马克思哲学的唯物主义新质则在于"社会共同体价值本位的公共性理念"。思想政治教育是一个培养现实的人的素质的政治实践，既然"马克思所理解的现实的人是一种在历史中生成的以公共价值为理想追求的'公共人'的不断生成"，那么，思想政治教育就应该是一种以培养以公共价值为理想追求的社会主义"公共人"为目标的公共性实践。

上海对外经贸大学人文社科部教授卢岚认为，思想政治教育的现代转型应是向日常生活的回归。随着改革的深入，社会多元带来的利益分化，普遍浮躁的心态渗透于社会政治、经济、文化、生活之中。在当下中国人普遍的焦虑症情况下，思想政治教育却面临全面失语的困境。原因在于：抽象对人的统治，使得思想政治教育无法深入生活面对百姓，脱离了民众的日常生活的思想政治教育自然就失去了生命力。因此，思想政治教育要渗透日常生活，直面群众，开掘其真生命、真追求、真理想、真精神和真品质，彰显其生活世界的尊严与价值，让思想政治教育化解民众焦虑，服务于改革。[2] 该研究进一步指出，思想政治教育脱离生活世界，是其低质低效的重要原因之一。思想政治教育应熔铸于生活世界之中。否则，思想政治教育在生活世界之中会出现水土不服的现象。思想政治教育也在与生活世界展开互动中嵌入整个日常生活世界之中，成为其中的有机组成部分，并借助社会各方力量传播社会主义核心价值观，实现人性锻造和刷新。思想政治教育必须融入生活世界中，切入社会变迁中普通民众的真实生活里加以深入研究。这就要求思想政治教育强调对草根阶层的关注，从诠释历史的合理性转换到厕身于改革

---

① 戴锐：《思想政治教育的公共化转型》，《马克思主义与现实》2013 年第 1 期。

② 卢岚：《论中国人的焦虑症——基于思想政治教育的视角教育视野》，《电子科技大学学报》（社会科学版）2013 年第 4 期。

中"沉默的大多数"的情感与立场上，为底层民众真情实感的流露提供平台，确保草根阶层的正常发展与尊严。[①]

（3）关于思想政治教育公共化转型的基本路径。有人认为，思想政治教育的公共化转型，意味着公共空间与公共生活成为"思想政治教育的新型存在方式"。思想政治教育的公共化转型，既是教育理念、目标的转型，也是路径、方法的转型。公共化主要包括社会资源、公共空间的共有、共在与共享以及公共生活的共同参与等方面。在当前社会，思想政治教育公共化转型主要可以通过以下路径的教育影响得以体现和实现：一是公共环境、设施的教育价值利用与再造。要求尽可能通过公共物品的提供，拓展思想政治教育资源领域，丰富资源类型和样式，例如城市公共环境（广场、园林、建筑、公共艺术等）、具有教育意义的纪念地（或场馆）、各级各类学校的校园环境和教育设施等，并在提供资源的同时加强教育引导，从而充分实现公共环境、设施的思想政治教育价值。二是公共文化空间与公共传播途径的利用与再造。宣传、文化、教育部门和思想政治教育实际工作者必须密切关注、充分利用公共文化空间和大众传媒（报刊、广播电视、网络等）进行思想政治教育，而不能仅仅依靠学校思想政治课程的教学。三是公共性活动的开展及其价值引导。主要包括公共交流、公共服务、公共事务的参与。社会成员的公共交流会营造充满活力的公共空间，通过人际互动实现观点的公共化呈现；而公共服务活动（尤其是公益性组织及其活动）则不仅可以实际地服务于他人和社会，更能逐步使民众学会关心，并养成良好的利他行为习惯。通过积极参与公共事务，不仅培养民众关心他人，更使民众拥有并不断践行对众人、集体、国家和社会的深切关怀，从而真正关注、关心并实际贡献于国家、社会建设。

同时，该研究强调[②]，在思想政治教育公共化的情势下，各级各类学校的思想政治教育课程也应当实现适应性调整。一方面，学校课程是否必须继续维持现有的"主渠道"、"主阵地"的地位，似待斟酌。在受教育者思想政治素质、道德品质形成的影响因素日益复杂化的今天，对于青少年学生来说，无论是来自家庭教育、同伴群体的影响，还是社会风尚、大众传媒等方面的学校外环境的影响，都可能比学校教育更深远；同时，学校对于这些影响因素的干扰可能性却在不断丧失，换言之，由学校主导下形成学校、家庭、社会的教育合力几无可能。此外，在学校中，由于中小学所面临的升学压力和高校面临的毕业生就业压力，备试知识或专业理论必会受到更多的重视，思想政治教育则往往实际地遭到忽视。由此，若不加强来自社会公共空间的教育影响力，单靠学校根本无法实现思想政治教育的目标。在该研究者看来，学校思想政治教育课程教学尽管仍是思想政治教育的重要路径，但其意义主要在于基础性，而从关键性、紧迫性层面看，思想政治教育的主渠道、主阵地必须转移到公共空间和公共生活中，通过引导人们的公共生活实现对人的公共性品质的培养。另一方面，在学校思想政治教育课程的实施上，必须在强化意识形态性的同时，改善教育过程，注意吸收其他国家意识形态传播和国民教育的经验，变显性的观点传达为隐性的观点潜化，变理论的系统灌输为以公共性品质问题为中心的价值观念引导、澄清和公共生活能力的训练。只有这样，才能真正实

---

① 卢岚：《论思想政治教育与生活世界"脱嵌"与"反嵌"——基于嵌入性理论的视角》，《理论与改革》2013 年第 4 期。

② 戴锐：《思想政治教育的公共化转型》，《马克思主义与现实》2013 年第 1 期。

现教育接受，最终达成"合格建设者和可靠接班人"的培养目标。

（二）关于深入贯彻落实党的十八大精神研究

思想政治教育学界为如何学习贯彻党的十八大精神进行了广泛的探讨，学者们在深刻学习和领会党的十八大精神的基础上，结合思想政治教育自身的特点，从多个角度切入党的十八大精神所蕴含的学科内涵，在中国特色社会主义、社会思潮、"立德树人"以及十八大精神的"三进"（进教材、进课堂、进头脑）等领域大量发声，取得了一定成果。

1. 深入解读党的十八大精神

习近平同志的"1·5"讲话（《人民日报》2013年1月6日第1版）是深入领会十八大精神的重要讲话，讲话指出："中国特色社会主义是社会主义而不是其他什么主义，科学社会主义基本原则不能丢，丢了就不是社会主义。"中国社会科学院原副院长朱佳木研究员认为，习近平"1·5"讲话从六个时间段分析了社会主义思想从提出到现在的历史过程，强调中国特色社会主义是科学社会主义理论逻辑和中国社会发展历史逻辑的辩证统一，是根植于中国大地、反映中国人民意愿、适应中国和时代发展进步要求的科学社会主义。其中关于中国特色社会主义的本质和内涵，关于改革开放前后两个历史时期的关系，关于胸怀共产主义崇高理想、坚定中国特色社会主义信念等问题的论述，具有重要的理论和现实意义[1]。针对新时期以来，社会上时而出现的否定和怀疑毛泽东思想指导地位的思潮，党的十八大对毛泽东的历史地位和毛泽东的当代价值问题，作出了更加全面、更为完整、更加科学的界定、表述和阐发。教育部社政司原司长、全国高校马克思主义理论课教学指导委员会副主任杨瑞森认为，中国特色社会主义是由道路、理论体系、制度三位一体构成的，上述这段论述，集中地和深刻地揭示了毛泽东思想同中国特色社会主义道路、中国特色社会主义理论体系、中国特色社会主义制度之间的内在的本质的联系性，揭示了毛泽东和毛泽东思想对中国特色社会主义事业的伟大贡献和当代价值。[2] 党的十八大精神也体现了党的几代领导集体对于毛泽东和毛泽东思想评价的继承性和稳定性。清华大学马克思主义学院闫永飞博士、刘书林教授强调，对毛泽东思想指导地位的评价关系党和国家的前途和命运。如果我们采取历史虚无主义态度，必然导致社会主义国家的灭亡。毛泽东思想永远是中国共产党人的宝贵财富。[3]

2. "立德树人"对思想政治教育的重大意义

党的十八大提出要"把立德树人作为教育的根本任务"，进一步明确了思想政治教育在整个教育中的重要地位和作用。学界普遍认为，"立德树人"对于思想政治教育具有特殊意义。对于思想政治教育而言，德育就是全部，知识传授要服务于德育。为此，教育部部长袁贵仁指出，要抓住一个"根本要求"，完成三个"主要任务"，落实四个

---

① 朱佳木：《中国特色社会主义是科学社会主义理论逻辑和中国社会发展历史逻辑的统一》，《思想理论教育导刊》2013年第3期。

② 杨瑞森：《学习贯彻党的十八大精神座谈会发言摘要》，《思想理论教育导刊》2013年第1期。

③ 闫永飞、刘书林：《坚持毛泽东思想的指导地位与党的十八大精神》，《思想理论教育导刊》2013年第6期。

"关键举措"。① 教育部社会科学司司长杨光强调，高校要紧紧围绕学习贯彻党的十八大精神，把立德树人作为根本任务，加强和改进大学生思想政治教育，加强和改进高校思想政治理论课。② 教育部基础教育一司司长王定华，提出了基础教育"立德树人"的七个方面，即"课程育人"、"文化育人"、"实践育人"、"礼仪育人"、"网络育人"、"制度育人"、"合力育人"。③

研究普遍认为，"立德树人"对于思想政治教育具有特殊意义。可以说，在思想政治教育这里，德育就是全部，知识传授要服务服从于德育。正如有的研究者指出的，"立德树人"不仅是我国教育事业的根本任务，而且是当代大学生思想政治教育的根本任务。高校要真正把"立德树人"作为教育的根本任务，必须全方位、全过程贯彻落实德育为先的理念。④ 武汉大学党委副书记、博士生导师骆郁廷教授指出，"课程育人"是"立德树人"的重要途径，"实践育人"是"立德树人"的基本途径，而"文化育人"是"立德树人"的隐性路径，只有把三者结合起来，才能优势互补，形成合力，增强"立德树人"的整体效应。关于"立德树人"的有效机制，他认为，构建"立德树人"的有效机制，是深入开展"立德树人"的根本保障。"立德树人"的有效机制主要包括党委领导下的以学校专职思想政治教育工作者为中坚、以教师为主导、以学生干部为骨干的"三位一体"的育人主导机制，"教书育人、管理育人、服务育人"相结合的内部整合机制，学校、家庭和社会教育相结合的外部协同机制，三种不同的机制，各有侧重，优势互补，共同构建和形成了"立德树人"的有效机制。⑤ 还有学者在充分肯定大学生思想政治教育工作取得新进展的基础上，建议高校在整体规划、机制建设、规范制定、队伍建设、实践研究等方面提升大学生思想政治教育质量。

另外，十八大报告还要求"提高师德水平和业务能力，增强教师教书育人的荣誉感和责任感"。在"立德树人"上，加强思想政治理论课教师队伍建设尤为重要。"德高为师，身正为范"，"立德树人"，教育者本身首先要有高尚的道德。高校要培养高质量的大学生，必须建设一支拥有信念坚定、本领过硬、勇于创新、艰苦奋斗的高素质专业化教师队伍。

3. 推进十八大精神"进教材、进课堂、进头脑"

专家学者也对如何在教学中贯彻落实十八大精神提出了看法。教育部思想政治工作司司长冯刚提出，必须深刻领会党的十八大对大学生思想政治教育工作提出的新要求，把坚持和发展中国特色社会主义作为加强和改进大学生思想政治教育的聚焦点、着力点和出发点，深入推进中国特色社会主义理论体系进教材、进课堂、进头脑。一是要研究探索用中国特色社会主义理论体系武装广大师生；二是要研究探索用中国特色社会主义

---

① 袁贵仁：《深入学习贯彻党的十八大精神，把立德树人作为教育的根本任务》，《思想理论教育导刊》2013 年第 1 期。

② 《繁荣发展高校哲学社会科学　推动党的十八大精神进教材、进课堂、进学生头脑——访教育部社会科学司长杨光》，《思想理论教育导刊》2013 年第 2 期。

③ 王定华：《把立德树人作为基础教育根本任务》，《人民教育》2012 年第 24 期。

④ 陈勇等：《立德树人：当代大学生思想政治教育的根本任务》，《思想理论教育导刊》2013 年第 4 期。

⑤ 骆郁廷、郭莉：《"立德树人"的实现路径及有效机制》，《思想教育研究》2013 年第 7 期。

理论体系凝聚师生力量；三是要研究探索用中国特色社会主义理论体系解答师生的困惑，坚持解决思想问题与解决实际问题相结合，不断提升思想政治教育的针对性和实效性。[①] 教育部社会科学司司长杨光指出，高校思想政治理论课在推进党的十八大精神"三进"工作中承担着重要职责。按照中央加强高校思想政治理论课建设工作部署，围绕深入推进党的十八大精神和中国特色社会主义理论体系"三进"工作，继续加大工作力度，修订完善教材、深化教学研究、创新教学方法、加强教师队伍培养培训，进一步完善领导体制、工作机制和条件保障制度，强化学科支撑，推动思想政治理论课教学效果不断改善。具体来说，有这样四个方面：第一，全面修订教材和教学大纲，充分体现党的十八大精神和最新理论成果；第二，深入开展教学研究，加强教学资源建设；第三，加强队伍培养培训，提升教师整体素质；第四，加强督促检查，改善宏观管理。通过四方面的努力，将高校思想政治理论课建设成为大学生真心喜爱、终身受益、毕生难忘的优秀课程。[②] 陈占安提出，还可以通过加强学科建设为十八大精神进思想政治理论课提供有力的学科支撑。既要深入研究马克思主义经典著作，也要把十八大文件同马克思主义中国化理论成果的学习研究结合起来。[③] 南开大学教授逄锦聚强调，以党的十八大精神为指导加强思想政治理论课改革建设，要注重处理三个关系，做好三项主要工作：妥善处理教材体系、教学体系和学生认知体系的关系，实现由教材体系向包括教材体系在内的教学体系和学生认知体系的转变；妥善处理课堂教学、校园文化、社会实践的关系，探索科学的人才培养模式，注重知行统一，实现由单一课堂教学向课堂教学、校园文化、社会实践"三位一体"教学模式的转变；妥善处理书面考试、日常考核的关系，探索科学质量评价体系，实现由片面注重考试成绩向科学、多样的评价标准转变。[④]

（三）"中国梦"与思想政治教育研究

2013年度，"中国梦"继续成为学界热议的问题。学界围绕"中国梦"这个主题，分别从"中国梦"的主体、内容、实现途径，与"美国梦"的异同等方面进行了深入的研究。结合思想政治教育学科的特点，我们认为，以下问题具有重要意义。

1. "中国梦"与中国特色社会主义

有一种观点认为，"中国梦"的提出是要弱化意识形态，以最大的包容和共识来凝聚人心、凝聚力量。如，英国媒体《经济学人》2013年5月4日发表题为"中国的未来：习近平和'中国梦'"的封面文章，认为习近平的愿景应该是服务其人民而非一个

① 冯刚：《学习贯彻党的十八大精神　努力提升大学生思想政治教育质量》，《思想理论教育导刊》2013年第2期。

② 杨光：《繁荣发展高校哲学社会科学　推动党的十八大精神进教材、进课堂、进学生头脑》，《思想理论教育导刊》2013年第2期。

③ 陈占安：《大力推动党的十八大精神进高校思想政治理论课》，《思想教育研究》2013年第2期。

④ 逄锦聚：《以党的十八大精神为指导加强思想政治理论课改革建设》，《思想政治教育研究》2013年第2期。

民族主义的国家，认为习近平的"中国梦"意味着意识形态的终结和马克思主义的结束。[①] 这种观点不仅海外有之，国内也有之。如，中共中央党校党史教研部副主任谢春涛在分析"'中国梦'与中国共产党执政新趋势"这一问题时认为，新一届中共中央领导集体提出以"中国梦"凝聚人心，没有意识形态色彩，体现极强包容性，符合当今中国社会各阶层和全球华人空前多样化的需求。[②]

"中国梦"一词最早出现在 20 世纪 80 年代，多被用于文化界的理论文章或期刊中，用以评论影视、文学作品所带有的中国风格、中国特色、中国愿望等。根据程美东、张学成的回顾[③]，国内较早开始讨论的"中国梦"，其基本含义即是中国人的现代化之梦。如，2008 年梁仁在《中国梦，关于一个情结的沉思与拷问》[④] 一书中认为，"中国梦"即中国人的现代化追求，其最深刻的内涵和要求，就是我们要在 21 世纪上半叶，在与当代社会各种文明的交汇之中，在不断弘扬民族精神和自主创新的过程中，实现中国现代化。在这个意义上，可以说"中国梦"就是要用文明的理念、文明的方式、文明的形象去实现中华文明的现代复兴。2011 年，李君如在《阐释中国梦，设计中国道路》[⑤] 中指出，"中国梦"是一个使中国发生天翻地覆的变化的梦想，是百年来的"现代化"梦想。

可以说，实现现代化与中华民族的伟大复兴是一致的。问题的关键是，中国的现代化之路怎样才能实现？170 多年的历史已经证明了，直到中国共产党登上了中国历史的政治舞台，才真正肩负起民族复兴重任，它选择马克思主义为指导，才使中华民族伟大复兴展现出前所未有的光明前景。在今天，只有在中国共产党的领导下，坚持走中国特色社会主义道路，才能实现这一百年梦想。在这个问题上，大家的立场和观点是基本一致的。冷溶指出，这个复兴的过程前后要经历两百年，两个阶段。第一个百年从 1840 年鸦片战争到 1949 年新中国成立。这个百年，是从无路可走，到找到复兴之路，实现国家独立、民族解放的历史。第二个百年，是从 1949 年新中国成立到 21 世纪中叶，在新中国成立 100 年的时候，完成邓小平同志提出的我国现代化第三步发展战略目标，建成富强、民主、文明、和谐的社会主义现代化国家。[⑥] 肖贵清也指出，中国特色社会主义道路是实现"中国梦"的根本途径，中国特色社会主义理论体系是实现"中国梦"的行动指南，中国特色社会主义制度是实现"中国梦"的制度保障。[⑦] 蒋斌等学者认为，中国特色社会主义道路的内涵和指向与实现中华民族伟大复兴的目标是一致的、吻合的，因此中国特色社会主义道路符合实现中华民族伟大复兴的要求。中国特色社会主义道路有利于调动人民群众的积极性、主动性、创造性，有利于凝聚人民群众的智慧和力

---

① 《〈经济学人〉歪曲"中国梦"，表现对中国的无知》，http：//zhan. renren. com/guoguanren? gid＝3602888498039087822&checked＝true。

② 《中共中央党校专家解读"中国梦"：体现极强包容性》，宣讲家网站（http：//www. 71. cn/2013/0417/709884. shtml）。

③ 程美东、张学成：《当前"中国梦"研究评述》，《中国特色社会主义研究》2013 年第 2 期。

④ 梁仁：《中国梦，关于一个情结的沉思与拷问》，中原农民出版社 2008 年版，第 2 页。

⑤ 李君如：《阐释中国梦，设计中国道路》，《中国经济时报》2011 年 6 月 17 日。

⑥ 冷溶：《什么是中国梦，怎样理解中国梦》，《人民日报》2013 年 4 月 26 日。

⑦ 肖贵清：《思想理论高度引领"中国梦"的实现》，《党建》2013 年第 2 期。

量，因此中国特色社会主义道路为实现中华民族伟大复兴提供前提条件和根本保障。①
辛鸣认为，中国特色社会主义为"中国梦"确立了根本方向和基本价值，九十余年来的
中国道路又奠定了"中国梦"坚实的实践基础。把"中国梦"、中国道路、中国特色社
会主义有机统一起来，既对我们坚定地走自己的路、发展中国特色社会主义、实现"中
国梦"有强烈的现实意义，又对在我们政治话语与时俱进的同时保持意识形态的一以贯
之具有极端重要的理论价值。②

总之，"中国梦"的提出的确是要以此来凝聚人心、凝聚力量，具有广泛的包容性，
但是，这绝不意味着"意识形态的终结和马克思主义的结束"，"中国梦"不是别的梦，
它既是民族的梦、现代化的梦，也是社会主义的梦，这是不矛盾的。正如陈晋所指出
的，"'中国梦'就是现代化之梦、社会主义之梦、民族复兴之梦。"③ 中国近代历史的
进程和现实中国取得的成就，都已经充分证明，只有中国共产党领导的中国特色社会主
义，才能实现中华民族伟大复兴的梦想。

2. 关于"中国梦"与"美国梦"的异同

在讨论"中国梦"时，自然而然就会想到"美国梦"。1931 年，美国历史学家亚当斯
在其著作《美国史诗》中，首次提出了一个日后家喻户晓的概念——"美国梦"："让我们
所有阶层的公民过上更好、更富裕和更幸福的生活的美国梦，这是我们迄今为止为世界的
思想和福利作出的最伟大的贡献。"有研究者认为，美国著名专栏作家托马斯·弗里德曼
的话指出"美国梦"的实质：美国人相信，只要努力工作就会得到报偿，未来总会比过去
更好，物质生活也会越来越富足，这种信念就是美国梦。④ 习近平指出，"'中国梦'就是
国家富强、民族振兴"，"中国梦"要让全体中国人民"共同享有人生出彩的机会，共同享
有梦想成真的机会，共同享有同祖国和时代一起成长与进步的机会"。因此，"中国梦"也
是"人民幸福"的梦，是每个人的梦。可以说，在这一点上与"美国梦"的内容相通。但
关键是如何实现这个梦想。在很多人看来，"美国梦"意味着成功、财富和实现个人价值。
学界从不同角度对"中国梦"与"美国梦"的区别与联系进行了分析。众多研究者都认
为，二者的最根本区别在于价值上的差异："美国梦"是个人主义的梦，"中国梦"则是集
体主义的梦。如，有的研究者指出，"美国梦"强调个人奋斗，而"中国梦"以爱国主义
和集体主义为本，为实现集体或整体的价值而奋斗，"中国梦"是通过集体即全体中华儿
女的共同奋斗实现中华民族共同的理想，个人的梦想是共同理想的具体表现和组成部分。
个人主义是"美国梦"的思想基础和灵魂，"美国梦"的核心是实现个人的价值，即通过
个人奋斗实现美国倡导的资本主义核心价值观。与强调个人奋斗的"美国梦"相比，"中
国梦"既是个体梦又是国家梦。⑤ 有研究者认为，"美国梦是强调一个人只要辛勤工作就
能有体面的生活，实现自己的理想。而中国人民不仅关心自己，还仁者爱人、心怀天
下，崇尚个人价值与社会价值的高度和谐，有着强烈的集体主义倾向。"⑥

---

① 蒋斌、陈金龙：《中国特色社会主义是实现中国梦的必由之路》，《人民日报》2013 年 3 月 29 日。
② 辛鸣：《"中国梦"、中国道路与中国特色社会主义》，《学习时报》2013 年 3 月 11 日。
③ 陈晋：《从中国道路到中国梦》，《光明日报》2013 年 3 月 19 日。
④ 钟声：《自信中学会鉴赏与分享》，《人民日报》2013 年 6 月 5 日。
⑤ 李抒望：《"中国梦"圆日，民族复兴时》，《青岛日报》2013 年 3 月 23 日。
⑥ 《中国梦，教育梦——访清华大学中国国情研究院院长胡鞍钢》，《中国教育报》2013 年 3 月 3 日。

虽然强调"集体主义"的"中国梦"和强调"个人主义"的"美国梦"在基本的价值理念上存在重大的不同，但从"梦想"这一维度出发，"中国梦"和"美国梦"的共通之处值得我们借鉴。习总书记在访美时也说："中国梦"与"美国梦"是相通的。不同国家民族在追求自身梦想时可能因循不同的路径，这是自然现象，但也可以相互取长补短，不断优化。正如有的研究者所指出的，无论是"中国梦"还是"美国梦"，都应防止极端和异化。极端的个人主义行为已经让美国吃了不少苦头。而中国在实现国家富强的过程中，尤须重视保护个人的合法权利和创造精神。① 有研究者指出，正如中国文化吸收了世界的特长一样，"中国梦"应该吸收"美国梦"的开拓、进取、独立精神。正如"美国梦"并不完全排斥集体一样，"中国梦"无须排斥个人作用，可以鼓励个人积极性，个人幸福可以与集体幸福一致，推动国家发展。② 此外，朱继东提出了可以借鉴"美国梦"中的一些积极因素来推动实现"中国梦"。首先就要尊重个人的梦想和追求。"中国梦"涵盖了民族梦想和个人梦想。不能简单地用"中国梦"替代每个人的个人梦想。要借鉴"美国梦"中对每个人的梦想和追求的尊重，需要用"中国梦"凝聚和激励全体中国人民，从而汇集力量去实现国家和民族的梦想。③

辨析"中国梦"与"美国梦"的异同，对于当前思想政治教育具有重要意义。"中国梦"也是"人民幸福"的梦，是每个人的梦。可以说，在这一点上与"美国梦"的内容相通。但是，所不同的是在"中国梦"这里，如果个人的梦与国家的梦发生冲突时，个人梦要让位于国家梦，革命先烈为后人作出了光辉的榜样。"中国梦"不否认个人奋斗，更强调共同奋斗，强调个人奋斗与民族命运和国家需要的统一。否则重新回到一盘散沙的状态，必将无法实现国家富强和民族振兴，更谈不上人民幸福。因此，在当下"中国梦"的宣传教育中，依然需要加强集体主义教育，反对极端个人主义思想和行为。

3. "中国梦"的理论宣传与思想政治教育

2013 年 4 月，刘云山在深化"中国梦"宣传教育座谈会上讲话强调，宣传思想工作要把"中国梦"宣传教育不断引向深入，要在突出思想内涵、增强认知认同上下功夫，在把握实践要求、推动实际工作上下功夫，积聚团结奋进的正能量，激励人们在中国特色社会主义伟大实践中同心共筑"中国梦"。他指出，"中国梦"视野宽广、内涵丰富，升华了我们党的执政理念，是当今中国的高昂旋律和精神旗帜。学习领会"中国梦"的精神实质，要把握好国家富强、民族振兴、人民幸福的基本内涵，把握好坚持中国道路、弘扬中国精神、凝聚中国力量的重要遵循，把握好"中国梦"是人民的梦这一本质属性，进一步坚定自信、增强自觉、实现自强，努力建设强盛中国、文明中国、和谐中国、美丽中国。

在谈到如何深化"中国梦"的宣传教育时，他指出，深化"中国梦"的宣传教育，要同中国特色社会主义宣传教育结合起来，同社会主义核心价值体系建设结合起来，同做好当前各项工作结合起来，引导人们坚定理想信念、构筑精神支柱，积极投身实现"中国梦"的生动实践。要把"中国梦"的宣传教育融入各级各类学校教育教学之中，融入未成年人思想道德建设和大学生思想政治教育之中，融入校园文化建设之中，做到

① 伟达：《"中国梦"的动力源》，《人民日报》（海外版）2013 年 2 月 1 日。

② 饶毅：《从"美国梦"到"中国梦"》，《中国教育报》2013 年 3 月 21 日。

③ 朱继东：《"中国梦"和"美国梦"的差异在哪里》，《党建》2013 年第 2 期。

进教材、进课堂、进学生头脑。社科界要切实加强理论研究，深入阐释"中国梦"的重大意义、精神实质和实践要求，为深化"中国梦"的宣传教育、实现"中国梦"的伟大实践提供有力支撑。

与此同时，众多研究者结合思想政治教育教学对"中国梦"进行了研究。例如，有的研究者①阐述了"中国梦"与大学生个人理想信念之间存在着价值观上的内在一致性，认为应该用"中国梦"统领大学生理想信念教育，把中国特色社会主义理想信念转化为大学生为中国特色社会主义建设努力奋斗的实践行动。一方面，"中国梦"体现着包括大学生在内的中华民族的整体利益，中国每一个大学生青年的命运，与"中国梦"能否实现紧密相关。失去"中国梦"依托的个人理想必然无处安放。另一方面，大学生也是"中国梦"的实践主体，大学生个人梦想的实现也影响着中华民族复兴之梦的实现。大学生是祖国和民族的希望，是社会发展的关键力量。引导他们全面平衡地追求并实现这些人生目标，从而将自身的成长需要与国家、社会、民族的发展目标有机地统一起来，使国家民族对大学生的要求内化为大学生谋求全面发展、实现自身价值的自觉行动，促进"中国梦"与大学生个人理想在实践中统一。要注重通过世界观、人生观和价值观的引导，加强对大学生的理想信念教育，使他们实现个人理想的努力汇合成实现"中国梦"的强大动力。

也有的研究者结合高校马克思主义理论教学进行了探讨。例如，对如何将"中国梦"融入"中国近现代史纲要"课教学的路径进行了探究。②作为一门从历史的角度对大学生进行思想政治教育的课程，"中国近现代史纲要"课在大力推进"中国梦"主题教育活动中发挥着主渠道作用。在教学中必须积极进行改革，以整合教学内容凸显"中国梦"，以创新教学模式阐释"中国梦"，以多维教学方法凝聚"中国梦"，以强化实践教学追逐"中国梦"，努力探索将"中国梦"共同理想融入"中国近现代史纲要"课的新路径。要将"中国梦"这一主题贯穿"中国近现代史纲要"课的全部内容，作为指导和统领"中国近现代史纲要"课教学的一根红线。

（四）关于思想政治教育加强生态文明教育的研究

近年来，加强生态文明的宣传教育成为思想政治教育学界广泛关注的话题。据中国知网的相关数据显示，2008—2012年，学术界对生态文明教育问题一直处于持续关注中。研究内容主要集中在生态意识的培养、生态文明的养成、思想政治教育的生态价值等方面。2013年，学术界对生态文明教育问题的研究主要围绕生态问题与思想政治教育的关系，思想政治教育关注生态问题的重要意义，生态文明教育的现状，生态文明教育的内容、模式、途径及思路等问题展开。

1. 思想政治教育关注生态问题的必然性

上海对外经贸大学卢岚教授，论证了将"生态文明"理论引入思想政治教育学科论域的逻辑必然。从理论逻辑上看，生态价值诱发思想政治教育思维方式的转换；思想政

---

① 庞桂甲：《浅析以中国梦统领大学生理想信念教育》，《山西高等学校社会科学学报》2013年第5期。

② 石碧球：《中国梦融入"中国近现代史纲要"课教学的路径探究》，《思想理论教育》2013年第5期。

治教育生态的转向，生态正义价值观的植入，丰富了思想政治教育的内涵，使得以生态发展、可持续发展取向替代了以利益发展为取向的"单向度"经济发展。从时代特征上看，实践倒逼着思想政治教育与时代背景"生态文明"建设相熔铸。在当前生态恶化导致社会矛盾激化的状况下，思想政治教育应把生态文明建设作为重点向上层精英宣讲，使其树立底线思维的观念；要借鉴生态文明公平正义的思维，秉持平等公正的方式，讲清楚非理性与理性张力的原因。[①] 兰州大学思想政治教育研究所所长、博士生导师王学俭教授则从思想政治教育自身的发展分析了思想政治教育关注生态问题的必然性。他认为，培育和建构"理性生态人"是思想政治教育生态价值的内在要求。从思想政治教育的主体看，生态文明所蕴含的精神理念是思想政治教育的主体——教育者和受教育者内在需求不可或缺的一部分。从思想政治教育的外部环境要求看，贯彻落实生态文明的价值理念是当前生态文明建设、科学发展和学校教育内容拓展的必然要求。从思想政治教育的发展演变看，倡导生态文明的价值理念是思想政治教育领域拓展、功能发展、形态演进的必然要求。从思想政治教育的功能发展维度考察，思想政治教育由过去单一的政治功能发展为政治功能、经济功能、道德功能等并举，随着经济社会的发展，思想政治教育的生态功能将进一步彰显；从思想政治教育的形态发展维度考察，思想政治教育经历着运行方式和整体特征的时代转换，衍化出不同的思想政治教育形态，其中交往性思想政治教育是思想政治教育形态发展的典型形式。[②] 有研究者论证了将生态文明教育纳入高校德育体系的重要意义问题。他们认为，高校生态文明素质教育与学校德育体系的有机结合，将人与自然之间的伦理关系纳入整个道德调整领域，丰富着高校德育内涵。高校生态文明素质教育的德育价值取向是一切教育之根本。建设生态文明对高校德育提出了新的课题，赋予了新的使命。高校生态文明素质教育作为一种实践性更强的教育，其与德育的有机结合，对于德育课程体系的建设、德育方法和手段的创新、德育环境的营造、德育功能的拓展等都产生积极的影响，有利于建构更好体现生态文明价值取向的高校德育模式，实现学校德育的创新发展。[③]

2. 生态文明教育的内容、模式及途径

关于生态文明教育的内容、模式、途径及思路问题，学者们从多角度进行了阐释。有学者认为，生态文明教育要有针对性，依据国情和大学生的实际以及生态文明的特点，高校生态文明教育应该包括：开展生态国情教育，唤醒忧患意识；正视矛盾，强化科学发展意识；揭示系统联系，培养整体意识；抵制浪费之风，树立节约意识；心灵熏陶，提升自然美意识。[④] 有学者指出，生态文明素质教育应从整体世界观、生态善恶观、生态公平和正义、生态人格塑造、生态实践等方面进行理论探索与实践创新，进而构建体现生态文明价值取向的高校德育模式。[⑤] 有学者认为，更重要的是将生态文明内

---

① 卢岚：《生态文明建设与思想政治教育关系辩证》，《学校党建与思想教育》2013 年第 3 期。

② 王学俭、魏泳安：《思想政治教育生态价值探略》，《思想教育研究》2013 年第 5 期。

③ 路琳、付明明：《高校生态文明素质教育的德育审视》，《河南师范大学学报》（哲学社会科学版）2013 年第 3 期。

④ 陈永森：《开展生态文明教育的思考》，《思想理论教育》2013 年第 4 期（上）。

⑤ 路琳、付明明：《高校生态文明素质教育的德育审视》，《河南师范大学学报》（哲学社会科学版）2013 年第 3 期。

化为思维方式进而成为稳定的行为习惯。就理论教育的途径来看，要发挥好高校思想政治理论课的主渠道作用，帮助大学生明确该如何生活、如何发展，从而增强其生态道德责任和义务。就实践教育的途径来看，要充分发挥学校和社会各种组织的教育作用，包括：充分发挥学生会组织的引领作用，塑造校园生态文化，通过有关活动加强消费观教育。[1] 还有研究将思想政治教育生态价值的现实彰显途径归纳为五点：坚持科学发展观的思想指引；丰富生态教育的内容；完善生态教育的生态教学机制、生态实践机制和生态评价机制等机制建构；强化生态教育的环境塑造，建构"家庭—学校—社会"三位一体的生态教育环境，形成教育合力；推动生态教育方式创新，促进"生态理论教育和生态实践活动相结合、生态教育现代化教学手段和思想政治教育传统教育方式相结合、生态教育主干课程和辅修课程相结合、校内生态教育和校外生态教育相结合、生态引导教育和生态自主教育相结合五结合"。[2]

3. 生态文明建设中思想政治教育的调整和创新

有学者从思想政治教育在生态文明建设中承担的新的社会责任的角度，提出要对思想政治教育进行调整和创新。思想政治教育在生态文明建设中承担着新的社会责任，包括：思想政治教育对生态文明观的培养、思想政治教育对文明消费行为的引导、思想政治教育对生态文明理论的研究和挖掘，包括马克思主义生态观、中国共产党人在领导中国革命和建设中的生态文明思想、中国传统文化中的生态文明思想。为适应生态文明建设的任务，思想政治教育也要进行调整和创新。一是思想政治教育要体现生态价值。思想政治教育的生态价值在于树立生态价值的教育理念，强调和凸显生态文明的相关内容，选择恰当的教育方法，其宗旨在于培养具有良好生态道德的、明确生态权利和义务的合格生态公民。二是思想政治教育的内容要包含生态观教育的内容。有必要在思想政治教育的内容中增加生态观教育的内容，包括生态自然知识教育（如宇宙观教育、自然知识教育、生态系统知识教育、人与自然关系教育、中国生态情况介绍等）、生态道德教育（如生态善恶、生态良心、生态正义和生态义务等）、生态法治教育、生态消费观与幸福观教育等。三是思想政治教育的方法要注重社会实践。四是加强思想政治教育队伍建设。五是开展思想政治教育学和生态学的交叉融合研究。[3]

（五）关于网络思想政治教育问题研究

2013年，学界对网络思想政治教育问题的研究在深度和广度上都有明显进展。从以往主要关注网络思想政治教育现状、存在问题及对策解析，转而对网络思想政治教育的理论基础、基本规律等进行深入研究，并且紧跟互联网发展现状，对大数据背景下的网络思想政治教育问题以及网络社会思潮现象进行了探讨。

1. 大数据时代网络思想政治教育问题

2013年被称为"大数据元年"。有学者指出，面对大数据巨大的变革力量，网络思

---

[1]　张博强：《略论大学生生态文明教育》，《思想理论教育导刊》2013年第6期。

[2]　王学俭、魏泳安：《思想政治教育生态价值探略》，《思想教育研究》2013年第5期。

[3]　谢晓娟、孙承鹏：《论生态文明建设中思想政治教育的新使命》，《学校党建与思想教育》2013年第7期。

想政治教育需要主动跟进和研究这一网络信息技术急速发展的现实，认清大数据时代所带来的机遇和挑战。其一，要研究大数据的本质特征，确立网络思想政治教育的数据意识。在全面理解大数据的基础上，系统地分析大数据时代对网络思想政治教育可能产生的影响，带来的机遇和挑战，并主动确立数据意识。其二，要顺应量化研究的新崛起，创新网络思想政治教育的研究范式。充分发挥定量研究的作用，积极推进网络思想政治教育研究范式的创新；与数据资源丰富的部门、媒体和企业建立良好的合作关系，合法合规地挖掘教育对象的相关信息，为实施教育活动提供依据；建设网络思想政治教育的数据分析队伍；建立各层次的网络思想政治教育的大数据平台，深入把握教育对象的思想状况。其三，基于大数据分析的宏观层面的群体思想政治教育与微观层面的个体思想政治教育的结合，是大数据时代网络思想政治教育的两个重要着力点，将极大地推动网络思想政治教育的新发展。[①]

2. 网络思想政治教育中的主客体关系问题

目前，学术界对网络思想政治教育的基础理论研究仍显薄弱。对此，有学者指出，从主体性哲学研究到主体间性哲学研究的时代转向，为网络思想政治教育的生动实践提供了新的理论范式。考察网络思想政治教育活动的整个系统，教育者、受教育者是整个教育活动中相对独立的主体，他们在互动交往中共同发挥能动性作用，具有主体间性。要通过培育主体间互动交往的情感基础、提升主体间互动交往的能力水平、丰富主体间互动交往的对话内容和优化主体间互动交往的网络环境，实现主体间有效的互动交往并在实践中感召、塑造和引领主体的网络生活方式，实现其思想道德认识从自在状态向自为状态的转化，从而实现网络思想政治教育的价值生成。[②]

许多学者认为网络思想政治教育应该充分挖掘和发挥受教育者的主体性，这会使思想政治教育工作者的主体性变得更加式微。因此有学者提出，弘扬思想政治教育工作者的主体性具有重要意义。一方面，思想政治教育工作者要实现从消极主体性到积极主体性的转变。另一方面，高校学生要实现从主体性迷失到主体性重塑。通过广阔的网络道德实践空间提高大学生思想政治教育主体性；通过积极向上的网络文化引导学生高扬主体意识。[③] 也有学者从网络思想政治教育主客体关系的转化角度进行研究，认为网络思想政治教育的目的通过网络思想政治教育主客体关系的转化得以实现，而这种转化需要主客体条件和中介条件。主客体条件主要包括主客体的态度和能力；中介条件主要指网络媒介、网络思想政治教育信息和网络思想政治教育活动。同时，网络思想政治教育主客体关系的转化是一个复杂过程，是一个"教育主体以'为我'方式构建、教育客体自主选择信息、主客体彼此不断接近"的过程。促进网络思想政治教育主客体关系的转化，应着重从尊重教育客体的主体地位、发挥教育主体的主导作用、强化互联网的教育功能和提高教育主体综合素质等方面的努力。[④]

---

① 胡树祥、谢玉进：《大数据时代的网络思想政治教育》，《思想教育研究》2013 年第 6 期。

② 易鹏、鲁宽民：《主体间性哲学视阈下网络思想政治教育的实现》，《求实》2013 年第 7 期。

③ 赵晓晖：《论网络思想政治教育中教育者和受教育者主体性的嬗变》，《学校党建与思想教育》2013 年第 5 期。

④ 李红革：《论网络思想政治教育主客体关系的转化及其策略》，《重庆大学学报》（社会科学版）2013 年第 3 期。

3. 网络思想政治教育的基本规律

探索和把握网络环境下思想政治教育工作的规律，是当前思想政治教育的重大课题。有学者指出，网络思想政治教育规律的生成是三种规律三位一体的过程：网络环境发展的规律、网络环境下人的思想品德形成发展的规律、网络思想政治教育工作的规律。网络环境形成发展的基本规律表现为：文化与科技的融合、现实与虚拟的共生、人与网络的互动。网络环境下人的思想品德形成发展的新规律表现为：认知的"选择性扩张"、情感的"蝴蝶效应"、意志的"从众流瀑"、信念的"涨落突变"和行为的"群体极化"。网络思想政治教育工作规律有：坚持网上与网下相结合、网络传播与网民接受相结合、主体性与主导性相结合。高校是最重要的网络思想政治教育实践领域，对待网络的认识和实践必须有全方位、颠覆性、革命性的转变。在思想认识层面，要把虚拟社会管理放到与现实社会管理同等重要的位置，把主动地、科学地建设好、管理好网络文化作为当前和今后很长一段时间内的一项重大战略任务。在战略部署层面，要形成"两个主渠道、两个主阵地"的合力。在工作实践层面，青年学生最喜欢到什么地方表达自己的思想、观点，我们就应主动地在这个地方亮出我们的旗帜、发出我们的声音；青年学生最喜欢以什么样的方式聚集，我们就要毫不犹豫地以什么样的方式去凝聚、教育、引导青年；青年学生最关心、最需要什么，我们就要积极倾听青年心声，围绕他们的需求去关心、帮助、支持青年。[①]

未成年人网络道德素质的形成和发展规律一方面脱胎于未成年人现实道德素质的形成与发展，受其制约，又表现出自身所独有的本质属性。对此有研究指出，对未成年人网络道德素质形成和发展规律的研究应做到四个"把握"，即把握网络与网络道德本质、把握未成年人现实道德形成和发展规律、把握网络道德与现实道德的矛盾、把握网络环境与现实环境的异同，并在统筹协调四个"把握"的基础上开展研究。对未成年人网络道德素质形成和发展规律的探索必须以跨学科方式进行，实现理论基础的多元化：即以马克思主义哲学为指导，特别要坚持科学的认识论以及社会存在与社会意识关系原理，运用唯物辩证法的"三大规律"；以伦理学为依托，尤其要批判继承从古希腊哲人开始至今所取得的关于道德起源与发展的理论成果以及网络伦理学的相关知识；以心理学为基础，重点借鉴皮亚杰、科尔伯格等人的道德认知发展理论以及班图拉等人的社会学习理论。综合以上研究思路与理论基础，研究者将未成年人网络道德素质形成与发展的规律归纳为：主客相互作用律、内部矛盾运动律、要素协调统一律、虚实相互影响律。[②]

4. 大学生网络行为现状及规范管理问题

有研究以"高校学生网络失当行为"为主要关注内容，开展了一系列调研。结果显示，高校学生网络行为总体文明健康，但存在的问题也必须引起重视。一是网络失范行为，主要表现为肆意性的网络行为和侵犯性的网络行为，包括侵犯知识产权、浏览并传播黄色暴力信息、威胁网络安全、传播未经证实的消息、浏览被政府屏蔽的网站、查探

① 唐亚阳、杨果：《网络思想政治教育的基本规律探析》，《湖南大学学报》（社会科学版）2013年第3期。

② 赵惜群、翟中杰：《未成年人网络道德素质形成与发展规律探析》，《湖南科技大学学报》（社会科学版）2013年第1期。

或暴露他人隐私、言语攻击等。二是网络异化行为，主要表现为"网络成瘾"、"信息超载"和"现实社交障碍"等。高校学生网络失当行为主要体现在失德层面，违法比例很小，"认识偏差型"和"网络恶搞型"网络失当行为占据主体，大学生主动发布有害信息较少，但"参与互动"和"被动接收"的情况较为严重。因此，应加强高校学生网络行为规范管理和网络道德教育，首先是加强网络行为规范建设。明确立足规范性、强化系统性、着眼前瞻性的基本原则，完善高校学生网络行为立法，建立健全高校学生网络不良行为的法规约束机制。其次是加强网络道德教育。加强网络文明意识、网络法律知识、网络安全常识等教育；推进高校学生网络行为自律，完善高校学生网络道德规范及公约，加强高校网络文化建设与思想政治教育；建立大学生网络行为道德档案制度、大学生网络行为诚信体系，实行黑名单制度、举报不良网络行为的奖励制度。①

5. 虚拟社区中的社会思潮传播问题

现有的研究对网络舆情非常重视，相关成果很多，但对网络思潮的研究却较为薄弱。对此有学者通过对虚拟社区中社会思潮发生机制、传播方式及其影响的探讨，得出结论：在多样化社会思潮自由传播的虚拟社区中，必须建构起自身的价值准则和文化身份，形塑核心价值观，防止过度利益化、政治化及反社会倾向的思潮在互联网上恶性膨胀，避免在线暴力、仇恨和越轨行为；必须确立主导性声音，以社会主义核心价值体系引领社会思潮，用灵活的手段和策略对虚拟世界进行舆论引导，倡导正确的价值导向，构筑健康、和谐的网络环境，为广大网民提供精神支柱。该研究将合理调控虚拟社区中的社会思潮传播的途径归纳为三点：一是扶持重点网站，设置议题和框架，传播核心价值观念，巩固马克思主义在意识形态领域的指导地位。大力发展中国特色网络文化，着力建设好包括中央和地方的一批重点网站，做好对热点、难点问题的释疑解惑，为网民澄清思想上的模糊认识。通过技术手段控制错误思潮的传播，"封杀"某些敌对势力网站。筑牢主流思想文化阵线，提高网民自觉抵御错误思潮侵蚀的能力。二是发挥"意见领袖"（opinion leader）的价值引导功能。团结"意见领袖"，发展"网络统一战线"，孤立打击极少数真正的敌对分子。同时官方网站要积极培养网络评论员队伍，培养主流文化认同的"意见领袖"。三是提高虚拟社区的自我管理能力。②

三　学科发展与学术研究需注意的几个问题

第一，切实加强马克思主义对思想政治教育研究的指导。

马克思主义是我国哲学社会科学研究的指导思想，任何一个社会科学学科的研究都必须坚持这一指导思想，这是马克思主义在意识形态领域指导地位的重要体现。习近平总书记在"8·19重要讲话"中强调："领导干部特别是高级干部要把系统掌握马克思主义基本理论作为看家本领，老老实实、原原本本学习马克思列宁主义、毛泽东思想特别是邓小平理论、'三个代表'重要思想、科学发展观。新干部、年轻干部尤其要抓好理论学习，通过坚持不懈学习，学会运用马克思主义立场、观点、方法观察和解决问

---

① 高德毅：《高校学生网络行为与规范管理研究》，《思想理论教育导刊》2013年第5期。
② 陈伟军：《虚拟社区中的社会思潮传播与价值形塑》，《浙江学刊》2013年第1期。

题，坚定理想信念。"[①] 这也是对所有宣传思想工作者的要求，也是对思想政治教育研究的要求。目前，回答和解决思想政治教育研究中存在的很多问题，如把握好科学性和实效性的关系、把握好包容多样和思想斗争的关系、把握好创新发展与坚持根本的关系、把握好民族文化和世界认同的关系、把握好批判错误思维与思想政治教育的关系、坚持正确导向与方法更新的关系，等等，都需要真正坚持用完整的科学的马克思主义为指导，真正坚持马克思主义革命性与科学性的统一、马克思主义立场观点方法的统一、政坛上论坛上讲坛上的马克思主义统一。

第二，加强思想政治教育的基础理论问题研究。

如今，思想政治教育学科发展已近30年，尽管成果很多，但一些基础性的理论难题尚未破解。例如，如何破解思想政治教育中的"休谟难题"，即以知识为载体的科学教育是否能够、如何能够使受教育者形成正确的价值判断？或者说思想政治教育有了科学的内容和科学思维，是不是就能够培育出期待的世界观、人生观、价值观？如果能够形成价值判断的话，形成的机制是什么？再如，社会意识形态如何内化为个体意识的问题。社会意识形态是占统治地位的思想，将主导社会意识形态贯彻到国民意识之中，是思想政治教育的一个重要责任。社会主导意识形态是在一定共同体的实践基础上概括和总结出来的，是间接经验。由此，就出现了个体的精神需求和共同体的理论成果之间的关系问题。具体而言，主导社会意识形态的传播与教育过程如何满足受众的内在需要和适应其接受心理成为一个不能回避的思维前提。[②]

第三，倡导学术争鸣和学术批判，推进学术研究的开拓创新。

当前，人云亦云、低端重复、四平八稳的"研究"，已经成为我国学术界的普遍现象。特别是缺乏批判精神、批判思维、批判勇气和批判能力，已经成为中国学术开拓创新的巨大障碍。思想政治教育研究也未能例外。在思想政治教育研究中，重复性研究较多、争鸣性研究不多、批判性研究稀缺，创新性严重不足，这必然造成理论研究成果整体层次不高，真正意义上的开拓性、原创性学术成果极其匮乏。因此，在今后的研究中，要切实坚持理论联系实际的马克思主义学风，增强问题意识，使学术研究成果有的放矢、言之有物、通俗易懂、语言生动、文字鲜活。思想政治教育研究者必须具有马克思主义理论基础和本专业理论功底，以及把握学术研究前沿动态和驾驭海量学术信息与资源的能力，不断提升思想政治教育研究的学术含量；要树立批判精神、增强批判意识，更要提高批判能力，批判做到有理有据，明确指明问题的实质和要害；使辨析、商榷、争鸣、批评、批判——这些学术研究中可贵的东西，真正成为学术研究的常态，成为推进学术研究的一种重要的动力，成为学术研究的生命；从而推进包括思想政治教育在内的我国哲学社会科学的进步、繁荣和发展，推动整个理论创新事业的健康发展。

（供稿：李春华　朱亦一　朱　燕　梁海峰　余　斌）

---

① 习近平：《胸怀大局、把握大势、着眼大事，努力把宣传思想工作做得更好》，《人民日报》2013年8月21日。

② 李辉：《论思想政治教育的基础性理论难题》，《思想教育研究》2013年第11期。

科学无神论

科学无神论是党的意识形态工作的重要组成部分。习近平总书记发表重要讲话，部署了加强宣传思想工作的大政方针。巩固马克思主义在意识形态领域的指导地位成为时代强音。依托马克思主义研究的大平台，科学无神论学科建设进入第四年。在马克思主义理论学科建设与研究工程的大力支持下，科学无神论学科建设稳步推进。

一　学科发展概况

2013年的科学无神论学科建设是承上启下、继往开来的一年。

（一）中国无神论学会第四届理事会诞生

8月18—19日，中国无神论学会第四届会员代表大会暨2013年学术年会在京召开。年会主题为"科学无神论事业继往开来的历史使命"，由中国无神论学会和中国社会科学院科学与无神论研究中心联合主办。来自全国各地的80多名代表出席会议。

大会开幕式上，中国无神论学会副理事长兼秘书长习五一代表第三届理事会做工作报告，题目为"继往开来，努力开创科学无神论事业的新局面"。报告概述中国科学无神论事业的发展历程，同时指出，虽然当前科学无神论事业出现喜人景象，但形势也不容乐观。利用宗教影响国家安全的三个突出问题是：以达赖集团为首的"藏独"分裂势力，打着伊斯兰教旗帜的"东突"分裂势力，美国基督教新保守势力的对华扩张战略。国际右翼宗教势力的文化渗透仍然是威胁我国文化安全的重要因素。坚持教育与宗教相分离，抵御境外势力利用宗教对高校进行渗透和防范校园传教，是当前一项重要而紧迫的战略任务。为从思想文化上提供抵御境外宗教神学渗透的理论武器，应当大力加强科学无神论学科建设。

代表大会推选出中国无神论学会第四届理事会理事长、副理事长和秘书长。中国藏学研究中心原党组书记朱晓明被推选为中国无神论学会新任理事长，中国社会科学院荣誉学部委员杜继文担任学术顾问。有9位同志当选为副理事长，即：中国社会科学院科学与无神论研究中心主任习五一研究员、中国反邪教协会常务副秘书长王慧梅、北京科技大学左鹏教授、教育部高校社科研究中心原主任田心铭研究员、国家宗教事务局宗教研究中心副主任加润国研究员、中国科普研究所所长任福君研究员、上海师范大学哲学系李申教授、教育部高教社科研究中心主任杨河教授、中国社会科学院计算机网络中心原主任张新鹰研究员。学会秘书长由习五一研究员兼任，副秘书长由中央社会主义学院王珍副教授担任。

中国无神论学会新任理事长朱晓明研究员致辞。中国无神论学会的工作将沿着任继愈先生开创的科学无神论研究和宣传教育的道路继续前进。在今后的工作中要疏通与党政有关部门的联系渠道，得到他们政治上的关心、工作上的指导和条件上的支持，为学会工作创造更好的外部环境和条件。要通过学会的集体努力，为抵御宗教渗透、文化传教、邪教肆虐、"藏独""疆独"猖獗提供思想理论武器，创造社会舆论氛围，改变共产党领导的社会主义国家在一些领域和地方"有神论有人讲，无神论无人讲"的不正常状况。

全国政协民族和宗教委员会主任朱维群同志在开幕式上发表重要讲话。他指出，无神论是马克思主义世界观的起点和基石。中国文化有着深厚又极富特色的无神论传统，需要我们加以挖掘、坚持和弘扬，在新的历史条件下服务于中国人精神世界的构建。正因为有这样一个传统，所以中国历史上虽然活跃着多种宗教，但是中国始终没有成为一个宗教国家，而是一个世俗国家。中国宗教本身也非常富有中国式的现实品格。这正是我们党，作为一个无神论的政党，能够如此自然地从中国人民当中生长出来，得到人民的长期支持，克服种种艰难困苦，取得胜利，而且胜利以后能够长期执政的重要原因。因此，坚持无神论，是执政党对自身建设的要求；要善于做群众教育和宣传工作；始终要坚持同宗教界的统一战线紧密结合。

《科学与无神论》杂志主编杜继文教授发表主题演讲。他指出，不论是"信仰危机"、"信仰荒漠"，还是要整合成为"信仰中国"，这都不是中国本有的，更不需要用西方基督教和基督教神学来填补。中国既不缺信仰也不缺道德，中国缺的是科学。近代以来，基督教是因其教义和神学与我们的人本主义传统不甚相容而一再遭到排斥，而西方的科学技术和理性则为我们广泛学习和吸收。当前科学无神论面临的最重要也最迫切的任务，是应对"文化传教"，即以文化学术形式实施的宗教渗透。切实实行"教育与宗教相分离"的立法，维护宪法和法律的严肃性，将是解决此类问题的有效措施。

（二）第一届科学无神论论坛在京召开

在"马工程"的大力支持下，2013年12月5日，第一届科学无神论论坛在中国社会科学院马克思主义研究院报告厅召开。论坛的主题是"纪念毛泽东《加强宗教问题的研究》批示50周年"，由中国社会科学院科学与无神论研究中心和中国无神论学会联合举办。来自中国社会科学院、教育部、中国科协、中国关爱协会、国家宗教事务局、中国藏学研究中心、河北省社会科学院、中央民族大学、中央财经大学、北京科技大学、北京中医药大学、中国矿业大学、中央社会主义学院、河北师范大学、内蒙古工业大学等单位的40多名专家学者出席。全国政协民族和宗教委员会主任朱维群同志出席此次会议，中国社会科学院马克思主义研究院院长邓纯东同志代表主办单位致辞。

中国社会科学院荣誉学部委员杜继文教授发表"毛主席批示的战略意义"的主题报告。他说，毛主席的批示史无前例地把对宗教的观察和研究纳入了中国共产党人认识世界、判断国际关系和进行决策的视野。任继愈先生将其归纳为"研究宗教、批判神学"，这成为我国宗教研究的基本方向。这一精神也是对马克思主义宗教观的重要发展。我国目前所处的国际环境中，宗教急剧政治化，这影响到我国的国际安全和文化安全。因此，对国家而言，宗教不完全是私人的事情；而且依照我国的传统和西方世俗化的潮流，国家需要对宗教做全面的主导和管理。对此，我们一定要理直气壮，容不得让步和妥协。

中国无神论学会理事长朱晓明研究员发言，题为"继往开来，薪火相传，开拓科学无神论研究的新局面"。他认为毛主席批示的要点是，研究宗教，要以马克思主义为指导，要着眼于群众，要批判神学、写好历史，要有明确的出发点和落脚点。当前无神论研究和宣传教育需要我们全面理解和贯彻党的宗教工作的基本方针、政策。我们不能以一般的马克思主义教育代替无神论教育。加强无神论宣传教育与落实宗教信仰自由政策、团结宗教界人士和信教群众并不矛盾；我们在政治行动上与宗教界结成爱国统一战线并不等于赞成唯心论。

中国社会科学院科学与无神论研究中心主任习五一研究员指出，科学无神论是抵御境外宗教渗透的思想武器。当代全球宗教演变呈现出多元化的复杂趋势，首要特点就是基督教的主要群体由北半球向南半球转移。随着现代化的进程，基督教在西方发达国家不断衰落，同时某些热衷传教的基督教新保守势力推行传教国际化的战略，大力向发展中国家传播基督教。宗教不只是一种文化，也是一种非常有效的政治手段。当前西方列强的核心话语已转向"以宗教自由为基石"的人权，这种宗教意识形态化的倾向严重影响国际社会文化的多元化发展，也成为我国国家安全的潜在威胁。加强科学无神论建设，从思想文化上提供抵御境外宗教神学渗透的理论武器，才能确保我国文化和意识形态安全。

上海师范大学李申教授回顾中国无神论学会三十多年的历程。他说，随着特异功能等伪科学问题日益为越来越多的普通大众所认识，学会当前的关注重点主要在警惕传统有神论的急剧传播和扩张上。当前科学无神论的宣传教育工作，一方面必须直面有神论的发展和进攻；另一方面还要面对一些举着马克思主义宗教观旗帜，实则以宣扬有神论、宣扬神学为目的的宗教学家宣传和鼓吹有神论的言论。这就使本来就非常困难的无神论宣传事业，又增加了新的重担。这种新形势也给中国无神论学会的工作带来新的挑战。

（三）工作座谈会和学术研讨会

第四届中国无神论学会积极推动科学无神论事业的发展。学会主要领导联名致函中央领导同志，获得重要批示。为落实中央领导同志加强科学无神论建设的批示，2013年9月3日，中国社会科学院院长、党组书记王伟光会见《科学与无神论》杂志主编杜继文，并批示中国社会科学院副院长李捷具体落实。2013年11月15日、12月4日、12月12日李捷副院长和马克思主义研究院邓纯东院长三次会见中国无神论学会学者，商谈学科建设。学会主要学者相继到中共中央组织部、教育部、公安部、中国人民大学、清华大学等政府机构和高等院校进行调研，召开工作座谈会，获得有关部门领导同志的大力支持。

与此同时，中国社会科学院科学与无神论研究中心和中国无神论学会联合召开一系列学术研讨会，有力地推动了科学无神论学科的建设。

10月19—20日，"关于国家社会科学基金项目课题设计研讨会"在中央社会主义学院举行。来自中国社会科学院、教育部高教社科研究中心、中共中央党校、北京师范大学、北京科技大学、中央社会主义学院、中国人民公安大学等单位的20多位学者参加。与会学者共设计10个关于科学无神论的研究课题，报送全国哲学社会科学规划办公室。

2013年12月，全国社科规划办发布国家社会科学基金项目2014年度课题指南。其中在"马克思主义·科学社会主义"、"党史·党建"、"哲学"、"民族问题研究"、"宗教学"五个学科中，列入九项课题。这些项目为："马克思主义无神论研究"、"新形势下党的思想建设中加强马克思主义无神论教育研究"、"新中国成立以来党领导马克思主义无神论教育的历史经验研究"、"当代无神论思潮研究"、"科学无神论与当代神秘主义研究"、"边疆民族地区科学无神论宣传教育研究"、"无神论学科体系建设研究"、"科学无神论与宗教信仰自由研究"、"科学无神论与抵御境外宗教渗透研究"。与此同时，中国无神论学会组织学者承担了全国社科规划办委托项目"科学无神论基本理论问题研究"。

11 月 12 日，"关于我国当前宗教形势和理论政策"座谈会在中国社会科学院马克思主义研究院会议室召开。来自中国社会科学院、中国人民公安大学、中央社会主义学院等单位的专家学者出席了此次会议。中国社会科学院李捷副院长出席会议并发表重要讲话。

12 月 15 日，任继愈研究会在北京举行 2013 年学术年会。会议主题是"纪念毛泽东关于加强宗教研究批示 50 周年"。中国社会科学院原常务副院长、任继愈研究会名誉会长汝信，任继愈研究会会长杜继文，任继愈的胞弟任继周院士，中国无神论学会理事长朱晓明等出席开幕式并致辞。来自全国的 50 多位专家学者研讨任先生的学术思想。与会人士一致认为，任继愈先生博学睿智、淡泊名利、宽厚待人，他不为外物所左右，不为荣辱所干扰，一直在自己认准的学术道路上前行。这位学界翘楚将他的生命献给了中国五千年薪火相传的学术事业，以马克思主义为指导，在学术领域取得了非凡的成就。任继愈先生的学术精神将继续深刻影响中国学术界。

12 月 21 日，"科学无神论基本理论问题研究"提纲研讨会在中央社会主义学院召开。来自中国社会科学院、中共中央党校、中国人民大学、北京师范大学、北京科技大学、中央社会主义学院、中国人民公安大学等单位的 10 多位学者参加。与会者畅所欲言，提纲框架基本形成。

（四）科学无神论学科科研成果出版概况

2013 年 3 月，习五一主编的《马克思主义无神论研究》（第 1 辑·2011），由中国社会科学出版社出版。这是国内第一部以"马克思主义无神论"为主题的学术论文集。该书汇编 2010—2011 年科学无神论研究领域的重要文章 40 篇，分为"特约文稿"、"科学无神论理论研究"、"科学无神论宣传教育工作"、"科学无神论与宗教研究"、"自然科学与无神论"、"当代西方无神论思潮"、"中国无神论思想史研究"、"破坏性膜拜团体（邪教）研究"八个专栏。作者们指出："无神论是人类社会文明和思考的结晶"。"马克思主义无神论是社会主义核心价值体系的哲学基础。"[①] 加强科学无神论的研究和宣传教育，是增强社会主义意识形态的重要组成部分。科学无神论是一种幸福的生活方式，是构建和谐社会的重要途径。为应对当前国内外复杂的时局，开展科学无神论学科的建设，势在必行。只有形成系统的科学无神论理论体系，才能为国家文化安全战略和具体政策，奠定坚实的理论基础，并提供有针对性的抵御宗教渗透的思想武器。作为马克思主义专题研究文丛之一，该书全面反映出当前我国科学无神论研究领域的最新研究成果。

2013 年 8 月，任继愈著作《宗教学讲义》，由国家图书馆出版社出版。本书是任继愈先生 20 世纪 80 年代在北京大学哲学系宗教学专业讲课的记录稿。任先生是当代中国马克思主义宗教学与科学无神论学科的奠基人。他指出，马克思主义宗教学是马克思主

---

① 习五一主编：《马克思主义无神论研究》（第 1 辑·2011），中国社会科学出版社 2013 年版，第 39 页。

义整个科学体系的重要组成部分。全书用辩证唯物主义和历史唯物主义的科学世界观研究宗教问题，论述宗教与哲学、道德、美学等社会文化形态的关系，分析原始宗教、佛教、基督教、道教的特点。"马克思主义宗教学本质上是一种科学无神论，它是在批判性地总结和继承历史上的无神论的优秀成果的基础上发展起来的。"① 宗教以信仰为基础，必然导致蒙昧主义，其本质决定必然具有欺骗性和麻痹作用。唯有批判神学，才能写好哲学史、世界史和文学史。正确认识宗教发生、发展和走向消亡的客观规律，为党和国家制定宗教政策提供理论依据。我们既要坚定执行团结宗教人士的政策，又要充分明确宗教的本质，坚持不懈地宣传科学无神论。马克思主义者对待有神论的愚昧，如同对待贫困一样，不是简单否定和排斥，而是要帮助其"摆脱"，——"不仅要脱贫，而且要脱愚"。进行科学无神论的宣传与教育，就是"脱愚"的重要举措之一。任继愈先生对宗教问题的深刻理解、坚定的科学无神论立场和对神学的严肃批判，对于当前科学无神论与马克思主义宗教观研究具有重要的指导意义。

2013 年 6 月，美国著名思想家、神经学家萨姆·哈里斯（Sam Harris）著作《自由意志——用科学为善恶做了断》的中译版，由浙江人民出版社出版。哈里斯是美国新无神论思潮"四骑士"之一。自由意志是西方哲学史上最重要的问题之一。它对人类生活的诸多方面，如道德、法律、政治、宗教、公共政策、亲密关系、罪恶感，以及个人成就等都有深刻影响。该书作者否定自由意志的存在。他认为，自由意志是一种错觉，我们的意志并非由我们自己决定。人们内心的想法、意愿都源自外在的背景因素，而这些因素是我们意识不到，而且也无法主观控制的。我们认为自己拥有自由，但事实并非如此。人类的自由意志体验就仿佛一个真实存在的神话，它只不过反映出我们思想上的混乱与困惑。作者认为，放弃"自由意志"，让我们更"自由"②。人的行为由其生理基因与成长环境决定。该书立论极具挑战性，代表了当代西方新无神论思潮中的观点之一。应当说，这种观点争议甚大，作者的论证也并非无懈可击。然而，作者揭橥的信念，即相对哲学和神学来说，科学不但可以，而且更应当成为道德问题的准则，科学可以为人类设立新的价值观，带领我们走向真正幸福的生活，体现着科学无神论者普遍的价值诉求。

2013 年，全国在科学无神论领域发表文献的情况如下：以"无神论"为关键词，在中国期刊网全文数据库、中国博士学位论文全文数据库、中国优秀硕士学位论文全文数据库、中国重要会议论文全文数据库、中国重要报纸全文数据库中进行文献检索，总共获得文献 53 篇；以"邪教"为题名，在如上数据库中进行检索，总共获得文献 59 篇；作为科学无神论领域唯一的专业期刊，《科学与无神论》全年总共发表文章 79 篇。

此外，根据对中国国家图书馆中文普通图书的检索，2013 年出版的题名中含有"无神论"的著作有 2 种，含有"邪教"的著作有 1 种。

目前，尚没有建立科学无神论学科领域的专业网站。马克思主义研究网自 2011 年 6 月 15 日起，开设"科学无神论"栏目，至今共转载科学无神论领域的论文 102 篇。其中 2013 年，马克思主义研究网"科学无神论"栏目转载科学无神论的文章 25 篇。自

---

① 任继愈：《宗教学讲义》，国家图书馆出版社 2013 年版，第 3 页。

② ［美］萨姆·哈里斯（Sam Harris）：《自由意志——用科学为善恶做了断》，欧阳明亮译，浙江人民出版社 2013 年版，第 71 页。

2013 年 2 月起，科学无神论学科代表人物习五一教授在新浪开设实名博客，至今为止转载科学无神论领域以及持有不同观点的相关文章约 189 篇。一年以来，新浪网习五一教授博客的访问量大约有四万次。以方舟子为代表的民间科学爱好者发起成立"科学公园"网站①，其目的是普及最前沿、主流的科学信息及观点，同时推广理性、质疑、探索、实证的科学精神，并澄清错误科学观点，辟除迷信思想，进而打击各类伪科学骗局。由该网站发起的"中国无神论者论坛"已经举办两届。民间无神论者涂建华建立的"科学无神论"② 网站持续运营，其目的旨在向社会大众传播科普知识、倡导科学无神论思想。

整体上来说，科学无神论学科建设的任务仍然任重而道远。

二　重大问题研究进展

2013 年，科学无神论学科的研究成果可以归纳为六个专题，即：科学无神论理论研究、坚持教育与宗教相分离、科学无神论宣传教育工作、科学无神论与宗教研究、中西方无神论思想研究、破坏性膜拜团体（邪教）研究。

（一）科学无神论理论研究

朱维群同志指出，中国文化有着深厚又极富特色的无神论传统，需要我们加以挖掘、坚持和弘扬，在新的历史条件下服务于中国人精神世界的构建。正因为有这样一个传统，所以中国历史上虽然活跃着多种宗教，但是中国始终没有成为一个宗教国家，而是一个世俗国家。中国宗教本身也非常富有中国式的现实品格。这是我们党能够从中国人民当中生长出来，得到人民的长期支持，克服种种艰难困苦，取得胜利，而且胜利以后能够长期执政的重要原因之一。然而，今天各种装神弄鬼的反科学、反理性的现象愈演愈烈，需要从源头上从世界观上加以清理。这些愚昧的反科学行为背后往往有些党员干部甚至是领导干部在推波助澜。对这些怪象乱象，只要我们没有从哲学高度予以清算，没有使历史唯物主义无神论成为多数人至少是我们执政党认识世界的思想指导，我们就永远不可能建成一个科学文明的现代国家。因此，坚持无神论是执政党对自身建设的要求。同时，要善于做群众教育和宣传工作。只有无神论的学说真正为大多数群众接受并且能够自觉运用于社会实践，我们的坚持才有意义。坚持无神论，始终要和坚持宗教界的统一战线紧密结合。无神论的宣传教育绝不是制造信教和不信教群众的对立，绝不是要求信教群众放弃他们的宗教信仰，而是要使社会上更多人学会正确看待宗教现象，理性选择和把握自己的世界观。我们要同信教群众一起去反对境内外某些势力利用信仰问题扰乱正常社会秩序、进行政治颠覆和政治渗透的行为。只有把原则的坚定性和政策尺度的准确把握紧密结合起来，才能够说服更多的人赞成我们，从而最大限度地减少无神论在宣传贯彻中的阻力。③

---

① http：//www. scipark. net/.

② http：//www. kxwsl. com/.

③ 朱维群：《为什么不问苍生问鬼神？——谈保持共产党人世界观的纯洁性》，《求是》2013 年第 18 期。

朱晓明研究员指出，无神论植根于人们的劳动和实践，是辩证唯物主义、历史唯物主义世界观的思想基础，是科学社会主义、共产主义信念的逻辑前提，是中国共产党人的精神底色。习近平总书记曾鲜明地指出："理想信念是共产党人的精神上的'钙'，理想信念坚定，骨头就硬，没有理想信念，或理想信念不坚定，精神上就会'缺钙'，就会得'软骨病'。"这对我们开展无神论研究和宣传教育提供了重要的思想政治武器。我们要为抵御宗教渗透、文化传教、邪教肆虐、"藏独""疆独"猖獗提供思想理论武器，创造社会舆论氛围，改变共产党领导的社会主义国家在一些领域和地方"有神论有人讲，无神论无人讲"的不正常状况。要把无神论研究和宣传教育事业引向深入。①

中国社会科学院荣誉学部委员、《科学与无神论》杂志社主编杜继文研究员在接受《马克思主义研究》采访时明确指出，"研究宗教"亟须拨乱反正，"批判神学"必须开展补课。当前宗教研究中存在一些偏差。信教人数虽不断增长，但是宗教知识仍然短缺。因为宗教研究的知识性传播变异成了信仰性传播；而且相当一部分人将宗教知识当成了赚钱的工具，"创收"与"吃教"的价值法则日益支配宗教研究的性质和倾向。马克思主义宗教观本是马克思主义政党对待和处理宗教问题的指导思想。然而，当前所谓的"马克思主义宗教观"究竟是用马克思主义观宗教还是在用宗教观马克思主义？这值得我们深思。"批判神学"上也有失误，尤其是那些超出法律界限的神学布道，比如汉语基督教神学运动。它以重建汉语基督教神学为使命，即针对大陆既有的教会神学，尤其是中国教会"爱国爱教"这一根本原则。该运动实是"基督教占领中国"的继续。现在的问题是，神学宣传和构建从教会搬到了国家教育系统和社会科学研究机构，汉语基督教神学运动正在变成一场社会政治运动。②

杜继文教授指出，我们要用科学理性主宰中国命运，而非鬼神信仰。"鬼神之论"每到一个历史转折阶段总会被一些人拿出来渲染一番，实践一番，所以非常有必要将之作为一个问题提出来认真讨论。在当前的宗教学界，文化传教是一个很大的问题。它不仅堂而皇之地进入了高教系统和科研单位，成为社会公众领域传播鬼神信仰最具影响力的平台。它还直接走上社会，试图改"宗教"为"信仰"，从而全面介入社会生活，并作为政治力量发挥作用。《渤海视野》上发表的"五十人高层论坛"《倡议书》和《信仰中国》，前者在召唤宗教信仰，仍然是"汉语基督教神学运动"的基调；而后者则侧重于发掘鬼神信仰资源，解决如何使之能够成为政治力量的问题。③

中国无神论学会副理事长习五一教授指出，马克思主义理论研究和建设工程将科学无神论作为濒危学科重点扶持，学科建设已迈出坚实的步伐，但形势也不容乐观。加强科学无神论研究和宣传教育工作，对于巩固马克思主义在意识形态领域的指导地位，保持党的先进性和纯洁性，提高全民族的思想道德素质和科学文化素质，推动中国特色社会主义事业的发展，具有十分重要的意义。国际右翼宗教势力的文化渗透严重威胁我国安全。坚持教育与宗教相分离，抵御境外势力利用宗教对高校进行渗透和防范校园传教

---

① 朱晓明：《开创科学无神论研究的新局面》，《光明日报》2013年10月12日。

② 杜继文：《"研究宗教"亟须拨乱反正　"批判神学"必须开展补课》，《马克思主义研究》2013年第5期。

③ 文丁：《让什么主宰中国命运：是鬼神信仰还是科学理性?》，《科学与无神论》2013年第1期。

仍然是当前一项重要而紧迫的战略任务。然而，该学科专业研究机构匮乏，研究力量严重不足。因此，加强科学无神论学科建设将是一项长期的战略任务，培养高素质专业人才是其中最紧迫的核心环节。①

中国无神论学会副理事长李申教授指出，无神论是"脱愚工程"的重要思想基础。任继愈先生提出："不仅要脱贫，而且要脱愚。"这不仅是我们国家目前面临的严重任务，也是我们长远的战略目标。纵观整个神祇观念发展的历史，就是一部不断否定神祇存在的历史，也是人类不断脱出愚昧的历史。因此，信仰神祇是愚昧的，我们要彻底贯彻人类教育"脱出愚昧"的目的。在世界是有神还是无神的问题上，脱愚的内容和办法，只能是进行科学无神论的教育和宣传。②

李申指出，科学是脱出愚昧的手段。近一段时间封建迷信不断抬头、各种伪科学时隐时现、邪教组织不时涌现，再一次表明培育科学精神、加强脱愚工作的重要性。"世界末日"之类的说法，都是对于人类历史发展的错误认识。科学和神学，是人类同一个认识过程的两个方面。科学追求正确的结果，所以不断修正自己、否定自己、抛弃错误，因为只有这样才能保证结果正确；而神学是保持信仰的稳定，因为这样才能保证信众的稳定，所以必须把一时获得的认识当作永恒的真理，其错误也就是不可避免的。③对于无神论事业的性质和前途，李申概括为：神是不存在的，所以无神论是真理，而坚持真理是光荣的；科学无神论的诞生、科学的飞速发展和民主制度的建立这三者是同步的；宗教的衰落大势是不可逆转的。④

中国无神论学会副理事长田心铭研究员指出，"无神"是马克思主义一切理论的前提。马克思和恩格斯是坚定的无神论者，但他们不是重复"无神"的阐述，而是致力于向前推进无神论。因此，坚持"无神"思想，未必是马克思主义；不坚持"无神"思想，肯定不是马克思主义；抛弃"无神"思想而又自称为马克思主义，必定是假马克思主义；只有坚持而又超越"无神"思想，用马克思主义科学世界观去揭示宗教的本质、根源、社会作用和发展、消亡的规律，才是马克思主义。我们在运用马克思主义指导实践时，一方面，不能把无神论同有神论的对立和斗争提到首位，而应该使其服从于现实政治、经济的目标和任务；另一方面，又必须始终坚持无神论的研究、宣传和思想教育，在世界观上同有神论和唯心主义划清界限。⑤

中共中央文献研究室杨明伟研究员指出，只有坚信科学唯物论，才能坚持科学无神论。探讨科学无神论的问题，首先要站稳立场，其次要看清形势。当前最需要我们看清的形势，一个是我们坚持走中国特色社会主义道路所取得的举世瞩目的成就，另一个是国际金融危机下世界范围内马克思主义的回归。在这场危机中，国际社会一些有识之士大量批评资本主义制度存在的问题，而其根本问题正是这种制度背后所依附的唯心主义哲学和宗教神学。我们只要看清了这两种思想斗争的背景和形势，也就自然而然地清楚

---

① 习五一：《继往开来，努力开创科学无神论事业的新局面——中国无神论学会第三届理事会工作报告》，《科学与无神论》2013 年第 5 期。

② 李申：《无神论是"脱愚工程"的重要思想基础》，《科学与无神论》2013 年第 1 期。

③ 李申：《科学是脱出愚昧的手段》，《人民日报》2013 年 4 月 7 日。

④ 李申：《在中国无神论学会 2013 年学术年会上的总结发言》，《科学与无神论》2013 年第 6 期。

⑤ 田心铭：《"无神"是马克思主义一切理论的前提》，《科学与无神论》2013 年第 5 期。

了科学唯物论和科学无神论的地位和命运。①

朱维群在接受《中国新闻周刊》专访时表示，必须坚持党员不能信教的原则。目前我国宗教的发展呈上升态势，这有社会环境相对宽松，以及市场经济不确定性的影响。但这种上升之中也存在宗教不正常发展和活动混乱的现象，亟须我们重视。这些现象背后也有一些人为因素在推动。尤其是一些外国势力利用基督教对中国进行渗透，非法传教，甚至企图把基督教变成反对中国社会主义制度、分裂中国的政治力量。中国共产党的世界观是辩证唯物主义和历史唯物主义，宗教的世界观无一例外属于唯心主义、有神论。如果允许党员信教，那么就是允许党内两种世界观并存，这势必在思想上、理论上造成党的分裂。党员信教，势必成为某一种宗教势力的代言人，一些地方将出现宗教徒管党的宗教工作的现象，就不可能平等地对待每一个宗教，不可能真正贯彻宗教信仰自由的政策，也根本不能指望这些人去抵御境外渗透，党的宗教工作将从根本上塌台。因此，保持党在世界观上的纯洁性非常重要。②

有学者指出，党员干部马克思主义信仰缺失，影响党的纯洁性，削弱党的战斗力，动摇党的执政地位。信仰缺失现象产生的原因如下：市场经济的负效应影响；国际共产主义运动走入低潮的冲击；思想文化的多元化；社会主义初级阶段存在的复杂问题；忽视马克思主义理论的学习和运用等。治理党员干部信仰缺失，必须提高党员干部马克思主义理论水平；增强社会主义核心价值体系的主导作用；充分发挥社会主义制度的优越性；完善党员干部选拔任用制度；强化对信仰问题的监督与管理。③

民间弘扬无神论思想的代表人物、科普作家方舟子指出，根据全球的数据，中国信宗教的人口比例很低。然而，中国所谓的无神论者有相当大一部分并非自觉的无神论者，他们只是没有自觉地思考过神的存在与否，严格来说并不能算是无神论者。无神论者应该是自觉地，即经过思考有意识地做出选择。根据思考过程的不同，无神论者可以分为以下几类：第一类是经验的或者直觉的无神论者，即通过生活经验觉得上帝不存在。这种验证过程相对粗糙，因为经验虽有一定价值，但终究靠不住。第二类是思辨的无神论者，自古以来就有哲学家在思考，从逻辑上反复推敲，神究竟存不存在，比如古希腊的伊壁鸠鲁。但这种思辨的方法从推广的角度来说仍有局限性。第三类就是科学的无神论者，即建立在科学基础上的，这也是我们要提倡的。现代科学的发展为无神论提供了依据，现代科学的发现完全符合无神论的预测。上帝这种假设不仅没有必要，而且很荒唐。建立在科学基础上的无神论，态度鲜明，信念坚定，因为这种信念有着强大可靠的科学基础。除非某一天天文学、宇宙学、生物学等学科的基本科学成果被推翻了，否则科学无神论的信念是不会改变的。很多不可知论者、无神论者都度过了充满意义的一生，我们更没有必要到宗教中寻找人生的意义。④

方舟子指出，当前在中国需要一场新无神论思想运动。第一，虽然官方哲学认可无

①　杨明伟：《只有坚信科学唯物论，才能坚持科学无神论》，《科学与无神论》2013年第2期。

②　朱维群：《专访民族宗教委员会主任朱维群：我坚持认为中共党员不能信教》，《中国新闻周刊》2013年6月17日。

③　姜华有：《党员干部信仰问题研究》，《理论建设》2013年第3期。

④　方舟子：《新无神论是科学无神论》，2013年7月20日科学公园第二届中国无神论者论坛上的演讲，文字稿参考 http://www.douban.com/group/topic/42680116/。

神论，但实际上在中国社会无神论很不受重视。第二，文化界以信教为时髦，特别是信基督教，而且往往是最保守的原教旨的基督教。第三，科教界对无神论教育的忽视甚至蔑视，造成很多学生在科学、宗教、无神论观念上的困惑和思想混乱。第四，民间宗教、迷信盛行。从宗教的方面来说，目前最大的威胁来自基督教，尤其是原教旨的基督教，这是由其教义的排他性决定的。原教旨基督教势力在美国最强大，而美国的强势文化扩张到中国，这种宗教方面的糟粕也会被国人作为一种时尚来接受。现在原教旨基督教在中国底层的农村也非常盛行，而且那里流行的往往是比较邪门的，比如呼喊派、东方闪电等。中国应该发动一场新无神论的思想启蒙运动；它以辩论、批判和传播的方式来体现，以网络作为传播渠道，辩论的目的并非改变信教之人，而是要争取旁观者。这种无神论的传播，纯粹出于对社会正义的追求和一种社会责任感。①

2013 年 7 月 20 日，科普网站科学公园②举办第二届中国无神论者论坛。方舟子表示，我们无神论者要一起"抱团取暖"。该民间论坛旨在为中国的无神论者提供一个联谊、讨论无神论和科普的平台，希望和欧美如火如荼的新无神论运动相呼应，以发出理性的强音，推进时代的进步。③

（二）坚持教育与宗教相分离

习五一研究员通过对北京大学等高校校园中宗教现象的深入调查研究，指出，随着宗教热的逐渐升温，宗教在高等院校的传教活动逐渐由秘密转向公开，特别是基督教汉语神学运动，进入大学讲堂和国家研究机构。在当代中国大学校园里，海外基督教势力成为传播福音的主要力量。校园基督教传播隐性方式是进入教学领域，进行文化宣教。在这样扩张态势的传教中，大学生基督教徒出现比较快的增长趋势。然而，教育与宗教相分离是近现代教育制度发展的必然趋势。因此，抵御境外宗教渗透和防范校园传教工作，已经作为重要而紧迫的战略任务提上工作日程。要毫不动摇地坚持教育与宗教相分离的原则，把马克思主义无神论作为抵御渗透和防范校园传教的基础性工作。④ 根据"当代大学生信教群体状况调查"的数据分析，大学校园传教现象普遍，其中基督教势力最为活跃。大学生信徒不断增长，其中基督教徒比例最高。非注册类型的大学生基督教团契增长迅速，其神学倾向认为政府依法管理宗教事务是干涉宗教信仰自由，只有参加家庭教会，才能获得"纯正的信仰"。这类基督教团契与现实社会之间的张力较大。在当代中国的公共教育领域里，"教育与宗教相分离"的原则受到了公开的挑战。⑤

田心铭指出，宗教教义宣传不得进校园应当成为实行"教育与宗教相分离"的一项基本要求。《科学与宗教：21 世纪的对话——英美四名家复旦演讲集》（复旦大学出版社 2008 年版）在高校的传播实际上是对宗教教义的一种宣传，这与我国培养社会主义

---

①　方舟子：《中国需要一场新无神论思想运动》，2012 年 7 月 14 日科学公园第一届中国无神论者论坛上的演讲，文字稿参考 http：//www. scipark. net/？ p＝2696。

②　http：//www. scipark. net.

③　张兵：《"科学公园"举办第二届无神论论坛》，《中国经济周刊》2013 年 7 月 29 日。

④　习五一：《宗教神学应当进入大学校园吗？》，《科学与无神论》2013 年第 4 期。

⑤　习五一：《应当重视当代中国大学生信教不断升温的现象》，《科学与无神论》2013 年第 6 期。

建设者和接班人的国民教育目标相背离，同党和国家的政策、法规明确规定的教育方针相背离。我们应该科学分析复杂的社会文化现象，辨析不同性质、不同指向的文化，区别对待。那种以文化的名义为宗教教义宣传进校园辩护的观点不正确，因为它抹杀了不同文化在性质和社会作用上的区别乃至对立。"如果把'文化'当成一个什么都可以装的'筐'，把良莠不齐的各种思想、观点包括宗教教义统统装进筐里，不区分筐内不同的货色，堂而皇之地一起包装起来，请进学校，兜售给学生，再利用学校的资源和名义向社会散发，这是同坚持社会主义先进文化前进方向的方针相背离的。"①

北京师范大学李志英教授根据在北师大本科生中的调查指出，星座的流行反映大学生世界观的不正确性以及唯物论在大学生头脑中的退缩和迷信的伸张，不可小觑。与基督教等宗教的传播相比，星座说涉及的人数更广、随意性更强，而且并不具备组织性传播的特点，也没有特定的教义和特定的独一信仰，生活化的特性更突出。但是其流行趋势需要引起重视，要加强调查和探究，更好地加强对大学生的引导，巩固科学无神论的阵地。②

有学者根据在河海大学、东南大学本科生中进行的宗教信仰状况调查，分析大学生信仰宗教问题以及科学无神论教育的缺失。大学生中信教者比例并不高，但相当多数人对宗教感兴趣；他们对宗教没有明确的认识，部分人认为宗教有一定社会作用；其宗教信仰动机具有功利性和非理想性；其信仰选择主要集中在佛教和基督教。信教原因在于宗教本身的魅力、学生自身的主观原因以及高校科学无神论教育的缺失。③

有学者研究改革开放以来大学校园中的特殊群体——大学生宗教徒群体的信仰问题。据调查，大学生宗教信徒占大学生总数比例不一，最高达 29.48%，最低也有3.5%，且有不断发展之势。对此，应大力加强马克思主义信仰教育；建立高校宗教教育管理的专门机构；高校要加强马克思主义宗教观教育以及无神论教育，培养学生的科学精神。④

有学者以对芜湖市三所高校本科生信教状况的调查为基础，探讨当代大学生宗教信仰状况。当代大学生没能把握学术界界定宗教信仰的内涵，认为自己有宗教信仰的大学生人数远超过事实上真正有信仰的人数。大学生信教的原因既有学习和生活压力，也有家庭社会环境的影响。我们必须重视宗教对当代大学生的影响；坚持社会主义办学方向，拒绝校园传教；宣传党的宗教政策，加强科学精神教育，正面介绍宗教知识，提高大学生对打着宗教旗号的邪教组织的防范能力；加强大学生心理教育；加强对学生宗教信仰问题的研究，及时掌握动态，做好正确引导。⑤

西北民族大学马玉堂教授根据在甘肃三所高校的调查指出，宗教在高校大学生中影响广泛，西部高校信教学生比例相对较高，大学生接触及信仰宗教的途径多样化。信教

①　田心铭：《宗教教义宣传不得进校园——试论"实行教育与宗教相分离"的一项基本要求》，《科学与无神论》2013 年第 1 期。

②　李志英：《大学生星座观调查》，《科学与无神论》2013 年第 3 期。

③　胡雪海：《大学生信仰宗教问题与科学无神论教育》，《科学与无神论》2013 年第 2 期。

④　王康：《当代大学生宗教信仰问题对策之思考》，《科学与无神论》2013 年第 4 期。

⑤　王黎芳：《大学生宗教认知与信仰状况调查与研究——以芜湖三所高校为例》，《科学与无神论》2013 年第 5 期。

原因有复杂的社会环境因素的影响，以及高校未能充分发挥思想教育阵地的作用和家庭的影响等。对宗教的模糊认识是大学生信教的直接原因，更重要的原因还是区域民族信仰的影响。①

有学者分析新疆高校抵御宗教渗透的工作。目前新疆高校宗教信仰状况堪忧，信教人数呈逐年上升的趋势，学生的宗教知识来源庞杂，宗教活动与民族习俗相混淆，校园中存在基督教、天主教升温现象。校园里非法宗教活动时有发生，比如学生从事宗教活动、非法宗教书籍、音像制品的传播以及基督教、天主教向高校渗透日益凸显。境内外"三股势力"利用宗教加紧向高校渗透的步伐，传播宗教极端思想。抵御宗教渗透要坚持教育与宗教相分离的原则、疏通与引导相结合的原则、耐心教育与依法管理相结合的原则。②

有学者以 2006 年对黑龙江省 70 所城乡中小学校的宗教信仰状况调查，和 2013 年对哈尔滨市 4 所初高中的无神论教育现状调查的比较为基础，探讨目前中小学校无神论教育的缺失状况。他发现学生中相信神灵、宿命论的人数逐年增加。近半数受访教师有神论思想明确；大多数在某些原则问题上认识混乱，甚至出现严重错误；超过 7 成不主张对学生进行无神论教育，赞成的从 2006 年的 6 成降到了 2013 年的 2.6 成，多数教师对无神论教育的态度表现得更加无所谓或者反感；大多数教师缺乏对科学精神和人文精神的深入理解。这一现象应当引起高度重视。我们在无神论的宣传尺度上，不可顾此失彼，面向基层群众的无神论宣传应当是和风细雨式的、深入人心的人文关怀，不可一味使用反邪教斗争的运动式的、无"人"的说教方式。要高度重视无神论教育如何纳入国家义务教育各学科教学的问题研究，这涉及学校无神论如何教和教什么的关键问题。要办好高等师范教育，强化师范特点的通识教育培养。对青少年的教育还需要全社会的参与和配合。③

（三）科学无神论宣传教育工作

有学者提出，要发挥科学无神论在建设社会主义核心价值体系中的作用，加强科学无神论教育，逻辑前提是要确立科学的指导思想和基本理念。我们必须在"以人为本"的科学思想指导下，坚持以下五个基本理念，即坚持一元主导与尊重差异、包容多样的统一，坚持积极引领与尊重群众主观能动性的统一，坚持普遍教育与突出重点人群的统一，坚持物质利益导向与关心精神需要的统一，坚持理论建设的民族性和开放性的统一。④

国家行政学院程萍教授根据"中国县处级公务员科学素养调查"的结果，分析近年来部分官员迷信的原因。几千年来中国传统文化根深蒂固的消极影响，如占卜算卦等，加上市场经济下人们普遍信仰"金钱至上"，以及"官场潜规则"和高心理压力催生其

---

① 马玉堂、张久献：《当前大学生宗教信仰的现状、原因及对策分析——以甘肃兰州三所高校为例》，《科学与无神论》2013 年第 3 期。

② 杨红：《加强新疆高校抵御宗教渗透工作的思考》，《科学与无神论》2013 年第 2 期。

③ 吴桐：《试论无神论教育和基础教育的结合问题——对中小学有神论现象的再次调查》，《科学与无神论》2013 年第 4 期。

④ 胡雪海：《"以人为本"与科学无神论教育的基本理念》，《科学与无神论》2013 年第 6 期。

迷信的心态。而对失去既得利益的担忧和恐惧更是他们迷信的根源。要加强思想道德建设，约束与教育并重，筑起防腐败、破迷信的思想长城；同时深化干部选拔任用制度改革，坚持用制度管权管事管人，把权力关进制度的笼子，这是破除官员迷信的关键。①

有学者明确指出，中国需要的是世俗道德，而不是宗教。当前很多人被流行舆论牵着鼻子走，认为中国社会之所以会出现道德滑坡的现象，是因为中国缺乏宗教。这一随波逐流的应和判断，实在是鼠目寸光。事实上，西方社会之所以能有今天这样先进和强大，绝对离不开文艺复兴和启蒙运动。这场思想解放运动的核心是以人为本，而摆脱宗教的束缚，特别是宗教道德和律令对人们思想和行为上的束缚，便是其重要内容。启蒙运动之后，欧美进入现代社会，世俗道德才逐渐建立起来。中国近百年的崇洋媚外之风将自己的传统丢弃。在社会道德出现滑坡之时，反受人蛊惑，要去捡西方的垃圾当解药。我们要实现"中国梦"，首先要重新认识优秀传统文化的价值，在此基础上，去粗取精、去伪存真，发展真正适合现代中国的道德价值体系，这才是正路。而非用西方早已失效的药方来治理中国。以宗教为主来建设道德的不良后果的例子，全世界不胜枚举，我们又何必重蹈覆辙？②

中央社会主义学院常务副院长叶小文认为，固然中国需要建设世俗道德，但不必因此就将宗教作为世俗道德的对立面或"西方的枷锁"加以贬斥。西方近代的人本主义由于过于强调个体的自由、权利与本能欲望，在催生经济迅猛发展的同时，也带来了人与自然、人与社会、人与人关系的一系列危机。我们对人本主义要在否定之否定的意义上进行继承和发扬，这就需要在"多元一体"的包容中熔炼融合，在"各美其美、美美与共"的合作中交流和交锋。中国不可能靠宗教解决诸多问题，但对宗教"要采取特别慎重、十分严谨和周密考虑的态度"。我国有上亿信教群众，他们是建设中国特色社会主义事业的积极力量，不能把信仰差异等同于政治上的对立，更不能把他们当成异己。当今中国的主流是践行社会主义核心价值观，但并非因此就要在"世俗道德和宗教"中去做选择。中国需要的是和谐合作，不是非此即彼。③

对于这种调和"世俗道德和宗教"的论点，中央社会主义学院民族与宗教教研室主任沈桂萍鲜明地指出，宗教支撑不起现代社会价值。当代中国社会，各种制假售假、贪污腐败、社会冷漠等负面现象频出，各种民族宗教纷争、分裂活动和暴力恐怖事件时隐时现。这一切在冲击经济健康发展、社会和谐稳定乃至国家安全的同时，也给人们带来心理困惑、道德危机甚而信仰迷失。一些人期望利用宗教信仰、宗教敬畏来化解社会问题，甚而希望从宗教中寻求价值支撑，推动文化昌明、政治和谐和国家长治久安。然而，纵观历史，宗教既可以成为推动社会稳定和谐的积极力量，也可以是导致分离族群、愚化民智、妨碍革新的消极力量。尤其是在一个深刻变革、快速转型的社会中，宗教的这种双刃剑作用表现尤为突出。过去我们曾经长期迷失在对宗教的简单化否定中，今天我们也不能陷入对宗教过分推崇的新误读中。当代社会承认宗教价值观对一部分公民的特殊价值导向作用，但不意味着把宗教看作人类文明的支撑、国家和社会发展的核心价值而弘扬倡导。在当前复杂的环境下，执政党对宗教社会作用的把握必须头脑清

① 程萍：《部分官员迷信的影响因素透析》，《北京日报》2013 年 6 月 3 日。
② 刘仰：《中国需要的是世俗道德，不是宗教》，《环球时报》2014 年 1 月 3 日。
③ 叶小文：《世俗道德与宗教不是非此即彼》，《环球时报》2014 年 1 月 15 日。

醒，意志坚定，行动有力。[①]

中国人民大学何虎生教授指出，马克思主义科学无神论教育是我国高校党建和思想政治教育工作的重要内容，关系马克思主义在意识形态领域的指导地位，关系党的先进性和纯洁性建设，关系社会主义合格建设者和可靠接班人的培养。其内容主要包括"五点"：辩证唯物主义和历史唯物主义的教育是科学无神论的基本点，崇尚科学与反对迷信的教育是其关键点，马克思主义宗教观的教育是其核心点，社会主义核心价值体系的教育是其着力点，人的自由全面发展的教育是其落脚点。这"五点"内容相互联系、不可分割。[②]

有学者指出，高校"马克思主义基本原理概论"课应当引导大学生正确对待宗教信仰问题以及接受马克思主义宗教观教育，具体包括如下内容：马克思主义关于宗教的起源、本质的观点有助于大学生正确认识宗教的功能与作用；关于宗教有神论如何形成的观点是马克思主义宗教观的核心内容；马克思主义关于科学和宗教相区别的观点，有助于大学生坚定中国特色社会主义的科学信念；马克思主义关于无产阶级政党的宗教信仰自由学说是正确对待社会主义条件下宗教现象的理论依据。[③]

有学者提出，科学无神论本质上是与时俱进的思想体系，为有效地抵御当前校园文化传教现象，有必要进一步加强科学无神论学科的自身建设。新的宗教神学思想需要正面的理论回应，种种社会现实问题要求加强科学无神论的宣传与教育。同时，科学无神论应当从服务现实的角度构建自身的积极内容，科学无神论的基础理论建设也需要进一步加强。[④]

有学者认为，目前新疆高校的无神论教育还存在重视不够、理论水平不足、教育的实效性尚有待加强等问题。对此，我们应该在思想上高度重视无神论教育的重要性，并在教育实践上探索更加有效的教育途径和方法。教育内容要有针对性，首先要针对大学生的心理和认识特点，其次要针对新疆的社会实际，最后要针对学生感到困惑的具体问题来进行无神论教育。教育途径上，要将日常教育和课堂教育相结合，要重视并充分运用现代媒体手段。教育方法上，对不同年级的大学生要进行分层教育，也要针对学生中有神论思想的程度进行分层教育。[⑤]

有学者探讨在少数民族中进行无神论教育的可能性与必要性。少数民族的无神论教育要针对不同对象区别教育，对少数民族的党员、广大青少年、少数民族干部和教师、一般群众，以及少数民族信教人士的无神论教育应有所不同。同时，要建立一种鼓励少数民族群众坚持无神论的有效的社会机制，不仅对既有无神论者权益是一种保障，更是

---

① 沈桂萍：《宗教支撑不起现代社会价值》，《环球时报》2014 年 1 月 23 日。

② 何虎生：《论高等学校马克思主义科学无神论教育的主要内容》，《科学与无神论》2013 年第 3 期。

③ 葛英杰：《高校"马克思主义基本原理概论"课引导大学生正确对待宗教信仰问题之我见》，《兰州教育学院学报》2013 年第 2 期。

④ 杨俊峰：《加强科学无神论学科建设，抵御校园文化传教》，《科学与无神论》2013 年第 3 期。

⑤ 闫韶华、符志斌：《新疆高校无神论教育之问题及对策探析》，《科学与无神论》2013 年第 6 期。

对有神论者的一种吸引，因为现实利益是人们精神追求的一大驱动力。①

针对当前社会上频频出现的各种"大师"，中国科学院院士、中国无神论学会名誉理事长何祚庥强调，弘扬科学精神任重道远。凡是不具有"可证伪性"的理论、学说、观点，均是伪科学。我们要集中反对假借科学的名义宣扬封建迷信、诈骗钱财、坑害国家的伪科学，盗用科学的名义和祸国殃民是其基本特征。对待伪科学，一要揭露，二要批判；同时还要宣扬科学精神，让广大人民群众掌握真理。中国共产党在弘扬科学精神上一直旗帜鲜明。这种科学精神具有如下特征：主张实事求是，主张客观真理，主张解放思想，主张理论与实践一致。由于我国教育、科技和文化的发展水平还不是很高，再加上长期存在的封建主义文化残余的影响，封建迷信和伪科学还有一定的市场，不少人假借气功的名义宣传封建迷信、诈骗钱财、坑害老百姓。现在反对伪科学，应该有一个更高的站位，需要各方面共同努力，否则收效甚微。对于伪科学的很多错误观点，不仅需要科学工作者来揭露，还需要上升到哲学的高度，指出其错误所在。②

中国无神论学会理事司马南在接受媒体采访时认为，到目前为止，整个世界范围内还没有任何所谓"特异功能"得到科学的证明。因此，目前社会上招摇的"特异功能"人士很可能就是骗子。这个人群有以下几个特点：都有表演型人格，有不同的面具；普遍能说会道；都有强烈而病态的成功欲，不甘于自己的地位；较少有道德感，寡廉鲜耻；情商都很高。他们往往能够摸到人们的弱点，越是在人们普遍焦虑、缺少安全感的地方，他们越容易成功。比如当官的就怕被人双规或者升不了官，影视明星就怕一夜爆红然后被人遗忘，普通百姓怕病难治，商人怕赚不到钱，等等。科学至少由科学知识、科学精神和科学技术三样东西构成。迄今为止，科学精神还没有成为国人思维的主要方式，多数人只是停留在享受科学带来的器具文明上。科学在中国的传播才一百多年，而中国几千年传统中的有神论思想为这些"大师"的流行提供了温床。"王林现象"更是愚昧文化和腐败文化结合在一起形成的一个怪胎，这值得我们深刻反思。③

（四）科学无神论与宗教研究

习五一教授认为，基督教新保守主义的全球扩张战略成为美国霸权主义的工具。美国国会通过《1998年国际宗教自由法案》，是以国家力量进行基督教的全球战略扩张。中国成为国际宗教右翼势力传播基督教福音的重点地区。境外宗教渗透成为威胁我国安全的最重要因素之一，其战略意图是改变中国的意识形态和政治制度。我们应当重视境外基督教右翼势力的"合法渗透"。境外右翼势力推动基督教在我国传播，实质上是一种文化殖民和意识形态渗透。西方宗教右翼势力特别善于利用合法渠道，深入我国文化教育和学术研究阵地，培植力量，宣传他们的世界观、价值观和政治观，与我国主流意识形态对立。为从思想文化上提供抵御境外宗教神学渗透的理论武器，我们应当大力加强科学无神论的学科建设。④

杜继文教授认为，"基督教占领中国运动"实际上已经成为美国对华的一项持久战

---

① 王治强、闫韶华：《少数民族无神论教育之路径探微》，《科学与无神论》2013年第5期。
② 何祚庥：《弘扬科学精神任重道远》，《人民日报》2013年9月15日。
③ 姜璐璐：《司马南接受本刊专访：王林骗局为什么得逞》，《环球人物》2013年第21期。
④ 习五一：《警惕国际基督教右翼势力的文化渗透》，《马克思主义研究》2013年第3期。

略。中国的宗教状况，在美国每期的《人权报告》和《国际宗教自由报告》中都是被泼污和攻击的对象，它们的目的就是要涂改宗教自由的内涵，制造混乱。事实上，科学无神论所揭示与抨击的鬼神论，从来没有针对合法宗教及其信仰活动，而是指宗教渗透势力及其向党政机关和文化教育领域侵入，以及他们力挺"宗教"占领社会公共资源，违犯国家《宪法》和《教育法》的言行。由于人们往往对宗教的概念不清，对"宗教渗透"也容易有歧解。而汉语基督教神学运动就是"基督教占领中国运动"的继续，其正在构建的汉语神学或称"非教会神学"，正与爱国教会的神学针锋相对。因此，我们要对当前的某些"文化"动态、"学术"观点进行清醒的思考，不能跟风、不能想当然。①

加润国研究员认为，"难题论"是加在马克思主义宗教观头上的伪命题，即坚持无神论的共产党如何对待坚持有神论的宗教。事实上，革命导师关于马克思主义政党对待宗教的态度和政策已很清楚，已成为马克思主义宗教观的重要原理，我们党处理社会主义和宗教关系的成功实践就是对这一原理的坚持和发展。实行政教分离和宗教信仰自由，是共产党自诞生之日起就具有的决心，不论是马克思还是恩格斯，其表述中都可以见到这一点。而列宁完全是延续马恩的论述，提出工人政党对待宗教的态度和政策。加润国认为，紧紧抓住"社会主义和宗教"这样一个标题而随意制造所谓的"问题"，是极不严肃的行为。② 他进一步指出，马克思主义政党关于宗教的基本理论就是科学无神论，其基本政策就是实行宗教信仰自由和进行无神论宣传，其制度基础是政教分离、宗教和教育相分离。中央19号文件（中共中央印发《关于我国社会主义时期宗教问题的基本观点和基本政策》的通知，中发［1982］19号）印发30年以来，党对宗教的工作取得了巨大的成绩，但也存在一些问题，比如宗教领域出现严重混乱现象、宗教研究中也出现一些不良倾向、在对待宗教问题上出现了片面性。因此，要切实加强和创新党的宗教工作；加强马克思主义的指导地位；加强唯物论无神论宣传教育。③

中国社会科学院世界宗教研究所黄奎副研究员指出，马克思主义宗教观、科学无神论表达的是一种积极自由。它是形形色色的宗教极端主义、宗教沙文主义、宗教无政府主义的天敌。无神论在晚近中国陷入疑似边缘化困局，其前途命运与世界范围内社会主义与资本主义两种社会制度、两种意识形态的较量密切相关。其边缘化困局与世界社会主义运动处于低潮有关，而宗教有神论在世界范围内的现状则与剥削制度、私有制的广泛存在密切相关。因此，无神论的真正胜利，在逻辑上和事实上有待于"在地球上彻底消灭人剥削人的制度"。④

中央社会主义学院王珍副教授对马克思《1844年经济学哲学手稿》中部分涉及宗教、有神论、无神论与共产主义关系的内容进行考察。有神论是无神论产生的必要前提，积极的人道主义由此产生；无神论是对有神论的扬弃，因此有着比有神论更丰富的

① 杜继文：《恭喜关于"教育与宗教相分离"调研中的新成果》，《科学与无神论》2013年第6期。

② 加润国：《试析有关马克思主义宗教观的几种观点》（三），《科学与无神论》2013年第1期。

③ 加润国：《党对宗教的工作的成绩、问题和对策——纪念中央19号文件印发30周年》，《科学与无神论》2013年第4期。

④ 黄奎：《马克思主义宗教观的话语形态》，载曾传辉主编《马克思主义宗教观研究（2011）》，社会科学文献出版社2013年版。

内容；有神论是人本质的异化，无神论是人本质的真正实现。在马克思看来，人的自我解放走的是这样一条道路：有神论（宗教）——无神论、共产主义——人的自我解放。在无神论、共产主义的人类联合体中，不是由于缺少了宗教有神论所提供的"神圣"而显得卑俗，相反，在这里人类真正的崇高精神才最为直接的、不需要任何外在设定地建立起来。在共产主义阶段，"人与人之间的兄弟情谊在他们那里不是空话，而是真情，并且他们那由于劳动而变得结实的形象向我们放射出人类崇高精神之光。"①

北京科技大学左鹏教授撰文与大学生探讨科学与宗教的关系、为什么有的科学家信仰宗教等问题。宣扬科学与宗教在本质上可以协调一致、并行不悖其实是神学家们的一种手法。科学家信教，不仅仅是科学与宗教之间的单纯关系就可以解释的，而要联系西方社会的历史、文化尤其是基督教的深远影响，以及科学家本人的实际情况加以分析。具体来说，科学家信教与他们当时所处的社会文化背景有关，与他们个人乃至整个人类认识能力的局限性有关，与他们不能完全把握社会异己力量有关，以及与他们对宗教之神的"非人格化"理解有关。②

朱晓明从马克思主义宗教观中国化的实践角度探究宗教的"两重性"。宗教的"两重性"是一个从实践中提炼出的问题。比如藏传佛教寺庙既是宗教活动场所，又是基层社会单位，僧尼既是宗教教职人员，也是国家公民。宗教的宗教性和社会性同时体现在它的结构、功能以及社会作用中。认识和对待宗教问题，应当从宗教的社会功能和社会作用入手，用法律加以规范，这样既可以有效抵御境外宗教势力的渗透破坏又可以避免信仰层面的冲突。③

有学者通过对山东省济阳县店子村基督教家庭教会发展情况的调研，指出，政府的任何惠农政策，都是赢得民心的尝试与进步，同时也是对基督教等各种制度性宗教在农村传播的有效抵制。④有学者对当前佛教教义被热捧的现象提出了批驳。宗教研究者应该有一条道德底线，不能夸大宗教教义的重要性，从而把人民群众引向宗教。学者在象牙塔里不了解寺庙的实际情况，不理解信徒内心的焦虑与现实苦恼，却将宗教教义演绎成放之四海而皆准的真理，这是对国家对人民不负责任的表现。⑤有学者对宗教的"独尊"、"封闭"、"排他"、"扩张"、"多变"等特性进行了分析，从宗教批判的视角揭示了这些特性背后的利益根源。⑥

武汉大学黄超副教授分析美国排华运动的宗教意识形态根源。美国的立国先贤在吸取西方启蒙思想中"人人生而平等"理念的同时，也自然地继承了西方文化中心主义与基督宗教中心论，《排华法案》只不过是后者庸俗和极端的表现形式之一。美国立国精

---

① 王珍：《宗教、有神论、无神论、共产主义与人的彻底解放——马克思〈1844 年经济学哲学手稿〉相关论述》，《马克思主义宗教观研究》2013 年第 7 期。

② 左鹏：《科学与宗教的融合与分离——与大学生谈有的科学家为什么信教》，《科学与无神论》2013 年第 3 期。

③ 朱晓明：《关于宗教的"两重性"》，《科学与无神论》2013 年第 1 期。

④ 卢刚：《一个村庄的基督教现实——对山东省济阳县店子村的调查和思考》，《科学与无神论》2013 年第 2 期。

⑤ 严明法：《难以摆脱窘境的理论怎能释放异彩》，《科学与无神论》2013 年第 2 期。

⑥ 负培基：《宗教特性探讨》，《科学与无神论》2013 年第 4 期。

神存在着两面性或内在矛盾，即所谓的民主政治体现的却是明确的种族利己主义本能，普遍的信教自由却限制在基督教的范围以内，以及它对付中国的法案均体现出霸权主义和强权政治。[①]

中国社会科学院马研院黄艳红副研究员研究邓普顿基金会认为，该基金会资金雄厚，奖励和资助的项目均有明显的宗教倾向，遭到许多西方学者质疑和批评，应当引起国内的重视。[②]

有学者指出，近年来伊斯兰原教旨极端势力对新疆地区的宗教渗透形势严峻，威胁新疆的社会稳定和经济健康发展。宗教极端势力积极推动社会生活领域的伊斯兰化，目前其所造成的负面影响日渐凸显。越来越多维吾尔族妇女不再穿着艳丽的民族服饰，而以一袭黑罩袍取而代之。南疆某些地区甚至禁止音乐、传统歌舞、绘画、雕塑等社会文化活动，并指责维吾尔族婚丧习俗违反伊斯兰教义，等等。伊斯兰原教旨极端势力刻意通过这种手段来强化民众的宗教身份意识，渲染宗教极端主义氛围，有目的地侵蚀甚至逐步灭绝维吾尔族传统民族文化。从本质上看，该思想是伊斯兰复兴运动中宗教政治化的产物。其显著特征就是把伊斯兰教转化为一种排他性的政治意识形态，并以此为工具来排斥、反对和取代一切非伊斯兰的意识形态、政治制度和生活方式。可以预见，假如按照伊斯兰原教旨极端主义的狂热、激进主张去做，势必造成更多的社会冲突和不同教派之间的摩擦。它不仅不适合新疆的社情、民情，更会对维吾尔族传统文化造成不可挽回的破坏，对多样性的伊斯兰文明也会造成巨大的损害。[③]

有学者通过考察 20 世纪 20 年代中国的非宗教话语指出，当时的非宗教话语虽然声音纷呈，但是各种声音呈现出不均衡状态，政治话语占据主导。特别是宗教帝国主义侵略工具论掩盖着其他声音，这是与当时民族主义的高涨相对应的；由于马克思主义的传播，俄国革命的影响，宗教阶级压迫工具论也占据着一定的分量。真正诉之于宗教本身的批判微乎其微，所以从某种程度上而言，它是一种政治包裹中的批判。这是中国 20 世纪 20 年代现实激荡下的产物，是时代要求在思想上的体现。这种反教的深入和全面也促使中国反教理论的成型，20 世纪 20 年代之后的反教话语基本上没有超出这个范围。因此，20 世纪 20 年代是影响中国人宗教观的一个转折年代。[④]

（五）中西方无神论思想研究

有学者梳理东汉时期光武帝父子迷信图谶的史实及后果。光武信图谶造成的社会风气给会道门的产生提供了合适的温床，直接导致东汉末年的"黄巾军"之乱。"不轨之民，动以妖术惑众"，邪教之隐患，皆出于此。历史的教训值得我们切记深思。[⑤] 有学者阐释了《老子》的无神论思想。道教界并不否认老子的无神论思想，而老子本人也否定鬼神的存在。老子的道体现出唯物主义和无神论思想，在这种哲理中，现代的神创论

---

① 黄超：《论美国排华运动的宗教意识形态根源》，《科学与无神论》2013 年第 3 期。

② 黄艳红：《邓普顿基金会的宗教倾向及其资助情况研究》，《科学与无神论》2013 年第 2 期。

③ 哈尔克木、张霞：《坚决抵御宗教极端思想渗透》，《喀什日报》2013 年 10 月 31 日。

④ 杨卫华：《中国反宗教理论的成型：1920 年代非宗教话语分析》，《澳门理工学报》2013 年第 3 期。

⑤ 赵光清：《光武信图谶》，《科学与无神论》2013 年第 3 期。

和智能设计论无立锥之地。[①]

　　近年来，我国学者不断翻译介绍西方学者的无神论思想。中央社会主义学院王珍副教授撰文介绍13世纪巴黎大学校长、哲学教授西格尔的无神论思想。西格尔反对知识服从信仰，认为哲学和宗教可以同为真理，但哲学真理最高；神也不能使有限物的灵魂永垂不朽，灵魂会随着肉体的消亡而消亡。人类理性可以与神的理性相匹敌。虽然西格尔最后被教会迫害致死，但他的思想成为摆脱教皇束缚和精神枷锁的思想武器，成为当时人们争取思想自由的旗帜，为欧洲人文理性新时代的到来铺平道路，做好了思想上的准备。[②]

　　美国波士顿大学米歇尔·马丁教授是国际著名的无神论哲学家。他对于无神论经常遭受的一个批评，即如果上帝不存在，人生就会变得没有意义和价值这一论点进行分析。他从人生的无意义、人生的荒谬和人生的价值三个方面进行严密的逻辑论证。他指出，认为如果没有上帝生命就无意义、荒谬和无价值的理由，同样也适用于如果有上帝的情况，也就是说即使上帝存在，生命也可能是无意义、荒谬和无价值的。马丁的目的是，为支持上帝存在的论证提供一个综合性的批判，为反对上帝存在的论证提供一个辩护，从而表明它们与无神论的相关性。无神论是一种合乎理性的立场，而信仰上帝则不是，即对犹太、基督教上帝——一个全知、全能、全善，创造天地宇宙的位格神——的存在的信仰是非理性的。[③]

　　美国无神论协会会长曼德琳·莫里·奥海尔女士撰写的《我为什么是个无神论者》影响广泛。奥海尔女士认为，无神论者就是摆脱神学束缚的人。无论宗教被渲染得多么天花乱坠，无神论者都不会迷醉其中。他们相信唯物主义的基本前提，将其视为一种生活方式而非仅仅是一个哲学门类。无神论者有尊严有知识，豁达忠诚，珍视生命，利用生命做一些有意义的事情，而不是为了得到死时的一个机会而抛弃生命。[④] 奥海尔详尽地追溯唯物主义的历史，特别是德谟克利特的原子论，伊壁鸠鲁的古代唯物主义思想，卢克莱修的《悟性论》以及布鲁诺的"牺牲"。古代唯物主义从成熟之时起，就将锋芒直指宗教，公开反对宗教，卢克莱修更将埋葬宗教当作人类的当务之急。现代唯物主义者则将唯物主义原则简单概括为一句话："自然之外，别无他物。"即，自然是整体，人类只是这一整体中的一部分，并受到整体的影响；人是有机体，其精神存在只是其物理本性的一种特殊现象，是人体有机组织所表现出来的一种特殊行为模式。[⑤]

　　美国纪录片《宗教的荒谬》受新无神论思潮的影响，为宗教证伪搜集证据。摄制组走访天主教、基督教、犹太教、伊斯兰教、摩门教、科学教派等不同宗教信仰的发源地和代表人物，主持人不断援引被采访宗教的教义和掌故对受访者进行"责难"与"攻

　　① 负培基：《〈老子〉的无神论思想浅见》，《科学与无神论》2013年第5期。
　　② 王珍：《人类理性可以和神的理性相匹敌》，《中国民族报》2013年3月12日。
　　③ 米歇尔·马丁（Michael Martin）：《无神论——一个哲学的证明》（三）（四），陈文庆译，连载于《科学与无神论》2013年第1期、第2期。
　　④ ［美］曼德琳·莫里·奥海尔：《我为什么是个无神论者》，张英珊译，《科学与无神论》2013年第1期。
　　⑤ ［美］曼德琳·莫里·奥海尔：《唯物主义的历史》（一）（二），张英珊译，连载于《科学与无神论》2013年第2期、第3期。

击"，通过一场场机智狡黠的交锋，使得隐藏在宗教外衣后面的私欲和荒谬慢慢被揭露出来。[①]

近 40 年来，国外学界认为宗教与科学可以调和的声音越来越大，形成科学与宗教关系"研究热"，这一现象反映出美国新蒙昧主义思潮的泛滥与科学理性的衰落。保罗·库尔茨（Paul Kurtz）主编出版论文集《科学与宗教：它们可以调和吗?》。他认为，科学与宗教的关系存在冲突，应当对宗教进行科学探索与质疑。"调和论"的直接理论后果是，混淆科学与宗教的本质区别，混淆真理的标准，否定探索真理最可靠的科学方法，从而否定现代社会文明发展的基础。在科学与宗教关系的讨论中，尤为热烈的议题之一是宇宙与上帝的关系问题，如大爆炸理论与上帝、"人择理论"与上帝设计等。六位国际著名的宇宙科学家否定现代宇宙学为上帝存在提供证据一说。宇宙完全是自然而然产生和演变，没有目的和设计。将上帝与现代宇宙学理论拉上关系，无非是想表明"科学与宗教"可以调和。对于"智能设计论"，五位作者的评论显示美国科学界主流对"智能设计论"持否定态度，认为它不是科学，而是一种宗教信仰，不能进入公立学校的科学课程与进化论相提并论。美国联邦法院的判决也否定"智能设计论"是科学。有七位学者从不同的角度，对科学与宗教的冲突关系给予了肯定性的回答。其论述不仅展现历史和现实中两者的冲突表现，而且也分析冲突的焦点问题所在和冲突的本质。学界内部讨论要区分不同的问题。现代社会应该更多地倡导科学理性。[②]

美国怀疑探索委员会（Committee for Skeptical Inquiry，CSI）召开 2012 年年会。年会主题是科学与怀疑探索，旨在探索与调查科学、伪科学和信仰方面的最新动向。与会学者缅怀 CSI 的创始人保罗·库尔茨，探讨进化论与神创论、信仰与记忆、科学与公共政策、医学安慰剂的滥用和医学院中的伪科学教学等问题。[③] 与会人士纪念美国世俗人文主义协会创始人保罗·库尔茨逝世 1 周年，回顾这位现代世俗人文主义之父的生平业绩。库尔茨最重要的学术贡献是直接抨击反科学思潮，捍卫世俗人文主义，坚持科学和理性。[④]

（六）破坏性膜拜团体（邪教）研究

有学者认为，"人体科学"是一种特殊的文化现象，与"新时代"运动同出一辙，最终还是会滑向神秘主义。这场运动的实质，是要唯物主义还是要灵学唯心主义的问题。唯有"正胜邪则治而安"。在思想文化领域，我们应该高度重视国内外各种腐朽思潮的影响，防微杜渐，让思想文化沿着正确、健康的方向不断发展。[⑤]

[①]　张英珊：《宗教的荒谬（一）、（二）》，连载于《科学与无神论》2013 年第 4 期、第 5 期。

[②]　孙倩：《谁该成为现代文明的基石和主导——〈科学与宗教：它们可以调和吗?〉评述（一）、（二）、（三）、（四上）、（四下）》，连载于《科学与无神论》2013 年第 2 期、第 3 期、第 4 期、第 5 期、第 6 期。

[③]　李静：《关于科学、伪科学和信仰的最新动向——简介 2012 年 CSI 纳什维尔年会》，《科学与无神论》2013 年第 4 期。

[④]　申振钰：《库尔茨：捍卫科学理性的英雄和榜样——纪念库尔茨逝世一周年》，《科学与无神论》2013 年第 6 期。

[⑤]　辛芃：《"新时代运动"与"法轮功"成势（四续）》，《科学与无神论》2013 年第 1 期。

针对 2012 年"全能神"组织散布世界末日谣言，引起社会动荡，习五一指出，"全能神教"是美国基督教异端"呼喊派"的衍生组织，具有强烈的政治叛逆性，它又名"东方闪电"和"实际神"。该组织传播方式本土色彩浓重，具有草根性的渗透力。它强调说方言、唱灵歌、跳灵舞、见异象、赶鬼医病等活动方式，注重以神迹、灵异排除苦难，医治疾病。谁家有人生病、住院，谁家出了事故，他们就会闻讯而至，不厌其烦，嘘寒问暖，列举大量祷告治病、消灾免难的案例，目的是劝人入会，敛财骗钱。在我国它被定为邪教组织，即"冒用宗教、气功或者其他名义建立、神化首要分子，利用制造、散布迷信邪说等手段蛊惑、蒙骗他人，发展、控制成员，危害社会的非法组织"。其主要特征是：教主膜拜与精神控制，宣扬末日与暴力行为，以及秘密结社与非法敛财。邪教或者说破坏性膜拜团体对发展中国家造成的冲击力，远远超过发达国家。因此我们要更加关注膜拜团体的破坏性因素。[①]

有学者指出，从"呼喊派"到"全能神"，都是当前大肆冒用基督教的名义、以"类基督教"面目出现的极端邪教组织。近三十年来，中国基督教的本色化运动正在朝多元并进的趋势发展。而包括"呼喊派"在内的"类基督教"组织及其活动，可以说是 20 世纪上半叶以来蓬勃开展的中国基督教本色运动过程中出现的宗教变异现象。这些"类基督教"的邪教组织有以下共同特征：类型上看，往往有"唯信仰论"或"信仰至上论"的观念特征；教义上看，把狂热的"原教旨主义"观念和对教主的绝对迷从高度结合；组织方式与政治理念上，都有反动社会主义民主体制的特征；都宣扬对教主绝对忠诚、对异己严加惩治，实施严酷洗脑的精神控制；往往推崇其组织活动的地下性，等等。因此，要正确认识当前中国宗教管理所面临的挑战，要从社会稳定的政治高度来对待宗教与社会的互动。[②]

有学者通过剖析邪教组织的"洗脑"指出，表面上看邪教信徒的犯罪、伤害、破坏等行为是自愿、自主做出的，但实际上他们在进行这些行为的时候精神处于一种被控制、被强迫的状态。邪教组织往往有一套经过精心设计的洗脑程序，他们巧妙地隐藏自己的真实意图，通过感觉、知觉剥夺和群体压力等手法让信徒在不知不觉中陷于思维剥夺和意识异化，并通过持续的强化措施，使信徒产生各种异于常人的强迫性表现，甚至出现一系列强迫性精神病症状，处于一种"不自觉"地被邪教组织牵着鼻子走的精神状态。因此，邪教信徒的极端行为并不是"自愿"的，而是在邪教组织精神控制下的"强迫"性表现。[③]

陕西师范大学陈青萍教授提出构建防范膜拜团体活动的社会预警模式，即以社会控制论、心理控制论为理论依据，以信息采集分析、危情综合分析、危情形势处理三大技术为支撑，以政府、民间、社区、家庭为依托的防范膜拜团体活动的社会预警教育模型，能够为社会安全与稳定提供效应性方案。构建防范膜拜团体活动的社会预警教育模型，需要政府和民众的共同努力，相互配合与支持，才能形成多点结合的全民式防范机

①　习五一：《"世界末日"与"全能神教"》，《中国社会科学报》2013 年 1 月 5 日。

②　陈永革：《从"呼喊派"到"全能神"：论当前"类基督教"的邪教蜕变现象（上）、（下）》，连载于《科学与无神论》2013 年第 5 期、第 6 期。

③　陈文汉：《剖析邪教洗脑："自愿"还是"强迫"》，《科学与无神论》2013 年第 4 期。

制，才能更好地保障我国社会安全与经济建设的快速发展。①

有学者以控制策略理论为视角，试图从心理成因方面对迷信行为进行解释。无论哪个时代，人类都要面对未知的领域、不确定性以及压力情境，迷信策略的使用正是作为一种次级控制策略而得以保留。它帮助人克服习得性无助、重获控制感，是人们寻求内心平静的一种手段。无论人们现有的对迷信的态度如何，当人们的控制感削弱时，迷信策略就会产生普遍的吸引力。因此，我们要用科学教育的武器来扫除迷信。②

有学者认为，高校是反邪教的重要场所。高校可以将政治理论课、法制教育、专业课堂教学、学生管理工作、校园文化活动与心理健康咨询等六点工作与反邪教工作紧密地结合起来，从而使各类高校成为反邪教、保稳定，培养对社会有用的优秀人才的摇篮。③

有学者提出，"全能神"之类的邪教问题是一个社会现象，要常抓不懈，而且它与迷信思潮紧密相连。因此必须破除迷信，加强科学世界观和无神论的宣传教育。只有解决好社会现实问题、实现综合治理、改善人民生活、增强人民福祉，才能消弭邪教的活动能量。④

中国科协孙倩女士认为，近十多年来，社会思潮中科学与迷信、科学与伪科学、科学与反科学在理论和实践方面的争论一直没有停止过。迷信、伪科学和神秘主义现象就像一只"沉不下去的橡皮鸭"，经过社会批评沉寂一段时间后，又会重新浮出水面，只是在表现形式上因话题与形势、事件不同而各异。可以分为三个阶段。第一阶段到第二阶段，批判"伪科学"、"特异功能"和"邪教"的声音成为主流；当科学理性回归主位后，又一次以批"科学主义"、"为伪科学正名"、"敬畏说"的新形式出现反科学理性的回潮。第三阶段，捍卫与反对科学理性思潮的争论扩展至全球，表现为在"科学与宗教关系"、"超自然现象"的流行问题上争论不休。坚持世俗人文主义和科学理性的无神论者与科普工作者呼唤开启一场"新的启蒙运动"，以应对在全球流行的"超自然的神秘主义"、"传统宗教信仰复兴的新蒙昧主义"和"后现代反科学"三种思潮。这三个阶段始终围绕着一个问题，即是否要坚持科学理性。从李一"道士"、张悟本"大师"、秦铭远"灵修导师"、王林气功"大师"等一系列现象来看，科学精神并没有在人们的思想认识上形成思维习惯。由此可见，在中国社会普及科学知识，提高公众的科学素养以及对迷信与邪教的辨识能力，任重而道远。⑤

三　思考与建议

党的十八大以来，以习近平为总书记的党中央对加强意识形态工作，保持党的先进性、纯洁性做出战略部署。习近平同志从理想信念是否坚定、政治上是否可靠的高度，对有的干部不信马列信鬼神，从封建迷信中寻找精神寄托，热衷于算命看相、烧香拜

---

① 陈青萍：《构建防范膜拜团体活动的社会预警模式》，《科学与无神论》2013年第3期。

② 马锦飞：《迷信行为——基于控制策略理论的解释》，《科学与无神论》2013年第3期。

③ 黄明光、董媛：《反邪教工作与学校工作有机结合点的研究》，《考试周刊》2013年第3期。

④ 若水：《从"全能神"复出看反邪教任重道远》，《科学与无神论》2013年第2期。

⑤ 孙倩：《"沉不下去的橡皮鸭"与科普工作者重任》，《科普研究》2013年第5期。

佛，遇事"问计于神"，提出尖锐批评；要求强化和落实意识形态工作的领导责任，确保主流思想和舆论占领意识形态阵地。

历史唯物主义和辩证唯物主义是马克思主义世界观的理论基石。2013年，科学无神论的话语在学术研究领域逐步增多。第一部马克思主义无神论文集的出版、第一届科学无神论论坛的成功举办，为推动科学无神论的学科建设和扩大话语权，创造出新的社会平台。

展望2014年，科学无神论学科将在以下四个方面加强建设。

第一，人才队伍建设。作为中国社会科学院"马工程"重点建设学科，目前科学无神论的专业研究人才仍然非常稀缺，新生力量严重不足。要将科学无神论的研究推向深入，仍然需要大力进行人才队伍建设。20世纪80年代，任继愈先生任世界宗教研究所所长时，曾招收当代中国第一届"科学无神论"专业的研究生。此后随着任先生调往国家图书馆任馆长，这个专业不再设置。2011年，中国社会科学院研究生院马克思主义研究系，在思想政治教育学科下，曾设置"无神论教育"专业，招收硕士研究生。自2013年起，中国社会科学院研究生院马克思主义研究系，在思想政治教育学科下，正式设置"科学无神论"专业，聘请习五一教授招收硕士研究生。更值得庆贺的是，中国社会科学院研究生院2014年"马克思主义理论骨干人才计划"，聘请《科学与无神论》杂志主编杜继文教授担任博士生导师，开始培养马克思主义宗教理论专业的博士。同时，中国社会科学院马研院继续招聘马克思主义无神论的专业人才，为马克思主义无神论研究室增加青年骨干。

第二，跨学科的研究。国家社会科学基金项目在2014年度课题指南发布9项关于科学无神论的课题。这些课题分布在"马克思主义·科学社会主义"、"党史·党建"、"哲学"、"民族问题研究"、"宗教学"五个学科中。虽然，目前无神论是宗教学下的分支学科，然而，在全国高等院校宗教学研究机构中没有设置一个培养无神论专业的研究生机制。此举将突破单一宗教学的限制，推动在多学科领域开展科学无神论研究。

第三，期刊的学术化。根据南京大学最新发布的消息，《科学与无神论》杂志被列为中文社会科学引文索引（CSSCI）扩展版来源期刊。《科学与无神论》2014年第1期已经改版，增加"马克思主义无神论研究"等栏目。我们将积极推动刊物的学术化进程。

第四，不断开辟阵地。随着社会主义意识形态领域建设的不断加强，科学无神论的声音在社会中逐步抬头。一批南方的马克思主义者汇集起来，与中国无神论学会协商合作，预计2014年秋天，将在珠海特区建立科学无神论研究中心。

科学无神论的研究和宣传教育工作，是中国共产党意识形态工作的重要组成部分。科学无神论是社会主义核心价值体系的哲学基础之一，是一种幸福的生活方式，也是构建和谐社会的重要途径。加强科学无神论研究和宣传教育，是中国共产党人的一贯方针。前途是光明的，道路是曲折的。我们深信，科学无神论学科的建设在加强意识形态领域建设和维护国家文化安全中，将发挥其独特而重要的作用。

（供稿：习五一　韩　琪）

第四篇

热点聚焦

关于"新唯物主义的立脚点是人类社会和社会的人类"命题的不同阐释

《关于费尔巴哈的提纲》（简称《提纲》），被恩格斯誉为"包含着新世界观的天才萌芽的第一个文件"，因其论述精辟、内容丰富，所以在马克思主义发展史上具有里程碑意义，《提纲》总是被反复阅读、重新解读。《提纲》第 10 条提到："旧唯物主义的立脚点是市民社会；新唯物主义的立脚点则是人类社会或社会的人类。"如何理解"新唯物主义的立脚点是人类社会或社会的人类"这一命题的含义？《山东社会科学》2013 年第 7 期刊载了一组文章，对此命题进行了不同的阐述。

山东大学哲学与社会发展学院何中华教授根据学界对"人类社会"或"社会的人类"的词源学考证进行研究，认为马克思所说的"人类社会"实际上是指人性化了的社会。"社会的人类"则是指"合乎人性的人"。他进而对"社会的人类"中的"社会"的含义作了考察，认为马克思所谓的"社会"，只能是共产主义，只能是作为未来目标而存在的理想规定。① 山东大学哲学与社会发展学院鲁鹏教授认为，对"人类社会或社会的人类"不能按通常语义去理解，作为与旧唯物主义立脚点"市民社会"相对应的概念，它指一种特殊的社会形态，这种社会形态不是现实的而是未来的，反映了马克思心目中理想的社会，即以共产主义为标识的公有制社会。鲁鹏教授认为，有学者依据对《提纲》所作的实践唯物主义理解和对马克思哲学形态的理解，认为"人类社会或社会的人类"的含义乃是指作为历史唯物主义出发点的人类实践活动及其所创造的社会，或者在超越的意义上将"人类社会或社会的人类"理解为全球社会或整个人类历史意义上的社会，都是不符合马克思思维方式和一贯逻辑的看法。②

如何理解新唯物主义的立脚点？何中华教授认为，"市民社会"同"人类社会或社会的人类"作为新旧唯物主义各自的"立脚点"，它们之间的差别并不是空间范围的不同，而只是时间维度上的不同。"市民社会"是现在进行时的，而"人类社会或社会的人类"则是将来时的。"新唯物主义"之所以必须立足于"人类社会或社会的人类"，说到底乃是由马克思所特有的"从后思索"的运思方式决定的。"从后思索"中所谓的"后"，既是实然意义上的，也是应然意义上的。马克思的这种运思方式固然是由哲学本身的反思性质决定的，是这种反思性质的要求和体现，但在根本上取决于人所特有的存在方式及其特点。人的历史本身是人以其实际地存在现实地生成着的过程，由此决定了只有通过已然的和将然的"结果"，才能以反

<hr>

① 何中华：《"新唯物主义的立脚点"与"从后思索"》，《山东社会科学》2013 年第 7 期。
② 鲁鹏：《关于"新唯物主义的立脚点"的两个问题》，《山东社会科学》2013 年第 7 期。

思的方式重建并再现人的存在本身的生成史。对真正历史性的发现，注定了马克思对"从后思索"方法的选择，并由此决定了他的历史叙事不是直观的，而是内在地蕴含着一个反思的层面。鲁鹏教授认为，"立脚点"在这里不能理解为新唯物主义的理论基础或逻辑出发点，而应理解为新唯物主义的政治立场。马克思在《提纲》第 1 条中已经明确表达了他的理论立脚点——实践，他在第 10 条要表达的是这个理论的实践取向，由此引出"哲学家们只是用不同的方式解释世界，而问题在于改变世界"的著名论断。

山东大学哲学与社会发展学院商逾教授从马克思哲学与黑格尔哲学相比较的角度，认为一切旧哲学，包括黑格尔哲学，其立脚点是市民社会。但由于黑格尔哲学泛逻辑主义的神秘性和同一性的逻辑架构，使之无法将抽象的逻辑关系置换为真实的现实关系，最终未能超越市民社会的基地。马克思站在社会化人类的制高点上，从感性活动出发，揭示了旧哲学将交换社会幻化为自然存在或理念原型的虚妄性，破解了社会现象自然化的根源，敞开了被思辨逻辑覆盖着的本真存在，为新唯物主义确立了立足之地。[①]

山东大学哲学与社会发展学院单提平副教授认为，由于马克思对新唯物主义立脚点阐述的思辨性，后人对其观点的解读存在诸多歧见。代表性的观点有两种，一种观点是把新唯物主义的立脚点解读为未来的社会主义社会或共产主义社会，并强调社会化的人类是无产阶级；一种观点是把新唯物主义的立脚点解读为社会现实生活本身。单提平副教授通过对《提纲》第 10 条的辨识修订和解释分歧进行追问和考辨，认为应该在个体与社会之间的张力中理解和把握"新唯物主义的立脚点"的含义，这确乎是一个在历史实践中移动的"阿基米德点"。在他看来，"新唯物主义的立脚点"应该是指社会现实生活。[②]

（供稿：任　洁）

[①]　商逾：《论"新唯物主义的立脚点"——与黑格尔哲学之比较》，《山东社会科学》2013 年第 7 期。

[②]　单提平：《从"立脚点"重思新唯物主义"新"在何处——〈关于费尔巴哈的提纲〉第 10 条的考辨》，《山东社会科学》2013 年第 7 期。

马克思主义公平正义观与社会主义公平正义问题研究

中国 30 多年改革开放和发展在取得巨大成就的同时，也积累了许多问题和矛盾。近年来，社会阶层分化、收入分配差距拉大以及公共资源占用和使用的不均等引发了部分民众的不满情绪，产生了一些社会问题，引起理论界对社会主义公平问题的持续关注和热烈讨论。2013 年，理论界关于公平正义问题的研究和争论集中在以下两个方面：

第一，马克思正义观研究。孟捷梳理和澄清了马克思的正义概念的多重含义，他指出，在马克思那里实际上存在着三种不同的正义概念：（1）把正义问题限定在既存的生产方式之内，强调只要是符合价值规律的就是正义的；（2）以重建个人所有制、按需分配和人的自由或自我实现为规范性原则的正义概念，这种正义概念具有一种跨越历史的一般性价值；（3）以一种生产方式在多大程度上推动了生产力发展来判定该生产方式的正义性。其中第三种正义概念可以起到沟通另外两种正义概念的桥梁作用。① 武汉大学哲学学院李佃来教授研究了马克思主义正义观与自由主义正义观的区别，他指出，马克思主义正义观念呈现出异质于自由主义正义观的几

个重要特质：其一，马克思的正义观不是一种补救性的社会价值，而是在革命之问题意识下确立起来的思想规范；其二，马克思的正义观是基于"人的自我实现"的；其三，马克思的正义观不是超历史的，而是在历史性的视域内提出来的。② 中国人民大学哲学院段忠桥教授分析了马克思主义正义观的基本特质，他认为，正义在马克思的论著中是价值判断而不是事实判断；马克思认为资本主义剥削是不正义的，因为资本家无偿占有了本应属于工人的剩余产品；马克思认为社会主义的按劳分配仍存在不正义，这表现在它的两个弊病上，即由偶然的天赋和负担的不同所导致的人们实际所得的不平等。③ 华中师范大学马克思主义学院林剑教授认为，从马克思历史观视野下看，正义具有历史的性质，不同历史发展阶段对正义有不同的理解与诠释。正义也具有阶级性，同一社会中的不同阶级因其各自的生活条件不同，对正义的诉求也不同。在正义观上，不存在永恒真理"性质"的"永恒正义"，正义观是多元并立与相互竞争的，衡量的根本性的尺度与参照坐标应是社会历史发展的必然性。④

---

① 孟捷：《论马克思的三种正义概念——也谈资本占有剩余价值在什么意义上是不符合（或符合）正义的》，《中国人民大学学报》2013 年 1 期。

② 李佃来：《论马克思正义观的特质》，《中国人民大学学报》2013 年 1 期。

③ 段忠桥：《马克思正义观的三个根本性问题》，《马克思主义与现实》2013 年第 5 期。

④ 林剑：《论马克思历史观视野下的社会正义观》，《马克思主义研究》2013 年第 8 期。

第二，社会主义公平正义问题研究。安徽大学经济学院荣兆梓教授认为，劳动平等在社会主义社会价值体系中占据主导地位，成为社会经济体系中占主导地位的基本经济关系。社会主义市场经济下，一方面，劳动平等与其他市场公平原则并存，形成双重公平叠加的特殊现象；另一方面，企业内部的劳动平等与社会范围的劳动平等既相互区别，又相关联，形成两个层面互动的特殊现象。公有制为主体的市场经济能够建立起全社会范围更高程度的劳动平等。① 中共中央党校研究室彭劲松副研究员认为，根据社会主义市场经济和社会主义和谐社会的基本诉求，正义包括两个层面的含义：其一，正义是一种原则；其二，正义是一种性质，无论是作为原则，还是作为性质，正义的内涵可以概括为效率与公平的有机统一。实现社会正义应践行正义观念、促进制度正义、完善社会保障正义、发展可持续性正义。② 中共中央党校科学社会主义教研部刘晨光指出，社会主义正义区别于资产阶级正义以及前现代社会正义的根本在于它能带来真正的平等，是实质的正义。社会主义从根本上树立了公有制的主体地位，这样就为实质正义的实现奠定了制度基础。③ 山西财经大学马克思主义学院张二芳副教授认为，正确把握中国特色社会主义公平正义的本质内涵，必须在认识内容上坚持人民立场、消灭剥削和共同富裕三个基本原则。坚持中国特色社会主义公平正义，必须处理好自由和平等的关系、效率和公平的关系、权力和责任的关系。④

（供稿：彭五堂）

① 荣兆梓：《劳动平等及其在社会主义市场经济下的实现》，《教学与研究》2013 年第 2 期。
② 彭劲松：《科学发展视野中的正义问题》，《中共中央党校学报》2013 年第 3 期。
③ 刘晨光：《实质正义是社会主义的试金石》，《科学社会主义》2013 年第 3 期。
④ 张二芳：《中国特色社会主义公平正义的本质内涵和认识误区》，《马克思主义研究》2013 年第 5 期。

关于学习习近平总书记"8·19"讲话精神,实现两个"巩固"的讨论

习近平总书记在 2013 年 8 月召开的全国宣传思想工作会议上的讲话,是意识形态领域斗争的一次总动员,表明意识形态工作的极端重要性,剑指意识形态领域的领导权,表明全党动员打赢这场没有硝烟战争的坚强决心。

新华社社长李从军在《人民日报》上发表长文《牢牢掌握舆论工作主动权》,文中第一节即表明"坚持党性原则是牢牢掌握舆论工作主动权的首要前提":"我们必须切实增强政治责任感和历史使命感,始终坚持党性原则,坚持政治家办报、办刊、办台、办新闻网站,把握正确政治方向,保持高度政治敏锐性和政治鉴别力,在大是大非面前头脑清醒,在大风大浪面前立场坚定,自觉与以习近平同志为总书记的党中央保持高度一致,坚决维护中央权威,在坚持什么、反对什么、说什么话、做什么事上都符合党的要求,更好地巩固马克思主义在意识形态领域的指导地位,巩固全党全国人民团结奋斗的共同思想基础"。

以"有守,有为,有担当"为主题,中宣部主管的《党建》杂志汇集了 31 位省委宣传部部长的学习心得。中央电视台也开始制作《贯彻习总书记8·19讲话精神高层访谈》。

北京市委机关报《北京日报》头版接连发表 6 篇社评,题目分别是《独特的历史命运,特色的发展道路》《党性和人民性从来都是一致的统一的》《看清世界风光,讲清中国风景》《历史是不能忘记的》《意识形态领域斗争要敢于亮剑》《意识形态领域阵地决不能丢》。最后两篇尤为引人关注,其中有言:"尤其是对一些人极力宣扬的所谓'普世价值'、'宪政民主'、'新闻自由'等论调,对那些恶意攻击党的领导、攻击社会主义制度、歪曲党史国史、造谣生事的言论,任何时候、任何渠道都不能为之提供空间和方便,该管的要管起来,违法的要依法查处……意识形态领域斗争看不见硝烟,但同样你死我活。在这个战场上没有开明绅士,妥协换不来和谐合作,斗争才能生存发展。面对当前意识形态领域的复杂形势,我们决不能置之不理、鸦雀无声,决不能含糊其辞、退避三舍。那种态度暧昧、明哲保身的想法是不可取的,那些迷失自我、同流合污的做法就更要受到惩戒。敢于斗争,敢于亮剑,才是我们当前势在必行的选择!"

战场上没有开明绅士,妥协换不来和谐合作。在《人民日报》8 篇头版时评文章中,9 月 1 日的收官之作是《构建全党动手的大宣传格局》,提出做好宣传思想工作必须全党动手,动员各条战线各个部门一起来做,这一条更显示了我党为打赢这场没有硝烟战争的坚强决心,同时也拉开了这场决战的序幕。

习近平总书记的"8·19"讲话及其我国思想界的积极响应，必将对我国思想政治领域的发展产生现实而深远的影响，从而在我国马克思主义发展史上，由此也会在整个马克思主义发展史上留下值得研究的浓重的一笔。

（供稿：桁　林）

关于坚持和发展中国特色社会主义的讨论

近些年来，国内外有些舆论提出中国现在搞的究竟还是不是社会主义的疑问，有人认为中国特色社会主义放弃了共产主义伟大理想，如美国学者布鲁斯·迪克森就认为中国已经走向"红色资本主义"；有人认为发展不是实现中国特色社会主义的重要手段而是最终目的，如美国学者莫里斯·迈斯纳把中国特色社会主义称为"中国特色资本主义"①；吴敬琏则认为中国存在"权贵资本主义"趋向②，还有人把中国特色社会主义说成是"资本社会主义""国家资本主义""新官僚资本主义""市场社会主义""后社会主义"，等等。学术界认为，不管是"中国特色资本主义"，还是"红色资本主义""权贵资本主义""市场社会主义"等种种称谓，都是片面的和错误的。③

习近平同志 2013 年 1 月在新进中央委员及候补中央委员学习贯彻党的十八大精神研讨班上的讲话中明确指出："中国特色社会主义是社会主义而不是其他什么主义。"有学者认为，习近平同志的这个判断不仅有重要意义，而且有充分的根据。④ 学术界认为，中国特色社会主义是党和人民 90 多年奋斗、创造、积累的根本成就，是扎根当代中国的科学社会主义，必须倍加珍惜、始终坚持、不断发展。我们要坚持和发展中国特色社会主义，那就是不管怎么改革、怎么开放，都始终要坚持中国特色社会主义道路，坚持中国特色社会主义理论体系，坚持中国特色社会主义制度，坚定不移地高举中国特色社会主义伟大旗帜，既不走封闭僵化的老路，也不走改旗易帜的邪路。⑤

学者们认为，中国特色社会主义道路是在改革开放 30 多年的伟大实践中走出来的，是在中华人民共和国成立 60 多年的持续探索中走出来的，是在对近代以来 170 多年中华民族发展历程的深刻总结中走出来的，是在对中华民族 5000 多年悠久文明的传承中走出来的，具有深厚的历史渊源和广泛的现实基础，是全面建成小康社会、实现社会主义现代化和中华民族伟大复兴"中国梦"的必由之路。

有学者认为，中国特色社会主义理论体系实现了改革开放以来党的一系列理论创新成果的科学整合，有着鲜明的创新性：它确立了坚持和发展中国社会主义的主题，开创了科学社会主义的中国模式，

① 刘近：《国外学者对中国特色社会主义共同理想的三种误解》，《天津行政学院学报》2013 年第 5 期。

② 王立胜：《中国特色社会主义的定性分析》，《中共中央党校学报》2013 年第 3 期。

③ 同上。

④ 何二仁：《中国特色社会主义是社会主义而不是其他什么主义》，《科学社会主义》2013 年第 2 期。

⑤ 王立胜：《中国特色社会主义的定性分析》，《中共中央党校学报》2013 年第 3 期。

开拓了执政党建设科学化的崭新视野，形成了马克思主义发展观的当代形态，开辟了理论创新的独特路径。[①]

有学者认为，邓小平理论、"三个代表"重要思想、科学发展观三者有着共同的理论基础——马克思列宁主义、毛泽东思想，共同的理论精髓——实事求是，共同的价值标准——保障最广大人民群众的根本利益，共同构成了改革开放和社会主义现代化建设新时期形成的中国特色社会主义理论体系，不仅从纵向体现了继承和发展的关系，而且从横向的每一理论逻辑的展开方面都体现了一脉相承性。[②]

有学者认为，学习和贯彻中国特色社会主义理论体系，关键在于学习和坚持以下三点：一是中国特色社会主义理论体系的立场，就是始终站在人民大众立场上，立党为公、执政为民，把服务群众、造福百姓作为最大责任；二是中国特色社会主义理论体系的观点，包括：关于人类社会发展规律及其历史趋势的观点，关于生产活动是人类社会存在和发展根本前提、生产力是人类社会发展决定力量的观点，关于经济政治文化社会协调发展的观点，关于人的全面发展的观点等；三是中国特色社会主义理论体系的方法，包括唯物辩证的思想方法、实事求是的思想方法、群众路线的工作方法等。[③]

有学者认为，中国特色社会主义的发展，关键在于始终坚持、不断发展中国特色社会主义道路、中国特色社会主义理论体系和中国特色社会主义制度。在三者关系中，中国特色社会主义道路是实现途径，中国特色社会主义理论体系是行动指南，中国特色社会主义制度是根本保障。[④]

（供稿：李建国）

① 李安增、王涛：《中国特色社会主义理论体系的创新性探析》，《当代世界与社会主义》2013年第4期。

② 肖贵清：《关于深化中国特色社会主义研究的几个问题》，《山东社会科学》2013年第3期。

③ 汪信砚：《中国特色社会主义理论体系的立场、观点和方法》，《光明日报》2013年8月14日。

④ 张雷声：《论中国特色社会主义道路、理论体系、制度的统一》，《高校理论战线》2013年第1期。

关于"中国梦"的热议

2012 年 11 月，习近平总书记在参观《复兴之路》展览时第一次提出实现"中国梦"，此后又多次系统阐释、论述了"中国梦"。"中国梦"在全中国人心中引起强烈共鸣。回顾 2013 年，"中国梦"成为一个全民流行语，全社会都在关注、使用，这并不是一个偶然的现象，它深刻地反映出已经总体实现温饱、奔向小康的中国人民对理想、信仰的更高层次追求。反映在马克思主义原理研究上，一方面，学者们就"什么是'中国梦'"进行了马克思主义理论解析，就习近平总书记提出的"实现中华民族伟大复兴的'中国梦'，就是要实现国家富强、民族振兴、人民幸福"的"中国梦"的内涵进行了深入阐释。如侯惠勤认为，"信心（未来）、机遇（当下）、选择（现实）和想象力（可能）是构筑'中国梦'的四大要素；中华民族的伟大复兴是'中国梦'的核心，由此而形成的个人的'中国梦'、民族的'中国梦'和世界的'中国梦'是表达'中国梦'的三大主体取向"。[①] 清华大学国情研究院教授胡联合、胡鞍钢认为，"中国梦""就是中国每一个人的公平发展梦。从社会来看，公平是人类社会稳定和秩序的基石，是人类社会发展和效率的源泉。从个体来看，公平是人的首要利益和首要价值，是人自由全面发展的最大动力"。[②] 另一方面，学者们还就提出"中国梦"的意义及其把握进行了深入探讨。这一探讨没有停留在表面的泛泛说明上，而是从马克思主义的理想观、信仰观高度给出了令人信服的说明。如海南师范大学副校长、教授杜明娥指出："'中国梦'体现了唯物史观的创新精神，具体来说，中国道路是其现实根基，中国精神是其动力支撑，人民幸福是其价值指向。"[③] 上海财经大学党校章忠民教授提出："'中国梦'之所以能够有效提升中华民族的凝聚力，其关键在于：一是伟大的梦想协同整个国家民族的目标定位，二是光荣的梦想整合并驱动全民族的良好价值取向，三是现实的梦想强化连接同胞民族情感的纽带，四是崇高的梦想化解社会、个人利益纷争。"[④] 关于如何把握和实现"中国梦"，陶德麟提出："只要始终不懈地践行马克思主义实践观，我们就有充分的理由树立理论自信、道路自信和制度自信，在中国精神的鼓舞下战胜征途上的任何艰难险阻，稳步达到

---

① 侯惠勤等：《引导中国梦成为坚持和发展中国特色社会主义的精神动力》，《马克思主义研究》2013 年第 6 期。

② 胡联合、胡鞍钢：《中国梦：中国每一个人的公平发展梦》，《探索》2013 年第 3 期。

③ 杜明娥：《唯物史观视阈中的"中国梦"》，《马克思主义研究》2013 年第 10 期。

④ 章忠民：《中国梦：提升中华民族的凝聚力》，《马克思主义研究》2013 年第 10 期。

我们的目的，使'中国梦'梦想成真。"①

由于立场不同，对"中国梦"内涵理解及其把握也有诸多另类解读。例如，认为"中国梦"就是美国梦、宪政梦、霸权梦等。所谓"中国梦"就是"美国梦"，即"中国梦"就是个人追求更高的物质享受，充分发挥与生俱来的潜能，实现个人自我价值。所谓"中国梦"就是"宪政梦"，即"中国梦"就是追求西方的民主政治体制，宪政代表了中国的未来，宪政的方向就是中国政治体制改革的方向。2013年度学界对这些"中国梦"的另类解读进行了分析和批判。如北京市社会科学院副研究员刘波、尤国珍认为，"美国梦"的实现途径是全球化，其本质是对外扩张、掠夺和侵略；"美国梦"与美国对世界经济能源的消耗紧密相连，牺牲世界他国利益优先发展本国，无止境地获取地球财富。这绝不是社会主义中国和平发展的追求。② 针对有些人认为只有宪政才是中国未来发展方向，首都经济贸易大学法学院院长、教授喻中认为，"只要如何，就能怎样"之论，看上去逻辑性很强，因果关系也很清晰，其实是把复杂的问题进行了过于简单化的处理。因为政治体制的任何改革，都是牵一发而动全身的系统工程。③ 江苏理工学院夏东民教授、金朝晖副教授认为："任何否定中国共产党领导，鼓吹所谓'宪政民主'的价值观和言论，照搬西方宪政治理的道路，都是不符合中国国情的，也无助于甚至有害于中国社会的发展和中华民族的伟大复兴。"④

（供稿：张建云）

---

① 陶德麟：《践行马克思主义实践观为实现"中国梦"而奋斗》，《中国社会科学报》2013年3月29日。

② 刘波、尤国珍：《"美国梦"与"中国梦"的比较及现实启示》，《理论月刊》2013年第11期。

③ 喻中：《"中国梦"与民主政治道路的选择》，《红旗文稿》2013年6月13日。

④ 夏东民、金朝晖：《对中国共产党领导与依法治国关系的思考——兼论宪政民主论的实质与危害》，《黑龙江社会科学》2013年第5期。

关于宪政问题的争论

宪政问题是 2013 年在理论界引起激烈争论的一个热点问题。一些学者认为宪政理念属于资产阶级民主的范畴，因而反对把宪政民主设定为中国政治体制改革的基本目标。如中国人民大学法学院杨晓青教授认为，宪政以私有制的市场经济为基础，实行议会制民主，实行三权分立、互相制衡的国家政权体制，实行"司法独立"及司法机关行使违宪审查权，这些关键性制度元素和理念只属于资本主义和资产阶级专政，而不属于社会主义人民民主制度。人民民主制度绝不可以称为"社会主义宪政"。[1] 中国人民大学马克思主义学院汪亭友副教授赞同上述观点，他指出，宪政以宪法为基础，它是法（宪法）这一阶级统治工具与资本主义制度相结合的产物，是资产阶级专政制度的法治化，目的是要维护资产阶级的统治秩序，为发展资本主义保驾护航。宪政同科学社会主义是格格不入的，"社会主义宪政""宪政社会主义"的提法是不成立的。[2]《党建》2013 年第 6 期发表了署名为郑志学的文章，支持上述二人的观点。文章指出，"宪政"一词无论从理论概念来说，还是从制度实践来说，都是特指资产阶级宪法的实施。"宪政"主张指向非常明确，就是要在中国取消共产党的领导，颠覆社会主义政权。不能把"宪政"作为我国的基本政治概念，以落入其背后隐藏着的"话语陷阱"。[3]

在赞同把宪政作为中国政治体制改革目标的学者中，对宪政的理解也存在基本分歧：一些学者认为存在资本主义宪政和社会主义宪政之分，并主张在社会主义政治制度的框架下探索宪政的实施途径。如中国人民大学法学院许崇德教授认为，宪政即民主的政治，宪法是宪政的前提和依据，宪政是宪法的运行和实施；宪政有资本主义宪政和社会主义宪政之分，中华人民共和国宪法是社会主义宪法，是党的主张和人民意志的统一表现，因而我们的宪政是社会主义宪政，是在共产党领导下人民当家做主的宪政，宪政是法治国家的应有之义。[4] 还有一些学者认为宪政与基本社会制度无关，但从他们的宪政主张看，本质上是资产阶级民主框架下的宪政。如北京大学法学院张千帆教授认为，宪政本身无所谓"姓社姓资"；淡化宪政，只会导致宪法虚无主义，使执政党长期执政丧失合法根基。[5] 北京大学张维迎教授从经

---

① 杨晓青：《宪政与人民民主制度之比较研究》，《红旗文稿》2013 年第 10 期。

② 汪亭友：《对宪政问题的一些看法》，《红旗文稿》2013 年第 11 期。

③ 郑志学：《认清"宪政"的本质》，《党建》2013 年第 6 期。

④ 许崇德：《宪政是法治国家的应有之义》，《光明日报》2013 年 5 月 21 日。

⑤ 张千帆：《捍卫社会主义宪法的生命与权威：驳"宪政姓资"论》，《人民论坛》2013 年第 15 期。

356 马克思主义理论研究与学科建设年鉴 2014

济学角度论证了中国实行宪政民主的必要性。他认为，市场经济最重要的基础，第一是自由，第二是私有产权，第三是企业家精神；当前中国经济自由仍然会受到政府的任意干涉，私有产权没有得到有效保护，企业家精神仍然受到压制和扭曲；如果中国不进行真正的政治体制改革，不实行宪政民主，就不可能建立起真正的市场经济。[①]

（供稿：彭五堂）

---

①　张维迎：《建立市场经济需要落实宪政》，《炎黄春秋》2013 年第 9 期。

关于如何评价毛泽东与毛泽东思想的讨论

2013 年是毛泽东同志诞辰 120 周年。学术界认为，科学评价毛泽东和毛泽东思想的历史地位，同正确认识改革开放前后两个 30 年和马克思主义中国化两大理论成果的关系，是紧密联系的两个问题。

学者们认为，国内外有一些人以"重新评价历史"为名，端出来一些所谓的"历史细节"和敌对势力杜撰的"揭秘材料"来否定革命，否定社会主义、中国共产党，贬低和丑化党的领袖，其根本目的是从根本上否定中国共产党执政的合法性。对于高文谦在《晚年周恩来》一书中，多处罔顾历史事实，用个人想象代替客观描述，用断章取义代替理性分析，用成见和情绪化看法代替公允的结论，丑化毛泽东的做法，中国社会科学院副院长李捷等进行了严厉的批判。① 还有人公然污蔑中国共产党的领袖毛泽东，把毛泽东说成是中国最后一个皇帝，很显然他们已经站在了历史和人民的对立面。对此，中国社会科学院原副院长李慎明指出，国内外敌对势力要搞垮一个国家，首先就要搞垮这个国家的共产党，要搞垮共产党首先就要丑化一个国家的人民，甚至是不惜一切代价丑化领袖人物，这是国外敌对势力企图分化他国最直接、最有效、投入最少的攻击方式。②

科学评价毛泽东和毛泽东思想的历史地位，是关系党和国家生死存亡的重大问题。有学者认为，评价毛泽东要做到"三个坚持""三个反对"：坚持全面的观点，反对片面的观点；坚持科学的观点，反对感情用事；坚持历史的观点，反对历史虚无主义。③

有学者认为，不论是污化还是神化毛泽东，都不可取。我们既不能让毛泽东的历史功绩蒙尘，也不能将其神化。神化毛泽东在形式上切断了他与人民群众的血肉联系，违背了马克思主义的唯物主义观点，背离了毛泽东的一贯思想，不利于正确评价领袖群体，容易给抹黑毛泽东的人提供口实，我们要实事求是、客观公正地评价毛泽东，而不是走向神化或污化的极端。④

中国人民究竟如何看待毛泽东的功与过？总体上给予毛泽东怎样的评价？2013 年 12 月中国环球舆情调查中心的一项调查显示，85% 的受访者认为毛泽东"功远大于过"，91.5% 的受访者对毛泽东持

---

① 李捷：《驳〈晚年周恩来〉对毛泽东的丑化》，《中国社会科学报》2013 年 10 月 14 日。
② 李慎明：《敌对势力丑化领袖毛泽东，就是要搞垮共产党搞垮中国》，中国社会科学网 2013 年 1 月 25 日。
③ 陈雪薇：《全面科学历史地评价毛泽东》，《中国社会科学报》2013 年 12 月 27 日。
④ 欧清华：《污化、神化毛泽东都不可取》，《中国社会科学报》2013 年 12 月 30 日。

"敬仰"或"尊重"的态度。① 这应该是当前中国社会包括中国学术界在内对毛泽东真实评价的反映。

有学者认为，毛泽东在领导社会主义建设的过程中，创造了一系列独创性的关于中国社会主义建设的理论成果，极大地推进了马克思主义中国化的进程，为中国特色社会主义提出了正确的思想指南，提供了重要的理论准备。②

有学者提出，千万不能丢掉毛泽东思想的法宝，更不能背离以毛泽东为核心的党中央制定的基本政治制度，只能在这个基本政治制度的基础上与时俱进。③

有学者认为，毛泽东是马克思主义中国化的历史元勋和集大成者，在马克思主义中国化发展主体的培育、本质内涵的分析、根本原则的揭示、科学方法的制定等方面做出了独创性贡献。④

有学者认为，毛泽东对中华民族至少有五大贡献：第一是带领中国人民经过了长期的革命斗争，终于赢得民族独立和人民解放，创建了新中国。这是他的最伟大的历史性贡献；第二是在创建了新中国后，带领中国人民走上了社会主义现代化的道路；第三是极大加强了我们的国防；第四是建设了一个马克思主义的先进政党——中国共产党；第五是极大地提升了我国的国际地位。⑤

学者们认为，中国特色社会主义的开创、坚持和发展，离不开毛泽东关于创立与建设社会主义基本制度的理论和实践，毛泽东带领全党和全国人民在探索过程中取得的独创性理论成果，是中国特色社会主义理论体系的重要思想来源，必须深化对中国特色社会主义与毛泽东、毛泽东思想关系的研究。⑥

有学者认为，不能用改革开放后的历史时期否定改革开放前的历史时期，也不能用改革开放前的历史时期否定改革开放后的历史时期。改革开放前的 30 年和改革开放后的 30 多年，是中华人民共和国连续不断而又有所不同的两个历史时期。不能将这两个历史时期割裂开来，更不能对立起来、互相否定。⑦

学者们认为，针对当前否定毛泽东、毛泽东思想的种种错误言论，决不能掉以轻心，必须加强对广大人民尤其是党的各级领导干部和青少年学生的历史教育。

（供稿：李建国）

---

① 马晴燕：《调查：85％的受访者认为毛泽东"功远大于过"》，《环球时报》2013 年 12 月 25 日。

② 孙麾：《毛泽东是中国特色社会主义的伟大奠基者、探索者和先行者——访中国社会科学院院长、党组书记王伟光》，《中国社会科学报》2013 年 10 月 16 日。

③ 赵智奎：《坚定不移地继承和弘扬毛泽东的民族理论遗产》，载王宜秋、于晓雷主编《毛泽东与马克思主义中国化》，社会科学文献出版社 2013 年版，第 177—188 页。

④ 金民卿：《毛泽东对马克思主义中国化的独创性贡献》，载王宜秋、于晓雷主编《毛泽东与马克思主义中国化》，社会科学文献出版社 2013 年版，第 16—35 页。

⑤ 李捷：《毛泽东对中华民族至少有五大贡献》，《中国社会科学报》2013 年 9 月 23 日。

⑥ 叶张瑜：《永远铭记毛泽东丰功伟绩，坚持和发展中国特色社会主义——第十三届国史学术年会综述》，《红旗文稿》2013 年第 20 期。

⑦ 贺新元：《正确理解改革开放前后两个历史时期的关系——以毛泽东 1956 年的"思想理论遗产"为视角》，马克思主义研究网，2013 年 8 月 31 日。

学界纪念毛泽东"研究宗教" "批判神学"批示 50 周年

1963 年 12 月 30 日，毛泽东做出了《加强宗教问题的研究》的批示，指出："不批判神学就不能写好哲学史，也不能写好文学史或世界史。"[①] 新中国的宗教研究工作由此正式展开。2013 年是毛泽东同志诞辰 120 周年，也是他做出关于宗教研究重要批示 50 周年。不少学者专门撰文纪念，重新审视毛泽东批示的意义，反思 50 年来宗教研究的成果与得失。

中国社会科学院研究员杜继文指出，当前宗教研究繁荣的局面与毛泽东的批示有关。但也不可否认的是，今天的宗教研究有许多人和机构走入了歧途，宗教研究的知识性传播变异成了信仰性传播。随着市场经济的开放和扩大，相当一部分人把宗教知识也当成了赚钱的工具，"创收"与"吃教"的价值法则日益支配着宗教研究的性质和倾向。本应客观独立、力求把握宗教面貌的科学研究，不同程度地蜕变成了为宗教树碑立传，讴歌鬼神信仰的传教活动；有关宗教的科学知识，蜕变成了一些人的信仰对象。在响应毛泽东"研究宗教"方面，虽然取得一定的成就，但"批判神学"方面存在失误。"神学布道"进入社会公共领域，特别是国家高校和科研单位，在某种意义上甚至把持着所谓"宗教学"领域的主导权和话语权。[②] 中国人民大学教授何虎生等对毛泽东与新中国宗教工作进行了研究。他们认为，毛泽东对宗教研究的批示特别强调了三点：一是宗教研究要掌握在马克思主义者手中，二是要坚持历史唯物主义的观点，三是要批判宗教神学。可以说，毛泽东为新中国的宗教研究指明了方向。[③]

与以上观点不同，中国社会科学院研究员卓新平认为，当代中国"神学建设"具有积极意义，不能对"神学"作狭隘之解。毛主席在批示中所言"批判神学"实际上与其同时所言"研究宗教"同义。从学术角度来客观研究"神"之问题的"学术神学"完全能够成立，那种认为"学术神学"就必然是"学术宣教"的说法，要么是对这一研究根本不懂，要么就是对"神学"术语历史的无知。对于当前的宗教学研究，不应简单扣上"宗教进入高校和科研系统"或"宗教干涉教育"的不实

---

① 《毛泽东文集》第 8 卷，人民出版社 1999 年版，第 353 页。

② 《"研究宗教"亟须拨乱反正，"批判神学"必须开展补课——访中国社会科学院世界宗教研究所原所长杜继文》，《马克思主义研究》2013 年第 5 期。

③ 何虎生、黄晓霓：《毛泽东与新中国宗教工作》，《中国民族报》2013 年 12 月 17 日。

之帽横加指责。①②③ 北京大学教授赵敦华认为，国内宗教学界对待宗教神学的态度和方法可用三句话来概括：客观的介绍，同情的理解，理性的超越。这是由低到高发展的三个阶段，有的学者的研究和出版物目前停留在第一或第二阶段，这可以理解，也应当容许。④ 中国人民大学副教授魏德东认为，50 年来的宗教研究，在研究目的上的确存在重大范式转换："文化大革命"及以前的宗教研究，其基本目的就是为批判宗教服务；而改革开放以后的宗教研究，更多地转向理解宗教本身，为发挥宗教在现代社会的积极功能服务。当代中国宗教供给的严重短缺，加剧了人心的浮躁与社会的动荡，桎梏了中国社会的现代化，这是以理解宗教、同情宗教为基本特征的"文化宗教徒"出现的社会基础。⑤

2013 年 12 月，以"纪念毛泽东《加强宗教问题的研究》批示 50 周年"为主题的中国社会科学院第一届科学无神论论坛在京召开。来自全国的 40 多位专家学者参加会议，对毛泽东批示的意义及科学无神论的宣传教育等问题进行了专题讨论。另外，《马克思主义文摘》杂志 2013 年第 12 期曾就相关问题出过"思潮辨析"专栏。

（供稿：杨俊峰）

———————————

①　卓新平：《研究马克思主义宗教观，发展中国宗教学——纪念毛泽东主席关于开展宗教研究重要批示 50 周年》，《世界宗教研究》2013 年第 4 期。

②　卓新平：《科学研究马克思主义宗教观　发展中国宗教学——纪念毛主席诞辰 120 周年暨批示建立世界宗教研究所 50 周年》，《中国民族报》2013 年 8 月 6 日。

③　卓新平：《关于中国宗教学研究的几个问题》，《中国宗教》2013 年第 11 期。

④　赵敦华：《实事求是地评价高校的宗教学学科建设成就》，中国宗教学术网 http://iwr.cass.cn/zjyzz/201310/t20131031_15795.htm。

⑤　魏德东：《从批判宗教到理解宗教》，《中国民族报》2013 年 8 月 13 日。

"让什么主宰中国命运：是鬼神信仰还是科学理性"问题引发讨论

近年来，随着我国市场经济的日益发展和思想文化领域的多元化，各类社会现实问题不断凸显。面对这些新情况、新问题，有些人借机大力宣扬宗教有神论的价值，主张发挥宗教信仰在国家建设、文化教育乃至经济发展中的作用。2012 年初，复旦大学教授徐以骅等发表《信仰中国》一文，主张运用"国家力"，建构"信仰中国"，以改变西方"责难"的"无神论中国"和"迫害宗教"的形象，从而"为民族复兴提供坚实的价值支撑"①。是年 9 月，"渤海视野：宗教与文化战略"学术研讨会在天津召开，与会者共同发表了《渤海倡议》，主张"使宗教作为政治力量，成为我们国家自身政治力量的有机组成部分，宗教作为灵性信仰，成为我们重建精神家园的重要构成"②。此类观点引起了一些学者的关注和热议。

中国社会科学院研究员文丁进行了有针对性的批评。他认为，《渤海倡议》与《信仰中国》的主要观点，一是直接走上社会，张扬"宗教"必须全面介入社会生活，作为政治力量发挥作用；一是改"宗教"为"信仰"，"为民族的复兴提供坚实的价值支撑"。这都是近年来"文化传教"的最新表现。他指出，"鬼神信仰必然导向是愚昧"，"科学理性才是文明大道"。让鬼神信仰侵占教育体系和科研结构，我们的未来一代就会缺失知识，不会思考；以此"宗教"的方式"改革"我们国家"体制"，我们的国运民魂就会非常堪忧。③

复旦大学教授张庆熊通过评述哈贝马斯对"政治神学"的批判，主张区分政治领域、宗教领域与公共话语领域，让政治事务用政治的方式处理，让宗教事务用宗教的方式处理，让思想意识的事务用思想意识的方式处理。他认为，那种宣扬宗教融入政治的"政治神学"是颠覆理性启蒙传统，其实是回归中世纪政教不分的老路。④

宗教不断向社会公共领域，特别是高校校园领域蔓延的形势引起了不少学者的关注。教育部高校社会科学研究中心研究员田心铭指出，根据我国宪法和法律的规定，除宗教院校外，学校教育与社会公共教育不仅不能容纳宗教教义的宣传，而且应该大力传播辩证唯物主义与历史唯物主

---

① 徐以骅、邹磊：《信仰中国》，《国际问题研究》2012 年第 1 期。

② 《渤海倡议》，《中国民族报》2012 年 9 月 25 日。

③ 文丁：《让什么主宰中国命运：是鬼神信仰还是科学理性？》，《科学与无神论》2013 年第 1 期。

④ 张庆熊：《理性地对待宗教在公共领域的力量——评述哈贝马斯对"政治神学"的批判》，《马克思主义与现实》2013 年第 5 期。

义思想。高校中的宗教研究不能成为宗教的教内研究，宗教研究应服务于教育的根本目的和培养目标。[①] 中国社会科学院研究员习五一指出，近年来宗教在高等院校的传教活动逐渐由秘密转向公开，海外基督教势力成为校园传教的主要力量。抵御境外宗教渗透和防范校园传教，必须作为重要而紧迫的战略任务提上当前的工作日程。她大声疾呼，要切实落实"教育与宗教相分离"，依法抵制校园的宗教渗透。[②] 中国社会科学院助理研究员杨俊峰认为，为有效抵御近年来校园文化传教的趋势，应该大力加强科学无神论学科的自身建设，包括加强基础理论建设，回应宗教神学的新挑战，加强宣传教育及构建自身积极内容等。[③]

（供稿：杨俊峰）

---

① 田心铭：《宗教教义宣传不得进校园——试论"实行教育与宗教相分离"的一项基本要求》，《科学与无神论》2013 年第 1 期。

② 习五一：《宗教神学应当进入大学校园吗?》，《科学与无神论》2013 年第 4 期。

③ 杨俊峰：《加强科学无神论学科建设，抵御校园文化传教》，《科学与无神论》2013 年第 3 期。

关于思想政治教育人学范式转换的不同观点

近年来，思想政治教育人学范式转换成为学界持续关注和研究的一个热点。"思想政治教育人学范式转换"是指思想政治教育研究由"社会哲学范式"向"人学范式"的转向。这一观点最早见于东北师范大学教授、博士生导师张澍军提出的"以社会哲学的视野揭示的是思想政治教育的工具性本质，以人学视野揭示的是思想政治教育的目的性本质。"① 后来，华中师范大学教授、博士生导师张耀灿提出，"思想政治教育研究应该自觉推进人学范式转换"②，建立思想政治教育人学③。

这一研究虽有一定的合理性，也得到思想政治教育学界的广泛支持，但却存在着值得进一步思考和深入研究的问题。已有研究对此提出不同观点。有研究者指出，应轻言、慎言"范式危机"和"范式变革"。④ 但从整体方法论的角度与其争鸣的研究却很少，目前仅有河海大学博士生陶磊和河海大学马克思主义学院博士生导师黄明理教授的研究。⑤ 他们指出，思想政治教育人学范式背后隐藏着"人学陷阱"，这种研究范式实质是一种形而上学的思维方式。

2013 年度对此问题的研究有所深化。中国社会科学院博士研究生陈荣荣、中国社会科学院马克思主义研究院余斌研究员指出⑥，从整体上来说，思想政治教育人学取向研究已经暴露出来的问题不是零散的，而是系统的；不是次要的，而是关键的。而人学取向研究暴露出来的很多具体问题都源于指导这一研究的方法论存在问题。人学取向研究在方法论上存在三方面的问题：第一，割裂个人和集体，有为个人主义辩护之嫌。第二，割裂个体和社会，实际上是抽象孤立地研究人。第三，在存在阶级的时代，放弃了阶级分析法。在具体内容上，思想政治教育研究的人学取向有四方面的缺陷：第一，过于抬高人

---

① 张澍军：《德育哲学引论》，人民出版社 2002 年版，第 13 页。

② 张耀灿：《推进思想政治教育研究范式的人学转换》，《思想教育研究》2010 年第 7 期。

③ 张耀灿、曹清燕：《思想政治教育研究的人学取向探析》，《思想理论教育导刊》2006 年第 12 期。

④ 钱广荣：《思想政治教育研究如何借用范式——范式的本义与本质及方法论阈限之考查》，《思想政治教育研究》2012 年第 1 期。戴锐：《思想政治教育研究范式的回顾与前瞻》，《思想政治教育研究》2009 年第 3 期。

⑤ 陶磊：《批判与探索：思想政治教育人学范式分析》，《河南师范大学学报》（哲学社会科学版）2011 年第 2 期。陶磊、黄明理：《人学范式，还是社会哲学范式？——思想政治教育现代转型的反思》，《探索》2011 年第 6 期。

⑥ 陈荣荣、余斌：《思想政治教育人学取向研究的方法论问题》，《马克思主义研究》2013 年第 10 期。

学的地位，其结果是使思想政治教育陷入种种"人学陷阱"中。第二，"对现实的人"理解的偏颇，与马克思主义经典作家的论述不符。第三，对"传统思想政治教育"认识的偏颇。片面否定新中国成立后至改革开放前的思想政治教育历史，把思想政治教育从一个极端引到另一个极端。第四，陷入抽象、空洞的人道主义等唯心主义历史观，使这种人学很容易陷入资产阶级的意识形态当中。该研究明确指出，思想政治教育人学范式转换是试图从整体上重构思想政治教育学的主干学科、分支学科和整个元理论，这使得人学范式转换研究对思想政治教育的理论与实践发展都有举足轻重的作用。但它对社会哲学范式表面继承却实际否定、表面拓展补充却实际全面代替，这使它陷入种种内在矛盾当中，也将使实现了人学范式转换的思想政治教育彻底放弃马克思主义的指导。如果实现了人学范式转换，它很有可能要使思想政治教育陷入或许更为严重的困境当中，因此，应慎重提倡思想政治教育人学范式转换。①

（供稿：李春华）

---

① 陈荣荣：《应慎重提倡思想政治教育人学范式转换》，《思想教育研究》2013年第9期。

关于思想政治教育"双主体说"的争鸣

"双主体说"是思想政治教育研究中一种普遍和流行的观点。代表性观点认为，"教育者与教育对象二者都是思想政治教育的主体，是复数的主体，他们把教育资料作为共同客体，与教育资料构成'主体——客体'的关系。"[①] "双主体说"意在强调受教育者在教育过程中的主体地位和能动性，但却成为争论较大的一个问题。2013 年度，依然存在两种不同的观点。

赵洁认为，高校思想政治理论课"双主体"教学模式，是指教师和学生都是教学过程的主体，以主体与主体之间双向平等的交流互动来实现教学目的。[②] 蒋红等认为，实施"双主体"教学不仅是落实"以学生为本"教育理念的内在要求，也是提高大学生思想政治素质的有效途径。[③] 王学荣虽然不同意"双主体"观点，并提出"双重交互性"概念，但其实质并未改变。他认为，用"双重交互性"能够更加精准地概括出思想政治教育过程中教育者与教育对象之间的主客体关系。教育者和教育对象之间是"互主体"的，这种"互主体性"鲜明地体现在教育者和教育对象之间主客体关系的转化上。教育

对象具有自己的主观能动性，还会对教育者进行信息的反馈，从而让教育者"亦受到某种教育"，在这个意义上，教育对象也就成了主体。[④]

但刘书林等指出，思想政治教育过程中的主、客体关系不能改变。从主体的职能特点方面看，思想政治教育的主体就是主导教育；从客体的职能特点方面看，思想政治教育的客体就是接受教育。在思想政治教育实践中，主客体的相互作用，主体方面增加了客体性，但仍然是主体；客体方面增加了主体性，但仍然是客体，思想政治教育主、客体职能特点区分的界限是很清楚的。在思想政治教育过程中，教育的主、客体有时会交换其地位和作用，但这种互动或"位置的交换"不是主要的，不是全局的。这种现象虽然值得引起足够的注意，但毕竟不是性质的改变，不足以改变思想政治教育主、客体各自的定性。在一定的教育过程中，主体和客体的地位总是确定的，不能混淆或颠倒主体与客体的不同地位。否则，不是过高地估计了客体的地位而失落，就是忽略和降低了主体的作用，放弃教育职责，或贬低了教

---

①　张耀灿等：《思想政治教育学前沿》，人民出版社 2006 年版，第 359 页。

②　赵洁：《浅析思想政治理论课"双主体"教学模式的构建》，《思想教育研究》2013 年第 5 期。

③　蒋红等：《高校思想政治理论课"实践导向型"双主体教学模式探析》，《思想教育研究》2013 年第 2 期。

④　王学荣：《双重交互性：思想政治教育主客体关系新解——兼评学界几种代表性观点》，《思想教育研究》2013 年第 9 期。

育主体的地位。[①] 顾钰民则直接指出："双主体说"的实质是把思想政治教育过程中的教育对象上升到主体位置，与教育者并列成为主体。把本来清清楚楚、不存在任何认识障碍的思想政治教育活动，说成在逻辑上不能成立的"学术"问题，并由此带来不少难以解决的问题。它模糊了教育者与教育对象的基本关系，混淆了教育者与教育对象的不同功能和作用，也淡化了教师作为教育主体的责任和自信。[②]

马永庆则强调，不能因为受教育者是社会思想品德影响的指向对象而取消其作为主体的权利，但也必须明确受教育者是在什么情况下具有主体的某些特征的，担当思想政治教育整个过程的主体和其中某个方面、某个环节、某个阶段的主体是不能等同的，在思想政治教育的整个过程中主体只能是教育者。[③]

（供稿：李春华）

① 刘书林、高永：《思想政治教育的对象及其主客体关系》，《思想理论教育导刊》2013年第1期。

② 顾钰民：《思想政治教育"双主体说"评析》，《教学与研究》2013年第8期。

③ 马永庆：《论思想政治教育的主客体关系》，《思想理论教育导刊》2013年第7期。

关于"思想政治教育"与
"公民教育"关系的争论

近年来，"公民教育"的研究成为当前探究加强和改进思想政治教育的热门话题。其中，有人提出，应当用新的、"中性的"的"公民教育"替代旧的、有强烈意识形态性的"思想政治教育"。因为"公民教育具有较强的中性色彩，它不是强调为哪个阶级、哪个政党培养'接班人'，而是为社会培养下一代（公民）"，这样有助于克服"政治化问题"。① 这种颇显"新"意的观点引起了一些学者的某种共鸣。但这种观点早已受到批驳。如教育部高等学校社会科学发展研究中心田心铭教授曾指出：现实中并不存在某种超越不同国家和社会的一般的"公民教育"。在当代中国，没有某种为了"社会"却又不为"阶级"（首先是工人阶级）、"政党"（首先是中国共产党）培养人的"中性"的"公民教育"。

2013 年度，南开大学马克思主义教育学院武东生教授对此问题进行进一步阐述。他明确指出，在时下有学者倡言用"公民教育"替代"思想政治教育"，针对的是思想政治教育的意识形态性。因为在一些人看来，思想政治教育的这种特性是影响其在当今社会发挥作用的重要原因。他强调，无论就其广义指国家开展的公民意识教育，还是特指西方国家对其公民进行的教育，"公民教育"都和"思想政治教育"一样，具有鲜明的意识形态性。一定意义上说，"思想政治教育"就是社会主义中国的"公民教育"。今天人们所说的"思想政治教育"，大体有两种含义，其一是马克思主义理论一级学科之下的"专门研究人们思想品德形成、发展和思想政治教育规律"的科学，其二是实际生活中的思想政治工作，指为培养人们正确世界观、人生观、价值观而开展的专门教育活动。无论作为一个学科，还是作为一种实际工作，"思想政治教育"，就是指马克思主义的或者说社会主义的思想政治教育。"马克思主义""社会主义"是科学，同时也是现代社会的一种意识形态。

他具体阐述了"公民教育"与意识形态的关系。人类进入文明以来的以国家或社会的名义开展的教育，无例外的都是某种"阶级的教育"。因此，在和意识形态的关系问题上，"公民教育"与思想政治教育并无不同，"公民教育"究其实质而言，同为非"中性的"意识形态教育。正如联合国教科文组织在一份报告中所讲的，"公民教育则是一个复杂的整体，它既包括承认价值观，也包括获取知识和学习如何参与公共生活。因此，从意识形式上看，不能把这种教育视为中性的。"② 他进一步指出，党的十七大报告提出

① 杜时忠：《德育十论》，黑龙江教育出版社 2003 年版，第 5 页。
② 国际 21 世纪教育委员会：《教育——财富蕴藏其中》，教育科学出版社 1996 年版，第 49 页。

"加强公民意识教育"，与加强和改进思想政治工作并不矛盾：一方面，在党和国家的工作重心转移到社会主义现代化建设上来后，加强全体公民的公民意识教育，在全社会牢固"树立社会主义民主法治、自由平等、公平正义理念"，理应成为思想政治工作中一项必要的也是重要的内容。另一方面，通过加强公民意识教育在全社会树立起社会主义法治理念，既有利于全体人民理解和认同党和国家开展的思想政治教育，又有利于思想政治工作在促进建设社会主义法治国家的进程中科学化发展。①

该研究还指出，目前一些学者从公民教育的视角探讨思想政治教育，其初衷本来是希望改变思想政治工作在现实生活中实效不强的状况，目的在于从根本上理解和评判当代中国开展的和西方国家的"公民教育"有所区别、以马克思主义为指导体现中国特色社会主义核心价值的思想政治教育。但却多少与所谓的"替代论"产生某种共鸣。既然如此，当我们从分析国家实施公民教育一般机制的角度探究如何加强和改进当前的思想政治教育时，就不能不对这个基本的是非问题有所自觉，就应该认真检讨一下思想的出发点和基础，从而避免泛泛的议论有悖于自己思考和研究的初衷。

（供稿：李春华）

---

① 武东生：《"思想政治教育"与"公民教育"关系辨析》，《思想理论教育导刊》2013年第4期。

关于苏联解体原因与斯大林模式
评价问题的争论再度升温

苏联解体原因与斯大林模式评价问题，一直是学界关注的重点。苏联解体以来，国内外各界站在不同的立场，从不同的角度，对苏联解体和斯大林模式进行了不同层面的解读。2013 年，围绕中国社会科学院世界社会主义研究中心《居安思危》课题组推出了党内系列教育参考片——《苏联亡党亡国二十年祭——俄罗斯人在诉说》，学界对该问题的讨论再度升温，两种针锋相对的观点继续争论。

中共中央党校国际战略研究所教授左凤荣认为，斯大林的社会主义模式不能代表人类发展的未来，社会主义改革必须抛弃这个模式，重新探索新的模式。探究苏联解体的原因应该到苏联社会的社会状况、体制机制中去寻找，戈尔巴乔夫之所以要改革，就是因为苏联的体制已经陷入了危机，难以再维系了。① 中国社会科学院荣誉学部委员陆南泉甚至认为，斯大林模式的社会主义不是科学社会主义，斯大林模式的社会主义不能成为社会主义的基本制度。苏联发生剧变的根本原因是制度问题。苏联解体结束了一党专政，建立了西方式的三权分立，议会制度，总统选举制度，这应该说是质的变化，在政治上搞民主化，讲法制，讲人道，尊重人权，这

应该说是很大的进步。②

作为对上述观点的回应，《居安思危》课题组撰写了系列文章，剖析了在该问题上存在的历史虚无主义态度，并提出了评价苏联模式的基本原则。该类观点认为，苏联社会主义模式的根本性质是科学社会主义；苏联社会主义模式是把科学社会主义基本原则运用到苏联具体实际的产物，它是对苏联如何具体实现科学社会主义基本原则的一种探索。评价苏联社会主义模式，必须分两个层次进行：一是根本性质的层次，即它坚持的科学社会主义的基本原则，这体现在社会主义基本制度上；二是这些基本原则具体实现形式的层次，即具体的体制、运行机制。苏联社会主义模式中的基本制度是正确的，必须予以肯定。苏联社会主义模式的失误和弊病是出在社会主义建设的具体体制、机制、方针、政策层面上的，而不是由社会主义基本制度产生的。应该在坚持社会主义基本制度的前提下进行改革，而不是推翻社会主义，向资本主义演变。苏联演变的决定性的、根本的原因是以戈尔巴乔夫为首的苏共领导集团推行一条人道的民主的社会主义路线，背叛了马克思主义基本原则，

---

① 左凤荣：《片面解读苏联教训的又一"力作"——评〈苏联亡党亡国 20 年祭：俄罗斯人在诉说〉》，《探索与争鸣》2013 年第 1 期。

② 陆南泉：《苏联解体从历史发展趋势而言是进步》，大公网 2013 年 2 月 18 日（http://news.takungpao.com/mainland/2013-02/1444340_3.html）。

放弃了社会主义道路。[①]

学界对苏联解体和斯大林模式的争论也涉及对中国社会主义道路的态度。中国社会科学院世界历史所研究员马龙闪认为，对斯大林模式的评价关系着对改革开放的态度，"中国道路"必须革除斯大林模式弊端。在我国，肯定、赞颂斯大林体制和苏联模式，客观上与我国目前改革开放的方针路线背道而驰。[②] 中国人民大学马克思主义学院副教授汪亭友则认为，斯大林模式从本质上说是社会主义的一种模式，是科学社会主义基本原则与苏联实际相结合的产物，是社会主义发展史上的一个重要时间段。[③] 国内外有些势力借口反对苏联社会主义模式，实际上是反对社会主义制度本身，要求恢复资本主义的政治、经济、文化制度。[④]

能否正确评价斯大林模式直接关系现实社会主义各国的改革。在改革过程中，我们既要改革具体体制中不适应生产力的部分，又要避免否定斯大林模式的社会主义性质，连同社会主义基本制度一起抛弃。

（供稿：康晏如）

---

① 《居安思危》课题组：《不能对苏联社会主义模式采取历史虚无主义态度——与左凤荣教授商榷》，《马克思主义研究》2013 年第 7 期。

② 马龙闪：《俄罗斯是否存在"重评"斯大林思潮》，《探索与争鸣》2013 年第 10 期。

③ 汪亭友：《如何解读苏联亡党亡国这一重大历史事件——兼答左凤荣教授》，《探索与争鸣》2013 年 8 月。

④ 《居安思危》课题组：《不能对苏联社会主义模式采取历史虚无主义态度——与左凤荣教授商榷》，《马克思主义研究》2013 年第 7 期。

关于世界社会主义国际联合问题的争论

苏东剧变以来，世界社会主义运动经历了一个调整和独立探索发展的阶段。进入 21 世纪，世界社会主义力量有所恢复，各国无产阶级政党之间的国际联系也在重新建立和发展。

近年来，面对全球化和资本主义新发展的挑战，学界普遍认为，新形式的社会主义国际联合应该得到进一步发展：从社会主义理论的角度看，社会主义事业是全人类的共同事业，社会主义运动的发展必然要求世界各国人民的参与，要求世界范围内社会主义力量的国际联合；从世界社会主义运动的实践看，社会主义国际联合运动贯穿了世界社会主义运动的全过程，曾极大地推动了世界社会主义的发展进程；从当前世界社会主义运动的现状看，各国社会主义政党和组织要求相互之间交流经验、协调内外政策的愿望和行动都在不断加强。国际上对建立社会主义的国际联合的呼声也很高，如委内瑞拉前总统查韦斯和著名左翼学者萨米尔·阿明都主张建立"第五国际"。针对相互交流和了解不足造成的一些共产党之间的误解（如希共和美共之间的辩论、印共（马）对中国道路的指责等），中国社会科学院学部委员程恩富强调，世界社会主义的未来在很大程度上取决于当代无产阶级联合的水平和工作效率。目前应分别加强全世界劳动阶级性质的左翼政党、全世界劳动阶级性质的左翼工会、全世界马克思主义和左翼性质的学会、全世界马克思主义和左翼性质的媒体、全世界马克思主义和左翼性质的论坛、全世界劳动阶级和左翼性质的运动六个方面的联合。[①] 中国社会科学院马克思主义研究院国际共运部主任刘淑春从另一个角度分析了国际联合的必要性：经济危机加剧了世界格局的变动，有可能带来世界局势的大动荡，资本主义通过战争摆脱危机的历史并非不能重演。在这种形势下，全世界的社会主义力量必须团结一致，并联合一切进步力量组成共同的反资本主义、反帝国主义阵线，维护世界和平，促进人类进步。[②] 中国人民大学国际关系学院李景治教授指出：社会主义运动的各个方面，包括社会主义国家、发达国家和发展中国家的共产党组织及社会主义力量之间，应开展多层次的、广泛的交流，在实践中他们也应相互支持，逐渐使当前的社会主义运动形成一个整体。[③] 中国社会科学院信息情报研究院党委书记姜辉认为，在当今时代，中国共产党发展同其他共产党组织的关系，要继续坚持和弘

---

① 程恩富：《世界社会主义的未来取决于国际无产阶级有效联合行动》，《国外社会科学》2012年第 5 期。

② 刘淑春：《全球金融危机与世界社会主义的振兴》，《社会科学研究》2013 年第 3 期。

③ 李景治：《冷战后世界社会主义运动的发展及其面临的挑战》，《社会主义研究》2013 年第 6 期。

扬国际主义，建立广泛的国际统一战线。[①]

学界也存在质疑国际联合的声音。如中联部调研咨询组肖枫研究员认为，要从思想理论上抛弃所谓"国际共运"的旧观念，当今社会主义运动的突出特点是"独立自主"和"民族特色"，平等交流借鉴是必要和有益的，但追求"联合""统一""一致"既无必要，也不可能。他主张，世界社会主义的未来并不是取决于"国际无产阶级的联合行动"，而是靠社会主义搞成功的实践来赢得人民的拥护。[②]

学界的争论实际上涉及对"国际主义"和"全世界无产者联合起来"的理解问题。华侨大学公共管理学院胡凌艳等指出：马克思恩格斯提出"全世界无产者联合起来"口号奠定了国际主义的理论基础，马克思、恩格斯强调，各国的存在及其在内部事务上的自主和独立包括在国际主义这一概念本身之中；无产阶级的国际组织不是国际指挥力量和各国工人阶级开展国际活动的依赖者，而只是各国工人政党和团体进行联络和合作的中心。[③]可见，国际联合并不必然意味着"统一""一致"。在新的历史条件下，世界社会主义力量需要认真总结历史上社会主义国际联合组织的经验教训，探索新形势下国际联合的规律，利用国际联合推动本国、本党和世界社会主义的发展进程。对一党、一国社会主义道路的探索并不能取代对整个世界社会主义发展道路的探讨。

（供稿：荀寿潇）

---

① 姜辉：《应加强与国外共产党交往合作》，《环球时报》2013 年 7 月 8 日。

② 肖枫：《"国际联合"还是"成功实证"？——论世界社会主义运动的前景》，《当代世界社会主义问题》2013 年第 3 期。

③ 胡凌艳、林怀艺：《"国际主义"的历史考察与当代反思》，《马克思主义研究》2013 年第 2 期。

资本主义危机背景下社会主义的
命运成为学界关注点

资本主义制度危机的不断彰显，世界社会主义运动的日趋活跃，促使人们对国际金融危机背景下社会主义的历史命运进行思考，2013 年度，围绕"世界社会主义发展前景"这一主题，学界给予了高度关注和广泛讨论。

学者们普遍认为，当前世界社会主义运动的发展总体稳定，但仍然处于曲折探索之中，世界社会主义运动在低潮中奋进。[①] 李景治教授指出：一方面，社会主义各国仍然面临推进改革和深化改革的艰巨任务，发展中国家的共产党组织需要适应环境、调整政策，探索新的发展道路。另一方面，发达国家的共产党组织也要防止被边缘化。虽然世界社会主义运动已度过苏东剧变后最艰难的时光，稳住阵脚，走出低谷，逐步得到恢复和发展，但距离复兴仍然是任重道远。[②] 刘淑春研究员认为，此次全球性的国际金融危机虽然使资本主义遭到重创，但是世界社会主义运动的发展仍然喜忧参半，危机造成有利于社会主义发展的新形势和新条件，但危机不一定就带来社会主义的复兴。[③]

有的学者对此却非常乐观，认为由于资本主义世界危机导致的社会动荡和灾难引发全球抗议，"反资本主义、崇拜马克思、向往社会主义"已成为时代潮流，当前资本主义危机为推动新的社会主义运动的发展提供了机会，在可以预见的未来，社会主义的复兴必将在全世界实现。[④]

还有的学者对 21 世纪世界社会主义的全面复兴给出了明确的论述。中共中央党校胡振良教授描述了世界社会主义发展前景的特点，认为世界社会主义发展体现为一种必然、多元和辩证的发展，一种全球化、生态化、生活化、信息化的趋势，在推进现代文明新发展的过程中，社会主义经历着从传统到现代的发展。[⑤]

总体上看，学界更加坚信社会主义终将代替资本主义。中国社会科学院学部委员汝信认为："铁的事实是，当今世界上存在着两种不同的基本社会制度，即资本主义和社会主义，在世界人民面前，摆着两种发展道路供选择，走资本主义道路还是非资本主义道路。这两种制度、两条道路的斗争是当今世界的主要矛盾之一，它

①　聂运麟：《世界社会主义运动在低潮中奋进》，《求是》2013 年第 21 期。

②　李景治：《冷战后世界社会主义运动的发展及其面临的挑战》，《社会主义研究》2013 年第 6 期。

③　刘淑春：《世界社会主义振兴初露端倪》，《人民论坛》2013 年第 19 期。

④　张作云：《当代金融和经济危机与资本主义发展的历史趋势》，《管理学刊》2013 年第 2 期。

⑤　胡振良：《当代世界社会主义发展的若干趋势》，《当代世界与社会主义》2013 年第 3 期。

们之间的较量和博弈将决定世界未来的前途。"① 中国社会科学院世界社会主义研究中心主任李慎明也强调：尽管资本主义不断进行高新技术革命来掩饰先天性制度缺陷，但这并不是距离社会主义和共产主义越来越远，而恰恰相反，应是日趋接近。②

从上述讨论可见，世界社会主义的发展前景并非一帆风顺，资本主义和社会主义今后将在斗争中长期共存。同时，随着中国走文明和平发展之路，人类文明的一种崭新形态正在形成，实现"中国梦"是社会历史发展规律的体现，它必然影响着世界社会主义的发展前景。

（供稿：张福军）

---

① 汝信：《资本主义金融帝国衰落现端倪》，《光明日报》2013 年 1 月 7 日。
② 李慎明：《资本主义危机与社会主义未来》，《光明日报》2013 年 1 月 7 日。

关于国外共产党个案研究

关于国外共产党的个案研究，是近几年国内学界持续关注的问题。2013 年，围绕具体国家共产党理论和实践的研究继续稳步推进。相关研究可以分为三个方面：

首先，是进一步深化对近年受关注程度较高的一些共产党的研究。其中具有代表性的是尼泊尔、印度、俄罗斯共产党等。有关尼联共（毛）的研究，围绕 2006 年以来党内改革与改良派在"武装斗争"和"议会斗争"的争论和分歧，考察了该党近年来的分裂、重组以及新近议会选举失败的原因等问题。也有学者从探讨影响尼联共（毛）政策的外部原因入手，系统梳理了美国针对该党政策的演变。有关印度两个主要共产党——印共（马）和印共（毛）的研究，综合分析了两党近年来主要的理论政策主张，及其兴起原因与未来发展前景等重要问题。有关俄罗斯共产党的研究，集中关注党的理论演进、当前面临的主要困境及其原因。

其次，是对此前较少涉及的共产党的研究有所重视。一些共产党在国际共产主义运动史上具有重要地位，比如，西班牙、意大利的共产党等，囿于语言局限，国内相关著述较少。本年度有多篇论文发表，初步总结了这些共产党的历史演进过程，尤其是苏东剧变 20 多年来的发展演变，理论政策的延续或革新，及其面临的困难和挑战等重要问题。关于一些规模较小、在国内政治中大多影响不大、处于边缘地位的国外共产党，比如埃及、伊拉克、菲律宾等国共产党的研究也有一些进展。本年度关于上述共产党的研究，既有整体性的理论介绍和评析，也有针对具体问题的访谈性文章，丰富了我们对于这些党的理论和实践的认识。

此外，本年度的国外共产党研究对现实社会主义国家执政的几个共产党表现出高度关注，针对古巴、越南、老挝等社会主义国家共产党的研究论文，从执政基础、党的建设、党内民主和政治革新等多个角度进行了深入分析和思考，在巩固执政地位、促进社会和谐、推进政治改革等层面为我们党以及中国特色社会主义建设提供了有益的经验和启示。

（供稿：于海青）

关于后马克思主义研究

在 2013 年的西方马克思主义研究中，后马克思主义研究出现引人注目的新视角，这表明后马克思主义并没有因为马克思主义与非马克思主义的"划界"而被打入"非马克思主义"冷宫，相反，它作为丰富和完善马克思主义的学术资源继续得到关注，成为一个持续性的热点问题。当然，学界关于后马克思主义的认识也是见仁见智，并没有形成统一性认识。

华东师范大学哲学系孙亮引入一个新视角来透视后马克思主义，即"托米、塔西恩命题"。他认为拉克劳、墨菲的后马克思主义理论无论在西方学术界抑或汉语学术界，都大量存在着被"彻底否定"的理论姿态，托米、塔西恩在后马克思主义学术史上第一个提出了"我们究竟能从后马克思主义那里得到什么"的命题，这迫使我们重新反思以往学术界对后马克思主义研究是否出现了某种偏激，通过对亚里士多德的实践智慧与拉克劳、墨菲对待马克思主义的理论态度之间的关联、后马克思主义对于"政治解放"的价值重塑，以及通过反思、汲取后马克思主义的不是结论而是其思考的能力等等，我们可以看到后马克思主义并非一无是处。当今，后马克思主义研究应该实现从彻底否定到思考"托米、塔西恩命题的研究范式转型"。中国学者不应该简单地否定后马克思主义，

而要深入分析，去伪存真。①

南京师范大学哲学系张之沧在《论后马克思主义的人道主义》一文中肯定了后马克思主义提出的人道主义。他认为，以拉克劳等为代表的后马克思主义作为马克思主义的一种转向和修正，在一系列理论观点上都进行了大幅度的跳跃和迈进，他们提出的后马克思主义的人道主义是值得肯定的。例如，他们关注人类命运；反对阶级还原论、霸权主义、极权主义和马克思主义阵营中的激进左派；主张站在世界大同、普遍主体和回归与完善人性的高度，解放人类。政治观上，主张从阶级政治转向非阶级政治，从对立政治转向对抗政治，从暴力革命转向多元民主；重构霸权概念；宣扬差异政治、欲望政治、边缘政治、文化政治、微观政治；关注人的日常生活、生存观念和行为方式的变革；并以此为基础，陈述了一种旨在拯救社会主义和全人类的人道主义，以此为所有的人都创造自由、民主与和谐发展的机会。②

南开大学哲学院莫雷则质疑后马克思主义的人道主义化的意识形态理论。他提出，后马克思主义抛弃了概念上的本质主义和客观主义，容易陷入概念的不确定性，由此带来了意识形态概念泛化的危险；抛弃了阶级中心论，无法解释复杂的多元化的新社会运动为什么必然会走向反

---

① 孙亮：《我们究竟能从后马克思主义那里得到什么——对托米、塔西恩命题的尝试性回答》，《社会科学》2013 年第 6 期。

② 张之沧：《论后马克思主义的人道主义》，《社会科学》2013 年第 10 期。

资本主义的斗争；对意识形态"行而非知"的强调最终只是走向了空洞的话语实践和精神分析的实践。总之，后马克思主义的意识形态研究局限于微观领域，拘泥于反本质主义和非阶级性的多元化的解读，容易导致"对历史和政治的随机化"，无法揭示意识形态问题产生的根源和总体的趋势，也就无法为意识形态批判找到一条现实可行的道路。他认同詹姆逊的论述：无论后马克思主义者如何反对自身与自由主义的"差异"，他们对作为新文化接合的基础的"宽容"或者"对抗的多元性"的信奉，都使他们具有了"秘密的"资本家的嫌疑。差异没有提供任何一种文化变革的议程，差异的形成仅仅是我们所陷入的文化停滞的另一个症候。①

（供稿：陈慧平）

---

① 　莫雷：《后马克思主义意识形态理论的特征及困境》，《教学与研究》2013 年第 12 期。

关于生态社会主义研究

近年来生态社会主义是国外马克思主义研究的一个热点话题。国内学者关注重点在于社会主义生态文明与资本主义的关系问题。中国社会科学院王伟光认为，社会主义生态文明代表了人类文明发展的新形态，是对资本主义的超越。这种超越是建立在马克思主义完整、科学地把握人类社会整体历史进程的基础上的，是内在地、逻辑地统一于社会主义的本质之中的。①北京大学马克思主义学院郇庆治则认为，我国"生态文明建设"必须面对的一个理论性挑战，是如何理解与处理我国的"社会主义生态文明"目标指向与实践追求和全球化的国际环境之间的关系，尤其是与欧美发达资本主义国家之间的关系。②

中共中央党校科社教研部的孟鑫、北京大学马克思主义学院的刘爱章介绍，西方左翼学者对当代资本主义生态问题的认识是，因生态问题与资本主义制度具有内在必然性，超越"绿色资本主义"走向生态社会主义已是必然趋势。③

国外众多左翼学者也聚焦生态问题研究。2013年6月7日至9日，全球左翼学者在美国纽约曼哈顿下城佩斯大学举行了全球"左翼论坛"。这次论坛的主题正是"生态和经济"。围绕这个主题，全球"左翼论坛"研讨了生态环境危机、资本主义的未来、21世纪社会主义的特点等问题。

在为数众多的议题中，生态问题备受关注。世界体系理论的主要创始人伊曼纽尔·沃勒斯坦（Immanuel Wallerstein）认为，人性的普遍希望是达到"相对民主"和"相对公平"，但是在现今的世界体系下，并不存在一个民主的国家，以前也从未存在过。他断言，资本主义制度在2050年前将被取代。纽约城市大学可持续发展教授克里斯蒂安·帕伦蒂（Christian Parenti）则认为，应该强制采取每年减少10％的温室气体排放，如果不加控制，1000年后，地球的气候条件将与金星类似，没有生命存在的可能。福斯特（John Bellamy Foster）演讲题目为"划时代的危机"，他重申了马克思主义的关于"代谢断裂"（metabolic rift）的概念，他认为，资本主义的大部分产量是一种浪费，而南半球国家更多地遭受了生态剥削。他还提出了"环境无产者"的理论。④

（供稿：沈　阳）

---

①　王伟光：《在超越资本逻辑的进程中走向生态文明新时代》，《中国社会科学报》2013年8月19日。

②　郇庆治：《"包容互鉴"：全球视野下的"社会主义生态文明"》，《当代世界与社会主义》2013年第2期。

③　孟鑫、刘爱章：《对西方左翼研究当代资本主义生态问题成果的分析》，《毛泽东邓小平理论研究》2013年第4期。

④　郑颖：《2013年全球"左翼论坛"综述》，《国外书刊信息》2013年第7期。

第五篇

论文荟萃

马克思主义基本原理研究代表性论文

【在超越资本逻辑的进程中走向生态文明新时代】

王伟光*，《中国社会科学报》2013年8月19日

回顾历史，我们把封建社会的农业文明称作"黄色文明"，资本主义的工业文明称作"黑色文明"，而我们目前正在建设的生态文明被称作"绿色文明"。不论是在古代的中国还是在古代的西方，没有物质文化的高度繁荣，没有科学技术的高度发展，"黄色文明"对自然和生态的破坏都比较有限，而反过来，生态文明的概念和系统在"黄色文明"的历史语境下，也就无从得以建立。

只有到了资本主义社会，当资本主义跨越工场手工业时期、商业和航运时期的发展阶段，大工业的生产一方面造就了世界历史的形成，另一方面却进一步加剧了资本的集中，带来竞争的普遍化和世界性，资本主义对人类环境的破坏超越本国本地的局限，开始向世界范围内蔓延时，生态文明才开始真正进入人类的发展视域，并在资本主义进入垄断资本主义阶段后为人们所关注。

随着历史的发展，资本主义制度从根本上来说离开了人类社会自然历史进程，将人类社会的发展置于了一个极其可怕和危险的境地，如果不加以重视并解决，人类社会的前途将不是继续自然历史的进程，而是在人与自然的双重矛盾和冲突中，终止人类文明的进程，最终毁灭人类文明。

要真正克服资本主义固有的矛盾和危机，让人类文明走向生态文明的新时代，就必须超越资本主义制度，建立社会主义的生态文明观。

社会主义生态文明对资本主义的超越，是建立在马克思主义完整、科学地把握人类社会整体历史进程的基础上的，是内在地、逻辑地统一于社会主义的本质之中的。社会主义生态文明对资本主义的超越，源自于社会主义经济、政治建设与生态文明建设的内在一致性，源自于社会主义能最大限度地遵循人与自然、社会之间的和谐发展规律。

社会主义生态文明代表了人类文明发展的新形态。社会主义的本质使社会主义具有超越资本主义的力量。在社会主义社会中，代表人民掌权的党和政府，不是任何一个利益集团的代表，而是代表了全体人民的根本利益。

哲学社会科学工作者作为社会主义现代化建设的重要力量，要将自己的研究和美丽中国的建设紧紧联系在一起，发挥出自身独特的作用。为此，我们要努力做到以下三点：第一，要将社会主义生态文明作为一项重大学术课题来研究；第二，要发挥哲学社会科学学科集群的优势，发扬跨学科研究的特点，对社会主义生态文明

* 王伟光：中国社会科学院院长、党组书记，中国社会科学院学部委员。

展开全方位、多角度、长时段的研究，形成一批立足当下、面向未来、经得起实践检验的重大学术成果；第三，要将对社会主义生态文明的研究和对"中国梦"的研究紧紧联系在一起，将社会主义生态文明建设置于实现"中国梦"的伟大历程中进行考察。

（供稿：彭五堂）

【论马克思主义的科学整体性研究——围绕"四个哪些"的阐述】

程恩富　余　斌[*]，《学术研究》2013 年第 12 期

中央实施马克思主义理论研究和建设工程已有十年，成就斐然。2013 年 8 月 19 日召开的全国宣传思想工作会议，强调这一建设工程要继续开展。建设工程一贯强调，要回答哪些是必须长期坚持的马克思主义基本原理，哪些是需要结合新的实际加以丰富发展的理论判断，哪些是必须破除的对马克思主义的教条式的理解，哪些是必须澄清的附加在马克思主义名下的错误观点，要用科学的态度对待马克思主义。该文从上述"四个哪些"视角和若干理论来阐述马克思主义的科学性和整体性。

事实上，现在世界上没有哪一门科学，哪一种发展变化着的事物能够推翻马克思主义的基本原理或基本观点。例如，在马克思主义哲学领域，物质与意识相互关系的基本原理，认识与实践的基本原理，生产力与生产关系，经济基础与上层建筑相互关系的原理，社会存在决定社会意识、社会意识对社会存在有反作用的原理、唯物辩证法三个基本规律和基本范畴等；在马克思主义政治经济学领域，社会分工原理、劳动价值原理、剩余价值原理、社会生产和再生产原理、土地和地租原理、国家经济原理、国际经济原理等；在科学社会主义领域，关于资本主义和社会主义两个必然原理、无产阶级专政原理、公有制原理、按劳分配和按需分配原理、共产主义原理等，都没有过时。

马克思主义基本原理必须坚持和灵活运用，马克思主义基本原理可以随着实践的发展或理论认识的深化而得到丰富性和扩展性的发展与创新。马克思主义的理论判断自然也可以发展和创新。我们具体讨论在马克思主义发展史上几个重要的理论判断。其一，邓小平发展性地作出关于社会主义本质的理论新判断。其二，江泽民发展性地作出"三个代表"的重要理论判断。其三，胡锦涛发展性地作出关于科学发展观的重要理论判断。其四，习近平发展性地作出关于"中国梦"的重要理论判断。

在马克思主义整体性研究中必须破除教条式理解。导致各种教条主义的原因至少有两个。首先，是因为未能全面掌握马克思主义的理论。其次，是因为没有掌握辩证法，尤其是忽视了偶然性的作用。

对马克思主义科学性和整体性的研究，离不开澄清一些有关马克思主义的错误观点。比如：以为马克思的"重建个人所有制"是重建生产资料或劳动力的个人所有制，股份制和农村家庭联产承包制是其实现形式；以为马克思的政治经济学比以前和同时代的经济学论著缺少数学和定量分析；以为马克思的经济学著作是经济哲学而非经济学作品；以为马克思的经济周期和经济危机原理过时了；以为社会主义公有制不能与市场经济体制高效结合；以为社会主义市场经济条件下无法实行按劳分配，等等。诸如此类的错误观点，在

---

　* 程恩富：中国社会科学院学部委员、马克思主义研究学部主任，教授；余斌：中国社会科学院马克思主义研究院马克思主义原理研究部副主任，研究员。

中外理论界比较流行，必须一一加以廓清。

（供稿：张建云）

【马克思主义的多视角解读与整体性逻辑】

徐家林[*]，《马克思主义研究》2013年第 6 期

在对马克思主义的解读方面，长期以来主要有知识论、价值论和方法论等视角。知识论强调马克思主义的科学性和真理性，价值论强调马克思主义的道德性和意识形态性，方法论强调马克思主义的行动指南的特性。这些解读都只是部分而不是全面地理解和把握马克思主义，片面强调某一方面在理论上是有偏颇的，在实践上是有害的。马克思主义是整体性理论，是科学、价值和方法的统一。必须从整体上把握马克思主义，为此必须探讨马克思主义理论的整体性逻辑，使马克思主义真正成为逻辑严密的理论整体。贯穿马克思主义理论整体的根本逻辑就是历史唯物主义。

整体性马克思主义：科学、价值与方法的统一，三者的统一性还在于，"现实"的科学知识不仅在于认识社会、"解释世界"，而且在于发现价值，并为"改变世界"（及其方法）、实现理想（价值）提供前提；"理想"（价值）也不是预设，而是科学发现，是人类社会历史发展的必然，"理想"还为"改变"现实的人类实践提供目标；而"改变世界"的"路径"（方法）也不是任意作为，而是以现实为基础，也不是盲无目的的，而是以理想为目标。三者联系的这种紧密性，使其构成为一个统一的整体，而不是分割的方面。

（供稿：张建云）

【马克思主义基本原理若干理论问题探讨】

吴海江[**]，《马克思主义研究》2013年第 3 期

"马克思主义基本原理"概念的出现，并非始自马克思主义理论学科的设置，这一概念实际上是在马克思主义中国化的历史进程中生成的，其所对应的是"中国的具体实践"。因此，对于如何界定"马克思主义基本原理"的问题，就不能只停留在概念的抽象分析上，而应该从马克思主义在中国的传播和本土化的历史情境中把握"马克思主义基本原理"概念。从马克思主义在中国的传播和马克思主义中国化的历史情境中，从毛泽东到邓小平一以贯之的思想和提法中，我们可以作出这样一个基本判断，即我们党确立并一贯遵循的"坚持把马克思主义基本原理同中国具体实践相结合"的思想原则，其中的"马克思主义基本原理"实应理解为"马克思列宁主义普遍原理"或"马克思列宁主义普遍真理"。

究竟什么是马克思列宁主义的普遍原理或基本理论？对于这一问题，我们既不能把马克思列宁主义普遍原理"条目化""碎片化"，抓不到理论总体、理论根本，也不能把马克思列宁主义普遍原理"抽象化""空洞化"，简单地将其抽象为立场、观点和方法，而应该在马克思和列宁所关注的时代问题中、在马克思和列宁把握时代问题的方式中、在马克思列宁主义指导中国革命、建设、改革和发展的实践中去寻找答案。马克思列宁主义的理论核心是马克思的唯物史观和列宁的国家与革命学说。

按照马克思主义的本质要求，对马克思主义基本原理的坚持，本身就决定了要对它进行发展。因为马克思主义的理论从

* 徐家林：华东政法大学政治理论部副教授。

** 吴海江：复旦大学社会科学基本部主任，副教授。

本质上讲是"发展的理论"，是"对包含着一连串互相衔接的阶段的那种发展过程的阐明"，它的"结论如果变成一种故步自封的东西，不再成为继续发展的前提，它就毫无用处。马克思主义是科学而不是启示录，它没有也不想"教条式地预料未来"，没有也不可能提供有关当代一切问题的现成答案。我们只能按照马克思主义的科学"本性"期待它做它所能做的事，而不能要求它做它不能做的事。因此，我们必须从新的实践出发去理解和发展马克思主义基本原理。有些观点本来就是马克思主义的基本原理，只是由于种种原因，我们过去没有重视或"没有完全搞清楚"这些观点。对此，我们应结合新的实践深入开掘、深刻理解这些基本原理，如世界交往与世界历史理论、实践是人的存在方式和社会生活本质的理论、社会公平正义理论、人的自由全面发展的理论等。

中国马克思主义发展史也是一部马克思主义理论的创新史，必须肯定的是，政治领袖和专家学者都做出了应有的贡献。政治领袖的作用在于坚持马克思主义的指导地位，不搞指导思想的多元化；确立解放思想、实事求是、与时俱进的思想路线，始终保持马克思主义在中国的开放性，不断形成中国马克思主义理论创新成果。专家学者的作用在于对中国马克思主义理论创新成果进行学术化、理论化研究，大力传播马克思主义；不断关注马克思主义的基础理论和前沿问题，拓宽和深化对马克思主义重大理论问题的新认识。因此，在推动具有中国风格、中国气派的马克思主义经济学、哲学和政治学等理论创新中，政治领袖和专家学者都起着不可替代的重要作用。

（供稿：张建云）

【《资本论》再研究：文献、思想与当代性】

聂锦芳*，《中国高校社会科学》2013年第3期

《资本论》是马克思一生最重要的著述，是诠释马克思思想最重要的文本依据。在当代新的境遇下把马克思主义研究推向新的高度和层次，仍然绕不开这座"思想高峰"。从文献（文本）、思想和当代性三个维度进行融经济学、哲学与社会理论于一体的深入探讨，将有助于把《资本论》研究推向新的高度和层次。

随着 MEGA2 中专门刊出"《资本论》及其手稿卷"15卷23册的第二部分业已出齐，再加上其第三部分"书信卷"第8—35卷大量涉及《资本论》的通信，以及第四部分"笔记卷"第2—9卷所刊布的作为《资本论》准备材料的四个笔记等文献的刊布，马克思准备、写作、修改和整理这一著述的曲折过程将不断被完整地再现出来，同时也表明《资本论》文本实际上由如下几个部分组成："笔记部分""初稿部分""整理、修改稿部分""书信部分"。丰富的文献材料的刊布必然要求我们将这种研究转向思想史的探究，转向对马克思曲折的探索历程背后思想视野和嬗变的理解与分析，这将大大拓展、深化《资本论》研究的视野和复杂性。

对于《资本论》研究而言，"当代"确实是一个特定的视角，以此为基点当然可以"激活"文本中一些过去关注不够乃至被忽略、被遮蔽的思想；然而如果不注意限度和界域，它又会造成一种新的"片面"，致使另外一些思想被忽略、被遮蔽；时易世变，到那时我们又必须回过头去反复"折腾"文本——这样，不同阶段的研究之间就只有否定、"断裂"而少有传承

---

*　聂锦芳：北京大学哲学系教授。

和积累。

《资本论》的思想是一个"结构"，不同的观点、论断和思路确实以各种方式或隐或现，或系统或零散地存在于马克思庞杂的手稿中，但它们在马克思心目中以及在《资本论》思想"结构"中地位是不一样的。可以对其当代价值和意义进行重新评价，但不能不顾文本、论证过程和逻辑而天马行空地阐释，不能借口体现当代性、实践性，为图解和论证现实中的重大问题而肢解文本、寻章摘句甚至断章取义，不能为与当代流行的哲学观念和社会思潮相挂钩、相匹配而把字面符码相同、但含义有很大变迁的思想抽象出来无原则地讨论，不能借文本研究之名肆无忌惮地阐发自己的思想，不能热衷于生造拗口、晦涩乃至别扭的名词、概念以掩盖对文本内容的肤浅掌握，却称之为"创新"和"发展"。

该文特别选择四部最重要的文本（"1844 年手稿"、"1857—1859 年手稿"、"1861—1863 年手稿"和《资本论》第 1卷）对其内容进行解读和甄别，力图在其论述的议题中提炼其哲学思想。在微观文本解读的基础上，我们还需要对《资本论》的思想做出总体观照和评价。包括观照和把握复杂社会的方式、方法，社会有机体系统理论的建构，历史形态与历史诠释之间关系的处理，以及《资本论》的理论归旨等。

《资本论》思想具有非常重要的思想史地位和当代意义。我们拟分两个层面进行讨论。第一层面，《资本论》哲学思想与 20 世纪资本批判史；第二层面，《资本论》哲学思想与当代全球化态势。必须注意《资本论》当代解释力的界域，正视时代变迁所导致的差池，写出它的新篇章。

（供稿：张建云）

【马克思正义观的三个根本性问题】

段忠桥*，《马克思主义与现实》2013 年第 5 期

仔细研读一下马克思以及恩格斯的著作我们不难发现，他们有关正义的论述大多与分配方式相关，因而，我们对马克思正义观的探讨，应集中在他的分配正义观上。

如果说分配正义在马克思和恩格斯那里的含义是"给每个人以其应得"，那他们讲的分配正义就是一种价值判断而不是事实判断。也正因如此，他们在其著作中多次强调，在阶级社会中，不同阶级或社会集团对一种分配制度是否正义往往持有不同的看法，剥削阶级认为是正义的，被剥削阶级则认为是不正义的，反之亦然。

马克思的分配正义要求"每个人应得什么"，首先体现在他对资本主义剥削，即资本主义分配制度的谴责上。仔细研究一下马克思有关资本主义剥削的论述我们可以看出，剥削这一概念在他那里具有两种不同的含义。其一是指资本家对工人劳动的无偿占有。其二是指资本家对工人劳动的无偿占有是不正义的。从马克思的相关论述不难发现，他还常常把资本家对工人的剥削，即对工人劳动的无偿占有，说成是对工人的"抢劫"和"盗窃"。

马克思的分配正义要求"每个人应得什么"，还体现在他在《哥达纲领批判》中对社会主义按劳分配的弊病的论述上。作者认为，在马克思的这些论述中隐含着一种新的、不同于剥削是不正义的分配正义要求。前边表明，马克思之所以认为资本主义剥削是不正义的，是因为资本家无偿占有了本应属于工人的剩余产品，就此

* 段忠桥：中国人民大学教授，《中国人民大学学报》主编。

而言，按劳分配相对资本主义剥削是一种正义的分配原则，因为它使劳动者获得了他应得的与其劳动量相等的产品（当然是在作了各项必要的扣除以后）。然而，马克思又紧接着提出，按劳分配作为平等权利原则还存在两种"弊病"，一是它默认了因劳动者个人天赋不同导致的所得不平等，二是它使劳动者个人因家庭负担不同而实际所得不平等。以上表明，在马克思有关按劳分配的弊病的论述中隐含着一种不同于剥削是不正义的分配正义要求，即由偶然的天赋和负担的不同所导致的，而由非选择的偶然因素所导致的人们实际所得的不平等是不正义的。

在作者看来，马克思的分配正义要求也是因生产方式的不同而改变的，因为他明确讲过针对资本主义剥削的正义要求"是以资本为基础的生产方式的产物"，由此我们可以推论，他针对社会主义按劳分配的正义要求则是与他讲的共产主义社会第一阶段，即"一个以生产资料公有为基础的社会"相关的。对此也许有人会问，在这两种分配正义要求背后是否还存在一种终极意义上的分配正义原则？我认为这样的东西在马克思那里是找不到的，因为他和恩格斯从来就不相信有什么"永恒的、不以时间和现实变化为转移的"终极正义。

（供稿：彭五堂）

【中国特色社会主义坚持和发展了科学社会主义】

徐崇温*，《理论视野》2013 年第 2 期

在党的十一届三中全会以后，我们党特别强调要把坚持社会主义同坚持解放思想结合起来，就是说，要自觉地把我们对

---

* 徐崇温：中国社会科学院哲学所研究员。

社会主义的认识从那些不合时宜的观念、做法、体制的束缚中解放出来，从对马克思主义的错误的和教条式的理解中解放出来，从主观主义和形而上学的桎梏中解放出来。

把坚持社会主义同坚持解放思想结合起来所产生的巨大成果，就在于解决了这两个方面的问题。一是在"坚持"什么的问题上，正本清源地确立了不是要从不断改变生产关系的角度，而是首先要从不断解放和发展社会生产力的角度，去坚持社会主义。后来，又把解放生产力、发展生产力作为消灭剥削、消除两极分化、最终达到共同富裕的基础和前提，列入社会主义的本质之中，把"是否有利于发展社会主义社会的生产力"等三个"有利于"，作为判断改革开放是姓"资"还是姓"社"的标准，并把中国特色社会主义的特征之一规定为"不断发展社会生产力的社会主义"。

二是在怎样"坚持"的问题上，邓小平为中国特色社会主义规定了改革开放的任务。在确定了要坚持社会主义制度之后，还有一个是要坚持那种不能摆脱贫穷落后状态的体制、政策，还是要选择好的体制和政策，使社会生产力得到较快的发展的问题。正是在改革开放思想的指导下，我们突破了把和高度集中的社会主义建设模式神圣化的传统观念，开辟了建设社会主义的新路，建立和不断完善着社会主义市场经济体制，有力地促进了社会生产力的发展。

20 世纪世界社会主义运动面临的一个重要问题是，由于时代的变化，社会主义没有像马克思恩格斯原先设想的那样首先在发达资本主义国家中取胜，而是首先在经济文化比较落后的资本主义

俄国取胜，以后又在欧亚一些经济文化比较落后的发展中国家取胜。这样的国家在革命胜利以后怎样建设社会主义？邓小平在把坚持社会主义同中国国情的紧密结合中提出的社会主义初级阶段论，破解了这个难题，发展了科学社会主义理论，发挥了社会主义制度的优越性。这个社会主义初级阶段论，为我们党制定"以经济建设为中心"，"以坚持四项基本原则和坚持改革开放为两个基本点"的基本路线；确立和坚持以公有制为主体、多种所有制经济共同发展的社会主义初级阶段基本经济制度；以及制定通过让一部分人、一部分地区先富起来，带动大部分地区加速发展、达到共同富裕的政策等等，提供了理论根据。

在和平与发展取代战争与革命成为时代主题的历史条件下，要坚持社会主义，还必须把握世界发展大势，使社会主义紧跟时代发展步伐，正确回答时代发展所提出的重大问题，就是说，要坚持社会主义和时代特征的紧密结合，坚持走和平发展道路。

（供稿：彭五堂）

【马克思经济学的对象与中国特色社会主义经济学的创新】

顾海良[*]，《当代经济研究》2013 年第 6 期

在马克思经济学中，有以叙述资本主义经济关系的典型形式和本质特征的经济学对象上的理解，也有以研究资本主义经济关系的特殊形式和现实特征的经济学对象上的理解。在对马克思经济学对象囿于典型形式理解时，社会主义经济学曾受到过限制和遏制。中国特色社会主义经济学对马克思主义经济学的创新，是以马克思

经济学特殊形式对象的理解为基础的；中国特色社会主义经济学的体系创新，则是对马克思经济学对象理解的科学拓展。

对马克思经济学对象的理解和社会主义经济学的创立。以典型性的经济关系为对象的经济学，就是在思维上把握经济关系、从抽象到具体的"结构"的经济学，是以叙述为特征的经济学；以特殊的经济关系为对象的经济学，就是对经济关系的"发展形式"探讨的经济学，是以研究为特征的经济学。我们也可以把马克思经济学对象的这两种理解，简单地称作叙述的经济学对象和研究的经济学对象。当然，这里所说的"叙述"和"研究"，是就马克思在这里所表达的意义而言的，是就其相对意义而言的。对马克思经济学对象上的这两种理解，没有被后来的马克思主义经济学，特别是社会主义经济学所接受。

中国特色社会主义经济学对马克思经济学对象理解上的创新。无论是从现实基础、发展形式还是从研究任务、理论基点来看，中国特色社会主义经济学只能以研究的经济学对象而不能以叙述的经济学对象为基础和前提。中国特色社会主义经济学是从当代中国现实的经济形式出发的，最显著的就是从解放和发展生产力这一当代中国最大的经济现实为出发点的。对马克思主义生产力理论的当代诠释，成为中国特色社会主义经济学创立的重要基点；对当代中国解放和发展生产力问题的把握，成为中国特色社会主义经济学发展的重要标识。对中国社会主义经济形式认识的基本结论，就是社会主义初级阶段论断的提出。以解放生产力和发展生产力理论、社会主义初级阶段理论为基础的所有这些理论观点，生动地刻画了中国特色社会主义经济学体系中的演进轨迹和重要

* 顾海良：国家教育行政学院院长，教授。

成就。

中国特色社会主义经济学的体系创新。中国特色社会主义经济学，在对象方法上，以社会主义初级阶段经济关系为研究对象，突出经济制度、经济体制和经济运行的整体研究，把握解放生产力和发展生产力理论基础地位、以"剥离下来"和"结合起来"为方法论要义；在理论结构上，以经济改革论、经济制度论、市场经济论、科学发展论和对外开放论为主导理论。这些主导理论的相互联系、相互依存，构成一个有机整体。这些主导理论的相互结合、相互作用，生成其他一系列衍生性理论。主导理论和衍生性理论结合在一起，共同构成中国特色社会主义经济学理论体系。

（供稿：杨　静）

【唯物史观与剩余价值理论的结合——以马克思《资本论》及其创作过程为例】

张雷声[*]，《学习与探索》2013年第8期

唯物史观和剩余价值理论作为马克思一生中两大最重要的理论贡献，构成了马克思主义理论大厦的两块基石，正是在这两块基石之上，马克思彻底解决了空想社会主义无法解决的问题，形成了对社会主义的科学认识。唯物史观和剩余价值理论使社会主义由空想变成了科学。从这个意义上说，唯物史观与剩余价值理论的结合给我们理解马克思主义理论整体性提供了重要启示。

在《资本论》创作过程中，唯物史观与剩余价值理论的结合体现为唯物史观与经济范畴特性的辩证统一。在马克思主义发展史上，《哲学的贫困》是反映唯物史观与政治经济学最初结合的一部重要著作。马克思关于经济范畴客观性、历史性的解释，关于经济范畴矛盾的对立统一的解释，为科学地创立政治经济学理论体系、确立剩余价值理论奠定了重要基础，也为我们正确地理解马克思主义理论的整体性奠定了重要基础。

在《资本论》内容叙述中，唯物史观与剩余价值理论的结合体现为唯物史观与资本主义经济矛盾运动的逻辑关联。在《资本论》中，马克思运用唯物辩证法分析经济问题，主要表现在分析经济范畴的矛盾的二重性及其矛盾运动上。《资本论》以唯物史观与资本主义经济矛盾运动的逻辑关联所展现的资本主义经济矛盾的运动，为我们理解马克思主义理论整体性提供了重要基础。

在《资本论》体系建构中，唯物史观与剩余价值理论的结合体现为唯物史观与经济范畴辩证转化的整体关照。抽象上升到具体是在理论的逻辑结构中再现现实经济运动的方法，也就是运用经济范畴、概念建立理论体系的方法。它是唯物辩证法在《资本论》理论体系建构中的具体运用，体现的是经济范畴辩证转化关系。《资本论》三卷关于经济范畴的辩证转化关系，从起点范畴商品到终点范畴地租的发展序列过程，揭示了资本对雇佣劳动的整体剥削关系，说明了推翻资本主义制度不是单个资本家企业和某些工人的事情，而是整个工人阶级反抗整个资产阶级的任务。无论是通过分析资本主义社会多种经济矛盾交织运动来反映《资本论》的理论内容，还是通过分析经济范畴的辩证转化关系来反映《资本论》的理论建构，实际上都充分说明了马克思在《资本论》中成功地运用了唯物辩证法，体现了唯物史观的科学性，从而揭示了资本主义经济现象

---

[*]　张雷声：中国人民大学马克思主义学院教授。

和经济过程的本质及其规律，创立了剩余价值理论。

（供稿：杨　静）

【再生产结构与资本主义经济周期的演化路径】

胡乐明　刘　刚[*]，《经济学动态》2013 年第 11 期

经济周期理论不仅需要研究再生产平衡结构的"约束"，更需要解释再生产平衡结构的"重塑"。回归再生产图式的结构论框架，借鉴演化经济学的过程论分析工具，探究资本主义经济周期的动态路径，是马克思主义经济周期理论的发展方向。因此，以马克思的再生产理论为基础，借鉴演化经济学家阿瑟·布赖恩提出的"自我强化"和"锁定效应"，为经济系统的周期性波动提供一个动态的"结构论"解释。这一解释将说明：经济周期在其具体路径上应还原为结构问题和生产周期问题；技术、积累体制和利润率等影响经济周期的因素，都内置于资本主义经济无计划的动态不可逆的再生产过程之中，通过激化资本主义各部门强制性结构约束与异质性生产周期之间的矛盾，引发经济系统的周期波动；相关治理措施则通过缓和这一矛盾降低经济波动的危害。

具体来看：在彼此联系的社会分工体系中，各产业部门之间存在"交互供求"的关联机制。供求关联和报酬递增机制相结合导致经济增长在不同阶段形成"多重再生产平衡结构"。而部门间跨期结构约束与生产周期异质性之间的矛盾导致经济系统围绕"平衡结构"形成动态的"发散—收敛"过程。其中，强制的结构约束通过价值革命和资本消灭迫使经济系统回归平衡结构，构成"结构引力"，正是"多重平衡结构"的"结构引力"的交替作用导致经济运行交替出现不同平衡结构的"自我强化"和"锁定效应"，从而形成周期性经济波动。而经济增长过程也是再生产平衡结构的持续"重塑"过程，不同平衡结构的交替，构成了生产结构的变迁，不同层级的"结构变迁"对应不同波长的经济周期，如分别由规模经济、技术变革、生产方式变革（产品创新＋制度变迁）提升生产率形成三个层级的"结构变迁"和波长的"周期性波动"。

这一分析框架可以说明技术、体制和外部市场等因素影响经济周期的动态路径，技术、制度、利润率和市场扩张等因素对经济周期的影响，通过激化结构约束与部门间生产周期异质性的矛盾发挥作用。

分析影响经济系统周期性波动因素及其发挥作用的动态路径，可以实现与不同经济周期理论的对话，并为经济周期的治理提供相应的政策启示。具体而言，政策启示至少包括以下三个方面的内容。第一，制订长期的技术进步和制度创新战略。第二，提高先行部门的带动能力。第三，优化对外扩展，坚持以我为主。

（供稿：杨　静）

* 胡乐明：中国社会科学院马克思主义研究院马克思主义原理研究部主任，研究员；刘刚：曲阜师范大学经济学院副院长，教授。

马克思主义中国化研究代表性文章

【从五大坐标看毛泽东的历史地位和历史贡献】

李　捷 *，《中共党史研究》2013 年第 10 期

尽管各种"非毛化"的言论不绝于耳，各种污蔑毛泽东的谣言在流传，但是这些都不能抹杀最基本的历史事实，也不能撼动毛泽东的历史地位和丰功伟绩。毛泽东的历史地位和伟大贡献，可以从以下五大坐标来审视。

1. 从马克思主义发展的坐标来审视。毛泽东的探索过程，既是实事求是、依靠群众实践、独立自主地运用和发展马克思列宁主义的过程，也是从各种思想僵化和把马克思主义理论教条化中解放出来的过程。正是在这一过程中，毛泽东不但以其一系列独创性的思想极大地丰富和发展了马克思列宁主义，而且极大地推动了对什么是马克思主义、怎样坚持和发展马克思主义的新认知。这突出地表现在三个方面。一是对马克思主义理论关键在于运用、关键在于实践的思想。二是马克思主义要同本国实际相结合的思想。三是实践是检验真理的唯一标准，一切理论都要接受实践的检验。因此而言，毛泽东是马克思主义中国化的伟大开辟者，也是中国共产党指导思想中三个活的灵魂的奠基人。

2. 从科学社会主义发展的坐标来审视。一是成功解决了一个东方农业大国如何通过无产阶级政党对民主革命的领导避免资本主义前途而逐步走上社会主义道路的问题。二是成功解决了一个经济文化落后的东方农业国如何通过社会主义工业化建设和社会主义改造同时并举而逐步确立社会主义基本制度的问题。三是对符合本国国情的社会主义建设道路进行了艰辛探索，其成功为最终开创中国特色社会主义道路提供了宝贵经验、理论准备、物质基础，其失误也为开创中国特色社会主义道路提供了重要的借鉴。

3. 从中华民族伟大复兴发展的坐标来审视。毛泽东是近代以来中华民族最伟大的民族英雄，也是 20 世纪推动中国发生历史性巨大变化的三位伟人之一。毛泽东是伟大的马克思主义者，是伟大的无产阶级革命家、战略家和理论家，同时也是极大地推动了中华民族伟大复兴历史进程、影响深远的民族英雄。

4. 从中华文明发展的坐标来审视。可以说，毛泽东是中华文明发展的集大成者，也是用马克思主义的立场观点方法系统整理中华文明的第一人，解决了中华文明发展在近代以来面临的困境问题：既要实现中华文化的现代化，又要使中华文化的文化基因得以保留和传承。

5. 从世界文明发展的坐标来审视。毛泽东的许多探索，具有广泛的国际性。他对中国革命和建设道路的探索，激励着

---

* 李捷：中国社会科学院副院长、当代中国研究所所长，研究员。

广大民族独立和民族解放国家走独立解放之后自主发展道路，为第二次世界大战后世界多极化发展趋势冲破美苏冷战格局的束缚和阻碍形成不可阻挡的大趋势，做出了突出贡献。

（供稿：王永浩）

【邓小平的历史贡献和深化邓小平理论研究的重点问题】

龙平平[*]，《党的文献》2013 年第 1 期

深化邓小平理论研究，有两个基本课题：一是怎样正确看待邓小平的历史贡献；二是如何准确把握邓小平理论研究的重点问题。

1. 关于邓小平的历史贡献主要体现在四个方面。（1）带领中国人民改革开放富起来。邓小平领导的改革开放，在民族独立的基础上，把中国的富强、民主、统一变成了生动的现实。（2）废除领导职务终身制，建设民主法制社会。废除领导职务终身制，这个问题我们党以前没有解决好，留下了很多教训。邓小平从自己做起，开了好头，为彻底实现党和国家政治生活的制度化、正常化作出了表率。这是他的一个重要贡献。（3）实现祖国和平统一的天才构想和成功实践。实现国家统一，是中国历史上的统治者经常要面对的一个难题。用"一个国家，两种制度"的天才构想实现祖国和平统一大业，是邓小平的伟大创造。（4）创立中国特色社会主义理论。邓小平理论的意义不仅在于引导中国特色社会主义的繁荣发展，同时也为国际共产主义运动注入了生机与活力。

2. 关于深化邓小平理论研究的重点问题。深化邓小平理论研究，就要结合新的实际，对邓小平一直在探讨，反复求证、不断丰富完善的一些理论观点，和他已经破了题，但当时实践还没有发展到那一步，还不能够展开充分论述的一些重大的理论问题，进行深入研究。这些问题包括：（1）深化对科学技术是第一生产力理论的研究，这是深化邓小平理论研究的一个中枢问题。实践的发展也越来越要求我们对这一论断有更深层次的、更广泛方位的认识。（2）加强和深化对邓小平共同富裕理论的研究。中国改革开放 30 多年创造了人类历史上的经济奇迹，同时也把中国由一个平均主义的国家变成了贫富差别比较大的国家。有人说，这一切都是邓小平带来的。这虽然是句牢骚话，但并非完全没有道理。因此，怎样看待眼下的贫富差别？邓小平发展思路究竟是否科学？他是怎样设计中国的发展道路的，他的设计与今天的现实有多少差距？这就需要有人去研究，更需要把研究出来的真实情况告诉人们，让人们去鉴别、思考。（3）深入研究邓小平关于市场经济与社会主义制度结合起来的理论。市场经济怎样与社会主义制度结合，怎样才能做到既搞活经济，又发挥社会主义制度的政治优势，这是邓小平留下的长期课题。（4）深化邓小平小康社会理论的研究。全面建成小康社会，是中国特色社会主义发展进程中一个独特的、过渡性的阶段。这个阶段的重要性、独特性对我们提出了一系列需要深入研究、需要解决的问题。

（供稿：王永浩）

【江泽民对资本主义问题的认识与分析】

张银付[**]，《毛泽东思想研究》2013 年第 3 期

江泽民同志坚持马克思主义与时俱进

*　龙平平：中共中央文献研究室第三编研部主任、研究员。

**　张银付：河南师范大学马克思主义学院副教授。

的理论品格，坚持毛泽东、邓小平等关于认识和对待资本主义的科学成果，并在此基础上从中国外交、国际战略和国内政策的角度，提出了如何正确认识资本主义的历史进程，如何正确处理社会主义和资本主义相互关系等一系列重要观点和方针政策，取得了比较丰富的理论和实践成果，是新的历史条件下马克思主义中国化的重要理论成果之一。

1. 关于当今世界的多样性问题。江泽民同志对当前资本主义和社会主义可以并存的理念主要是基于对世界多样性的认识。江泽民同志认为，对于这种世界的多样性必须予以尊重。关于社会主义中国的建设和发展，他强调必须"抓住机遇，加速发展，迎接挑战"，以更加宏阔的视野，更加积极主动的姿态投身到世界进步与发展的潮流中去。针对当今世界和平与发展的时代主题，江泽民同志主张以和平共处五项原则为基础，建立和平、稳定、公正、合理的国际政治经济新秩序。

2. 关于吸收和借鉴资本主义文明成果的问题。江泽民同志在国内政策方面，主张在独立自主、自力更生的前提下，积极吸收资本主义创造的一切文明成果，为中国特色的社会主义的现代化建设服务。其中，在物质文明建设方面，他明确提出了要积极合理有效地利用外资。在精神文明建设方面，江泽民同志非常重视吸收和借鉴资本主义国家的先进的文化成果。在政治文明建设方面，江泽民同志注意借鉴和吸收西方国家的法治思想和实践，提出了依法治国的方略。

3. 关于当代资本主义发展的总趋势。资本主义发展过程中出现的新变化给党认识当代资本主义提出了一个问题：当代资本主义发展的总趋势究竟是什么？江泽民同志提出了要对资本主义发展趋势进行辩

证认识的观点。他认为必须承认资本主义发展在一定程度上的合理性，但资本主义必然灭亡仍然是历史发展的趋势。既要以辩证的眼光看待资本主义的腐朽性问题，又要以发展的眼光看待资本主义的历史发展趋势。这就为全党在新时期进一步展开对当代资本主义的认识，开辟了崭新的道路。

4. 关于应对资本主义挑战的战略思想。正是在资本主义不断发展变化的大背景下，江泽民同志继承和发展了毛泽东、邓小平等老一辈无产阶级革命家关于反和平演变的思想，并提出了更有针对性的措施：一是进一步强调把发展生产力作为反和平演变的最根本的手段。二是更加突出思想政治领域反和平演变的重要性。三是开辟反腐败新思路，从党风建设问题上反和平演变。

（供稿：王永浩）

【中国特色社会主义理论体系的最新成果 我国现代化建设必须长期坚持的指导思想——论科学发展观】

包心鉴[*]，《山东社会科学》2013年第1期

深入认识与把握科学发展观的历史地位、时代价值、科学内涵、精神实质和贯彻落实科学发展观的基本要求，对于实现全面建成小康社会的宏伟目标、加快我国社会主义现代化进程，具有重大而深远的意义。

1. 科学发展观是马克思主义中国化鲜明特征和基本规律的生动体现，是中国特色社会主义理论体系的最新成果。科学发展观，是中国特色社会主义理论体系最新成果，是对邓小平理论、"三个代表"

* 包心鉴：山东社科联原副主席、研究员。

重要思想的坚持、丰富和发展。

2. 科学发展观是在深入分析当今时代新变化、实践新发展和人民新期待基础上形成的科学认识。一是当今时代的新变化。科学发展观，正是在科学分析当今时代新变化、科学判断国际环境新变化、科学把握中国同世界关系新变化基础上形成的重大战略思想。二是国内实践的新发展。科学发展观，正是在科学分析国内实践新发展，尤其是在深入分析我国关键发展时期新的阶段性特征的基础上形成的重大战略思想。三是人民群众的新期待。科学发展观，正是在科学分析全面建成小康社会关键时期人民群众新期待、新要求基础上形成的重大战略思想。

3. 科学发展观继承和发展了党的三代中央领导集体关于发展的重要思想，是中国共产党集体智慧的结晶。科学发展观高度凝练了党的历届中央领导集体关于发展的重要思想，高度概括了我们党领导中国社会主义现代化建设的基本经验，是党的集体智慧的光辉结晶，是党必须长期坚持的指导思想。

4. 科学发展观深刻揭示了现代化发展的本质与规律，把对中国特色社会主义规律的认识提高到新的水平。第一，深刻揭示了中国现代化发展的本质与核心，这就是坚持以人为本。第二，进一步规范了中国现代化发展的准则与状态，这就是全面协调可持续。第三，进一步明确了中国现代化发展的关键与目标，这就是实现人的全面发展。第四，进一步坚持了中国现代化发展的科学方法，这就是统筹兼顾。第五，进一步把握了中国现代化发展的时代条件，这就是坚持对外和平发展与对内和谐发展相辅相成、相互促进。

5. 科学发展观深刻回答了为谁发展、靠谁发展、怎样发展的重大问题，是马克思主义关于发展的世界观和方法论的集中体现。为谁发展、靠谁发展和如何发展相辅相成、不可分割。它们之间的内在统一，蕴含在科学发展观的精髓之中。

6. 解放思想、实事求是、与时俱进、求真务实，是科学发展观最鲜明的精神实质，必须把握关键、抓住重点，将科学发展观真正落到实处。一是要牢牢把握当前关键发展时期的新变化新特点对贯彻落实科学发展观的新要求。二是要紧紧抓住当前影响科学发展的关键因素，为深入贯彻落实科学发展观创造完善的体制保障。三是要继续推进思想解放，为深入贯彻落实科学发展观提供不竭的精神动力。

（供稿：王永浩）

【习近平的十大经济战略思想】

程恩富[*]，《人民论坛》2013 年第 34 期

党的十八大以来，习近平围绕经济问题发表了一系列重要讲话，其经济发展战略思想大体可概括为下列十点。

之一："中国梦"中的经济发展战略思想。"中国梦"中的经济发展战略思想，不仅将邓小平同志在 20 世纪提出的小康社会设想由"建设"阶段推进到"全面建成"阶段，也明确了发展目标的具体实现路径，体现了我国关于发展和改革在战略层面分阶段推进的特点，回应了人民群众的期待。

之二：稳中求进的经济发展战略思想。稳中求进发展思想的提出，有利于防止一些地区提出不切实际的发展目标和要求，遏制政府部门将眼光放在"形象工程"和"政绩工程"的现象；同时也有利于在转变方式、改善民生基础上真抓实

---

[*]　程恩富：中国社会科学院马克思主义研究院原院长、马克思主义研究学部委员，教授。

干，加快发展。

之三：民生导向的经济发展战略思想。确立民生导向的发展、改革和开放，不仅需要运用再分配手段，更需要在促进公有经济和规范初次分配领域下功夫。同时，致力于民生导向的发展，也有利于遏制以"拆迁"求城市发展、以恶性竞争"招商引资"求增长等排挤国内企业发展、损害国家长远及人民整体利益的现象，增强发展的持续性。

之四：公有制主体的经济发展战略思想。这一发展思想，有利于消除改革过程中"国有企业私有化、土地私有化、金融自由化"的新自由主义的干扰和负面影响。

之五：双重调节作用的经济发展战略思想。既要用市场调节的优良功能去抑制"国家调节失灵"，又要用国家调节的优良功能来纠正"市场调节失灵"，从而形成高效市场即强市场和高效政府即强政府的"双高"或"双强"格局。

之六：自主开放的经济发展战略思想。目前，我国经济开放的目标，主要不是如何让更多的西方跨国公司研发机构到我国来廉价利用资源和高价转卖非核心技术，而是"着力增强自主创新能力"和参与中高端国际竞争。

之七：城乡一体化的经济发展战略思想。城乡一体化发展需要立足解决"三农"问题，赋予农民更多财产权利。面对城镇化过程中的新问题，当前的关键是推进城乡要素平等交换和公共资源均衡配置。

之八：科技创新驱动的经济发展战略思想。实施创新驱动发展战略是我国面向未来的一项重大战略，一方面需要着力推动科技创新与经济社会发展紧密结合，让市场真正成为配置创新资源的力量，让企业真正成为技术创新的主体。另一方面，政府在关系国计民生和产业命脉的领域要积极作为，加强支持和协调，总体确定技术方向和路线，用好国家科技重大专项和重大工程等抓手，集中力量抢占制高点。

之九：文化产业事业的经济发展战略思想。习近平指出，要大胆推进文化体制改革，推动文化事业和文化产业快速发展，但要把握好意识形态属性和产业属性、社会效益与经济效益的关系，坚持社会主义先进文化方向，即"导向不能改，阵地不能丢"。

之十：总体局部结合的经济发展战略思想。全局与局部、整体与部分的改革推进，是深化改革和科学发展需要正确处理的重要关系。整体推进和突破重点领域相结合，是增强改革和发展系统性、整体性、协同性的战略性举措。

（供稿：王永浩）

【马克思主义中国化两次历史性飞跃的不同特色】

余品华*，《党的文献》2013 年第3 期

马克思主义中国化至今已经实现了两次历史性飞跃，其主要标志是，在理论层面上产生了马克思主义中国化的两大理论成果——毛泽东思想和中国特色社会主义理论体系；在实践层面上走出了新民主主义革命和社会主义革命的中国独特道路，取得了新民主主义革命和社会主义革命的伟大胜利，同时也走出了一条中国特色社会主义道路，正在向着实现社会主义现代化和中华民族伟大复兴的宏伟目标稳步前进。这两次飞跃，其实质都是围绕"什么是马克思主义、怎样对待马克思主义"这

＊　余品华：江西省社科院研究员。

一根本问题作出的回答，在基本途径和方法方面也有许多共同经验和规律，但是，由于历史条件和历史任务的不同，二者各有鲜明特色。

1. 马克思主义中国化的第一次飞跃是由党的第一代领导集体完成的，而第二次飞跃则是由几代领导集体不断接力创新发展形成的，目前仍在进行之中；与此对应，第一次飞跃形成了一个单一的理论形态即毛泽东思想，第二次飞跃则形成了一个由多个具体理论形态共同组成、有共同主题的理论体系。

2. 历史时代的不同，决定了马克思主义中国化两次飞跃所要解决的中心任务即要集中回答和解决的根本问题不同，因而产生的理论成果的基本内容也不同。

3. 马克思主义基本原理与具体实际相结合的切入点、结合点、关联点、接触点、交叉点不同，因而关联词也不同。

4. 马克思主义中国化的两次飞跃，都着重回答了"什么是马克思主义、如何对待马克思主义"这一根本问题，但是第二次飞跃则在更进一步搞清"什么是马克思主义、如何对待马克思主义"问题之前，先着重回答和解决了"什么是毛泽东思想、如何对待毛泽东思想"的问题，并把这视为在当时历史条件下对前一根本问题的具体回答和第二次飞跃的逻辑起点。

5. 马克思主义中国化第一次飞跃侧重马克思主义的民族化、本土化、具体化，第二次飞跃则将马克思主义的中国化、时代化、大众化三者并提，更加突出马克思主义的时代化、现代化、当代化对民族化、本土化、具体化的重大意义。

6. 马克思主义的三大组成部分即马克思主义哲学、政治经济学和科学社会主义，分别中国化的情况有所不同。在第一次飞跃中，与整体马克思主义中国化同时进行和完成的主要是马克思主义哲学的中国化。在第二次飞跃中，科学社会主义的中国化应当说是较为完备与成功的，政治经济学的中国化也已开始有了长足进步和突破，甚至可能是新飞跃的开端。

（供稿：彭海红）

【马克思主义中国化究竟"化"在何处】

曾祥云*，《毛泽东思想研究》2013年第 4 期

马克思主义中国化的第一"化"，即是将马克思主义具体化为中国的马克思主义的实践理念。中国的马克思主义实践理念，是马克思主义基本理论与体现中国实践主体具体需求的内在统一的现实理想图景。从马克思主义中国化发生发展的历史来看，现已形成和建立并应用于中国社会实践的具有阶段性特征的中国马克思主义实践理念的具体表现形态，主要有中国社会主义革命实践理念和中国社会主义建设实践理念。中国社会主义革命实践理念的基本构成要素，除了对马克思和恩格斯所创立的科学社会主义理论的深刻把握，还必须包含对于建立新中国的需要以及如何实现这一需要的认识与把握，并把二者内在地结合起来，其理论形态即是毛泽东思想。中国社会主义建设实践理念的基本构成要素，除了对马克思和恩格斯所创立的科学社会主义理论的深刻认知，还必须包含对于中国现代化建设、国富民强、民族复兴等现实需要以及如何实现这些需要的认识与把握，并将二者有机地统一起来，其理论形态就是中国特色社会主义理论体系。

马克思主义中国化之再"化"即第二"化"，是将马克思主义具体化为中国的实

---

* 曾祥云：南京政治学院教授。

践手段和方式。由于中国革命和建设实践过程采取的实践手段和方式，是依据中国马克思主义实践理念和有利于实现中国马克思主义实践理念对象化而创造的，这就从根本上决定了这些实践手段和方式的马克思主义性质。为实现中国马克思主义实践理念这一实践目的而创造的实践手段和方式，更具"中国特性"，更富"中国特色"。

马克思主义中国化之又"化"即第三"化"，是将马克思主义具体化为中国社会主义革命和建设具体实践活动。马克思主义化为中国社会具体实践活动这一环节，既是马克思主义在中国取得实践成果的环节，同时它也是检验中国马克思主义实践理念真理性、评价中国马克思主义实践理念合理性及验证中国马克思主义实践手段和方式的有效性的重要环节。

马克思主义中国化乃是马克思主义化为中国马克思主义实践理念、化为中国马克思主义实践手段和方式、最终化为中国革命和建设具体实践的过程，同时这也是一个具有强烈方向性和内在一致性的过程。这种方向性和一致性，不仅从根本上决定了马克思主义中国化的理论成果即中国化马克思主义的马克思主义性质，而且决定了马克思主义中国化的实践成果，即中国革命和建设具体实践中所取得的所有巨大成就的马克思主义性质。

（供稿：彭海红）

【**中国化马克思主义的与时俱进**——谈毛泽东思想与中国特色社会主义理论体系的关系】

徐光春*，《求是》2013年第18期

毛泽东思想是中国化马克思主义带有奠基性的第一大理论成果。中国特色社会主义理论体系是中国化马克思主义持续发展的第二大理论成果，不仅是对马克思列宁主义的继承和发展，也是对毛泽东思想的继承和发展，是新时期中国特色社会主义事业的重要指导思想。

毛泽东思想与中国特色社会主义理论体系的关系：第一，一根相连的关系。两者都以马克思主义的世界观和方法论为哲学基础；两者都体现了马克思主义最鲜明的政治立场；两者都体现了马克思主义最重要的理论品质。第二，一脉相承的关系。两者理论灵魂一脉相承；两者理论内容一脉相承；两者理论风格一脉相承。第三，一体相依的关系。中国特色社会主义理论体系沿着毛泽东思想开辟的中国化马克思主义道路，充分吸收了毛泽东思想的理论财富，又根据新的时代特点和人民群众新的实践不断丰富、发展和完善，实现了党和国家指导思想上的又一次与时俱进，推动了中国特色社会主义事业的繁荣发展。第四，一帜相随的关系。作为科学社会主义的思想体系，两者都高扬共产主义的旗帜，以实现共产主义为己任。

中国特色社会主义理论体系是对毛泽东思想根本上的继承。第一，坚持和继承了毛泽东思想的立场、观点、方法；第二，坚持和继承了毛泽东探索社会主义建设规律所形成的重要理论成果；第三，坚持和继承了毛泽东关于马克思主义执政党建设的思想理论。

中国特色社会主义理论体系是对毛泽东思想飞跃式的发展。第一，关于发展时期的认识飞跃：由社会主义建设时期跃入社会主义改革开放时期；第二，关于发展指导思想上的认识飞跃：由"以阶级斗争为纲"转到以经济建设为中心；第三，关于发展空间上的认识飞跃：由关门搞建设

---

*　徐光春：中央马克思主义理论研究和建设工程咨询委员会主任。

变为打开国门开放发展；第四，关于发展动力上的认识飞跃：由以阶级斗争为动力转为以改革创新为动力。

中国特色社会主义理论体系是对毛泽东思想突破性的创新：第一，创造性地回答了"什么是社会主义、怎样建设社会主义"的问题；第二，创造性地回答了"建设什么样的党、怎样建设党"的问题；第三，创造性地回答了"实现什么样的发展、怎样发展"的问题。

在实践中不断创新和发展中国化马克思主义，要善于分析和把握国内外形势的发展变化，及时总结党领导人民创造的新鲜经验，科学回答我国经济、政治、文化、社会、生态文明和党的建设等领域出现的新问题，不断深化对经济社会发展的规律性认识，升华中国特色社会主义实践成果、理论成果、制度成果。要在学习借鉴人类文明有益成果的基础上，立足中国特色社会主义伟大实践进行理论研究和思想创新，不断概括出理论联系实际的、科学的、开放的新概念、新范畴、新表述，打造具有中国特色、中国风格、中国气派的话语体系，推动中国化马克思主义的发展，为实现"中国梦"提供强有力的理论指导和思想保证。

（供稿：彭海红）

【中国特色社会主义理论对外宣传阐释的必要与可能】

金民卿*，《青海社会科学》2013年第5期

中国共产党人正是通过主动宣传和阐释自己的基本理论主张和核心政治理念，客观公正地向世界介绍自己，扩大了自己的世界性影响，捍卫了国家和人民的核心利益，也为世界人民提供了思想智慧和政策参考，极大地促进了世界的和平发展，对一些发展中和欠发达国家给予了很大的帮助和指导。中国共产党人的这个传统，在全面对外开放时代不仅不能弱化，而且要根据当前的国内外形势着力加强。

中国特色社会主义的道路和制度，是在中国共产党的领导下经过艰苦奋斗建立起来的，是在中华民族几千年文明历史的基础上开拓前进的，是在吸收包括资本主义制度的一切人类优秀文明成果的基础上发展进步的。中国特色社会主义理论，充分吸收了中华民族的优秀文化传统，反映中国人民的共同愿望和理想追求，同时也充分吸收了世界各个民族各种制度优秀文明成果，体现人类历史发展的普遍规律和基本趋势，反映人类共同的理想愿望和价值追求。从这个意义上说，中国特色社会主义，具有鲜明的中国特色，又包含着丰富的世界性内涵，既是中国的也是世界的，既需要在世界上进行宣传解释，也能够为世界不同国家的人们所了解。

中国的思想理论界必须要以高度的理论自觉和政治责任，全面、客观、公正、准确地向世界介绍中国特色社会主义道路、制度、理论，让世界更深入、更全面地了解中国，破除对中国的误解，让那些恶意歪曲中国的论调不攻自破，对那些给中国制造麻烦的国家进行有力回击，同时也更好地扩大中国特色社会主义在全世界的良性影响。

中国的思想文化界应该以高度的文化自觉和历史责任感，推进中国特色社会主义的国际传播，而要完成这样的任务，不仅要坚持"拿来主义"文化观，同时要树立"送去主义"文化观，走好中国思想文化走出去这步棋。所谓"送去主义"文化观，就是在当代中国发展取得巨大成就的

* 金民卿：中国社会科学院马克思主义研究院研究员。

基础上，以高度的文化自信和文化自觉，积极推动中国理论、中国思想、中国文化走向世界，把中国的优秀文明传播到世界各地，提高当代中国的世界性影响力，展示社会主义中国的国际形象，在为世界发展做出自己贡献的同时，有力抵御外来腐朽思想文化对我国的侵蚀，更好地维护国家的政治经济文化制度和主权，特别是形成与我国国际地位相适应的文化软实力。为此，中国的哲学社会科学界必须付出更多的努力，着力提升文化自觉和政治责任意识，增强对外宣传阐释中国特色社会主义理论的能力。提升文化担当意识，增强对外宣传阐释中国特色社会主义的理论自觉和政治责任；确立文化标准权意识，增强对外宣传阐释中国特色社会主义的独立自主性；建构独立的学术话语体系，增强对外宣传阐释中国特色社会主义的理论资质。

（供稿：彭海红）

马克思主义发展史研究代表性论文

【《资本论》形象的百年变迁及其当代反思】

孙乐强*，《马克思主义与现实》2013年第2期

《资本论》形象的历史演变是我们理解马克思主义发展史的一个重要风向标，它在西方的命运沉浮，从一个侧面反映了资本主义的现实演变以及马克思主义逻辑发展的内在变迁。因此，在此背景下，系统梳理《资本论》形象的百年变迁，无疑会有助于我们完整把握和理解马克思主义发展的总体逻辑，全面反思西方学界对马克思《资本论》理解的历史得失，从而为我们进一步挖掘《资本论》的当下中国意义，构建具有中国特色的马克思主义自主叙事范式提供一定的借鉴意义。

1. 从"工人阶级的圣经"到"失效的旧约"：《资本论》政治形象的演变。

《资本论》第1卷（1867）的出版，恰恰迎合了当时政治斗争的需要，犹如恩格斯评价的那样："自地球上有资本家和工人以来，没有一本书像我们面前这本书那样，对于工人具有如此重要的意义。"①总体来看，《资本论》的作用体现在以下三个方面：首先，《资本论》为工人阶级的日常斗争提供了科学依据。当时，工人最为关心的是"工作日、工资以及资本主义制度下机器的应用"②等问题，而《资本论》恰恰为这些问题作出了科学解答，彻底驳倒了拉萨尔的"铁的工资规律"，为工人阶级的日常斗争提供了科学依据。其次，《资本论》有力地清除了第一国际中的蒲鲁东主义和巴枯宁主义，为工人阶级的内部团结和思想统一奠定了理论基础。再次，随着《资本论》各种版本的出版和进一步传播，马克思主义逐渐在工人阶级中占据主导，为后面各国无产阶级政党的建立以及社会主义纲领的制定奠定坚实的理论根基。也正是以此为由，第一国际著名活动家约翰·菲力浦·贝克尔将《资本论》誉为"工人阶级的圣经"，而梅林也将其称为"共产主义的圣经"。

然而，在恩格斯逝世之后，特别是随着第二国际修正主义的泛滥，《资本论》的政治形象出现了重大"分裂"，从而在社会主义工人运动内部撕开了一道裂缝，对《资本论》形象的建构产生极为恶劣的影响。

在战后的欧美资本主义国家中，《资本论》的政治形象和历史地位也发生了巨大转变，由原初工人阶级的"圣经"转变为一种政治上失效的"旧约"，20世纪七八十年代，欧洲众多工人阶级政党公开宣

---

*　孙乐强，南京大学马克思主义理论研究中心暨哲学系副教授。

①　《马克思恩格斯全集》第6卷，人民出版社1956年版，第263页。

②　苏共中央马克思列宁主义研究院编：《围绕马克思〈资本论〉所进行的思想斗争史概论》，山东人民出版社1983年版，第63页。

布放弃马克思主义，就是这一形象转变的有力证明。

2. 从"科学的新大陆"到"虚构的伪书"：《资本论》学术形象的嬗变。

马克思作为无产阶级革命家，其最根本的目的是要"为我们的党取得科学上的胜利"，而《资本论》恰恰是这一目的的完美实现。在这一著作中，马克思从劳动力商品理论出发，创立了科学的剩余价值理论，揭示了资本主义灭亡的必然性，实现了由空想社会主义到科学社会主义的重大转变。从这种意义上来讲，《资本论》实现了阶级性与科学性、人道主义与客观历史分析的完美统一。然而，这一形象在其后的西方马克思主义和西方左翼经济学那里，发生了内在分裂，建构出了不同的学术形象。

第二国际时期，正统马克思主义虽然也强调《资本论》的科学形象，但由于他们方法论上的缺陷，致使他们根本无法准确把握《资本论》的科学内涵，最终陷入经济决定论和实证主义的窠臼之中，湮没了《资本论》的批判性，沦为一种"人学的空场"。

到了20世纪30年代，随着大批马克思早期著作的出版，特别是《1844年经济学哲学手稿》的出版，对《资本论》的形象建构产生了重大影响。西方马克思学学者由此发掘了一个全新的马克思，即"人道主义的马克思"，并将其看作马克思哲学发展的最高峰，由此制造了"两个马克思"的对立。结果，《资本论》等成熟时期的著作被指认是青年马克思的一种理论倒退，沦为一种"吃人不吐骨头"的"经济主义"。

总体说来，西方马克思主义对《资本论》的形象建构基本上都停留在文化批判或知识论的层面上，这种解读线索无疑弥补了第二国际经济决定论所留下的理论空白，在《资本论》的理解史上具有重大的理论意义。然而，这种形象建构的背后却隐含着一个不言而喻的前提，即传统固有的经济线索已无法成为《资本论》形象建构的主导线索，只有从文化批判或知识论层面才能真正建构《资本论》的内在形象。

到了后马克思主义这里，一切都被解构了。在他们看来，《资本论》的历史观和方法论仍然滞留在西方近代形而上学的思辨之中，进而将《资本论》判定为一部充满神话预言的虚构小说，结果，《资本论》的学术形象完全被颠覆了。

3. 从"资产阶级的判决书"到"资产阶级的代言人"：资产阶级对《资本论》形象认知的变迁。

《资本论》作为无产阶级的政治经济学，宣判了资本主义的死刑。然而，在《资本论》发表伊始，资产阶级的官方科学和报刊并没有给予普遍的反击，而是纷纷选择沉默的方式来应对科学共产主义的理论成果，企图"用沉默置《资本论》于死地"。

1929年的经济大危机，给资产阶级的正统学说以致命打击，迫使资产阶级承认资本主义制度存在内在缺陷。为了进一步维护资本主义制度，资产阶级经济学家被迫改变原有策略，寻求拯救资本主义制度的良方。也就是在这种情况下，马克思的《资本论》开始以一定的正面形象出现在资产阶级的著作之中，成为西方主流经济学得以借鉴的理论资源。可以说，这是西方主流经济学在对《资本论》态度上的一个重大转变。然而，通过分析，不难发现，这种转变背后隐藏的却是一种更深的"阴谋"，即彻底去除《资本论》的"毒瘤"，使其"资产阶级化"，成为服务于资本主义制度的无害之物。

（供稿：夏一璞）

【基于马克思主义整体性视角的经典著作、发展史与基本原理关系探究】

任　琳*，《理论界》2013 年第 2 期

毫无疑问，将经典著作、发展史与基本原理三者结合是我们重新认识和理解马克思主义及其整体性的新思路和新视角。诚然，目前学界从史、论、著三者结合即以三位一体角度来探讨马克思主义整体性的成果还不多，认识还有待进一步深入。因此，本文力图展现马克思主义整体性研究中的史、论、著三位一体的全貌，从而把握马克思主义的本真精神。

经典著作、发展史与基本原理三者相结合是马克思主义整体性研究的重要视角。

马克思主义发展史是前提，马克思主义基本原理是基础，马克思主义经典著作是依据。只有依托经典著作、结合发展史的清晰脉络，才能将马克思主义基本原理及其本真精神真正说清楚、讲明白，才能避免片面化认识和教条化理解，才能做到对范畴及原理即知其然又知其所以然，从而完整而全面地掌握马克思主义基本原理。马克思主义基本原理不仅体现在马克思主义发展的历史过程中，也蕴含在马克思主义的经典著作中。马克思主义发展史既是一部关于马克思主义著作发展与呈现的过程，又是马克思主义基本原理创立、发展与不断深化的过程。我们可以借助经典著作来梳理马克思主义发展的历史脉络，揭示其发展的历史经验与基本规律，并且通过认真研读经典著作来了解马克思主义创始人当时的思想状况、逻辑线路，以便从经典文本的原初语境中解读马克思主义基本原理的发生、发展与变化。只有结合马克思主义发展史，深入学习和研究马克思主义经典著作，才能真正明白马克

思主义基本原理与个别论断的区别，才能真正辨别清马克思主义与非马克思主义以及现代社会思潮的真伪是非，才能真正领会马克思主义基本原理的科学内涵及精神实质。反之，如果对马克思主义基本原理一知半解，那么进行马克思主义发展史研究就会成为一句空话，从而降低马克思主义的科学性、削弱马克思主义的现实价值。

经典著作是马克思主义基本原理的文本依托与载体，马克思主义基本原理是对经典著作的概括凝练。

我们应该根据原著而不是别的什么其他材料来研究基本原理，只有认真研读经典著作，才能真正领悟基本原理的真实内涵和深层意蕴。基本原理是对经典著作中重要思想和贯穿于经典著作中的立场、观点和方法的理论阐发与归纳提升。通过研读经典著作，可以发现有些原理在经典作家那里第一次就已被表述得非常明确；有些原理并不是马克思和恩格斯一次就提出、一下子就完成的，而是通过不同发展阶段、呈现在许多著作中随着实践发展而不断深化形成的；有些原理则是马克思、恩格斯仅提供了一个线索，而由后继者不断丰富完善的。还有一些原理在经典著作中是通过马克思和恩格斯在与其同时代的人物进行论战和争论的形式而被阐述的，如马克思在《哲学的贫困》中批判蒲鲁东先生无视历史的客观现实性，把经济范畴看作是独立的实体，将现实的社会关系说成是经济范畴的化身，从而颠倒了原理、范畴与现实生产之间的关系。

发展史意蕴马克思主义与时俱进的理论品质，基本原理的丰富完善彰显马克思主义改造世界的实践功能。

马克思主义与时俱进的理论品质既表

---

* 任琳：南开大学马克思主义教育学院博士研究生。

现在各国马克思主义者将基本原理与本国具体实际情况实现结合的过程中，又表现在经典作家对待自己理论的科学态度上，还表现在原理不断发展的内在规定性上。我们要具体地、历史地运用基本原理，只有做到这一点，才能避免在实际运用中产生失误。自原始社会以来，阶级斗争是推动阶级社会发展的直接动力，但这个原理的运用要以剥削阶级尚未被消灭、无产阶级革命尚未取得彻底胜利为条件。在我国目前剥削阶级已经被消灭、社会主义革命取得彻底胜利的现实状况下，就不能再把阶级斗争看作是推动社会发展的直接动力了，而应该以辩证眼光正确认识和处理阶级斗争问题，否则就会曲解马克思主义基本原理，在实际中也会造成严重的错误。诚然，尽管现实实际不断出现新变化，但基本原理从未过时，贯穿于马克思主义发展史过程中的基本原则也未发生改变，发展着的只是后来马克思主义者从不同角度和不同方面进行阐释的马克思主义原理。

重视马克思主义经典著作、马克思主义发展史及马克思主义基本原理三者间的内在联系，自觉地将史、论、著三者结合起来，只有这样，才能真正搞清楚马克思主义的精神实质，坚定马克思主义的基本立场，牢牢掌握马克思主义的基本方法和观点，发挥其认识世界和改造世界的实践功能。

（供稿：任　洁）

【思想史视域的马克思主义研究】

吴晓明　邹诗鹏*，《中国社会科学报》2013 年 9 月 25 日

马克思主义在思想史中所实现的革命性变革，其实质是从启蒙思想及古典自由主义向唯物史观及科学社会主义的转变。

列宁曾把马克思主义的来源概要地确定为英国古典政治经济学、法国的空想社会主义以及德国古典哲学。这三个来源，正是欧洲近代启蒙传统在三个主要欧洲民族中的思想或理论表现。马克思主义超越三大启蒙传统的突破口，则是古典自由主义。马克思主义兴起之时，正是古典自由主义的巅峰时期。英国的自由主义走向成熟并与保守主义相关联，法国的自由主义成为异质于保守主义的激进思潮，至于德国则刚刚形成其独特的自由主义思潮。青年马克思从自由主义经激进民主主义向科学社会主义的转变，集中体现了当时欧洲从古典自由主义向社会主义的转变。

在理论高度上，马克思主义无疑是德国古典哲学的继承者与光大者。不理解德国古典哲学，就不能真正理解马克思主义。在从德国古典哲学到马克思主义的转变中，德国古典哲学从康德到黑格尔的发展，从问题的提出到解决，都从属于一个完整的思想史脉络，从而要求通过科学社会主义重新规划世界史。就此而言，不理解马克思主义，也就不能真正理解和穿透德国古典哲学。然而，从思想史视域中研究马克思主义，不可能仅仅局限于哲学方面，而应当如马克思学说本身那样，包含应有的学科丰富性。其中尤应以马克思主义社会政治理论为重点，正是这个领域包含着思想史上的丰富内容。

在国外有关马克思主义思想史的研究中，来自于自由主义与保守主义学术传统的尤多，诸如曼海姆、哈耶克、以赛亚·伯林、列奥·施特劳斯、熊彼特、波普、阿隆、萨特、阿伦特、福柯、鲍德里亚、福山等，都在不同程度上研究过马克思主义思想史。他们研究的目的，则是通过清理和反思马克思主义思想史，把马克思主

* 吴晓明：复旦大学哲学学院院长，教授；邹诗鹏：复旦大学哲学学院教授，博士生导师。

义看成是现代性世界展开过程中的一段插曲或一个必经的阶段，从而"反证"自由主义与保守主义。

马克思主义学术传统当然有必要重视来自外部的批判。但现在的情形却呈现出"一边倒"：现代自由主义及保守主义基于思想史对马克思主义展开的实质上否定性的研究，远远超过马克思主义从思想史层面对现代自由主义及保守主义传统的批判性研究。对马克思主义的"解构"及误读，实质上是以自由主义与保守主义的社会政治立场为前提的。因此，的确不能把由自由主义与保守主义设定的带有价值判断的论题，当成马克思主义思想史研究的现成课题。就此而言，马克思主义学说在存在论层面的论证与阐释，与马克思主义社会政治理论及思想史层面的拓展、开掘，乃是内在相关的。与此同时，马克思主义及其实践的反思，也有赖于马克思主义在思想史上展开的自我批判。因此，问题并不在于要拒斥或撇开自由主义或保守主义的思想史研究，而在于在参考、借鉴且批判这些资源的前提下，推进和深化马克思主义思想史研究，进而提升马克思主义研究本身的水平和质量。

相比于马克思主义的现实历史，相比于目前马克思主义文本、基础理论以及现实研究，相比于自由主义及保守主义的思想史研究传统，马克思主义在思想史方面的研究是不足且滞后的。既有的马克思主义思想史研究，也多是对马克思主义形成与发展的"内史"研究，缺乏思想史研究应有的开放性与比较视野。

与西方马克思主义相比，中国马克思主义研究者有着开展马克思主义研究得天独厚的现实基础，这就是旨在实现中华民族伟大复兴的中国道路。这一被标举为中国特色社会主义道路，是马克思主义在其

新的世界历史方向上形成的积极成果，也是一条有希望洞穿全球资本主义困境，因而异质于新自由主义及新保守主义，并在未来的人类文明格局中有更大责任及作为的道路。对于这一已然扎根于并直接推进当代中国历史性实践的道路，显然需要也值得展开思想史层面的广泛研究。

（供稿：任　洁）

【科学社会主义理论研究的五个热点问题辨析】

钟哲明*，《思想理论教育导刊》2013 年第 10 期

科学社会主义横空出世。科学社会主义根本不同于空想社会主义。如果说，空想家在资本主义生产还很不发达的时代，只能求助于理性，靠个人头脑构建或书房冥思苦想，从而发明了空想主义。马克思、恩格斯则是在新的历史条件下，通过参加工人运动和科学研究，从客观事物中发现规律，共同创立了科学社会主义理论。

科学社会主义何以科学。社会存在决定社会意识。科学社会主义是资本主义发展到一定阶段矛盾激化的产物。科学社会主义产生的经济条件和阶级基础具备并提出需要后，还得有相应的主观条件。马克思、恩格斯在深入工人的社会实践和艰辛的科学实践中，既实地考察资本主义经济、政治、社会状况和自然科学、社会科学的新突破，又批判继承人类优秀思想文化成果，创立了历史唯物主义和剩余价值学说。建立在两大发现基础上的科学社会主义，其产生是科学的革命，革命的科学；其创始人是科学家，首先是革命家；其体系是科学性与革命性的有机结合，是关于无产阶级解放的条件的学说。严格的

＊　钟哲明，北京大学马克思主义学院教授。

科学性、高度的革命性、先进的阶级性的辩证统一，这是科学社会主义之所以正确并同空想社会主义相对立的关键所在。如果否定阶级和革命，将"有用即真理"当成科学，那就会把科学社会主义篡改为价值社会主义、民主社会主义或别的什么主义了。

资本主义被共产主义代替是自然历史过程。马克思、恩格斯揭示资本主义终将被共产主义所代替，这是社会发展的总趋势，历史的必然性，主要体现在以下两大方面。一是通过对各种社会形态的总体探究，论证人类必将进入共产主义。二是通过对资产阶级社会的深入剖析，揭示共产主义必将取而代之。

无产阶级专政是向无阶级社会的过渡。共产主义代替资本主义，绝非自发、自流或和平进化、和平长人。无产阶级只有通过对资产阶级的斗争、革命和专政，走这一历史必由之路，才能从资本主义社会逐步过渡到共产主义社会。

共产主义社会与人的全面而自由发展。同空想家们从人的头脑中发明未来社会制度相对立，马克思、恩格斯是通过头脑从社会物质事实中发现未来制度的，大体有两种视角和两类设想。一是通过对不同社会中人的不同地位的比较，预测未来社会人的历史发展。二是通过对资产阶级社会基本制度的批判，预测未来社会的基本特征。

综观马克思、恩格斯创立的科学社会主义理论体系，有从分析客观事物出发得出的一般原理，即思想理论，也有直接指导革命运动和党的活动的基本原则，即行为准则，从而使科学社会主义成为科学世界观和方法论。

（供稿：任　洁）

国外马克思主义研究代表性论文

【论世界社会主义运动在当代发展的新趋势】

聂运麟*，《马克思主义研究》2013年第 12 期

当代世界社会主义运动已经发生了重大而深刻的变化，它已经从过去由一个国际中心领导、走唯一革命道路、建设同一模式社会主义的世界社会主义运动，转变为由各国共产党独立自主领导、走符合本国国情的革命发展道路、建设具有本国特色社会主义的世界社会主义运动。在这一深刻转变的基础上，当代世界社会主义运动呈现出新的发展特点。

世界的发展本来就是多样的而不是单色的，自然、社会和人的思维都是如此。社会主义运动的发展也不例外，由于各国的经济、政治、文化和社会诸方面的发展极为不同，其历史文化传统和民族的心理素质也极不相同，因此，各国共产党在革命道路的选择、社会主义发展模式的采取和党的建设等方面，就必然存在巨大的差异，多样性才是社会主义发展的本来面目。

在传统的世界政治体系中，世界社会主义运动被归于激进的左翼运动，领导这一运动的共产党则被称为激进的左翼政党；与之相对应的社会民主主义运动则被称为温和的左翼运动，领导这一运动的社会民主党则被称为温和的左翼政党。时至今日，世界政治体系中的传统划分似乎没有大的变化，社会主义运动仍然被归于激进的左翼运动，领导这一运动的共产党仍然被称为激进的左翼政党。然而运动的形式和内容已经发生了很大的变化，当前，各国共产党及其领导的社会主义运动的激进色彩日益减退，其渐进的温和色彩日益浓厚。

从武装夺取政权实现社会主义，转变到以和平民主的方式实现社会主义，这是社会主义革命策略的重大转变。革命斗争策略的转变，给社会主义运动带来了深刻的变化，它使通过无产阶级革命推翻资本主义的运动，转变成为通过和平民主方式对资本主义进行革命性变革的运动；使通过暴力革命的激变过程走向社会主义的运动，转变成为通过革命性变革的渐变过程走向社会主义的运动；使共产党从主张对资本主义进行革命的政党，转变成为对资本主义进行改革的政党。所有这一切，就使当代世界社会主义运动具有了渐进的温和的色彩。

（供稿：陈爱茹）

【联合左翼中的西班牙共产党——发展演进、理论战略与挑战】

于海青**，《马克思主义研究》2013

———————————
* 聂运麟：华中师范大学政治学研究院教授，博士生导师。
** 于海青：中国社会科学院马克思主义研究院副研究员。

年第 12 期

苏东剧变前后，西欧地区的共产主义政党普遍面临发展危机，并大都经历了转型过程。与其他西欧共产党大都围绕自身的变革调整不同，西班牙共产党着手创建了一个全新的组织——联合左翼。经过 20 多年的发展，联合左翼已经成为西班牙最大的激进左翼力量。

1. 西班牙共产党的危机与"联合左翼"的兴起

在西欧地区，西班牙共产党是在独裁统治下长期坚持地下斗争的三个主要共产党之一。20 世纪 60 年代后西共的理论政策逐渐转向独立自主发展道路，"欧洲共产主义"就是其发展转向的直接理论成果。到 20 世纪 80 年代中期时，西班牙已经一分为三，选举和组织实力遭到极大削弱。面对政治边缘化的危险，西共与一些同持反对加入北约立场的激进小党，在 1986 年 4 月建立了一个选举联盟——"联合左翼"。1992 年，"联合左翼"公开登记为一个政党。

2. 纵横交错的历史：西共与"联合左翼"的当代演进

可以将西共和联合左翼的发展划分为三个阶段：第一阶段从联合左翼建立到 1996 年前后。这是联合左翼总体实力迅速提升的十年，全国议会和欧洲议会的最好选举成绩均出现在这一时期。第二阶段从 1990 年代末到 2008 年。从议会政治实践看，这是西共和联合左翼从致力于实现选举超越到为生存而战的时期。从组织上看，西共和联合左翼内部围绕政治、战略与纲领的争论和分歧日益加剧，联合左翼面临分崩离析的危险。第三阶段从 2008 年末至今。这是西共和联合左翼进行艰难重建的时期。

3. 理论战略的融合："21 世纪的社会主义"与"七大革命"

2009 年西共十八大提出了一个新的概念——"21 世纪的社会主义"，成为当前西共一面新的理论旗帜。"21 世纪的社会主义"是西共围绕如何从现实资本主义过渡到共产主义社会构建的一种发展模式，是过渡到共产主义的一种民主过程。核心内容是民主，其实现需要依赖于各个层面的参与和民主决定。2011 年联合左翼在议会选举中提出了经济、民主、生态、公共服务、平等、文化、和平七大革命，可看作西共"21 世纪的社会主义"理论的短期目标。

4. 西班牙共产党面临的挑战与前景

从近年的实践看，西共和联合左翼内部分裂状况已经发生了很大改观。从目前发展看，西共面临的核心问题一直没有得到根本解决。首先，联合左翼作为一种社会运动的发展目标仍然没有实现。其次，联合左翼分散的组织形式无法确立统一行动的政治战略。此外，西共和联合左翼内部在具体战略策略问题上目前仍然存在争论。至少从目前看，西共若要在议会斗争中实现根本突破仍然面临巨大挑战。

（供稿：陈爱茹）

【葡萄牙共产党"先进民主"纲领评析】

张文化[*]，《辽宁大学学报》（哲学社会科学版）2013 年第 5 期

葡萄牙共产党"先进民主"纲领是处于在野党地位的葡萄牙共产党在分析国际国内形势的基础上，为争取参政而向葡萄牙人民提出的带有总纲性质的竞选宣言，是葡萄牙共产党从执政党视角提出的治国方略，是葡萄牙共产党对葡萄牙社会发展的制度设计，基本内容包括政治民主、经

---

* 张文化：中共郑州市委党校教授。

济民主、社会民主、文化民主、对外政策五个方面，有其鲜明特点。"先进民主"的实现形态是一个在资本主义和社会主义之间的过渡阶段，与葡萄牙共产党建设社会主义和共产主义这一最终目标之间是最低纲领和最高纲领之间的关系。

从政治民主视角看，政治民主是民主的内在核心价值。"先进民主"的政治目标，就是"在葡萄牙建立一个人民当家做主的自由政治制度，代表人民利益和全民民主参与的现代化国家"。从经济视角看，就是要促进建立在富有活力的现代化混合型经济基础上的服务于国家和人民的经济发展。从社会民主视角看，就是要为劳动者和广大葡萄牙人民提供更好的物质和精神生活条件，消除严重的社会不平等和不公正现象，消灭失业、贫困、卖淫、吸毒等严重的社会弊端，确保葡萄牙人民的生活水平以及物质和文化福利随着当代生产力发展的潜力和可能性的发挥而相应地得到改善和提高。从文化民主视角看，就是要实行保证人民普遍参与文化自由创造和享有文化成果的文化政策。从对外政策视角看，就是要与各国人民和平共处、友好合作，实现葡萄牙的独立自主和领土完整。

葡共"先进民主"纲领的基本内容有其鲜明特点，主要为：强调"先进民主"的全面性、真实性和直接性。强调经济力量要服从民主政权。强调维护葡萄牙的国家主权与独立。

"先进民主"与社会主义存在着密切的联系，这主要表现在：其一，社会主义包含"先进民主"的基本要素。其二，实现"先进民主"将为实现社会主义提供必要条件。"先进民主"的建设是一个社会与生活转变的过程，无论是政府的决策，还是劳动人民的创造性努力，都将为"先进民主"的建设产生重要的影响。无论是争取短期目标的斗争，还是争取"先进民主"的斗争，都是社会主义斗争的组成部分。

（供稿：陈爱茹）

【尼联共（毛）崛起中的美国因素】

袁　群　刘丹蕊*，《社会主义研究》2013 年第 3 期

1995 年尼联共（毛）兴起时，美国对其持观望态度。"9·11"事件发生后，美国开始支持并帮助尼泊尔政府打压尼联共（毛）。2008 年尼联共（毛）上台后，美国放弃了此前的打压政策，开始与尼联共（毛）进行积极接触，并于 2012 年 9 月 6 日将其从其全球恐怖组织名单中去除。

美国调整对尼联共（毛）政策有四个方面的原因，包括：美国打压政策的失败；美国战略利益的需要；遏制中国的考虑；尼联共（毛）有意改善与美国的关系。而尼联共（毛）有意改善与美国的关系则为美政策调整提供了客观条件。

美国对尼联共（毛）政策的调整，一是使尼联共（毛）的未来发展将面临考验；二是尼泊尔的局势将更加复杂化；三是中尼关系的不确定性将增强。

美国对尼联共（毛）政策的转变，是其重返亚太战略在南亚的延伸。其目的是通过改善与尼联共（毛）的关系来影响尼泊尔政府未来政治和外交走向，获得处理尼泊尔事务的主导权，从而使尼泊尔这个美国亚太战略部署的"短板"得以弥补。与此同时，美国对尼联共（毛）政策的转变也有非常明显的针对中国、遏制中国的战略，对此必须引起我们的高度警觉。自

＊　袁群：云南大学马克思主义研究院副教授；刘丹蕊：汕头大学法学院助教。

2008 年中共与尼联共（毛）建立党际关系以来，两党关系取得跨越式发展，两党高层交往频繁。尼联共（毛）十分重视与中共、中国的关系，其领导人也多次表示愿意进一步加强与中共的党际关系，学习和借鉴中共在治党治国方面的成功经验。当前正处于尼联共（毛）发展的关键时期，我们应当从战略上高度重视美国对尼联共（毛）政策的转变，不断加强与尼联共（毛）的沟通和交往，增强互信，积极应对可能出现的新情况、新问题，推动两党、两国友好关系朝着健康稳定持续的方向发展。

（供稿：于海青）

【西方马克思主义"去经济学化"现象反思】

邰丽华*，《当代经济研究》2013 年第 1 期

近些年来，相比于西方马克思主义在哲学等其他学科的繁荣，政治经济学的弱势地位更加明显，这种现象称为"去经济学化"。第一，西方马克思主义研究具有日渐浓厚的哲学色彩，研究成果更加靠近哲学学科。第二，除了哲学以外，西方马克思主义在文化艺术、社会学甚至历史学等领域的影响力，远远超过了政治经济学。

西方马克思主义研究的哲学化倾向发生在 20 世纪 30 年代之后。从 40 年代开始，西方马克思主义又逐步转向文化批判领域。二战后，文化研究成为西方马克思主义的一个重要传统。西方马克思主义把文化作为研究的中心议题，必然产生的后果就是忽视经济学和政治学。除了文化领域的繁荣以外，西方马克思主义关于社会学和历史学的研究成果也十分显著。

从 20 世纪 70 年代开始，随着世界社会主义运动和西方马克思主义研究陆续落入低谷，马克思主义的研究传统在社会学和历史学中得到了保留。如今，西方马克思主义研究的哲学化倾向仍在持续，而且相比于哲学、文化艺术、社会学和历史学等学科的进展，政治经济学领域的研究严重滞后。

20 世纪西欧国家社会主义运动的多次失败以及反马克思主义集权势力的影响，是导致政治经济学研究被冷落的一个主要原因。一方面，以脱离社会现实、忽视政治经济学、注重哲学等学科为突出特色的西方马克思主义，是社会主义实践受到挫败后的结果。另一方面，反马克思主义集权势力的影响，也迫使西方马克思主义逐渐远离政治经济学。20 世纪 80 年代之后，由于苏联东欧社会主义国家的解体，以及新自由主义经济学主流地位的确立，西方马克思主义经济学研究再一次受到了强烈压制。对苏联马克思主义的不满以及苏联等国家社会主义建设失败的教训，是导致西方马克思主义经济学缺少创新的重要因素。作为苏联马克思主义的对立物，西方马克思主义诞生伊始，赋予自身的一个特殊历史使命就是对后者进行清算。20 世纪 80 年代末，随着苏联东欧剧变，西方世界再一次开始攻击马克思主义。有的西方学者直接宣告马克思主义已经灭亡，社会主义的历史终结了。世界范围内的马克思主义又一次处于低潮，政治经济学研究自然无法实现突破与创新。在西方马克思主义经济学阵营内部，以追求研究成果的实用性、有效性为导向，经济学研究的功利化趋向明显，理论研究的短期行为限制了政治经济学领域的发展与创新。

"去经济学化"的后果十分严重：在

---

* 邰丽华：中国政法大学马克思主义学院教授。

宏观层面上，导致马克思主义理论各个组成部分的发展失衡，马克思主义理论的整体性受到破坏，降低了马克思主义理论体系的科学分析能力，影响了马克思主义在全世界的传播、发展和创新；在微观层面上，割裂了马克思主义经济学的逻辑体系，贬低了马克思主义经济学的理论地位，阻碍了马克思主义经济学的未来发展，不仅对整个西方马克思主义研究形成制约，甚至可能成为西方马克思主义破产的标志。

（供稿：宋丽丹）

【国外学者在金融危机背景下对马克思主义与社会主义的新认识】

杨明伟[*]，《马克思主义研究》2013年第4期

美国经济学家努里尔·鲁比尼说：马克思关于资本主义的经济危机理论是正确的，从根本上说，消除资本主义经济危机的根本出路在于废除资本主义剥削。美国经济学家，斯蒂芬·雷斯尼克和理查德·沃尔夫认为：由一个阶级结构过渡到另外一个截然不同的阶级结构，是有效解决资本主义危机的必然要求。这是因为，无论是加强管制还是放松管制，只要资本主义根本制度不改变，它的阶级结构都会系统地、周期性地加剧资本主义的危机。瑞士银行资深经济顾问乔治·马格努斯，向人们提出了"能否用卡尔·马克思来挽救资本主义"的问题。法国学者科琳娜·蒙塞尔则在《马克思在进攻》的文章中，分析了"马克思主义在西方重现活力"的现象。法国学者让·克洛德·德洛奈认为，从理论上看，马克思主义用以说明资本主义剥削的劳动价值理论和剩余价值理论并没有过时。日本共产党前主席不破哲三也

撰写了《马克思仍然活着，而且活得很健康》。这次经济危机的特点，可以总结为金融资本在故意制造马克思所认为的那种虚假需求。

美国共产党经济委员会委员瓦蒂·哈拉认为当前的国际金融危机"是资本主义制度出了问题"。法国共产党认为，这场危机也是历史的转折点。唯有针对资本主义根本制度采取行动，超越传统的国家市场取舍理念，才能避免危机再次出现。西班牙共产党认为，出路不应是重建资本主义，而应是建立一个完全不同的新制度。葡萄牙共产党则认为，"挽救资本主义制度的措施本身正成为新一轮危机的祸根"。俄罗斯共产党总书记久加诺夫说，在金融危机之下，列宁关于帝国主义是腐朽的资本主义的论点得到了新的证实。苏联的解体不是社会主义的崩溃，而是社会主义一种具体历史形式的瓦解；新的、更加有效的社会主义形式正在酝酿中，终究会取代当前的资本主义。波兰的卡齐米耶日耶·波兹南斯基撰写了《全球化的负面影响——东欧国家的民族资本被剥夺》一书，明确指出，东欧国家向市场资本主义过渡的改革从主要方面讲已经失败。匈牙利共产主义工人党主席久洛·蒂尔默认为，当前基本的和最重要的任务就是向匈牙利人民阐明，资本主义并不是唯一的生存方式，资本主义永远不会给我们带来更好的生活，永远不会在议会中给我们留有位置。

英国《卫报》专栏作家谢默斯·米尔恩认为：1989年东欧剧变的问题，不是旧制度是否必须改变，而是该怎么改变。可以选择其他道路走出危机。2012年在古巴召开的一次研讨会上，菲德尔·卡斯特罗向与会者分析了华尔街和国际货币体

---

* 杨明伟：中共中央文献研究室研究员。

系不可避免的崩溃，指责自由主义式的资本主义在继续破坏着世界金融环境、自然环境和社会秩序。

（供稿：宋丽丹）

【对西方左翼研究当代资本主义阶级问题成果的分析】

孟　鑫*，《毛泽东邓小平理论研究》2013 年第 3 期

后现代主义是对现代西方社会的批判和反思，它为一些后现代主义马克思主义者解构一切理性和消解一切宏大叙事提供了理论工具。这种观点在米歇尔·福柯那里表现得最为充分。还有一些后现代主义者主张放弃政治和经济角度而从文化视角研究当代资本主义社会阶级结构，如马尔科姆·沃特斯。"全球化时代或后工业社会是否存在阶级"这一问题一直困扰着一些左翼学者。安德烈·高兹提出了"无产阶级消亡"的观点。斯科特·拉什等学者强调，在后工业社会，新技术革命、产业革命、管理方式革命所带来的资本主义生产方式的变化，导致了传统工人阶级的消亡。乔恩·埃尔斯特试图以分析哲学从集体行动视角，对马克思的阶级理论进行"分析的重构"。约翰·罗默把马克思的剥削定义修改为劳动产品的不平等交换，即剥削者获取的产品所蕴含的劳动量大于其所支付的劳动量。据此提出了"阶级—财富对应原理"和"阶级—剥削对应原理"。埃瑞克·赖特的阶级分析框架扩展了罗默关于剥削与阶级的分析方法，被西方学者称为"罗默—赖特阶级模型"。

一些左翼学者提出应该对马克思的历史唯物主义进行辩护的观点。G. A. 科恩认为，当代资本主义社会，拥有一定财产却仍然不得不出卖劳动力为他人生产的"无产者"仍然大量存在，其中一些"中产阶级"仍具备"无产者"的特征。一些左翼学者研究全球工人阶级的形成和跨国资本家阶级的崛起，其依据就是正在形成和发展的全球生产体系对传统领土和生产关系的重新定义。威廉·罗宾逊强调全球阶级的形成主要包括三个维度："跨国生产与资本一体化；国家和跨国资本家的阶级分层；利用葛兰西有关霸权与历史集团的概念来解释阶级集团如何构建和争夺社会秩序和政治目标。"

左翼学者非常关注在当代西方的社会变迁中，阶级结构的新变化及其新特点。首先，工人阶级呈现出新特点：一是队伍依然庞大。二是内部结构发生变化。三是表现日趋复杂。其次，资本家阶级也有新变化：一是构成更为复杂。除直接占有生产资料的资本家外，还有金融食利资本家等。二是出现知识和管理资本家，他们在某些方面和传统资本家有区别。再次，中产阶级扩张。最后，全球阶级的出现是一个新挑战。从西方左翼学者的研究中可以得出这样的结论，即在当代发达国家，阶级结构的新变化没有改变资本主义社会的本质。首先，基本阶级依然存在。现代西方既不是一个无阶级社会，也不是一个基本阶级已经转换了的社会。其次，阶级矛盾依然存在。再次，阶级结构的新变化没有改变工人阶级的历史使命。

（供稿：宋丽丹）

---

*　孟鑫：中共中央党校科社教研部教授，博士生导师。

【哈贝马斯的正义观与当代价值——兼论哈贝马斯与罗尔斯正义观的主要异同】

冯颜利　张朋光*，《华中师范大学学报》（人文社会科学版）2013 年第 6 期

哈贝马斯是当代著名思想家，他在与罗尔斯的争辩中发展和完善了自己的正义思想。与罗尔斯以"原初状态"为前提、以政治正义为本质、以自由平等为核心的正义理论不同，哈贝马斯立足于理想的市民社会和生活世界之背景，以社会交往和主体间性学说为理论基础，提出和论证了以"理想语境"为前提、以程序正义为本质、以"合法性"为核心内容的正义学说，期冀通过人们之间的理性商谈这种合理程序来促进社会公平正义的实现。在关于程序正义的问题上，哈贝马斯重点强调的是程序本身的正义性，而不太在意程序所规导的结果；罗尔斯重点强调的则是程序之结果的正义性，并根据结果对程序本身进行"筛选"和"过滤"，以进一步找寻能保证自由、平等之结果的程序和制度。因此，哈贝马斯所主张的是一种广义的、综合性的正义程序，而罗尔斯所主张的是狭义的、政治性的正义程序。在此意义上，罗尔斯的正义可以被认为是实质正义。当然，无论是对于哈贝马斯，还是对于罗尔斯，程序正义和实质正义在他们那里都不是对立的和无涉的，而是相互依赖、相互促进、密不可分的。罗尔斯和哈贝马斯关于正义与合法性问题也有争论，这反映了其各自理论旨趣的差异。罗尔斯的理论倾向是积极的和建设性的，即他始终致力于寻找一种能将自由、平等、权利等价值实现出来的最佳途径，在他那里，这就是能体现"作为公平的正义"的社会结构和政治法律制度。哈贝马斯的理论倾向则是否定的和批判性的，即他主要着眼于从理论上对当代西方世界的社会结构和政治法律制度的正当性与合法性进行批判和解构，试图揭示出其内在的合法性危机。当然，对于哈贝马斯，批判只是手段而不是最终目的，他并未忘记给自己提出重构合法性的任务。为此，他推出了程序主义的社会交往理论作为重构合法性即正义的理论基础。虽然罗尔斯和哈贝马斯的正义理论一个重在建设，一个重在批判，但他们最终殊途同归，共同建设并维护着资本主义的意识形态，其最终目的和价值旨归是根本一致的。鉴于我国社会目前亟须解决的社会不公问题，对哈贝马斯正义理论的研究可为我国政治、法律和社会制度建设，以及整个中国特色社会主义建设事业提供重要启示和借鉴。

（供稿：张　剑）

【黑暗中的本有：可以不在场的潜能——阿甘本的哲学隐性话语】

张一兵**，《社会科学战线》2013 年第 7 期

阿甘本的哲学之思考，杂合了纯粹哲学构境中的海德格尔、维特根斯坦、本雅明、尼采、福柯等一大批 20 世纪的重要哲学家的核心观念，在他看来，对现实的思考之基根不是现实可见的事物，而是某种归隐性的未说之物——潜能。什么是阿甘本所说的潜能呢？依阿甘本的指引，我们看到远在古希腊的亚里士多德那里，他就在《形而上学》和《物理学》两书中界划了潜能与现实。潜能的本原问题，与拥有某种能力相关。阿甘本说，我们要注意

* 冯颜利：中国社会科学院马克思主义研究院研究员，博士生导师；张朋光：上海财经大学博士生。

** 张一兵：南京大学马克思主义社会理论研究中心主任，教授，博士生导师。

在亚里士多德那里，潜能并非简单的不存在，它恰恰是不存在的存在，不在场的在场。在《剩余的时间——解读〈罗马书〉》中，阿甘本将这种"在场于缺失于它的不在场"称之为零度在场。潜能是一种没有存在的存在，它可以在场，也可以不在场。例如我们所讨论的作为人类存在内在性的经验和姿态，它们的可贵之处不是在它们表现出来成为实在，而恰恰在于它们作为潜能归隐于不在场，可是今天的资本主义景观社会中，不仅这些内在的潜能被根除了，并且影像的景观取代了它们的内在性地位，成为存在中的主宰。阿甘本发挥道，人与其他动物最大的不同，就在于动物虽然拥有生存的能力，但它们"只能做这件事或那件事"，但是，"人类是能够拥有自身的不可能的动物。人类潜能有多伟大，其不可能的空间便有多么深不可测"。这是人区别于动物最关键的方面。人可以弃让存在和不在场！所以，人才会拥有动物所没有的自由，人类自由的根源正是基于潜能的弃让深渊。几乎传统思想中所有关于自由的论述都在于自由施为的可能性，阿甘本对自由的看法却是能做之中的不做："后退一步，海阔天空"。阿甘本说，"与潜能在现实中被消除的传统观念相反，我们在此面对的是一种在现实中保护自己和拯救自己的潜能。这里的潜能，可以说在现实中生存下来，并且以这种方式，把自身交给自身"。用海德格尔本有论的道说来讲，就是自觉地归隐！阿甘本提出的疑问是，我们是否可以有所不能？不做什么？阿甘本对今天已经步入窘境的疯狂人类存在的质问是令人震惊的。不过，这一次不是大家所熟悉的海德格尔的存在论哲学，而是被海德格尔秘密雪藏起来的秘密本有论。1966—1968 年，阿甘本在海德格尔的研讨班上听到的东西，

已经是海德格尔大量使本有论思想显现在场的时刻，该文作者相信，海德格尔真正影响阿甘本的东西，除去海式的哲学思辨方式，更重要的则是海德格尔弃绝存在的本有论思想。这是一个十分复杂的复调思想构境。该文作者认为，海德格尔本有论中的这个弃绝存在的泰然让之才是阿甘本所强调的拥有能力却不能的潜能论的真正本质。当然，笔者并不认为阿甘本完整地掌握了海德格尔这个秘密文献中生成的本有论，但它的核心观念的确建构了阿甘本的基本哲学范式。

（供稿：张　剑）

【从莱文对分析马克思主义思想的评析看今日英美马克思主义哲学】

何　萍*，《江西社会科学》2013 年第 4 期

莱文把埃尔斯特和罗默与柯亨分列在两个派别，又把埃尔斯特和罗默的哲学定义为分析马克思主义，还把柯亨的哲学定义为功能解释学派，实质上是区分了广义的分析马克思主义和狭义的分析马克思主义。广义的分析马克思主义是指从柯亨所属的哲学传统中发展起来的马克思主义哲学，在这个传统中，不仅有柯亨的哲学，有埃尔斯特和罗默的哲学，也有新黑格尔马克思主义的哲学；狭义的分析马克思主义仅指埃尔斯特和罗默一派的哲学。莱文廓清分析的马克思主义以及马克思与黑格尔的关系图式，主要想表达两个基本观点：第一，自 20 世纪 90 年代开始，英美的分析马克思主义已经取代了 20 世纪欧洲大陆马克思主义而成为当代马克思主义哲学的主流；第二，分析马克思主义以认识论为中心，致力于马克思主义哲学的自

　*　何萍：武汉大学哲学学院教授，博士生导师。

我更新。这两个基本观点表明，当代英美马克思主义虽然起源于 20 世纪欧洲大陆马克思主义哲学，他们中的每一个代表人物都与 20 世纪欧洲大陆马克思主义有着十分密切的亲缘关系，或者是受到 20 世纪欧洲大陆马克思主义哲学著作的影响，但他们最终都背离了 20 世纪欧洲大陆的马克思主义哲学传统，而转向了英美分析马克思主义哲学。这种转向当然与他们受英美哲学传统的影响有关，但更重要的原因还在于当代资本主义社会发展的新变化。自 20 世纪 90 年代开始，资本主义进入了一个新的发展时期，社会资本的构成发生了根本性的变化，主导社会资本运动的，不再是产业资本，而是金融资本。随着资本形式的变化，资本主义社会的阶级关系、剥削形式也发生了变化。这些变化从不同的方面挑战了马克思的剩余价值学说和阶级理论，迫使每一个马克思主义者重新思考马克思的理论，寻找马克思主义哲学的革新之路。分析马克思主义的哲学家们所做的，就是通过方法论的革新，增强马克思主义哲学理论的解释力，使其能够说明当代资本主义的新变化，从而证明马克思主义在当代的有效性。

（供稿：张　剑）

国际共产主义运动研究代表性论文

【热话题与冷思考——关于社会主义五百年回顾与反思的对话】

顾海良　季正矩　彭萍萍[*]，《当代世界与社会主义》2013 年第 3 期

作为一种思潮，社会主义自产生以来已经走过近五百年的历史。现在对世界社会主义五百年的研究，应该重在通过对世界社会主义发展曲折历史的探索，科学总结世界社会主义发展的经验，前瞻世界社会主义命运，提高理论素养、树立世界眼光、培养战略思维，增强坚持和发展中国特色社会主义的道路自信、理论自信、制度自信。

对世界社会主义的研究，应重视历史逻辑和理论逻辑及其统一性的研究。透视历史逻辑，有利于深化对中国特色社会主义的理解和把握，有利于深化对"只有社会主义才能救中国，只有中国特色社会主义才能发展中国"这一近现代中国社会历史发展的必然性的理解和把握。同时也要深入总结无产阶级革命、社会主义建设的经验教训，科学揭示世界社会主义发展的一般规律，从理论逻辑上深刻认识中国特色社会主义形成的合理性、发展的规律性和胜利的必然性。

对世界社会主义历史的阶段划分，可以用既考虑时间的连续性，又顾及空间的并存性的"时间段"这一概念，将社会主义五百年的历史进程划分为六个阶段：（1）空想社会主义的产生和发展；（2）科学社会主义理论体系的创立；（3）列宁领导十月革命胜利并实践社会主义；（4）苏联社会主义制度建立和苏联模式的兴衰；（5）新中国成立后中国共产党对社会主义的探索和实践；（6）中国进入改革开放新时期，中国共产党对中国特色社会主义的开创、坚持和发展。

关于世界社会主义的历史，存在诸多有争议的问题。例如，有人认为，马克思、恩格斯提出的"两个决不会"是对的，但对"两个必然"不赞同，理由是这一论断没有经过实践检验。应该说，"两个必然"是用唯物史观分析资本主义发展规律得出的科学结论。"两个决不会"不是对"两个必然"的否定，而是对"两个必然"从过程视域进行的补充和完善。还有人提出"马列对立论"，认为十月革命搞早了，不符合马克思的思想。如果从 20 世纪初俄国面临的国际环境、俄国资本主义一定程度的发展及俄国特殊的阶级条件等方面来分析，就可以得出十月革命的爆发具有历史必然性，并且满足了人民对结束战争及其造成的灾难、挽救和保护民主革命成果的迫切要求。十月革命的胜利生动地表明，历史的发展是决定性与选择性、客观规律性与自觉能动性的有机统一。

---

* 顾海良：国家教育行政学院院长，教授；季正矩：中央编译局马克思主义研究部主任，研究员；彭萍萍：中央编译局马克思主义研究部副编审。

20 世纪 90 年代以来，国家垄断资本主义向国际垄断资本主义发展趋势明显增长。垄断的发展并没有消除这一社会的基本矛盾，相反在新的形式上还会加剧这一矛盾。21 世纪，国际垄断资本主义还将有一个长时期的发展，资本主义经济关系和社会主义制度的交流、合作和矛盾、冲突，也会存在于一个很长的历史时期。

（供稿：康晏如）

【不能对苏联社会主义模式采取历史虚无主义态度——与左凤荣教授商榷】

《居安思危》课题组，《马克思主义研究》2013 年第 7 期

三集电视片《居安思危》公开发行以来，受到了中央领导同志、广大党员和人民群众的重视。但是，这三集电视片也遭到一些人的非议。如何评价苏联社会主义模式，这是一个原则性的问题，许多分歧都是由此而来的。在评价苏联社会主义模式之前，先要确定苏联社会主义模式的根本性质和历史地位。苏联社会主义模式的根本性质是科学社会主义；它是科学社会主义发展历程中的一个时间段。苏联社会主义模式是把科学社会主义基本原则运用到苏联具体实际的产物，它是在苏联如何具体实现科学社会主义基本原则的一种探索。

《一论》《再论》对苏联社会主义实践以及斯大林个人的评价是全面的、客观的、符合实际的，经得起历史的检验。今天，新形势下围绕如何看待苏联社会主义模式以及如何分析苏联演变的原因等问题进行的讨论中，我们仍应坚持《一论》《再论》所表达的这一基本方法论原则。

评价苏联社会主义模式，必须分两个层次进行：一是根本性质的层次，即它坚持科学社会主义的基本原则，这体现在社会主义基本制度上；二是这些基本原则具体实现形式的层次，即它们在苏联条件下是怎样实现的，这体现在具体的体制、运行机制上。从社会主义基本制度的角度来看，我们必须充分肯定苏联社会主义模式。对于苏联社会主义模式第二个层次的内容，即社会主义本质特征的具体实现形式，我们需要作具体分析并把握以下方法：首先，应该全面地分析，既要看到其存在弊病的一面，也要看到其正确的一面；其次，应该历史地分析，即把苏联社会主义革命和建设的各项制度、方针、政策放到当时国际国内的政治经济环境中进行评价；最后，应该将苏联社会主义模式作为人类历史上把社会主义理想变为现实的第一个试验来对待。

在社会制度这个系统中，基本制度是第一位的，它决定一种社会制度的根本性质；具体体制、运行机制只是基本制度的具体实现形式，它是第二位的、从属的。苏联社会主义模式中的基本制度是正确的，必须肯定；具体的体制、运行机制则是有对有错，不能完全否定，还有的在特定的历史条件下是对的，随着条件的变化则需要进行改革。综合起来看，应该说，苏联社会主义模式基本上是正确的，局部是错误的。把两个层次综合起来评价，对苏联社会主义模式"三七开"是比较符合实际的。

苏联社会主义模式中的弊病是苏联演变的一个因素，但不是根本的决定性因素。苏联演变的决定性的、根本的原因是以戈尔巴乔夫为首的苏共领导集团推行一条人道的民主社会主义路线，背叛了马克思主义基本原则，放弃了社会主义道路。

（供稿：康晏如）

【"国际主义"的历史考察与当代反思】

胡凌艳　林怀艺[*]，《马克思主义研究》2013年第2期

本文所讲的"国际主义"，是指以马克思主义为指导的无产阶级国际主义，它强调全世界无产阶级和被压迫人民在争取自身解放的斗争中，应加强国际团结——这既是道德原则和政治义务，也是赢得社会主义、共产主义事业最后胜利的重要条件。

马克思、恩格斯揭示了无产阶级坚持国际主义的必要性。他们认为，无产阶级反对资产阶级的斗争，如果不就内容而就形式来说，首先是一国范围内的斗争；同时，他们从资本主义处于自由竞争阶段的条件出发，认为联合的行动，至少是各文明国家的联合的行动，是无产阶级获得解放的首要条件之一。而这样的革命要取得成功，就需要"全世界无产者，联合起来"。马克思、恩格斯认为，国际主义的传播应当有国际组织作为载体，但它们不应当妨碍各国革命事业的自主发展。

列宁为马克思、恩格斯的国际主义思想增添了新的内容。列宁将帝国主义时代的民族区分为压迫民族和被压迫民族，力图沟通西方革命同东方民族解放运动的关联。根据列宁的这一思想，1920年召开的共产国际东方民族代表大会提出了"全世界无产者和全世界被压迫民族团结起来"的口号。列宁创建共产国际，也是基于扩展国际主义的动因。但由于共产国际实行高度集中的组织原则并且在事实上受控于俄共（布），从而影响了各国共产党对本国革命道路的独立自主的探索。这个问题在列宁在世时没有完全解决好。列宁逝世后，国际主义在理论和实践上经历了一个"异构"的曲折发展过程。从理论上讲，共产党人始终推崇和强化国际主义，但在实践中，国际主义的精神实质却经常遭到扭曲。苏联解体后，国际共运遭受严重冲击，各国共产党出于各种考虑，强调"国际主义"的并不多。

社会主义国家及其执政的共产党坚持马克思主义指导思想，其题中应有之义便是坚持国际主义。当然，在新的历史条件下，这样的"坚持"并非固守，而是在坚持中发展，在发展中坚持，赋予国际主义与时俱进的内容和形式。在新的历史条件下，国际主义的基本精神并未过时；国际主义与爱国主义、社会主义是辩证统一的；国际主义要求社会主义国家在国际事务中有所作为，尤其要积极推动建立国际政治经济新秩序。国际主义要求关注未来无产阶级及其政党的国际联合问题。近年来，各种各样的有益探索和尝试正在悄然进行，如共产党和工人党会议基本上形成了年会制，为各国共产党交流思想、建立经常的组织联系提供了很好的平台。展望未来，这样的探索仍将继续下去，并且在内容和形式上更加丰富多彩，甚至不排除在条件成熟的时候重新出现反映时代要求、尊重各国党自愿选择的无产阶级国际联合组织。

（供稿：荀寿潇）

【当代世界社会主义发展的若干趋势】

胡振良[**]，《当代世界与社会主义》2013年第3期

---

* 胡凌艳：华侨大学公共管理学院博士研究生，黎明职业大学公共教学部讲师；林怀艺：华侨大学公共管理学院教授、博士生导师。

** 胡振良：中共中央党校科学社会主义教研部教授、博士生导师。

当代世界社会主义有新发展，其发展状态是"既在发展，又颇艰难"，在"发展中和探索中"。从整体上看，世界社会主义不是一种模式而是多种模式，世界社会主义发展不是单一发展而是多元发展；与世界发展态势相关，21世纪世界社会主义发展是一种辩证的发展、一种全球化发展、一种生态化发展、一种生活化的发展、一种与时俱进的发展、一种现代文明的新发展。

1. 社会主义以一种必然性体现其旺盛的生命力。一方面，社会主义作为自然的历史过程，在当今世界以一种前所未有的方式和程度体现着自己的必然性和价值。另一方面，作为社会的实践过程，当代世界社会主义的发展更直接、具体地体现在世界范围内各种社会主义理论、实践和制度的发展探索之中。

2. 社会主义从名词、术语，到学说、运动，再发展为现实的社会制度，经历了一个长期演变、发展的过程，当代世界社会主义发展作为一个整体是一种多元和多样化的发展。社会主义包括一切旨在否定资本主义、建设高于资本主义的社会的思潮、运动和制度。

3. "两制"关系对立统一，社会主义辩证发展。当代世界社会主义的发展将很大程度上要伴随着资本主义发展，在发达国家更多地表现为资本主义的自我扬弃，表现在资本主义发展过程中"新社会"的社会、阶级和制度因素的成长，而在现实社会主义国家，社会主义的创新和发展则关键要看社会主义的改革和开放及其对资本主义的学习、借鉴和超越。

4. 当代世界社会主义是民族的，也是世界的，正在经历从民族国家基础上世界范围的社会主义走向全球化背景下更加广泛联系的世界社会主义的发展。

5. 生态文明，是继工业文明之后的一个崭新的文明形态，社会主义生态化，或者说社会主义生态文明的发展是世界社会主义发展的一个突出特点。这一趋势和特点体现在世纪之交生态社会主义的"异军突起"，体现在世界社会主义各种理论与实践进一步的生态化，以及体现在现实社会主义国家"生态文明"建设的提出和发展。

6. 科技新发展是新世纪世界社会主义发展的重要基础，而成功面对这一现实，实现与时俱进则是当代世界社会主义发展和成功的关键。

7. 资本主义创造了现代文明，社会主义是现代文明的发展，开创了发展的新阶段。在建设现代文明的过程中，当代世界社会主义将经历从传统到现代的新发展，其意义就是指社会主义对时代的适应，及在此基础上社会主义理论、实践的创新和与时俱进；就是社会主义对资本主义的超越；就是在推进中国现代化事业和在现代化建设中中国特色社会主义的"涅槃"。

8. 中国特色社会主义是世界社会主义在中国的新发展，是马克思主义中国化的最新成果，是世界范围社会主义实践的重要成果，反映人类历史规律、社会主义发展规律和无产阶级执政党的执政规律，是世界社会主义的亮点和生长点。

9. 社会主义在生活中发展是社会主义的本质要求，也是当代世界的一个现实、一个发展态势和一个重要命题。社会主义要面向生活，面向生活的世界社会主义是当今发展的重要趋势。

（供稿：荀寿潇）

【冷战后世界社会主义运动的发展及其面临的挑战】

李景治*，《社会主义研究》2013年第6期

从苏东剧变至今，世界社会主义运动大体可以分为两个阶段。第一阶段从苏东剧变到2008年国际金融危机爆发之前。这一时期的世界社会主义运动呈现出两个突出的特点：其一，出现了前所未有的动荡、分化和瓦解的局面。其二，对苏联模式和各国社会主义建设以及世界社会主义运动进行反思，总结历史的教训。第二阶段，自国际金融危机爆发至今。源自美国的国际金融危机，全面暴露了当代资本主义的矛盾和问题。马克思主义的理论、社会主义的价值观念重新受到人们的青睐。人们力求从中找到批判资本主义的利器和克服危机的方法。

当前，世界社会主义运动的发展总体稳定，但仍然处于曲折探索之中，面临多方面的严峻挑战：社会主义各国仍然面临推进改革和深化改革的艰巨任务；发展中国家的共产党组织如何适应环境，调整政策，探索新的发展道路；发达国家的共产党组织需坚持政治主流地位，防止被边缘化。

尽管世界社会主义运动已走出低谷，逐步得到恢复和发展，但距离复兴仍然是任重道远。要实现世界社会主义运动的发展和复兴，还要解决许多深层次的理论和实践问题。

1. 如何顺应时代的发展、形势的变化，坚持与时俱进。冷战结束以后，一些国内外因素直接影响着共产党的发展壮大和世界社会主义运动的复兴：其一，解决社会矛盾的手段发生了很大变化。其二，世界社会主义运动中心不复存在，需要各国独立自主地发展。其三，新科技革命和经济全球化的发展，深刻地改变了人类社会。

2. 如何实现理论的突破和创新，为运动的发展提供正确的指导方针。马克思主义需要随着实践的发展而不断丰富和发展，其中有些直接关系到社会主义的发展和复兴：其一，什么是社会主义、怎样建设社会主义；其二，关于什么是资本主义，怎样"取代"或"超越"资本主义。

3. 如何发展壮大共产党的组织。要解决共产党组织萎缩的问题，需要从两个方面着手。一方面，共产党要调整方针政策，吸引群众、凝聚人气。共产党不能只扮演"造反者"的角色，而应当从一定程度上扮演"建设者"的角色。另一方面，调整组织路线，努力在年轻人和新社会阶层中发展壮大组织。

4. 如何形成强大的"合力"，推动世界社会主义的复兴。社会主义运动的各个方面，包括社会主义国家、发达国家和发展中国家的共产党组织及社会主义力量之间，应开展多层次的、广泛的交流，在实践中他们也应相互支持，逐渐使当前的社会主义运动形成一个整体。当然，世界社会主义的发展和复兴，必须坚持独立自主的原则，要尊重世界社会主义运动发展的多样性和各国人民的自主选择。

（供稿：邢文增）

【世界格局重构下发展中国家的角色转变、历史定位与模式调整】

刘海霞**，《当代世界与社会主义》2013年第2期

2008年发端于发达国家的金融危机

---

* 李景治：中国人民大学国际关系学院教授，博士生导师。

** 刘海霞：中国社会科学院马克思主义研究院副研究员。

对发展中国家也造成了重创，但它们很快就走出了金融危机的阴影，并成为引领全球经济复苏的希望所在。相对于发达国家长期的经济不振，发展中国家群体性崛起，在国际舞台上由被动接受的从属角色转变为改变世界格局的重要国际行为体，这也是世界格局中出现的新变化。主要表现在以下几个方面：（1）发展中国家吸引外资和对外投资均进入新阶段，规模和质量都有所提升；（2）发展中国家群雄并起，国际竞争力显著提高，改变世界经济版图；（3）经济总量大幅增长，引领全球经济复苏；（4）在国际组织中的话语权得到提高，改变国际政治格局和国际合作机制。

虽然发展中国家经济建设取得了巨大进步，国际地位有了显著提高，"中心—半边缘—边缘"的世界体系结构也在不断发生变化，尤其是东亚国家和地区的变迁为后发国家的跨越发展起到了一定的示范作用，但总体来看，在可预见的将来，欧美日等发达国家在推动全球经济发展中还将继续发挥核心作用，发展中国家在世界格局中的历史定位仍未改变，整体位于世界体系的外围、半外围，上升空间受到多重限制。这主要是由以下原因造成的：（1）发达国家的"剥夺性积累"加剧了发展中国家经济的脆弱性，使其难以充分自主发展；（2）气候谈判的政治博弈令发展中国家的发展权受到威胁；（3）"数字鸿沟"的加剧和发达国家以互联网为工具的新霸权令发展中国家面临被"信息殖民"的危险。

在金融危机的冲击下，发展中国家内部也面临着通货膨胀和产能过剩等很多问题，因此，受制于世界格局重构的影响，适时调整自己的发展方式，积极应对金融危机的后续影响，争取更大的发展空间，就成了当务之急：（1）东亚要由出口导向型调整为主要依靠国内和地区需要拉动经济的发展方式；（2）拉美依赖"初级产品出口"的发展方式受到挑战，加快了"去美国化"的步伐；（3）非洲需加快经济一体化建设进程，建立符合本国国情的发展模式。发展中国家实力的增强和转型对世界格局的影响意义重大，就像胡锦涛在2012年3月28日接受金砖国家媒体的联合书面采访时所言，一大批新兴市场国家和发展中国家"是全球共同发展的重要组成部分，有利于世界经济更加平衡、国际关系更加合理、全球治理更加有效、世界和平更加持久"。

（供稿：邢文增）

【关于社会主义的五个问题——对《科学与社会》2012 年讨论的回顾与评论】

丁晓钦[*]，《马克思主义研究》2013年第 1 期

鉴于当前的世界政治、经济形势以及讨论本身的发展，来自世界各地的 10 位学者对社会主义的内涵、运行机制、组织制度建设、基本特征以及规划与发展前景五个方面的问题进行了讨论。

一是社会主义的内涵。首先是实行社会主义的必要性。生产力和生产关系之间的矛盾运动，个人和集体之间的矛盾决定了社会主义制度必然代替资本主义制度；资本主义社会存在的剥削和异化必须被社会主义所消灭，实现真正的平等；民主决策更能证明社会主义的必要性。其次是社会主义的本质特征及优越性。社会主义的本质特征可以概括为三个方面：政治上，必须由无产阶级政党——共产党领导，实行人民民主专政；经济上，建立生产资料

---

* 丁晓钦：上海财经大学马克思主义研究院教授。

公有制，实行按劳分配；思想上，以无产阶级世界观——马克思主义为指导，还可以从经典三要素"自由、平等、博爱"的角度来分析社会主义社会的典型特征。最后是社会主义社会是由人民群众创建的。

二是社会主义社会的运行机制。首先，根据马克思恩格斯关于未来社会的设想和本质特征的分析，社会主义社会的生产、分配、消费一定具有有计划和产品经济的显著特征，还应具有全面、协调、可持续的特征，而民主参与是其重要保证。其次，社会主义要调和高度多样化的个人需求和个人利益，必须坚持以公有制为主体，以共同富裕为目标，处理好政府与市场的关系。

三是社会主义社会的组织制度建设。首先是社会主义社会的建立及完善。原有的生产力水平对社会主义社会的建立和完善有着巨大的影响，同时社会意识对人民群众生产、生活乃至建立社会主义的积极性也不可忽视。其次是社会主义社会中的激励机制。在微观企业管理中，民主参与的作用必不可少；在宏观意识形态上，需要用看重精神荣誉的集体主义思想替代看重物质激励的个人主义思想，重视文化等软实力建设。最后是个体与社会的关系是统一的，并且从本质上可以从人的价值上得到体现。

四是社会主义社会发展的基本特征。首先，是法律上的生产资料公有制需要一段过渡期才能变成实际的所有制。其次，是生产力的发展是原动力和基础，但是社会公平也很关键。最后，"以扩大党内民主带动人民民主"的科学论断体现了中国社会主义民主的特色。

五是社会主义社会的规划与发展前景。首先，是社会主义社会的规划问题。社会主义发展的目标和本质特征决定了其不仅需要

而且能够塑造出社会规划，并可以分为若干层次。其次，是社会主义追求财富的增加和生产力的提高。再次，社会主义制度更有利于自由自在地创新，更接近于创新的原动力。最后，社会主义的基本宗旨决定了其更有动力消除不平等和压迫。

（供稿：张福军）

【怎样认识当代资本主义新特征】

张　宇[*]，《人民日报》2013 年 11 月10 日

当代资本主义发展出现了许多新特征、新矛盾，准确把握这些特征和矛盾，对于我们推进中国特色社会主义理论与实践的发展具有重要意义。

资本主义自诞生起就处于不断变化之中，经历了原始积累、自由竞争、私人垄断资本主义和国家垄断资本主义等重要发展阶段。20 世纪 70 年代滞胀危机后，资本主义发生了重要而深刻的变化，成为信息化、全球化、金融化和新自由主义化的垄断资本主义。

在资本主义发展的新阶段，以信息革命为基础的社会生产力获得了巨大发展，生产社会化程度不断提高，资本的力量不断加强。随着资本主义生产方式的深刻变化，资本主义的基本矛盾即生产的社会化与生产资料资本主义私人占有之间的矛盾不断发展和深化，主要表现为：两极分化加剧，生产持续低迷，金融危机频发，生态危机突出。

2008 年爆发的国际金融危机仍在发酵。经济持续低迷，贫富两极分化加剧，金融资本的寄生性和掠夺性日益加深，环境和生态危机不断恶化，财政赤字无节制膨胀，垄断资本对民主政治和社会舆论的

---

　*　张宇：中国人民大学经济学院党委书记，教授。

操控加强，霸权主义和军事干涉盛行，这些弊端相互交织和集中爆发清楚地表明，这次国际金融危机并非一般的周期性危机，而是系统的制度性危机，是资本主义基本矛盾在新的历史条件下的总爆发。

面对这次国际金融危机，无论新自由主义，还是国家干预主义，都显得力不从心。实行新自由主义，难以解决资本主义经济所固有的失业、经济危机和贫富分化等严重问题；实行国家干预主义，会损害私有制神圣不可侵犯的原则，损害资本主义经济的活力。实行紧缩性的财政货币政策，会加剧经济衰退、恶化失业问题；实行刺激性的财政货币政策，会加剧债务危机、扩大资产泡沫，而对于解决生产过剩和失业问题也无大裨益。面对这样的困境，发达国家往往凭借强大的金融、政治和军事实力，甚至不惜发动战争，打垮竞争对手，维护本国利益，对外转嫁危机。事实一再证明，资本主义国家用来解决危机的种种手段，只能使危机以更大的规模重新出现。市场失灵与政府失效交织、自由主义危机与国家干预危机并发，是资本主义基本矛盾发展不可避免的后果，也是资本主义走向衰落的历史征兆。

种种迹象表明，资本主义经济发展和世界经济格局正处于深刻变动之中。我们应准确把握资本主义世界体系变动的趋势及其对我国的影响，统筹好国际国内两个大局，在国际国内条件的相互转化中用好发展机遇、创造发展条件，努力构建有利于我国发展的国际经济政治新秩序，为中国特色社会主义发展创造有利的外部环境和战略空间。

（供稿：张福军）

【从金融危机看当代资本主义的矛盾与困境】

吕薇洲　邢文增[*]，《郑州大学学报》（哲学社会科学版）2013 年第 4 期

肇始于美国的金融危机，不仅迅速席卷了全球范围的资本主义国家，而且逐渐波及西方国家实体经济乃至社会、政治等诸多方面，并最终演变为一场全面的资本主义制度性危机，使资本主义的合法性受到了半个世纪以来最为严峻的挑战。

危机对发达资本主义两大发展模式形成了巨大冲击。美式资本主义模式在金融危机爆发伊始就遭到全球各界的严厉批判。而随着债务危机的不断蔓延，欧洲资本主义发展模式的一些弊端逐步暴露出来，并陷入了无法自拔的困境之中。在人口老龄化日趋严重、国际竞争日益加剧的情况下，欧洲福利资本主义模式已无法在维持高福利的同时保持经济的平稳增长。

危机动摇了广大民众对资本主义自由民主制度的信心。随着危机的深化和蔓延，资本主义国家自我调节的能力不断下降，世界对西方自由民主制度的信心严重动摇，资本主义陷入了政治合法性困境之中。一方面，资本主义民主制度寡头政治、金钱政治的特点更趋明显；另一方面，西方民主制度运转不良、效率低下、缺乏道德等弊端在危机中表现得淋漓尽致，致使西方自由民主制度的神圣光环不再。

危机中断了资本主义的意识形态和价值观念在全球扩张的进程。此次危机的爆发，重创了人们对资本主义的"盲目信

＊　吕薇洲：中国社会科学院马克思主义研究院研究员，博士生导师；邢文增：中国社会科学院马克思主义研究院助理研究员。

仰"，使资本主义制度在全球范围受到了越来越多的质疑。随着危机的不断发展，不止普通民众对资本主义不再盲目信仰，学界也从单纯对金融危机的政策解读中跳出来，着眼于从制度层面思考资本主义的弊端，资本主义未来到底走向何方成为各界探讨的焦点。与此同时，此次危机证伪了西方学者所宣扬的"历史终结论"，也打破了"资本主义免于危机"的神话，昭示了马克思主义的科学性。此外，社会主义国家在危机中的优异表现使社会主义价值观重新受到重视。在西方，向往社会主义、相信社会主义的人逐渐增多。

危机激化了资本主义的社会矛盾并引发了社会动荡。近年来西方之所以频发工人罢工和社会动荡，一方面是因危机本身使普通民众的生活陷入困境，但更重要的是资产阶级政府采取了一系列维护垄断资本利益尤其是金融垄断资本利益的救市举措，将危机的后果转嫁给普通民众，主要表现在：对垄断资本的救助，导致社会不平等状况进一步恶化；紧缩公共开支加剧了民众与垄断资本及其代理人之间的矛盾。上述举措严重损害了普通民众的利益，导致西方国家社会矛盾更加凸显。

综上所述，此次金融危机重创了美国主导的全球资本主义，使资本主义陷入了经济、政治、社会和意识形态等全面困境之中，充分暴露出资本主义制度的不稳定性、不可持续性、寄生性和腐朽性。

（供稿：刘海霞）

【当代金融和经济危机与资本主义发展的历史趋势】

张作云*，《管理学刊》2013年第2期

马克思和恩格斯对他们所生活年代的历次资本主义危机所作的理论和实践分析以及后来资本主义世界接连不断发生的危机说明，以过剩为本质特征的金融和经济危机，是资本主义发展到大工业时期出现的特殊历史现象，是资本主义制度的产物。将近200年的资本主义经济史，就是一部周期循环的金融和经济危机史，危机与资本主义制度互为条件，不可分离。

从马克思和恩格斯逝世到现在，金融和经济危机周期性地发生着。危机给资本主义带来的威胁不断变换形式，同时危机的危害程度也在不断加深。从经济方面看，在资本主义进入垄断阶段，并由私人垄断经过国家垄断向国际垄断发展的进程中，资本主义的基本矛盾也由国内走向国际，当前已发展成为生产的全球性与占有制的私有性之间的矛盾，并派生出了一系列国际性矛盾。从政治方面看，资本主义世界的阶级矛盾，经过不断演变，表现为世界三大基本矛盾，即资本主义国家内资产阶级与无产阶级的矛盾、资本主义国家与殖民地半殖民地国家的矛盾以及资本主义国家间的矛盾。进入21世纪之后，由于金融和经济危机持续不断，又派生出一系列新的矛盾，产生了一系列新的经济、政治、思想文化、宗教等方面的问题。这些矛盾和问题相互交织，相互作用，不断发展，导致了经济上的恶性竞争、政治上的分化和重组、军事上的包围和反包围。危机以及由危机所引发的当代世界的各种矛盾，将会使资本主义制度日趋衰败并最终走向没落，危机不是资本主义制度的福音，而是与之纠缠数十年始终无法摆脱的噩梦。

尽管西方国家一直在试图治理给人类社会带来灾难的金融和经济危机，然而，资产阶级政府所采取的治理危机的措施，

---

* 张作云：淮北师范大学当代经济研究所教授。

无法根除资本主义的基本矛盾及其所派生的一系列矛盾，因此也就永远不可能拔除引发危机的根子。资产阶级政客过去和现在所采取的治理危机的办法，迎来的往往却是更全面、更猛烈的危机。实施这些办法，不但不能抑制危机，反而使危机更加深重了，不但不能消除危机发生的根源，反而在客观上为引发新的更加猛烈的危机进行了铺垫。所以说，危机是资本主义的不治之症。

总之，审视世界金融和经济危机的历史与现实不难发现，资本主义的存在不仅具有必然性，而且还具有历史性、暂时性和过渡性。由人类社会发展的普遍规律和资本主义发展的特殊规律所决定，资本主义的灭亡和社会主义的胜利都是不可避免的。虽然社会主义建设的道路是曲折的，但历史发展趋势是任何人都阻挡不了的，社会主义的明天必然处处呈现一派欣欣向荣的景象。

（供稿：张福军）

中国近现代史基本问题研究代表性论文

【党的群众路线的由来】

冷　溶*，《人民日报》2013 年 6 月 17 日

群众路线是党的生命线和根本工作路线，它是在革命战争年代产生的，主要创立者是毛泽东同志，同时凝结着党的集体智慧。

党的群众路线是在红军时期孕育产生的。在严酷斗争中，红军要生存、要打仗，就必须赢得群众的支持，重视做群众工作，注意工作的方式方法。首先要有群众观点。毛泽东同志指出，"红军决不是单纯地打仗的，它除了打仗消灭敌人军事力量之外，还要负担宣传群众、组织群众、武装群众、帮助群众建立革命政权以至于建立共产党的组织等项重大的任务。"再一个是党的领导方式和工作方法问题。毛泽东同志在指导查田运动时，就强调要按"群众路线"办事，一切经过群众。这一时期，毛泽东同志进行了多次调查研究，进一步深化了对这些问题的认识。群众路线所涉及的主要概念和主要思想，在这一时期都已经形成了。

毛泽东同志把这些经验运用到抗日战争的一切工作中，进行理论上的概括和升华，形成了党的群众路线理论。主要表现在三个方面：一是概括了党的根本宗旨，这成为党的群众路线的核心观点。二是概括了党的基本的领导方法，即"从群众中来，到群众中去"。三是概括了党的三大作风，使群众路线理论上升到哲学高度。

新中国成立后，毛泽东同志在群众路线问题上有很多好的思想，大大丰富和发展了这一理论。这里，特别要说说他关于"艰苦奋斗是我们的政治本色"的重要思想。对于提倡艰苦奋斗，毛泽东同志讲了很多话，举了很多例子，给人留下深刻印象。这些故事，对今天有着重要启示。

在我们党的历史上有过三次系统的总结和概括。第一次是在 1945 年党的七大上，第一次在党章中系统地阐述群众路线问题。第二次是在 1956 年党的八大上。八大党章第一次写入了"群众路线"的概念，要求"必须不断地发扬党的工作中的群众路线的传统"。第三次是在 1981 年党的十一届六中全会作《关于建国以来党的若干历史问题的决议》的时候。一是对群众路线的内涵作了更为明确、简洁的概括，指出："群众路线，就是一切为了群众，一切依靠群众，从群众中来，到群众中去。"另一方面的贡献，是把群众路线同实事求是、独立自主放在一起，作为毛泽东思想活的灵魂的三个基本方面，凸显了群众路线在我们党的指导理论中所具有的重要地位。

学习毛泽东同志关于群众路线的重要论述，有两点感受很深。一是它来之不易，决不能丢掉。二是它意义重大，决定

---

*　冷溶：中央文献研究室主任，中国社会科学院学部委员、教授、博士生导师。

党和国家事业的兴衰成败。要完成党的十八大提出的两个百年的任务，实现中华民族伟大复兴的"中国梦"，关键还在于我们党能不能继续赢得人民群众的支持，能不能动员全体中国人民与我们一起奋斗。

（供稿：戴立兴）

【破除特权思想与保持党的先进性纯洁性】

桑学成　王金水*，《中共中央党校学报》2013年第3期

我国社会主义制度的建立，从根本上否定了特权。然而，一些党员干部仍然没有根除特权思想。反思特权产生的原因：第一，思想原因。封建专制主义的思想残存于包括领导干部在内的国人的头脑中。教育的缺失，也使部分干部放松思想改造和纪律约束。第二，体制原因。权力过分集中容易滋生特权和腐败。第三，经济原因。由于传统的计划经济体制逐步向市场经济体制过渡，造成一定时期内的计划经济与市场经济并存的"双轨制"局面。加之管理机制、监督机制一度缺位，也给公共财产之非公共支配和公共权力之非公共运用提供可能。当前，带有根本性的特权现象非常突出：职务消费过度；权力特殊化；特权现象固化。

特权思想助长权力崇拜和不正之风，削弱党的凝聚力和战斗力，损害党的先进性与纯洁性。首先，特权思想破坏党的思想建设。特权思想使得这些党员干部的理想信念飘忽不定，表面上信奉马克思主义，内心却迷信佛祖、上帝，真正信仰的是"权力至上、金钱至上、实用主义、享乐主义"等。如果忽视和弱化思想建设，不能根本地解决党员的思想入党问题，就不能提高党员队伍的素质和增强党的凝聚力和战斗力。其次，特权思想破坏党的组织建设。特权的泛滥实际地强化等级基础，强化不平等意识和不公平做法，削弱权力监督和权力制约，压制和破坏民主。同时，特权思想导致某些党员干部独断专行、唯权唯上，不能听从下级和基层的正确意见，破坏民主集中制的组织原则。特权和特权思想还会加剧制度的僵滞和保守，使制度在逆向条件下惰性运行，侵蚀党的组织建设的制度基础。再次，特权思想破坏党的作风建设。马克思主义政党注重保持党的纯洁性，就是为了永葆党的政治本色和生机活力，更好地肩负起自己的历史使命。

保持党的先进性和纯洁性，必须反对特权与特权思想。首先，从思想观念上厘清权力来源，树立公平正义的价值理念和人人平等的权利原则，从严治党。其次，从体制机制上制约权力、监督权力运行，把权力关进制度的笼子里。制约特权需要加强对权力的规范和约束，防止权力恶性膨胀。一是以权力制约权力。二是以权利制约权力。三是以舆论制约权力。舆论制约权力体现公民权利的延伸。科学地规约权力是预防特权、加强制度建设的根本途径，其中包括加强制度执行的效度和力度。这是社会主义民主政治建设的重大任务。

（供稿：戴立兴）

【严明纪律是从严治党的重要前提】

梁　柱**，《中国特色社会主义研究》2013年第3期

严明的纪律，是无产阶级政党，也是中国共产党的一大政治优势。作为无产阶级的组织武器，最重要的是要组成由先进

---

* 桑学成：中共江苏省委党校副校长；王金水：中共江苏省委党校教授。

** 梁柱：北京大学中国特色社会主义理论体系研究中心教授。中华人民共和国国史学会原副会长。

理论武装的、具有严明组织纪律的因而能够战斗的政党。中国共产党一开始就以马克思列宁主义理论为指导、有着严明的组织纪律的党。在党经历的各个革命时期，之所以能够赶走凶恶的日本帝国主义，打败八百万国民党军队，推翻压在中国人民头上的三座大山，虽然是多种因素的合力作用，但如果没有严明而自觉的革命纪律，是不可想象的。

中国共产党的纪律特点主要表现在以下几个方面：第一，它是建立在自觉基础上的纪律。任何纪律都是一种约束力，都具有强制性，这是毋庸置疑的。但我们党的纪律绝不是提倡盲目服从，而是建立在高度自觉的基础上的，它既是严明的，又是自觉的。第二，是纪律与自由、集中与民主、党性与个性的统一。党的纪律是严明的，但绝不意味着党内生活是刻板的、没有自由的。恰恰相反，正如毛泽东、邓小平等都强调的，我们需要的是造成一种又有集中又有民主，又有纪律又有自由，又有统一意志又有个人心情舒畅，生动活泼，那样一种政治局面。我们反对的是不讲纪律、极端自由化的错误倾向。第三，每个党员在纪律面前人人平等。党员之间有职务分工的不同，掌握的权力有大小之别，但党内不允许有特权党员，不允许有凌驾于集体之上的特殊权力；在纪律面前人人平等，这是党章明确规定了的。

在当前党和国家的发展面临新的机遇和严峻挑战的形势下，强调严明纪律、从严治党有着特殊重要的意义。严明党的纪律，应当是我们党的一种常态，而不是权宜之计，也不能是热一阵冷一阵。党的十八大闭幕之后，以习近平为总书记的新一届中央领导班子，就以高昂而扎实的工作姿态，有针对性地倡导和发扬党的优良作风，令人耳目一新。在短短的一段时间

里，在学风、党风和文风方面，在反对奢侈之风、树立勤俭节约风气方面，都收到了初步成效。但我们应当看到，转变作风、严明纪律是一个艰巨的任务。我们还应当看到，今天在党的组织纪律和政治纪律方面存在的种种问题，已不单纯是一个党规党纪的问题，它往往还同一些党员干部理想信念的失落相联系，甚至同个人或小团体的利益相关联。在严明纪律、转变作风中，还应该重视思想政治工作，加强理想信念的教育。我们还要通过不断完善党内民主和人民民主，在严明纪律中充分发挥党员群众和人民群众的监督作用，离开群众的监督，严明纪律就会成为一句空话。

（供稿：戴立兴）

【照镜子、正衣冠、洗洗澡、治治病——正确把握党的群众路线教育实践活动的总要求】

虞云耀*，《求是》2013年第13期

"照镜子、正衣冠、洗洗澡、治治病"，是贯穿党的群众路线教育实践活动全过程的总要求。

"照镜子"就是要学习和对照党章，对照廉政准则，对照改进作风要求，对照群众期盼，对照先进典型，查找宗旨意识、工作作风、廉洁自律方面的差距，敢于揭短亮丑。要以党的基本理论为镜，坚定共产主义理想信念，坚定对中国特色社会主义理论、道路和制度的自信。要以党章和党内法规为镜，加强党性修养和道德修养。要以群众的期盼为镜，反思工作中的差距和不足，明确改进作风的方向。要以先进典型为镜，看到差距，切实改进，坚守共产党人的精神家园。还要以党的历

* 虞云耀：全国党的建研究会会长。

史为镜，继承和弘扬党的优良传统作风，树立正确的世界观权力观事业观。

"正衣冠"就是要按照为民务实清廉的要求，勇于正视缺点和不足，严明党的纪律特别是政治纪律，敢于触及思想，正视矛盾和问题，从自己做起，从现在改起，端正行为，树立良好的形象。要针对"照镜子"发现的差距和问题，认真进行自我教育、自我完善、自我提高。对存在的问题要有清醒深刻的认识，真正触及思想，荡涤心灵。对存在的矛盾和问题要抓紧解决，不漠视、不淡化、不回避、不推卸，做到敢于正视、敢于纠正、敢于担当。要提出改正缺点、解决问题的具体目标、方法和步骤，落实措施，扎实推进，保证取得实际成效，进一步树立为民务实清廉的良好形象，真正做到取信于民。

"洗洗澡"就是要以整风精神开展批评和自我批评，深入分析产生形式主义、官僚主义、享乐主义和奢靡之风的原因，清洗思想和行为上的灰尘，既要解决实际问题，更要解决思想问题。自觉拿起批评和自我批评的武器，同各种不良风气做斗争。各级党组织要召开高质量的民主生活会，开展积极健康的思想斗争，通过群众提、自己找、上级点、互相帮，深挖形式主义、官僚主义、享乐主义和奢靡之风的深层次原因。无论批评还是自我批评，都要实事求是、出于公心、与人为善，不文过饰非，不搞无原则的纷争。

"治治病"就是要坚持惩前毖后、治病救人方针，区别情况、对症下药，对作风方面存在问题的党员、干部进行教育提醒，对问题严重的进行查处，对不正之风和突出问题进行专项治理。"治治病"是整个教育实践活动的归宿和落脚点，是决定活动最终效果的要害。治病要以"救人"为目的，以教育提醒为主，对存在问题的党员、干部严肃批评教育，对违纪者要依纪依规给予纪律处分和组织处理，对突出问题要集中力量专项解决。要着眼于"毖后"，从普遍存在的问题入手，从制度政策上找原因，在治本上下功夫。还要注意总结"防病治病"的经验，认识和把握"防病治病"的规律，注重从制度和体制机制上解决问题。

（供稿：戴立兴）

【构建联系群众的长效机制】

高新民[*]，《学习时报》2013 年 8 月 26 日

以为民务实清廉为主要内容的群众路线教育活动，作为一种"活动"可以有始有终，但坚持群众路线、密切党与人民群众的联系，则需要持之以恒，构建随着环境与条件的变化而不断完善、逐步健全的长效机制。真正的长效机制，就是把作风建设、群众路线蕴含在常态化的工作之中。这里首先强调的就是深化改革，真正转变政府职能，把为民务实清廉的要求融入政府各职能工作的各个环节之中。以反对形式主义、官僚主义为切入点，真正实现政府职能转变，是最大的联系群众。一是权力运行过程公开。二是以服务对象的满意度为考核标准，迫使某些职能部门认认真真为群众办事。三是减少层级、减少闲职，淡化官本位色彩，为职能转变创造条件。

联系群众长效机制，需蕴含在执政党的功能转变中。邓小平在 1956 年党的八大上说，党之所以能够领导人民，正因为、也仅仅因为党是全心全意为人民服务的。在市场经济、民主政治的背景下，执政党需要实现部分功能的转变，即强化党的社

---

* 高新民：中共中央党校党建部原理教研室主任，教授。

会服务功能，以服务为宗旨为途径来提升内在实力和外部形象，形成社会凝聚力、影响力。党的十八大提出建设学习型服务型创新型马克思主义执政党，服务是"三型"政党建设的中心。党的先进性，就体现在能否更好地为人民服务中。

联系群众长效机制，体现在制度化的民主决策和领导方式之中。当年中国共产党提出群众路线，具体表现为"从群众中来、到群众中去"，通过调研、座谈等方式，把群众分散的个体的意见转化为集中统一的意志，再到群众中去贯彻执行。这里主要依赖领导者主动到群众中去。在社会转型时期，利益多元且利益博弈日渐突出，依据传统的调研座谈等方式固然可以听到群众意见，但任何座谈的参加人员都是有限的，都不可能囊括所有群众意见，因此，某些重大社会公共事务从议题提出就可以公示，社会参与讨论，听证咨询，会议决定，依法决策。群众路线蕴含在这样的过程中，就不仅仅是靠领导者自觉到群众中去，而是以制度化的方式把自上而下的调查研究与自下而上的社会参与有机地结合在一起，并成为决策过程的常态化做法。

联系群众长效机制，还体现在多渠道社会协商对话机制和社会管理格局的创新之中。社会越是多元，越需要协商对话。社会协商对话的最大好处，就是利益相关方平等参与讨论，寻求共同利益，各方为达到共同目标而各自沟通、妥协。在执政党领导、政府负责、社会协同、公众参与的大格局中，多元力量共同治理社会已经成为大趋势，因此，哪些事项，由哪一级组织与民众之间沟通，哪一部分组织和民众之间定期协商对话，都需要有制度化规定。

（供稿：戴立兴）

---

* 陈晋：中央文献研究室副主任。

【毛泽东对社会主义的实践探索和理论贡献】

陈　晋[*]，《求是》2013 年第 24 期

在毛泽东同志诞辰 120 周年之际，认真学习习近平同志的重要论述，回顾和梳理毛泽东对中国社会主义建设道路做出的实践探索与理论贡献，对于我们继续推进中国特色社会主义，实现中华民族伟大复兴具有十分重要的意义。毛泽东探索中国社会主义建设道路的独创性理论贡献，概括地讲可以归纳为以下十个方面：

第一，提出把党和国家的工作重点转到社会主义建设和技术革命上来。革命的目的是解放和发展生产力，这是毛泽东从战争年代到社会主义建设时期都强调过的重要思想。他指出：阶级斗争仅仅是为建设、为发展生产、为由农业国到工业国、为人民生活的提高开辟道路。毛泽东的这些主张，是我们进入新的历史时期确立以经济建设为中心的先声，对于我们今天牢牢坚持以经济建设为中心不动摇，不断提高国家综合实力和人民生活水平，具有重要意义。第二，提出走自己的路，探索适合中国国情的社会主义建设道路。独立自主、走自己的路的思想，也成为改革开放后直至今天我们推进改革发展仍然坚持的一个基本立足点。第三，提出社会主义社会的基本矛盾和主要矛盾，为确立社会主义社会的根本任务，改革和完善社会主义制度，提供了理论依据。第四，提出社会主义现代化建设分两个步骤，进而提出中国社会主义的发展分两个阶段，为确立社会主义现代化发展战略和社会主义初级阶段理论，作了理论准备。毛泽东关于社会主义社会阶段论和实现社会主义现代化分

两个步骤的设想，为改革开放后"三步走"发展战略提供了思想来源。第五，提出社会主义社会还存在商品生产和商品交换，要尊重价值法则，大力发展商品生产，为我们党在新的历史时期实行经济体制改革，进而推行社会主义市场经济，提供了认识准备。第六，提出社会主义建设要处理好一系列重大关系，必须采取"统筹兼顾"的方针，成为我们今天推动经济社会发展的根本方法。第七，提出正确处理人民内部矛盾的重要思想，对我们今天处理好新形势下的人民内部矛盾具有重要指导意义。第八，提出搞好民主集中制，造成又有集中又有民主的生动活泼的政治局面，对于我们今天推进社会主义民主政治建设，具有重要的启发意义。第九，提出"百花齐放、百家争鸣"、"古为今用、洋为中用"的文化方针，这些思想对于我们今天推动社会主义文化大发展大繁荣，仍然具有重要指导意义。第十，提出保持"两个务必"、密切党和人民群众血肉联系等一系列加强执政党建设的要求。这些深邃思想和战略考虑，对于我们今天保持党同人民群众的血肉联系，开展群众路线教育活动，仍然具有十分重要的指导意义。

（供稿：龚　云）

【马克思主义政党对待历史和领袖人物的郑重态度——学习习近平总书记在纪念毛泽东同志诞辰120周年座谈会上的讲话】

曲青山[*]，《光明日报》2014年1月6日

习近平总书记在纪念毛泽东同志诞辰120周年座谈会上发表的重要讲话，高屋建瓴，气势磅礴。学习贯彻好讲话精神，对于我们增强政治定力，把握前进方向，

全面深化改革，加快推进社会主义现代化建设，实现"两个一百年"奋斗目标和中华民族伟大复兴的"中国梦"，具有重要的现实意义。

习近平总书记讲话中对毛泽东同志历史功绩有一个新的重要表述和评价："马克思主义中国化的伟大开拓者。"这个新表述新评价，一方面反映了随着实践的发展和时间的推移，我们对毛泽东同志在党的历史上所起作用的认识在不断深化，因而能够更客观、更准确、更全面地评价毛泽东同志的历史功绩。毛泽东同志之所以成为伟大的马克思主义者，伟大的无产阶级革命家、战略家、理论家，他在推进马克思主义中国化进程中所起的开拓性作用奠定了重要的前提和基础。另一方面，这个新表述和新评价也强调了这一命题所具有的重大历史意义和现实意义。它贯通了我们党革命、建设和改革三个历史阶段90多年的历史，连接了马克思主义基本原理与中国实际相结合所产生的"两大理论成果"，对我们充分认识它们在指导建设中国特色社会主义伟大实践中所处的历史地位和所起的历史作用，有着重要的启迪意义。

习近平总书记讲话中提出正确认识和看待历史人物的一个重要新视点："革命领袖是人不是神。"为什么这样说呢？因为人都会犯错误。如果研究历史，以"神"的标准去看问题，就会对历史人物提出不切实际的苛刻要求。历史唯物主义认为，尽管革命领袖拥有很高的理论水平、丰富的斗争经验、卓越的领导才能，但这并不意味着他们的认识和行动可以不受时代条件的限制。毛泽东同志晚年的错误有其主观因素和个人责任，还在于复杂的国内国际的社会历史原因，我们应该全

---

* 曲青山：中共中央党史研究室主任。

面、历史、辩证地看待和分析，这才是历史唯物主义者应该采取的正确的、科学的态度。

习近平总书记讲话总结研究我们党90多年历史得出的一个基本结论："道路决定命运"。从一个比较长的历史时段以深邃的历史眼光看问题，中国特色社会主义道路是在改革开放30多年的伟大实践中走出来的，是在中华人民共和国成立60多年的持续探索中走出来的，是在对近代以来170多年中华民族发展历程的深刻总结中走出来的，是在对中华民族5000多年悠久文明的传承中走出来的，具有深厚的历史渊源和广泛的现实基础。

习近平总书记讲话总结坚持和运用好毛泽东思想活的灵魂的一个根本要求："把我们党建设好，把中国特色社会主义伟大事业继续推向前进。"毛泽东同志留给我们党最重要的政治遗产就是毛泽东思想，毛泽东思想是我们党和人民十分宝贵的精神财富。继承是发展、创新的前提，发展、创新是最好的继承。继承、发展、创新就是我们对毛泽东同志的最好纪念，也是我们党的中央领导集体对全党全国人民作出的庄严政治承诺。

（供稿：龚　云）

【毛泽东群众观形成的历史过程】

唐洲雁[*]，《中国社会科学报》2013年11月27日

中国共产党是无产阶级政党，是为最广大人民群众谋福利的政治团体。这决定了中国共产党人必须树立群众观点，学会做群众工作，坚持走群众路线，努力为群众服务。温习毛泽东的群众观，对于今天顺利开展群众路线教育实践活动有着尤为重要的意义。

必须树立群众观点。毛泽东历来主张马克思主义普遍原理要与中国革命的具体实际相结合，特别是要与中国革命的主体——人民大众相结合，并为广大人民群众所理解、所接受。所以，在他看来，共产党人要干革命，就要树立群众观点。毛泽东的群众观点是对中国共产党历史经验的科学总结。

必须学会做群众工作。从三湾改编开始，毛泽东就把发动群众看作开辟井冈山革命根据地所要做的第一件事情。正是为了发动群众，他强调要开展土地革命，给农民看得见的实际利益，吸引他们参加革命，参加工农兵苏维埃政权，同时强调部队要遵守"三大纪律，六项注意"。1931年后，毛泽东对群众工作重要性的认识，有了突破性的飞跃，相继写下了《必须注意经济工作》《我们的经济政策》《关心群众生活，注意工作方法》等一系列著名文章。他提出，要赢得人民的尊重，最重要的是解决人民群众的生产生活问题。组织革命战争，改善群众生活，这是我们的两大任务。对于广大群众的切身利益问题，群众的生活问题，一点也不能疏忽。这些观点，不仅丰富了做群众工作的具体方法，而且使全党对群众工作重要性的认识上升到了理论高度。

必须坚持群众路线。全面抗战爆发前夕，毛泽东在党的全国代表会议上作了题为《为争取千百万群众进入抗日民族统一战线而斗争》的报告，明确提出党的全面抗战路线，并强调要把"党的方针变成群众的方针"。毛泽东在《论持久战》等一系列著作中，强调了人民战争的思想，认为战争伟力最深厚的根源存在于民众之中，人民群众是真正的铜墙铁壁。为了动员最广大的人民群众参加抗战，毛泽东在

---

* 唐洲雁：山东社会科学院院长。

延安时期系统总结了过去做群众工作的经验，并逐步加以梳理，形成了党的群众路线完整科学的理论。特别是在《关于领导方法的若干问题》等著作中，把党的群众路线上升到了认识论的高度。

必须全心全意为人民服务。自从到达陕北以后，毛泽东一直在思考这个问题。在延安时期，毛泽东一开始并没有提出为人民服务这个概念，而是较多地提到了为群众服务的说法。后来到 1944 年 9 月，在纪念张思德的讲话中，毛泽东才进一步把"为群众服务"明确为"为人民服务"。1945 年，党的七大召开。毛泽东在七大政治报告中，对"为人民服务"的思想从更深层次上作了系统完整的论述。他阐明了党的出发点就是："全心全意地为人民服务，一刻也不脱离群众；一切从人民的利益出发，而不是从个人或小集团的利益出发；向人民负责和向党的领导机关负责的一致性。"

（供稿：龚　云）

【农业合作化时期毛泽东的农治思想】

徐俊忠[*]，《中国社会科学报》2013 年 12 月 25 日

新中国的农治活动和农治模式，是毛泽东领导社会主义建设的一项伟大实践。该模式以集体化为基本依托，通过劳动积累的方式，改变落后的农业生产状况，引导精耕细作和多种经营，进而推动"在地工业化"和"在地城市化"，实现农民生产方式和生活方式的发展。积极推动集体化。毛泽东引导、推动农民的集体化，旨在改变中国农村落后的生产方式和生活方式。他为这种集体化规定了多重目标，主要包括：发挥集体的合力效应，改变农业发展的恶劣条件，尤其通过治水、拓荒和改土等措施，优化中国的农业生产条件；通过集体的规制，推广农业"八字宪法"，改良耕种技术，有效地实施精耕细作；发挥集体经济应有的分工协作优势，让部分劳动力从土地上解放出来，开展多种经营，发展农村工业企业，为农村创造"在地工业化"和"在地城镇化"的条件；以集体经济为基础，逐步发展农村的文化、卫生和其他社会事业，提高农民的生活质量，促进农民生活方式的现代化等。集体化改变了农村面貌。历史事实告诉我们，毛泽东农治思想及其实践的积极效果是不容抹杀的。借助集体化的组织形式，在政府投资不多的条件下，新中国农民主要通过劳动积累的方式，完成了宏大的农田水利基本建设工程。其中修建水库 8.6 万座、塘坝 619 万座，这批水利设施不仅使全国灌溉面积由新中国成立初期的 2.1 亿亩提高到 7 亿亩，而且成为农业持续发展尤其是粮食增产的重要保证。中国农业的发展尽管有过十分曲折的过程，但毕竟以世界 7% 的耕地养活世界 22% 的人口，为工业化发展提供了重要支撑。它借助集体的形式和经济的发展，使农村扫盲工作取得长足发展，农民通过合作医疗得到基本医疗保障。这些都是备受国际社会称道的，是后来改革开放能够取得持续发展的重要基础。因地制宜开展多种经营。从毛泽东的农村集体化思想和实践看，合作化时期是精耕细作、多种经营，人民公社化时期是精耕细作加农工商并举。他认为，把农民组织起来，重要目的之一在于实行分工协作，从而使部分农民从小块土地的束缚中解放出来，去因地制宜地从事多种经营。他认为，在国家对农民实行主要农产品的统购统销政策下，只有多种经营的发展才能增加农民收入，巩固集体经济。

---

[*]　徐俊忠：中山大学马克思主义哲学与中国现代化研究所教授。

总之，在合作化运动已经过去半个多世纪的今天，重新领略毛泽东这一时期围绕合作化而体现出来的农治思想，不仅对我们更加理性地总结历史经验教训有着积极意义，也有益于拓展新时期农治战略和政策的思想资源与思考空间。

（供稿：龚　云）

思想政治教育研究代表性论文

【思想政治教育学科的特点、规范与建设任务】

郑永廷*，《思想理论教育》2013 年第 7 期

思想政治教育学科传承了我国注重伦理、讲究德治德教的历史文化，继承了我们党一向重视思想政治工作的优良传统，在我国社会发挥了巨大作用并具有明显优势。思想政治教育学科内容覆盖思想教育、政治教育、道德教育，与美国等发达国家的人文教育、政治社会化、道德教育等相互独立不同的是，其教育目标、教育内容、教育方法相互结合与渗透，综合性突出。思想政治教育学科的功能旨在以理服人、以情感人、以行导人，既重视理论研究，更重视正确理论、思想的内化与外化，立足于形成人的思想政治素质并指导行为。思想政治教育学科创立和发展的理论基础与实践基础，本身蕴含着明确的目的性、实践性和价值性学科科学性与价值性相统一的内涵，决定了思想政治教育学科富有鲜明的特色、强大的活力与生命力。从这个角度来看，思想政治教育学科有如下鲜明特色：第一，思想政治教育学科富有中国特色；第二，思想政治教育学科具有理论性；第三，思想政治教育学科具有综合性；第四，思想政治教育学科具有应用性。

明确思想政治教育学科的特点是学科建设的前提，遵循思想政治教育学科的规范则是学科建设的关键。规范概念最先指对物、料的约束器具，后来拓展成为对思维和行为的约束力量。所谓思想政治教育学科的规范，是指思想政治教育学科建设要遵循的规则和标准。需要注意以下规范：一是性质规范，即要注意思想政治教育学科的社会主义意识形态性、实践性和目的性；二是范围规范，即确认思想政治教育学科的外延；三是概念规范，即按照思想政治教育学科的概念体系或话语体系来表达教育、研究的意义。如果突破概念规范，或用其他学科的概念体系，或乱用概念，就不是在进行思想政治教育，也无法实现思想政治教育的目标。应当注意的是，思想政治教育既是我国的一个特定概念，也是我国的一个主要概念，其他国家都有自己的思想教育、政治教育、道德教育的概念。

思想政治教育学科虽然实现了持续、快速发展，但毕竟是一门新型学科，不仅有许多问题需要深化研究，而且社会的快速发展和人的全面发展不断提出新问题。因而要把握发展趋势，推进思想政治教育及其学科向前发展。这就需要从事思想政治教育的实际工作者和研究者进一步转变教育观念与研究范式，深化思想政治教育学科立论基础研究，持续追踪思想政治教

* 郑永廷：中山大学社会科学教育学院教授，博士生导师。

育前沿课题研究。

（供稿：朱亦一）

【思想政治教育人学取向研究的方法论问题】

陈荣荣　余　斌*，《马克思主义研究》2013年第10期

目前，人学取向是思想政治教育学中最受关注的研究取向，而且这一研究取向得到了思想政治教育学界几乎一边倒的支持。思想政治教育人学取向研究虽有一定的合理性，但从整体上来说，它已经暴露出来的问题不是零散的，而是系统的，不是次要的，而是关键的。而人学取向研究暴露出来的很多具体问题都源于指导这一研究的方法论存在问题。

在具体内容上，思想政治教育研究的人学取向有四方面的缺陷：第一，过于抬高人学的地位，其结果是使思想政治教育陷入种种"人学陷阱"中：思想政治教育学和教育学、美学等之间的区别被磨平了，遮蔽了思想政治教育的社会意识形态功能等应有的功能；这种人学视角下的思想政治教育试图包揽人的发展的一切方面，而这是思想政治教育不可能做到的，思想政治教育的功能不仅是特定的，也是有限的。第二，"对现实的人"理解的偏颇。人学取向研究在以"现实的人"为思想政治教育的出发点上达成了共识，但是，人学取向研究对这一基础概念的理解却存在很多曲解。相关研究要么把"现实的人"理解为"个人"，要么把"现实的人"理解为现存的功利人，要么对"现实的人"的理解只是止步于一般哲学意义上的抽象理解而不能深入到具体生产关系的剖析当中。这些理解都与马克思主义经典作家的论述不符。第三，对"传统思想政治教育"认识的偏颇。人学取向研究建立在对"传统思想政治教育"的批判基础上，但是绝大多数著作和论文都没有对这一核心概念进行任何界定和说明，这就导致它们经常指鹿为马，笼统片面否定90多年的思想政治教育历史，尤其是片面否定新中国成立后改革开放前的思想政治教育历史。对"传统思想政治教育"认识的偏颇同时表现在它们普遍存在矫枉过正的问题，总是把思想政治教育从一个极端引到另一个极端。第四，陷入抽象、空洞的人道主义等唯心主义历史观。人对自身的探索历史表明，如果对人的认识不建立在唯物史观的基础上，就很难避免不陷入抽象、空洞的人道主义说教和其他各种唯心主义的泥潭中。而多数人学取向研究也没能摆脱这种历史束缚，这也使这种人学很容易陷入资产阶级的意识形态当中。即使如此，却鲜有人对人学取向研究提出异议。目前从方法论的角度对人学取向研究进行批判的研究还是空白。而人学取向研究暴露出来的很多具体问题都源于指导这一研究的方法论存在问题，这就使得对人学取向研究的方法论进行批判和探索显得尤为必要。

（供稿：朱亦一）

---

*　陈荣荣：中国社会科学院研究生院马克思主义研究系博士研究生；余斌：中国社会科学院马克思主义原理研究部副主任，研究员，博士生导师。

【思想政治教育学科专门知识的丰富及本科生培养问题论析】

邱柏生[*]，《思想教育研究》2013 年第 7 期

思想政治教育学科建设中的两个问题主要指"有专业，缺学科"和"有教学，缺训练"。"有专业，缺学科"是指学生培养特别是本科生培养中缺乏专业训练，对此，需要采取更多有利于加强对本科生专业训练的控制措施。这实际上是指思想政治教育学科专门知识的丰富发展前行乏力，对此，需要建立评估学科知识体系发展的柔性指标体系来推进学科专门知识的发展。

经过近 30 年的学科建设，思想政治教育学科取得了可喜的成绩，但也应当看到思想政治教育学科建设还存在一些亟待重视和解决的问题，这些问题集中体现在科学研究、队伍建设、学生培养等方面。在学科建设中依旧存在着专业建设规模宏大，但学科发展遇到困难的问题。这就要求学界直面思想政治教育学科发展面临的困境，进一步探讨狭义学科发展的具体内涵，更要注意界分学科与专业的联系和区别，要求我们一定要看到学科建设和专业建设两者存在着交互作用：一方面，有学科才可能有专业，并且一个学科可以同时具有多个专业，多个学科也可以经办一个专业；另一方面，有专业有可能更好地支持学科发展，也可能有专业而没有学科，如有些专业尽管规模很大，师资力量也不错，但如果对专门研究的知识体系所做出的贡献很少甚至几乎为零的话，那么就可以称之为"有专业，无学科"。

与此同时，我们还要看到思想政治教育专业本科生培养方面存在的问题。基于不同层次学生培养的一般要求，在学生培养中，课堂教学、大量读书和开展科研是每个学生必须经历的三大重要环节，但本科生、硕士生和博士生三个层次学生的培养中枢应该有所区别：本科生的培养中枢是课堂教学，硕士生的培养中枢是大量阅读经典著作，博士生的培养中枢是抓好科研，其中尤以撰写高质量的博士论文为主要任务。对本科生来说，他们最得益的培养环节是课堂教学，为此，各类学校都要求由一流的师资给本科生上课，并且要编出好教材，建设学校级、地方级以及国家级的精品课程等。本科生的主要培养要求是发展综合素质，并不像硕士生那样有明确的专业训练要求，所以，对本科生培养的主要方式是课堂教学。我们尤其要注意到本科生培养中有教学、缺训练的问题。本科生培养中主要运用课堂教学的方式，而课堂教学又分成大课教学和小班教学两种，两者的教学效果有明显的差别。从大课教学状况看，可以说基本上是有教学、无训练，即大课教学主要是进行某些知识的传导，某些原理的阐释，这种课堂教学更多培养学生记忆和理解的能力。大学的课堂如果仅仅重视传导知识或让学生掌握事实性知识、忽视程序性知识与概念性知识训练的话，那么，这无疑是不符合教学要求的。

（供稿：朱亦一）

【思想政治教育"双主体说"评析】

顾钰民[**]，《教学与研究》2013 年第 8 期

"双主体说"是思想政治教育二级学科的一个学术前沿问题。关于这一问题的

---

* 邱柏生：复旦大学国际关系与公共事务学院教授，博士生导师。
** 顾钰民：复旦大学马克思主义研究院常务副院长，教授、博士生导师。

探讨，不仅对"思想政治教育"学科来说具有重要意义，而且对于马克思主义理论学科建设和思想政治理论课教育教学来说也有现实价值。准确把握思想政治教育主体和对象的关系，是提高教育教学质量和效果的基本前提。

"双主体说"的实质是把思想政治教育过程中的教育对象上升到主体位置，与教育者并列成为主体。这一观点存在着逻辑上、理论上的诸多问题，难以成立。"双主体说"把教育过程涉及的教育者和教育对象这两个方面，说成是两个过程，由此产生了逻辑上不能自圆其说的矛盾。把教育过程说成是两个过程这一观点的错误在于不符合逻辑。对于同一个活动过程来说，主体只能有一个，而且有主体就必须有客体，主体依客体而存在，没有了客体也就没有了主体，"双主体说"把同一个活动过程的两个方面都说成是主体，把客体变成了主体，主体也就不能成为主体。就思想政治教育活动来说，教育对象成为了主体，对象就没有了，没有了客体，还要主体干什么。就像没有了作为对象的学生，教育活动就不成其为教育活动，教师的主体也就不能体现，这时的"双主体说"就是没有主体。如果一定要说对象也是主体，那也就没有客体。把只有教育者主体，没有受教育者客体的思想政治教育活动作为研究目标，还有什么意义呢？"双主体说"把本来清清楚楚、不存在任何认识障碍的思想政治教育活动，说成在逻辑上不能成立的"学术"问题，并由此带来不少难以解决的问题。

在思想政治教育中提出"双主体说"，目的在于强调教育对象在教育过程中的主体地位，并把它作为思想政治教育观念的一个重大转变，即由原来的"单主体说"转变为"双主体说"。由此又衍生了"主体际说"或"主体间性说"，作为一个新的概念广泛使用。显然，这是把教育对象放在一个重点位置上。但是，这样的观念转变对思想政治教育的研究将产生以下三大问题：一是模糊了教育者与教育对象的基本关系；二是模糊了教育者与教育对象的不同功能；三是模糊了教育者与教育对象的不同作用。同时也淡化了教师作为教育主体的责任和自信。

（供稿：朱亦一）

【当前马克思主义理论教育的前沿探索——在理论与实践、教学与科研、灌输与认同的交汇点上】

欧阳康[*]，《思想教育研究》2013年第7期

在马克思主义中国化、时代化、大众化的历史进程中，一个重要任务是要做好大学生的思想政治教育。当前马克思主义理论教育的前沿问题繁多，我们可以在三个交汇点上寻找前沿问题。

在关于理论与实践的交汇点上，由于中国的实践非常深刻地受到三种潮流的影响，即全球化、市场化和信息化的影响，这就要求我们首先要注意理论能否解释、指导中国实践的问题，其次要注意实践能否给理论的发展提供动力的问题。

当前思想政治理论课教育教学中最大的问题有两个方面：一方面是教师对思想理论的研究滞后，被用于教学的思想理论的内容不够严整、不够丰富，从而导致魅力不够，说服力不强；另一方面是教师的教学水平不高，教学艺术不

＊　欧阳康：华中科技大学党委副书记，哲学系教授、博士生导师。

够强。很多教师没有力量把新的科研成果自主地运用到教学中间，把一些基本的道理讲不好，讲不清，讲不透。甚至有的教师在课堂上发布各种奇谈怪论，散布噪音和杂音，搞得学生不知所云，不知所从。改变这种状况，必须把握好科研与教学的交汇点。这就要求我们首先要加强对马克思主义理论的科学研究，其次要大力提高思想政治理论课的教学水平，最后要加强马克思主义学科的博士点和硕士点建设，这既是加强马克思主义理论研究和学科建设的最直接条件，也是加强思想政治理论课师资培训的最重要基础。

以马克思主义理论为指导的思想政治教育是需要灌输的，但不应当仅仅是灌输，而是要强化大学生对其感悟、理解和接受的方面，以保证在灌输与认同之间保持一定的张力。马克思主义理论教育的任务是要给学生传授政党政治意识和国家意识形态，传输马克思主义基本理论，这方面的思想不会自发地产生，因此是不能没有灌输的，但仅仅有灌输也是不行的。这里存在的问题是，首先，课堂教育的灌输力量远远弱于社会各种思想对大学生的影响的力量。其次，同样开设的一门课，学生的学习有很大差异，同样的环境中，有的学生进步了，有的学生落后了，这表明仅仅靠灌输是不行的，也是不管用的，关键在于学生对灌输的知识和理论能否真正理解和接受。重在提高大学生对马克思主义的感悟、理解和接受是思想政治理论教育的一种境界。为此我们要认真研究当代大学生尤其在 20 世纪 90 年代出生的大学生的理论识别和心理认同问题。

（供稿：朱亦一）

【思想政治教育学的文明样式与研究范式析论——关涉思想政治教育学科建设的一个学理前提】

钱广荣*，《思想教育研究》2013 年第 9 期

概念内涵的统一是一切科学研究的学理前提，不统一就不可能进行任何有益于科学研究的对话，关涉一门学科之"学"的原理或基本理论研究的基本概念更是如此。思想政治教育学的文明样式与研究范式，是思想政治教育学科建设中的两个基本概念，反映该学科两个不同的重要领域，厘清两者的内涵与边界以保持各自内涵的规定性，并在此基础上探讨两者之间的内在逻辑关系，是思想政治教育学研究的学理基础，也是推动思想政治教育学科建设发展的学理前提。但是，近些年来，一些探讨思想政治教育学研究范式及范式转换的文论，多没有作这样的区分，有的甚至将两者混为一谈。如"思想政治教育范式"、"思想政治教育学范式"、"人学范式"等，所指实则分别是"思想政治教育（文明）样式"、"思想政治教育学（文明）样式"、"人学（文明）样式"，而并不是（研究）范式。这种基本概念的学理性混淆，既妨碍人们正确理解和把握当代中国思想政治教育学的应有文明样式，也不利于拓展和深入对思想政治教育学研究范式的有益探讨。因此，在学理上对思想政治教育学（并非思想政治教育）的文明样式与研究范式进行比较性分析和论述，是有必要的。

在思想政治教育学科建设中，思想政治教育学的文明样式与研究范式是两个相互关联的基本概念和重要领域。思想政治教育学作为一种文明样式，本质上是一定社会基本制度的产物，有其独特的建构机

* 钱广荣：安徽师范大学马克思主义研究中心教授，博士生导师。

理、结构模型、范畴体系、价值取向或功能属性，存在国情和民族的差别。思想政治教育学的研究范式同样有其不同于其他范式的特点，本质上是关涉思想政治教育学研究及其人才培养的一种社会机制和机缘。在思想政治教育学文明样式与研究范式的比较中把握两者的内涵、边界及逻辑关系，是推动思想政治教育学科建设发展的学理前提。

区分思想政治教育学的文明样式与研究范式的不同对象和领域，并在此基础上建构两者之间的实践逻辑关系，是推进思想政治教育学科建设和发展不可忽视的一个学理前提。如今公认度较高的思想政治教育学的文明样式，是 20 世纪 80 年代传统思想政治教育实行"科学革命"的产物，（在将样式误读为范式的情况下）谈论其是否需要"转换"或朝哪个逻辑方向"转换"，并无大必要。然而，对伴随如今思想政治教育学之文明样式形成的"科学革命的结构"，在坚持研究共同体应遵循的社会历史观与方法论原则、呵护传统基础和话语体系根基的情势下，讨论如何改进和优化思想政治教育学的研究范式，乃至广泛动员新生力量，积极探讨创建中国特色社会主义思想政治教育学的"范式论"或"范式学"的问题，却或许是很有必要的。

（供稿：朱亦一）

【论思想政治教育的分化与学科定位】

孙其昂[*]，《思想教育研究》2013 年第 6 期

西方现代化历史和科学发展史表明，社会现代化过程中存在着社会分化与整合的双重趋势，同样，科学也存在着分化与整合的双重趋势。思想政治教育学科作为科学的一部分，在社会现代化和科学发展过程中出现思想政治教育分化是必然的现象。在中国，思想政治教育分化是改革开放以来思想政治教育发展过程中必然出现的现象，它已经成为思想政治教育及思想政治教育学科的重要事实，应当成为思想政治教育学科的认识对象，也应当成为思想政治教育实践认真对待的现象。社会现代化过程中社会转型引起思想政治教育结构转型与分化。思想政治教育分化是思想政治教育多样化的深层存在，已经成为思想政治教育的客观存在，成为思想政治教育多样化的动力机制。思想政治教育分化造成思想政治教育部门增加、分工多样、角色分化，使思想政治教育呈现出新格局趋势。思想政治教育分化催生大量思想政治教育研究新课题，推进思想政治教育学科发展。思想政治教育的分化呼唤对思想政治教育学科的再定位。

从理论与现实来看，思想政治教育分化现象已经客观存在：其一，从中国共产党体系的母体中分化出来，成为思想政治教育系统；其二，从经验工作中分化出来；其三，从道德教育、精神文明建设、党建、企业文化、意识形态建设、人文精神教育等相近领域中分化出来；其四，思想政治教育的内部分化。

现阶段思想政治教育组织化程度低，整合效率不高，存在着离散化风险，无论是全国思想政治教育，还是行业思想政治教育都存在着这种现象。从深层看，这与思想政治教育学科理论不完善有关。从根源看，现阶段思想政治教育的难题是权力机构的整合乏力，其背后的原因则是科学研究缺乏知识供应，这又是思想政治教育科学研究的原因。所以，结合思想政治教育分化而从思想政治教育学科定位入手，

＊　孙其昂：河海大学马克思主义学院教授，博士生导师。

加强思想政治教育学科建设是改善思想政治教育现状的有效举措。

思想政治教育学科定位为一级学科，并不是简单地争取一个一级学科的位置，而是针对思想政治教育学科至今学科位置不清晰且制约其发展来说的。从思想政治教育学科提出开始，从它所属一级学科经历来考察，它的自身位置仍然处于模糊状态。人们说思想政治教育学科边界不清晰之类的评价，从根源看属于其发育未到位、认识未到位、定位未到位所致。简单来说，思想政治教育分化表明，要研究的问题十分广泛，涉及十分广泛的研究领域，社会及科学对思想政治教育有迫切需要，因而应做出相应的一级学科的布局，使之具有相对独立的自治空间。这也是一个责任空间，这是"思想政治教育自觉"的体现。

（供稿：朱亦一）

【大学生健康政治心理培育探析】

赵跃先　李婉婧＊，《马克思主义研究》2013 年第 7 期

当前，我国正面临着体制转型、社会成员观念转变和经济全球化的激烈冲击，研究政治心理培育的聚合理论，推进思想政治教育与知识教育的合力实践，是时代性的要求，既是时间政治心理培育主体的协调性、政治心理培育内容的衔接性、政治心理培育方式的配合性和政治心理培育手段的综合性要求，更是实现培育大学生健康政治心理的根本保证。

大学生作为青年的重要组成部分和思想活跃的社会群体，是中国特色社会主义事业未来的建设者和接班人，他们的政治心理对中国政治的未来走向有着较大的影响。培育大学生健康政治心理对于大学生自身政治素质的完善和提高、大学生的全面发展、社会主义民主政治的发展具有重要作用。

政治人格是指政治主体在政治活动中产生和表现出来的持久性心理特征的总和，它在政治心理中具有重大的作用，直接影响人们的政治行为和人们在政治生活中承担的角色。政治人格是由政治道德、操守和技能组成的。大学生政治人格的建构是建立在坚定的理想信念基础之上的，理想信念是大学生所追求和向往的奋斗目标，是人生观的核心。所谓"有理想"，就是要树立共产主义的远大理想和中国特色社会主义的共同理想。建构大学生优秀政治人格是培育大学生民主政治意识的要求、是社会主义政治文明建设的客观需要、是社会主义和谐社会建设的必然要求。处于社会转型期的大学生，在其政治人格形成的过程中，传统政治文化和剥削阶级腐朽思想的残余仍然对他们有影响，表现出极强的矛盾性，即存在着心理依附与独立自主的矛盾、固守传统与开拓创新的矛盾、"小团体意识"与"海纳百川"的矛盾等方面。在这种背景下，为了积极促成大学生优秀政治心理的形成，使之具备在政治实践中起引导和示范作用、对社会道德的建设起影响和制约作用，就需要积极探索培育大学生健康政治心理的途径。由于对大学生健康政治心理的影响因素是复杂多样的，要实现对大学生健康政治心理的培育，必须运用多种方式和手段，就目前来说，高校思想政治理论课堂仍然是培育大学生健康政治心理的一个重要渠道，但也不能忽视校园政治生活和文化生活中的政治心理培育、社会

＊　赵跃先：山西师范大学马克思主义学院党委书记、院长，副教授、硕士生导师；李婉婧：山西师范大学政法学院硕士研究生。

实践中政治心理的培育等非课程渠道的配合和支撑作用。与此同时，大学生健康政治心理的培育还应形成合力，加强在学科依据和实践协同等方面的支持力度，不仅认识到知识教育与思想政治教育史政治心理培育的重要形式与途径，还要充分研究政治心理培育的学科建构，更要注意政治心理合力形成的协同运行方式，即"整合"教育资源、坚持"结合"的运行方式、各种社会力量相互"配合"、各种因素相互"影响"，以形成教育合力。

（供稿：朱亦一）

【思想政治教育生态价值探略】

王学俭　魏泳安[*]，《思想教育研究》2013年第5期

党的十八大报告明确指出，建设生态文明，是关系人民福祉，关乎民族未来的长远大计，并将生态文明建设纳入社会主义现代化建设的总体布局。生态文明建设的一项重要任务就是生态价值理念的宣传教育。将培育人的生态道德纳入思想政治教育的范畴，既是时代赋予思想政治教育的使命，也是思想政治教育的价值自觉。同时，随着生态文明建设的地位和作用日益凸显，思想政治教育生态价值也愈益重要。思想政治教育生态价值是思想政治教育基于生态文明建设的现实回应和价值自觉，是思想政治教育对于协调人与自然之间关系的效用和意义，旨在通过思想政治教育的生态化创新，培育和建构"理性生态人"。

实现思想政治教育的生态价值，可从坚持科学发展观的思想指引、丰富生态教育的内容、完善生态教育的机制建构、强化生态教育的环境塑造、推动生态教育的方式创新五个方面着力对思想政治教育进行调适和创新。思想政治教育在个体和社会两个层面上彰显着自身的功能和效用，致力于实现个体和社会的价值互动，推动人的进步和社会发展。思想政治教育的生态价值作为其社会价值的重要组成部分，既是对生态文明建设的积极回应，也是对人的精神需求的现实关照。思想政治教育的生态价值就是思想政治教育对于协调人与自然之间关系的效用和意义。这一界定可以从三个方面来理解：作为一项事业的思想政治教育，突出生态价值事关中国特色社会主义建设和生态价值的彰显；作为一种活动的思想政治教育，强调生态价值事关人的基本诉求；作为一个学科的思想政治教育重视生态价值事关思想政治教育的现代化、规范化和特色化。

思想政治教育的生态价值旨在探寻一种新的人与自然之间的互动模式，这不仅仅是为了调和人与自然的关系，在更高意义上，是为实现思想政治教育对人的价值的彰显，即通过"理性生态人"的培育和建构，实现人的新的生存状态，这种生存状态是对人的自由全面发展这一价值目标的积极回应。"理性生态人"是一种新的人类生存范式，是指"具有保护生态环境意识的道德人，其行为总是以人与自然的和谐为准则，追求的目标是人的生态性存在。"思想政治教育生态价值内在地要求培育和建构"理性生态人"，在这一总体性的要求下，注重培育人的生态和谐意识、生态责任意识、生态审美意识、生态法制意识、生态消费意识以及互利共赢意识等生态意识，以实现生态文明下的人的生存范式转换。同时，突出思想政治教育

---

　　*　王学俭：兰州大学马克思主义学院教授，博士生导师；魏泳安：兰州大学政治与行政学院硕士研究生。

生态价值并不仅仅意味着思想政治教育内容的简单延伸，更是要以生态文明所蕴含的价值理念为考量，对思想政治教育的结构、内容、过程、方式方法和环境作出相应的调整和改变，开展思想政治教育的生态化创新。

（供稿：朱亦一）

科学无神论研究代表性论文

【"研究宗教"亟须拨乱反正，"批判神学"必须开展补课——访中国社会科学院世界宗教研究所原所长杜继文*】

本刊记者，《马克思主义研究》2013年第5期

我国对宗教的真正研究，开端于毛泽东1963年12月30日的批示。当前社会条件有了变化，宗教研究的知识性传播变异成了信仰性传播。随着市场经济的开放和扩大，在相当一部分人中，把宗教知识也当成了赚钱的工具，"创收"与"吃教"的价值法则日益支配着宗教研究的性质和倾向。本应客观独立、力求把握宗教面貌的科学研究，不同程度地蜕变成了为宗教树碑立传，讴歌鬼神信仰的传教活动；有关宗教的科学知识，蜕变成了一些人的信仰对象。

随着文化教育领域宗教传教势力的扩展，宗教的史实和事实被随意地作了增删或严重的扭曲。不少高官和文人把社会和谐、世界和平寄托在宗教身上，这作为一种良好的愿望和努力可以理解，但将其定为宗教的本然属性，距离事实就太远了。中国除了有合法的五大宗教外，还有大量拒绝国家法律监督也不受法律保护的鬼神论团体存在，都不在宗教主管机关的视野，可国内外有些势力则给予其承认。这些不是和谐，而是威胁。由此造成宗教概念的歧义，直接决定着有关宗教话语的实际含义。国家有关部门讲宗教和谐；社会有股力量也讲宗教和谐，但二者指谓的宗教不是一个概念。

所谓"宗教是文化"，这是对宗教分类，而不是定义。宗教区别于其他文化现象的特征才是宗教的本质。什么才是唯有宗教才具有的特征？那就是承认鬼神实有和信仰鬼神。突出宗教是文化，掩盖了宗教的鬼神论特性，令其与一般文化教育同格，得以流畅地进入高教和科研系统。我们无神论的任务之一，就是揭穿利用官方意义上的宗教和谐，叫卖宗教市场论中的宗教和谐；我们提出实施教育与宗教相分离，主要指的是学术传教；个别神职人员进入国家教育领域，推动者也不属合法宗教。因此说我们反宗教并特别限定在合法宗教上，这是一种离间手段，不是事实。在响应毛泽东"研究宗教"方面，虽然取得一定的成就，但现在提供的大量宗教知识却是被扭曲的，需要正本清源；在提倡马克思主义指导上，也存在一些被妄解歪说的现象，需要拨乱反正。

神学是各个不同宗教教派得以独立存在的灵魂，是它们各自区别开来的内在根据，也是吸引教徒，维护自身利益的精神支柱。当今世俗国家大都遵从宗教信仰自由的原则，将神学问题视作教会和教徒的私事予以法律的保护，一般俗众和相异的教派不容妄加干涉。但若超出法律的界

---

* 杜继文：中国社会科学院世界宗教研究所原所长，研究员，荣誉学部委员。

限，把属于信仰的私事，推向公共领域，当作公共话语到处宣扬，那不但国家要依法实行管理，公共舆论也有权提出不同意见，包括公开的批判。所谓在"批判神学"上的失误，主要指向那些超出法律界限的神学布道，而不是指向教会神学。"神学布道"大约有两种情况：一是向全社会高调地鼓吹神学；二是进入国家高校和科研单位，开展神学教育，构建新的神学。这两种情况都很活跃，在某种意义上把持着所谓"宗教学"领域的主导权和话语权。

（供稿：杨俊峰）

【警惕国际基督教右翼势力的文化渗透】

习五一*，《马克思主义研究》2013年第3期

宗教渗透是指境外团体、组织和个人利用宗教从事的各种违反我国宪法、法律、法规和政策的活动和宣传。境外宗教渗透主要包括三个方面：一是境外敌对势力利用宗教作为渗透的工具，打着宗教旗号，颠覆我国政权和社会主义制度，破坏国家统一和民族团结；二是境外宗教势力企图控制我国的宗教团体和干涉我国宗教事务，在我国境内建立宗教组织和活动据点、发展教徒。三是境外宗教右翼势力利用"文化交流"、"学术研究"，进行"合法渗透"。

近些年来，由于基督教福音派的复兴和宗教右翼的"政治觉醒"，宗教在美国内政外交中的作用日益突显。美国新保守主义势力企图建立独霸全球的单极时代，当代西方列强的核心话语，已经转向"以宗教自由为基石"的人权。基督教的"普世价值"不断被抽象化，成为西式民主制度的图腾。这种符号化的"普世价值"，企图将社会核心价值体系，从各国基本的社会关系中剥离出来，成为国际舞台上"新干涉主义"的武器，影响了国际社会文化多元化的发展，造成世界的动荡不安。

美国基督教右翼势力积极扩大在中国的影响，其目的之一是企图用西方文化"和平演变"中国。他们通过各种手段和途径，在我国培植和扶植宗教势力，抵制政府依法管理，抗衡爱国宗教组织，使他们培植的宗教势力成为改变中国社会制度最重要的民间"民主"力量。

境外势力推动基督教在我国传播，实质上是一种文化殖民和意识形态渗透。境外宗教势力以宗教语言掩盖着西方至上的理念及其核心价值观，侵蚀了我国民众的爱国意识和民族精神。他们直接攻击我国的宗教、人权和社会主义制度。西方发达国家通过传播宗教教义、资助宗教团体、挑动教派对立、发展宗教教徒等方式，冲击社会主义意识形态的主导地位，麻痹国民的思想意识，制造民族分裂事端。

海外基督教右翼势力的"合法渗透"，主要形式是"文化交流""学术研究"。他们通过教育系统和研究机构，在青年知识分子中宣传基督教优秀论，将西方近现代文明归功于宗教信仰，诋毁中国的传统文化，贬低社会主义价值观。至今我们缺乏学术上的应对，科学无神论几乎没有话语权。

意识形态竞争是当代社会生存方式竞争的主战场之一，思想战线上的战争是靠激烈而高明的思想竞争来取胜的。加强社会主义意识形态建设，其中应包括大力加强科学无神论建设。研究马克思主义无神论与历史唯物主义和辩证唯物主义的关系、与社会主义核心价值体系的关系、与

* 习五一：中国社会科学院马克思主义研究院马克思主义无神论研究室主任，中国无神论学会副理事长兼秘书长，研究员。

现代科学技术的关系、与党的宗教政策的关系、与抵御宗教渗透的关系等，不仅是加强科学无神论研究和宣传教育的需要，同时也是马克思主义研究和宣传教育的需要，是马克思主义理论研究和建设工程的进一步延伸。

（供稿：杨俊峰）

【只有坚信科学唯物论，才能坚持科学无神论】

杨明伟*，《科学与无神论》2013 年第 2 期

探讨科学无神论的问题，首先要站稳立场，立场问题是前提。其次要看清形势。

历史和法理的依据决定了，指导我们事业的理论基础和立命基石，首先是马列主义。而马克思主义的基本前提是什么呢？当然是科学的唯物论，即辩证唯物论和历史唯物论。然而，时代不同了，问题也就随之出现。在一些人的思想和行为中，越来越习惯于一切从唯心的角度或唯意志论的观点出发。在社会生活中，唯心的意识、求神的意识越来越浓烈。一段时间以来，社会上这种唯心主义或唯意志论的观点和做法甚至影响了一些地方和部门的决策。还有一类比较典型的例子，即当前社会生活中出现的信仰缺失现象。突出的表现是"有神论有人讲，无神论无人讲"。因此，从根本上讲，要坚持科学无神论，必须首先坚持马克思主义的科学唯物论。一个人如果偏离了科学唯物论的立场，失去了彻底的唯物主义的思维视角，各种唯心主义的基因和元素，自然会侵蚀他的思想和灵魂。所以坚信科学唯物论，彻底站稳唯物主义的立场，具有极端的重要性。

坚持科学无神论，不仅要解决立场问题，还要学会正确认识社会发展的规律，学会正确判断社会发展的辩证法。最基本的是要看清社会发展的大背景和大趋势。当前最需要我们看清的形势，一是我们坚持走中国特色社会主义道路所取得的举世瞩目的成就，这可以坚定我们对马克思主义和社会主义事业的信心；另一个重要的形势，是国际金融危机下世界范围内的马克思主义的回归。刚过去了一二十年，尤其是这次由美国次贷危机引发世界金融危机以后，国际社会一些有识之士大量批评资本主义制度存在的问题。就其根本问题，其实是这种制度背后所依附的唯心主义哲学和宗教神学。所以我们只要看清了这后面的两种思想斗争的背景和形势，也就自然而然地清楚了科学唯物论和科学无神论的地位和命运。整个西方世界在对这场危机的反思中，重新燃起了对马克思和马克思主义的兴趣。

当我们在讨论坚信科学唯物论和坚持科学无神论的时候，国际社会更看重这样的基本事实：在当今社会主义的中国，沿着中国特色社会主义道路进行改革开放和社会主义建设，取得了举世瞩目的巨大成就。这种持续的成就及其越来越显现出来的社会主义制度的优越性，使得国际社会在把目光聚焦到中国的同时，进一步重新认识社会主义，重新评价社会主义的生命力。在这样的历史大势面前，我们有什么理由不坚定我们的信念、有什么理由不坚持科学唯物论和科学无神论的指导地位呢？

（供稿：杨俊峰）

---

* 杨明伟：中共中央文献研究室宣传外事办公室副主任，《党的文献》杂志社常务副主编，研究员。

【应当重视当代中国大学生信教不断升温的现象】

中国社会科学院科学与无神论研究中心，《科学与无神论》2013年第6期

在当代中国大学校园里，宗教现象逐渐升温。浮出水面的标志之一是，大学生宗教信徒持续增长。这种现象已经引起社会各界的关注。此次国情调研课题组在北京大学、中国人民大学、北京师范大学、清华大学这四所高校开展调研工作。

大学校园传教的现象比较普遍，基督教在高等学校的传教活动最为活跃。相对而言，北京大学的宗教气氛相对较浓。大多数学生对本土化的佛教感兴趣，而参加宗教活动最多的却是基督教。宗教文化在大学校园中有相当的影响力。

大学生信教人数呈上升趋势，其中基督教徒比例最高。北大、人大学生中基督徒比例高于佛教徒，清华学生中的信徒比例在这四所高校里最低。对于身边有信教同学的非信教大学生样本分析，身边有基督徒的情况仍然占了绝大部分。信仰基督宗教的大学生对宗教活动或仪式相对比较看重，有近40%的学生知道或参加大学生基督徒团契。大学生信徒接触宗教的途径，首先是通过家人，其次是在大学里通过接触同学和朋友而获得宗教信息。

非注册类型的大学生基督教团契增长迅速。它的生存和发展，除信仰者自身的力量外，有重要的外部因素推动，特别是教会经济、教会的神学思想，等等，值得深入调查研究。非注册类型的大学生基督教团契的神学倾向，认为政府依法管理宗教事务是干涉宗教信仰自由，只有参加家庭教会，才能获得"纯正的信仰"。此类基督教团契与现实社会之间的张力较大。在这种"虔诚信仰"的氛围中，大学生基督徒的身心健康也值得深入研究。从调查者的角度来看，至少有两点令人担忧。第一，多数成员在教会中更多的是经历痛苦而非快乐。第二，多数大学生基督徒与家庭其他成员的关系比较紧张。

近些年来，随着社会"宗教热"的升温，宗教势力不断向高等院校渗透，其中教会体制外的"文化传教"成为主要的传教方式。在境外宗教势力的支持下，宗教在高等院校的传教活动逐渐由秘密转向公开，特别是基督教汉语神学运动，进入大学讲堂和国家研究机构。这样扩张态势的传教中，大学生基督教徒出现比较快的增长趋势。一些毕业生到美国教会大学或神学院学习。其中，有些人士成为基督教职业传教者，在北京大学等高等院校开展传教活动，组织大学生基督教团契，拒绝中国基督教三自爱国教会的领导，成为政府依法管理宗教事务的难题。在当代中国的公共教育领域里，"教育与宗教相分离"的原则，受到公开挑战。

（供稿：杨俊峰）

【马克思主义宗教观之我见】

李　申[*]，《马克思主义宗教观研究》(2011)，曾传辉主编，社会科学文献出版社2013年版

马克思主义宗教观的思想基础，是科学无神论观念。所谓科学无神论观念，指的是在近现代科学基础上诞生的彻底的无神论观念。科学无神论观念，是人类历史上第一个彻底的无神论观念。它根本否认神的存在，认为神祇观念的产生是由于原始人类的无知所导致的认识上的错误。

马克思主义的宗教观首先认为，宗教的核心概念，神，是不存在的。神祇观念

---

　* 李申：上海师范大学教授，中国无神论学会副理事长。

的产生，乃是人类错误认识的产物。这种错误的观念，乃是一种颠倒的世界观。错误，是认识的错误。世界观的颠倒，是因为现实的社会、国家就是个颠倒的世界。幻想的反映，也不是有意的欺骗。宗教最深刻的根源，也就存在于政治、经济的关系，阶级、利益的关系之中。

宗教最深刻的根源既然是存在于现实的社会关系之中，那么，宗教的本质也只有通过现实的社会关系才能得到说明。而马克思主义在宗教学上最重要的贡献之一，就在于不是像他们的前驱那样，用宗教去说明现实社会，而是用现实社会去说明宗教。"宗教是人民的鸦片"的论断，是"宗教是欺骗"的发展和深化，也是对"宗教是欺骗"的补充和修正。"宗教是人民的鸦片"指出，宗教的存在，是由于社会的苦难。只有消除社会的苦难，才有可能消除宗教观念。"宗教是人民的鸦片"的论断也指出，宗教不是简单的欺骗，而主要的是对人民的安慰。在人民遭受痛苦并且没有其他手段加以解除的情况下，安慰是需要的。正是这种需要，为宗教的诞生和传播提供了现实的基础。"宗教是人民的鸦片"还指出，宗教给予人民的希望，只是一个虚幻的花朵，而人民应该自己起来，去摘取现实的花朵。

作为苦难世界的灵光圈，宗教从精神上维持和巩固着这个世界的秩序和政治统治；作为人民的鸦片，宗教安慰着人民的苦难，使人民忍受这个苦难，安心接受这个苦难世界的统治，遵守这个苦难世界的秩序。这两个方面合在一起，就能对这个苦难世界起着稳定的作用。在宗教社会学那里，这样的作用就叫作对社会的"整合"与稳定作用和对社会其他方面的补充作用。

只有消灭了宗教所赖以生存的社会物质基础和一系列的物质生存条件，宗教才有可能消灭。马克思主义反对用任何强制性的手段，特别反对动用国家暴力去禁止或者取消宗教。宗教批判，是理论上的批判。这种批判是必要的。放弃宗教批判，不是马克思主义的。如何进行无神论的宣传，或者说，如何使信仰摆脱宗教，无产阶级的政党应当根据具体的情况决定自己的行动纲领。但是，目标必须是使信仰摆脱宗教，而不仅仅是资产阶级的允许各种各样宗教信仰的自由，则是马克思主义的一般原则，是马克思宗教观的本质和归宿。

（供稿：杨俊峰）

【"无神"是马克思主义一切理论的前提】

田心铭[*]，《科学与无神论》2013年第5期

我们所要坚持和发展的无神论，是马克思主义无神论。马克思主义是无产阶级完备而严整的科学世界观。"马克思主义无神论"这个名称表明，它是这一世界观中的构成部分。"无神"是马克思主义一切理论的前提。

同包括费尔巴哈在内的旧的无神论相比，马克思主义不仅在宗教理论方面超越了"无神"的论证而揭示了宗教的本质、根源、社会作用和宗教发展、消亡的规律，也不仅仅超越了宗教批判而进入到包括哲学和经济、政治、文化、社会的广阔的思想理论领域，更重要的是，超越了一切思想理论领域而进入现实的社会实践。这样，他们就把无神论同马克思主义完整的世界观联系在一起，把坚持无神论、反对有神论的斗争融入到争取工人阶级解放和人类解放的宏伟事业之中，把科学理论

---

* 田心铭：教育部高校社会科学发展研究中心研究员，中国无神论学会副理事长。

同革命实践统一起来，推进到了一个全新的境界。

探讨马克思和恩格斯如何向前推进了无神论，可以更清楚地认识"无神"思想在马克思主义中的位置。其一，从历史的视角看，马克思是在"对宗教的批判已经基本结束"的条件下开始创立自己的新世界观的。其二，从逻辑的视角看，"无神"思想在马克思主义理论体系中处于逻辑前提的地位。总之，"无神"思想在马克思主义的历史发展中处于起点的位置，在马克思主义的逻辑建构中处于底层的位置。它是位于马克思主义理论大厦底层的基石，是马克思主义其他一切理论的前提。

"无神"思想在马克思主义中的"前提"地位表明，从一定意义上说，它是马克思主义中最不重要的思想。因为马克思主义其他理论都超越它而大踏步地前进了，固守它是远远不够的。从另一意义上说，它又是马克思主义中最重要的思想，因为马克思主义其他理论都以它为前提，依存于它，所以忽视或否定它就有颠覆整个理论大厦的危险。我们由此可得出一个在宗教理论和无神论领域区分马克思主义与非马克思主义、假马克思主义的方法：坚持"无神"思想，未必是马克思主义；不坚持"无神"思想，肯定不是马克思主义；抛弃"无神"思想而又自称为马克思主义，必定是假马克思主义；只有坚持而又超越"无神"思想，用马克思主义科学世界观去揭示宗教的本质、根源、社会作用和发展、消亡的规律，才是马克思主义。

"无神"思想在马克思主义中的位置，反映了无神论与有神论的对立和斗争在社会实际生活中的位置；反过来，它要求我们在运用马克思主义指导实践时，把坚持无神论、反对有神论的斗争摆在其应有的适当位置。既不能夸大它，也不能缩小和否定它。一方面，不能把无神论同有神论的对立和斗争提到首位，而应该使其服从于现实政治的、经济的目标和任务；另一方面，又必须始终坚持无神论的研究、宣传和思想教育，在世界观上同有神论和唯心主义划清界限。

（供稿：杨俊峰）

【党对宗教的工作的成绩、问题和对策——纪念中央 19 号文件印发 30 周年】

加润国[*]，《科学与无神论》2013 年第 4 期

根据马克思主义政党关于无神论的基本理论和基本政策来看，改革开放以来特别是中央 1982 年 19 号文件《中共中央关于我国社会主义时期宗教问题的基本观点和基本政策》印发 30 年来取得的成绩是非常大的，但存在的问题也很多，必须认真解决。

三十年的主要成绩最重要的有三条：（1）引导宗教走上与社会主义社会相适应的道路。（2）指导宗教研究走上马克思主义宗教学的轨道。（3）创立和发展了中国特色社会主义的宗教理论。

当前存在的问题最突出的也是三条。（1）宗教领域出现了严重的混乱现象。主要表现在：①封建迷信和新旧有神论沉渣泛起，利用群众中的迷信心理和宗教信仰行骗、敛财的现象空前突出。②境外利用宗教进行的渗透加剧，严重影响社会稳定和国家安全。③西北边疆地区宗教极端主义和分裂主义、恐怖主义结合形成"三股势力"，严重破坏民族团结和社会稳定，威胁人民生命财产安全。（2）宗教研究中

* 加润国：国家宗教事务局研究中心研究员，中国无神论学会副理事长。

也出现一些不良倾向。主要表现在：①马克思主义指导地位严重削弱，马克思主义宗教观在宗教研究中的主流地位逐步丧失。②唯心主义和形而上学的影响随处可见，导致宗教学研究中自由主义泛滥。③有神论侵蚀宗教学研究。（3）在对待宗教问题上出现了片面性。一方面极力强调贯彻落实党的宗教信仰自由政策，切实保障公民的宗教信仰自由权利，另一方面却不太重视无神论宣传教育，甚至出现了以各种方式极力反对和抵制无神论宣传教育的倾向。

对于上述问题，可以采取许多措施来解决，最关键的是三条。（1）切实加强和创新党对宗教的工作。首先，要明确宣传部和教育部在"党对宗教的工作"中的责任。其次，要切实加强对基层宗教工作机构的建设。（2）切实加强马克思主义的指导地位。必须高度重视马克思列宁主义、毛泽东思想的宣传教育。（3）切实加强唯物论无神论宣传教育。在当前复杂的国内外形势下，大力加强马克思主义唯物论和无神论宣传教育工作，更是一项对于建设社会主义核心价值体系、抵制唯心论和有神论及各种资产阶级思想的侵蚀，坚定党员干部的马克思主义和共产主义理想和信仰具有无可替代的重要意义的基础性工程。当前应该而且可以做的一项基本工作，就是制定加强宗教问题和无神论研究、宣传、教育的规划，一方面加强宣传教育机构和人才队伍的建设培养，一方面抓紧对国外的无神论著作进行系统的翻译和有效推广，确保这项工作有机构、有人做、见实效。

（供稿：杨俊峰）

【从"呼喊派"到"全能神"：论当前"类基督教"的邪教蜕变现象（上、下）】

陈永革[*]，《科学与无神论》2013年第5、6期

在传统基督教的发展演变中，历代都有异端出现，但现在似乎越来越多、愈演愈烈。其中，从"呼喊派"蜕变而成的"全能神"，即可说是当代中国大肆冒用基督教的名义、以"类基督教"面目出现的极端邪教组织。"全能神"是除"法轮功"之外，政治目的最明确、组织体系最完备、活动方式最诡秘、社会危害最严重的一个邪教组织。

中国基督教本土教派的生存环境，明显体现出重仪式实践而轻教义理论，在神学观念上缺乏理论尝试，在社会认同上则缺乏体制意义上广泛认同。随着这些"类基督教"组织越来越疏远于社会，最终必将导致与社会对立甚至对抗的境地。在现实宗教生活中，由于教堂布点的不合理、教徒整体素质的限制、社会环境的客观制约等因素，都在一定程度地使基督教的仪式化需求大于或高于教义的建设。"全能神"组织及其活动，在一定程度上，其实可以理解为对三自爱国教会"神学建设运动"的一个挑战。

从中国基督教演进的历史环境意义上，包括"呼喊派"在内的"类基督教"组织及其活动，可以说是20世纪上半叶以来蓬勃展开的中国基督教本土教会运动推进过程所出现的宗教变异现象。当前中国的"类基督教"组织、说教及其非法活动，主要表现出如下几个方面的基本特征。第一，"类基督教"或"傍基督教起

＊　陈永革：浙江省社会科学院哲学研究所所长，研究员。

家"的邪教组织，从其类型上看，往往有着"唯信仰论"或"信仰至上论"的观念特征。第二，从教义思想上看，"类基督教"邪教组织的基本特征，具体表现为一种极端的"原理主义""信仰主义"。第三，"类基督教"的邪教组织，在组织方式与政治理念上，往往表现出与共产主义思想的组织对抗性与政治对立性，大都具有反对社会主义民主体制的共同特征。第四，"类基督教"邪教组织，往往宣扬、强化对"教主"的绝对忠诚、信从与追随，对于异己者则严加惩治，实施严酷洗脑的精神控制。第五，"类基督教"邪教组织往往具有推崇"全能神"及其组织活动的地下性，夸大其组织与合法教会机构之间的差异性和对立性。第六，"类基督教"邪教组织作为"基督教改信"的典型组织，不仅有其传统基督教改信类型的某些特征，更有着中国基督教改信组织的特点所在。

我们必须高度重视当前宗教变异现象的形式、内容、特征、趋势等的研究，更好地理解当代宗教的复杂多样性。特别是对于"末世论"与神秘论相结合的潜在暗流，密切地关注它对于社会发展的负面影响。同时，应更加重视在政治稳定基础上的宗教稳定，从政治全局观、政治大局观的高度上看待宗教的稳定，从而赋予社会稳定以新的、全面的含义。

（供稿：杨俊峰）

【论美国排华运动的宗教意识形态根源】

黄　超[*]，《科学与无神论》2013年第3期

《排华法案》与美国的立国精神之间存在着深度"精神共构"与事实上的因果关联。美国的立国先贤在吸取西方启蒙思想中"人人生而平等"理念的同时，也自然地继承了西方文化中心主义与基督宗教中心论，从而使美国立国精神具有了典型的"泥足巨人"特征。《排华法案》只不过是西方文化中心主义与基督宗教中心论的庸俗和极端的表现形式之一。

民主政治具有明确的种族利己主义的本能。《排华法案》的警示意义在于，美国的立国精神不仅不能天然地避免以自由、民主的名义剥夺个人、种族、民族、国家的自由、民主，而且一旦它将"种族利己主义的本能"程序合法地激发出来，其蛊惑力和破坏力是无出其右的。

普遍的信教自由限制在基督教的范围以内。当妖魔化的异教徒想象与种族主义相结合时，一种神圣与世俗混杂的排华意识形态才最终完成并开始主导美国对华政策。来华传教士最终促成了种族主义的"人种科学"与宗教神圣事业的联姻。"东方学"中种族主义与宗教排他主义结合所造成的世俗化假象，是解开美国排华运动谜底的一把钥匙，也是反思美国立国精神内在矛盾的一个逻辑起点。

《排华法案》的特殊性在于，它在形式上是美国的国内法，但是其核心和关键却是中美关系。作为国内法，《排华法案》体现了美国的自由、民主的两面性；从国际关系的角度来看，《排华法案》则凸显出美国在处理国际事务时一贯奉行的霸权主义和强权政治。无论是"赫德方法"还是"马汉原则"，其共同的意识形态基础都是霸权主义和强权政治，《排华法案》正是这些方法和原则的自然衍生物。

毫无疑问，《排华法案》代表着人类文明史上的一个丑剧，我们必须严肃对待导致丑剧发生的内在逻辑，防止对丑剧的反省变成一场滑稽剧。《排华法案》集中

---

* 黄超：武汉大学哲学学院副教授。

体现出来的种族主义、宗教排他主义和霸权主义，代表了"美国特性""美国精神"中不太光鲜的一面。"美国特性"不等同于自由、民主本身，"非美国特性"也不应该成为邪恶的代名词。美国完全没有必要为《排华法案》的"非美国特性"道歉，美国恰恰需要学会欣赏和包容其他文明的"非美国特性"。时至今日，《排华法案》及其背后的意识形态并没有得到深刻反省和彻底批判，被神圣加冕的美国例外论还在受到无条件顶礼膜拜，而"中国威胁论"仍然甚嚣尘上。

21世纪是一个多元化、全球化的时代，现代政治文明呼吁人们走出自我中心论、文明冲突论的偏狭，己所不欲，勿施于人，"宽广的太平洋足够容纳中美两国"。

（供稿：杨俊峰）

【科学与宗教是冲突的还是调和的？——《科学与宗教：它们可以调和吗？》一书评述】

孙　倩[*]，《科学与无神论》2013年第2、3、4、5、6期

《科学与宗教：它们可以调和吗？》表达了当代世俗人文主义者和新怀疑论者的主要观点是：一是冲突论。即在科学与宗教关系上，他们反对当今很多研究、论坛、书籍流行的两者关系调和的论调，尤其反对宗教是科学发展的基础、要指导科学的论调，否定宗教独占道德领域；二是主张科学探索要引进宗教领域。即推动科学理性和批评性思考在全球的增长，质疑宗教启示的奇迹声称和各种超自然现象的声称。

近40年来，影响甚大的"科学与宗教"关系的争论，实质是宗教神学挑战科

学理性作为现代社会发展的基石与主导的地位，从而影响公众对待科学的态度，回归蒙昧的思想状态中去。在中国，无论是学界的理论研究，还是社会公众的神秘主义流行现象，乃至对此批评的中国科学家与无神论者的行动，与美国具有相同的背景、问题与方法，介绍该书正逢其时。

针对宇宙与上帝的关系问题，该书中有6位研究宇宙学的科学家进行了讨论分析，基本上否定了现代宇宙学为上帝存在提供了证据一说。他们认为宇宙完全是自然而然的产生和演变，没有目的和设计，指出所谓的"宇宙显示出上帝有目的设计的迹象""大爆炸提供了上帝存在的依据"，要么是根据错误（或根据不足），要么是理解偏颇（或预设偏见）。他们总体上认为科学与宗教的关系是冲突论、矛盾论的，无论是历史事实，还是两者的方法，都证明两者没有共通之处。

在该书第二部分，有5位作者分析了"智能设计论"对进化论的疑问与挑战、流行的现状及其在公众、社会和国家政治层面上的影响，阐述了"科学与宗教运动"带给公众什么样的思考。从上述问题的阐述看，美国科学界的主流以及怀疑论者对于"智能设计论"采取否定态度，认为它不是科学，而是一种宗教信仰，不能进入公立学校的科学课程，与进化论相提并论；美国联邦法院的判决也否定了"智能设计论"是科学。神创论者就此对进化论的责难，在科学上是站不住脚的，无论是从方法论上还是科学事实上。

该书的第三部分有7位作者用历史事实和本质区别来客观阐述了科学与宗教相对立、相冲突的观点。概括起来有以下几点：一是从宗教内部的历史、学术发展及现实来讲，科学与宗教是相冲突的。二是

---

*　孙倩：中国无神论学会理事。

让科学与宗教合作是一种危险的探求。三是宗教与科学不在一个领域，无所谓"公平对待"。四是对世界的影响上，科学的普遍性与宗教的排他性对立。作者们"冲突论"的阐扬，不仅廓清了科学与宗教关系的迷雾，也划清了科学与宗教的界限是非，不仅主张用科学理性探索世界真相，也提出科学与宗教合作是一种危险的探求。作者们的这些观点在当今众多支持宗教的声浪中，有了另一种声音，对于学界探讨这方面问题不无裨益。

（供稿：杨俊峰）

第六篇

著作选介

马克思主义基本原理

【马克思主义与社会主义的历史命运】

王伟光*著，社会科学文献出版社 2013年版

在世界形势动荡复杂的今天，如何正确理解马克思主义与社会主义的历史命运，这是一个重大而又严肃的现实问题。《马克思主义与社会主义的历史命运》一书，将理论与现实紧密联系起来，用平实、流畅的文字集中回答了这一问题。该书分析了马克思主义创立一个半世纪以来的世界历史进程，用雄辩的事实证明了社会主义的必然性和马克思主义的真理性。特别是20世纪末以来，世界局势发生了重大变化，资本主义和社会主义两种历史趋势、两大力量、两种意识形态展开激烈较量，剧烈的社会变化给当代社会主义、马克思主义提供了新的发展时空，提供了新的需求动力，又使其面对严峻复杂的局面。在严峻的国际形势下，中国特色社会主义道路的成功开创，中国改革开放对国际金融风险的有效抵御，彰显了社会主义的顽强生命力。中国特色社会主义理论体系的创新，给马克思主义注入了新鲜的内涵，显示了马克思主义的强劲创造力。从中我们可以认识到推进马克思主义中国化、时代化和大众化，建设马克思主义学习型政党，坚定不移地高举中国特色社会主义旗帜，走中国特色社会主义道路的重要性、必要性和紧迫性，从而提高全党，特别是领导干部对于马克思主义和社会主义的理论自觉，坚定对于马克思主义和社会主义的政治信仰。

（供稿：彭五堂）

【马克思主义整体性新论】

程恩富**主编，中国社会科学出版社 2013年版

加强马克思主义整体性研究，既是回归马克思主义本来面貌的要求，也是时代发展、人类实践整体性发展的客观要求，是大势所趋，势在必然。中国社会科学院学部委员、马研学部主任程恩富教授主编的《马克思主义整体性新论》提出了马克思主义整体性研究新的思路。一是定义性研究：从创立主体、学术内涵、社会功能、价值观念四个层面来创新性地定义和阐述马克思主义；二是综括性研究：从理论特征、社会理想、政治立场和理论品质四个角度阐述；三是统一性研究：按照立场、观点和方法的辩证统一进行阐述；四是层次性研究：从一般原理、具体论断、思维方法三方面及内部层次和相互关系进行阐述；五是发展性研究：从完整的马克思主义发展史角度阐述；六是"三化"研究：按时代化、中国化、大众化的整体有机统一进行阐述；七是实践性研究：以实践整体性为根据研究马克思主义理论整体

---

* 王伟光：中国社会科学院党组书记、院长，中国社会科学院学部委员。

** 程恩富：中国社会科学院学部委员，马研学部主任，教授。

性；八是互动性研究：按领袖思想和学者思想两条线索及其互动发展来阐述；九是破立性研究：从批判性和建设性两个方面进行阐述；十是分类性研究：主要从哪些是必须长期坚持的基本原理、哪些是需要发展的理论判断、哪些是必须破除的教条式理解、哪些是必须澄清的错误观点共四个方面进行阐述；十一是学科性研究：从马克思主义一级学科涵盖的六个二级学科的整体性关系角度阐述；十二是分科性研究：对哲学、经济学、政治学、文化学、社会学、生态学、制度学、人类学等学科及其相互关系进行阐述；十三是国别性研究：对有关社会主义国家和资本主义国家的学界和政界的理论进行分析阐述。

（供稿：张建云）

【为什么要坚持马克思主义】

张雷声　李玉峰[*]著，中国人民大学出版社 2013 年版

本书用通俗易懂的语言，介绍了什么是马克思主义，马克思主义产生发展的历程，马克思主义在中国传播、发展的简要历史，中国共产党为何选择马克思主义，马克思主义有什么特点，为什么马克思主义能够指导中国革命和建设走向胜利，马克思主义在新的历史时期对我们的指导作用等。本书分为三大部分。第一部分论述了为什么要坚持以马克思主义为指导，包括：（1）马克思主义是科学的思想理论体系；（2）马克思主义是改变世界的强大力量、批判和改变世界的理论武器；（3）马克思主义是社会主义的旗帜和灵魂；（4）马克思主义是中国特色社会主义的源泉，中国特色社会主义坚持了马克思主义

的实践性、民族性、开放性等。第二部分说明了如何坚持以马克思主义为指导，主要是从推进马克思主义中国化、认清反马克思主义的思潮、建设社会主义核心价值体系、加强社会主义意识形态建设等方面进行了阐述。第三部分，从整体上强调了坚持以马克思主义为指导必须努力掌握和运用马克思主义立场、观点、方法，介绍了马克思主义立场、观点、方法的内涵，以及马克思主义立场、观点、方法命题的不懈探索等，强调马克思主义给予人们理论思维的逻辑力量，给予人们观察和分析问题的方法，也为人们提供了认识和改造人类社会的世界观、方法论。本书指出，只有坚持马克思主义，才会有人类社会发展的美好前景。

（供稿：张建云）

【中国经济研究】

白暴力[**]等著，经济科学出版社 2013 年版

现代政治经济学是以马克思经济理论为基础的理论经济学，它不仅研究社会生产关系，而且研究社会经济资源配置，社会财富的生产、交换、分配和消费等各个环节，研究行业和企业的资源配置和发展，研究社会经济的各个方面。政治经济学的理论基础是马克思主义，但并不完全排斥其他经济学家所提出的理论，而是在马克思经济学理论基础上充分吸收和借鉴经济学发展中的科学成果。政治经济学的发展还应从现实经济生活中吸收养分，要吸收自然科学和其他社会科学的养分。这成为研究中国经济和经济学发展的主要内容，如发展中国经济学的思路；资源配置方式转换的内在根源；产权理论与产权制

---

　*　张雷声、李玉峰：中国人民大学马克思主义学院教授。

　**　白暴力：北京师范大学马克思主义学院教授。

度改革的若干思考；建立现代产权制度，保持经济平稳较快发展；我国目前收入分配差距偏大分析——宏观效应、核心机制与解决对策；收入分配差距偏大的主要因素和消费需求牵扯；"按要素分配"的自然基础、社会原因和量的边界；总消费需求不足的微观机制——分析与对策；投资的倍加效应与周期性运动——马克思经济学范畴上的模型；劳动生产率相对变化的价格总水平效应——价值规律调节型价格总水平上涨；市场机制调节的价格总水平效应——市场推进型价格总水平上涨；价格总水平上涨的微观机制——货币政策失效，等等。

（供稿：杨　静）

【马克思主义政治经济学基础理论创新研究】

林木西[*]著，经济科学出版社 2013年版

马克思主义政治经济学的创新与发展面临着新情况与新问题：一方面，世界范围内的金融危机现象，使得人们重新回到马克思的思想中去探求问题的答案，显示了马克思主义政治经济学的强大理论生命力；另一方面，马克思主义经典作家的一些基本理论，亟须在社会主义实践中得到发展。前一阶段，随着社会主义市场经济体制的建立，理论界掀起了一股西方经济学热潮，马克思主义政治经济学几乎被边缘化了，作为主要探讨资本主义生产关系及发展规律的马克思主义政治经济学受到很大的冷落，学术界有人甚至提出以西方经济学全面替换政治经济学。面对这种情况，如何以科学的态度对待马克思主义政治经济学，增强其对现实经济社会问题的解释能力与指导能力，如何以创新的马克思主义政治经济学指导我国社会主义市场经济的伟大实践，成为摆在广大理论工作者面前的重大研究课题。该著主要内容由三篇九章构成：第一篇马克思生产理论的创新与发展，包括马克思产权理论的创新与发展；马克思委托代理理论的创新与发展；马克思关于政府与企业关系理论的创新与发展。第二篇马克思分配理论的创新与发展，包括马克思按劳分配理论的创新与发展；马克思人力资本理论的创新与发展；马克思地租理论的创新与发展。第三篇马克思再生产理论的创新与发展，包括马克思经济危机理论的创新与发展；马克思失业理论的创新与发展；马克思制度变迁理论的创新与发展。

（供稿：杨　静）

---

[*]　林木西：辽宁大学经济学院教授。

马克思主义中国化

【毛泽东对新中国的历史贡献（修订增补版）】

李 捷*著，社会科学文献出版社2013年版

本书是纪念毛泽东同志诞辰120周年重点图书。本书集中探讨毛泽东对新中国的历史贡献和历史地位。全书分五章：创建中华人民共和国、确立社会主义基本制度、总结苏联社会主义建设经验教训、两篇划时代的科学社会主义文献、在纠正"大跃进"错误中继续探索。作者提出从马克思主义发展、科学社会主义发展、中华民族复兴发展、中华文明发展、世界文明发展五大坐标来审视毛泽东的历史地位和伟大贡献，论述了毛泽东对社会主义建设规律不断探索并将其推向前进的实践，阐明了其间形成的许多重要理论成果。作者没有回避"文化大革命"这一重大历史问题，对于实事求是总结历史经验具有极其重要的意义。本书对澄清历史事实，回击对毛泽东的各种造谣污蔑，抵制"非毛化"言论和形形色色的历史虚无主义，端正对社会主义的认识，具有学术和教育作用。全书夹叙夹议、史论结合，简明易懂。本书是2013年5月出版的李慎明编《居安思危——世界社会主义小丛书》中同名著作的修订增补版。

（供稿：郑 萍）

【毛泽东年谱(1949—1976)（共6卷）】

中共中央文献研究室编，中央文献出版社2013年版

本书是纪念毛泽东同志诞辰120周年重点图书。这是一部记述毛泽东从中华人民共和国成立到他逝世27年间的生平、业绩的编年体著作，比较全面地记录了他的各种活动，充分反映了他的思想、理论、决策、工作方法等。年谱对于毛泽东领导建立和建设新中国的艰苦探索历程进行了如实反映，既记述了毛泽东正确的、具有重要价值的思想、理论、决策及取得的成就，也记述了他的失误和严重错误及其所带来的损害和教训。这部年谱以中央档案馆保存的档案材料为主要依据，发表了大量未编入毛泽东著作中的讲话和谈话，同时又使用了其他文献资料和访问材料，内容丰富而翔实。这部年谱的出版，对于研究新中国成立以来毛泽东的思想理论与工作实践，研究中国共产党领导社会主义革命和建设的成就、经验和艰辛探索，研究中国特色社会主义理论体系的由来和形成基础，有着重要意义。逢先知、冯蕙任主编，陈晋、李捷、熊华源、吴正裕、张素华任副主编。

（供稿：郑 萍）

---

* 李捷：中国社会科学院副院长、当代中国研究所所长，研究员。

【中国特色社会主义妇女理论与实践】

彭珮云[*]主编，人民出版社 2013年版

本书是 2011 年国家哲学社会科学基金重点项目——"中国特色社会主义妇女理论研究"的最终成果，由中国社会科学院、北京大学、中共中央党校、中华女子学院和全国妇联妇女研究所等单位的专家学者共同完成。它既是对马克思主义妇女理论中国化的研究，同时也是马克思主义妇女理论中国化、当代化、大众化的新成果。全书共十一章。第一章阐述了当代中国妇女运动必须高举中国特色社会主义伟大旗帜；第二章论述了中国特色社会主义解放与发展的理论基础；第三章阐述了中国特色社会主义妇女理论形成和发展的实践基础；第四章阐明了中国妇女解放与发展的目标和任务；第五章至第九章分别从经济、政治、文化、社会及生态文明五大方面的建设，探讨了中国妇女解放与发展的途径；第十章论述了妇女群众是推动妇女解放与发展的主体力量；第十一章阐明了妇女事业是一个庞大的社会系统工程，必须举全社会之力共同推动。本书是对中国特色社会主义妇女理论的系统总结和权威研究，填补了中国特色社会主义理论体系研究的一个空白。主编是九届全国人大常委会副委员长、全国妇联名誉主席、中国妇女研究会名誉会长彭珮云。

（供稿：郑 萍）

【毛泽东思想通论】

沙健孙[**]著，人民出版社 2013 年版

本书是纪念毛泽东同志诞辰 120 周年重点图书。全书分四篇，共二十四章。第一篇分三章，阐述毛泽东思想产生的国情和社会条件及其形成、发展历程和历史地位。第二篇分六章，阐述新民主主义革命的理论原则和经验总结，包括新民主主义革命的总路线，基本纲领，走农村包围城市、武装夺取政权的道路，建立广泛的民族统一战线，建设马克思列宁主义的革命政党，以及中国人民革命发生、胜利的原因与基本经验。第三篇分六章，阐述社会主义改造的理论原则和经验总结，包括从新民主主义革命转变到社会主义革命、走有中国特点的社会主义改造的道路、经过合作化道路进行个体农业手工业的社会主义改造、经过国家资本主义进行资本主义工商业的社会主义改造、社会主义基本制度的全面确立及其意义、新中国成立初期的对外工作思想。第四篇分九章，阐述社会主义建设的理论原则和经验总结，包括探索社会主义建设道路的指导原则和途径、对社会主义社会发展问题的战略性思考、确立"四个现代化"的目标与"两步走"的战略，以及社会主义经济、政治、文化、国防、外交、党的建设思想等内容。全书在阐明毛泽东的独创性贡献的同时，注意阐明毛泽东思想是党的集体智慧的结晶。在阐明毛泽东思想的有关问题时，注意追溯马克思、列宁的有关论述，并注意与共产国际的有关观点、苏联的有关经验、中共党内右的和"左"的错误观点进行对照。全书论述系统而详备，梳理细致而缜密，说理辩证而充分，是一部系统研究毛泽东思想必备的工具书。

（供稿：郑 萍）

---

[*] 彭珮云：全国妇联原主席。

[**] 沙健孙：北京大学马克思主义学院教授，中华人民共和国国史学会副会长。

【马克思主义中国化研究报告——毛泽东与马克思主义中国化】

王宜秋　于晓雷*执行主编，社会科学文献出版社 2013 年版

该著是"第四届马克思主义中国化学术论坛"论文集。2013 年是毛泽东同志诞辰 120 周年，为推进毛泽东思想和马克思主义中国化研究，中国社会科学院马克思主义研究院马克思主义中国化研究部与吉林大学马克思主义学院以"毛泽东与马克思主义中国化"为主题，于 8 月 16 日在吉林大学共同举办了"第四届马克思主义中国化学术论坛"。来自中国社会科学院、中央文献研究室、中共中央党校、中国人民大学、吉林大学、首都经贸大学等单位的 70 余位专家学者参加了研讨会。收入该著的论文比较集中地研讨了毛泽东对于马克思主义中国化事业做出的伟大贡献和对中国特色社会主义道路的先行探索，探讨马克思主义中国化的两大理论成果——毛泽东思想与中国特色社会主义理论体系的关系等重大问题，从历史与现实的视角，从经济、政治、文化、社会、党的建设、外交等多个方面评说毛泽东的贡献与失误，深化了对毛泽东和毛泽东思想历史地位的认识。

（供稿：郑　萍）

---

* 王宜秋：中国社会科学院马克思主义研究院毛泽东思想研究室主任；于晓雷：中国社会科学院马克思主义研究院毛泽东思想研究室研究人员，博士。

马克思主义发展史

【资本与历史唯物主义：《资本论》及其手稿当代解读】

孙承叔*著，复旦大学出版社 2013年版

该著论述《资本论》的真正的思想核心是马克思的现代史观。该著分为四个部分，第一部分介绍《资本论》的创作史，后三部分分别从三方面展现马克思的历史观：资本与马克思的现代史观；亚细亚生产方式与马克思的古代史观；作为时代精神的鲜活的历史唯物主义。

该著详细论述了马克思对现代社会（第二大社会形态）的根本看法，现代社会即以市场经济为基础、以人对物的依赖性为特征的历史阶段。该著强调了《1857—1858 年经济学手稿》的地位和作用。该著指出，《资本论》后三卷内容，即国家理论、对外贸易、世界市场，在当今具有特别重大的意义。而这三卷的总体思路体现在《1857—1858 年经济学手稿》中，正是在此，形成了马克思的现代史观和人类史观，第一次提出了三大社会形态理论，提出了市场经济基础之上的国家理论。

该著是马克思主义时代化不可多得的著作，具有很强的理论和现实意义。真正领会马克思的写作目的和意图，必须把《资本论》的全部六卷内容与马克思的现代史观相结合。忽视马克思现代史观，则容易造成马克思主义哲学研究脱离时代、脱离现实。

（供稿：唐芳芳）

【西方马克思主义与苏联——1917 年以来的批评理论和争论概览】

［荷］马歇尔·范·林登**著，周穗明译，江苏人民出版社 2012 年版

《西方马克思主义与苏联——1917 年以来的批评理论和争论概览》一书对西方马克思主义与苏联的理论关系进行的开创性研究，为国内西方新马克思主义、国际政治、国外社会主义、苏东研究、当代西方哲学等领域的研究者提供了新的视角、话题和主题，具有重大的理论贡献。

同时，该书作者对西方马克思主义的苏联研究进行了多年的理论跟踪和材料积累，基本上把现有的国外资料一网打尽，仅本书附录中的书目就可为国内相关研究提供线索和路径，还能提供翔实的资料储备和信息咨询，对于非俄语专业研究苏联问题的学者的学术研究有着重要的帮助和启发。

（供稿：夏一璞）

---

* 孙承叔：复旦大学哲学学院教授，博士生导师。

** ［荷］马歇尔·范·林登：阿姆斯特丹大学教授，荷兰国际社会史研究所科研负责人，西方马克思主义经济学家；周穗明：中国社会科学院哲学研究所研究员。

【《德意志意识形态》中的马克思历史观新探】

杨丽珍*著，科学出版社 2013 年版

该书认为，《德意志意识形态》是马克思哲学思想发展史上的一座丰碑，它既是新唯物主义——实践唯物主义的正式诞生地，也是新历史观——实践唯物主义历史观的正式诞生地。它作为哲学史上空前深刻而科学的哲学理论，作为历史观上的一次壮丽日出，仍然是指导人们观察和把握整个世界，特别是人类社会的精神武器，它内蕴的取之不尽、用之不竭的宝贵思想财富是我们对马克思历史观展开进一步研究的重要思想源泉。

该书认为，目前在马克思主义哲学界，存在两种令人担忧的状况，一是存在"以西马解马"的研究热潮；一是缺少系统解读马克思主义经典文献的著作，尤其是缺少关于《德意志意识形态》文本著作的研究和解读。"以西马解马"者"多半是借助于另外的思想棱镜，来间接折射马克思哲学的智慧之光，因而大多还只是在外围兜圈子"。如果大家都热衷于"以西马解马"，而忽视或冷淡"以马解马"，其后果将会是一步步"远离马克思"，最后使马克思思想成为"无源之水、无本之木"。基于此种考虑，该书决定以"《德意志意识形态》中的马克思历史观新探"作为书名，目的是推进"以马解马"的解读方式，直面马克思本人的文本，完整呈现马克思历史观的形成过程，深入领会马克思历史观的深层底蕴和精神实质。

该书主要运用文本、本质和历史三种解读方法，重点从马克思历史观的理论渊源、基本内容及其探究的理论价值三个方面对《德意志意识形态》进行深入研究，旨在剖析马克思历史观这一社会历史理论，在学界已获成果的基础上进一步推进马克思历史观的研究。该书认为，根据《德意志意识形态》的实存内容和马克思的其他主要著作，将马克思历史观命名为实践唯物主义历史观更能体现马克思历史观的本质特征，更能反映马克思在历史观领域所实现的"哥白尼式革命"。

（供稿：任　洁）

【马克思《历史学笔记》与 19 世纪】

林国荣**著，上海人民出版社 2013 年版

马克思主义发展史学科鲜有论及马克思《历史学笔记》和 19 世纪下半叶欧洲史学传统路径的，该书抓住了这两个亮点，本身就是学科上的自我突破；以此吸引人们的眼球，大有比较史学的味道。相比于该书所得出的那些结论，这两个特点显得更靓丽，也尤为可贵。尤其是对马克思《历史学笔记》的研究，更是未开垦的处女地，很值得提倡。

众所周知，对历史问题的研究在马克思的科学研究中向来占有重要地位，他把历史过程当作人类所创造的历史的实际进程来研究，始终主张只有仔细研究具体的事实才能了解真正的历史。马克思一生阅读史书无数，一直有着做提要和摘录的习惯。这是一部体量更大的笔记，其重要性还在于这是他生前最后一部（史学）笔记。如何看待马克思《历史学笔记》这份遗产？当然首先要辨明马克思摘录的目的何在。对此长期以来一直存有分歧，即，是一般的、习惯性的行为，还是有着某种特殊意味的诉求？人们对此各执一词，莫衷一是。这都能从马克思主义发展史上得到佐证。

---

* 杨丽珍：华中师范大学马克思主义学院副教授。
** 林国荣：西南政法大学法学研究所副研究员。

比如，马克思晚年在答《祖国纪事》编辑部和查苏利奇的信时需回答一个十分迫切的、极富挑战性的命题，即他对于西欧所做的那些结论是否同样适用于俄国，或者，落后的俄国能否跨越资本主义阶段直接进入社会主义？要回答俄国问题，则必须追溯到资本主义史前史阶段——尽管马克思在《德意志意识形态》中已经把人类社会的历史概括为若干种形态，但要回答俄国问题须回到具体的历史中去寻找真实的凭据。

该书更愿将马克思《历史学笔记》当作纯粹的编年史，指出"历史学"笔记并非某种"历史哲学"笔记，认为前者不足以支撑任何酝酿中的"目的论"的理论或者任何的"规律性"诉求。诚如作者坦言，"放弃总体性的思考框架，并尽可能地沉湎于对《历史学笔记》本身的反复阅读。"他承认"这当然会招致总体性魅力的丧失，但也能够因此获得部分的真理，这部分的真理将同样激动人心。"

同时，该书也未探讨马克思《历史学笔记》的内容、选材以及编排，认为对于这样一部纯正的编年体史学作品而言，做这类剖析毫无意义，而只将《历史学笔记》放在同一时期的欧洲史学传统这一时代精神和时代背景下进行比较和对照，从认识论和方法论两个方面为《历史学笔记》在19世纪中晚期的欧洲史学传统中做出定位。

（供稿：桁　林）

国外马克思主义研究

【20世纪西方马克思主义哲学历程】

陈学明*主编，天津人民出版社2013年版

该书共分四卷，全面评述了整个20世纪和21世纪初的西方马克思主义哲学流派及其发展轨迹。其中，第一卷论述了20世纪上半叶三大马克思主义哲学思潮，即第二国际理论家，西方共产党理论家以及早期"西方马克思主义"理论家、法兰克福学派关于马克思主义哲学基本问题的不同看法、争论和发展；第二卷剖析了20世纪下半叶上述三大马克思主义哲学思潮的部分"合流"，即都以自己的方式，程度不等地强调马克思主义哲学是一种人道主义，这与20世纪上半叶围绕着一系列基本哲学问题它们之间的"三足鼎立"形成了鲜明的对照，另外是西方马克思主义哲学发展的多元化格局逐渐形成；第三卷着重探讨了20世纪下半叶"西方马克思主义"内部两种思潮，即马克思主义人道主义化思潮和马克思主义科学主义化思潮的对立，以及女性主义马克思主义、生态马克思主义等新派别的涌现；第四卷评述了20世纪末到21世纪初马克思主义哲学研究在西方的全面复兴与各种马克思主义哲学流派的新发展和新趋向，主要包括：以政党为依托的研究转移为知识分子的独立研究；经院式的研究转移为密切联系实际的研究；单学科的孤立研究转换为跨学科的整体研究；争吵不休的论战式的研究转换为求同存异共同探讨式的研究等。可以说，这本书是国内学界关于西方马克思主义哲学研究的最新成果，规模大、流派全、涵盖广，对于今后一个时期国内的西方马克思主义研究将起到一定的推动作用。

（供稿：范春燕）

【怎样认识民主社会主义】

徐崇温**著，社会科学文献出版社2013年版

该书认为，在国际工人运动中，民主社会主义一直是和科学社会主义相联系而存在、相斗争而发展的一种思潮。它们之间存在着十分明确的原则界限，但由于种种原因，有些人在许多方面和环节模糊与抹杀这种原则界限，使得它同科学社会主义、中国特色社会主义的区别和界限变得模糊不清。因此，我们需要随着实践的发展和问题的暴露，对民主社会主义思潮进行再评析。该书围绕如何认识民主社会主义思潮，依据西方国家社会民主党（含社会党、工党）以及社会党国际的言行，着重阐述和论证了五个问题：一是民主社会主义的由来和演变——原来是一种小资产阶级社会主义，后来演变为社会改良主

---

* 陈学明：复旦大学哲学学院暨当代国外马克思主义研究中心教授，博士生导师。

** 徐崇温：中国社会科学院荣誉学部委员，哲学所研究员，博士生导师。

义；二是民主社会主义同资本主义的关系——在社会功能上充当了资本主义病床边的医生和护士，在把资本主义社会改造成社会主义社会方面没有取得任何进展；三是民主社会主义同社会主义的关系——历来反对共产主义、共产党，在东欧局势动荡时，还搞过和平演变；四是民主社会主义同马克思主义的关系——主张世界观中立、指导思想多元化；五是在改革开放问题上，中国特色社会主义同民主社会主义践行的是两条相互对立的路线。中国特色社会主义是对科学社会主义的继承和发展，同民主社会主义有着原则上的界限。

（供稿：周　淼）

【拉丁美洲社会主义及左翼社会运动】

崔桂田*等著，山东人民出版社 2013年版

《拉丁美洲社会主义及左翼社会运动》一书阐述并分析了 20 世纪 90 年代以来拉美社会主义和左翼运动的发展态势。该书探寻了在传统社会主义遭受巨大挫折的背景下，拉美社会主义及左翼运动却"异军突起"的社会历史条件，指出在国际共产主义运动的低谷期，拉美地区出现政治时钟"左摆"、左翼政党纷纷上台执政的新现象，源于这些国家早在殖民地时期就曾进行过多彩多姿的现代化建设尝试。书中对拉美各国的共产党的状况和理论主张、拉美社会民主主义的理论和实践、拉美新左翼执政党的理论主张和理论实践与拉美其他左翼政党有关情况进行了较为全面和系统的梳理和阐述。同时，该书将拉美社会主义及其左翼运动放在全球化的国际环

境和背景中进行把握，以此凸显"人类世界的发展历史和变革进程，从来没有什么现成的公式和既定的路线图"，各个民族国家和地区，有权力根据自己的历史和现实，探索并选择符合本国国情的发展道路。该书在一定程度上针对我国当前有关拉美地区社会主义和左翼运动研究薄弱、不系统的劣势，为学界进一步开展对该地区社会主义及左翼社会运动的研究奠定了基础。

（供稿：陈爱茹）

【欧洲一体化与共产党的困境：希腊、塞浦路斯和意大利共产党对欧洲的回应**】

［塞浦路斯］古奥哥斯·哈拉兰普斯***著，阿什盖特出版社 2013 年版

《欧洲一体化与共产党的困境：希腊、塞浦路斯和意大利共产党对欧洲的回应》一书，运用三个具有鲜明特点的欧洲国家个案，即希腊、塞浦路斯和意大利，对西欧共产党在欧洲一体化问题上的态度进行了考察和分析，提供了极富价值的解释和观点。与其他欧洲激进左翼政党一样，这些共产党在对待欧洲一体化问题上也面临着持续性的战略困境，而这种困境也说明了共产党面临的其他一些更大的问题，比如意识形态和身份特征。通过探讨共产党在国内合法性、对选举的关注及其作为反资本主义政党的性质，作者对各党在保持意识形态连续性或经历温和化方面的细微差别进行了详细考察。该书将政党政治发展、共产党的历史以及欧洲一体化研究糅合起来，设计了一个全新的研究框架，克服了长期以来政党和欧洲研究单一方法论

---

*　崔桂田：山东大学政治学与公共管理学院教授，博士生导师。

**　*European Integration and the Communist Dilemas：Communist Party Responses to Europe in Greece，Cyprus and Italy*，Giorgos Charalambous，Ashgate 2013.

***　［塞浦路斯］古奥哥斯·哈拉兰普斯：塞浦路斯大学社会和政治学副教授。

的缺陷，极大丰富了欧洲一体化、政党和政党演进以及欧洲激进左翼的研究。

（供稿：于海青）

【英国的新马克思主义】

乔瑞金*等著，人民出版社 2013 年版

该书主要以人物研究为突破口，选取英国新马克思主义的十个典型代表人物，即汤普森、霍布斯鲍姆、威廉斯、伊格尔顿、安德森、科亨、吉登斯、科琴、佩珀、哈维，对他们的学术思想特征作了较为系统的挖掘和剖析，并指出，虽然他们的研究领域涉及历史学、社会学、政治学、文化学、地理学和生态学等不同门类，但都有一个共同的理论基石——马克思主义，并始终遵循马克思主义的原则和方法。

该书主要从回归经典本源、创新思维范式、聚焦现代主义危机、倡导新文化生存方式、重塑理想世界等方面进行了独到的阐释，为深入理解英国新马克思主义的思想内涵奠定了基础，是学习、研究英国新马克思主义的重要参考资料。同时，该书也是一部具有较高学术性的马克思主义哲学著作，不仅强调了英国新马克思主义的本土化和地域化特色，也对英国新马克思主义与经典马克思主义、欧陆马克思主义和苏联马克思主义之间的多种内在关联进行了全面考察。因此，这本书对于拓展国外马克思主义理论研究、丰富和发展我国马克思主义理论创新具有一定的参考价值和借鉴意义。

（供稿：范春燕）

【美国社会主义传统】

［美］约翰·尼古拉斯**著，陈慧平译，社会科学文献出版社 2013 年版

该书作者约翰·尼古拉斯是当代活跃在美国媒体的政治类文章撰稿人。该书通过一系列的历史事实来说明美国与"社会主义"之间的联系。从沃尔特·惠特曼和美国精神、托马斯·潘恩和红色共和主义、亚伯拉罕·林肯解读马克思，到社会主义理念在美国密尔沃基的实践、社会主义者拯救"第一修正案"，再到美国的激进社会主义者游行等，尼古拉斯对于美国和"社会主义传统"相关的重要人物、思想、事件等进行了梳理和评析，把美国历史上追求人性的解放、平等，社会的公平、正义，以及注重经济与人的协调发展的一面，把实际上存在却又鲜为人知的美国的"社会主义"一面呈现给读者。尼古拉斯认为，尽管社会主义是美国历史的组成部分，没有社会主义就没有美国的今天，但并不意味着美国就是一个社会主义国家，或者说是"不标明身份的社会民主国家"。但是，承认美国的社会主义传统，就有可能开拓人们理解事物的空间，并有利于组织足够力量去制衡政府，使之免受右翼势力的挟持。此外，这本书还打破了多数人印象中"社会主义"与"资本主义"是两条平行线的观念，并以此说明本书的核心思想：美国历史上不但有"社会主义"，而且还深受其影响，如果没有社会主义因素，就没有美国资本主义的繁荣。

（供稿：范春燕）

---

*　乔瑞金：山西大学马克思主义哲学研究所教授，博士生导师。

**　［美］约翰·尼古拉斯：美国政论家，美国《麦迪逊日报》副主编；陈慧平：中国社会科学院马克思主义研究院副研究员。

【《共产党宣言》与世界社会主义】

靳辉明　李瑞琴*著，社会科学文献出版社2013年版

该书系国家新闻出版总署社会主义核心价值体系建设"双百"工程首批出版物，是一本历史地、科学地、深入浅出地介绍《共产党宣言》与世界社会主义运动的书籍。该书从《共产党宣言》诞生的历史背景展开，介绍了马克思和恩格斯如何以其雄辩而尖锐的笔锋和深邃的思想，揭示了资本主义的本质及人类社会的发展趋势；如何以天才、透彻而鲜明的语言描述了新的世界观。以《共产党宣言》为指导，巴黎公社、十月革命、东欧社会主义实践、新中国诞生、朝鲜和古巴的社会主义运动和实践，如火如荼、波澜壮阔，世界社会主义运动迎来了人类文明的新曙光，改变了世界。在《共产党宣言》的伴随下，世界社会主义从思潮到运动、到实践、到建立制度，打破了资本主义的一统天下。从1848年2月马克思、恩格斯发表《共产党宣言》、阐述人类解放的伟大理论以来，已经走过160多年的历程。这期间世界社会主义运动有高涨，有低落，曾经波澜壮阔、势如破竹，也曾经风雨如晦、乌云密布。如今，世界早已发生了翻天覆地的变化，但当重读《共产党宣言》的基本思想，联系当代世界的实际，仍能感觉到《共产党宣言》离我们并不远。

（供稿：周　淼）

＊　靳辉明，中国社会科学院学部委员，教授，博士生导师；李瑞琴，中国社会科学院马克思主义研究院副研究员。

国际共产主义运动

【世界社会主义跟踪研究报告（2012—2013）——且听低谷新潮声】

李慎明*主编，社会科学文献出版社2013年版

该书是中国社会科学院世界社会主义研究中心连续出版的《世界社会主义黄皮书》丛书系列之一，主要围绕世界社会主义研究的新进展，对当今世界范围的社会主义思潮、理论、运动与制度作了大量的、多视角的、深层次的研究讨论，反映了世界社会主义研究领域的最新成果和动态。

全书由总论与四大专题共五大部分85篇文章构成。在总论部分，中国社会科学院院长王伟光教授从时代和历史发展的角度探讨了马克思主义和社会主义的历史命运。该书主编、中国社会科学院原副院长李慎明研究员指出，金融、科技、文化和军事这"四位一体"的霸权构成了当今世界资本帝国主义时代的新特征。第二部分"资本主义制度危机"通过对资本主义危机、资本主义意识形态困境、新自由主义、占领华尔街运动等问题进行深入剖析，揭示了资本主义危机是根本性的制度危机。第三部分"社会主义理论探索"围绕理论自觉与制度自信、社会主义核心价值体系两个专题展开，既有理论探讨，也有结合实践的分析研究。第四部分"斗争中的世界共产党及工人党"真实呈现世界各国人民反剥削、反压迫的呼声和斗争及其思考，使人们真实地感触到全球风起云涌的斗争大潮。第五部分"苏联解体的教训"对苏联解体的原因和后果进行了深刻反思，强调吸取教训、居安思危的重要性。

（供稿：荀寿潇）

【世界社会主义研究年鉴（2011—2012）】

潘世伟　徐觉哉**主编，上海人民出版社2013年版

该书主要精选了2011—2012年度国内外世界社会主义研究中具有权威性、前沿性和代表性的100篇文稿，稿件来源广泛，包括境内外报刊、主要思想库和学术机构重要的资讯，力图为决策和学术界提供具有理论价值和实践意义的学术信息，全面反映世界社会主义研究领域的最新研究动向和近年来世界范围内本学科的主要社会活动，多彩展现当代世界社会主义研究的丰硕成果。

该书以前沿性、开放性和包容性的视野，开辟了马克思主义回归（社会主义经典文献解读）、当代资本主义纵横、世界左翼运动现状、社会主义新论、社会民主

---

*　李慎明：中国社会科学院世界社会主义研究中心主任，研究员，博士生导师。

**　潘世伟：上海社会科学院党委书记，教授，博士生导师；徐觉哉：上海社会科学院国外社会主义研究中心研究员，博士生导师。

主义面临挑战、苏东剧变 20 周年反思、政党变革与创新、社会主义思想史新探、国外"中国模式"研究、历史文档解密等10 个专题，以及中东欧部分社会主义政党党纲辑录、新书博览、刊物和网站一览、大事记 4 篇附录，既有传统研究，也有对新领域的开拓，形成了广阔的学科覆盖，适应了不同读者层的需求。

全书以当代世界共产党的科学社会主义为主线，又兼顾到在当代世界很有影响的社会党的民主社会主义和其他左翼思潮、左翼运动，综合论述了世界社会主义的重大历史和现实问题以及一些具体问题。

（供稿：荀寿潇）

【世界社会主义重大历史与现实问题研究丛书】

吴恩远主编，中国社会科学出版社2013 年版

该丛书是中国社会科学院 A 类重大课题的最终成果，分为《十九世纪国际共运历史与理论问题》《苏联社会主义研究》《欧洲社会主义研究》《亚太和拉美社会主义研究》四卷。全面总结和分析了国际共运史及世界社会主义历史与现实问题，拓展了世界社会主义的研究领域。

《十九世纪国际共运历史与理论问题》按照历史逻辑对 19 世纪的工人运动、马克思主义的兴起、第一国际和第二国际的实践活动进行了梳理，从理论方面对马克思主义、无政府主义理论、改良主义的社会主义理论与伯恩施坦修正主义进行了阐释与总结。

《苏联社会主义研究》利用国内外有关最新研究成果和最新资料，对十月社会主义革命的必然性、新经济政策的实施与中断、苏联工业化、苏共二十大、戈尔巴乔夫与苏联解体等有关苏联社会主义建设与国际共产主义运动的重大问题加以阐释和评述。

《欧洲社会主义研究》分析了苏东剧变以来，尤其是 21 世纪以来独联体和欧洲地区共产党和左翼学者的组织变迁，通过对大量一手资料的分析，得出了苏东社会主义遭遇的挫折为共产党人重新认识社会主义、探索社会主义新的发展路径创造了契机等结论。

《亚太和拉美社会主义研究》分别探讨越南、老挝、朝鲜、古巴、巴西、智利、美国、加拿大、日本、澳大利亚等国家对社会主义运动中的理论与现实问题的研究，对社会主义模式的研究，对超越资本主义力量、形式与方法的研究。

（供稿：康晏如）

【当代资本主义阶段性发展与世界巨变】

李 琮[*]著，社会科学文献出版社2013 年版

该书系全国哲学社会科学规划办公室设立《国家哲学社会科学成果文库》的入选成果。全书运用历史和逻辑相统一的方法，全面系统地研究了当代资本主义的新阶段和新发展问题。

该书首先重点对第二次世界大战后资本主义从一般垄断转变为国家垄断，又从国家垄断转变到国际垄断的必然性及其内部根源和外部条件等进行了阐述，并对这两个阶段的基本特征进行详尽阐述和具体分析，还对各阶段的主流经济思想和政策实践进行评析。然后，该书对 2008 年以来的国际金融危机和经济危机进行了分析和论述，对后危机时期西方国家经济问题

* 李琮：中国社会科学院世界经济与政治研究所研究员。

和前景进行了揭示与预测，重点探讨了资本主义阶段性转变与经济长波问题之间的相关理论，认为资本主义经济长波与资本主义阶段性转变有着内在关联，由此推定本次全球性危机是资本主义长周期的增长期转入下降期的特点，是资本主义从国际垄断向下一个阶段转变的转折点，并把它看作是国际垄断资本主义的经济增长期走到尽头，开始向又一新阶段转变的标志。最后，该书深刻阐述当今世界巨变的基本特征，包括美国霸权的衰落和新兴国家的崛起，世界矛盾、世界格局、世界重心、世界秩序的深刻变化以及资本主义和世界的未来走向。

（供稿：张福军）

【斯大林的战争】

　　［英］杰弗里·罗伯茨*著，李晓江译，社会科学文献出版社 2013 年版

　　该书利用新近公开的档案资料，系统梳理并分析了苏德互不侵犯条约、战争初期苏联的失利、斯大林在战争中的领袖作用、战争期间斯大林与西方的外交博弈、"伟大的同盟"的形成和发展、斯大林与冷战的源起、战后斯大林的国内外政策等历史事件，详细再现了斯大林从二战爆发直至去世时的领袖作用。作者较为客观地评价斯大林的作用与形象，给予斯大林比较积极中肯的评价并得出以下结论：（1）斯大林在二战中的作用非常重大且无与伦比。尽管他也犯过错误，但是若没有他的领导，对德国纳粹的战争可能会输掉，丘吉尔、希特勒、墨索里尼和罗斯福作为军事领袖都是可以替代的，唯独斯大林不可替代；（2）斯大林努力促成了"伟大的同盟"，而且希望它在战后继续存在下去。尽管他所采取的政策措施对冷战的爆发起到了推波助澜的作用，但这并不是他的本意，他也曾努力重新缓解与西方的关系；（3）在战后，苏联国内的体制与战前有很大不同，其强制性减弱了，民族主义色彩加强了，这是一种向后斯大林时代相对宽松的社会政治秩序过渡的体制。

　　作者认为，尽管赫鲁晓夫和戈尔巴乔夫分别于 20 世纪 50 年代和 80 年代先后两次掀起了对斯大林批判的高潮，但斯大林在俄罗斯的声誉并没有沦落到与希特勒同等的地步；相反，在普京上台后俄罗斯社会对斯大林的关注度前所未有，其声望不断攀升。而在西方，对斯大林的态度也呈现出相同的轨迹。

（供稿：康晏如）

---

　　*　［英］杰弗里·罗伯茨：英国皇家历史学会会士，科克大学历史学教授。

中国近现代史基本问题

【中共中央文件选集 (1949—1966)】

中央档案馆、中共中央文献研究室编，人民出版社 2013 年版

全书按照文件形成时间编排，选收了 1949 年 10 月至 1966 年 5 月期间，以中共中央名义发出的重要文件 4569 件，共分 50 册，约 1600 万字。其中包括中共中央政治局、中共中央书记处、中共中央重要会议等作出的决议、决定、指示、通知、电文等，以及中共中央与其他机构联合发出的文件，部分与中央文件有直接关系的文电作为附件一并收入。这些档案文献多数是第一次公开发表。中华人民共和国成立至"文化大革命"前夕，是我国基本完成社会主义改造并开始全面建设社会主义的重要时期。公开出版这一时期具有权威性的档案文献选集，将推动党的思想理论建设，使广大党员和人民群众了解党领导全国各族人民进行社会主义革命和建设的历史，从中吸取经验教训，坚定社会主义信念，为不断夺取中国特色社会主义建设新胜利而努力奋斗。

（供稿：陈志刚）

【实录毛泽东 (1893—1976)】

李　捷　于俊道[*]主编，长征出版社 2013 年版

本书共四卷，226 万字，是最全面的毛泽东传记版本。本书精选了毛泽东的老师、同学、战友、身边工作人员、亲属以及外国领导人、驻华大使等 273 人的回忆，全面、客观、翔实地记录了毛泽东的一生。本书对各个时期的重大历史事件都有详细深刻的记录，从历史背景、内中原委、事实真相，以及当事人的亲身感受等方面作了客观生动的回忆，寓意深远。第 1 卷，由周恩来、李立三、蔡和森、陈潭秋、萧三、毛宇居、杨昌济、李维汉、罗章龙等人讲述 1893—1927 年毛泽东在求学、参军、创办新民学会、推行湖南自治、参与建党、领导工人运动、在国民党中任职、研究农民运动、经历大革命失败等事件。第 2 卷，由谭震林、徐海东、胡乔木、埃德加·斯诺、杨成武、习仲勋、程子华、何长工等人讲述 1927—1945 年毛泽东领导秋收起义、首创农村根据地、指挥反"围剿"、从兵权被夺到重掌兵权、引领长征、延安休养整风等事件。第 3 卷，由刘伯承、徐向前、聂荣臻、粟裕、陈赓、杨尚昆、薄一波、伍修权、李银桥、师哲等人讲述 1945—1956 年毛泽东到重庆谈判、统筹解放战争、建立新中国、出访前苏联、调整工商业、发起"三反""五反"、发起农业改革等事件。第 4 卷，由陈云、彭德怀、李锐、张玉凤、赫鲁晓夫、米丘诺维奇等人讲述 1956—

---

* 李捷：中国社会科学院副院长，当代中国研究所所长；于俊道：中共中央文献出版社编辑一部主任。

1976 年毛泽东开展整风、反右、发动"大跃进"、召开庐山会议、与前苏联决裂、重提阶级斗争、发动"文革"、与尼克松握手、重病的日子等事件。

（供稿：陈志刚）

【学习习近平总书记重要讲话】

何毅亭[*]著，人民出版社 2013 年版

本书由著名党建专家何毅亭撰写。本书紧密配合党的群众路线教育实践活动，从"中国梦"、中国特色社会主义、科学发展、依法治国、改革开放、党的建设、军队建设、外交战略、政治纪律等 10 个方面，对党的十八大以来习近平总书记一系列重要讲话的丰富内涵、精神实质进行了深刻、系统的阐释，有助于广大党员和干部全面准确地学习领会以习近平同志为总书记的党中央治国理政理念，统一思想共识，更好地推进各项工作，是党的群众路线教育实践活动中党员干部的重要辅助读物。本书是作者学习习近平总书记重要讲话的心得体会，曾先后发表于 2013 年 7 月 8 日至 29 日的《光明日报》"光明专论"。

（供稿：陈志刚）

【中国近现代史基本问题研究】

张海鹏[**]著，中国社会科学出版社 2013 年版

《中国近现代史基本问题研究》是张海鹏研究员 2006 年当选为中国社会科学院学部委员后的论文专题汇编，是中国社会科学院学部委员专题文集的一种。该书汇集了张海鹏教授对中国近代史的一些基本问题的宏观思考，包括中国近代史重大热点问题的思考，近代中国历史发展的主线、本质，中华人民共和国成立的伟大历史意义，近代中国历史发展为什么选择了社会主义道路，如何认识近代中国的反侵略问题，辛亥革命的伟大历史意义，孙中山的民生主义思想，近代中国的爱国主义，新中国成立 60 年来中国近代史研究领域重大理论与方法问题的讨论，马克思主义中国近代史学科体系的确立与发展，如何运用马克思列宁主义，提高宏观史学研究水平，等等。这部文集对于深入了解中国近现代史基本问题研究，推进中国近现代史基本问题研究，具有重要参考价值。

（供稿：龚 云）

【中国共产党群众路线思想史】

罗平汉[***]主编，人民出版社 2013 年版

本书旨在系统全面梳理中国共产党群众路线思想的形成发展历史。全书阐述了群众路线思想的萌芽、初步形成、成熟、延续、曲折、恢复与发展、创新等几个阶段，从思想史的角度对中国共产党群众路线形成与发展过程进行了全方位的研究。虽然目前关于群众工作、党群关系的著述已有不少，但从上述角度对群众路线进行专题研究、并且具有一定分量的成果尚未出现。只有具备群众路线的正确思想，才能树立正确的群众观，产生科学的群众工作方法，团结带领群众为实现革命、建设、改革的各项任务而奋斗。对此进行探讨，对于深化中国共产党群众工作史乃至于中共党史的研究，无疑有着重要意义。

---

[*] 何毅亭，中共中央党校常务副校长。

[**] 张海鹏，中国社会科学院学部委员、中国史学会会长，研究员。

[***] 罗平汉，中共中央党校党史教研部副主任，教授。

同时，这一问题的研究，也有助于提高广大党员干部坚持群众路线的自觉性，对推动即将在全党开展的群众路线教育实践活动亦将产生积极的影响。

（供稿：陈志刚）

思想政治教育

【**问道**——改革开放以来的社会思潮与青年思想政治教育研究】

林　泰[*]著，中国社会科学出版社2013年版

本书系教育部人文社会科学重点研究基地清华大学高校德育研究中心重大项目"改革开放以来的社会思潮与青年思想政治教育研究"的研究成果。全书从总体上把握改革开放以来社会思潮发展演变的历史脉络，探讨改革开放以来社会思潮形成发展的一般规律；把从总体上把握社会思潮的斗争和对个别社会思潮的专章分析相结合，从纷纭复杂的社会思潮中选择若干在改革开放过程中反复出现、事关改革开放方向道路、对人们特别是青年大学生影响较大的社会思潮，分十章从理论上进行分析；把引领社会思潮的理论研究与思想政治教育，特别是高校对青年大学生的思想政治工作的研究相结合，探索用社会主义核心价值体系引领社会思潮的科学内涵和有效途径。全书以改革开放以来的社会思潮与青年思想政治教育研究为主题，对中国特色社会主义理论、道路与否定中国特色社会主义思潮的交锋进行梳理、介绍、分析和评论，努力体现党性和科学性、理论性和可读性、辩论性和资料性的统一，是一部坚持社会主义先进文化前进方向，用社会主义核心价值体系引领社会思潮的力作。

（供稿：李春华）

【**思想政治教育学前沿研究**】

孙其昂[**]著，人民出版社2013年版

本书系教育部人文社会科学研究规划基金项目"思想政治教育现代转型研究"（10YJA710055）资助。在概念性讨论的大背景下，作为一部力图深入理论探讨的著作，该书将思想政治教育作为一级概念，思想政治教育实践、思想政治教育学、思想政治教育学科、思想政治教育环境作为二级概念出现，即对上述对象进行概念上的探讨，重点关注题目的含义、内部关系、历史发展以及需要研究的课题，以揭示它们的内部结构及空间，寻找认识和揭示它们的科学路径——意图把思想政治教育理论探讨从"外部"转向"内部"，着重研究思想政治教育系统自身和思想政治教育概念内部内涵，从而建立思想政治教育的学术基础，并力图促使思想政治教育理论与实践转向当代社会实际存在。在思想政治教育人、思想政治教育本质、思想政治教育基本精神、思想政治教育现代性、思想政治教育现代转型和思想政治教育系统论部分，则试图展现上述论题对于思想政治教育理论与实践的意义，揭示需要阐明的含义、结构、规定、功能以及与

　*　林泰：清华大学马克思主义学院教授，博士生导师。
　**　孙其昂：河海大学马克思主义学院教授，博士生导师。

社会的联系。这种从部分到整体的论述结构，并不妨碍思想政治教育作为整体被研究，因为整体思想政治教育是思想政治教育专门领域和日常思想政治工作的总和，甚至可以说整体思想政治教育是专门思想政治教育嵌入日常生活、社会交往与工作中的体现。

（供稿：朱亦一）

【隐性思想政治教育基本理论研究】

白显良[*]著，人民出版社 2013 年版

本书系教育部人文社会科学研究项目"大学生思想政治教育的隐性实施研究"（批准号：08JC710012）和重庆市哲学社会科学研究项目"隐性思想政治教育的基础理论研究"（批准号：2008—NKS01）资助项目。将隐性思想政治教育作为一个理论命题和学术课题来研究，在思想政治教育学界为时不长，所形成的成果十分有限，主要体现为一些研究论文，其中不少还是借鉴别的学科的研究思路和视角进行研究的。所以，对该领域的研究，还处于探索阶段，整体上基础较为薄弱，不够系统深入。什么是隐性思想政治教育？《隐性思想政治教育基本理论研究》一书立足学科前沿，以隐性思想政治教育为研究主题，以对隐性思想政治教育的认识分歧、定位探讨和内涵界定以及独特品性等环节的把握为前提，通过对隐性思想政治教育的历史考察、隐性思想政治教育的理论支撑、隐性思想政治教育的存在类型、隐性思想政治教育的要素特征、隐性思想政治教育的过程探讨、隐性思想政治教育的运行机制、隐性思想政治教育的实践建设等环节的考察，从

存在形态论的视角而非单从方法论、课程论和资源论的视角对隐性思想政治教育展开了全方位的论述，从而得出结论：隐性思想政治教育是指寓于专门的思想政治教育之外的、于社会实践活动中开展的、不为受教育者焦点关注（甚或不为受教育者明确感知）的一种思想政治教育存在类型。

（供稿：朱亦一）

【当代思想政治教育方法论发展研究】

邹邵清[**]著，人民出版社 2013 年版

思想政治教育方法论是关于思想政治教育方法的理论学说。如何将思想政治教育方法论作为一个整体进行研究，是目前思想政治教育学界的前沿性课题。《当代思想政治教育方法论发展研究》一书，从区分方法和方法论的内涵出发，立足思想政治教育方法与当代思想政治教育方法论的内涵及关系、当代思想政治教育方法论发展的意蕴等问题，深入考察了当代思想政治教育方法论发展的理论基础即马克思、恩格斯关于哲学方法论的思想，列宁关于思想政治教育方法理论的思想，毛泽东、邓小平关于思想政治教育方法理论的思想，江泽民关于新时期思想政治教育方法理论的思想，胡锦涛关于思想政治教育方法理论科学发展的思想，在此基础上，认为在当代思想政治教育方法论发展的实践动力方面，我们要着重关注全球化发展提供的强大外驱力、现代信息技术提供的高新技术动力、改革开放和市场经济赋予的时代驱力、思想政治教育实践活动提供的巨大内驱力等因素对思想政治教育的影响。该书在追溯当代思想

---

　*　白显良：西南大学马克思主义学院教授，硕士生导师。

　**　邹邵清：西南大学马克思主义学院教授。

政治教育方法论发展的历史轨迹的背景下，提出了思想政治教育方法论发展的基本要素、主要原则、主要形态，并指出思想政治教育方法论发展的未来走向是要基于复杂系统论建构思想政治教育方法论的理论体系，是在马克思主义主导下的多元学科方法的融合式发展，是当代思想政治教育方法理论的现代化发展和多样化发展。

（供稿：朱亦一）

【马克思主义利益观视阈中的思想政治教育】

王继全[*]著，浙江大学出版社 2013年版

本书系教育部人文社会科学研究规划基金项目（批准号：11YJA710048）资助。在研究的视角上，目前国内外学者对马克思主义利益观、思想政治教育研究的成果比较丰富，但是，从马克思主义利益观的视角，探究以做好思想政治教育工作为主线而进行的系统研究成果较少。该书认为，马克思、恩格斯没有系统地阐述关于利益问题的专门著作。本着"价值观念冲突的根源必然是利益冲突"的思路，该书结合当前我国思想政治教育面临的新情况、新问题，从马克思主义利益观的视角来研究、探讨做好思想政治教育工作，力图从马克思主义利益观的视角来探索新时期思想政治教育的精神实质、利益驱动以及与构建和谐社会的内在逻辑联系等问题。通过考察马克思主义利益观的历史发展、基本特征、精神实质等基本问题，该书将思想政治教育的基本问题即思想政治教育与人的全面发展、思想政治教育的

内容与价值、思想政治教育与利益冲突和协调等置于马克思主义利益观视阈下给予考察，重点关注马克思主义利益观视阈中的主客体利益关系的调整、思想政治教育的驱动原则、思想政治教育的路径选择等问题。

（供稿：朱亦一）

【思想政治教育话语论】

邱仁富[**]著，上海交通大学出版社2013年版

本书系上海市教育科学研究项目"思想政治教育话语创新研究"（批准号：B12027）研究成果。在当代中国，探讨思想政治教育话语本身的问题已成为思想政治教育理论和实践亟待研究的问题。该书以对思想政治教育话语的理论渊源的追溯为背景，通过对新中国成立以来思想政治教育话语流变的历史考察，加以对比国外思想政治教育话语建设的基本经验及教训，厘定了思想政治教育的话语界定、话语构成等基本范畴。作为思想政治教育学科研究的新兴领域，在继续关注思想政治教育话语的改革创新、体系建构等问题后，作者认为，应建构一种和谐的话语观，为思想政治教育话语发展提供新思维。和谐共生作为一种话语的理想，为思想政治教育话语发展指引方向。和谐共生不仅仅是思想政治教育实践话语的需要，也是思想政治教育话语理论自觉的需要。以上述内容为基础，作者认为，思想政治教育话语是指在一定社会主导意识形态支配下，遵循一定的语言规范、规则和规律，并在特定的话语语境里，思想政治教育活

---

[*] 王继全：浙江理工大学马克思主义学院副教授。

[**] 邱仁富：上海大学社会科学学院讲师。

动过程中的教育者和受教育者用来交往、宣传、灌输、说服，以及描述、解释、评价、建构思想政治教育内容和主体间思想观念、价值取向和行为表征的言语符号系统。

（供稿：朱亦一）

科学无神论

【宗教学讲义】

任继愈*著，国家图书馆出版社2013年版

本书是任继愈先生20世纪80年代在北京大学哲学系宗教学专业讲课的记录。任先生是马克思主义宗教学与无神论学科的奠基人，本书是他关于宗教一般理论的研究成果。全书内容广泛，基本涵盖了宗教学研究的各个方面，揭示了宗教的本质，说明了宗教产生、发展与消亡的规律，论述了宗教与哲学、道德、美学等社会文化形态的关系，乃至原始宗教、佛教、基督教、道教等特定宗教的特点。作者认为，"马克思主义宗教学本质上是一种科学无神论，它是在批判性地总结和继承历史上的无神论的优秀成果的基础上发展起来的。"从这一立场出发，作者指出，宗教以信仰为基础，必然导致蒙昧主义，其本质决定了必然具有欺骗性，并由此引申出其麻痹作用。宗教的愚昧性与欺骗性并不因进入社会主义而改变。我们既要坚定奉行团结宗教人士的政策，又要充分明确宗教的本质，坚持不懈地宣传无神论。马克思主义者对待有神论的愚昧，如同对待贫困一样，不是简单否定和排斥，而是要帮助其"摆脱"——"不仅要脱贫，而且要脱愚"。进行科学无神论的宣传与教育，就是"脱愚"的重要举措之一。本书既表现了作者对于宗教问题的深刻理解和严肃的科学态度，又体现了作者坚定的无神论立场和对神学的严肃批判，对于当前科学无神论学科与马克思主义宗教观研究具有重要的指导意义。

（供稿：杨俊峰）

【马克思主义无神论研究】（第1辑·2011）】

习五一**主编，中国社会科学出版社2013年版

本书是马克思主义专题研究文丛之一，也是国内首部以"马克思主义无神论"为主题的学术论文集。本书分为"特约文稿""科学无神论理论研究""科学无神论宣传教育工作""科学无神论与宗教研究""自然科学与无神论""当代西方无神论思潮""中国无神论思想史研究"以及"破坏性膜拜团体（邪教）研究"8个专题，收录了国内外相关领域学者近年来发表的40篇文章。尽管各篇论文关注的对象与角度有所不同，但都具有相同的立场与信念，都认为：无神论是人类文明和思想的成果，是一种正确积极的思维方式与生活态度；宗教有神论不是人类的本然需求，而是被强加到人类头上的负担与枷锁；我们既要坚持贯彻宗教信仰自由政策，又要大力加强科学无神论的宣传教

---

* 任继愈：国家图书馆名誉馆长，著名哲学家、宗教学家、历史学家。

** 习五一：中国社会科学院马克思主义研究院研究员，中国无神论学会副理事长兼秘书长。

育。针对近年来宗教有神论不断侵入政治、经济、文化教育等社会公共领域的现象，学者们呼吁认真落实"教育与宗教相分离"的法律规定，同时坚定贯彻"共产党员不能信仰宗教"这一基本原则。本书既具有一定的理论深度，又表现出浓厚的现实关怀，是科学无神论学科的最新研究力作。

（供稿：杨俊峰）

【自由意志：用科学为善恶做了断】

〔美〕萨姆·哈里斯*著，欧阳明亮译，浙江人民出版社2013年版

本书作者是美国著名思想家、神经学家，当代西方"无神论四骑士"之一。自由意志是西方哲学史上最重要的概念之一，对人类生活的诸多方面都有着深刻影响。在某种程度上，它构成了现代社会道德观念与法律思想的基础。然而在本书中，作者却以决定论对自由意志的存在做出了否定性回答。他认为，自由意志是一种错觉。我们的意志并非由我们自己决定，而是源自外在的背景因素。这些因素我们既意识不到，也无法控制。因此，人的意志要么是由先决条件所决定，要么是由偶然因素所触发，而无论在哪种情形之下，人都无法对此负责。在作者看来，放弃自由意志的信念可以让我们更自由，可以更自如地操控自己的人生。人的行为由其生理基因与成长环境决定，因而罪恶不过是"一种类似影响不良的疾病"，而"道德本身就掺杂着运气的成分"。本书立论极具挑战性，代表了当代西方新无神论思潮中的一种观点。应当说，这种观点争议甚大，作者的论证也并非无懈可击。不过，作者揭示的信念，即科学不但可以，而且更应当成为道德问题的准则，科学可以为人类设立新的价值观，带领我们走向真正幸福的生活，体现了科学无神论者普遍的价值诉求。

（供稿：杨俊峰）

---

* 〔美〕萨姆·哈里斯：美国斯坦福大学哲学学士，加州大学洛杉矶分校神经学博士，畅销书作家，著名无神论者。

第七篇

课题概览

2013 年度国家哲学社会科学基金课题简介（部分）

【中国特色社会主义协商民主制度研究（重点项目）】

江苏省委党校法政部　布成良

研究意义：中国特色的协商民主，是马克思主义民主理论与中国国情相结合的产物，是中国共产党在领导革命和建设过程中的伟大创造。本研究不是套用西方协商民主理论，而是确立自身的理论和实践逻辑，构建社会主义协商民主理论和制度。实践上，中国结构多元、目标一致的协商民主，既体现了民主的内在特质和社会主义的追求指向，又创造了一种以选举民主和协商民主相辅相成的民主实现形式和新型的执政方式，总结中国非对称性多党合作的民主执政经验，必将有利于实现决策的科学化和民主化，有利于扩大公民有序政治参与，有利于促进社会和谐稳定。

研究内容：中国自古以来就走着不同于西方的道路，未来发展也不会照搬西方民主制度。中国式民主不仅关注民主理念，更关注组织和制度安排。中国的协商民主内生于人民民主的共和体制，具有鲜明的民族特色。主要内容有：

1. 中西方协商民主之异同。对 Deliberative Democracy 学术界无统一定义，本研究从协商民主的一般理论，对协商民主的内涵、特征、向度演绎予以界定，并从选举民主与协商民主、中西方协商民主的比较视角进行研究，认为：中西方的选举民主、代议制民主发展程度和路径不同，因而二者面临的环境和任务不同，协商民主在中国处于整个民主制度的基础地位，是中国特色社会主义民主政治的重要特色；西方协商民主的核心原则具有共通性，对于中国协商民主发展有借鉴意义。

2. 中国协商民主制度安排和实践形式。当下中国，中国共产党把"人民当家作主"的民主古老话语赋予新的含义，通过政治体系结构和组织方式的调整，推动民主执政的体制和方式创新，拓展政治发展的有效空间。本研究以江苏等省域民主协商的实践为例，实证研究中国协商民主的问题和对策，以培育公民的民主意识，完善民主制度。

3. 推进协商民主广泛、多层、制度化发展。健全社会主义协商民主制度，必须推进政治改革，不断完善政治协商、民主监督、参政议政制度，建立和完善专题协商、对口协商、界别协商等工作机制，建立和完善市政决策、市政管理的民主协商机制，提高决策的科学化、民主化程度。

4. 中国式民主发展道路。改革开放成功开辟了中国特色社会主义政治发展道路，为实现最广泛的人民民主确立了正确方向。中国式民主之路，既不能脱离世界文明之外，又必须从中国国情出发，是在借鉴西方式民主基础上，在自由式民主和传统社会主义民主的变革中间探求的一种公民、组织、国家之间和谐共进的民主发展之路。

研究特色：坚持辩证唯物主义和历史唯物主义的根本方法，采取历史和逻辑相统一、理论和现实相结合的方法研究中国式民主制度的特点和路径，基本思路是，从民主思想文化渊源和中华民族兼容并蓄的优秀文化传统及革命历史传统中发掘中国协商民主的理论资源，从民主过程视角分析中国协商民主制度的结构和功能，坚持人民主体地位，用中国改革创新的实践经验对比、反思、补充西方自由民主制度，相互借鉴，取长补短，拓展中国式民主的发展空间，在世界文明多样性、发展道路多样化中推动人类文明进步。

1. 社会主义协商民主的中国特色。鲜明特色缘于其生长的社会主义制度和中国文化传统，中国政治协商制度，经历了一个从统一战线组织到一种基本政治制度的过程，丰富了中国特色社会主义民主政治的实践形式。但当下的人民政协组织承担了许多统战功能，弱化了政治协商职能作用，且在某些深层次问题上存在着冲突。本研究探讨增强协商主体的代表性、包容性，并提出协商民主制度化的对策建议。

2. 澄清理论研究的"误读"。中国民主政治的丰富性和当代社会的差异性，决定了协商民主形式和类型的多样性。当下理论界存在两个误区：一是协商民主是对选举民主的超越，不适宜中国；二是中国在协商民主的实践中走在西方的前头。中国协商民主制度与西方协商民主既有联系又有区别，我们既要借鉴西方协商民主理论，更要运用马克思主义立场分析研究，以推进当代中国协商民主制度化发展。

3. 坚持实质研究。传统研究方法比较单一，较少把协商民主作为一个系统进行动态研究，本研究采用三层次分析法，对民主协商的主体、客体，结构、功能、过程、结果等进行系统分析，并以江苏的市、县实然分析为基础，借鉴西方协商民

主的理论和实践成果，研究当代中国民主协商的形式，从而使研究成果更有现实针对性和生命力。

【思想政治教育环境变化与创新体系构建（重点项目）】

东北师范大学马克思主义学部（院）李忠军

研究意义：（1）理论意义：本研究追问环境变化与思想政治教育体系创新之间的理论关系，挖掘理论建设核心点位，拓展思想政治教育研究论域，创新研究范式和理论进路，澄明思想政治教育创新发展前提理论问题，为思想政治教育学科发展和理论建设创设条件、指明方向、规划路径。（2）实践意义：本研究对分散、杂糅的思想政治教育要素进行检视和整合，从全国一盘棋宏观整体视角出发，构建包括目标内容体系、方法体系、制度体系、队伍体系等子系统，建立一套适应当前环境变化与未来环境发展的思想政治教育工作体系，为党在新时期进一步加强和创新思想政治工作提供基本思路、实践范式、体系建构等方面的学理参考。

研究内容：（1）思想政治教育环境变化与创新体系构建的前提理论问题研究，探讨思想政治教育环境变化相关理论，把握思想政治教育创新体系内涵，以及两者互动内在关系机理。（2）思想政治教育环境变化及其对创新体系构建影响的实证研究。从历史视角和现实视角考察环境变化对思想政治教育体系发展的影响，从以高校为主的现实情况调查把握思想政治教育体系的宏观和微观状况，运用解释结构模型（ISM）分析思想政治教育主体的思想变化情况、体系创建的主要问题。（3）思想政治教育创新体系建构的关键点位研究。从理念突破、目标调整、内容整合、方法转换、制度完善、管理优化、队伍培养等几个方面，对思想政治教育工作体系

创新的方向性和可行性进行整体布局。
（4）思想政治教育创新体系构建比较研究。拓展研究视角，总结梳理国外思想政治教育的体系模式，进而丰富我国思想政治教育体系创新的思路和方法。

研究创新：立足于时代新变化、国情新发展与执政新要求，运用马克思主义环境论、思想政治教育环境理论以及现代系统论，将思想政治教育的发展置于中国特色社会主义建设的伟大历史进程中进行整体审视和系统考察：一是整体把握环境变化与思想政治教育的内在关联，为思想政治教育新体系构建提供理论前提；二是创新构建符合当代环境变化需要并具有现代性、科学性、开放性的思想政治教育体系，为新形势下思想政治教育理论与实践创新提供基础性支持；三是厘清和优化思想政治功能，充分发挥其在主流意识形态建设、促进人的全面发展等方面的重要作用。

【中国共产党执政道路与实现"中国梦"研究（重点项目）】

湖南师范大学公共管理学院　吴家庆

研究意义：从理论上看，中国共产党的执政道路涉及加强党的建设中带有全局性的重大问题，从根本上影响着党的建设科学化水平，因此，本研究有助于深化中国共产党建设研究。同时，政党的执政道路问题也是马克思主义执政理论中重大而全新的命题，中国共产党在执政过程中首先面临着"为谁执政、靠谁执政、如何执政"的问题，只有根据本国国情和时代变化选择和创新中国共产党的执政道路，才能解决好党沿着正确方向"如何执政"的问题，对中国共产党执政道路的探讨和提炼，对于深化马克思主义执政理论研究具有重大的理论意义。

从实践上看，本研究有助于增强中国共产党的政治权威，坚定中国人民在中国共产党领导下走中国特色社会主义道路、实现"中国梦"的道路自信、理论自信和制度自信。习近平同志在参观《复兴之路》展览时指出，"中国梦"的实质就是中华民族伟大复兴，并告诫全党同志要承担起历史使命，朝着中华民族伟大复兴的目标奋勇前进。因此，对中国共产党执政道路和"中国梦"的研究，不但有助于树立全体中国人民的道路自信，而且将会极大地增强中国共产党的凝聚力、号召力，增强中国各族人民在中国共产党领导下实现中华民族伟大复兴、国家富强和人民共同富裕的自觉性。

研究内容：（1）"执政道路"与"中国梦"的内涵。中国共产党的执政道路就是中国共产党在马克思主义指导下，立足基本国情，遵循执政规律，贯彻执政宗旨，制定执政目标，完善执政方式，谋划执政方略，最终实现党的执政使命。中国共产党执政道路的重要目标指向之一就是"中国梦"。（2）中国共产党的执政道路对于实现"中国梦"的重要意义。中国共产党是中国唯一合法的执政党，是中国特色社会主义事业的领导核心，"中国梦"能否实现，关键在党，从根本上取决于党的领导和执政。历史证明，道路决定未来、决定命运，奋斗目标能否实现，首先取决于走什么样的路。（3）中国共产党执政道路的理论依据。从马克思恩格斯到马克思主义中国化的最新成果，有关党的建党学说以及关于无产阶级政党夺取政权后国家建设的原则性论述，涉及了无产阶级政党选择什么样的执政道路、如何巩固和建设人民政权、如何通过无产阶级政党的执政推动社会发展并实现人民美好的"梦想"等诸多问题，包含了丰富的执政思想，对马克思主义政党开辟本国特色执政道路、实现人民梦想具有重要的指导意义，对此，必须进行认真梳理。（4）中国共产党为实现"中国梦"开辟执政道路的历程和经验。国家富强、民族复兴、人民幸福的"中国梦",是中国共产党坚定而执着的执政追求。回顾党开辟中国特色执政道路的历程并总结相应的历史经验,为坚持和完善中国特色执政道路、实现"中国梦"增强理论自信和实践自觉。(5)苏共、美国两党、欧洲主要执政党不同执政道路的选择与苏联梦、美国梦、欧洲梦之比较研究及启示。国外的苏联梦、美国梦、欧洲梦在世界上具有较大影响,为实现这些梦想的政党执政道路也颇具研究价值。(6)中国共产党执政道路面临的挑战。21世纪以来,世情、国情、党情发生了深刻变化。在世情、国情、党情发生深刻变化的背景下,中国共产党继续坚持和创新中国特色执政道路面临着多方面的挑战,极大地考验着中国共产党坚持中国特色执政道路的道路自信、理论自信、制度自信,也在很大程度上决定着"中国梦"能否顺利实现。对此,必须进行深入的分析。(7)中国共产党创新执政道路和实现"中国梦"的主要措施。从根本上说,"中国梦"能否顺利实现取决于中国共产党能否坚持和继续创新中国特色执政道路,而坚持和创新中国特色执政道路,归根到底是要在马克思主义指导下,根据政党政治的基本规律和中国实践的发展变化,实现科学执政、民主执政、依法执政。

研究创新:一是研究视角新。学界对"中国梦"的既有研究主要从民生、外交等角度展开,本研究紧紧抓住实现"中国梦"的必由之路即中国共产党的执政道路,并将实现"中国梦"同实现美国梦、苏联梦、欧洲梦的政党执政道路进行比较,具有新的研究视角和更为宏大的研究视野。二是研究内容新。学界对中国共产党执政道路的研究成果很少,而"中国梦"是最近才提出的,相关的研究更少。三是理论观点新。通过对各国政党执政道路以及人民梦想的比较,提出"中国梦"

是集体主义与个人自由相结合、民族梦想与个人奋斗相融合的追求,"中国梦"只有通过中国共产党正确的执政道路才能实现,而中国共产党的执政道路指的是中国共产党"科学执政、发展中国特色社会主义"的方略。

【中国社会价值观变迁历程研究(重点项目)】

中国人民大学马克思主义学院　邱吉

研究意义:继党的十六届六中全会党提出建设社会主义核心价值体系的重大战略之后,党的十八大报告又将社会主义核心价值观概括为:"富强、民主、文明、和谐、自由、平等、公正、法治、爱国、敬业、诚信、友善"。建设社会主义核心价值体系和培育社会主义核心价值观,是我们党在思想文化建设上的重大理论创新和重大战略任务,对于巩固马克思主义指导地位,巩固中国特色社会主义共同理想,巩固全党全国各族人民团结奋斗的共同思想基础,具有重大现实意义和深远历史意义。其理论价值在于:有助于推动当代中国马克思主义大众化,使当代中国马克思主义被人民群众理解、接受,使人民更好地用马克思主义武装头脑、指导实践;有助于人们牢固树立中国特色社会主义共同理想,形成全体社会成员的共同价值追求和目标,促进中华民族的凝聚力和创新力;有助于中国社会的道德体系建设,为社会成员判断行为善恶、做出道德选择提供价值标准。其现实意义在于:有助于推动社会主义核心价值体系及核心价值观内涵的丰富和完善,不断吸收人类创造的各种优秀思想文化成果;有助于形成新的价值观研究方法,使理论、实践、历史、政策相统一,研究的视角更加丰富;有助于推进新时期思想政治工作方法研究,探索出更贴近群众、贴近实际、贴近生活的思想政治工作的有效路径。

研究内容：（1）理论篇：中国社会核心价值观的基本理论研究。通过历史梳理和对社会主义核心价值观研究理论的整体分析，提炼出中国社会传统核心价值观与社会主义核心价值体系基本范畴、特征、内容等，继而讨论建设社会主义核心价值观的重大历史意义和现实功能。（2）历史篇：中国社会核心价值观变迁的史实梳理和规律提炼。通过分析价值观从儒学到马克思主义的变迁，总结提炼价值观变迁的基本规律。一是总结中国传统价值观以"儒家为主、道佛为辅"的生成、巩固、发展和衰落过程；二是讨论近代中国社会价值观如何实现了向马克思主义价值观的转身；三是分析现代中国，尤其是改革开放以来，如何形成了多元价值观并存的文化结构；四是在对中国古代、近代和现代社会价值观变迁轨迹、节奏，面对新生价值观的态度以及价值观的传播机制分析的基础上，厘清中国社会核心价值观建设的基本规律，并将其借鉴到当前社会核心价值观的建设上来。（3）实践篇：对当前中国社会价值观建设的主要问题及思路的研究。一是系统梳理当前中国社会价值观建设面临的主要问题和挑战；二是探索如何将我国传统文化中的优秀价值观和西方社会中的合理价值理念补充、融入到新时期社会主义价值观内涵认知的建设中；三是从学理、政策、法律和实践等方面探索运用市场机制提升社会主义主流价值观有效传播的可行性，丰富和拓展价值观的传播路向。

研究特色：第一，通过历史梳理和理论分析，提炼中国社会传统核心价值观与社会主义核心价值体系基本范畴、内容及层次以及两者之间的关系。第二，通过横向视野比较，凸显社会主义核心价值观在全球一体化发展中的地位和作用。对中国社会核心价值观变迁进行全景式描摹与梳理，阐述中国社会核心价值体系经历了从儒学到马克思主义的漫长演化过程，并从其变迁轨迹、节奏，中国文化面对新生价值观的心态等方面，探讨隐含其中的中国社会核心价值观的基本规律。第三，运用传播学理论，结合市场规律、新媒体技术，借鉴西方经验和近年我国商业运作模式中的成功范例，探讨符合人性、符合时代、符合制度要求、易于操作的传播方式，拓展社会主义核心价值观建设的重要手段和新思路。

【马克思主义基本原理的学科对象与理论体系（重点项目）**】**

北京大学马克思主义学院 孙熙国

研究意义：学科对象是一个学科存在和发展的基本依据。当我们还不清楚某一学科的研究对象、研究领域与研究范围时，系统自觉的学科建设也就无从谈起。在马克思主义理论一级学科的内在结构中，马克思主义基本原理居于核心和基础地位，确立马克思主义基本原理的学科对象和理论体系，不仅仅是马克思主义基本原理二级学科发展的当务之急，更是马克思主义理论一级学科建设迫在眉睫的重要问题。

研究内容、思路：马克思主义理论作为一个一级学科出现以来，一直困扰我们的一个重要问题是：马克思主义基本原理同哲学的二级学科马克思主义哲学、理论经济学的二级学科政治经济学、政治学的二级学科科学社会主义和国际共运的区别何在。如果只是简单地说，马克思主义基本原理是从整体上对马克思主义的研究和把握，马哲、政经和科社是从具体内容上对马克思主义做出的研究和把握，问题依然无法得到解决。问题的关键在于，如何开展马克思主义基本原理的整体研究。对此，同仁已经进行了一些富有建设意义的思考和研究，取得了较大的成果。但是，马克思主义基本原理的学科对象和理论体系之间的关系这一涉及马克思主义理论学科的根本问题，并没有从根本上解决。

因此，应明确地把马克思主义基本原理的学科对象界定为：关于无产阶级和人类解放的科学。马恩所说的无产阶级实际上就是"劳动者"的代名词，因此，马克思主义基本原理的学科对象可以简称为：如何实现劳动者解放的科学，或如何实现人民群众解放的科学。如何围绕这一对象进行教学和研究，如何在马克思主义原理教学和研究中充分体现这一主题，这是本研究试图回答和解决的问题。

研究创新：关于马克思主义的学科对象，现有的教材只是在《绪论》中讲马克思主义是关于无产阶级和人类解放的科学，在绪论后面讲马哲、政经和科社的具体章节中，无产阶级和人类解放的主题就看不到了。如何在整个马克思主义基本原理中充分体现这一主题，是本研究着力突破的重点和难点。根据恩格斯在《社会主义从空想到科学的发展》中的论述，我们把马克思主义基本原理的科学体系概括为实现"三个解放"和做"三个主人"的理论，即摆脱自然界的压迫，把人从自然的束缚下解放出来，做自然的主人；摆脱社会的压迫，把人从社会的束缚下解放出来，做社会的主人；摆脱思想的压迫，实现思想的解放，做人自身的主人。马克思主义的自然观实际上就是让我们如何正确看待自然，摆脱自然的奴役和压迫，使人"成为自然界的主人"；马克思主义历史观和政治经济学就是让我们如何正确看待社会，如何正确看待资本主义社会，摆脱社会的奴役和压迫，使人成为"自己的社会结合的主人"；马克思主义的人学观和认识论就是让人正确认识人自身，认识人的精神、本质、价值和作用，认识人的认识

的产生和发展规律，从而摆脱自己对自己的束缚和压迫，使人"成为自身的主人——自由的人"。实现人民群众的自由、发展和解放，是马克思主义基本原理的一以贯之之道。围绕如何实现"三个解放""做三个主人"，构成了马克思主义基本原理的整体架构和理论体系。

【提高国民逻辑素质的理论与实践探索（重点项目）】

中国社会科学院哲学研究所　杜国平

研究意义：要实现中华民族的伟大复兴，最为根本的途径之一是提高国民素质，而逻辑素质毫无疑问是国民素质的核心构成要素之一。为了提高我国的科技实力和综合国力，迫切需要对国民加强逻辑素质的训练，需要对逻辑素质训练与创新型人才培养之间的关系进行深入的研究和探讨，需要构建符合我国国民具体情况的逻辑素质训练与创新型人才培养体系。进行提高国民逻辑素质的理论和实践探索的研究，从近处讲，可以充分发挥逻辑学的社会、文化功能，提高国民的基本素质；从长远看，甚至可以说对于实现中华民族的伟大复兴意义重大。

欧美在逻辑素质教育的理论和实践研究方面源远流长，至少早在古希腊时代，柏拉图、亚里士多德等就已经非常强调逻辑素质培养对于人的重要性。历时二千余年，西方无论是在理论层面还是在实践层面都形成了完整的体系，特别是到现代又开展了更加深入、更加系统的研究。今天，欧美国家从小学直至大学形成了一整套完整的逻辑素质教育体系。

而我国长期以来对于国民逻辑素质的培养不够重视，相应的理论研究和实践探索进行得也极不充分。经过逻辑学界部分专家学者的长期努力，最近这种情况已经有所改观，在清华大学、浙江大学、南京大学、西安交通大学、中国科学技术大

学、中国人民大学、上海交通大学七所高校的"2013高水平大学自主选拔学业能力测试"（简称"AAA测试"）中，以"数学与逻辑"作为所有考生的必考科目，这显示对于学生逻辑素质的测评已经引起了我国教育界高度重视。

针对我国的教育传统和现状，迫切需要调查、了解我国国民逻辑素质的基本情况，构建符合我国国民情况的逻辑素质教育体系，为国家制定素质教育方针提供决策依据；为全面提升国民素质和综合国力提供理论和实践依据。

研究内容：探讨如何对国民的逻辑素质进行测量和评价；对我国国民的逻辑思维情况进行全面的调研，掌握国民的逻辑思维的基本特征；研究西方逻辑素质教育的理论和实践，探讨西方逻辑素质教育与创新能力、综合国力的关系；建构提高国民逻辑素质的基本方案；借鉴西方逻辑素质教育的理论和培养体系，为我国中长期教育改革规划提供逻辑素质教育的理论根据和对策报告。

研究创新：系统地进行提高国民逻辑素质的理论与实践探索，在国内尚属首次；以统计学的方法进行逻辑素质的测评研究，将理论和技术进行有机的结合；将理论研究与实践探索相结合，为提高国民逻辑素质提供可操作的具体路径。

【历史唯物主义超越"西方中心论"的逻辑和方法(重点项目)】

浙江师范大学马克思主义与全球化研究中心 叶险明

研究意义：研究"历史唯物主义超越'西方中心论'的逻辑和方法"，是一个基于哲学历史观层面的跨学科的重大课题。"历史唯物主义超越'西方中心论'的逻辑和方法"蕴含于马克思主义哲学和马克思主义理论的方方面面，在很大程度上决定了马克思主义哲学和马克思主义理论的

存在和发展形态，从而也很大程度上决定了马克思主义中国化的存在和发展形态。这一研究不仅有助于从全新的视角理解历史唯物主义，从整体上带动马克思主义哲学和整个马克思主义理论的研究，推进马克思主义哲学和马克思主义中国化的发展，而且对当代整个中国哲学社会科学构建具有自己特色并适应时代发展的话语系统也具有重要的启示意义。此外，本研究还有助于在方法论上澄清全球化背景下的重大理论是非问题，并为在全球化背景下发展中国特色社会主义现代化事业提供重要的理论参考。

研究内容：把对"历史唯物主义超越'西方中心论'的逻辑和方法"的当代构建与从时代高度坚持、丰富和发展马克思主义哲学有机统一起来，为此，在充分掌握学界已有的相关成果基础上，研究内容主要包括：马克思对各种类型"西方中心论"的批判在创立和发展马克思主义哲学过程中的地位和作用；马克思对"西方中心论"批判过程的阶段性；马克思对"西方中心论"批判的政治经济学批判、历史学批判和社会主义批判的蕴含；"历史唯物主义超越'西方中心论'的逻辑和方法"是马克思主义哲学和马克思主义理论一以贯之的基本逻辑和方法；世界历史"双重结构"理论，是全方位透视包括"西方中心论"在内的各种历史观上的"中心论"基础上的一种科学的分析框架，也是"历史唯物主义哲学超越'西方中心论'的逻辑和方法"的当代形态的核心；历史唯物主义颠覆包括"西方中心论"在内的任何历史观层面上"中心论"的逻辑和方法的三个相互联系的基本原则（事实评价层面的科学性、价值评价层面的公正性和话语表述层面的包容性）；"历史唯物主义超越'西方中心论'的逻辑和方法"中所蕴含的主客体关系；从"世界历史时间"和"世界历史空间"的视角对"西方

中心论"的批判；超越"西方中心论"的社会历史和思想文化基础；"历史唯物主义超越'西方中心论'的逻辑和方法"的当代构建，为我国人文社会科学形成具有自己特点并适应时代发展的话语形态提供了方法论基础；"历史唯物主义超越'西方中心论'的逻辑和方法"，决定马克思主义哲学和马克思主义理论存在和发展的形态以及中国化的马克思主义理论存在和发展形态；对"历史唯物主义超越'西方中心论'的逻辑和方法"的研究为全面、正确地认识当代全球化和当代中国特色社会主义发展道路提供了重要的理论支撑。

研究创新：一定程度的开创性、创新的系统性和视野的开阔性。一定程度的开创性是指，把对"历史唯物主义超越'西方中心论'的逻辑和方法"的系统研究与从时代的高度坚持、丰富和发展马克思主义哲学（包括提出一系列相关新范畴和新原理，如历史唯物主义的世界历史的"双重结构"原理等）有机统一起来；创新的系统性是指，研究的着眼点是"历史唯物主义超越'西方中心论'的逻辑和方法"的总体结构，并以此为基础构建"历史唯物主义超越'西方中心论'的逻辑和方法"的当代形态；视野的开阔性是指，把对"历史唯物主义超越'西方中心论'的逻辑和方法"的研究与对当代世界和中国的重大问题（如"中国道路""中国经验"和"中国模式"及其与当代世界历史发展的关系问题等）的考察有机统一起来。

【我国城乡居民收入代际传递机制比较研究（重点项目）】

中国社会科学院经济研究所 杨新铭

研究意义：30多年来，除改革初期城乡收入差距出现过短暂缩小外，其余皆呈不断扩大趋势。这说明计划经济体制下所形成的城乡收入差距在市场化进程中不但没有被消除，反而发生了代际转移。当前，"二代"现象愈演愈烈，既反映了社会各界对代际传递问题越来越关注，也反映了社会各阶层日趋固化的现实。显然，单纯依赖市场机制并不能缩小城乡收入差距，缓解不平等的代际传递。这就需要政府出台恰当政策。研究城乡收入演变过程及其在代际间的传递途径与作用程度可以为政策制定提供理论依据。所以，这一研究对破解城乡收入分配"马太效应"、改善收入分配状况、实现共同富裕等具有重要的现实意义和政策导向作用。不仅如此，国际上以家庭为最小单位所进行的收入代际传递研究隐含了社会同质的假设，而处于双重转轨的我国，经济主体所面临的政策、制度环境与社会结构具有明显差异。这意味着，我国收入代际传递具有自身的特殊性。因此，挖掘转轨过程中收入代际传递机制可以丰富相关理论。国内对代际收入传递机制的研究还主要集中在以教育为主的微观因素上，关于政策、制度环境变化对收入代际传递的作用，以及比较研究城乡收入代际弹性和收入代际传递机制的研究文献较少。基于此，结合我国双重转轨特征，比较分析城乡收入代际传递的宏微观机制又具有重要理论价值与现实意义。

研究内容：首先通过定量描绘城乡收入差距与城乡收入代际流动性变化趋势，实证分析城乡收入差距与收入代际流动性的关系，建立从机会公平到结果公平的分析框架。其次，研究城乡收入代际传递机制，具体包括：城乡收入代际传递宏观机制、城乡收入代际传递微观机制。对比城乡收入传递的宏微观机制差异，分析各因素在城乡收入代际传递中的作用，为进一步的对策研究奠定基础。最后，在实证研究基础上，探讨提高城乡居民代际收入流动性，缓解城乡收入差距的对策。

研究特色、创新：（1）将机会均等与结果均等研究统一到一个研究框架下，通过分析城乡收入代际传递机制，探索城乡收入差距持续扩大的微观基础。（2）基于国际研究成果，结合我国经济双重转轨特征，将城乡收入代际传递机制划分为宏观机制和微观机制分别进行实证分析，既符合我国国情，又拓展了收入代际传递的研究范围。（3）以实证研究为基础，从比较经济制度视角，对比分析城乡收入代际传递机制及其异同，为制定恰当的差别化政策奠定基础。（4）从人力资本、物质资本与社会资本三个主要方面，比较分析城乡收入代际传递微观机制。

【深化国有企业改革问题研究（重点项目）】
首都经济贸易大学工商管理学院　戚聿东

研究意义：中国 1979 年启动国企改革，1993 年明确国企改革方向，1999 年提出深化国企改革任务，国企改革始终是经济体制改革的中心环节。21 世纪以来，国企改革在完善市场经济体制目标下深入进行，体制改革与结构调整并进。体制机制上，全国 90％以上国企完成公司制股份制改革，产权日益多元化，治理结构日渐完善，国企内部普遍实行了全员劳动合同制、竞争上岗和以岗位工资为主的工资制度。结构布局上，通过重组，国企户数大幅减少，全国国企从 1993 年 190 780 家减少到 2011 年 144 715 家，央企从 2003 年 196 家减少到 2012 年 116 家。国企更多向经济社会"制高点"集中，优势不断提升，2011 年 67 家国企进入世界 500 强。管理体制上，2003 年成立国资委，在机构上实现了政府公共管理职能和出资人职能的分离，建立了国资监管体制，完善了业绩考核机制，强化了责任追究机制。2002—2011 年，全国国企营业

收入、净利润、税金、资产、净资产，年均增幅分别为 18.5％、23.8％、17.9％、18.8％、17.3％，国企业绩大为改善，改革成效明显。但随着改革进入持久攻坚战阶段，改革动力不足，阻力增大，问题很多，如国有经济规模偏大、范围偏广、行政垄断严重、独资公司居多、公司治理不尽规范、收入分配不尽合理、高管腐败较为严重等。深化国企改革有助于增强企业活力，有助于转变经济发展方式，有助于完善现代企业制度，有助于完善市场经济体制，有助于为经济发展提供持久动力。

研究内容：按照完善市场经济体制和建立现代企业制度的要求，在已有国企改革存量基础上，以体制改革和结构调整为主线，就"深化"做文章。主要内容包括：（1）国企改革的基本经验与未竟使命。总结国企改革 30 多年来的经验和问题，在新的"初始条件"下提出深化国企改革新使命。（2）深化国企改革的顶层设计。界定市场经济体制下国企的性质和职能，对国企总体规模和结构进行定位，系统设计改革模式和路径，进行整体渐进式改革。（3）国企的总体规模、产业结构和产业组织的实证研究。实证研究国企在国民经济中的规模和比重、国企产业结构的演变特征、国企产业组织与绩效的关系，基于国际经验和业绩导向对国企发展定位。（4）深化国企产权结构和治理结构改革。国企母公司多为国有独资，上市公司国有股"一股独大"。需要深化产权改革，推动国企整体上市，走向国有相对控股模式。在治理结构上，总结国企母公司层面董事会的建立和执行情况；分析外部董事占多数并由外部董事任董事长的效果；高管产生渠道与考核机制；党组织发挥作用的途径与机制；民营、外资等战略投资者参与央企治理的障碍和对策；探索债权人介入公司治理的必要性和可行性。（5）垄断性行业国企的运营模式和竞争模式选

择。垄断行业国企的最大问题是行政垄断，为此需对垄断行业进行竞争化改造。竞争化改造应考虑企业运营模式，在竞争效率与规模经济、范围经济之间权衡，研究有效竞争所需要的产业集中度和纵向结合度。垄断行业国企发展的后果在于"五无""四独""三不符"。垄断行业增长很大程度上存在着联合国所指出的五种"有增长无发展"的情况，在产权、治理、竞争、分配上较为普遍地存在着国有独资、独治、独占、独享问题，不符合科学发展观，不符合和谐社会建设要求，不符合转变经济发展方式要求。垄断行业国企改革首要目标是实现垄断行业竞争化改造，塑造5家以上综合运营商的有效竞争模式。(6)深化企业人事、劳动、分配三项内部制度改革。(7)地方性国企改革的特殊问题。分类研究地方性国企改革中的特殊性难题和改革对策。(8)深化国企的管理体制改革。界定国企改革主管机构及其与国资监管部门、国资预算部门、行业规制部门、反垄断部门的关系。

研究特色：(1)以完善的市场经济体制和完善的现代企业制度为参照系，以国企改革离目标的差距作为新初始条件，考虑政府、行业、企业、消费者四个层面，把产权、治理、竞争、运营、价格、规制等内容进行"六位一体"设计，辅之以配套改革和风险防控，设计整体渐进改革方案。(2)坚持分类改革，区分中央企业和地方国企、垄断性行业国企和竞争性行业国企、公益型国企和营利型国企，有针对性地提出深化国企改革方案。

【面向公平正义和共同富裕的政府再分配责任研究(重点项目)】

天津师范大学校党委　史瑞杰

研究意义：公平和正义是实现社会和谐的基本条件，共同富裕是社会主义的本质要求。改革开放三十年来，中国的经济、社会和政治发展都已经取得了巨大的成就，但社会不公、贫富悬殊和利益冲突等方面的问题也日益凸显，成为制约社会和谐和可持续发展的重要挑战，也将是进一步推进和深化改革所要解决的重大问题。

当前我国严重的分配不公问题，已经提出了收入分配体制改革的现实要求。但经济利益的分配不公只是分配性问题的一个方面，权力或权利等非经济性资源的分配格局，不仅直接决定了经济性分配的结果，也是引发分配性问题的重要因素。因此，实现社会的公平正义和共同富裕，不仅需要大力推动收入分配体制改革，更需要推动权力和权利体制的改革和发展。

研究内容：(1)政府再分配责任的理论范畴和基本问题：主要从政治、经济、社会和文化以及现实问题等多个维度来阐释政府再分配的责任。着重梳理公平正义和共同富裕的相关理论和概念，明确研究的问题指向等。(2)政府对市场和社会分配过程的干预及其效应：主要是从中国的经济和社会状况出发，通过对市场和社会政策的分析，来考察政府、市场和社会分配的技术、工具和方法，以及由此产生的分配性后果及其效应。(3)政府再分配责任的实践形态及其实现机制：从具体的分配领域(如收入、教育和社保等)来分析政府再分配责任的制度变迁、实践形态及其实现机制。具体如分配不公的判定和归因、再分配的决策和过程、优先权的确定及其合理化等。(4)建构政府再分配责任的社会场域及其过程：分析各种社会主体在政府再分配责任的建构过程中所扮演着的角色、各自的策略性行动及由此造成的矛盾冲突，以及基于分配问题而形成的政府与市场、个人、社会组织及其相互之间的复杂关系。(5)社会分配体系改革的顶层设计和机制设计：以分配权的改革问题为中心，提出社会分配体系顶层设计、制度变革和机制设计等方面的对策和建议，具体将从限制公共权力、公共资源产权重设、发展公民参与和分配规则设计等方面做出研究。

研究创新：在问题意识上，打通经济、政治和社会各领域的界限，提出分配性问题的概念，将影响公平正义和共同富裕的各种问题都纳入到分配性问题的范畴中来进行研究，从分配的视角来理解和分析当代社会的矛盾冲突，进而推进到对社会权力体系的研究。在研究设计上，不仅从结构和功能的视角反思政府在社会分配体系中的角色、地位和功能，而且从动态的角度分析分配不公问题的形成机制及其过程，并深入分析分配体系中权力演变的轨迹，以及基于分配的社会互动过程及其效应。在理论观点上，指出政府再分配责任是利益驱动、支配冲动、权力博弈和价值选择等多重逻辑的结果；促进收入分配的公平和正义，必须要保障人们维护、捍卫和争取个人权益的合法权力和权利；要想解决为谁分配和谁得到的问题，必须首先解决谁来分配以及谁参与分配的问题。

【国有企业改革与国有资产保护法律问题研究（重点项目）】

中国人民大学法学院　刘俊海

研究意义：《中共中央关于全面深化改革若干重大问题的决定》（以下简称"决定"）既重申"必须毫不动摇巩固和发展公有制经济，坚持公有制主体地位，发挥国有经济主导作用，不断增强国有经济活力、控制力、影响力"，也强调"推动国有企业完善现代企业制度"，"国有企业总体上已经同市场经济相融合，必须适应市场化、国际化新形势，以规范经营决策、资产保值增值、公平参与竞争、提高企业效率、增强企业活力、承担社会责任为重点，进一步深化国有企业改革"。这为全面深化国有企业改革指明了方向。

继续推进国有企业改革是深化经济体制改革的重要内容。要推动大型国有企业公司制股份制改革，大力发展混合所有制经济。要推进国有经济战略性调整和国有企业并购重组，着力培育一批具有国际竞争力的大企业。要完善各类国有资产监督管理制度。要加快解决国有企业的社会负担和历史遗留问题。上述改革问题的破解都需要从公司法与国有资产法的角度，理顺国有企业、国家股东、国资监管机构、国企高管、国企职工、地方政府、非公有制企业与其他利益相关者之间的权利义务关系，进而促进各类市场主体公平竞争与共同发展，进一步增强国有企业的国际竞争力，推动我国国民经济的可持续健康发展。

研究内容：国有企业改革的历史回顾与评价；国有企业公司制改革的根本方向与基本原则；国家股东权的保护；国有企业的外延与界定；国有企业的股权与产权结构；企业国有资产监督管理制度的完善；运用优先股改革国有股的政策建议；国有企业公司制改革中的难点问题；国有企业的法律地位；国有企业公司治理的结构与功能的再调整；国有企业引入商业判断规则的政策建议；国有企业高管的激励机制与约束机制；国有企业高管的法律风险、法律角色与法律思维；国有企业的分红制度与资本预算制度改革；推动大型国有企业公司制股份制改革的法律问题；大力发展混合所有制经济的法律问题；推进国有企业并购重组中的法律问题；国有企业的社会责任；国有企业走出去战略中的法律风险及其防范对策；中华人民共和国在域外被法院确定为国有企业的共同被告的法律对策。作为研究结论，本研究将提出深化国有企业改革与国有资产保护的立法与政策改革建议（含条文、说明、立法理由、立法例）。

研究的核心观点：国有企业要完善现

代企业制度，必须始终坚持公司制改革的大方向；为提升国企核心竞争力，必须推进公司治理体系和治理能力现代化。公司治理不仅是理念，而且是制度与实践。国企良治的六大核心价值观包括公开透明、民主决策、股东主权、股权平等、诚信问责与社会责任。为推动国有企业完善现代企业制度，推进公司治理体系和治理能力现代化，必须夯实全民股东权利。全民股东缺位是国企治理不彰的主要根源。建议夯实"国有企业即全民所有企业"的深刻内涵，明确全民股东的法律地位。建议创新国企利润分配制度，推行面向全民的积极分红政策。建议建立与上市公司相似的国企信息披露制度，赋予全民股东知情权。建议遏制国有资产下沉现象，推行扁平化国企投资政策。建议将竞争性领域的全民股权界定为无表决权优先股，以降低股权行使成本。国企治理必须遵守各类公司治理的核心价值体系，坚决反对"白马非马论"。全民股权的行使应当遵循股权行使的一般法律规则。"管人管事管资产"的说法不符合股权的基本原理。全民股权能否保值增值，取决于股权的行使与保护工作。

【马克思主义反贫困理论中国化的历史进程及基本经验研究】

浙江财经大学思想政治理论课教学与研究部　华正学

研究意义：在人类社会关注并解决贫困问题的理论与实践进程中，马克思主义反贫困理论是对贫困问题的现象和本质、解决贫困问题的方法和途径做出科学完整阐释的学说，自产生至今，对人类消除贫困实践的巨大指导意义有目共睹。中国共产党始终做到了马克思主义反贫困理论的中国化，由此取得了其所领导的消除中国贫困事业的巨大成功。中国共产党推进马克思主义反贫困理论中国化的理论与实践

也由此成为马克思主义中国化研究的重要对象和焦点内容。

本研究的视阈是：第一，从反贫困理论与实践的研究视角入手，可以进一步丰富马克思主义理论和中国特色社会主义理论体系的研究内容。第二，从对马克思主义反贫困理论中国化的历史进程及基本经验切入，可以进一步揭示马克思主义中国化的内在机理和基本规律。第三，通过对马克思主义反贫困理论和中国化的马克思主义反贫困理论的深入研究，可以对当下的中国政府消除贫困的伟大实践提供理论指导和经验借鉴。

研究内容：基于研究视阈的考量，主要确定四个方面的研究内容。

1. 演化机制论：马克思主义反贫困理论为什么要中国化、何以能中国化。马克思主义反贫困理论作为科学揭示贫困问题的本质与根源的科学理论，中国共产党在应用这一理论解决中国贫困问题的过程中为什么要又何以能使之中国化，这是本研究首先要解决的问题。具体而言，各有三个方面的原因：解决中国特有的贫困问题的需要；马克思主义反贫困理论自身发展的内在要求；中国化的马克思主义反贫困理论也需要上升到理论的高度加以认识总结。正是基于对上述三个问题的积极回应，推进了马克思主义反贫困理论的中国化。而马克思主义反贫困理论科学地揭示了消除贫困的基本规律、中国共产党的理性自觉与实践自律，以及中国消除贫困实践对科学理论的内在需求，则构成了马克思主义反贫困理论中国化的内在动力。解放思想，实事求是，与时俱进，求真务实，则成为马克思主义反贫困理论中国化的基本要求。

2. 演化过程论：马克思主义反贫困理论怎样实现中国化。由于马克思主义反贫困理论科学地揭示了消除贫困的基本规律，中国消除贫困的实践与科学理论之间

有着内在的统一和契合，中国共产党在消除贫困的过程中又切实做到了理论自觉与实践自律，所以，1921—1949 年，以争取民族独立、人民解放为目标的新民主主义革命阶段，是马克思主义反贫困理论中国化的最初探索阶段；1949—1978 年，以社会救济式扶贫为主的阶段，是马克思主义反贫困理论中国化的初步实现阶段；1978—1993 年，以体制改革推动和开发式扶贫为主的阶段，是马克思主义反贫困理论中国化的全面确立阶段；1993 年至今，以开发式扶贫攻坚为主的阶段，是马克思主义反贫困理论中国化的创新发展阶段。

3. 演化本体论：马克思主义反贫困理论和中国化的马克思主义反贫困理论的基本内容是什么。显然，中国共产党的反贫困理论直接来源于马克思主义的相关理论。马克思主义反贫困理论是本。它科学地揭示了贫困的根源在于制度，反贫困的主要手段在于发展生产力，反贫困的根本途径在于共同富裕，反贫困的奋斗目标是实现理想的共产主义社会，反贫困的最终目的是实现人的全面发展。中国共产党的反贫困理论是体，是中国共产党人基于政党的本质和中国贫困问题的具体实际对马克思主义反贫困理论的创新发展。其中，毛泽东指出，消除贫困是巩固和发展社会主义制度的基础，要通过革命、运动和赶超的方式消除贫困。邓小平说贫穷不是社会主义，消除贫困是社会主义的本质要求，要通过改革开放发展生产力的方式来消除贫困。江泽民强调，消除贫困是共产党人的根本宗旨，要通过保持先进性、执政为民、发展市场经济来消除贫困。胡锦涛指出，消除贫困是中国特色社会主义的本质属性，要坚持以人为本，通过全面、协调、可持续的科学发展来消除贫困。中国化的马克思主义反贫困理论就是这样，以马克思主义反贫困理论为本，以中国特色为体，是有着鲜明的中国风格、中国气派的马克思主义反贫困理论。

4. 演化价值论：马克思主义反贫困理论中国化的基本经验和实践启示。透过马克思主义反贫困理论中国化的历史进程，我们可以明显地感知到，从工具理性到制度本性是马克思主义反贫困理论中国化的历史轨迹，与时俱进是马克思主义反贫困理论中国化的可贵品格，与中国反贫困的具体实际相结合是马克思主义反贫困理论中国化的基本途径，理论性与现实性、真理性与实践性、普遍性与特殊性、主导性与多样性、继承性与发展性、建设性与批判性、原则性与灵活性、过程性与阶段性、坚定性与探索性和政治性与技术性的有机结合是马克思主义反贫困理论中国化的基本规律。马克思主义反贫困理论中国化必须首先解决为了谁的问题，才能回应反贫困实践合法性的疑问；马克思主义反贫困理论中国化必须确定合理的奋斗目标，才能激发人民群众参与反贫困实践的积极性；马克思主义反贫困理论中国化必须制定科学的行动策略，才能推动反贫困实践切实取得实效；马克思主义反贫困理论中国化必须凝聚方方面面的力量，才能实现反贫困实践效能的最大化；马克思主义反贫困理论中国化必须保持创新开放的态势，才能实现反贫困理论的持续发展。这"五个必须"则是马克思主义反贫困理论中国化的基本经验。

研究特色：（1）问题切入：首先说清楚马克思主义反贫困理论为什么要中国化，以及怎样才能中国化。重点研究马克思主义反贫困理论中国化的内在机理。（2）内容展开：马克思主义反贫困理论和中国化的马克思主义反贫困理论的主要内容是什么。重点研究中国化的马克思主义反贫困理论的内容和特色。（3）机制深入：马克思主义反贫困理论的中国化是怎样实现的。重点研究马克思主义反贫困理论中国化的演化机制和嬗变过程。（4）评判结尾：怎样分析评价马克思主义反贫困理论的中国化。重点研究马克思主义反贫困理论中国化的理论意义、实践价值和基本经验。

【科学发展观视野中的集体主义价值观建构研究】

山东师范大学马克思主义学院　马永庆

研究意义：有助于全面认识在科学发展观的视野中进行集体主义价值观建构的必要性和重要性；有助于对集体主义价值观的发展规律及实现途径进行较为完善的理论诠释；有助于人们正确把握和处理当前错综复杂的社会利益关系，为社会主义和谐社会的建设和科学发展创设较为坚实的基础。

研究内容：

1. 科学发展观视野中进行集体主义价值观建构的必要性和可行性。包括三部分内容：一是集体主义价值观建构的科学发展观视野。科学发展观的科学内涵及对集体主义价值观建构的基本要求。二是当前集体主义价值观建构中与科学发展观相悖的现象，集体主义价值观的作用发挥尚需提升；集体主义的价值理论建构与现实的结合出现破缺；集体主义价值观实现中的单向度，等等。三是解析科学发展观视野中集体主义价值观建构的重要性。重在明确集体主义价值观的建构必须树立科学发展的理念，亦即集体主义价值观需要与时俱进。

2. 从科学发展观的视野进行集体主义价值观建构的逻辑体系。包括四部分内容：一是集体主义价值观建构的历史经验和时代特征。中西方传统文化中关于社会与个人的思想及对当时社会的影响；科学发展观视野中集体主义价值观建构发展的新特征。二是科学发展观视野中集体主义价值观的基本内容。在科学发展观的视野中，集体主义价值观是目标、任务、要求、方法手段等环节的结合。三是科学发展观视野中集体主义价值观建构的流变规律研究。重点有：集体主义价值观的内在科学发展规律；集体主义价值观的建构与道德建设相辅相成的规律；集体主义价值观建构与社会主义核心价值体系有机统一的规律。四是科学发展观视野中集体主义价值观建构的方法论研究。有：体现科学发展观的要求，理顺集体主义价值观的建构思路；研究集体主义价值观建构机制的科学运行；有效地整合集体主义价值观建构中的各种建设资源。

3. 以科学发展观为指导进行集体主义价值观建构的对策研究。科学发展观视野中集体主义价值观的规范化、制度化建设；从重点论与两点论统一的视阈，研究集体主义价值观建构的突破口、关键点及其所要解决的主要问题，形成具有中国特色的集体主义价值观发展图式。

研究创新：（1）尝试性地解析集体主义价值观的科学体系。尤其是对集体主义的内涵、功能、发展规律等问题进行甄别和论证，提出自己的观点和看法。力求使集体主义价值观的建构更具科学性、客观性。（2）重在关注如何以科学发展观为指导，对集体主义价值观中的确定性与不确定性、相对平等与比例公正、双向性等问题进行系统的说明；探索集体主义价值理论与实践的转换途径；阐明集体主义价值观中以人为本的内涵、意义。

【红色文化对培育社会主义核心价值观的作用及其实现机制研究】

江西师范大学政法学院　韩　玲

研究意义：（1）从理论上是丰富马克思主义价值学说的需要。本研究顺应党和国家在新时期提出的新任务、新要求，从整体视域、理论视域等多方面积极探索红色文化与社会主义核心价值观培育的关系，力求为社会主义核心价值体系建设提供有益的新观点、新思路，进一步丰富马克思主义价值学说的理论和方法研究。（2）从现实角度是建设中国特色社会主义文化强国的需要。建设社会主义文化强国，最根本的是要树立对中国特色社会主义文化的自觉自信，努力提升并运用自己的历史文明成果。提炼和传播红色文化作为社会主义核心价值观的一个基本元素，是建设中国特色社会主义文化强国的应有之义。（3）从实践上是推进社会主义核心价值观大众化的需要。红色文化作为一种经过特定历史和生活发酵历练的文化形态，地域辐射面广、社会渗透力强，且不受人们年龄、职业、受教育程度等方面的限制，是从理论内容和受众上推进社会主义核心价值观大众化的有效实践载体，弘扬和传播红色文化资源对于推动社会主义核心价值观大众化、树立个体的价值自觉与文化自觉，具有极其重要的现实意义。

研究内容：从红色文化视角，深刻揭示红色文化与社会主义核心价值观培育之间的内在逻辑关联，科学分析社会主义核心价值观培育的形势与任务，深入剖析苏共倒台、苏联解体、东欧剧变等历史事件背后所蕴含的价值观缺失导致亡党亡国的历史教训，全面系统分析在红色文化传播中创新社会主义核心价值观"多元层垒"的培育机制。

1. 红色文化对培育社会主义核心价值观的必要性和重要性研究。从历史（苏共倒台、苏联解体等）和现实（中华民族伟大复兴历史使命）两个角度阐明，充分发挥红色文化对培育社会主义核心价值观的作用，是顺应历史发展的内在逻辑，也是响应实践发展的现实自觉。

2. 党的领导人关于红色文化与社会主义核心价值观的思想研究。党的领导人的论著和讲话中内涵着关于红色文化与社

会主义核心价值观的丰富思想，这些可以视作本研究的重要文本依据。

3. 红色文化与培育社会主义核心价值观的逻辑关联研究。红色文化是马克思主义中国化过程中的产物，与社会主义核心价值观具有内在一致性。红色文化具有实践价值，是培育社会主义核心价值观不可或缺的组成部分。二者是内涵与实践的统一。

4. 在红色文化传播中创新社会主义核心价值观"多元层垒"培育机制。打造一个多方介入、共同构建、渐趋完善的"多元层垒"培育机制，包括生成机制、决策机制、执行机制、保障机制等。

研究创新：（1）新视角：以往的研究多侧重于某一方面的研究，本研究则将红色文化与社会主义核心价值观培育结合起来进行融合研究，拓展了现有的研究视域。（2）新观点：把红色文化与社会主义核心价值观培育的内在统一作为中心思想，深化了对社会主义核心价值观的研究和认识。（3）新方法：综合运用传播学、政治学、心理学、社会学、管理学、伦理学、教育学、历史学、系统科学等多个学科对社会主义核心价值观进行整体研究。

【后冷战时期美国民主输出运行机制与我国战略机遇期意识形态安全研究】

国家行政学院教务部教研处　刘恩东

研究意义：深入分析美国民主输出的机构和运行机制，阐述美国输出民主战略对我国国家安全和意识形态的危害，为批判其不轨政治图谋提供了理论武器，为我国维护意识形态安全、完善社会主义核心价值体系、构建有中国特色的民主模式具有重要理论意义和实践指导意义。

研究内容：以案例实证分析为支撑，拟就以下十三个专题开展研究。第一，在总结冷战后到 2008 年国际金融危机前美国民主输出战略的基本规律，归纳国际金

融危机后美国输出民主的新动向、新态势与新特点的基础上，结合理论建构和西方社会思潮阐述美国对华输出民主的价值导向机制，研究其对华意识形态安全的消极影响。第二，研究总统、国会与国家安全委员会等决策机构与美国对华民主输出的战略决策机制，分别以国会涉藏、涉疆议案，国会及行政当局中国委员会的年度报告，冷战后美国的对港民主输出政策与香港政治改革为案例，分析其与冷战后美国对华民主输出政策的关系。第三，分析美国国务院在冷战后美国对华民主输出中的协调、监督作用，以其宗教自由办公室年度国际宗教自由报告、民主与全球事务局年度国际人权报告为案例，分析冷战后美国对华民主输出与协调机制。第四，研究国际开发署、新闻署、中央情报局、财政部和商务部等政府其他机构在美国对华民主输出中组织架构和组织运行机制，以中央情报局对中国"民运组织"和"民运分子"的支持为案例进行解析。同时，从全球传播办公室、广播管理委员会、新闻媒体、公众舆论、新媒体五个方面，并以美国之音、《纽约时报》涉华报道为案例，研究美国对华民主输出与新闻舆论宣传与国际话语权控制机制。第五，以谷歌公司退出中国事件、中美知识产权谈判为案例，从利益集团、跨国公司、对华援助三个方面分析美国对华民主输出的经济贸易运行机制。第六，从涉华民主基本法律、专项授权法、有关法律制度、拨款法案、国际法五个方面研究冷战后美国民主输出法律保障机制。第七，重点以美国对华"民主精英"培育与富布赖特项目为案例，分析美国对华民主输出文化交流机制的运行机理和影响。第八，以军工复合体与美国对台意识形态利益为案例，从军事同盟、军事援助、军售三个方面剖析美国对华民主输出的军事支持机制的作用和运行规律。第九，从有政府背景的非政府组织、私人基金会、宗教社会团体三个方面，并以国家民主基金会、自由之家、福特基金会、亚洲基金会为案例，剖析美国对华民主输出的社会支持机制。第十，以传统基金会、布鲁金斯学会为案例，分析冷战后美国思想库的意识形态倾向、思想库关于中美关系中意识形态问题的研究与政策建议，研究美国对华民主输出的智力支持机制。第十一，从人权外交、经济外交、公共外交、文化外交、转型外交、网络外交六个视角剖析美国对华民主输出的外交支持机制。第十二，在论述民主国家共同体与世界"新秩序"、新太平洋共同体与亚太地区民主化、国际货币基金组织、世界银行涉华发展项目、联合国人权委员会及其他国际组织与美国对华民主输出的基础上，以"世界民主运动"与民主基金会国际合作为案例，研究美国对华民主输出国际制度机制，剖析其国际制度霸权。第十三，分析冷战后美国民主输出对我国意识形态安全构成的主要挑战和主要问题，反思其理论和实践误区，明确战略机遇期维护我国意识形态安全的基本原则和路径选择，提出和平发展视阈下构建中国特色社会主义价值体系和民主政治模式的发展战略，以构建和谐世界为目标，推动国际关系民主化。

研究思路：以强烈的问题导向意识为指导原则，以突出的案例实证分析为研究特色，侧重于对美国民主输出及其对我国的意识形态安全影响的战略性研究，阐明美国民主输出对我国意识形态安全和民主政治建设的威胁和挑战，并紧密结合构建和谐世界、推动国际关系民主化的总目标，提出在战略机遇期维护我国意识形态安全的路径选择，构建和平发展视阈下中国特色社会主义价值体系和民主政治模式的发展战略，最终推动相关研究成果为决策咨询服务。

研究方法创新：一是研究视角的创

新。基于学界对这一问题已有大量的宏观研究，着重从中观和微观层次上，积极探索美国对华民主输出的机构、运行机制和各机制要素之间的运行规则、运行途径、运行规律及运行效果。二是研究内容的创新。本研究中冷战后美国对华民主输出的理论建构与战略思想指导（理论支撑）机制、西方社会思潮与美国对华输出民主价值导向机制、战略决策机制、协调机制、组织运行机制、新闻舆论宣传与国际话语权控制机制、经济贸易运作机制、法律保障机制、军事支持机制、国际制度机制等有关内容的研究将为抵御美国民主输出的消极影响、维护我国意识形态安全提供可资借鉴的理论分析及决策建议。三是研究方法的创新。为了进一步加强研究的实证性和针对性，除进行理论论证和历史分析外，力求在研究方法上实现理论研究与实践分析相结合，在大部分章节都增加了实际案例研究，旨在为我国妥善应对美国的民主输出，加强意识形态安全建设提供富有针对性、实效性的政策建议和措施。

【微博空间的国家意识形态安全风险及其防范体系构建研究】

华中师范大学政治传播学院　郭明飞

研究意义：微博的发展已经引起了人类生产方式、生活方式、教育方式、行政方式、组织方式、思维方式等多方面的变革，对我国的政治、经济、军事、科技、文化等领域都产生了深刻的影响。所有这些，迫切需要我们在理论上拓展研究内容，推进马克思主义意识形态建设理论不断丰富、深化和升华。微博传播的开放性和多元化，使微博空间各种各样的思潮、"主义"数以百计，无奇不有。各种思潮和"主义"的激荡，造成人们信息选择和价值取向的多样性。若无有效应对，马克思主义意识形态将面临被边缘化的风险。如何把握微博兴起背景下意识形态工作的

主动权，增强微博空间马克思主义意识形态的防御能力，对确保马克思主义主流意识形态主导地位具有重要的战略意义；学术界和政策实践界普遍认同中国已进入社会群体性事件"高发期"，社会群体性事件近年频频发生。因此以马克思主义意识形态为指导，建立微博舆论管控机制，通过舆论手段预防、干预、应对和处置社会群体性事件，有效化解社会矛盾，对构建和谐社会具有十分重要的现实意义。

研究内容：（1）微博发展与意识形态安全的内在关联。微博发展为主流意识形态的构建拓展了新的空间，微博传播以主流意识形态为引领。第一，微博发展对我国意识形态安全提供新机遇。第二，微博发展对我国意识形态安全提出新挑战。第三，主流意识形态对微博舆论的引领。（2）国外确保微博空间主流意识形态安全的经验研究。包括：第一，美国确保微博空间主流意识形态安全的经验研究。第二，欧盟主要国家确保微博空间主流意识形态安全的经验研究。第三，日本和新加坡等亚洲国家确保微博空间主流意识形态安全的经验研究。第四，拉丁美洲、非洲一些国家确保微博空间主流意识形态安全的经验研究。（3）微博空间主流意识形态安全风险及其防范体系构建现状调研。拟分别选取新浪微博、搜狐微博、腾讯微博、网易微博、新华微博等微博媒体，利用"数字100市场研究""艾瑞咨询"等互联网调查公司的在线调研平台，以部分网民为调查对象，了解各类微博媒体确保微博空间主流意识形态安全的现状、方式、机制和效果，掌握其经验和存在的问题。（4）微博空间确保主流意识形态安全的方式与机制。确保微博空间主流意识形态安全的实质是对微博空间社会思潮的引导与整合。第一，具体方式。包括：对话方式；阵地文化建构方式；

"微语体系"运用方式。第二，有效机制。包括：预判预警机制；舆论引导机制；危机处理机制；协作交流机制。微博空间主流意识形态安全防范体系构建的有效途径。主要内容包括：第一，加强微博空间马克思主义阵地建设，树立微博舆论的"风向标"；第二，加强微博空间思想教育，促讲微博空间相互交流，启动微博空间"减压阀"；第三，及时汇集舆论民意，紧紧把握舆论导向，擦亮公共决策的"电子眼"；第四，建立规范的微博空间监控制度，筑牢微博舆论"防火墙"；第五，积极发展健康的微博文化，搭起微博舆论引导"大舞台"。

研究创新：结合信息化不断深入发展的时代特征，分析微博空间意识形态安全的问题，对确保微博空间的意识形态安全将提出一些相应的建议。在研究方法上将坚持理论联系实际的方法，在切实深入的案例分析中寻找理论的支撑点。

【当代集体主义价值观建构研究】

中央民族大学马克思主义学院　邵士庆

研究意义：第一，从国际视域来看，在世界资本主义陷入整体制度性危机背景下中国特色社会主义的成功实践，使得两种道路、两种制度、两种发展模式的对照、竞争和较量已经日渐深入和聚焦为文化之争、价值观之争，尤其是核心价值观之争。中国已不是一个被动的接受者，而应成为全球伦理、世界文化、人类文明的创造者、供给者。这不仅是应对制度竞争的需要，更是一种大国责任所在。作为社会主义的核心价值原则，集体主义必须对作为资本主义意识形态和核心价值原则的个人主义做出科学回应。第二，从国内视域来看，中国发展进入"关键期"，也是各种矛盾凸显期，东方与西方、传统与现代、现代与后现代等不同时空要素在当代

中国相遇、碰撞和激荡，不可避免地对中国社会、中国人的生活方式产生重大影响。在这种大交流、大碰撞、大变革的时空变换中，日渐摆脱贫困实现物质文明的中国社会和中国人必将对文化生活、精神文明提出更高的需求。如何在建设富裕社会的过程中，抑制经济理性的过度扩张，摆脱消费主义的陷阱，规避西方现代化进程中的发展困境，成功应对多元文化和多元价值观的冲击，正确引导人们的行为选择和价值选择，实现社会的科学发展和人的全面进步，是摆在人们面前一个十分紧迫的社会问题。社会主义集体主义价值观的构建，刻不容缓。第三，从集体主义本身来看，集体主义在中国的历史实践经历了一个曲折的过程，由于种种原因，传统集体主义实践曾留下难以释怀的社会心理阴影。显然今天已经不能照搬传统集体主义。在当代视阈中，用历史辩证法的方法，科学地梳理、归纳集体主义的历史嬗进，积极推进集体主义的当代蜕变，实现集体主义研究范式和实践方式的现代转型，有着重要的学理价值和实践意义。

研究内容主要包括六章。

第一章：重建集体主义价值观的缘起：危机、挑战与现实呼唤。着力于分析中国社会转型及其随之而来的新兴元素，如市场经济、消费社会、网络社会等所造成的多元价值冲突给集体主义带来的冲击与挑战，以及由此出现的种种社会冲突与社会矛盾。进而从国际视阈的文明对话、制度竞争和国内视阈的精神文明建设需求等方面论证集体主义价值观建设的必要性、重要性、紧迫性。

第二章：集体主义价值观的重建（一）：祛魅、蜕变与重构。着力于对传统集体主义（从理论到实践）进行辩证性的批判、剖析，归纳总结传统集体主义实践的经验、教训、成就，在借鉴、反思"两大阵营"对传统集体主义认知的基础上实

现集体主义在当代时空中的蜕变、重生，重构新时代的集体主义价值观。通过历时态的"祛魅"化梳理和共时态的"必要性"论证，总结凝练当代集体主义的实质、内核、骨架与运行逻辑。

第三章：集体主义价值观的重建（二）：难点与瓶颈。凸显"问题"意识，就当代集体主义价值观构建过程中所遇到的难点问题、热点问题、瓶颈问题重点展开理论"攻坚"。

第四章：当代集体主义价值观的理论形态：意义、价值、地位。着力于重构集体主义价值观的当代理论形态，在对传统认知做"继承性"正本清源的基础上，联系当代时空条件下社会存在的新变化，对当代集体主义的范畴体系、核心内容、社会意义、人学价值等理论框架做较为详细的学理剖析和哲学的"本体论"论证。彰显集体主义的逻辑可信力、理论解释力、现实说服力。

第五章：当代集体主义价值观的生成机制：内在机理。着力于总结提炼当代集体主义的生成机制，揭示集体主义内在动态的运行机理。

第六章：当代集体主义的实践形态：方式与路径。

研究思路："问题引起—学理论证—现实实践（制度落实、政策导向、人的转化）。"

研究创新：致力于在研究的范式、方式上有所创新，在相关难点问题上有所突破，在现实政策和制度建设方面提出一些富有成效的建设性建议，在学术上为相关领域问题的进一步深入研究起到促进性作用。

【正义视阈中的共同富裕问题研究】

中国社会科学院马克思主义研究院
贾可卿

研究意义：（1）贫富两极分化是困扰人类发展的共同难题。改革开放至今，中国经济快速发展，已经具备实现初步共同富裕的物质基础。但相应机制并不健全，贫富差距持续拉大，社会利益格局失衡，各种矛盾频现。实现共同富裕是中国政治稳定、社会和谐的迫切需要。（2）全球性金融危机的爆发对中国经济提出严峻挑战。必须转变发展方式，由过去过分依赖出口变为主要依靠内需增长。要扩大内需就必须提高国民消费力，要提高国民消费力就必须走向共同富裕。（3）中共十八大报告指出，公平正义是中国特色社会主义的内在要求。同时指出，共同富裕是中国特色社会主义的根本原则。可见，公平正义与共同富裕有着密不可分的关系。将二者的学理关联阐释清楚，是学术研究者的分内职责。

研究内容：（1）共同富裕的概念解析。包括：共同富裕的主体与客体；共同富裕的过程和结果；共同富裕的绝对性和相对性；共同富裕的经济性、社会性、政治性与生态性；共同富裕：齐步式、平均式与波浪式；共同富裕与公平、效率。（2）共同富裕的理论基础。第一，科学社会主义理论。马克思主义经典作家对公平正义和共同富裕问题有不同程度的论述。第二，中国传统文化。重公平、秩序的中国文化强调民众富裕才能长治久安。第三，西方收入分配与正义理论。（3）共同富裕的历史经验。在中国共产党对共同富裕的探索过程中，正确和错误相交织。在新时期，要实现共同富裕，必须借鉴历史经验，对各项分配正义原则予以平衡和兼顾。（4）共同富裕的现实路径。在正义的视阈中，实现共同富裕的路径可分解为四个"落实"与"推进"：落实资源共有原则，推进利润分享机制；落实权利平等原则，推进权力制约机制；落实劳动贡献原则，推进价值提升机制；落实社会必需原则，推进底线保障机制。

研究创新：（1）正确理解社会正义是共同富裕的充要条件。中国特色社会主义的正义理论可概括为"资源共有、权利平等、劳动贡献、社会必需"四项基本原则。应当相应推进"利润分享、权力制约、价值提升、底线保障"四项实现机制。（2）共同富裕依赖于产权关系的合理、清晰界定。包括人力资源在内的生产资源的终极所有权属于全体社会成员，同时个人合法的实际占用权不受侵犯。在此基础上，通过设计合理的谈判协商机制确定利润分享比例。（3）权利平等是实现共同富裕的政治前提。应以民主和法治约束权力，保障人们的平等权利和机会。合理建构的政治民主和经济民主都可以是有效率的。（4）按劳动贡献分配是社会主义市场经济法则，为共同富裕提供物质条件。"贡献"是指作为"劳动"的贡献，"劳动"也是指向"贡献"的劳动。劳动力价值提升机制可以有效提高劳动者的市场贡献度和收入份额。（5）根据社会必需进行调剂是共同富裕的底线保障，是资源共有权的要求。按劳动贡献分配与按需分配是共时性而非历时性的分配原则。底线保障机制是正义的要求，同时也有效率的意义。

【党员退出机制研究】

江苏省教育科学研究院　程建军

研究意义：党员是党组织存续的基本元素。党员数量、构成与质量，不仅直接影响党在人民中的形象和威信，更涉及到党的组织性质、执政地位和领导作用问题。对于一个拥有八千多万党员的执政党，党中央曾对党员队伍的质量和数量提出调控要求，各地近年来也在积极探索处置不合格党员的办法，但缺乏常态化的长效机制，未能形成成熟可行的政策和制度，全国范围也没有统一的标准，导致党员的数量不断膨胀，党员的结构得不到优化，特别是不合格党员长期滞留党内，致使党组织的信任度下降，党的领导核心作用和党员的先锋模范作用受到冲击。

在党的十七大报告提出"提高发展党员质量，优化党员队伍结构，及时处置不合格党员"的基础上，党的十八大报告提出将"党的纯洁性建设"与"执政能力建设""先进性建设"一道作为党的建设"牢牢把握的主线"，提出要"健全党员能进能出机制"，实现党员"进出机制"的"新突破"。这充分说明我们党对新形势下自身肌体健康危机的清醒意识，凸显了开展党员退出机制理论研究和实践探索已是迫在眉睫的重要任务，是当前党建工作者及研究者不可忽视、不能耽搁的重要课题。

研究内容：（1）党员退出机制的思想渊源、现实依据和理论基础研究。从科学社会主义运动、大党治理及组织管理等角度对党员退出问题进行理论梳理，厘清党员退出机制的思想源流、现实因素和学理逻辑的脉络。（2）当前党员退出情况的现状分析。在我国经济社会发展水平不同的区域，选择党建工作开展与党员队伍管理好坏不一的三个层次的基层党组织，对党章中的相关规定在基层党组织的执行（试点）情况及其效度进行分析，总结其经验做法，查找其存在问题和需要改进完善之处。（3）完善党员退出机制的制度设计。对党员退出机制的目的、原则、措施、程序、规范等做出学理分析和制度设计。具体包括：对不合格党员的评定认定机制，确保有据可依；教育诫勉机制，有针对性地进行教育帮扶；整改帮扶机制，对于不合格党员给予限期整改，整改期满后，进行重新评议；处置审批机制，按程序进行处置；申诉复查机制，保障申诉人的权利并在此基础上复查核实。总体原则：根据党员逾规越矩的情况，分类管理，差别对待；纯洁队伍为主，结构优化为辅，统筹兼顾；标准宽严的确定与党员规模和质量相联系。总体目标是确保党的先进性、领导力和影响力。

研究创新：这一课题既是一项重要的理论与学术前沿研究，也是一项重要的实践与对策研究，创新之处主要体现在建构党员退出机制的学理基础和建立党员退出机制的新方法、新途径：（1）主要从党员队伍的适度规模和总量控制的角度来研究党员退出机制，和我党长期执政、队伍庞大的现实状况紧密联系，有敏锐和深刻的问题意识。（2）对党员退出的组织管理和党内不正常的权力斗争做了预先的区分，通过对党员不合格评判指标体系的建立，对排斥异己、打击对手、派系斗争作了制度预防，对历史上党内斗争残酷性有着清醒的历史认知。（3）在电子党务的研究和实践方兴未艾的情形下，对网络技术的局限性有着保守的评判，理性借鉴行政系统的管理措施于政党治理中，从人力资源管理和公共行政管理的视角来建构政党治理和党员退出机制，有着开阔的理论视野。（4）整个党员退出机制的具体程序和不合格党员评定的指标体系的设计，全部建立在大量的调研和实证分析的基础上，定量分析与定性分析结合，避免纯粹学理性研究，力求学风踏实、结论可信。

【当代中国马克思主义意识形态话语体系研究】

安徽大学马克思主义研究院　吴学琴

研究内容：（1）中国马克思主义意识形态话语体系的学理研究。话语权指说话权利和说话权力、话语资格和话语权威、权力主体与客体的统一。话语权既不是抽象的话语形式，也不是"纯学术"话语研究，它植根于社会历史实践，犹如笛卡尔以内向性"我思"为核心建构起了近代哲学的话语体系，摧毁了以外在性权威为核心的中世纪哲学话语体系一样，任何话语体系都建立在历史实体性内容基础上。因此，当代中国马克思主义意识形态话语体系建构的核心在于：掌握社会实体性内容，立足中国革命和建设实践的实体性内容，用中国人自己创造的理论、范畴、概念、表述，理解和阐述中国自己的问题，形成具有中国特色、中国气派、中国风格的话语体系，话语形式则在学术"语言转换"进程中渐次形成。（2）中国马克思主义意识形态核心话语的变迁考察。中国化马克思主义两大理论成果形成了具有中国特色的核心话语，如何使之上升为学术话语体系，展现中国马克思主义的理论自信呢？一是中国马克思主义经典文本中意识形态核心话语词频统计与词义变化规律研究。梳理毛泽东等经典作家文本中意识形态话语的词频、词义变化，分析其意识形态话语的能指与所指；梳理出意识形态核心话语的构成（如人民民主专政、实事求是等）及演变规律。二是中国马克思主义经典文本中意识形态核心话语变迁机制研究。进一步分析经典文本中意识形态话语变迁与社会制度、经济体制的关联，如从"文革"期间熟读《毛主席语录》到改革开放后"语录"的消失，其"语录"大众化的原因在于体制机制和经典作家本人的影响力；反之，日常话语变迁对经典作家思想也会发生影响。（3）当代中国马克思主义意识形态的学术话语研究。包括：中国马克思主义意识形态核心话语提升为学术话语的路径：立足实践概括推动社会进步的思想和话语；依托文本解读核心话语；深化理论研究形成学术规范和体系。（4）当代中国马克思主义意识形态的大众话语研究。包括：中国马克思主义意识形态核心话语转化为大众话语的机制：以问题为核心面向大众，提炼贴近群众的日常语言，吸收基层的思想和语言；学术话语引领大众话语；核心话语的接受规律。（5）当代中国马克思主义意识形态话语国际影响力的提升研究。一是当代中国马克思主义意识形态核心话语国际影响力分析。包括中国的国际话语权较弱；中国特色话语体系建构机遇：中国特色社会主义实践提供建构的实体性内容；中国道路的成功经验奠定了建构基础；中国特色社会主义理论提供了建构的基本条件。这些都有利于我国国际话语权提升。二是国外马克思主义意识形态核心话语解读借鉴。抓住"文化意识形态"（伊格尔顿）、话语霸权（拉克劳、墨菲）、商谈伦理（哈贝马斯）、"承认政治"（霍耐特）等意识形态核心话语，分析其意指和能指，并力图实现其话语转换。三是中国马克思主义意识形态国际话语权提升的路径。包括：综合国力的增强；学术研究的深化；传播方式的国际化；话语平台的搭建；国际性话语的借鉴。

研究创新：（1）方法创新：运用词频统计法梳理意识形态话语在经典作家文本中不同历史阶段的词频变化、词义演变；运用解释学方法、社会人类学方法剖析意识形态核心话语不同历史阶段的含义变迁与社会心理、民族文化、社会制度的关系，寻找其上升为中国特色学术话语、"下达"为大众话语的路径。（2）内容创新：借鉴国外意识形态核心话语，并进行话语的中国式转化，同时将中国马克思主义意识形态话语进行"国际表达"。

【新历史条件下的共同富裕实现路径研究】

中国社会科学院马克思主义研究院
张建刚

研究意义：实现共同富裕，是社会主义的本质要求，也是中国共产党人的不懈追求，更是人民大众的企盼。与改革开放之初相比，我国所处的历史条件已发生深刻变化，今天研究如何实现共同富裕，更具有现实意义和实践价值。我国历史条件主要发生以下变化：一是公有制经济比重大幅下降，私有经济已占半壁江山；二是社会主义市场经济体制已基本建立，运用市场经济手段的机制基本成熟；三是我国经济总量跃居世界第二，综合国力大幅提升；四是收入分配差距过大，两极分化程度相当严重。在这样一个历史条件下，解决收入分配不公问题、实现共同富裕的时机已经到来。我们必须清醒地认识到，实现共同富裕，关系到社会的稳定、经济的发展、社会主义信念的坚守。近年来，我国的各类社会矛盾不断涌现、激化，收入分配不公成为诱发各类社会事件的导火索；我国经过三十多年的高速增长，经济发展中的不平衡、不协调、不可持续的问题日益突出，收入分配两极分化成为制约经济发展的重要因素；社会主义本质上要求实现共同富裕，收入分配两极分化的趋势动摇了走中国特色社会主义道路的信念。"实现共同富裕"已成为解决各类社会矛盾，促进经济科学、平衡、可持续发展，坚定走社会主义道路信念的重要手段、战略和旗帜。

研究内容：邓小平关于"先富"和"后富"的思想，以及关于"两个大局"的思想是本研究的理论基础。邓小平提倡一部分人、一些地区先富起来，然后"先富"带动"后富"，最终实现共同富裕。但他对先富起来的人应如何帮助还没富起来的人，富裕起来的地区应如何带动落后的地区，并没有过多的论述。本研究旨在深化、细化"先富"带动"后富"的机制、手段和政策，寻找实现共同富裕的正确路径。实现共同富裕，一是要坚持公有制为主体，不断壮大包括集体经济在内的公有制经济；二是要不断完善收入分配制度，提高劳动所得比重，综合运用多种手段调剂收入分配；三是要完善和强化社会保障体系；四是要完善转移支付体系；五是要从制度层面缩小城乡之间、区域之间的差距；六是要完善扶贫援助、对口支援制度。

公有制经济为主体是保证我国社会主义性质的经济基础，也是实现共同富裕的前提和保证。但现在的公有制经济在促进共同富裕上发挥的作用有限。我们要完善公有制企业的内部治理结构，防止公有制成为少数人、少数利益群体牟利的工具。要完善国有企业的利润上缴机制，防止国有制变成部门所有制、官员所有制。集体企业在促进共同富裕方面发挥着巨大作用，这已被很多富裕村庄的实践所证明。因此要改变集体经济比重过低的局面，允许集体企业进行工商登记、注册，特别是在资源丰富的地区要鼓励集体企业发展。

在现阶段，不能通过限制、削弱私有经济的发展，来实现共同富裕。改革开放以来，私有经济的蓬勃发展为我国经济所取得的巨大成就做了贡献，同时它也是造成我国收入差距拉大的主要因素。当前，可采取有效措施，引导和利用私有经济为实现共同富裕服务。如：建立企业主和企业工会组织制衡机制、企业主与企业所在地环境共建机制、企业定向援助机制等措施。

共同富裕是一个终极目标，也是一个过程目标。实现共同富裕，是一个长期的、复杂的、逐步推进的系统工程。我们需要在经济建设、政治建设、文化建设、社会建设、生态文明建设的共同推进下，才可能实现共同富裕。

研究创新：（1）深化、细化公有制经济在促进共同富裕中的内在机制、具体政策、现实措施，指出现有公有制经济在促进共同富裕中存在的问题，提出公有制经济改革的方向和应改进的具体制度，丰富了中国特色社会主义经济理论体系。（2）主张采用系统论的方法来解决实现共同富裕这一重大问题，既要注重发挥社会主义基本经济制度的优势，又要借鉴现代市场经济体系中调节收入分配的制度、政策、措施，还要综合运用经济社会发展中的战略等手段。（3）对邓小平的"共同富裕"的思想进行新的概括和总结，具体化"先富"带动"后富"的机制、政策、手段，丰富和完善邓小平的共同富裕理论。

【新世纪以来我国政治思潮的演进及社会影响研究】

中国社会科学院政治学所　王炳权

研究意义：加强对新世纪以来我国意识形态领域政治思潮的研究具有一定的理论与现实意义。深化政治思潮的研究有助于为推进马克思主义中国化进程提供思想资源。新世纪以来，马克思主义中国化取得了重要成果，这一成果的取得与同时代的各种思潮进行的对话和论辩有着密切关系。针对现实矛盾产生的社会政治思潮，往往包含着有价值的、富有启发意义的重要学术见解和理论形态，能够推动人们深入思考社会问题。整理和发掘这些思潮所包含的精神资源，从中获得解决现实问题的启发和灵感，能够丰富中国特色社会主义理论体系，增强其现实针对性，有助于深化对具体思潮的研究。政治思潮是社会思潮的主要部分，深刻影响其他社会思潮。通过对诸多具体政治思潮研究的抽象，可以加深对思潮规律的认识，从个别中得出一般，推动对思潮的研究从"片面"走向全面，可以把诸多具体思潮的面目较完整地呈现出来。有助于增强坚持以社会主义核心价值体系引领社会思潮的现实针对性。党的十七大强调，积极探索用社会主义核心价值体系引领社会思潮的有效途径，主动做好意识形态工作，既尊重差异，包容多样，又有力抵制各种错误和腐朽思想的影响。政治思潮是在社会意识形态领域影响最大的思潮，是引领的主要对象。深入研究政治思潮的性质和现实表现，才能分清哪些思潮该引领，哪些思潮要抵制，引领工作才会更有针对性，针对社会思潮的不同功能，采取不同的方式，对进步思潮给予鼓励和引导，对错误思潮给予批评和遏制，最大限度地防止错误思潮的形成，提高党在意识形态领域的执政能力。

研究内容：关于基本情况：对新世纪以来政治思潮发生发展的基本情况做出研究概括。关于基本特征：研究新世纪以来社会政治思潮不同以往的特点。研究发生发展的条件：研究新世纪以来政治思潮的产生和发展的经济、政治、思想文化条件。关于发展趋势：思潮是运动着的社会意识，探讨把握政治思潮的发展趋势。关于思潮与意识形态的关系：明晰政治思潮与主流意识形态、非主流意识形态的关系，把握新世纪以来社会思潮的基本格局。关于社会影响：研究政治思潮的导引功能、社会认识功能、观念整合功能、社会实践功能等，探讨对意识形态格局、社会心理、思想文化的影响。关于发展趋势：预测政治思潮在社会生活中的发展轨迹，关注其发展可能带来的意识形态领域的变化。

研究创新：进入 21 世纪，立足提高党在意识形态领域执政能力建设，从政治上探讨我国意识形态领域的思潮情况，尚属研究空白。具体创新之处是，从整体上梳理对新世纪以来政治思潮的发生发展情况，找出其与主流意识形态变迁的内在联系，对其发展趋势做出预测，对切实加强引领提出对策建议。

【历史唯物主义视域下的资本逻辑批判研究】

中共中央党校马克思主义理论教研部
王 巍

研究意义：（1）理论意义：有助于从理论上深化和推进历史唯物主义的当代价值，进而在当代全球资本主义的问题域中"激活"马克思的思想资源，凸显马克思资本逻辑批判理论的当代价值，为建构马克思主义哲学的当代形态和创新历史唯物

主义提供理论路径；（2）现实意义：结合当前中国发展进程中资本运动的特征和内在矛盾及其对权力、劳动和社会的影响，展开批判性研究，为中国特色社会主义建设提供借鉴和参考。

研究内容：

1. "马克思资本逻辑批判的思想史历程与方法论特征"。马克思资本逻辑批判思想历经了"继承古典政治经济学—超越古典政治经济学"的发展过程，主要以资本主义生产方式为分析重心，以批判和超越资本逻辑为要旨。其方法论特征在于：总体性方法视域下的总体性批判；矛盾方法指导下的内在批判；资本逻辑批判、形而上学批判和社会批判的有机统一；抽象观察与具体分析的内在贯通。

2. "资本逻辑的生成与发展"。资本逻辑产生的最终根源是资本主义生产方式。资本作为现代生产的产物，具有双重含义，即作为生产要素的资本与作为社会关系的资本，这就导致资本的双重逻辑：广义的资本逻辑与狭义的资本逻辑。这种双重逻辑又必然产生资本逻辑的双重作用：一是创造文明，二是追求价值增值。

3. "资本逻辑的表现形式"。可以从维度和领域两个层面把握资本逻辑的不同表现形式。从维度上看，其横向维度表现为世界历史的发展和全球化的推进对资本空间逻辑的影响；其纵向维度表现为社会形态的演进。从领域上看，在政治领域表现为权力的逻辑，在文化领域表现为拜物教的逻辑，在社会领域表现为对生活世界殖民的空间逻辑，在哲学领域表现为"抽象成为统治"的理性形而上学。

4. "资本形态嬗变与资本逻辑批判"。将马克思的资本逻辑批判思想置放到资本主义发展史和当代话语中进行比较和对话，凸显其独特品质和思想路径。从自由竞争资本主义到垄断资本主义再到福特制和后福特制资本主义的历史发展中，马克思资

本逻辑批判的分析范式并未过时，全球资本主义的核心逻辑依然是"资本的逻辑"。

5. "马克思资本逻辑批判与当代中国科学发展"。在社会主义市场经济发展资本的实践语境中凸显马克思资本逻辑批判思想的当代价值。从人的自由全面发展的视角出发，将人的发展确立为社会发展的价值向度；从资本逻辑批判的观点出发，厘清发展资本的社会功效与代价，协调经济增长与社会发展的关系；从资本逻辑批判的视角出发，寻找合理利用与限制资本逻辑的原则和方式。

6. "资本逻辑批判：历史唯物主义的一种创新路径"。探讨资本逻辑批判必然涉及对马克思主义哲学的理论前提和基本问题、马克思主义哲学的学科定位的讨论。以资本逻辑批判问题为中心进行讨论，将这些原理讨论带入具体问题域之中，有助于历史唯物主义研究的具体化和精细化，并为其开启崭新的理论创新路径。

研究创新：（1）新视角：从历史唯物主义的视角阐发马克思的资本逻辑批判理论，彰显马克思资本逻辑批判理论的当代深层价值。（2）新方法：采用历史评价方法，从资本的发展历史阶段来评价资本逻辑的积极作用和消极影响。只有在不断地肯定、认识和利用资本的过程中提高驾驭资本的能力，才能最终实现用资本消灭资本的目的。（3）新见解：资本逻辑批判是历史唯物主义的题中应有之义。历史唯物主义的当代拓展和深化，必须对资本逻辑的本性和双重作用进行分析。

【回归与超越：国际前沿理论中的马克思主义公正观演进逻辑考察】

中国人民大学马克思主义学院　张晓萌

研究意义：纵观马克思主义发展史，公正是马克思主义哲学不可或缺的理论组成和内在品格，也是社会主义制度的核心价值的题中之义。放眼世界主流哲学领域，关于公平的争论是资本主义与社会主义制度之争的集中体现。立足马克思哲学基本理论与当代实践发展解读马克思主义公正观是新时期理论建设的一项重要任务。本研究通过考察国际前沿理论中马克思主义公正观的研究，回归历史文本解读马克思公正观的生成逻辑和路径，从历史唯物主义和道德哲学双重维度看待马克思主义理论。这对于把握马克思主义政治哲学的完整视域、本质内涵与核心价值观具有基础性意义，对于在全球哲学语境中探索马克思主义公正观路径、推动马克思政治哲学的当代走向具有重要的理论和实践意义。

研究内容：课题通过对马克思主义重要哲学文本进行深层次解读，挖掘理论内在发展脉络，展示马克思主义公正观的理论图景和生成路径。首先，在国际前沿理论层面解读和评析马克思主义公正观。通过深入比较中西方马克思主义学者的理论观点分歧，把握马克思主义公正观研究的核心问题。其次，挖掘马克思主义公正观的理论特征，提炼和展示马克思主义公正观的哲学图景。在国际前沿理论和中西方争论研究的基础上，进一步探究公正观研究包含的多重内涵，把握平等与自由等深层价值观念的辩证平衡，厘清马克思主义公正观的整体图景与内在结构。再次，探究马克思主义公正观的生成路径和演变逻辑。马克思主义公正观体现于对资本主义历史的批判、对异化劳动的批判、对人的主体性解放和自由价值的彰显、对分配制度的探究等诸多方面。回归经典文本，通过考察公正思想在历史唯物主义理论中的呈现，探索人类历史发展的基本规律并揭示马克思主义公正观的生成路径和演变逻辑。

研究创新：注重在新的时代背景下，立足历史唯物主义对马克思主义公正观进行全方位考察，展现马克思主义哲学的完整视域、精神内涵和价值取向。首先，突出马克思主义哲学的实践性，将公正观的事实性与规范性维度相统一。事实与规范是西方政治哲学考察公正的两个维度，马克思主义公正观通过创立实践唯物主义哲学消减了二者之间的张力。将形式公平和实质公平相统一的发展路径，是马克思主义公正观理论对传统西方思辨哲学的修正和理论创新。其次，深化历史唯物主义研究，展示马克思主义公正观的综合哲学图景。在马克思主义理论中，社会的正义性体现于人类实践活动对现实社会结构的变革、寻求人类自我解放和自由发展的历史唯物主义路径之中，以此为基础的马克思主义公正观研究展示了历史性与实践性的统一。

2013 年度中国社会科学院
创新项目简介（部分）

【整体视野中的马克思主义基本原理研究】

中国社会科学院马克思主义研究院
程恩富

研究背景、意义：当前，马克思主义整体性研究的重要性源自于理论和现实两个方面的迫切需要。从理论看，加强马克思主义整体性研究既是克服以往单纯分科研究欠缺、深化对马克思主义准确认识的迫切需要，也是消除对马克思主义的割裂和肢解、回应反马克思主义思潮的迫切需要。加强马克思主义整体性研究，有利于人们把握贯穿在马克思主义各理论组成部分、各历史时期的根本精神，理解马克思主义一脉相承的"脉"，从而有力回应各种反马克思主义思潮。

从现实看，当今时代人类实践日益呈现一体化趋势，经济、政治、文化互相渗透、日益融合，任何社会现象、事件、问题等都是各种因素综合作用的结果，仅仅从某一个方面去认识和理解，很难把握事情真相。肢解化、碎片化研究降低了马克思主义理论的现实解释力。加强马克思主义整体性研究，既是回归马克思主义本来面貌的要求，也是时代发展、人类实践整体性发展的客观要求，是大势所趋，势在必然。

研究思路、特色：随着马克思主义理论研究和建设工程的实施、马克思主义理论一级学科的设立，近几年来，马克思主义整体性研究成为一个热点。不少学者就马克思主义整体性研究的意义、内涵、本质、研究路径及相关问题进行了深入探讨，取得了重要成果。但是，就总体而言，目前马克思主义整体性研究所取得的成果并不理想，如何将整体性研究推向深入是学界面临的重大难题。也就是说，不能停留在整体性研究的重要性、内涵及研究路径等问题的泛泛讨论上，而是要进一步深入探讨如何展现、如何诠释马克思主义整体性，并提出真正体现马克思主义整体性的理论成果。

正是在总结以往马克思主义整体性研究经验教训的基础上，本项目提出了分视角的整体性研究思路，即从 13 个视阈（具体见下述"研究内容"）展开对马克思主义全方位的整体性研究。这 13 个视阈涵盖了理论结构、理论发展、内在逻辑、现实应用、学科建设、国外研究等各个方面，不同的视阈存在着方法论、内容侧重等的不同，但是彼此呼应，有机结合，真正展示了马克思主义整体性及其理论研究成果，代表了当前整体性研究的前沿动态。

研究内容：一是定义性研究：从创立主体、学术内涵、社会功能、价值观念四个层面创新性定义和阐述马克思主义。二是综括性研究：从理论特征、社会理想、政治立场和理论品质四个角度阐述。三是统一性研究：按照立场、观点和方法的辩证统一进行阐述。四是层次性研究：从一般原理、具体论断、思维方法三方面及内部层次和相互关系进行阐述。五是发展性研究：从完整的马克思主义发展史角度阐述。六是"三化"研究：按时代化、中国化、大众化的整体进行阐述。七是实践性研究：以实践整体性为根据研究马克思主义理论整体性。八是互动性研究：按领袖思想和学者思想两条线索及其互动发展来阐述。九是破立性研究：从批判性和建设性及其互动性进行阐述。十是分类性研究：主要从哪些是必须长期坚持的基本原理、哪些是需要发展的理论判断、哪些是必须破除的教条式理解、哪些是必须澄清的错误观点四个方面进行阐述。十一是学科性研究：从马克思主义理论一级学科涵盖的六个二级学科的整体性关系角度阐述。十二是分科性研究：从哲学、经济学、政治学、文化学、社会学、生态学、制度学、人类学等学科及其相互关系进行阐述。十三是国别性研究：对包括中国、越南、老挝、古巴、朝鲜等社会主义国家和资本主义国家的学界和政界的马克思主义理论进行阐述。

【社会主义国家主流意识形态建设与我国意识形态安全研究】

中国社会科学院马克思主义研究院
侯惠勤

研究背景、意义：新中国成立以来我国社会主义意识形态建设取得了巨大成就。人们对社会主义意识形态、马克思主义在意识形态中的指导地位表现出普遍的认同感。但是，当前中国社会处于大发展时期，在中国特色社会主义伟大事业不断推向前进的过程中，各种社会思潮涌现，各种观念相互激荡。一系列意识形态方面的理论问题也摆在我们面前。例如，人们对社会主义意识形态表现出一定程度的漠视，甚至是轻视，表现出"认同但不关注"的特点。意识形态领域呈现多元化现象，以马克思主义为主要内容的社会主义意识形态在民间面临着被边缘化的挑战；意识形态领域表现出实用化的倾向，人们的社会主义和共产主义的理想信念逐渐淡薄；社会主义意识形态被"污名化"，在西方普世价值观理论的影响下，部分群众将马克思主义意识形态等同为阶级斗争，甚至是独裁专制，从而对社会主义意识形态产生了严重的偏见；社会主义意识形态建设存在"悬空化"现象，当前社会主义意识形态从理论内容到宣传形式与现实生活有一定脱节，广大干部群众对社会主义意识形态的关注度越来越低，表现出"抽象化""简单化"和"形式化"的"悬空化"倾向。理论界对以上现象都有所研究，但尚缺少系统性和整体性，无法为巩固国家主流意识形态的领导地位、建构国家主流意识形态、确保意识形态安全提供一个强大的系统的理论支持。本项目正是基于这一点认识而展开研究的。项目研究要成为党的意识形态建设的理论先锋队、国家意识形态安全的思想巡逻队、马克思主义坚强阵地的突击队。

研究内容：对事关社会主义改革开放发展的社会思潮进行深入的追踪研究，对危害社会主义现代化事业的社会思潮进行强有力的剖析，对实践发展中提出的意识形态理论创新的问题进行科学的回答；研究诸如"中国模式""北京共识"等涉及中国发展的思潮，阐明道理；研究普世价值观的主要内容以及其存在的社会基础，普世价值观的主要传播手段等；研究宪政民主、民主社会主义以及新自由主义思潮的本质及危害，并进行大众化的阐述，使广大群众懂得其中的道理，明辨是非；研究各地发展中出现的一些好的经验，加以传播，为中国的科学发展创造好的思想环境，增强中国的软实力。

研究特色：以古今中外国家主流意识形态得失成败为鉴，着力总结社会主义国家主流意识形态建设的经验教训，研究各国主流意识形态建设的基本特点和共同规律，认清当前意识形态冲突的形势和所面临的挑战，着眼于维护当今中国国家意识形态安全，推出一批在国内外有重要影响、为党和国家意识形态建设提供强有力理论支持的研究成果。

【马克思主义中国化思想通史研究】

中国社会科学院马克思主义研究院
金民卿

研究意义：马克思主义中国化思想通史研究，是对包含马克思主义在中国的早期译介、传播，以及马克思主义在中国具体实践中结合、发展的整个历史的贯通性研究。马克思主义是立党立国的根本指导思想，加强对马克思主义中国化思想通史的研究，是一个具有重大理论意义和现实意义的课题，有利于准确把握马克思主义在中国译介、传播、结合、发展、壮大的曲折进程及经验教训，坚定马克思主义信念，进一步开拓中国特色社会主义新局面。本项目拟在充分挖掘史料的基础上，梳理马克思主义中国化的历史进程、两大理论创新成果及其国际影响，客观评价不同理论主体的特殊贡献，总结创新机制和基本规律，是马克思主义中国化学科建设的基础性工程。

研究内容：本项目包括"马克思主义中国化文献资料汇编""马克思主义中国化思想通史"和"马克思主义中国化创新规律研究"三个板块。其中，思想通史研究是主干，整理文献是思想通史研究的基础，规律研究是对思想通史研究的提升。计划用十年左右时间（2013—2021），对马克思主义中国化文献资料进行搜集、整理、翻译、编辑，形成一套完整的《马克思主义中国化文献资料汇编》；在此基础上，撰写并出版《马克思主义中国化思想通史》（计9卷），最后进行理论提升，完成《马克思主义中国化创新规律研究》

（作为"通史"的第10卷）。2013—2015年，完成资料汇编第1—3卷，思想通史第1—3卷，并对马克思主义中国化的发展特点、机制和规律作初步总结。

创新之处：主要创新点在于五方面：（1）历史贯通：把马克思主义中国化的研究对象提前到19世纪70年代，形成对马克思主义在中国的贯通性研究；（2）研究全面：客观评价非马克思主义者译介、传播马克思主义的贡献，在着重研究党的领袖推进马克思主义中国化历史性飞跃的同时，重视马克思主义理论家和学术界在马克思主义中国化方面的重要贡献；（3）双向维度：不仅研究马克思主义在中国的发展，而且对中国化马克思主义的国际影响进行系统梳理和客观评价；（4）深度总结：深入总结马克思主义中国化的基本特点、创新机制和发展规律，力求为推动当代马克思主义中国化发展提供经验借鉴和规律遵循；（5）文献系统：详尽而系统地搜集、整理和编纂马克思主义中国化的文献史料。

【社会主义核心价值体系引领社会思潮研究】

中国社会科学院马克思主义研究院
赵智奎

研究背景：确立社会主义核心价值体系的主导地位，加强和巩固全国人民团结奋斗的共同思想基础，是我国当前思想理论战线的一项重大而紧迫的任务，这将贯穿改革开放的全部历史进程，也是社会主义意识形态建设长期、艰巨的历史任务。中国共产党人亟须研究中国特色社会主义理论体系何以能够砥柱中流，研究和比较各种社会思潮演进的特点和规律性，在与多样化社会思潮的对话和交流、博弈和交锋中，分化和整合多样化社会思潮，探索引领社会思潮的有效对策。

研究内容：（1）改革开放以来党和国

家领导人关于社会主义核心价值体系引领社会思潮的论述和经验。（2）改革开放以来马克思主义理论工作者以社会主义核心价值体系为指导与各种社会思潮博弈和交锋的经验和教训。（3）多样化社会思潮演进的特点和规律性。（4）引领社会思潮的有效途径和方法。

创新之处：深入分析社会主义核心价值体系引领社会思潮的科学内涵，探讨引领的有效途径，突出研究成果的学术性、操作性和时代感、使命感；特别是分析总结社会思潮演进的特点和规律，研究新时期不同阶段引领社会思潮的具体方式，总结引领社会思潮的基本经验和规律性认识；从社会思潮演进的角度论证中国特色社会主义理论体系何以可能，论证中国特色社会主义理论体系的科学性、真理性、必然性。在研究过程中，将组织或参与相关论坛，实现不同社会思潮的碰撞和对话，特别是面对面、零距离的交流。

研究方法：（1）在搜集相关文献的基础上进行理论分析，编辑相关文献，提炼社会主义核心价值体系引领社会思潮的理论观点和相关论述。（2）在总结理论界同社会思潮进行博弈交锋的经验和教训的基础上，探索引领社会思潮的有效途径和若干规律性认识。（3）由于各种社会思潮的代表人物多数尚在，本项目将采取文献搜集、实地调查和人物访谈相结合的方法，建立社会思潮资料库，在此基础上深入开展研究。

【马克思主义历史发展与社会主义文明建设研究】

中国社会科学院马克思主义研究院
罗文东

研究意义：自 1848 年《共产党宣言》发表以来，马克思主义已经走过了 160 多年的历程。但对马克思主义通史研究多，断代史、专题史、概念史的研究较为薄弱；对马克思主义理论创新的研究成果比较丰富，尤其对马克思主义中国化的最新成果——中国特色社会主义理论体系的研究比较多，但对这一成果抽象地讲贡献与发展较多，具体地讲为什么发展、如何发展较少，理论分析比较单薄。社会主义制度的建立将科学社会主义由理想变成了现实。国际共产主义运动的发展，特别是社会主义国家探索适合不同时代特征和各国具体国情的社会主义道路的过程中，创造了不同于资本主义的社会主义新型文明。在世界处在大发展、大变革、大调整时期，在我国处在改革的攻坚阶段和发展的关键时期，着力开展马克思主义的历史发展和社会主义文明建设的总体性、跨学科的研究，对于推进马克思主义理论创新和学科建设，扩大中国特色社会主义的国际影响力，促进社会主义现代化建设和中华文明伟大复兴，具有非常重要的理论意义、政治意义和现实意义。

研究内容：设"马克思主义历史发展研究""马克思主义文明理论和社会主义文明建设研究""中华社会主义文明与西方资本主义文明的关系研究"三个子模块。研究马克思主义的历史发展，特别是马克思主义文明理论的创立及其丰富发展，可以深化对人类文明发展规律的认识，对社会主义文明建设奠定科学的理论基础。社会主义文明建设是本子项目研究的落脚点，也是马克思主义历史发展研究与马克思主义文明理论创新的根本目的。中华社会主义文明与西方资本主义文明的关系是本子项目研究的一个重要方面，也是社会主义文明建设必须解决的一个重大理论和现实问题。

对于马克思主义历史发展的研究一直存在分歧，究竟应该视马克思主义发展史为历史学科，还是理论学科？要消除这种分歧，必须认识到马克思主义不仅是历史现象，而且是当代现象，马克思主义发展史也属于理论学科。基于此种认识，本项目不局限于历史学的方法研究马克思主义发展史，还力求体现马克思主义理论本身的当代性、实践性和综合性的特点，坚持史论结合的研究方法，以史为据，以论为纲，论从史出，完整展现马克思主义发展的历史过程和理论逻辑，以克服对马克思主义发展的"历史分期"加"问题研究"的僵化格局，实现对马克思主义的"总体把握"与"重点突破"的辩证统一、理论创新与历史发展的辩证统一。

对于文明问题的认识和研究，有唯物主义和唯心主义、辩证法和形而上学两种基本观点和方法。西方理论界关于文明的具体表述有多种，但其基本观点和方法，大多是把人类文明史限于观念形态的文化史，割断它与物质的社会关系的联系，宣扬欧洲文明中心论、文明兴衰循环论、文明冲突论，等等。本项目坚持辩证唯物主义和历史唯物主义的观点和方法，从历史与逻辑相一致、理论与实践相结合、抽象与具体相统一的视角，力求把文明的基础理论研究、文明建设的现实问题和应用对策研究结合起来，以拓展马克思主义文明理论和社会主义文明建设的研究空间和视野。

【国外马克思主义研究的若干前沿问题】

中国社会科学院马克思主义研究院
冯颜利

研究背景、意义：本项目选取了"国外马克思主义对金融危机和经济危机的研究和启示"和"国外马克思主义对公平正义问题的研究和启示"展开研究工作。国内研究国外马克思主义对金融危机与经济危机解读的成果一是欠缺，二是不系统，而国外马克思主义对危机的研究无疑对我们发展繁荣中国特色社会主义的意义更大。基于这样的思考，项目组较为系统地研究了国外马克思主义对金融危机与经济

危机的研究与启示，并于 2013 年底完成了该项目内容的部分初稿。项目组拟在 2014—2015 年进行"国外马克思主义对公平正义问题的研究和启示"。从理论视角把握国外马克思主义对公平正义的认识，并通过国外左翼政党对公平正义问题进行的理论阐述和实践斗争，把握当代公平正义理念的深刻内涵，为中国特色社会主义建设提供积极、有益的理论借鉴。

当前，我国的中国特色社会主义建设已经取得了举世瞩目的伟大成就。但是，作为一个发展中国家，我国还面临着很多新的发展问题，如何实现社会的公平正义，以便中国特色社会主义建设可以稳步向前发展，获得更多民众的拥护和国际上的认可，是当前的一个亟待解决的重大理论和实践难题。国外马克思主义关于公平正义的理论与实践，是"他山之石"，可以为中国特色社会主义建设提供理论和实践的借鉴，使我们可以在更开阔的视野下，把我们伟大的祖国建设得更加繁荣富强。

研究内容："国外马克思主义对金融危机和经济危机的研究和启示"，主要内容包括危机的缘起与经过、危机的共性与特性、危机的实质与根源、危机的发展趋势与走向分析和危机给中国发展的启示五个部分。

"国外马克思主义对公平正义问题的研究和启示"，首先对公正的研究主要集中在三个方面：一是国外马克思主义对公正问题的研究是以著名学者（哈贝马斯、尼尔森等）与罗尔斯的争论与商榷而凸显的。代表性人物有：弗洛姆、哈贝马斯、尼尔森、高兹、柯亨、塞耶斯、奥康纳等，他们从不同的视角对公正问题进行了研究。二是国外马克思主义对马克思与公正关系的讨论。马克思与公正的关系是国外学者长期颇为争议的主题之一。其争论的主要焦点是马克思是否拒斥公正，马克

思是否批判资本主义为非正义，共产主义社会是否超越公正以及马克思是否反对分配公正等问题。要厘清马克思主义公正问题，只有在重读马克思、恩格斯经典著作的基础上，深入把握国外学者争论的实质，才能澄清马克思与公正的关系，从而厘定国外马克思公正思想的本质内涵。此外还包括国外共产党对公平正义问题的认识和实践。项目组初步计划在2014—2015年除重点研究国外马克思主义中若干著名学者的公平正义思想外，还将兼顾研究国外共产党关于公平正义的理论与实践。

研究特色：对金融和经济危机的研究部分除了资料新之外，还研究危机给中国发展带来了哪些机遇与挑战，进而创新地回答了我们为何必须坚定不移地走中国特色社会主义道路、怎样走中国特色社会主义道路，为何要坚定道路自信、理论自信、制度自信与怎样坚定道路自信、理论自信与制度自信等时代问题。

资本主义周期性经济危机爆发以来，伴随着"占领运动"而凸显的1%和99%的社会分化和全球化时代人类社会贫富两极分化的日益深化，公平正义问题在当今成为政治、经济、文化和社会各界都在关注的一个热点问题。而通过对国外马克思主义学者公平正义思想的梳理和对国际社会上共产党和左翼政党围绕公平正义问题进行的斗争实践，厘清公平正义的真实内涵、发展脉络和其未来的演进方向，是本项目研究的重点。

【国外中国特色社会主义研究与启示】
中国社会科学院马克思主义研究院
郑一明

研究背景：近年来，随着中国改革开放的不断发展和综合国力的持续提升，国外学者对中国特色社会主义的关注和研究也越来越多。从国外学者相关研究的内容来看，既有对中国特色社会主义理论体系（包括邓小平理论、"三个代表"重要思想和科学发展观等）的研究，也有对改革开放以来中国特色社会主义实践的研究；从研究的视角来看，既有从现代化视角对中国不同于西方国家的独特发展道路的研究，也有从"替代性"视角对中国市场社会主义性质和走向的分析；从研究的主体来看，有长期从事海外中国学研究的学者、西方发达国家的新老左翼、国外共产党和拉美左翼政党，以及西方一些国家的政要、智囊、媒体观察员、分析家等；从研究的学科来看，涵盖政治学、经济学、社会学、史学等领域。总的来看，国外学者作为"局外人"对中国所做的观察和分析往往有其独到之处，但由于其理论背景和出发点的不同，他们得出的一些结论也各不相同，因此需要我们认真地进行分析和辨别。本课题旨在从全景和深度两方面探究改革开放以来（尤其是金融危机以来）国外学者围绕中国特色社会主义的各种争论，在对其主要观点和研究方法进行分类梳理和追根溯源的基础上，对一些具有启示性的观点进行归纳和总结，对一些失之偏颇的观点进行批评和回应，最终得出一些对于我们建设中国特色社会主义具有借鉴意义和参考价值的结论。

研究内容：一是从不同研究主体和视角出发，按派别进行分类的研究；二是从一些热点问题出发，按专题进行分类的研究。

按派别分类的研究主要涉及以下几个方面的内容：一是西方发达国家左翼学者对中国特色社会主义的研究及其启示，包括新老左翼围绕中国特色社会主义的性质和走向等问题在理论层面上的争鸣，以及围绕经济社会发展等问题在实践层面上的建言。二是国外主流中国学对中国特色社会主义的研究，包括对中国特色社会主义理论体系的研究以及对改革开放以来中国社会结构以及制度变迁的研究。三是国外共产党和拉美左翼政党关于中国特色社会主义的研究，包括各国执政的共产党、发达国家共产党以及拉美新崛起的左翼政党对于中国改革经验得失的分析和评价。

按专题分类的研究主要有以下三个方面的内容：一是国外对中国特色社会主义经济层面的研究，包括对社会主义市场经济理论和实践的研究、对"中国模式"的研究以及金融危机之后对中国经济和世界经济之间关系的研究等；二是国外对中国特色社会主义政治层面的研究，包括对中国特色社会主义理论体系、政治制度和社会结构、国家和社会关系、基层民主政治、阶级关系等方面的宏观和微观研究；三是国外对中国特色社会主义文化的研究，包括对社会主义核心价值体系、当代中国文化的特征和建构、中西方文化差异等方面的比较研究。

研究特色：主要体现在研究方法上。首先，坚持从马克思主义的基本理论出发，在中国特色社会主义的理论框架之下对国外学者的相关论点进行分类梳理，并在分类和比较的基础上进行评析。其次，主要是对国内外相关文献资料进行分析，辅之以对主要人物的访谈，即兼容案头分析和口述历史的调查研究方法，在多维度考察国外对中国特色社会主义的理性认识及其现实感受基础上，客观反映其现状，并对各种观点进行理论性分析和归纳，以求得出具有现实借鉴意义的结论和启示。

【金融危机背景下资本主义的变化与马克思主义时代化】

中国社会科学院马克思主义研究院
吕薇洲

研究意义：国际金融危机背景下的资本主义发生了一系列新变化，用马克思主义来解释这些新变化，揭示其动因和实质，准确把握当今世界发展大势，并不断赋予马克思主义以崭新的时代内容，是推

进马克思主义时代化的必然要求。同时，中国的发展离不开世界，在资本主义依然占据主导地位的当今世界，深化对"金融危机背景下当代资本主义变化"的分析，可以帮助我们准确判断当代资本主义的本质和世界社会主义的未来，从而有效地应对各种挑战，推进中国特色社会主义建设。

研究内容：以马克思主义理论为指导，运用马克思主义的立场、观点和方法，全面剖析金融危机背景下资本主义在各方面出现的新变化及其动因，特别是要深度探讨危机背景下资本主义政治格局的新变动、经济战略的新调整、社会结构的新变化。（1）资本主义经济战略的新调整：从全球范围来看，危机不仅使世界经济格局发生了变化，而且使全球经济治理机制不断进行改革；从资本主义国家来看，为走出危机、恢复和发展经济，各国都对产业结构、经济发展战略、经济发展模式等进行了调整。（2）资本主义政治格局的新变动：从全球政治格局来看，发展中国家的崛起推动了世界政治格局和全球治理机制日趋走向多极化、民主化；从资本主义国家内部来看，危机不仅造成了政治力量对比的变化，同时也迫使资本主义国家调整对外战略。（3）资本主义社会结构的新变化：危机一方面造成了资本主义国家阶级结构的变化，强化了资强劳弱的局面，但另一方面，危机也加剧了社会矛盾，大规模的工人运动和社会运动在西方国家屡屡发生。本课题力求通过上述三个方面的研究，深入分析当前资本主义新变化的实质和影响，廓清各种非马克思主义的错误思想，揭示马克思主义的时代意义及其所面临的机遇与挑战，丰富和发展马克思主义关于资本主义的理论，并为中国特色社会主义建设提供借鉴。

研究特色、创新：（1）将马克思主义经典作家关于资本主义的基本理论与当前

资本主义的新发展相结合。在深入研读马克思主义经典作家相关著述，全面把握马克思主义关于资本主义的基本原理、立场和观点的基础上，对资本主义在当代尤其是金融危机后的发展和变化进行分析和探讨，力求更准确地反映资本主义在哪些方面进行了变革与调整。（2）将资本主义新变化与马克思主义时代化相结合。国内外论述金融危机下资本主义经济战略、政治格局、社会结构新变化以及马克思主义时代化的成果累累，但把二者结合起来的著述尚不多见。本课题既坚持用马克思主义的立场、观点和方法全面地探讨资本主义的新变化，又致力于深入研究和探讨马克思时代化面临的机遇与挑战。

【经济危机与经济周期的马克思主义研究】

中国社会科学院马克思主义研究院
胡乐明

研究背景、意义：马克思主义经济危机和经济周期理论是马克思主义学说的重要组成部分，为科学社会主义提供了重要的理论支撑。然而，资本主义国家并没有像很多人想象的那样很快灭亡，特别是第一个诞生的社会主义国家苏联解体后，西方学者普遍笃信资本主义不可超越，资本主义经济危机是资本主义经济正常的经济周期波动，社会主义苏联解体标志着社会主义的"历史终结"。然而，2008年以美国次贷危机为导火线的、席卷全球的国际金融危机和世界经济危机的再次爆发，以及进一步通过欧债危机的不断蔓延和深化，其产生的广泛影响已超越了经济范围。在这种历史背景下，揭示资本主义经济危机的各种理论观点纷纷出炉，反思资本主义制度的理论各种各样，对于如何克服经济危机的措施也众说纷纭。

在世界大变动、大调整格局下，从马克思主义的视角如何看待和解析各种资本主义经济危机和经济周期的理论观点和应对措施？揭示资本主义经济危机和周期根源的马克思主义理论是否已经过时？透过这场全球范围的资本主义经济大危机，结合资本主义经济危机史，资本主义经济危机发生了哪些重大变化，有何新的演变规律？资本主义的经济危机未来发展趋势是什么？日益发展的资本主义经济危机是否导致资本主义的必然灭亡？如果灭亡，何时灭亡？怎样灭亡？资本主义应对经济危机的自身调整空间还有多大？经济全球化条件下，资本主义经济危机对我国的社会主义经济建设有何冲击和影响？资本主义经济危机和经济周期的频发、应对和发展趋势对建设中国特色社会主义有何借鉴意义？系统研究和回答这些问题，无疑具有重要的理论和现实意义。

研究内容：包括"资本主义经济危机与经济周期：理论与历史"与"社会主义经济波动研究：现代马克思主义的视角"两大内容。"资本主义经济危机与经济周期：理论与历史"部分，主要秉持史论结合、以论为主的写作思路，围绕两条主线展开对资本主义经济危机与经济周期的研究：一条是经济史，一条是经济思想史。两条主线既有一定的独立性又要在一定程度上相互印证。这部分重点研究资本主义经济危机与经济周期的演变趋势；资本主义经济周期的波动规律与资本主义经济机制的内在关联；发展中资本主义国家的经济危机与发达国家的资本主义经济危机的作用机制，等等。"社会主义经济波动研究：现代马克思主义的视角"部分，主要研究内容：一是马克思主义经济危机与经济周期理论对我国社会主义市场经济建设的借鉴作用，即在市场经济条件下，资本主义与社会主义经济波动的一般共同规律，资本主义与社会主义经济波动的特殊规律；二是在经济全球化条件下世界经济周期对我国经济的影响和冲击，即经济全球化条件下世界经济波动对我国的影响机制,并实证检验我国经济波动与世界经济周期的关联性;三是在经济全球化背景下社会主义市场经济运行中经济危机的可能性与防范,即研究经济全球化条件下,社会主义市场经济发生经济危机的可能性和前提条件,提出防范社会主义经济大幅起落和防范经济危机的政策措施。

研究特色:主要从理论梳理、实践考察和比较分析多角度考察资本主义国家的经济危机和经济周期,以期构建马克思主义关于经济危机和经济周期的分析框架,揭示经济危机与经济周期的机理和机制,为社会主义的经济建设提供科学的政策建议。

【马克思主义本土化的国际经验与启示】

中国社会科学院马克思主义研究院
刘淑春

研究意义:研究马克思主义中国化,需要借鉴国外的经验教训,而国际共运160年来的历史与现实,实际上就是马克思主义本土化的过程。尤其是20世纪以来,各国共产党作为马克思主义本土化的主体,将马克思主义的科学社会主义原理运用于本国实践,创建了一系列社会主义国家,开辟了确立社会主义制度和建设社会主义经济文化的实践道路,形成了马克思主义在各自国家的不同特点和形态,积累了马克思主义本土化的正反两方面经验。在当今资本主义陷入新的危机,世界格局处于大变动、大调整的时刻,总结20世纪以来国外马克思主义本土化的历史经验和教训,对推动马克思主义中国化的创新发展,促进世界社会主义运动走向复兴,具有十分重要的现实意义与理论价值。本项目的宗旨是考察20世纪以来世界各国共产党把马克思主义的普遍原理与各自国家的具体国情相结合,在进行社会主义革命、建设与改革的过程中所形成的马克思主义本土化的理论形态和实践特色,总结其历史经验和教训,为马克思主义中国化提供借鉴,为探讨世界社会主义的发展前景提供启示,也为加强国际共运学科建设和培养人才队伍奠定基础。

研究内容:研究苏联、东欧及现实社会主义国家的马克思主义本土化的经验教训为主要内容,其最终成果的结构框架是"总—分—总",即首先从宏观上阐述马克思主义本土化的基本概念及相关问题;然后分别对苏联、东欧社会主义国家,越南、古巴、朝鲜等现实社会主义国家的马克思主义本土化进行考察;最后对国外马克思主义本土化的经验教训进行梳理并得出结论。

研究特色、创新:截至目前,研究世界社会主义的成果较多,但很少有人对国外马克思主义本土化进行系统研究。本项目将确立马克思主义本土化的相关概念和研究范围,并依据第一手资料,形成自成体系的研究成果。与相关成果不同,本项目不是再写一部关于马克思主义发展或社会主义思想的国别史,而是提供一份具有独特研究视角、以理论性阐述而非历史描述为重点的研究成果。本项目的创新之处在于,通过展示和分析研究对象国把马克思主义基本原理与具体国情相结合的实践模式与理论形态,阐明什么是马克思主义本土化,国外马克思主义本土化的经验、教训给我们提供了哪些启示等问题。本项目研究力图回应当前理论界有关热点问题的争论,反映对象国政治家、理论家和学者最新的理论反思与实践探索。

【中国特色社会主义基本理论、基本路线、基本纲领、基本经验、基本要求研究】

中国社会科学院马克思主义研究院
辛向阳

研究背景、意义:相对于已有研究具有独到学术价值、应用价值和社会意义,主要体现在以下几方面:(1)从理论上回答清楚"什么是中国特色社会主义、如何建设中国特色社会主义"这一基本问题，使中国特色社会主义的理论基石更加坚固。（2）把基本理论、基本路线、基本纲领、基本经验、基本要求之间的关系说清楚，使广大群众能够更加自觉地坚持走中国特色社会主义道路。（3）通过把五个基本涉及的重大现实问题讲明白，使我们能够在国际风云变幻中，在大变动、大变革中坚持道路自信、理论自信、制度自信，把中国特色社会主义推向更加广阔的未来。"五个基本"涉及很多深层次问题：马克思主义灵不灵？科学发展观行不行？社会主义通不通？中华民族兴不兴？共产党能不能？研究"五个基本"就是要回答这些问题。对于这些问题的回答可以帮助我们在理论上释疑解惑。

研究内容：研究的总体问题即"什么是中国特色社会主义、如何建设中国特色社会主义"这一基本问题，研究的具体问题是：马克思主义为什么灵？科学发展观为什么行？社会主义为什么通？中华民族为什么兴？共产党为什么能？研究对象和主要内容就是基本理论、基本路线、基本纲领、基本经验、基本要求的具体内涵和五者之间的逻辑关系，以及这五者与中国特色社会主义道路、中国特色社会主义规律之间的现实关系等。总体研究框架：第一，从马克思主义创始人的社会主义到中国特色社会主义；第二，邓小平理论的形成与中国特色社会主义基本理论、基本路线的确立；第三，"三个代表"重要思想的形成与中国特色社会主义基本纲领、基本经验的确立；第四，科学发展观的形成与中国特色社会主义基本要求的确立；第五，中国特色社会主义基本理论的逻辑要求：马克思主义的强大生命力；第六，中国特色社会主义基本路线：立国之本、强国之路、兴国之魂；第七，中国特色社会主义基本纲领：旗帜与规范；第八，中国特色社会主义基本经验：中国奇迹之谜；

第九，中国特色社会主义基本要求：人民的共同信念。

研究特色、创新：在问题选择、学术观点、研究方法、分析工具、文献资料、话语体系等方面的突破、创新或推进之处：（1）紧密结合中国特色社会主义发展过程中广大群众关心的问题进行研究，对历史虚无主义、新自由主义、民主社会主义以及"普世价值论"等错误思潮以及否定改革开放巨大成就的错误倾向，警惕其在所谓"政治现代化""政党现代化""文化现代化""宪政民主""公民社会""转型转轨接轨"等时髦话语下输入西方的经济、政治、文化理念和制度主张。特别要高度警惕历史虚无主义，一定意义上讲，它是其他错误思潮存在和泛滥的前提和基础。（2）坚持马克思主义基本原理特别是坚持唯物史观的研究方法，实事求是地看待中国特色社会主义的发展进程。对于各种干扰中国特色社会主义事业发展的错误理论进行系统的辨析。（3）要有新的话语体系的概括。比如在研究中国特色社会主义基本经验时，强调坚持中国的政治制度，我们不仅要从事例上说明中国政治制度的先进性，还要总结出自己的话语体系，用中国特色社会主义的话语来述说政治发展的历史与先进性。

【现代资本主义再认识与国家资本主义批判研究】

中国社会科学院马克思主义研究院
余　斌

研究意义：近年来，西方发达资本主义国家感受到中国和发展中国家崛起的压力，于是通过各种手段或借口为中国和发展中国家的进一步发展设置障碍，企图遏制中国和发展中国家的发展，维持新帝国主义体系。这些行为主要体现为：第一，美国、英国等一些西方发达国家的官员和学者重炒"国家资本主义"话题，将中国、俄罗斯、巴西、沙特、阿联酋等新兴世界国家贴上"国家资本主义"的标签，并将其视为"国家资本主义阵营"，而将西方发达国家贴上"自由资本主义"标签，相应地划入"自由资本主义阵营"，并将二者对立起来，称国家资本主义是自由资本主义遇到的迄今为止最强大的敌人，并以两个阵营之间的未来战争相威胁，以求诱使和迫使新兴国家重走新自由主义道路，以便向新兴国家转嫁经济危机，维持旧的国际经济秩序。第二，西方发达资本主义国家除了利用本国货币在国际储备、国际贸易结算和国际投资中的主导地位，利用白条输出，低成本地，甚至无偿地占有其他国家的财富，使用其他国家的资本，而且通过货币贬值，轻松地化解掉其对他国的债务，实现财富的无偿转移；还企图以发展低碳经济，保护环境，缓解全球生态危机为借口，推动全球碳排放的权利化、指标化和市场化，并主张根据目前的污染排放量确定各国的减排责任，企图让处于全球产业分工格局中低端的中国等发展中国家承担超出其合理限度的国际责任，其实质是加大这些国家的发展成本，以延缓和遏制其发展，并借机掠夺发展中国家。

研究内容：力求突破学术界对新自由主义、金融自由化、国际金融垄断资本、新帝国主义、国际金融危机的分散、孤立的研究，借鉴列宁的《帝国主义论》，对这些热点现象进行总体性、系统性和长时段的研究，探求资本主义现代形态，形成关于现代资本主义尤其是新帝国主义的新的理论成果。我们认为，现代资本主义是新帝国主义主宰下的资本主义。本项目将指出，列宁的帝国主义论中所没有包含的、在"二战"以后出现的新帝国主义的一些新特征，包括新帝国主义对传统资本主义的消极扬弃，这些新特征不仅没有削弱而且强化了现代资本主义的垄断性，强

化了新帝国主义的腐朽性、寄生性和垂死性，并指出不同的新帝国主义集团之间存在着深刻的矛盾。本项目还将深入分析国家资本主义在不同国家的实现形式，探讨国家资本主义与国有企业的关系，探讨中国经济发展中本着"三个有利于"的原则有效利用国家资本主义的方式。

研究创新：相对于已有研究，本项目独到学术价值在于坚持和发展马克思列宁主义有关帝国主义的研究理论，不仅考察新帝国主义对世界人民掠夺的一面，而且还要分析新帝国主义的内部矛盾，为我国利用这些矛盾，合理应对各种外部挑战和冲击，争取有利的国家环境，为我国坚持改革和发展的正确方向，完善国有企业的改革，提供理论指导和政策建议，这也是本研究的一个重要的应用价值。

【创建马克思主义哲学中国化新形态】

中国社会科学院哲学所　崔唯航

研究意义：从马克思主义哲学本真精神出发，立足中国特色社会主义实践，总结、提炼能够指导当代中国实践的中国化的马克思主义哲学，是目前理论与现实面临的重大问题。马克思主义哲学中国化研究课题，将面向中国文化传统和现实生活实践，以一种新的理论姿态构建"中国特色、中国风格、中国气派的马克思主义哲学"，推动我国哲学社会科学的创新体系的建设。这不仅是一种学术旨趣或文化策略，而且是与改造中国的现实实践内在相关的理论选择。改革开放以来，中国社会主义实践发生了巨大变化，100多年前的马克思主义经典没有为我们面临的理论和现实问题提供现成答案，直接的运用难以适应社会发展过程中不断涌现的新问题、新情况，因而迫切需要我们立足中国实际，创造出马克思主义中国化的新理论、新形态，从而给问题以当代中国式的解答。因此，马克思主义哲学中国化研究具

有重大的学术价值、理论意义与现实意义。

研究内容：根据马克思主义哲学的基本特质、思想方法和本真精神，通过深入到中华民族救亡图存、争取解放、建设现代化、和平崛起的历史进程，全面分析和研究全球化、信息化和现代化背景下，中国特色社会主义实践中形成的哲学思想观念、价值取向、思维方式，以及精神风韵，特别是将之从具体的实践形态总结、提炼为抽象的理论形态，创建出全新的"中国特色、中国风格、中国气派的马克思主义哲学"新形态。主要内容有：（1）马克思主义哲学中国化的理论建构与方法创新问题。（2）马克思主义哲学中国化的实质和内容问题。（3）马克思主义哲学中国化的现代性与民族性问题。（4）马克思主义哲学中国化与中国哲学的关系问题。（5）马克思主义哲学中国化与西方哲学的关系问题。（6）马克思主义哲学中国化与现代化的关系问题。

研究特色：秉承中国社会科学院哲学研究所马克思主义哲学学科长期以来形成的优良传统，即"以重大现实问题研究带动基础理论创新"，直面现时代马克思主义哲学所面临的挑战和问题，努力给这些问题以中国特色的、富于创造性的思考和回答，同时，必须深入到社会实践的深处，以自己特有的方式来把握和表达时代精神的精华和社会实践的本质，反思中国人民在现代化进程中所从事的最基本的实践活动，在解决时代所提出的重大课题的理论和实践活动中实现自己并引领时代。在此基础上，创建具有中国特色、中国风格、中国气派的马克思主义哲学新形态。

【马克思主义哲学思想的源头活水——《马克思恩格斯全集》历史考证版（MEGA2）研究和国外马克思主义哲学研究】

中国社会科学院哲学所　魏小萍

研究意义：马克思和恩格斯经典著作是马克思主义发展的源头活水，开展马克思和恩格斯经典著作尤其是以《马克思恩格斯全集》历史考证版（MEGA2）为基础的经典著作研究，对于坚持和发展我们党的理论指导思想无疑具有重大的现实意义和理论价值，而开展对国外马克思主义哲学研究动态的追踪、研究，有助于我们在全球化的进程中，时刻把握国际学术发展最新动态，发挥我国马克思主义理论研究的话语权，符合我国走向世界并且在全球化的进程中在意识形态领域掌握制高点的战略要求。

研究内容：包含两个方面的内容，其一是从马克思主义哲学思想发展的源头——马克思和恩格斯经典著作入手，开展马克思和恩格斯哲学思想研究；其二是对马克思主义哲学思想在国外150多年来的发展、变迁进行研究，把握马克思主义哲学思想在时代境遇下的最新发展动态。

从第一个方面来看，马克思和恩格斯经典著作的研究从源头上以马克思和恩格斯自身的文本、文献为基础，对其主要思想、基本观点的发展历程、研究思路的来源、变化进行客观、准确的研究。就目前我国的研究状况来看，马克思和恩格斯经典著作的文本、文献研究又可以分为两个层次，其一是从马克思和恩格斯经典著作的翻译文本入手；其二是以20世纪70年代以来陆续编辑出版的《马克思恩格斯全集》历史考证版第二版（MEGA2）呈现的原文本、文献为基础。该版本以其文本、文献的完整性、真实性、原创性、过程性和资料性为国内外学术界所关注、所重视，为马克思主义研究开辟了广阔的研究视野，为马克思和恩格斯哲学思想研究注入了新的活力，打开了马克思和恩格斯哲学思想研究的新局面。中国社会科学院哲学所是国内最早正式展开《马克思恩格斯全集》MEGA2版研究、目前国内最具有影响力并且取得优异研究成果的学术研究机构，本项目将继续发挥这一优势，借助于创新工程的平台，发展壮大我们的学术团队，培养后继力量，以期取得更大的成就。

从第二个方面来看，国内外交流存在着严重的不平衡状态，西方学术思潮和学术话语对我国学术界的影响不断加大，如何向国外宣传马克思主义中国化的发展成就，增强中国马克思主义学者的学术地位，并且让中国的马克思主义学者走向世界，在世界范围内发出我们的声音，与我国不断增长的经济实力相适应，争取在国际舞台上进行平等交流的话语权，让世界听到中国马克思主义的声音，成为中国马克思主义发展的历史重任。作为中国社会科学院哲学所的马克思主义学者，我们应义不容辞地承担起这个重任。

苏东剧变之后，苏联教条式的马克思主义哲学研究走向衰落，但是国际上的马克思主义理论研究呈现了新的局面：苏东剧变并没有带来马克思主义研究的终结，相反，西方世界的马克思主义哲学研究反而日趋活跃，法国巴黎的"国际马克思大会"、英国伦敦的"历史唯物主义大会"、美国纽约的"左翼论坛"等世界性马克思主义哲学大会在 20 世纪 90 年代以后纷纷涌现。近年来，在国际金融危机的背景下，马克思的《资本论》在国际范围重又炙手可热。

西方世界的马克思主义哲学研究者，从不同角度展开研究，形成了不同的流派。如法国学者运用结构主义、解构主义的方法对马克思主义哲学进行面向现实的解构与重构，形成结构主义、解构主义的马克思主义哲学研究视域。英美学者运用分析哲学的方法对马克思主义哲学在现实社会中所面临的问题进行逻辑分析，形成分析学派的马克思主义哲学。西方马克思主义哲学的不同流派在基本主题、关注重点、研究方法等方面虽然存在很多差异，具有许多片面性和错误理解，但他们在运用马克思主义哲学，关注和分析当代人类社会的一些重大理论和实践问题方面，取得了一些新进展，这对我们的马克思主义哲学研究具有启发意义。

研究创新：本项目的研究内容，既体现了新形势下马克思主义哲学研究面对的重大问题和挑战，也体现了我们必须解决的重大任务。一方面加强马克思和恩格斯经典著作的文本研究，尤其是原文本研究，另一方面加强对国外马克思主义发展状况的追踪研究，争取马克思主义在国际学术舞台上的意识形态引领作用，增强中国马克思主义在国际上的声音，进一步加强马克思主义哲学的理论说服力和战斗力。创新性体现在研究内容、研究任务的独特性中。

【马克思主义哲学中国化与西方哲学中国化的比较研究】

中国社会科学院哲学所　李俊文

研究意义：对于马克思主义哲学中国化与西方哲学中国化的比较研究在学界还是一个新的研究视角，其具有重要的学术价值和现实意义。第一，有利于推进马克思主义哲学、中国哲学与西方哲学研究的整体发展。研究以马克思主义哲学为价值坐标，它不仅对第三次西学东渐产生一定的影响，而且指导着新中国成立以来的西方哲学中国化的进程。同时，西方哲学中国化的成果极大程度地反哺了现代西方哲学。西方哲学是西方思想文化的内核，我们对西方哲学中国化的研究程度直接决定着我们对整个西方文明的理解程度。西方哲学的中国化不仅关系到我们对西方文明的把握深入与否，而且更重要的是关系到我们如何正确处理西方哲学与中国传统哲学的关系，我们是要持文化保守主义，还是要持文化批判主义，这在理论上至今仍是一个亟待厘清的重要课题。第二，促进马克思主义中国化和西方哲学中国化进程的相互借鉴、相互补充。长期以来，中国的马克思主义哲学研究领域和西方哲学研究领域总是相互对垒、界限森严，西方哲学的研究者大多坚持保持西方哲学的本原性与学术性，对马克思主义中国化过程中所表现出来的大众化、民族化、实践化特征不以为然，而中国马克思主义哲学的研究者也常常对西方哲学保持着一副批判的姿态。本课题力求揭示出马克思主义哲学中国化和西方哲学中国化之间进行对话、相互借鉴、相互补充的必要性和可能性。第三，对于促进中国的现代化进程、提升理论自信和中国特色哲学新形态的建设具有重要的现实意义。当前我国正处在中、西文化的交流与融合最频繁和最富成果的时期，本项目力求在马克思主义哲学中国化与西方哲学中国化的比较研究中，探寻出文化交流和整合的最佳"熔点"，既保持与丰富中华文化的优良传统，又挖掘适应中国社会文化需要的哲学理论，以中国特色的哲学理论新形态来充分凸显中华文化的包容力和软实力，推进中国的现代化建设。

研究内容：第一，对马克思主义哲学中国化和西方哲学中国化的历史进程进行考察，揭示马克思主义哲学中国化与西方哲学中国化的基本特征。第二，对马克思主义哲学中国化和西方哲学中国化的理论基点进行分析，围绕中国具体的社会现实与两种哲学的中国化、中国传统哲学的现代化与两种哲学的中国化、马克思主义哲学中国化与西方哲学中国化的辩证关系三个问题展开研究。第三，马克思主义哲学中国化与西方哲学中国化的理论建构。对两种哲学中国化的具体影响因素、路径选择和理论诉求展开论述。第四，对马克思主义哲学中国化与西方哲学中国化的现实影响进行全面概括和深入分析。通过改革开放以来的"西学热"与当代中国的思想启蒙、西方哲学中国化与"国学热"的对比研究，总结两种中国化过程中的经验与教训。

研究特色：第一，呈现出哲学与现实之间的一种互动关系。马克思曾说过，哲学的目的不是解释世界，而是改造世界。对马克思这句话的一个最好的注释就是马克思主义哲学中国化和西方哲学中国化的进程。马克思主义哲学和西方哲学在中国化的过程中不断地改造着中国的社会现实和思想状况，与此同时，中国的具体实践和文化传统也在不断地改造着传入中国的马克思主义哲学和西方哲学，马克思主义哲学和西方哲学就是在哲学与现实之间的这种互动关系中得以实现。第二，揭示马克思主义哲学中国化和西方哲学中国化的普遍性与独特性。通过对马克思主义哲学、西方哲学在以中国为代表的后发型国家中本土化、民族化进程与特点的考察，揭示出这两种哲学中国化的特征与未来发展方向，在马克思主义哲学、中国哲学、西方哲学视域融合中推进中国文化的世界化，实现中华民族文化的复兴与繁荣。

2013年度教育部人文社会科学研究课题简介（部分）

【马克思的"人本共同体"理论及其当代价值】

大连海事大学公共管理与人文学院 秦龙

研究意义：有助于揭示马克思"共同体"思想的深刻人学价值，深化当代国人对马克思"共同体"思想内核的全面理解，从而拓展马克思思想的研究视域，促进当代国人自由解放与全面发展的伟大实践的顺利展开。

研究内容："共同体的历史演进与人的辩证发展"是马克思论证共同体问题的突出特点，是其在共同体问题上最为核心的价值关怀，这也成为我们考察马克思"共同体"思想的中心线索，是本研究区别于以往任何研究的突出特征。主要由三大研究板块构成：第一大板块阐述了马克思"共同体"思想的人学特色——"人学共同体"理论。主要包括马克思探索共同体的基本过程以及马克思共同体思想体系构成，在此基础上提出了马克思的"人学共同体"理论。第二大板块对马克思的"人学共同体"思想进行了尝试性解读，对共同体的历史演进与人的辩证发展思想进行历史的梳理与逻辑的再现。第三大板块挖掘了马克思"人学共同体"思想的当代人学价值。综观本研究的整体，我们不难发现，共同体历史演进与人的辩证发展问题始终像一条红线贯穿其间，这正是本研究的一个特色所在。

研究创新：（1）"共同体的历史演进与人的辩证发展"是马克思论证共同体问题的突出特点，也是马克思在共同体问题上最为核心的价值关怀。对此，以往的研究关注不够。选取"共同体的历史演进与人的辩证发展"这一独特视角对马克思的"人本共同体"理论进行系统考察，是本研究区别于以往研究的突出特征，具有一些新意。（2）大胆提出马克思的"人本共同体"理论。马克思的"共同体"思想，不仅具有社会学意义上的社会共同体意蕴和政治学意义上的国家共同体、阶级共同体内涵，更具有丰富的哲学历史观和人学理论指涉。马克思的"共同体"思想内核是"人本共同体"理论，对人生存和发展的关注是这一思想的精髓和核心，这种理论的提出是一种大胆的尝试。（3）试图挖掘出马克思"人本共同体"理论的当代价值。由于以往对这一问题研究较少，因而这一问题的意义也较少为人们所关注。在深入研究这一思想的基础上，对这一思想的当代价值做了一些思考并提出了自己的理解。

【思想政治教育哲学问题研究】

复旦大学社会科学基础部　董雅华

研究意义：从哲学的视角和对思想政治教育基本问题进行哲学分析两者相结合的层面，着重围绕思想政治教育的存在依据、本质特性、教育范式等思想政治教育若干重要问题进行深入研究，通过构建对于思想政治教育学研究具有"顶层设计"意蕴的思想政治教育哲学研究的基本范畴、理论内核及研究方法，促进形成思想政治教育学的新的研究领域和研究范式，对于加强思想政治教育学的基础理论研究具有创新意义和提升价值。同时，该研究本身将以思想政治教育实践为基础，注重以思想政治教育中的重大实际问题为研究对象，并且以能否推进思想政治教育的实践发展为检验理论成果的重要标准，因而对于提升思想政治教育具有实践指导价值。

研究内容：尝试将思想政治教育哲学看作是以一定的哲学观点和方法研究思想政治教育基本问题的一门学科，考察和揭示思想政治教育实践活动与思想政治教育学学科研究的哲学意义和时代价值，以便为思想政治教育学科深入发展，更好地促进人的发展与社会发展的协同性提供理论支撑。主要内容包括：思想政治教育哲学问题研究的视角及意义、研究的理论基础及方法、思想政治教育何以可能、思想政治教育与意识形态、思想政治教育的规训性与解放性、思想政治教育的公共性视域、思想政治教育中的知识性与价值性、思想政治教育共同体的话语体系与教育范式、开放视野下的思想政治教育等重要方面进行专门研究。通过建构思想政治教育哲学重要问题的理论分析框架和研究范式，为思想政治教育学研究提供基础理论支撑和理论参照。

研究创新：其一，研究视角新颖。本课题结合思想政治教育所面临的新形势、新特点和开放环境的视野，从哲学的视角，提取富有前沿性、根本性的矛盾问题领域为研究对象，这些问题的提出及研究视角本身都具有一定的新意。其二，研究范式与方法独特。本课题综合运用哲学、政治学、教育学、心理学等学科的一般理论和方法，分析借鉴西方相关哲学思想理论，以理论思辨为基本研究范式，突破本学科经验论式的研究惯性局限，在研究范式和方法的选择与创设等方面富有探索性、独特性。

【防范和消除党面临的精神懈怠危险的实践路径和制度创新研究】

济南大学马克思主义学院　牛秋业

研究意义：精神懈怠的危险是我党面临的"四大危险"之一，而如何应对和消除我党面临的精神懈怠危险不仅具有重大的理论意义，也有十分重大的现实意义。中国共产党在长期革命斗争和建设中形成了独特的政党精神，这种精神是中国共产党区别于其他政党的独特气质，也是引领社会其他组织和社会公众的精神支柱。面对当前党内出现的精神懈怠的危险，如何在实践中消除这种危险并通过制度创新使党的精神永葆青春，是摆在我们面前的一个时代课题。应对和消除我党面临的精神懈怠危险是党的建设的迫切需要，这关系到党的执政地位的巩固、执政能力的提高和党同人民群众的血肉联系。唯有从思想上保持旺盛的革命斗志，我们才能攻坚克难，抵制消极腐败的侵蚀，保持理想信念的坚定，自觉坚守共产党人的精神家园。

研究内容：（1）精神懈怠危险是"四大危险"之首，因为精神懈怠必然导致消极腐败、脱离群众和不思进取、能力不足。防范和消除"四大风险"首先是消除精神懈怠的危险，中国共产党的精神是中国共产党区别于其他政党的显著标志。（2）通过作风建设消除党面临的精神懈怠的危险。通过批评与自我批评、密切联系群众、理论联系实际的作风建设，自觉防范精神懈怠的危险。通过工作作风展现共产党人的精神风貌，始终保持共产党人的积极向上、乐观进取的精神状态。（3）构筑共产党人的精神家园是防范和消除精神懈怠的重要途径。以社会主义核心价值观构建中国共产党人的精神家园，共产党人的精神家园是共产党人的精神支柱，以构建"三型"政党为契机，在建设学习型、创新型、服务型政党实践中培育政党精神。（4）完善制度是防范和消除精神懈怠的保障。中国共产党独特的精神气质是党在长期革命和实践中形成的，党要始终保持这种精神状态，不仅要加强党性锤炼，还要加强制度建设，通过完善用人制度、强化监督机制等来防范和消除精神懈怠危险。

研究创新：（1）以作风建设消除党面临的精神懈怠的危险。作风建设是党的建设重要内容，精神建设是党的建设新领域，以作风建设消除党面临的精神懈怠的危险也是本课题的重点，尤其要以批评与自我批评的优良作风消除党面临的精神懈怠的危险。（2）以社会主义核心价值观构建共产党人的精神家园，防范和消除党面临的精神懈怠的危险。一个国家、一个民族、一个政党要有自己的精神支柱，每个党员也要有自己的精神追求和精神支柱，共产党人的精神支柱和精神家园以社会主义核心价值观为核心。（3）保持党的自我净化能力，始终保持积极向上、创新自信的精神状态。不仅要构建共产党人的精神家园，还要从制度上防范和消除党面临的精神懈怠的危险，加强民主协商制度，拓宽人民群众监督的渠道，创新监督的形式，从外部机制上建立防范和消除党面临的精神懈怠的危险。

【西方民主输出与中国的意识形态安全】

昆明理工大学马克思主义学院 张云莲

研究意义：（1）分析西方民主输出可以为中国意识形态安全策略的构建提供理论支持。冷战结束之后，西方国家把民主输出作为其对外政策的重要内容，美国更是把"输出民主"提到了国家安全的核心战略地位，意图按美国的价值观改造世界，尤其是和平演变中国。因此，系统研究以美国为代表的西方民主输出，正确区分恶意和非恶意的民主价值观传播，对中国的民主政治建设和民主价值观的培养具有重要的理论意义，可以为中国意识形态安全策略的构建提供理论支持。（2）分析西方民主输出的策略具有实践意义。在国际社会，基于对民主的推崇，以美国为代表的西方国家采用政治、经济、文化和军事等全方位出击的外交策略，通过和平与非和平的途径向外输出民主，强势传播和推行西方民主价值观和民主制度，以谋求影响和改变其他国家的政治制度、政治进程和价值观，达到维护西方世界长久统治全球、获取最大利益的目的。因此，分析西方民主输出策略可以为中国意识形态安全提供具有针对性的实践策略支持。（3）对提升中国文化软实力具有借鉴意义。西方民主输出的主要途径是文化产品，对中国进行意识形态渗透的主要方法是文化侵蚀，因而提升文化软实力对意识形态安全具有重要的意义。本研究可以为文化强国战略提供理论和实践支持，有助于中国文化软实力的提升。

研究内容：拟从理论和实践层面，探讨以美国为代表的西方民主输出的理论根源和真实目的，归纳总结民主输出的策略和方法，结合中国目前主流意识形态建设的现实和面临的挑战，提出针对西方民主输出、防止和平演变可以采取的意识形态安全策略构想。从以下六个方面进行研究：（1）经济全球化背景下的国家意识形态安全观。拟从意识形态安全的概念和内涵入手，分析国家意识形态安全在国家安全中的地位和战略意义。（2）西方民主输出的根源、历史与现实。拟分析以美国为代表的西方国家对外输出民主的文化根源和理论根源，并从历史和现实的角度探讨西方民主输出的历史延续性。（3）西方民主输出的动因。拟分析西方民主输出的冷战思维、全球战略和亚太战略、宗教使命感和维护西方民主意识形态安全四个动机。（4）西方民主输出的策略。拟分析西方通过文化产品输出、跨国公司、大众传媒、推动政权更迭、非政府组织等途径的民主输出策略。（5）西方民主输出对国家意识形态安全形成的挑战。拟分析国家政体、主流意识形态地位和执政方式面临的挑战。（6）针对西方民主输出的中国意识形态安全策略。拟提出从意识形态建设、政治体制改革、民主政治文化培养、民主素质提高、文化产业发展、拓宽对外传播渠道六方面来构建国家意识形态安全策略。

研究创新：（1）研究视角。从国际政治的视角系统探讨意识形态安全问题，可以弥补文化学、政治学、历史学、思想政治教育等视角的局限性。（2）应对策略。一是从"攻""守"结合的角度构建意识形态安全策略，可以弥补已有研究较多侧重国内意识形态建设的"守"，而通过加强对外传播来构建意识形态安全的国际环境研究（攻）相对不足的局限。二是提出维护意识形态安全是政府和普通公众共同的责任。

【马克思经典著作中的人民主体思想研究】

上海对外经贸大学哲学与社会发展研究所 潘 宁

研究意义：人民主体思想是历史唯物主义的重要范畴，在马克思主义发展史上占有重要地位。从马克思主义思想的实践历史，也就是社会主义运动史来考察，社会主义运动史上的道义性缺失的根本原因在于，当强调人民时，却忽视了人的主体性。单个个体服从于人民是有道理的，但对任何个体的忽视最后导致"人民"也落空了。特别是当前，随着我国改革开放的不断深入以及我国社会主义市场经济体制的建立，市场经济的一般特征必然引发我国社会主义道德建设的深刻演变。我们党在民主革命时期形成的党和人民群众之间的血肉联系，遇到了严峻挑战，一些地方党群关系疏远，甚至紧张。党内脱离群众的现象大量存在，集中表现在形式主义、官僚主义、享乐主义和奢靡之风这"四风"上，严重损害党群干群关系。马克思人民主体思想的立场、观点和方法在一些党员、领导干部中已经悄然淡化。这种倾向中潜伏着党和人民群众关系疏远的危险。对于无产阶级政党来说，是否坚持人民主体地位，是区分唯物史观和唯心史观的分水岭，也是判断马克思主义政党的试金石。21 世纪的马克思主义、社会主义要有前途，必须从理论到实践上解决这个问题。党的十八大提出，在新的历史条件下夺取中国特色社会主义新胜利，"必须坚持人民主体地位"，充分体现了我们党的根本宗旨和执政理念。坚持人民主体地位，是实现中华民族伟大复兴的必然要求。无疑，开展本课题研究，是建设和发展中国特色社会主义必须思考的前瞻性问题，也是本研究的最大价值所在。本研究对于揭示实现中华民族伟大复兴的力量源泉、巩固党的执政地位和执政基础、体现党的先进性和纯洁性、建设中国特色社会主义具有至关重要的根本性意义。马克思经典著作中的人民主体思想研究主要依据马克思各个时期的主要文本，重点考察马克思在辩证唯物主义和历史唯物主义以及科学社会主义的基础上，揭示马克思人民主体思想发展的逻辑进程、科学内涵、现实条件和正确道路以及马克思人民主体思想的当代价值。

研究内容：（1）马克思人民主体思想的思想渊源和理论基础。具体分析马克思人民主体思想对空想社会主义关于未来社会构想中的人的合理因素、法国复辟时代历史学派的人民群众创造历史的思想、法国启蒙思想家的天赋人权思想、黑格尔的绝对精神与世界历史观、费尔巴哈的人本主义的扬弃与超越。（2）马克思人民主体思想的历史演进。主要依据马克思各个时期的主要文本，重点梳理马克思人民主体思想形成的一般历史过程。在此基础上，对文本的主题、马克思世界观的转变以及文本中观点之间的内在联系等进行考察。（3）马克思人民主体思想的科学内涵。主要从"人民历史主体论""人民价值主体论""人民经济主体论""人民政治主体论""人民文化主体论""人民社会主体论""人民生态主体论"等方面总结梳理马克思文本中的人民主体思想的主要内容。并在当代视野中，从历史主体与价值主体的统一、批判性与建构性的统一、合规律性与合目的性的统一、价值观与真理性的统一四个维度对马克思人民主体思想的基本特征进行分析。（4）马克思人民主体思想的当代价值。从理论价值上，分析马克思人民主体思想是历史唯物主义的重要组成部分，也是中国化马克思主义人民主体论的思想基础。从现实意义上，论述马克思人民主体思想对建设和发展中国特色社会主义、实现"中国梦"的重大指导作用。

研究创新：一是对马克思对近代各种唯心主义主体观的哲学批判与颠覆进行了较为详细的分析和探讨；二是立足于马克思经典文本，对马克思人民主体思想进行较为系统的分析；三是对马克思人民主体思想理论自身所具有的当代价值进行较为深入的探讨。

【国有文化企业在文化产业中的主导作用研究】

浙江理工大学马克思主义学院　谭劲松

研究意义：（1）依据党的十五大提出的"国有经济控制国民经济命脉，在经济发展中起主导作用"的要求，提出"国有文化企业要在发展文化产业中起主导作用"，不仅有利于深化对党的十七届六中全会提出的"形成公有制为主体、多种所有制共同发展的文化产业格局"的认识，拓宽对"国有经济主导作用"在文化产业中的研究视野，而且有利于正确认识文化产业中坚持公有制主体地位、发挥国有文化企业的主导作用，同鼓励和引导非公制文化企业发展之间的关系。（2）提出国有文化企业在发展文化产业中的十大作用，不仅有利于国有文化企业明确使命、正确定位、规范行为、强化责任，而且有利于国有文化企业在推动文化产业成为支柱性产业、建设文化强国和发展社会主义先进文化中发挥主导作用。（3）通过对文化企业在经营目标上不同于纯经济性企业特殊性的比较研究，不仅有利于引导国有文化企业规范经营行为，正确处理社会效益和经济效益的关系；而且可为政府部门对文化产业实行不同于纯经济类产业的扶植政策提供理论依据和决策参考。（4）有利于正确处理文化产业发展中发挥国有文化企业的主导作用同民营文化企业积极作用的关系，防止把文化产业民营化、私有化；而且有利于正确处理文化建设格局中，发展文化事业和文化产业的关系，防止把文化建设过度产业化、功利化，淡化文化建设公益性功能的倾向。

研究内容：（1）国有文化企业在文化产业中的特殊地位。在多种所有制并存的文化产业格局中，国有文化企业集中代表和体现公有制主体地位，是国家建设文化强国的主力军，发展社会主义先进文化的"国家队"，在推动文化产业成为国民经济支柱性产业中处于领跑地位，肩负着维护国家文化产业意识形态安全的特殊使命。（2）国有文化企业在文化产业中的主导作用：在发展社会主义先进文化中发挥主力军作用；在满足人民群众文化消费需要中发挥基础作用；在推动文化产业成为国家支柱性产业中发挥主体作用；在促进文化产业科技进步中发挥骨干作用；在维护国家文化产业安全和国际文化产业竞争中发挥中坚作用；在文化产业多种所有制并存格局中对非公有制文化企业发挥引领作用；在正确处理文化产业社会效益与经济效益关系中发挥示范作用；在缩小城乡、地区文化消费差距，实现全民文化共同富裕上发挥桥梁纽带作用；在创新文化产业发展方式、实现文化产业科学发展中发挥带头作用；在传播社会主义价值观中发挥榜样作用。（3）研究政府部门支持和扶植国有文化企业发展的措施与对策。①中央和省级政府要加大对国有文化产业的财政投入和政策扶植，培育一批核心竞争力强的国有文化企业，在发展文化产业中发挥主导作用。②地方政府要在土地使用、信用贷款、上市融资、对外贸易等方面支持和扶持国有文化企业发展，提高其自我发展能力和市场竞争能力。③政府应在国有文化企业上缴利税上实行不同于纯经济产业的优惠政策，支持国有文化企业坚持社会效益优先的经营方向，发挥传播社会主义意识形态功能。（4）研究国有文化企业发展战略。①在经营规模上：国有文化企业要实施集团化战略，通过重组与兼并、联营与合作，打造具有核心竞争力的"航母"式大型国有文化企业或企业集团，"创新文化产业'大生产'方式，构建文化产业'大传播'体系，建立文化产业'大创作'平台，打造文化产业'大消费'格局，开创文化产业'大贸易'局面"，扩大企业经营规模以获得规模效益。②在市场战略上：国有文化企业要实施走出去战略，开拓和占领世界文化市场，从国际文化产业分工与竞争中获得比较利益。③在竞争理念上：国有文化企业要实施人才强企战略，树立人才是第一资源、第一生产力、第一竞争力的新理念，注重人才的

培养与引进，以人才优势开拓国内外文化市场。④在发展战略上：国有文化企业要实施科技带动战略，加大研发力度，增加研发投入，走技术密集型、知识密集型、资本密集型文化产业高端发展之路，增强自主创新和自我发展能力。

【执政条件下党的意识形态建构研究】

中国人民武装警察部队学院　杜旭宇

研究意义：一是为执政条件下党的意识形态建构提供理论借鉴。通过对执政党意识形态的构成要素进行系统研究，探讨执政党意识形态各构成要素的相互关系，寻找执政党意识形态各构成要素的基本规律，形成一个基本的执政党意识形态建构的理论框架，为执政条件下党的意识形态建构的内容、依据、路径等提供一个新的研究视角。二是为执政条件下党的意识形态建构实践提供路径参考。在新的社会历史条件下，针对执政条件下政党意识形态建构的实际需要，针对执政环境发生的重大变化，通过加强对执政党意识形态建构理论逻辑问题的研究，以根据实践的不断发展来重新矫正、修补、强调或弱化某些理论观点，使党的意识形态建构符合时代要求和实践需要。三是有助于增强党的意识形态的吸引力和凝聚力。党的意识形态的吸引力和凝聚力源于党提出的价值取向、理想目标、策略手段的科学性。通过对执政党意识形态建构基本逻辑的科学认识，借鉴马克思主义执政党意识形态建构的基本经验，吸取马克思主义执政党意识形态建构的基本教训，分析当代中国共产党意识形态建构面临的问题，提出解决问题的对策，有助于实现党的意识形态的科学化，永葆党的意识形态的吸引力和凝聚力。

研究内容：（1）执政条件下党的意识形态建构的理论逻辑研究。包括政党意识

形态建构的基本逻辑；执政党意识形态建构的基本特征；马克思主义执政党意识形态建构的特殊特征；执政条件下党的意识形态建构逻辑。（2）执政条件下党的意识形态建构的经验教训研究。主要研究中国共产党在意识形态建构方面的基本经验和教训。（3）当代中国共产党意识形态建构存在的问题研究。对照执政条件下党的意识形态建构逻辑，结合当前党的意识形态建构现实，从价值取向、目标体系、实施路径、建构能力四个方面分析党的意识形态建构存在的主要问题。（4）当代中国共产党意识形态建构的路径选择研究。以执政条件下党的意识形态建构逻辑为依据，针对当前党的意识形态建构存在的问题，提出包括确立契合民众要求的价值取向、形成包容性强的目标体系、选择张力适度的实施路径、确保党具备适应时代潮流的意识形态建构能力四个方面的对策。

研究重点、难点：研究重点是马克思主义执政党意识形态建构的理论基础和基本特点；执政条件下党的意识形态建构逻辑、基本路径。研究难点是执政条件下党的意识形态建构的逻辑。

【利益冲突视域下执政党的纯洁性建设——苏共蜕变的教训及对策研究】
中南财经政法大学马克思主义学院
龚先庆

研究意义：党的十八大提出要防止利益冲突，党内绝不允许搞特权，认为腐败问题解决不好，就会对党造成致命伤害，甚至亡党亡国。社会上的既得利益者如果向党内蔓延，甚至形成"既得利益集团"，利益冲突将不可调和，必然会毁灭党的事业。本课题基于利益冲突的视角分析苏共蜕变的经验教训，通过对新中国成立以来，尤其是改革开放以来防范党内形成"既得利益集团"，防止利益冲突的历史考察与现实分析，对加强执政党的纯洁性建

设提出建设性的对策。（1）从利益冲突视角分析苏联共产党蜕变的教训方面的理论研究有待于进一步加强。对于苏共亡党，严格厘清利益冲突与腐败之间的关系，分析苏共与人民的利益冲突何以产生，分析利益冲突形成与发展的轨迹，分析利益冲突的表现、特点与危害，从而总结教训，以史为鉴，无疑是理论工作者的使命。（2）利益冲突与执政党的纯洁性建设的关系，需要在理论上进行深入分析。新形势下，由计划经济向市场经济转型，为什么讲到党的纯洁性建设的时候不能仅仅讲反腐败，而要有针对性地提出防止利益冲突？党面临的市场经济风险与利益冲突几率之间是什么样的关系？搞清楚这些问题，无疑具有理论上的价值与意义。（3）吸取苏共蜕变的教训，提出加强执政党纯洁性建设的对策，是本课题希望实现的实际应用价值。在市场经济条件下，梳理新中国成立以来尤其是改革开放以来的廉政建设制度，归并、统一、提升、制定相关防止利益冲突的制度，并加强制度的执行力建设，不断加强党的纯洁性建设。

研究内容：（1）利益冲突视角下苏共蜕变的历史考察。结合苏共执政七十多年的历史，探讨苏共与人民的利益冲突在什么条件下产生、在什么时期产生、为何产生、表现形式、危害及后果。苏共党内的既得利益有一个萌芽、发展，到在党内形成既得利益者集团的一个过程。不能说苏共执政时期一直有利益冲突，更不能说仅仅是利益冲突导致了苏共失去政权。从利益冲突视角对苏共的蜕变进行考察，是本课题的着重点之一。（2）新中国成立以来中国共产党防范党内形成"既得利益集团"，防止利益冲突的思想及实践考察。从纵向上研究中国共产党执政以来，三代中央领导集体从防范党内形成"贵族阶层"到防范党内形成"既得利益集团"的思想，重点考察改革开放30多年以来对

防范党内出现"既得利益集团"、防止利益冲突问题的思想与实践，力图从中总结出规律性的认识。（3）国际社会防止利益冲突的行之有效的经验与做法。国际社会如瑞典、加拿大、新加坡等国，对于如何防止利益冲突，有着较为成功的做法与经验。如何在坚持中国特色的政党制度的前提下，以"拿来主义"的态度，学习国际社会执政党建设的成功经验，为党的纯洁性建设服务，也是本课题的重要研究内容。（4）吸取苏共蜕变的教训，立足国情、世情与党情，提出执政党纯洁性建设的对策。苏共蜕变的教训对于执政党无疑有着普遍的启示意义，但是对于曾经深深受着苏共影响的中国共产党来说，更应该保持足够的清醒。从利益冲突视角分析苏共蜕变的教训主要表现在：一党专权、高度集权、个人迷信、干部特权、官僚主义、贪污腐败、贻误改革。没有哪一个政党天然地具有先进性与纯洁性，胡锦涛在庆祝建党九十周年的讲话中，指出党面临脱离人民的风险、消极腐败的风险，在党的十八大报告中再次提醒全党要增强忧患意识，防止利益冲突，防范廉政风险。要以苏共为鉴，加强权力制约，加强党内民主，促进社会民主，加强权力监督，防止既得利益侵入党内，从而保持党的纯洁性。

研究特色：将遵循实事求是的思想路线和唯物辩证的思维方法，在利益冲突的视域中，在由计划经济向市场经济转型条件下，在利益多元化与利益分化的大背景下，拟通过研究利益冲突对苏联共产党蜕变的影响为切入点，结合中国共产党执政以来的历史，尤其是改革开放 30 多年的历史，在总结苏共蜕变的教训与启示的基础上，比较研究国际社会行之有效的防止利益冲突的做法与经验，深入分析执政的中国共产党面临的利益冲突的风险与党内形成"既得利益集团"的风险，最后从党、国家、社会互动关系中为加强党的纯洁性建设、防止利益冲突、加强党的纯洁性建设寻求对策。

【《资本论》的政治哲学解读】

吉林大学农学部公共教学中心　白刚

研究意义：作为对"资本主义生产方式以及和它相适应的生产关系和交换关系"的研究，马克思倾其一生的巨著《资本论》，揭示的是物与物的关系掩盖下的人与人之间的剥削与被剥削、压迫与被压迫的不平等关系，其最终目的是为了通过揭示"资本之谜"，来变"资本"的独立性和个性为"个人"的独立性和个性，从而实现从"必然王国"向"自由王国"的过渡。在这一意义上，马克思的《资本论》在本质上就是通过"政治经济学批判"来否定资本主义制度，建立最佳的政治秩序和生活方式而实现每个人自由全面发展的"政治哲学"著作。在人们以往对《资本论》作经济学、哲学和科学社会主义解读的基础上，立足于西方政治哲学传统，从当代政治哲学的问题出发，在历史与现实、理论与实践、文本与思想的交汇中，认真研读马克思的《资本论》，深入挖掘《资本论》深厚的政治哲学意蕴，深切把握《资本论》真实的"理论性质"和"理论内涵"，恢复和凸显马克思鲜明的政治形象和当代价值，在今天资本逻辑全球拓展的时代无疑具有重大的理论和现实意义。

研究内容：（1）《资本论》的解读传统。在梳理和总结《资本论》"三大解读"传统基础上，概括和归纳出《资本论》的"政治哲学解读"模式，将马克思《资本论》的理论性质定位为"政治哲学"。（2）《资本论》与古典经济学。《资本论》绝不是对古典经济学的延伸和变形，而是对古典经济学的批判和超越。正是这一批判和超越，使《资本论》实现了政治经济学的革命变革。（3）《资本论》与德国古典哲学。《资本论》继承了德国古典哲学追求"自由"的理想，并通过"资本辩证法"来建立每个人"自由个性"实现的"自由王国"，从而实现了深刻的政治哲学革命。（4）《资本论》与政治哲学的范式转换。正是由于对古典政治经济学和古典哲学的双重批判和超越，《资本论》实现了政治哲学由确立先验思辨原则到寻求现实经验基础的范式转换。（5）《资本论》的自由观。《资本论》的自由观，是扬弃了古典经济学"物的自由"的"人的自由"和古典哲学"形式自由"的"实质自由"，其实质就是追求人的自由个性的"积极自由"。（6）《资本论》的正义论。《资本论》追求的正义不是虚假的"物"的"分配正义"，而是消灭雇佣劳动的"人"的"生产正义"。这一正义是必须通过重建"个人所有制"才能真正实现的"超越正义的正义"。（7）《资本论》与人的解放。通过对"三大拜物教"的批判，《资本论》真正实现了从宗教解放到政治解放，再从政治解放到劳动解放和人的解放的发展和过渡，从而开辟了一条人类从资本的囚笼中获得解放的可能性道路。

研究创新：其一，扩展和深化《资本论》的当代研读，丰富和完善《资本论》的政治哲学品格；其二，推进和发挥《资本论》对当代资本主义社会"病症"的诊断和批判，丰富和发展《资本论》及当代政治哲学研究的理论内容；其三，挖掘和揭示《资本论》的政治哲学思想，还原和凸显马克思的"政治形象"，澄清和消除对马克思的误解；其四，保持和促进哲学与政治之间的张力，为当代政治实践提供有效的理论资源，推动政治进步和人的解放。

【马克思政治哲学基本问题研究】

中国人民大学哲学院　张文喜

研究背景、意义：近年来，政治哲学在我国理论界得到越来越多的关注。它们大多局限于自由主义内部或自由主义与社群主义、保守主义等的论辩之中。形成这种风气的基本原因是，当今政治哲学几乎被狭隘理解为"政治意见""政治规划"或者是"可操作的方案"；对马克思主义政治哲学的研究虽然也得到了重视，可是其研究都存在这样一个共通的问题，即政治哲学概念都被作为某种类型的规范性观点，这种研究都是从马克思主义能拥有什么样的价值观这一角度去研究的（虽然也不失某些描述性的角度）。马克思政治哲学虽然被认为是马克思研究的新的生长点，但很少有人要求深入到马克思哲学之更为根本的问题域中，要求由实践学说之存在论意义阐释其根本处做起。鉴于此，在有些人那里，马克思创立唯物史观的完整"计划"是一分为二的，一个是哲学计划，另一个是政治计划。因而，在马克思哲学内部引人注意的就是，人们把某种价值观因素用来反驳另一种价值观因素。至于这两种因素何者占上风，则仍激烈地争论着（例如，"马克思是否把资本主义谴责为不正义？"）。结果，无论马克思持有何种类型的规范性观点，都已把某种价值观念作为预设的东西固定下来。很多西方学者也因循这一可疑的思路。对马克思政治哲学阐释也是整个地从属于现代哲学的基本框架，同样隐含着"应该"与"是"的二元论。

因此，本研究将围绕马克思政治哲学的核心理念——共产主义学说及"问题域"的阐发来解读马克思哲学。通过解读马克思哲学视域中的政治与哲学的关系，剥离出一个围绕共产主义的"问题域"，从而给这一课题确立一个路标。这种解读将深化理解马克思政治哲学与现代政治哲学的迥异，回应当今马克思主义的疑难问题，凸显在人类文明中马克思主义作为一种在追求生存的感性活动中所表现的精神理想的基础作用，同时也期望改变过分参照西方语境的状态，重新回到马克思著作中的某些基本思想，回到马克思理论的理解史。希冀为"中国式的马克思政治哲学"建构事业提供一个超越性的视角。

研究内容：主要线索是从反思事物世界之必然性转向反思实践世界之可能性研究，因为实践世界之可能性乃是人的历史创造。马克思揭示了人的过去、当前和未来的活动的规律。它主要体现在他以劳动价值论为依据的对资本主义的分析和批判中，和有关历史理论以及历史与某种"关于存在的"或"关于存在之学说的"关系的论述中。马克思对实践的强调对准了人的存在问题。作为历史的剧作者和剧中人，人必须解释，为什么选择这样而不是那样的存在方式。这就是马克思透过现实中被异化的人看到未来完美的人，其实质不是预设形而上学的人的概念，而是要求在现实的人的实践活动中要求自己去理解。当然，政治哲学问题在这个源始要求的基础上接踵而至。但马克思对西方政治哲学理解有一个最显著的转变，这就是从对"应当存在的正义"的关注转到对"真正人的关系"的关注上。因而，马克思的论述虽然具有丰富的政治哲学意蕴，但涵盖了其经济学说和历史本体论，并融贯于不同篇章之诸多论述中。力图通过梳理马克思著作中的政治哲学思想，挖掘、提炼基本范畴、原理与逻辑结构，揭示马克思政治哲学思想形成与发展脉络，勾勒马克思政治哲学体系的轮廓，对此，将从多个层面展开研究。

【利益主体多样化与我国主流意识形态整合研究】

华东师范大学社会科学部　张艳新

研究意义：当前我国正处于全面深化改革、社会深刻转型时期，呈现出利益主体多元化、利益诉求多样化、利益矛盾复杂化、利益差别扩大化等特点。社会的利益、主体、结构越分化，越需要整合。没有整合的分化，不但会降低社会运行的效率，还会伴随着各种危险。主流意识形态整合是一种自觉的社会有机整合，它标志着社会系统超自组织性的增强。主流意识形态整合功能对统治阶级实践具有重大意义，这种意义集中地表现为统治阶级通过意识形态整合功能的强化在意识形态领域确立其意识形态即国家意识形态的主导地位，从而维护统治阶级利益并为其实践提供支撑与指导。在当前利益主体多元化、社会思潮多样化的新形势下，加强我国主流意识形态整合研究无疑具有重大意义。（1）政治意义。"只有植根人民、造福人民，党才能始终立于不败之地。"在利益主体多样化、利益关系复杂化、利益差距扩大化、利益冲突尖锐化的新形势下，要增强党的执政能力，扩大党的执政基础，巩固党的执政地位，实现党的执政使命，就必须不断加强党的建设尤其是主流意识形态建设，任何时候都要把人民利益放在第一位，建设人民利益共同体，增强社会凝聚力。（2）社会意义。当前我国社会发展中不平衡、不协调、不可持续问题依然突出，社会矛盾明显增多。要为我们构建社会主义和谐社会提供有力的思想保证、强大的精神动力以及坚实的秩序保障，就必须加强主流意识形态建设，不断提升和增强我国主流意识形态的导向力、凝聚力和整合力。（3）理论意义。要推进马克思主义中国化、时代化、大众化，推进社会主义意识形态理论创新和发展，需要积极研究在利益分化时代，我国主流意识形态进行整合的目标、原则、机制、规律、途径、方式、方法等问题。

研究内容：（1）利益与意识形态的关系。研究利益、利益主体的含义及分类、意识形态、主流意识形态整合的内涵及特点、利益主体多样化对社会整合提出的新要求以及主流意识形态整合对构建利益共同体、推进和谐社会建设的重大意义等。（2）利益主体多样化对社会整合提出的时代课题。研究经济社会转型时期利益主体多样化的必然、利益主体多样化为社会整合提供的有利条件以及利益主体多样化对社会整合提出的严峻挑战等。（3）利益主体多样化背景下主流意识形态整合的路径与方式。研究不同利益群体尤其是弱势群体的利益诉求及其表达、利益矛盾及其协调、利益分化及其整合等问题，全面研究新形势下主流意识形态整合的目标、原则、规律、机制、途径与方式等。

研究特色、创新：从利益的视角，系统地研究和谐社会建设中的主流意识形态整合功能，具有一定的独特性和开拓性：（1）从利益的视角探究主流意识形态与和谐社会建设。追究社会冲突的根源，归根到底都与利益有关。各种利益主体为获取自身的利益而互相排斥，采取某种形式的对抗，这种对抗一旦超出社会系统的承受力和容纳力，就会造成社会系统的分化，破坏原有的团结和稳定，导致某种程度的混乱和失序。作为一种现实的力量，主流意识形态可以引导人们利益追求的合理化，协调不同利益主体之间的冲突，形成一个团结统一、稳定有序的社会系统。（2）系统地研究主流意识形态整合功能。主流意识形态整合功能是占统治地位意识形态主导作用的实现方式。课题全面研究和探讨利益、思潮多样化新形势下主流意识形态整合的目的、目标、原则、过程、规律、机制、途径、方式、方法等。

【当代西方社会思潮对我国大学生的负面影响及其对策研究】

上海政法学院马克思主义学院　宋德孝

研究意义：（1）深入研究国外社会思潮对大学生各个层面的影响，有助于我们正确开展大学生"三观"教育，并为加强大学生管理工作提供理论参考。（2）加强对大学生群体的相关研究，对加强其他青少年教育也有重要借鉴意义。（3）对于新时期如何正确面对西方的意识形态渗透及加强马克思主义意识形态建设，也有一定的理论参考意义。

研究内容：（1）世界观层面：末世主义对我国大学生的负面影响。大学生迷信世界末日，会直接影响其对生活及历史的态度，变得消极沉闷或极端性狂欢。这必然也将影响其人生观和价值观。（2）历史观层面：虚无主义对我国大学生的负面影响。历史虚无主义在中国主要表现在，试图全面抹杀先辈的革命历史，全面否定中国共产党领导人民革命和建设的历史正当性，其本质上是一种历史唯心主义。大学生沉迷于历史虚无主义，直接影响他们对党的信任和支持。（3）政治观层面：新自由主义、民主社会主义、全球资本主义对我国大学生的负面影响。新自由主义、民主社会主义、全球资本主义是几种颇具意识形态色彩的社会思潮。对它们的盲从，已涉及大学生对四项基本原则的认知态度问题，这也直接关系到意识形态领域的话语权问题。（4）价值观层面：个人主义、功利主义对我国大学生的负面影响。个人主义与功利主义，往往与利己主义、自由主义，甚至无政府主义联系在一起，这同社会主义所主张的集体主义及为人民服务的价值标准相去甚远。（5）思维方法层面：后现代主义对我国大学生的负面影响。后现代主义提倡解构权威、解构中心、解构一切固有价值标准，有其可取之处。但对后现代精神的盲从会让人陷入迷失之境，如理想与信仰的丧失、政治观念的多元化与自由化、思维方式和语言形式的无逻辑化等。（6）生活观层面：消费主义、拜金主义对我国大学生的负面影响。拜金主义总是与消费主义、享乐主义相连，它们腐蚀着青少年的价值观和人生观，使人成为物质和欲望的奴隶。新一代的大学生从小生活富足，更容易沉溺于享乐主义之中，滑入拜金主义泥潭。（7）对策层面：构建高校立体教育机制，正确引导当代西方社会思潮在大学生中的传播。具体内容包括：加强马克思主义"三观"教育；加强历史教育；加强中国特色社会主义政治理念教育；加强思想道德修养教育；加强西方文化类通识教育。其方式和途径有：充分发挥思想政治理论课的意识形态教育功能；创建完善合理的大学立体教育机制；加强校园文化建设；加强实践活动与国情教育；合理引导新媒介的信息传递作用。

研究特色、创新：（1）选取末世主义、虚无主义、新自由主义、民主社会主义、全球资本主义、个人主义、功利主义、后现代主义、消费主义、拜金主义等当下西方社会思潮，分别从世界观、历史观、政治观、价值观、思维方式和生活观等层面研究不同社会思潮对大学生的不同影响。从而建立一个有层次的、立体的研究框架。（2）针对不同社会思潮对大学生不同层面的影响，提出不同的教育原则、内容和方法，构建一个多维度的、系统的教育方案。

【马克思劳动批判理论视域下的社会经济正义问题研究】

上海政法学院马克思主义学院　王文臣

研究意义：为当前中国经济正义问题研究提供经济哲学理论论证和阐释出路。经济正义是当前需要迫切解决的重大现实问题，若能在源头之处厘清产生这一问题的理论渊源、经济哲学理论体系，便能更好地以此为指导建立科学的解决机制。比如，经济正义就其本质来说，最终要解决的问题是：处于一定经济关系或制度下人的解放与自由，而这一问题根本地反映出人的本质所在。在人的自由与解放这一问题上，马克思哲学的研究对象和目标，特别是其政治经济学批判与当前经济正义问题相一致，因此马克思主义政治经济学批判理论体系能为经济正义问题研究提供科学的理论指导。具体来说，马克思哲学劳动批判理论，特别是就财富来源与分配等问题上的哲学分析从资本原则或说劳动与资本对立的生产关系角度科学回答了财富分配不公、造成社会贫富差距与阶级对立等现实问题的理论渊源。这是马克思主义政治经济学批判的最大理论贡献。

研究内容：总体研究内容在于将马克思哲学的劳动批判理论运用到当前社会经济正义问题的分析中。在马克思哲学劳动批判理论这一政治经济学批判视域内，找到与经济正义发端机制的契合点，达到从经济哲学，特别是经由劳动批判理论所完成的政治经济学批判，梳理、阐明社会经济正义问题的产生原因及解决机制。具体可分以下几点：第一，经济正义问题以往的理论研究中，主要集中于在经济学，特别是在理论经济学的语境中来论证分析。把经济正义产生原因归因于分配不公、法律不完善、人对财产占有的私有权等原因。从上述经验科学的角度来分析论证无疑是科学合理的。第二，近年来的研究目标也有从经济哲学角度探讨社会经济正义从产生原因到解决路径的哲学分析，这种路径大体依循古希腊时代经济正义问题—近代西方社会—自英国古典政治经济学（经济学成为一门科学）到马克思政治经济学批判关于经济正义问题的研究—当代世界基于虚拟资本与消费社会理论所产生的经济正义问题研究。

研究特色：第一，将经济正义问题的产生机制置于马克思哲学的劳动批判理论视域来研究，将上述经验科学领域的原因探究前推，继续反思诸如分配不公、法律不完善、权利与效率问题等产生的深层次原因，即哲学"原则高度"的原因。这里的原则高度按照马克思在《黑格尔法哲学批判导言》中的提示是指，要从劳动与资本的对立这一角度来完成对产生于近代社会、直到当代社会仍起控制力作用的资本原则完成分析批判，从而将经济正义问题理解为人与人之间的关系，并且探寻科学解决这种存在于人与人之间关系的哲学出路。第二，如果能够将社会经济正义问题视为现代性危机及其表现，则可将这一问题纳入到现代性危机产生与解决机制这一宏观背景之中分析。马克思哲学对现代性的批判——表现为对资本和现代形而上学的双重批判——根本地将分析批判目标指向近现代社会的根本原则，即产生一切社会问题及其外在表现的资本原则。而对这一原则的深入分析与批判在《资本论》中被表达出来。就这一点来看，马克思哲学基于异化劳动理论与"对象性活动"理论完成对劳动理论的批判分析，从而最终完成了对资本原则的根本批判，对于解决社会经济正义问题提供了一种"回到马克思"的路径。

【世界历史进程中的社会主义制度优势研究】

扬州大学马克思主义学院　刘　勇

研究意义：从理论上说，哲学、经济学、政治学、社会学、伦理学等学科对制度蕴含及其相关范畴进行了广泛、深入探讨，为制度研究提供了多棱面的视角。这些学科限于各自知识系统和认识水平，未能生成社会主义制度的一般性论述。马克思恩格斯在创立科学社会主义的过程中，从量的叠加上把它归结为一定社会发展阶段上的"社会制度""经济制度""政治制度""法律制度"和"文化教育制度"等概念，从质的提炼上把它理解为上述各项具体制度的本质抽象和概括。这种对制度进行宏观的、历史的研究，为我们进行社会主义制度优势研究奠定了坚实的基础。然而，制度理论作为马克思主义探讨社会主义的一个重要视角，在其发展史中并没有得到足够重视。因此，增强马克思主义制度理论的"在场"意识，为中国特色社会主义制度优势的探讨奠定基本的理论基点和方法论支撑意义重大。从实践上说，中国经济社会发展的一系列历史性成就，既是中国特色社会主义理论体系指导的结果，也是中国特色社会主义道路活力不断释放、中国特色社会主义制度优势不断彰显的结果。这就要求我们从世界历史发展的高度探讨研究中国特色社会主义制度优势的理论基础、科学内涵、实践探索和发展路向，进一步推进中国特色社会主义在经济、政治、文化、社会、生态等各个领域形成一整套相互衔接、相互联系的制度体系，为更好彰显中国特色社会主义制度优势提供全球性价值。

研究内容：以全球化演化为时代背景，以社会主义制度为具体研究对象，以不同社会主义制度模式和"两制关系"的比较为具体分析对象，以揭示中国特色社会主义制度优势为问题指向，以探索构建具有比较优势的社会主义具体制度为现实目标，具体内容包括：（1）概括中国特色社会主义制度优势的科学内涵。从理论层面界定社会主义制度、模式和社会形态的关联；从发展史层面探讨马克思主义和其他思想流派对社会主义制度优势的有关论述；从践行层面结合时代变幻拓展中国特色社会主义制度优势的界域。（2）勾画中国特色社会主义制度优势的比较视域。从世界历史角度分析社会主义制度确立的历史和逻辑困境；阐述全球变革带给苏东社会主义制度建设的利弊得失；分析中国共产党人对于社会主义制度优势从"三位一体"到"四位一体"以及"五位一体"的理论思考和实践验证。（3）确定中国特色社会主义制度优势的历史方位。分析中国特色社会主义制度优势的全球坐标；确定中国特色社会主义制度优势的判断标准；探讨中国特色社会主义制度优势的具体形态；提出中国特色社会主义制度优势的认识方法论。（4）揭示中国特色社会主义制度优势的发展路向。分析中国特色社会主义制度优势的制约瓶颈；描绘中国特色社会主义制度优势的结构功能；彰显中国特色社会主义制度优势的全球性价值。

研究特色：（1）理论建构层面：在研究马克思主义经典作家社会主义制度理论的基础上，探讨中国特色社会主义制度优势的思想渊源、探索历程、本质内涵、结构功能、基本特征、评价标准和发展趋向。（2）内容系统层面：从世界历史性高度努力揭示社会主义制度优势应遵循的观点、方法和原则，对社会主义制度优势进行整体性建构，探寻中国特色社会主义制度优势的实践路径。（3）研究方法层面：在借鉴制度经济学、制度政治学、制度社会学和制度伦理学等具体学科研究方法的基础上，概括提炼中国特色社会主义制度优势的认识视角和方法论原则。

【《资本论》与马克思主义基本原理的整体性研究】

浙江大学思想政治理论教学科研部
刘召峰

研究意义：（1）为深化和推进马克思主义理论相关学科的一些理论问题的研究（比如哲学界关于马克思的资本批判、理论经济学界关于马克思的劳动价值论、史学理论界关于历史主义与阶级观点问题的讨论）提供更加广阔的视野；（2）为马克思主义理论一级学科建设，尤其是为马克思主义基本原理二级学科的建设提供"合法性支撑"，为培养具有学科贯通视野和"通才"素质的马克思主义研究人才指明方向；（3）为回答"如何实现马克思主义基本原理与当下中国实际的结合"这一重大理论与实践课题，提供更加深厚的学术资源。

研究内容、研究思路：主要针对既有研究的缺陷与不足而设计。

1. 既有的对于马克思主义基本原理的理解，往往把《德意志意识形态》《共产党宣言》等著作作为主要的文本依凭，把马克思主义基本原理"归结"为某些哲学原理，本研究强调凝聚了马克思的哲学批判、经济（学）批判、社会主义批判的核心逻辑的《资本论》对于理解马克思主义基本原理的重要意义，并指出不应该把具体"归结"为抽象，而应该从抽象"上升"到具体。

2. 既有的马克思主义基本原理研究，往往缺乏"一以贯之"的研究思路，本研究将"从抽象上升到具体"作为"贯穿性"的逻辑思路来运用。

3. 一些既有研究成果，习惯于罗列马克思主义基本原理的内容，却对马克思主义哲学原理、政治经济学原理、科学社会主义原理之间的内在关系不加说明，本研究以"抽象"之于说明"具体"的必要性和不充分性，来说明"辩证唯物主义一般规律"与人类社会发展的一般规律、"历史唯物主义一般规律"与资本主义生产方式发展的特殊规律、"科学社会主义一般规律"与实际情况千差万别的各国具体的革命实践之间的关系。

4. 研究者们谈论"整体性视野中的马克思主义基本原理"的多，探究"马克思主义基本原理整体性视野中的世界与中国"的少，本研究将展示"马克思主义基本原理的整体性研究"对于分析当代资本主义及其危机的最新发展、关于当代中国发展道路的核心论争的重要意义。

5. 某些研究者对自己的研究缺乏自我批判和反省精神，本研究拟设计问卷，以问卷数据为基础，分析研究者们的主体素质与马克思主义基本原理的整体性研究的要求之间的距离，并提出有针对性的解决方案。

总之，本课题研究以《资本论》为主要文本依凭，以"从抽象上升到具体"为逻辑线索，力图打通马克思哲学、经济学、科学社会主义的学科壁垒，阐明马克思主义基本原理发展历程中的本质统一性与阶段差异性，实现对马克思主义基本原理的"跨学科"整体把握。

第八篇

会议综述

马克思主义整体性的全面解读

——首届全国马克思主义基本原理学科学术年会会议综述

彭五堂

由中国社会科学院马克思主义研究院马克思主义原理部主办的首届马克思主义基本原理学科学术年会于 2013 年 1 月 8 日在北京举行。来自中国社会科学院、北京大学、中国人民大学、浙江大学、武汉大学、兰州大学和辽宁大学等全国 20 多所高校和科研机构的专家学者 80 余人参加了会议。会议重点围绕"马克思主义整体性研究"这一主题展开了深入研讨。

中国社会科学院学部委员、马克思主义研究院院长程恩富教授分析了当前国内马克思主义整体性研究的现状，提出了推进马克思主义整体性研究的新思路。他指出，对马克思主义整体性的把握，既需要对马克思主义理论整体性问题进行全面、深入研究，又要注重分析马克思主义理论的内在关系。他提出马克思主义整体性研究应从 10 个视域或 10 个方面展开：一是综括性研究，即从理论特质、社会理想、政治立场和理论品质四个角度对马克思主义理论进行整体把握和概括。二是分类性研究，即马克思主义理论体系的构建必须分清马克思主义理论和观点中哪些是必须长期坚持的基本原理，哪些是需要发展的理论判断，哪些是必须破除的教条式理解，哪些是必须澄清的错误观点。三是统一性研究，即坚持马克思主义立场、观点、方法的统一。四是层次性研究，即从一般原理、具体论断、思维方法或分析方法三个层面来确立马克思主义理论的整体性框架。五是破立性研究，即从批判性和建设性两个方面进行阐述和研究，特别应加强马克思主义建设性理论和思想的研究。六是分科性研究，即从哲学、政治学、经济学、文化学、社会学、人类学等多个学科角度展开专业性研究。七是互动性研究，即按照领袖思想和学者思想两条线索开展马克思主义研究，推进领袖思想和学者研究之间的互动、互补。八是国别性研究，即重视对世界各国的马克思主义学者、政党和政治家的理论和思想的研究，不仅要研究社会主义国家的理论和实践，而且要研究非社会主义国家的共产党或左翼组织和学者的理论，把全世界社会主义理论和实践统合起来进行研究。九是定义性研究或定义的整体性研究，即从理论特质、社会理想、政治立场和理论品质四个方面整体地界定马克思主义。十是"三化"研究，即研究和推进马克思主义的时代化、中国化、大众化。

中国社会科学院学部委员、马克思主义研究院李崇富研究员提出，应该多视角、全方位、立体性地理解和把握马克思主义的"总体性"问题。从其思想源流和历史地位看，马克思主义是对人类在 19 世纪所创造的优秀思想成果的继承、改造和实现的理论变革，是当时欧洲整个历史科学、经济科学和哲学科学的最新成就和最高发展，是从人类知识总和中产生出来的典范。从其研究对象和客观根据看，马克思主义是以现实世界和整个人类历史特别是资本主义社会作为研究对象，并且是从世界各国的革命经验和革命思想的总和中产生出来的科学理论，是关于世界的"主义"。从其社会主体和阶级基础看，马克思主义是对世界各国无产阶级根本利益的科学反映，是其阶级意识和反抗资产阶级剥削的阶级斗争经验的系统化和理论化。从其逻辑联系和理论结构看，马克思主义是以辩证唯物主义特别是历史唯物主义作为哲学基础，以其政治经济学特别是剩余价值学说作为理论基石，以科学社会主义作为实质性结论的理论体系，即是由多层次的基本原理所构成的相互依存、相互支撑、逻辑周密而不容割裂的，完备和严整的科学体系。马克思主义的精神实质在于其有独特的立场、观点和方法，马克思主义的精髓是对具体情况做具体分析或实事求是。从其认识论意义和社会功能看，马克思主义是反映人类社会（重点是资本主义社会的矛盾运动以及由资本主义社会向共产主义社会转变）的发展过程及客观规律的正确理论，是革命性与科学性的统一，并被社会实践所反复验证的普遍真理。其终极目标和价值追求，就是指导无产阶级及其政党领导人民通过无产阶级革命消灭一切阶级和剥削，使无产阶级和全人类都获得彻底解放，进而得到全面而自由的发展，并在社会主义社会充分发展的基础上最终实现共产主义社会。从其理论发展的历史性和多阶段性的全过程看，马克思主义主旨的不变性和历史形态的多样性是统一的。这就意味着马克思主义在不同时代、不同国家及其革命、建设和改革发展的不同阶段，都要随着时代、实践和各门科学的发展不断得到丰富和发展，因此会产生出多种历史性和阶段性的理论形态。

武汉大学梅荣政教授着重从马克思主义原理与马克思主义各主要部分的原理之间的关系方面阐述了马克思主义的整体性。他认为马克思恩格斯肯定马克思主义基本原理的存在，但是他们没有对此给出明确界定。后来的马克思主义经典作家是从不同层次、不同方面和不同角度阐释马克思主义基本原理的。我们讲基本原理要明确是在什么层面上讲的，只有明确了范围，才能确定其基本原理的内容。作为马克思主义理论整体的原理，同作为其某一主要部分的原理，如马克思主义哲学原理，或政治经济学原理，或科学社会主义原理有所同也有所不同。有所同的是根本立场、观点和方法，有所不同的是研究对象的普遍性的层次和范围、理论表达的具体思想观点和逻辑顺序等。据此，马克思主义理论工作者完全可以依据一定原则，如遵循理论与实践、革命性与科学性、学术性与意识形态性、坚持与发展、整体与部分相统一等原则，从马克思主义三个主要组成部分的原理中，抽象出作为整体的马克思主义基本原理的科学定义，概括出作为整体的马克思主义基本原理的基本点。既然我们是从马克思主义理论整体意义上进行概括的，那么概括出的原理在横断面上均应具有马克思主义最根本的理论特征、最崇高的社会理想、最鲜明的政治立场、最宝贵的理论品质，在纵向上均应反映马克思主义一脉相承又与时俱进的本质关系。

中国人民大学哲学院院长郝立新教授认为，马克思主义基本原理的整体性研究应从两个维度展开：一是对马克思主义基本理论的全面理解和把握，二是对马克思主义基本理论内在的逻辑关联的梳理和澄清，包括观点与观点的关联、部分与部分的关联以及对每一个观点的含义的完整把握。他指出，所谓马克思主义基本原理，就是马克思主义基础的、根本的理论、原则和方法。应该用开放的、发展的、与时俱进的精神来理解马克思主义基本原理。从这个意义上讲，它包括两种形态：一是经典的形态，主要是马克思、恩格斯、列宁等马克思主义经典作家对马克思主义基本原理的阐述；二是发展的形态，包括毛泽东、邓小平等人在新的历史条件下对马克思主义基本原理的发展。他还具体剖析了当前在马克思主义理论研究中存在的割裂方法与理论、科学与价值、主体性与客观性、决定论与选择论、批判与建构、社会主义与共产主义等的错误倾向。

中国人民大学马克思主义学院党委书记张雷声教授从多重视角阐述了马克思主义基本原理的整体性问题。她首先剖析了马克思主义基本原理整体性研究与分科性研究的关系，她认为整体性研究既不能离开三大主要组成部分的研究，也不能对三大主要组成部分进行板块式研究。一方面，绝不能抛弃分科性研究，整体性研究必须以分科性研究为基础；另一方面，也要注重各部分之间的逻辑关系的研究，而不能把整体性看作是不同部分的简单相加。从马克思主义基本原理的体系上看，马克思主义基本原理主要是阐明两大类规律：一类是自然、社会和思维认识的客观规律，另一类是人类社会发展的客观规律。这两大类规律是通过三个层面的问题反映出来的，一是客观世界的发展，二是人的发展，三是人类社会的发展。在研究这三个层面的问题时，应该从整体性的视角来思考，厘清这三个层面的内在逻辑关系。实际上，对这三个层面内在关系的研究已经把三大主要组成部分贯通起来了。从马克思主义基本原理的体系上说，三个层面的问题与三大主要组成部分之间的关系，以及与马克思主义基本原理整体性之间的关系，应当是我们研究的主要内容。从马克思主义基本原理的学科建设上看，它是马克思主义一级学科当中具有基础性地位的二级学科，马克思主义哲学、政治经济学、科学社会主义和国际共产主义运动哲学二级学科是基本原理的支撑性学科。因此，马克思主义基本原理学科建设，既要吸取各分科研究的长处，又不能与这些学科相等同，必须从整体上来研究马克思主义基本原理，提炼贯通于三个组成部分当中的一些原理，必须把它自身独特的研究与它的支撑学科区别开来，否则它就失去了生存和发展的基础以及它的必要性。从马克思主义基本原理概论课程建设上看，教师面临着如何把教材体系转化为教学体系，如何把教学体系转化为大学生的认知体系和信仰体系的问题。"两个转化"的实现既有赖于教材体系的合理性，也有赖于理论体系向教材体系转化的科学性，还有赖于教师对马克思主义基本原理整体性的研究和贯彻。"两个转化"能否顺利完成，关键在于能否处理好马克思主义整体性与分科性的关系问题。由此可见，对马克思主义整体性的研究是为解决现实问题而研究，是学科建设和课程建设的需要。马克思主义整体性研究必须坚持这一取向。

关于唯物史观在马克思主义整体性研究当中的地位，张雷声教授认为，一方面要反对在否定唯物史观的基础上来谈马克思主义基本原理整体性的倾向，另一方面要说明唯物史观和剩余价值理论的结合是科学社会主义理论形成的基础。而这两者的结合正是对马克思主义基本原理整体性的阐明。从马克思主义发展史的角度看，政治经济学的研究过程正是马克思创立和发展唯物史观的过程，对国家和市民社会的关系的研究是马克思政治经济学研究的起点。唯物史观和剩余价值理论在《资本论》创作过程中是交互发展的。唯物史观与剩余价值理论的结合主要表现在以下三个方面：一是从剩余价值理论形成的角度看，它通过揭示了资本主义剥削的秘密说明资本主义社会的生产力与生产关系、经济基础与上层建筑的矛盾运动；二是从剩余价值理论作为资本积累和再生产理论的基础看，它以资本主义生产方式的运动说明了生产力与生产关系、经济基础与上层建筑的矛盾是人类社会由低级向高级发展的动力；三是从剩余价值理论在人类社会发展规

律当中的地位和作用看，它揭示了人类发展的三种社会形态，即人的依赖、物的依赖、人的自由全面发展。张雷声教授进一步认为，马克思主义整体性研究的思想方法应坚持"两个统一"，一个是思想路线与逻辑主线的统一，即必须把无产阶级实现自身解放并最终解放全人类的思想路线与对人类社会发展客观规律的揭示统一起来，它说明了马克思主义基本原理整体性的根本所在，否则就是对马克思主义整体性的一种割裂。另一个是理论原理的运用与理论原理的发展的统一，即层次性和发展性的统一。马克思主义基本原理核心层次的问题是客观世界的发展与人的发展问题，但对这些抽象层次问题的研究必须走向现实，要与实践相结合。这一过程就是理论原理的运用过程。理论原理与人类社会发展的普遍实践结合会产生新的原理，它是对理论原理的发展。理论原理和不同社会发展的特殊实践相结合，也会产生新的理论原理。理论原理、理论原理的运用、理论原理的发展这三者的统一，说明了马克思主义基本原理整体性的研究是要以层次性研究为基础的，在层次性研究的过程中又反映了这三者的统一问题。从马克思主义基本原理到中国化的马克思主义基本原理的发展过程，反映了马克思主义基本原理的历史整体性，这种历史的整体性是理解马克思主义整体性的关键，因为历史的整体性包含了马克思主义基本原理体系的整体性、方法的整体性和逻辑的整体性。马克思主义基本原理的整体性应该是这四者的统一。

北京大学马克思主义学院党委书记孙熙国教授认为，从整体上理解和把握马克思主义，首先应界定马克思主义基本原理学科的独特研究对象，应当把它明确界定为关于无产阶级和人类解放的科学，或人民群众解放的科学。马克思主义这门学科就是研究劳动者如何解放的科学。经典作家把无产阶级和人类解放事业看作是他们学说的主题，因此如何立足于劳动者的解放来展开、理解、阐述马克思主义基本原理的全部内容是开展整体性研究的关键。开展马克思主义整体性研究，或者使马克思主义整体性研究成为可能，关键在于在具体内容上凸显这一主题。他认为马克思主义基本原理的整体架构或理论体系应该由四个方面构成：第一个方面是正确认识和把握物质世界的规律，把人从自然界的束缚中解放出来，使人成为自然界的主人，正确解决人与自然的矛盾，把自然置于人的控制和把握之下；第二个方面是正确认识、把握人类社会的本质和规律，把人从社会关系的束缚中解放出来，正确地解决人与人之间的矛盾，具体到马克思时代，就是要摆脱资本对人的剥削和压迫；第三个方面是正确认识资本主义的本质和规律，把人从资本主义关系的束缚下解放出来，实现人民群众当家做主；第四个方面是正确地认识人的思想和人本身，把人从思想的束缚中解放出来，使人做自身的主人。对马克思主义基本原理整体性的理解，不能离开劳动者的解放这一主题，离开具体原理讲人的解放就失去了支撑。

中国社会科学院马克思主义研究院马克思主义基本原理研究室主任张建云副研究员分析了马克思主义基本原理理论体系的总体性范畴或逻辑主线。她认为马克思主义实践观、唯物观和价值观的有机统一构成马克思主义基本原理体系的逻辑主线。马克思主义实践观强调实践的目的性、对象性、现实性和普遍性，马克思主义唯物观强调对象世界（包括人自身和人类社会）的物质性即客观实在性，马克思主义价值观强调价值的具体性和现实性。马克思主义实践观将唯物观与价值观辩证地统一起来，从而构成整体的马克思主义基本原理体系。这具体表现在以下两个方面：第一，马克思从实践这一视域出发，对唯物观和价值观给出了科学的阐释。马克思把社会生活理解为人的实践活动，从而克服了旧唯物主义的缺陷，创立了唯物辩证的社会历史观。马克思强调自己的学说有鲜明的政治立场和价值取向，它是为无产阶级服务的，是为了指导无产阶级解放乃至全人类解放运动的实践。马克思主义的价值追求是为大多数劳动人民的利益而斗争，为人类的根本利益而斗争。第二，马克思的唯物观和价值观是在实践过程中随着自然界、人类社会和人的思维的发展而不断发展的。马克思主义不是封闭的、僵化的教条，而是一个开放的、发展的体系，它是在实践中不断得到发展和完善的。马克思主义物质观与价值观在实践中的辩证统一是一个不断超越现状的过程，这是马克思主义整体性研究的最终旨归。

（原载《管理学刊》2013 年第 1 期）

加强思想文化建设是社会主义国家的共同课题

——首届社会主义国际论坛综述

潘金娥

2013 年 2 月 28—3 月 1 日，由中国社会科学院马克思主义研究学部、马克思主义研究院、国家文化安全与意识形态建设研究中心，老挝国家社会科学院，越南社会科学院哲学所共同主办的"首届社会主义国际论坛"在中国社会科学院召开。本届论坛的主题为"全球化进程中的社会主义思想文化建设"。

来自越南、老挝、朝鲜、古巴以及中国社会科学院、上海社会科学院、吉林大学、清华大学等科研单位和高校的 60 多位专家学者出席了本届论坛。中国社会科学院副院长李慎明出席会议并作了重要讲话。中国社会科学院马克思主义研究学部主任、马克思主义研究院院长程恩富和古巴共和国驻华大使白诗德分别在开幕式上致词。中国社会科学院国家文化安全与意识形态建设研究中心主任侯惠勤、老挝国家社会科学院副院长坎蓬·本纳迪、越南社会科学院哲学所所长范文德、朝鲜金日成综合大学哲学学部副教授金龙镇、中国社会科学院荣誉学部委员徐世澄、吉林大学马克思主义学院院长韩喜平等近 20 位国内外相关领域的知名学者在会上发言。中国社会科学院马克思主义研究院党委书记、副院长邓纯东主持开幕式，副院长樊建新致闭幕词。

一 关于社会主义思想文化建设

李慎明在题为"正确应对各种挑战，推动世界社会主义的不断发展"的讲话中指出，在社会主义思想文化建设领域，社会主义国家之间有着很多共同的语言和共同感兴趣的话题。从历史上看，西方对外扩张的殖民或霸权方式有四种：军事、政治、经济与文化。当前，以美国为首的新帝国主义集团继续综合使用这四种手段，尤其值得注意的是运用文化手段或"软实力"，对非西方发达国家，特别是对社会主义国家推行美式"普世价值观"，进而获取全球文化霸权和话语霸权。因此，社会主义国家之间在文化建设领域的团结合作与互相支持，显得尤为重要。

侯惠勤在题为"全球化背景下社会主义文化建设的机遇与挑战"的会议主旨报告中提出，促进中国社会主义文化建设大繁荣、大发展应包含两大价值追求：一是增进社会共识，坚定中国特色社会主义的共同理想；二是丰富精神生活，促进人的自由全面发展。当前，人们的思想观念、道德意识、价值取向越来越呈现出多样性、多层次性，因此需要通过社会主义核心价值体系来加以引导。人民至上、劳动优先、共同富裕等是社会主义核心价值观的基本构成和首要价值，自由、民主、公正、人权等只有以此为依据才能有别于资产阶级核心价值观而为社会主义价值体系所包容。

朝鲜金日成综合大学哲学部讲座长李远哲认为，社会主义思想是社会主义的生命。如果没有思想工作，社会主义制度就不会诞生，也无法存在和发展。时代的变化和发展的现实，提出了很多原有的社会主义理论解决不了的新问题，劳动阶级政党必须根据时代变化和革命建设前进的情况，抓好思想理论工作，深化发展社会主义思想，才能完成自己的使命。

范文德介绍说，越南是一个大部分劳动力依然是普通劳力的发展相对滞后的国家，因此，加强教育以提高人口素质是越南社会主义思想文化建设的重要途径。越南社会科学院高秋恒、阮家诗和阮秋义等几位学者则分别从弘扬越南民族文化、克服传统文化中的小农思维和小知识分子思维、培养可持续发展思维、推动建立健全社会主义法权国家等方面阐述了越南加强本国的思想文化建设的思路。

坎蓬·本纳迪介绍了老挝思想文化建设的情况。他说，老挝人民革命党将文化思想工作视为各个阶段革命的重要阵地；对于文化的发展，必须将"保护和发展国家和民族的优良文化"和"放弃阻碍国家发展的落后的风俗"紧密结合起来，同时还要有选择地吸收世界先进文化，使之具有国家特点、先进特点和大众特点。

白诗德强调，社会主义的古巴坚持了自己的文化和民族特性，在苏联解体后生存了下来，在美国实行了历史上最长的封锁后生存了下来。目前，古巴还在对本国的经济社会模式进行更新。之所以能够做到这样，其中一个重要的原因就是古巴文化所具有的力量。文化已成为古巴的灵魂和盾牌。

二　关于社会主义文化安全

李慎明指出，社会主义国家在提升经济力和军事力这两种"硬实力"的同时，必须大力加强政治价值观、文化力、自主科技创新力等安全"软实力"的建设，使国家安全建设获得协调发展和整体跃升。在我们社会主义国家内部，会有这样那样的不同看法，我们完全可以通过内部协商逐步解决，而绝不能允许其他别有用心的国家插手其中——这是一条大的原则，是关乎世界社会主义理论、运动和制度能否健康发展的一件十分重要的大事。

程恩富认为，中国文化安全面临的挑战主要来自两个方面：一是西方文化价值观的霸权思想和意识形态的渗透，二是国内经济、政治、文化、社会等方面的变革所产生的问题。以美国为首的西方国家把自己的文化价值观作为主导文化，对许多发展中国家进行文化覆盖，宣传资产阶级意识形态。当前，意识形态的对立表面上看是被弱化了，实质上是采用了新的隐蔽形式。苏联和东欧的演变，就是西方思想文化渗透的结果，即所谓的"静悄悄的文化输出"，是对社会主义国家的"软化战争"。因此，坚持民族文化的主体地位，维护民族文化自身的独特性，保障国家文化主权的完整性和自主性，是每一个民族、国家的合法权利，当然也是社会主义国家的合法权利。此外，由于实行市场经济而带来的一些负面因素的影响，构成了来自社会主义国家内部的挑战。

侯惠勤认为，社会利益的分化和多样、个人利益的确立和彰显、价值多元与是非善恶界限的模糊等，使得共同理想的培育倍加困难，意识形态也就失去了其坚实的基础。防止物质至上主义对理想信念的解构，保持共产党人对共产主义的坚定信仰，已经成为摆在我们面前的严峻挑战。

中国社会科学院马克思主义研究院中国化部副主任金民卿在发言中提出，境外敌对势力对我国的文化渗透主要通过精英文化、主导文化和大众文化三个途径来展开。文化渗透的新特征主要有以下几点：一是淡化意识形态色彩，更加注重渗透手段的欺骗性；二是核心价值观由幕后走向台前，更加注重渗透效果的现实化；三是传统途径与新兴媒介并行，注重渗透渠道的立体化；四是利用热点、敏感问题进行炒作发挥，注重渗透时机的针对性。

范文德介绍了越南在文化方面受到的挑战。经济全球化给发展中国家带来两个方面的不利影响：一是发展中国家的文化产品和服务很难进入发达国家市场，因而也不可能与发达国家的文化产品和服务进行竞争；二是全球化具有导致各民族文化失去民族特色的危险。越南政府把培养应对经济全球化的各方面人才作为应对经济全球化挑战的重要措施，在教育和培训内容中，加强激发民族精神、弘扬民族传统、公民意识和责任以及对祖国的责任等方面的教育。

朝鲜金日成综合大学社会科学院副教授金锦南在"关于消除反社会主义思想文化传播的危害的理论与实践问题"的发言中说，帝国主义打着"思想自由""全球一体化"的招牌，大肆宣扬资产阶级思想文化，赋予其普世的价值，为其传播不择手段。

徐世澄介绍了古巴社会主义思想文化理念。古巴党和政府强调要弘扬和发展民族文化，主张"高雅"和"大众"文化同时存在和发展；政府允许自由选择创作题材和艺术表演形式，但不允许以此为手段，宣传同社会主义相对立的有害思想，强调要抵制帝国主义腐朽文化的渗透。

三　关于社会主义文化创新

上海社会科学院中国马克思主义研究所常务副所长方松华在题为《中国模式与中国文明》的论文中，阐述了当代中国价值体系与思想资源的内涵。他认为，中国崛起的背后有思想文化的支撑，中国的文化建设，从当代的实际出发，坚持以马克思主义为指导，批判继承了中国古老传统文明的资源，同时还吸收了现代人类诸多文明特别是西方文明的优秀成果。也就是说，这些构成了支撑中国模式背后的"中国现代文明"。

韩喜平强调意识形态具有经济发展的功能。他认为，中共中央十七届六中全会提出的推进文化大发展、大繁荣，其含义是非常深刻的。一方面，我们在思想文化上要塑造主流意识形态，丰富和发展中国特色社会主义理论体系；另一方面，在人们的经济需求基本满足之后，文化需求就占了上风。所以，发展文化本身就是满足人民日益增长的物质文化需要。因此，文化不仅是经济发展的动力，而且直接就是经济发展的因素。

范文德介绍了越南革新前后对文化的不同政策。在革新之前，在文化思想建设的过程当中，越南采取的政策是用社会主义思想和马克思主义思想统领整个社会生活，清除资本主义思想残余，目的是使人民除了有社会主义思想之外没有任何其他思想。对于所有的传统文化，包括宗教信仰等，统统都废除。而在革新后，越南对于传统文化、对于人类文明有了更为客观的认识，因此采取的政策从"与过去的文化彻底决裂"，变为"继承传统文化的精髓和一切人类文明的精华，并根据时代条件加以发展"，提出了"文化是社会生活的根基和持续发展的动力"的理念。

朝鲜金日成综合大学哲学学部副教授金龙镇对朝鲜社会主义的指导思想及其发展过

程进行了阐述，认为朝鲜社会主义把主体的社会主义思想作为唯一的指导思想，并在此基础上建设和发展完善的主体的社会主义。朝鲜人民的领袖金日成是社会主义朝鲜的始祖，他提出了以人为中心的哲学思想——主体思想，以此为基础提出了主体的社会主义思想并付诸实践，从而在朝鲜建立起以人民群众为中心的社会主义。金正日在继承金日成思想的基础上，提出的关于社会主义强盛国家建设的思想理论，进一步深化发展了主体的社会主义建设理论。金正恩在深化发展主体的社会主义思想的基础上提出了独创的强盛国家建设战略，即一心团结和不败的军力加上新世纪的产业革命，就是社会主义强盛国家的标志；同时还提出了关于在社会主义建设中高举金正日爱国主义旗帜的思想。

朝鲜金日成综合大学的卢胜日在提交会议的论文中介绍了金正恩的社会主义文明国家建设思想。在《2013年新年讲话》中，金正恩指出："我们建设的社会主义强盛国家是全体人民具备高级文化知识水平、强健体魄、高尚道德品质，在最文明的条件和环境中尽情享受社会主义文化生活，全社会洋溢着美好而健康的生活风气的社会主义文明国家。"

徐世澄介绍了古巴文化建设指导思想的发展历程。1961年6月30日，菲德尔·卡斯特罗发表了具有重要意义的《对知识分子的讲话》，最早提出了古巴文化建设的六个原则。正是在这些原则的指导下，半个多世纪来，古巴的社会主义文化取得了显著的成就：一方面，古巴的专业文艺工作者创作出了许多优秀的文艺作品，在国际国内获得了崇高的声誉；另一方面，古巴人民大众的文化生活也丰富多彩、繁荣昌盛。自20世纪90年代以来，特别是近年来，古巴不仅在经济社会的发展模式方面进行更新，在文化方面也实施了一系列更新措施，如大力发展文化产业、下放权力、增加一些文艺团体的自主权力、允许建立一些私人的演出团体等。

四　关于弘扬民族文化特色

中国社会科学院马克思主义研究院发展部副主任辛向阳论述了在经济全球化条件下确保中国传统优秀文化安全的根本方法，那就是使之与马克思主义相结合，与社会主义相结合，与共产党的发展相结合。

朝鲜金日成综合大学哲学部部长周昌日在提交会议的论文中，介绍了朝鲜主体社会主义的文化建设的指导思想，即在文化建设中要固守主体性，坚持民族性，以自己的方式推进文化建设。换句话说，文化建设要根据本国本民族人民的意志和要求、凭借自身的力量来推进；同时，也应按自己的需求主动地、积极地引进并批判吸收世界各国各民族创造的优秀的先进文化成果。

白诗德援引古巴著名知识分子辛迪奥·维铁尔给文化下的定义说："文化是道德世界的太阳。太阳是属于所有人、普照所有人的。太阳指引方向，照亮大地，带来温暖；道德是每个人内心的太阳。"古巴拯救和保护了本国的历史古迹和遗产，同时也没有把人放置一边而不顾。古巴只有一种文化，它应该属于全体人民。古巴著名历史学家艾乌赛比奥·雷阿尔曾说："我们要发展的是崇尚现实的文化，我们不应引导人们盲目崇拜过去。当然，我们相信，我们只能从过去走向未来。要弘扬我们的民族特性、民族主义情怀和爱国主义精神，不把我们看作是地球的中心，但同时也要知道我们为世界的普世文化作出了什么贡献。"

坎蓬·本纳迪介绍了老挝的文化观，认为从古至今，老挝人都认为维护和传承文化传统是巩固和发展国家的重要根本。老挝有句话说："文化体现国家价值，人的礼貌体现家族的教养；失去文化就等于失去国家，失礼就等于失去家族的名誉。"

五 关于促进社会主义文化交流

程恩富强调，世界文化应该是包容众多特殊性的、具有丰富多样性的、允许多元发展的文化生态平衡模式，而在全球化背景下，文化霸权威胁和破坏着世界文化生态平衡。因此，改变以西方主导的世界文化旧秩序，重建新的国际文化关系格局，建立国际文化新秩序，才能确保各民族国家的文化安全。社会主义国家应坚持社会主义国家意识形态的主导地位，扬长避短地积极参与国际竞争，同时又要确保国家文化安全，通过团结合作，力争建立公平公正的国际文化新秩序。与此同时，全球化给社会主义国家不只带来挑战，也带来机遇。关键在于能否抓住有利时机变被动为主动，积极进取地参与国际竞争，在认清世界潮流的前提下主动融入现代文明主流。

越南社会科学院哲学所副所长阮才东认为，在全球化过程中，人不能只以劳动力或者劳动力资源的身份存在，人首先是"大写的人"，人不是工具，而是目的。只有当全球化给人带来美好价值的时候，全球化才真正是所有人的全球化。全球化过程中的各个主体要善于总结经验，要善于利用全球化来破解落后国家的发展难题。

朝鲜学者表示，朝鲜并非一个故步自封的国家。李远哲在论文中提出，社会主义事业必须开拓前无古人的道路，作为其指南针的社会主义思想理论的完善，绝不是一件容易的事。各国的社会主义建设不仅有成功的经验，也有失败的教训，不仅有优秀的成果，也有缺点。这些经验和教训通过分析总结，推而广之，就成为深化发展完善社会主义思想的基础。

老挝国家社会科学院文化研究所所长颂森·赛亚翁认为，老挝很久以来就受全球化的影响，这对改变老挝文化有积极影响，使老挝人更多地了解世界，懂得如何进行贸易，学习各种知识技能，更多乡村人口想要到城里工作，懂得商业化种植和商业化养殖，学习更多的外国语言等。全球化也带来消极影响，带来了与老挝传统文化不同的价值观，比如：女性的着装暴露，婚前性行为，更加容易离婚，乡村僧人减少，歌颂爱国主义、牺牲精神、集体主义的音乐在减少，粗俗的情爱歌曲在增多，社会奢侈、贪污行为在增多等，这些都违背了老挝传统文化所提倡的人们要廉洁、怜惜弱小者、为他人牺牲的精神。但老挝党和政府认为，全球化对老挝的影响利大于弊，主张通过弘扬本国民族文化，来抵御全球化的消极影响。

越南、古巴、老挝、朝鲜和中国的学者尽管都主张弘扬民族文化和发展社会主义文化，但也存在一些差异。其中，越南和老挝的学者都认为全球化对本国的积极影响大于消极影响。两国提出"积极而主动地融入国际"，强调如何在全球化的进程中，一方面要保留和弘扬具有本民族特色的先进文化，另一方面又要积极主动地参与到全球化进程中去，吸收全人类的文明精华。相比之下，朝鲜学者则对全球化保持高度警惕，认为这是以美国为首的西方资本主义国家侵蚀社会主义思想的一个途径，强调思想文化建设是社会主义建设的头等大事。古巴则对本国的思想文化建设成果抱有强烈的民族自豪感。作为一个发展中的大国，中国的学者则更加突出建设社会主义文化强国的理念，在继续推进改革开放中既要重视国家文化安全与意识形态的建设，同时还要致力于改变不公平的旧的国际政治、经济和文化秩序，建立公平合理的符合广大发展中国家利益的国际新秩序。

　　然而，尽管各社会主义国家对思想文化的认识和理解、实行的社会主义文化建设的政策不尽相同，但与会各国学者一致认为，在经济全球化、文化多元化的新时代条件下，团结社会主义国家的广大学者，加强马克思主义和社会主义理论研究和对实践经验的总结，加强学术交流，增进沟通和理解，进而相互学习和借鉴，必将对各国推进社会主义建设具有重要的现实意义。与会各国学者对本次研讨会给予了高度评价，认为这是一次具有开创意义的研讨会，首次把世界上五个社会主义国家的马克思主义者聚集在一起，共同探讨社会主义的理论与实践问题，增进了学者们对社会主义发展模式的多样性的了解，有益于增强社会主义国家之间的信任与友谊。

　　首届"社会主义国际论坛"是在中国社会科学院马克思主义研究院和越南社会科学院哲学所联合举办了两届"中越马克思主义论坛"的基础上，把参加会议的国家扩大到包括老挝、古巴、朝鲜在内的五个社会主义国家。今后将在这五个国家轮流举行论坛。

（原载《马克思主义研究》2013 年第 3 期）

作为共产主义世界观的马克思主义哲学与当代中国实践

——第一届中国社会科学院马克思主义哲学论坛综述

任　洁

2013 年 4 月 6 日，由中国社会科学院马克思主义理论学科建设与理论研究领导小组主办的"第一届中国社会科学院马克思主义哲学论坛"在北京召开。论坛的主题为："作为共产主义世界观的马克思主义哲学与当代中国实践"。中国社会科学院副院长李捷出席论坛并讲话，中国社会科学院秘书长黄浩涛出席论坛，论坛主席、中国社会科学院马克思主义研究院原党委书记侯惠勤教授作主题发言。著名学者陈先达、徐崇温、李崇富、许全兴，以及来自中国社会科学院、中共中央党校、北京大学、清华大学、中国人民大学、北京师范大学、武汉大学、南开大学、南京大学、河海大学等单位的 60 余位专家学者参加会议。与会学者围绕论坛主题展开了热烈讨论，并就"如何完整、准确理解马克思主义哲学的本质""如何推进马克思主义哲学的中国化、时代化、大众化""当前马克思主义哲学研究中的突出问题"等进行了深入研讨。

一　共产主义和马克思主义哲学的内在关系

如何认识共产主义和马克思主义哲学的内在关系，是完整、准确理解马克思主义哲学本质的根本点。针对近年来淡化共产主义思想的倾向，与会学者一致表示，深入阐释共产主义和马克思主义哲学的内在关系，关系到对于马克思主义哲学几乎所有重大原理和概念、范畴的正确把握，是我们推进马克思主义哲学首先要加以关注的。

李捷在论坛开幕式的致辞中指出，马克思主义哲学，从根本上说，是无产阶级的世界观和方法论，是共产主义的宇宙观。我们只有从共产主义世界观的高度来把握马克思主义哲学的精神实质，并从这一高度把握和思考当代中国特色社会主义实践的总的发展趋势，才能和形形色色的社会思潮，包括各种打着社会主义旗号的非马克思主义思潮划清界限，才能始终保持改革开放的正确方向。

侯惠勤教授在题为"共产主义：马克思主义哲学之魂"的主题发言中指出，之所以要提出马克思主义哲学的共产主义底蕴问题，首先是针对一段时间以来试图以非意识形态化的方式"创新"马克思主义哲学的倾向。他认为，马克思主义作为共产主义思想体系这一点这些年被淡化了，而作为马克思主义世界观基础的哲学则更是长期疏远了共产主义。这种疏远尽管也有出于误解，把共产主义视为只是一个与哲学没有什么关系的政治概念，但从根本上说则是用非意识形态化的观点解读马克思主义哲学的必然结果。从学理上说，讨论马克思主义哲学的共产主义底蕴，关系到对于马克思主义哲学几乎所有重大原理和概念、范畴的正确把握，可能是我们推进马克思主义哲学首先要加以关注的。他认为，第一，马克思主义与共产主义不可分割的内在联系，为我们研究马克思主义哲学世界观提供了基本依据。这一联系使得马克思主义哲学唯物主义同旧唯物主义以及所有传统哲学划清了界限，使得马克思的"实践的唯物主义"同形形色色的实践哲学划清了界限。共产主义作为马克思主义哲学的底蕴决定了：马克思主义哲学真正占据了历史制高点和道德制高点，因此能够超越以往哲学"解释世界"的局限，成为能够"改变世界"的新哲学。第二，把共产主义基因从马克思主义哲学中剔除，就会从根本上阉割和颠覆这一哲学。从学理上看，将直接导致将马克思主义哲学的出发点"现实的个人"等同于生存论哲学的"此在"，从而消解了批判和超越资本主义的人学根据。第三，从马克思主义哲学史上说，阐明马克思主义哲学和共产主义的关系可以更为深入地推进马克思主义哲学变革和形成研究，从而更准确地把握马克思主义哲学的精神实质。但是，阐明马克思主义哲学和共产主义的内在关系，更为重要的是现实的马克思主义哲学创新的需要。

武汉大学哲学学院何萍教授从马克思主义哲学的学术结构角度，阐述了意识形态是马克思主义哲学的组成部分之一。她认为，马克思主义哲学的学术结构区别于其他哲学的学术结构的根本点在于，它不是把意识形态排除于知识结构之外，否定意识形态的认识论意义，而是把意识形态纳入学术理性的知识结构之中，力图给意识形态以认识论的说明。马克思和恩格斯创立唯物史观的伟大之处，不在于他们抛弃了意识形态，而在于他们发现了社会存在决定社会意识的原理，并以这个原理论证了意识形态的社会基础，说明了意识形态的认识论起源。

中国人民大学哲学学院郝立新教授认为，马克思主义哲学区别于其他哲学的特质就在于它的价值目标。哲学作为改造世界的工具，包含价值论，具有自己的价值取向。马克思在《德意志意识形态》中对"实践的唯物主义"这一概念有着明确的界定："对实践的唯物主义者即共产主义者来说，全部问题都在于使现存世界革命化，实际地反对并改变现存的事物。"[①] 改变现存世界，实现人类解放是我们理解马克思主义哲学的立足点。

中国人民大学马克思主义学院黄继锋教授认为，在马克思的历史观中，科学评价和道德评价具有内在统一性。马克思的历史理论既是一种社会发展理论，又是一种社会批判理论，既运用了科学评价的尺度，又运用了道德评价的尺度。这两种尺度既不是相互割裂的，又不是简单的等同。在马克思的历史理论中，科学评价和道德评价是内在统一的。这种内在统一的依据是，二者具有共同的出发点和依据，而这种共同的出发点和依据就是人的本质需求。

二　坚持和发展马克思主义哲学面临的挑战和考验

李捷认为，当前坚持和发展马克思主义哲学面临着各种严峻挑战和考验，首先是来自各种社会思潮的挑战。当前意识形态领域的形势异常复杂。各种社会思潮都在同马克思主义主流意识形态争夺舆论，争夺阵地，争夺群众，争夺话语权，争夺控制权。这种较量，在各种新兴媒体中特别是互联网上尤为显著。其次是来自去政治化、去理想化、

[①] 《马克思恩格斯文集》第 1 卷，人民出版社 2009 年版，第 527 页。

去哲学化倾向的影响。在这些倾向的影响下，实用主义的价值取向，加上社会浮躁、目光短视，还有及时行乐、极端利己等社会现象，沉渣泛起，形成了理想真空、道德真空、诚信真空。再次是来自封建文化的挑战。当前，关系学、权力学、"厚黑学"以及形形色色的"潜规则"堂而皇之地大行其道，成为腐败现象多发高发不容忽视的社会氛围。还有就是来自宗教文化的挑战。很长一段时间以来宗教信众的迅速增加，从一个侧面折射出科学信仰迷失的后果，折射出我们思想工作的盲点和误区，不能不引起我们的深思和关注。除此之外，马克思主义哲学还面临来自自身的挑战：一是学理化严重不足，没有渗透到人文科学和社会科学的各个学科及其分支中去，没有形成对整个哲学社会科学学术体系的方法论支撑，实际上导致了马克思主义哲学在学术体系中的地位下降和影响力萎缩；二是大众化严重欠缺，既没有渗透到大众的日常生活中去，也没有在知识群体和领导干部群体中形成广泛的影响和共识，导致理论与现实两张皮。

中共中央党校许全兴教授认为，近百年的历史巨变证明：只有马克思主义科学世界观、方法论和价值观可以救中国，可以指导民族复兴。马克思主义哲学具有强大的生命力，我们要有自信心，要有"马列责我开生面"的使命感和责任感。同时，马克思主义哲学工作者也要有危机感，要反思为什么有些干部和学生不喜欢、不相信马克思主义？造成马克思主义哲学发展危机的原因是复杂的，从主观方面讲，马克思主义哲学的教条化、僵化问题需要反思，马克思主义哲学工作者自身的修养需要提高，马克思主义哲学要具有自我变革的意识，要坚持世界观、方法论与价值论的合一，要重视逻辑思维问题，要继承和发展马克思和恩格斯的自由精神。

三 如何增强马克思主义哲学的自信

李捷认为，坚定马克思主义哲学的自信，提高马克思主义哲学的影响力、传播力和征服力，必须在克服自身问题上做文章，必须在应对各种思潮的挑战上做文章，必须在吸引群众上做文章，必须在思想学术化（"上天"）和思想普及化（"入地"）上做文章。总之，现在实践的发展、时代的呼唤，都迫切地需要马克思主义哲学的大发展，都迫切地需要马克思主义哲学"内外兼修"，既要苦练内功（进一步学理化、学术化、精密化），又要苦练外功（影响力、传播力、征服力），在构建具有中国特色、中国风格、中国气派的哲学社会科学话语体系中发挥好中坚和引领的作用。

中国人民大学陈先达教授结合自己一生从事马克思主义哲学的人生经验，强调马克思主义哲学工作者，无论是从事科学研究还是从事教学都应该自尊、自信、自强。他指出，我们对我们所从事的职业、所追求的事业要有足够的自信。我们应该懂得，我们是从事一项重要的工作。作为研究者，在这个领域中如果能取得某些成就，它的价值绝不次于其他任何领域；作为高校教员，一个优秀的马克思主义哲学理论教员的责任和贡献，绝不逊于任何专业学科的教员。我们的教学不限于某一个学科而是全体学生，我们在讲台上宣传什么，可以影响学生的一生。我们承担的是在世界观、人生观和价值观方面为中国特色社会主义建设培养合格人才的重任。我们的研究和教学状况可以说是关系社会主义国家安危、关系国家命运和前途。我们不仅是在从事研究和教学，我们同时是在构筑捍卫社会主义事业的思想万里长城。

侯惠勤教授认为，要提升理论自信，不能简单地附和否定"认识论哲学"的倾向。

实践哲学、生存论哲学为什么取代不了认识论哲学？原因在于，任何面向未来的哲学，其论题并不都是实践的，其论证更不都是能够直接依托实践检验的，就是说不能得到充分的经验证明的，因而通过科学认识而揭示的理论逻辑就必不可少。对于开创性实践而言，正确的认识是实践成功的前提，"没有革命的理论，就不会有革命的运动"。正因为如此，习近平同志指出，解决共产主义理想信念问题，关键在于树立马克思主义世界观、确立历史唯物主义观点。这反过来也就说明，如果真的用生存论哲学取代了认识论哲学、用"此在"取代了"现实的个人"，就从根本上取消了马克思主义理论的指导作用，也实实在在地挖空了培育理想信念的基础。

中国社会科学院哲学研究所魏小萍研究员认为，关于马克思主义哲学的理论自信不是来自口号和重复的结论，认真研究马克思和恩格斯的文本著作、认真对待马克思主义的发展史才是增强马克思主义哲学理论自信的根本，也才能具有说服力。之所以会出现学生对马克思主义哲学不感兴趣，与我们马克思主义哲学的宣传方式有关系。虽然马克思主义教科书涉及的问题比较广，但是马克思自身的问题意识、批判意识没有被很好地强调。我们不仅要通过教科书体系和一些研究性的、解释性的著作研究马克思，更要重视通过马克思的文本研究马克思。

四　马克思主义哲学的创新

许全兴教授认为，马克思主义哲学不能凭借权力使人相信，要靠真理的光辉吸引人。而马克思主义哲学要想吸引人、说服人，在与其他哲学争鸣中取得主导地位，出路在于自我革命、自我创新。自我辩证否定、自我革命是马克思主义哲学发展的一种形式、一个环节。马克思主义哲学是科学世界观，具有普遍性，但是又不同于自然科学，它还具有社会性、民族性、历史性，这种性质使马克思主义哲学呈现为多样性的发展形态。马克思主义哲学的具体形态可以讨论，问题的核心在于必须适应新的需要，写出新的著作，形成新的理论；马克思主义哲学的自我创新要实现世界观、方法论与价值论的合一。他认为，价值问题贯彻马克思主义哲学的始终和各个方面。讲实事求是涉及唯物主义者起码的态度问题，讲社会发展规律涉及树立正确的人生理想、人生观的问题，讲矛盾问题，涉及敢不敢承认矛盾、揭露矛盾的立场和价值观问题，而人生观价值观涉及主体的修养问题。马克思主义哲学要化理论为德性和修养。

北京大学哲学系王东教授认为，当前世界历史进入一个新的阶段，中国改革开放也处于新的阶段和新的起点。他认为我们面对的最大的时代问题是：世界向何处去？中国向何处去？对于这一时代问题，经济学、历史学给不出合理的答案，只有马克思主义哲学能够作出更好的回答。目前有三种影响比较大的思潮，即自由主义全盘西化论、保守主义儒学复归论和马克思主义综合创新论。合理解决时代问题只能依靠马克思主义综合创新论，马克思主义哲学工作者担负着历史责任和历史使命。他从世界观、发展和改革创新观、时代观、国家观、文化观、价值观六个层面阐述了当今马克思主义哲学发展面临的危机，进而提出了马克思主义综合创新的一系列重要思想。

北京师范大学哲学与社会学学院张曙光教授认为，当今中国处在转型最艰难的时期，各种思潮碰撞，哲学和马克思主义哲学处于边缘化的境地。马克思主义哲学能否走到时代的前面，是对马克思主义哲学工作者的挑战。我们今天之所以坚持马克思主义哲学，就是因为它不是教条主义、宗派主义，而是真理，当然也不是真理的大全。要让马克思主义哲学有更多的人认可，拥有更多的受众，重要的一点就是要有包容性。我们不能割断历史，马克思主义哲学要从道家、儒家思想中吸收有价值的东西，要从许多非马克思主义中吸收有益的思想资源。

郝立新教授认为，马克思主义哲学要争夺话语权、争夺舆论阵地，关键在于要与时代脉搏同跳动，实现自我创新。马克思主义哲学实现自我创新的途径就是要以马克思主义哲学为主，吸收借鉴中国传统文化和外来西方文化的有益因素，这种"一体两翼"的创新路径是实现马克思主义哲学创新的正确道路。

五　如何推进马克思主义哲学的中国化、时代化、大众化

李捷指出，马克思主义哲学大众化严重欠缺是马克思主义哲学发展面临的挑战之一。造成这种情况的原因是多方面的。一个重要原因是，现实的快速变化、加速度变化，使得原本滞后的马克思主义哲学难以对复杂多变的现实作充分的理论诠释。但是，一个不容回避的事实是，马克思主义哲学未能像毛泽东同志当年倡导的那样，"让哲学从哲学家的课堂上和书本里解放出来"，使之群众化，为广大干部和人民群众所掌握，变为群众手里的尖锐武器。在物欲横流的社会条件下，在个人难以完全掌握自己命运，而政府和社会又很难给予及时有效的物质救助和精神援助的情况下，需要有一大批具有马克思主义世界观的知识分子，像当年的老一辈革命家那样，自觉自愿地走到群众中去，给他们送去精神上的支撑，用崇高的信仰力量去征服群众。

陈先达教授指出，如果说认真学习、阅读、钻研马克思主义经典著作是"顶天"，那么，马克思主义哲学的中国化、时代化、大众化就是"立地"，即接地气，接中国本土之气、接世界之气、接大众之气。

中国社会科学院荣誉学部委员徐崇温认为，推进马克思主义中国化、时代化、大众化，在中国革命、建设和改革的整个发展进程中都具有迫切的重要性。作为马克思主义中国化、时代化、大众化的基本理念，马克思主义基本理论同各国革命和建设的具体实际相结合，这本来是马克思主义的一贯要求。推进马克思主义中国化、时代化、大众化，要准确把握社会主义初级阶段基本国情和我国改革发展实际；推进马克思主义时代化，要准确把握当今世界发展大势，正确回答当今世界经济、政治、社会、文化发展提出的新的重大问题；推进马克思主义大众化，要使马克思主义成为广大人民群众掌握的改造世界的锐利武器，又要以最广大人民的实践为理论创新的源泉，及时总结党领导人民创造的新鲜经验。马克思主义大众化，不仅包括马克思主义"到群众中去"，还包括马克思主义"从群众中来"，是马克思主义"从群众中来"与"到群众中去"相互联结的无限循环。

教育部社科中心郝清杰研究员认为，当前推进马克思主义哲学大众化，既需要哲学工作者面对面地向广大人民群众宣传马克思主义哲学，更需要哲学工作者与广大人民群众肩并肩地自觉运用马克思主义哲学，研究思考当前面临着的重大现实和理论问题，有效推进现实问题的解决。他认为我国社会发展面临前所未有的压力和挑战，呼唤马克思主义哲学担当重任；哲学既要关注宏观社会问题，也应该关注个体的社会实践，这就需要哲学从天上回到人间。对于马克思主义哲学来说，如何在解决日常生活热点问题的实

践中，展示马克思主义哲学的科学精神和实践力量，如何把至高至善的共产主义伟大理想真正与每个人的日常生活紧密联系起来，使宏观理论原则下降到人世间，真正成为每个人生活和工作的思想指导和行为规范，是马克思主义哲学大众化所应担负起的重要使命。

六　马克思主义哲学与当代中国实践

南开大学哲学院阎孟伟教授重点阐述了中国特色社会主义政治发展道路与马克思主义哲学的关系。他认为，要从社会主义革命和建设实践的理论基础上深入思考中国特色社会主义政治发展道路的客观依据和基本政治理念与政治原则。这个理论基础就是马克思主义的历史唯物主义理论。历史唯物主义理论的核心内容就是确认人类社会的历史发展是以人们的物质生活的生产和再生产为现实基础的，有着自身的客观性、规律性的过程。当代中国市场取向的改革完全符合经济形态发展的客观规律，它在发展中所取得的辉煌成就也充分论证了马克思的科学论断。考察和探索中国特色社会主义政治发展道路绝不能离开中国社会主义市场经济体制这个大背景。

历史唯物主义同时又是一整套关于人的解放的价值学说，而社会主义社会也正是以人的解放为终极价值的，失去了人的解放这个目标，也就失去了社会主义本身。问题在于，我们必须要对这一学说有完整的理解。马克思把人的解放理解为一个历史发展过程，并将这个过程区分为"政治解放"和"人类解放"前后相继的两个阶段。马克思解放理论的深刻性就在于，它一方面客观地肯定了资产阶级政治解放的历史进步价值，另一方面又指出了这种政治解放的不彻底性和局限性。对于当代中国的政治实践来说，我们尤其应当注重马克思解放理论中有关政治解放的历史进步价值和内在局限性的论点。应当认识到，在社会主义基本制度前提下完成政治解放的任务，绝不意味着接受自由主义的政治主张，而是意味着中国特色社会主义政治发展道路应当能够把政治解放和人类解放历史地衔接起来，逐步克服政治解放的局限性，合理地解决市场经济的发展所必然带来的社会矛盾和社会问题。

中共中央党校毛卫平教授认为，从斗争哲学向和谐哲学转变，是一个重大的时代课题和紧迫的现实问题，是马克思主义中国化在今天的一个核心问题和发展马克思主义的前沿问题，也是中国特色社会主义理论体系的重要哲学基础，应当引起我们的高度重视。斗争哲学是马克思主义哲学曾经的形态，和谐哲学是马克思主义哲学在今天应有的形态。

黄继锋教授认为，马克思科学评价和道德评价的内在统一的历史观对于认识和指导中国特色社会主义实践具有重要的意义。实践已经证明，中国特色社会主义的道路选择和"以人为本"的价值取向是历史进程中"是"和"应当"的最佳契合点，既符合我国的实际，也体现了大多数人的道德理想追求。科学评价和道德评价内在统一的原则也要求我们在今后的社会主义建设实践中，始终以广大人民群众的根本利益和需求为出发点，把社会进步与道德理想的追求高度统一起来，从而保证社会主义现代化建设沿着健康的道路不断前行。

在论坛自由发言阶段，来自重庆市奉节师范学校的姚少凡老师、天津师范大学郝贵生教授、辽宁大学哲学与公共管理学院王国坛教授、中国社会科学院马克思主义研究院冯颜利研究员、安徽大学马克思主义研究院吴家华教授、东北师范大学竭长光副教授，分别围绕论坛主题以及马克思主义中国化、时代化、大众化，社会主义核心价值观的凝练，马克思主义真理性与科学性的统一等问题发表观点、交流体会。

最后，论坛主席侯惠勤教授作总结发言。他认为，这次论坛打开了大家的话匣子，启发了大家的思考，引起了各种观点的碰撞和交流，这是主要的收获。通过这次论坛，大家达成了一些比较重要的共识，比如，关于世界观、方法论和价值论的一致性问题，关于要把意识形态作为马克思主义哲学内在发展的要素问题。他认为，马克思主义哲学的历史发展，不是在书斋中演绎出来的，而是与民族解放、人民革命的现实历史紧密联系。因此，哲学的启蒙与现实的救亡不是相互排斥，而是相辅相成，这是马克思主义方法论的题中应有之义。要从世界观的高度定位马克思主义哲学的使命，认清大态势和事物全貌。有些问题从局部看可以，但是从整体看就未必如此。例如对于马克思主义的认同问题，尽管与我们改进文风有关，但根本还是大环境问题。当今世界大的背景还是西强我弱，资产阶级思想体系处于强势地位，马克思主义处于弱势地位。尽管对中国来讲，马克思主义是指导思想，但国内许多人对马克思主义不感兴趣，责任确实不完全在于马克思主义理论工作者和教育工作者。西方国家宣扬的那些口号之所以盛行并不在于它有多高明，而是其有强大的经济、科技和文化的支撑。马克思说过，任何一个时代的思想都是统治阶级的思想，要从世界观角度恰当定位哲学的功能、现状和出路，否则就会陷入盲目性。侯惠勤教授还提出如何看待马克思主义哲学的当代形态问题。他认为毛泽东同志讲一分为二，精髓在于怎么把握矛盾辩证法。讲和谐社会，在今天中国国内或许可以实现，在世界范围内却不可能实现，和谐世界就不是现实，因此用和谐思维替代"一分为二"需慎重。还有关于马克思主义哲学的包容性问题，讲包容性其实是有利于弱小思潮发展的。在马克思主义处于弱势的旧中国，蔡元培曾提出"兼容并包"，有利于马克思主义和进步思想的发展，而今天只讲包容而不讲批判抵制，则不利于马克思主义的指导地位。今天西方国家为什么只讲普世价值，而不讲文化多元呢？一定要站在世界观的高度，占领历史制高点看这个问题，才能跳出"洞穴假象"。总之，我们倡导健康的学术争论和批评。

（原载《马克思主义研究》2013年第4期）

推动马克思主义史学理论研究和建设

——"唯物史观与新中国史学发展"学术研讨会综述

宋月红　王爱云

2013 年 4 月 13 日—14 日，中国社会科学院马克思主义史学理论论坛在北京召开了主题为"唯物史观与新中国史学发展"的首届学术研讨会。来自中共中央党校、中共中央党史研究室、《求是》杂志社，以及北京大学、中国人民大学、北京师范大学、武汉大学等几十所高校和中国社会科学院各史学研究所的 100 余位专家学者，回顾和总结中国马克思主义史学发展的历史进程与基本经验，深入研讨唯物史观基本原理及其在史学研究中的应用、丰富和发展，共同谋划马克思主义史学理论在新的历史条件下繁荣和发展的大计。

关于唯物史观及其与新中国史学发展的关系。中国社会科学院副院长李慎明在主旨发言中指出，目前全党和全国上下都在研讨"中国梦"，而马克思主义理论研究，特别是马克思主义史学理论研究的进一步深化，对"中国梦"的科学规划与确保实现具有十分重要的作用。他说，从一定意义上讲，马克思主义是社会科学的最大成果。我们研究历史，必须以马克思主义为指导。历史研究工作者应具有强烈的历史责任意识，密切关注现实，将历史研究与推动社会文明进步有机结合起来，为此就要认真学习马克思主义及其史学理论，在深刻理解的基础上，进一步解放思想、实事求是，推动研究的发展和深入。

中国社会科学院副院长朱佳木在致开幕词中指出，史学理论包括历史观，也包括历史研究的理论与方法论；凡是有影响的史学家，几乎都是对史学理论有过重要贡献的人；史学发展在任何时候，都离不开史学理论的发展。马克思主义史学理论是唯物史观与史学研究实践相结合的产物，是马克思主义史学工作者从事历史研究的指导思想，也是史学理论工作者进行研究的对象。朱佳木认为，史学理论属于意识形态范畴，在阶级社会具有鲜明的阶级性。改革开放以来，特别是苏东剧变之后，唯物史观和马克思主义史学理论遇到新中国成立以来前所未有的挑战。这种挑战既表现在对唯物史观基本原理和马克思主义史学家的全盘否定上，也表现在对西方资产阶级史学理论的盲目推崇，对历史虚无主义思潮的竭力鼓吹，对中国近代史、现代史的肆意歪曲、篡改和对革命领袖的恶劣贬低、丑化上。对此，马克思主义史学理论工作者理应作出回应。这种回应不仅是维护中国革命的正当性和中华民族的自信力，营造中国特色社会主义建设事业的积极健康舆论氛围的需要，也是发展中国马克思主义史学理论、推进马克思主义中国化的需要。

中国社会科学院世界历史研究所副研究员吴英认为，新中国成立以来一直作为历史研究指导理论的唯物史观正在被边缘化，其中一个重要原因在于，对唯物史观理论体系缺乏更深入的探究，乃至束缚了它的解释力。为此，需要对唯物史观进行正本清源式的研究，对唯物史观基本概念、存在和意识关系、历史发展动力、社会形态、唯物史观是否是决定论、国家性质、后发国家向社会主义过渡、发达资本主义国家向社会主义过渡和阶级结构等问题做重新解读。

中国人民大学教授牛润珍提出，唯物史观在如下十个方面主导着中国史学未来发展方向：（1）由对历史的阐释到对历史的编纂；（2）形成相当完善的中国马克思主义史学理论体系；（3）历史研究更加贴近现实，一些贴近现实的问题有可能成为讨论的热点，如史学与现代化，宗教文化与争端，环境、灾害与社会，历史资源与旅游等；（4）地方史研究与地方志、《中华一统志》的编纂；（5）中国史学走向世界，并融入世界学术；（6）随着中华民族的伟大复兴，世界上越来越多的人接受、认同中华民族优秀传统文化，史学研究在这方面将发挥重大推动作用；（7）史料的整理、公布与研究将成为主要工作；（8）史学研究的手段与方法将有新的突破，计算机人工智能化被引入，计算机分析在许多研究方面代替人工分析，实验方法成为史学研究较常用的方法；（9）兴起一批新学科，如中国现代化史、经济全球化史、生物科技与工程史、计算机科学史、奥林匹克运动史、信息技术与第三次浪潮发展史等；（10）围绕唯物史观的阐释与运用，形成不同的学派，不同学派之间的讨论，有助于唯物史观的正确把握与总结，并促进史学研究的自我反省，使中国史学在未来新的社会条件下自觉接受唯物史观的指导，朝着健康方向发展。

关于新中国马克思主义史学理论发展的成就与贡献。北京大学教授沙健孙认为，新中国成立以后，马克思主义史学理论为越来越多的史学工作者所接受，对以下一些基本历史观点取得了共识。第一，历史不再被看作是一些偶然事件的堆积，而是有规律可循的自然历史过程。历史的必然性通过偶然性表现出来。第二，历史变动的原因不应单纯用人们的思想动机来解释，而应着重考察这种变动背后的物质生活条件。生产方式的变革是一切社会制度和思想观念变动的基础。第三，人民群众是历史的真正主人。杰出人物可以在历史上起重要作用，甚至可以在一定时期内改变一个国家或民族历史发展的方向。但从历史发展的长河来看，最终决定一个国家或民族历史命运的力量是人民群众。第四，中国封建社会的主要矛盾是地主阶级和农民阶级的矛盾。农民的阶级斗争和农民战争是推动封建社会历史发展的动力。第五，中国自古以来是一个多民族的国家，各民族的历史都是中国历史的组成部分。必须把中国历史上的民族冲突和民族压迫，与近代帝国主义列强对中国的侵略和压迫严格区别开来。第六，鸦片战争以后，中国逐步沦为半殖民地半封建社会。正是在马克思主义史学理论的引导下，中国史学在通史、断代史、部门史、专题史和史学理论的研究方面，对社会主义社会发展历史的研究方面，以及在历史资料的收集、整理、编纂等方面，都取得了丰硕的成果。

中国社会科学院史学理论研究中心主任于沛从三个方面概括了中国马克思主义史学理论研究所取得的主要成就：（1）中国马克思主义史学理论研究队伍已经形成，并在研究实践中逐步成长，特别是一些中青年学者成为研究队伍的主要力量，保证了马克思主义史学理论研究后继有人，保证其持续发展，并预示着马克思主义史学理论研究的美好前景；（2）马克思主义史学理论的视野不断扩大，新的选题不断增加。一些老问题的提出并不是简单的重复，而是在新的历史条件下的深化；一些新问题的提出，反映出马克思主义史学理论研究与当代中国历史科学协调发展，作为当代中国历史科学的重要组成部分，马克思主义史学理论为推动中国历史科学的进步起着不可替代的作用；（3）马克思主义史学理论的研究努力做到历史与现实、理论与实践的结合。论从史出，有的放矢，因此有较强的说服力。这表明，马克思主义史学理论的研究水平在总体上有所提高。那种从概念到概念，空泛、空洞、公式化的理论研究正被人们所摒弃。

北京师范大学教授陈其泰着重总结了新中国成立后 17 年马克思主义史学取得的主要成绩，认为"十七年史学"是 20 世纪中国史学发展的一个重要阶段，普遍重视以马克思主义指导史学研究，形成了实事求是、健康向上的学风，撰成了一批有学术价值、有新的时代风格的通史、断代史、专史著作，整理出版了一批大型历史文献，推进了对重大历史问题的认识和学科建设。

关于现阶段马克思主义史学理论研究中存在的突出问题。与会专家学者普遍认为，马克思主义史学理论研究任重而道远，既要看到马克思主义史学理论研究所取得的成绩，也要清醒地认识到所面临的任务。当前，马克思主义史学理论研究面临来自诸多方面的挑战。（1）由于历史的原因，马克思主义唯物史观的基本原理被误解或歪曲，在一些人的思想中造成较严重的混乱，澄清这些混乱思想，在理论和实践上都有许多艰苦的工作要做。（2）苏联解体、东欧剧变后，国际上出现了否定马克思主义的社会思潮，并在中国国内思想界有所反映，历史研究领域也出现了否定唯物史观基本原理的错误倾向，出现了否认历史规律存在的"碎片化"倾向。天津师范大学教授张秋升认为，当前历史研究的一个突出问题是"碎片化"，其表现不但是研究对象和选题的琐碎，而且是理论、价值、意义的缺失。"碎片化"的实质是孤立、静止、片面地认识历史。其成因固然很多，治史宗旨的迷失是关键。（3）改革开放以来，西方史学理论与方法论的大量著述以及一些有影响的西方史学理论研究中的热点问题、前沿问题介绍到国内来，西方史学著述引进规模之大、内容之多、范围之广，是近代中国开始接触"西学"所从来不曾有过的。

关于如何进一步发展马克思主义史学理论的思考。与会专家学者普遍认为，发展马克思主义史学理论，要继承弘扬中国马克思主义史学的优秀传统，以老一辈马克思主义史学家为榜样，在改革开放的新的历史条件下，将中国马克思主义史学优秀传统发扬光大。

于沛认为，当前，应努力将马克思主义史学理论研究建立在对马克思主义的信仰、对社会主义和共产主义的信念的坚实基础上。没有理想信念，理想信念不坚定，精神上就会"缺钙"，就会得"软骨病"。精神上缺钙、有"软骨病"，是不可能搞好马克思主义史学理论研究的。共产主义理想与其他抽象理想的根本区别，在于它不是空想，而是建立在马克思主义唯物史观和剩余价值学说基础之上的，符合人类历史发展客观规律，具有历史的、客观的必然性。同时，努力在学术上精益求精，不断提高马克思主义史学理论研究的科学水平，不是将马克思主义史学的社会内容与科学性对立起来，而是辩证地统一在一起。

沙健孙强调，应认真学习马克思主义历史理论经典著作，只有这样才能了解经典作家思想形成的根据及其深刻性，才能有效地学习他们观察和处理问题的立场和方法，才能"不会让一些简述读物和别的第二手资料引入歧途"。

北京师范大学教授瞿林东认为，中国史学具有重视思想和理论的优良传统，中国史学工作者一定要注重理论学习，提高理论修养。理论修养有助于明确治史的方向，严肃治史的宗旨；有助于在宏观上把握研究对象的性质、地位与作用，更多地从宏观上发现问题、提出问题和解决问题；有助于科学认识事物的发展规律。史学工作者的理论修养要着眼于唯物史观的理论与方法论、历史学专业基础理论和在具体历史研究中提出的理论认识。

　　武汉大学教授陈立新认为，历史唯物主义的生命力在于理论与实践相结合，研究和解决重大的社会现实问题；中国马克思主义史学的发展方向，就是以问题意识带动学术研究，挖掘历史研究对于当代社会实践的意义、中国伟大实践对于世界的意义。

（原载《红旗文稿》2013 年第 10 期）

"坚持和发展中国特色社会主义制度"高校学术研讨会综述

贾向云　李方祥

2013 年 4 月 13—14 日，由《思想理论教育导刊》编辑部、福建师范大学马克思主义学院、福建师范大学马克思主义研究院联合举办的"坚持和发展中国特色社会主义制度"高校学术研讨会在福建师范大学召开。来自北京大学、清华大学、中国人民大学、武汉大学、厦门大学、福建师范大学等 20 多所大学、科研机构，以及《马克思主义与现实》编辑部、《思想理论教育》编辑部、《福建日报》社等媒体的近百名专家学者参加了大会。与会学者围绕中国特色社会主义道路自信、理论自信、制度自信，中国特色社会主义基本经济制度、根本政治制度、生态文明制度建设，以及加强思想政治教育等重大问题进行深入的探讨，取得了丰硕的成果。

教育部社科司徐维凡巡视员高度评价了本次研讨会选题的科学性，指出道路自信、理论自信、制度自信是坚定中国特色社会主义信念的共同支撑。高校思想政治理论课教师在对学生进行中国特色社会主义理论教育时，要对中国特色社会主义的制度问题与道路问题进行深入解答，并指出高校思想政治理论课教师应该加强学科合作，改善自身的知识结构，共同突破难点。与会专家学者的主要观点综述如下。

一　关于中国特色社会主义道路自信、理论自信、制度自信研究

福建师范大学马克思主义研究院院长李建平教授认为坚持"三个自信"必须深入批判新自由主义思潮。首先，批判对市场的极端美化和过度崇拜。其次，批判鼓吹在中国推行私有化，否定公有制。再次，批判所谓市场万能，拒绝任何形式的国家干预。只有彻底清除新自由主义所散发的各种奇谈怪论，才能使中国的社会主义现代化建设沿着正确的道路健康、持续地向前发展。

北京大学梁柱教授阐述了坚持和发展中国特色社会主义制度，关键是正确认识新中国成立以来前后两个 30 年的辩证关系，反对历史虚无主义思潮。不能用后 30 年否定前 30 年，前 30 年为后 30 年提供了宝贵经验、理论准备和物质基础。当今时代我们应如何看待毛泽东时期的历史失误？梁柱认为，毛泽东是中国社会主义事业的伟大奠基者，在一定时期一定阶段由于个人因素脱离实际，出现探索中的失误，但是他以苏为鉴，另辟蹊径，总体上在政治、经济、文化和外交上取得了巨大成就，为后 30 年的现代化建设和改革开放奠定了坚实的基础。

教育部高等学校社会科学发展研究中心主任、《高校理论战线》杂志社总编辑杨河教授认为坚定中国特色社会主义道路自信、理论自信、制度自信，对于我们正确

把握中国未来的发展方向和前进路线具有重要的指导意义。首先，"三个自信"来自于对中国近代以来历史发展主题和任务的自觉认识和把握。其次，"三个自信"来自于在实践中对历史经验教训的正确概括和总结。再次，"三个自信"也是依据对时代大势和历史发展机遇与挑战的清醒判断和全面把握。最后，办好中国的事情，解决好中国的问题，关键在党；加强和改进党的领导，关键在为民。

福建省政协常委郑传芳教授从三个方面阐发了对中国特色社会主义制度自信的认识。一是制度自信有着坚实的实践基础和群众基础，正是这两个基础从根本上推动了社会生产力的发展。二是要进一步加强制度建设，并进一步研究和提炼制度的科学内涵。三是制度建设需要进一步加强体制机制建设，改进工作方法。

西南大学党委书记黄蓉生教授指出，制度创新关键在于党和人民的积极探索。巩固和发展中国特色社会主义制度，需要党和人民在实践中坚持不懈地探索与奋斗，不断把马克思主义中国化的理论创新成果适时转化为制度创新成果，把已见成效的章程、政策及时上升为法律，从而为夺取中国特色社会主义新胜利提供更加系统完备、成熟定型、行之有效的制度保障。

清华大学党委宣传部副部长蒋耘中认为，科学社会主义基本原则同当代中国基本国情的结合是中国特色社会主义的精髓。准确理解和把握科学社会主义的基本原则和中国的基本国情，可以加深我们对党在社会主义初级阶段的基本路线和一系列方针政策的理解，增强坚持中国特色社会主义的坚定性和自觉性。

二　关于中国特色社会主义经济、政治及其制度研究

中国特色社会主义经济、政治及其制度建设是坚定中国特色社会主义道路自信、理论自信、制度自信的具体实践层面。武汉大学梅荣政教授提出要从方法论上自觉地以马克思主义辩证法为理论基础，坚持"五个统一"，即中国特色社会主义道路、理论体系和社会制度的统一；社会主义本质与社会主义实现形式的统一；中国特色社会主义本质的唯一性和发展的全面性的统一；社会主义改革的改什么与不改什么的统一以及共产主义远大理想和中国特色社会主义共同理想的统一。

中国人民大学马克思主义学院周新城教授认为，树立中国特色社会主义道路自信、理论自信、制度自信，首先要坚定对中国特色社会主义经济制度的自信，其关键在于贯彻"两个毫不动摇"方针，第一，不断巩固和增强公有制的主体地位；第二，充分发挥非公有制经济的积极作用。

《思想理论教育导刊》常务副主编刘书林教授重点阐述了建立中国特色社会主义制度自信的条件。一是坚定对历史发展大趋势和社会发展规律的信仰，这是建立中国特色社会主义制度自信的思想基础。二是充分尊重社会主义国家的实践历史。三是对同类社会主义制度正反两个方面的经验教训的基本认识和科学比较，这样才能更好地坚持中国社会主义制度。四是制度自信建立在对绝大多数人根本利益的忠诚和责任上。

三　关于生态文明及其制度建设研究

党的十八大提出加强生态文明制度建设的战略任务，这是坚定中国特色社会主义制

度自信的必由之路。福建师范大学马克思主义学院副院长陈永森教授指出，应利用社会力量促进生态文明建设。他总结了当代中国生态文明建设中社会力量的作用，并提出了政府利用社会力量促进生态文明建设的几点建议。福建师范大学马克思主义学院邓翠华教授强调在生态文明建设中，既要有广义的公众自身环境友善行为和参与环境保护的宣传教育等活动，也要突出狭义上的制度化的公众参与民主制度建设，即建立和健全生态文明公众参与制度。辽宁工业大学宣传统战部副部长王力尘认为，探讨大学生生态文明观的养成路径对于进一步加强和改进大学生思想政治工作是非常必要的，也是当前大学生思想政治教育工作的内容之一。

四 关于新形势下如何加强思想政治教育研究

坚持和发展中国特色社会主义制度，思想政治教育发挥着不可替代的重要作用，也是一项亟待建设的历史重任。福建师范大学马克思主义学院苏振芳教授提出思想政治教育要取得新的突破和发展，必须做到始终坚持马克思主义在思想政治教育的指导地位，始终坚定不移地把思想政治教育作为我们党的优良传统和强大优势，从而促进社会和谐发展，开创中国特色社会主义事业新局面。福建师范大学马克思主义学院党委书记杨建义教授认为，面对中国特色社会主义内涵的新阐释、新论断，要帮助大学生不断提高理论认知，通过观照实践成就、理性比较中外制度、理解制度探索的艰辛历程和历史发展规律，逐步引导大学生坚定中国特色社会主义制度的自信。山西大同大学武步成教授认为，确立思想政治教育价值的"双主体"理念指向，探讨现代思想政治教育价值的"双主体性"二维价值功能，有助于该学科理论和实践的发展和完善。

（原载《思想理论教育导刊》2013 年第 6 期）

"中国哲学史研究的现状与前瞻"
学术研讨会综述

李兰兰

2013 年 4 月 20—21 日，中国哲学史学会 2013 年年会暨"中国哲学史研究的现状与前瞻"学术研讨会在武汉大学召开。本次会议由中国哲学史学会、武汉大学哲学学院暨国学院主办。来自中国哲学界 100 多位专家学者出席了此次会议，大会收到论文 80 余篇。会议期间，学者们围绕着"中国哲学史研究的现状与前瞻"这一主题，展开了热烈的讨论。学者们畅所欲言，各抒己见，提出了很多新的见解。陈来、郭齐勇、杨国荣、吴根友、张学智、吴光等分别作了主题发言。

一 中国哲学史方法论

中国哲学与西方哲学是两种不同的哲学形态，同时二者又是可以通约、可以比较的。现阶段，在重视中西哲学对话时，应注意到中国哲学史特殊的方法论。讨论中国哲学史的研究方法，首先需要确立"中国哲学"学科的自主性，进而才能对中国哲学的未来发展作出展望。陈来对于目前国内有关"中国哲学史"的教学培养与学科发展等基础性问题作了总结发言。他指出，"中国哲学史"的研究，早已成为世界性的知识领域和世界性的学术领域，因此要使本学科的学者具有世界性的学科眼光，尤其要重视海外中国哲学的研究成果，在世界范围内回应与中国哲学研究相关的各种挑战，逐步掌握中国哲学研究的主导权。其次，要提高研究的内在性和主体性，既需要"内在的理解"，又需要"客观的呈现"。郭齐勇总结并评述了萧萐父先生及武汉大学中国哲学学科点在中国哲学史方法论课程的教学方面的经验，强调训诂、考据与义理并重，以及中西互动的中国经典诠释方法学，并注意理解中国哲学范畴、价值、意境的特殊性及其普世化。

李维武认为，研究中国哲学史，应坚持历史主义原则。19、20 世纪中国哲学的主轴是中国哲学的现代转型，其总的特点是西方哲学的中国化与中国哲学的现代化，对这一时期中国哲学的研究应坚持和贯彻历史主义原则，这一原则表现为时间向度和空间向度两个方面。从时间向度看，首先要处理好中国哲学开展的过去与现在之间的联系；从空间向度看，要处理好哲学史与文化历史之间的联系。田文军指出，在 20 世纪三四十年代，中国哲学史研究出现了多种研究形式，学者们或从哲学发展史的角度，或从思想史的角度，或以史论批判的形式，或以哲学问题史的形式，或以文献考释的角度研究中国哲学史。因此，同样是以马克思主义指导的中国哲学思想史研究，侯外庐、杜国庠先生批孔批儒，而郭沫若先生尊孔尊儒，郭沫若的研究强调转化儒家传统的现代意义，很值得重视。

关于中国哲学史的方法论有很多，其书写方式也是多元的，尤其是近几十年来中国经典诠释的方法学值得重视。黄玉顺指出，哲学之变化发展，乃渊源于当下的生活。中国哲学亦然，现代中国哲学渊源于现代性的生活方式。因此，中国哲学学科发展的核心任务既不是回到前现代的形上学，也不是拒斥形上学，而是要从当今世界、当今社会的现实生活出发，去重建形而上学。高华平指出，从中国哲学史学科的学科属性、研究现状和研究对象等几个方面加以考察，可以看出对中国哲学史进行文、史、哲综合研究，既是必要的又是紧迫的。同时，这一综合研究是现实可行的，比如各高校"国学班"的开办就是很好的例证。柴文华指出人的视域决定了原典的意义，以现代视域研究传统原典符合中国哲学走向世界的历史发展趋势。因此，在中国哲学史的多维度书写方式中，现代视域与传统原典的结合应是较佳的选择。

二　中国哲学的创新与发展

近年来，中国哲学界学者们试图突破原有范式的局限，在研究对象、研究方法和研究目的等方面不断探索、积累和创新，以期建立真正意义上的中国哲学。杨国荣对实践过程的理性化问题进行了深入的探讨。他认为，这一理性化从实质的层面看，不仅与"理"相关，而且也与"情"相涉。实践活动的合"情"合"理"，意味着既合乎普遍的法则和规范，又适合于特定的实践情境，二者的统一，构成了实践过程中理性化的具体形态之一。高瑞泉认为动力与秩序是中国哲学的双重关怀，它源于中国社会转型和发展的历史，并随之而呈现出某种复杂变奏。随着中国经济的起飞，中国哲学"动力"的追求开始让位于秩序的重建，它表现为"启蒙反思"、进步主义批判和儒家的重光等。乔清举指出目前中国哲学研究的趋势是"在中国的哲学"逐渐成为"中国的哲学"，当代中国哲学研究需要"确立中国文化的主体性"，主体性其实是一种创造性，更具体地说是原创性。

在中国哲学的现代发展中，应如何与现代西方哲学接轨，凸显创新性？许多学者提出了自己的设想。陈道德分析指出，名辩学中所讨论的推理都是语用推理，而这恰是西方传统形式逻辑中根本没有的。符号和语用推理在符号学中被给予了充分的研究，符号学应是深化先秦名辩学研究的更优范式。李广良指出中国现象学的成就不仅在于对胡塞尔等现象学家的研究，而且在于现象学的中国化。现象学儒学是儒学史上的一种新的形态，它有着丰富的可能性，其中包含着现象学与儒学的比较研究，其本质在于通过现象学回归儒家的原初存在，激活儒学的活力或"内在生命"，开始面向儒学的"事情本身"。

中国哲学是中华民族智慧的结晶，既具有普适性的一面，又有鲜明的民族性和地域性。李翔海提出要改变长期以来存在的以"时代性"为衡量中国哲学基本标准的理论立场，转而从时代性与民族性两个维度对中国哲学予以更完整的关照，以确立中国哲学作为一种特定哲学形态所具有的独立自主的内在意义，凸显其立足于"人类哲学"之一般的高度。

三 对中国传统哲学及其价值的再认识

中国哲学学科的成立，意味着中国哲学实现了从古代形态向现代形态的转化，在这一过程中，必然存在对中国传统哲学及价值的再认识、对中国哲学现代转化之途径的思考。张学智对儒学特别是理学的宗教性进行了探讨。他认为，儒学特别是宋明理学具有独特的宗教性格，它因其形上学性、超越性和具有精神追求的具体在场性而具有了精神宗教的性质，并从而抑制了基督教那样的典型宗教的产生。这种宗教性格，可以对中国文化自身的许多特点予以根本性说明，同时克服由于宗教与现实力量分离造成诸多弊端的不足。

温海明讨论了儒家实意伦理学。这种哲学意识认为人在世间并与世界共同创生，人与人的关系开始于人与世界相交接的缘发端点，其目的是为了从意识的缘发端点出发说明人在变化的世界中的生存与运作状态。"实意"是儒家伦理学中推己及人的出发点和落脚点，儒家传统的"诚意"可以解释为将意念实化。

随着出土文献的不断发掘，以及现代研究方法的广泛运用，传统哲学的研究领域处于不断拓展之中，字义的考证、文献的梳理、义理的阐发都在一定程度上丰富和推动了现代哲学的发展。王中江对简帛文献《凡物流形》中的"一"进行了专门而深入的探讨，认为在这篇文献中，"一"是首要的概念，有四重构造，并据此证明《凡物流形》是黄老学的文献。吴根友主要以《周易》与《老子》中"复"的观念为核心，考察了"复"在中国美学方面所具有的意蕴。陈乔见对明清之际思想家们的公私观念进行了梳理。他认为，这一时期思想家们"合私成公"的理念，实际上源自于原始儒家的仁义观念和忠恕之道，二者有着内在的融贯性和一致性。

近百年来，中国哲学的学科自主性不断加强，中国哲学方法论不断丰富和完善，传统哲学的现代价值不断凸显，中国哲学与全球文明对话不断增多，未来中国哲学的发展离不开对过去和现状的反思，更需要现代性的建构和不断创新。

（原载《江汉论坛》2013 年第 7 期）

深化改革激励创新驱动，
调整结构促进经济转型

——中国经济规律研究会第 23 届年会暨第 2 届
全国马克思主义经济学论坛综述

杨　静

由中国经济规律研究会、中国社会科学院马克思主义研究学部与福建师范大学联合主办的"中国经济规律研究会第 23 届年会暨第 2 届全国马克思主义经济学论坛——体制改革、创新驱动与结构调整"，于 2013 年 4 月 20 日—21 日在福建师范大学召开。中国社会科学院学部委员刘国光研究员，中国人民大学荣誉一级教授卫兴华，中国经济规律研究会会长、中国社会科学院马克思主义研究学部主任程恩富教授，厦门大学原党委书记吴宣恭教授，首都经济贸易大学原校长文魁教授，福建师范大学原校长李建平教授等著名经济学家，以及来自全国的 150 多位专家学者出席了会议。专家学者紧密围绕会议中心议题"体制改革、创新驱动与结构调整"进行了广泛而深入的研讨，并取得了丰硕研究成果。

一　全面深化经济体制改革

（一）经济体制改革的理论

关于我国经济体制改革的方向问题，刘国光研究员指出，我国经济体制改革的方向是建立完善的社会主义市场经济体制。搞市场经济需要培育多元化的市场竞争主体，需要营造公平竞争的市场环境。但是，必须坚决反对过度市场化，反对以市场化为名进行的私有化，反对通过弱化、分化、肢解国有经济实现竞争主体的多元化，反对建立不讲计划、没有国家强有力调节的资本主义式的自由竞争的市场经济。那些认为目前我国实行的社会主义市场经济是"半统制、半市场"的混合经济的错误观点，是新自由主义思潮的遗毒，如果听任其发展，并在实践中取消国有经济对重要产业的控制和减少政府对市场的干预，那么改革大业一定会走向"西化""分化"和"资本主义化"的不归路。

程恩富教授指出，在初步建立和大体完善社会主义市场经济体制的基础上，今后我国应该把坚持社会主义取向与坚持现代市场经济取向二者结合起来，从产权、分配、调节和开放这"四个关键词"上加快社会主义市场经济体制的发展和完善，尽快构建社会主义的"四主型经济制度"，即公有主体型的多种类产权制度、劳动主体型的多要素分配制度、国家主导型的多结构市场制度、自立主导型的多方位开放制度。绝不能像吴敬琏、张维迎等人所提出的那样，认为中国现在是"半统制、半市场"的双重体制，"国家资本主义或权贵资本主义"造成了改革处于停滞或倒退状态，因而必须以"国有企业私有化、土地私有化和金融自由化"为方向和目标进行改革,把建立所谓的"社会公正＋市场经济＝社会主义"的市场经济体制作为改革的方向。

福建师范大学李建平教授指出,坚持我国经济体制改革的方向要特别注重社会主义生产目的的讨论和研究。社会主义生产目的是马克思主义的重要原理,是确立社会主义道路自信的一个重要体现,研究和应用社会主义生产目的不仅是理论上的内在需要,而且也是当代世界和人民群众的迫切需求。当前研究社会主义生产目的要注意历史条件发生的巨大变化。社会主义生产目的在当代中国的表述,必须考虑现实的人的需要、人的生命安全和身心健康、资源节约和环境保护这三个因素。

中共徐州市委党校程言君教授认为,我国应当建立人力产权型市场经济体制。现代市场经济体制有人力产权型和资本产权型两种历史形态。前者是基于人力产权自主实现的社会主义市场经济体制,后者是基于资本产权当家做主的资本主义市场经济体制,二者都是马克思有关人和经济社会发展"否定的否定"规律的具体历史形式。我国现阶段的市场经济体制虽然还很难称为人力产权型市场经济体制,但由于有了中国特色社会主义根本政治制度、基本政治制度和基本经济制度的保障,已经从产权、分配、市场和开放四个层面呈现出"四主型"特征,具有了人民当家做主——人力产权自主实现的历史本质。

浙江理工大学王新建教授认为,我国经济发展方式的包容性转变是建立在人民主体思想之上的、依靠最广大人民群众的"转变"。人民主体思想具有深厚的唯物史观理论基因,是与党的群众观点和群众路线理念相通、与党的根本宗旨和执政理念一脉相承的。在全面深化经济体制改革、推动经济发展方式转变的过程中,必须充分尊重人民群众的实践和认识主体地位,发挥其实践和认识主体作用;必须尊重人民群众的利益主体地位,发挥其动力主体作用;必须尊重人民群众的权利和义务主体地位,发挥其权利和义务主体作用。这是人民主体思想所昭示的包容性转变的实施路向。

关于经济体制改革的核心,即政府与市场的关系问题,中国人民大学荣誉一级教授胡钧指出,从本质上说,计划与市场的关系是由所有制关系派生出来的。在资本主义私有制条件下,在资本主义私有制资源配置上,"看不见的手"是基础性的,资产阶级国家这只"看得见的手"则是护卫者。因此,典型的资本主义市场经济只能把政府的经济管理职能归结为弥补市场缺陷。而我们在建设社会主义市场经济过程中,应当看到社会主义公有制是社会主义市场经济的主要矛盾方面,应当把政府与市场之间被颠倒了的关系重新颠倒过来。

复旦大学顾钰民教授认为,经济体制改革和社会主义市场经济发展的核心问题不再局限于计划和市场的关系,而是要处理好政府与市场的关系。正确处理政府与市场的关系,关键在于政府应明确自身的功能定位,即尊重市场规律,并为市场机制充分发挥作用营造良好的外部环境,包括竞争环境、法制环境和道德环境。发挥政府作用的重点是解决市场不能解决的问题,政府的作用主要在宏观领域,而市场的作用主要在微观领域。

《求是》杂志社郑宗汉研究员认为,与社会主义计划经济体制及资本主义市场经济体制相比,社会主义市场经济体制具有必然性和优越性。社会主义市场经济体制与资本主义市场经济体制主要有三个根本区别:一是所有制基础不同。二是前者正确认识了市场经济在社会主义条件下发展的必然性,建立了市场作为资源配置基础的体制制度,资源配置的内涵发生了根本性变化。三是前者建立了宏观调控体系，解决了从全局出发配置资源的资本主义不可能解决的根本问题。虽然社会主义市场经济体制还存在矛盾，但矛盾的性质不同了，它已经从"狭窄的资本主义生产关系"中摆脱出来，从根本上克服了资本主义市场经济社会化大生产与生产资料私人占有之间的矛盾。它适应社会化大生产和社会分工的要求，符合社会主义初级阶段的实际，是市场经济的高级形态，是当今人类社会最先进、最优越、最具优势的经济体制和具体的经济制度。

关于经济体制改革的方法论问题，南京财经大学何干强教授认为，目前宏观经济体制改革应当深入研究唯物史观的宏观经济分析方法，重视全面科学地把握宏观经济分析的对象，用辩证方法分析宏观经济关系，科学地进行宏观经济数理分析，科学地分析国际关系，遵循人与土地之间的物质循环规律。应当推进马克思宏观经济理论与方法的具体化，努力创建唯物史观宏观经济分析方法的理论体系，注重维护公有制的主体地位对宏观经济协调运行的决定性作用，自觉运用唯物史观宏观经济分析方法解决实际问题。

天津财经大学王晓林教授认为，作为指导经济体制改革的中国经济学研究的路径选择，应以一种"横向整合的宏观世界历史"的整体视野，再次直面如何植根于中国的历史与现实，对如何区分市场经济与资本主义，以及货币主权有无必要等问题进行深刻反思。任何先进的思想如果不与中国实际进行有机结合，均不能取得成功，植根于中国实际是不二选择。

中南财经政法大学程启智教授认为，在马克思创立的政治经济学中，虽然其研究对象为生产关系，但也包含内容丰富的撇开生产关系属性的生产及生产力理论。马克思的生产力理论是由要素生产力和协作生产力构成的二维理论体系。这一认识有利于为生产力的内生演变与发展提供新的理论解释，而且对建立一支独立学科的马克思主义纯经济学也有重要意义。研究和发展马克思的生产及其生产力理论，不仅是传统意义上的马克思主义发展所必需的，而且还是马克思主义经济学在当代多种经济学科群分立发展所急需的。而在这一点上，我们应该本着科学的态度，借鉴现代经济学发展所走过的道路，学习其取得的成果。

云南财经大学周文教授等认为，目前中国经济学的建设仍然存在诸多不足与缺陷，包括研究方法与思维方式的缺陷、研究对象与路径的缺陷、研究目标的缺陷。要克服这三个缺陷，不能期望"毕其功于一役"，可以把当前我国发展理论研究中出现的典型性新动态作为个案分析和专题研究的突破口。第一，以人的发展为中心的科学发展观取代以物为中心的增长观。第二，发展从对进步的关注扩大到对发展引起的问题和代价的重视。第三，实现从单一的地域性发展模式到作为世界性现象的发展观的转变。

（二）经济体制改革的热点问题

关于贫富分化与扩大内需的问题，卫兴华教授指出，国内市场消费需求的饱和不是共同富裕的表现，而是贫富分化的结果，这也是多年来强调扩大国内消费需求、拉动经济增长，但效果不显著的原因。改革开放以来，我国实现了两大转变：一是通过市场取向的改革由传统计划经济转向社会主义市场经济；二是由单一的公有制经济转向以公有制为主体、多种所有制经济共同发展。这两项制度的改革促进了我国经济的快速增长和经济总量的增加，逐步改变了延续 40 多年的市场供不应求的卖方市场的局面。买方市场的出现意味着国内市场需求饱和，但这并不意味着国内实际消费需求的满足，而是有购买力的需求低于市场供给。其原因就在于，随着经济的快速发展出现了收入分配差距过分扩大的趋势，形成贫富分化。广大弱势群体的实际消费需求大，而有支付能力的需求小。因此，国内市场消费需求的饱和不是共同富裕的表现，而是贫富分化的结果。

关于我国现阶段所有制和经济规律变化的问题，吴宣恭教授指出，经济规律都是在一定所有制基础上形成并发挥作用的。经过 30 多年的改革开放，我国生产资料所有制结构发生了巨大的变化，也引起了社会生产关系的巨变，打破了社会主义经济规律支配社会经济运行的状态，出现了社会主义和资本主义两类经济规律同时并存的局面，两者相互影响，共同决定我国的经济发展。其中，总有一类经济规律起主导作用，至于哪类规律居于主导地位，取决于它们赖以生存的经济类型的实力。哪一类经济能较快发展，力量较强，在它基础上产生的经济规律就能在社会经济中占主导地位。我们应该了解这些关系，针对其发挥作用的根源采取应对措施，尽量增加社会主义经济规律的正效应影响，减少资本主义经济规律的负效应影响，促进国民经济的持续发展。

关于城镇化问题，西南财经大学丁任重教授等认为，我国城镇化进程中存在不容忽视的"缺口"，即城镇化滞后于工业化，人口城镇化滞后于土地城镇化，城镇公共事业水平低于城镇化水平，基本公共服务水平低于城镇化水平。未来一段时间将是从城镇化中期向后期过渡、弥补城镇化缺口的重要阶段。为此，应以"四化"（即新型工业化、新型城镇化、信息化和农业现代化）联动为契机，坚持走多元化、集约化的城镇化道路，进一步强化体制创新，推进包容性城镇化建设，全面提升城镇化质量。

关于城乡居民收入问题，对外经济贸易大学郭飞教授等认为，要在 2020 年实现我国城乡居民人均收入翻一番，必须做好四项工作：一是以科学发展观为指导，促进国民经济持续健康发展。二是优化国民收入分配格局，显著提高居民收入在国民收入分配中的比重。三是完善以按劳分配为主体、多种分配方式并存的分配制度，显著提高劳动报酬在初次分配中的比重。包括持续提高最低工资标准，切实做到企业内部不同身份员工同工同酬，强化企业工资指导线和工资集体协商制度，继续深化国家机关、事业单位工资制度改革等。四是加强税收征管，有效防治腐败，规范灰色收入，取缔非法收入。

关于劳资关系问题，南开大学刘凤义教授等以外资经济在中国投资生产中最具代表性的"苹果—富士康模式"为案例分析了劳资关系，认为该模式中劳资关系总体特征表现为：从资本之间的关系来看，苹果公司对富士康公司进行控制；从资本与工人间的关系来看，富士康公司的工人受到双重资本的压榨；从工人之间的关系来看，富士康公司与苹果公司的工人分属两个不同的劳动力市场，在一定程度上分化了国际工人之间的团结。为此，应从增强自主研发能力、提高工人技能、加强政府和社会监督、与国际劳工组织合作、发挥国有经济中劳动关系的主导作用等方面解决这种劳资问题。

关于经济危机问题，四川大学蒋永穆教授等认为，欧债危机实质上是资本主义一体化异化的噩梦，如果资本主义一体化不能满足生产发展、制度协调和意识认同三个条件，那么这种一体化就是异化的一体化。本来一体化是缓解资本主义危机的手段，但是这种异化的一体化反而加剧了资本主义危机，给人们带来不利和损失。

关于社会事业发展均等化问题，扬州职业大学徐开金教授认为，社会事业发展均等化问题是一个有机系统，它分为三个层次：社会事业内部各项内容之间的均等（如文化教育、医疗卫生、养老保险、社会治安等不同方面的发展均等问题），社会事业与社会公众之间的均等（如教育事业中的地区均衡问题、阶层均衡问题），以及社会事业与社会大系统的均等。只有把这三个层次的均等问题联系在一起进行研究，才能比较科学有效地解析社会事业发展均等化问题，才能提出切实可行的政策建议。

二　创新驱动的理论与机制

（一）创新驱动的理论选择

首都经济贸易大学文魁教授等认为，制度创新经济学在许多方面补充和发展了熊彼特的创新理论，具有很强的实用性，对我国经济改革和发展也具有一定的借鉴意义。但诺斯的制度创新决定技术创新的观点，完全颠覆了技术创新和制度创新的主次关系，违背了客观经济发展规律。马克思关于生产力和生产关系的辩证关系告诉我们，在制度创新与技术创新之间的关系上，技术创新是根本，起决定作用。制度创新虽然对技术创新有重要影响，但相对于技术创新来说，则处于从属地位。从长期来看，技术创新推动制度创新，制度创新为技术创新提供社会保障。

吉林大学韩喜平教授、三明学院钟卫华副教授分别就知识产权优势理论进行了评述。韩喜平等提出要运用知识产权优势理论构建知识产权优势，以解决当前中国经济发展过程中存在的结构性问题。这应从企业、产业和国家层面实施知识产权战略，以品牌构筑、技术创新以及行业技术标准制定等为重点领域，构筑企业乃至国家的竞争优势。钟卫华则提出了我国自主知识产权培育的路径：以企业为主体，产学研相结合，实施核心技术赶超战略，注重品牌培育和强化知识产权战略意识，加强知识产权制度建设和知识产权人才队伍建设，实行跨国并购，获取相关知识产权和品牌等。

中国人民大学张旭教授认为，后进国家在科技革命带来的产业发展或分工的国际格局中选择不同的理论立场导致截然不同的发展结果。在全球化过程中许多国家不同程度地接受或抵制新自由主义发展方案。从各国在全球产业发展或分工格局中的地位变化来看，阿根廷、俄罗斯、墨西哥、巴西等国明显表现出本国工业化进程趋缓、出口结构趋向初级产品化；而亚洲金融危机后的韩国、新加坡、中国等国在适应开放市场过程中竭力抵制新自由主义的负面影响，不断扩张和强化自身生产能力，在产业演进方面取得了显著成绩。工业化是将本国低技能、非熟练劳动力转化为人力资本，实现知识累积和传播，为后续知识创新、分工繁衍奠定基础的必要过程，任何将劳动力与生产相分离的逆工业化、初级产品化等，都将付出高昂的代价，即一国未来自主发展能力匮乏。这对于竞争能力薄弱的后进国家来说尤其需要警惕。

南京财经大学钱书法教授等认为，在跨国垄断巨头的阻碍下从全球价值链理论出发，单纯依靠技术创新推动或国内需求拉动，难以帮助本土企业突出重围。应根据马克思的分工理论，通过分工将二者联系起来，形成合力，以开辟本土企业在全球价值链中实现升级的"第三条路径"，即以社会分工的深化和广化为中介环节，实现需求拉动和技术推动这两大攀升动力的内生融合；通过技术上的创新活动促进分工的深化和广化满足市场需求，而市场容量扩张反过来又为分工深化和广化提供条件，进而为企业开展创新活动提供激励条件。

曲阜师范大学杜曙光教授等认为，金融外部经济可以为"阶段论"和"均衡陷阱论"提供一个能够操作"结构约束"和"关联机制"的方法论源头，以金融外部经济为方法论基础的高级发展经济学"多重均衡"模型，可以用于系统地分析经济系统的"自我强化"和"锁定效应",为"中等收入陷阱"提供准确的模型化解析。这一模型也可以基于经济系统的内在规律,阐明"比较优势"与"中等收入陷阱"之间的关系。由此,可以为"中等收入陷阱"奠定较为合意的经济学基础,为后续研究提供理论支撑。

(二)实施创新驱动战略的机制

浙江财经学院田家官教授认为,实施创新驱动战略的关键在于建立促进创新性人才成长的机制,这主要由两个基本要素构成:其一是人才之间的竞争,其二是创新者的利益。由此,必须深化科研管理体制改革。一是学校、科研单位、企业要引入竞争机制,真正建立能进能出、优胜劣汰的淘汰机制;二是继续深化分配制度的改革,根据按劳分配原则和按生产要素分配的原则,使人才之间的收入差距能够反映其劳动贡献的大小。

福建师范大学吴宏洛教授认为,要运用马克思主义有关劳动工资正常增长理论分析框架来科学建立民营企业工资增长创新机制。应将职工工资纳入国民经济和社会发展计划,并将企业工资增长作为各级政府及其主要负责人的考核指标,确保职工工资与国民经济同步增长;应实行分类调控,完善最低工资制度,并制定和完善工资分配的法律法规;应强化劳资共决薪酬机制,完善劳动定额管理体制,加大对企业薪酬调查工程的投入力度,等等。

中国地质大学(武汉)黄娟教授等认为,必须依靠生态科技创新驱动机制实现生态城镇化。而生态城镇科技创新离不开国际合作,欧盟成员国之间、美日之间都非常重视并加强彼此间生态科技合作。我国在整体科技水平、生态城镇建设、生态科技创新等方面,远远落后于许多发达国家,因此,更有必要跟踪和了解国外生态城镇及其科技发展的最新动态,加强与先进发达国家在生态城镇建设及其科技发展方面的合作。

吉林财经大学刘静暖教授等认为,应建立城市消费低碳化转向的驱动机制。由于城市消费内容受到个人可支配收入、物价水平等因素的激励和制约,应从激励机制与约束机制两个方面来增强城市消费低碳化转型的驱动力。激励驱动机制包括收入增进、价格补贴刺激、信贷支持和低碳偏好培育;约束机制包括简约性消费、耐久性消费、无害性消费、体恤性消费及共享性消费约束机制,简称"5S"约束驱动。

三　创新驱动与产业结构调整

(一)创新驱动促进产业结构协调发展

中共广东省委党校郑志国教授在马克思关于社会生产两大部类划分的基础上,将现代社会生产划分为三大部类:生产资料及其生产部门、消费资料及其生产部门和非物质资料及其生产部门。他认为,为实现三大部类协调发展,必须坚持、发展和创新马克思的社会再生产理论,深入研究三大部类演化规律,并用于指导三大部类结构调整。目前我国处于工业化中后期,第一部类比重大于第二部类,第三部类开始超过第一部类。在现阶段,必须根据人民日益增长的物质文化需要来调整三大部类结构,理顺三大部类之间及其内部各行业之间的交换关系,保持协调均衡发展。

福建师范大学黄茂兴教授认为,要重新确立实体经济地位,在产业结构转型升级和转变经济发展方式中必须统筹考虑农业、制造业和生产性服务业的产业特性,促进各实体经济的有序协调发展,优化资源配置。一是要做优农业,发展传统优势产业,把发展现代农业作为发展实体经济的基础，促进农业增产、农民增收，进一步推进农业现代化。二是要做强工业，培育发展战略性新兴产业，用先进实用技术改造和提升传统产业，坚持走新型工业化道路，以高新技术产业为先导，以基础产业和制造业为支撑，加快产业转型升级，促进产业实力显著提升，构建具有较强竞争力的现代产业体系，推动制造业向"微笑曲线"的两端爬升，实现制造业的高级化转型发展。三是要做实服务业，优先发展现代服务业，在创新中促进服务业较快的发展，从而有助于制造业发展。

吉林大学纪玉山教授等认为，高低端产品价格"剪刀差"是一把"双刃剑"，虽然它能推动技术进步和产业结构升级，但它的日益扩大对经济发展也会产生不利影响。首先，国民经济各产业部门按比例协调发展是经济发展的一条客观规律，很多传统产业部门都是基础行业，其过分落后势必会在诸如粮食、原料、资金、市场等许多方面限制高科技产业乃至国民经济的进一步发展。其次，在市场经济条件下，如果传统产业部门同高科技产业在技术和效率上的差距过分悬殊，势必形成传统产业用越来越多的低附加值产品去换取少量高科技产业的高附加值产品的趋势。这不但不利于提高传统产业从业人员的生活水平，还会削弱传统产业的积累能力，产生"马太效应"，无法实现经济的长期协调发展目标。在新的经济形势下，我国必须坚持发展高新科技产业和改造传统产业并举的原则，以缩小同发达国家的差距，平衡日益扩大的高低端产品价格"剪刀差"，这是我国今后产业结构升级战略的基本取向。

吉林大学关丽洁副教授认为，我国产业结构升级面临两方面困境：一方面，由于独立研发能力较弱，我国缺乏产业升级所需要的核心技术；另一方面，制度体系或制度结构不健全、不完善，抑制了资源在不同产业之间的自由流动。产业结构升级困难，长期锁定在低水平状态，这样的状态被视为"产业结构陷阱"。为了跨越"产业结构陷阱"，必须完善市场竞争机制，增强企业技术创新动力；必须健全国家创新体系，为技术创新提供知识源泉；必须发展战略性新兴产业，促进产业结构向高级化演进。

（二）创新驱动带动产业转型升级的路径

关于农业转型升级问题，浙江理工大学谭劲松教授认为，应当发挥国有经济在推进农业现代化中的主导作用，这是我国基本经济制度的要求，也是发展现代农业的需要。建设现代农业，实现从传统农业向现代农业的提升和转型，必须适度发展国有农业经济。包括应适度发展国有农场和国有农业社会化服务体系，适度投资机械化农业，提高农业机械化水平，适度投资建立大型农副产品生产基地，增加农副产品供应，提高农业市场化、商品化水平。

关于工业转型升级问题，南宁市社会科学院《创新》编辑部李君安助理研究员认为，基于创新驱动的我国工业的绿色化发展举措包括以下几方面：一是制度激励。应建立绿色考评体系，制定工艺能耗奖励政策，加强对制造企业的跟踪监测服务。二是科技创新。应加大节能减排、清洁生产等方面的技术投入力度，加大科技研发力度以及科技成果转化力度。三是人才培养。四是加强国际合作。在生态工业、清洁生产、能效管理、废弃物管理等领域与美国、欧盟、日本、加拿大等掌握先进绿色技术的国家及地区开展科技合作，整合科技力量，深入开展国际科技合作与交流，有效利用全球科技资源，增强科技实力。

关于服务业转型升级问题，兰州商学院张存刚教授等认为，应把现代服务业作为加快经济发展方式转变、推进经济结构调整、提高经济整体素质的重要举措。当前甘肃省现代服务业存在的主要问题是地区差异显著、生产性服务业发展不足、产业集聚水平较低以及市场化程度低，等等。为此，首先，必须优化服务业的空间结构布局，积极加快兰州市现代服务业核心区建设，重点发展天水、酒泉—嘉峪关两大区域现代服务业。其次，应优先发展现代物流业、金融服务业、信息服务业、商务服务业、旅游服务业以及文化产业六大重点产业。最后，还需要政府在营造发展环境、引导产业积聚、人才培养等方面作出努力。

四　创新驱动与经济转型发展

（一）创新驱动指引经济转型发展的方向

中共江苏省委党校李炳炎教授认为，马克思关于人的全面发展理论是科学发展观的重要理论基础，要以科学发展观来指导产业结构的转型升级，加快转变经济发展方式。贯彻落实科学发展观的指导意义就在于通过调整城乡结构、区域结构和内外结构，促进经济转型升级。其中，内外结构调整要求调整内需与外需结构，逐步使我国的内需与外需形成良性互动，同时统筹协调国内产业结构升级与国际产业转移的关系，统筹协调"引进来"和"走出去"的关系，统筹协调国内统一大市场建设与参与全球多边、区域合作的关系。

河北经贸大学武建奇教授认为，在资源短缺、生态环境日益恶化，且又需要扩大内需以消除金融危机影响的背景下，促进经济转型发展的宏观政策是把"双刃剑"，需要协调好节俭与扩需的关系，把握好二者结合的度。这个"度"就是根据经济发展的实际，"适度"调整分配政策，"适度"缩小收入差距，"适度"增加居民收入，"适度"刺激消费欲望。所谓"适度刺激消费欲望"就是刺激有度，是仅限于对消费者"基本需要"的刺激，是对"该消费而不消费"项目的刺激，是在不搞虚假宣传、不欺骗消费者前提下的消费刺激，是不追求超前消费、过度消费、畸形消费的消费刺激，是不靠超低首付、过度信贷的消费刺激。

广西大学李欣广教授认为，经济结构调整的科学导向包括三个方面：一是以实施转变经济发展方式为目的。本着这一原则，产业发展就要缩减科技含量低、生产资源投入大、产出效率低的行业与产品生产。应通过产品创新开发、技术进步，配合劳动者技能提高、管理增效来扩大经济规模。二是以生态约束和生态目标、社会约束和社会目标为依据。我国国情决定了经济结构调整只能以共同富裕为目标来进行，如果离开这个目标，容忍两极分化，所产生的畸形经济结构必然危及社会稳定，破坏资源环境。三是遵循所有制结构与产业结构的相关性原则，必须坚持公有制的主体地位，发挥国有经济的主导作用。

中共江苏省委党校周善乔教授认为，党的十八大确定的拉动国内消费的整体经济结构调整战略选择，为我国的经济复苏提供了政策保障。面对国际金融危机及其经济后果，就当前来看，我们应采取积极主动的措施反制国际贸易保护主义，提高出口产品的科技含量，积极地扩大内需；而从中长期来看，则必须由国内消费需求拉动的经济发展向消费大国转型。

(二）创新驱动引导经济转型发展的举措

四川省社会科学院盛毅研究员认为，在提升科技创新能力的途径中要强化政府的主导和参与作用，尤其是我国西部地区在转变经济发展方式中，政府不能简单地套用发达国家和地区走过的道路，而应根据西部地区的发展实际和科技要素在全球流动的大趋势，加强对科技创新体系的研究，加快引进科技创新主体，支持大中型企业建立研发中心，支持优势产业和成熟技术开发，加强对各种科技资源的整合以及科学合理地布局科技资源，最大限度地发挥政府的主导和参与作用。

吉林财经大学梁洪学教授认为，要加快经济发展方式转变，必须从以下几方面着手：一是要建立扩大国内消费的长效机制。为此，应加大收入分配的调整力度，提高公共服务支出占财政支出的比重以及形成以城市化为依托的内需增长动力。二是要依靠技术进步和创新，优化产业结构。三是要切实转变政府职能。一方面，应加快制定和完善市场规则，打破行政垄断，强化产权保护；另一方面，应加强公共基础设施建设，尤其要增加义务教育、科技基础研发、生态和环境保护等方面的投资，为社会提供市场机制所不能提供的公共产品和服务。四是要坚持绿色发展，建立资源节约型、环境友好型社会。

广州商学院邹新月教授等认为，目前我国处于工业化中后期阶段，具有经济增长加快和能源需求刚性的特征。在这一关键发展阶段进行产业转型升级，决定了现阶段我国经济发展需要兼顾推进城镇化与低碳转型的共同要求。因此，实施主动型节能政策，引入新技术、新材料，提高能源使用效率，鼓励企业加大资本投入力度，推行技术创新，提高产品工艺处理能力，把生产排放物对环境的破坏降低到最小限度，才是一条兼顾经济增长与保护环境的可行道路。

南京政治学院曹雷副教授认为，应以国防科技创新为主导驱动力加快我国经济发展方式的转变。国防科技创新作为我国自主创新的重要组成部分，对我国整个自主创新能力的提升起了引领作用，是我国自主创新能力提升的主导因素。应充分发挥国防科技创新的主导作用，不断提高我国的自主创新能力，确定以国防科技创新为主导驱动力加快我国经济发展方式的转变。此外，国防科技创新的绩效相对较高，它对我国全要素生产率的贡献作用也都明显强于非国防科技创新，从而对我国的经济发展也具有主导驱动作用。

（原载《管理学刊》2013 年第 3 期）

"世界政治经济学会 2013 年国际
学术交流大会"会议综述

蒋　瑛　蒋海曦

2013 年 5 月 20—30 日，世界政治经济学会 2013 年国际学术交流大会在巴西召开。来自全球近 30 个国家的 100 余名专家学者出席了此次大会，会议收到学术论文 100 余篇。会议期间，大会为两名世界著名的经济学家颁发了"世界马克思经济学奖"，中国著名经济学家卫兴华教授成为此奖项的获得者之一。同时，大会还为全球十名对世界经济理论及实践作出了重要贡献的世界著名经济学者颁发了"21 世纪世界政治经济学杰出成果奖"。此次国际学者交流大会围绕"不平等与世界资本主义：分析、对策及行动"的主题，从多个方面对世界性的经济理论及实践问题作了深入的探讨，不少观点很有启发意义。

一　关于 21 世纪马克思主义经济学的发展问题

面对 21 世纪世界各国出现的经济社会的复杂现象，不少与会专家表示应用发展中的马克思主义经济学理论来解释，并在解决经济社会各种问题的实践中发展马克思主义经济学。德国学者 Eike Kopf 认为，1867 年出版的《资本论》曾经一度风靡世界，如今《资本论》又重新回到了普罗大众的视野。自马克思恩格斯之后，再也没人能合理描述资本主义生产方式中必要生产关系的运作过程，也没人能提出引导社会主义国家经济发展的社会基本理论。而中国运用 21 世纪建立起来的社会主义类型和基本要素正在形成"21 世纪的新马克思主义"。巴西学者 Carlos Eduardo Martins 认为，21 世纪第二个 10 年，世界经济进入了康德拉捷夫周期的成熟期，拉丁美洲的事实表明当代资本主义危机已经打开了持久性及机会之窗，这为发展 21 世纪马克思主义经济学提供了鲜活材料。阿根廷学者 Jesus Munoz 教授通过对比正统的、非正统的（明斯基）及马克思在金融危机上的观点，认为马克思的金融理论对当今世界形成的金融不稳定性乃至金融危机仍然具有现实意义，可以按照这个理论来"产生一个新的体系——建立在公平分配之上——来消除泡沫、投机甚至是循环经济和社会非预期影响"。巴西学者 Marcelo Milan 和 Mathias Seibel Luce 通过近些年新自由主义对社会保障的改革以及通过延长整个劳动者的劳动时间进行过度剥削的事实，认为这对工人生活方式造成了严重侵犯。应当按照马克思主义依赖理论中详述的劳动力过度剥削范畴的思想加以揭露，同时赋予马克思这个理论新的解读。中国学者韩喜平教授对剩余价值的归属与性质进行了再探索，认为进入现代工业社会，现实的资本家也参与管理、监督劳动，有的劳动也创造价值，使其收入多元化。但在对抗性生产关系中，非生产劳动阶级凭借对生产资料的垄断权，对劳动阶级的剩余劳动无偿占有的剥削现象没有改变。这是 21 世纪马克思主义剥削理论应充实的内容。墨西哥学者 Richard Corell 和 Ernst Herzog 将 2008 年美国发生的次贷危机与马克思地租理论结合起来研究，认为地租对次贷危机的发生会起到引发及加深作用。当然，也有一些学者如越南学者 Hyungkee Kim 认为，随着 21 世纪全球经济社会的发展，形势相对马克思时代有很多不同，使马克思经济学出现了局限性，应该通过"创新议程"来进行发展。他提出了一个新马克思主义经济学的创新议程及确立马克思主义经济学新方法论的研究计划。他认为马克思是永恒的，但也需要有超越马克思和他的《资本论》这样的愿景。为了达到丰富马克思主义经济学的理论内容的目的，需要使用与自身方法论不同的其他方法论，还应通过突破性创新实现其研究范式的显著转变。

一些学者从新的角度阐述了 21 世纪马克思主义经济学的发展内容。中国学者舒展，从发展着的新政治经济学视角阐述了幸福观及发展观，认为要发展马克思主义经济学，新政治经济学各流派的观点可以给我们重要的启示。无论新政治经济学的理论思想如何，离开人类幸福的分析及考量有多远，但比较起来侧重数理分析工具，单纯以财富的增长衡量社会进步的传统经济学观念，更接近人类追求关于幸福的梦想。这对于发展马克思主义经济学，对中国在科学发展观指导下，全面建成小康社会均有重要影响。而中国学者吴茜则通过回顾资本主义的发展历史，剖析了当代垄断资本主义的本质特征及其历史地位，认为当代垄断资本主义有四个最为显著的本质特征。其一，生产与资本高度集中，形成了以巨型跨国公司为代表的全球寡头垄断市场；其二，国际金融垄断资本及虚拟经济主导世界经济，实现了攫取全球垄断利润的剥削方式创新；其三，出现了欧共体、八国首脑会议等超级资本家国际垄断同盟；其四，形成了美国"一超独霸"的"新帝国主义"，表明当代资本主义进入国际垄断资本主义阶段。中国学者邰丽华面对西方马克思主义不断发展的趋势，认真思考了"去经济学化"的现象，认为这具有深刻的社会、历史和现实根源。这种"去经济学化"背离了马克思的思想轨迹，破坏了马克思理论的整体性，影响西方马克思主义的传播、发展和创新。而重拾政治经济学，恢复西方马克思主义研究的经济学传统，才是西方马克思主义的重要发展方向。而巴西学者 Rubens R. Sawaya 认为，应当用马克思主义的观点来分析价值、价格、通货膨胀等在当代经济社会中的新表现，通货膨胀是剩余价值生产过程中冲突物化的结果，价格的决定过程是剩余价值发挥作用的一部分。葡萄牙学者 Mario A. Solano 则从主体性社会意识的产生角度重新审视了劳动价值论。他认为 2012 年欧洲及美国都发生了无产阶级反抗资产阶级压迫的社会运动，这些都是当代马克思劳动价值论揭示的社会矛盾的重现。这些运动尽管不能撼动建立在剥削和压迫基础上的资本主义制度，但开始形成了一种新的人类的"主体意识"，这是一种社会主义意识，这将充实马克思主义的新内容。

二　关于全球化进程中各国经济发展问题

不少国家的专家学者对当前全球化进程中各国的经济发展问题投入了许多关注。秘鲁学者 Alfredo Sumi Arapa 对全球化进程中秘鲁的国家主义经济的活力进行了分析，认为现在应重新定义反垄断斗争的议程，从而激发秘鲁国家经济的活力。墨西哥学者 Caio Graco Valle Coberio 从马克思主义经济学的角度，对墨西哥及巴西农村状况进行了对比分析，通过两个国家发生的若干历史事件，研究了其中的社会及权利阶层之间的关系，认为只有马克思的批判的政治经济学才可以将暴力、频繁冲突、国家和国际组织的主导、保守政策和法律等研究因素包含在内。不同的农业改革历程及墨西哥当地人和没有土地的巴西工人的运动都是批判的政治经济学的产物，也是 21 世纪人类人道主义和进步议程中的关键点所在。巴西学者 Cleidianne Novais Sousa 和 Paul Cooney 则以巴西与阿根廷为例，分析了拉丁美洲地区的非正式劳动力市场的现状。他们认为新自由主义的三个关键要素：贸易自由化、金融自由化和私有化，特别是第四个要素劳动力弹性化，对非正式劳动力市场产生重要的影响，使这个地区的劳动力不安全感日益增加。墨西哥学者 Juan Cervantes 认为，国际社会建立的管理国际货币的机构，之所以提倡世界各国从事绿色发展方式，是为了不惜一切代价取得自身发展，而"可持续发展"仅仅是为了实现新自由主义扩张政策所使用的工具。

在分析各国经济发展的影响因素方面，不少专家学者也发表了很好的看法。中国学者杜书云、刘晓英认为，诸多因素将造成劳动力市场低水平均衡，从而造成经济失衡。而巴西学者 Andrea Dantas 则分析了在资本主义危机背景下巴西改革及其卫生政策的影响因素，认为巴西应保持自身相对于周边国家的特殊性及改善工业化之后的经济稳定，才能使改革成果保持住并使卫生政策很好落实。澳大利亚学者 Alan Freeman 认为文化、劳动力及资源将对可供选择的增长路径产生重大影响。他认为迄今为止被看作是任意奢侈享受的人类文化发展投资如今已成为逃离目前经济危机的必需品了。技术的进步已达到一定的时点，以至于经济增长的主导驱动因素——那些能够产生持续的社会和经济进步的因素——在物质生产中找不到了，但在服务生产中可以找到。

在一个贫穷落后的国家中如何发展经济，也是众多学者关心的问题。巴西学者 Niemeyer Almeida Filho 认为，在马克思的依附理论中，拉丁美洲的依附经济里最根本和最具决定性的特征是对劳动力的严重剥削占了支配地位。在拉丁美洲的经济中，资本家支出的这部分巨大需求将以一种有意义的方式由国家资源和国家行动提供。另一个巴西学者 Vanessa Petrelli Correa 则认为，在 2004—2010 年间的巴西经济中，结构转变的发生和发展强度可以根据增长动态的分析来鉴别。土耳其学者 Zafer Baris Giil 及 Mehmet Zanbak 对 20 世纪后基于分类的社会核算矩阵框架下的土耳其财政调整分配经验进行了分析，认为资本及劳动间的收入分配是从李嘉图到马克思的政治经济学的本质。基本盈余政策可以稳定公共部门，获得财务稳定及国家理性，但却使家庭陷入债务之中。根据这一分析，城市工人阶级和养老金领取者是在财政调整过程中受损最严重的阶层。日本学者大田广教授认为，日本民间经济社会的成熟是伴随着奇怪的日本政权之下的政治意识发展进行的，这种奇怪的经济与政治现象，究其原因，完全是因为选举制度与日本人的生活方式完全不匹配造成的。委内瑞拉学者 Juan Komblihtt 认为，过去几年油价大幅上升意味着经济转换扩张的可能性，这种转换与委内瑞拉本国及国外资产阶级和工人阶级相关。巴西学者 Alessandro Andre leme 等人还具体地联系到巴西本国著名的贝罗蒙特水坝工程的案例，认为该工程在目前的情况下有利于巴西的民族经济，同时会在一定程度上有利于"狂野的资本主义"的"巴西模式"的复制。

一些学者对近些年新自由主义及全球金融危机对本国的影响也十分关注。例如日本学者 Hiroshi Onishi 及 Atushi Tazoe 除了运用置盐定理对当前日本经济进行了实证外，还认为新自由主义后的日本局势与欧洲、中国的情况类似，人们的根本斗争是为了反对新自由主义。而英国学者 Ozgur Orhangazi 利用美国经济危机的资料，认为新自由主义对结构性危机有重要意义。同时，他认为结构性危机并不能通过市场机制的运行来解决，而需要体系的制度结构作出显著改变。而葡萄牙学者 Maria de Fatima Silva do Carmo Previdelli 通过对葡萄牙加入欧盟 20 年后的经济状况的分析，认为在新自由主义影响下，加入欧盟被证明是葡萄牙当前面临不断上升的公共债务及生产领域糟糕表现的危机原因。印度学者 V. K. Ramachandran 等人则从马克思主义危机理论角度分析了印度的农业收入问题，认为新自由主义对印度的经济，特别是农业经济具有极为重要的影响。美国学者 Vitor Schincariol 及 Paul Zarembka 分别分析了 21 世纪美国将实行的经济政策与宏观经济行为，以及美国经济中的物化资本及其稳定性。而中国学者郜丽华也类似地利用新自由主义下美国当前的"财政悬崖"，反证了中国经济发展"稳中求进"的正确性。加拿大学者 Salimah Valiani 分析了加拿大对外贸易的历史以及在 19 世纪末 20 世纪初对拉丁美洲的投资状况，认为尽管在资本主义世界体系中加拿大的话语权不大，但因为加拿大地理位置相当优越，因此加拿大的资本主义在金融危机这个关键节点上发挥了重要的作用。

三 关于各国的社会主义模式及中国的经济改革

中国作为一个建立社会主义市场经济体制的发展中大国，受到更多关注，特别是如何建立社会主义模式及如何看待中国的经济改革，更加引起学者们的兴趣。法国学者 Jean Claude Delaunay 认为，社会主义社会没有模式，只有一般要求。后资本主义的政体将建立并且在本世纪席卷全世界；以全球化和解除金融监管为特征的资本主义不会很快灭亡，但会严重地衰退。美国控制及领导下的全球资本主义危机使其金融资本主义和其依赖的军事力量将进入生命尾声，这使得被称作社会主义或者自己命名为社会主义的后资本主义政权将在全世界范围内被建立。在全球资本主义社会的危机下，一大批试验性的社会主义解决方案将出现。越南学者 Pham Van Duc 分析了越南社会主义模式的一些问题，他认为在越南改革前时期，越南人民和社会主义国家经常提及社会主义模式这个概念。在那个时期，苏联及东欧国家的社会主义模式成为了发展中国家敬仰及追求的理想模式。然而在 20 世纪 90 年代初期，越南的马克思主义者分析了苏联及东欧社会主义国家解体的主、客观原因，并得出了结论，这就是社会主义具体模式的解体，并非是社会主义科学理论的失败。当前越南的改革成功，使越南的马克思主义者开始建立越南的社会主义模式。巴西学者 Hermann Dworcza 从一个外国学者的角度解读了中国社会主义模式，认为中国需要对其模式进行重大变革。中国现有的出口及利用劳动力红利的发展模式，已经造成了许多社会冲突及社会灾难，收入差距严重。这些消极的发展完全来自于对市场机制的扩展使用和无限制地与国内外资本的合作。中国学者白永秀、吴航针对中国改革开放以来的经济发展状况，分析了经济增长的演化规律、类型划分及中国当前的应对之策。中国学者方福前认为，当前应当抓好三个转变，分配改革的重点由收入再分配转变到收入初次分配和财富再分配，当前的改革要特别关注和解决财富占有不公的问题。而中国学者高红贵则提出，鉴于目前的生态环境状况，为了使中国经济在全球经济一体化的进程中进一步发展，应当加快推进社会主义生态文明的制度建设。康瑞华、宋萌荣等中国学者则从理论上进一步阐述了中国经济模式转变的重要性，他们通过福斯特对资本主义财富观及进步观的批判，提出了对中国生态文明建设的若干启示。他们认为，要对资本主义狭隘的财富观保持批判性思维，树立宽广的生态财富观；清醒认识物质财富增长的代价，为子孙后代留下更多的自然生态财富；重新思考人类进步的内涵，摒弃从数量方面判断社会进步的国民经济核算体系；以批判的眼光看待生活本身，适度而不是更多才是正确的态度；树立代表人类文明发展新方向的进步观，对推进生态文明的建设具有积极意义。中国学者聂志红通过对近代中国的经济发展史的剖析，结合马克思关于资本主义世界市场形成的思想，努力探索中国模式建立的原因。中国学者毛晖、庞凤喜更是针对转型期中国的权力资本化的问题，认为中国在推进改革开放的进程中，实施了政府主导的东亚经济增长模式，这成为权力资本化的制度环境。为了遏制权力资本化的蔓延，中国需要进一步推进体制改革，加强法制建设及打造公民文化，实施政治民主、经济市场化及社会法治化。

一些国外学者在认识社会主义模式及中国的经济改革问题时另有视角。日本学者Makoto Itoh 阐述了 21 世纪社会主义的几种模型，并根据哈维的建议提出了四种更为具体的模型实现形式。其一，凯恩斯主义。认为许多美国和欧洲的马克思主义政治经济学家，包括哈维都支持凯恩斯主义，反对新自由主义。其二，绿色复苏。认为鉴于低碳经济的提出，更应重新注重提高本地生产以满足本地消费。其三，基本收入。认为应设计一种经常性收入，以平等地提供给所有的社会成员。其四，当地货币。通过当地货币的运用，保持经济的稳定。他同时还认为马克思主义经济学家需要重新思考 21 世纪激进社会主义战略模型新发展的理论意义。阿根廷学者 Mariano Feliz 认为阿根廷出现了一种新发展主义的社会模式，强调出口的增长、产业适当竞争及劳动力市场的特殊作用是新发展主义社会模式的关节点，新发展主义的计划将着力消除这次由美国次贷危机所引发的全球经济危机给阿根廷带来的消极影响。墨西哥学者 Aurora Furlong 则结合中国及拉丁美洲的情况，分析了世界粮食危机，认为中国的经济发展模式导致的政府食物政策没有以协调一致的方式面对这些挑战。美国学者 Marlene Grade 根据社会主义模式发展的历史经验，对资本主义社会的历史地位进行了重新审视。认为以马克思《政治经济学批判大纲》《资本论》和《德意志意识形态》为基础，人们物质生产的历史进程形成的社会模式，是以价值在资本主义社会关系中的重要性为前提的。希腊学者 Mylene Gaulard 针对中国的房地产泡沫，从马克思主义经济学理论方面进行了分析，认为中国的经济增长仍然十分脆弱，面临的主要问题特别是其房地产泡沫膨胀，可能会在不久的将来爆发，突发投机泡沫在过去几年形成的困难和问题，会严重影响中国的经济增长。英国学者 Nicholas Jepson 认为，应更多关注中国模式的崛起对全球资本主义经济结构和全球发展中国家的影响，这个过程尚处于萌芽阶段，它可能代表了一个新的系统的资本主义扩张阶段的开始，这有可能发展成后新自由主义的全球制度的花蕾。

一些学者对社会主义内涵及本质进行了分析。例如美国学者 David S. Pena 论述了可持续的社会主义的内涵。他认为，可持续的社会主义社会应有六个组成部分：第一，经济体制。它用来发展生产力，建立生产关系，稳定持续地促进共同繁荣。第二，政治体制。它用来支持旨在实现有利于人民民主的人民政治机构。第三，强大的、团结的、完全的主权社会主义祖国。第四，先进的社会主义文化。第五，资源管理政策。它用以满足人们需要并同时促进繁荣和谐的自然环境。第六，成功抵制资产阶级自由化。越南学者 Tran Tuan Phong 分析了人类发展和社会主义的关系，认为社会主义是更高的社会形态，在每个人都充分、自由的发展中形成了社会治理原则。而中国学者周瑛、罗洪铁则以中国为例，阐述了全球化境遇下社会主义国家软实力的建设问题。

四 关于各国不平等关系及正义问题

会议的一个重要议题就是不平等及正义问题，因此各国学者对此也有许多论述。印度学者 Pradip Baksi 通过分析马克思对政治经济学的批判，从全球角度来看性别不平等的问题，建议建立一种新的研究机制，即利用性别不平等研究中的关于雇佣劳动的数据来拓展马克思关于政治经济学批判中雇佣劳动的相关内容。中国学者方世南认为，要解决不平等问题，树立正确的社会正义观是十分重要的，而社会正义观是生态社会主义的核心价值观。冯颜利、孟献丽两位中国学者，认真研究了生态马克思主义的理论，他们不同意詹姆斯·奥康纳的观点，认为"生产性正义"不是"正义之唯一可行的形式"。正义是关乎人类社会和谐与稳定、发展与进步的根本性问题。从人类正义诉求的历史、现实与未来看，实现正义是一个由相对到绝对逐渐发展的过程，真正的正义要超越正义本身。巴西学者 Marco Bulhoes Cecilio 分析了世界财富生产与分配的不平等及原因，他利用 2008 年全球经济危机的数据，论证及比较了当代世界财富积累的模式及在世界体系形成中所采用的战略。认为有意控制市场力量的组织——布罗代尔的反市场形态——仍然处于财富积累过程的中心，并在国家之间的权力斗争中起关键作用。美国学者 Erwin Marquit 分析了 2011 年美国纽约发生的占领运动，认为华尔街是美国资源不平等的标志。该次运动的标语"我们是 99%"主要针对资本主义体系引起的不平等。尽管这次运动有许多不足，但对反抗经济不平等作了很大贡献，也是对奥巴马对美国 1% 高收入者提高征税标准的支持。日本学者 Satoshi Niimura 则回顾了古典经济学鼻祖亚当·斯密关于经济不公平的四大观点，认为亚当·斯密的四大观点是：其一，勤勉工人和懒惰工人的工资不平等是有益的；其二，一个不平等但富裕的文明社会比一个平等但贫穷的原始社会更令人满意；其三，通过资本积累，工资率会上升，利润率和利率均会下降；其四，通过税收对收入进行重新分配是重要手段。这四大观点中，有两个是赞同经济平等，有两个是反对经济平等。日本学者 Setooka Hiroshi 从不平等的角度，对贫穷本身进行了新的诠释。认为贫穷不仅仅与收入相关，而贫穷分为个体层面的贫穷、社会层面的贫穷、全球层面的贫穷，必须分阶段来消除贫穷。美国学者 Roger Seifert 则建议设立新的政治经济学协会，认为成立此协会的目的是为了挑战现有的对不平等解释的主流观点，因为协会是公共服务领域中的文化机构，文化比其他人类活动更有作用，如果想要人们对真实的社会经济关系，特别是平等关系有一个准确的了解，推进文化方面的建设是不二选择。中国学者张志军提出了一个资本再生产理论的全面拓展框架，认为这是一个马克思经济学的框架，根据这个框架，可以发现及勾画出持久性不平等的现实路径，持久性不平等的事实是对资本主义生产方式作为一种普通事实存在的真实反映。而另一个中国学者张忠任论述了收入分配问题的本质，他依据马克思主义经济学的基本原理，强调平等是一种权利，公平是其外化。而所谓社会平等则是其在市场经济中的实现途径或手段。平等的前提是生产条件的分配。

不少学者还特别讨论了各个具体区域或国家的不平等及正义问题。中国学者周小亮、卢雨婷对区域经济发展中利益失衡成因进行了解读，并用空间计量方法进行分析。英国学者 Jenny Clegg 比较了中国及非洲的现实情况，认为中非合作论坛（FOCAC）

已成为南南战略合作伙伴关系的新形式，这种形式是双赢新动态机制的创立者，而不是多极化发展趋势中不平等关系的缔造者。巴西学者 Atenagoras Oliveira Duarte 则以巴西东北部 1960—1990 年间的政治经济状况为例，认为不正常的政府行为及不同的阶级利益是造成不平等及非正义的重要原因。他还对 2000—2012 年巴西东北部的经济变革过程进行分析，特别是透过收入分配指标，看到了更具活力的巴西区域政策的有效性。巴西学者 Ana Maria Rita Milani 分析了拉丁美洲 2000—2010 年的数据，认为拉丁美洲自 20 世纪 90 年代以来执行地区结构调整模型，使经济增长和社会平等共同进步，这说明生产结构的转变对发展经济、消除不平等有十分重要的作用。中国学者贺钦则分析了拉丁美洲的不平等与替代一体化运动的情况，认为拉丁美洲和加勒比地区是地球上自然资源最为丰富的地域之一，但这些财富的受益权不属于人民。历史和现实使拉丁美洲的进步力量认识到，只有通过地区一体化与团结，才能真正实现地区独立与公正。巴西学者 Amanda Aparecida Marcatti 及 Dumont Henrique 分析了巴西牛肉行业中的经济与劳动关系，认为不同行业中的劳动者处于一种不平等的关系之中。而阿根廷学者 Juan E. Santarcangelo 以阿根廷为例，认为阿根廷在 2001 年底经历了有史以来最差的经济状况以及社会和政治危机，大部分人处于贫困线以下，短短 15 天经历了 5 位总统的变换，并经历了比索贬值、汇率剧变、外债违约等，加速了阿根廷的收入不平等。而经济不平等的发展过程及畸形的工业化过程，加剧了剥削的产生。乌克兰学者 Andrei Gritsenko 和 Elena Gritsenko 分析了乌克兰倒置经济中的不平等问题，认为与发达国家相反，乌克兰经济在以倒置的形式发展，财富不平等的分配发生在私有化过程中，导致了大多数人口没有得到资源的所有权。这在劳动力市场上尤为显著。乌克兰已掉入了全球化倒置的陷阱，经济增长导致了经济结构的恶化、社会不平等的加剧以及生产的下降。

五　关于全球经济新秩序的问题

2008 年全球金融危机已严重破坏了原有的全球经济秩序，因此，如何建立全球新的经济秩序成为与会学者的热议话题。中国学者蒋南平及蒋海曦以中国与美国为例，从理论及实证上说明了经济大国的角逐及合作是全球经济新秩序的核心环节。建立与维护全球经济秩序，历来是在"竞争—合作"框架下完成的。经济大国是全球经济新秩序的主导力量。特别在当今世界，中国与美国的"竞争—合作"关系对形成全球经济新秩序至关重要。经济大国只有消除彼此的经济安全威胁，促使彼此"竞争—合作"关系出现良好结果，才能建立起健康的全球经济新秩序。蒋海曦更是从市场产权的角度，认为在新的全球经济秩序下，获取市场产权是中国跨国公司扩张的重要途径。另一位中国学者蒋瑛从国际贸易的理论与实践角度，认为发达国家施以制造业为主的产业转移，获取绿色 GDP 是一个重要因素。但国际贸易在理论及实践上都存在绿色 GDP 与产业转移的悖论，发达国家如果单方面转移制造业而获取最大利益及绿色 GDP，都不会有益全球经济新秩序的建立。美国学者 David Matters 认为，过去的全球经济秩序存在许多问题，必须"斩断过去死亡之手"，因为全球化已成为今天的帝国主义，资本在普遍侵犯劳动人民的权利，这几年发展中国家中新兴经济体的崛起是对美国霸权的挑战，社会主义越来越成为唯一的替代资本主义的道路。而延长的全球化秩序扩大了第二次世界大战以来的流通危机。英国学者 Simon Mouatt 则建议使金融政府弱化来巩固原有经济秩序，因为新自由主义金融部门在"二战"后的增长十分明显，许多跨国公司将剩余资本转向金融部门，就将引起银行业新自由主义经济的到来以及随后的金融国家主权的丧失。中国学者李欣广认为国际价值链的"环节价值"是当代价值形态，这对新的国际经济发展十分重要。而墨西哥的学者 Luis J. Alvarez Lozano 则认为应向可持续性的消费经济努力，但可持续性消费只可能存在于执政的资本主义经济之外，即只有改变原有经济体系及经济秩序，才有可能可持续消费。英国学者 Josef Baum 分析了所谓良好的旧式"垄断竞争"、广告宣传和社会生态变革，认为广告是非可持续消费方式全球化的核心问题，广告是作为垄断竞争及寡头垄断化的一个重要特征，在新自由主义之后的时代，反垄断斗争在意义上被解读为私有化。新自由主义时代已经取消或降低了对广告的税收，而广告税的设计应当超越国界，实现统一的全球水平。英国学者 Leonardo Fernando Cruz Basso 则主张创建区域性货币，即在欧洲推行所谓的社会货币，并配之以对最低收入计划和小额信贷项目的资金支持，以拯救欧元。与其相似的观点是加拿大学者 Radhika Desai 的观点，他认为从凯恩斯以来，经历了多次国际货币制度的改革，但都有其利弊。从 2008 年以来的全球经济危机的情况来看，建立另一种更新的货币制度也许是一个更好的选择。

（原载《河北经贸大学学报》2013 年第 6 期）

"中国梦"与中国特色社会主义

——"马克思主义中国化论坛·2013"综述

于 欣

为进一步研究、阐释党的十八大精神，深化中国特色社会主义与"中国梦"研究，2013 年 6 月 19 日，中共北京市委宣传部、北京市中国特色社会主义理论体系研究中心、北京市社会科学界联合会、北京大学马克思主义学院、清华大学马克思主义学院、中国人民大学马克思主义学院、北京师范大学马克思主义学院联合举办"马克思主义中国化论坛·2013"。

北京市委宣传部副部长、北京市中国特色社会主义理论体系研究中心常务副主任崔耀中在讲话中指出，"中国梦"是加快发展、实现中国现代化的宣言书，是深化改革开放推进科学发展的宣言书，是解放思想、呼唤理论实践创新的宣言书，是坚定走中国道路，促进世界文明多样发展的宣言书。深入研究阐释中国特色社会主义和民族复兴"中国梦"，是当前和今后一个时期首都理论界的首要使命。要把对"中国梦"的研究与首都改革开放和现代化建设的规律研究结合起来，强化问题意识，强化实践意识，准确把握首都发展的阶段性特征，更好地发挥"中国梦"在首都科学发展中的动员和激励作用，深入研究在"中国梦"指引下统筹推进首都经济、政治、文化、社会和生态文明建设的实践和规律。要在深刻理解"中国梦"的科学内涵、实现路径、实践要求的基础上，找准北京市学习宣传"中国梦"的切入点和落脚点，全面深化学习宣传教育工作。

与会专家分别围绕"中国梦"的内涵与时代价值、"中国梦"与中国特色话语体系、实现"中国梦"与中国特色社会主义制度建设、实现"中国梦"与贯彻党的群众路线、中国特色社会主义的历史方位等相关问题进行了深入探讨。大家一致认为，要从不同学科和学科综合的角度，深入研究中国特色社会主义的重大理论和现实问题，深入阐释"中国梦"的重大意义、精神实质和实践要求，深刻揭示"中国梦"与中国特色社会主义的内在联系，为增强道路自信、理论自信、制度自信提供有力的学理支撑。

关于"中国梦"的内涵与时代价值，国家教育行政学院院长顾海良教授指出，"中国梦"是对党的十八大主题和主线的深化，是对实现"两个一百年"奋斗目标的凝练，是中国人对于国家、民族和个人未来的美好憧憬。"中国梦"也是对坚持中国道路、弘扬中国精神、凝聚中国力量，对坚持道路自信、理论自信和制度自信的一种宣示。北京师范大学党委副书记王炳林教授指出，"中国梦"是指中华民族的伟大复兴之梦，要通过国家富强、民族振兴来得以实现。"中国梦"也是人民的幸福之梦，是人民对幸福安康生活的追求与期待。"中国梦"的时代价值，需要从近代以来的追求目标、改革开放以来取得的成就、凝聚社会共同理想以及话语体系与世界接轨这四个方面来进行理解。中共中央党校研究生院院长韩庆祥教授指出，阐释"中国梦"的基本内涵，就要把"中国梦"置于国家整体发展与个人发展两个基本方面，即实现国家富强、民族复兴、人民幸福，以及使每个人能各显其能、各得其所、和谐相处，使每个人都有人生出彩的机会。"中国梦"的本质特征就是"目标凝聚""共生共进""外圆内方"和"人民主体"，相应蕴含的思维方式就是战略思维、和合思维、功能思维和人本思维。北京师范大学马克思主义学院院长王树荫教授指出，"中国梦"是古代中国辉煌文明的传承，也是近代中国不懈奋斗的延续，更是当代中国理想目标的升华。"中国梦"的提出，有利于聚焦目标、明确任务；有利于振奋人心、鼓舞士气。

关于如何实现"中国梦"，《教学与研究》主编秦宣教授提出，实现"中国梦"需要中国制度作保障。首先，实现"中国梦"需要制度保障，通过制度凝聚中国力量，通过健全的制度安排来协调各方面的利益关系，通过共同的规则来提供保障。其次，实现"中国梦"需要制度自信。只有坚持和发展中国特色社会主义制度，才能为实现中华民族伟大复兴提供根本保障。由于这一制度坚持以人为本，坚持党的领导、人民当家做主与依法治国的有机统一，因而有利于保持党和国家活力，调动广大人民群众和社会各方面的积极性、主动性、创造性，从而有利于为实现"中国梦"凝聚起中国力量。再次，实现"中国梦"需要制度创新。中国特色社会主义制度是实现"中国梦"、推进当代中国发展进步的根本制度保障，必须始终坚持和不断完善这一制度。清华大学马克思主义学院院长艾四林教授指出，实现"中国梦"必须切实贯彻好党的群众路线。首先，要在造福人民中实现"中国梦"。"中国梦"归根到底是人民的梦，实现"中国梦"必须最广泛地造福全国各族人民。"中国梦"的基本内涵就是国家富强、民族振兴、人民幸福。人民幸福是方向、目标和价值追求。其次，要在依靠人民中实现"中国梦"。实现"中国梦"，归根到底要紧紧依靠全体人民。人民群众是实现"中国梦"的实践主体。实现"中国梦"，必须充分相信群众，紧紧依靠群众，紧密团结群众，舍此别无他法。

关于"中国梦"与建构中国特色话语体系，山东社会科学院院长唐洲雁研究员提出，用"中国梦"来描绘中华民族伟大复兴的理想，解读中国特色社会主义道路、制度、目标和前景，是一个纯粹中国式的表述方式，是一个具有中国特色的话语体系。第一，"中国梦"是面向现代化的话语体系。它本质上就是要实现现代化，实现国家富强、民族振兴，因为这些都是人民幸福的根本保障。第二，"中国梦"是面向人民大众的话语体系。它把人民幸福放在前所未有的重要地位，强调"中国梦"归根到底是人民的梦，体现了经济社会发展与人的全面发展的有机统一。第三，"中国梦"是面向现实的话语体系。它着眼于解决现实生活中的各种复杂问题和人们思想中的种种疑虑困惑，注意调动不同社会阶层和群体的积极性，为实现伟大的梦想而凝心聚力。第四，"中国梦"是面向未来的话语体系。它不仅向人们描绘了中华民族伟大复兴的美好前景，而且指明了要实现这一伟大梦想的现实途径，那就是必须毫不动摇地坚持走中国特色社会主义道路。第五，"中国梦"是面向世界的话语体系。它的提出借鉴了美国梦乃至世界梦的某些合理、积极的因素。

关于坚持和发展中国特色社会主义，北京大学马克思主义学院院长郭建宁教授指出，进一步推进中国特色社会主义，必须坚持人民至上，推进改革开放，加强文化引领。首先，要始终秉持人民至上的执政理念和价值追求。始终坚持人民至上，切实尊重人民的主体地位和首创精神，是中国共产党执政理念的集中体现，也是在新的历史条件下进一步推进中国特色社会主义伟大事业的根本保证。其次，改革开放是中国特色社会主义的必由之路。中国特色社会主义之所以具有强大的生命力，就在于它是坚持改革开放的社会主义。改革开放与中国特色社会主义是内在地、有机地、不可分割地紧紧联系在一起的。中共中央党史研究室张士义研究员指出，自从 1982 年 9 月 1 日邓小平在党的十二大开幕词中提出"走自己的道路，建设有中国特色的社会主义"命题以来，中国特色社会主义已经成为当代中国发展进步的历史主题和根本方向。随着中国特色社会主义理论和实践的不断丰富，以及学术界开展相关研究的不断深入，如何界定它的历史方位成为人们关注的问题。要回答这个问题，需要研究和说明以下三个问题：一是中国特色社会主义与新民主主义的关系；二是中国特色社会主义与社会主义初级阶段的关系；三是中国特色社会主义与中华民族伟大复兴的关系。

"马克思主义中国化论坛"是北京市中国特色社会主义理论体系研究中心的一个品牌论坛，自 2006 年起每年举办一届，今年是第八届。论坛自举办以来取得了良好的社会反响，已成为首都理论界推进马克思主义中国化、时代化、大众化的强有力平台，推动马克思主义中国化研究和理论创新的平台，成为中国特色社会主义研究成果交流与展示平台。

（原载《中国特色社会主义研究》2013 年第 4 期）

2013 年全国高校马克思主义
理论学科博导论坛综述

徐　军

2013 年 7 月 5—6 日，由全国高校马克思主义理论学科研究会、南京政治学院马克思主义学院和《思想理论教育导刊》编辑部共同举办的 "2013 年全国高校马克思主义理论学科博导论坛"在解放军南京政治学院召开。来自北京大学、清华大学、中国人民大学、浙江大学、复旦大学、南京大学以及《人民日报》、人民出版社等全国近百家高校、研究机构和媒体的 130 多名专家学者参加了会议。教育部党组成员、国家教育行政学院院长顾海良教授，教育部社会科学司徐艳国副司长以及中国社会科学院靳辉明教授到会作专题报告。本届论坛以 "中国特色社会主义与马克思主义理论创新"为主题，设有 "中国特色社会主义道路、理论体系、制度""马克思主义理论教育研究""马克思主义理论学科队伍建设研究"和 "思想政治理论课教学研究"四个议题。在一天半的研讨交流中，与会专家学者聚焦于这几大问题，各抒己见，深入交流，既总结了学科建立 8 年来取得的可喜成绩，也分析了存在的差距和不足，更强烈地感受到了学科建立以来，特别是党的十八大召开后自身应当肩负的神圣使命和重大责任。

一　中国特色社会主义的理论和实践问题研究

顾海良教授指出，十八大以后新的中央领导集体非常重视从历史的视野看待中国特色社会主义的理论和实践问题，在中央政治局第七次集体学习中，习总书记更是强调要认真研究党史和国史，将其作为必修课。这些都反映了我们党把握中国特色社会主义的新视角，即一种源自马克思主义的历史回溯的科学方法。因此，理解中国特色社会主义的历史逻辑，必须从社会主义的源头开始，从世界社会主义 500 年的历史进程中深化认识。这对我们有如下启示：一是中国特色社会主义是对人类文明发展的继承和延续，它发端自 17 世纪西方有识之士的坚定选择，表达了近 500 年来世界各国人民对资本主义的批判和对美好社会的追求和向往，也表明马克思主义从来没有脱离世界文明发展的大道，因此，我们应该更加坚定对中国特色社会主义道路、理论体系和制度的自信。二是社会主义发展确实也经历了曲折甚至是挫折，对此我们要有科学清醒的认识。三是社会主义的运动、思潮和制度在 500 年的发展进程中始终是与时俱进的，中国特色社会主义就是这种历史逻辑的必然结果和当代体现。四是从历史解读中应进一步对未来充满信心，不断把我们的伟大事业推向更加光明的未来。

对于中国特色社会主义的理论逻辑问题，顾海良指出，中国特色社会主义的理论逻辑应该立足于 "中国特色社会主义"这一主体，这就存在着两种描述方式：从纵向上看，中国特色社会主义理论逻辑包括了对道路、理论体系和制度的三个方面的完整论述，也恰好对应着世界社会主义的运动、思潮和制度，同时也与邓小平理论、"三个代表"重要思想以及科学发展观的发展进程和理论形态在逻辑上是一致的；从横向上看，中国特色社会主义的理论逻辑至少要体现对中国特色社会主义的基础、过程和目标的认识。总之，研讨中国特色社会主义理论逻辑问题，应该以理论为轴心从整体上考虑道路、理论体系和制度的问题。党的十八大之后，我们党在历史逻辑和理论逻辑问题上进行了新的探索并不断深化了对这一问题的认识，这是值得认真关注的重大问题。

纪亚光教授认为，中国特色社会主义道路是近代无数仁人志士在国家面对危难之际，尝试和探索出来的智慧结晶，是历史和人民选择的必然结果。同时，中国特色社会主义道路也是"中国梦"实现过程中的探索和必由之路。坚定不移地沿着中国特色社会主义现代化道路奋勇前进，是"中国梦"梦想成真的关键所在。黄书进教授认为，在新的历史起点上坚持和发展中国特色社会主义，必须深刻领会建设中国特色社会主义的总依据、总布局和总任务。建设中国特色社会主义的总依据是社会主义初级阶段的国情，立足国情才能推进改革的发展；建设中国特色社会主义的总布局是"五位一体"，坚定不移地走以人为本、全面协调可持续发展的道路，实现社会主义现代化各方面的协调；建设中国特色社会主义的总任务则是实现社会主义现代化和中华民族的伟大复兴。

张荣华教授认为，在社会主义初级阶段主要矛盾的表述问题上，目前采用的是党的八大上的提法，因此，这一表述是否可以变为"人民群众日益增长的利益诉求与落后的社会生产之间的矛盾"。对此，靳辉明教授认为，党的十八大对这个问题的表述需要参考，但理论界也需要在这个问题上继续进行探讨。围绕中国特色社会主义整体结构问题，袁银传教授提出，中国特色社会主义是道路、理论体系和制度的"三位一体"，中国特色社会主义的特征是科学社会主义基本原则、时代潮流和中国国情的"三位一体"，中国特色社会主义理论体系是邓小平理论、"三个代表"重要思想与科学发展观的"三位一体"。

张远新教授认为，目前学界在研究中国特色社会主义道路时，存在将"自信"和"自觉"割裂开来的倾向，十分重视对道路自信的研究，却忽略对道路自觉的审视。因而他力图通过探讨中国共产党对中国特色社会主义道路高度自觉的主要表现，来阐明正是通过理论自觉才能把握中国特色社会主义道路的科学内涵，并进而增强道路自信。李昆明教授指出，必须对中国特色社会主义实践作出富有学科特色、学术内涵和理论创建性的理解阐释，并逐渐形成自己的话语体系，坚决反对用普世价值等西方话语体系来解读中国经验、中国问题。用中国特色社会主义引领社会发展、应对社会思潮影响，必须坚持科学社会主义理论逻辑与中国特色社会主义历史逻辑的统一，通过"两个转变"进一步增强吸引力：一是努力把工作指导性语言转变成理论语言，二是把简单经典阐释转变成个性化的深入理解和通俗的语言。

袁久红教授认为，十八大提出的"三个倡导"的提法，为社会主义核心价值观的培育与践行指明了方向，其中所隐含的三个层面相互联系贯通，整体体现了中国特色社会主义的价值追求，坚持并创新了马克思主义价值理论，并且突出体现了中国精神的时代特色，为中华民族"精神自我"的当代锻造指明了方向。谈际尊副教授认为，十八大报告提出的"积极培育和践行社会主义核心价值观"，是以中国特色社会主义理论体系为指导，从全面建成小康社会全局高度，对我们倡导什么、弘扬什么、追求什么给予了清晰回答，有利于在全社会树立正确的价值导向、道德规范和行为准则，为最大程度上凝聚社会共识提供了保证。

二 马克思主义理论学科队伍建设问题研究

徐艳国副司长对马克思主义理论学科建设的相关问题谈了六点意见：一是上下通达，就是要"向上"能服务中央和主管部门的决策，"向下"能传达党的声音、传播党的创新理论最新成果，切实服务于我们党的思想理论建设。二是规范学科边界，切实把学科发展与思想政治理论课的发展统一起来，既要借鉴其他学科的优长，又不能迷失自己。三是形成学科合力，切实在强化理论学科的整体性上推动六个二级学科的科学发展。四是学科角色准确，要把自己的学术爱好逐渐统一到马克思主义理论学科自身的研究方向上去，切实深化在情感和价值观上的认同。五是加强学科成果的建设，通过开辟学科专栏、理论宣传，设立学科文库等形式不断提升学科的理论底蕴和科研水平。六是争当智囊、建设智库，要形成争当智囊、建立智库的氛围，承担起战略研究、提供决策咨询和舆论引导的重要作用。

靳辉明教授指出，自 2005 年学科建立至今，学科建设总体上取得了明显进步，产生了一大批学科带头人、学术骨干，研究生培养稳步推进，涌现出一大批高水平的学术成果，很好地服务了思想政治理论课建设和马克思主义理论学科建设。同时，学科建设也还存在着规范化、科学化建设的重要任务，对此要有清醒的认识。陈占安教授指出，近 8 年来马克思主义理论学科建设取得了较大的成就，从规模上说，目前全国已有 41 个一级学科博士点和 187 个一级学科硕士点，二级学科的博士硕士点就更多，学科发展已经初步具备了很好的平台和资源；另外，陈占安认为，马克思主义理论学科从学科边界的意义上看不能简称为"马"学科，可以称为"马理学科"。

张雷声教授指出，加强学科建设应注意把握"三个并重"：一是师德建设和专业化精神建设的并重；二是教学能力提升和科研能力强化的并重；三是学科归口清晰度和学科核心力量培养的并重。王学俭教授认为，马克思主义理论学科需要注意处理好几对关系：一是夯实基础与突出特色；二是把握规律与服务大局；三是弘扬经验与创新思路；四是坚守本质与开阔视野。只有在解决好这些问题的基础上，才有可能推动马克思主义理论学科更加健康的发展。姜建成教授指出，马克思主义强大的生命力来自实践、用之实践，高校马克思主义理论研究向实践转化，其实质就是调动高校马克思主义理论工作者的积极性、主动性和创造性，不断创新马克思主义对社会实践的多样化指导方式，充分发挥马克思主义对当代中国全面建成小康社会、加快推进社会主义现代化建设、早日实现中华民族伟大复兴的"中国梦"的实际指导作用。

杨鲜兰教授指出，应重视目前马克思主义理论教育师资队伍的三个重要问题，即信仰、信念和责任感、使命感的问题，教师自身理论素养和业务能力的问题以及教师的学风、文风和教风的问题，上述问题都会对理论教育的长远发展和实效性产生重要影响。莫岳云教授提出，德才兼备是高校思想政治理论课教师应该具备的素质，这是由高校思想政治理论课的使命和特性决定的，因此，必须狠抓师资队伍建设，为加强和改进高校思想政治理论课提供人才保证。余达淮教授指出，在思想政治理论课"教学研"一体化的实践教学中，教师自身的角色定位问题显得尤为重要，教师在思想政治理论课中占据着主导性作用；教师的知识储备状况和自身的组织协调能力都深刻影响着教师角色的定位。韩喜平教授认为，实现"中国梦"需要理论工作者关注国家发展战略，承担理论工作者所应该承担的理论责任。哲学社会科学的理论研究者要在充分领会"中国梦"的基础上，承担起发展和繁荣哲学社会科学的重大使命。唐克军教授认为，只有在政策上对思想政治理论课教师们给予支持，才能调动高校思想政治理论课教师的工作积极性。这些支持体现在教学的创造性、个人的事业前途、社会地位、群体关系四个方面，在这些支持政策的引导下，思想政治理论课教师的发展才具有足够的空间和条件。

三　马克思主义理论教育和思想政治理论课教学问题研究

关于思想政治理论课建设问题的探讨。陈占安教授认为，讲好思想政治理论课是每一名思想政治理论课教师的基本要求，更是神圣使命和责任。针对新一轮的教材修订问题，陈占安教授指出，新教材修订努力做到"四个认真"，即认真贯彻十八大和习总书记的系列讲话精神、认真吸收广大一线师生的建议、认真对待教材间重复的问题以及认真转变学风文风。这就要求我们应注意教材重点与学生关注点的结合，努力推动科学研究，切实了解学生需求，增强教学实效性。有学者指出，高校思想政治理论课建设的一个重要任务就是构建合理的、有层次性的学科体系，必须以基本理论和国情认知为目的，不断引入现代教学方法理念，努力培养学生的思维能力和创新精神，切实用创新理论最新成果深入分析当代中国实际问题，特别是教学内容的安排上要体现出体系的科学性、时代性、现实性和前瞻性。

赵美玲教授指出，要从思想导向维度、培养层次维度、教学实效维度、学科支撑维度等方面开展对我国高校研究生思想政治理论课的改革与建设。熊晓琳教授从传播学的角度，用受众理论来探索思想政治理论课教学改革的可能方向，其宏观效果理论说明，高校思想政治理论课必须在宏观传播环境中理解学生思想观念的基础和可能的变化，并以此为根据来理解自身"主渠道"的地位。王秀阁教授认为，构建思想政治理论课实践教学新模式必须解决好三个方面的问题：一是厘清思想政治理论课实践教学的内涵；二是把握思想政治理论课实践教学的基本特征；三是建立思想政治理论课实践教学与理论教学的"五同"保障机制，即同对象、同目标、同内容、同进度、同考核，只有这样才能使思想政治理论课实践教学名副其实。

关于德育教育问题的探讨。李康平教授通过理论来源与实践基础、理论特征与主要原则、育人战略与战略方针、育人根本任务与育人主线等视角，从整体性和"大德育思想"的宗旨出发，阐述了当代中国马克思主义德育思想的基本理论观点。马永庆教授总结分析了培养社会主义核心价值观所需要坚持的若干原则，即"四个结合"：要从社会需求、主客体和心理学层面上坚持整体性与层次性的结合；要从文化发展的视角坚持开放性与民族性的结合；要在建构基础和价值指向上使理想性与现实性密切结合；要在实践中把先进性与大众化结合起来。陈秉公教授深入探讨了社会主义核心价值观"高势位"培育和践行的规律性。所谓"高势位"，是指这种核心价值观不仅层次和范畴位阶高，而且其自身所包含的知识、价值、规律和品质的含量也高，从而具有更大的势能和位能，表现出更强的凝聚力、辐射力、渗透力、影响力。

关于教育对象和教学过程问题的探讨。胡涵锦教授指出，高校思想政治理论课应结合高校大学生这一青年群体实际，深入探究关注、关心、关爱青年的重要现实和历史意义；认真梳理中国共产党人有关青年重要论述的标志性论断和价值导向；进一步深化关注、关心、关爱青年的对应举措，这对未来的发展是极为必要的。石书臣教授提出，应该注重大学生思想政治教育文化形式的创新与发展，应该根据当代大学生的特点和思想政治教育实际，进一步创新网络文化育人形式，推进高雅艺术进校园活动，发掘节日文化的育人形式，增强思想政治理论课的文化育人合力。刘家俊教授指出，在思想政治理论课互动教学中要特别强调"问题导向"，即在教师和学生这样的双向思维交互促动中，要以基本理论学习和社会生活实践中的问题作为重要的着力点、切入点、兴奋点甚至中心点。这将实现教与学、理论与实践、课堂与社会、教师与学生真正的良性互动。靳辉明教授在研讨中对即将公开放映的大型文献纪录片《寻踪马克思》的相关情况进行了细致介绍，他认为这一文献纪录片是世界范围内第一次用形象的艺术形式真实再现马克思的战斗历程、伟大人格、伟大创造和理论贡献的尝试，对高校进行马克思主义理论教育和思想政治理论课教育教学将会起到重要作用。

本届论坛经过专家学者们的积极参与、深入研讨，切实在中国特色社会主义理论和实践问题、学科建设若干重大问题、马克思主义理论教育和思想政治理论课建设等方面深化了认识，更进一步明确自身肩负的重大使命责任，研讨取得的重要成果将对今后的建设发展产生重要积极的影响。

（原载《思想理论教育导刊》2013 年第 10 期）

聚焦民族复兴 凝聚理论共识

——全国历史唯物主义与民族
复兴之路理论研讨会综述

陈艳波 马 涛

2013 年正值马克思逝世 130 周年，毛泽东同志诞辰 120 周年，为学习贯彻党的十八大精神，2013 年 7 月 13—15 日，由中国历史唯物主义学会和贵州大学主办、贵州大学人文学院承办的"全国历史唯物主义与民族复兴之路理论研讨会"在贵州省贵阳市举行。来自中国社会科学院、中央文献研究室、北京大学、中国人民大学、国防大学等全国高校、科研机构和党校的近百位专家学者出席了研讨会，会议共收到论文 360 余篇，入选 80 余篇。会议开幕式由贵州大学常务副校长封孝伦主持。贵州大学党委书记姚小泉教授致欢迎词，中国历史唯物主义学会会长、中国社会科学院学部委员李崇富就阐明会议的主题和学术交流的要求致了开幕词，中国历史唯物主义学会常务副会长、中国社会科学院国家文化安全与意识形态建设中心主任侯惠勤教授和中国历史唯物主义学会副会长、国防大学原副校长许志功教授分别为大会作了主题报告。与会学者围绕会议主题，进行了深入的探讨和交流。

一 对中华民族伟大复兴"中国梦"内涵的深入解读

每个时代都有不同的时代主题。我们国家只有牢牢抓住这个主题，根据革命、建设和改革的实践，进行理论创新，才能真正实现科学社会主义基本理论和当代中国实践的紧密结合，促进国家社会的发展进步。2012 年 11 月 29 日，习近平总书记在参观《复兴之路》展览时，首次提出了"实现中华民族的伟大复兴"是"中华民族近代以来最伟大的梦想"。在第十二届全国人大第一次会议上，习近平同志对"中国梦"作了进一步阐述："实现中华民族伟大复兴的'中国梦'，就是要实现国家富强、民族振兴、人民幸福。"此后，民族伟大复兴的"中国梦"成为理论界关注和研究的重要课题。本次理论研讨会紧扣"民族伟大复兴"这一主题，从实现中国社会主义现代化目标上，系统地探索了有关若干重大问题，同时也深入解读和阐释"中国梦"的理论内涵及其思想特色。

"中国梦"是习近平同志对我国人民近代以来反帝反封建、救亡图存、争取中华民族复兴和社会进步之百余年奋斗历程及其目标的形象概括，受到了广泛的关注，具有重要的指导与启迪意义。对此，李崇富教授指出：从其历史连续性和继承性的角度看，可以说，我国近代以来各个革命阶级、进步阶层及团体的一代代仁人志士，所梦寐以求的中华民族实现伟大复兴，是一个前赴后继进行探索和奋斗的历史过程。而自从马克思列宁主义传入中国和中国共产党成立以后，特别是在马克思主义列宁主义同中国的具体实际相结合，实现了"两次历史性飞跃"以后，中国实现现代化和民族复兴，就不只是一个伟大梦想，即意在成为华夏儿女期盼祖国兴盛的最大的公约数和正能量；而且更是通过凤凰涅槃、浴火重生、睡狮猛醒，而成为中国共产党人立足于科学真理的伟大理想和坚定信念，是中国各族人民建设中国特色社会主义的共同理想；并且，不仅仅是理想，而且已经和正在一步步地变为社会现实。中国人民大学哲学院院长郝立新教授认为，对"中国梦"的探讨必须遵循历史唯物主义的自觉，也就是对社会实践观点、人民群众观点、历史辩证法观点的自觉。这三个观点是民族复兴的哲学依据，指引着中国的民族复兴之路。为此，我们应当做到尊重实践、注重历史，依靠人民、造福人民，运用矛盾辩证法，坚持主体选择与客观规律相统一、物质基础与精神文化相统一、普遍与特殊相统一、现代创新与继承传统相统一。只有从历史唯物主义的视角出发，我们才能理解中国的问题，破解中国的问题。侯惠勤教授指出，从"中国梦"与"现代化"的承传关系看，在"资本主义现代化"与"社会主义现代化"两种现代化模式之中，中国只能选择第二种。这是因为，西方资本主义势力在近代进入中国以后，对我国的政治、经济等各个层面进行控制，中国由此进入黑暗的半殖民地半封建社会，社会发展出现停滞。直到以历史唯物主义为根本理论指导的社会主义社会，即在新中国成立以后，中国才进入了和平稳定、高速发展的历史新时期。所以，解读"中国梦"仍必须坚持历史唯物主义的观点，在新的时代环境和时代主题下，实现历史唯物主义和中国实际的新的结合，让"中国梦"在历史唯物主义的肥沃土壤中开花结果。国防大学马克思主义教研部昝瑞礼教授也认为，"中国梦"从提出到实现，可以说是唯物史观中国化的科学结晶，内含了五个重要的"统一"。共同理想和远大理想的统一，符合历史唯物主义揭示的人类社会发展的规律；历史规律性和历史选择性的统一，体现了历史唯物主义辩证法思想；兴国之要和兴国之魂的统一，体现了历史唯物主义经济基础与上层建筑相互作用的基本原理；人民力量和人民利益的统一，体现了以以人为本为核心立场的历史唯物主义当代新思维；中国之幸和世界之福的统一，体现了历史唯物主义社会有机体思想。

"中国梦"植根于毛泽东思想，是中国特色社会主义理论体系的组成部分，因而中华民族伟大复兴的实现也必须坚持以马列主义、毛泽东思想和中国特色社会主义理论体系作为依托。许志功教授指出，首先，实践证明，毛泽东思想是关于中国革命和建设的正确理论原则与经验总结，是实现中华民族伟大复兴进程中形成的第一个科学的理论形态。毛泽东思想是在以战争和革命为主题的时代条件下实现"中国梦"的理论真谛，企图在毛泽东思想之外去寻求实现"中国梦"的任何其他理论都是错误的。其次，新中国成立以来 60 多年的实践，从正反两方面充分证明，在和平与发展成为时代主题的条件下，指导实现中华民族伟大复兴的唯一正确理论就是马克思主义及其中国化的理论——毛泽东思想、中国特色社会主义理论体系。中国特色社会主义理论体系是在新的时代条件下实现"中国梦"的主要的指导思想，任何企图离开中国特色社会主义理论体系去寻求实现"中国梦"的非马克思主义的理论指导都是错误的。

"中国梦"既具有深厚的理论渊源和丰富内涵，也具有坚实的现实基础和稳妥的实现路径。江西科技师范大学校长郭杰忠教授认为，"中国梦"的现实基础是新中国成立以来社会主义现代化建设所奠定的经济基础，以及近代以来中华民族渴望富强崛起、恢复大国风采的热切愿望所凝聚的心理基础。国防大学马克思主义研究所颜晓峰教授则从马克思主义的劳动观点分析了实现"中国梦"的主体力量。马克思主义告诉我们，劳动是人改造世界的根本途径，作为劳动主体的人就是改造世界的根本力量。为此，我们必须倡导劳动，尊重劳动人民的主体性力量，因为劳动过程集结成了历史，劳动人民则是劳动革新的根本力量，是他们创造了历史。"中国梦"作为一个历史阶段的结果和过程，是劳动创造出来的，要实现"中国梦"就必须依靠劳动，依靠劳动人民，肯定劳动的新意义，加强和重视劳动人民的新作用。贵州大学马列主义教学部李传兵教授更具体地指出，社会主义道路是中国人民的历史选择，中国特色社会主义道路是中国共产党人的伟大创造，是实现"中国梦"必须坚持的道路。只有中国特色社会主义道路才能发展中国，才能实现中华民族的伟大复兴。历史证明，在中国，社会主义制度为中国的繁荣富强开辟了广阔的道路，除了社会主义道路，没有任何其他道路能够给中国带来这样的发展，能够改变中华民族的前途和命运。

此外，中国科技大学吴兆雪教授认为，深刻理解唯物史观作为"中国梦"的理论基石，有助于我们增强实现"中国梦"的理论自觉和理论自信。有的学者认为，唤醒中华民族的文化意识，增强人们文化自觉与文化自信是"中国梦"的内在动力；并将新唯物主义和历史唯物主义看作是实现"中国梦"的科学方法论。

二 中国特色社会主义的道路、理论体系和社会制度的系统阐发

中国特色社会主义是当代中国发展进步的旗帜，其科学内涵主要包括中国特色社会主义道路、中国特色社会主义理论体系和中国特色社会主义制度。"道路"是实践基础，"理论体系"是指导思想，"制度"是根本保障，三者相互贯通。与会专家学者认为，中国特色社会主义作为一个总称谓、总概括，是我国改革开放30多年以来取得的重要成果的系统概括和表述，体现了对中国特色社会主义理论和实践更深刻、更准确的认识。它作为当代中国社会主义建设实践的行动指南，是"一面旗帜"，它解决了举什么旗的问题。也就是说，中国特色社会主义的伟大旗帜，是中国特色社会主义的道路、理论体系和社会制度的统一，体现着中国共产党在现阶段的基本理论、基本纲领、奋斗目标和共同理想，是中国特色社会主义之魂，指引着我国前进的道路，决定着党和国家的前途命运。

中国特色社会主义道路，从根本上说是社会主义的发展道路，因此就必须坚持能够体现社会主义基本性质的社会制度及体制，在社会发展之中充分展现出社会主义的本质，在牢牢扭住这些制度体制的前提下来不断完善社会主义。马克思主义认为，生产资料所有制是一个社会经济制度的基础，是决定一个社会基本性质和发展方向的根本因素。据此，李崇富教授认为，只有坚持和完善公有制为主体、多种所有制经济共同发展的基本经济制度，才能够确保中国特色社会主义道路朝着正确的方向发展。以公有制为主体的重要性主要体现在促进社会生产力发展、坚持走共同富裕道路、维护我国的社会主义性质三个方面。坚持公有制为主体，对于发挥社会主义制度的优越性，增强我国经济实力、国防实力和民族凝聚力等都有重要意义。而且，只有在社会主义的经济基础和物质文明巩固、发展的基础上，才能促进社会主义政治文明、精神文明和生态文明的发展进步，才能真正坚持中国特色社会主义道路。

中国特色社会主义理论体系，是对社会主义现代化建设宝贵经验的概括和总结，是

建设中国特色社会主义的最重要的行动指南。这一理论体系是在深刻认识和理解马克思主义基本理论的前提下，结合中国国情，大胆进行理论创新的结果。中国社会科学出版社赵剑英社长兼总编辑从马克思主义社会形态理论的角度着重阐发了中国特色社会主义的伟大意义。科学社会主义必须坚持三大原则：其一是生产力决定生产关系；其二是生产关系反作用于生产力；其三是人的解放和全面而自由发展。据此，中国特色社会主义本着改革开放的方针，大力发展生产力，建立并完善了符合我国当下生产力发展要求的公有制为主体的生产关系；又以生产关系促进生产力发展为理论依托，建立了中国特色的社会主义市场经济体制；而且，中国特色社会主义还提出了以人为本的发展理念来促进人的解放（工人阶级解放、人类解放）和全面而自由发展。

中国特色社会主义制度，是在改革开放的实践中坚持、发展起来的有中国特色的制度形式。它既内含社会主义的本质要求，又体现中国特有的国情和历史文化传统，是不同于西方的人类制度文明新形态。这一伟大创举虽然值得我们骄傲，但同时也就意味着没有任何对象可供我们模仿。所以长久以来，如何发展和完善中国特色社会主义制度就一直是学者们积极探索的领域。在本次研讨会上，有的学者肯定了社会主义经济制度的优越性，阐述了社会主义国家政府如何主导国内商品经济建设的问题，认为由于计划经济能够集中力量办大事，可以有计划按比例迅速发展壮大民族工商业，从而有利于保持我国经济独立，并帮助国民经济有效抵御发达国家大资本财团的冲击，实现国民经济的跨越式发展。因此，在发展社会主义市场经济中，在充分发挥市场调节的基础性作用的同时，也有必要加强国家计划的手段在我国经济制度建设中的地位。但是，要想使计划经济为社会主义人民大众服务，也必须经过社会主义民主集中制的政治改造，坚决摒弃过去那种中央高度集权的行政管理模式。对公有制经济实行民主管理，本身就是人民大众政治民主的核心内涵，更是经济民主的核心内涵。

关于生态文明建设的探讨是本次研讨会的一个理论亮点。福建师范大学马克思主义学院黄雯博士从马克思关于未来社会人与自然高度和谐的观点出发，总结了这一观点对于加强当今中国生态文明建设的重要启示：第一，发挥社会主义社会对于建设生态文明的制度优势；第二，将创建科学的生产和生活方式与生态文明建设相结合；第三，合理支配休闲时间，倡导自由淡泊、轻松和谐的生活方式；第四，树立科学的生态观、价值观和伦理观，发展中国特色生态文化。如今，生态文明建设虽然已经被人们不断强调，并且被更多的人们日益接受。但是，真正认识到问题的严重性并付诸行动，还需要我们转变观念，从思想上真正提高我们的认识水平。对此，有的学者提出了几条建议：首先，要树立尊重自然、顺应自然、保护自然的生态文明理念，这是推进生态文明建设的重要思想基础。其次，要树立环境忧患意识，增强历史责任感。再次，要树立节约意识，提高资源的有效利用率。最后，要树立科学发展观念，促使人与自然的和谐发展。还有学者指出，在解决环境危机的过程中，生态社会主义者主张自然资源的共同所有，以及以此为基础所形成的共同体，同时坚决批判以私有化的方式来解决自然资源遭到污染破坏的问题。生态社会主义对自然资源私有化的批判虽然还很不完善，但其分析问题的方法和所揭示的真相，对我国的生态文明建设还是有一定启示价值的。一方面，我们应坚持公有制的主体地位，警惕鼓吹自然资源私有化的浪潮；另一方面，我们应坚持国有企业经营管理的社会主义性质和方向，警惕自然资源国有化变质为自然资源官僚所有化。

围绕中国特色社会主义建设的问题，与会专家学者还从不同的角度、层面阐发了自己的观点，积极推进了理论的深化和共识的达成。华中科技大学马克思主义学院刘家俊教授阐述了中国特色社会主义理论体系中的建设性话语和建设性思维。建设性话语和建设性思维的特点是：以问题为导向，将难题变问题，将问题变课题，将课题变解题。中国特色社会主义理论体系中所包含的邓小平理论、"三个代表"重要思想、科学发展观等重要思想都是基于建设性话语和思维而产生出来的。南京政治学院上海分院刘芳教授则主张运用马克思主义的立场观点方法，考察世界和我国发展之间的互动关系。此外，有的学者探讨了我国城镇化建设的问题，并指出要以统筹兼顾的方法，同步实现城镇化与农业现代化。也有学者从政治标识、实践路径、思想概括和政治安排四个向度全面剖析了中国特色社会主义。有的学者还系统阐述了邓小平对中国特色社会主义道路、理论以及制度的贡献。

三　毛泽东开创马克思主义中国化的理论贡献和历史功绩

毛泽东是马克思主义中国化伟大事业的创始人，他奠定了延续至今并将还要传承下去的马克思主义中国化事业的基础。他积极地总结历史经验，自觉地将中国革命和社会主义建设的宝贵经验提升到哲学理论的高度，并作为直接的实践指导，进而形成了系统的马克思列宁主义中国化理论；他率先在实践和理论探索中实现了马克思主义与中国革命具体实践的结合，探索运用马克思列宁主义理论解决中国的实际问题，是践行马克思主义中国化的表率；他彻底地批判马克思主义中国化过程中的各种错误，坚定地开拓了马克思主义中国化的正确方法和道路；他留下了丰富的思想资源以供后来的马克思主义中国化理论和实践工作者不断从中汲取营养。毛泽东对马克思主义中国化的贡献是开创性的、奠基性的，他取得的成就既是阶段性的，又是长久性的、历史性的。传承毛泽东所开创的马克思主义中国化的理论成果和光辉业绩，坚持他指明的方向，对于推进我国社会主义建设和马克思主义中国化的伟大事业具有重要的意义。

关于毛泽东在哲学层面对马克思主义中国化的贡献问题，重庆市委党校苏伟教授认为，我们有必要再重新深入具体地认识毛泽东的社会主义基本矛盾理论。首先，要掌握毛泽东对"矛盾"概念的表述思想内涵和话语特点，也就是要充分辨析毛泽东在使用"矛盾"概念时强调的是其普遍意义还是特殊意义。其次，要消除附加在社会主义社会基本矛盾学说上的错误观点。这些错误观点包括：其一，在看待社会主义发展动力问题时，将"矛盾是动力"（矛盾双方全部的对立统一关系）片面理解为"矛盾是动力"（矛盾双方部分的对立统一关系），因而片面强调生产关系与生产力、上层建筑与经济基础之间"不相适应关系"的动力作用，看不到它们"相适应关系"的动力作用。其二，在寻找生产关系与生产力、上层建筑与经济基础相矛盾的原因时，离开了生产力因素，片面地归之于"社会主义制度是否完善"。最后，要"再认识"社会主义社会基本矛盾学说的理论结论：一方面，社会主义社会基本矛盾全部的运动，即其"相适应"方面和"不相适应"方面全部的既统一和基本适应，又对立和斗争的矛盾运动，是促进社会主义社会走向社会和谐的内在的机制。另一方面，生产力发展是新制度巩固、完善之基础的观点，是社会主义社会基本矛盾学说的重要内容。

关于毛泽东批判马克思主义中国化过程中的错误，开创马克思主义中国化的正确道路方面的贡献，中国社会科学院马克思主义研究院刘德中认为，毛泽东在领导延安整风运动中形成了系统、完整的整风思想，为建立一个革命化的、有力量的党奠定了思想统一和组织巩固的基础，为夺取抗日战争和人民解放战争的胜利准备了条件。对于当前党的建设，要重新学习毛泽东的整风思想，将重点放在干部教育上。领导干部必须认真学习马克思主义和党的历史，培养一点历史感。

关于毛泽东在探索马克思主义中国化过程中留下来的宝贵经验和丰富思想的挖掘方面，有的学者认为，毛泽东在探索马克思主义人才理论的中国化方面做了一些有意义的研究和努力。毛泽东人才思想是以马克思主义为指导，在中国革命和建设的实践包括人才建设实践中不断总结经验而形成的。它继承发展了马克思主义人才理论，实现了马克思主义人才理论的中国化、时代化、具体化和大众化。

其他方面，有的学者从客观条件、主体意识、调查研究、理论创新、军事才能、艰辛探索等几个角度，概要分析了毛泽东思想的产生、发展及其指导意义和长远影响。有的学者认为，毛泽东为人民服务的思想具有十分深厚的思想基础和丰富的思想内涵，它阐明了中国共产党人的世界观和历史观、人生观和价值观以及行动准则。认真学习和领会毛泽东全心全意为人民服务的思想，自觉践行党的群众路线，对于当代中国社会发展进步具有重要而深远的意义。与会学者充分肯定了毛泽东对于马克思主义中国化的贡献和毛泽东在历史上所起的积极正面的作用，同时也不回避晚年的一些失误。大家本着客观的学术精神，围绕毛泽东在理论和实践方面的成就进行了严肃的探讨和交流，有效促进了对毛泽东的深入研究。

参加本次会议的学者还结合各自的兴趣特长阐述有关问题。有的学者谈到了通过当代中国马克思主义大众化来提升国家文化软实力的问题；有的学者谈了对科学社会主义应深入研究，挖掘其当代价值；有的学者还考察了马克思关于商品拜物教的论述和"GDP 至上"的关系；也有学者用社会基本矛盾原理剖析了我们现阶段的社会矛盾；有的学者谈到了马克思的财产效率逻辑问题；还有的学者探讨了马克思主义妇女观的中国化问题。

"历史唯物主义"理论由马克思恩格斯创立，至今已有 160 多年，经过 160 多年艰苦不懈的努力，"历史唯物主义"的传播、实践和发展在世界范围内结出了丰硕的理论和实践果实，其中尤其引人注目的就是它在中国这个有着五千年文明史的古老国度的传播、运用和创新。社会主义中国的建立正是"历史唯物主义"能够充分指导社会实践的有力证据，中国在改革开放以来取得的伟大成就正是"历史唯物主义"能够指导国家社会实现富强的坚强证明。在举国上下同心协力，为共圆"中国梦"，为实现中国社会主义现代化，为实现中华民族的伟大复兴而奋斗之际，我们要在理论和实践的结合上，深化对"历史唯物主义"的认识，推进"历史唯物主义"运用和实践相结合的理论创新，以此增强我们对实现中华民族伟大复兴的道路自信、理论自信和制度自信。

（原载《马克思主义研究》2013 年第 9 期）

全国高校马克思主义理论学科研究会
第 14 次学科论坛暨"社会主义
核心价值观与思想政治教育
理论研讨会"述评

郭绍均

2013 年 7 月 14—15 日，由全国高校马克思主义理论学科研究会、兰州大学和《思想理论教育导刊》联合主办，兰州大学马克思主义学院承办的全国高校马克思主义理论学科研究会第 14 次学科论坛暨"社会主义核心价值观与思想政治教育理论研讨会"在甘肃省兰州市举行。来自教育部以及全国 21 个省市、58 所高校的马克思主义理论学科领域的领导、专家学者，《学校党建与思想教育》《思想理论教育导刊》《思想理论教育》《思想政治教育研究》编辑部负责人共 110 余人出席了本次理论研讨会。大会就以下问题展开了广泛的争鸣和深入的探讨。

一 思想政治教育学科的建设和发展

教育部社科司副司长徐艳国从六个方面重点对思想政治教育这个二级学科的建设和发展作了讲话。

第一，要进一步认清思想政治教育学科的基本属性。思想政治教育学科具有基础性、实践性和通用性，它对马克思主义理论学科的人才培养起着基础性的支撑作用，它要直接服务于思想政治理论课建设和日常思想政治教育工作，它应当和马克思主义理论学科中的其他二级学科形成联动和贯通。

第二，要进一步推动思想政治教育学科的规范发展。从人才培养的基本方案到核心课程的建设，从学科的形象树立到学科的深层次发展，思想政治教育学科都必须规范化和科学化。思想政治教育研究的着力点就是要放在扎扎实实地解决现实中的热点和难点问题上，这才能体现思想政治教育规范发展的成效。

第三，要进一步推动思想政治教育学科在区域间的平衡发展。对于尚未设立思想政治教育学科博士点的边远地区和民族地区而言，在思想政治教育实践的深入和进步、思想政治教育队伍的成长和发展方面，急需学科平台的支撑。在思想政治教育学科建设方面具有优势的学校，应当从马克思主义理论学科以及思想政治教育的整个事业发展出发，积极在薄弱地区开展对口支援和帮扶。

第四，要进一步凝练思想政治教育的学科方向。一方面，从学科建设的全局统筹出发，思想政治教育不是"万能"的，思想政治教育学科也不能是毫无边界的，必须形成广泛认同的学科方向。另一方面，从学科发展的整体视角出发，思想政治教育学科重点要厘定学科方向，形成富有特色的学科方向之体系。

第五，要进一步明确思想政治教育的学科依托。深入学习和体会党和国家将"马克思主义理论"设置为一级学科的战略考虑和重要意义。一方面，大力强化学科自觉，把学科建设和思政课教师队伍建设、思想政治教育课程建设有机结合起来，推动学科发展和思政课发展的深度融合。另一方面，大力强化学科自信，集中精力抓好马克思主义理论这个一级学科和思想政治教育这个二级学科的发展，把它们建设得更好。

第六，要进一步强调思想政治教育出精品力作。从数量上看，思想政治教育成果的总体数量、年产出数量都获得了较快发展；从质量上看，思想政治教育成果的应用性不够、方法论支撑不够、难题破解的对策供给不够、决策咨询的支持力度不够。因此，一方面要求思想政治教育领域的专家学者要产出优质文章和卓越专著；另一方面，教育部社科司要积极提供、培育和打造高水平成果的展示及推广阵地。

二　社会主义核心价值观与思想政治教育的内在关联

徐艳国还专门就"社会主义核心价值观与思想政治教育"作出了三个方面的阐述。他指出，在学科研究上，要认真研讨思想政治教育内容间的相互衔接，把"社会主义核心价值观"理清楚、说顺通、讲到位；在教材建设上，要认真构建思想政治理论体系的深层融入，更充分、更突出、更恰当地体现"三个倡导"；在课堂教学上，要充分地把握社会主义核心价值观的高度整合，为社会主义核心价值观的凝练和培育作出理论贡献和实践贡献。

有的专家提出，社会主义核心价值观要想真正成为中国特色社会主义事业的理论基石和思想武器，就必须依靠思想政治教育。正因为如此，社会主义核心价值观是思想政治教育的核心内容，思想政治教育要积极主动而富有实效地用多种途径去传播社会主义核心价值观。

三　社会主义核心价值观研究的重要意义

第一，对社会主义核心价值观的研究，意味着伴随中国特色社会主义的发展，我们对社会主义又进行了一场新的认识和集中的阐释，可以说这标志着对社会主义的认识从理论形态、社会形态和制度形态进入到了价值形态。

第二，对社会主义核心价值观的研究，有利于进一步坚持和发展马克思主义特别是中国化马克思主义，有利于进一步丰富和完善科学社会主义特别是中国特色社会主义，也有利于增强和坚定中国特色社会主义的道路自信、理论自信和制度自信。

第三，社会主义核心价值观具有说服、吸引、推动和辐射等作用，也具有引领、整合、凝聚和规范等功能，加之中国的改革已进入深水区和攻坚阶段，因此，对社会主义核心价值观的研究，有利于引领社会思潮、凝聚社会共识、增进价值认同、整合国家认同。

第四，社会主义核心价值观在一定程度上牵导和塑造着中国社会的历史发展进程，它能够为社会主义文化强国的建设和发展、以中华民族伟大复兴为核心内容的"中国梦"的构筑与实现等注入更加强大的精神支撑和力量助推。

四 社会主义核心价值观研究的基本路径

第一，要科学厘清基本概念的内涵和外延。必须明晰价值与价值观、社会主义核心价值与社会主义核心价值观、社会主义价值观与非社会主义价值观、社会主义核心价值与社会主义核心价值体系、中国特色社会主义核心价值与中国特色社会主义核心价值观等概念的联系与区别。

第二，要准确廓清社会主义核心价值观的生成。"内在孕育"和"外力促发"的辩证互动是社会主义核心价值观生成的根源性因素。此外，所谓"万丈高楼地基起"，社会主义核心价值观植根于社会主义生产力基础上的经济关系，这种经济关系中最为根本的是以社会主义公有制为主体的所有制关系。

第三，要明确辨析社会主义核心价值观的定位。首先，应当立足于对"什么是社会主义"和"怎样建设社会主义"以及"什么是中国特色社会主义"和"怎样建设中国特色社会主义"的科学认识。其次，应当根植于社会主义的本质和当代中国的实际，只有在扎根中国沃土的基础上，社会主义的价值合理性和历史必然性才能牢固地确立，也才能使社会主义核心价值观的科学基石牢固地奠定。再次，应当遵循共产党执政规律、社会主义建设规律和人类社会发展规律。

第四，要辩证认识社会主义核心价值观的境遇。必须把社会主义核心价值观置于全球化和网络化这个时代背景之中；也必须把社会主义核心价值观放在社会主义制度和资本主义制度的相互比较中来进行考量；还必须注意到社会主义价值观所面临的转型社会中的现代性困境以及由此产生的信仰危机和价值危机。

第五，要合理运用社会主义核心价值观的量度。需要提倡恰当使用社会科学和自然科学中的理论模型及数学模型来跟踪研究社会主义核心价值观。除此之外，社会主义核心价值观的正确测算和有效评价应当基于创新地、科学地运用社会调查方法。

五 社会主义核心价值观凝练和概括的方法途径

第一，文本学方法。具体而言，应当科学解读社会主义理论的文本，认真梳理社会主义的发展进程，辩证省思古今中外有关社会主义价值观的思想资源。

第二，实践论方法。这就是说，应当深入立足于社会实践活动，不仅要回溯历史，也要立足现实，还要着眼长远，注重理论与实践、共性与个性的紧密结合，从而提升创新性、展现时代性、凸显人文性。

第三，经济学方法。它的要求是，深入根植于特定社会形态的经济基础，尤其应当深刻理解以所有制为基础的社会经济关系。

第四，一元论方法。这主要指的是，社会主义核心价值观在于指向"核心"和"宏观"，故不应该把社会主义核心价值观的内容划分为不同层次。比如，不能把社会主义核心价值观划分为国家层面的核心价值观、社会层面的核心价值观和个人层面的核心价值观。

第五，公约数方法。这种观点认为：社会主义核心价值观必须充分统筹社会大众的认可程度，因此，应当从时间的纵向和地域的横向这两个方面的"最大公约数"来考量社会主义核心价值观的提炼，这种提炼还要考虑语言表述上的简洁性和概括性。

六　社会主义核心价值观凝练和概括的术语表达

第一，党的十八大报告没有明确将"倡导富强、民主、文明、和谐，倡导自由、平等、公正、法治，倡导爱国、敬业、诚信、友善"作为社会主义核心价值观。但是"三个倡导"仍然是当前和今后关于社会主义核心价值观问题的重要的指导方针。

第二，社会主义核心价值观应当用"集体主义"来表述。"集体主义"反映在社会主义的经济、政治、文化和社会的方方面面，集体利益和个人利益相结合是判断是否是真正的社会主义精神和集体主义精神的一个标准，因此，提倡"集体主义"，既要反对以集体利益否定或取代个人利益的倾向，也要反对把个人利益凌驾于集体利益之上的取向。

第三，社会主义核心价值观应当用"为人民服务"来表述。对于"为人民服务"而言，它不仅是中国共产党的精神传统，它还与中华优秀传统文化一脉相承，而且尤为可贵的是它在最广大人民的心中具有非常高的认可度。

第四，社会主义核心价值观应当用"公平正义"来表述。党的十八大报告所提出的"八项基本要求"之中，最能体现社会主义本质属性的是"公平正义"，但是，必须旗帜鲜明地反对在平等公正问题上的两种错误倾向：一是要反对在道义和虚妄的世界里谈论不平等和不公正；二是要反对消除不平等和不公正唯寄希望于分配性公平。

第五，社会主义核心价值观应当用"自由平等"来表述。因为社会主义的价值诉求就是要在资本主义已经达到的高度的基础之上，进一步解决人类文明存在的不平等和不自由问题，这个问题也是马克思主义所关注的最核心和最本质的问题。

七　社会主义核心价值观培育和践行的策略措施

第一，"高势位"策略。在综合考量人类文明、特定时代、社会实践和价值观念之基本特性的基础上，社会主义核心价值观必须"高势位"培育和践行，牢牢把握好真理性、民族性、时代性、包容性和开放性五条准则，从而内蕴其更大的位能和势能，彰显其更强的凝聚力、渗透力、辐射力和影响力。

第二，开放镜鉴策略。社会主义核心价值观的培育和践行必须根据时代条件、地域特征和实践境遇而丰富、升华和完善。这尤其要强调具备宽广的国际视野和与时俱进的精神，理性借鉴其他国家在弘扬国家价值观方面的先进经验。此外，社会主义核心价值观的培育和践行必须正确处理好中国传统文化、马克思主义和西方文化的关系。

第三，国家建构策略。中国的国家建构所面临的重要任务之一就是要推进国家认同建设、核心价值观认同建设。培育和践行社会主义核心价值观是国家建构的重要课题和重要内容。因此，社会主义核心价值观的培育和践行有两种途径：一是规范建构，按照社会主义本质要求建构社会主义核心价值观；二是经验建构，按照正在进行的社会主义建设实践的经验去建构社会主义核心价值观。

第四，社会工程策略。培育和践行社会主义核心价值观是一个复杂的、长期的系统工程，因而要将社会主义核心价值观融入社会工程和制度设计，推进社会主义核心价值观培育和践行的生活化和常态化。同时，社会主义核心价值观的培育和践行不是一蹴而就的，要努力探索三个长效机制：一是以思想政治教育为核心建构导引机制；二是以满足个体发展需要为核心建构内驱机制；三是以发展实践平台为核心建构外驱机制。

第五，榜样示范策略。社会主义核心价值观的培育和践行，不仅应该增强文化自觉和价值自信，而且应该注重典型性和示范性。一方面，党和政府的领导干部特别是高级领导干部必须模范带头；另一方面，青年人群尤其是青年大学生必须榜样实践。与此同时，在社会主义核心价值观的培育和践行的过程中，知识分子应当具有一种强烈的使命意识，发挥自身不可替代的主力军作用。

第六，群众路线策略。从本质上说，交往问题就是道路问题和路径问题，群众路线是中国式的交往理论特别是中国共产党的交往理论。群众路线与社会主义核心价值观之间具有非常紧密的联系，群众路线与社会主义核心价值观是一致的、同构的和相通的。群众路线的理论内容包含着社会主义核心价值观，群众路线的实践要求也必然要践行社会主义核心价值观。

第七，网络传播策略。具体来讲，要理直气壮和旗帜鲜明地运用传播学、政治学以及政治营销学去培育和传播社会主义核心价值观，使社会主义核心价值观走向大众、走向世界，赢得社会话语和世界话语的主动权。这就要求应当充分发挥网络媒体的桥梁和纽带作用，扩大网络媒体作为信息载体和舆论平台、思想表达工具和社会交往形式的积极效应。

第八，"中国梦"策略。党的十八大以后所提出的一系列新的理论观点，为马克思主义理论学科尤其是思想政治教育学科，提出了新要求、注入了新活力、开拓了新空间。其中，"中国梦"和"三个自信"是两个重要的亮点。"中国梦"的实质是中华民族的伟大复兴；"中国梦"的实现需要无数个人、家庭、单位的共同努力；"中国梦"实现的落脚点在于坚持和发展中国特色社会主义。实事求是地讲，实现"中国梦"离不开社会主义核心价值观的思想保证，"中国梦"从理想变成现实的过程，也就是社会主义核心价值观一步步落地生根的过程。因此，培育和践行社会主义核心价值观，要与实现"中国梦"有机结合并同步推进。

（原载《学校党建与思想教育》2013 年第 20 期）

全国第五次"马克思主义在当代中国的运用与发展"专题研讨会综述

宋玉玲　　赵金子

全国第五次"马克思主义在当代中国的运用与发展"暨"大庆精神时代价值与社会主义保障民生"专题研讨会，于 2013 年 8 月 5—7 日在东北石油大学举行。会议由中国改革发展研究会、吉林大学马克思主义学院、《当代世界与社会主义》杂志社和东北石油大学大庆精神研究中心联合举办，来自全国各地的 90 多名专家学者出席了本次研讨会。

一　关于大庆精神的时代价值

学者们认为，大庆精神之所以能够成为民族精神的符号，就是因为它承载着中华民族的历史记忆、现实情感和未来渴望，它是中华民族魂的重要因素，唯有将大庆精神发展起来，中国才会有真进步。有学者将大庆精神的时代意义概括为四个方面：第一，大庆精神是工人阶级的命运共同体意识，它注重老百姓的根本利益和整体利益。在老百姓的内心深处有一种厚重的情感，即新中国是成千上万的革命先烈用鲜血换来的，所以老百姓一定要把新中国建设好，不能让先烈的血白流。第二，大庆精神不是在知识分子头脑中构造出来的，而是在工人阶级的实践中升华出来的，它扎根于大庆人的心灵世界中，同样也体现在当今大庆人的工作、创业和拼搏中。第三，大庆精神是人民群众主体的创造精神。人民群众主体创造精神的发挥需要主观和客观两方面的条件，所谓客观条件就是物质，然而，大庆精神产生于十分艰辛的物质条件中，这也使得人民群众主体的创造精神发挥到极致，在伟大事业的引领下，迸发出一种情感、一种伟大的精神，大庆精神的形成正是精神变物质的力量。第四，实现"中国梦"需要大庆精神。从大庆精神的高度和深度看，大庆创业人的心里装有国家和民族的未来，所以为国家富强、人民幸福的拼搏、奋斗更需要大庆精神。

还有学者从三个方面诠释了大庆精神、铁人精神的继承和创新问题。第一，审视传统文化发展历程。将大庆精神形成和发展的过程概括为四个阶段，即 1960—1963 年的艰苦创业、开展会战阶段，1964—1975 年的全面开发、快速上产阶段，1976—2002 年的解放思想、高产稳产阶段，2003 至今的持续有效发展、创建百年油田阶段；第二，整合传统文化优秀成果。以大庆精神为核心的油田文化植根于民族沃土，在不同的历史阶段，伴随着时代的进步发展，不断被赋予新的、更为丰富的科学内涵，从"爱国、创业、求实、奉献"，到大庆人新时期的价值追求，再到"爱国、创业、求实、奉献、团结协作"新铁人精神的凝练，都为创建百年油田、保证高产稳产提供了强大的精神动力；第三，弘扬先进文化优秀成果。在新的历史时期，改革开放和发展社会主义市场经济的时代大潮、建设中国特色社会主义的伟大实践，又赋予了大庆精神"发展、创新、创业、科学、人本"等丰富内涵。

二　关于社会主义民生保障

学者们围绕民生问题展开了热烈讨论。有学者指出，民生的内涵包含三个方面：民众的基本生活状态、民众的发展机会和能力，以及民众的社会福利（尤其是尊严性民生）。中国共产党始终重视民生问题的解决，过去的土地改革、新中国成立后满足工业化的需求等都是中国共产党重视解决民生问题的具体体现。解决民生问题需要政府的努力，也需要市场机制的配合。民生不仅是社会问题，同时也是经济问题。民生问题如果解决不好必然会影响一系列社会问题的解决，但是民生问题也是一个发展问题，所以我们应当把民生问题的解决纳入到教育、医疗卫生等各项事业体制机制的内部，在发展中解决民生问题。满足民生需求并非越高越好。从我国目前民生的实际状况看，目前我国的民生只能保基本。

还有学者从苏东剧变的历史教训的角度，阐述了民生建设的重要意义。民生问题是社会主义的应有之义，同时也是社会主义的本质要求，应以人民的生存、发展为根本出发点，以实现人的自由、全面发展为最终目的。从我国的实际情况看，民生包含三个层面，即民族独立、经济发展和社会平等，其中第一个层面随着新中国的成立已经实现，而后两个层面还在实现的过程中。改革开放以来，我们告别了苏联模式的社会主义，找到了中国特色社会主义建设道路，改善民生是这条道路的出发点和落脚点。改革开放是为了解放和发展生产力，其最终目的就是保障民生。改革开放以来，我们解决的主要问题是人民的温饱，而改革开放30多年后，我们最需要解决的就是发展和社会平等问题。目前我国的民生问题已有所改善，但由于我国错综复杂的发展状况，共同富裕的目标还未实现。大庆精神在民生建设中是必要的。国家富强、人民幸福需要大庆精神，不仅现在需要，将来也同样需要；深化改革开放、推进科学发展也需要大庆人那种敢闯敢干的创业精神、"三老四严"的求实精神和勇于担当的主人翁精神，这是时代精神与大庆精神的契合之处。大庆精神所体现的人民群众主体创造精神在民生问题的解决中也是不可或缺的，因为民生问题的解决需要发挥人的主动性和创造性。进一步的改革和建设进程中，如何让人民群众的主体创造精神充分发挥出来，大庆精神为我们提供了可资借鉴的宝贵经验。

（原载《当代世界与社会主义》2013年第4期）

继往开来，努力开创科学
无神论事业的新局面

——中国无神论学会 2013 年学术年会综述

李　成

2013 年 8 月 18—19 日，中国无神论学会第四届会员代表大会暨 2013 年学术年会在北京召开。此次年会主题为"科学无神论事业继往开来的历史使命"，由中国无神论学会和中国社会科学院科学与无神论研究中心联合主办，全国 80 多名专家学者出席了会议。会议围绕马克思主义与无神论、无神论教育问题、抵御境外宗教渗透和宗教极端主义等专题展开了热烈的讨论。

一　科学无神论事业继往开来的历史使命

中国无神论学会副理事长兼秘书长习五一研究员代表第三届理事会作了题为"继往开来，努力开创科学无神论事业的新局面"的工作报告。她在报告中指出，在党中央的高度重视下，经过两个重要历史机遇期的发展，中国科学无神论事业逐步向前推进。目前，马克思主义理论研究和建设工程将科学无神论作为濒危学科重点扶持，学科建设已迈开坚实的步伐。但我们面临的形势也不容乐观，任务艰巨。首先，国际右翼宗教势力的文化渗透严重威胁我国安全。主要势力有三个：以达赖集团为首的"藏独"分裂势力、打着伊斯兰教旗帜的"东突"分裂势力、美国基督教新保守势力。其次，坚持教育与宗教相分离，抵御境外势力利用宗教对高校进行渗透和防范校园传教，是当前一项重要而紧迫的战略任务。最后，为应对当前国内外严峻挑战，开展科学无神论学科建设势在必行，然而该学科整体形势仍然不容乐观，专业研究机构匮乏，研究力量严重不足。因此，加强科学无神论学科建设将是一项长期的战略任务，培养高素质专业人才是其中最紧迫的核心环节。

中国无神论学会新任理事长朱晓明研究员在致辞中指出，学会工作将沿着任继愈先生开创的科学无神论研究和宣传教育的道路继续前进。无神论植根于人的劳动和实践，是辩证唯物主义、历史唯物主义世界观的思想基础，是科学社会主义、共产主义信念的逻辑前提，是中国共产党人的精神底色。习近平曾鲜明地指出："理想信念是共产党人精神上的'钙'，理想信念坚定，骨头就硬，没有理想信念，或理想信念不坚定，精神上就会'缺钙'，就会得'软骨病'。"这为我们开展无神论研究和宣传教育提供了重要的思想政治武器。在今后工作中，我们要疏通与党政有关部门的联系渠道，为学会工作创造更好的外部环境和条件。通过学会的集体努力，为抵御宗教渗透、文化传教、邪教肆虐、"藏独""疆独"猖獗提供思想理论武器，创造社会舆论氛围，改变共产党领导的社会主义国家在一些领域和地方"有神论有人讲，无神论无人讲"的不正常状况。

中国社会科学院马克思主义研究院院长、党委书记邓纯东代表主管单位致辞。他热烈祝贺学会新一届理事会顺利产生，并指出，无神论研究事业非常重要，但是无神论研究的现状堪忧，新一届理事会需要正视这一状况，团结全国无神论的研究者、宣传者进一步做好弘扬科学精神的工作。新一届理事会也要将帮助全社会树立坚定的马克思主义信念、中国特色社会主义信念作为自己的工作方向。学会在开展学术研究、学术交流的同时，也应该关注社会生活、干预社会生活，这样才能在全社会形成良好的社会风气。

中央统战部原常务副部长、全国政协民族宗教委员会主任朱维群在开幕式上发表了重要讲话。他指出，执政党的世界观是辩证唯物主义和历史唯物主义，无神论是我们世界观的起点和基石。中国文化有着深厚又极富特色的无神论传统，需要我们加以挖掘、坚持和弘扬，在新的历史条件下服务于中国人精神世界的构建。正因为有这样一个传统，中国历史上虽然活跃着多种宗教，但是中国始终没有成为一个宗教国家，而是一个世俗国家。中国宗教本身也非常富有中国式的现实品格。这正是我们党，作为一个无神论的政党，能够如此自然地从中国人民当中生长出来，得到人民的长期支持，克服种种艰难困苦，取得胜利，而且胜利以后能够长期执政的重要原因。然而，今天各种装神弄鬼的反科学、反理性的现象越演越烈，需要从源头上、从世界观上加以清理。这些愚昧的反科学行为背后，往往有某些党员干部甚至是领导干部在推波助澜。对这些怪象乱象，只要我们没有从哲学高度予以清算，没有使历史唯物主义无神论成为多数人，至少是我们执政党认识世界的指导思想，我们就永远不可能建成一个科学昌明的现代国家。因此，坚持无神论是执政党自身建设的要求。同时，要善于做群众教育和宣传工作。只有无神论的学说真正为大多数群众接受并且能够自觉运用于社会实践，我们的坚持才有意义。

中国无神论学会学术顾问杜继文研究员发表了主题演讲。他指出，不论是"信仰危机""信仰荒漠"的判断，还是认为要整合成为"信仰中国"，都是人为制造出来的，并非中国本有的。中国短缺的不是信仰也不是道德，而是科学。中国的传统并不封闭，基督教是因其教义与我们的人本主义传统不甚相容而一再遭到排斥，而近现代西方的科学技术和理性则为我们广泛学习和吸收。宗教信仰自由是党和国家处理宗教问题的根本政策，是宪法规定的公民权利。现在某些"基督徒公共知识分子"连年攻击我们的宪法，核心就是企图把宗教信仰这一公民个人的私事提升为公共事务，服务于"基督徒掌权"的社会政治目标。当前科学无神论面临的最重要也是最迫切的任务，是应对"文化传教"，即以文化学术形式实施的宗教渗透。切实实行"教育与宗教相分离"，维护宪法和法律的严肃性，将是解决此类问题比较有效的措施。"基督教占领中国"是美国在百年前就开启的"运动"，宗教渗透是当前的主要表现，而文化传教又是宗教渗透最危险的形式。

二 马克思主义与无神论

教育部高等学校社会科学发展研究中心田心铭研究员指出，"无神"是马克思主义一切理论的前提。马克思和恩格斯是坚定的无神论者，但他们不是重复"无神"的阐述，而是致力于向前推进无神论。马克思说："对宗教的批判是其他一切批判的前提。"

要准确把握"无神"思想在马克思主义中的位置，它是马克思主义历史发展的起点，是马克思主义理论大厦底层的基石。因此，坚持"无神"思想，未必是马克思主义；不坚持"无神"思想，肯定不是马克思主义；抛弃"无神"思想而又自称为马克思主义，必定是假马克思主义；坚持而又超越"无神"思想，用马克思主义科学世界观去揭示宗教的本质、根源、社会作用和发展、消亡的规律，才是马克思主义。我们在运用马克思主义指导实践时，把坚持无神论、反对有神论摆在其应有的位置，既不能夸大，也不能缩小和否定。

中国人民大学何虎生教授指出，共产党员不得信仰宗教是中国共产党把马克思主义思想建党原则与中国特殊国情党情相结合的必然结果，是有中国共产党党性特征的宗教政策。宗教信仰同共产主义信仰在世界观上的根本对立，是这一政策的思想基础；中国共产党党章党规和相关规定，是其纪律依据；长期革命、建设和改革历程中的一贯要求，是其历史依据；少数党员信教对党产生的恶劣影响，是其现实依据。因此，必须毫不动摇地坚持共产党员不得信教的政策，保持其连贯性和坚定性。当然，同宗教在思想信仰上划清界限，坚持共产党员不得信教的政策，是基于维护党的先进性和纯洁性、巩固党执政的思想基础、提高党的凝聚力和战斗力，绝不是反宗教甚至消灭宗教。

武汉大学黄超副教授指出，近年来，国内学术界在关于马克思主义宗教观的讨论中，对马克思于 1844 年在《德法年鉴》上发表的《论犹太人问题》给予了特别关注。然而令人意外的是，马克思在《论犹太人问题》中的相关段落在相当长时间里被国内部分学者解读为对待宗教的"暴力手段论"。事实是，"暴力手段论"是对马克思主义宗教观的关键性误读和"抹黑"。一方面，在《论犹太人问题》文本中，庸俗理解的"暴力手段论"不仅不是马克思的主张，而且正是马克思所否定的没有结果的"政治剧"；另一方面，在《神圣家族》中马克思重述《论犹太人问题》中的核心观点，并进一步明确批判"法国革命对宗教的恐怖态度"。有些人会觉得，马克思对宗教问题的态度似乎自相矛盾，一方面主张"彻底的"无神论，另一方面又"宽容"宗教。其实，马克思的观点都是从辩证唯物主义中得出来的直接和必然的结论。

三　无神论教育问题

无神论教育问题成为此次年会关注的一个重点。研讨涉及一般意义上的无神论教育问题、高校中的无神论教育问题以及军队中的无神论教育问题。

关于一般意义上的无神论教育问题，河北师范大学李士菊教授指出，无神论的本质是关注人、关心人、解放人，即关注人的全面发展、科学生活、身心健康和社会的文明与进步。在过去的无神论理论和宣传中，更多体现的是对宗教有神论的政治功能和社会欺骗性的揭露和批判，强调无神论的战斗性，彰显其唯物论基础和科学理性精神，而较少研究其人学意义和人学关怀。然而，人们可以通过自己的努力过上幸福、文明、有品位的生活，确实是无神论的郑重承诺。我们要克服无神论研究中的表面性、片面性和抽象性，申明无神论的人学立场，并加大宣传研究的力度。要应对宗教中的人学理论，特别是 20 世纪以来宗教研究中的人学进路，它不仅反映了宗教的世俗化，也给无神论研究带来新的课题。我们要对人的世界观、人生观和健康的生活方式进行积极引导。

新疆师范大学李建生教授指出，马克思主义宗教观教育内在地包含着科学无神论教育的基本内容，与科学无神论教育有着内在一致性。做好群众工作、处理好国内国际关系、提高全民族素质、抵御各种错误思潮的渗透和影响等都需要进行马克思主义宗教观和科学无神论教育。它们具有以下三个显著特点：群众性、长期性和艰巨性。进行马克思主义宗教观和科学无神论教育要坚持为中心工作服务、说服教育以及与具体实际相结合这三个原则。要认识到它们的重要性和紧迫性，掌握其特点和原则，遵循教育规律，做好宣传教育工作。

关于高校中的无神论教育问题，国家宗教局宗教研究中心加润国研究员指出，思想政治教育要高度重视宗教神学问题。马克思主义政党对宗教的态度是两句话：全面实行宗教信仰自由政策，坚持进行无神论宣传教育。改革开放以来，宗教信仰自由得到了全面保障，无神论宣传教育却有气无力。思想政治教育的核心是培养理想信念、树立科学"三观"，为此必须高度重视宗教问题。宣传教育部门应设立专门机构研究宗教问题。学校哲学课应增加无神论内容，切实加强世界观教育。大学有关专业应开设宗教学原理课，帮助学生树立马克思主义宗教观。从事宗教研究的机构和人员要坚持马克思主义指导。宣传教育部门应加强对宗教学教学与研究工作的领导。

北京科技大学左鹏教授指出，在高校思想政治理论课中进行宗教问题教育，是帮助大学生树立马克思主义宗教观、抵御境外利用宗教对高校进行渗透、全面提升大学生文化素质的需要。经过几次修订，马克思主义宗教观、党的宗教政策、国家宗教法规的内容已不同程度地进入思想政治理论课的各门教材。但进入教材不等于进入课堂、进入学生头脑，思想政治理论课教师自身对宗教问题的认知和态度，决定了他是否及如何在课堂上讲授宗教问题。因此，发挥课堂教学主导作用，有效进行宗教问题教育，需要贯彻教育与宗教相分离原则，把马克思主义宗教观和科学无神论作为宗教问题教育的基本指针；紧密结合学生关心的宗教热点难点问题，对现行教材内容查漏补缺；重点做好教师培训工作；有针对性地教育引导学生。

北京科技大学刘丽敏副教授指出，当今大学校园的"宗教热"向我们的高校宗教工作提出了严峻挑战。开设马克思主义宗教观课程，将其纳入高校思想政治教育体系，加强大学生马克思主义宗教观教育，这是一个积极的回应和有益的探索。但是，如何开设好这门课程，切实完成好预设的目标和任务，这是一个亟须探讨的重大课题。只有准确理解这门课程的性质和任务，紧密联系当代大学生的思想实际，创造性地开展教学，才能真正开设好这门课，使学生受益。

广东青年职业学院思政部梁茜指出，近年来大学生宗教信徒人数增长成为一个不争的事实，其中发展势头最猛、皈依人数最多的当属基督教。越来越多的大学生信仰宗教，这给我国一直以马克思主义为核心的思想政治教育工作提出了极大的挑战，这也是高校青年学生无神论宣传教育不得不面对的重要问题。根据他在某高职学校的调查，相信无神论的学生占全体受访者的 58.72％，比重较大。探索高职院校青年学生无神论的宣教机制，要重新认识和评估宣教对象的相关特点；结合创新型国家的建设方向，将无神论的宣教机制与高职学生的"中国梦"主题教育相结合；宣教方式要体现马克思主义大众化、与时俱进的特质和高职教育"知行合一"的培养理念。

新疆喀什师范学院玉提库尔·达吾提副教授以新疆和内地部分高校为例指出，科学无神论教育在消除学生思想意识中各种有神论影响，帮助他们打开更好的接受现代科学文化知识的门路，树立科学世界观、人生观、价值观的过程中具有不可替代的作用。当前，新疆和内地部分高校科学无神论教育工作还存在许多不足，这为我国教育方针在高校的落实带来了极为不良的影响。比如，高校无神论宣教仍然遭到冷落，缺乏针对性和规范化，效果也不佳。这主要是因为，相关领导和老师缺乏责任感，学生思想认识上还有一些阻碍接受科学无神论教育的错误观点，专门人才严重缺乏。因此，我们应当从师资、课程设计、加强思想政治工作和堵截社会宗教气氛对校园的冲击这四个方面做好基础性工作，同时要注意采取一些经常性措施，深入学生生活实际，要注意科学无神论教育的时效性和针对性。

关于军队的无神论教育问题，解放军南京政治学院汪维钧教授指出，近年来，受中国社会宗教信仰者增多以及宗教文化热等大环境的影响，有些部队出现了个别军人热衷宗教信仰、痴迷宗教思想、参与宗教活动的现象。对于"共产党员不能信仰宗教""无神论宣传教育与宗教信仰自由的关系"等问题学界展开了激烈的争论，一些学者不负责任的观点和言论也在一定程度上助长了军营之中信仰领域的歪风邪气。我们要清醒地认识军营无神论教育面临的挑战：一是虽然信教现象在军营极其有限，但部分官兵对宗教、迷信的认知困惑比较突出；二是多数官兵对不信教、不参与宗教组织活动有明确的基本的规范意识，但也存在一定的因认知模糊而导致的防范抵御能力偏弱的问题。因此，要准确把握军营无神论教育要解决的问题，大力加强马克思主义宗教观和科学无神论的学习和教育，弘扬科学精神，加强党的宗教政策教育，提高部队官兵抵制有神论思想侵蚀的能力以及他们对宗教政策的理解和执行能力。同时，也要努力创新军营无神论教育开展的方式。

解放军西安政治学院王志平教授发言指出，意识形态安全是我国和我军文化安全的重要内容，马克思主义无神论教育是保证意识形态安全的基础性工作。由于社会环境的影响，部分官兵对科学无神论的政治认同下降；市场经济条件下人们心理的变化使得部分官兵对科学无神论的作用产生了动摇；阶段教育的忽视也使得部分官兵的科学无神论意识不自觉地弱化了。因此，要理直气壮地在军营加强唯物主义世界观教育，奠定意识形态安全的坚实基础；要开展科学与人文相融合的绿色教育，形成确保意识形态安全的思想观念；要把教育同对官兵的关心帮助结合起来，确保意识形态安全落到实处。

四　抵御境外宗教渗透和宗教极端主义

朱晓明研究员作了题为"'后达赖'时期：动向和趋势"的发言。他提出"后达赖时期"达赖集团实质未变、策略在变的基本判断。所谓"后达赖时期"是指十四世达赖进入晚年后，为其身后布局，以延续维系其集团的政治权力"交接"的过渡时期。达赖"退休"的背景是其年事渐高，但其目的是为了让"藏独"组织"持续存在"，让"藏独"事业"继续进行下去"。朱晓明预测，今后一个时期，西藏反分裂斗争的焦点或者说可能引发不稳定事态的冲突点主要表现在四个方面：第一，达赖集团在境内策划制造事端，比如僧人自焚；第二，在国际上继续炒作；第三，改头换面，企图挤入接触商谈；第四，围绕达赖转世的斗争已经开始。达赖集团现阶段的目的是挤入接触商谈，实现达赖回国，"大藏区""高度自治"。从历史发展的趋势看，不存在达赖集团东山再起、卷土重来、重新恢复他们对西藏的统治的可能，在战略上我们有必胜的信心。同时还要清醒地看到，当前达赖集团坚持分裂主张的本质没有变，但其策略在不断调整，欺骗性增强，给我涉藏斗争和藏区维稳工作带来新的挑战，危害性不可低估。

新疆喀什师范学院戚甫娟教授指出，新疆是多民族聚居多宗教并存的地区，宗教极端主义的非理性和排他性，扭曲了宗教温和层面的常态发展，破坏了党和国家的宗教信仰自由政策，加剧了新疆的不稳定和族际隔阂。主要表现如下：第一，宗教认同影响了以公共权力为基础的权威；第二，宗教偏见和排他性影响了各民族之间的团结；第三，宗教的极端和狂热会给社会带来灾难；第四，存在宗教信仰不自由的问题，比如根本不尊重其他民族的宗教信仰甚至将自己的信仰强加给其他民族。因此，必须加大对新疆宗教事务的管理力度，宗教信仰自由政策还应加大宣传和执行力度，党和政府要旗帜鲜明地保护合法、制止非法，打击宗教掩护下的各种犯罪，更要加强对具有一定宗教知识社会人员的监督，让宗教正本清源并保持温和、常态。

此外，与会专家学者还围绕着宗教工作的经验、科学与宗教的关系、当前部分群体宗教认同强化的现象等展开了深入的研讨。

（原载《马克思主义研究》2013 年第 11 期）

马克思主义视阈中的全球正义

——首届全球正义论坛综述

辛　源

公平正义问题是中外学界热议的焦点之一。由于文化背景、专业知识与研究视角的差异，人们对公平正义的看法是见仁见智，但也并非没有通过对话、交流达成共识的可能性。因此，通过中外不同学科学者的交流、对话，提升马克思主义关于公平正义的话语权，就具有特别重要的理论与现实意义。正是基于这样的思考，2013 年 10 月 12 日—13 日，由中国社会科学院马克思主义研究院主办、东方毅集团暨拓展文化协会协办的"首届全球正义论坛"学术研讨会，在中国社会科学院成功召开。中国社会科学院马克思主义研究院院长、党委书记邓纯东，东方毅集团暨拓展文化协会副会长邵积平将军分别在开幕式上致辞。出席本次研讨会的有来自中国社会科学院、中央编译局、日本一桥大学、新加坡南洋理工大学、北京大学等 30 多家研究机构与高校的 70 多位专家学者，以及中国社会科学杂志社、《人民日报》理论部、《光明日报》理论部、《马克思主义研究》编辑部、《马克思主义与现实》编辑部的同志。本次论坛围绕会议主题，展开了深入的探讨与交流。

一　生态正义的本质内涵与特征

邓纯东指出，我们党和政府非常重视社会公平正义，把公平正义视为中国特色社会主义的内在要求。党的十八大报告把"必须坚持维护社会公平正义"作为在新的历史条件下夺取中国特色社会主义新胜利必须牢牢把握的基本要求，并使之成为全党全国各族人民的共同信念。中国社会科学院马克思主义研究院举办本次论坛，就是旨在搭建一个学术研讨的平台，促进国内外专家学者的平等对话与交流。邓纯东就生态正义问题发表了以下看法：一是不同阶级意识形态对公平正义的内涵及实现方式有不同的理解与主张。作为马克思主义者，应以马克思主义的立场、观点、方法研究公平正义问题，理解公正的正确含义，提出实现公正的正确途径。二是我们的生态正义理论研究要密切关注中国现实。目前中国面临生态环境日益恶化的问题，关注生态正义已成为整个社会取得高度共识的重要议题，但研究生态正义问题不能闭门造车，应面向实践，从中国的实际出发，研究生态问题的解决之道，从服务于中国进步发展的目的出发，推进生态理论的创新。

中国社会科学院马克思主义研究院冯颜利研究员认为，国内外学者对生态正义的解读存在不同范式，主要有社会历史视角与生态整体视角、狭义向度与广义向度。生态正义包括代内生态正义和代际生态正义。代内生态正义包括国际生态正义和国内生态正义。国际生态正义强调当代世界不同国家、民族和地区在生态资源利用和生态环境负担分配上的合理性与公正性，国内生态正义既可指国内不同阶级、不同阶层、不同群体或不同地区之间在发展中的生态公平正义性，也涉及上述不同主体内部的生态公平正义性。代际生态正义强调生态资源在人类各代之间的公平分配和使用，即生态资源的开发和使用既要满足当代人的发展需要，也要为后代人的发展留有生态空间和余地。

新加坡南洋理工大学政治哲学系主任何包钢教授认为，在回答是否存在全球正义这一问题之前，我们必须首先阐明在何种意义上谈全球正义。功利主义的国际正义观承认民族—国家的合法性利益，认为国际正义只是对民族—国家利益的一种思考。以普遍人权为基础的国际正义观则超越了国家主权和国家利益，考虑的是全人类的利益。诺齐克式的个人自由主义权利正义观，将当下不平等的全球结构视为公正的，并把从道德的关怀角度看正义的观点与关怀全球平等的观点区分开来。这种正义观与分配的全球正义观相冲突。分配的国际正义观要求减少全球不平等，对国家产品和资源重新分配，并要求采纳发展中国家中贫穷国家的意见，但由于发达国家所付代价很高，可行性较低。在公正的全球秩序中，多元的地方性正义观挑战超级大国的垄断和支配性地位，反对单一的国际正义的观点或标准。

中央编译局李惠斌研究员从生态权利的角度探讨了生态正义问题。他认为，正如马克思所说，到目前为止的所有的自然都是一种人化了的自然，是人们实践活动和历史活动的产物。人们的行为不只会创造美好的生态环境，而且也会破坏人们赖以生存的生态环境。如何避免或从制度上制止对生态的破坏，防止大自然对人类不当行为的报复，实现生态价值的最大化，已成为每个人、社会、政府、政党甚至整个人类需要共同为之奋斗的目标。在今天的社会，我们应坚持人们的生态价值或生态权利不被剥夺的原则。只有人人都起来保护和捍卫每个人的生态权利，整个人类的生态权利的保护才是有希望的。因此，个人生态权利的保护和实现就是生态正义。

清华大学韩立新教授认为，"环境正义"一词产生于美国，最早是由美国的弱势群体为反对美国政府"环境种族主义"政策提出的。随着国际社会在环境问题上的合作越来越加强，确定资源分配和环境责任分担上的公平原则就上升为"环境正义"的主要内容。自由主义需要的是一个开放的无限空间，而地球是一个封闭的有限球体，二者在逻辑上相矛盾。环境问题所表现出来的有限性特征更凸显了这一矛盾的尖锐性，使自由主义的前提露出了破绽。

武汉大学博士后郎廷建认为，国内外学者对生态正义的界定或者从人与非人存在物的关系出发，将其界定为人对非人存在物的责任与义务、人与非人存在物的共生或生命存在物之间生态资源的分配正义；或者从人与人之间的关系出发，把生态正义定义为人与人之间利益和负担的分配正义或是强势群体和弱势群体在生态权益方面的平等与公正。生态正义的实质是当事人之间生态资源、生态利益以及生态责任的分配正义。

二　生态正义与生态危机

邓纯东指出，全球生态危机问题不断凸显，生态正义理论研究要积极为党和政府的科学决策服务。党的十八大报告提出了包括生态文明在内的"五位一体"的建设目标，但是，建成生态文明、实现生态正义是一项长期而艰巨的任务。生态正义研究与党和政府决策工作紧密相连。因此，我们研究生态正义问题应关注当前生态文明建设进程中面临的各种理论和实践问题，积极为党和政府的科学决策提供理论支撑。此外，我们的研究要有国际视野，要关注西方国家已经比较成熟的理论和学术观点，跟踪国际研究动态，了解他们的重要思想和代表性观点。

冯颜利认为，对于资本主义带来的生态问题，无论是早期的马克思主义还是后来专注生态问题的生态学马克思主义，都进行了不懈反思和追问。马克思主义经典作家认为，文明进程中的生态非正义现象存在的根源是资本主义生产方式和生产关系，摆脱非正义必须进行制度变革。这一思想为生态马克思主义者所继承、发展，如戴维·佩珀指出："资本主义制度不但有膨胀、萧条、供需不平衡、环境退化等危机存在，而且，它们还是这一制度不可避免的结果。"

日本一桥大学名誉教授岩佐茂认为，日本政府的行为不符合全球环境正义，从日本政府对福岛核泄漏事故的处理可以窥见一斑。他进而陈述了全球环境正义的三个观点：第一，在国际场合讨论环境问题时，环境正义的视点非常必要。第二，应将全球环境正义问题视为切身的地区问题、国内问题以积极应对。20世纪90年代的环境运动就曾倡导"全球化思考、本地化行动"。第三，全球环境正义的问题不是深化概念、进行意义解释的问题，而是为了解决环境不正义的实践问题。用马克思的话来说，就是"哲学家们只是用不同的方式解释世界，问题在于改变世界"。

韩立新指出，面对生态环境问题，哈丁提出了一个旨在解决"自由主义和有限性矛盾"的方案——"救生艇伦理"。他的方案可以称为"有限的人口享受无限的自由"，即主张减少享受自由的人口以拓展有限的空间。显然，他的方案严重侵害了分配正义的原则，完全忽视了发展中国家人民的权利。正像诺伊豪斯所批判的那样，这一方案具有"反人类"的性质，在实践上也不可能被发展中国家的人民所接受。此外，"救生艇伦理"是建立在对环境危机原因和责任的错误认识基础上的，是经不起检验的。

美国学者约瑟夫·格雷戈里·马奥尼（Josef Gregory Mahoney）（现任华东师范大学副教授）指出，作为中国内地先进的现代化城市，上海承载着发展、进步与公正的长期愿景，但鉴于环境保护与生态正义的新思维方式，我们应该重新思考这一愿景及其所带来的结果，并对"进步"的特殊内涵以及上海的象征意义质疑：中国能够建成并维持多少个"上海"？一个就已足够还是一个都太多了？其过度的市场导向是否从根本上与社会主义和生态正义背道而驰？

中国社会科学院马克思主义研究院陈慧平副研究员与中国社会科学院哲学所孙伟平研究员认为，随着工业化脚步的加快和资本逻辑的肆虐，生态环境的警报早已拉响。当荒漠化、空气污染、水污染等问题频繁闯进人们的视野时，生态危机问题日益引起社会公众的关注和重视。直面严峻的环境污染和生态危机，立足生态文明的新型发展理念，脚踏实地地开展生态正义建设，离不开广大社会公众的自觉认同、支持和参与。

三 生态正义与生态文明

作为主办单位负责人，邓纯东对论坛表达了以下几点期盼：第一，希望通过学术讨论和交流激发更多关于如何治理全球生态问题、解决生态危机、实现生态正义的深入思考，碰撞出更多有价值的思想火花，凝聚更多关于如何实现全球生态正义、如何建设生态文明的共识。第二，希望本次研讨会不仅推进学术研究的进步，而且推动学术界更密切地关注社会现实，更好地为党和政府的科学决策提供有价值的意见和建议。第三，希望借助这样的研讨机会，通过平等的学术对话和交流，提升中国在全球生态问题上的话语权，以便更加有效地表达中国特色社会主义的生态正义权利和主张，更好地维护中国发展的生态权益。

冯颜利认为，生态正义是人类可持续生存与发展的理论基石。发达资本主义国家对发展中国家和落后地区的生态殖民和掠夺，导致世界贫富两极分化与严重的全球生态问题，必然带来生态抗争运动，而且抗争的主体会不断扩大。对此，生态马克思主义指出，在国际生态正义斗争中，我们要团结起来，互相支持，联合发展，形成全球性的生态正义联盟，开展对资本主义主导的全球化的斗争，实现生态社会主义的全球变革。正如生态马克思主义所认识到的，这些斗争汇集起来，必然加剧世界资产阶级与无产阶级的斗争，壮大国际社会主义运动，实现国际范围内社会主义代替资本主义，最终进入共产主义社会，促使生态正义在国际范围得到实现，在共产主义生态文明中发挥全新价值。

何包钢认为，国际正义的实现有三个阶段。第一个阶段的特征在于功利主义地对待国际正义，它强调互利互惠，将正义与利益联结起来。在第二个阶段，国际正义按照普遍人权原则得以提倡。当它成为一个主导性的外交原则时，它就有可能得以执行，尽管有时伴随着伪善。第三阶段为分配性国际正义的执行时期。然而，分配性国际正义的理想比功利主义的国际正义观更难以执行与实施，因为许多国家领导人不接受分配性国际正义之原则。而在每一过程中，地方性正义知识具有不可忽略的战略地位和作用。需要指出的是，那些至今还未普遍化和全球化的地方正义学说，如中国的儒学如何提出自己的全球正义理论，这应该是中国人对全球正义的一种贡献。

李惠斌指出，生态问题的凸显与生态文明概念的提出，实际上是要求把生态问题列入正常的制度和法律框架之内。为生态文明立法已经成为时代的要求。实现节能减排、污染物排放的有效控制等，只靠政府的规制是远远不够的，必须通过一部好的法律、法规，在全民生态权利与财产权利正常交易的过程中，才能真正得到解决。总之，建设生态文明、实现中华民族伟大复兴的"中国梦"需要制度保障。

韩立新指出，环境问题是人类迄今为止所遇到的最大困难。它的出现使自由主义的社会经济体系和道德观念面临着前所未有的挑战。要想战胜这一困难，建设生态文明，全世界人民只有改变近代以来的价值观，实现"环境正义"，确立公平地分配有限的资源和承担环境责任的原则和制度。要实现这一目标，不仅需要社会变革，而且每一个人还必须具备为了地球这一整体的意识，发扬英雄主义精神，进行针对自己的道德革命：一场彻底克服近代以来的自由主义、个人主义的道德革命。这不仅仅是哲学家的工作，而且是每一个地球人的使命。这场道德革命进行得越早，我们成功的可能性就越大。

东南大学陈爱华教授认为，马克思生态正义思想蕴含了珍爱自然的理念。我们在建设生态文明与美丽中国的过程中，必须如同珍爱人的身体一样珍爱作为人的无机身体的自然。马克思生态正义思想还蕴含了注重自然主义与人道主义的统一，因为离开自然主义与人道主义的统一谈发展经济或者谈环保，都是片面的，会出现一系列生态伦理的悖论。我们必须从战略上注重生态文明的顶层设计，把生态文明建设放在突出地位，融入经济、政治、文化、社会建设各方面和全过程，坚持节约资源和保护环境的基本国策，实现中华民族持续发展，不断推进全球正义的进程。

　　总之，十八大报告首次整章论述生态文明，建设美丽中国已成为全国各族人民的共识。越来越多的人意识到：如果我们要和其他物种继续在地球上生存、发展与繁荣，生态文明建设问题就迫在眉睫。没有人反对现代化，但如果天空为雾霾所笼罩，水污染严重而无法饮用，再高的 GDP 和现代化发展又有什么意义呢？我们不能重蹈一些国家先污染后治理的覆辙了！

（原载《马克思主义研究》2013 年第 12 期）

加强社会主义意识形态建设
创新思想政治教育理论与实践

——2013 年全国思想政治教育学术研讨会综述

曾令辉　　朱　燕

为全面贯彻习近平总书记于 2013 年 8 月在全国宣传思想工作会议上的重要讲话精神，探讨当前意识形态领域的重大理论与现实问题，深化思想政治教育理论与实践创新，由中国社会科学院马克思主义研究院、广西师范学院、广西马克思主义理论研究和建设工程广西师范学院研究基地联合主办的"2013 年全国思想政治教育学术研讨会"于 2013 年 10 月 26—27 日在南宁市举行。来自全国 21 个省、自治区和直辖市的 80 余所高等院校、科研机构和期刊的专家学者 120 余人参加了研讨会。中国社会科学院马克思主义研究院院长、党委书记邓纯东，广西壮族自治区党委宣传部副部长李海荣，广西壮族自治区高校工委副书记莫锦荣，广西师范学院党委书记莫诗浦、院长李丰生等出席。邓纯东在开幕式上致辞并作了重要讲话。清华大学教授刘书林、首都师范大学教授王淑芹和中国社会科学院马克思主义研究院研究员余斌分别作了主报告；中国社会科学院马克思主义研究院研究员李春华、教育部社科中心教授郝清杰、广西师范学院马克思主义学院教授曾令辉、华中师范大学教授梅萍等专家学者在研讨会上作了主旨发言。与会专家学者紧紧围绕"社会主义意识形态建设与探索""思想政治教育理论创新与实践"和"思想政治理论课教学改革与发展"等主题展开了研讨。

一　当前加强宣传思想工作和意识形态工作的重大意义

邓纯东在开幕式上的讲话中指出，我们党历来重视宣传思想工作和意识形态工作，党的几代中央领导集体都对宣传思想工作作过重要论述。进入社会主义建设时期，毛泽东发表了《在中国共产党全国宣传工作会议上的讲话》；在改革开放新时期，邓小平发表了《党在组织战线和思想战线上的迫切任务》，江泽民发表了《宣传思想战线的主要任务》，胡锦涛发表了《坚持用"三个代表"重要思想统领宣传思想工作》。习近平总书记的"8·19"重要讲话继往开来，表现出中国马克思主义者的理论风采。该讲话对于当前加强宣传思想工作和意识形态工作的重大意义进行了深刻阐述，这对于当前思想政治教育教学研究以及实际工作具有十分重要的指导意义。习近平总书记的重要讲话是做好新形势下宣传思想工作的纲领性文献，是我国社会主义意识形态建设巩固发展的纲领性文献。宣传思想工作、全部思想政治教育工作，都要努力贯彻习近平总书记的讲话精神，充分认识思想政治工作和意识形态工作在党的全部工作中的重要地位。要按照习近平总书记讲话的要求，在思想政治工作、意识形态工作中，坚持以马克思主义为指导，坚持用马克思主义及其中国化成果教育人民、引导人民，帮助广大群众树立正确的思想观念、价值观念。切实改变忽视思想政治工作的倾向，努力防止和克服工作中存在的"一手硬、一手软"的状况。要努力改变中国特色社会主义理论的教育在全社会覆盖面不够的状况。要通过加强思想政治工作，切实巩固思想政治工作的重要地位，巩固马克思主义在整个社会的指导地位，用科学理论武装全党。要重视对人民群众的正面教育、正面引导、正面灌输；对于错误的思想和理论观点，要有针对性地开展批评，并开展积极的思想斗争。要以马克思主义为指导，阐发清楚诸如党性与人民性的关系、个人利益与国家利益的关系、个人行使权利与国家管理的关系等。思想政治工作的开展必须与党的优良传统的创新相结合。思想政治教育学界有义务、有责任通过研究批驳各种错误思潮，推进中国特色社会主义的理论创新。

与会代表从多维视角探讨了如何加强当前社会主义意识形态建设问题。大家一致认为，社会主义意识形态建设是一项长期而艰巨的任务，要精心设计、稳步推进。广西大学教授陈洪涛指出，意识形态阵地建设需要重视顶层设计，要加强意识形态的阵地建设、队伍建设和主旋律建设，完善意识形态的体制和机制。河北省社会科学院研究员刘书越认为，社会主义意识形态建设不是单兵突进，而是要与经济领域和政治领域的改革相配套。暨南大学教授程京武指出，意识形态建设要注意理论的价值问题和社会现实的价值问题，从价值取向层面、制度结构层面和实践层面推动社会主义意识形态的传播。社会主义意识形态建设要正视当代中国文化融合的现实，充分认识到文化融合对社会主义意识形态建设的挑战。曾令辉认为，要巩固马克思主义在意识形态领域的领导权和主导权，关键在于构建起马克思主义当代大众话语体系，其核心在于实现"两个转化"和"两个对接"：一是把马克思主义文献话语转化为适合人民大众语言习惯的大众话语，实现文献话语与大众话语对接；二是把马克思主义理论话语转化为指导实践的大众话语，实现理论话语与实践话语对接。

当前社会主义意识形态建设的主要内容体现为树立起"三个自信"，增强对社会主义核心价值体系的认同。与会者围绕思想政治教育与"三个自信"、"社会主义核心价值体系教育"等问题展开广泛讨论。梅萍提出，中国社会管理体制、经济体制等转型带来民众对中国特色社会主义的认同危机，尤其是意识形态多元冲击着民众对中国特色社会主义的主导价值认同。面对政治认同的困境，需要深化改革、健全制度、加强宣传，坚定民众对中国特色社会主义道路的认同与自信。大同大学副教授张莉从多个方面畅谈了"三个自信"与思想政治教育的关系，即道路自信与理想信念教育的关系、理论自信与思想文化教育的关系、制度自信与政治信仰教育的关系。

二 以习近平总书记"8·19"重要讲话为指导深化思想政治教育研究

刘书林在其主报告中指出，习近平总书记的重要讲话对于思想政治教育研究具有重要指导意义。以习近平总书记的重要讲话指导思想政治教育研究的发展，需要在唯物辩证法的统领下处理好若干主要关系：一是把握好科学性与时效性的辩证关系，防止形式主义和实用主义的倾向。只有那些具有科学性、经得起历史检验的内容，才能作为教材教育的内容。二是把握好包容多样与坚持思想斗争的辩证关系。包容多样是在人民内部，在大是大非一致的基础上的团结和形成统一战线。在原则问题上，只有进行旗帜鲜明的思想斗争，才能扫清错误思想和敌对势力散布的阴霾，明辨意识形态的主流导向。三是把握好创新发展与坚持根本的辩证关系。只有在坚持马列主义、毛泽东思想和中国特色社会主义理论体系基础上的创新，才是真正有价值的创新。只有在创新工程中坚持思想政治教育最根本的东西，才能使这些基本的东西扎下更深的根。四是把握好坚持民族文化与其他文化的世界认同的辩证关系。中国特色社会主义的文化是既能够代表现代中国的现实，又能够对世界产生深刻影响的文化，是最有价值的民族文化。在世界文化认同方面，要反对民族虚无主义的极端倾向。五是把握好批判错误思潮与思想政治教育学科体系研究的辩证关系。只有把二者结合起来，特别是关注思想政治教育的应用研究，才能使思想政治教育学科得到足够的发展动力，才能在更大范围内产生实效性。六是把握好坚持导向与创新方法的辩证关系。把握导向、掌握动向、批判错误倾向，才能增强思想政治教育学科发展的生命力。增强正面教育的感染力，注重探讨对于针对性原则的运用，深入浅出地阐释教育的内容，以及把握时、度、效的原则是思想政治教育方法新的突破点和重点。七是把握好认真读书与提高实践工作水平的辩证关系。只有抓紧读书学习，特别是认真学习和掌握马克思列宁主义、毛泽东思想和中国特色社会主义理论体系，才能真正提升实践工作的水平。

三　深入探讨思想政治教育的理论与实践创新

思想政治教育理论创新是推进思想政治教育发展的基石。与会专家一致认为，改革开放带来的思想多元化发展形成许多新问题，这对思想政治教育创新发展既是机遇又是挑战。

厘清概念是开展思想政治教育研究的基础和推进思想政治教育发展的依据。王淑芹在主报告中提出，要重新审视思想政治教育概念。过去的研究主要是从主客体关系方面来理解，极易导致单向性的灌输模式，已明显不适应现代思想政治教育的发展。单纯主客体研究的范式已相对滞后，必须借鉴"主体间性"理论来理解思想政治教育。思想政治教育活动应在平等的基础上主动对话，达成共识。思想政治教育不仅要关注教育活动，也要重视教育的目的。思想政治教育目的要使个体认同主流价值，个体行为合乎社会要求。

东北师范大学教授李艳对思想政治教育理论创新与思想政治教育边界的关系进行了分析。她提出，理论创新不是无的放矢，理论创新要注意学科边界。确定学科边界有利于明确高校思想政治理论教育的本质和特征，把握思想政治理论教育创新诉求。思想政治教育理论创新必须遵循"三个统一"：在思想政治上遵循政治性与文化历史性的辩证统一、在理论上遵循反思性与选择性的辩证统一、在教育上遵循目的性与规律性的辩证统一。与会代表还广泛探讨了思想政治教育的接受机制、价值选择、教育功能、教育主体、教育方法创新等问题。华东理工大学教授王荣发认为，思想政治教育不仅涉及教育内容和教育任务的恰当定位，而且涉及教育对象接受逻辑机理的准确分析和把握。思想政治教育接受机理包括社会导向机制、内在接受机理和内化机理。

四　深化对思想政治教育学科建设与发展的研究

思想政治教育学科经过近30年的快速发展，初步建立了相对独立和完整的学科体系，形成了一系列本学科的概念、范畴、范式、理论、方法。在快速发展的同时，我们应该看到思想政治教育学科发展面临的挑战与困境。与会者广泛探讨了当前思想政治教育学科发展的困境及发展思路。李春华从马克思主义整体性的研究视角探讨思想政治教育，指出思想政治教育要积极应对挑战，坚持马克思主义科学性与阶级性的统一，坚持马克思主义革命性和科学性的统一，坚持马克思主义立场、观点和方法的统一，坚持马克思主义各个发展阶段（坚持与发展）的统一，坚持马克思主义在政坛、论坛、讲坛上的统一。河海大学教授孙其昂提出，要对思想政治教育思想进行系统研究，思想政治教育思想研究是一个多层次的系统工程，包括价值或文化维度的整合、价值系统之内的整合。要了解和梳理思想政治教育历史，树立思想政治教育科学理念，深化思想政治教育学科研究，合理定位和定义思想政治教育，这是建立系统研究思想政治教育的良好起点。中山大学教授王仕民探讨了在马克思主义一级学科目录下思想政治教育学科发展的困境。他认为，当前思想政治教育学科存在三类"误读"，即权力误读和学术误读、他误读和自误读、无意误读和有意误读。"误读"带来了思想政治教育学科个性的丧失和优势的丧失、马克思主义理论学科优势的丧失。深圳大学教授刘志山提出要明确思想政治教育学科的学科属性、学科基础和学科领域拓展。思想政治教育是社会科学与人文科学的交叉学科，其学科基础包括政治学、法学、教育学、心理学、哲学。思想政治教育学科领域的拓展不是无止境的，它应当止于思想政治教育与其基础学科之间的交叉地带。

五　结合新时代特征研讨思想政治理论课教学改革

思想政治理论课教学是系统地向学生进行思想政治教育的主渠道、主阵地。然而，由于历史和现实原因，当前思想政治理论课教学存在许多困难，教学实效性不佳。与会者从不同视角出发，对课程内容、教学方法、教学模式等问题展开广泛的探讨。

思想政治理论课教材是开展教学活动的重要依据，理解和解读教材是将教材内容转化为教学内容的基础。因此，教材本身首先应保证理论的正确性、科学性和准确性。余斌针对2010年版《马克思主义基本原理概论》中存在的诸多问题进行了翔实的分析和评论，如对资本主义的历史地位、共产主义社会是历史发展的必然趋势、正确理解"两个必然"和"两个决不会"的关系等问题，从马克思主义文本的角度作了解读。他强调，阅读马克思主义原著对于理解教材、增强理论的科学性具有重大的指导意义。

新媒体的出现给思想政治理论课教学提出了新挑战。结合新时代的特点，推进思想政治理论课教学模式、教学方法、教学内容、教学管理的变革，已经成为当前思想政治理论课教学改革和发展的重要方面。围绕思想政治理论课教育教学变革，与会者发表了自己的看法。扬州大学教授芮鸿岩提出要重视对当代大学生的历史教育。他认为，传统的历史教育模式和现代媒体的宣传忽视了历史感的传递，人为地造成历史演变缺乏连贯性和严肃性。要重新审视历史教育，历史教育要唤醒历史意识、建构历史理解、生成历史自觉，并在历史教育中凝练出爱国主义的民族精神。南开大学教授徐曼在谈到流行文化对大学生思想行为的积极和消极影响时指出，对当前盛行的流行文化不能听之任之，要充分发挥思想政治理论课的主渠道作用，创建良好的校园文化，组织主题鲜明、内容丰富的社会实践活动，加强校园网络建设及对大学生文化观和主流价值观的引导。山西财经大学副教授王素萍提出，主体间性是增强思想政治理论课实效性教学的内在要求。学生与教师共同作用于课堂教育实践而成为相互依存的主体，即"教师—教育实践活动—学生"模式，促进彼此的和谐沟通和平等交流，实现学生从被动向主动的转换。江南大学副教授侯勇针对当前思想政治教育学科改革遭遇"实效弱化""情绪极化""信息乌托邦"等现代性困境，提出要从整体体系层面加强多方面的建设，即教育内容的时代化、教学方式的生活化、教学主体的主体间性化、教学环境的"文化化"、教学体系的系统化。

（原载《马克思主义研究》2013 年第 11 期）

科学社会主义与中国特色社会主义

——中国社会科学院第一届科学社会主义论坛综述

任　洁

　　2013 年 11 月 1 日，由中国社会科学院马克思主义理论建设与理论研究工作领导小组和中国社会科学院马克思主义研究院主办的"中国社会科学院第一届科学社会主义论坛"在北京召开。这次论坛的主题是："科学社会主义与中国特色社会主义"。论坛主席、中国社会科学院院长王伟光作了书面讲话，中国社会科学院副院长李捷出席论坛并作了主旨报告。来自朝鲜、越南、古巴、俄罗斯、保加利亚、白俄罗斯、美国、法国、英国、意大利等 17 个国家的 30 多位国外专家学者，来自中共中央党校、中央编译局、北京大学、清华大学、中国人民大学、北京师范大学、武汉大学以及中国社会科学院等单位的 40 多位国内专家学者参加了本次会议。论坛分别由中国社会科学院马克思主义研究院院长、党委书记邓纯东和中国社会科学院国家文化安全与意识形态建设研究中心主任侯惠勤教授主持，中国社会科学院学部委员李崇富教授作论坛总结发言。

　　与会学者围绕论坛主题展开讨论，并就科学社会主义的基本原则与理论发展、科学社会主义与中国特色社会主义的关系、毛泽东思想与科学社会主义的关系、无产阶级国际主义与社会主义爱国主义的关系、中国特色社会主义的理论与实践等问题进行了深入研讨。

一　科学社会主义的基本原则与理论发展

　　迄今为止，马克思恩格斯创立的科学社会主义已经走过了 160 年不平凡的历程。在沧桑风雨的历史中，社会主义经历了从空想到科学、从理论到实践、从一国到多国、从一种模式到多种模式的飞跃发展，对人类社会的发展进程产生了深远影响。具有鲜明中国特色和时代特征的中国特色社会主义，正以其独有的优越性和感召力吸引世界目光"向东看"。中国特色社会主义的成功之处就在于，它既坚持了科学社会主义的基本原则，是社会主义而不是别的什么主义；又紧密结合中国的具体国情与时代特征，是具有中国特色的社会主义，而不是对其他社会主义模式的简单模仿和机械照搬。科学社会主义有哪些基本原则，是必须首先回答的问题。

　　王伟光院长在题为"当代中国坚持和发展科学社会主义的三大基本问题"的书面讲话中指出，关于科学社会主义的基本原则问题，理论界正在深入研究中，由于研究的角度不同，具体的概括和表述也会有差异，但基本的精神具有一致性。他列举了几个科学社会主义必须坚持的重要原则。第一，必须坚持唯物史观和剩余价值理论。第二，必须坚持"两个必然""两个彻底决裂""两个决不会"的辩证统一。"两个必然"让我们坚定对未来的理想信念，"两个决不会"使我们正确面对现实，"两个彻底决裂"带给我们前进的勇气。第三，必须坚持科学社会主义的阶段论。第四，必须坚持科学社会主义的阶级分析方法。

华中师范大学国外马克思主义政党研究中心主任聂运麟教授认为，科学社会主义的理论发展经历了经典社会主义和当代社会主义两个阶段。经典社会主义理论与当代社会主义理论不能分割，但两者又有重大差别。这种差别主要体现在二者的理论重点有所不同。经典社会主义的理论侧重于无产阶级如何革命，如何夺取政权的问题；当代社会主义的理论侧重于无产阶级如何革命和如何建设社会主义的问题。二者之间的重大差别说明科学社会主义理论发展到了一个新阶段，这是科学社会主义理论具有强大生命力的表现。

中央编译局马克思主义研究部主任季正聚研究员认为，社会主义的力量在于社会主义是资本主义的扬弃者，只要人剥削人、人压迫人的不公正、不合理的现象存在，社会主义就不会消失。作为一种永恒价值，社会主义根源于人类对美好未来的向往；作为一种理论，社会主义是系统化的科学知识体系，具有强大的逻辑力量和锐利的实践穿透力；作为一种运动，社会主义具有不竭的力量源泉，波澜壮阔，浩浩荡荡，深刻地改变了人类近现代史；作为一种制度，社会主义打破了资本主义一统天下的局面，在社会实践中显示了集中力量办大事的制度优势。

中国人民大学马克思主义学院教授、《教学与研究》杂志主编秦宣认为，要实现社会主义发展的新飞跃，社会主义理论研究应该回应重大时代课题：一是社会主义的复兴必须首先是实践基础上的理论创新推进；二是社会主义的理论创新要摆脱以往研究中的经验论证，更多地注重学理性的研究；三是学理性的研究必须关注时代提出的新课题。比如，关于社会主义与人类的未来问题，关于国际金融危机的根源、特点、影响以及走出危机的出路等问题，科学社会主义必须站在新的历史起点，给出新的回答和解释。

美国共产党经济委员会委员瓦迪·哈拉比教授认为，随着资本主义危机的持续展开，科学社会主义的工作变得更为重要。为了满足人类的需要，科学社会主义应该具有整体的、长期的视野。他认为，当今科学社会主义具有八个重要任务：一是需要推进世界工人的联合；二是需要加强世界工人联合的意识，联合的意识越自觉，联合就越有效；三是需要重新评价革命乐观主义的物质基础；四是需要扩大马克思主义教育，使之更有效、更具世界性；五是需要培养一种尊重、合作与注重科学方法的阶级联合文化，在这一基础之上，也需要培养对斗争、对个人和集体积极性的尊重；六是需要在国际、政党、国家、联邦和军队层次上提炼和应用工人阶级有效组织的原则；七是必须继续强调资本主义国家的土地改革和民族解放；八是需要更加注意国际、国内层面联合政策的运用。

二　科学社会主义与中国特色社会主义的关系

科学社会主义与中国特色社会主义的关系问题是本次论坛的主题。围绕这一主题，学者们展开了充分研讨，一致认为习近平总书记关于"中国特色社会主义，是科学社会主义理论逻辑和中国社会发展历史逻辑的辩证统一，是植根于中国大地、反映中国人民意愿、适应中国和时代发展进步的科学社会主义"的论断是科学的、正确的。

王伟光院长指出，坚持科学社会主义是历史的选择、人民的选择，是中国特色社会主义的内在要求，是解决中国现实问题的必然要求，是应对当今复杂多变的国际局势的要求。要坚持好和发展好科学社会主义：第一，不要忘记我们的老祖宗，多读读老祖宗的书；第二，要靠理想信念，坚定共产主义的远大理想；第三，要坚持推进改革开放，用新的实践创新、理论创新丰富科学社会主义的思想宝库；第四，要靠人民群众的实践，用人民群众的首创精神、能动作用谱写科学社会主义的新篇章；第五，要靠党的正确领导，在党的领导下办好中国的事情。

李捷副院长指出，中国特色社会主义是对科学社会主义的遵循和发展。这种遵循和发展，是一个问题的两个方面，同时存在、相辅相成、缺一不可。这种遵循与发展体现在六个方面：一是遵循和发展科学社会主义关于共产主义发展分阶段的基本观点，形成社会主义初级阶段理论，以及遵循中国共产党在社会主义初级阶段的基本路线，为中国特色社会主义的创立和发展奠定基石，提供了总依据和根本指导；二是遵循历史唯物主义的基本观点，发展了科学社会主义需要在改革开放中不断坚持、发展和完善的观点，形成改革开放的基本国策，为中国特色社会主义的创立和发展提供了强大动力；三是遵循马克思主义经典作家在资本主义条件下提出的剩余价值学说，发展了科学社会主义要实现从以往的剥削制度占统治地位的社会向彻底消灭剥削的社会这一历史性跨越的观点，形成社会主义本质理论；四是遵循和发展科学社会主义关于建立公有制、实行按劳分配、坚持无产阶级领导、以工农联盟为基础结成最广泛的同盟军等基本观点，形成中国特色社会主义的国体、根本制度和基本制度，中国特色社会主义制度正在发展完善为完备的体系；五是遵循和发展科学社会主义和历史唯物主义有关建设高度发达的物质文明、建设高度发达的精神文明、合乎自然规律地改造和利用自然、使人实现自由而全面发展等基本观点，形成中国特色社会主义建设"五位一体"总布局，形成充分体现发展为了人民、发展依靠人民、发展成果由人民共享的科学发展理念；六是遵循马克思主义社会再生产理论和列宁新经济政策的理论和实践，通过自身在公有制基础上的有计划的商品经济的成功实践，最终形成发展社会主义市场经济的理论并获得成功实践。中国特色社会主义理论体系也在这一实践中得到不断丰富和发展。

北京师范大学党委副书记王炳林教授认为，中国特色社会主义是科学社会主义在中国的运用和发展，坚持中国特色社会主义就是坚持科学社会主义。丰富中国特色社会主义的实践特色、理论特色、民族特色和时代特色就是丰富和发展科学社会主义，而不是抛弃科学社会主义。

中国社会科学院信息情报研究院党委书记姜辉研究员认为，中国特色社会主义是科学社会主义发展的新阶段。中国特色社会主义集中体现了社会主义的民族性与国际性、特殊性与普遍性、多样性与同一性的有机统一。中国特色社会主义道路是当今时代科学社会主义实践发展的新途径，中国特色社会主义理论体系是当今时代科学社会主义理论发展的新形态，中国特色社会主义是 21 世纪世界社会主义走向振兴的中流砥柱。

季正聚研究员认为，中国特色社会主义是对马克思主义经典作家科学社会主义理论的重大发展。中国特色社会主义既不同于资本主义、民主社会主义，也不同于传统社会主义，是一种崭新的社会主义。

聂运麟教授认为，中国特色社会主义理论是科学社会主义第一个完整、系统和成熟的理论表现，是对科学社会主义经典理论的继承、丰富和发展，是当代中国的马克思主义。

三 毛泽东思想与科学社会主义的关系

2013 年是毛泽东同志诞辰 120 周年，党中央提出要深刻揭示中国特色社会主义理论体系与毛泽东思想既一脉相承又与时俱进的发展创新关系。无论是从历史实践的继承性方面说，还是从理论发展的逻辑性方面说，毛泽东都是中国特色社会主义事业的伟大奠基者、探索者和先行者。在揭示二者之间的继承性关系时，需要回到它们共同的"脉"，即科学社会主义。围绕毛泽东思想与科学社会主义的关系，学者们展开了研讨。

北京大学原副校长梁柱教授认为，毛泽东思想是对科学社会主义的坚持和发展。1956 年，中国进入社会主义社会之后，毛泽东提出要把马列主义同中国革命、社会主义革命和建设的实际进行第二次结合的任务。毛泽东提出的第二次结合包含了两大探索而不是一大探索，即除了探索中国社会主义的建设道路之外，还在努力探索一条能够保证党和国家政权纯洁性的有效途径。这两大探索是对科学社会主义的丰富和发展，在今天仍然具有重要的指导意义。此外，毛泽东还提出了许多理论观点，为我们建设、巩固社会主义提供了极其重要的理论基础。第一，毛泽东对什么是社会主义的探索有新的突破。关于正确处理人民内部矛盾的问题，是中国共产党对于什么是社会主义、如何建设社会主义的一个极其重要的理论成果。毛泽东第一次把生产力和生产关系、经济基础和上层建筑这两种矛盾概括成人类历史的基本矛盾，也是社会主义社会的基本矛盾。第二，毛泽东在经济思想理论方面也有很多好的提法。比如，1959—1960 年，毛泽东提出，所有制解决之后最重要的是管理问题，也就是人与人的关系问题。他认为，所有制在相当长一段时间不会变，具有相对稳定性，但是人与人的关系会发生变化。一种是向好的方面变，往同志式的平等的关系方面变；一种是向坏的方面变，重新建立起人剥削人、人压迫人的关系，也就是说名义上还是公有制，但内部发生变化。毛泽东回答了所有制改变之后的问题，即所有制虽然变了，它还有可能发生逆向发展。毛泽东为了防止中国发生变化，进行了多方面的理论实践探索，提出了许多问题。

中国社会科学院信息化管理办公室副主任罗文东研究员认为，事物的矛盾法则，即对立统一规律，是唯物辩证法的本质和核心。正确认识和处理社会主义社会的各类矛盾和基本矛盾，不仅是科学社会主义理论的核心内容，而且是开展社会主义建设的重要前提。以毛泽东为主要代表的中国共产党人将马克思主义关于人类社会矛盾的理论观点与中国社会主义革命和建设的具体实践相结合，创立了社会主义社会矛盾学说，丰富和发展了马克思列宁主义。

四 无产阶级国际主义与社会主义爱国主义的关系

中国社会科学院马克思主义研究院国际共产主义运动研究部主任刘淑春研究员认为，无产阶级国际主义是马克思主义关于全世界无产阶级维护共同利益、争取共同目标而实行国际团结的思想。它是科学社会主义的原则之一，也是各国无产阶级政党处理党际关系的基本准则。无产阶级国际主义的内涵随时代的发展而变化。无产阶级国际主义最早建立在马克思主义关于世界革命目标的基础之上。帝国主义时代，被压迫民族的解放斗争和无产阶级革命运动成为冲击帝国主义体系的两股巨流。社会主义国家建立之后，无产阶级国际主义成为社会主义国家间平等互助关系的指导原则。历史上，无产阶级国际主义思想对推动世界无产阶级的解放和人类文明进步发挥了巨大作用。然而，在理解和运用无产阶级国际主义方面也有过历史教训。

社会主义爱国主义是社会主义核心价值观的内容之一，是实现无产阶级国际主义的基础和保障。这种爱国主义融合了对民族国家的热爱之情、对社会主义制度及其价值观的认同以及对共产主义理想的坚守，是爱国主义情感在社会主义阶段的升华和合乎规律的发展。对于马克思主义者而言，社会主义爱国主义与无产阶级国际主义是相辅相成、互为统一的。

中国特色社会主义事业是世界社会主义的组成部分，它的发展，过去、现在和将来都离不开其他国家无产阶级多方面的理解和支援；同时，中国特色社会主义的成就，又是对其他国家无产阶级斗争的鼓舞和支持。

五　中国特色社会主义的理论与实践问题

1. 关于中国特色社会主义的价值问题

中共中央党校科学社会主义教研部胡振良教授认为，社会主义是关于社会改造和建设的价值体系及其基础上的思潮、运动和制度的统一。中国特色社会主义是在旗帜引领下道路、理论和制度的统一体。中国特色社会主义价值理念，以现实为依据，以唯物史观和剩余价值学说等为理论基础，坚持以人为本、以社会为本、以劳动为本，以实现"人的自由全面发展"为终极价值目标，是一个涉及政治、经济、社会、文化、生态等人的关系价值和意义的观念体系和系统看法。中国特色社会主义价值理念有丰富的社会内容，有包容和发展的特点，它指导人们认识和改造世界的实践活动，也在社会主义实践活动的基础上丰富和发展。

中国人民大学马克思主义学院院长郝立新教授认为，文化建设是一个由价值观念或价值目标导引的过程。文化发展需要正确的价值导向，否则文化发展就会失去正确的方向，文化就难以发挥应有的积极作用。中国特色社会主义文化建设的价值目标是由特定社会主体的需要和国情决定的。这一价值目标集中表现为满足人民群众的精神生活需要和提升国家的软实力。

2. 关于中国特色社会主义的时代特色问题

中国社会科学院马克思主义研究院马克思主义发展研究部副主任辛向阳研究员认为，中国特色社会主义具有鲜明的时代特色，不紧紧抓住这一特色，就不能真正理解中国特色社会主义的过去、现在和未来。首先，中国特色社会主义顺应了时代本质的要求。从本质上讲，我们的时代是社会主义代替资本主义的时代，是资本主义逐步走向灭亡、社会主义走向胜利的时代。时代本质没有变。中国特色社会主义的产生、发展以及成长、壮大都与这一本质紧密相连。其次，中国特色社会主义体现了时代主题的变化。中国特色社会主义是在和平与发展成为时代主题的历史条件下，在我国改革开放和社会主义现代化建设的伟大实践中，在总结我国社会主义建设正反两方面历史经验和改革开放以来新鲜经验，并借鉴其他社会主义国家兴衰成败经验教训的基础上逐步形成和发展起来的。再次，中国特色社会主义深刻把握了时代特征的要义。中国特色社会主义的

"中国特色"是体现国际规律、世界价值的时代特色，不是离开世界文明进程的故步自封。中国特色社会主义已经站立在经济全球化的潮头之上，并把世界科技革命作为发展自己的强大动力，其命运始终与世界科技革命的命运紧密相连。

河北师范大学世界政治经济研究所所长张骥教授认为，经济全球化是影响科学社会主义发展的重要因素。在经济全球化进程中，中国特色社会主义显示出深远的世界历史意义，21世纪社会主义事业的发展必须正确处理好与经济全球化的关系。

3. 关于改革开放与中国特色社会主义的关系问题

北京大学马克思主义学院院长郭建宁教授认为，中国特色社会主义之所以具有强大的生命力，就在于它是实行改革开放的社会主义。30多年的历史事实雄辩地证明，改革开放是决定当代中国命运的关键抉择，是发展中国特色社会主义的必由之路。没有改革开放就没有中国的今天，也没有中国的明天。没有改革开放，就没有中国特色社会主义。

坚持与发展中国特色社会主义，必须坚持改革开放。要以更大的政治勇气和智慧推进改革。坚持把改革创新精神贯彻到治国理政各个环节。要坚定改革信心，明确改革思路，凝聚改革共识，形成改革合力；要更加注重改革的系统性、整体性、协同性，加强改革的顶层设计，既突破思想观念的障碍，也突破利益固化的藩篱，切实推进改革；要让改革成果更多更公平地惠及全体人民。

4. 关于无产阶级政党建设问题

清华大学马克思主义学院刘书林教授认为，要正确总结共产党与社会党调整关系的历史经验。共产党与社会党在调整相互关系的过程中，中苏两国执政党坚持了不同的原则和做法，产生了不同的结局。这说明了正确对待社会主义国家历史的重要性。如果在总结历史中全盘否定自我，执政党就会失去存在的合法性。共产党与社会党的关系经历了对抗、缓和到合作的过程，这是由世界各方面因素决定的，科学地分析这段历史，准确地认识其中的经验和教训，才能使社会主义国家不至于丧失根本，才能在改革中保持清醒头脑。

秦宣教授认为，社会主义事业是无产阶级的事业，更是无产阶级的先锋队——无产阶级政党的事业。科学社会主义要加强对无产阶级政党问题的研究。我们要认真研究马克思主义建党学说，不断丰富和发展党建理论；要认真总结研究世界各国共产党的发展状况、经验教训以及面临的新挑战、提出的新对策；要加强对中国共产党历史与理论的研究，推动党的建设各项工作更好体现时代性、把握规律性、富于创造性。当前，应着重加强党的纯洁性、党的优势和保持党的团结与统一问题的研究。

中国社会科学院俄罗斯东欧中亚研究所原所长吴恩远研究员通过对莫斯科中山大学、莫斯科东方劳动共产主义大学、中共六大等海外革命遗址的档案收集、保存状况等进行考察，认为这些革命遗址对于中国近现代史、中国革命史、中共党史的研究，对于国际共运史、中俄关系史的研究，以及对于加强社会主义核心价值体系教育都具有重要意义。

中国社会科学院学部委员李崇富教授在总结发言中指出，各位专家学者的发言坚持科学社会主义基本原则，紧密结合当今世界和我国的现实情况，讨论的议题广泛、内容丰富、观点鲜明，涉及理论热点、难点问题，世界社会主义运动中的经验教训问题，深化改革开放和坚持发展中国特色社会主义需要解决的现实问题等，研讨具有政治的高度、理论的深度、逻辑的力量和思想的启发意义。他认为，科学社会主义与中国特色社会主义的关系问题，无论是对中国共产党人还是对全国人民来说，都是一个永恒的理论主题和实践主题，需要紧密结合党和人民的实践，进行深入而系统的研究。

李崇富教授提出，科学社会主义论坛还要继续办下去，要办出特色、办出水平，需要把"科学社会主义与中国特色社会主义"这个主题分解成若干个专题，进行专题研讨。比如，关于科学社会主义的基本原理与基本原则之间的关系问题，无产阶级国际主义与社会主义爱国主义之间的关系问题，毛泽东对中国社会主义建设的探索、发展、创新以及如何对毛泽东进行整体评价的问题，市场机制和社会主义基本制度的关系问题，等等，要借助科学社会主义论坛这个平台，对这些问题进行充分研讨，并在此基础上形成有效的决策建议供中央参考。

（原载《马克思主义研究》2013 年第 12 期）

马克思主义与当代中国的发展

——第六届全国马克思主义院长论坛综述

于晓雷　马成瑶　纪志耿

2013 年 11 月 2—3 日，由中国社会科学院马克思主义研究学部和马克思主义研究院主办、四川大学马克思主义学院承办的"第六届全国马克思主义院长论坛"，在四川大学隆重举行。中国社会科学院马克思主义研究院院长、党委书记邓纯东致开幕词，四川省社科联副主席唐永进、四川大学党委副书记徐兰分别致辞。中国社会科学院马克思主义研究学部主任、学部委员程恩富作题为"学习习近平总书记重要讲话精神，推进马克思主义研究"的论坛主题报告。四川大学马克思主义学院院长蒋永穆主持了开幕式。中国社会科学院马克思主义研究院中国化研究部副主任金民卿在闭幕式上作总结发言。来自中国社会科学院、清华大学、北京大学、北京师范大学、吉林大学、东南大学、山东大学、电子科技大学、中国农业大学等马克思主义教学和研究机构的 120 多位专家学者出席论坛。与会学者围绕"马克思主义与当代中国"的主题，针对马克思主义与当代中国发展、马克思主义与中国特色社会主义理论体系、马克思主义与中国特色社会主义道路、马克思主义与中国特色社会主义制度、马克思主义与中国特色政治发展道路、马克思主义与社会主义文化强国建设、马克思主义与加强社会建设、马克思主义与推进生态文明建设、马克思主义与党的建设、马克思主义与世界社会主义等重要议题展开了广泛深入的研讨。

一　认真学习研究习近平重要讲话精神，巩固马克思主义的指导地位

党的十八大以来，习近平总书记发表了一系列重要讲话，特别是在全国宣传思想工作会议上的讲话，是指导新时期宣传思想文化工作和哲学社会科学研究的纲领性文件。深入研究和贯彻落实习近平同志的重要讲话精神，是当代中国马克思主义理论研究的重要任务。因此，认真学习和落实习近平讲话成为本次论坛的一个集中论题。

习近平同志在 2013 年 8 月 19 日全国宣传思想工作会议上的讲话中指出："经济建设是党的中心工作，意识形态工作是党的一项极端重要的工作。"当今中国思想多元化、价值多元化的趋势非常突出。但是，马克思主义的指导思想地位绝不能动摇，只有坚持马克思主义的指导，才能在多样中谋求共识，在多元中谋求主导，在多变中把好方向，推动哲学社会科学的健康发展。

程恩富的主题报告，就是围绕着习近平同志的这次讲话展开的。他认为，总书记的讲话深刻分析了当前国内外的形势，是指导新时期宣传思想文化工作和哲学社会科学研究的纲领性文件。作为马克思主义理论工作者应该认真学习讲话精神，理直气壮地开展

马克思主义的宣传和研究工作。总书记的讲话既具有理论创新性，也具有鲜明的批判针对性。一方面，高度强调了马克思主义的指导地位，深刻论述了中国特色社会主义理论体系是马克思主义中国化的最新理论创新成果；另一方面，严厉批评了国内外的一些错误思想。马克思主义理论工作者要借助总书记讲话精神，认真发挥马克思主义的学术性与战斗性相统一的品格，既要在学术研究上取得重大成果，也要敢于对各种错误思潮展开批判。

邓纯东认为，学习研究和贯彻落实习近平同志重要讲话，巩固马克思主义的指导地位，要做好以下几点：第一，必须改变"一手软、一手硬"的工作局面。我们过去在思想政治教育工作和经济建设关系的问题上既有成功的经验，也有沉痛的教训。目前"一手软"的状况在一些党组织、一些地方和单位中仍然存在。贯彻总书记讲话精神，必须高度重视党的意识形态工作，巩固全党全国人民团结奋斗的思想基础。第二，必须弘扬党组织群众、宣传群众的优良传统。必须旗帜鲜明地坚持对全党、全社会、全体人民进行马克思主义的正面教育，这是我们党实现对人民有效引导，对党的事业有效领导非常成功的方法。第三，必须加强马克思主义的宣传教育工作。研究马克思主义的目的是要用科学的理论武装全党、武装人民，推动建设有中国特色的社会主义伟大事业。我们理论界有责任把马克思主义的科学理论、马克思主义中国化的成果、社会主义核心价值体系尽可能多地覆盖全体人群，教育和引导人民。第四，必须加强思想理论文化工作的队伍建设。马克思主义理论的宣传教育要通过我们理论工作者，包括教学研究工作者利用课堂、报刊、论坛等进行传播。因此，巩固马克思主义指导地位，必须大力加强队伍建设，促进从业人员思想政治素质的不断提高。

苏振芳认为，马克思主义作为我国的主流意识形态，通过自身的科学性和先进性，通过中国共产党的执政党地位和权威，渗透到社会的各个领域和层面，对整个社会主义的经济、政治、文化和社会等各个层面，产生一种教育和规范作用。不重视社会主义意识形态的建设，我们党和国家苦心经营和奋斗了数十年的物质和精神成果，都可能瞬间成为历史的泡沫。巩固马克思主义在意识形态领域的指导地位，必须正确处理政治性、学术性、科学性、有序性、针对性、实效性和整体性问题。

王文余从国际文化交流、交融、交锋的角度提出，文化全球化的核心内容是意识形态，只有正确处理意识形态问题，才能提高应对风险的能力和国际竞争力，才能经受住全球化的冲击，才能应对其他意识形态的挑战。新时期中国的发展证明了维护和巩固马克思主义指导地位的重要性。

与会学者认为，总书记的讲话是对大家极大的鞭策和鼓舞。思想文化阵地，社会主义不去占领，资本主义必然会去占领。但是，一个时期以来，一些地方、一些部门放松了思想政治教育工作，现在社会上各种非马克思主义，乃至反马克思主义思想很流行，甚至在实际上占领了一些思想文化阵地。所以，马克思主义学者一方面要大力加强正面教育、正面引导、正面灌输；另一方面，要敢于直面错误观点，不能小心翼翼、唯唯诺诺，对那些打着所谓"自由、平等、博爱"等普世价值的口号、宣传资产阶级的错误思想，包括对国内一些知名学者的错误观点，都要予以坚决的批判，这是马克思主义学者的责任和使命。

二　结合社会主义发展史分析科学社会主义的理论体系及其实践形式

习近平在新进中央委员会的委员、候补委员学习贯彻党的十八大精神研讨班上的讲话中谈到，从"空想社会主义"一词的提出到中国特色社会主义理论体系的提出大体是500年的时间，期间经历了六个阶段。这引起了学术界高度关注社会主义的发展历程问题。结合社会主义发展史来分析科学社会主义的理论体系及其实践形式，也成为这次论坛的热点议题。

程恩富指出，在社会主义发展的六个阶段中，我们首先要正确认识和评价空想社会主义思想，这可以从目标、途径和理论基础进行认识。第一，空想社会主义者中的多数人关于人类社会的最终目标的认识与马克思是一致的。即人类社会最终要消灭市场经济、私有制，实行按需分配。但是中间要经过过渡，因此在社会主义初级阶段我们还要积极发展非公有制经济。第二，空想社会主义者多数人选择的途径是错误的。他们搞实验搞试点有积极作用，但是通过说服统治阶级来达到目标，没有一个成功。而马克思则是先建立一个工人阶级政党，然后领导工人阶级和全体人民通过暴力或非暴力夺取政权，再推行新制度。第三，空想社会主义者论证未来社会的理论和当时的一些剥削阶级思想相比有进步性，但是与马克思的科学社会主义理论相比显得严重不足。

关于科学社会主义的经济理论，程恩富认为有三种观点：第一种是马恩列的社会主义经济观，认为在全社会实行公有制和统一的按劳分配，是没有商品货币的完全的计划经济。第二种是斯大林和毛泽东的社会主义经济观，认为只要消灭私有制，存在两种公有制，实现两种形式的按劳分配，以计划经济为主体，保留一定的商品货币关系，也是社会主义社会。第三种是中国特色社会主义经济观，认为社会主义只要公有制占主体，私有制可以相当程度地存在；只要按劳分配占主体，非按劳分配可以存在；可以实行有国家调控的市场经济，不一定是计划经济为主体。他认为，三种社会主义经济观都是正确的，三种观点是根据生产力的变化引起生产关系部分质变把社会主义划分为初级、中级、高级三个阶段，先后实现三种科学社会主义经济制度观。

詹金荣从马克思主义思想史的角度，对空想社会主义的社会建设思想形成过程、重要内容和马克思恩格斯社会建设思想的理论来源以及当代价值进行了探索性的研究，不仅拓宽了空想社会主义的研究领域，而且为中国特色社会主义的社会建设理论提供了参考。

魏则胜认为，作为启蒙思想的马克思主义，是关于实现每个人自由而全面发展目标的学说，其任务在于通过思想解放运动，推动全人类的解放以及每个人的自由而全面的发展。马克思主义理论的历史使命就是继续启蒙：经过思想启蒙的社会个体，能够摆脱康德所说的"不成熟"状态，从自由个体走向历史主体，能够承担起推动每个人自由而全面的发展的历史使命。

由于对马克思主义的认识不同，各国的国情不同，因此对什么是社会主义的认识和实践也存在各种模式。方浩范从马克思主义朝鲜化发展历史角度论述了朝鲜社会主义思想发展的历史轨迹。他认为，朝鲜的马克思主义同样受到十月革命的影响，但是马克思主义在朝鲜的传播不同于中国。

三　科学把握毛泽东思想与中国特色社会主义理论体系的关系

2013 年是毛泽东同志诞辰 120 周年，如何看待毛泽东对当代中国发展进步的影响，如何看待改革开放前后两个历史阶段的关系，特别是毛泽东思想同中国特色社会主义理论体系的关系，不可避免地成为人们关注和讨论的热点。

毛泽东在马克思主义中国化发展过程中作出了重要的贡献。毛泽东关于社会主义建设的探索，为中国特色社会主义提供了重要的理论前提、物质准备和制度基础。因此，毛泽东与中国特色社会主义的关系，是当代中国马克思主义理论研究中的一个重大问题。对此，金民卿提出一个定位式的论断：毛泽东是中国特色社会主义的理论先驱。他认为，毛泽东提出了第二次结合的历史性命题，阐述了社会主义矛盾学说，作出了社会主义初级阶段的判断，制定了建设社会主义强国的目标和四个现代化的战略，提出了发展社会主义商品经济的观点，制定了政治、经济、文化、外交等方面的方针政策，探索了执政党建设的规律，形成了一系列独创性的理论成果，成为中国特色社会主义理论体系的思想源头。毛泽东关于社会主义建设的经验和教训都是发展中国特色社会主义的宝贵经验。

关于毛泽东思想同中国特色社会主义理论体系的讨论，涉及党的指导思想和行动指南的表述不同的问题。十八大的有关文献在全面完整的表述中，是提"马克思列宁主义、毛泽东思想、邓小平理论、'三个代表'重要思想和科学发展观"，而简略重点的表述中只是提"中国特色社会主义理论体系"。对此，程恩富指出，自洽性的统一提法当然是全面完整的这种表述，但平时可以采用简化的表述。简化表述的最佳提法是"以马列主义及其中国化理论为指导"，其次是"以马克思主义及其中国化理论为指导"，这种观点在会议上引起了热议。

学者们认为，深刻把握中国特色社会主义的本质内涵，建构中国特色社会主义理论体系的逻辑架构，是当前理论界面临的一个重大问题。随着马克思主义中国化的不断实践，马克思主义中国化的成果越来越多，按照科学理论体系的要求对中国特色社会主义理论进行整合研究已经提上日程。对此，张景荣认为，十七大以来，中国特色社会主义理论整合研究取得了重大的进展，出版了一批代表性的成果，整合研究的基本问题趋于取得共识，相关领域的研究得到不断的拓展和深入。当前的研究必须加强前瞻性，要注意把握部分与部分、部分与整体之间的关系，在研究的基础上，借鉴已有的成果，作出全面准确的阐述。

四　从中国特色社会主义制度和道路上探讨当代中国发展进步的成功经验

改革开放以来，在中国共产党的领导下，中国取得了举世瞩目的伟大成就。这些辉煌成就取得的关键就在于，我们把马克思主义同中国具体实际和时代特征有机结合起来，走对了路子，建好了制度。正因为如此，关于中国特色社会主义道路和制度问题，也成为本次论坛的一个主要论题。

中国特色社会主义道路是我们党在 90 多年推进马克思主义中国化的过程中探索中

国发展道路的成果的结晶，是实现社会主义现代化的必由之路，也是创造人民美好生活的必由之路。羊绍武等认为，中国特色社会主义政治发展道路具有四大优势：从执政党建设来看，表现为执政党的组织动员能力与自我约束能力的有机统一；从政府决策来看，表现为效率与民主的有机统一；从社会变革来看，表现为改革、发展和政治稳定的有机统一；从处理国际关系来看，表现为维护自身利益与关注共同利益的统一。

肖贵清认为，中国在改革开放以后之所以能够迅速发展，制度层面是根本原因。中国特色社会主义基本制度适应了生产力的发展水平，按劳分配又使各种生产要素积极参与社会生产，在坚持共同富裕的基础上推动了经济的发展。社会主义市场经济体制的建立和完善是我国经济充满活力的重要原因。同时社会主义市场经济体制实现了市场经济体制与社会主义制度的有机结合。中国特色社会主义的政治制度是当代中国发展进步的政治基础。中国特色社会主义政治制度体现了党的领导、人民当家做主和依法治国的有机统一。

中国共产党在社会主义建设的过程中，对生态文明建设进行了积极的探索。党的十八大对生态文明建设进行了全面的战略部署，形成了一系列思想观点和理论成果，是对中国社会主义发展道路的深化。因此中国特色生态文明建设道路也成为研究的热点之一。于晓雷认为，当今世界存在着严重的生态问题，这是资本主义的私有制度（即为了最大限度地追求利润而不顾生态的承受力）带来的恶果之一；生态问题靠资本主义是解决不了的，只有在社会主义的公有制度（即生产发展与生态保护相协调、近期发展与长远发展相协调）下才能得到真正解决；生态文明建设是中国特色社会主义建设的题中之意。徐春认为，建设生态文明必须破解两个难题：一是如何走生态文明道路，完成工业化进程，实现跨越式发展；另一个是如何化解环境和发展的二元对立，使环境保护能够推动经济发展，给个人、企业和国家带来经济效益。

五　增强"三个自信"，实现中华民族伟大复兴的"中国梦"

中国特色社会主义是中国人民进行长期的理论和实践探索的伟大成果，是引领当代中国发展进步的伟大旗帜。当代中国共产党人和全体中国人民应该以高度的理论自信、道路自信和制度自信，全面推进中国特色社会主义伟大事业，实现中华民族伟大复兴的"中国梦"。

陈金龙认为，"三个自信"是一种积极的心理状态，是一种坚定的政治信念，是我们改革与发展的智慧，是国家自信、民族自信和政党自信的统一。三个自信的社会功能在于：有利于塑造国家形象、政党形象，提升国家地位；有利于我们达成改革共识，凝聚改革力量；有利于发现各种矛盾，迎接各种挑战；有利于矫正改革过程中的西化倾向。

袁久红认为，习近平在全国宣传思想工作会议上的讲话中提出的中华文化是中国特色社会主义沃土、中华优秀传统文化是我们最深厚的文化软实力的观点，深刻阐述了中华文化与中国特色社会主义的关系，揭示了中国特色社会主义的文化逻辑，赋予了中国特色社会主义鲜明的民族特色，是中国共产党人文化自觉、文化自信的重要表现。

金民卿认为，马克思主义理论工作者，在增强理论自信、道路自信、制度自信的同时，必须深化学术自信。坚定马克思主义的信仰，坚定中国特色社会主义理想信念，深入研究当前重大理论和现实问题，建构具有中国特色、中国气派、中国风格的学科理论体系和学术话语体系，为当代中国马克思主义理论发展作出自己应有的贡献；马克思主义理论研究和教学工作者，还承担着一个重要的任务，就是要切实建设和发展好马克思主义理论学科。

在讨论中国特色社会主义理论、道路、制度问题的基础上，学者们还把"中国梦"问题作为一个重要的学术生长点加以探讨，提出了一系列有价值的学术观点。程恩富认为，"中国梦"的内涵概括起来主要包括：第一，实现"中国梦"必须走中国道路。第二，必须弘扬中国精神。中国精神就是社会主义核心价值体系里的以爱国主义为核心的民族精神和以改革创新为核心的时代精神。第三，凝聚各民族大团结的力量。第四，"中国梦"归根到底是人民的梦，必须紧紧依靠人民来实现，不断为人民造福。第五，"中国梦"是历史的、现实的、未来的。第六，实现"中国梦"必须坚持和平发展，"中国梦"与要求和平和共同繁荣的世界人民之梦是一致的。邵彦敏认为，凝聚实现"中国梦"的中国力量是多维力量的合力，包括中国特色社会主义道路是中国力量的方向引领，中国特色社会主义制度是中国力量的保障，中国共产党的领导是中国力量的核心，人民群众是中国力量的主体，文化是中国力量的灵魂。只有凝聚这些力量，才能实现伟大的"中国梦"。

与会学者一致表示，在新的历史条件下，当代中国的马克思主义学者，必须坚定理想信念，坚决维护马克思主义的指导地位，不断推进马克思主义中国化的理论创新，发展中国特色社会主义理论体系，为推进中国特色社会主义伟大事业、实现中华民族伟大复兴的"中国梦"作出应有的贡献。这是历史赋予每一位马克思主义理论工作者的神圣职责。

（原载《马克思主义研究》2013 年第 12 期）

财富与收入分配的理论与政策

——中国经济社会发展智库第 7 届高层论坛综述

孙秋鹏

2013 年 12 月 22 日，由中国经济社会发展智库理事会、北京大学马克思主义学院、中国社会科学院经济社会发展研究中心和中国社会主义经济规律研究会联合主办的"财富与收入分配的理论与政策：中国经济社会发展智库第 7 届高层论坛"在北京大学举行。中国社会科学院特邀顾问、原副院长刘国光，中国人民大学荣誉一级教授卫兴华，中国社会科学院马克思主义研究学部主任程恩富，北京大学副校长刘伟，北京大学马克思主义学院院长郭建宁、副院长孙熙国，中国社会科学院欧洲研究所副所长江时学，中国社会科学院经济社会发展研究中心副主任胡乐明和余斌，国家发改委宏观经济研究院资深研究员高梁，中央财经大学税务学院教授汤贡亮等有关领导和著名学者出席论坛并发表演讲。会议分别由程恩富和北京大学马克思主义学院副院长白雪秋主持。来自中国社会科学院、北京大学、中国人民大学、北京师范大学、中央财经大学、对外经济贸易大学、首都经济贸易大学、南京财经大学、吉林财经大学及政府部门的约百位专家、学者和师生，围绕论坛中心议题进行了广泛深入的研讨，并取得了丰硕的成果，提出了建设性的政策建议。

一 现状与存在的问题

与会学者认为，经过 30 多年的改革开放，我国整体经济实力有了显著提升，人民收入水平有了显著提高，取得了可喜的成绩。同时也应当看到，我国也存在较为严重的财富和收入分配差距扩大的现实，并且这种差距仍然有进一步扩大的趋势。

卫兴华指出，改革开放 30 多年来，我国经济社会的快速发展是历史上前所未有的。人民的生活水平从总体上说，获得了显著的提高，应当肯定。但是，自 20 世纪 90 年代中期以来，居民收入差距显现不断扩大的趋势，出现了贫富分化现象。2013 年 1 月 18 日，国家统计局负责人在新闻发布会上介绍，反映我国居民收入差距的基尼系数，2003—2008 年的 6 年间，依次为 0.479、0.473、0.485、0.487、0.484、0.491。2009—2012 年的 4 年间，由于采取了一系列的保障和改善民生措施，基尼系数有所回落，分别为 0.490、0.481、0.477、0.474。根据这个发布会上提供的统计数字，虽然近年来基尼系数有所回落，但依然远超过国际公认的 0.4 的警戒线。从资本与劳动收入的占比来看，我国目前劳动关系中最大的一个问题是劳动收入占比不断下降，目前已严重偏低。

高梁指出，30 年前，中国人均收入仅 200 美元，依托低工资优势进入"国际大循环"是正确的发展战略。现在中国人均 GDP 已超过 4000 美元,劳动市场的供需形势已出现根本性变化,工资呈现上涨趋势。但是,中国的基尼系数,从 1984 年的 0.24 急剧扩大到 2004 年的 0.473;10％最高收入家庭财产占全部居民财产的 45％,而 10％最低收入家庭的财产仅占 14％,贫富分化的速度世所罕见。劳动者报酬占 GDP 的比重从 1978 年的 48.4％降至 2007 年的 39.74％,居民消费占 GDP 的比重从 1978 年的 48.4％降到 2006 年的 36.4％。广大居民收入的增长落后于经济的增长,导致消费不足。

汤贡亮指出,初次分配奠定国民收入分配的基本格局,对国民收入分配的合理性和公平性起着至关重要的作用。如果这一环节出问题,即使有后续的再分配调节,也很难矫正到位。这些年的现状是初次分配中政府收入占比相对增加。2001—2011 年,政府财政收入增速最小值为 11.7％,最大值达到 32.4％,相比之下,国民总收入平均增速为 10.5％,而 GDP 年平均增速为 10.4％。企业收入中大型企业收入比重总体上升,小型企业收入比重有所下降。居民可支配收入占比呈下降趋势。工资的增长与生产率的增长没有达到同步。总体上说,国民收入向企业和国家(政府)倾斜的趋势较为明显。

对外经济贸易大学教授郭飞指出,改革开放以来,我国基本建立起以按劳分配为主体、多种分配方式并存的个人收入分配制度;初步建立起微观自主与宏观调控相结合的个人收入分配新体制;在劳动生产率大幅提高和社会生产力迅速发展的基础上,广大人民的收入状况得到显著改善。同时,我国个人收入分配领域也存在相当突出的问题:权力寻租较为猖獗,黑色收入屡打不绝;部分垄断性行业中大型企业的高管不合理的高收入问题较为严重;国民收入分配格局中劳动报酬和居民收入所占的比重明显偏低;个人收入差距在较长时期内持续显著扩大。如果这种情况持续下去,不仅影响可持续发展,严重时还可能引发社会不稳。

二　形成原因

只有深入分析我国财产和劳动收入差距扩大的原因,才能更好地给出具有针对性的改革措施和具有操作性的政策建议,与会专家对此进行了深入探讨。

卫兴华指出,考察两极分化的产生,应分清根本性原因和非根本性原因、主要原因和非主要原因。对贫富分化要分清绝对两极分化和相对两极分化。绝对两极分化是指富者越富,穷者越穷或恒穷。相对两极分化是指富者越富,但穷者并不更穷和恒穷,而是穷者的收入和生活水平也在提高,只是与富者的差距拉得更大了。我国目前出现的贫富分化是相对的而不是绝对的贫富分化。凡是在非劳动者占有生产资料,并支配劳动者进行生产的私有制中,必然产生贫富分化。近年来,我国低收入或贫困群体形成的原因主要是两个方面:一方面,是民营、外资企业的发展占有了全国经济 70％左右的比重,80％的城镇职工在非公有制经济中就业。另一方面,从分配关系的倾向看,劳动收入所占比重减少,而资本所占比重增大,劳资收入差距不断拉大。这正是不少学者从所有制结构变化中论述贫富分化形成原因的根据。

高梁指出,高投资率固然有利于迅速改善国内基础设施、提高产能和提升技术装备,但它的另一面是压低国民收入分配中劳动者的份额,抑制消费增长,这显然违背经济发展的初衷。中国的低工资水平是支持出口加工业的主要竞争优势;偏向出口加工的产业结构,又会长期维持压低工资水平。初次分配不公平导致国内消费不振,但工资上升又影响出口加工业，沿海地方政府左右为难。眼前的任务是努力协调劳资矛盾，长远的出路只能是推进自主型的产业升级。所有制格局决定分配格局，市场经济导致两极分化，这是基本的经济规律。

余斌指出，国有企业整体上起到了缩小收入差距的作用。因为国有企业职工的收入再高，至多只能算中等收入者，收入分配不公在于两极。实际上，收入分配不公和收入差距扩大的根本原因在于市场经济中的私有制经济成分。进入 21 世纪之后，私企和外企在国民经济中的比重之和超过了国企，国家经济的增长与老百姓个人收入增长脱节了。占比相对较大的富人财富的增长速度比国家经济的增长速度快得多，其后果就必然是穷人的收入增长速度远低于国家经济的增长速度，从而使相当一部分人感受不到国家经济的增长。收入分配体制改革的难点在于一些人对收入差距的表现和原因认识不清。显然，那些认为收入差距的根本原因在于国有企业的人，必然会主张国有企业私有化。即便不能全盘私有化，也要部分私有化。同时，削减国有企业职工的工资，私有企业主能够心安理得地给私企职工发更低的工资。其后果必然是收入差距的更加扩大。收入分配体制改革的难点还在于约束市场经济在贫富差距分化上的基础性作用。在资本主义国家中，市场经济在贫富分化上的基础性作用是与市场对于资源配置的基础性作用相一致的。如果加大对高收入者的税收调节力度，按照西方经济学的解释，就会妨碍私有企业主的积极性，从而减弱市场对于资源配置的基础性作用。因此，只有大力发挥国有企业的作用，坚持以公有制为主体，才有可能在市场发挥基础性甚至决定性作用的同时，减轻或避免两极分化。政府官员的灰色收入是收入分配不公的主要问题之一。必须克服一切困难使政府官员向民众公开申明财产。

江时学指出，"中等收入陷阱"不是指发展中国家（中等收入国家）在经济和社会发展道路上或现代化道路上遇到的一切问题，也不是指一个国家长期不能跻身于高收入国家行列的境况，而是指一个国家在跻身于中等收入国家行列后，由于劳动力成本上升及自身产业结构缺乏科技创新，其出口产品国际竞争力下降，进一步发展面临困境。在一定意义上，将人均国民收入能否达到 12196 美元视为能否跳出"中等收入陷阱"的标志，完全是一个伪命题。随着中国劳动力成本的快速上升，中国跌入"中等收入陷阱"的风险在增加。中国必须加大转变经济发展方式的力度，通过实施创新驱动发展战略，尽快推进经济结构战略性调整。

三　对策与建议

针对我国财产和收入分配差距扩大的基本事实，在对形成原因深入探讨的基础上，与会专家提出了具体改进措施和政策建议。

卫兴华认为，无论从马克思主义经济学还是西方经济学，无论从发达资本主义国家市场经济的发展实际，还是我国的经济发展实际来看，市场化改革不可能实现分配公平。市场竞争、优胜劣汰会产生分化，不会自发实现社会公平，更不会自发地形成居民收入分配的公平，消除贫富分化。缩小收入差距、消除贫富分化，在理论认识上要统一到党的十七大、十八大的指导思想上来。首先，要正确认识和处理收入分配中的效率与公平问题。其次，要全面理解和把握邓小平提出的社会主义本质理论和十八大精神。既要快速发展生产力，又要消除两极分化和实现共同富裕。从缩小收入分配差距的途径来看，可从两方面着手：一方面，要毫不动摇地巩固和发展公有制经济，增强国有经济的活力，遏制贫富分化趋势。另一方面，缩小收入分配差距，促进分配公平的工作重点，应是提高低收入群体特别是生活困难群众的收入水平和生活水平。

刘伟指出，关于财富和收入的分配理论和政策，是当前研究马克思主义的极为重要的主题，财富和收入分配的公平关系到社会主义本质和社会公平正义的实现，只有通过科学发展和改革，调整国民收入分配格局，使发展成果更多、更公平惠及全体人民，才能真正实现和谐社会的目标并朝着共同富裕方向稳步前进。

郭建宁指出，今天的改革和过去的改革有几点不同。初期的改革更强调效率的导向，是"效率优先，兼顾公平"，之后是兼顾效率与公平，更加突出公平。但这一次是明确提出推进社会公平正义，增进人民福祉是改革的出发点和落脚点。今天的改革不仅有观念的冲突，最主要的是利益，即利益矛盾、利益冲突、利益差别、利益取舍。过去的改革是从容易的入手，今天的改革要从攻坚克难入手。过去的改革主要的方法可以"摸着石头过河"，今天的改革应该是一个整体设计，更要求改革的整体性、系统性和协同性。过去的改革是以经济体制改革为主，这一次是全面深化改革，经济体制改革还是一个重点，还涉及经济、政治、文化、党建、国防和军队改革等方面。过去的改革更强调让一部分人先富起来，今天的改革就是让全体人民逐步走向共同富裕。

高梁认为，如果试图以"彻底市场化"缓解贫富差距问题，无疑是南辕北辙。要在现有利益格局之下遏制两极分化，以及缩小区域间、城乡间的差距，只能通过政策的力量，提高低收入者的收入，主要体现在二次分配之中。政府为缩小贫富差距可采取的措施：增加就业与扶持小微企业，扶持落后区域经济发展，扶持新农村建设（发展新型股份合作、新村建设、加强扶贫力度），为进城农民提供与市民相当的教育社保待遇，为城市低收入者提供公租房，规范国企管理者薪酬，建立职工工资增长机制，照顾民生的财政政策，等等。但是缩小收入差距的重要之策在于，大力推进产业升级，提高本国企业在高附加值环节的比重，将同时增加本国企业在国际高附加值领域中的利润与本国白领职工的工资水平，将有助于提高国民收入一次分配中的中间层收入水平。

余斌认为，设计收入分配体制改革的总体方案，必须要科学和民主。在方案设计之前，首先要确定收入差距的现状。要全面统计收入差距，不仅要统计城乡差距、地区差距、行业差距，还要统计不同经济成分之间的差距，统计老板与工人之间的差距，统计内资企业与外资企业之间的差距，等等。最后，设计好的收入分配体制改革总体方案，不仅要监督落实，还要随时检查其成效，一旦发现改革方案在落实后达不到预期效果，甚至反而扩大了收入差距，必须有中止其实施的措施。

郭飞指出，基于我国个人收入分配的现状，结合十八大报告和《中共中央关于全面深化改革若干重大问题的决定》中的相关提法，我国城乡居民人均收入十年翻一番并不意味着我国居民收入都是同步增长，我国不同群体、不同行业、不同地区、不同岗位居民或劳动者的收入增长速度应至少体现六个特征：一是低收入群体人均收入增速明显超过中等收入群体，中等收入群体人均收入增速明显超过高收入群体；二是低收入行业人均收入增速显著超过高收入行业；三是农村居民人均纯收入增速明显超过城镇居民；四是中西部地区人均收入增速超过东部地区；五是企业一线的苦、脏、累岗位职工收入增速明显超过企业其他人员；六是企业退休人员基本养老金增速明显超过国家机关事业单位退休人员。目前，应尽快启动新一轮国家机关事业单位工资改革，建议抓紧制定并尽快出台新一轮的国家机关事业单位工资改革方案，进一步完善国家机关事业单位工资结构和工资正常增长机制，建议在国家机关事业单位新的工资结构中，增加由国家财政拨付的、与国内生产总值增长速度和居民消费价格上涨幅度紧密挂钩的经济发展津贴。

首都师范大学教授董正平指出，收入分配只是生产条件本身分配的结果，讨论分配问题既要看到存量财产也要看到即时收入。目前我国存在的收入分配差距扩大的情况，主要是财富分配的不合理造成的。要调节收入分配的不合理，就离不开政府和市场在调节财富和收入分配中的作用。新自由主义者以提高效率为借口，反对社会福利和社会保障方面的改革甚至是改良，防止触犯大资产阶级和富人的利益。我国的社会主义市场经济体制改革，提出了让市场在资源配置中起决定性作用，但也不能放弃政府有效的干预和调控。降低政府收入比重，不一定能够达到提高居民收入比重的作用，实际上政府应当用增加的收入扩大在教育、医疗等社会保障和社会福利领域的支出。

北京师范大学教授卫志民指出，缩小财富和收入分配差距应当从以下方面的改革入手：创造条件，以更加积极的态度推进户籍制度改革，增强劳动力的流动性，缩小城乡收入差距；解除对经济活动的行政管制，缩小经济管理部门的自由裁量权，致力于从根本上消除寻租活动的制度基础；改革税收制度，降低宏观税负水平，扩大工资性收入在国民收入中的比重，扩大家庭部门在国民收入分配中的份额；从制度上加强社会对权力的监督，减少官员的寻租活动和贪污腐败行为，取缔非法收入；通过再分配调节初次分配的不合理结果；通过制度创新，多渠道增加居民的财产性收入；不断通过社会保障系统的覆盖面和保证水平，特别是要与中国经济规模的增长、综合国力的提高以及通货膨胀水平相适应，提高社会保障支出在财政支出中的比重，这对于平抑初次分配的差距具有重要意义。

中国社会科学院副研究员王中保指出，应当从宏观和微观角度来看待收入分配改革，要看到收入分配与所有制之间的关系，与宏观经济之间的关系。资本主义所有制结构决定的按资分配，必然决定财富和收入的两极分化；社会主义实行公有制为主体，虽然也有收入差距，但是差距的幅度较小。

四　政府和市场在财富与收入分配调节中的双重作用

财产和收入分配领域也要处理好政府与市场之间的关系，与会专家以十八届三中全会的重要精神为出发点，就此展开了广泛、深入的讨论。

刘国光指出，"社会主义市场经济"是一个完整的概念，是不容割裂的有机统一体。资源配置有宏观、微观不同层次，还有许多不同领域的资源配置。在资源配置的微观层次，即多种资源在各个市场主体之间的配置，价值规律可以通过供求变动和竞争机制促进效率，发挥非常重要的作用，也可以说是"决定性"的作用。但是在资源配置的宏观层次，如供需总量的综合平衡、部门分配的比例结构、自然资源和环境的保护、社会分配公平等方面，以及涉及国家安全、民生福利（住房、教育、医疗）等领域的资源配置，就不能完全依靠市场来调节，更不用说"决定"了。市场机制会在这些宏观领域存在很多缺陷和不足，需要国家干预、政府管理、计划调节来矫正、约束和补充市场的行为，用"看得见的手"来弥补"看不见的手"的缺陷。有计划按比例地分配和节约资源，是社会化生产要遵循的首要经济规律。有计划按比例发展就是人们自觉安排的持续、稳定、协调发展，它不等同于传统的行政指令性的计划经济，更不是某些人贬称的"命令经济"。改革开放后，我们革除传统计划经济的弊病，适应初级阶段的国情，建立了社会主义市场经济体制，尊重价值规律，但是不能丢掉公有制下有计划按比例的经济规律。《中共中央关于全面深化改革若干重大问题的决定》在强调市场的决定性作用的同时，也强调了政府和国家计划的作用，就是说政府和国家计划要在资源配置中起导向性作用。这样，市场与政府、市场与计划的"双重调节作用"的思想就凸显出来了。"双重调节作用"是程恩富同志最近对《决定》中有关市场与政府关系问题的一个提法，颇有道理。

程恩富指出，市场和政府在财富和收入的分配领域各自发挥较大的调节作用。首先，在初次分配环节，市场通过价值规律的自发作用对收入和财富的分配发挥较大调节作用，政府则通过相关法律法规的制定和执行，对收入和财富的分配发挥较大调节作用。此外，国家通过公有制企业来确定积累与消费的适当比例和按劳分配，确保劳动报酬在初次分配中的合理比重，促进劳动报酬增长与劳动生产率等同步提高，从而能够避免贫富的严重分化。而私有制企业的初次分配还受到剩余价值规律的作用，导致初次分配中劳动报酬所占比重的提高具有一定的局限性，从而形成贫富分化的趋势。其次，在再分配环节，政府对初次分配造成的贫富过度分化的趋势进行矫正和调节，促进居民收入增长和经济发展同步，从而实现居民收入在国民收入分配中的较高比重。一方面，政府通过不断完善基础设施、基本公共服务、社会保障、资源要素和户籍等方面的制度来构建社会公平保障体系。另一方面，政府通过税收制度来调节高收入群体的过高收入，通过转移支付手段来提高低收入群体的收入，并通过法律手段来取缔非法收入。过去，在城市居民住房问题上强调市场的决定性作用，结果导致房价大涨、开发商暴富，老百姓意见极大，直到近几年才积极发挥政府的调节作用，使住房这一重要的民生保障问题出现转机，其教训是严重的。

汤贡亮指出，国民收入分配包括初次分配、二次分配和三次分配。初次分配从客观上决定着财富创造及其结果在政府、企业和居民三者之间的分配比例关系。再分配主要影响着居民之间的财富份额及其比重。第三次分配是慈善事业机制，是社会成员自发通过公益方式进行的分配。税制改革应更注重分配正义。如果说税收是政府增量资源的主要来源，当前，除了财政收入的规范化以及进行的税费改革之外，其在总体社会收入的比重要适当降低，以把更多资源留给民间的创造力，稳定税负，尽可能不开征新税种，适当兼并现有税种与税率。此外，还须在既往的存量中进行调整，把政府从主要的经济投资主体的角色中退出来，除了必需的国有企业资本外，其余的政府资源主要用于社会保障的资金保障和科技创新资金的支持。

胡乐明指出，民生福利住房教育医疗等领域的资源配置，不能完全依靠市场来调节。收入分配既有微观层次的问题，也有宏观层次的问题，特别是在初次分配领域，如果在微观层次政府不介入，初次分配等于是完全交给市场，收入和财富分配的两极分化扩大的问题是不可能解决的。政府要在收入分配领域发挥作用有两个方法：一个在微观层次，一个在宏观层次。政府提供公共产品是一个重要的收入分配方式。对于政府而言，提供何种公共物品就相当关键，一些有利于资本，一些有利于劳动力再生产，这就会影响到社会的收入和财富分配。在微观领域政府可以发挥很多作用，劳资之间很显然力量是不均等的，劳方处于劣势，政府不介入的话，必然是有利于资方的一个分配结果。所以，在微观领域，政府必须介入，初次分配领域必须介入。政府基本可以做三件事：修改《公司法》。《公司法》的宗旨是保护股东的利益，没有利益相关者的概念，也没有劳动者的地位，不是说一定要有劳动者的主体地位，但起码应该涵盖利益相关者；在企业的制度安排上重视"老三会"的作用，比如说企业职工代表大会。现在搞了"新三会"，"老三会"好像是没有作用了，但是"老三会"实际上还是好的，它是劳动者真正当家做主参与企业事务的一个重要的平台；施行程恩富教授提出的"四挂钩"，即实现职工收入与高管收入、劳动生产率、企业纯利润和物价水平挂钩，只有这样才能保障职工收入稳定增长。

北京大学教授孙蚌珠指出，政府在调节收入分配领域具有广阔的空间。改革的目的是促进公平、正义，提高人民的福祉。提高收入本身不是目的，提高生活水平是最终目标。提高生活水平有两个方面：提高公共服务、社会福利；减少个人支出。在教育、医疗、住房、保障和就业等方面，政府应当发挥积极作用。

北京大学教授李淑珍认为，金融资本从以下三个方面推动了发达国家内部贫富差距的拉大。一是金融资本贪婪、腐败，凭借手里的金融衍生工具大肆捞取钱财，整体所交税率却远低于中下阶层。二是金融资本主义"绑架"了政府甚至掌握了国家的政治权力。政府对少数金融机构的救助，在本质上是用纳税人的钱为投机商的巨额坏账买单，导致绝大多数人的经济困境，而同时金融大鳄们却拿着高薪，领着高额奖金和巨额分红。三是随着实体经济迅速向新兴国家转移，以及金融业并不产生就业，造成了发达资本主义国家失业和贫困人数大增。对问题的解决陷入结构性的矛盾之中，主要表现在政府扮演了双重角色，既是肇事者，又是问题的解决者。我国在金融领域也必须处理好财富和收入的分配问题，充分发挥市场和政府各自应有的调节作用。

（原载《马克思主义研究》2014 年第 3 期）

附　　　录

2013 年新书索引[*]

中文著作

〔比〕曼德尔：《革命的马克思主义与 20 世纪社会现实》，颜岩译，中国人民大学出版社 2013 年版。

〔波〕科拉科夫斯基：《走向马克思主义的人道主义——关于当代左派的文集》，姜海波译，黑龙江大学出版社 2013 年版。

〔法〕本赛德：《马克思主义使用说明书》，李纬文译，红旗出版社 2013 年版。

〔美〕迈斯纳：《马克思主义、毛泽东主义与乌托邦主义》，张宁、陈铭康等译，中国人民大学出版社 2013 年版。

〔美〕太渥：《法律自然主义：一种马克思主义法律理论》，杨静哲译，法律出版社 2013 年版。

〔英〕马克斯：《左翼国际法：反思马克思主义者的遗产》，潘俊武译，法律出版社 2013 年版。

〔英〕乔治·拉雷恩：《马克思主义与意识形态：马克思主义意识形态论研究》，张秀琴译，北京师范大学出版社 2013 年版。

〔英〕特德·本顿主编：《生态马克思主义》，曹荣湘、李继龙译，社会科学文献出版社 2013 年版。

《教学与研究》编辑部主编：《理论之树常青：〈教学与研究〉创刊 60 周年马克思主义理论研究论文选集》，中国人民大学出版社 2013 年版。

《马克思恩格斯列宁经典著作选读》编写组编：《2013 年教育部马克思主义理论研究和建设工程重点教材：马克思恩格斯列宁经典著作选读》，高等教育出版社 2013 年版。

《马克思主义发展史》编写组编：《马克思主义发展史》，高等教育出版社、人民出版社 2013 年版。

《马克思主义历史理论经典著作导读》编写组编：《马克思主义历史理论经典著作导读》，人民出版社 2013 年版。

《中国马克思主义与当代》编写组编：《中国马克思主义与当代》，高等教育出版社 2013 年版。

敖云波、傅正华：《全球化视域中的马克思主义中国化研究》，知识产权出版社 2013 年版。

---

[*] 所有条目来自国家图书馆馆藏目录。

卜宪群、王建朗、张顺洪主编：《马克思主义史学理论研究》（第 2 辑，2012 年），中国社会科学出版社 2013 年版。

曹书乐：《批判与重构：英国媒体与传播研究的马克思主义传统》，清华大学出版社 2013 年版。

常宗耀：《新时期中国化马克思主义探论》，光明日报出版社 2013 年版。

陈德祥：《马克思主义中国化时代化大众化关系研究》，社会科学文献出版社 2013 年版。

陈华兴主编：《马克思主义理论研究Ⅵ》，浙江大学出版社 2013 年版。

陈金龙等：《近代中国社会思潮与马克思主义中国化》，人民出版社 2013 年版。

陈先达：《处在夹缝中的哲学：走向 21 世纪的马克思主义哲学》，北京师范大学出版社 2013 年版。

陈新夏主编：《马克思主义经典著作导读》，高等教育出版社 2013 年版。

陈学明、黄力之、吴新文：《中国为什么还需要马克思主义：答关于马克思主义的十大疑问》，天津人民出版社 2013 年版。

陈学明主编：《20 世纪西方马克思主义哲学历程》，天津人民出版社 2013 年版。

陈众议主编：《马克思主义文艺理论研究》，中国社会科学出版社 2013 年版。

程恩富、侯惠勤编：《马克思主义研究　2011》，中国对外翻译出版公司 2013 年版。

程恩富：《马克思主义理论研究与学科建设年鉴》（2013　总第 4 卷），中国社会科学出版社 2013 年版。

程恩富主编：《马克思主义经济学研究》（第 2 辑，2012 年），中国社会科学出版社 2013 年版。

丁兆梅：《马克思主义中国化若干问题研究》，甘肃人民出版社 2013 年版。

杜绍祥、段超主编：《以马克思主义实践观指导高校服务经济社会发展：湖北青年学者论坛论文集（2013)》，湖北人民出版社 2013 年版。

房宁、杨海蛟主编：《马克思主义政治学研究》，中国社会科学出版社 2013 年版。

冯绍武主编：《马克思主义中国化论纲》，中国人事出版社 2013 年第 2 版。

傅晓华：《可持续发展之人文生态：兼论马克思主义绿色发展观》，湖南人民出版社 2013 年版。

盖伯琳、李英编：《〈马克思主义基本原理概论〉体系转化研究》，河北大学出版社 2013 年版。

高正礼：《民主革命时期马克思主义中国化中的论争》，安徽师范大学出版社 2013 年版。

顾钰民、韩喜平主编：《马克思主义理论学科研究》（第 8 辑），高等教育出版社 2013 年版。

广西马克思主义理论研究和建设工程基地办公室编：《理论　实践　探索：广西马克思主义理论研究和建设工程基地 2009—2011 年成果选编》，广西人民出版社 2013 年版。

郭勇主编：《马克思主义基本原理》，西南师范大学出版社 2013 年版。

韩祜生主编：《马克思主义基本原理课程学习辅导》，西北工业大学出版社 2013 年版。

韩庆祥：《马克思主义人学理论研究》，北京师范大学出版社 2013 年版。

何爱平、张志敏等：《马克思主义经济学与西方经济学的比较研究　第 3 辑》，中国经济出版社 2013 年版。

何玲玲：《当代中国马克思主义大众化的挑战与路径研究》，人民出版社 2013 年版。

何玲玲主编：《马克思主义基本原理专题研究》，中国社会科学出版社 2013 年版。

贺佃奎主编：《马克思主义基本原理概论学习指导》，中国农业出版社 2013 年版。

侯惠勤主编：《马克思主义基本原理研究》（第 2 辑），中国社会科学出版社 2013 年版。

胡明：《瞿秋白的文学世界：马克思主义文艺的理论与实践》，中国社会科学出版社 2013 年版。

胡爽平：《马克思主义分配理论及其在当代中国的发展》，中国社会出版社 2013 年版。

胡学举、杨钢、李后强主编：《中国共产党强国战略第 1 辑——中国马克思主义发展规律论的历史演进》，陕西人民教育出版社 2013 年版。

黄福寿主编：《马克思主义中国化历史逻辑》，上海三联书店 2013 年版。

黄继锋等：《马克思主义基本原理在当代西方》，中国人民大学出版社 2013 年版。

霍福广主编：《马克思主义哲学原理》，中国人民大学出版社 2013 年第 2 版。

姜喜咏：《"语境"转换与马克思主义中国化》，世界图书出版公司 2013 年版。

蒋传光主编：《马克思主义法律思想中国化理论与实践研究》，中国法制出版社 2013 年版。

金峰主编：《马克思主义经典文本导读》，西南交通大学出版社 2013 年版。

金民卿、赵智奎主编：《马克思主义中国化研究报告 No.5——马克思主义中国化：历史与规律》，社会科学文献出版社 2013 年版。

金平、韩其明：《马克思主义理论与当代社会实践专题研究》，法律出版社 2013 年版。

靳辉明：《马克思主义原理及其当代价值研究》，中国社会科学出版社 2013 年版。

康菊花主编：《马克思主义基本原理概论学习指导》，中国农业大学出版社 2013 年版。

李爱华：《马克思主义国际关系理论专题研究》，人民出版社 2013 年版。

李爱华主编：《马克思主义研究辑刊（2013 年卷）》，山东大学出版社 2013 年版。

李春会：《传播视域下的马克思主义大众化》，人民出版社 2013 年版。

李丹：《马克思主义妇女解放理论及其当代价值》，黑龙江大学出版社 2013 年版。

李建勇：《"马克思主义中国化"研究》，中央编译出版社 2013 年版。

李昆明主编：《马克思主义基本原理研究报告（2010—2012）》，人民出版社 2013 年版。

李慎明主编：《马克思主义国际问题基本原理》，社会科学文献出版社 2013 年版。

李晓萍、蓝枆主编：《马克思主义哲学原理简明读本》，东南大学出版社 2013 年版。

梁爱文、顼晓敏、曲莉编：《新时期马克思主义中国化理论成果的创新研究》，中国水利水电出版社 2013 年版。

梁苗：《文化批判与乌托邦重建：詹姆逊晚期马克思主义文化政治学研究》，人民出版社 2013 年版。

廖小明：《理想与现实之间：马克思主义经济公正思想及其当代价值》，人民出版社 2013 年版。

林木西、和军等：《马克思主义政治经济学基础理论创新研究》，经济科学出版社 2013 年版。

林绪武、王利娟、扶志刚：《马克思主义中国化与中国共产党的现代化》，南开大学出版社 2013 年版。

林雪原：《高校马克思主义信仰教育研究》，中国社会科学出版社 2013 年版。

林艳梅：《当代俄罗斯马克思主义研究》，中央编译出版社 2013 年版。

刘传春：《马克思主义国际合作思想：演进与逻辑》，人民出版社 2013 年版。

刘力波：《马克思主义中国化与中华民族精神现代化论纲》，中国社会科学出版社 2013 年版。

刘乃勇：《马克思主义新闻学要论》，新华出版社 2013 年版。

刘然：《创新实践：马克思主义实践理论的当代发展》，中央民族大学出版社 2013 年版。

刘先春主编：《与时俱进：马克思主义中国化研究》，中国社会科学出版社 2013 年版。

刘雅静主编：《马克思主义政治经济学》，山东人民出版社 2013 年版。

刘长新、喻冰主编：《中国化马克思主义理论概论》，东北大学出版社 2013 年版。

罗本琦编：《马克思主义中国化进程中的和谐文化研究》，人民出版社 2013 年版。

吕翠微：《辩证法的和谐诉求：马克思主义辩证法理论的当代研究》，中国社会科学出版社 2013 年版。

马国旺：《马克思主义经济学方法论与批判实在论经济学方法论比较研究》，经济科学出版社 2013 年版。

马华芳主编：《马克思主义基本原理概论》，苏州大学出版社 2013 年版。

马云志主编：《正本清源——马克思主义原理研究》，中国社会科学出版社 2013 年版。

毛勒堂主编：《马克思主义中国化基本原理探析》，上海三联书店 2013 年版。

孟艾芳编：《马克思主义与中国实践》，山西教育出版社 2013 年版。

孟轲：《轨迹与启迪：马克思主义知识分子观中国化研究》，中央文献出版社 2013 年版。

孟宪东、周文华、严宗泽等：《马克思主义基本原理研究》，光明日报出版社 2013 年版。

孟祥林：《马克思主义中国化当代化大众化专题 40 讲》，中国电力出版社 2013 年版。

糜海波：《国外马克思主义的"新阶级理论"研究》，南京大学出版社 2013 年版。

聂锦芳、彭宏伟：《马克思〈资本论〉研究读本》，中央编译出版社 2013 年版。

裴小革：《经济危机整体论：马克思主义经济危机理论再研究》，中国社会科学出版社 2013 年版。

乔瑞金编：《英国的新马克思主义》，人民出版社 2013 年版。

渠长根主编：《马克思主义中国化、大众化语境下的红色文化研究》，中国工商出版社 2013 年版。

戎毓春主编：《马克思主义哲学原理辅导》，西安电子科技大学出版社 2013 年版。

阮东彪：《传播学视角：当代中国马克思主义大众化机制研究》，湘潭大学出版社 2013 年版。

阮晔主编：《马克思主义基本原理概论》，中国政法大学出版社 2013 年版。

商志晓主编：《马克思主义大众化研究》，山东人民出版社 2013 年版。

上海市中国特色社会主义理论体系研究中心、上海市社会科学界联合会编：《上海市马克思主义理论研究 2012 年度报告》，上海人民出版社 2013 年版。

社会科学文献出版社编：《马克思主义哲学论丛（2012 年秋季号　总第 6 辑）》，社会科学文献出版社 2013 年版。

沈会琪主编：《马克思主义基本原理概论导读》，吉林大学出版社 2013 年版。

沈静：《詹姆逊的马克思主义阐释学美学》，人民出版社 2013 年版。

石书臣、潘宁：《马克思主义中国化方法论探研》，上海三联书店 2013 年版。

史宝林主编：《马克思主义基本原理概论实训》，江苏大学出版社 2013 年版。

斯琴格日乐：《新中国成立初期马克思主义民族观教育研究》，中国政法大学出版社 2013 年版。

宋保仁：《马克思主义生产力观中国化进程研究》，世界图书出版广东有限公司 2013 年版。

宋朝龙主编：《马克思主义在当代的范式转型》，世界图书出版公司 2013 年版。

隋俊主编：《马克思主义基本原理概论教学辅导用书》，哈尔滨工业大学出版社 2013 年版。

孙强：《改革开放以来马克思主义人权理论中国化研究》，中央编译出版社 2013 年版。

孙世明、崔瑞兰、孙燕玲主编：《〈马克思主义基本原理概论〉学习导读》，山东大学出版社 2013 年版。

孙新彭：《马克思主义时代理论与中国国家战略》，人民出版社 2013 年版。

唐昆雄、欧阳恩良、阳黔：《深化马克思主义理论研究　增强理论自觉自信》，光明日报出版社 2013 年版。

滕建华主编：《马克思主义基本原理概论学习指导》，中国农业出版社 2013 年版。

田福宁：《抗战时期马克思主义大众化研究》，中国社会科学出版社 2013 年版。

田克勤、李彩华、孙堂厚：《中国化马克思主义通论》，人民出版社 2013 年版。

万斌主编：《马克思主义与当代》，浙江大学出版社 2013 年版。

汪华主编：《马克思主义学习型党组织建设研究：基于高校党组织建设的思考》，武汉大学出版社 2013 年版。

王桂林、揭臣相、郑瑜主编：《马克思主义经典作品选读》，重庆大学出版社 2013 年版。

王海军：《真理的追求：延安时期知识分子群体与马克思主义中国化研究》，人民出版社 2013 年版。

王继全：《马克思主义利益观视阈中的思想政治教育》，浙江大学出版社 2013 年版。

王杰、［英］斯宾塞主编：《马克思主义与人道主义：第二届中英马克思主义美学双边论坛论文集》，中央编译出版社 2013 年版。

王杰、〔英〕斯宾塞主编：《马克思主义与未来：第三届中英马克思主义美学双边论坛论文集》，中央编译出版社 2013 年版。

王杰主编：《马克思主义美学研究》（第 15 卷　第 2 期），中央编译出版社 2013年版。

王杰主编：《马克思主义美学研究》（第 16 卷　第 1 期），中央编译出版社 2013年版。

王来法：《马克思主义哲学原理》，浙江大学出版社 2013 年第 2 版。

王民康编：《现实个人现实活动的现实关系：循着马克思主义的理论逻辑》，西南交通大学出版社 2013 年版。

王明初主编：《马克思主义中国化研究》（2012 年卷　总第 3 辑），中国社会科学出版社 2013 年版。

王让新主编：《马克思主义哲学经典著作选读与研究》，电子科技大学出版社 2013年版。

王天保：《西方马克思主义文论：文本解读与中西对话》，人民出版社 2013 年版。

王天恩主编：《〈马克思主义基本原理概论〉教师教学指南》，上海教育出版社 2013年版。

王伟光：《马克思主义与社会主义的历史命运》，社会科学文献出版社 2013 年版。

王伟光主编：《马克思主义理论学科前沿研究报告 2011》，中国社会科学出版社 2013 年版。

王学俭主编：《立德树人》，中国社会科学出版社 2013 年版。

王一木：《多元文化语境中马克思主义指导地位研究》，上海大学出版社 2013 年版。

王永贵等：《马克思主义意识形态理论与当代中国实践研究》，人民出版社 2013年版。

王泽应、唐凯麟主编：《马克思主义伦理思想研究》，湖南师范大学出版社 2013年版。

王长海、姜文荣、赵奎皓主编：《中国化马克思主义理论体系概论》，高等教育出版社 2013 年版。

魏波：《文化与生命：中国变迁的人文诉求与马克思主义的回应》，北京大学出版社 2013 年版。

吴焕林编：《思想政治工作与马克思主义哲学》，武汉工业大学出版社 2013 年版。

吴美华、于红：《马克思主义党建理论在当代中国的新发展》，中国人民大学出版社 2013 年版。

吴晓明：《马克思主义本体论研究》，北京师范大学出版社 2013 年版。

武汉大学马克思主义哲学研究所编：《马克思主义哲学研究（2013）》，湖北人民出版社 2013 年版。

习五一主编：《马克思主义无神论研究》（第 1 辑　2011），中国社会科学出版社 2013 年版。

夏志芳编：《马克思主义哲学著作选读教程》，厦门大学出版社 2013 年第 3 版。

肖巍：《可持续发展进行时：基于马克思主义的探讨》，复旦大学出版社 2013 年版。

肖巍编：《核心价值与意识形态建设　2011—2012》，人民出版社 2013 年版。

谢地坤主编：《马克思主义哲学研究》，中国社会科学出版社 2013 年版。

辛世俊等：《马克思主义人学中国化新探》，人民出版社 2013 年版。

徐信华：《中国共产党早期报刊与马克思主义大众化》，人民出版社 2013 年版。

许丽丽等主编：《马克思主义中国化专题研究》，内蒙古大学出版社 2013 年版。

薛荣久：《马克思主义国际经贸理论探究》，中国商务出版社 2013 年版。

严国红编：《马克思主义视域下社会心理研究》，知识产权出版社 2013 年版。

阎占定：《民族高校推进马克思主义大众化研究》，中国社会科学出版社 2013 年版。

颜晓峰、肖冬松主编：《马克思主义大众化》，解放军出版社 2013 年版。

杨邦荣主编：《马克思主义群众观点学习读本》，人民日报出版社 2013 年版。

杨耕、仰海峰：《马克思主义哲学文本导读》，北京师范大学出版社 2013 年版。

杨耕：《马克思主义哲学基础理论研究》，北京师范大学出版社 2013 年版。

杨玉生：《马克思主义经济学与经济制度——兼及西方马克思主义经济学研究》，经济科学出版社 2013 年版。

姚建彬：《走向马克思主义阐释学：詹姆逊的阐释学研究》，北京大学出版社 2013 年版。

尹德树：《文化视域下马克思主义在中国的早期传播与发展》，人民出版社 2013 年版。

于文善：《抗战时期重庆马克思主义史学研究》，中国社会科学出版社 2013 年版。

俞步松：《核心价值观与精神家园：当代中国马克思主义的中华文化寻根》，浙江大学出版社 2013 年版。

俞可平、王伟光、李慎明主编：《当代中国马克思主义理论与实践：第九届全国马克思主义论坛前沿论著结集》，重庆出版社 2013 年版。

俞可平等编：《当代中国马克思主义理论与实践》（第 8 辑），重庆出版社 2013 年版。

俞吾金：《马克思主义基础理论研究丛书：马克思主义认识论研究》，北京师范大学出版社 2013 年版。

张富文：《马克思主义人本思想研究》，郑州大学出版社 2013 年版。

张冠梓主编：《和青年谈马克思主义》，社会科学文献出版社 2013 年版。

张国昀、巩军全：《马克思主义经济学框架下的国家理论研究》，中国社会科学出版社 2013 年版。

张华：《马克思主义哲学大众化史论》，人民出版社 2013 年版。

张炯编：《论马克思主义与文学》，中国社会科学出版社 2013 年版。

张清学、刘忠良主编：《〈马克思主义基本原理概论〉教学参考辅导》，西南交通大学出版社 2013 年第 2 版。

张琼主编：《中国共产党关于马克思主义中国化时代化大众化经典论述研究》，线装书局 2013 年版。

张秋红：《马克思主义大众化——基于国际金融危机视野下的研究》，中国书籍出版社 2013 年版。

张世飞：《马克思主义党建理论中国化研究》，经济科学出版社 2013 年版。

张新：《马克思主义历史与现实的理论探索：张新自选集》，人民出版社 2013 年版。

章传家主编：《马克思主义时代化》，解放军出版社 2013 年版。

赵戎斐：《现代性视域中马克思主义学习型政党研究：以历史的维度与视角》，科学出版社 2013 年版。

赵甲明等：《〈中国马克思主义与当代〉课程研究》，中国社会科学出版社 2013 年版。

赵司空：《后马克思主义与后现代的乌托邦：阿格妮丝·赫勒后期思想述评》，上海社会科学院出版社 2013 年版。

赵小芒：《马克思主义中国化》，解放军出版社 2013 年版。

赵雪峰：《马克思主义群众观与中国特色社会管理》，中央文献出版社 2013 年版。

郑湘萍：《生态学马克思主义的生态批判理论研究》，中国书籍出版社 2013 年版。

郑艳凤、师吉金：《文风与马克思主义大众化的关系研究》，吉林大学出版社 2013 年版。

中共保山市委宣传部编：《马克思主义大众化终端实践：保山市的课题报告》，中国社会出版社 2013 年版。

中共中央党史研究室第一研究部、中共湖南省委党史研究室、中共湖南省永州市委编：《李达与中国共产党的创建和马克思主义在中国的传播——纪念李达同志诞辰 120 周年学术研讨会论文集》，人民出版社 2013 年版。

中共中央宣传部理论局编：《马克思主义哲学十讲：党员干部读本》，党建读物出版社 2013 年版。

中共中央宣传部理论局编：《马克思主义哲学十讲：党员干部读本》，学习出版社 2013 年版。

中国社会科学院新闻与传播研究所马克思主义新闻学研究室编：《马克思主义新闻传播史论的研究历程》，中国社会科学出版社 2013 年版。

中国特色社会主义理论与实践研究编写组：《中国特色社会主义理论与实践研究》，高等教育出版社 2013 年版。

钟枢：《马克思主义中国化的曲折历程》，法律出版社 2013 年版。

周太山：《邓小平的马克思主义理论教育思想研究》，中国社会科学出版社 2013 年版。

周育国：《马克思主义人本理念的当代视域》，北京师范大学出版社 2013 年版。

周振国：《马克思主义中国化的新境界》，中国社会科学出版社 2013 年版。

周中之主编：《马克思主义大众化发微》，上海三联书店 2013 年版。

朱康有：《马克思主义哲学前沿理论研究》，中国书籍出版社 2013 年版。

朱琳：《激荡与融合：马克思主义中国化进程与三大社会思潮》，人民出版社 2013 年版。

卓新平：《马克思主义宗教观探究》，中华书局 2013 年版。

卓新平主编：《马克思主义宗教观研究》，中国社会科学出版社 2013 年版。

曾传辉主编：《马克思主义宗教观研究　2011》，社会科学文献出版社 2013 年版。

（整理：仲河滨）

英文著作

马克思与活劳动 *Marx and living labour* / Laurent Baronian. London；New York：Routledge，2013.

马克思主义与社会运动 *Marxism and social movements* / edited by Colin Barker, Laurence Cox，John Krinsky and Alf Gunvald. Leiden：Brill，2013.

海德格尔与马克思：关于人文的建设性对话 *Heidegger and Marx：a productive dialogue over the language of humanism* / Laurence Paul Hemming. Evanston，Ill.：Northwestern University Press，2013.

马克思与电影：电影中的阶级斗争 *Marxism and the movies：critical essays on class struggle in the cinema* / edited by Mary K. Leigh and Kevin K. Durand. Jefferson, North Carolina；London：McFarland & Company，Inc.，Publishers，2013.

马克思教学：社会主义面对的挑战 *Teaching Marx：the socialist challenge* / edited by Curry Stephenson Malott，Mike Cole，John M. Elmore. Charlotte，North Carolina：Information Age Publishing，Inc.，2013.

卡尔·马克思：19 世纪的生活 *Karl Marx：a nineteenth-century life* / Jonathan Sperber. Charlotte，North Carolina：Information Age Publishing，Inc.，2013.

卡尔·马克思：学术传记 *Karl Marx：an intellectual biography* / Rolf Hosfeld；translated from the German by Bernard Heise. New York：Berghahn Books，2013.

列宁、宗教与神学 *Lenin，religion，and theology* / Roland Boer. New York：Palgrave Macmillan，2013.

中国共产党的形成 *The Formation of the Chinese Communist Party* / Ishikawa Yoshihiro；translated by Joshua A. Fogel. New York：Columbia University Press，2013.

不仅仅是毛主义：南亚的政治、政策与起义 *More than Maoism：politics，policies，and insurgencies in South Asia* / edited by Robin Jeffery，Ronojoy Sen，Pratima Singh. New Delhi：Institute of South Asian Studies：Manohar Publishers & Distributors，2013.

赛先生与"文革"：现代中国的科学技术 *Mr. Science and Chairman Mao's Cultural Revolution：science and technology in modern China* / edited by Chunjuan Nancy Wei and Darryl E. Brock. 2013.

中国新兴投资：市场社会主义中的企业家精神 *Emerging business ventures in China：entrepreneurship under market socialism* / Ping Zheng & Richard Scase. Routledge studies in international business and the world economy，2013.

明日街头上的共产主义：斯大林之后的群众住房与日常生活 *Communism on tomorrow street：mass housing and everyday life after Stalin* / Steven E. Harris. Washington，D. C.：Woodrow Wilson Center Press；Baltimore：The Johns Hopkins University Press，2013.

21 世纪的共产主义设想 *The communal idea in the 21st century* / edited by Eliezer Ben-Rafael，Yaacov Oved，Menachem Topel. Leiden；Boston：Brill，2013.

日常共产主义：东德国有企业研究 *Communism day-to-day：state enterprises in East German society* / Sandrine Kott. ［S. l. ］：University of Michigan Press，2013.

从改革到彩虹革命：社会主义之后的改革与革命 *From perestroika to rainbow revolutions：reform and revolution after socialism* / Vicken Cheterian （editor）. London：Hurst，2013.

不可能的共同体：社群主义的无政府主义 *The impossible community：realizing communitarian anarchism* / John P. Clark. New York：Bloomsbury Academic，2013.

晚近现代性、个人主义化与社会主义：一个有关新自由主义的批判 *Late modernity，individualization and socialism：an associational critique of neoliberalism* / Matt Dawson，University of Glasgow，UK. Houndmills，Basingstoke，Hampshire；New York：Palgrave Macmillan，2013.

梅耶·伦敦：一个社会主义纽约州议员的传记，1871—1926 *Meyer London：a biography of the socialist New York congressman，1871 — 1926* / Gordon J. Goldberg. Jefferson，North Carolina ：McFarland & Company，Inc.，Publishers，2013.

社会主义的六十年代：在二战中穿越边界 *The socialist sixties：crossing borders in the Second World War*/ edited by Anne E. Gorsuch and Diane P. Koenker. Bloomington，Indiana：Indiana University Press，2013.

社会主义教育的逻辑：关照危机、不安全与不确定 *Logics of socialist education：engaging with crisis，insecurity and uncertainty* / Tom G. Griffiths，Zsuzsa Millei，editors. Dordrecht；New York：Springer，2013.

1918—1939 的工党与教堂：英国社会主义的特征 *The labour party and the free churches 1918 — 1939：the distinctiveness of British socialism* / Peter Catterall. ［S. l. ］：Continuum，2013.

社会主义的方式：当代英国的社会民主主义 *The socialist way：social democracy in contemporary Britain* / edited by Roy Hattersley and Kevin Hickson. London；New York：I. B. Tauris，2013.

工党的衰落：从拉姆齐·麦克唐纳到戈登·布朗 *How labour governments fall：from Ramsay Macdonald to Gordon Brown* / edited by Timothy Heppell，Kevin Theakston. Houndmills，Basingstoke，Hampshire：Palgrave Macmillan，2013.

军事主义与英国左派 1902—1914 *Militarism and the British Left：1902 — 1914* / Matthew Johnson. Basingstoke，Hampshire；New York：Palgrave Macmillan，2013.

福利国家的比较研究：介于资本主义与社会主义之间的英国、瑞典、法国与德国 *Variations of the welfare state：Great Britain，Sweden，France and Germany between capitalism and socialism* / Franz-Xaver Kaufmann；translated from the German by Thomas Dunlap. Heidelberg；New York：Springer，2013.

社会主义之后斯洛伐克的批判思想 *Critical thinking in Slovakia after socialism* / Jonathan L. Larson. Rochester，NY：University of Rochester Press，2013.

拉美的曲折转型：21 世纪社会主义的未来 *Latin America's turbulent transitions：the future of twenty-first century socialism* / Roger Burbach，Michael Fox，and Federico Fuentes. New York：Zed Books；Halifax：Fernwood Publishing，2013.

南美的统治 *Dictatorship in South America* / Jerry Dávila. Chichester，West Sussex，UK：Wiley-Blackwell，2013.

古巴经济学家谈古巴经济 *Cuban economists on the Cuban economy* / edited by Al Campbell. Gainesville：University Press of Florida，2013.

全球变局：亚洲、非洲和拉丁美洲，1945－2007 *Global shift：Asia，Africa，and Latin America，1945－2007* / Mike Mason. Montreal：McGill-Queen's University Press，2013.

反全球化与21世纪的社会主义：玻利维亚如何联合美洲人民 *Counter-globalization and socialism in the 21st century：the Bolivarian alliance for the peoples of our America* / edited by Thomas Muhr. Rethinking globalizations；2013.

社会主义与后社会主义国家的创新和企业家 *Innovations and entrepreneurs in socialist and post-socialist societies* / by Jouko Nikula and Ivan Tchalakov. Newcastle upon Tyne：Cambridge Scholars Pub. ，2013.

女性在行动：女性主义与社会行动 *Women in movement：feminism and social action* / Sheila Rowbotham. Abingdon，Oxon ；New York ：Routledge，2013.

激进的轰动：世界动作、暴力和视觉文化 *Radical sensations：world movements，violence，and visual culture* / Shelley Streeby. Durham and London：Duke University Press，2013.

全球经济危机与资本主义的未来：马克思危机理论的复兴 *Crises of global economies and the future of capitalism：reviving Marxian crisis theory* / Edited by Kiichiro Yagi，Nobuharu Yokokawa，Shinjiro Hagiwara and Gary A. Dymski. Abingdon，Oxon：Routledge，2013.

真实的工厂：生物科技与资本主义的独特本质 *Living factories：biotechnology and the unique nature of capitalism* / Kenneth Fish. Montreal：McGill-Queen's University Press，2013.

资本主义：马克思经济学批判的同伴 *Capitalism：a companion to Marx's economy critique* / Johan Fornas. New York：Routledge，2013.

道德与市场：一个危险的平衡 *Morals and markets：the dangerous balance* / Daniel Friedman and Daniel McNeill. New York：Palgrave Macmillan，2013.

危机中的银行系统：自由资本主义的面具 *Banking systems in the crisis：the faces of liberal capitalism* / edited by Suzanne J. Konzelmann and Marc Fovargue-Davies. New York：Routledge，2013.

人道资本主义：经济增长如何让人变得更加聪明但更不平等 *Human capitalism：how economic growth has made us smarter and more unequal* / Brink Lindsey. Princeton：Princeton University Press，2013.

资本主义、公司和社会契约：对利益相关者理论的批判 *Capitalism，corporations and the social contract：a critique of stakeholder theory* / Samuel F. Mansell. Cambridge：Cambridge University Press，2013.

国家的隐藏 *The concealment of the state* / Jason Royce Lindsey. New York：

Bloomsbury，2013.

蝗虫和蜜蜂：资本主义未来的天敌与创造者 *The locust and the bee：predators and creators in capitalism's future* / Geoff Mulgan. Princeton：Princeton University Press，2013.

帝国主义与 21 世纪资本主义：一个处于危机的系统 *Imperialism and capitalism in the twenty-first century：a system in crisis* / James Petras and Henry Veltmeyer in collaboration with Raúl Delgado Wise and Humberto Márquez Covarrubias. Farnham，Surrey；Burlington：Ashgate，2013.

另一个世界是可能的：19 世纪末和 20 世纪初英国的无政府主义、反资本主义和生态主义 *Making another world possible：anarchism，anti-capitalism and ecology in late 19th and early 20th century Britain* / by Peter Ryley. New York：Bloomsbury Academic，2013.

谁拥有我们身体的产权？ *Our bodies，whose property?* / Anne Phillips. Princeton：Princeton University Press，2013.

国家主导私有化与民主国家的衰亡：管制资本主义时代的福利改革与地方主义 *State-led privatisation and the demise of the democratic state：welfare reform and localism in an era of regulatory capitalism* / by Mike Raco，Farnham：Ashgate，2013.

无法无天的资本主义：次贷危机与经济主宰 *Lawless capitalism：the subprime crisis and the case for an economic rule of law* / Steven A. Ramirez. New York：New York University Press，2013.

自由主义资本主义国家中的剥削与经济公正 *Exploitation and economic justice in the liberal capitalist state* / Mark R. Reiff. Oxford：Oxford University Press，2013.

在他者中寻找自我 *Finding oneself in the other* / G. A. Cohen；edited by Michael Otsuka. Princeton，N. J.：Princeton University Press，2013.

现代社会理论的自然法基础：一个对普世主义的追寻 *The natural law foundations of modern social theory：a quest for universalism* / Daniel Chernilo. Cambridge；New York：Cambridge University Press，2013.

葛兰西：空间、自然与政治 *Gramsci：space，nature，politics* / edited by Michael Ekers... [et al.]. Chichester；Malden，MA：John Wiley & Sons，2013.

卡尔·波兰尼：一个匈牙利人的撰述 *Karl Polanyi：the Hungarian writings* / Gareth Dale. [S. l.]：Continuum，2013.

现代政治思想百科全书 *Encyclopedia of modern political thought* / Gregory Claeys. [S. l.]：CQ Press，2013.

工作场所的社会学 *The Sociology of the Workplace* / Malcolm Warner. London：Routledge，2013.

历史的幻觉：时间与激进政治想象 *The illusion of history：time and the radical political imagination* / Andrew R. Russ. Washington，D. C.：Catholic University of America Press，2013.

（整理：陈硕颖）

2013 年论文索引

1. 阿迪雅、高丽萍：《从马克思主义的精神实质看马克思主义的整体性》，《内蒙古农业大学学报》（社会科学版）2013 年第 3 期。

2. 艾凌：《试论马克思主义哲学本体论》，《科教导刊》（中旬刊）2013 年第 6 期。

3. 安启念：《马克思关于"自动的机器体系"的思想及其当代意义——兼论马克思主义哲学时代化的文本依据问题》，《马克思主义与现实》2013 年第 3 期。

4. 敖云波：《马克思主义与全球化的渊源》，《学理论》2013 年第 19 期。

5. 包玉山、白雪晖：《西方马克思主义产生的实践基础及其理论特征》，《长江大学学报》（社会科学版）2013 年第 9 期。

6. 鲍金：《论马克思主义理论研究的三个层次》，《中共天津市委党校学报》2013 年第 3 期。

7. 卜金超、张冠文：《马克思主义灌输理论形成、发展的历程》，《党史博采》（理论）2013 年第 1 期。

8. 蔡丽华：《科学发展观对马克思主义中国化基本规律的遵循》，《理论学习》2013 年第 1 期。

9. 蔡青竹：《马克思主义生产力新论析》，《桂海论丛》2013 年第 4 期。

10. 曹典顺：《"形态"与"范式"——当代中国马克思主义哲学研究核心概念之辨》，《江苏师范大学学报》（哲学社会科学版）2013 年第 3 期。

11. 曹富雄：《中国共产党人学习观视野中马克思主义的三维价值诉求——基于"什么是马克思主义，怎样对待马克思主义"的思考》，《东南大学学报》（哲学社会科学版）2013 年第 1 期。

12. 曹杰、裴东升：《科学发展观与马克思主义社会发展理论的内在一致性》，《金田》2013 年第 7 期。

13. 曹静宇、胡文琴：《马克思及马克思主义的经济危机理论》，《经营管理者》2013 年第 1 期。

14. 岑志勇：《毛泽东对马克思主义中国化的卓著功绩》，《今日中国论坛》2013 年第 1 期。

15. 常庆欣、张旭：《后马克思主义的兴起及其对西方马克思主义经济学研究的影响》，《山东社会科学》2013 年第 7 期。

16. 车玉玲：《西方马克思主义的当代转向》，《江西社会科学》2013 年第 3 期。

17. 陈丹佐妮：《马克思主义中国化与"中国梦"》，《延边党校学报》2013 年第 5 期。

18. 陈德祥：《马克思主义"化"之辨析——兼论马克思主义中国化、时代化、大众化的逻辑关系》，《学习与实践》2013 年第 10 期。

19. 陈东帅：《论马克思主义灌输思想在思想政治教育中的应用》，《青年与社会》2013 年第 10 期。

20. 陈恩、于绯：《马克思主义经济学与西方经济学劳动力迁移理论的比较》，《贵州社会科学》2013 年第 8 期。

21. 陈飞：《历史和人民选择马克思主义的逻辑必然》，《南京政治学院学报》2013 年第 5 期。

22. 陈广亮：《整体马克思主义的批判性建构》，《燕山大学学报》（哲学社会科学版）2013 年第 2 期。

23. 陈国富、沈瑞岚：《马克思主义视域中的中国特色社会主义公平正义实践与反思》，《社科纵横》2013 年第 10 期。

24. 陈怀平、郑文捷：《论当代马克思主义理论创新的几个基本问题》，《宁夏社会科学》2013 年第 1 期。

25. 陈君锋、齐佩芳：《马克思主义大众化的社会心理分析》，《毛泽东思想研究》2013 年第 5 期。

26. 陈兰芝：《列宁关于保持马克思主义政党理论纯洁性的思想》，《社会主义研究》2013 年第 4 期。

27. 陈澜：《马克思主义中国化进程中的四次转变和理论创新》，《长春工业大学学报》（社会科学版）2013 年第 2 期。

28. 陈灵雯、胡杰：《意识形态悖论与马克思主义意识形态批判》，《信阳师范学院学报》（哲学社会科学版）2013 年第 3 期。

29. 陈梦思：《法兰克福学派与生态学马克思主义》，《黑龙江生态工程职业学院学报》2013 年第 2 期。

30. 陈胜叶：《马克思主义公平正义观新的发展方向探析》，《赤峰学院学报》（汉文哲学社会科学版）2013 年第 8 期。

31. 陈天林：《马克思主义视域中科学与信仰的统一》，《马克思主义与现实》2013 年第 4 期。

32. 陈万松：《马克思主义中国化、时代化、大众化的内涵和辩证关系》，《内江师范学院学报》2013 年第 9 期。

33. 陈雪娇：《马克思主义的国家与社会的关系理论》，《湖北经济学院学报》（人文社会科学版）2013 年第 5 期。

34. 陈悦：《理论自觉和理论自信：坚定马克思主义信仰的新视阈》，《湖南社会科学》2013 年第 2 期。

35. 陈兆芬、黄明理：《马克思主义学术性与意识形态性统一的历史风格及现实意义》，《广西社会科学》2013 年第 3 期。

36. 陈兆漫、易向农：《略论马克思主义权力理论及其中国化进程》，《福建党史月刊》2013 年第 18 期。

37. 陈志环：《论马克思主义中国化的文化支撑》，《新疆社科论坛》2013 年第 1 期。

38. 程恩富、侯为民：《当前中国七大社会思潮评析——重点阐明创新马克思主义观点》，《陕西师范大学学报》（哲学社会科学版）2013 年第 2 期。

39. 程美东：《马克思主义为何在今天的中国还有生命力》，《理论探讨》2013 年第 3 期。

40. 程勤华：《马克思主义在中国的早期传播——基于"接受群体"之成因及导向的探析》，《云南大学学报》（社会科学版）2013 年第 2 期。

41. 程言君、汪冰：《人力产权范畴之于马克思主义经济学范畴创新的意义——基于劳动者权益理论范畴变迁的研究》，《探索》2013 年第 5 期。

42. 初春：《马克思主义哲学的"实践"路向》，《理论观察》2013 年第 6 期。

43. 储著源、周小华：《马克思主义中国化理论创新范式历史形态及其当代实践》，《创新》2013 年第 2 期。

44. 储著源：《党的十七大以来当代中国马克思主义理论创新研究述评》，《延边大学学报》（社会科学版）2013 年第 1 期。

45. 崔唯航：《理论自觉与马克思主义哲学中国学术话语体系的当代建构——对近年来马哲研究的一个有限观察和评论》，《学术研究》2013 年第 1 期。

46. 代建鹏：《从陌生化到再陌生化：我国马克思主义哲学形成史研究路径的回顾与前瞻》，《东南学术》2013 年第 5 期。

47. 代建鹏：《当前我国马克思主义哲学形成史研究中的三个痼疾》，《理论与现代化》2013 年第 1 期。

48. 代训锋：《试析马克思主义与中国具体实际的主要结合点及其历史演进》，《安阳师范学院学报》2013 年第 1 期。

49. 戴春亮、骆新华：《对马克思主义当代化"元叙事"的分析》，《长春工程学院学报》（社会科学版）2013 年第 1 期。

50. 戴坤：《20 世纪 50 年代毛泽东对马克思主义"三化"的发展及启示——纪念毛泽东同志诞辰 120 周年》，《理论导刊》2013 年第 9 期。

51. 邓久芳：《西方马克思主义异化理论发展述要》，《学理论》2013 年第 7 期。

52. 丁丹丹、李桦：《马克思主义正在走向未来——论科学发展观对〈共产党宣言〉的继承与发展》，《今日中国论坛》2013 年第 15 期。

53. 杜朝举：《浅析中国特色社会主义理论体系是马克思主义中国化最新成果》，《湖北经济学院学报》（人文社会科学版）2013 年第 8 期。

54. 杜人淮：《马克思主义经济周期性波动理论要义阐释及当代拓展》，《井冈山大学学报》（社会科学版）2013 年第 5 期。

55. 杜英璐：《马克思主义哲学中的人文精神研究》，《学理论》2013 年第 23 期。

56. 樊瑞科、孙立伟：《试论马克思主义时代化的若干问题》，《南方论刊》2013 年第 3 期。

57. 范大明、吴秀兰、李善勇：《试析马克思主义灌输论》，《湖北文理学院学报》2013 年第 10 期。

58. 范微、周长美：《中国传统文化与马克思主义哲学结合研究》，《黑河学院学报》2013 年第 4 期。

59. 范瑛：《城市空间批判——从马克思主义到新马克思主义》，《政治经济学评论》2013 年第 1 期。

60. 方若石：《"中国梦"与马克思主义信仰的时代坚守》，《世纪桥》2013 年第

8 期。

61. 房广顺：《整体性视角下的马克思主义理论学科建设研究》，《马克思主义研究》2013 年第 3 期。

62. 房晓军：《科学推进马克思主义大众化》，《党政论坛》2013 年第 10 期。

63. 封德平：《试论发展马克思主义理论应坚守的核心精神特质》，《理论导刊》2013 年第 10 期。

64. 冯波、于飞：《试论新形势下的马克思主义信仰》，《社科纵横》2013 年第 10 期。

65. 冯纪元：《关于马克思主义是否是科学的问题探析》，《新西部》（理论版）2013 年第 11 期。

66. 冯麒颖：《马克思主义与中国传统文化结合的障碍因素与对策》，《文学教育》2013 年第 10 期。

67. 冯石岗、王洋：《建设性后现代主义与马克思主义自然观之契合点》，《广东广播电视大学学报》2013 年第 4 期。

68. 冯颜利、张朋光：《金融危机以来国外马克思主义研究的主要特征和现实意义》，《山东社会科学》2013 年第 1 期。

69. 付文忠：《后马克思主义错位辩证法的理论取向》，《中共贵州省委党校学报》2013 年第 5 期。

70. 付文忠：《马克思辩证法的三个维度——英美马克思主义学者关于辩证法形态争论的启示》，《学术月刊》2013 年第 3 期。

71. 付亚云、冯颜利：《马克思主义人权理论与实践的科学价值》，《人民论坛》2013 年第 8 期。

72. 付雨欣、高军：《重识马克思主义意识形态理论的基本内涵及其当代价值》，《思想政治教育研究》2013 年第 1 期。

73. 傅林奇：《推进中国特色社会主义事业中马克思主义信仰问题研究》，《大连干部学刊》2013 年第 10 期。

74. 钢花、吴俊：《对人力资本理论的质疑——以马克思主义经济学为视角》，《现代营销》（学苑版）2013 年第 7 期。

75. 高峰：《人民主体地位的确立是对马克思主义唯物史观的丰富和发展》，《西藏民族学院学报》（哲学社会科学版）2013 年第 1 期。

76. 高海泉：《马克思主义中国化视野中的毛泽东思想与中国特色社会主义理论体系》，《青春岁月》2013 年第 20 期。

77. 高乔楠：《浅析〈德意志意识形态〉中马克思主义实践观》，《赤峰学院学报》（汉文哲学社会科学版）2013 年第 9 期。

78. 高晓溪、李光玉：《关于西方马克思主义中国化研究范式的若干思考》，《甘肃理论学刊》2013 年第 5 期。

79. 高新民、王世鹏：《马克思主义哲学的"有无之辨"》，《马克思主义与现实》2013 年第 1 期。

80. 高煜、岳永：《在比较与综合中实现马克思主义经济学的创新》，《马克思主义研究》2013 年第 1 期。

81. 龚剑飞：《"西方马克思主义"对第二国际经济决定论的批判及启示》，《上海财经大学学报》2013 年第 1 期。

82. 龚诗情：《论刘少奇对马克思主义中国化的贡献》，《青年与社会》2013 年第 9 期。

83. 苟国旗、张思军：《邓小平马克思主义观形成和发展的历史逻辑》，《毛泽东思想研究》2013 年第 2 期。

84. 顾海良：《马克思主义理论学科建设的新要求新任务》，《中国教育报》2013 年 11 月 8 日。

85. 顾海良：《注重马克思主义理论学科的协同创新》，《武汉大学学报》（哲学社会科学版）2013 年第 4 期。

86. 顾玉平：《当代中国马克思主义信仰构建的三重维度》，《湖南科技大学学报》（社会科学版）2013 年第 2 期。

87. 管锦绣：《马克思技术哲学对于当代工业社会发展的启示——兼论西方马克思主义的科学主义流派的解读》，《湖北社会科学》2013 年第 2 期。

88. 管新华、刘晓音：《毛泽东对马克思主义中国化的贡献、思维特征和失误及挫折缘由》，《周口师范学院学报》2013 年第 1 期。

89. 管振：《试论马克思主义与中国经济的发展》，《生产力研究》2013 年第 1 期。

90. 郭文：《浅析当代国外马克思主义的新特征》，《人民论坛》2013 年第 2 期。

91. 郭文：《苏东剧变后国外对马克思主义的研究情况》，《文史月刊》2013 年第 4 期。

92. 郭文奇、李玲：《马克思主义哲学中国化的历史必然性》，《黑河学刊》2013 年第 6 期。

93. 韩步江：《毛泽东视域中理论与实践关系格局的再思索——兼论毛泽东实现马克思主义中国化的历史逻辑》，《湖南科技大学学报》（社会科学版）2013 年第 5 期。

94. 韩萍：《论马克思主义理论学科建设的现实任务》，《学校党建与思想教育》2013 年第 4 期。

95. 韩喜平、闵凯：《"马克思主义发展史"研究主线的选择与辨析》，《思想理论教育导刊》2013 年第 1 期。

96. 韩喜平、吴宏政：《马克思主义理论学科建设中的"问题意识"》，《思想政治教育研究》2013 年第 1 期。

97. 韩晓倩：《马克思主义社会存在理论探析》，《学理论》2013 年第 22 期。

98. 韩欲立：《当代中国化马克思主义的生态愿景——马克思和恩格斯对波多林斯基生态经济学的批判》，《毛泽东邓小平理论研究》2013 年第 4 期。

99. 韩振峰、薛建明：《论毛泽东的马克思主义文风》，《毛泽东思想研究》2013 年第 3 期。

100. 韩振亮：《论毛泽东与马克思主义中国化——纪念毛泽东同志诞辰 120 周年》，《观察与思考》2013 年第 12 期。

101. 何丽丽：《马克思主义实践观对理论自信建构的借鉴作用》，《今日中国论坛》2013 年第 13 期。

102. 何萌、刘艳：《论毛泽东的马克思主义理论教育思想》，《河南大学学报》（社会科学版）2013 年第 5 期。

103. 何萍：《论中国马克思主义哲学的理论普遍性》，《马克思主义哲学研究》2013 年卷。

104. 何强、赵亚男：《马克思主义社会公正观新探》，《科学社会主义》2013 年第 4 期。

105. 贺文华：《马克思主义合作经济理论及其当代价值探寻》，《人民论坛》2013 年第 18 期。

106. 贺长余：《马克思主义哲学的两大视域》，《沈阳师范大学学报》（社会科学版）2013 年第 1 期。

107. 贺长余：《马克思主义哲学的视阈转换》，《长沙理工大学学报》（社会科学版）2013 年第 4 期。

108. 贺长余：《马克思主义哲学视域转换及其时代回响》，《商业时代》2013 年第 25 期。

109. 侯菊英：《论马克思主义理论学科对高校马克思主义大众化队伍建设的重要意义》，《教育与职业》2013 年第 18 期。

110. 侯旻翡：《马克思主义关于自由和必然关系的科学观对思想教育科学性与价值性统一的启示》，《学校党建与思想教育》2013 年第 18 期。

111. 侯子峰：《控制"自然"与控制"人"——生态学马克思主义产生的内在逻辑研究》，《文山学院学报》2013 年第 2 期。

112. 胡江东：《马克思主义理论整体性研究视角的比较分析》，《理论界》2013 年第 8 期。

113. 胡丽美：《马克思主义哲学视阈下当代农民问题的根源》，《云南行政学院学报》2013 年第 2 期。

114. 胡培兆：《马克思主义经济学的主流地位不可动摇》，《政治经济学评论》2013 年第 3 期。

115. 胡世祯：《马克思主义是建设社会主义和共产主义的理论基础》，《广西师范学院学报》（哲学社会科学版）2013 年第 3 期。

116. 胡孝四：《简论马克思主义哲学与生活》，《新西部》（理论版）2013 年第 19 期。

117. 胡馨月：《从整体上打造马克思主义的话语体系》，《河北学刊》2013 年第 1 期。

118. 胡永：《马克思主义生态思想及当代价值探究》，《产业与科技论坛》2013 年第 17 期。

119. 黄慧鲜：《西方马克思主义的社会主义观评析》，《安阳师范学院学报》2013 年第 1 期。

120. 黄建军：《马克思主义经典作家社会管理思想探索》，《陕西行政学院学报》2013 年第 1 期。

121. 黄坤：《科学发展观是马克思主义中国化的最新理论成果》，《才智》2013 年第 26 期。

122. 黄连舟：《论马克思主义在当代面临的新问题——经济全球化的实质》，《改革与开放》2013 年第 8 期。

123. 黄明理、力明：《马克思主义的理论自觉、自信与信仰研究》，《南京政治学院学报》2013 年第 1 期。

124. 黄明理、杨斌：《马克思主义批判观与泛道德化批判的反思》，《南京大学学报》（哲学·人文科学·社会科学版）2013 年第 4 期。

125. 黄顺君：《马克思主义经济哲学视域中的垄断资本及其当代启示》，《贵州社会科学》2013 年第 8 期。

126. 黄婷：《浅析马克思主义的科学性》，《学理论》2013 年第 28 期。

127. 黄旭：《浅析马克思主义人的现实存在论》，《湖北函授大学学报》2013 年第 3 期。

128. 黄学胜：《论马克思对现代政治的批判与超越——兼论马克思主义政治哲学中政治与道德的关系》，《天津行政学院学报》2013 年第 6 期。

129. 黄哲：《马克思主义价值论发展研究的意义》，《经济师》2013 年第 4 期。

130. 纪亚光：《论马克思主义理论学科建设的保障环节》，《思想理论教育导刊》2013 年第 10 期。

131. 贾高建：《在新的实践中坚持和发展马克思主义》，《人民论坛》2013 年第 S1 期。

132. 贾新政、张广亮：《中国梦的马克思主义哲学及伦理价值》，《经济研究导刊》2013 年第 28 期。

133. 姜建成：《马克思主义理论学科建设的根本：理论研究向实践转化》，《思想理论教育导刊》2013 年第 3 期。

134. 姜雅丽：《论刘少奇对马克思主义毛泽东思想的阐释》，《传承》2013 年第 11 期。

135. 蒋楼：《中国马克思主义哲学研究范式问题的生成逻辑与前提反思》，《河海大学学报》（哲学社会科学版）2013 年第 2 期。

136. 蒋卓：《中国马克思主义市场经济理论的时代化探析》，《学理论》2013 年第 20 期。

137. 焦佩锋：《马克思主义与弥赛亚主义——兼论卡尔·洛维特将共产主义解释为宗教目的论的无效性》，《毛泽东思想研究》2013 年第 4 期。

138. 靳书君：《中西方学者关于马克思主义中国化的基本观点对比》，《当代世界与社会主义》2013 年第 1 期。

139. 竟永华：《浅论马克思主义自由观的形成——以马克思经典文本研究为进路》，《人民论坛》2013 年第 8 期。

140. 鞠香远：《马克思主义与西方国际关系理论核心思想论析》，《中共福建省委党校学报》2013 年第 3 期。

141. 隽鸿飞、张爽：《国外马克思主义研究及其学科发展状态研究》，《思想理论教育导刊》2013 年第 7 期。

142. 隽鸿飞：《论马克思主义理论学科的学科、学术与教学》，《思想理论教育》2013 年第 21 期。

143. 康永超：《毛泽东的马克思主义哲学观》，《湖南第一师范学院学报》2013 年第

2 期。

144. 孔朝霞：《20 多年来马克思主义中国化早期探索的研究》，《河南社会科学》2013 年第 11 期。

145. 孔春梅：《浅析马克思主义在思想政治工作中的运用》，《学理论》2013 年第 4 期。

146. 孔维明：《浅析马克思主义"人的解放"思想》，《黑河学刊》2013 年第 1 期。

147. 蓝颖：《政治无意识的历史意蕴——詹姆逊对马克思主义意识形态理论的解释学重构》，《学术交流》2013 年第 6 期。

148. 雷志成：《论马克思主义意识形态性的当代价值》，《理论导报》2013 年第 1 期。

149. 李爱华、王磊：《马克思主义"形而下化"过程中的主体性探究》，《石家庄学院学报》2013 年第 4 期。

150. 李爱华：《论列宁马克思主义大众化思想》，《社会主义研究》2013 年第 5 期。

151. 李爱先：《马克思主义信仰教育的成功经验与启示》，《中国青年政治学院学报》2013 年第 4 期。

152. 李晨升：《马克思主义阶级斗争学说在中国的早期传播——以日本为传播途径的研究》，《黑龙江史志》2013 年第 17 期。

153. 李丹丹：《浅谈马克思主义中国化的理论创新》，《学周刊》2013 年第 31 期。

154. 李德顺、孙美堂：《马克思主义价值论发展探析》，《中国特色社会主义研究》2013 年第 6 期。

155. 李佃来：《从辩证法到革命实践：列宁与西方马克思主义之关系的再考证》，《马克思主义哲学研究》2013 年卷。

156. 李东东：《当代中国马克思主义时代化的主体研究》，《世纪桥》2013 年第 11 期。

157. 李芳云、李安增：《马克思主义的当代解释力》，《当代世界与社会主义》2013 年第 1 期。

158. 李桂荣、郝连儒：《中国共产党推进马克思主义"三化"的基本经验》，《学校党建与思想教育》2013 年第 23 期。

159. 李红军：《对坚持马克思主义基本原理的两点思考》，《贵州师范大学学报》（社会科学版）2013 年第 1 期。

160. 李化男：《科学发展观：马克思主义人的发展理论的当代诠释》，《现代交际》2013 年第 3 期。

161. 李慧：《晚年恩格斯推进马克思主义大众化的实践和启示》，《渤海大学学报》（哲学社会科学版）2013 年第 3 期。

162. 李建新、徐翠丽：《科学发展观对马克思主义理论体系的新贡献》，《剑南文学》（经典教苑）2013 年第 5 期。

163. 李婧：《准确把握马克思主义时代化当代特点的三个维度》，《东北师大学报》（哲学社会科学版）2013 年第 4 期。

164. 李静：《探索马克思主义哲学视角下的科学发展观》，《青年与社会》2013 年第 11 期。

165. 李娟、张聪：《经济全球化对马克思主义的机遇和挑战》，《金田》2013 年第 8 期。

166. 李娟：《浅析马克思主义公平分配理论》，《企业导报》2013 年第 1 期。

167. 李康：《马克思主义整体性探析》，《知识经济》2013 年第 9 期。

168. 李辽宁：《论中国特色社会主义与马克思主义理论学科的历史使命》，《学校党建与思想教育》2013 年第 20 期。

169. 李璐：《试析马克思主义实践观与科学发展观的内在关系》，《学理论》2013 年第 19 期。

170. 李美清、颜吾佴：《试论马克思主义民族观》，《北京交通大学学报》（社会科学版）2013 年第 3 期。

171. 李梦阳：《马克思主义理论是创新的理论》，《社科纵横》（新理论版）2013 年第 2 期。

172. 李明：《马克思主义的灌输与传播》，《前线》2013 年第 6 期。

173. 李娜：《浅议"马克思主义哲学中国化"的内涵》，《青年与社会》2013 年第 10 期。

174. 李娜：《浅议列宁对马克思主义社会福利思想的发展》，《华章》2013 年第 30 期。

175. 李全喜、王美玲：《马克思主义的农民政治参与思想及其当代启示》，《北华大学学报》（社会科学版）2013 年第 5 期。

176. 李世一：《"分析的马克思主义"是不是"马克思主义"?》，《社科纵横》（新理论版）2013 年第 3 期。

177. 李淑英：《马克思主义与正义》，《中国人民大学学报》2013 年第 1 期。

178. 李述森：《论列宁的马克思主义观》，《理论学刊》2013 年第 7 期。

179. 李彤彤：《西方马克思主义研究的主题迁移与重点热点问题》，《科教导刊》（中旬刊）2013 年第 2 期。

180. 李文华：《马克思主义与新制度经济学研究领域内的财产权与所有制》，《东方企业文化》2013 年第 13 期。

181. 李祥兴：《中共十八大与马克思主义中国化》，《甘肃理论学刊》2013 年第 3 期。

182. 李想：《马克思主义在市场经济环境下的适用性分析》，《时代教育》2013 年第 13 期。

183. 李小娜：《马克思主义意识形态理论嬗变的实践向度》，《前沿》2013 年第 5 期。

184. 李晓：《浅谈马克思主义灌输理论与思想政治教育》，《改革与开放》2013 年第 14 期。

185. 李晓东、江德兴：《马克思主义基本原理体系的逻辑与结构》，《东南大学学报》（哲学社会科学版）2013 年第 3 期。

186. 李馨、刘金玲：《关于马克思主义的政治经济学对现实生活的影响》，《党史博采》（理论）2013 年第 10 期。

187. 李艳华：《科学发展观指导下的马克思主义整体性研究》，《安阳师范学院学报》2013年第3期。

188. 李旸：《建构剥削不正当的规范依据与批判当代自由主义正义理论——分析的马克思主义者转向政治哲学的两种基本进路》，《教学与研究》2013年第2期。

189. 李旸：《试论分析的马克思主义的政治哲学转向》，《中国人民大学学报》2013年第2期。

190. 李业伟：《马克思主义生态观与科学发展观》，《武汉学刊》2013年第4期。

191. 李颖姣：《马克思主义对资本逻辑和信仰危机的消解》，《杭州电子科技大学学报》（社会科学版）2013年第3期。

192. 李正兴：《论马克思主义时代化的价值指向》，《江西财经大学学报》2013年第4期。

193. 李志微：《论中国特色的马克思主义国家学说》，《青年文学家》2013年第23期。

194. 李忠：《中国梦——开拓了马克思主义新境界》，《知识窗》（教师版）2013年第7期。

195. 李姿墨：《马克思主义哲学的探讨》，《华章》2013年第4期。

196. 连方圆：《浅谈马克思主义中国化与思想政治教育》，《华章》2013年第31期。

197. 练庆伟：《重读作为信仰的马克思主义：定位、价值及实现》，《求实》2013年第4期。

198. 梁励：《浅析马克思主义发展观的科学内涵》，《江苏教育学院学报》（社会科学版）2013年第2期。

199. 梁梁：《从马克思主义生态观的视角看共产主义生产方式》，《南阳师范学院学报》2013年第10期。

200. 梁晓宇：《全面理解马克思主义关于消灭私有制的思想》，《中共青岛市委党校·青岛行政学院学报》2013年第1期。

201. 林剑：《马克思主义究竟是在为谁代言》，《学术月刊》2013年第1期。

202. 林晶：《马克思主义实践观视域下科技哲学研究的范式转换》，《东北师大学报》（哲学社会科学版）2013年第4期。

203. 林青：《结构主义的马克思主义与空间理论的兴起》，《天津社会科学》2013年第3期。

204. 林贤明：《关于培养青年学生马克思主义信仰的思考》，《教育与教学研究》2013年第10期。

205. 刘冰菁：《马克思的事物化概念与物化理论辨析——兼评日本马克思主义学者的物象化理论》，《南京大学学报》（哲学·人文科学·社会科学版）2013年第4期。

206. 刘传春：《马克思主义国际合作思想：进程、特征与范式》，《当代世界与社会主义》2013年第3期。

207. 刘德中：《我国马克思主义哲学研究基本样式论》，《江苏师范大学学报》（哲学社会科学版）2013年第3期。

208. 刘富胜：《论马克思主义大众化与学术研究的辩证关系》，《重庆工商大学学报》（社会科学版）2013年第5期。

209. 刘刚、杜曙光、李翔：《全球价值链中非生产劳动的"竞争力"——马克思主义经济学与西方竞争力理论的比较研究》，《经济学家》2013 年第 11 期。

210. 刘舸、王爱冬：《马克思主义政治文明观中国化与超越中国历史周期率》，《河北经贸大学学报》（综合版）2013 年第 1 期。

211. 刘桂云：《从〈共产党宣言〉看马克思主义科学精神》，《合作经济与科技》2013 年第 10 期。

212. 刘华初：《从〈实践论〉与〈矛盾论〉看我国马克思主义话语体系建构》，《马克思主义研究》2013 年第 4 期。

213. 刘华初：《毛泽东"两论"与我国马克思主义话语体系建构》，《江西社会科学》2013 年第 4 期。

214. 刘华清：《马克思主义"三化"与邓小平理论的形成》，《湖湘论坛》2013 年第 2 期。

215. 刘华荣：《毛泽东的马克思主义青年观及其当代意义》，《山东行政学院学报》2013 年第 5 期。

216. 刘戟锋、刘济西、张煌：《马克思主义认识论视域下的科学发展观》，《高等教育研究学报》2013 年第 3 期。

217. 刘建军：《论马克思主义信仰的基本内容和主要结构》，《思想理论教育》2013 年第 3 期。

218. 刘建军：《马克思主义指导思想在当代中国的多重文化身份》，《山东师范大学学报》（人文社会科学版）2013 年第 1 期。

219. 刘锦涛：《马克思主义意识形态的含义及其政治功能》，《长春理工大学学报》（社会科学版）2013 年第 8 期。

220. 刘近：《国内外学者对于〈德意志意识形态〉与早期西方马克思主义文本关系的四种误解》，《南京政治学院学报》2013 年第 5 期。

221. 刘娟、夏薇、钟博：《马克思主义伦理学适用于构建社会主义核心价值体系的原因》，《重庆与世界》（学术版）2013 年第 9 期。

222. 刘军：《创新马克思主义，构建中国特色的意识形态话语体系　重建马克思主义话语权的多重挑战》，《人民论坛》2013 年第 9 期。

223. 刘昆：《〈实践论〉对马克思主义哲学认识论的主要理论贡献》，《长春教育学院学报》2013 年第 18 期。

224. 刘丽莉：《当代中国马克思主义大众化研究》，《人民论坛》2013 年第 32 期。

225. 刘妮楠：《中国马克思主义哲学的当代困境与出路》，《西北成人教育学报》2013 年第 4 期。

226. 刘姝红：《浅谈马克思主义中国化历史的结论"中国模式"》，《佳木斯教育学院学报》2013 年第 9 期。

227. 刘维兰、王建华：《大众化语境下马克思主义引领社会思潮的有效路径探索》，《经济研究导刊》2013 年第 4 期。

228. 刘维兰：《新形势下马克思主义信仰教育应重视思想境界的提升——兼批马克思主义无用论》，《鸡西大学学报》2013 年第 6 期。

229. 刘五景、杨黎红：《马克思主义的"证伪"品质及其当代启示》，《河南师范大学学报》（哲学社会科学版）2013 年第 5 期。

230. 刘相涛：《科学理解马克思主义基本原理》，《学园》（教育科研）2013 年第 2 期。

231. 刘晓芳、杨善发：《恩格斯的社会医学思想及其当代价值》，《马克思主义研究》2013 年第 1 期。

232. 刘欣宇：《新时期马克思主义中国化科学内涵及理论成果》，《现代交际》2013 年第 8 期。

233. 刘岩：《论马克思主义中国化进程中理论接受的阶段划分问题》，《毛泽东思想研究》2013 年第 4 期。

234. 刘彦奎：《马克思主义经济学中国化实践及其意义》，《人民论坛》2013 年第 32 期。

235. 刘尧：《论中国梦与马克思主义》，《才智》2013 年第 28 期。

236. 刘怡杉：《论马克思主义的幸福观》，《新西部》（理论版）2013 年第 14 期。

237. 刘勇：《人民主体、人民生活、人民语言：马克思主义大众化的三维向度》，《学习论坛》2013 年第 10 期。

238. 刘志光：《马克思主义中国化是一个持续创新的过程》，《前线》2013 年第 11 期。

239. 龙维、冯诗琦：《马克思主义实践观思想发展研究》，《学理论》2013 年第 28 期。

240. 龙小平、张华波：《马克思主义整体性研究的几点思考》，《思想教育研究》2013 年第 3 期。

241. 卢文忠：《试析马克思主义文献的"新营销模式"》，《法制与经济》2013 年第 10 期。

242. 卢晓勇：《马克思主义意识形态对多样化思想观点的政治整合》，《华章》2013 年第 29 期。

243. 鲁力：《论马克思主义理论学科创新型人才培养》，《思想政治教育研究》2013 年第 4 期。

244. 陆保生、孙丽丽：《马克思主义政治经济学对社会主义经济关系分析的当代意义》，《湖湘论坛》2013 年第 5 期。

245. 路克利：《理论领域马克思主义中国化的最初尝试——试析马克思恩格斯对中国的研究》，《马克思主义研究》2013 年第 8 期。

246. 路强：《谈科学发展观对马克思主义哲学的继承和发展》，《中国外资》2013 年第 8 期。

247. 罗家锋、徐成芳：《理论武器的多样性选择与马克思主义中国化的历史必然性》，《中共贵州省委党校学报》2013 年第 1 期。

248. 罗建平、孙翡：《马克思主义理论学科建设与思想政治理论课程建设支撑关系的共轭性分析价值》，《河南师范大学学报》（哲学社会科学版）2013 年第 1 期。

249. 吕辅海：《浅析社会主义本质理论对马克思主义的继承和发展》，《教育教学论坛》2013 年第 5 期。

250. 吕惠东、秦宁波：《习仲勋推动马克思主义中国化的科学态度探析》，《辽宁师范大学学报》（社会科学版）2013 年第 4 期。

251. 吕婕：《浅析马克思主义无产阶级学说的若干问题》，《学理论》2013 年第 28 期。

252. 吕韬：《浅析马克思主义实践观点的现实意义》，《青春岁月》2013 年第 7 期。

253. 马建辉：《关于西方马克思主义研究的几个问题》，《文艺理论与批评》2013 年第 1 期。

254. 马俊峰：《建构马克思主义哲学公正观》，《中国社会科学报》2013 年 12 月 30 日。

255. 马阳：《穿越认识论的历史时空——基于实践视角对马克思主义认识论及真、善、美的思考》，《大庆师范学院学报》2013 年第 1 期。

256. 马拥军：《中国道路与马克思主义哲学体系的创新》，《江西社会科学》2013 年第 8 期。

257. 马永华、吴克学、刘晓莉：《论马克思主义在中国兴起的历史必然性》，《社科纵横》（新理论版）2013 年第 1 期。

258. 马云生：《从马克思主义关于人的自由、全面发展思想出发谈"中国梦"实现的价值维度》，《青年与社会》2013 年第 11 期。

259. 毛国庆：《毛泽东对马克思主义宗教理论的历史贡献》，《中国民族报》2013 年 12 月 24 日。

260. 茅根红：《后马克思主义的政治观辨析》，《湖北科技学院学报》2013 年第 6 期。

261. 梅荣政：《论马克思主义基本原理的几个问题》，《马克思主义研究》2013 年第 3 期。

262. 梅荣政：《马克思主义实践观与党的群众路线的内在一致性》，《红旗文稿》2013 年第 21 期。

263. 蒙云龙：《马克思主义大众化研究学科建设与发展的思考》，《中国石油大学胜利学院学报》2013 年第 2 期。

264. 蒙云龙：《马克思主义理论教育本质的价值基点和向度》，《天中学刊》2013 年第 2 期。

265. 孟凤英：《论马克思主义中国化主体的逻辑构成及其内在特质》，《湖北社会科学》2013 年第 10 期。

266. 孟捷：《危机与机遇：再论马克思主义经济学的创造性转化》，《清华政治经济学报》2013 年第 1 期。

267. 孟庆艳：《整体性是马克思主义的内在属性和重要特征》，《中国特色社会主义研究》2013 年第 2 期。

268. 糜海波：《马克思主义指导思想在社会主义核心价值体系中的作用机制》，《长白学刊》2013 年第 3 期。

269. 闵伟华：《马克思主义方法论与中国梦》，《神州》2013 年第 10 期。

270. 莫凡、谭爱国：《马克思主义经典著作中的风险思想及其时代价值——以〈资本论〉及其手稿为例》，《学术交流》2013 年第 1 期。

271. 穆艳杰、张峰铭：《社会批判：马克思主义哲学的根本变革》，《理论学刊》2013 年第 9 期。

272. 倪邦文：《新时期马克思主义在青年中传播主客体关系变化的深层透视》，《中国青年研究》2013年第10期。

273. 倪德刚：《斯大林论马克思主义创新》，《科学社会主义》2013年第1期。

274. 倪洪章：《马克思主义作为信仰的四重意蕴》，《理论月刊》2013年第4期。

275. 庞欣研：《中国马克思主义与西方马克思主义》，《企业导报》2013年第10期。

276. 逢锦聚：《以党的十八大精神为指导加强马克思主义理论学科建设》，《马克思主义研究》2013年第1期。

277. ［印度］普拉卡什·卡拉特著，禤明亮编译：《21世纪的马克思主义：对新自由主义和帝国主义的替代》，《当代世界与社会主义》2013年第4期。

278. 齐荣君：《论科学发展观对马克思主义中国化的新发展》，《赤峰学院学报》（汉文哲学社会科学版）2013年第6期。

279. 钱聪：《从威尔逊到列宁："以俄为师"的思想转向及其对马克思主义传播的影响》，《黑河学院学报》2013年第5期。

280. 乔洪武、师远志：《剥削是合乎正义的吗——西方马克思主义关于剥削与正义的思想探析》，《华中师范大学学报》（人文社会科学版）2013年第5期。

281. ［美］乔治·诺瓦克文著，洪燕妮编译：《马克思主义与存在主义》，《吉首大学学报》（社会科学版）2013年第4期。

282. 秦江：《马克思主义公平思想的中国实践阐微》，《人民论坛》2013年第23期。

283. 丘小维：《论当代中国马克思主义理论自觉》，《贺州学院学报》2013年第2期。

284. 秋石：《巩固马克思主义在意识形态领域的指导地位》，《求是》2013年第19期。

285. 曲伟杰：《新视角解读马克思主义发展历史》，《博览群书》2013年第2期。

286. 任春雷：《马克思主义大众化的前提——对科学发展观的哲学解读》，《岭南学刊》2013年第4期。

287. 任琳：《基于马克思主义整体性视角的经典著作、发展史与基本原理关系探究》，《理论界》2013年第2期。

288. 任琳：《马克思主义发展史若干问题研究概述》，《佳木斯大学社会科学学报》2013年第3期。

289. 任培秦：《论中国优秀传统文化与马克思主义的契合》，《西安电子科技大学学报》（社会科学版）2013年第5期。

290. 任平：《后中国特色的"中国道路"与马克思主义哲学视域的当代转换》，《理论视野》2013年第10期。

291. 任志锋、郑永廷：《马克思主义意识形态概念的理解与运用》，《东北师大学报》（哲学社会科学版）2013年第4期。

292. 荣长海：《马克思主义的四重境界：科学体系、政治理论、思想方法、文化遗产》，《理论学刊》2013年第10期。

293. 阮寿杰：《社会主义中国背景下的马克思主义理论》，《今日中国论坛》2013年第7期。

294. 商志晓：《马克思主义大众化何以可能——人民群众是否需要马克思主义以及

存在问题、解决方式等》，《东岳论丛》2013年第8期。

295. 申来津、朱颖慧、李娟：《解读马克思主义激励观》，《理论月刊》2013年第7期。

296. 申治安：《生态马克思主义的生产观及其启示》，《中共宁波市委党校学报》2013年第4期。

297. 盛晟、丁建平：《马克思主义最新成果转化的主要障碍及制度完善》，《湘潮》（下半月）2013年第1期。

298. 施浩杰：《马克思主义实践哲学的当代价值与创新研究》，《学理论》2013年第16期。

299. 石高宏：《论全球化资本主义经济中的垄断与竞争——马克思主义垄断资本理论与西方新自由主义经济学的对比分析》，《生产力研究》2013年第6期。

300. 石元波：《马克思主义异化观与当代社会异化扬弃机制》，《北方论丛》2013年第4期。

301. 石镇平：《论马克思主义国家学说的发展逻辑》，《马克思主义研究》2013年第3期。

302. 水平：《顶层设计的思维方式——马克思主义"三点"论》，《达州新论》2013年第1期。

303. 水平：《马克思主义"三点"：科学发展观的思维方式》，《当代社科视野》2013年第1期。

304. 宋贵臣：《坚持理论和实践的统一发展马克思主义》，《中国科教创新导刊》2013年第25期。

305. 宋娟娟、王成华：《美丽中国：马克思主义社会发展理论的最新解读》，《重庆科技学院学报》（社会科学版）2013年第9期。

306. 宋文新：《巩固马克思主义在意识形态领域指导地位》，《新长征》2013年第11期。

307. 宋香君：《科学解读马克思主义中国化内涵》，《法制与经济》（下旬）2013年第10期。

308. 宋晓杰：《非对称性阶级对抗、根本性解构与替代性规划——论自主主义马克思主义的革命战略理论》，《湖北社会科学》2013年第5期。

309. 宋晓敏：《略论马克思主义社会发展模式理论体系》，《商丘师范学院学报》2013年第1期。

310. 宋晓艳、徐海峰：《当代中国马克思主义大众化方法论简论》，《沈阳干部学刊》2013年第5期。

311. 宋羽雅：《当代马克思主义信仰困境的多维度阐释——基于哲学的视角》，《新西部》（理论版）2013年第7期。

312. 宋月红：《陈云的马克思主义观研究》，《北京党史》2013年第5期。

313. 宋卓：《马克思主义哲学对现代西方哲学的影响研究》，《华章》2013年第17期。

314. 苏升乾：《马克思主义信仰的建树与坚守》，《徐州工程学院学报》（社会科学版）2013年第5期。

315. 苏伟：《从马克思主义"生产力标准"的整体性看科学发展观的意义》，《西南大学学报》（社会科学版）2013 年第 3 期。

316. 苏星鸿：《构建马克思主义当代价值的理论思考——新时期马克思主义价值构建研究之一》，《学术论坛》2013 年第 2 期。

317. 苏星鸿：《努力构建中国特色马克思主义话语体系——新时期马克思主义价值构建研究》，《中共南京市委党校学报》2013 年第 3 期。

318. 苏星鸿：《深刻把握马克思主义当代价值构建的着力点》，《中国井冈山干部学院学报》2013 年第 1 期。

319. 苏星鸿：《中国特色社会主义生态文明三题——新时期马克思主义价值构建研究之二》，《东南大学学报》（哲学社会科学版）2013 年第 4 期。

320. 孙炳炎：《论马克思主义阶级性与科学性的统一——兼评西方马克思主义的历史进程》，《安阳师范学院学报》2013 年第 3 期。

321. 孙风青、张旭：《马克思主义辩证法：哲学背景与创立过程》，《经营管理者》2013 年第 24 期。

322. 孙加强：《马克思主义哲学物质概念初探》，《求实》2013 年第 S1 期。

323. 孙景民：《马克思主义视域下人类社会核心价值体系探究》，《人民论坛》2013 年第 32 期。

324. 孙俪翎：《马克思主义激励理论的逻辑演进》，《赤峰学院学报》（汉文哲学社会科学版）2013 年第 8 期。

325. 孙亮：《从"学院化致思"到"化理论为方法"——马克思主义哲学阐释模式辩误与"顶层设计"》，《西南大学学报》（社会科学版）2013 年第 2 期。

326. 孙亮：《重思"后马克思主义"研究中的三个误区》，《华东师范大学学报》（哲学社会科学版）2013 年第 3 期。

327. 孙民：《中国道路与马克思主义实践观——兼论中国梦的思想境界》，《湖北社会科学》2013 年第 7 期。

328. 孙全胜：《解构、建构和重构的三重协奏：中国化马克思主义的生成与运行机制——以马克思主义矛盾观的演化发展为视角》，《胜利油田党校学报》2013 年第 1 期。

329. 孙群：《从对抗到联合——马克思主义国家学说的论证结构及其依据》，《中学政治教学参考》2013 年第 27 期。

330. 孙夕森：《马克思主义中国化是对马克思主义的继承发展》，《学理论》2013 年第 20 期。

331. 孙晓晖、刘兴旺：《新时期知识阶层对马克思主义接受性态度分析》，《学校党建与思想教育》2013 年第 15 期。

332. 孙毅、郑英霞、赵金磊、李大明：《马克思主义大众化的科学内涵与路径选择》，《社会科学论坛》2013 年第 11 期。

333. 孙寅：《探寻与时代相适应的马克思主义理论》，《工会论坛》（《山东省工会管理干部学院学报》）2013 年第 1 期。

334. 孙永建：《马克思主义哲学研究如何应对理论危机》，《当代社科视野》2013 年第 Z1 期。

335. 孙瑜：《马克思主义基本原理的整体性解读》，《吉林省教育学院学报》（上旬）

2013 年第 6 期。

336. 孙粤文：《科学发展观：哲学意蕴与马克思主义中国化》，《常州大学学报》（社会科学版）2013 年第 1 期。

337. 邰丽华：《西方马克思主义"去经济学化"现象反思》，《当代经济研究》2013 年第 1 期。

338. 谭东华、刘宇赤：《毛泽东思想是马克思主义中国式表达的典范》，《攀登》2013 年第 2 期。

339. 谭鹏：《践行马克思主义群众观的对策研究》，《中共南京市委党校学报》2013 年第 5 期。

340. 檀传杰、闵永新：《马克思主义整体性观念的逻辑维度》，《齐鲁学刊》2013 年第 2 期。

341. ［法］汤姆·洛克莫著，郭咔咔、王瑞雪编译：《马克思的实践理论与马克思主义实践》，《江海学刊》2013 年第 4 期。

342. ［美］汤姆·洛克莫尔著，员俊雅编译：《伊利延科夫的黑格尔主义的马克思主义与马克思主义的建构主义》，《国外理论动态》2013 年第 9 期。

343. 汤玉红、黄俊：《马克思主义的三大组成部分与马克思的两个伟大发现》，《黑龙江史志》2013 年第 13 期。

344. 汤玉玲：《西方马克思主义思潮研究》，《科教导刊》（中旬刊）2013 年第 3 期。

345. 唐建宇：《从人工智能的发展历程看马克思主义哲学的指导意义》，《电子技术与软件工程》2013 年第 17 期。

346. 唐伟锋、陈志环：《关于马克思主义哲学当代性的若干思考》，《中共福建省委党校学报》2013 年第 1 期。

347. 唐晓燕：《马克思主义人民主体观视域下中国梦实现路径探析》，《观察与思考》2013 年第 10 期。

348. 滕明政：《毛泽东坚持与发展马克思主义的逻辑演进》，《河北青年管理干部学院学报》2013 年第 4 期。

349. 田辉玉、管锦绣：《文化哲学视角下的马克思主义现代性思想的挖掘与发展——从韦伯到西方马克思主义流派》，《湖北大学学报》（哲学社会科学版）2013 年第 3 期。

350. 田世锭、余世荣、陈铁：《西方马克思主义辩证法的演进逻辑——基于总体性辩证法、否定辩证法和内在关系辩证法的分析》，《三峡大学学报》（人文社会科学版）2013 年第 5 期。

351. 田玉娥：《浅议马克思主义平等观对社会主义核心价值体系建设的意义》，《今日中国论坛》2013 年第 8 期。

352. 铁省林：《分析的马克思主义何以是分析的》，《齐鲁学刊》2013 年第 4 期。

353. 涂建平、徐雪红、黄乐：《当代青年大学生马克思主义意识形态认同的路径研究》，《青年与社会》2013 年第 9 期。

354. 汪静：《有关马克思主义整体性研究的若干分析》，《商》2013 年第 16 期。

355. 汪涛、杨权利：《关于马克思主义哲学形成标志问题研究——基于〈神圣家族〉的研读与探析》，《西北大学学报》（哲学社会科学版）2013 年第 1 期。

356. 王兵：《论邓小平对"什么是马克思主义、怎样对待马克思主义"的探索》，《党史文苑》2013年第2期。

357. 王炳林、张立梅：《"马克思主义中国化研究"学科建设论纲》，《教学与研究》2013年第4期。

358. 王灿：《马克思主义整体性刍议》，《内蒙古农业大学学报》（社会科学版）2013年第3期。

359. 王成：《反思马克思主义理论的划分及其整体性》，《教学与研究》2013年第8期。

360. 王凤才：《德国马克思主义的四条路向》，《人民论坛》2013年第3期。

361. 王福生：《马克思主义的整体性及其内在结构》，《天津社会科学》2013年第6期。

362. 王富军：《从马克思主义关于人的哲学主题看中国梦》，《长春工业大学学报》（社会科学版）2013年第3期。

363. 王刚、罗英华：《浅析西方马克思主义的和谐社会理论》，《哈尔滨学院学报》2013年第2期。

364. 王刚：《回归原初话语：经典马克思主义的空间地理学探析》，《西北农林科技大学学报》（社会科学版）2013年第6期。

365. 王国敏、周庆元：《对马克思主义中国化史分期的考察与思考》，《理论学刊》2013年第2期。

366. 王海：《马克思主义中国化两大理论成果蕴含的方法论思想比较研究》，《广东省社会主义学院学报》2013年第2期。

367. 王浩斌：《中国化马克思主义的实践底蕴及其本质内涵》，《喀什师范学院学报》2013年第2期。

368. 王浩斌：《中国化马克思主义制度的科学内涵及精神实质》，《大庆社会科学》2013年第5期。

369. 王洪彬：《马克思主义基本原理及其当代价值》，《人民论坛》2013年第32期。

370. 王冀：《浅析"灌输论"与当代马克思主义理论教育面临的时代挑战》，《课程教育研究》2013年第23期。

371. 王静：《以科学的马克思主义观推进马克思主义中国化》，《求实》2013年第6期。

372. 王坤、刘宁：《分析马克思主义对剥削与正义关系的解读——兼论马克思的正义观》，《内蒙古大学学报》（哲学社会科学版）2013年第2期。

373. 王莉莉：《马克思主义研究的生态视角及其当代意义》，《中共青岛市委党校·青岛行政学院学报》2013年第5期。

374. 王陆琪：《马克思主义哲学辩证法实践性分析和研究》，《青春岁月》2013年第9期。

375. 王娜：《浅谈马克思主义哲学创立过程》，《科技创新与应用》2013年第1期。

376. 王琪：《西方马克思主义与马克思主义之间的关系》，《科技信息》2013年第21期。

377. 王乾、韩忠治：《论马克思主义与中国传统文化结合的必然性》，《特区经济》

2013 年第 4 期。

378. 王强：《马克思主义哲学—伦理学的方法论旨趣》，《中共天津市委党校学报》2013 年第 3 期。

379. 王青：《论多角度视域下马克思主义基本原理的内容体系》，《山西师大学报》（社会科学版）2013 年第 5 期。

380. 王素斐：《马克思主义发展的深刻内涵和当代启示》，《科技信息》2013 年第 19 期。

381. 王文臣：《"需要—欲望"的政治经济学批判解读及其当代发现——以西方马克思主义政治经济学批判为路径》，《上海财经大学学报》2013 年第 5 期。

382. 王新红：《马克思的马克思主义道德观解读》，《中共福建省委党校学报》2013 年第 1 期。

383. 王秀娟、孟亚明、回娅冬：《哲学基本问题与非基本问题探析——兼论马克思主义的整体性》，《河北北方学院学报》（社会科学版）2013 年第 1 期。

384. 王秀艳、徐晖：《马克思主义政治经济学应用化问题研究概览》，《呼伦贝尔学院学报》2013 年第 1 期。

385. 王学俭、魏泳安：《马克思主义社会意识理论与社会主义核心价值体系建设》，《求实》2013 年第 7 期。

386. 王长友：《对马克思主义哲学的错误解读及根源分析》，《黑河学刊》2013 年第 2 期。

387. 王征国：《论马克思主义的三维文化观》，《邵阳学院学报》（社会科学版）2013 年第 2 期。

388. 王志：《分析马克思主义的政治哲学转向》，《湖南广播电视大学学报》2013 年第 2 期。

389. 王志国：《马克思主义审视民族主义的两个维度及其启示》，《学术论坛》2013 年第 7 期。

390. 王中平：《论马克思主义时代化的基本功能及显著特征》，《理论视野》2013 年第 3 期。

391. 韦启光：《科学发展观：集中体现马克思主义关于发展的世界观和方法论》，《理论与当代》2013 年第 2 期。

392. 魏明超：《实践唯物论——马克思主义理论整体性的逻辑起点》，《郑州大学学报》（哲学社会科学版）2013 年第 1 期。

393. 文丽红：《马克思主义群众观的历史演进》，《才智》2013 年第 24 期。

394. 文正棹：《马克思主义在中国传播的科学性及实践性特质》，《平顶山学院学报》2013 年第 3 期。

395. 邬焜、董涛：《是辩证唯物主义还是实践唯物主义——关于马克思主义哲学的本质之争的讨论》，《社会科学研究》2013 年第 1 期。

396. 吴海江：《马克思主义基本原理若干理论问题探讨》，《马克思主义研究》2013 年第 3 期。

397. 吴家华、储著源：《论中国马克思主义理论创新"范式"内涵和基本体系》，《马克思主义研究》2013 年第 2 期。

398. 吴建国、郭晓磊：《从科学路径解读马克思主义的阶级性》，《马克思主义研究》2013年第4期。

399. 吴建良：《捍卫马克思主义辩证法——列宁、卢卡奇与实证主义的思想交锋》，《科教导刊》（中旬刊）2013年第9期。

400. 吴立红：《寻求马克思主义哲学与中国传统文化结合机制研究的突破口》，《黑河学刊》2013年第10期。

401. 吴立忠：《返回马克思哲学的范式以实现马克思主义哲学大众化》，《兰州学刊》2013年第10期。

402. 吴薇：《浅论十八大对马克思主义幸福观的创新发展》，《华章》2013年第31期。

403. 吴晓明：《中国道路：中国化马克思主义创新的实践基础》，《理论视野》2013年第10期。

404. 吴宣恭：《马克思主义所有制理论是政治经济学分析的基础》，《马克思主义研究》2013年第7期。

405. 吴远、李秀娟：《论马克思主义理论内容整体性的逻辑推进》，《河海大学学报》（哲学社会科学版）2013年第1期。

406. 夏靖：《马克思主义中国化的艰辛探索和基本经验》，《延边党校学报》2013年第5期。

407. 夏庆波：《论马克思主义实践哲学对亚里士多德主义与康德主义的超越》，《甘肃理论学刊》2013年第3期。

408. 夏越新：《马克思主义教育观及其中国化》，《学习论坛》2013年第11期。

409. 项久雨、徐春艳：《马克思主义生态思想的逻辑性及其当代价值》，《学习与实践》2013年第7期。

410. 肖姣平、任阿娟：《近年来马克思主义哲学大众化的路径研究综述》，《商业时代》2013年第26期。

411. 肖柯：《论马克思主义大众化的逻辑层次及其相互关系》，《青海社会科学》2013年第4期。

412. 肖新发：《论当代中国马克思主义人权观》，《湖北第二师范学院学报》2013年第1期。

413. 肖永辉：《论马克思"新世界观"的"西方马克思主义"诠释》，《长白学刊》2013年第2期。

414. 谢炳麟：《马克思恩格斯反对把马克思主义当作套语》，《中外企业家》2013年第7期。

415. 谢菡菡：《马克思主义与当代社会思潮》，《南方论刊》2013年第7期。

416. 谢丽威、韩升：《毛泽东对马克思主义中国化的开创性贡献》，《理论建设》2013年第5期。

417. 谢英浆：《试论马克思主义哲学的矛盾统一法》，《厦门特区党校学报》2013年第5期。

418. 辛向阳：《中国梦一刻也没有脱离过马克思主义》，《党建》2013年第10期。

419. 辛莹、杨燕：《试从理论和实践的结合上论述马克思主义的当代价值及其科学实现》，《新疆教育学院学报》2013 年第 3 期。

420. 辛玉玲：《为什么要实现马克思主义中国化》，《漯河职业技术学院学报》2013 年第 1 期。

421. 徐成芳、罗家锋：《"千面马克思"遮蔽的非马克思主义话语倾向——兼论加强马克思主义对思想政治教育的指导》，《思想教育研究》2013 年第 3 期。

422. 徐家林：《马克思主义的多视角解读与整体性逻辑》，《马克思主义研究》2013 年第 6 期。

423. 徐瑾：《浅析马克思"我不是马克思主义者"这句话》，《改革与开放》2013 年第 4 期。

424. 徐稳：《论马克思主义意识形态安全》，《理论学刊》2013 年第 2 期。

425. 徐学绥、张勇：《马克思主义人本思想中国化的新发展——习近平"中国梦"释论》，《九江学院学报》（社会科学版）2013 年第 2 期。

426. 徐振方：《实事求是地看待晚期的马克思主义》，《经济研究导刊》2013 年第 4 期。

427. 许恒兵：《浅析东欧新马克思主义者对马克思"异化理论"的理解》，《中共郑州市委党校学报》2013 年第 3 期。

428. 许宏凯、刘明辉：《马克思主义社会发展动力理论中国化的挫折——基于"生产关系大变革""上层建筑大革命"的视角》，《石家庄城市职业学院教学与研究》2013 年第 2 期。

429. 许旸：《浅析当代反马克思主义思潮及其产生根源》，《陕西社会主义学院学报》2013 年第 4 期。

430. 薛荣久：《马克思主义国际经贸理论的创建与发展》，《中共福建省委党校学报》2013 年第 5 期。

431. 荀泉：《对话、反思、超越：中国马克思主义与时俱进的出场逻辑》，《中共贵州省委党校学报》2013 年第 1 期。

432. 荀泉：《论马克思主义中国化的创新路径——从唯物矛盾观发展的视角》，《中共济南市委党校学报》2013 年第 1 期。

433. 荀泉：《马克思主义矛盾观的中国化路径及其启示——以〈矛盾论〉的形成为视角》，《中共山西省直机关党校学报》2013 年第 1 期。

434. 鄢黎：《论马克思主义生命力》，《金田》2013 年第 3 期。

435. 严昊：《新时期彭真对马克思主义中国化的探索和贡献》，《中共乐山市委党校学报》，2013 年第 6 期。

436. 严书翰：《科学发展观与马克思主义社会发展理论》，《中国井冈山干部学院学报》2013 年第 3 期。

437. 阎树群、张瑞才：《毛泽东关于马克思主义中国化的哲学方法论》，《思想战线》2013 年第 6 期。

438. 阎占定：《对民族高校马克思主义理论学科建设的几点思考》，《学校党建与思想教育》2013 年第 24 期。

439. 颜军：《中国特色社会主义理论体系对马克思主义人的全面发展思想的丰富与发展》，《毛泽东思想研究》2013 年第 3 期。

440. 颜鹏飞、刘会闯：《关于马克思主义政治经济学研究对象和研究方法的新思考》，《福建论坛》（人文社会科学版）2013 年第 8 期。

441. 杨斌：《辩证维度中的马克思主义观——兼论马克思主义信仰》，《社会科学家》2013 年第 7 期。

442. 杨斌：《辩证向度的马克思主义观理论之维》，《湖北社会科学》2013 年第 10 期。

443. 杨东昌：《论马克思主义生态经济思想与科学发展观的内在联系》，《商》2013 年第 14 期。

444. 杨凤城：《我党对马克思主义的重大理论创新》，《渭南师范学院学报》2013 年第 7 期。

445. 杨海波、周向军：《论马克思主义文化观的践行与拓新——列宁关于文化发展的动力机制研究》，《求索》2013 年第 7 期。

446. 杨近平、何志玉：《马克思主义中国化历史发展的低谷与高峰》，《理论研究》2013 年第 5 期。

447. 杨澜涛：《论马克思主义历史哲学的基本逻辑——从〈德意志意识形态〉说起》，《湖南社会科学》2013 年第 1 期。

448. 杨连爽：《中国传统唯物论与马克思主义唯物论联系的思考》，《山西青年》2013 年第 18 期。

449. 杨柳松：《马克思主义生态文明观的理论要点探析》，《辽宁师范大学学报》（社会科学版）2013 年第 2 期。

450. 杨敏：《马克思主义主体性思想对大学生主体性教育的启示》，《法制与社会》2013 年第 32 期。

451. 杨谦、赵学昌：《马克思恩格斯的阶级划分标准思想及其在当代中国的适用——基于马克思主义文本的考察》，《社会主义研究》2013 年第 1 期。

452. 杨茜：《社会主义先进文化的理论基础——马克思主义文化理论探析》，《求索》2013 年第 2 期。

453. 杨巧：《马克思主义作为主流学术思想和思潮》，《思想政治教育研究》2013 年第 4 期。

454. 杨思基：《关于马克思主义哲学观的理论探讨》，《山东社会科学》2013 年第 3 期。

455. 杨文圣：《论马克思主义哲学中国化、时代化、大众化》，《前沿》2013 年第 2 期。

456. 杨小虹：《马克思主义发展史上一次伟大的扬弃——从实践的人本主义到实践的唯物主义》，《今日中国论坛》2013 年第 1 期。

457. 杨学功：《马克思主义哲学体系问题再审视——兼评马克思主义哲学领域的几部新著》，《江苏行政学院学报》2013 年第 1 期。

458. 杨永志、张艳：《马克思主义革命性的当代解读》，《理论建设》2013 年第 5 期。

459. 杨志平、胡海波：《马克思主义基本原理整体性研究的文化自觉》，《思想理论教育》2013 年第 19 期。

460. 杨忠科：《马克思主义在中国的早期传播与马克思主义中国化萌芽》，《鄂州大学学报》2013 年第 6 期。

461. 杨周相：《马克思主义理论的意识形态功能探究——兼论马克思主义理论的政治性与学术性的有机统一》，《柳州职业技术学院学报》2013 年第 2 期。

462. 姚华舟：《对发展当代马克思主义的几点思考》，《学习月刊》2013 年第 20 期。

463. 姚桓：《论十八大报告蕴含的马克思主义哲学思想》，《中共杭州市委党校学报》2013 年第 3 期。

464. 姚兰：《论马克思主义自由观的形成、核心与最终目的》，《人民论坛》2013 年第 8 期。

465. 姚永明：《马克思主义中国化概念、实践及意义的内涵探析》，《扬州大学学报》（人文社会科学版）2013 年第 4 期。

466. 叶红云：《马克思主义大众化的问题与对策》，《马克思主义研究》2013 年第 11 期。

467. 叶红云：《马克思主义理论的学科自信与马克思主义话语权》，《思想教育研究》2013 年第 3 期。

468. 伊丽丽：《由理念到现实的马克思主义理论主题》，《哈尔滨学院学报》2013 年第 9 期。

469. 易强：《马克思主义"灌输"理论研究》，《湖南社会科学》2013 年第 3 期。

470. 尹超凡：《浅析〈共产党宣言〉中的马克思主义国家观》，《理论界》2013 年第 9 期。

471. 尹汉宁：《中国化的马克思主义有哪些特点》，《四川统一战线》2013 年第 6 期。

472. 尤宏宝：《基于马克思主义的市场经济伦理分析》，《改革与开放》2013 年第 18 期。

473. 于昆：《阶层分化对马克思主义认同的挑战及应对》，《中共四川省委省级机关党校学报》2013 年第 4 期。

474. 于丽媛：《马克思主义唯物史观认识论——浅析〈关于费尔巴哈的提纲〉》，《郑州航空工业管理学院学报》（社会科学版）2013 年第 1 期。

475. 于泉蛟、关巍：《马克思主义哲学物质范畴的辩证解析》，《社会科学家》2013 年第 6 期。

476. 于欣荣、卢丽娟：《"消灭哲学"与"实现哲学"——马克思主义哲学变革的实质》，《重庆邮电大学学报》（社会科学版）2013 年第 1 期。

477. 于欣荣：《马克思主义实践本体论在实践逻辑中的发挥与超越》，《哈尔滨市委党校学报》2013 年第 1 期。

478. 余锦龙：《马克思主义生态经济思想解决生态危机的路径选择》，《湖南社会科学》2013 年第 2 期。

479. 余京华：《历史唯物主义与道德、正义——兼评马克思主义的"道德论"与"反道德论"》，《马克思主义与现实》2013 年第 5 期。

480. 余乃忠、于今玺：《"回到马克思"的问题、方法与原则——兼评若干英美马克思主义学者的文本演绎》，《马克思主义与现实》2013 年第 4 期。

481. 余品华：《马克思主义中国化两次历史性飞跃的不同特色》，《党的文献》2013年第 3 期。

482. 余仁峰：《马克思主义时代化和科学认识时代主题》，《学理论》2013 年第 19 期。

483. 余晓玲、刘同舫：《马克思主义历史哲学：在史学与哲学之间》，《天津社会科学》2013 年第 2 期。

484. 俞可平：《让国家回归社会——马克思主义关于国家与社会的观点》，《理论视野》2013 年第 9 期。

485. 俞良早：《马克思主义经典作家关于社会发展专题研究》，《中共四川省委省级机关党校学报》2013 年第 5 期。

486. 袁翠莲：《浅析西方马克思主义的异化理论》，《湖北函授大学学报》2013 年第 3 期。

487. 袁久红：《西方马克思主义政治哲学的方法论走向》，《马克思主义与现实》2013 年第 4 期。

488. 袁新涛：《马克思主义的立场观点方法》，《海军工程大学学报》（综合版）2013 年第 3 期。

489. 苑秀丽：《"传统社会主义观"与"新社会主义观"评析》，《马克思主义研究》2013 年第 8 期。

490. ［英］约翰·福斯特著，巩志华编译：《马克思、马克思主义与英国工人运动：21 世纪继续探索的问题》，《当代世界与社会主义》2013 年第 4 期。

491. 战涛：《论马克思主义的尊严观》，《中共青岛市委党校·青岛行政学院学报》2013 年第 5 期。

492. 张国：《〈共产党宣言〉对当代中国马克思主义大众化的启示》，《实事求是》2013 年第 1 期。

493. 张国：《马克思主义哲学大众化初探》，《岭南学刊》2013 年第 4 期。

494. 张海燕：《"千面马克思"背后的非马克思主义倾向》，《阴山学刊》2013 年第 5 期。

495. 张晗：《"中国梦"与马克思主义中国化的理论创新》，《长春金融高等专科学校学报》2013 年第 3 期。

496. 张建云：《马克思主义定义的整体性研究》，《马克思主义研究》2013 年第 12 期。

497. 张金德：《论全球化背景下的马克思主义哲学挑战与回应策略》，《学理论》2013 年第 7 期。

498. 张军：《马克思主义"同时胜利"思想探析》，《山东理工大学学报》（社会科学版）2013 年第 5 期。

499. 张君：《马克思主义大众化在当代农村的困境与出路》，《传承》2013 年第 12 期。

500. 张坤、张文佳：《马克思主义意识形态"边缘化"危机探析》，《湖北省社会主义学院学报》2013 年第 1 期。

501. 张雷：《马克思主义哲学时代化的现实路径探析》，《徐州工程学院学报》（社会科学版）2013 年第 5 期。

502. 张莉清、萨其如呼：《马克思主义实践真理观的意蕴及其时代价值》，《金田》2013 年第 8 期。

503. 张玲娜：《论马克思主义意识形态批判理论的当代价值》，《人民论坛》2013 年第 5 期。

504. 张陆、高纲领：《十八大报告对马克思主义中国化的三大贡献》，《传承》2013 年第 11 期。

505. 张青希：《论走向新世纪的马克思主义哲学》，《求实》2013 年第 S1 期。

506. 张三元：《关于马克思主义哲学形态的几个问题》，《理论探讨》2013 年第 1 期。

507. 张三元：《马克思主义有没有文化理论——丹尼尔·贝尔"马克思主义文化矛盾"批判之一》，《马克思主义研究》2013 年第 7 期。

508. 张晓宁：《马克思主义与唯意志主义哲学思潮——对尼采强力意志哲学的几点借鉴》，《学理论》2013 年第 23 期。

509. 张笑扬：《马克思主义中国化的百年演绎历程——从十八大看中国共产党理论创新的逻辑主线》，《南方论刊》2013 年第 1 期。

510. 张秀勤、刘佳宏：《马克思主义信仰的社会之维与个体之维》，《前沿》2013 年第 7 期。

511. 张旭、常庆欣：《后马克思主义经济学研究反思——以劳动力商品概念分析为例》，《当代经济研究》2013 年第 7 期。

512. 张洋、华翔：《马克思主义民主思想发展脉络探析》，《社科纵横》2013 年第 10 期。

513. 张易：《马克思主义哲学解读模式的创新及启示》，《人民论坛》2013 年第 2 期。

514. 张媛媛：《自然辩证法：在哲学和自然科学之间的马克思主义理论学科》，《经济与社会发展》2013 年第 1 期。

515. 张悦：《推进马克思主义理论创新对策研究》，《考试周刊》2013 年第 10 期。

516. 张云贵：《科学精神、实践本性与人文关怀——对马克思主义三种形态的当代阐释》，《理论探讨》2013 年第 3 期。

517. 张志芳：《马克思主义大众化理论视野的新扩展——党的十八大对推进马克思主义大众化认识的新贡献》，《当代世界与社会主义》2013 年第 3 期。

518. 张志强、张娟：《马克思主义经典作家的社会发展动力思想探析》，《理论观察》2013 年第 1 期。

519. 张忠任：《论联合生产与马克思主义经济学的兼容性》，《社会科学战线》2013 年第 3 期。

520. 张忠跃：《自然的反叛——论生态马克思主义对传统马克思主义的重构》，《前沿》2013 年第 7 期。

521. 赵东：《黑格尔国家观与马克思主义国家观比较研究》，《南京工程学院学报》（社会科学版）2013 年第 3 期。

522. 赵丰：《论马克思主义关于发展理论的新成果》，《人民论坛》2013 年第 18 期。

523. 赵海月、许鸣、卢扬：《如何科学理解和对待马克思主义》，《吉林师范大学学报》（人文社会科学版）2013年第1期。

524. 赵海月、许鸣、马晓明：《试析生态马克思主义的理论基点与思想渊源》，《学习论坛》2013年第4期。

525. 赵海月、许鸣：《"非辩证的马克思主义研究"：辩证解读、价值取向与积极意义》，《理论学刊》2013年第2期。

526. 赵红志：《毛泽东推进马克思主义大众化的实践及启示》，《理论导报》2013年第10期。

527. 赵金广、王俊杰：《加强马克思主义对多元化社会思潮的引领》，《河北学刊》2013年第5期。

528. 赵锦辉：《马克思主义宏观经济学导论》，《黑龙江社会科学》2013年第2期。

529. 赵晶：《马克思主义意识形态认同研究》，《党政论坛》2013年第4期。

530. 赵坤：《中国特色社会主义经济理论体系对马克思主义政治经济学的发展与创新》，《学理论》2013年第9期。

531. 赵连文：《青年学生马克思主义信仰教育的方法与途径分析》，《学习论坛》2013年第2期。

532. 赵珊珊、吕海刚：《恩格斯早年对马克思主义发展的贡献初探》，《神州》2013年第3期。

533. 赵士发、杨清、周可：《马克思与黑格尔：市民社会理论的继承与发展——兼评诺曼·莱文关于马克思主义政治哲学的看法》，《江西社会科学》2013年第4期。

534. 赵笑蕾：《论马克思人的解放理论及其中国化的历史进程和实践创新》，《马克思主义研究》2013年第5期。

535. 赵兴良：《论科学发展观开辟了马克思主义新境界》，《求实》2013年第10期。

536. 赵秀娥：《理论自信与马克思主义整体性》，《党政论坛》2013年第9期。

537. 赵秀华：《马克思主义中国化时代化的新鲜经验略探》，《山西高等学校社会科学学报》2013年第10期。

538. 赵秀忠：《新形势下坚持马克思主义在意识形态领域的指导地位研究》，《河北省社会主义学院学报》2013年第1期。

539. 赵艳：《浅谈马克思主义时代化的基本经验》，《人民论坛》2013年第8期。

540. 赵艳华：《超越人类中心主义和生态中心主义的价值对立——马克思主义生态自然观的另一种逻辑分析》，《中共成都市委党校学报》2013年第4期。

541. 赵玉慧：《对"经济决定论"的再阐释——对马克思主义哲学的思考》，《社科纵横》（新理论版）2013年第3期。

542. 赵园园：《新形势下如何应对认同危机对马克思主义的挑战》，《中共云南省委党校学报》2013年第4期。

543. 赵竹村：《浅析马克思主义形势观》，《发展》2013年第2期。

544. 赵祖地：《论马克思主义经典作家德育评估思想》，《国家教育行政学院学报》2013年第3期。

545. 照日格图、斯琴图雅：《马克思主义中国化的不同思维形式及其辩证性质》，《辽宁大学学报》（哲学社会科学版）2013年第2期。

546. 郑德荣：《毛泽东思想的历史地位与当代价值新论》，《马克思主义研究》2013年第5期。

547. 郑光辉：《马克思主义真理观的再认识》，《马克思主义研究》2013年第11期。

548. 郑广祥：《马克思主义自然观的多维度审视》，《大庆师范学院学报》2013年第4期。

549. 郑国玉：《中西马克思主义平等对话之基础》，《学术探索》2013年第2期。

550. 郑海祥：《以社会主义文化发展推进马克思主义大众化》，《安徽行政学院学报》2013年第3期。

551. 郑洁、韩凯丽：《毛泽东对马克思主义大众化的探索》，《理论探索》2013年第6期。

552. 郑丽娟：《对马克思主义理论整体性问题研究的反思及其现实意义》，《武汉科技大学学报》（社会科学版）2013年第4期。

553. 郑水平：《科学发展观的思维方式：马克思主义"三点"论》，《清江论坛》2013年第1期。

554. 郑卫丽：《坚持和巩固马克思主义在意识形态领域的指导地位》，《人民论坛》2013年第29期。

555. 郑忆石：《生态学马克思主义：社会发展动力观的双重向度》，《徐州工程学院学报》（社会科学版）2013年第4期。

556. 郑永廷：《马克思主义理论学科建设的发展与任务》，《思想政治教育研究》2013年第1期。

557. 郑园园：《马克思主义价值哲学中的价值观念探析》，《青年与社会》2013年第2期。

558. 中国社会科学院马克思主义发展史课题组、桁林、唐芳芳：《历史与现实的对话对接与碰撞——马克思主义发展视域中的马克思主义研究新动态》，《天津行政学院学报》2013年第1期。

559. 衷宜燕：《马克思主义生态文明观与生态文明建设研究》，《科技致富向导》2013年第17期。

560. 仲远风：《邓小平理论与马克思主义大众化》，《学理论》2013年第28期。

561. 周德清：《马克思主义文献学研究中的三个问题辨析——以〈德意志意识形态〉文献学研究为例》，《湖北社会科学》2013年第4期。

562. 周君才：《历史与辩证：论马克思主义道德思想逻辑理路》，《陇东学院学报》2013年第2期。

563. 周丽君：《中国化马克思主义与马克思主义的理论关联》，《安阳师范学院学报》2013年第4期。

564. 周连春：《毛泽东对马克思主义中国化的理论探索》，《赤峰学院学报》（汉文哲学社会科学版）2013年第8期。

565. 周陆敏：《马克思主义框架内的政治全球化探析》，《法制与经济》（中旬刊）2013年第9期。

566. 周孟珂：《简析生态学马克思主义的哲学世界观》，《华章》2013年第22期。

567. 周前程：《马克思主义研究中的若干问题评析》，《理论研究》2013年第5期。

568. 周树辉：《农民问题——毛泽东推进马克思主义中国化的突破口》，《湖南行政学院学报》2013 年第 5 期。

569. 周穗明：《政治哲学的平等主义规范与马克思主义的平等主义》，《当代世界与社会主义》2013 年第 4 期。

570. 周向军、刘文杰：《论马克思的马克思主义观》，《理论学刊》2013 年第 8 期。

571. 周耘西：《关于马克思主义与中国经济发展的关系》，《经营管理者》2013 年第 27 期。

572. 周耘西：《马克思主义的社会和谐指导性研究》，《青年文学家》2013 年第 29 期。

573. 周耘西：《马克思主义与中国社会主义市场化》，《祖国》2013 年第 14 期。

574. 朱斌：《马克思主义意识形态话语权建构的日常生活向度》，《理论探索》2013 年第 6 期。

575. 朱建田、谭希培：《马克思主义经典著作和经典作家界定标准探讨》，《理论与改革》2013 年第 2 期。

576. 朱荣英：《"一元多样的实践整合"抑或"多元异质的文化拼接"——关于马克思主义理论实质及其与西方马克思主义原则界限问题的再思考》，《河南大学学报》（社会科学版）2013 年第 1 期。

577. 朱荣英：《列宁关于马克思主义哲学大众化问题的探索与启示——学习党的十八大报告的一些体会》，《河南教育学院学报》（哲学社会科学版）2013 年第 3 期。

578. 朱婷婷：《马克思主义理论创新的三维视野》，《廊坊师范学院学报》（社会科学版）2013 年第 3 期。

579. 朱喜坤：《马克思主义理论学科建设的学术性与现实性之辩》，《学校党建与思想教育》2013 年第 14 期。

580. 朱星辰：《当代中国社会思潮多元化语境下的马克思主义"三化"理论发展》，《江西行政学院学报》2013 年第 3 期。

581. 朱兴博：《浅论马克思主义国家学说的形成过程》，《华章》2013 年第 29 期。

582. 朱烜伯、刘明海、马懿莉：《科学研究纲领方法论：观察马克思主义科学性的新视角》，《江西社会科学》2013 年第 2 期。

583. 朱颜、薛忠义：《当代中国马克思主义大众化的内涵与特征》，《河南社会科学》2013 年第 9 期。

584. 祝小茗：《"一国两制"：马克思主义学说与中国特色社会主义道路的双重逻辑》，《桂林师范高等专科学校学报》2013 年第 3 期。

585. 庄忠正：《唯物主义、存在主义抑或历史唯物主义——试论为马克思主义奠基的哲学基础》，《中共天津市委党校学报》2013 年第 6 期。

586. 曾磊：《马克思主义意识形态主导地位的夯实路径探微》，《长春理工大学学报》（社会科学版）2013 年第 2 期。

587. 曾庆娣：《后马克思主义的意识形态观——基于历史唯物主义的批判性反思》，《湖北社会科学》2013 年第 7 期。

588. 曾宪亢：《马克思主义批判理论的空间维度及发展》，《湖北函授大学学报》2013 年第 10 期。

589. 曾祥云：《马克思主义中国化究竟"化"在何处》，《毛泽东思想研究》2013 年第 4 期。

590. 宗永平：《论十八大视野下马克思主义"人本"思想的中国化》，《人民论坛》2013 年第 29 期。

591. 左伟清、李际卫：《马克思主义理论学科对思想政治教育的价值分析——以民族团结教育为例》，《广州社会主义学院学报》2013 年第 3 期。

（整理：仲河滨）

大 事 记

2013 年 1 月 4 日全国宣传部长会议在北京召开。中共中央政治局常委、中央书记处书记刘云山出席会议并讲话，强调宣传思想文化战线要坚持以邓小平理论、"三个代表"重要思想、科学发展观为指导，按照高举旗帜、围绕大局、服务人民、改革创新的总要求，以学习宣传贯彻党的十八大精神为主线，稳中求进、开拓创新、扎实开局，贴近实际、贴近生活、贴近群众，切实做好宣传思想文化工作，为全面建成小康社会、夺取中国特色社会主义新胜利提供强大的精神文化力量。

2013 年 1 月 8 日，由中国社会科学院马克思主义研究院马克思主义原理部主办的首届马克思主义基本原理学科学术年会在北京举行。来自中国社会科学院、北京大学、中国人民大学、浙江大学、武汉大学、兰州大学和辽宁大学等全国 20 多所高校和科研机构的专家学者 80 余人参加了会议。会议重点围绕"马克思主义整体性研究"这一主题展开了深入研讨。

2013 年 2 月 28—3 月 1 日，由中国社会科学院马克思主义研究学部、马克思主义研究院、国家文化安全与意识形态建设研究中心，老挝国家社会科学院，越南社会科学院哲学所共同主办的"首届社会主义国际论坛"在中国社会科学院召开。本届论坛的主题为"全球化进程中的社会主义思想文化建设"。来自越南、老挝、朝鲜、古巴以及中国社会科学院、上海社会科学院、吉林大学、清华大学等科研单位和高校的 60 多位专家学者出席了本届论坛。

2013 年 3 月 1 日，中共中央党校举行建校 80 周年庆祝大会暨 2013 年春季学期开学典礼。中共中央总书记、中央军委主席习近平出席并发表重要讲话。他强调，好学才能上进。中国共产党人依靠学习走到今天，也必然要依靠学习走向未来。我们的干部要上进，我们的党要上进，我们的国家要上进，我们的民族要上进，就必须大兴学习之风，坚持学习、学习、再学习，坚持实践、实践、再实践。全党同志特别是各级领导干部都要有加强学习的紧迫感，都要一刻不停地增强本领。

2013 年 3 月 9 日，由上海交通大学人文学院《马克思主义美学研究》编辑部与《探索与争鸣》杂志社联合主办的"马克思主义与新世纪中国美学"研讨会，在上海交通大学徐汇校区召开。来自上海各高校和社科院的美学专家、博士研究生近 30 人参加了会议。与会学者就马克思主义美学相关问题等展开热烈讨论。会议由上海交大人文学院院长、《马克思主义美学研究》主编王杰教授主持。

2013 年 3 月 30—31 日，"地方政府创新与中国政治发展"学术研讨会在深圳大学举行，来自中央编译局、北京大学、复旦大学、浙江大学、中山大学、吉林大学、四川大学、华中师范大学、云南大学、上海师范大学等单位的 40 余位专家出席了此次会议。本次会议由深圳大学当代中国政治研究所主办，在两天的会议中，与会学者围绕地方政府创新与中国政治发展、社会抗争与社会善治两大主题展开了热烈的讨论。

2013 年 4 月 6 日，由中国社会科学院马克思主义理论学科建设与理论研究工作领导小组办公室、中国社会科学院马克思主义研究院主办的"首届中国社会科学院马克思主义哲学论坛"在中国社会科学院第一学术报告厅开幕。中国社会科学院党组成员、副院长李捷出席论坛并致辞，中国社会科学院党组成员、秘书长黄浩涛出席论坛。论坛以"作为共产主义世界观的马克思主义哲学与当代中国实践"为主题，设三个分论题：如何完整、准确理解马克思主义哲学的本质；如何推进马克思主义哲学的中国化、时代化、大众化；当前马克思主义哲学研究中的突出问题。来自中国社会科学院、中国人民大学、中共中央党校、北京大学、北京师范大学、南开大学、武汉大学、河海大学等科研院校的 60 余名马克思主义理论界的专家学者出席论坛。

2013 年 4 月 6—8 日，由上海交通大学人文学院，英国曼彻斯特大学艺术、历史与文化学院联合主办，《探索与争鸣》杂志社等单位协办的"第三届中英马克思主义美学双边论坛"在上海交通大学举行，论坛主题是"马克思主义与未来"，论坛吸引了来自英国、美国、俄罗斯、比利时、澳大利亚、斯洛文尼亚、韩国等近 20 名国外学者，以及 50 多所国内高校和研究机构的学者参与。

2013 年 4 月 12—14 日，由中国自然辩证法研究会环境哲学专业委员会、中国伦理学会环境伦理学分会、东北大学文法学院、清华大学哲学系等单位联合主办，东北大学文法学院、教育部"985 工程"科技与社会（STS）哲学社会科学创新基地承办的"全国生态文明与社会主义学术研讨会暨 2013 中国环境哲学环境伦理学年会"在沈阳隆重召开。会议历时两天，来自辽宁省社科联、辽宁省教育厅、辽宁省政府发展研究中心、清华大学、北京大学、东北大学、哈尔滨工业大学、大连理工大学、吉林大学、南京大学、南京师范大学、北京工商大学等各地学者 100 余人参加了会议。

2013 年 4 月 13—14 日，中国社会科学院马克思主义史学理论论坛首届学术研讨会在北京举行。中国社会科学院党组副书记、副院长李慎明出席会议并作主旨发言。本届论坛的主题是"唯物主义历史观与新中国史学发展"。来自全国各高校和研究所的 68 位专家学者从哲学和中国史、世界史、史学理论、考古学等不同学科领域，分别回顾和总结了中国马克思主义史学发展的历史进程与基本经验，深入研讨了唯物史观基本原理及其在史学研究中的应用、丰富和发展，共同谋划马克思主义史学理论在新的历史条件下的繁荣和发展之计。

2013 年 4 月 13—14 日，由《思想理论教育导刊》编辑部、福建师范大学马克思主义学院、福建师范大学马克思主义研究院联合举办的"坚持和发展中国特色社会主义制度"高校学术研讨会在福建师范大学召开。来自北京大学、清华大学、中国人民大学、武汉大学、厦门大学、福建师范大学等 20 多所大学、科研机构，以及《马克思主义与现实》编辑部、《思想理论教育》编辑部、福建日报社等媒体的近百名专家学者出席了大会，与会学者围绕中国特色社会主义道路自信、理论自信、制度自信，中国特色社会主义基本经济制度、根本政治制度、生态文明制度建设，以及加强大学生思想政治教育等重大问题进行深入的探讨，取得了丰硕的成果。

2013 年 4 月 20—21 日，由中国经济规律研究会、中国社会科学院马克思主义研究学部与福建师范大学联合主办的"中国经济规律研究会第 23 届年会暨第 2 届全国马克思主义经济学论坛"在福建师范大学召开。会议的主题是"体制改革、创新驱动与结构调整"。来自中国社会科学院、中国人民大学、复旦大学、吉林大学、四川大学、中国政法大学、北京师范大学、北京理工大学、中央财经大学、上海财经大学、四川省社会科学院、吉林省社会科学院、内蒙古社会科学院等单位的 160 多位专家学者出席。新华社、《人民日报》《光明日报》《经济日报》、中国新闻社、中国广播网、《福建日报》等新闻单位的媒体代表，福建师范大学的经济学院、马克思主义学院师生代表共 300 多人参加了会议。

2013 年 4 月 21—23 日，"比较视野下的当代世界社会主义"学术研讨会在广西民族大学召开。此次会议由中央编译局当代世界与社会主义杂志社与广西民族大学政治学与国际关系学院、马克思主义学院、相思湖学院联合主办，广西民族大学政治学与国际关系学院承办，广西国际共运史学会协办。来自中央编译局、北京大学、中国人民大学、中共中央党校、北京师范大学、外交学院、北京工业大学、天津师范大学、湖南科技大学、广西师范大学、广西民族大学、山西大学、华侨大学等 20 余家学术机构的专家学者围绕中国特色社会主义、世界社会主义发展趋势、社会主义理论与实践、比较社会主义研究的理论与方法等相关问题展开了深入而热烈的讨论。

2013 年 5 月 5 日，正值马克思诞辰 195 周年之际，由北京大学马克思主义哲学研究中心、文献研究中心、青年哲学论坛、"马克思学"论坛共同主办的"马克思的'新哲学'：原型、流变与发展"学术研讨会在北京大学哲学系举行，来自首都部分高校和科研机构从事相关研究的 30 余位专家与会，就马克思的哲学观、哲学体系和哲学思维的特点，恩格斯、列宁对马克思主义哲学的理解和阐释，苏联哲学原理教科书与马克思主义哲学的关系，西方马克思主义对马克思主义哲学的解释和重构，马克思主义哲学形态的当代发展等重要问题展开了广泛的讨论，并对最近出版的《马克思"新哲学"——原型与流变》（聂锦芳主编）、《21 世纪哲学创新宣言》（王东、徐春主编）两本书进行了深入的评议。

2013 年 5 月 25—27 日，"不平等与世界资本主义：分析、对策及行动——世界政治经济学学会第 8 届论坛"在巴西圣卡塔琳娜州联邦大学隆重举行，来自中国、日本、韩国、印度、墨西哥、美国、英国、法国、德国等 20 多个国家的百余名学者与会。

2013 年 6 月 28—30 日，由中国社会科学杂志社、哲学研究杂志社、马克思主义与现实杂志社、《中国人民大学学报》编辑部、厦门大学马克思主义学院主办，厦门大学公共政策研究院、厦门大学马克思主义与中国发展研究所承办的"马克思思想资源中的社会公正"学术研讨会在厦门大学召开。与会学者围绕"马克思的正义理论及其方法论""马克思的社会公正理论与当代正义理论""马克思的社会公正理论与当代社会政策实践"等议题进行了讨论。

2013 年 6 月 30 日，为促进中国智库与国际智库之间的交流合作，给顶层设计提供研究和咨询服务，遵照中央有关领导同志关于"建设高质量智库""推动中国特色新型智库建设"等一系列重要指示精神，"智库筑基'中国梦'：首届中国智库国际学术研讨会"在北京召开。会议围绕中国智库当前发展的现状和问题、国际领先智库发展经验、中国民间智库的发展，以及与智库发展相关的体制机制改革等问题进行了深入研讨。全国人大常委会副委员长陈昌智发来贺信。著名经济学家，第九、十届全国人大常委会副委员长成思危，联合国副秘书长彼德·朗斯基—蒂芬索出席会议开幕式并分别发表演讲。任玉岭、高尚全、方宁、卢中原、郑永年、于今、朱旭峰、王辉耀、曲星、克里·布朗、詹姆斯·麦甘、唐纳德·阿贝尔森、王绍光、仲大军、金灿荣、李曙光等来自海内外的智库界百余名代表出席了会议。会议由《国家智库》和《中国智库》总编、中国东中西部区域发展和改革研究院执行院长于今主持。

2013 年 7 月 5—6 日，由全国高校马克思主义理论学科研究会、解放军南京政治学院马克思主义学院和《思想理论教育导刊》编辑部共同举办的"2013 年全国高校马克思主义理论学科博导论坛"在解放军南京政治学院召开。会议云集了来自北京大学、清华大学、中国人民大学、浙江大学、复旦大学、南京大学以及《人民日报》、《思想政治教育研究》杂志、《思想理论教育》杂志、人民出版社等全国近百家高校、研究机构和媒体的 130 多名专家学者。教育部党组成员、国家教育行政学院顾海良院长，教育部社科司徐艳国副司长以及中国社会科学院靳辉明教授到会作专题报告。

2013 年 7 月 6—8 日，"公平、公正、平等：世界社会主义的理论与实践"学术研讨会暨当代世界社会主义专业委员会 2013 年年会在新疆师范大学召开。此次会议由中国科学社会主义学会当代世界社会主义专业委员会、新疆师范大学法经学院联合主办，新疆师范大学法经学院、新疆师范大学中亚与中国西北边疆政治经济研究中心承办。中共中央编译局王学东副局长，新疆社会科学院刘仲康副院长，广西师范大学钟瑞添副校长、陈洪江副校长等出席了开幕式。中共中央党校科社部胡振良教授、新疆师范大学周作宇副校长分别在开幕式上致辞。

2013 年 7 月 12—14 日，由中国社会科学院《政治学研究》编辑部主办，河南师范大学、河南省中国特色社会主义理论体系研究中心承办的"中国当代政治文化建设学术研讨会"在河南新乡召开。来自中国社会科学院政治学研究所、华中师范大学、天津师范大学、中国人民大学、华东师范大学、苏州大学、东北大学、中国政法大学、西北政法大学、大连海事大学、重庆市委党校以及郑州大学、河南大学、河南省委党校、河南师范大学的 60 余位专家学者参加了会议。

2013 年 7 月 14—15 日，由全国高校马克思主义理论学科研究会、兰州大学和《思想理论教育导刊》联合主办，兰州大学马克思主义学院承办的全国高校马克思主义理论学科研究会第 14 次学科论坛暨"社会主义核心价值观与思想政治教育理论研讨会"在甘肃省兰州市举行。教育部社科司副司长徐艳国，甘肃省高校工委书记王智平，兰州大学党委副书记李正元，武汉大学党委副书记骆郁廷，全国高校马克思主义理论学科研究会副会长顾钰民、钟明华、佘双好、武东生、韩喜平，全国高校马克思主义理论学科研究会副秘书长孙熙国，国家核心价值研究中心主任陈秉公，以及来自全国 21 个省市、58 所高校的马克思主义理论学科领域的专家学者，《学校党建与思想教育》《思想理论教育导刊》《思想理论教育》《思想政治教育研究》编辑部负责人共 110 余人出席了本次理论研讨会。

2013 年 7 月 15—18 日，由中国马克思主义哲学史学会和中国马克思主义研究基金会主办、内蒙古大学哲学学院承办、《教学与研究》编辑部和中国理论网协办的"中国道路与马克思主义哲学研究"理论研讨会暨中国马克思主义哲学史学会 2013 年年会在内蒙古大学召开。来自全国高校、各级党校和科研院所的 160 余位专家学者出席了会议。中共中央党校原教育长、中国马克思主义研究基金会副理事长郝时晋，国家体改委原副主任乌杰，内蒙古自治区人大常委会副主任吴团英，中国马克思主义哲学史学会会长、中国人民大学教授梁树发，内蒙古大学党委书记朱炳文、校长陈国庆、副校长张吉维出席了开幕式。

2013 年 8 月 5—7 日，全国第五次"马克思主义在当代中国的运用与发展"暨"大庆精神时代价值与社会主义保障民生"专题研讨会在东北石油大学举行。会议由中国改革发展研究会、吉林大学马克思主义学院、中央编译局当代世界与社会主义杂志社和东北石油大学大庆精神研究中心联合举办，来自中央编译局、清华大学、吉林大学、中国石油大学（华东）、安徽大学、华侨大学、哈尔滨师范大学、东北石油大学、大庆师范学院等单位的 90 多名专家学者参加会议。

2013 年 8 月 10 日，由中国辩证唯物主义研究会、中共中央党校哲学教研部、中国社会科学院哲学研究所、中国人民大学哲学院、中共青海省委党校共同主办的"马克思主义哲学与中国特色社会主义制度"理论研讨会在青海省委党校召开。中共中央委员、中国社会科学院党组书记、院长王伟光作主题报告，国防大学教育长、少将夏兴有出席，青海省委常委、宣传部部长吉狄马加致辞，来自全国各地的代表 53 人参加。

2013 年 9 月 16 日，为纪念毛泽东同志诞辰 120 周年，由中共中央文献研究室、中国中共文献研究会毛泽东思想生平研究分会联合主办的"纪念毛泽东同志诞辰 120 周年学术研讨会"在北京召开。本次研讨会的主题为"毛泽东与中华民族的伟大复兴"。来自全国各地的 200 多位专家学者参加了研讨会。中央文献研究室主任冷溶在会上作主旨发言。11 位专家作大会发言。中央文献研究室常务副主任杨胜群、军事科学院副院长徐莉莉分别主持会议，中央文献研究室副主任陈晋作总结发言。

2013 年 10 月 12—13 日，由中国社会科学院马克思主义研究院主办、东方毅集团暨拓展文化协会协办的"首届全球正义论坛"学术研讨会，在中国社会科学院召开。中国社会科学院马克思主义研究院院长、党委书记邓纯东，东方毅集团暨拓展文化协会副会长邵积平将军分别在开幕式上致辞。出席本次研讨会的有来自中国社会科学院、中央编译局、日本一桥大学、新加坡南洋理工大学、北京大学等 30 多家研究机构与高校的

70多位专家学者，以及中国社会科学杂志社、《人民日报》理论部、《光明日报》理论部、《马克思主义研究》编辑部、《马克思主义与现实》编辑部的同志。

2013年10月18日，由中国社会科学杂志社《历史研究》编辑部主办的"历史视域下的毛泽东与毛泽东思想"学术研讨会在北京举行。中国社会科学院秘书长、中国社会科学杂志社总编辑高翔，中国社会科学院原副院长朱佳木，国防大学马克思主义研究所原所长黄宏，北京大学原副校长梁柱，中共中央党校党史教研部教授陈雪薇以及来自全国毛泽东及毛泽东思想研究领域的专家学者40余人出席会议。中共中央党史研究室主任欧阳淞、中国社会科学院原副院长李慎明也向研讨会发来论文。

2013年10月22—23日，第四届周恩来研究国际学术研讨会在天津南开大学召开，主题为"周恩来与20世纪的中国和世界"。此次研讨会由中国中共文献研究会和南开大学共同主办，中共中央文献研究室、中共中央党史研究室、中共中央党校、中国社会科学院、中国人民解放军军事科学院和南开大学等单位相关负责人，周恩来亲属和身边工作人员，以及入选论文作者的代表共100余人出席会议。

2013年10月26—27日，由中国社会科学院马克思主义研究院与广西师范学院、广西马克思主义理论研究和建设工程广西师范学院研究基地联合主办，《马克思主义研究》《广西师范学院学报》协办，中国社会科学院马克思主义研究院思想政治教育研究室、广西师范学院马克思主义学院、广西高校思想政治理论课教师培训基地承办的"2013年全国思想政治教育学术研讨会"在广西南宁举行。中国社会科学院马克思主义研究院院长、党委书记邓纯东，广西壮族自治区区委宣传部副部长李海荣，广西壮族自治区高校工委副书记莫锦荣，全国著名思想政治教育专家、清华大学博士生导师刘书林，广西师范学院党委书记莫诗浦，广西师范学院院长李丰生，首都师范大学政法学院博士生导师王淑芹等专家学者，以及来自全国的马克思主义理论与思想政治教育学界的专家学者、媒体记者等百余位代表出席开幕式。

2013年10月28—29日，中国中共文献研究会刘少奇思想生平研究分会、中共江苏省委党史工作办公室在南京市联合主办了"刘少奇与党的群众路线"学术研讨会。会议由中共中央文献研究室原室务委员、刘少奇思想生平研究分会会长廖心文主持，中共江苏省委党史工作办公室主任崔广怀致辞，来自北京、天津、江苏等19个省市区、研究机构、高等院校的60多位专家学者参加会议。刘少奇思想生平研究分会常务副会长王双梅等9人作了大会发言，另有9人作了自由发言。会议围绕"刘少奇与党的群众路线"主题，就其理论内涵、思想发展、实践活动、品格风范及其历史地位、现实意义和启示价值，进行了热烈讨论和深入交流。

2013年11月1日，由中国社会科学院马克思主义理论建设与理论研究工作领导小组和中国社会科学院马克思主义研究院主办的"中国社会科学院第一届科学社会主义论坛"在北京召开。这次论坛的主题是："科学社会主义与中国特色社会主义"。论坛主席、中国社会科学院院长王伟光作了书面讲话，中国社会科学院副院长李捷出席论坛并作了主旨报告。来自朝鲜、越南、古巴、俄罗斯、保加利亚、白俄罗斯、美国、法国、英国、意大利等 17 个国家的 30 多位国外专家学者，来自中共中央党校、中央编译局、北京大学、清华大学、中国人民大学、北京师范大学、武汉大学以及中国社会科学院等单位的 40 多位国内专家学者参加了本次会议。论坛分别由中国社会科学院马克思主义研究院院长、党委书记邓纯东和中国社会科学院国家文化安全与意识形态建设研究中心主任侯惠勤教授主持，中国社会科学院学部委员李崇富教授作论坛总结发言。

2013 年 11 月 2 日，第六届全国马克思主义院长论坛开幕式在四川大学江安校区举行。本次论坛的主题是："马克思主义与当代中国"。中国社会科学院马克思主义研究院院长、党委书记邓纯东，四川大学党委书记杨泉明，中国社会科学院马克思主义研究学部主任程恩富，四川省社科联副主席唐永进，四川大学党委副书记、纪委书记徐兰以及来自中国社会科学院、清华大学、北京大学、北京师范大学、天津大学、吉林大学、东南大学、山东大学、电子科技大学、西北工业大学、中国农业大学、西北农林科技大学、中央民族大学、《社会科学研究》等马克思主义教学和研究机构、杂志社的 120 多位专家学者出席了论坛开幕式。邓纯东、徐兰、唐永进分别致辞。开幕式由四川大学马克思主义学院院长蒋永穆教授主持。

2013 年 11 月 6 日，东北地区马克思主义理论学科（思想政治理论课）建设研究会在长春成立。教育部社科司副司长徐艳国，东北师范大学党委书记杨晓慧、党委副书记兼副校长李忠军等人出席。会上，杨晓慧当选为研究会会长，李忠军当选为副会长兼秘书长。

2013 年 11 月 27—28 日，由毛泽东思想研究协同创新中心、全国毛泽东哲学思想研究会和湘潭大学共同主办的"毛泽东遗产：思想·道路·制度"国际学术研讨会暨全国毛泽东哲学思想研究会第 20 次年会在湘潭大学举行。来自中国、美国、加拿大、俄罗斯等地的近 200 名专家学者参加了会议。与会专家学者从思想、道路和制度"三位一体"的角度，探讨了毛泽东对开创中国特色社会主义所作出的历史性贡献，所积累的宝贵实践经验，所创造的重要思想、理论和制度性成果。

2013 年 12 月 29 日，由中国马克思主义研究基金会主办的"中国马克思主义论坛2013"在中共中央党校举行。论坛围绕学习贯彻党的十八届三中全会精神，以"改革进行时：理论、方法与实践"为主题展开。中共中央党校常务副校长、中国马克思主义研究基金会理事长何毅亭致辞并作开题演讲。杨春贵、辜胜阻、何增科、房宁、李建明、李兴山、刘尚希、叶兴庆等 12 位相关领域专家，围绕"全面深化改革的指导思想和总体目标""经济体制改革的牵引作用""政治、文化、社会、生态文明体制改革"三个分论题分别发表了专题演讲。280 多位理论工作者出席了论坛开幕式。

（供稿：仲河滨）